ISBN 978-0-428-74622-3
PIBN 11300069

1 MONTH OF
FREE
READING

at
www.ForgottenBooks.com

BIBLIOGRAPHIE GÉNÉRALE

DES

TRAVAUX HISTORIQUES ET ARCHÉOLOGIQUES

PUBLIÉS

PAR LES SOCIÉTÉS SAVANTES DE LA FRANCE

SE TROUVE À PARIS

À LA LIBRAIRIE ERNEST LEROUX

RUE BONAPARTE, N° 28

BIBLIOGRAPHIE GÉNÉRALE

DES

TRAVAUX HISTORIQUES ET ARCHÉOLOGIQUES

PUBLIÉS

PAR LES SOCIÉTÉS SAVANTES DE LA FRANCE

DRESSÉE SOUS LES AUSPICES

DU MINISTÈRE DE L'INSTRUCTION PUBLIQUE

PAR

ROBERT DE LASTEYRIE du Saillant

MEMBRE DE L'INSTITUT

AVEC LA COLLABORATION

D'ALEXANDRE VIDIER

SOUS-BIBLIOTHÉCAIRE À LA BIBLIOTHÈQUE NATIONALE

———

1901-1902

(N.S. Vol. I)

PARIS

IMPRIMERIE NATIONALE

—

MDCCCCIV

B5

AVERTISSEMENT.

Il y aura dans peu de mois vingt-cinq ans que j'ai entrepris de donner une *Biblio-graphie générale des travaux historiques et archéologiques publiés par les Sociétés savantes de la France*. Je l'ai conduite jusqu'en 1885 ; un volumineux Supplément comprenant tout ce qui a paru de 1886 à 1900, est actuellement sous presse, et, sans attendre qu'il ait paru, on me demande de poursuivre cette œuvre et de la tenir à jour.

Ce n'est pas sans hésitations que je me décide à le tenter, et je n'aurais sans doute point osé le faire, si je n'avais eu la bonne fortune de rencontrer parmi mes anciens élèves de l'École des Chartes un collaborateur dont le dévouement et la compétence exceptionnelle en matière de bibliographie ont singulièrement facilité ma tâche.

La part prise par M. Vidier à la rédaction de cette nouvelle partie de mon ouvrage est si considérable que j'aurais mauvaise grâce à parler de la lassitude que j'ai souvent ressentie en présence d'une tâche immense dont bien peu de personnes soupçonnent l'étendue et les difficultés.

Mais d'autres considérations justifiaient mes hésitations.

Je ne pouvais songer à poursuivre ma *Bibliographie* au delà de l'an 1900 sans introduire, dans le plan que j'avais suivi jusque-là, des modifications de détail assez nombreuses. D'autre part, j'avais le devoir de lui conserver les qualités de méthode et d'exactitude indispensables à toute œuvre scientifique. Le meilleur moyen d'y parvenir me semblait être de grouper, dans des fascicules annuels, le dépouille-ment par ordre alphabétique de départements, de toutes les publications faites par nos Sociétés au cours de chaque exercice; j'espérais, par cette façon de procéder, pouvoir signaler à l'attention des savants, dans un délai assez court, tous les volumes et tous les mémoires susceptibles de les intéresser.

Malheureusement l'expérience m'a promptement démontré qu'il était pratiquement impossible de mettre ce projet à exécution, sans l'amender fortement. Malgré le soin que j'ai eu de me tenir à l'affût de tous les volumes nouveaux, malgré le concours très efficace que m'a prêté le Bureau des Sociétés savantes au Ministère de l'Instruction publique, malgré la complaisance inlassable du personnel de la Bibliothèque nationale et les facilités exceptionnelles que je devais à la position occupée par M. Vidier dans cet établissement, j'ai dû reconnaître que pour donner le dépouillement complet des volumes parus dans une année ou dont la publication était annoncée comme afférente à un exercice, il fallait un laps de temps trois ou quatre fois plus long que je n'avais cru d'abord. Bon nombre de volumes de l'exercice 1902 avaient paru, l'année 1903 était même déjà assez avancée, que j'étais encore loin d'avoir entre les mains tous les volumes appartenant à l'année 1901.

La difficulté extrême que l'on éprouve à se procurer rapidement les volumes publiés par les Sociétés savantes tient à des causes multiples. C'est d'abord la création de bon nombre de Sociétés peu viables, à peu près inconnues en dehors de la petite coterie qui a présidé à leur naissance; c'est la négligence inouïe que mettent beaucoup de sociétés, même importantes, à signaler au public les volumes qu'elles font paraître; c'est enfin — et surtout — les déplorables errements que suivent beaucoup de ces compagnies pour la publication de leurs Mémoires.

Infiniment trop nombreuses, nos Sociétés savantes sont souvent peu fortunées, leurs ressources ne leur permettent pas de publier un volume chaque année et, pour calmer l'impatience de leurs souscripteurs, beaucoup ont pris la fâcheuse habitude de distribuer, à intervalles plus ou moins réguliers, de minces fascicules composés de trois ou quatre feuilles, parfois moins encore, si bien qu'il faut plusieurs années pour constituer un volume. Avec la mauvaise organisation, tant de fois signalée, du Dépôt légal, on devine les lacunes qui déparent, dans nos collections nationales, des publications conduites de la sorte; et le bibliographe éprouve d'autant plus de peine à savoir quand un volume ainsi publié est enfin complet, que les éditeurs ne prennent même pas toujours la peine d'y joindre une table.

D'autres Sociétés, — et le nombre paraît s'en être multiplié en ces dernières années, — soucieuses de donner satisfaction à plusieurs auteurs à la fois, entre-

prennent simultanément l'impression de plusieurs mémoires, de telle sorte que les
fascicules qu'elles publient ne forment plus une entité bibliographique, mais un
amalgame disparate dont il faut séparer les parties incohérentes pour former peu à
peu des volumes qui restent plusieurs années sur le chantier.

Que dire encore des Sociétés qui publient des volumes annuels, mais qui font
attendre pendant de longs mois les préfaces qui doivent les précéder ou les tables
détaillées qui en formeront le complément? Il en est de même de celles, — et ce
ne sont pas les moins connues, — qui ayant entrepris plusieurs volumes à la fois,
les publient sans aucun souci de l'ordre des tomes, et sans avertir les lecteurs en
possession du tome X qu'ils perdraient leur temps à chercher les tomes VIII et IX
dont l'apparition se fera peut-être attendre un ou deux ans.

Enfin pour achever d'énumérer les difficultés presque insurmontables que l'on
éprouve à vouloir dresser annuellement un tableau exact et complet de la production
scientifique de nos diverses Sociétés savantes, je dois rappeler qu'un grand nombre
d'entre elles publient des Bulletins qui chevauchent sur plusieurs exercices, et ne
forment un tout complet qu'au bout de trois ou quatre ans.

L'expérience m'a donc montré que le cadre annuel auquel j'avais primitivement
songé était trop étroit et que pour éviter toute répétition et toute confusion, je devais,
sauf en des cas exceptionnels, laisser provisoirement de côté tous les volumes publiés
par fragments, et attendre pour les faire figurer dans mes dépouillements que l'impression complète en fût terminée. J'ai dû, en second lieu, me résoudre à faire che-
vaucher le présent fascicule sur les deux années 1901 et 1902 de façon à pouvoir y
comprendre beaucoup de volumes appartenant à l'exercice 1901, mais parus dans
le cours de l'année suivante. Le fascicule suivant embrassera de même deux années
1902-1903 et ainsi de suite.

Les courtes notices placées en tête de l'analyse des publications de chaque Société
permettront, d'ailleurs, au lecteur de retrouver les volumes qui peuvent l'intéresser,
et épargneront aux bibliothécaires, chargés de ranger dans nos collections publiques
les séries que j'ai dépouillées, bien des ennuis et des pertes de temps.

Le présent fascicule est complété par deux tables alphabétiques, l'une des auteurs,
l'autre des matières. Elles sont l'œuvre de M. Vidier, et les plus difficiles reconnaî-
tront, je pense, qu'on a rarement apporté autant de soin et de conscience à un travail
de cette nature.

Sera-t-il possible de continuer longtemps à donner annuellement un fascicule conçu sur ce plan et complété par des tables aussi développées? l'avenir le dira. Je souhaite, en attendant, que le public savant daigne faire bon accueil à cette tentative, et qu'il veuille bien s'associer aux sentiments de reconnaissance que j'ai plaisir à exprimer à mon dévoué collaborateur pour les longues heures qu'il a consacrées à ce travail.

R. de LASTEYRIE,
Membre de l'Institut.

AIN. — BOURG-EN-BRESSE.

SOCIÉTÉ D'ÉMULATION DE L'AIN.

Les tomes I à XVI des *Annales* de cette Société ont été analysés dans notre *Bibliographie générale*, t. I, p. 6 à 9. — Les tomes XVII et XVIII l'ont été dans le même volume, p. 669. — Les tomes XIX à XXXIII le seront dans le Supplément actuellement en préparation.

XXXIV. — **Annales de la Société d'émulation et d'agriculture (lettres, sciences et arts de l'Ain)**, t. XXXIV, 1901. (Bourg, 1901, in-8°, 396 p.)

1. Dubois (E.). — Notice historique sur la ville de Pont-de-Veyle, *pl.*, p. 5 à 48. — Suite de XXXII, p. 326; et XXXIII, p. 5, 121, 253 et 365.
2. Callet (A.). — Le séjour d'Honoré d'Urfé à Virieu. Lettres inédites, *4 pl.*, p. 49 à 63.
3. H. P. [Perretant (H.)]. — Dons patriotiques des Chartreux de Montmerle en 1791, p. 64 à 68.
4. Villefranche (A.). — Bouvent, *pl.*, p. 69 à 83.
5. Marchand (L'abbé Fr.). — Catalogue descriptif du médaillier de la ville de Bourg, p. 97 à 136; et XXXV, p. 76 à 112.
6. Villefranche (A.). — L'annexion de la Bresse à la France, le 16 janvier 1601, p. 173 à 204.
7. Picquet (Dr Charles). — Un homme illustre du département de l'Ain, le Dr François Coste [1741 † 1819], *portr.*, p. 209 à 252.
8. Passerat (E.). — Mouvement de la population dans 40 communes de la Dombes pendant le xixe siècle, tableaux, p. 253 à 280.
9. Dubois (E.). — Notice sur la ville d'Oyonnax et son industrie, p. 289; et XXXV, p. 5 et 113.
10. F. S. [Sommies (F.)]. — Une sépulture néolithique à Treffort, grotte des Fées. La grotte de Banchin à Simandre, p. 379 à 382.

AISNE. — CHÂTEAU-THIERRY.

SOCIÉTÉ HISTORIQUE ET ARCHÉOLOGIQUE DE CHÂTEAU-THIERRY.

Les tomes I à XVII des *Annales* publiées par cette Société ont été analysés dans notre *Bibliographie générale*, t. I, p. 16 à 20. — Les tomes XVIII à XX l'ont été dans le même volume, p. 670-671. — Les tomes XXI à XXXV seront analysés dans le Supplément actuellement en préparation.

XXXVI. — **Annales de la Société historique et archéologique de Château-Thierry,** année 1901. (Château-Thierry, 1902, in-8°, x-158 p.)

11. Henriet (Frédéric). — M. P.-L.-D. Guérin [† 1900], p. 45 à 49.
12. Briet (Lucien). — L'ancienne cloche de Charly, p. 50 à 67.

[Lettre de M. Joseph Berthelé et réplique de M. Briet sur le même sujet.]

13. Henriet (Maurice). — Ancêtres et parents maternels de Racine, p. 68 à 70.
14. Henriet (Jules). — Bossuet au château du Charmel en 1660, p. 71 à 76.
15. Henriet (Frédéric). — Note sur une médaille offerte à la Société [médaille de saint Ignace de Loyola et de saint François-Xavier], p. 77 à 79.
16. Henriet (Frédéric). — Le ru de Coincy, p. 85 à 102.
17. Corlieu (Dr A.). — Le Dr Dumangin, de Château-Thierry, et le cœur de Louis XVII, p. 103 à 107.

1

IMPRIMERIE NATIONALE.

18. Guyot (L'abbé N.). — Note sur la pierre tombale de l'église d'Essomes [Claude Guillart, xvi° s.], p. 108 à 114.
19. Brikt (L.). — Les bauves de Crouttes, p. 115 à 123.
20. Doyen aîné. — Notice sur le combat de Neuilly-Saint-Front, le 3 mars 1814, et le passage des troupes ennemies en cette localité, p. 124 à 145.

21. Henriet (Maurice). — La conversion de La Fontaine, p. 146 à 152.
22. Minouflet. — Droits dus au seigneur de Nogent-l'Artaud pour le passage en rivière de Marne (1663), p. 153 à 155.

ALLIER. — MOULINS.

SOCIÉTÉ D'ÉMULATION ET DES BEAUX-ARTS DU BOURBONNAIS.

Les tomes I à XVII du *Bulletin* de la Société d'émulation de l'Allier ont été analysés dans notre *Bibliographie générale*, t. I, p. 58 à 64, et 675 à 676. — Le tome XVIII (1891) sera analysé dans le Supplément actuellement en préparation.

En 1891, la Société d'émulation s'est fondue avec la Société des Beaux-Arts de l'Allier. Ces deux Sociétés réunies commencèrent en 1892 la publication, sous le titre de *Bulletin-Revue*, d'un nouveau recueil qui se fondit, en janvier 1893, avec les *Annales bourbonnaises*. Celles-ci cessèrent dès lors de paraître, mais furent mentionnées sur le titre du *Bulletin-Revue*. — Les tomes I à VIII (1892-1900) de ce recueil seront analysés dans notre Supplément.

IX. — **Société d'Émulation et des Beaux-Arts du Bourbonnais. Bulletin-Revue**, publication mensuelle, suite au Bulletin de la Société d'Émulation de l'Allier, et aux Annales bourbonnaises, t. IX. (Moulins, 1901, in-8°, 320 p.)

23. Quibielle (De). — *L'Excellent tournoy du chevalier de la Racine* (Lyon, 1576), p. 2 à 4.
24. Clément (L'abbé J.). — Les peintures murales de l'ancienne église paroissiale de Molinet, p. 4 à 8.
25. Bertrand. — Charnière en fer ajouré du xv° siècle, *fig.*, p. 8 à 11.
26. Levistre (Louis). — A propos des argolithes de nos montagnes (Réponse aux réflexions d'un profane), p. 13 à 21. — Cf. VIII, p. 6.
27. Pérot (Francis). — Inventaire des découvertes archéologiques faites en Bourbonnais en 1900, *fig.*, p. 22 à 29.
28. Claudon (F.). — Les minutes notariales et les archives de l'Allier, p. 36 à 47.
29. Hachette (Alfred). — Les origines de l'enseignement à Montluçon, *fig.*, p. 48 et 132.
30. Audiat (Louis). — Messire Lordin Marc de Saligny [cuve baptismale de Saligny, 1592], p. 60 à 61.
31. Bertrand (A.). — Briquet de la milice nationale de 1792 [à Moulins], p. 67 à 68.
32. Martin (Louis). — Marius Perret [† 1900], p. 69 à 74.
33. Déchelette (J.) et Bertrand (C.-A.). — Fouille de l'officine de potiers-modeleurs gallo-romains de Saint-Rémy-en-Rollat (Allier), p. 82 à 86.

34. Reure. — Notes bourbonnaises d'après les manuscrits de la bibliothèque de Lyon, p. 100 à 106.

[Traités religieux et moraux (1451); l'horoscope du duc Jean II de Bourbon (1483-1488); la queue de la robe de la duchesse de Bourbon (1513); le P. Claude de Lingendes (xvii° s.); l'abbaye de Sept-Fonds (1681-1709); le cordelier Jacques Tartarie au couvent du Donjon (1718); visite du monastère des Clarisses de Moulins (1736).]

35. Meilheurat (H.). — Note relative à la règle de Gauss pour trouver la date de la fête de Pâques conformément au calendrier grégorien, p. 107 et 164.
36. Clément (L'abbé J.). — La chute du pont Ginguet [à Moulins, 1689] et l'architecte royal Mathieu, *pl.*, p. 111 à 113.
37. Bertrand (A.). — Fouilles exécutées dans les officines de potiers gallo-romains de Saint-Bonnet-Iseure (Allier), p. 114 à 120.
38. Quibielle (Roger de). — Écusson des ducs de Bourbon dans la crypte de Saint-Bonnet-le-Château, en Forez, *pl.*, p. 141 à 142.
39. Claudon (F.). — Note sur les intendants de Moulins, p. 143.
40. Anonyme. — Panneaux [de bois] sculptés, p. 144.
41. Bertrand (A.). — Fragment de sculpture [trouvé à Souvigny (xv° s.)], p. 144.
42. Clément (L'abbé Joseph). — Le crucifix en émail champlevé du xiii° siècle du presbytère du Montet-aux-Moines, *pl.*, p. 151 à 153.
43. Pérot (Francis). — Biographies bourbonnaises. Étienne Jeannot de Bartillat [1610 † 1702], p. 155 à 161.

ALPES (HAUTES-). — GAP.

SOCIÉTÉ D'ÉTUDES DES HAUTES-ALPES.

Les tomes I à III du *Bulletin* de cette Société ont été analysés dans notre *Bibliographie générale*, t. I, p. 69 à 72; le tome IV, *ibid.*, p. 677 à 678. — Les tomes V à XIX le seront dans le Supplément en préparation.

ALPES-MARITIMES. — NICE.

SOCIÉTÉ DES LETTRES, SCIENCES ET ARTS DES ALPES-MARITIMES.

Les tomes I à VIII des *Annales* de cette Société ont été analysés dans notre *Bibliographie générale*, t. I, p. 74 à 77. — Les tomes IX et X l'ont été dans le même volume, p. 678. — Les tomes XI à XVI seront analysés dans le volume de Supplément actuellement en préparation.

XVII. — Annales de la Société des Lettres, Sciences et Arts des Alpes-Maritimes..., t. XVII. (Nice, 1901, in-8°, 291 p.)

70. Doublet (Georges). — Monographie de l'ancienne collégiale de Saint-Paul-du-Var, p. 1 à 54.

71. Corinaldi (Édouard). — Souvenirs de Nice [1830-1850], p. 55 à 92.

72. Benoist (Pierre). — François de Théas, comte de Thorane, lieutenant du Roi à Francfort, d'après un livre récent, p. 93 à 112.

73. Mutesse. — Débarquement de l'empereur Napoléon Ier sur la plage du golfe Jouan. — Sa tentative avortée sur Antibes (1er mars 1815), p. 113 à 135.

74. Doublet (Georges). — Monographie des paroisses du canton de Vence, p. 137 à 187.

75. Fabre (Gaston). — Les tableaux de l'église paroissiale de Grasse, p. 189 à 196.

76. Moris (Henri). — Entrée de Bonaparte à Nice en 1796, 2 pl., p. 219 à 227.

77. Moris (Henri). — Authenticité des cendres de Marceau, déposées au Panthéon, p. 229 à 239.

78. Bousquet. — Rapport sur les travaux de l'exercice 1898-1899, p. 241 à 253.

79. Doublet (Georges). — Rapport sur les travaux de l'exercice 1899-1900, p. 254 à 277.

ARDENNES. — SEDAN.

SOCIÉTÉ D'ÉTUDES ARDENNAISES.

Les tomes I à VII de la *Revue* publiée par cette Société ont paru de 1893 à 1900. Ils seront analysés dans le Supplément de notre *Bibliographie générale*, actuellement en préparation.

VIII. — Revue d'Ardenne et d'Argonne..., publiée par la Société d'études ardennaises, 8°année, 1900-1901. (Sedan, 1901, in-8°, 228 p.)

80. Collinet (Paul). — Les inscriptions romaines du département des Ardennes, p. 1 à 5.

81. Lacaille (A.). — Quelques notes sur les Hautes-Rivières, p. 5 à 10.

[L'ancienne cloche de Failloué; les chapelles de l'église de Trigne; la chapelle des Forges, à Linchamps; cahiers de doléances de la communauté de Failloué (1789), etc.]

82. Lenot (Stephen). — Le loyalisme des Sedanais et leur hospitalité de 1638 à 1680, p. 10, 22, 49, 94, 133, 153 et 176. — Suite de VII, p. 169, 189 et 217.

83. Riomet (L.-B.). — Études campanaires, p. 17 à 22.

[Cloches de Liart, de l'abbaye de Bonnefontaine; le fondeur Pierre Guilleuin; cloches de Rumigny.]

84. Séchenet (A.). — Relevé des dates de construction dans l'église de Mézières, p. 31.

85. Collinet (P.). — Inscriptions d'un étudiant fumarien [Pierre-Nicolas Mathy] à la Faculté de droit de Douai, en 1755, p. 31.

86. Bourguignon (Jean) et Houin (Charles). — Poètes

AUBE. — TROYES.

SOCIÉTÉ ACADÉMIQUE DE L'AUBE.

Les tomes I à XLVII des *Mémoires* de cette Société ont été analysés dans notre *Bibliographie générale*, t. I, p. 83 à 92. — Les tomes XLVIII et XLIX l'ont été dans le même volume, p. 679 et 680. — Les tomes L à LXIV figureront dans notre Supplément.

Les tomes I à XLIX de l'*Annuaire administratif du département de l'Aube*, publiés sous la direction de la Société académique de 1835 à 1884, ont été analysés dans notre *Bibliographie générale*, t. I, p. 92 à 99. — Le tome L est analysé, *ibid.*, p. 680. — Les tomes LI à LXV, correspondant aux années 1886 à 1900, le seront dans notre Supplément.

AUDE. — NARBONNE.

COMMISSION ARCHÉOLOGIQUE DE NARBONNE.

Le tome I du *Bulletin* publié par cette Compagnie en 1876-1877 a été analysé dans notre *Bibliographie générale*, t. I, p. 102. Après avoir cessé de donner signe de vie pendant plus de douze ans, cette Société a été réorganisée en 1890, et elle a entrepris la publication d'un nouveau recueil formant un volume tous les deux ans. Les cinq volumes de cette collection parus de 1890 à 1899 seront analysés dans notre Supplément actuellement en préparation.

BOUCHES-DU-RHÔNE. — AIX.

ACADÉMIE D'AIX.

Les soixante-quatre premières *Séances publiques* de cette Académie figurent dans notre *Bibliographie générale*, t. I, p. 112 à 114, et p. 681. — Celles qui ont été tenues de 1885 à 1900 (LXV à LXXX) trouveront place dans notre Supplément actuellement en préparation. — Nous avons analysé dans notre tome I, p. 114 à 116, les douze premiers volumes des *Mémoires*. Nous donnerons dans notre Supplément le dépouillement des tomes XIII à XVIII. Aucun volume de cette série ne se réfère à l'exercice 1901.

LXXXI.— Séance publique de l'Académie des sciences, agriculture, arts et belles-lettres d'Aix. (Aix-en-Provence, 1901, in-8°, 47 p.)

134. SELLE (Vicomte DE). — Discours [les femmes dans la science], p. 1 à 20.

[Hypathie, Marie Agnési, Sophie Germain.]

BOUCHES-DU-RHÔNE. — MARSEILLE.

ACADÉMIE DES SCIENCES, LETTRES ET BEAUX-ARTS DE MARSEILLE.

Les tomes I à XXVI des *Mémoires* de cette Académie ont été analysés dans notre *Bibliographie générale*, t. I, p. 121 à 125. — Le tome XXVII, *ibid.*, p. 682. — Les tomes XXVIII à XXXI seront analysés dans le Supplément actuellement en préparation.

XXXII. — Mémoires de l'Académie des Sciences, Lettres et Beaux-Arts de Marseille, 1899-1901. (Marseille, 1901, in-8°, VIII-536 p.)

135. LEGRÉ (Ludovic). — La botanique en Provence au XVI° siècle, p. 1 à VIII, 1 à 263, et 297 à 441. — Cf. n° 138.

[Pierre Pena et Mathias de Lobel, p. 1 à 263. — Léonard Rauwolff, p. 297 à 400. — Jacques Raynaudet, p. 401 à 441.]

136. CLERC (Michel). — De l'histoire considérée comme science, p. 467 à 483.
137. BLANCARD (Louis). — Note sur le talent lydien au temps de Crésus et les talents babylonien et euboïque sous Darius fils d'Hystaspe, p. 492 à 500.
138. LEGRÉ (Ludovic). — L'indigénat en Provence du styrax officinal. Pierre Pena et Fabri de Peiresc, p. 501 à 519. — Cf. n° 135.
139. BLANCARD (Louis). — Unions monétaires chez les Grecs et les Chinois, *fig.*, p. 521 à 527.

BOUCHES-DU-RHÔNE. — MARSEILLE.

SOCIÉTÉ DE GÉOGRAPHIE DE MARSEILLE.

Les tomes I à XXIV du *Bulletin* de cette Société seront analysés dans le Supplément de notre *Bibliographie générale* actuellement en préparation.

XXV. — Bulletin de la Société de Géographie de Marseille, t. XXV. (Marseille, 1901, in-8°, 460 p.)

140. CLERC (M.). — Le bassin de Marseille, géographie et géologie, *fig.*, p. 7 à 19.

141. MONOD (G.-H.). — En Chine, p. 20 à 40.
142. LÉOTARD (Jacques). — Le capitaine Cazemajou [1864 † 1898], *portr.*, p. 113 à 135.
143. LÉOTARD (Jacques). — Sur la route de Fachoda, de l'Atlantique au Bahr-el-Ghazal en cinq mois, l'enseigne de vaisseau André Perrot, p. 242 à 266.

CALVADOS. — BAYEUX.

SOCIÉTÉ DES SCIENCES, ARTS ET BELLES-LETTRES DE BAYEUX.

Les tomes I à V du recueil publié par cette Société ont paru de 1894 à 1900. Ils seront analysés dans le Supplément de notre *Bibliographie générale*.

VI. — Société des sciences, arts, et belles-lettres de Bayeux, 6ᵉ volume. (Bayeux, 1901, in-8°, 157 p.)

144. Anquetil (E.). — Peintres bayeusains, p. 1 à 10.
145. Villers (G.). — La tour du patriarche [à la cathédrale de Bayeux], p. 11 à 39.
146. Anquetil (E.). — Le puits de la cathédrale [de Bayeux], p. 40 à 48.
147. Villers (G.). — La tragédienne Georges Weimmer [† 1867], p. 49 à 60.
148. Villers (G.). — Le sous-sol bayeusain, p. 61 à 66.

149. Villers (G.). — Henry Monnier et Chaix d'Estange, p. 67 à 78.
150. Débout (Alfred). — Un abus sous l'ancien régime (1620 à 1775), p. 79 à 94.

[L'hôpital général de Bayeux et les mesureurs de grains.]

151. Gomiecourt (Roger de). — Recherches sur les artistes originaires de Bayeux et de sa région depuis le xvᵉ siècle jusqu'au xviiiᵉ, p. 97 à 139.
152. Divers. — Nécrologies, p. 151 à 156.

[Joseph Lesieur († 1900); G.-L.-A. Tubœuf († 1900); V.-P. Levard († 1901); A. Poitevin; Mᵐᵉ A. Le Sénécal.]

CALVADOS. — CAEN.

ACADÉMIE DES SCIENCES, ARTS ET BELLES-LETTRES DE CAEN.

Les tomes I à XXXIX des *Mémoires* de cette Académie ont été analysés dans notre *Bibliographie générale*, t. I, p. 138 à 145. — Le tome XL est analysé dans le même volume, p. 683. — Les tomes XLI à LIV (1886-1900) figureront dans le Supplément actuellement en préparation.

LV. — Mémoires de l'Académie nationale des sciences, arts et belles-lettres de Caen. (Caen, 1901, in-8°, 11-410 p.)

153. Gasté (Armand). — Lettres inédites de P.-D. Huet à son neveu de Charsigné, procureur du Roy au Bureau des finances à Caen, p. 3 à 247. — Suite de LIV, p. 147.

[Suivi d'un Éloge de Monsieur de Charsigné, par M. du Touchet, p. 243.]

154. Gasté (Armand). — Voltaire à Caen en 1713 (le salon de Mᵐᵉ d'Osseville. Le P. de Couvrigny), p. 248 à 277.
155. Lumière (Henri). — Trois années au théâtre de Caen (juillet 1859-mai 1862), p. 278 à 308.

CALVADOS. — CAEN.

ASSOCIATION NORMANDE.

Les cinquante premières années de l'*Annuaire* publié par cette Association de 1835 à 1884 ont été analysées dans notre *Bibliographie générale*, t. I, p. 145 à 164. — La cinquante et unième année a été analysée. *ibid.*, p. 683. — Les volumes LII à LXVI, correspondant aux années 1886 à 1900 figureront dans le Supplément actuellement en préparation.

LXVII. — Annuaire des cinq départements de la Normandie, publié par l'Association normande, 68e année, 1901. (Caen et Rouen, s. d., in-8°, LXIII-366 p.)

156. Cauchon (L'abbé). — Monographie de l'église de l'abbaye de Montebourg, 2 *pl.*, p. 58 à 81.

157. Anonyme. — Excursion à Lestre, Quinéville, Saint-Marcouf, Sainte-Mère-Église, Fréville, p. 82 à 90.

158. Cauchon (L'abbé). — Monographie de l'église paroissiale Saint-Jacques de Montebourg, 2 *pl.*, p. 104 à 113.

159. Lefollon (L'abbé). — Note sur la date de la consécration de l'église Saint-Jacques de Montebourg, p. 114 à 120. — Cf. n° 160.

160. Cauchon (L'abbé). — Observations sur la date de la consécration de l'église Saint-Jacques de Montebourg, p. 121 à 128. — Cf. n° 159.

161. Veuclin (V.-E.). — L'assistance publique avant la Révolution dans l'ancien diocèse de Coutances, p. 130 à 154.

162. Anonyme. — Excursions à Barfleur, aux phares de Gatteville, à Saint-Vaast-la-Hougue, à l'île Tatihou; visite du laboratoire maritime, p. 160 à 164.

CALVADOS. — CAEN.

SOCIÉTÉ FRANÇAISE D'ARCHÉOLOGIE.

Les tomes I à L du *Bulletin monumental* et I à LI des *Congrès archéologiques* publiés par cette Société ont été analysés dans notre *Bibliographie générale*, t. I, p. 222 à 319. — Le tome LI du *Bulletin monumental*, *ibid.*, p. 686 à 687; le tome LII des *Congrès archéologiques*, *ibid.*, p. 687 à 688. — Les tomes LII à LXV du *Bulletin monumental* et LIII à LXVII des *Congrès* seront analysés dans le Supplément en préparation.

LXV. — Bulletin monumental, publié sous les auspices de la Société française d'archéologie pour la conservation des monuments historiques, et dirigé par Eugène Lefèvre-Pontalis. LXVe volume de la collection. (Caen, 1901, in-8°, 677 p.)

163. Lefèvre-Pontalis (Eug.). — L'église de Chars [Seine-et-Oise], *fig.* et 6 *pl.*, p. 7 à 29.

164. Bulliot (J.-G.). Découverte de deux inscriptions romaines et d'un casque votif à Autun, 3 *pl.*, p. 30 à 36.

165. Rochemonteix (A. de). — L'église de Lacelle [Cantal] [XIIe s.], *fig.* et *pl.*, p. 36 à 44.

166. Boullet (A.). — La fabrication industrielle des retables en albâtre (XIVe-XVe s.), *pl.*, p. 45 à 62.

[Catalogue des panneaux de retable en albâtre.]

167. Soil (E.-J.). — Congrès international d'archéologie chrétienne, Rome, 1900, p. 63 à 72.

168. Berluc-Perussis (L. de). — Rapport sur les fouilles et les restaurations récentes en Provence, p. 73 à 77.

[Églises de Ganagobie et de Forcalquier. Mosaïque romaine trouvée à Arles.]

169. Anonyme. — Restauration de l'ancienne église abbatiale d'Estival-en-Charnie (Sarthe), p. 77 à 79.

170. Blanchet (Adrien). — Chronique, p. 81, 212, 376, 505 et 616.

171. Fage (René). — Nécrologie. M. le chanoine Arbellot [1816 † 1900], p. 105 à 107.

172. Lasteyrie (Robert de). — Quelques notes sur le château de Gisors, *fig.* et 3 *pl.*, p. 121 à 137. — Cf. n° 222 4.

173. Bouillet (L'abbé A.). — L'art religieux et l'exposition rétrospective du Petit Palais en 1900, 17 pl., p. 138 à 166, et 283 à 324.

[Évangéliaire de Morienval. Peigne de saint Loup, pl. Tau du musée de Chartres, pl. Pyxide du XVe siècle au musée de Dijon, pl. Crosse d'ivoire de la cathédrale de Vannes, pl. vierge d'ivoire de la collection Leroy, pl. Triptyque d'ivoire et aquamanile en bronze de la collection Oppenheim, pl. Pied de chandelier de Reims, pl. Châsse mérovingienne de Saint-Benoît-sur-Loire, pl. Reliquaire de Varzy, pl. Reliquaire de sainte Aldegonde à Maubeuge, pl. Reliquaire de saint Riquier, pl. Reliquaire de la Sainte-Épine aux Augustines d'Arras, pl. Reliquaire d'Arnac-la-Poste, pl. Statue de sainte Foy et reliquaires de Conques, 2 pl. Reliquaire de Jaucourt, pl. Calice de Tours, pl. Colombe eucharistique, pl. Monstrance de Rouen, pl. Croix de Rouvres, pl., et du musée de Rouen, pl. Crosse de Maubeuge, pl. Navette à encens de Chartres, pl. Reliure d'évangéliaire à Conques, pl. Tapisseries d'Angers, pl.]

174. Thiollier (Noël). — L'église de Sainte-Foy-Saint-Sulpice (Loire), pl., p. 167 à 175.
175. Triger (Robert). — La motte et l'enceinte de Beaumont-le-Vicomte (Sarthe), fig. et pl., p. 176 à 190.
176. Lefèvre-Pontalis (Eug.). — Les fouilles de la cathédrale de Chartres, p. 191 à 194. — Cf. n° 180.
177. Du Châtellier (Paul). — Fouilles et restaurations faites en Bretagne en 1899 et en 1900, p. 195 à 206.
178. Ghellinck d'Elseghem (Comte de). — Les dernières découvertes archéologiques en Belgique, p. 206 à 209.

[Inscriptions romaines trouvées à Tongres et à Bruxelles.]

179. Chaillou (Félix). — Découvertes de monnaies romaines [impériales] aux Cléons, p. 210 à 211.
180. Lefèvre-Pontalis (Eug.). — Les fondations des façades de la cathédrale de Chartres, 3 pl., p. 263 à 283. — Cf. n° 176.
181. Rivières (Baron de). — Inscriptions, sentences et devises recueillies sur des portes d'églises et de maisons, p. 325 à 344.

[Perpignan. Saint-Genis-des-Fontaines, Counat. Serrallongue, Corneilla du Conflent et Canet (Pyrénées-Orientales). — La Réole, Gaillac, Castres, Albi, Nîmes, Agen, Toulouse. — Alet (Aude), Rodez, Bourges, Dun-sur-Auron, la Teste. — Mentray et Scey-sur-Saône (Haute-Saône), Arc-Senans (Doubs). — Harlem et Horn (Hollande).]

182. Maître (Léon). — L'âge de l'église de Déas à Saint-Philbert-de-Grandlieu, 2 pl., p. 345 à 351.
183. Vitry (Paul). — Les apôtres d'Antoine Juste à la chapelle du château de Gaillon, 5 pl., p. 352 à 364.
184. Lefèvre-Pontalis (Eug.). — Le puits des Saints-Forts à la cathédrale de Chartres, p. 365 à 367.
185. Lefèvre-Pontalis (Eug.). — Les fouilles de Saint-Laurent de Langeais, p. 367 à 370.
186. Rochemonteix (A. de). — Les sculptures romaines de la Bragua, près Antibes, p. 370 à 372.
187. Ballu (Albert). — Les fouilles de Timgad, 4 pl., p. 415 à 433.
188. Coutil (Léon). — Les fouilles de Pitres (Eure), 4 pl. et fig., p. 434 à 456.

189. Lauondès (J. de). — Le cas de Saint-Étienne de Toulouse, 3 pl., p. 456 à 473.
190. Jamot (C.). — Le château de Viverols (Puy-de-Dôme), 3 pl., p. 474 à 477.
191. Travers (Émile). — Nécrologie. M. Eugène de Robillard de Beaurepaire [1827 † 1899], p. 478 à 491.
192. Du Châtellier (Paul). — Pont de Sainte-Catherine-en-Plouguer sur l'ancienne voie romaine de Carhaix vers Lannion, pl., p. 492 à 494.
193. Corot (Henri). — L'année archéologique en Côte-d'Or. Fouilles et découvertes faites dans ce département en 1900, p. 494 à 500.
194. Bouillet (A.). — A propos des armoiries de la Ville de Paris, p. 501 à 504.

[Extrait d'un article de F. Bournon dans le Journal des Débats.]

195. Corot (Henri). — Les vases de bronze pré-romains trouvés en France, 7 pl., p. 539 à 572.
196. Blin (Charles). — Les cimetières mérovingiens de Mareil-sur-Mauldre et de Beynes (Seine-et-Oise), fig. et 3 pl., p. 573 à 593.
197. Join-Lambert (Octave). — Le palais épiscopal de Meaux [XIIe siècle], à propos d'un récent article, fig. et 2 pl., p. 594 à 603.
198. Caix de Saint-Aymour (Vicomte de). — Les sibylles d'Anvers [XVIe siècle], pl., p. 604 à 615.

CONGRÈS ARCHÉOLOGIQUES.

LXVIII. — Congrès archéologique de France. LXVIIIe session. Séances générales tenues à Agen et Auch, en 1901, par la Société française d'archéologie pour la conservation des monuments. (Caen, 1902, in-8°, LV-453 p.)

199. Lauzun (Philippe). — Guide archéologique des Congrès d'Agen et Auch, p. 1 à 59.

[Agen : cathédrale, fig.; salle capitulaire, pl.; musée. — Église de Monsempron, fig. et 2 pl. — Château de Bonaguil, 3 pl. — Château de Perricard, pl. — Église de Moiras, 3 pl. — Église d'Aubiac, fig. — Châteaux d'Estillac et de Madaillan, fig. — Église de Moissac, 2 pl. — Lectoure : cathédrale, fig.; musée, pl.; fontaine du XIIIe siècle, fig. — Auch : cathédrale, 2 pl.]

200. Lauzun (Philippe). — État des études archéologiques dans le département du Lot-et-Garonne, p. 135 à 155.
201. Lavergns (Adrien). — Les études archéologiques dans le Gers, p. 156 à 166.
202. Momméja (Jules). — L'oppidum des Nitiobriges, 3 pl., p. 167 à 242.
203. Dubos (L'abbé). — Essai d'identification des lieux du martyre et des premières sépultures de saint Vincent diacre, p. 243 à 267.

CANTAL. — AURILLAC.

SOCIÉTÉ DES LETTRES, SCIENCES ET ARTS «LA HAUTE-AUVERGNE».

Les tomes I et II de la *Revue* publiée par cette Société, parus en 1899 et 1900, seront analysés dans le Supplément de notre *Bibliographie générale*, actuellement en préparation.

231. Boudet (Marcellin). — Le mont Carrecantai. Note additionnelle à l'article sur le mont Cantal et le pays de Cantalès, p. 252 à 254. — Cf. n° 219.

232. Le Blanc (Paul). — Une question de préséance au temps jadis [Madame du Laurens, femme de magistrat, et Madame de Camboulas, femme d'un gentilhomme, dans les rues d'Aurillac, 1677], p. 265 à 268.

233. Aymar (Alph.). — Archéologie préhistorique dans le Cantal, p. 268 à 269.

234. Boudet (Marcellin). — Documents inédits sur les recluseries au moyen âge. La recluserie du Pont Sainte-Christine à Saint-Flour, p. 335 à 355; et IV, p. 1 à 43.

235. Dienne (Comte de). — Carlat à la fin du XVIII° siècle, d'après une lettre de M°°° Potier de Marmiès, p. 356 à 366.

236. Miramon-Fargues (Vicomte de). — Une aventure de carnaval à Aurillac au XVIII° siècle, p. 367 à 374.

CHARENTE. — ANGOULÊME.

SOCIÉTÉ ARCHÉOLOGIQUE ET HISTORIQUE DE LA CHARENTE.

Les tomes I à XXIX du *Bulletin* de cette Société ont été analysés dans notre *Bibliographie générale*, t. I, p. 325 à 337. — Le tome XXX, *ibid.*, p. 688 à 689. — Les tomes XXXI à XLIV seront analysés dans le Supplément actuellement en préparation.

XLV. — **Bulletin et Mémoires de la Société archéologique et historique de la Charente** (année 1901), 7° série, t. I. (Angoulême, 1902, in-8°, XCIV-105 p.)

237. Divers. — Procès-verbaux du 9 janvier au 10 juillet 1901, p. 1 à XCIV.

[Voie romaine dans la commune de Saint-Sigismond, p. XLII. — Bustes antiques provenant des Grand'maisons, *fig.*, p. XLV (cf. n° 244). — Violon italien de 1521, p. LXXI.]

238. [Lacroix (P. de)]. — Armoiries de Cognac, p. XXX.

239. [Biais (É.)]. — Pièces relatives à des imprimeurs angoumoisins [Puinèze et Rezé], p. XLV.

240. [Biais (É.)]. — Privilèges et violences des maîtres tailleurs d'Angoulême (1600), p. LII.

241. Georgs (J.). — Note sur une gravure de Notre-Dame d'Aubezine [XVIII° s.], *fig.*, p. LVI.

242. [Baillet]. — Lettre d'état pour le sieur Boullanger, garde du Roy (1745), p. LXVIII.

243. Guérin-Boutaud (A.). — Le souterrain de Tarsac, *fig.*, p. LXXIII à LXXVI.

244. [Biais (É.)]. — Notes sur des figures gallo-romaines [dieux Termes], p. LXXVIII. — Cf. n° 237.

245. Biais (Émile). — Note biographique et bibliographique sur Maurice Hyllaret, cordelier [1539 † 1591], p. LXXIX à LXXXIV.

246. É. B. [Biais (É.)]. — Note concernant l'entrée solennelle du comte de Candale dans Angoulême (1611), p. LXXXIV.

247. Barbier de Montault (X.). — Les crosses limousines de l'évêché d'Angoulême, *fig.* et 3 *pl.*, p. 1 à 22.

248. Guérin-Boutaud (A.) et George (J.). — L'église Saint-Pierre de la Rochefoucauld, *fig.* et *pl.*, p. 23 à 37.

249. Biais (Émile). — Documents inédits extraits des archives communales d'Angoulême pour servir à l'histoire municipale de cette ville, p. 39 à 96.

[Don à Mlle de Montpensier (1505). — Maître-école de Saint-Pierre (1506). — Don au cardinal d'Albret (1516); au gouverneur (1523). — Gages du maire (1522). — Hommage à l'abbé de la Couronne (1573). — Passage de Louis XIII (1615). — Entrée du comte de Brassac (1633). — Nomination d'échevins (1633). — Règlement de police (1634). — Fondation d'un couvent de Tiercelettes (1640). — Service pour M. de Brassac (1645). — Troubles de 1650-1651, etc.]

CHARENTE-INFÉRIEURE. — ROCHEFORT.

SOCIÉTÉ DE GÉOGRAPHIE DE ROCHEFORT.

Les tomes I à XXII du *Bulletin* de cette Société seront analysés dans le Supplément de notre *Bibliographie générale*, actuellement en préparation.

XXIII. — Bulletin de la Société de géographie de Rochefort (agriculture, lettres, sciences et arts), fondée en 1806, réorganisée en 1879; t. XXIII, année 1901. (Rochefort, 1901, in-8°, 364 p.)

250. Gautronneau. — La ville et le comté de Marans, p. 3 à 24, et 61 à 80. — Suite de XXII, p. 493.

251. Pawlowski (Auguste). — L'acon à travers les âges, p. 25 à 29.

252. Anonyme. — Contribution à l'histoire de Rochefort. Déclaration du Roy pour l'établissement d'un hostel de ville à Rochefort donnée à Paris, le 5 mars 1718, p. 30 à 33.

253. Silvestre (J.). — La Malmaison, Rochefort, Sainte-Hélène (20 juin-16 octobre 1815), p. 80 à 149, 175 à 238, et 257 à 309.

254. Courcelle-Seneuil. — Note sur les constructions mises à découvert par les fouilles exécutées pour l'allongement du bassin n° 3, dans l'arsenal de Rochefort, p. 149 à 151.

255. Anonyme. — Notices nécrologiques, p. 158 à 162.
[Ernest Polony (1844 † 1901).— Le Dr Georges Fontorbe (1850 † 1901).]

256. Pawlowski (A.). — Carte-plan de l'île d'Aix dressée par Cornuau en 1672, présentée avec une notice explicative, p. 173 à 175.

257. Pawlowski (A.). — Chatelaillon à travers les âges, p. 309 à 314.

258. Retail (G.). — Nécrologie, p. 350 à 353.
[Le prince Henri d'Orléans (1867 † 1901).]

259. Rabot (Ch.). — Nécrologie, p. 354 à 355.
[A.-E. Nordenskjœld.]

CHARENTE-INFÉRIEURE. — SAINTES.

COMMISSION DES ARTS ET MONUMENTS HISTORIQUES.

Les tomes I à VII du *Recueil* de cette Commission ont été analysés dans notre *Bibliographie générale*, t. I, p. 345 à 350. — Le tome VIII l'a été dans le même volume, p. 689 à 691. — Les tomes IX à XIV le seront dans le Supplément actuellement en préparation.

XV. — Recueil de la Commission des arts et monuments historiques de la Charente-Inférieure et Société d'archéologie de Saintes, 5° série, t. I, t. XV de la collection. (Saintes, 1899-1901, in-8°, 614 p.)

260. G. M. [Musset (Georges)]. — Rachat de Flamands prisonniers à la Rochelle en 1570, p. 11 à 14.

261. Laventure (A.). — Extrait des registres de l'état civil de la commune de Chérac (de 1601 à 1792), p. 20 à 28.

262. G. M. [Musset (Georges)]. — Nécrologie, p. 28 à 30.
[A.-C. Cantaloube (1839 † 1898); Mgr Valleau († 1898).]

263. Dangibeaud (Ch.). — Contribution au Corpus des inscriptions céramiques sigillées, 4 pl., p. 43 à 56. — Suite de XI, p. 29.

264. E. C. — Saint-Georges-d'Oléron, inscription de l'ancienne cloche (1754), p. 60 à 61.

265. Phelippot (Théodore). — Arrest du Conseil d'État du Roy du 7 juin 1738 [concernant la Tour des Baleines en l'île de Ré], p. 73 à 75.

266. Mageau (E.-A.). — Une page d'histoire locale. Soubise, *fig.* et *4 pl.*, p. 83 à 152, 161 à 192, et 207 à 279.

267. Musset (Georges). — L'origine du général Joubert, p. 193 à 195.

268. Ch. D. [Dangibeaud (Ch.)]. — Monnaies romaines (argent), p. 196.

269. Musset (Georges). — Le trésor de la Rouillasse (commune de Soubise) [monnaies romaines], p. 196 à 204.

270. Regelsperger (Gustave). — Nécrologie, p. 279 à 281.

[H.-A. Coudreau (1859 † 1899).]

271. Musset (Georges). — Le parler saintongeais chez les Boers, p. 282 à 285.

272. G. M. [Musset (Georges)]. — Inscription des Capucins de Marans (1661), p. 285.

273. Dangibeaud (Ch.). — Le vieux pont de Saintes, *fig.* et *pl.*, p. 293 à 336, et 341 à 405.

274. Richemond (De). — Nécrologie, p. 405 à 408.

[Antoine Duplais des Touches (1860 † 1900).]

275. Anonyme. — Tumulus de Courcoury, p. 408 à 409.

276. Dangibeaud. — Rectification à la liste des prieurs de Saint-Eutrope [de Saintes, publiée dans la *Revue historique de l'Ouest* en 1900], p. 417 à 420.

[A propos de Raymond de Montaigne.]

277. Drilhon (Paul). — Notes sur Saint-Pierre de Saintes, de 1804 à 1900, p. 421 à 433, 448 à 476, et 493 à 510.

278. P. Th. — Les familles rochelaises. La famille de Méric, p. 434 à 437.

279. Saint-Marsault (Comte de). — Adresse des gentilshommes et émigrés de la Rochelle et du pays d'Aunis au Roi [2 mai 1814], p. 437 à 439.

280. Anonyme. — Nécrologie, p. 440 à 442.

[T.-E.-B. Kemmerer de Raffin (1815 † 1900).]

281. Tenaud (L'abbé E.). — L'église de Landes, 2 *pl.* en couleur, p. 477 à 480.

282. Vitry (Paul). — La statue funéraire de Jeanne de Vivonne, dame de Dompierre, et celle de sa fille, la duchesse de Retz, 3 *pl.* et *fig.*, p. 511 à 518.

283. Ch. D. [Dangibeaud (Ch.)]. — Une motte féodale à Authon, p. 520 à 521.

284. Dangibeaud (Ch.). — Un orviétan à Saintes, p. 531 à 543.

285. Ch. D. [Dangibeaud (Ch.)]. — Documents, p. 543 à 560.

[Les Jésuites de Saintes (1611) ; la cure de Macqueville (1616) ; les orgues de Saint-Pierre de Saintes (1626).]

CHARENTE-INFÉRIEURE. — SAINTES.

SOCIÉTÉ DES ARCHIVES HISTORIQUES DE LA SAINTONGE ET DE L'AUNIS.

Les tomes I à XIII des *Archives historiques de la Saintonge* ont été analysés dans notre *Bibliographie générale*, t. I, p. 350 à 359. — Les tomes XIV à XXIX seront analysés dans le Supplément actuellement en préparation.

Les tomes I à V du *Bulletin* ont été analysés dans notre tome I, p. 359 à 365. — Les tomes VI à XX seront analysés dans notre Supplément.

XXX. — Archives historiques de la Saintonge et de l'Aunis. XXX. Cartulaire de Saint-Jean-d'Angély, t. I. (Saintes, 1901, in-8°, 438 p.)

286. Musset (Georges). — Cartulaire de Saint-Jean-d'Angély, p. 1 à 400.

287. Anonyme. — Table chronologique des documents publiés dans les tomes XXVII-XXX des *Archives historiques de la Saintonge et de l'Aunis*, p. 401 à 438.

XXI. — Bulletin de la Société des Archives

historiques. Revue de la Saintonge et de l'Aunis, t. XXI. (Saintes, 1901, in-8°, 462 p.)

288. Anonyme. — Une lettre du maréchal Regnaud de Saint-Jean-d'Angély [16 juin 1859], p. 25 à 26.

289. Anonyme. — Sur le château de Jarnac, p. 26 à 27.

290. Audiat (Louis). — Armoiries des villes de Saintonge et d'Aunis, *fig.* et 1 *pl.*, p. 27 à 43. — Cf. n° 296.

291. Divers. — Passage à Saintes de Joseph Bonaparte (1815), de Napoléon Ier (1808), de la duchesse d'Angoulême (1823), p. 51 à 55, et 123 à 127. — Cf. XX., p. 371 et 437.

292. Biais (Émile). — François Tremeau, libraire d'Angoulème [xix° s.], *fig.*, p. 55 à 58.

293. J. P. [Pellisson (Jules)]. — L'*Almanach curieux et historique de la Saintonge* (1793), p. 59 et 127.

294. Anonyme. — G.-M.Ollivier-Beauregard [1817†1901], p. 97.

295. Anonyme. — Pierre-Léandre-Hippolyte Barbedette [1827 † 1901], p. 97 à 99.

296. Claude (Louis). — Armoiries de Saintonge et d'Aunis, p. 103. — Cf. n° 290.

297. Ch. D. [Dangibeaud (Ch.)]. — Achat [par le musée de Saintes] d'une collection gallo-romaine [objets trouvés dans les terres des thermes de Sainte-Saloine], p. 104 à 105.

298. Barbier de Montault (X.). — Une croix à main [xiii° s.], *fig.*, p. 105 à 110.

299. La Morinerie et P. [Pellisson (Marcel)]. — Exemples de longévité et de reproduction en Saintonge et en Aunis (1710-1711), p. 110 à 112.

300. B. — Traitement de l'hydrophobie... en 1823, p. 112 à 113.

301. Anonyme. — Une saisie de cheval [de Pierre de la Vilayne, de Brouage], en 1621, p. 113.

302. Anonyme. — Une vieille chanson en coq-à-l'âne en patois saintongeais, p. 114 à 115.

303. Beinix (Jos.). — Calvin en Saintonge-Angoumois, p. 115 à 120.

304. L. A. [Audiat (Louis)]. — La défense du patois saintongeais, p. 165 à 169.

305. Divers. — Le premier bateau à vapeur... à Saintes, p. 169 à 170, et 247 à 252.

306. Biais (Émile). — Le docteur Guillotin et Moreau le jeune, p. 170 à 172.

307. Anonyme. — Jacquette de Chesnel et les Filles de Notre-Dame, *fig.*, p. 172 à 175.

308. Anonyme. — Le culte de saint Eutrope et de sainte Eustelle, p. 175 à 180. — Suite de VIII, p. 232; IX, p. 134; XIII, p. 102; XVII, p. 185; et XIX, p. 175.

309. Anonyme. — Six mille mariages en un jour [à l'occasion du mariage de Napoléon I°¹ et de Marie-Louise, 22 avril 1810], p. 180 à 181.

310. Lételié (André). — Un divorce par consentement mutuel au xvii° siècle [Pierre Baron et Judith Laloué, 1646], p. 182 à 185.

311. Pellisson (Jules). — Napoléon à Barbezieux [1808], p. 186 à 196.

312. Audiat (Louis) et B. C. — La Journée de la grande peur [à Montendre et à Ozillac], p. 202 à 204, et 345.

313. Pellisson (Marcel) et Réveillaud (Eug.). — *Achets* [patois saintongeais, français *vers*] et *Ganipotes* [mâle-bête, chien blanc], p. 243 à 245, et 304 à 305.

314. Pellisson (Jules). — Une colonie allemande en Saintonge (1763-1764), p. 252 à 255.

315. D. — Un arbre de la liberté en 1792 à Cognac, p. 255 à 262.

316. Audiat (Louis). — Un assassinat à Chérac en 1775, p. 263 à 264.

317. Musset (Georges). — Le cartulaire de l'abbaye de la Grâce-Dieu. Erratum, p. 276 à 280. — Cf. le tome XXVII des *Archives historiques*.

[Bulle de Grégoire IX.]

318. Regelspergher (Georges). — Victor-Georges Fontorbe [1850 † 1901], p. 297 à 300.

319. Brémond d'Ars (Anatole de). — Une lettre d'indulgence pour Saint-Pierre de Saintes (1477), p. 306 à 308.

320. Anonyme. — L'excursion de Cognac à Jarnac (28 juin 1901), p. 308 à 336.

[Cognac, Saint-Brice, Gademoulins, Jarnac, Bourg-Charente, L'Échassier.]

321. Divers. — *La Chèvre*, vieille chanson saintongeaise, p. 346 à 351. — Cf. XXII, p. 54.

322. Biais (Émile). — Une cheminée Renaissance à la Rochefoucauld, p. 376 à 377; et XXII, p. 30 à 31.

323. Maufras (E.). — Entre médecins et pharmaciens [à Pons, an xiii], p. 381 à 382.

324. L. — Après la visite de Philippe V [à Saintes] (1700), p. 382 à 384.

325. Vigen (D° Ch.). — Les protestants à Montlieu et dans les environs, p. 391 à 399.

326. Anonyme. — Le prieuré de Saint-James (1531), p. 399 à 401.

327. Audiat (Louis). — Le merveilleux en Saintonge, Aunis et Poitou. Apparitions, visions et fantômes, p. 401 à 410.

CHER. — BOURGES.

SOCIÉTÉ DES ANTIQUAIRES DU CENTRE.

Les tomes I à XIII des *Mémoires* de cette Société ont été analysés dans notre *Bibliographie générale*, t. I, p. 369 à 373. — Les tomes XIV à XXIV figureront dans notre Supplément.

XXV. — **Mémoires de la Société des antiquaires du Centre...**, 1901, XXV⁰ volume. (Bourges, 1902, in-8°, XXVI-333 p.)

328. Des Méloizes. — Rapport sur les travaux de la Société pendant l'année 1901, p. IX.

[Le service d'incendie à Bourges en 1693.]

329. Des Méloizes. — Une inscription [romaine] votive découverte à Sagonne (Cher), *pl.*, p. 1 à 8.

330. Saint-Venant (J. de). — Anciens fers de chevaux à double traverse, 5 *pl.*, p. 9 à 50.

331. Deshoulières (F.). — Le prieuré d'Orsan en Berri, 5 *pl.*, p. 51 à 138.

332. Le Normant du Coudray. — Note sur l'ancienne abbaye de Fontmorigny, p. 139 à 164.

333. Soyer (Jacques). — Documents inédits sur Jean Boucher, peintre berruyer, maître de Pierre Mignard, p. 165 à 185.

334. Chambois (L'abbé) et Mathr. — Livre journal d'Étienne d'Azambourg, de L'Enfournet en Concressault (1710-1758), p. 187 à 280.

335. Charlemagne (Edmond). — Les forges de Bélâbre au XVIII⁰ siècle, p. 281 à 307.

CHER. — BOURGES.

SOCIÉTÉ HISTORIQUE, LITTÉRAIRE ET SCIENTIFIQUE DU CHER.

Les tomes I à IX des *Mémoires* publiés par cette Société ont été analysés dans notre *Bibliographie générale*, t. I, p. 374 à 375. — Le tome X (4⁰ série, t. II) l'a été, *ibid.*, p. 691. — Les tomes XI à XXIII le seront dans le Supplément actuellement en préparation.

XXIV. — **Mémoires de la Société historique littéraire et scientifique du Cher** (1901). 4⁰ série, 16⁰ vol. (Bourges, s. d. [1902], in-8° XXVIII-254 p.)

336. Boyer (Hippolyte). — Histoire de la principauté souveraine de Boisbelle-Henrichemont, p. 1 à 131; et XXV, p. 1 à 177. — Suite de XXIII, p. 259.

337. Jeny (Lucien). — Le comte Ferdinand de Maussabré. Son œuvre. Note complémentaire, p. 133 à 138. — Cf. XXIII, p. 251.

338. Sauvaget (A.). — Essai sur la fixation de quelques lieux habités à l'époque gallo-romaine aux environs de Lignières (Cher) et sur l'emplacement d'un petit château fortifié voisin d'une ancienne ville romaine aux Ouches, commune de la Celle-Condé (Cher), 2 *pl.*, p. 203 à 219.

339. Devaut (Lucien). — Note sur la médaille du Campo dei Fiori qui passe pour être contemporaine du Christ et en reproduire les traits, *pl.*, p. 221 à 240.

340. Jeny (Lucien). — Quelques notes sur l'hôtel de Linières à Bourges, p. 241 à 250.

CORRÉZE. — BRIVE.

SOCIÉTÉ SCIENTIFIQUE, HISTORIQUE ET ARCHÉOLOGIQUE DE LA CORRÉZE.

Les tomes I à VI du *Bulletin* de cette Société, parus de 1879 à 1884, ont été analysés dans le tome I de notre *Bibliographie*, p. 376 à 380. Le tome VII (1885) a été analysé dans le même volume, p. 691 et 692. — Les tomes VIII à XXII, publiés de 1886 à 1900, figureront dans notre Supplément.

CORRÉZE. — TULLE.

SOCIÉTÉ D'ETHNOGRAPHIE ET D'ART POPULAIRE DU BAS-LIMOUSIN.

Cette Société a été fondée en 1900. Le tome I de son *Bulletin* sera analysé dans le Supplément de notre *Bibliographie générale*.

II. — Bulletin de la Société du musée départemental d'ethnographie et d'art populaire du Bas-Limousin. (Tulle, s. d. [1901], in-8°, 224 p.)

358. Godard (Ch.). — Les préceptorales et collèges disparus du Bas-Limousin, p. 6 et 57. — Suite de I, p. 117 et 163.

359. Nussac (Louis de). — Les historiens de Tulle, p. 15 à 19.

360. Besse (C.). — Histoire d'une commune de la Corrèze en 1793-1794 (Rilhac-Treignac), p. 20 et 69.

361. J. D. [Plantadis (Johannès)]. — Les instruments à danser en Limousin, p. 33 à 36.

362. Fourgeaud (R.). — Nos troubadours. Guy d'Ussel, ses frères et son cousin, p. 37 à 39.

363. Aububert (D' A.). — Liste des émigrés de la Corrèze, p. 46 et 103.

364. Fonot (Pierre). — Fac-similé d'un certificat de civisme (17 février 1793), *fig.*, p. 49 à 50.

365. Fonot (Victor). — Le pain à Tulle au xviii° siècle, p. 80 à 84.

366. Lachapelle (André de). — Légendes limousines sur la gent ailée, p. 85 et 140.

367. C. G. [Godard (Ch.)]. — Quelques formules de lettres au xvii° siècle, p. 108 à 110.

[Famille Faugeyron ; lettre de Baluze.]

368. Godard (Ch.). — Notes sur le collège de Treignac, p. 113 à 129.

369. Fonot (Victor). — Deux pièces pour servir à l'histoire de la manufacture d'armes de Tulle [1793-an iv], p. 159 à 162.

370. C. G. [Godard (Ch.)]. — Listes d'instituteurs corréziens pendant la Révolution, p. 163 et 211.

371. L. B. — Histoire des guerres du Bas-Limousin, p. 169 à 189; et III, p. 44 à 51, et 103 à 114.

372. Godard (Ch.). — La criminalité dans le Bas-Limousin vers 1680, p. 190 à 204.

373. Dutrech (Jean) [= Plantadis (Johannès)]. — Jeux populaires, p. 204 à 205.

CORRÉZE. — TULLE.

SOCIÉTÉ DES LETTRES, SCIENCES ET ARTS DE LA CORRÈZE.

Les tomes I à VI du *Bulletin* de cette Société ont été analysés dans notre *Bibliographie générale*, t. I, p. 380 à 384. — Le tome VII l'a été dans le même volume, p. 692. — Les tomes VIII à XXII le seront dans le Supplément actuellement en préparation.

XXIII. — Bulletin de la Société des lettres, sciences et arts de la Corrèze, t. XXIII, 23° année, 1901. (Tulle, s. d., in-8°, 601 p.)

374. Guibert (Louis). — Les vieux émaux de Limoges à l'Exposition de 1900, p. 5 à 40.

375. Fage (René). — La vie à Tulle au xvii° et au xviii° siècles, p. 41, 165, et 309. — Suite de XX, p. 347,

485; XXI, p. 81, 185, 331, 395; et XXII, p. 5, 131, et 403.

376. Bombal (Eusèbe). — La haute Dordogne et ses gabariers, p. 77, 245, 389, 513, et 535. — Suite de XXII, p. 305, et 449.

377. Plantadis (Joannès). — Historique des bataillons de mobiles de la Corrèze pendant la guerre de 1870-1871, p. 97 et 231. — Suite de XXII, p. 35.

378. La Roche-Sengksse (Octave de). — Monographie d'une commune rurale: Saint-Ybard (Corrèze), *fig.*, p. 115, 263, 413 et 541. — Suite de XXII, p. 471.

379. Clément-Simon (G.). — Le régiment de Tulle offert par la ville au roi Louis XIV en 1689, p. 207 à 229.

380. Clément-Simon (G.). — Jean de Selve, premier président et ambassadeur sous Louis XII et François Iᵉʳ, *portr.*, 353 à 376.

381. Perrier (Edmond). — Alphonse Rebière (1842 †1900), p. 377 à 384.

382. Ducourtieux (Paul). — Baluze, protecteur des libraires étalagistes de Paris, p. 385 à 388.

383. Poulbrière (L'abbé J.-B.). — Copie de l'inventaire des titres qui se sont trouvés dans le trésor du château de Pompadour, lors de l'arrivée du sieur Bonotte, déchiffreur, au mois d'avril 1765, p. 453 et 585. — Suite de XV, p. 327, 477, 661; XVI, p. 135, 393, 529; XVII, p. 128, 238, 375, 481; XVIII, p. 429, 596; XIX, p. 140, 278, 407; XX, p. 529; XXI, p. 122, 255, 385; et XXII, p. 361.

384. Clément-Simon (G.). — Recherches sur l'histoire civile et municipale de Tulle avant l'érection du Consulat (documents inédits), p. 465 à 506.

385. Ducourtieux (Paul). — Monnaies trouvées à Saint-Hilaire-Luc [xvᵉ-xviiᵉ s.], p. 537 à 540.

386. Bessou (L'abbé J.-B.). — Les substructions gallo-romaines de Chastres, commune de Bar (Corrèze), p. 577 à 580.

387. Reyneau (Antoine). — Note sur les sculptures anciennes de l'église Saint-Pierre de Tulle, p. 581 à 584.

CORSE. — BASTIA.

SOCIÉTÉ DES SCIENCES HISTORIQUES ET NATURELLES DE LA CORSE.

Nous avons donné dans notre *Bibliographie générale*, t. I, p. 385 et 693, l'indication des divers volumes publiés par cette Société jusqu'en 1885 et du contenu des trois premiers volumes de son *Bulletin*. Elle a cessé, depuis lors, de publier un véritable *Bulletin* pour consacrer toutes ses ressources à l'impression de documents ou de mémoires assez développés pour former des volumes isolés. Elle en imprime généralement plusieurs à la fois, qu'elle fait paraître par livraisons d'un nombre variable de feuilles. Chacune de ces livraisons porte pour ordre, sur sa couverture, le titre de *Bulletin*. Il serait sans intérêt pour nos lecteurs de donner la liste très confuse de ces livraisons; et nous attendrons, pour enregistrer chacune de ces publications, qu'elles forment un tout complet.

Bulletin de la Société des sciences historiques et naturelles de la Corse, 21ᵉ année (janvier-juillet 1901), fasc. 241 à 247. (Bastia, 1902, in-8°, vii-604 p.)

388. Letteron (L'abbé). — Correspondance des agents de France à Gênes avec le Ministère (années 1730 et suiv.). (Bastia, 1902, in-8°, vii-604 p.)

Bulletin de la Société des sciences historiques et naturelles de la Corse, 21ᵉ année (août-septembre 1901), 248ᵉ et 249ᵉ fascicules. (Bastia, 1902, in-8°, paginé 143 à 291.)

389. Assereto (Ugo). — Genova e la Corsica (1358-1378), p. 143 à 291.

CÔTE-D'OR. — DIJON.

COMITÉ D'HISTOIRE ET D'ARCHÉOLOGIE RELIGIEUSES.

Les tomes I à III du *Bulletin* publié par ce Comité ont été analysés dans notre *Bibliographie générale*, t. I, p. 398 à 400. — Les tomes IV à XVIII le seront dans le Supplément actuellement en préparation.

XIX. — Bulletin d'histoire, de littérature et d'art religieux du diocèse de Dijon..., 19ᵉ année. (Dijon, 1901, in-8°, 280 p.)

390. Thomas (L'abbé J.). — Comment la statue miraculeuse de Notre-Dame-de-Bon-Espoir de Dijon a été conservée pendant la Révolution, nouveaux détails, p. 1 à 7, et 28 à 32.

391. Voillery (L'abbé Ph.). — Perpétuité du culte de la Sainte-Vierge dans le diocèse de Dijon, p. 10 à 12, et 35 à 40. — Suite de XVIII, p. 2 à 7 0.

392. Gareau (Cl.). — L'ancienne confrérie Saint-Martin des vignerons de Dijon, p. 12 à 18, et 64 à 65.

393. Couturier (L'abbé H.). — Des agglomérations humaines en Côte-d'Or, p. 40 à 44, 101 à 109, 148 à 157, et 189 à 197; et XX, p. 174 à 179, 222 à 225. — Suite de XVIII, p. 17, 30, 103, 154 et 223.

394. Deneers (L'abbé Em.). — Mirabeau à Dijon (mars-juin 1776), *fig.*, p. 49 à 53.

395. Masson (L'abbé E.). — De l'attitude de la Vierge et de l'ange dans les représentations de l'Annonciation, p. 53 à 59. — Cf. n° 399.

396. Debrie (L'abbé Emm.). — Ahuy en 1636, p. 61 à 63, et 81 à 85.

397. Bourlier (J.). — Le musée Bossuet à Dijon, *fig.* et *facs.*, p. 69 à 72, 95 à 101, et 125 à 127.

398. Govot. — Les «orvales» de sainte Anne, légende de Broyes-les-Pesmes (Haute-Saône), p. 72 à 73.

399. Masson (L'abbé E.). — Types divers d'annonciations, p. 73 à 75. — Cf. n° 395.

400. Voillery (L'abbé Ph.). — Étymologie de Sainte-Marie-la-Blanche, p. 76 à 81.

401. Anonyme. — Objets d'art religieux conservés dans quelques églises du diocèse, p. 112 à 113.

402. Bourlier (L'abbé). — Étymologie de Foncegrive, p. 117 à 120.

403. Bacon (L'abbé L.). — Les peintures anciennes de l'église de Moloy, p. 120 à 124.

404. Hénon (L'abbé A.). — L'église de Viévy, p. 127 à 132.

405. Anonyme. — L'hospice de la Charité de Beaune, p. 141 à 148.

406. Anonyme. — Une caricature protestante de Bossuet, *fig.*, p. 157 à 158.

407. Bresson (L'abbé). — Binges et le culte de la Sainte-Vierge, p. 158 à 164.

408. Longnon (Auguste). — La procession du bon abbé Ponce, chanson historique et satirique du XIIIᵉ siècle, p. 167 à 178, et 204 à 206. — Cf. n° 412.

409. Debrie (L'abbé E.). — Antilly en 1636, p. 178 à 181, et 197 à 203.

410. Bourlier (L'abbé J.). — La question de saint Bénigne, p. 213 à 222.

411. Donin (M.). — Montalembert à la Roche-en-Brenil, p. 240 à 250.

412. Debrie (E.). — La procession de l'abbé Ponce et l'histoire locale, p. 250 à 254. — Cf. n° 408.

413. Contant (L'abbé A.). — L'église Saint-Bénigne de Dijon à travers les âges, p. 261 à 268.

414. Monelot (L'abbé). — Notes météorologiques d'un curé de campagne [Sirugue, curé de Saint-Thibault] au XVIIIᵉ siècle (1783-1790), p. 268 à 274.

CÔTE-D'OR. — DIJON.

SOCIÉTÉ BOURGUIGNONNE DE GÉOGRAPHIE ET D'HISTOIRE.

Les publications de cette Société parues avant 1885 et notamment le tome I de l'ouvrage ci-dessous ont été indiqués dans notre *Bibliographie générale*, t. I, p. 406 et 694.

415. Petit (Ernest). — Histoire des ducs de Bourgogne de la race capétienne, avec des documents inédits et des pièces justificatives, t. VII. (Dijon, 1901, in-8°, VIII-541 p., 24 pl. et un tableau généalogique.)

[Le titre porte : *Publication de la Société bourguignonne de géographie et d'histoire.*]

CÔTE D'OR. — SEMUR.

SOCIÉTÉ DES SCIENCES HISTORIQUES ET NATURELLES DE SEMUR-EN-AUXOIS.

Les tomes I à XVIII du *Bulletin* de cette Société ont été analysés dans notre *Bibliographie générale*, t. I, p. 407 à 409. — Le tome XIX, *ibid.*, p. 694. — Les tomes XX à XXVIII seront analysés dans le Supplément actuellement en préparation.

XXIX. — **Bulletin de la Société des Sciences historiques et naturelles de Semur-en-Auxois (Côte-d'Or). Année 1901.** (Semur-en-Auxois, 1901, in-8°, 452 p.)

416. Marlot (Hippolyte). — L'Auxois dans les temps préhistoriques. Recherches sur les primitifs habitants et leur industrie jusqu'à la conquête de la Gaule par les Romains, p. 1 à 56. — Suite de XXVIII, p. 15.

417. S. B. [Berthoud (Dʳ Stephen)]. — A propos du *Préhistorique en Auxois* [le canton de Vitteaux], p. 57 à 62.

418. Utinet (L'abbé). — Monographie du monastère de Saint-Jean-l'Évangéliste au château de Semur, p. 63 à 84.

419. Saint-Genis (De). — Cahiers de doléances de la paroisse de Saint-Beury en Bourgogne, du 13 mars 1789, et de celle de Vic-de-Chassenay, du 12 mars 1789, p. 85 à 99.

420. Cazet. — Un puits gallo-romain à Villeneuve-sous-Charigny, p. 113 à 115.

421. Patriat (L'abbé). — Les registres paroissiaux antérieurs à l'établissement des registres de l'état civil. Registres de Cravant (Yonne) [1541-1792], p. 120 à 128.

422. Coutant (L'abbé). — Notice sur les clefs de voûte de l'église Notre-Dame de Semur-en-Auxois, p. 131 à 136.

423. Saint-Genis (De). — Le métayage en Bourgogne et la surveillance du propriétaire au xviiⁱᵉ siècle, p. 137 à 168.

[Jean Henry, lieutenant général au bailliage d'Auxois et ses terres de Maneloy (Côte-d'Or) et de Champforgueil (Saône-et-Loire).]

424. Saint-Genis (De). — Un bourgeois de Semur [Simon-Michel Legoux] en 1768, plaidant pour être serf (Parlement de Dijon), p. 169 à 178.

425. Saint-Genis (De). — Monographie de la commune de Chassey-en-Auxois, p. 179 à 227.

426. Boulogne (Paul). — Histoire du collège de Semur (1573-1900), p. 228 à 246.

427. Ledeuil d'Enquin. — La cloche Barbe de Semur, p. 247 à 251.

428. Utinet (L'abbé J.). — Un poète de l'Auxois. Le chevalier de Bonnard [1744 † 1784], p. 252 à 257.

429. Huguenet. — Les notaires semuriens sous l'ancien régime, p. 258 à 272.

430. Berthoud (L.) et Matruchot (L.). — Étude historique et étymologique des noms de lieux habités, villes, villages et principaux hameaux du département de la Côte-d'Or, p. 273 à 378.

CÔTES-DU-NORD. — SAINT-BRIEUC.

ASSOCIATION BRETONNE.

Les tomes I à XX du *Bulletin archéologique* publié par cette Association ont été analysés dans notre *Bibliographie générale*, t. I, p. 410 à 417. — Le tome XXI, *ibid.*, p. 695. — Les tomes XXII à XXXV seront analysés dans le Supplément actuellement en préparation.

XXXVI. — **Bulletin archéologique de l'Association bretonne**, publié par la classe d'archéologie. 3ᵉ série, t. XX. 42ᵉ congrès tenu à Lannion du 2 au 7 septembre 1901. (Saint-Brieuc, 1902, in-8°, LIII-204-21-2 p.)

431. L'Estourbillon (Marquis de). — Pancarte de coutume des droits qui doivent être payés à la foire du Châtelier en Erdéoc, lors de sa tenue au mois de septembre et le lundi-gras de chaque année, les lendemains des Quatre-Temps, par les contribuables, p. xxxvii à xxxviii.

432. AvenEau de la Grancière. — Les chambres souterraines artificielles armoricaines, pl., p. 3 à 12.

433. Calan (Vicomte de). — Note sur les origines bretonnes, p. 13 à 27.

434. Le Cocq (L'abbé J.). — Les saints de Bretagne. Étude sur saint Jorand (xivᵉ s.), son sanctuaire et son pèlerinage à Plouëc, sa vie, p. 28 à 35.

435. Trévédy (J.). — Un mot sur les origines bretonnes. Première réponse à l'auteur de l'*Essai sur l'histoire de Carnoët* [le P. Jouan], p. 50 à 68. — Cf. n° 436.

436. Trévédy (J.). — La bataille contre les Anglais auprès de Carhaix (1198). Deuxième réponse à l'auteur de l'*Essai sur Carnoët* [le P. Jouan], p. 69 à 86. — Cf. n° 435.

437. Calan (Vicomte de). — La Petite Bretagne dans les romans de la Table ronde, p. 87 à 94.

438. Rivière (Ernest). — Geoffroy de Pontblanc, *fig.*, p. 95 à 107.

439. Laigus (Comte René de). — Le livre de raison de Jehan de la Fruglaye, seigneur de la Villaubaust [xviᵉ s.], p. 108 à 132.

440. Oheix (André). — Note sur quelques verrières anciennes des Côtes-du-Nord, p. 133 à 149.

[Le Ferrière, Gausson, Langast, Loudéac, Plémet, Plouguenast.]

441. Villers (Louis de). — Les origines du Mérite agricole, p. 150 à 152.

442. Buléon (L'abbé J.). — 1° L'autel des calvaires bretons; 2° Le Tro-Breiz (observations sur la thèse de M. Trévédy); 3° Comment orthographier le nom de S. Mathurin; 4° Le combat de Clotaire et de Chramne, pl., p. 168 à 176.

443. Favé (L'abbé). — Les meuniers d'autrefois à Maël-Carhaix, p. 177 à 185.

444. Palys (Comte de). — Notes sur Thomas L'Affichard, poète du xviiiᵉ siècle, né près de Morlaix, p. 186 à 194.

CÔTES-DU-NORD. — SAINT-BRIEUC.

SOCIÉTÉ D'ÉMULATION DES CÔTES-DU-NORD.

Les tomes I à XXVIII des *Bulletins et Mémoires* de cette Société ont été analysés dans notre *Bibliographie générale*, t. I, p. 420 à 424. — Les tomes XXIX à XLIII seront analysés dans notre Supplément actuellement en préparation.

XLIV. — **Société d'émulation des Côtes-du-Nord. Bulletins et Mémoires...**, t. XXXIX (1901). (Saint-Brieuc, 1901, in-8°, 110 p.)

445. Duportal (A.-Anne). — Les grottes artificielles de Tertre-Aubert, *fig.*, p. 17 à 31.

446. Duportal (Anne). — Une cachette de l'époque du bronze à Pléguien (Côtes-du-Nord), p. 33 à 38.

447. Berthelot du Chesnay (C.) et Martin (A.). — Deux tumulus de l'âge du fer dans les Côtes-du-Nord, p. 39 à 50.

[Tumulus de Launay-Daloi et de Kernanouet.]

448. [Trévédy]. — Le Traverseur [Jean Bouchet], poète et historien [1476-1555?], p. 51 à 60. — Suite de XXXVIII, p. 66.

449. Tournemine (Comte H. de). — Archives de M. Rioust de Largentaye, château de Craffault, p. 67 à 104.

[Seigneurie de Montbran, enquête (1443); chartes diverses (xivᵉ-xvᵉ s.); foire de Craffault (1572).]

DORDOGNE. — PÉRIGUEUX.

SOCIÉTÉ HISTORIQUE ET ARCHÉOLOGIQUE DU PÉRIGORD.

Les tomes I à XII du *Bulletin* de cette Société ont été analysés dans notre *Bibliographie générale*, t. I, p. 433 à 445. — Les tomes XIII à XXVII seront analysés dans le Supplément actuellement en préparation.

472. Roumejoux (A. de). — Excursion archéologique, Sa-
vignac-Lédrier, Ségur, Arnac, Lubersac, 9 pl., p. 777
à 785.

473. Drouault (Roger). — Testament de Charles de la
Marthonie, seigneur de Puyguilhem, abbé de Boschaud
(14 janvier 1651), p. 808 à 810.

474. Roumejoux (Ad. de), Bosredon (Ph. de) et Villepelet (Ferd.). — Bibliographie générale du Périgord,
t. IV (complément). [Périgueux, 1901, in-8°, 11-180 p.]

[Les tomes I à III ont paru de 1897 à 1899. — Le tome V a
paru en 1902.]

DOUBS. — BESANÇON.

ACADÉMIE DES SCIENCES, BELLES-LETTRES ET ARTS DE BESANÇON.

Les tomes I à CXXXIV des *Procès-verbaux et Mémoires* publiés par cette Société ont été analysés dans notre
Bibliographie générale, t. I, p. 446 à 459. Les tomes CXXXV à CXLIX le seront dans le Supplément en préparation.

L'Académie de Besançon a fait enfin paraître une table générale de ses publications que nous enregistrons
sous le n° 475.

475. Gauthier (J.), Sainte-Agathe (J. de) et Lurion
(R. de). — Table générale des Bulletins de l'Académie
des sciences, belles-lettres et arts de Besançon de 1805
à 1900. (Besançon, 1901, in-8°, 110 p.)

CL. — **Académie des sciences, belles-lettres
et arts de Besançon.** Procès-verbaux et mémoires. Année 1901. (Besançon, 1902, in-8°,
LIII-244 p.)

476. Vorges (De). — Notice sur Mgr Bourquard [1820
† 1900], p. xxxviii à xl.

477. Richenet. — Notice sur M. Puffeney [1811
† 1900], p. xl à xlv.

478. Pingaud (Léonce). — Notice sur M. le duc de Co-
negliano, p. xlv à xlvii.

479. Suchet (Le chanoine). — Notice sur M. l'abbé
Jeunet [1829 † 1901], p. xlvii à li.

480. Pingaud (Léonce). — Les Francs-Comtois au siècle
dernier, p. 3 à 15.

481. Gauthier (Jules). — Le miracle de la sainte hostie
de Faverney, notes et documents, 4 pl., p. 16 à 41.

482. Beauséjour (Gaston de). — Les derniers jours du
château de Pesmes, p. 42 à 73.

483. Mairot (Henri). — Un voyageur franc-comtois en
Extrême-Orient, M. Marcel Monnier, p. 75 à 97.

484. Meynier (Dr J.). — Le château des Clées, p. 111
à 123.

485. Suchet (Le chanoine). — Étude biographique sur
Jean et Ferry Carondelet (1469 à 1544), p. 124 à
162.

486. Gauthier (Jules). — La vie de château en Franche-Comté au xviiᵉ siècle, p. 163 à 175.

487. Pingaud (Léonce). — Fouché et Charles Nodier,
p. 176 à 186.

488. Chipon (Maurice). — Une visite princière [le duc
de Chartres] à Besançon en 1780, 3 pl., p. 199
à 210.

DOUBS. — BESANÇON.

SOCIÉTÉ D'ÉMULATION DU DOUBS.

Les tomes I à XL des *Mémoires* de cette Société ont été analysés dans notre *Bibliographie générale*, t. I, p. 463 à 470; les tomes XLI à LVI le seront dans le Supplément actuellement en préparation.

LVII. — Mémoires de la Société d'émulation du Doubs. 7ᵉ série, 6ᵉ volume, 1901. (Besançon, 1902, in-8°, xxxiv-404 p.)

489. Meynier (Dʳ). — Les noms de lieux romans en France et à l'étranger, p. 17 à 54. — Suite et fin de LIII, p. 329; LIV, p. 57; LV, p. 13; et LVI, p. 113.

490. Roy (Émile). — Un mystère français au xivᵉ siècle. *Le jour du jugement* de la bibliothèque de la ville de Besançon, p. 115 à 160. — Suite et fin de LV, p. 121; et LVI, p. 17.

491. Vaissier (Alfred). — Les colonnes à figures de la Porte noire à Besançon, *fig.*, p. 161 à 176.

492. Meynier (Dʳ). — Le docteur en médecine comte d'Udressier [† 1847], p. 177 à 185.

493. Vaissier (Alfred). — Deux vestiges de construction gallo-romaine s'expliquant l'un par l'autre à Besançon et à Chambornay-les-Bellevaux (Haute-Saône), 2 *pl.*, p. 186 à 194.

494. Meynier (Dʳ J.). — Besançon pendant la Guerre de dix ans [1631-1642], p. 195 à 219.

495. Gauthier (Jules). — Un précurseur de Libri. Étude sur le généalogiste Jean-Baptiste-Guillaume de Gevigney, sa vie, son œuvre, ses aventures et ses méfaits, p. 220 à 262.

496. Gauthier (Léon). — Jean de Fruyn, archevêque élu de Besançon ([1395] † 1458), *pl.*, p. 263 à 272.

497. Chapoy (Dʳ). — Le docteur Coutenot [1823 † 1901], *portr.* et *pl.*, p. 273 à 296.

498. Gauthier (Jules). — Notice de deux manuscrits franc-comtois des xviiᵉ et xviiiᵉ siècles récemment entrés dans nos dépôts publics, p. 297 à 304.

[Histoire des archevêques de Besançon; l'Académie de Besançon (1776).]

499. Gauthier (Jules). — Le cardinal de Granvelle et les artistes de son temps, *portr.*, p. 305 à 351.

[Inventaire du palais Granvelle, à Besançon (1607).]

500. Girardot (Dʳ Albert). — M. Alfred Milliard, de Fedry, et sa collection d'objets préhistoriques léguée au musée d'archéologie, p. 352 à 357.

DOUBS. — MONTBÉLIARD.

SOCIÉTÉ D'ÉMULATION DE MONTBÉLIARD.

Les vingt-quatre premiers volumes publiés par cette Société ont été analysés dans notre *Bibliographie générale*, t. I, p. 471 à 473. — Les tomes XXV à XXXV seront analysés dans notre Supplément.

XXXVI. — Mémoires de la Société d'émulation de Montbéliard. Bulletin. Supplément aux XXVIIᵉ et XXVIIIᵉ volumes. (Montbéliard, 1901, in-8°, 142 p.)

501. Bernard (Léon). — Notice biographique sur le Dʳ Quelet [1832 † 1899], *portr.*, p. 55 à 62.

502. Anonyme. — Mémoires de la Société d'émulation de Montbéliard. Tables générales des matières pour la période 1850-1900, p. 103 à 140.

DRÔME. — VALENCE.

SOCIÉTÉ DÉPARTEMENTALE D'ARCHÉOLOGIE ET DE STATISTIQUE.

Les ouvrages publiés par cette Société et les tomes I à XIX de son *Bulletin* ont été indiqués ou analysés dans notre *Bibliographie générale*, t. I, p. 477 à 485. — Les ouvrages qu'elle a fait paraître de 1885 à 1900 et les tomes XX à XXXIV de son *Bulletin* seront indiqués ou analysés dans notre Supplément actuellement en préparation.

En plus du tome XXXV de son *Bulletin*, la Société a terminé, en 1901, l'impression de l'ouvrage suivant :

503. Lacroix (A.). — L'arrondissement de Nyons. Archéologie, histoire, et statistique. Tome II : [De Mollans à Vinsobres]. (Valence, 1901, in-8°, 495 p.) — Suite et fin du n° 15108 de notre *Bibliographie générale*.

XXXV. — **Bulletin de la Société départementale d'Archéologie et de Statistique de la Drôme, t. XXXV, 1901.** (Valence, 1901, in-8°, 388 p.)

504. Béretta (A.). — Origine et traduction de l'inscription celto-grecque de Malaucène (Vaucluse), p. 5 à 12.

505. Chevalier (Jules). — Mémoires pour servir à l'histoire des comtés de Valentinois et de Diois, p. 13, 105, 217, 313; et XXXVI, p. 5, 163, 270, et 371. — Suite de XXII, p. 151, 277; XXIII, p. 115, 309, 440; XXIV, p. 280, 345; XXV, p. 73; XXVI, p. 5, 184, 266; XXVII, p. 134, 270, 328; XXVIII, p. 47, 137, 264, 358; XXIX, p. 71, 177, 295; XXX, p. 28, 115, 200, 295; XXXI, p. 56, 158, 261, 367; XXXII, p. 21, 123, 257, 305; XXXIII, p. 81; et XXXIV, p. 68, 116, 205, et 317.

506. Moutier (L.). — Glossaire d'ameublement (xiv° s.), p. 35 à 44, et 153 à 160.

507. Emblard (Léon). — Les imprimeurs et les journaux à Valence, p. 45, 129, 233, 333; et XXXVI, p. 49. — Suite de XXXIV, p. 149, 229, et 339.

508. Grégoire (Félix). — Un torrent, la Drôme, p. 57, 170, 269, 362; et XXXVI, p. 72, 193, 344, et 420. — Suite de XXXII, p. 394; XXXIII, p. 114, 229, 361; et XXXIV, p. 41, 161, 263, et 361.

509. Maillet-Guy (Dom Germain). — Les notaires Piémont et la famille de Nulli de Frize, de Saint-Antoine, p. 65, 142, 259, 304; et XXXVI, p. 83. — Suite de XXXIV, p. 242 et 289.

510. Perrossier (Cyprien). — Essai de bibliographie romanaise, p. 76, 161, 245, 344; et XXXVI, p. 95. — Suite de XXVI, p. 306, 406; XXVII, p. 82, 154, 282, 381; XXVIII, p. 36, 152, 295, 397; XXIX, p. 211, 313, 405; XXX, p. 66, 163, 244, 363; XXXI, p. 191, 300, 412; XXXII, p. 69, 161, 249, 354; XXXIII, p. 106, 218, 297, 421; et XXXIV, p. 53 et 270.

[Procès Chaléat (xvii° s.), XXXV, p. 76 et 161. — Procès Chabert (xviii° s.), p. 245 et 344. — Procès de la Serre pour la terre de Triors; Procès Espie, XXXVI, p. 95.]

511. J. B.-D. [Brun-Durand (J.)]. — Lombard-Latune [Gustave-Joseph-Eugénie, † 1900], p. 89 à 92.

512. Caprais-Favier. — L'hôpital de la Croix à Die, p. 97 à 101.

513. J. B.-D. [Brun-Durand (J.)]. — Peloux (Jules-Charles-Antoine, † 1901), p. 183 à 187.

514. Perrossier (Cyprien). — Inscription romaine de Vénéjean, sur Montbrun, p. 189. — Cf. n° 517.

515. Villard (Marius). — Le sarcophage de Saint-Félix [de Valence], 2 pl., p. 193 à 216.

516. Arnaud (E.). — Note historico-critique sur les premiers Poitiers du Valentinois, p. 249 à 254.

517. Gourjon (L'abbé E.). — L'ancienne station romaine de Vénéjean, sur Montbrun, p. 255 à 258. — Cf. n° 514.

518. Anonyme. — Les eaux minérales de la Drôme, notes historiques et bibliographiques, p. 351 à 361.

519. Lacroix (A.). — Beaufort-sur-Gervanne, p. 367 à 375.

520. Perrossier (Cyprien). — Les archives de l'Évêché de Valence [au xvii° s.], p. 381.

EURE. — ÉVREUX.

SOCIÉTÉ LIBRE D'AGRICULTURE, SCIENCES, ARTS ET BELLES-LETTRES.

Les tomes I à XL du *Recueil des Travaux* de cette Société ont été analysés dans notre *Bibliographie générale*, t. I, p. 489 à 494. — Les tomes XLI à LIII le seront dans le Supplément actuellement en préparation.

LIV.— Recueil des travaux de la Société libre d'agriculture, sciences, arts et belles-lettres de l'Eure, 5ᵉ série, t. IX. Année 1901. (Évreux, 1902, in-8°, CLXXI-82 p.)

521. BURRY (Le comte DE). — Notice sur une fresque de la cathédrale d'Evreux et sur l'identification d'un chanoine inconnu du XVIᵉ siècle qui s'y trouve représenté, p. 1 à 11.

EURE. — ÉVREUX.

SOCIÉTÉ DES AMIS DES ARTS.

Cette Société a été fondée en 1885, on trouvera l'analyse des seize premiers volumes de son *Bulletin* dans le Supplément de notre *Bibliographie générale*.

XVII. — Société des Amis des Arts du département de l'Eure. Bulletin XVII, 1901. (Évreux, 1902, in-8°, 61 p.)

522. HÉNISSET (Émile). — Compte rendu des travaux de la Société en 1901, p. 5 à 21.

[Éloge de MM. Charles Damel (1816 † 1901); Jacques Olry (1834 † 1892); Ernest Ruellier (1846 † 1901); Georges Bourbon († 1901); Adrien Le Tendre de Tourville (1838 † 1902).]

523. PONÉE (L'abbé). — Note sur un bas-relief du XVIᵉ siècle représentant l'Adoration des Bergers et conservé à Notre-Dame de Verneuil [œuvre de Valerio Belli], *pl.*, p. 28 à 32.

524. PONÉE (L'abbé). — Note sur la statue de l'Enfant Jésus de l'autel majeur de Sainte-Croix de Bernay [réplique d'une œuvre de Michel Anguier], *pl.*, p. 33 à 37.

EURE-ET-LOIR. — CHARTRES.

SOCIÉTÉ ARCHÉOLOGIQUE D'EURE-ET-LOIR.

Les tomes I à VIII des *Mémoires* de cette Société et I à VII de ses *Procès-verbaux* ont été analysés dans notre *Bibliographie générale*, t. I, p. 495 à 502, et p. 699. — Les tomes IX à XII des *Mémoires* et VIII et IX des *Procès-verbaux* seront analysés dans notre Supplément actuellement en préparation.

Outre le tome X de ses *Procès-verbaux*, la Société archéologique d'Eure-et-Loir a publié en 1901 le tome III de l'ouvrage suivant :

525. BULTEAU (L'abbé). — Société archéologique d'Eure-et-Loir. Monographie de la cathédrale de Chartres, 2ᵉ édition, t. III (Chartres, 1901, in-8°, 350-LII p.)

[La première édition, a paru, en 1850 sans le concours de la Société. — Les tomes I et II de la deuxième édition ont paru en 1887 et 1891. — A la fin du tome III : Bibliographie de la cathédrale de Chartres, par l'abbé Sainsot.]

X. — Procès-verbaux de la Société archéologique d'Eure-et-Loir, t. X. (Chartres, 1901, in-8°, XXIV-445 p.)

526. LEHR. — Voyage en Perche et en Beauce par un Alsacien au XVIIᵉ siècle [Elie Brackenhoffer], p. 29 à 32.

527. DENISART. — Sur un vitrail de la cathédrale de Chartres, p. 34 à 36.

528. SAINSOT (L'abbé). — Revue de l'année 1897, p. 53 à 73.

[Le marquis de la Rochejacquelin (1833 † 1897); le marquis de Gontault-Biron de Saint-Blancard († 1897); A.-E. Billault de Gérainville (1825 † 1897); Mᵐᵉ L.-A. Hautières († 1897); le comte de Leusse (1897), p. 69.]

529. BELLIER DE LA CHAVIGNERIE. — Lucien Merlet (1827 † 1897), à 85 à 90.

530. CHAMBERLAND. — Les approvisionnements à Chartres à l'époque de la Révolution, p. 109 à 110.

531. CHAMBERLAND. — Sur Brissot, membre de la Convention, p. 121 à 125. — Cf. n° 535.

532. CHAMBERLAND. — Une lettre inédite de Marceau, p. 126 à 129.

533. BERNIER (E.). — La chapelle de Saint-Thomas de Cantorbéry à Châteauneuf, p. 144 à 149.

534. ROBIN. — La fête de la Fédération à Châteauneuf-en-Thimerais, p. 153 à 161.

535. DENOS (G.). — A propos de Brissot, p. 163 à 169. — Cf. n° 531.

536. SAINSOT (L'abbé). — Revue de l'année 1898, p. 175 à 202.

[Alexandre Assier († 1898); le marquis G. de Cherville († 1898); A. Gouverneur († 1898); L. Jarry († 1898); G. Meunier (1865 † 1898); Dʳ Péan (1830 † 1898), p. 188.]

537. G. G. [GILLARD (Dʳ G.)]. — Guérin de Gallardon, archevêque de Bourges [XIIᵉ s.], p. 207 à 211.

538. G. G. [GILLARD (Dʳ G.)]. — Gille Desjardins, professeur à la Faculté de droit de Bourges [† 1609], p. 211 à 212.

539. ROBIN-MASSÉ (Dʳ). — Sépultures préhistoriques et trous en baratte, p. 218 à 220.

540. DENOS (G.). — Un cimetière temporaire à Armenonville, p. 227 à 236.

541. FOUJU (G.). — Fouilles au Camp-Harrouard, [commune de Sorel], p. 244 à 246.

542. ROUSSEAU-RENVOIZÉ. — Fouilles de Marchéville, p. 298 à 299.

543. ROUSSEAU-RENVOIZÉ. — Découverte d'un sarcophage en pierre à Léthuin, p. 299 à 300.

544. GUILLON (L'abbé Jules). — Fouilles à l'abbaye de l'Eau (février-mars 1900), p. 300 à 303.

545. LEHR (Henry). — Aqueduc de Maintenon, troupes employées à sa construction, p. 311 à 323.

546. RENOUF. — L'horloge de la cathédrale de Chartres, p. 335 à 337.

547. MAYEUX (A.). — Note chronologique sur le château de Crécy-Couvé, p. 340 à 341.

548. COMTE. — État des services, campagnes et blessures de Monsieur Marceau-Desgraviers (Louis-Augustin), lieutenant-colonel de cavalerie (en non-activité) [1778 † 1839], p. 342 à 343.

549. HOUDARD (C.). — Découverte d'un polissoir aux Bordes, commune de Boisvillette, p. 351 à 353.

550. CHAMBERLAND. — Pierre-François Palloy, démolisseur de la Bastille, p. 370 à 372.

551. MARQUIS (L'abbé). — Henri III et la cour à Chartres (1588), p. 390 à 400.

552. SAINSOT (L'abbé). — Revue des années 1899 et 1900, p. 401 à 431.

[V.-S. Roullier († 1899); Dʳ J.-F. Simon († 1899); G. Duplessis (1834 † 1899); L.-A. Chevrier (1816 † 1901), p. 411.]

FINISTÉRE. — BREST.

SOCIÉTÉ ACADÉMIQUE DE BREST.

Les tomes I à XVIII (2ᵉ série, t. X) du *Bulletin* de cette Société ont été analysés dans notre *Bibliographie générale*, t. I, p. 505 à 508. — Les tomes XIX (2ᵉ série, t. XI) à XXXIII (2ᵉ série. t. XXV) seront analysés dans notre Supplément actuellemeut en préparation.

XXXIV. — Bulletin de la Société académique de Brest..., 2ᵉ série, t. XXVI, 1900-1901. (Brest, 1901, in-8°, 307 p.)

553. Lorme (A. de). — L'art breton du XIIIᵉ au XVIIIᵉ siècle, p. 103 à 123; et XXXV, p. 83 à 113.
[Saint-Thégonnec, XXXIV, p. 103. — Guimiliau, XXXV, p. 83.]

554. Lorme (A. de). — Un nouveau Latude (1787†1837) [Le marquis de Saint-P...], p. 125 à 154.
555. Keisser (P.). — Étude historique sur Chardon de Courcelle, premier médecin du port de Brest (1741-1775), p. 225 à 276; et XXXV, p. 5 à 82.

GARD. — NIMES.

ACADÉMIE DE NIMES.

Les tomes I à XLIX des *Mémoires* de cette Académie ont été analysés dans notre *Bibliographie générale*, t. I. p. 520 à 530. — Les tomes L à LXIV le seront dans le Supplément actuellement en préparation.
Les tomes I à XL des *Procès-verbaux* ou *Bulletin* de cette Académie ont été analysés dans notre *Bibliographie générale*, t. I, p. 530 à 538. — Les tomes XLI à LV seront analysés dans le Supplément actuellement en préparation.

LXV. — Mémoires de l'Académie de Nimes, 7ᵉ série, t. XXIV, année 1901. (Nimes, s. d., in-8°, LXXXIV-334 p.)

556. Valfons (Marquis de). — Comment voyageaient nos anciens, p. XIV à XLI.
557. Jouve (Michel). — Le Palais de justice de Nimes, 2 pl., p. 1 à 179.
558. Balincourt (Comte E. de). — Les d'Espérandieu d'Uzès et de Castres (1360-1866), fig. et tableau, p. 181 à 244.
559. Rouis (N.-J.). — Aperçu sur l'expansion de l'islamisme, p. 245 à 265.

560. Bondurand (Éd.). — La leude et les péages de Saint-Gilles au XIIᵉ siècle. Textes en langue d'oc et en latin, p. 267 à 291.
561. Sallustien (Le frère Joseph). — La vallée de Concluse, canton de Lussan, arrondissement d'Uzès, p. 293 à 302.

LVI. — Bulletin des séances de l'Académie de Nimes, année 1901. (Nimes, 1901, in-8°, 104 p.)

GARONNE (HAUTE-). — SAINT-GAUDENS.

———

SOCIÉTÉ DES ÉTUDES DU COMMINGES, DU NÉBOUZAN ET DES QUATRE-VALLÉES.

Les tomes I et II de la *Revue* publiée par cette Société ont été analysés dans notre *Bibliographie générale*, t. I, p. 541. — Les tomes III à XV le seront dans notre Supplément actuellement en préparation.

XVI. — Revue de Comminges. Pyrénées centrales. Bulletin de la Société des études du Comminges, du Nébouzan et des Quatre-Vallées, t. XVI, année 1901. (Saint-Gaudens, 1901, in-8°, 258 p.)

562. Saint-Paul (A.). — Cent ans d'archéologie médiévale, p. 1 à 13, et 49 à 59.

563. Bourdette (Jean). — Notice du Nébouzan, p. 14, 75, 143, 207; et XVII, p. 40, et 82. — Suite de XIV, p. 211, 253; et XV, p. 1, 77, 124, et 201.

564. Dulon (J.). — Liste des archidiacres de Bourjac ou de Saint-Gaudens, dans l'église de Comminges, par le paléographe Larcher, p. 29 à 32.

565. Lestrade (J.). — Ordonnances synodales d'Hugues de Labatut, évêque de Comminges [1641], p. 33 à 41, 90 à 96, et 198 à 206.

566. Espénan (Célestin). — Le Comminges et la nouvelle organisation administrative de la France (1789-1790), p. 62 à 74.

567. Couget (Alphonse). — Le duc de Richelieu, gouverneur de Guyenne et de Gascogne, en Comminges et Nébouzan (1763), p. 97 à 111.

568. Saint-Paul (A.). — Le château de Valmirande en Comminges [xixᵉ s.], 3 pl., p. 112 à 118.

569. Pénissé (F.). — Les vieilles chartes de la ville d'Aspet [1382-1557], p. 129 à 142.

570. Saint-Paul (Anthyme). — Bonnefont, p. 166 à 185.

571. M. D. — Notice biographique sur M. le chanoine Fabre d'Envieu [1821 † 1901], p. 190 à 192.

572. Vié (Louis). — Influence économique de la Révolution dans une des communes rurales du Comminges, Castelnau-Picampeau, p. 193 à 197.

573. Cau-Durban. — Le clergé du diocèse de Couserans pendant la Révolution, p. 218 à 229; et XVII, p. 13, 101, 182 et 201.

574. A. S. — Excursion de la Société des études à Montespan, Montsaunès, Saint-Martory et Montpezat, p. 239 à 251.

GARONNE (HAUTE-). — TOULOUSE.

———

ACADÉMIE DES JEUX FLORAUX.

Les tomes I à CLVI du *Recueil* de cette Académie ont été analysés dans notre *Bibliographie générale*, t. I, p.] 542 à 552. — Les tomes CLVII à CLXX le seront dans notre Supplément actuellement en préparation.

CLXXI. — Recueil de l'Académie des Jeux floraux. 1901. (Toulouse, 1901, in-8°, xvi-136 et 259 p.)

575. Hallberg. — Éloge de M. Marréaux-Delavigne, 2ᵉ part., p. 3 à 23.

576. Gardès (Comte). — Éloge de M. le marquis d'Aragon [† 1878], 2ᵉ part., p. 75 à 107.

GARONNE (HAUTE-). — TOULOUSE.

ACADÉMIE DE LÉGISLATION DE TOULOUSE.

Les tomes I à XXXIII du *Recueil* publié par cette Académie ont été analysés dans notre *Bibliographie générale*, t. I, p. 553 à 557. — Les tomes XXXIV à XLVIII figureront dans le Supplément que nous préparons actuellement.

XLIX. — **Académie de législation de Toulouse, 1900-1901, t. XLIX.** (Toulouse, 1900-1901, in-8°, xvii-146-cii p.)

577. Duméril (H.). — Aperçus sur l'histoire constitutionnelle de la Révolution d'Angleterre, p. 49 à 67.

GARONNE (HAUTE-). — TOULOUSE.

ACADÉMIE DES SCIENCES, INSCRIPTIONS ET BELLES-LETTRES.

Les tomes I à LVI des *Mémoires* de cette Académie ont été analysés dans notre *Bibliographie générale*, t. I, p. 557 à 572. — Les tomes LVII à LXVIII seront analysés dans le Supplément actuellement en préparation. A la suite du tome LXVIII (9° de la neuvième série), l'Académie de Toulouse semble avoir renoncé à continuer la collection de ses *Mémoires*. En effet elle a ouvert, en 1898, une nouvelle série intitulée *Bulletins*, dont 3 volumes ont paru de 1898 à 1900. Toutefois le mot *Mémoires* a réapparu sur la couverture du troisième de ces volumes, et la Société est revenue, en 1901, à ses anciens errements en publiant le volume suivant, qui commence une dixième série.

LXIX. — **Mémoires de l'Académie des Sciences, Inscriptions et Belles-Lettres de Toulouse, 10° série, t. I.** (Toulouse, 1901, in-8°, xvi-371 p., 2 *pl.* et *fig.*)

578. Lapierre. — Le buste de Houdon [le Molière de la Comédie-Française], p. 1 à 8.

579. Baudouin (Ad.). — Les *Mea culpa* de Blaise de Montluc, reprise du Béarn par les protestants en 1569, p. 21 à 30.

580. Roule (Dʳ Louis). — Éloge de M. Lavocat [1817 † 1900], p. 39 à 47.

581. Desazars de Montgailhard (Baron). — Toulouse en 1764, d'après les mémoires manuscrits d'un contemporain [J.-P. Picqué], p. 62 à 86.

582. Fontès. — Archéologie mathématique, les Arithmétiques et les Algèbres du xvi° siècle à la Bibliothèque de Toulouse, p. 119 à 124.

583. Lapierre. — Les portraits de Molière de la collection Soleirol, p. 148 à 153.

584. Crouzel (A.). — Études de bibliothéconomie, p. 167 à 192; et LXX, p. 108.

585. Duméril (Henri). — L'histoire contemporaine dans l'enseignement secondaire, p. 302 à 317.

586. Rouquet. — Éloge de M. Molins [L.-H.-F.-X., 1813 † 1898], p. 318 à 329.

GARONNE (HAUTE-). — TOULOUSE.

SOCIÉTÉ ARCHÉOLOGIQUE DU MIDI DE LA FRANCE.

La *Société archéologique du midi de la France* publie : 1° des *Mémoires* dont les treize premiers volumes ont été analysés dans notre *Bibliographie générale*, t. I, p. 576 à 582. — Les tomes XIV et XV seront analysés dans notre Supplément, et le tome XVI, actuellement en cours de publication, dans un fascicule ultérieur.

2° Un *Bulletin* dont la première série, publiée de 1869 à 1887, était de format in-4°. Elle comprend 14 volumes. Nous en avons analysé les treize premiers dans notre *Bibliographie générale*, t. I, p. 582 à 588. Le quatorzième sera analysé dans notre Supplément. — La deuxième série est de format in-8° et comprenait, en 1899, 12 volumes qui seront analysés dans notre Supplément.

GERS. — AUCH.

SOCIÉTÉ HISTORIQUE DE GASCOGNE.

Les tomes I à XXVII de la *Revue* publiée par cette Société ont été analysés dans notre *Bibliographie générale*, t. I. p. 589 à 618. — Les tomes XXVIII à XLI figureront dans le Supplément. — La collection des *Archives historiques de la Gascogne*, dont nous avons donné le détail jusqu'en 1886 dans notre tome I, p. 589, et dont nous donnerons la suite dans notre Supplément, ne s'est enrichie d'aucun volume en 1901.

XLII. — Revue de Gascogne. Bulletin mensuel de la Société historique de Gascogne. Nouvelle série, t. I. (Auch, 1901, in-8°, 556 p.)

660. J.-F. B. [Bladé (J.-F.)]. — La Gascogne féodale, p. 1 à 18.

661. Bertrand (L'abbé L.). — Le couvent des Filles de Notre-Dame de Mezin, sa fondation, p. 19 à 27.

662. Degert (A.). — Lettres inédites du cardinal François de Clermont-Lodève, archevêque d'Auch (1507-1538), p. 28 à 34.

663. Couture (Léonce). — Deux billets inédits de Montesquieu, p. 35 à 37.

664. Tamizey de Larroque (Ph.). — Faudoas le Maure est-il un personnage historique ou romanesque? p. 38 à 42.

665. Lestrade (J.). — Quelques actes épiscopaux de Fénelon à Lombez, p. 49 à 55, 138 à 147, 179, 205 à 214, 249 à 286, et 325 à 335.

666. Gardère (J.). — Le Concordat et la réorganisation du culte à Condom, p. 56 à 77.

667. A. D. [Degert (A.)]. — Mazarin, Colbert et les jambons de Lahontan, p. 78 à 80.

668. Campus (Louis de). — Statuts de la vallée de Barèges (XIII°-XVII° siècles), p. 81 à 89, 182 à 188, et 229 à 237.

669. Saltet (Louis). — Étude critique de la *Passio S. Vincentii Aginnensis*, p. 97 à 113.

670. Couture (Léonce). — Les contes merveilleux populaires, p. 114 à 137.

671. Cézérac (C.). — Pierre Chapelle de Jumilhac de Cubjac, évêque et seigneur de Lectoure, notes sur sa maison épiscopale et son administration d'après des documents inédits, *portr.*, p. 149 à 169, 215 à 224, et 314 à 324.

672. Couture (Léonce). — Le tremblement de terre de juin 1660 dans le Sud-Ouest, Mourède et Courrensan, Bagnères et Barèges, Médoux, p. 170 à 175.

673. Vignaux (A.). — Le Père Mongaillard et le collège des Jésuites de Toulouse, p. 180 à 181.

674. Anonyme. — La sorcellerie dans les Landes en 1798, p. 196.

675. Samaran (Charles). — Deux registres de la chancellerie du comte Jean IV d'Armagnac, p. 197 à 204.

676. Lavergne (A.). — Éducation de Scipion du Pleix, p. 225 à 226.

677. J. L. [Lestrade (J.)]. — Lettre de M. de Montillet, archevêque d'Auch (1753), p. 238 à 239.

678. Carsalade du Pont (J. de). — Pierre de Cotis, archiprêtre de Mirande [† 1680], p. 245.

679. Degert (A.). — Le cardinal Pierre de Foix le jeune fut-il Frère mineur? p. 267 à 269.

680. Gardère (J.). — Le domaine du Pouy et les oratoriens de Condom, document d'histoire viticole [XVIII° s.], p. 270 à 280.

681. Lavergne (A.). — Une lettre inédite de Dominique de Vic, archevêque d'Auch [1647], p. 280.

682. L. C. [Couture (Léonce)]. — La fin de la Légion d'Aspe à Toulouse (1791), p. 281 à 288.

683. L. C. [Couture (Léonce)]. — Un livre de la «librairie» de Montaigne, p. 288 à 289, et 343.

684. A. L. [Lavergne (Adrien)]. — J.-B. Rhodes, de Plaisance-du-Gers [1793 † 1857], p. 289 à 294.

685. Degert (A.). — Liste critique des évêques d'Aire, p. 297 à 313.

686. Bertrand (L.). — Raymond de Montaigne jusqu'à son sacre comme évêque de Bayonne [XVI°-XVII° s.], p. 336 à 343.

687. Vignaux (A.). — Henri IV à l'Isle-Jourdain, début de la guerre des Amoureux, p. 344 à 353.

688. Bladé (J.-F.). — Duchés-pairies de la Gascogne, p. 366 à 371.

689. Anonyme. — Un discours béarnais des bergers d'Ossau [à la duchesse d'Angoulême, 1823], p. 371.

690. Batcave (Louis). — Harangue à monseigneur de Gassion par un député de la ville de Caen [1699], p. 372 à 374.

691. Anonyme. — A.-M. Quirini et le P. Martianay, p. 374.

692. Samaran (Ch.). — Un point peu connu d'histoire gasconne. Comment une des filles du comte Jean IV d'Armagnac faillit devenir reine d'Angleterre (1442-1443) [projet de mariage entre Henri VI et une princesse d'Armagnac], p. 377 à 387.

693. L. C. [Couture (Léonce)]. — Un évêque de Couserans [Isaac-Jacques de Vertamont], traducteur de saint Grégoire de Nazianze, p. 387.

694. La Plagne-Barris (C.). — Lagraulet, p. 388 à 401, et 538 à 546.

695. Lamazouade (P.). — Deux procès de sorcellerie à Montfort [1644 et 1672], p. 402 et 409.

696. Gardère (J.). — Un visiteur de sorciers en Chalosse et en Condomois (1671), p. 408 à 413.

697. Cézérac (C.). — Le pont de la Peyre, p. 414 à 423.

698. L. C. [Couture (L.)]. — Sur une locution proverbiale [brûler sa chandelle à la frairie de M. Saint-Yves], p. 423.

699. Bertrand (L.). — Henry de Béthune, évêque nommé de Bayonne, p. 444 à 443.

700. Lestrade (J.). — Sur quelques prévôts de Lombez, p. 444 à 445.

701. Vignaux (A.). — Dom Despaux au collège des Jésuites de Toulouse, p. 445 à 446.

702. Bourdette (Jean). — 16 novembre 1554. Arrêt du Parlement de Toulouse contre Pierre de Hominibus, moine défroqué, pour crime d'hérésie, p. 446 à 447.

703. L. B. [Batcave (L.)]. — Un centenaire basque

[à Méharin, lettre de Harlay de Cély, 1717], p. 447 à 448.

704. Samaran (Charles). — La croix précieuse des comtes d'Armagnac, conservée à Castelnau-de-Montmirail (Tarn), p. 457 à 471.

705. Anonyme. — Le P. Le Cointe et Sc. du Pleix, p. 471.

706. Sécheyron (Dr L.). — Jean Baseilhac, dit frère Cosme, considéré comme oculiste, p. 472 à 479.

707. Couture (Léonce). — Les correspondants de Chaudon, p. 481; et XLII, p. 221.

[L'abbé Gouyet, p. 481. — L'abbé Trublet, XLII, p. 221.]

708. Cézérac (C.). — Le Trésor de Saint-Arailles (Gers) [monnaies du xivᵉ s.], pl., p. 505 à 513.

709. Lavergne (Adrien). — Une inscription pseudo-celtique d'Eauze, p. 513 à 514.

710. Bertrand (L.). — Bernard d'Alfis, évêque de Lombez [1586 † 1628], p. 515 à 516.

711. Pelluchet (Mˡˡᵉ). — Le P. Gaichiés, de l'Oratoire. Notice tirée des manuscrits autographes du P. Bougerel, p. 517 à 534.

712. Lestrade (J.). — Les cantiques gascons d'un curé de Blanquefort (1724) [Couget], p. 535 à 537.

GIRONDE. — BORDEAUX.

SOCIÉTÉ DES ARCHIVES HISTORIQUES DE LA GIRONDE.

Les vingt-quatre premiers volumes publiés par cette Société ont été analysés dans notre *Bibliographie générale*, t. I, p. 644 à 665. — Les tomes XXV à XXXV seront analysés dans le Supplément.

XXXVI. — Archives historiques du département de la Gironde, XXXVIᵉ volume. (Paris et Bordeaux, 1901, in-4°, xxvi-531 p.)

713. Grellet-Balguerie (Ch.) et Courteault (Paul). — Histoire du prieuré conventuel de Saint-Pierre de la Réole [par Dom Maupel], p. 1 à 115.

714. Courteault (Henri). — Baux et reconnaissances de fiefs situés dans la juridiction de Saint-Macaire [1314-1396], p. 116 à 142.

715. Tholin (G.). — Documents sur la Fronde en Agenais, p. 143 à 298.

[Lettres, ordonnances, etc. du duc d'Épernon, des consuls d'Agen, de Symony, de Louis XIV, de Saint-Gillis, de M. de Valence, du marquis de Saint-Luc, du marquis de Roquelaure, du prince de Condé, de Marchin, du marquis de Gondrin,

du prince de Conti, de d'Espagnet, de Caillet, du comte de Harcourt, de Laroque Saint-Chamarand, de Poulac, des consuls d'Auvillars, d'Hermand de Godailh, de Martin, de Combebesson, du comte de Lillebonne, du chevalier de Crépuy, du marquis de Sauveboeuf, du Duplessis-Bellière, de Marfu, du duc de Candale, du marquis de Cadillac, du comte d'Estrades, concernant : Agen, Cadillac, Lusignan, Bordeaux, Layrac, Malconte, Nérac, Castel-jaloux, Sainte-Bazeille, Clermont-Dessus.]

716. Divers. — Documents concernant la ville de Bordeaux [xvᵉ-xviiᵉ s.], p. 299 à 367.

[Prison Saint-Éloi (xvᵉ s.); droit de sceau du sous-maire (xvᵉ s.); cordonniers et savetiers (1461-1500); visite du poisson salé (1513); édifices (1528-1537); police (xvᵉ s.); revendeurs et écrocheurs de chevreaux et d'agneaux (xvᵉ s.); inventaire des archives municipales (1560); lettres patentes de Charles IX concernant les procès des marchands naviguant sur la Garonne, le Tarn, l'Ariège, l'Aveyron et le Lot (1565); marché pour la reconstruction de la croix de Saint-Genès de Talence (1606); un maître de danse au collège de la Madeleine pour la représentation donnée devant le Roi (1659); maîtres paumiers (1684).]

717. Labadie (Ernest). — Documents sur les maitres d'armes de Bordeaux au XVIII° siècle, p. 368 à 387.

718. Labat (Gustave). — Documents relatifs à la Tour de Cordouan (1786-1789), p. 388 à 429.

719. Marion. — Lettre de Turgot, intendant de Limoges à Esmangart, intendant de Bordeaux (1773), p. 430 à 432.

720. Marion. — Cahier de doléances rédigés en 1789 par les paroisses de la sénéchaussée de Libourne, p. 433 à 469. — Suite de XXXV, p. 351.

[Cantons de Branne et de Targon : Branne. Cabara, Jugazan, Lugagnac, Naugean, Saint-Aubin, Bellefond, Cessac, Courpiac, Romaigne.]

721. Fayolle (E. de). — Documents relatifs à la rareté du numéraire en Guyenne en 1789 et 1790, p. 470 à 494.

722. Courteault (Paul). — Les filleules de Bordeaux-Saint-Émilion, p. 495 à 498.

GIRONDE. — BORDEAUX.

SOCIÉTÉ PHILOMATHIQUE.

Les trois premiers volumes de la *Revue* publiée par cette Société seront analysés dans le Supplément de notre *Bibliographie générale*.

IV. — **Revue philomathique de Bordeaux et du Sud-Ouest**, 1901. (Bordeaux, 1901, in-8°, 576 p.)

723. Courteault (P.). — Une académie provinciale. La Société d'agriculture, sciences et arts d'Agen (1776 et 1900), p. 17 à 34.

724. Dezeimeris. — Eugène Dupuis (1825 † 1900), *portr.*, p. 145 à 153.

725. Halphen (Edmond). — La fontaine de Juturne et les dernières fouilles du Forum romain en 1900-1901, *fig.*, p. 241 à 259.

726. Trévernet (A. de). — L'œuvre de Théodore Froment, p. 289 à 310.

727. Matignon (Dr J.). — La défense de la légation de France. (Pékin, du 13 juin au 15 août 1900), p. 337 à 357, et 398 à 413.

728. Barckhausen (H.). — De Blaye à Saint-Jacques-de-Compostelle en 1466, p. 385 à 397.

729. Guy (Henri). — Huit années de la vie de Madame Roland (1780-1787), p. 433 à 447, et 500 à 512.

730. Cabrieu (Albert). — Un poète bordelais inconnu. Le président Métivier [XVII° s.] et son temps, p. 544 à 560.

HÉRAULT. — BÉZIERS.

SOCIÉTÉ ARCHÉOLOGIQUE DE BÉZIERS.

Les tomes I à XXI du *Bulletin* de cette Société ont été analysés dans notre *Bibliographie générale*, t. II, p. 1 à 6. — Les tomes XXII à XXVII seront analysés dans le Supplément actuellement en préparation.

XXVIII. — **Bulletin de la Société archéologique, scientifique et littéraire de Béziers** (Hérault)..... Table générale alphabétique et analytique (1835-1900). Volume XXX° de la collection. (Béziers, 1901, in-8°, XVI-160 p.)

731. Le Bars (Xavier). — Table générale, p. 1 à XVI, et 1 à 160.

HÉRAULT. — MONTPELLIER.

SOCIÉTÉ POUR L'ÉTUDE DES LANGUES ROMANES.

Les tomes I à XXVIII de la *Revue* publiée par cette Société ont été analysés dans notre *Bibliographie générale*, t. II, p. 14 à 22. — Les tomes XXIX à XLIII seront analysés dans le Supplément actuellement en préparation.

Cette Société a également publié, à l'occasion du trentième anniversaire de sa fondation, un volume dont nous donnons le dépouillement sous les numéros 750 et suivants.

XLIV. — Revue des langues romanes, publiée par la Société pour l'étude des langues romanes, t. XLIV (5ᵉ série, t. VI [*lisez :* IV]). (Montpellier, 1901, in-8°, 579 p.)

732. Bourrilly (V.-L.). — Les Français en Piémont, Guillaume du Bellay et le maréchal de Montejehan (juillet-août 1538), p. 10 à 31.

733. Castets (Ferdinand). — Description d'un manuscrit des Quatre fils Aymon [fr. 24387 de la Bibl. nat.] et légende de saint Renaud, *pl.*, p. 32 à 53. — Cf. id. n°759.

734. Thérond (Gustave). — Contes lengadoucians, p. 54, 259, 469, et 551; et XLV, p. 488. — Suite de XLIII, p. 325.

735. Vidal (Aug.). — Établissement du marché à Montagnac [xiiiᵉ-xivᵉ s.], p. 70 à 71.

736. L.-G. P. [Pélissier (L.-G.)]. — Trois billets inédits de Fr. Guizot, p. 79 à 80.

737. Grammont (Maurice). — Onomatopées et mots expressifs, p. 97 à 158. — Cf. id. n° 760.

738. Bertoni (Giulio). — Restitution d'une chanson de Peire d'Auvernhe ou de Raimbaut de Vaqueiras, p. 159 à 162.

739. Gasté (Armand). — Voltaire et l'abbé Asselin, une «première» célèbre au Collège d'Harcourt. *La mort de César*, représentée le 11 août 1755, p. 193 à 212.

740. Stengel (E.). — Le Chansonnier de Bernart Amoros, p. 213, 328, 423, 514; et XLV, p. 44, 120, et 211.— Suite de XLI, p. 349; XLII, p. 5; et XLIII, p. 196.

741. Castets (Ferdinand). — *I dodici canti*, épopée romanesque du xviᵉ siècle, p. 245, 443, 531; et XLV, p. 65, et 152. — Suite de XLI, p. 453; XLII, p. 44; et XLIII, p. 71.

742. Véran (Jules). — La femme dans l'œuvre du poète Théodore Aubanel, p. 293 à 309.

743. Delacrau (Pierre). — Le siège de Beaucaire de 1632, p. 310 à 327.

744. Pélissier (L.-G.). — Documents sur les relations de l'empereur Maximilien et de Ludovic Sforza en l'année 1499, p. 342; et XLV, p. 72, 370, et 470.

745. Delacrau (Pierre). — Pour l'histoire du calembour, p. 370 à 372.

[Lettre de Montenoy, 1696.]

746. L.-G. P. [Pélissier (L.-G.)]. — Un moyen d'être licencié en droit [à l'Université de Montpellier en 1808], p. 372 à 374.

747. Vianey (Joseph). — Victor Hugo et ses sources. Aymerillot. Le mariage de Roland. Les pauvres gens, p. 400 à 422.

748. Vidal (Aug.). — Costumas del Pont de Tarn d'Albi [xiiᵉ ou xiiiᵉ s.], p. 481 à 513.

749. Ulricu (Jacques). — La traduction du Nouveau Testament en ancien haut-engadinois par Bifrun, p. 521; et XLV, p. 357. — Suite de XL, p. 65; XLI, p. 239; et XLII, p. 56.

Trentième anniversaire de la fondation de la Société pour l'étude des langues romanes. Compte rendu des fêtes, pièces et mémoires couronnés (concours et prix Boucherie), communications faites au Congrès des langues romanes, publiés par Henri Teulié, secrétaire du Congrès. (Montpellier, 1901, in-8°, LIX-324 p.)

[Autre titre : Publications spéciales de la Société pour l'étude des langues romanes, 15ᵉ publication. 1ʳᵉ partie. Trentième anniversaire de la fondation de la Société pour l'étude des langues romanes.]

750. Martinenche. — Les sources espagnoles d'Horace et d'Héraclius, p. xxiii à xxxvi.

751. Thérond (Gustave). — Contes languedociens : dau pioch de Sant-Loup au pioch de Sant-Cla, p. 41 à 110.

752. Lamouche (Léon). — Note sur la classification des dialectes de la Languedoc, p. 113 à 125.

753. Suchier (Walther). — La venjance nostre Seigneur, poème en vieux français, p. 127 à 130.

754. Teulié (Henri). — Note sur la déformation des proverbes, p. 131 à 134.

755. Vianey (Joseph). — Le modèle de Ronsard dans l'Ode pindarique, p. 135 à 138.

756. Pélissier (L.-G.). — La jeunesse d'un félibre arlésien, Amédée Pichot, à Paris (1818-1820), p. 139 à 225.

757. Berthelé (Jos.). — Mormellicum = Monmel, p. 227 à 230.

758. Rigal (Eugène). — Le Glaive de Victor Hugo et sa source, p. 231 à 238.

759. Castets (Ferdinand). — Description d'un manuscrit des Quatre fils Aymon et légende de saint Renaud, p. 239 à 260. — Cf. id. n° 733.

760. Grammont (Maurice). — Onomatopées et mots expressifs, p. 261 à 322. — Cf. id. n° 737.

HÉRAULT. — MONTPELLIER.

SOCIÉTÉ LANGUEDOCIENNE DE GÉOGRAPHIE.

Les tomes I à XXIII du *Bulletin* de cette Société seront analysés dans le Supplément de notre *Bibliographie générale*, actuellement en préparation.

XXIV. — **Société languedocienne de géographie. Bulletin**, 24ᵉ année, t. XXIV... (Montpellier, 1901, in-8°, 542 p.)

761. Gros (G.). — La Salvetat et ses environs, p. 5 à 25. — Suite de XXII, p. 122, 238; et XXIII, p. 243.

762. Sauve (J.). — Sources historiques et bibliographie

de l'arrondissement actuel et de l'ancien diocèse de Saint-Pons-de-Thomières, p. 67 à 94, 232 à 261, 333 à 348, et 488 à 500.

763. Grasset-Morel. — Montpellier, ses sixains, ses îles et ses rues, *pl.*, p. 198 à 212, 293 à 315, et 445 à 466.

764. Calvet (J.). — La Montagne-Noire, *fig.*, p. 213 à 231, 316 à 339, et 467 à 487.

ILLE-ET-VILAINE. — RENNES.

SOCIÉTÉ ARCHÉOLOGIQUE D'ILLE-ET-VILAINE.

Les tomes I à XVII des *Bulletins* et *Mémoires* de cette Société ont été analysés dans notre *Bibliographie générale*, t. II, p. 23 à 28. — Les tomes XVIII à XXX seront analysés dans le Supplément actuellement en préparation.

XXXI. — **Bulletins et Mémoires de la Société archéologique du département d'Ille-et-Vilaine**, t. XXXI. (Rennes, 1902, in-8°, xxvii-lxx-285 p.)

765. Palys (Comte de). — Arthur de la Borderie [1827 † 1901], *pl.*, p. 1 à xxvii.

766. Divers. — Procès-verbaux (année 1901), p. 1 à lxx.

[Mort de l'abbé Charles Robert, p. iv. — Armes allemandes du musée de Rennes, p. vi et vii. — Mort de M. de la Borderie, p. xvii, xxiv et xxxii.]

767. Palys (Comte de). — L'abbé Robert (Charles, † 1900], *pl.*, p. ix à x.

768. Decombe. — L'imagerie populaire, p. xxv à xxix.

769. Palys (Comte de). — Le missel de l'évêque de Dol, p. lv à lviii.

770. Philouze. — La famille Phelippes de Tronjolly, p. lviii à lix.

771. Decombe (L.). — Catalogue des objets exposés dans les séances publiques de la Société archéologique d'Ille-et-Vilaine, des 12 et 13 mars 1901, p. 3 à 36.

772. Duportal (Anne). — Minutes de notaires : Mont-muran, Saint-Gilles, p. 37 à 86.

773. Guillotin de Corson. — Petites seigneuries du comté de Rennes, p. 87 à 141.

[La Lohière en Loutehel; Bintin et le Bois de Bintin-en Cintré et Talensac; le Plessix-Raffray en Domagné; le Chatel en Piprias; Saint-Tual en Saint-Tual.]

774. Parfouru. — Les dépenses de Pierre Botherel, vicomte d'Apigné, près Rennes (1647-1648), p. 143 à 250.

775. Milon (L'abbé A.). — La seigneurie des Milleries en Melesse, p. 253 à 266.

776. Banéat (P.). — Le Thabor [à Rennes] au xviiᵉ siècle p. 267 à 270.

INDRE. — CHÂTEAUROUX.

SOCIÉTÉ ACADÉMIQUE DU CENTRE.

La Société académique du Centre, fondée en 1878, n'a rien publié avant 1895 (cf. *Bibliographie générale*, t. II, p. 22). On trouvera l'analyse des six premiers volumes de son *Bulletin* dans notre Supplément.

VII. — **Bulletin de la Société académique du Centre,** revue trimestrielle illustrée d'archéologie, littérature, science, histoire et beaux-arts, 7ᵉ année, t. VII. (Châteauroux, 1901, in-8°, 283 p.)

777. Lamy (L'abbé). — Archiprêtré du Blanc, p. 1 à 34, et 9 à 114, et 213 à 243.

778. Patureau (J.). — Le carabinier Pierre Pied, dit La Flamme, p. 35 à 41, et 115 à 121. — Suite de VI, p. 222.

779. Bouillet (Tony). — Histoire de l'éloquence poli-tique et judiciaire : Mirabeau, p. 42 à 56, et 122 à 130.

780. V. H. — Nécrologie, p. 62 à 68.

[Le général Fabre (1832 † 1901), l'abbé Aupie († 1901).]

781. Grizolle (E.). — Un sermon de Bourdaloue à Bourges, p. 1 3 à 148.

782. François. — Les guerres en Bas-Berry au temps de Philippe Auguste et de Richard Cœur de Lion, de 1187 à 1199, p. 149 à 180.

783. Moreau (L'abbé). — Chapitre de Saint-Silvain de Levroux, p. 181 à 202. — Suite de II, p. 114, 200, 279; et III, p. 109 et 157.

INDRE-ET-LOIRE. — TOURS.

SOCIÉTÉ D'AGRICULTURE, SCIENCES, ARTS ET BELLES-LETTRES.

Les soixante-trois premiers volumes des *Annales* de cette Société ont été analysés dans notre *Bibliographie générale*, t. II, p. 30 à 36. — Les tomes LXIV à LXXVII seront analysés dans le Supplément. Nous n'indiquons le tome LXXVIII que pour ordre, il ne contient aucun article rentrant dans notre cadre.

LXXVIII. — **Annales de la Société d'agri-culture, sciences, arts et belles-lettres du département d'Indre-et-Loire,** publiées sous la direction de M. Auguste Chauvigné..., 2ᵉ série, 140ᵉ année, t. LXXXI, année 1901. (Tours, 1901, in-8°, 136 p.)

INDRE-ET-LOIRE. — TOURS.

SOCIÉTÉ ARCHÉOLOGIQUE DE TOURAINE.

Les tomes I à XXXIII des *Mémoires* publiés par cette Société et I à VI de son *Bulletin* ont été analysés dans notre *Bibliographie générale*, t. II, p. 36 à 49. — Les tomes XXXIV à XLI des *Mémoires* et VII à XII du *Bulletin* le seront dans le Supplément actuellement en préparation. — Le tome XIII du *Bulletin* commencé en 1901 a continué de paraître en 1902 ; nous n'en donnerons donc l'analyse que dans notre prochain fascicule.

XLII. — Mémoires de la Société archéologique de Touraine, t. XLII. (Tours, 1901, in-8°, VIII-159 p.)

784. Lépinais (H. de). — Table des Bulletins et Mémoires de la Société archéologique de Touraine, de 1864 à 1900. (Tours, 1901, in-8°, VIII-159 p.)

[Forme le tome XLII de la collection des *Mémoires* et est indiqué comme formant également un fascicule supplémentaire du *Bulletin* du 4° trimestre de 1901.]

ISÈRE. — GRENOBLE.

ACADÉMIE DELPHINALE.

Les tomes I à XXVIII (3° série, t. XX) du *Bulletin* de cette Académie ont été analysés dans notre *Bibliographie générale*, t. II, p. 51 à 59. — Les tomes XXIX (4° série, t. I) à XLII (4° série, t. XIV) le seront dans le Supplément actuellement en préparation.

XLIII. — Bulletin de l'Académie delphinale, 4° série, t. XV, 1901. (Grenoble, 1902, in-8°, LV-356 p.)

785. Perreau (Joseph). — L'armée de la Première République sur la frontière des Alpes, p. 71 à 88.

786. Michoud (L.). — Les théories sociales et politiques de Mably, *portr.*, p. 89 à 147.

787. Crozars (J. de). — Napoléon III et les forts de Lesseillon d'après les publications italiennes, p. 172 à 194.

788. Prudhomme (A.). — Les opinions successives d'un gentilhomme savoyard sur la Révolution française, d'après les lettres inédites du marquis Alexis Costa, p. 209 à 244.

789. Roman (J.). — Autour d'Arnaud de Trians, vicomte de Tallard [XIV° s.], *fig.*, p. 245 à 284.

790. Prudhomme (A.). — Pillage de la vallée de Château-Dauphin par l'armée du duc de Savoie en novembre 1690, p. 347 à 351.

791. A. P. [Prudhomme (A.)]. — Nomination d'un inspecteur des lépreux en 1370, p. 352 à 354.

JURA. — LONS-LE-SAUNIER.

SOCIÉTÉ D'ÉMULATION DU JURA.

Les tomes I à XLIX des *Mémoires* de cette Société ont été analysés dans notre *Bibliographie générale*, t. II, p. 66 à 73. — Les tomes L à LXIII seront analysés dans le Supplément actuellement en préparation.

LXIV. — **Mémoires de la Société d'émulation du Jura**, 7ᵉ série, 1ᵉʳ volume, 1901. (Lons-le-Saunier, 1901, in-8°, 321 p. et 2 *pl*.)

792. Lautrey (Louis). — La baronnie de Chevreau, ses revenus vers l'année 1625, p. 1 à 40.

793. Perrod (Maurice). — État de la négociation des sieurs de Byarne et de Beauchemin à la Cour de Sa Majesté Philippe IV en l'an 1626, publié pour la première fois d'après le manuscrit, p. 41 à 150.

794. M. P. [Perrod (Maurice)]. — Notice biographique et bibliographique sur le président Jean Vétus [xvıᵉ s.] et sur ses œuvres, p. 151 à 159.

795. Feuvrier (Julien). — Feuillets de garde. Les Mairot, p. 161 à 208.

[Livres de raison des Boisset (1535-1589); d'Étienne Picard et Catherine Mairot (1563-1598); de François Goubot et Anatoile Mairot (1584-1608); de la famille Mairot, branche de Dôle (1631-1769).]

796. Charnage (G.). — Le prieuré de Saint-Lupicin, 2 *pl*., p. 209 à 306.

797. Girardot. — Bracelet en or provenant de la villa gallo-romaine de Marsenay près Pannessières, p. 307.

JURA. — POLIGNY.

SOCIÉTÉ D'AGRICULTURE, SCIENCES ET ARTS DE POLIGNY.

Les tomes I à XXVI du *Bulletin* de cette Société ont été analysés dans notre *Bibliographie générale*, t. II, p. 73 à 79. — Les tomes XXVII à XLI le seront dans le Supplément actuellement en préparation. — Nous enregistrons ici, pour ordre, le tome XLII qui ne contient aucun article concernant l'histoire ou l'archéologie.

XLII. — **Bulletin de la Société d'agriculture, sciences et arts de Poligny**, 42ᵉ année, 1901. (Poligny, 1901, in-8°, 148 p.)

LANDES. — DAX.

SOCIÉTÉ DE BORDA.

Les dix premières années du *Bulletin* de cette Société ont été analysées dans notre *Bibliographie générale*, t. II. p. 80 à 83. — Les tomes XI à XXIV seront analysés dans le Supplément actuellement en préparation.

XXVI. — Bulletin de la Société de Borda, Dax (Landes), 26ᵉ année, 1901. (Dax, 1901, LXIX-286 p.)

798. Camiade (G.). — Procès-verbaux des séances du 10 janvier au 12 décembre 1901, p. XXI à LXIX.

799. Abbadie. — La consécration de la cathédrale de Dax en 1755, p. XXIII à XXVI.

800. Abbadie. — Sur le collège des Barnabites de Dax au XVIIIᵉ siècle, p. XXXIX à XL.

801. Abbadie. — Denier de Louis le Pieux frappé à Dax, p. XLII à XLIII.

802. Degert (L'abbé A.). — Histoire des évêques de Dax, p. 1 à 36, 41 à 79, 119 à 151, et 189 à 224. —Suite de XXIV, p. 37, 89, 141; XXV, p. 1, 53, 117, et 217.

803. Labargou (P.). — Saint Orient, étude historique et littéraire, p. 89 à 111, 153 à 174, et 225 à 247.

804. Abbadie (F.). — Le comte Alexis de Chasteigner (1821 † 1900), *pl.*, p. 177 à 182.

805. Cuzacq. — Prix des matières résineuses dans les Landes pendant une période de plus de cent ans [XVIIᵉ-XIXᵉ s.], p. 249 à 272.

LOIR-ET-CHER. — BLOIS.

SOCIÉTÉ DES SCIENCES ET LETTRES DE LOIR-ET-CHER.

Les onze premiers volumes des *Mémoires* de cette Société ont été analysés dans notre *Bibliographie générale*, t. II, p. 85 à 88. — Les tomes XII à XIV le seront dans notre Supplément.

XV. — Mémoires de la Société des sciences et lettres de Loir-et-Cher, t. XV. (Blois, 1901, in-8°, 355 p.)

806. Dufay (Pierre). — Contribution prosodique à la description de Bury, p. 9 à 93.

[Poésie de Henri Chesneau, XVIIᵉ siècle.]

807. Thibault (Adrien). — Le prieuré de Saint-Jean-en-Grève-les-Blois et sa justice, p. 24 à 69.

808. Croy (Joseph de). — Comptes des recettes et des dépenses du comté de Blois en l'année 1319, p. 71 à 353.

LOIR-ET-CHER. — VENDÔME.

SOCIÉTÉ ARCHÉOLOGIQUE DU VENDÔMOIS.

Les tomes I à XXIV du *Bulletin* de cette Société ont été analysés dans notre *Bibliographie générale*, t. II, p. 88 à 95. — Les tomes XXV à XXXIX seront analysés dans le Supplément actuellement en préparation.

La Société vient de faire paraître une table générale de ses publications de 1862 à 1901. (Voir notre n° 830.)

XL. — Bulletin de la Société archéologique, scientifique et littéraire du Vendômois..., t. XXXX, 1901. (Vendôme, 1901, in-8°, 314 p.)

809. TRÉMAULT (A. DE). — Note sur la fondation de la bibliothèque publique de Vendôme, p. 11 et 22.

810. NOUEL (E.) et MARTELLIÈRE (J.). — Journal de Pierre Bordier, de Laucé [XVIII° s.], p. 23 à 64, et 116 à 161. — Suite et fin de XXXIX, p. 99, et 195.

811. VALLÉE (Eugène). — Documents historiques sur le Bas-Vendômois, p. 68 à 80, 162 à 164, 245 à 247, et 309 à 311.

812. ANONYME. — Description sommaire des objets entrés au musée, p. 82 à 83.

[Arbalète provenant du château de Lusignan (Vienne), p. 82; jeton de Charles, cardinal de Vendôme (1552), p. 82; florin d'or de l'évêché de Cambrai, p. 83.]

813. DUPRÉ. — César de Vendôme en Guienne [1653], p. 89 à 105, et 293 à 305, et XLI, p. 36 à 47.

814. SAINT-VENANT (R. DE). — M. Jules Chautard [1826 † 1901], p. 106 à 115.

815. SAINT-VENANT (R. DE). — Le domaine de Crevesec et le testament du comte Bouchard VII [1371], p. 183 à 229, et 308.

816. [LEGUÉ]. — Ernest Nouel, botaniste [† 1900], p. 230 à 236.

817. RENAULT (Georges). — Note sur des sépultures de la nécropole de Naveil, p. 237 à 239.

818. RABOUIN. — Note sur la famille Damours, p. 240 à 242.

819. SAINT-VENANT (R. DE). — La municipalité de la Chapelle-Vicomtesse (canton de Droué, Loir-et-Cher) de 1787 à 1792, p. 251 à 292; et XLI, p. 48 à 76.

820. PELTEREAU (Ernest). — Société archéologique, scientifique et littéraire du Vendômois. Table méthodique des quarante premières années du Bulletin (1862-1901). (Vendôme, 1902, in-8°, 124 p.)

LOIRE. — MONTBRISON.

LA DIANA.

Les tomes I à III du *Bulletin* de cette Société ont été analysés dans notre *Bibliographie générale*, t. II, p. 98 à 100. — Les tomes IV à XI le seront dans le Supplément actuellement en préparation.

XII. — Bulletin de la Diana, t. XII, 1901. (Montbrison, 1902, in-8°, 531 p.)

821. REURE (L'abbé). — Anciennes mœurs foréziennes. Le «droit de charivari», d'après le registre de Pierre Bardet [XVII° s.], p. 26 à 42.

822. PALLUAT DE BESSET (Roger). — L'élection de Saint-Étienne. La période de début (1629-1663), p. 42 à 63.

823. DURAND (Vincent). — *Lugdunum* [étymologie], p. 63 à 70.

824. RELAVE (L'abbé). — Sury au XVIII° siècle; quelques prébendes de l'église paroissiale; assistance publique;

consuls, assemblée de notables et collecte des tailles; dîmes, p. 110 à 136.

825. PEYROS. — Pancarte d'une fondation dans l'église conventuelle de Leignieu, p. 137 à 138.

826. BOISSIEU (Maurice DE). — Excursion archéologique de la Société de la Diana à Saint-Galmier, Saint-Médard, Chevrières et Chazelles-sur-Lyon, le 21 juillet 1898, *fig.* et 47 *pl.*, p. 149 à 531.

[Saint-Galmier : plan, maisons, église, statues, hôpital, bains romains, ponts, 21 *pl.* — Teillères, le château (XIV° s.) et ses seigneurs, 5 *pl.* — Le Verney, le château (XVII° s.) et ses seigneurs, 3 *pl.* — Saint-Médard, église, 5 *pl.* — Chevrières, église, 6 *pl.* — Chazelles, église, commanderie, 2 *pl.* — La Tour Saint-Romain, *pl.* — Bellecroix, *pl.*]

LOIRE. — SAINT-ÉTIENNE.

SOCIÉTÉ D'AGRICULTURE DU DÉPARTEMENT DE LA LOIRE.

Les tomes I à XXIX (2ᵉ série, t. V) des *Annales* de cette Société ont été analysés dans notre *Bibliographie générale*, t. II, p. 100 à 103. — Les tomes XXX (2ᵉ série, t. VI) à XLIV (2ᵉ série, t. XX) le seront dans notre Supplément.

XLV. — **Annales de la Société d'agriculture, industrie, sciences, arts et belles-lettres du département de la Loire,** 2ᵉ série. t. XXI (45ᵉ volume de la collection),

année 1901. (Saint-Étienne. 1901. in-8°, 275 p.)

827. Chapelle (F.). — L'arithmétique dans l'archéologie et le menhir de Mersina (Asie Mineure), p. 57 à 64.

LOIRE (HAUTE-). — LE PUY.

SOCIÉTÉ AGRICOLE ET SCIENTIFIQUE DE LA HAUTE-LOIRE.

Les tomes I à IV des *Mémoires* de cette Société ont été analysés dans notre *Bibliographie générale*, t. II, p. 104 à 105. — Les tomes V à X le seront dans le Supplément actuellement en préparation.

XI. — **Société agricole et scientifique de la Haute-Loire.** Mémoires et procès-verbaux, 1899, 1900 et 1901, t. XI. (Le Puy, 1902, in-8°, 262 p.)

828. Lascombe (A.). — Ordonnance concernant Alleyras [1736], p. 160 à 162.

829. Talairat (Baron de). — Notice historique sur les églises de l'arrondissement de Brioude qui méritent de fixer l'attention du Gouvernement, ou comme monuments des arts ou comme vénérables par d'antiques et illustres souvenirs, p. 173 à 179.

830. Lascombe (A.). — Donation par Marguerite de Saint-Privat et Pons, seigneur de Montlaur et d'Aubenas, à Pierre Chabade de la ville du Puy, de la villa de Dalas [1279], p. 180 à 184.

831. Mamet (P.). — L'ermitage de Saint-Georges à Monistrol-sur-Loire, p. 204 à 209.

832. Thiollier (N.). — Rapport de l'architecte Mallay sur l'église du Monastier et le château de Polignac [et le château de Bouzols, 1851], *fig.*, p. 216 à 224.

LOIRE-INFÉRIEURE. — NANTES.

SOCIÉTÉ ACADÉMIQUE DE NANTES ET DE LA LOIRE-INFÉRIEURE.

Les tomes I à LVI des *Annales* publiées par cette Société ont été analysés dans notre *Bibliographie générale*, t. II, p. 115 à 123. — Les tomes LVII à LXXI le seront dans le Supplément actuellement en préparation.

LXXII. — Annales de la Société académique de Nantes et de la Loire-Inférieure... 2ᵉ volume de la huitième série, 1901. (Nantes, s. d., in-8°, 269 et L p.)

833. LIBAUDIÈRE (Félix). — Histoire de Nantes sous la Restauration. Les événements de 1815, p. 46 à 64.

834. CHAPRON (J.). — Répertoire archéologique de l'arrondissement de Châteaubriant, p. 65 à 106. — Suite et fin de LXXI, p. 353.

835. [WISMES (Gaëtan DE)]. — Les fêtes religieuses en Bretagne. Coutumes, légendes et superstitions, p. 109 à 242.

LOIRE-INFÉRIEURE. — NANTES.

SOCIÉTÉ ARCHÉOLOGIQUE DE NANTES ET DE LA LOIRE-INFÉRIEURE.

Les tomes I à XXIV du *Bulletin* de cette Société ont été analysés dans notre *Bibliographie générale*, t. II, p. 124 à 132. — Les tomes XXV à XXXIX le seront dans le Supplément actuellement en préparation.

XL. — Bulletin de la Société archéologique de Nantes et du département de la Loire-Inférieure. Année 1901, t. XLII. (Nantes, 1901, in-8°, LXV-85 p.)

836. BERTHOU (DE). — La bibliothèque du chanoine Pierre Le Gallo (1509 † 1585), p. XXX à XXXII.

837. DORVILLE (L'abbé). — Monnaie de billon fabriquée avec le métal des clochés dans l'église Saint-Léonard [de Nantes, 1792-1793], p. XLVI à XLVIII.

838. WISMES (Baron DE). — Notices nécrologiques, *portr.*, p. 1 à 4.

[Eugène Orieux, *portr.* ; l'abbé Abel Cahour, *portr.*]

839. BERTHOU (Paul DE). — Compte rendu d'une excursion au château de Nantes, p. 5 à 8.

840. MAÎTRE (Léon). — Le temple heptagone du Mur, en Carentoir (Morbihan) et le culte taurobolique, *fig.* et 4 *pl.*, p. 9 à 20.

841. MAÎTRE (Léon). — Observations sur les substruc-

tions de l'ancienne église de Saint-Herblon, *fig.*, p. 21 à 26.

[Sceau du XIVᵉ siècle et monnaies de Charles V et Charles VI.]

842. MAÎTRE (Léon). — Les origines du Cellier d'après les démolitions de l'église de Saint-Martin, au bourg, *fig.* et *pl.*, p. 27 à 36.

843. CHAILLOU (Félix). — Découverte (aux Cléons) d'une cachette de petits bronzes gallo-romains, *fig.*, p. 37 à 52.

844. RENOUL (Dʳ). — Notes sur les cimetières du Loroux-Bottereau, *pl.*, p. 53 à 65.

845. PIED (Ed.). — Études locales, p. 66 à 74. — Suite de XXXIX, p. 183.

[Procès-verbal d'installation de deux échevins à Nantes, en 1729.]

846. WISMES (Baron DE). — Éloge funèbre de M. le marquis de Dion († 1902), *portr.*, p. 75 à 77.

847. DORTEL (Alcide). — L'ancienne église de Bouguenais, *fig.*, p. 78 à 82.

LOIRE-INFÉRIEURE. — NANTES.

SOCIÉTÉ DES BIBLIOPHILES BRETONS.

La Société des Bibliophiles bretons prit à son compte, en 1889, la *Revue de Bretagne, de Vendée et d'Anjou* fondée, en 1857, par M. de la Borderie. Ce fut pour cette *Revue* l'occasion d'inaugurer une nouvelle série avec tomaison spéciale. 24 volumes ont ainsi été publiés de 1889 à 1900 par les soins de la Société des Bibliophiles bretons, nous en donnerons l'analyse dans le Supplément de notre *Bibliographie générale*. Les tomes XXV et XXVI, dont nous indiquons le contenu, doivent être les derniers de cette série, car en 1902 la Société a cédé cette publication aux éditeurs de la *Revue historique de l'Ouest*, qui ont fondu les deux recueils sous le titre de *Revue de Bretagne*.

XXV. — Revue de Bretagne, de Vendée et d'Anjou, publiée par la Société des bibliophiles bretons, t. XXV, 1901. (Paris, 1901, in-8°, 488-III p.)

848. Guillotin de Corson (L'abbé). — Usages et droits féodaux en Bretagne, p. 26 à 33, 220 à 223, 298 à 311, 356 à 362; XXVI, p. 157 à 172. — Suite de XXIV, p. 401.

849. Hamard. — Les Franciscaines missionnaires de Marie, p. 34 à 45, 224 à 236, et 283 à 297. — Suite de XXIV, p. 414.

850. Allain (L'abbé J.). — Documents sur le chapitre de la cathédrale de Tréguier, p. 50 à 56, 243 à 251, 331 à 326, 426 à 433 ; XXVI, p. 141 à 146, 173 à 179, et 228 à 237.

851. Monnier (L'abbé Louis). — L'église de Runan, ses origines, son histoire, p. 57 à 67, 198 à 203. — Suite de XXIII, p. 372; et XXIV, p. 128, et 190.

852. Pocquet (Barth.). — Arthur de la Borderie, p. 83 à 94.

853. Le Bras (Joachim). — Paroisse de Plœmeur. Le culte de sainte Anne avant la manifestation de la statue miraculeuse au pays d'Auray, p. 110 à 126.

854. Lallié (Alfred). — La Borderie à l'Assemblée nationale, p. 193 à 197.

855. Du Hautais (Vicomte Odon). — Lettres à un soldat de l'armée du Rhin [Rouaud] (1793-1799), p. 237 à 242. — Suite de XXIV, p. 241, 375, et 453.

856. Lallié (Alfred). — Le Comité révolutionnaire de Nantes. Ses attributions, ses origines, son personnel, ses exactions et sa chute, p. 265 à 282; 345 à 355, 414 à 425; XXVI, p. 5 à 12, 61 à 78, et 128 à 140.

857. Cadic (J.-M.). — Les prêtres fidèles de l'évêché de Vannes sous la Révolution, p. 312 à 328.

858. Botrel (A.). — Un chapitre de l'histoire de Lamballe, p. 363 à 373.

859. Berthou (P. de). — Alexis Transon, charcutier, philosophe et antiquaire (1775-1847). Extraits d'un journal pour les années 1799-1801, p. 374 à 383, et 434 à 448.

860. Barthélemy (A. de). — Les reliques de saint Tudual, évêque de Tréguier, 2 pl. et *fig.*, p. 401 à 413.

XXVI. — Revue de Bretagne, de Vendée et d'Anjou, publiée par la Société des bibliophiles bretons, t. XXVI, 1901. (Paris, 1901, in-8°, 305 p.)

[856]. Lallié (Alfred). — Le Comité révolutionnaire de Nantes, p. 5 à 12, 61 à 78, 128 à 140.

861. Rousse (Joseph). — Un insurgé malgré lui, Charles Danguy, seigneur de Vue [1793], p. 13 à 25.

862. Brémond d'Ars (A. de). — Souvenirs d'émigration [du comte Pierre de Brémond d'Ars]. Siège de Maëstricht du 16 février au à mars 1793. Passage du Zuyderzée en janvier 1795, p. 53, 121 et 255.

[850]. Allain (L'abbé J.). — Documents sur le chapitre de la cathédrale de Tréguier, p. 141 à 146, 173 à 179, et 228 à 237.

[848]. Guillotin de Corson (L'abbé). — Usages et droits féodaux en Bretagne, p. 157 à 172.

863. Orain (Ad.). — Les contes de l'antique forêt de Brocéliande, p. 180 à 186.

864. Anonyme. — Mémoires d'un Nantais, p. 187 à 195. — Suite de XX, p. 170, 294, 357, 417; et XXI, p. 51, 123, 378; XXII, p. 65, 214, et 367.

865. Calan (Vicomte de). — Les romans de la Table ronde, p. 205 à 220.

LOIRET. — ORLÉANS.

SOCIÉTÉ D'AGRICULTURE, SCIENCES, BELLES-LETTRES ET ARTS D'ORLÉANS.

Les tomes I à XXXV des *Mémoires* de cette Société ont été analysés dans notre *Bibliographie générale*, t. II, p. 140 à 145. — Les tomes XXXVI à XLVIII le seront dans le Supplément en préparation.

XLIX. — **Mémoires de la Société d'agriculture, sciences, belles-lettres et arts d'Orléans,** 5ᵉ série des travaux de la Société, t. I, 70ᵉ volume de la collection. (Orléans, 1901, in-8°, 215 p.)

866. Cuissard (Ch.). — Inventaire des tableaux et œuvres d'art existant, à la Révolution, dans les églises d'Orléans, p. 1 à 59.

867. Michau (Ch.). — Guillaume Guiart, poète orléanais du XIVᵉ siècle et la *Branche des royaux lingnages*, p. 93 à 107.

868. Baillet (Aug.). — Vases égyptiens de la collection Desnoyers, au musée d'Orléans, *pl.*, p. 112 à 121.

869. Cuissard (Ch.). — Notice sur Antoine Petit, d'Orléans (1722 † 1794), 2 *portr.*, p. 127 à 164.

870. Arqué (Dʳ E.). — Iconographie d'Antoine Petit, *portr.*, p. 175 à 180.

LOIRET. — ORLÉANS.

SOCIÉTÉ ARCHÉOLOGIQUE ET HISTORIQUE DE L'ORLÉANAIS.

Cette Société publie des *Mémoires* et un *Bulletin*. — Les tomes I à XX de ses *Mémoires* ont été analysés dans notre *Bibliographie générale*, t. II, p. 145 à 151. — Les tomes XXI à XXVII le seront dans le Supplément. Il n'a paru aucun volume de 1898 à 1901 inclus.

Les tomes I à VIII du *Bulletin* ont été analysés dans notre *Bibliographie générale*, t. II, p. 151 à 158. — Les tomes IX à XI le seront dans le Supplément actuellement en préparation.

XII. — **Bulletin de la Société archéologique et historique de l'Orléanais,** t. XII, nᵒˢ 162-173, 1898-1901. (Orléans, 1901, in-8°, 832 p.)

871. Paturange (L'abbé). — Ladon (1676). Révocation d'un recteur des escolles, nomination de son remplaçant, plaintes contre celui-ci, jugement du prévost, p. 39 à 42.

872. Baguenault de Puchesse (G.). — M. Paul Domet (1830 † 1897), p. 45 à 50.

873. Merlet (René). — Le texte des coutumes de Lorris, données à Lorrez-le-Boccage, p. 66 à 77.

874. Bloch (Camille). — Les reliques de saint Samson à Orléans (d'après une note de M. Arthur de la Borderie), p. 78 à 79.

875. Simon (Gab.). — Note sur la découverte au Champ-Carré, commune de Chemault, de débris antiques et d'un chapiteau gallo-romain, *pl.*, p. 85 à 92.

876. Bloch (Camille). — État sommaire de la série G (clergé séculier) des archives départementales du Loiret, p. 93, 315 et 583. — Suite de XI, p. 491.

877. Poussin (J.). — Lettres de maîtrise de maître taillandier accordées à Léonard Rousselet (Orléans, 15 février 1765), p. 123.

878. Herluison. — Le tombeau de Clément V [à Uzeste] par Jehan de Bonneval (1315), p. 131 à 132.

879. Desnoyers. — Visite à la bibliothèque du Grand séminaire. Objets ayant appartenu à Mgr Dupanloup, p. 145 à 151.

880. Paturange (L'abbé). — Des charges militaires imposées aux populations rurales aux temps de Richelieu et de Louis XIV, p. 152 à 158.

881. Desnoyers. — Découvertes archéologiques [à Quiers-sous-Bellegarde, Montcorbon, Meung-sur-Loire et Rouvray-Sainte-Croix], p. 159 à 161.

882. [Desnoyers]. — Épée d'honneur offerte par la ville d'Orléans à Dulac de la Varenne, colonel de la Garde nationale [1792], p. 167 à 173.

883. Patureau (L'abbé). — Documents inédits relatifs à l'abbaye de Saint-Benoît-sur-Loire [1740-1789], p. 174 à 178.

884. Cuissard (Ch.). — Un cours de grec à Orléans (10 novembre 1510-12 juin 1511), p. 182 à 187.

885. Bréard (Paul) et Huet (Émile). — Le général baron Chauvel [1766 † 1838], p. 188 à 191.

886. Cuissard (Ch.). — Notice nécrologique sur M. Hagen [1844 † 1898], p. 192 à 194.

887. Herluison. — Inscription de pose de première pierre trouvée à Orléans, rue de la République (1722), p. 226 à 227.

888. Pérot (F.). — Un document sur Jeanne d'Arc, p. 231 à 232.

889. Dumuys (L.). — Note sur Simon Boucheron, d'Orléans, directeur de l'arsenal de Turin au XVII° siècle, p. 233 à 236.

890. Cuissard (Ch.). — Le contrat de mariage de Jacques Bongars (28 mai 1596), p. 237 à 246.

891. Bloch (Camille). — Documents inédits, p. 247.

[Transport d'une pièce de vin de Saumur à Orléans et d'Orléans à Paris (1706) ; les vignes de la cure de Saint-Donatien d'Orléans (1546).]

892. Auvray (L.). — Lettre de Jean Dubois sur sa Bibliotheca Floriacensis, p. 251 à 254.

893. Dumuys (Léon). — Découverte de galeries souterraines à Orléans, p. 271 à 272.

894. Anonyme. — Les broderies de Beaugency, p. 279 à 281.

895. Huet (Émile).—Fouilles des immeubles du « Loiret » [rue de la République, à Orléans], fig. et pl., p. 282 à 291.

896. Bloch (Camille). — Le département de Pithiviers et Montargis en 1787, p. 292 à 293.

897. La Rochterie (Maxime de). — Un procès de l'abbaye de Beaugency au XVII° siècle, p. 294 à 304.

898. Bloch (Camille). — Règlement pour les écoles d'Ingré (1763), p. 305 à 307.

899. Desnoyers. — Médaille trouvée au Campo dei fiori, à Rome, p. 308 à 314.

900. Huet (Émile). — La ville de Gannes et les fours à réduction du puits d'Havenat, p. 365 à 372.

901. Baguenault de Puchesse (Gustave). — Notice sur M. Louis Jarry (1837 † 1898), p. 386 à 399.

902. Garsonnin (D'). — Notes sur une généalogie de Charles du Lis, tableau, p. 400 à 406.

903. Herluison (H.). — Coup d'œil sur le Musée historique d'Orléans, p. 407 à 414.

904. Bloch (Camille). — La disgrâce d'un fonctionnaire de l'ancien régime au début de la Révolution [Carteron,

directeur de la régie des aides, à Blois], p. 415 à 417.

905. Garsonnin (D'). — Découvertes archéologiques à la manufacture des tabacs à Orléans, p. 461.

906. [Bloch (Camille)]. — Statistique des corporations de métiers à Orléans à la fin de l'ancien régime, p. 464 à 468.

907. [Bloch (Camille)]. — Un projet de Crédit agricole au siècle dernier, p. 503 à 509.

908. Cuissard (Ch.). — Traité de l'art d'enluminer, d'après un manuscrit de Fleury, conservé à Berne (fragment), p. 521 à 532.

909. Bloch (Camille). — Note sur quatre mémoires inédits sur la Sologne, p. 533 à 535.

910. Raguenet de Saint-Albin (Octave). — Le livre d'heures de l'amiral Prigent de Coëtivy, p. 568 à 575.

911. Cuissard (Ch.). — Portraits des administrateurs de l'Hôtel-Dieu d'Orléans (1728), p. 576 à 581.

912. Desnoyers. — La collection de Noury, p. 599 à 609.

913. Bloch (Camille). — Note sur la dépopulation d'Orléans aux XVIII° et XIX° siècles, p. 610 à 612.

914. Garsonnin (D'). — Documents pour servir à l'histoire de la peste à Orléans [XVII° s.], p. 628 à 645.

915. Tartarin (D'). — L'Hôtel-Dieu de Bellegarde, p. 646 à 651.

916. Tartarin (D' E.). — Iconographie de Madame de Montespan, pl., p. 652 à 656.

917. [Cochard (L'abbé)]. — Devis pour la construction d'un jeu de paume à Orléans [1611], p. 657 à 664.

918. [Herluison (H.)]. — Voyage dans l'Orléanais, le Blésois, la Touraine, l'Anjou et la Bretagne, fait en 1752, depuis le 9 septembre jusqu'au 23 octobre [par M. de Montigny?], p. 665 à 669.

919. Huet (E.). — Les fossés du bois de Villefranc, fig., p. 670 à 672.

920. Dumuys. — Découverte d'un sarcophage rue de Bellébat, à Orléans, p. 674 à 675.

921. Jacob (Georges). — Catalogue des actes de François I° intéressant l'Orléanais, p. 688 à 762.

922. Cuissard (Ch.). — Documents inédits pour l'histoire d'Orléans, p. 763 à 792.

[Journal de Pierre Pothier, prieur de Saint-Euverte (1562-1596), p. 765. — Souvenirs anonymes (1628-1650), p. 775. — Mémoire sur l'église cathédrale Sainte-Croix, par le chanoine Picault, et de la Rimbertière (1733-1757), p. 786.]

923. Desnoyers. — Tête de femme à coiffure mobile, sculpture trouvée à Tebessa (Algérie), p. 793 à 801.

924. Cochard (L'abbé). — Marché relatif à la verrière de Saint-Ythier de Sully [1593], p. 802 à 803.

925. Villaret (Contesse Amicie de). — Lettres de pardon octroyées au chapitre de l'église cathédrale d'Orléans en 1479 par Louis XI, p. 804 à 807.

LOT. — CAHORS.

SOCIÉTÉ DES ÉTUDES LITTÉRAIRES, SCIENTIFIQUES ET ARTISTIQUES DU LOT.

Les tomes I à X du *Bulletin* de cette Société ont été analysés dans notre *Bibliographie générale*, t. II, p. 159 à 161. — Les tomes XI à XXV figureront dans notre Supplément.

XXVI. — Bulletin trimestriel de la Société des Études littéraires, scientifiques et artistiques du Lot, t. XXVI. (Cahors, 1901, in-8°, 296 p.)

926. Combes (A.). — Les délibérations de la municipalité de Saint-Pantaléon (Lot) pendant la Révolution, p. 1 à 32.

927. Viné (Armand). — La fin d'une énigme. Le roc d'Aucor, *fig.*, p. 42 à 47.

928. Fontenilles (P. de). — Recueil d'inscriptions intéressant le Quercy, p. 48 à 63, 93 à 108, 157 à 188, et 221 à 252.

929. Fournastié (V.). — Charte du Prince Noir au sujet des foires de Cahors, p. 109 à 110.

930. Albe (L'abbé Edmond). — Quelques notes sur l'abbaye de Marcillac, p. 115 à 135.

931. Greil (Louis). — M. H. Valette [† 1900] et M. F. Cangardel [1840 † 1900], notices nécrologiques p. 139 à 146.

932. Galabert (L'abbé F.). — Une charte familiale de libertés (8 mars 1289), p. 189.

[Charte de Fourtunier de Gourdon en faveur des frères Deyssac, de Saint-Projet près Gourdon.]

933. Albe (L'abbé Edmond). — Notes sur Figeac, p. 201 à 212.

[Lettres royaux concernant la part que les gens d'église à Figeac devaient prendre à l'impôt (XVᵉ s.). Règlement des bouchers de Figeac (1346).]

934. Fontenilles (Paul de). — M. C.-A. Calmon, p. 253 à 257.

LOZÉRE. — MENDE.

SOCIÉTÉ D'AGRICULTURE, INDUSTRIE, SCIENCES ET ARTS DU DÉPARTEMENT DE LA LOZÈRE.

Les tomes I à XXXVI du *Bulletin* de cette Société ont été analysés dans notre *Bibliographie générale*, t. II, p. 173 à 181. — Les tomes XXXVII à LI le seront dans le Supplément actuellement en préparation.

LII. — Bulletin de la Société d'agriculture, industrie, sciences et arts du département de la Lozère, t. LIII [*lisez :* LII], 1901. (Mende, 1901, in-8°, 134-IV p.)

[A chacun des volumes de ce *Bulletin*, où l'on ne s'occupe généralement que d'agriculture, sont joints des fragments de Mémoires, chacun à pagination spéciale, destinés à constituer des volumes isolés. Un seul de ces volumes a été terminé dans le courant de l'année 1901. C'est le suivant :]

935. Germer-Durand. — Notes bibliographiques sur la Lozère, 231 p. — Supplément avec tables, joint au tome LIV [*lisez :* LIII] (1902), 32 et 4 p.

MAINE-ET-LOIRE. — ANGERS.

SOCIÉTÉ D'AGRICULTURE, SCIENCES ET ARTS D'ANGERS.

Les tomes I à XLI des *Mémoires* de cette Société ont été analysés dans notre *Bibliographie générale*, t. II, p. 187 à 197. — Les tomes XLII à LVI le seront dans le Supplément actuellement en préparation.

LVII. — Mémoires de la Société nationale d'agriculture, sciences et arts d'Angers, ancienne Académie d'Angers fondée en 1685, 5ᵉ série, t. IV. Année 1901. (Angers, 1901, in-8°, 466 et 195 p.)

936. Espinay (G. d'). — Le droit de l'Anjou avant les Coutumes, d'après les notes de M. Beautemps-Beaupré, p. 5 à 62.

937. Beautemps-Beaupré. — Fragments historiques [Foulques le Roux et Foulques le Bon. Publié par M. G. d'Espinay], p. 63 à 69.

938. Marchand (Ch.). — Notes et extraits d'un manuscrit des Archives d'État à Turin, p. 70 à 106. — Cf. n° 1740.

[Négociations du maréchal de Brissac en Piémont, 1550-1555.]

939. Du Brossay. — La seigneurie de Château-Gontier et la couronne de France, p. 107 à 121.

940. La Combe (Louis). — Un distillateur angevin au xvIIIᵉ siècle [Mathurin Fresnau], p. 128 à 148.

941. La Perraudière (R. de). — Recherches historiques et statistiques sur la commune de Lué (Maine-et-Loire), p. 149 à 258.

942. Uzureau (L'abbé F.). — Ancienne Académie d'Angers. Membres titulaires et associés (1685-1793), p. 259 à 290. — Les travaux présentés aux séances (1686-1788), p. 291 à 362.

943. Uzureau (L'abbé F.). — Histoire d'un troupeau sous le Directoire [béliers et brebis achetés par le département de Maine-et-Loire en 1797], p. 363 à 367.

944. Barbier de Montault (X.) et Urseau (Ch.). — Les acquisitions récentes du musée archéologique de la ville d'Angers, p. 373 à 403. — Suite de LVI, p. 129.

945. Pavie (Eusèbe). — Rapport sur Historiae abbatiae Sᵗⁱ Nicolai Andegavensis compendium a D. Petro Leduc (B. N. F. latin 11818), p. 404 à 411.

946. [Ballu]. — Historiae abbatiae Sᵗⁱ Nicolai Andegavensis compendium a D. Petro Leduc, mense januarii 1678 (B. N. F. latin 11818, fol. 313-320), p. 412 à 438.

MAINE-ET-LOIRE. — ANGERS.

SOCIÉTÉ INDUSTRIELLE ET AGRICOLE D'ANGERS.

Les cinquante-cinq premiers volumes du *Bulletin* publié par cette Société sont analysés dans notre *Bibliographie générale*, t. II, p. 207 et suiv. — Les tomes LVI à LXVIII le seront dans notre Supplément.

Nous n'indiquons que pour mémoire le tome LXIX, car il ne contient aucun article d'histoire ou d'archéologie.

LXIX. — Bulletin de la Société industrielle et agricole d'Angers et du département de Maine-et-Loire, 71ᵉ et 72ᵉ année, 10ᵉ et 11ᵉ de la quatrième série. 1900 et 1901. (Angers, 1902, in-8°, 176 p.)

MANCHE. — AVRANCHES.

SOCIÉTÉ D'ARCHÉOLOGIE, LITTÉRATURE, SCIENCES ET ARTS
D'AVRANCHES ET DE MORTAIN.

Les tomes I à VII des *Mémoires* et I et II de la *Revue* publiés par cette Société ont été analysés dans notre *Bibliographie générale*, t. II, p. 215 à 218. — Les tomes VIII à XIV des *Mémoires* et III à IX du *Bulletin* le seront dans le Supplément actuellement en préparation. — Le tome XV des *Mémoires*, commencé en 1900, n'a été achevé qu'en 1902. Nous en donnerons le dépouillement dans notre prochain fascicule.

X. — Revue de l'Avranchin. Bulletin trimestriel de la Société d'archéologie, littérature, sciences et arts d'Avranches et de Mortain, t. X [années 1900-1901]. (Avranches, 1900[-1902], in-8°. 443 p.)

947. Sauvage (Hippolyte). — Mortain pendant la Terreur, p. 6 à 54, 253 à 272, 332 à 350. — Suite de IX, p. 104, 172, 198, et 258.

948. Deschamps du Manoir (Mgr). — Notes pour servir à l'histoire de Granville, p. 88 à 121.

949. A. de T. [Tesson (Alfred de)]. — Plan d'Avranches, pl., p. 128.

950. Anonyme. — A propos de la collégiale de Mortain, p. 141 à 142.

951. Laveille (A.). — Le collège d'Avranches depuis ses origines jusqu'à la Révolution, p. 147 à 200.

952. Guérout (P.). — Les injustices judiciaires historiques, p. 201 à 228.

[Calas, Laud, Charles Ier, Hubert (Londres, 1666), Plunkett, les dénonciations de Thus Oates, Newmann, jugement d'un fermier en Irlande (1712).]

953. Anonyme. — Copies de pièces conservées aux archives de la ville de Cherbourg, p. 248 à 252.

[Lettre des échevins de Granville et de Cherbourg (1767 et 1787); lettres patentes relatives à l'occupation des premières places dans l'église de Granville (1650).]

954. Sauvage (Hippolyte). — Après la guerre de Cent ans. Le pont du Pontaubault, p. 285 à 291.

955. Le Cacheux (Paul). — Une descente des Anglais dans l'île de Chausey, en 1695, p. 292 à 295.

956. Anonyme. — La chouannerie avranchine et granvillaise, p. 296 à 320.

957. Sauvage (Hippolyte). — Les derniers jours de la cathédrale d'Avranches, p. 351 à 355, et 388 à 389.

958. Sauvage (Hippolyte). — Les boulevards et les fortifications d'Avranches, p. 368 à 379.

959. Anonyme. — Note concernant les prisonniers de guerre écossais internés au château de Cherbourg et au Mont Saint-Michel en 1547, p. 380 à 382.

960. Sauvage (Hippolyte). — Un voyageur endiablé [Odicourt d'Elvasy], p. 383 à 387.

961. Jamont (Camille). — Une excursion à la Grande-Trappe, p. 390 à 397.

962. Sauvage (Hip.) et Jamont (Camille). — Poésies latines en l'honneur de saint Vital, abbé de Savigny (xii° s.), p. 412 à 430.

963. Sauvage (Hippolyte). — Une anecdote sur Pierre-Daniel Huet, évêque d'Avranches, p. 431 à 437.

MANCHE. — SAINT-LÔ.

SOCIÉTÉ D'AGRICULTURE, D'ARCHÉOLOGIE ET D'HISTOIRE NATURELLE
DE LA MANCHE.

Les tomes I à VI des *Notices*, *Mémoires* et *Documents* publiés par cette Société ont été analysés dans notre *Bibliographie générale*, t. II, p. 225 à 227. — Les tomes VII à XVIII le seront dans le Supplément actuellement en préparation.

XIX. — Notices, mémoires et documents publiés par la Société d'agriculture, d'archéologie et d'histoire naturelle du département de la Manche. XIX° volume. (Saint-Lô, 1901, in-8°, 97 p.)

964. Sauvage (Hippolyte). — Les capitaines et gouver-

neurs du château de Saint-Lô pendant la guerre de Cent ans, de 1337 à 1453, p. 3 à 52.

965. Lepingard. — La garnison de Saint-Lô en 1468, p. 53 à 58.

966. Lepingard. — Le Pré ès-Garains jadis, aujourd'huy des Alluvions [à Saint-Lô], p. 59 à 60.

967. Anonyme. — Sainte-Suzanne [-sur-Vire], p. 61 à 71.

968. Lepingard. — Le cartulaire de l'église de Saint-Lô, p. 72 à 85. — Suite de XVII, p. 99; et XVIII, p. 131.

MARNE. — CHÂLONS-SUR-MARNE.

SOCIÉTÉ D'AGRICULTURE, COMMERCE, SCIENCES ET ARTS DE LA MARNE.

Les tomes I à XXIX des *Mémoires* publiés par cette Société ont été analysés dans notre *Bibliographie générale*, t. II, p. 232 à 236. — Les tomes XXX à XLIV le seront dans le Supplément actuellement en préparation.

XLV. — **Mémoires de la Société d'agriculture, commerce, sciences et arts du département de la Marne...**, 2ᵉ série, t. IV, 1900-1901. (Châlons-sur-Marne, 1902, in-8°, 275 p.)

969. Schmit (Émile). — Découverte d'un nouveau ci-

metière gaulois à Châlons-sur-Marne, *fig.*, p. 77 à 99.

970. Lot (Ferd.) et Pelicier (P.). — Extraits du livre de *La peau de veau*, de Châlons, p. 101 à 172.

971. Coyon. — Étude sur l'art du bronze dans la Marne à l'époque gauloise, *fig.*, p. 199 à 215.

MARNE. — REIMS.

ACADÉMIE DE REIMS.

Les tomes I à LXXX des *Travaux* de cette Académie ont été analysés dans notre *Bibliographie générale*, t. II. p. 238 à 250. — Les tomes LXXXI à CVIII seront analysés dans le Supplément actuellement en préparation.

CIX. — **Travaux de l'Académie nationale de Reims**, CIXᵉ volume, année 1900-1901, t. I. (Reims, 1901, in-8°, 376 p.)

972. Anonyme. — Séance publique du 18 juillet 1901, p. 1 à 75.

973. Divers. — M. Piéton [Louis-Ferdinand, 1824 † 1901], hommages rendus à sa mémoire, p. 149 à 161.

[Discours de MM. Brissart et Jadart.]

974. Duchataux (V.). — Jean Tzetzes et ses études sur Homère, p. 243 à 277.

975. Bourdel. — *La théorie des sentiments agréables* de Levesque de Pouilly [1691 † 1750], p. 279 à 325.

976. Brouillon (Louis). — La villa gallo-romaine de Vière (Outrivière, commune de Noirlieu, Marne), p. 327 à 353.

977. Jadart (Henri). — L'armorial de Charles-Drouin Regnault, manuscrit de la bibliothèque de Reims, *fig.*, p. 363 à 374.

CX. — **Travaux de l'Académie nationale de Reims**, CXᵉ volume, année 1900-1901, t. II. (Reims, 1902, in-8°, 423 p.)

978. Jadart (Henri). — Journal de Dom Pierre Chastelain [1709-1782], bénédictin rémois, avec ses remarques sur la température et la vigne, suivies d'un journal et d'observations analogues jusqu'en 1848, p. 1 à 181.

979. [Jadart (Henri)]. — Notes historiques extraites des registres paroissiaux de la ville et des environs de Reims (1709-1779), p. 183 à 197.

980. [Jadart (Henri)]. — Journal anonyme du xviii° siècle (Journal de 1709 à 1803), p. 199 à 346.

981. [Jadart (Henri)]. — Notes de J.-B. Blavier (1740-1749), p. 347 à 349.

982. [Jadart (Henri)]. — Journal des Hédouin, père et fils, sur la température à Reims et dans les environs (1708-1815), p. 351 à 355.

983. [Jadart (Henri)]. — Observations sur la végétation de la vigne et sur l'influence de la température sur la récolte (1800-1848), par P.-A. Dérodé-Géruzez, p. 357 à 381.

984. Anonyme. — Table des auteurs pour les volumes CI à CX (années 1896 à 1901), p. 415 à 423.

MARNE (HAUTE-). — LANGRES.

SOCIÉTÉ HISTORIQUE ET ARCHÉOLOGIQUE DE LANGRES.

Les tomes I et II des *Mémoires* et I et II du *Bulletin* de cette Société ont été analysés dans notre *Bibliographie générale*, t. II, p. 255 à 258. — Le tome III du *Bulletin* sera analysé dans notre Supplément, et le tome IV commencé en 1893 et achevé en 1902, dans notre prochain fascicule.

III. — Mémoires de la Société historique et archéologique de Langres [t. III, 1880-1901]. (Langres, 1901, in-4°, 438 p.)

985. Daguin (Arthur). — Les évêques de Langres, étude épigraphique, sigillographique et héraldique, *fig.* et *3 pl.*, p. 1 à 188.

986. Grancher (L'abbé P.-J.). — L'église de Ceffonds et ses vitraux, 7 *pl.*, p. 189 à 231.

987. Brocard (Henri). — Un bas-relief [gallo-romain], musée de Langres, *fig.*, p. 231.

988. Louis (L'abbé A.). — Notre-Dame-la-Blanche et l'évêque Guy Baudet. Deux statues du xiv° siècle à la cathédrale de Langres, 2 *pl.*, p. 233 à 256.

989. Royer (Camille et Joseph) et Flouest (Éd.). — Les tumulus de Montsaugeon (Haute-Marne), *fig.* et *pl.*, p. 257 à 283.

990. Marcel (L'abbé L.). — La calligraphie et la miniature à Langres à la fin du xv° siècle. Histoire et description des manuscrits 11972-11978 du fonds latin de la Bibliothèque nationale, *pl.*, p. 285 à 328.

991. Roserot (Alphonse). — Procès entre les chanoines et les prébendiers du chapitre de Langres en 1633. Pierres tombales et inscriptions tumulaires, 11 *pl.*, p. 329 à 343.

992. Royer (Ch.). — L'église Saint-Pierre et Saint-Paul de Langres, *fig.* et *pl.*, p. 345 à 436.

MAYENNE. — LAVAL.

COMMISSION HISTORIQUE ET ARCHÉOLOGIQUE DE LA MAYENNE.

Les tomes I à IV du *Bulletin* de cette Commission ont été analysés dans notre *Bibliographie générale*, t. II, p. 260 à 262. — Les tomes V à XXI le seront dans le Supplément actuellement en préparation.

XXII. — Bulletin de la Commission historique et archéologique de la Mayenne, créée par arrêté préfectoral du 17 janvier 1878, 2° série, t. XVII, 1901. (Laval, 1901, in-8°, 516 p.)

993. Beauchesne (Marquis de). — Le château du

Coudray et les châtellenies de Chemeré et de Saint-Denis-du-Maine, p. 15 à 41, 129 à 153, 268 à 301, 409 à 438. — Suite de XXI, p. 249, et 378.

994. Laurain (E.). — Les commencements de l'imprimerie dans l'ouest de la France, p. 42 à 52.

995. Gadbin (René). — Arrêt du Parlement concernant

des négligences dans la tenue des registres de baptêmes, mariages et sépultures de la paroisse de Saint-Fort, en Anjou (26 mai 1772), p. 53 à 62.

996. BERTRAND DE BROUSSILLON (Comte). — La maison de Laval. Cartulaire de Laval, *fig.* et 6 *pl.*, p. 63 à 112, 187 à 246, 328 à 385, 455 à 495. — Suite de XIII, p. 62, 199; XIV, p. 64, 183; XV, p. 82, 244; XVI, p. 168; XVII, p. 47, 166, 297; XVIII, p. 152, 286, 434; XIX, p. 41, 144, 349; XX, p. 33, 203, 302, 390; et XXI, p. 12, 178, 310, et 442.

997. GADBIN (René). — Essai historique sur la terre seigneuriale et la chapellenie de la Gendronnière (Saint-Sulpice), p. 154 à 177.

998. ANONYME. — Nomination de M. Hardy de Lévaré, juge de police de la ville de Laval (1723), p. 178 à 183.

999. DU BROSSAY. — Cercueil en schiste ardoisier en Loigné, p. 184 à 186.

1000. GALLAND. — District de Laval. L'agent national près le district, p. 261 à 267.

1001. QUERUAU-LAMERIE (E.). — Lettres de Michel-René Maupetit, député à l'Assemblée nationale constituante (1789-1791), p. 302 à 327 et 439 à 454.

1002. GALLAND (A.). — Le Comité révolutionnaire du district de Laval, p. 389 à 408.

1003. LAURAIN. — Nécrologie, p. 499 à 502.

[L'abbé Albert-Clément Coutard (1847 † 1901); Emmanuel Montagu (1843 † 1901); l'abbé Joseph-Constant-Marie-Jean Gillard (1840 † 1901).]

MEURTHE-ET-MOSELLE. — NANCY.

ACADÉMIE DE STANISLAS.

Les tomes I à LIV des *Mémoires* de cette Académie ont été analysés dans notre *Bibliographie générale*, t. II, p. 266 à 276. — Les tomes LV à LXVIII seront analysés dans le Supplément actuellement en préparation.

LXIX. — **Mémoires de l'Académie de Stanislas**, 1900-1901, 151ᵉ année, 5ᵉ série, t. XVIII. (Nancy, 1901, in-8°, CVIII-408 p.)

1004. MARTIN (L'abbé Eugène). — La Société Foi et lumières [à Nancy], p. XLIII à LXIII.

1005. ROCHE DU TEILLOY (Alexandre DE). — Discours prononcé le 3 avril 1901 aux obsèques de M. le chanoine Vacant, p. CII à CVIII.

1006. PFISTER (Chr.). — L'énergumène de Nancy. Élisabeth de Ranfaing et le couvent du Refuge, p. 1 à 80.

1007. GERMAIN (Léon). — Observations sur les monuments héraldiques relatifs à Sarrebourg, *fig.*, p. 168 à 177.

1008. GRUCKER (E.). — Une comédie allemande au commencement du XIXᵉ siècle [*La cruche cassée* de Henri de Kleist], p. 178 à 226.

1009. DES ROBERT (Ferdinand). — Campagne de Turenne en Allemagne, d'après des documents inédits (1672-1675), p. 227 à 361; et LXX, p. 1 à 249. — Suite de LXVIII, p. 193.

MEURTHE-ET-MOSELLE. — NANCY.

SOCIÉTÉ D'ARCHÉOLOGIE LORRAINE ET DU MUSÉE HISTORIQUE LORRAIN.

Les tomes I à VIII de la première série du *Bulletin* et les tomes IX à XXXV des *Mémoires* qui leur font suite, publiés par cette Société ont été analysés dans notre *Bibliographie générale*, t. II, p. 277 à 287. — Les tomes I à XXXIV du *Journal*, ont été analysés, *ibid.*, p. 287 à 309. — Les tomes XXXVI à L des *Mémoires* et XXXV à XLIX du *Journal* seront analysés dans le Supplément actuellement en préparation. — En 1901, le titre du *Journal* est devenu *Bulletin mensuel*, le caractère de la publication n'a pas été autrement modifié.

LI. — Mémoires de la Société d'Archéologie lorraine et du Musée historique lorrain, t. LI, 4ᵉ série, 1ᵉʳ volume. (Nancy, 1901, in-8°, 472-xxix p.)

1010. Souresmes (R. de). — La torture et les anesthésiques, p. 5 à 16.

1011. Guyot (Ch.). — Mirecourt pendant la Révolution, 3 *pl.*, p. 17 à 328.

1012. Beaupré (Comte J.). — Essai de classement des principaux gisements d'objets de bronze préromains en Lorraine, 2 *pl.*, p. 229 à 346.

1013. Parisel (V.). — Étude historique et généalogique sur la seigneurie et les seigneurs d'Hacourt, p. 347 à 367.

1014. Bové (Pierre). — Étude historique sur les Hautes-Chaumes des Vosges, *pl.*, p. 368 à 472; et LII, p. 66 à 208. — Suite de L, p. 185.

L. — Bulletin mensuel de la Société d'Archéologie lorraine et du Musée historique lorrain, 1ʳᵉ année. (Nancy, 1901, in-8°, 288 p.)

[La couverture imprimée porte : 2ᵉ série, t. I, 50ᵉ volume.]

1015. Beaupré (J.). — Note sur une sépulture de l'époque néolithique découverte en 1900 dans la grotte du Géant [près Maron], 3 *pl.*, p. 8 à 11.

1016. Davillé (Louis). — La recentainer d'Arnaville, p. 11 à 18, et 33 à 40. — Cf. XLIX, p. 193.

1017. Nicolas (J.). — Une pierre tombale des Milly-Robinet à Stenay [1731 et 1738], p. 19 à 21. — Cf. n° 1020.

1018. Sadoul (Ch.). — Deux maitres d'école au ban d'Etival et à Saint-Remy, à la fin du xviiᵉ siècle, p. 27 à 33.

1019. Duvernoy (E.). — Le tribunal du Change de Nancy en 1491, p. 40 à 42.

1020. Robinet de Cléry. — Une pierre tombale des Milly-Robinet à Stenay. Rectification, p. 42. — Cf. n° 1017.

1021. Germain (L.). — Recherches sur les fondeurs de cloches lorrains. La famille Bonnevie [xviiiᵉ-xixᵉ s.], p. 43 à 45.

1022. L. G. [Germain (L.)]. — Les pots de Lorraine [en fer], p. 45 à 46.

1023. Germain (L.). — Fondeurs de cloches lorrains dans le Pas-de-Calais, p. 46 à 48.

1024. Robinet de Cléry. — Saulmory, fief mouvant de la châtellenie de Dun, p. 53 à 61. — Cf. n° 1029.

[Suivi d'observations par L. Germain, p. 62 à 66.]

1025. L. G. [Germain (L.)]. — Alphonse de Ramberviller, correspondant de Peiresc, p. 66 à 69.

1026. Zeiller (P.). — Lettres autographes du duc Nicolas-François de Lorraine et des duchesses Claude et Nicole relatives à l'éducation des enfants de ce prince [1640-1660], p. 82 à 87.

1027. Germain (L.). — La famille des médecins Callot, à propos d'une épitaphe de l'hospice Saint-Julien à Nancy (1689) [F. Callot], p. 88 à 93, 146 à 158, 183 à 186, et 231 à 237; et LI, p. 150 à 160.

1028. C. S. [Sadoul (C.)]. — Document relatif à Yolande de Bar, reine d'Aragon [1103], p. 94.

1029. Robinet de Cléry. — Au sujet d'une tombe mutilée de l'église de Saulmory, p. 94 à 96. — Cf. n°ˢ 1024 et 1034.

1030. Guyot (Ch.). — Quelques contrats d'apprentissage à Mirecourt au xviᵉ siècle, p. 101 à 104.

1031. Beaupré (J.). — Les résultats de l'excursion de Saint-Mihiel, au point de vue de l'archéologie préhistorique, p. 104 à 106.

1032. Duvernoy (E.). — Fourniture d'une cloche à Nomeny en 1730, p. 106.

1033. Nicolas (J.). — Une inscription dans l'église de Lusy [Armand Béchet, 1731], p. 107 à 108.

1034. Lefebvre (H.). — A propos de Saulmory, p. 109. — Cf. n° 1029.

1035. Beaupré (J.). — Note sur le Rud-Mont [station préhistorique], 2 *pl.*, p. 123 à 127.

1036. Lefebvre (H.). — Une excursion à Montmédy, Avioth, Marville, Orval, p. 127 à 139.

1037. Beaupré (J.). — M. le Dʳ Bleicher [† 1901], *pl.*, p. 139 à 143.

1038. Des Robert (Edmond). — Deux épisodes de la vie de saint Norbert. Panneaux en bois sculpté provenant de l'abbaye de Rangéval, *pl.*, p. 159 à 163.

1039. Germain (L.). — Une plaque de foyer rémoise aux armoiries du cardinal de Lorraine, p. 163 à 166.

1040. Germain (L.). — Un feuillet d'album aux armes de Claude Guichard, Nancéien, daté de 1612, p. 167 à 168.

1041. Duvernoy (E.). — Michel de la Huguerye, p. 171 à 173.

1042. Germain (L.). — La famille Klein, de Dieuze, p. 173 à 181.

1043. Braux (G. de). — Lettre inédite de Henri IV, alors prince de Béarn et roi de Navarre [1587], p. 181 à 183.

1044. E. D. [Duvernoy (E.)]. — Nom révolutionnaire de Villey-Saint-Étienne, p. 186 à 187.

1045. Sadoul (Ch.). — M. Gaston Save [† 1901], *pl.*, p. 188 à 190.

1046. Levallois (H.). — Recherches, à propos d'une liste des vassaux de Bar, de l'an 1311, sur les débuts du règne du comte Édouard Iᵉʳ, p. 193 à 219. — Cf. n° 1053.

1047. Duvernoy (E.). — Chartes d'Antoine et de Ferry II, comtes de Vaudémont (1429-1459), p. 219 à 226, et 263.

1048. Beaupré (J.). — Le briquetage de la Seille, et les fouilles faites en 1901, à l'occasion du Congrès d'anthropologie de Metz, 2 *pl.*, p. 227 à 230, et 273 à 276.

1049. Germain (L.). — La parenté de Henri II, duc de Lorraine, avec Catherine de Bourbon, sa première femme, p. 237 à 238.

1050. Duvernoy (E.). — Sentence arbitrale prononcée par René II en 1488, p. 242 à 245.

1051. Germain (L.). — Taque de foyer aux armoiries du duc Charles III, *fig.*, p. 245 à 248.

1052. Nicolas (J.). — Inscriptions funéraires de l'église de Vigneulles-les-Hattonchatel, p. 248 à 251.

1053. Germain (L.). — Identification de quelques loca-

lités pour la liste des vassaux du comté de Bar en 1311, p. 251 à 256; et LI, p. 257 à 259. — Cf. n° 1046.

1054. Germain (L.). — Fondeurs de cloches lorrains en Artois et en Picardie, d'après un travail récent [de M. Roger Rodière], p. 256 à 263.

1055. Guyot (Ch.).—Les cloches de Mirecourt, p. 269 à 272.

1056. Germain (L.). — Les cloches de fondeurs lorrains dans le canton de Beine (Marne), p. 276 à 282.

1057. Labourasse (H.). — Note sur Jean d'Arc, frère de la Pucelle, p. 283 à 284.

MEUSE. — BAR-LE-DUC.

SOCIÉTÉ DES LETTRES, SCIENCES ET ARTS DE BAR-LE-DUC.

Les tomes I à XIV des *Mémoires* de cette Société ont été analysés dans notre *Bibliographie générale*, t. II, p. 314 à 317. — Les tomes XV à XXIX seront analysés dans le Supplément actuellement en préparation.

XXX. — Mémoires de la Société des lettres, sciences et arts de Bar-le-Duc, 3° série, t. X. (Bar-le-Duc, 1901, in-8°, xxxix-392 p.)

1058. Marichal (Paul). — Sur Boureuilles et Culey, p. v à vi.

1059. Comte (F.). — Sarcophage gothique aux armes de Bar, trouvé dans l'île de Chypre, p. viii à ix.

1060. Démoget. — Joseph des Camus, mécanicien, [xvii° s.], p. xiii.

1061. Maxe-Werly. — Calice de l'église de Morley (Meuse), p. xv.

1062. Barrois. — Intaille provenant des ruines de Nasium, p. xxii.

1063. Danareuther. — Sceau de Jean Mariey de Billey, chanoine de Verdun [† 1541], p. xxiii à xxiv.

1064. Gésin (L'abbé A.). — Un village barrois (1158-1900), Maxey-sur-Vaise (Meuse), *pl.*, p. 3 à 240.

1065. Germain (Léon). — Note sur un manteau de cheminée historié du temps du duc Antoine à Juvigny-en-Perthois, *fig.*, p. 241 à 252.

1066. Germain (Léon). — Observations relatives à Thiébaut I°°, comte de Bar (1192-1214), p. 253 à 265.

1067. Fourier de Bacourt. — Documents pour l'histoire de la médecine à Bar-le-Duc au xvii° siècle, p. 267 à 278.

1068. Fourier de Bacourt. — Épitaphe d'un jeune Gleysenove au Collège de la Marche à Paris [xvii° s.], p. 279 à 284.

1069. Fourier de Bacourt. — Le conseiller Longeaux est-il l'auteur du nobiliaire de Bar-le-Duc? La famille Le Vasseur, p. 285 à 292.

1070. Martin (Alexandre). — Mes ancêtres (Extrait des Souvenirs d'un provincial), p. 293 à 310.

1071. Labourasse (H.). — Les cahiers de Beaudrémont, de Thonnelle, de Seuzey et d'Erize-Saint-Dizier en 1789, p. 311 à 382.

1072. Cuévelle (C.). — Confiscations exercées sur les défenseurs de Jametz par le duc de Lorraine (1589-1590), p. 333 à 347.

1073. Lesort (André). — Une campagne policière sous la Restauration. A la recherche de Drouet [agent de l'arrestation de Varennes], p. 349 à 362.

1074. Lesort (André). — L'origine des bois communaux de Sommeilles (1574), p. 363 à 366.

MEUSE. — VERDUN.

SOCIÉTÉ PHILOMATHIQUE DE VERDUN.

Les tomes I à IX des *Mémoires* de cette Société ont été analysés dans notre *Bibliographie générale*, t. II, p. 318 à 319. — Les tomes X à XIV seront analysés dans le Supplément actuellement en préparation.

XV. — Mémoires de la Société philomathique de Verdun, t. XV. (Verdun, 1901, in-8°, CXIV-286 p.)

1075. LOPPINET. — Valeur de l'arpent du Clermontois, p. XXXVI à XLVII.

1076. DOMMARTIN. — Louis Chadenet-Senocq [1843 † 1897], p. XXXVIII à XLV.

1077. DOMMARTIN. — L'abbé Thomas [1820 † 1899], p. LX à LXIV.

1078. BONNARDOT. — Le Bréviaire dit de Hugues de Bar [à la bibliothèque de Verdun, XIV° s.], p. LXVII à LXVIII.

1079. DOMMARTIN. — Pierre Dony [† 1899], p. LXX à LXXV.

1080. DELABAR (L'abbé). — Les Filles de Saint-Jacques, à Verdun, p. LXXVIII à LXXIX.

1081. DELABAR (L'abbé). — Jean de Schelandre [1585 † 1635], p. XCII à XCIII.

1082. DOMMARTIN. — L'abbé Charles-Claude Nicolas Couturier [† 1901], p. XCIV à XCVI.

1083. DOMMARTIN. — L'abbé Lamoureux [† 1901] et Camille Chadenet [† 1901], p. XCVIII à CVIII.

1084. DOMMARTIN. — Pons, de Verdun, p. CXI à CXII.

1085. CUADENET (C.). — Chevert, appendice à sa biographie, *fig.*, p. 3 à 19. — Cf. X, p. 205.

1086. PÉQUART (Victor). — Thérapeutique et matière médicale au XVI° siècle, 1 *tableau*, p. 49 à 94.

1087. LABOURASSE (H.). — Recherches sur l'étendue et les limites du comté de Verdun et des décanats wallons (1156-1570), p. 95 à 144.

1088. BONNARDOT (Fr.). — La désinence *ain* dans la déclinaison de l'ancien français, p. 145 à 155.

1089. HOUZELLE (F.). — L'école et le maître d'école avant 1789 dans le pays montmédien, p. 237 à 281.

MORBIHAN. — VANNES.

SOCIÉTÉ POLYMATHIQUE DU MORBIHAN.

Les tomes I à XXXI du *Bulletin* de cette Société ont été analysés dans notre *Bibliographie générale*, t. II, p. 321 à 329. — Les tomes XXXII à XLVI le seront dans le Supplément actuellement en préparation.

XLVII. — Bulletin de la Société polymathique du Morbihan, année 1901. (Vannes, 1901, in-8°, 348 et 46 p.)

1090. LE MENÉ (L'abbé J.-M.). — Le séminaire de Vannes, p. 7 à 76.

1091. LE MENÉ (L'abbé J.-M.). — Le château d'Elven en 1660, *pl.*, p. 77 à 84.

1092. GIBON (Vicomte Léonce DE). — Souvenirs d'un émigré [le comte H.-V.-M. de Gibon-Kérisouet] recueillis et publiés par son arrière-petit-fils, p. 88 à 103.

1093. AVENEAU DE LA GRANCIÈRE. — Notes d'archéologie romaine, *pl.*, p. 104 à 119. — Suite de XLVI, p. 261.

[Statuettes de bronze : Mercure, d'Ambon ; Apollon au repos ou Dionysos, trouvé en Grèce ; Vénus et Amour, de Castennec ; Osiris, de Saint-Brieuc.]

1094. SAGERET (E.). — Étude sur la situation politique du Morbihan au début de l'an VIII, p. 120 à 156.

1095. Le Rouzic (Z.). — Carnac, fouilles faites dans la région (1899 et 1900), 2 pl., p. 157 à 166.

1096. Le Mené (L'abbé J.-M.). — Collégiales [du diocèse de Vannes]. 2 pl., p. 167 à 217.

[Saint-Esprit d'Auray, Saint-Michel-du-Champ en Brech, Notre-Dame de la Tronchaye à Rochefort et Notre-Dame de la Fosse à Guémené.]

1097. Sageret (E.). — Étude sur la situation du parti royaliste dans le Morbihan au début de l'an VIII, p. 218 à 256.

1098. Quilgars (Henri). — Ethnogénie de la population de la presqu'île de Guérande d'après le folklore, la philologie et l'anthropologie, p. 257 à 267.

1099. Aveneau de la Grancière. — Le préhistorique et les époques gauloise, gallo-romaine et mérovingienne dans le centre de la Bretagne-Armorique. Dernières explorations dans la région montagneuse de Quénécan, entre le Blavet et le Sar (1899-1900), fig., p. 276 à 340; et XLVIII, p. 120 à 170, et 371 à 414.

NORD. — AVESNES.

SOCIÉTÉ ARCHÉOLOGIQUE DE L'ARRONDISSEMENT D'AVESNES.

Les tomes I à III des *Mémoires* de cette Société ont été analysés dans notre *Bibliographie générale*, t. II, p. 369 à 370. — Le tome IV le sera dans le Supplément actuellement en préparation.

V. — Mémoires de la Société archéologique, t. V, compte rendu des séances de la Société archéologique de l'arrondissement d'Avesnes de 1875 à 1886. (Avesnes, 1901, in-8°, 3 fasc. de 108, 95 et 10 p.)

[Ce volume comprend trois parties, ou plutôt trois fragments de volumes : la première, paginée de 1 à 108, contient une analyse des Procès-Verbaux de la Société de 1875 à 1886; la deuxième, paginée 1 à 95, contient le Mémoire inachevé que nous mentionnons sous le numéro 1100; la troisième est formée par le Mémoire que nous mentionnons sous le numéro 1101.

De ces trois parties la première seule est représentée dans la table du volume.]

1100. Minon (R.). — L'abbaye et le cartulaire de Fesmy (Aisne), près du Cateau (Nord), carte, 2° fasc., p. 1 à 95.

1101. Jennepin (A.). — Rapport sur une découverte de sépultures cinéraires gallo-romaines et d'une sépulture gauloise du bois de Solre-sur-Sambre (Belgique), frontière de France, 7 pl., 3° fasc., p. 1 à 8.

NORD. — DUNKERQUE.

SOCIÉTÉ DUNKERQUOISE POUR L'ENCOURAGEMENT DES SCIENCES, DES LETTRES ET DES ARTS.

Les tomes I à XXIV des *Mémoires* publiés par cette Société ont été analysés dans notre *Bibliographie générale*, t. II, p. 408 à 412. — Les tomes XXV à XXXIV le seront dans notre Supplément.

La Société dunkerquoise a publié, de 1892 à 1898, 6 volumes de *Bulletin* dans lequel sont insérés les procès-verbaux de ses séances. Cette publication a cessé, et depuis 1899 les procès-verbaux sont annexés annuellement à la fin du volume correspondant des *Mémoires*. — La Société a publié en 1901, outre le tome XXXV de ses *Mémoires*, l'ouvrage que nous indiquons sous le numéro 1108.

XXXV. — Mémoires de la Société dunker-quoise pour l'encouragement des sciences, des lettres et des arts... 1901, XXXV° volume. (Dunkerque, 1901, in-8°, 665 p.)

1102. Duriau (D'). — L'hygiène publique à Dunkerque. Dunkerque souterrain, 2 pl., p. 5 à 68.

1103. Bouchet (Émile). — Origine des relations franco-russes. Pierre le Grand à Dunkerque (21-25 avril 1717), p. 93 à 204.

1104. Bouchet (Émile). — L'alchimie, l'astrologie et la langue française, p. 235 à 256.

1105. Kremp (Georges). — Essai sur l'histoire du collège Jean-Bart, collège communal et universitaire de Dunkerque, p. 287 à 310. — Suite de XXXIII, p. 422.

1106. Delbecq (D'). — Les populations physiologiques du littoral français. Les matelotes de Gravelines, 2 pl., p. 33g à 36g.

1107. Bossaut. — L'hiver de 1783 - 1784 à Dunkerque, Une demande de secours, p. 373 à 378.

1108. Desacker (D.). — Histoire de la Société dunkerquoise, 1876-1900. (Dunkerque, 1901, in-8°, 576 p., 2 portr.)

[Table générale, par volume, des travaux publiés dans la collection des Mémoires de la Société (1853-1900), p. 529.]

NORD. — LILLE.

COMMISSION HISTORIQUE DU DÉPARTEMENT DU NORD.

Les tomes I à XVI du *Bulletin* publié par cette Commission ont été analysés dans notre *Bibliographie générale*, t. II, p. 413 à 419. — Les tomes XVII à XXIV le seront dans le Supplément actuellement en préparation.

XXV. — Bulletin de la Commission historique du département du Nord, t. XXV. (Lille, 1901, gr. in-8°, 132-200-116 p.)

1109. Leuridan (Théodore). — Statistique féodale du département du Nord : I. La châtellenie de Lille. —

II. Le Carembaut, p. 1 à 132. — III. La Pevèle, p. 1 à 200. — Table, p. 1 à 116.

[Réédition avec additions de notre numéro 32553 formant avec l'introduction (XXI, p. 1) et la réédition augmentée de la première partie (XXIV, p. 1), le début de l'ouvrage dont les quatrième et cinquième parties ont paru dans les tomes XVII, p. 1; et XX, p. 1. — Tables par l'abbé Th. Leuridan.]

NORD. — LILLE.

SOCIÉTÉ D'ÉTUDES DE LA PROVINCE DE CAMBRAI.

Le tome I du *Bulletin* publié par cette Société, paru en 1899-1900, sera analysé dans le Supplément de notre *Bibliographie générale*, actuellement en préparation.

II. — Société d'études de la province de Cambrai, Bulletin, t. II, 2ᵉ année, juillet 1900 à juin 1901. (Lille, 1900-1901, in-8°, 328 p.)

1110. Broutin (L'abbé). — Acte de séparation des paroisses d'Escaudain et de Saulx (juin 1264), p. 7 à 8.

1111. Dewez (L'abbé). — Confirmation des biens de l'abbaye d'Hasnon par le pape Eugène III (19 avril 1147), p. 8 à 11.

1112. Leclair (Ed.). — Ordonnances du magistrat de

Lille relatives aux processions du Saint-Sacrement et de l'Assomption (1771), p. 11 à 13.

1113. Leclair (Edm.). — Vol, en 1771, dans l'église de Dunkerque, p. 13.

1114. Broutin (L'abbé). — Offices à la nomination de l'abbé commendataire de Saint-Amand, p. 15 à 16.

1115. Conraile (L'abbé). — Fénelon et les habitants de Jeumont, p. 16 à 17.

1116. Salembier (L'abbé). — L'Immaculée Conception dans les diocèses de Cambrai et de Tournai au XVIIIᵉ siècle, p. 18.

8.

1117. Divers. — Questions et réponses, p. 19 à 24.

[Warde Saint-Rémi. Reliques à Lille. Manuscrits de Decroix.
Maisons à la charge de la ville à Lille. — Leuridan (Th.). Fiefs
et arrière-fiefs nobles et roturiers.]

1118. Desmarchelier (L'abbé). — Extraits des registres
aux collations de bénéfices dans l'ancien diocèse de
Tournai, p. 25 à 48, 164 à 182.

1119. [Leuridan (L'abbé Th.)]. — Faits divers extraits
du *Journal historique et littéraire*, et intéressant les localités du département du Nord (1777-1791), p. 49 à
68, et 110 à 127.

1120. Du Chastel (Comte). — Origine de la maison
noble et chevaleresque du Chasteler de Moulbais, p. 69
à 85.

1121. [Leuridan (L'abbé Th.)]. — Table des noms de
lieux mentionnés dans l'*Inventaire sommaire* de la série B
des archives départementales du Nord, p. 86, 201, 266;
III, p. 35, 148, 249; IV, p. 105 et 265. — Suite de I,
p. 42, 85, 125, 192 et 227.

[Arrondissements de Valenciennes (Nord), p. 86; d'Arras
(Pas-de-Calais), p. 201; de Béthune, de Boulogne et de Montreuil
(Pas-de-Calais), p. 266. — Arrondissements de Saint-Omer et de
Saint-Pol (Pas-de-Calais), III, p. 35; provinces d'Anvers et de
Brabant (Belgique), p. 148; de Flandre occidentale, p. 249. —
Provinces de Flandre orientale, IV, p. 105; du Hainaut, p. 265.]

1122. Dehout (L'abbé P.). — Récit de la dernière maladie et mort de Jean Sarrazin, archevêque de Cambrai,
par dom Adrien Pronier, p. 97 à 101.

1123. Dewez (L'abbé). — Acte de Aubert, duc de Bavière,
relatif aux écoles de Valenciennes (21 juin 1383),
p. 102 à 103.

1124. Montreux (L'abbé). — Acte de baptême de la
cloche de Beaucamps (1775), et certificat médical donné
dans la même paroisse (1780), p. 103.

1125. Divers. — Questions et réponses, p. 104 à 105.

[Le Pochonnet, à Arras; avoués de Thérouanne.]

1126. Loridan (Le chanoine). — Aspect de la Flandre en
1789, d'après le docteur anglais Édouard Rigby, p. 106
à 109.

1127. Masure (L'abbé). — Le confessionnal, p. 136 à
139. — Cf. n° 1141.

1128. Quarré-Reybourbon (L.). — Lille et Béthune. La
peste à Lille en 1667 et la Confrérie des Charitables de
Saint-Éloi de Béthune, 2 pl., p. 146 à 155.

1129. Broutin (L'abbé A.-M.). — Les reliques de saint
Amand; concession de ces reliques de 1660 à 1716;
leur authenticité, p. 155 à 158.

1130. Anonyme. — Les orgues à Saint-Pierre de Lille,
p. 185.

1131. Divers. — Questions et réponses, p. 188 à 191.

[Boiseries ou faïences de revêtement dans les églises; abat-voix
de la chaire de vérité; les saints de l'Eucharistie.]

1132. Leclair (Edm.). — La bannière des apothicaires de
Lille, pl., p. 193 à 194.

1133. Du Chastel de la Howarderie (Comte P.-A.). —
Généalogie de la famille Bourlivet, p. 195 à 200.

1134. Du Chastel (Comte P.-A.). — Cloche de Ligny-
sur-Canche, p. 219.

1135. Divers. — Le tremblement de terre de 1692,
p. 221, 291, et 312.

1136. Broutin (L'abbé). — Lettre de l'échevinage de
Saint-Amand au sujet de deux saccageurs (1572),
p. 223 à 225.

1137. Loridan (Le chanoine). — Contribution à l'histoire
de Mgr de Rohan, dernier archevêque de Cambrai avant
le Concordat, p. 226.

1138. Montreux (L'abbé). — Deux baptêmes adminis-
trés dans la paroisse de Beaucamps (1795 et 1797) et
testament de J.-B. Delahaye, curé de Beaucamps et En-
glos (1699), p. 237 à 240.

1139. Rodière (Roger). — Une église gothique du
xviie siècle [à Beaumerie, près Montreuil], p. 241 à
250.

1140. Quarré-Reybourbon (Louis). — Translation des cimetières de Lille en 1779, pl., p. 251 à 265.

1141. Rodière (Roger). — Le confessionnal, p. 290 à 291.
— Cf. n° 1127.

1142. Carpentier (L'abbé Fl.). — Remise de trois années de guerre pour les rentes dues aux pauvres et à
l'église de Pecquencourt, p. 292.

1143. Broutin (L'abbé). — Protocole de la Jointe,
p. 293.

1144. Broutin (L'abbé). — Documents concernant différents pèlerinages [Notre-Dame d'Esquerchin, Saint-
Georges de Templemars, Saint-Léonard, à Râches],
p. 294 à 297.

1145. Divers. — Questions et réponses, p. 297 à 302.

[Armoiries à Marquette-en-Ostrevant; exercice de la religion
réformée en Artois; vêtement de saint Winoc.]

1146. Broutin (L'abbé A.-M.). — Inventaire de l'abbaye
de Notre-Dame-de-Paix, à Saint-Amand (1790), p. 302
à 309.

1147. Divers. — Réponses, p. 314.

[Armoiries à Marquette-en-Ostrevant; lettres d'Albert Simon
d'Aigueville de Milancourt, évêque d'Amyclès.]

NORD. — LILLE.

SOCIÉTÉ DE GÉOGRAPHIE DE LILLE.

Les tomes I à XXXIV du *Bulletin* de cette Société seront analysés dans le Supplément de notre *Bibliographie générale* actuellement en préparation.

XXXV. — Bulletin de la Société de géographie de Lille (Lille, Roubaix, Tourcoing)..., 1er semestre de 1901, 22e année, t. XXXV. (Lille, s. d., in-8°, 468 p.)

1148. Berret (Paul). — Le Dauphiné des dauphins, 2 *pl.*, p. 114 à 133.

1149. Anonyme. — Notes sur la Palestine, p. 228 à 246.

1150. Six (Georges). — Coup d'œil sur le réseau des voies romaines de la région du Nord, p. 303 à 311.

1151. Foureau (Fernand). — De l'Algérie au Congo par l'Aïr et le Tchad, *portr.* et *carte*, p. 346 à 370.

1152. Vermersch (Dr Albert). — Excursion à Seclin, *pl.*, p. 370 à 377.

1153. Picague (V.). — Excursion à Bruges, *fig.*, p. 411 à 424.

1154. Picague (V.). — Bruges, cortège du 750e anniversaire de l'arrivée de la Relique du précieux Sang (1150-1900), Ostende et Middelkerke, p. 425 à 435.

XXXVI. — Bulletin de la Société de géographie de Lille (Lille, Roubaix, Tourcoing), 2e semestre de 1901, 22e année. t. XXXVI. (Lille, s. d., in-8°, 456 p.)

1155. Foucères. — Un voyage en Arcadie, *fig.*, p. 5 à 16.

1156. Bultingaire (L.). — Excursion à Gand, *fig.*, p. 51 à 54.

1157. Guillot (E.). — Les Européens dans l'Asie centrale, *carte*, p. 157 à 184.

1158. Malotet (A.). — De la Scarpe à l'Escaut, l'Ostrevant, *pl.*, p. 184 à 203.

1159. Vermersch (Dr Albert). — Excursion à Tournai, Mont-Saint-Aubert et Kain-les-Bains, p. 207 à 212.

1160. Avelot (Lieutenant). — Dans la boucle de l'Ogooué-Ngounié, *carte*, p. 225 à 256.

1161. Théodore (Em.). — Lucheux, *fig.*, p. 280 à 286.

1162. Six (Georges). — L'Eifel, région montagneuse de la rive gauche du Rhin, *pl.*, p. 317 à 328.

1163. Evrard (A.-M.). — Une visite aux ruines de Pollanarouwa (Ceylan), p. 358 à 362.

1164. Quarré-Reybourbon (L.). — Un manuscrit géographique du xviiie siècle, p. 385 à 392.

[*Dictionnaire hydrographique*, par F. Charles de Venasque, capucin (1766).]

1165. Vermersch (Dr Albert). — Binche et son carnaval, p. 393 à 401.

1166. Cantineau (E.). — Excursion dans le grand-duché de Luxembourg, p. 401 à 424.

1167. E. N. — Excursion à Emmerin, Houplin, Seclin et Wattignies, p. 424 à 432.

NORD. — ROUBAIX.

SOCIÉTÉ D'ÉMULATION DE ROUBAIX.

Les tomes I à VIII des *Mémoires* de cette Société ont été analysés dans notre *Bibliographie générale*, t. II, p. 430 à 431. — Les tomes IX à XX le seront dans le Supplément actuellement en préparation.

XXI. — Mémoires de la Société d'émulation de Roubaix, 3e série, t. VII (t. XXI de la collection), 1900-1901. Table des trois premières séries. (Roubaix, 1902, in-8°, 234 p.)

1168. Leuridan (Th.) et Leuridan (l'abbé Th.). — Les

seigneurs de Roubaix de la maison de Roubaix [1090-1102], *pl.*, p. 5 à 157.

[Bibliographie de M. Th. Leuridan, p. 145.]

1169. Faidherbe (Alex.) père. — La conférence de Saint-Vincent-de-Paul à Roubaix, 1842 à 1852, p. 169 à 213.

1170. Leuridan (L'abbé Th.). — Table générale des trois premières séries des Mémoires de la Société d'émulation de Roubaix, t. I à XXI (1868 à 1901), p. 225 à 234.

NORD. — VALENCIENNES.

SOCIÉTÉ D'AGRICULTURE, SCIENCES ET ARTS DE L'ARRONDISSEMENT DE VALENCIENNES.

Les tomes I à XXXVIII des *Mémoires* publiés par cette Société ont été analysés dans notre *Bibliographie générale*, t. II, p. 434 à 440. — Les tomes XXXIX à L le seront dans le Supplément.

LI. — Société d'agriculture, sciences et arts de l'arrondissement de Valenciennes (Nord)... Revue agricole, industrielle, historique et artistique, t. LI, 53° année. (Valenciennes, 1901, in-8°, 308 p.)

1171. Anonyme. — Nécrologie, M. Charles Marlière [† 1901], p. 111 à 115.

1172. Desilve (L'abbé Jules). — Le dernier des Stuarts, dernier abbé de Saint-Amand [Henri-Benoit Stuart, cardinal d'York, 1725 † 1807], p. 161 à 166.

1173. Anonyme. — Nécrologie, M. Auguste Crépin Deslinsel [† 1901], p. 179 à 182.

1174. Wallon (H.). — Henri Caffiaux [1818 † 1897], *portr.*, p. 195 à 199.

1175. Marmottan (Paul). — La tapisserie du *Tournoi* [musée de Valenciennes], p. 235 à 341.

OISE. — BEAUVAIS.

SOCIÉTÉ ACADÉMIQUE DU DÉPARTEMENT DE L'OISE.

Cette Société publie des *Mémoires* et des *Comptes rendus* de ses séances. — Les tomes I à XII de ses *Mémoires* ont été analysés dans notre *Bibliographie générale*, t. II, p. 444 à 449. — Les tomes XIII à XVII seront analysés dans notre Supplément. — Le tome XVIII (1901-1903), le sera dans notre *Bibliographie des Sociétés savantes* de 1902-1903.

Les tomes I à III de ses *Comptes rendus* ont été analysés dans notre *Bibliographie générale*, t. II, p. 449. — Les tomes IV à XVIII le seront dans le Supplément.

XIX. — Société académique d'Archéologie, Sciences et Arts du département de l'Oise. Compte rendu des séances, 1901. (Beauvais, in-8°, s. d. 93 p.)

1176. Douais (Mgr). — Livres liturgiques de Breteuil, p. 5 à 8.

1177. Marsaux (Le chanoine). — Le chanoine Brisse [1733 † 1792], p. 8 à 9.

1178. Quignon. — Fondeurs et ferronniers liégeois en Beauvaisis, xv°-xvi° siècles, p. 11 à 17.

1179. Lebesgue (Philéas). — Contribution à l'étude de la phonétique picarde, p. 23 à 27.

1180. Marsaux (Le chanoine). — Examen d'un registre de

visites [de l'évêque d'Amiens, concernant des paroisses du Beauvaisis, XVIII° s.], p. 27 à 30.

1181. Leblond (D'). — Une obligation des médecins [touchant la confession] envers leurs malades en 1712, p. 34 à 36.

1182. Marsaux (Le chanoine). — Le prieuré de la Trinité-du-Fay à Amblainville, p. 43.

1183. Quignon. — Les bâtiments du couvent des Ursulines et l'École centrale [de Beauvais] (1792-1796), p. 43 à 48.

1184. Müller (Le chanoine Eug.). — Un insigne de pèlerin, p. 48 à 49.

1185. Leblond (D'). — Le poète Jean Loret, p. 52 à 54.

1186. Stalin. — Hodenc-en-Bray préhistorique, p. 54 à 56.

1187. Thiot. — Tremblement de terre dans l'Oise [1756] p. 58 à 61.

1188. Marsaux (L'abbé). — Têtes d'anges provenant du refuge de l'abbaye de Froidmond, p. 67 à 69.

1189. Thiot. — 'L'écho du château d'Ansacq, p. 69 à 72.

1190. Meister (L'abbé). — Le prix de l'arquebuse tiré à Beauvais en 1613, p. 72 à 76.

1191. Stalin. — Curieux disques préhistoriques [trouvés à Mouy (Oise) et près de Nesles (Somme)], p. 76 à 78.

1192. Stalin. — Quelques mots sur les silex à profil, p. 78 à 82.

1193. Régnier (Louis). — La cheminée de Fleury, p. 85 à 87.

OISE. — COMPIÉGNE.

SOCIÉTÉ HISTORIQUE DE COMPIÉGNE.

Cette Société publie à intervalles irréguliers un *Bulletin* dont les tomes I à VI ont été analysés dans notre *Bibliographie générale*, t. II, p. 450 à 452. — Les tomes VII à IX, parus de 1888 à 1899, seront analysés dans notre Supplément. — Le tome X le sera dans notre *Bibliographie des Sociétés savantes* en 1902.

Elle a entrepris également, depuis 1892, la publication de *Procès-Verbaux ;* un fascicule concernant les années 1888 à 1891 a été publié après coup et n'est pas compris dans la tomaison de la collection; on trouvera dans notre Supplément l'analyse des tomes I à X.

XI. — Société historique de Compiègne. Procès-verbaux, rapports et communications diverses. X, 1901. (Compiègne, 1902, in-8°, 199 p.)

1194. Bosnault (Baron de) et Morel (E.). — Excursions, p. 80 à 102.

[Saint-Leu d'Esserent, Nogent-les-Vierges, Villers-Saint-Paul, Angicourt et Rieux, p. 80. — Ménévilliers, Saint-Martin-aux-Bois, Maignelay, Montigny, Ravenel, la Neuville-Roy, p. 88. — Le Francport, p. 94.]

1195. Lambin (P.). — L'Ortille [ferme dans la forêt de Compiègne], p. 137 à 143.

1196. Garand (Charles). — Don Quichotte au palais de Compiègne [peintures de C.-A. Coypel et de C. Natoire], p. 145 à 151.

1197. Plessier (L.). — L'exposition rétrospective de l'art français au Petit-Palais des Champs-Elysées en l'année 1900, p. 153 à 198.

OISE. — NOYON.

COMITÉ ARCHÉOLOGIQUE ET HISTORIQUE DE NOYON.

Les tomes I à VII des *Comptes rendus et Mémoires* publiés par le Comité archéologique de Noyon ont été analysés dans notre *Bibliographie générale*, t. II, p. 452 à 455. — Les tomes VIII à XVI seront analysés dans le

Supplément actuellement en préparation. — Le Comité a publié, en 1901, une table des seize premiers volumes de ces *Mémoires* (voir notre n° 1211).

1198. [BRIÈRE (F.)]. — Table générale des travaux et communications compris dans les tomes I à XVI inclus du Comité archéologique et historique de Noyon (Oise), 1856-1900. (Noyon, 1901, in-8°, 39 p.)

XVII. — Comité archéologique et historique de Noyon. — Comptes rendus et mémoires lus aux séances, t. XVII. (Noyon, 1901, in-8°, LXXI-322 p.)

1199. PONTRIEUX (A.) — Comptes rendus des séances [21 février-21 novembre 1900], p. XV à LXXI.

[La découverte de Suzoy, p. XXII. — Quelques notes extraites du Journal de Charles de Croix, chanoine de Saint-Quentin (1645-1670) pour servir à l'histoire de Noyon et du Noyonnais, p. XXX. — Tracy-le-Val, *pl.* ; p. LIV. — Noyon souterrain, p. LX.]

1200. LEFÈVRE-PONTALIS (Eugène). — Histoire de la cathédrale de Noyon, 18 *pl.*, p. 1 à 138.
1201. PONTHIEUX (Alfred). — La justice du chapitre cathédral de Noyon, p. 139 à 226; et XVIII, p. 1 à 54.
1202. TASSUS (Le chanoine). — Mondescourt-Waripont, *pl.*, p. 227 à 303.

OISE. — SENLIS.

COMITÉ ARCHÉOLOGIQUE DE SENLIS.

Les tomes I à XX (2° série, t. X) des *Mémoires* de cette Société ont été analysés dans notre *Bibliographie générale*, t. II, p. 455 à 462. — Les tomes XXI à XXXII le seront dans le Supplément.

XXXIII. — Comité archéologique de Senlis. — Comptes rendus et mémoires, 4° série, t. IV, années 1900-1901. (Senlis, 1902, in-8°, XX-XXXII-264 p.)

1203. MARGRY (A.). — Rapport sur les fouilles exécutées au lieu dit Sainte-Jeunesse à Montlévêque, p. XXX à XXXII.
1204. DRIARD (A.). — Senlis sous l'ancien régime, p. 1 à 149.

[Fêtes publiques. — Justice. — Affaires ecclésiastiques. — Travaux publics. — Secours contre l'incendie. — Police.]

1205. HAMARD (L'abbé). — Notice sur la découverte du vicus romain Ratomagus à Hermes (Oise), 6 *pl.*, p. 150 à 170.

[Inscriptions romaines. — Statue équestre. — Poteries sigillées. — Objets divers.]

1206. LUPPÉ (Marquis DE). — Les seigneurs du Raray, du XV° au XVIII° siècle, p. 171 à 178.
1207. MACOS (Gustave). — Historique des édifices du culte à Chantilly, 6 *pl.*, p. 179 à 260.

ORNE. — ALENÇON.

SOCIÉTÉ HISTORIQUE ET ARCHÉOLOGIQUE.

Les tomes I à IV du *Bulletin* de cette Société ont été analysés dans notre *Bibliographie générale*, t. II, p. 463 à 465. — Les tomes V à XIX le seront dans notre Supplément.

XX. — **Bulletin de la Société historique et archéologique de l'Orne**, t. XX. (Alençou, 1901, in-8°, XVI-433 p.)

1208. Duval (Louis). — Phénomènes météorologiques, observés en Normandie principalement dans l'Orne (1073-1893), p. 10 à 30, et 167 à 176; et XXI, p. 35 à 50, et 121 à 146. — Suite de XII, p. 385; XIII, p. 337; XIV, p. 257; et XIX, p. 5 et 111.

1209. Boisset (L'abbé). — Passais-la-Conception, p. 31 à 55, et 107 à 136. — Suite de XVII, p. 329; et XVIII, p. 3, 35, 134, et 211.

1210. Pernelle (A.). — Pages d'histoires, Vimoutiers pendant l'époque de la Révolution (1790-1800), p. 56 à 73.

1211. Letacq (A.-L.). — Notice sur M. l'abbé Piel [1834 † 1900], p. 76 à 80.

1212. David (L'abbé F.). — Découvertes archéologiques à Longé-sur-Maire, p. 81 à 84.

[Statue de la vierge, reliquaire, pierre commémorative (1666).]

1213. Blaizot (P.). — Un autel de l'église de Saint-Léger-sur-Sarthe [XVII° s.], p. 85 à 87.

1214. Souancé (Vicomte de). — Pierres tombales de Léon et de Charles-Léon Malard et de Jean d'Osmond [église d'Aunou, XVII°-XVIII° s.], 2 pl., p. 89 à 90.

1215. Anonyme. — Bibliographie du département de l'Orne pendant l'année 1900, p. 137 à 166.

1216. Chollet (A.). — La Briquetière [c°° de Gisnay], p. 177 à 212.

1217. Lefèvre des Noettes. — Sur les origines de l'art français, p. 213 à 217.

1218. Richer (L'abbé). — Recrutement et formation des maîtres et des maîtresses d'école pendant les XVII° et XVIII° siècles dans la région de Domfront, p. 233 à 239.

1219. Pesnelle (A.). — L'hospice de Vimoutiers, p. 240 à 268; et XXI, p. 183 à 204, et 228 à 301.

1220. Barret (L'abbé). — Le ministère pastoral durant la Révolution, p. 269 à 321.

1221. Desvaux (L'abbé). — A travers le Passais normand, fig., p. 329 à 348.

1222. Tournouer. — Gloires provinciales, p. 356 à 370.

1223. Beauchesne (Marquis de). — Couterne et Monceaux, fig. et pl., p. 380 à 403.

1224. Adigard. — Louis XI en Basse Normandie et dans le Maine, fig., p. 408 à 425.

ORNE. — MORTAGNE.

SOCIÉTÉ PERCHERONNE D'HISTOIRE ET D'ARCHÉOLOGIE.

Fondée le 2 octobre 1900, cette Société n'a encore publié qu'un mince fascicule dans lequel nous n'avons rien trouvé à signaler.

1225. Tournouer (Henri). — Rapport général sur les travaux de la Société percheronne d'histoire et d'ar- chéologie présenté à l'assemblée générale du 1°° octobre 1901, tenue à Mortagne. (Bellême, 1901, in-8°, 11 p.)

PAS-DE-CALAIS. — ARRAS.

ACADÉMIE D'ARRAS.

Les tomes I à LIV des *Mémoires* de cette Académie ont été analysés dans notre *Bibliographie générale*, t. II, p. 466 à 475. — Les tomes LV à LXIX seront analysés dans le Supplément actuellement en préparation.

LXX. — **Mémoires de l'Académie des Sciences, Lettres et Arts d'Arras**, 2° série, t. XXXII. (Arras, 1901, in-8°, 308 p.)

1226. Vissur (Jules). — Discours de réception, p. 10 à 27.
[Hurtrel d'Arboval (1777 † 1839).]

1227. Hautecloque (Comte G. de). — Le maréchal de Lévis, gouverneur général de l'Artois (1765-1787), p. 75 à 202; et LXXI, p. 7 à 164.

1228. Parenty (H.). — Jeanne Le Maire, dame de Presles. Origines de monseigneur le Grand Bastard Antoine de Bourgogne, p. 203 à 206.

1229. Blondel (François). — L'origine du nom Arras, p. 207 à 213.

1230. Parenty (L'abbé L.). — Le forum romain et les nouvelles découvertes archéologiques, p. 214 à 228.

1231. Brissy Le Chouleux (R.). — Quelques mots sur les Rosati [de Paris] en 1800, p. 229 à 236.

PAS-DE-CALAIS. — ARRAS.

COMMISSION DES MONUMENTS HISTORIQUES DU PAS-DE-CALAIS.

Les tomes I à VI (1849-1888) du *Bulletin* de cette Commission ont été analysés dans notre *Bibliographie générale*, t. II, p. 476 à 482. — Une nouvelle série de publications a été commencée en 1889. Elle comprend des *Mémoires* et un *Bulletin*; les tomes I de l'une et de l'autre de ces deux collections seront analysés dans notre Supplément; le tome II des *Mémoires* est en cours de publication.

II. — Bulletin de la Commission départementale des monuments historiques du Pas-de-Calais, t. II. (Arras, 1896[-1901], in-8°, 538 p., sans table.)

1232. ANONYME. — Procès-verbaux des séances du 10 octobre au 5 décembre 1895, p. 34 à 64.

[Inscription de l'église de Busnes, p. 40. — Épitaphe de J.-L.-N. Vaillant (1742 † 1818), p. 51. — Pierres tombales de l'église d'Ostreville, p. 55; de l'église de Rincq, p. 58.]

1233. ANONYME. — Procès-verbaux des séances du 9 janvier au 10 décembre 1896, p. 63 à 78.

[Inscriptions de la cathédrale de Saint-Omer (XVIII° s.) et du Pont-sans-Pareil à Ardres, p. 68.]

1234. ANONYME. — Procès-verbaux des séances du 14 janvier au 2 décembre 1897, p. 78 à 280.

[L'église de Fressin, p. 228 et 275. — Sépultures trouvées dans l'église de Nœux, p. 240. — Pierre tombale à Saint-Amand (1692), p. 246. — Église de Courrières, p. 248.]

1235. ANONYME. — Procès-verbaux des séances du 13 janvier au 1ᵉʳ décembre 1898, p. 200 à 342.

[Émail et bulle du reliquaire de Vaulx-Vraucourt, p. 301. — Chartreux artésiens guillotinés à Valenciennes, p. 307. — Puits funéraires de Roëllecourt, p. 309. — Fouilles de Thérouanne et de Cormettes, p. 315. — Écusson avec inscription, rue du Crinchou, à Arras, *fig.*, p. 327 et 461. — Sainte Saturnine et son pèlerinage à Sains-lez-Marquion, p. 340.]

1236. ANONYME. — Procès-verbaux des séances du 12 janvier au 7 décembre 1899, p. 342 à 440.

[Michel-Nicolas de la Londe, p 344. — Le cours primitif de la Scarpe, p. 345. — Les taxes des riverains du Crinchon, p. 366. — Le souterrain du collège Saint-Joseph à Arras, p. 373. — Règlements de police concernant la commune d'Acq (1783), p. 380. — Le beffroi de Béthune, p. 422. — Fouilles de la cathédrale de Thérouanne, p. 426. — Pierre tombale de l'église d'Hesdigneul, p. 433.]

1237. LOISNE (Comte DE). — La dalmatique faisait-elle partie du costume pontifical des évêques du XIII° siècle? p. 437 à 439.

1238. ANONYME. — Compte rendu des séances du 11 janvier au 6 décembre 1900, p. 440.

[Médaillons des cloches de Ligny sur Canche (1560), p. 502 et 518.]

1239. LAVOINE (A.). — Documents inédits sur les orgues de l'abbaye de Saint-Waast, des Trinitaires et des Dominicains d'Arras [et de Saint-Aubert], XVI°-XVIII° siècles, p. 463 à 478, et 506 à 508.

1240. LOISNE (DE). — Pierre, évêque d'Arras, autorise la construction d'une église dans l'enclos des Chartreuses du Val Sainte-Marie de Gosnay (1328), p. 495 à 497.

1241. ANONYME. — Compte rendu des séances du 10 janvier au 4 juillet 1901, p. 509 à 538.

[Lambert Davidde, grand chantre de l'ancienne cathédrale d'Arras (XVII° s.), p. 518. — Inscription du couvent des Capucins d'Arras (1693), p. 521. — Anciens fondeurs, vieilles cloches et vieux canon artésiens, p. 535.]

1242. CAVROIS (Baron). — Les fouilles de Saint-Nicolas en l'Atre, à Arras, p. 523 à 527.

1243. CAVROIS (Baron). — Découverte de sarcophages à Pas-en-Artois, p. 529 à 533.

PAS-DE-CALAIS. — BOULOGNE-SUR-MER.

SOCIÉTÉ ACADÉMIQUE DE L'ARRONDISSEMENT DE BOULOGNE-SUR-MER.

Les tomes I à XIII des *Mémoires* de cette Académie ont été analysés dans notre *Bibliographie générale*, t. II, p. 484 à 486. — Les tomes XIV à XX seront analysés dans le Supplément actuellement en préparation.

XXI. — Mémoires de la Société académique de l'arrondissement de Boulogne-sur-Mer, t. XXI, 1901. (Boulogne-sur-Mer, 1901, in-8°, 532 p.)

1244. Haigneré (Le chanoine D.). — Le patois boulonnais comparé avec les patois du nord de la France. Introduction, phonologie, grammaire, p. 1 à 532. — Vocabulaire, XXII, p. i-xvii et 1 à 638.

PAS-DE-CALAIS. — SAINT-OMER.

SOCIÉTÉ DES ANTIQUAIRES DE LA MORINIE.

Les tomes I à XIX des *Mémoires* de cette Société ont été analysés dans notre *Bibliographie générale*, t. II, p. 496 à 502, et les tomes I à VII de son *Bulletin*, *ibid.*, t. II, p. 502 à 513. — Les tomes XX à XXVI des *Mémoires* et VIII et IX du *Bulletin* le seront dans le Supplément actuellement en préparation. Nous donnerons dans notre prochain fascicule l'analyse du tome XXVII des *Mémoires* qui correspond aux années 1901 et 1902.

X. — Société des Antiquaires de la Morinie. Bulletin historique trimestriel, années 1897 à 1901. 10° volume. (Saint-Omer, 1902, in-8°, 782 p.)

1245. Collet (L'abbé A.). — Le presbytère primitif de Lumbres (1722-1752), p. 17 à 34, et 47 à 60.

1246. Bonvarlet (A.). — Chronique de l'abbaye de Sainte-Colombe de Blendecques, p. 81 à 96, 124 à 140, et 170 à 182.

1247. Carton (D') et Ficheux (D'). — Rapport sur des trouvailles faites aux environs de Croisilles [poteries gallo-romaines], *fig.*, p. 120 à 123.

1248. Carton (D'). — Inscription à Fressin (1581), p. 157.

1249. Collet (L'abbé). — Anciens et curieux usages d'Elnes et d'Esquerdes. Prix de beauté et de chevelure, p. 166 à 169.

1250. Noircarns (Dr). — Épitaphe de Jacques Darrest, à Saint-Omer (1645), p. 190 à 191.

1251. Resty (Ch. de). — Seninghem dans les premières années du xvi° siècle, p. 203 à 206.

1252. Pagart d'Hermansart. — Le registre aux fiefs du bailliage de Saint-Omer, p. 207 à 213.

1253. Bled (L'abbé O.). — La fille du commandant du château de Saint-Omer au couvent des religieuses Conceptionnistes en 1740, p. 214 à 222.

[Marie-Joseph Bathalié de Saint-Vincent.]

1254. Collet (L'abbé). — Cimetière mérovingien à Cormettes, p. 229 et 236.

1255. Collet (L'abbé). — Note sur les fouilles opérées en octobre 1897 à Wirquin sur l'emplacement du chœur de l'ancienne église, p. 244 à 247.

1256. Pas (Justin de). — Analyse d'une chronique du xviii° siècle sur l'abbaye de Clairmarais, p. 248 à 270.

1257. Hamy (Le P. A.). — Les prix au Collège wallon de Saint-Omer [xvi°-xviii° s.], p. 294 à 306.

1258. Monnecove (F. de). — Note sur le testament et sur le compte de l'exécution testamentaire, des obsèques et des funérailles de Jean Tabary, évêque de Thérouanne (1403), p. 312 à 314.

1259. Hamy (Le P. A.). — Documents curieux et inédits sur le Collège wallon de Saint-Omer, p. 321 à 335.

1260. Pas (Justin de). — Les volets de retable peints par Hans Memline pour l'abbaye de Saint-Bertin, 2 pl., p. 336 à 346.

1261. Loisne (Comte A. de). — L'ancien nom de Saint-Quentin-lez-Aire, p. 358 à 361.

1262. Lios (J.). — Note sur le sculpteur artésien Simon Hurtrel [† 1724], p. 362 à 364.

1263. Pagart d'Hermansart. — Différend entre l'échevinage de Saint-Omer et Mme de Bèvres, épisode de la défense de la liberté individuelle au xve siècle, p. 365 à 378.

1264. Pagart d'Hermansart. — Adam de Milly, bailli de Saint-Omer en 1216, ses armoiries, p. 405 à 406.

1265. Decroos (J.). — Devis de la construction du buffet d'orgues de l'église Saint-Denis [à Saint-Omer, 1751], p. 407 à 412.

1266. Bled (L'abbé O.). — Un épisode des démêlés de Mgr L.-Alph. de Valbelle [évêque de Saint-Omer] avec son chapitre (1698), p. 413 à 426.

1267. Rodière (R.). — Actes relatifs à Thérouanne, extraits des minutes notariales de Montreuil [xvie s.], p. 449.

1268. Roersch (Alphonse). — La bibliothèque de François Modius et de Richard de Pan à Aire et à Saint-Omer, p. 463 à 481.

1269. Legrand. — Chansons du xve siècle, p. 487 à 490.

1270. Hamy (Le P. A.). — Bibliographie audomaroise de la Compagnie de Jésus, p. 503 à 522, et 533 à 554.

1271. Monnecove (Félix de). — Notice sur quelques incunables et sur quelques livres liturgiques de l'Église de Thérouanne, p. 570 à 575. — Cf. n° 1272.

1272. Bled (L'abbé O.). — Note complémentaire sur les livres liturgiques de Thérouanne, p. 576 à 586. — Cf. n° 1271.

1273. Pas (C. de). — Ex libris de Christophe de Morlet, pl., p. 589 à 590.

1274. Bled (L'abbé O.). — Note sur le retable de l'abbaye de Saint-Bertin, p. 608 à 616.

1275. Pagart d'Hermansart. — Une ordonnance médicale contre la peste vers 1400 [par Me Chrétien, médecin du Roy], p. 617 à 622.

1276. Pas (C. de). — Trouvaille mérovingienne à Mareuil, p. 629 à 630.

1277. Bled (L'abbé O.).— Jean Mansel, d'Hesdin, historien du xve siècle, p. 641 à 643.

1278. Legrand (C.). — Une tempête à Hesdin en 1589, p. 644 à 643.

1279. Rodière (R.). — Attestation de la mort de Jacques de Levrient, seigneur de Quéhen, tué au siège de Thérouanne (7 juillet 1553), p. 647 à 650.

1280. Bled (L'abbé O.). — Fondation de Jean Faschin [en l'église cathédrale de Saint-Omer, 1570], p. 666 à 669.

1281. Monnecove (Félix de). — Note sur un bréviaire manuscrit de Thérouanne, p. 670 à 674.

1282. Galametz (Comte de). — Lettre de Charles V [pour le sire de Montmorency] (1358), p. 687 à 688.

1283. Bled (L'abbé O.). — Plan de l'ancien couvent des Capucins [de Saint-Omer], p. 695 à 697.

1284. Loisne (Comte de). — Ordonnances inédites du roi de France Philippe VI, relatives au siège de Béthune de 1346, p. 703 à 710, et 742 à 750.

PUY-DE-DÔME. — CLERMONT-FERRAND.

ACADÉMIE DES SCIENCES, BELLES-LETTRES ET ARTS DE CLERMONT-FERRAND.

Les cinq premières années (1881 à 1885) du *Bulletin* publié par cette Académie ont été analysées dans notre *Bibliographie générale*, t. II, p. 527 à 529. — Les années 1886 à 1900 le seront dans notre Supplément.

XXI. — Bulletin historique et scientifique de l'Auvergne, publié par l'Académie des sciences, belles-lettres et arts de Clermont-Ferrand, 2e série 1901. (Clermont-Ferrand, 1901, in-8°, 435 p.)

1285. Jaloustre (Élie). — Une nièce de Pascal, Marguerite Périer, d'après des documents inédits, 2 pl., p. 68 à 96, et 102 à 147.

1286. Teilhard de Chardin (E.). — Robert de Velay ou de Clermont [xiie-xiiie s.], p. 148 à 160.

1287. Ojardias (Albert). — Un diplomate riomois au xviie siècle, Pierre Chanut, p. 164 à 200. — Suite de XIX, p. 125, et 147.

1288. Crégut (L'abbé G.-Régis). — Nouveaux documents sur Avitacum, carte, p. 205 à 260, et 263 à 308.

1289. Guillemot (A.). — De Chazeron, étude généalogique, p. 352 à 369.

1290. Pommerol (D^r). — Origine et étymologie de Gerzat, en Limagne, p. 370 à 374.

1291. Pommerol (D^r). — La fête des Brandons et le dieu gaulois Grannus, p. 391 à 394.

PUY-DE-DÔME. — CLERMONT-FERRAND.

SOCIÉTÉ DES AMIS DE L'UNIVERSITÉ.

Les tomes I et II de cette *Revue*, publiée primitivement par la Société d'émulation de l'Auvergne, ont été analysés dans notre *Bibliographie générale*, t. II, p. 529 à 530. — Les tomes III à XIV, publiés par cette même Société, et XV à XVII, publiés par la Société des Amis de l'Université de Clermont, le seront dans le Supplément actuellement en préparation.

XVIII. — Revue d'Auvergne, publiée par la Société des Amis de l'Université de Clermont, 18ᵉ année. (Clermond-Ferrand, 1901, in-8°, 479 p.)

1292. Bréhier (Louis). — Le développement des études d'histoire byzantine du XVIIᵉ au XXᵉ siècle, p. 1 à 34.

1293. Auzelet. — Le clergé du Puy-de-Dôme pendant la période thermidorienne et sous le Directoire, p. 81 à 110, et 171 à 207.

1294. Pommerol (Dʳ). — Les cylindres osseux de la flûte antique, p. 111 à 116.

1295. Des Essarts (Emmanuel). — Le félibre Félix Gras [† 1901], p. 161 à 170.

1296. Desdevises du Dezert (G.). — L'enseignement public en Espagne au XVIIIᵉ siècle, p. 208 à 230, et 271 à 294.

1297. Du Ranquet (H.). — L'église de Montpensier, p. 253 à 262.

1298. Des Essarts (Emmanuel). — Victor Lenoir [1837 † 1901], portr., p. 321 à 327.

1299. Laude (Jules). — Les bibliothèques publiques, leur importance et leur rôle, p. 328 à 348.

1300. Delmas (Jean). — Les arrêtés du Comité de sûreté générale dans *La Révolution du Cantal*, p. 397 à 425; et XIX, p. 46 à 57.

PYRÉNÉES (BASSES-). — BAYONNE.

SOCIÉTÉ DES SCIENCES ET DES ARTS DE BAYONNE.

Les tomes I à VII du *Bulletin* de cette Société ont été analysés dans notre *Bibliographie générale*, t. II, p. 532 à 533. — Les tomes VIII à XXII le seront dans le volume de Supplément actuellement en préparation.

XXIII. — Bulletin de la Société des sciences et arts de Bayonne, année 1901. (Bayonne, 1901, in-8°, 240-XII p.)

1301. Ducéré (E). — Variétés d'histoire bayonnaise, études et documents (3ᵉ série), p. 5 à 48. — Suite de XX, p. 181, 209; XXI, p. 25, 67, 131, 165; et XXII, p. 5, 63, 97 et 159.

[Compte du séjour du duc d'Épernon à Bayonne (1623), p. 5. — Les corporations d'arts et métiers au moyen âge, p. 13. — Le bullet à Bayonne, p. 28. — Les Basques et les Bayonnais à l'île de Ré, p. 34.]

1302. Ducéré (E.). — Entrées solennelles, passages et séjours des rois, reines et grands personnages dans la ville de Bayonne (1130-1899), p. 49 à 80, 127 à 176, et 177 à 240.

1303. Anonyme. — Documents inédits sur le siège de Metz (1870), p. 81 à 92.

1304. Cuzacq (P.). — Un célèbre capitaine landais, Étienne Vignolles, dit La Hire, Rion-des-Landes au moyen âge, p. 93 à 112, et 119 à 126.

PYRÉNÉES (BASSES-). — BIARRITZ.

SOCIÉTÉ DES SCIENCES, LETTRES ET ARTS.

La Société des sciences, lettres et arts, fondée en 1883, paraît n'avoir rien publié avant 1896, elle a commencé à cette date à faire paraître un *Bulletin mensuel de Biarritz-Association* dont les tomes I à V seront analysés dans notre Supplément; nous enregistrons ici pour mémoire le tome VI (1901) qui ne contient aucun article intéressant l'histoire ou l'archéologie.

VI. — **Bulletin mensuel de Biarritz-Association, Société des sciences, lettres et arts...,** 6ᵉ année, 1901. (Biarritz, 1901, in-8°, 168 p.)

PYRÉNÉES (BASSES-). — PAU.

SOCIÉTÉ DES SCIENCES, LETTRES ET ARTS DE PAU.

Les tomes I à XIX du *Bulletin* de cette Société ont été analysés dans notre *Bibliographie générale*, t. II, p. 535 à 539. — Les tomes XX à XXXII le seront dans le volume de Supplément actuellement en préparation.

XXXIII. — **Bulletin de la Société des sciences, lettres et arts de Pau,** 2ᵉ série, t. XXIX. (Pau, 1901, in-8°, 361 p.)

1305. PLANTÉ (Adrien). — Livre pour la transcription des délibérations de la Société des Amis de la Constitution réunis au réfectoire des ci-devant Capucins d'Orthez, établie le 27 mai 1792, l'an IV de la Liberté, p. 1 à 263.

1306. BERGEZ (Jean-Baptiste). — Monographie de la commune de Lurbe, près Oloron (Basses-Pyrénées), p. 265 à 324.
1307. BATCAVE (L.). — Lettre anonyme pour demander l'établissement de maîtrises de perruquiers en Béarn et en Bigorre (1782), p. 325 à 329.
1308. DUBARAT (L'abbé). — Le chanteur Jéliote (1713 † 1797), p. 348 à 349.

PYRÉNÉES (HAUTES-). — BAGNÈRES-DE-BIGORRE.

SOCIÉTÉ RAMOND.

Les tomes I à XX du *Bulletin* de cette Société ont été analysés dans notre *Bibliographie générale*, t. II, p. 540 à 543. — Les tomes XXI à XXXV le seront dans le Supplément actuellement en préparation.

XXXVI. — **Explorations pyrénéennes...** **Bulletin de la Société Ramond,** 36ᵉ année, 2ᵉ série, t. VI, 1901. (Bagnères-de-Bigorre, s. d., in-8°, 258 p.)

1309. Marsan (L'abbé François). — La collégiale de Saint-Vincent de Bagnères et ses revenus en l'année 1763, p. 25 à 32.

1310. Marsan (L'abbé François). — Les terres de l'Échange et le pays des Quatre-Vallées, p. 108 à 114.

1311. Ricaud (L'abbé). — Journal pour servir à l'histoire de la réclusion des prêtres insermentés du diocèse de Tarbes, p. 115; et XXXVII, p, 47, 116, 167, et 267.

1312. Frossard (Ch.). — Portrait de Corisande de Gramont, pl., p. 125.

1313. Stempf (V.). — Essais de déchiffrement d'inscriptions ibères, fig., p. 147 à 156. — Suite de XXXI, p. 210; et XXXIII, p. 99.

1314. Fourgous (J.) et Bezin (G. de). — Fors de Bigorre, p. 180 à 212.

PYRÉNÉES-ORIENTALES. — PERPIGNAN.

SOCIÉTÉ AGRICOLE, SCIENTIFIQUE ET LITTÉRAIRE DES PYRÉNÉES-ORIENTALES.

Les tomes I à XXVIII du recueil publié par cette Société ont été analysés dans notre *Bibliographie générale*, t. II, p. 546 à 551. — Les tomes XXIX à XLI seront analysés dans notre Supplément actuellement en préparation.

XLII. — **Société agricole, scientifique et littéraire des Pyrénées-Orientales,** fondée en 1833..., 42ᵉ volume. (Perpignan, 1901, in-8°, 424 p.)

1315. Torreilles (L'abbé Th.). — L'œuvre de Vauban, pl., p. 181 à 291.

1316. Vidal (Pierre). — Documents relatifs à l'histoire du département des Pyrénées-Orientales pendant le xixᵉ siècle, p. 295 à 381.

RHIN (HAUT-). — BELFORT.

SOCIÉTÉ BELFORTAINE D'ÉMULATION.

Les tomes I à VII du *Bulletin* de cette Société ont été analysés dans notre *Bibliographie générale*, t. II, p. 573 à 574. — Les tomes VIII à XIX seront analysés dans le Supplément actuellement en préparation.

XX. — **Bulletin de la Société belfortaine d'émulation,** n° 20, 1901. (Belfort, 1901, in-8°, xxxii et 247 p.)

1317. Vautherin (Aug.). — Glossaire du patois de Châtenois, p. 1 à 55. — Suite de XV, p. 93; XVI, p. 183; XVII, p. 318; XVIII, p. 175; et XIX, p. 1.

1318. D. R. [Dubail-Roy (F.-G.)]. — La ville de Belfort et ses environs pendant la guerre de Trente ans, et la *Gazette de France*, p. 57 à 79.

1319. Bardy (Henri). — Étude historique sur Belfort, p. 81 à 216. — Suite de XVI, p. 1; XVII, p. 89; XVIII, p. 17; et XIX, p. 201.

RHIN (HAUT-). — MULHOUSE.

SOCIÉTÉ·INDUSTRIELLE DE MULHOUSE.

Les tomes I à LV du *Bulletin* de cette Société ont été analysés dans notre *Bibliographie générale*, t. II, p. 577 à 583. — Les tomes LVI à LXX le seront dans notre Supplément.

Les dix premiers volumes du *Bulletin du Musée historique de Mulhouse*, fondé par elle, ont été analysés dans notre tome II, p. 583 à 585. — Les volumes XI à XXIV le seront dans le Supplément.

LXXI. — Bulletin de la Société industrielle de Mulhouse, t. LXXI. (Mulhouse, 1901, in-8°, x-600-212 p.)

1320. Lauth (Charles). — Notice sur la vie et les travaux d'Aug. Scheurer-Kestner [1833 † 1899], *portr.*, p. 43 à 79.

1321. Thierry-Mieg (Aug.). — Note sur le mur celtique de Sainte-Odile et les découvertes du D' R. Forrer, p. 318 à 327.

1322. Bardoux (Jacques). — Étudiants et ouvriers anglais. Origines et résultats du mouvement des «University's Settlements», p. 535 à 556.

MUSÉE HISTORIQUE.

XXV. — Bulletin du Musée historique de Mulhouse, t. XXV, année 1901. (Mulhouse, 1901, in-8°, 115 p.)

1323. Calame (G.). — Une statue inédite du prince Setaou, *pl.*, p. 5 à 7.

1324. Lutz (Jules). — Les réformateurs de Mulhouse. — III. Une lettre de Guillaume Farel, de 1526, se rappor-

tant à Mulhouse, p. 8 à 31. — Suite de XXI, p. 34; et XXIII, p. 5.

1325. J. L. — Voyage à Prague du greffier syndic de Mulhouse, Jean-Georges Zichle (14 nov. 1597-27 février 1598), p. 32 à 82.

1326. J. L. — Documents pour servir à l'histoire de la guerre de Trente ans, p. 83 à 86.

1327. Schwartz (Louis). — Rapport sur la marche du Musée pendant l'année 1901, p. 87 à 105.

RHÔNE. — LYON.

ACADÉMIE DÉS SCIENCES, BELLES-LETTRES ET ARTS DE LYON.

Les vingt-trois premiers volumes des *Mémoires* de la Section des lettres de l'Académie de Lyon ont été analysés dans notre *Bibliographie générale*, t. II, p. 590 à 597. — Les tomes XXIV à XXVIII le seront dans le Supplément.

Les tomes I à XXVII de la Section des sciences ont été dépouillés dans notre *Bibliographie*, t. II, p. 597 à 600. — Les tomes XXVIII à XXXI le seront dans notre Supplément.

Depuis 1893, l'Académie de Lyon a réuni dans une nouvelle série de *Mémoires* les travaux de ses deux sections. Les cinq volumes de cette série publiés avant l'année 1901 seront analysés dans notre Supplément.

VI. — Mémoires de l'Académie des sciences, belles-lettres et arts de Lyon. Sciences et lettres, 3° série, t. VI. (Lyon, 1901, gr. in-8°, xvi-503 p.)

1328. Rougier (Paul). — Documents inédits sur une mis-

sion spéciale remplie à Lyon auprès du Premier Consul, les 26 nivôse et 2 pluviôse an x (janvier 1802), par les délégués de Bordeaux, p. 31 à 46.

1329. Lafon (A.). — Calcul des fêtes de Pâques pendant sept siècles et des années de jubilé jusqu'à l'an 3469, p. 47 à 64.

1330. Paniset (E.). — La fabrique lyonnaise, étude sur le régime social et économique de l'industrie de la soie à Lyon, depuis le xvie siècle, p. 139 à 442.

[Le début de ce mémoire a paru dans le volume intitulé : Le deuxième centenaire de l'Académie de Lyon (1700-1900), II, p. 253.]

1331. Dubreuil. (A.). — Le procès intenté par le Traitant de la recherche des faux-nobles contre les avocats et les médecins de Lyon, p. 443 à 500.

I. — **Académie des Sciences, Belles-Lettres et Arts de Lyon**. Rapports, fondations, concours, notices biographiques, 1897-1901. (Lyon, 1902, gr. in-8°, 388 p.)

1332. Beaune (Henri). — Allocution prononcée aux funérailles de M. Alexis Jordan [† 1897], et bibliographie, p. 1 à 7.
1333. Beaune (Henri). — Discours prononcé pour les funérailles de M. Léon Roux [† 1897], et bibliographie, p. 9 à 15.
1334. Beaune (Henri). — Discours prononcé aux funérailles de M. Ch. Cornevin [† 1897], et bibliographie, p. 17 à 23.
1335. Lafon. — Discours prononcé pour les funérailles de M. Humbert Mollière [† 1898], et bibliographie, p. 77 à 83.
1336. Vachez (A.). — Le comte de Charpin-Feugerolles

[André-Hippolyte-Suzanne, 1816 † 1894], sa vie et ses œuvres, p. 85 à 119.
1337. Lafon. — Allocution prononcée à l'occasion des funérailles du Dr Antoine Bouchacourt [† 1898], et bibliographie, p. 157 à 164.
1338. Bouillier (Fr.). — Notice sur M. Ferraz [1820 † 1898], p. 165 à 169.
1339. Caillemer (E.). — Notice biographique sur M. Adrien Loir [1816 † 1899], p. 207 à 214.
1340. Morin-Pons (Henry). — Auguste Allmer [† 1899], p. 215 à 218.
1341. Gilardin. — Notice sur Francisque Bouillier [1813 † 1899], p. 245 à 261.
1342. Rougier (Paul). — Notice sur la vie et les travaux de M. l'abbé Guinand [François, 1814 † 1900], p. 269 à 275.
1343. Beaune (Henri). — Allocution prononcée aux funérailles de M. le Dr Berne [Pierre-Antoine, 1830 † 1900], p. 277 à 282.
1344. Beaune (Henri). — M. Léopold Ollier, éloge funèbre [1830 † 1900], p. 283 à 293.
1345. Beaune (Henri). — M. Jules Michel, notice nécrologique [1829 † 1901], p. 325 à 328.
1346. Beaune (Henri). — Discours prononcé à l'occasion de la mort de M. Vaison [1826 † 1901], p. 329 à 336.
1347. Beaune (Henri). — Discours prononcé aux funérailles de M. Paul Rougier [† 1901], et bibliographie, p. 337 à 349.
1348. Beaune (Henri). — Discours prononcé aux funérailles de M. Armand Calliat [1822 † 1901], et liste de ses œuvres d'art, p. 351 à 361.

RHÔNE. — LYON.

SOCIÉTÉ D'AGRICULTURE, SCIENCES ET INDUSTRIE DE LYON.

Nous avons indiqué le contenu des quarante-neuf premiers volumes des *Annales* publiés par cette Société, dans notre *Bibliographie générale*, t. II, p. 618 à 625. — Nous donnerons le contenu des volumes L à LXIV dans notre Supplément.

Le volume des *Annales* publié en 1901 ne contient aucun article intéressant l'histoire ou l'archéologie; nous ne l'indiquons donc ici que pour mémoire :

LXV. — **Annales de la Société d'agriculture, sciences et industrie de Lyon**, 7ᵉ série, | t. IX, 1901. (Paris, 1902, in-8°, 323-31 et xci p.)

RHÔNE. — LYON.

SOCIÉTÉ D'ANTHROPOLOGIE DE LYON.

Les tomes I à IV du *Bulletin* de cette Société ont été analysés dans notre *Bibliographie générale*, t. II, p. 626 à 627. — Les tomes V à XIX seront analysés dans le Supplément actuellement en préparation.

XX. — Bulletin de la Société d'anthropologie de Lyon....., t. XX, 1901. (Lyon, 1902, in-8°, 278 p.)

1349. Gaillard (C.). — Le bélier de Mendès ou le mouton domestique de l'ancienne Égypte, *fig.*, p. 69 à 102.

1350. Savoye (Claudius). — Note sur quelques nouvelles trouvailles préhistoriques en Mâconnais, p. 120 à 125.

1351. Chantre (Ernest). — Les Bédouins d'Égypte, esquisse ethnographique et anthropométrique, *fig.*, p. 127 à 165.

1352. Flamand (G.-B.-M.). — Hadjrat Mektoubat, ou les Pierres écrites, premières manifestations artistiques dans le Nord-africain, *fig.*, p. 181 à 222.

1353. Anonyme. — Une collection de dessins et de peintures préhistoriques [dans les grottes de Combarelles et de Font-de-Gaume (Dordogne)], p. 226 à 228.

1354. Jarricot (J.). — L'anthropogénie mosaïque et l'exégèse positive, p. 228 à 251.

1355. Chantre (Ernest). — Les Barabra [Nubiens de la vallée du Nil entre Keneh et Dongola], esquisse ethnographique et anthropométrique, *fig.*, p. 261 à 276.

SAÔNE (HAUTE-). — GRAY.

SOCIÉTÉ GRAYLOISE D'ÉMULATION.

Les tomes I à III du *Bulletin* de cette Société, parus de 1898 à 1900, seront analysés dans le Supplément de notre *Bibliographie générale*, actuellement en préparation.

IV. — Bulletin de la Société grayloise d'émulation, n° 4, année 1901. (Gray, 1901, in-8°, 369 p.)

1356. Godard (Charles). — Louis-Édouard Gourdan de Fromentel [1824 † 1901]. Notice biographique, p. 17 à 20.

1357. Lenoy (Stephen). — Géographie des actes de saint Prudent, p. 21 à 109.

1358. Lenoy (Stephen). — Examen géographique de la thèse de M. Parisot, p. 110 à 127.

[*Le royaume de Lorraine sous les Carolingiens.*]

1359. Linotte (A.). — La Franche-Comté et ses voisins, p. 128 à 157; et V, p. 118 à 151. — Suite de III, p. 104.

1360. Anonyme. — Découverte de deux sépultures préromaines à Beaujeu, *fig.* et *pl.*, p. 158 à 164.

1361. Gasser (A.). — Recherches archéologiques sur le territoire de Mantoche (Haute-Saône), *carte* et 26 *pl.*, p. 165 à 283.

1362. Gasser (A.). — Le cimetière mérovingien de Poyans, p. 285 à 287.

1363. Ménand (L'abbé). — Les fouilles d'Auvet, 4 *pl.*, p. 289 à 314.

[Cimetière mérovingien et chapelle carolingienne.]

1364. André (Ernest). — Notice sur quelques jetons et médailles de Bourgogne et de Franche-Comté [XVIᵉ s.], p. 315 à 340.

SAÔNE (HAUTE-). — VESOUL.

SOCIÉTÉ D'AGRICULTURE, SCIENCES ET ARTS DU DÉPARTEMENT DE LA HAUTE-SAÔNE.

Les tomes I à X du *Bulletin* publié par cette Société ont été analysés dans notre *Bibliographie générale*, t. II, p. 641 à 644. — Les tomes XI à XXV seront analysés dans notre Supplément.

XXVI. — **Bulletin de la Société d'agriculture, sciences et arts du département de la Haute-Saône, 4ᵉ série, n° 1.** (Vesoul, 1902, in-8°, XLIII-318 p.)

[La couverture porte la date de 1901, et les comptes rendus des séances se réfèrent uniquement à l'année 1901.]

1365. ANONYME. — Comptes rendus des séances (année 1901), p. XVII à XLIII.
1366. BERTIN (Dʳ J.). — Histoire généalogique de la maison de Beaujeu-sur-Saône, 18 pl., p. 63 à 315; et XXVI, p. 1 à 432.

SAÔNE-ET-LOIRE. — AUTUN.

SOCIÉTÉ ÉDUENNE.

Les tomes I à XIV des *Mémoires* publiés par cette Société ont été analysés dans notre *Bibliographie générale*, t. II, p. 648 à 655. — Les tomes XV à XXVIII le seront dans le Supplément actuellement en préparation.

XXIX. — **Mémoires de la Société éduenne.** Nouvelle série, t. XXIX. (Autun, 1901, in-8°, XXX-471 p.)

1367. POHL (Otto). — L'inscription autunoise de Pichthys (traduit de l'allemand par Joseph Déchelette), pl., p. 1 à 32.
1368. BAZIN (J.-L.). — La Bourgogne sous les ducs de la maison de Valois (1361-1478), p. 33 à 67.
1369. GILLOT (André). — Note sur l'emplacement de l'auditoire de la viérie en 1425 [à Autun], p. 69 à 77.
1370. CHARMASSE (A. DE). — Les prédicateurs de l'Avent et du Carême à la cathédrale d'Autun, p. 79 à 144.
1371. BULLIOT (J.-G.). — Notice sur une *tabula lusoria* trouvée à Autun, pl., p. 145 à 153.
1372. MONTABLOT (P.). — Les accusés de Saône-et-Loire aux tribunaux révolutionnaires, p. 155 à 288. — Suite et fin de XXVI, p. 279; XXVII, p. 85; et XXVIII, p. 191.
1373. FROT (E.). — La châtellenie de Monteenis, 2 pl., p. 289 à 354.

1374. MARLOT (Hippolyte). — Mémoire sur la terre de la Tournelle-en-Morvan (Nièvre) rédigé en 1771, p. 355 à 370.
1375. BULLIOT (J.-G.). — La Tour du Bost, p. 371 à 422. — Suite de XXVIII, p. 111.
1376. PERRAUD (Le cardinal). — Allocution prononcée aux obsèques de M. Gabriel Bulliot, p. 423 à 430.
1377. ANONYME. — Procès-verbaux des séances [21 mars-21 novembre 1901], p. 431 à 470.

[Le capitaine Dupont de Dinechin (1853 † 1901), p. 432. — Camée antique trouvé à Autun, p. 433. — La question de Bibracte, p. 434. — L'inscription de la châsse de saint Racho, p. 437. — Le docteur Antoine Rousselot (1814 † 1901), p. 440. — L'abbé J.-P. Desroches (1843 † 1901), p. 443. — P.-A. Perrouin (1810 † 1901), p. 444. — Octave Arthaud de Viry (1838 † 1901), p. 445. — Antiphonaire manuscrit de l'ancienne chartreuse de Champmol, à Dijon, p. 448. — Louis Goin (1825 † 1901), p. 457. — Félix Courtois († 1901), p. 458. — L'aqueduc romain d'Autun, dit de Montdru, p. 460. — Le collège d'Autun à Paris, p. 467. — Épitaphe de Louis Doni d'Attichy († 1664), p. 469.]

SAÔNE-ET-LOIRE. — CHALON-SUR-SAÔNE.

SOCIÉTÉ D'HISTOIRE ET D'ARCHÉOLOGIE DE CHALON-SUR-SAÔNE.

Les sept premiers volumes des *Mémoires* publiés par cette Société ont été analysés dans notre *Bibliographie générale*, t. II, p. 656 à 659.

VIII. — Mémoires de la Société d'histoire et d'archéologie de Chalon-sur-Saône, t. VIII. (Chalon-sur-Saône, 1895-1901, gr. in-4°, x-321 p.)

1378. Ancelis. — Marcel Canat de Chizy [1811 † 1890]. Henri Batault [1815 † 1890], p. III.

1379. Bazin (J.-Louis). — Notice historique sur l'abbaye de la Ferté-sur-Grosne, première fille de Citeaux, 2 pl., p. 1 à 70.

[Appendice : *Synopsis antiquitatum monasterii de Firmitate, ordinis Cisterciensis, authore F.-J. Brechillet.*]

1380. Aubertin (Charles). — Note sur un attribut professionnel de l'art médical, trouvé à Beaune [collier de dents humaines], p. 71 à 77.

1381. Ancelin (Adrien). — La sépulture barbare de Balleure (Saône-et-Loire), *fig.* et *pl.*, p. 79 à 85.

1382. Canat de Chizy (P.). — Rapport sur les fouilles de Belnay [monuments gallo-romains], p. 87 à 89.

1383. Bidault (L.). — Rapport sur les fouilles mérovingiennes de Noiron-lès-Citeaux, 9 pl., p. 91 à 131.

1384. Canat de Chizy (Paul). — La pierre de la décollation de saint Valérien de Tournus, *fig.*, p. 132 à 138.

1385. J. M. [Martin (J.)]. — Pierres tombales de l'église de l'abbaye de Tournus, 6 pl. et *fig.*, p. 139 à 269.

1386. Gindriez (Ch.). — A propos de la Bresse louhannaise, p. 271 à 296.

1387. Ancelin (Adrien). — Découvertes archéologiques, 2 pl., p. 297 à 302.

[La mosaïque de Sens (Sennecey-le-Grand), *pl.* ; piédestal votif de bronze trouvé à Saint-Marcel-lès-Chalon, *pl.*]

1388. Ancelin (Adrien). — La noblesse du bailliage de Chalon-sur-Saône en 1789, p. 303 à 320.

SAÔNE-ET-LOIRE. — MÂCON.

ACADÉMIE DE MÂCON.

Les tomes I à XX (2ᵉ série, t. V) des *Annales* de cette Académie ont été analysés dans notre *Bibliographie générale*, t. II, p. 663 à 668. — Les tomes XXI (2ᵉ série, t. VI) à XXXII (3ᵉ série. t. V) le seront dans le Supplément.

XXXIII. — Annales de l'Académie de Mâcon. Société des arts, sciences, belles-lettres et agriculture de Saône-et-Loire, 3ᵉ série, t. VI. (Mâcon, 1901, in-8°, LXXIII-474 p.)

1389. Cazac (H.-P.). — Lamartine au lycée national de Mâcon, p. 1 à 55.

1390. Lex (L.). — Les premières années du théâtre de Mâcon (1772-1792), *pl.*, p. 57 à 80. — Cf. id. n° 1788.

1391. Rameau (Mᵍʳ). — Les comtes héréditaires de Mâcon, p. 121 à 209.

1392. Fyot (E.). — L'affaire du bonnet, avec deux do-cuments inédits [les ducs et le Parlement], p. 211 à 235.

1393. Joccotton (E.). — Les origines de l'astronomie, p. 237 à 248.

1394. Lex (L.). — Paul Martin, son œuvre, sa bibliographie [1837 † 1901], p. 303 à 306.

1395. Anonyme. — Funérailles de M. Pierre Siraud [† 1901], *portr.*, p. 311 à 335.

1396. Maritain (Paul). — Félix Reyssié [1840 † 1901], *portr.*, p. 339 à 365.

1397. Déchelette (J.). — Visites pastorales des archiprêtrés de Charlieu et du Rousset, p. 403 à 434. — Suite de XXX, p. 444 ; XXXI, p. 547 ; et XXXII, p. 439.

SARTHE. — LE MANS.

SOCIÉTÉ DES ARCHIVES HISTORIQUES DU MAINE.

La Société des archives historiques du Maine a repris, en 1900, la publication de la *Province du Maine*, fondée en 1893 par l'Union historique et littéraire du Maine. On trouvera dans le Supplément de notre *Bibliographie générale* l'analyse des huit premiers volumes de cette revue.]

II. — Archives historiques du Maine, Actus pontificum Cenomannis in urbe degentium, etc. (Le Mans, 1901, in-8°, 520 p.)

1398. Busson (L'abbé G.) et Ledru (l'abbé A.). — Actus pontificum Cenomannis in urbe degentium, avec une table alphabétique des noms dressée par Eugène Vallée, p. 1 à 520.

[L'introduction et la table n'ont pas encore paru.]

IX. — Société des archives historiques du Maine. La Province du Maine. Revue mensuelle publiée sous les auspices de M. de la Rochefoucauld, duc de Doudeauville, t. IX. (Laval, 1901, in-8°, 400 p.)

1399. Broussillon (B. de). — Le nom et l'écu de Michel de Brèche, évêque du Mans (28 décembre 1355-13 juin 1367), *fig.*, p. 17 à 22.

1400. Fleury (Gabriel). — L'éperon et la vieille porte au Mans, *fig.*, p. 23 à 33, et 49 à 57.

1401. Ledru (Amb.). — Le Maine sous le règne de Jean le Bon (1350-1364), p. 34, 164, 227, et 254. — Suite de VII, p. 17, 66, 177, 218, 273, 322, 357; et VIII, p. 70, 122, 263, 298, 267, 365, et 384.

1402. Ledru (Amb.). — L'église Saint-Pierre et les curés de Précigné, p. 38 à 45, 99 à 107, et 159 à 163. — Suite de VIII, p. 287.

1403. Anonyme. — Fouilles à l'église Saint-Benoît du Mans, p. 46.

1404. Ledru (Amb.). — Un missel manceau [à peintures] du XIIe siècle, 2 *pl.*, p. 58 à 73.

1405. L'Hermitte (J.). — Un travestissement scandaleux dans la paroisse du Lorouer (mars 1699), p. 74 à 77.

1406. Ledru (Amb.). — La confrérie de Saint-Louis de Toulouse ou de Marseille chez les Cordeliers du Mans. Note sur le prieuré des Filles-Dieu du Mans [XIVe s.], p. 78 à 80.

1407. Houtin (H.). — Les origines de l'église d'Angers p. 81, 188, 241, 273 et 356.

1408. Menjot d'Elbenne (Vicomte). — Franchises accordées par leurs seigneurs aux villes de la Ferté-Bernard, Château-du-Loir et Mayet (1256-1272), p. 113 à 128.

1409. Ledru (Amb.). — Le bienheureux Démétrius de la Fontaine-Saint-Martin, 2 *pl.*, p. 129 à 140.

1410. Ledru (Amb.). — La cathédrale du Mans, une rectification [martyrologe de Saint-Vincent du Mans, attribué à tort à Saint-Julien du Mans], p. 141 à 142.

1411. Busson (G.). — Les sources de la Vie de saint Julien, par Léthald. Réponse au R. P. Poncelet [*Analecta Bollandiana*], p. 145 à 151, et 177 à 187.

1412. Froger (L.). — La confrérie du Saint-Rosaire à la Ferté-Bernard [XVIIe-XVIIIe s.], p. 152 à 156.

1413. Ledru (Amb.). — Un dénicheur de saints au IVe siècle [destruction d'un autel par saint Martin, évêque de Tours], p. 157 à 158.

1414. Denis (L.). — Quittance de Guillaume Le Carpentier relative au siège du Mans (13 novembre 1425), p. 172 à 173.

1415. Froger (L.). — Obsèques de Guillaume et de Martin Langey du Bellay [1543 et 1559], p. 209 à 216.

1416. Chambois (Em.-Louis). — Un marchand mercier-grossier au Grand-Lucé, au XVIIIe siècle, p. 217 à 226.

[Testament de Nicolas Le Pelletier, 1720.]

1417. Vavasseur (Joseph). — Moncé-en-Saosnois (Sarthe), p. 264, 293, 325 et 342.

1418. Froger (L.). — Les embarras d'une fabrique au XVe siècle (Montreuil-le-Henry), p. 301 à 303.

1419. Coutard (Alb.). — Les seigneurs manceaux à la troisième croisade (1190-1192), p. 305 à 320.

1420. Ledru (Amb.). — M. l'abbé Albert-Clément Coutard [biographie et bibliographie, 1847 † 1901], p. 332 à 336.

1421. Fleury (Gabriel). — Les fortifications du Maine. Le camp de Montjoie, à Rahay, *pl.*, p. 337 à 341.

1422. Bertrand de Broussillon (Comte). — Philippe de Chivré, évêque de Saint-Brieuc (1235-1249), p. 369 à 374.

1423. Froger (L.). — Notes sur les seigneurs de Bessé-sur-Braye, p. 375 à 378.

1424. Ledru (Amb.). — Le château royal et le manoir du Gué-de-Maulny, notes et documents sur le Maine, p. 383 à 394.

SARTHE. — LE MANS.

SOCIÉTÉ HISTORIQUE ET ARCHÉOLOGIQUE DU MAINE.

Les tomes I à XVIII de la *Revue du Maine* publiée par cette Société ont été analysés dans notre *Bibliographie générale*, t. II, p. 683 à 690. — Les tomes XIX à XLVIII seront analysés dans le Supplément actuellement en préparation. — Une table générale des tomes XXI à XL a été publiée en 1901 (voir notre n° 1438).

1425. Heurtebize (Dom B.). — Revue historique et archéologique du Maine. Table des matières contenues dans les volumes XXI à XL (1887-1896). (Le Mans, 1901, in-8°, 67 p.)

XLIX. — Revue historique et archéologique du Maine, t. XLIX, année 1901, 1ᵉʳ semestre. (Le Mans, 1901, in-8°, 336 p.)

1426. Guilloreau (Dom Léon). — Une fondation royale en l'honneur de saint Louis de Toulouse chez les Cordeliers du Mans (1329-1612), *fig.*, p. 30 à 50.

1427. Beaumont (Comte Charles de). — Jetons des comtes du Lude, *pl.*, p. 51 à 61.

1428. Froger (L.). — La collégiale Saint-Pierre à Saint-Calais, *fig.*, p. 62 à 77.

1429. Deschamps-La Rivière (Robert). — Le théâtre au Mans pendant la Révolution, p. 78; L, p. 71; et LII, p. 99, 157 et 237.

1430. Chappée (Julien). — Croquis et monuments du Maine, *fig.*, p. 101 à 105.

1431. Fleury (G.). — Découverte d'un cimetière du XIIᵉ siècle à Saint-Calais, p. 106 à 108.

1432. Guilloreau (Dom Léon). — L'abbaye d'Étival en Charnie et ses abbesses (1109-1790), p. 113 à 139; et LII, p. 121 à 160.

1433. Lhermitte (Julien). — Notice bibliographique sur les observations de Mᵉ Launay, curé de Ruillé-le-Gravelais (1771-1790), p. 140 à 152.

1434. Anonyme. — La porte Saint-Julien à la Ferté-Bernard, *pl.*, p. 153 à 156.

1435. Vavasseur (Émile). — L'église Saint-Almire de Gréez-sur-Iloc, p. 157 à 190, et 321 à 323.

1436. Triger (Robert). — La place de l'Éperon au Mans au XVIIᵉ siècle, *fig.*, p. 219 à 235.

1437. Roquet (H.). — Jeton de Charles de Perrochel [XVIIᵉ s.], *fig.*, p. 237.

1438. Triger (Robert). — Le château et la ville de Beaumont-le-Vicomte pendant l'invasion anglaise (1417-1450), *fig.* et 2 *pl.*, p. 241 à 284; et L, p. 52 à 70.

1439. Lorière (Ed. de). — Notes et documents complémentaires sur Jean V de Champagne, dit le Grand Godet, p. 285 à 320. — Cf. le n° 38942 de la *Bibliographie générale*.

L. — Revue historique et archéologique du Maine, t. L, année 1901, 2ᵉ semestre. (Le Mans, 1901, in-8°, 360 p.)

1440. Chappée (Julien). — Le carrelage de l'abbaye de Saint-Maur de Glanfeuil d'après les pavés retrouvés dans les fouilles récentes, *fig.*, p. 5 à 25, et 215 à 224.

1441. Roquet (Henri). — Moncé-en-Bélin, *fig.*, p. 26 à 51, 196 à 214, 313 à 327; et LI, p. 81 à 98.

[1438]. Triger (Robert). — Le château et la ville de Beaumont-le-Roger, pendant l'invasion anglaise (1417-1450), p. 52 à 70.

[1429]. Deschamps-La Rivière (Robert). — Le théâtre au Mans pendant la Révolution, p. 71.

1442. Anonyme. — Excursion historique et archéologique à Fresnay-sur-Sarthe, le jeudi 4 juillet 1901, et érection d'une plaque à Ambroise de Loré, capitaine de Fresnay, de 1418 à 1420, *pl.* et *fig.*, p. 113 à 181.

1443. Triger (Robert). — Documents inédits sur le château de Fresnay en 1589, p. 183 à 195.

1444. Pottier (Louis). — La vie et histoire de madame sainte Barbe. Le mystère joué à Laval en 1493 et les peintures de Saint-Martin-de-Connée, 2 *pl.* et *fig.*, p. 233 à 312.

1445. Brière (L.). — Bibliographie du Maine, année 1900, p. 328 à 351.

1446. Roquet (Henri). — Découverte de deniers mansais, p. 353 à 355.

SAVOIE. — CHAMBÉRY.

CONGRÈS DES SOCIÉTÉS SAVANTES SAVOISIENNES.

Les tomes I à VII des *Comptes rendus* de ces Congrès ont été analysés dans notre *Bibliographie générale*, t. II, p. 700 à 702. — Les tomes VIII à XV le seront dans le Supplément.

XVI. — **Congrès des Sociétés savantes savoisiennes**, tenu à Annecy (Haute-Savoie) les 5, 6 et 7 août 1901, XVI° session. (Annecy, 1902, in-8°, XLVIII-445 p.)

1447. Mugnier (François). — Thomas Pobel, évêque de Saint-Paul-Trois-Châteaux, étude historique savoisienne (1547 † 1629), p. 61 à 93.

1448. Truchet (Le chanoine S.). — Représentations théâtrales dans les montagnes de la Maurienne, de 1584 à 1630, p. 95 à 105.

1449. Ritter (Eugène). — La parenté de J.-J. Rousseau (1614), p. 107 à 131.

1450. Chevalier (Le chanoine J.-M.). — Les nobles de Thoyre de Faucigny, p. 133 à 146.

1451. Croland (Albert). — Causerie sur l'industrie du papier, p. 147 à 163.

1452. Bouchage (Le chanoine Léon). — La chaire de Beaufort et celle de Conflans en Savoie (XVIII° s.), p. 165 à 178.

1453. Pascalein (E.). — Des noms de lieux d'origine burgonde en Savoie, p. 179 à 186.

1454. Brasier (L'abbé A.-M.). — Notice sur la dîme, p. 187 à 202.

1455. Duplan (Albert). — La municipalité de Moutiers

est réformée par ordre du Roi (14 août 1761), p. 203 à 211.

1456. Albert (L'abbé N.). — Les sires de Varax en Bresse et en Savoie, p. 213 à 260.

1457. Bonson (Général). — Précis des opérations militaires de l'armée sarde dans la campagne de 1859, en Lombardie, rédigé au quartier général, précédé d'un aperçu sur les origines de la guerre et suivi de quelques souvenirs personnels, *carte*, p. 261 à 338.

1458. Gontrier (L'abbé J.-F.). — Le bois de Bret, ou Évian et Meillerie aux XIV°, XV° et XVI° siècles, p. 339 à 354.

1459. Lavorel (L'abbé J.-M.). — Études sur la famille d'autrefois. Le livre de raison de François Quisard [1751-1793], p. 355 à 380.

1460. Gros (L'abbé). — Lettres inédites de Mᵍʳ Rey [1821-1841], p. 381 à 394.

1461. Feige (L'abbé Hilaire). — L'expulsion des RR. PP. Jésuites de Mélan (Haute-Savoie), le 7 mars 1848, p. 393 à 403.

1462. Mugnier (François). — La mort prématurée de Pierre de Quoex, élégie en prose de 1601, p. 405 à 420.

1463. Piccard (L.-E.). — Antony Dessaix, sa famille, ses derniers vers, *tableau*, p. 421 à 434.

SAVOIE. — CHAMBÉRY.

SOCIÉTÉ SAVOISIENNE D'HISTOIRE ET D'ARCHÉOLOGIE.

Les tomes I à XXIII des *Mémoires et documents* publiés par cette Société ont été analysés dans notre *Bibliographie générale*, t. II, p. 702 à 710. — Les tomes XXIV à XXXIX seront analysés dans le Supplément actuellement en préparation.

XL. — **Mémoires et documents publiés par la Société savoisienne d'histoire et d'archéologie**, t. XL, 2° série, t. XV. (Chambéry, 1901, in-8°, CLXXI-384 p.)

1464. Pérouse (Gabriel). — Requête des communiers de

Lanslevillard à l'abbé de Saint-Michel de la Cluse en Piémont (1520), p. V à VII.

1465. Mugnier (François). — Constitution de dot pour Hugonet Cuenos à l'occasion de son mariage avec Agnès d'Alby (1289), p. VIII à X.

1466. Mugnier (François). — Déclaration de fidélité-lige

des seigneurs de Gruffy ou comte de Genevois et à sa mère (1386), p. x à xiii.

1467. Mugnier (François). — Les Paquellet de Moyron (1510-1614), p. xiii à xvi.

1468. Mugnier (François). — Mission du sieur de Chandée auprès de Louis XI à Avesnes (juillet 1460), p. xvii à xix.

1469. Mugnier (François). — Inventaire des biens mobiliers et immobiliers de l'église de Bluffy (Haute-Savoie) vers 1580, p. xix à xxii.

1470. Perpéchon. — Testament de Claude de Crescherel (4 avril 1564) et de Henry Bay (3 février 1564), p. xvii à xxiv.

1471. Mugnier (François). — Additions aux Registres des entrées du Sénat de Savoie à l'audience; mort du duc Victor-Amédée Ier, 1637; nouveaux serments de fidélité, p. xxiv à xxvii, et xciv à cxiii. — Suite de XXXVII, p. 353; et XXXIX, p. 3.

1472. Mugnier (François). — A propos d'un fragment de lettre du P. Monod [1631], p. xxviii à xxxiv.

1473. Létanche (Jean). — Étude historique d'une charte du xe siècle [échange de biens entre Thibaut Ier, archevêque de Vienne, et Eudes Ier, évêque de Bellay], p. xxxiv à xliii.

[Suivi d'un acte de reconnaissance par Pierre de Sassel en faveur de Thomas, comte de Maurienne (1209).]

1474. Mugnier (François). — Mémoire de ce qui a été fait par le Sénat à l'occasion de la maladie et de la mort de Charles-Emmanuel II, duc de Savoie (juin 1675), p. xliii à xlviii.

1475. Dullin (Ferdinand). — Château d'Ogny, près Saint-Julien (Haute-Savoie), inventaire du mobilier du seigneur Antoine-Ignace de Sacconex (1749), p. xlvii à lx.

1476. Létanche (Jean). — Fragments de manuscrits liturgiques, p. lxi à lxii.

1477. Perpéchon. — Vente faite par Françoise d'Hostel, veuve de Sigismond d'Est, aux jésuites de Chambéry (xviie s.), p. lxii à lxiii.

1478. Mugnier (François). — Mgr d'Aranthon d'Alex et les Capucins [d'Annecy], p. lxiii à lxix.

1479. Mugnier (François). — Les Capucins de Rumilly et les Bernardines, p. lxix à lxxiii.

1480. Mugnier (François). — Partie (note) [de tailleur] pour M. l'avocat Demotz de la somme de 155 florins [1644], p. lxxiii à lxxv.

1481. Mugnier (François). — Consultation [médicale], pour la marquise de Sales, du 6 octobre 1679, p. lxxv à lxxvi.

1482. Mugnier (François). — Mise en possession de Bernardin de Quœx de la chapelle de Sainte-Catherine à Talloires [1583], p. lxxvi à lxxvii.

1483. Mugnier (François). — Dimissoire pour N. Pierre Mermier, de Talloires, par Jean Favre, vicaire général d'Annecy (15 mai 1609), p. lxxvii.

1484. Mugnier (François). — Patente [de Charles-Emmanuel Ier, duc de Savoie] pour le chapitre de Saint-Pierre de Genève, à Annecy [1590], p. lxxviii à lxxix.

1485. Mugnier (François). — Deux lettres d'un ancien émigré [Jacques de Clermont-Mont-Saint-Jean, marquis de la Bâtie d'Albanais] (1816, 1818), p. lxxix à lxxxii.

1486. Mugnier (François). — Vénerie, p. lxxxii à lxxxiv.

[Pierre viennois, dit le Diète, garde-chasse (1587); chiens de chasse du duc de Savoie (1661).]

1487. Létanche (Jean). — Le Petit-Bugey ou Bugey savoyard, sa noblesse, p. lxxxv à xciii.

1488. Mugnier (François). — Fragments de manuscrits, p. xciii à xcv.

[Compte de receveur des servis (1302). Vocabulaire latin (xve s.). Livre de prières (xve s.). Vie de saint Aupre.]

1489. Perpéchon. — Demande de secours par un serviteur de la ville de Chambéry pour envoyer son fils infirme à la «sainte fontaine» de la Roche (1609), p. xcvi à xcvii.

1490. Anonyme. — Exécution d'une sorcière à Chambéry (8 juin 1641), p. xcvii à cxiv.

1491. Mugnier (François). — Les sires de Chambéry, p. cxv à cxxxi.

1492. Piccard (L'abbé). — Hommage féodal de Girod Hubod, de Rumilly, au comte Robert de Genevois (1278), p. cxxxi à cxxxiii.

1493. Mugnier (François). — Albergement en septembre 1336, par Guy de Ballaison, moine de Rumilly, p. cxxxiii.

1494. Mugnier (François). — Permission du Parlement de Savoie à la femme de François Lombard, président de Bugey, de le visiter à la conciergerie de Chambéry (mai 1545), p. cxxxiv à cxxxvi.

1495. Roux (Capitaine Joseph). — Deux lettres du capitaine Sermirot de l'armée franco-piémontaise de Parme à un bourgeois de Romans (juillet et octobre 1734), p. cxxxvi à cxxxix.

1496. Roux (Capitaine Joseph). — État du régiment de Prelle (franco-piémontais), en garnison à Asti dans l'année 1706, p. cxxxix à cxlv.

1497. Anonyme. — Quelques recteurs des Jésuites de Chambéry [1610-1765], p. cxlv.

1498. Mugnier (François). — Lettre du président de Rochette à frère Maurice de la Morre, capucin (1605), p. cxlv à cxlvi.

1499. Anonyme. — Documents sur Alby en Genevois [xive-xve s.], p. cxlvi à cxlvii.

1500. Anonyme. — Quelques noms de religieux savoisiens, p. cxlvii à cxlix.

1501. Anonyme. — Messire Thomati, comte de Valléry et la Joux (1776), p. cxlix à cl.

1502. Pérouse (G.). — Un incident de frontière en 1420 à Thoissey, p. cliv à cli.

1503. Mugnier (François). — Antoine Govéan, professeur de droit, sa famille, son biographe Étienne Catini [1505 † 1566], p. 3 à 80.

1504. [TREDICINI DE SAINT-SÉVERIN (Marquis)]. — Les messageries de Savoie en 1789, p. 81 à 95.

1505. MUGNIER (François). — Un mémoire de René de Lucinge au duc Charles-Emmanuel Iᵉʳ [1589], p. 97 à 108.

1506. TROUILLARD (Guy). — Relation d'un voyage à Chambéry par M. Trézin de Cangy, gentilhomme ordinaire du comte d'Artois (1775), p. 109 à 124.

1507. ALLIOD (Jules) et MUGNIER (François). — Quelques actes de l'état civil de Bourg au XVIᵉ siècle, p. 125 à 143.

1508. MUGNIER. — La Desconfiture de Charles le Téméraire, facs., p. 145 à 169.

1509. PÉROUSE (Gabriel). — Extrait d'un compte de dépenses d'Humbert de Savoie, comte de Romont (13 avril-30 septembre 1432), p. 171 à 221.

1510. MANECY (Jules). — Le chant funèbre de Nouvellet sur la mort de Jean de Voyer, p. 223 à 236.

1511. MUGNIER (François). — Les Faictz et guerre de l'empereur Charles-Quint contre la ligue de Smalkade (1546-1547) [par Michel Guilliet de Monthoux], facs., p. 237 à 377.

SAVOIE. — SAINT-JEAN-DE-MAURIENNE.

SOCIÉTÉ D'HISTOIRE ET D'ARCHÉOLOGIE DE MAURIENNE.

Les tomes I à VI des *Travaux* de cette Société ont été analysés dans notre *Bibliographie générale*, t. II, p. 713 à 715. — Les tomes VII à X seront analysés dans le Supplément actuellement en préparation.

XI. — **Travaux de la Société d'histoire et d'archéologie de Maurienne**, 2ᵉ série, t. III, 1ʳᵉ partie. (Saint-Jean-de-Maurienne, 1901, in-8°, x et 229 p.)

1512. TRUCHET (Le chanoine). — Sur les maisons de Saint-Jean-de-Maurienne ruinées par les soldats de Lesdiguières en 1597, p. 2 à 3; et XII, p. 31.

1513. TRUCHET (Le chanoine). — Le comte Amédée de Foras [1830 † 1900], p. 6 à 8.

1514. TRUCHET (Le chanoine). — Pierre-Joseph Guille [1829 † 1900], p. 11 à 12.

1515. TRUCHET (Le chanoine). — Un emprunt de Philibert II le Beau (1501), p. 22 à 23, et 219 à 222.

1516. TRUCHET (Florimond). — Chansons satiriques en patois, p. 23 à 25, et 222 à 227.

1517. TRUCHET (Le chanoine). — François Buttard [1831 † 1900], p. 27 à 28.

1518. TRUCHET (Le chanoine). — La seigneurie de Bessans, p. 29 à 31.

1519. [TRUCHET (Le chanoine)]. — Les deux royaumes de Bourgogne, l'empereur Conrad le Salique. La ville et le diocèse de Saint-Jean-de-Maurienne, p. 33 à 53, et 214 à 216.

1520. [TRUCHET (Le chanoine)]. — Origine de la souveraineté temporelle des évêques de Maurienne, p. 53 à 66, et 217 à 218.

1521. [GROS (L'abbé)]. — Les amblevins dans les vignobles de Saint-Julien, p. 66 à 83.

1522. [GORRÉ (L'abbé)]. — Établissement d'une manufacture pour occuper les pauvres de Saint-Jean-de-Maurienne (1768-1789), p. 84 à 113.

1523. [AZARIO et ROUMÉGOU (Capitaine Charles)]. — Campagnes de 1792-1793 contre Victor-Amédée III, roi de Sardaigne, p. 113 à 157.

1524. LÉARD (Le P. Antoine). — Lettres du Thibet, p. 158 à 170.

1525. [TRUCHET (Le chanoine)]. — Notes sur Bessans de 1792 à 1798, p. 171 à 177.

1526. GROS (L'abbé). — Passage à Saint-Jean-de-Maurienne de la comtesse de Provence (1771), de la comtesse d'Artois (1773). La porte et la tour d'Humbert, p. 178 à 188.

1527. ANONYME. — Excursion à Épierre, 3 pl., p. 188 à 214.

SAVOIE (HAUTE-). — ANNECY.

ACADÉMIE SALÉSIENNE.

Les tomes I à VIII des *Mémoires et documents* publiés par cette Académie ont été analysés dans notre *Bibliographie générale*, t. II, p. 716 à 717. — Les tomes IX à XXIII seront analysés dans le Supplément actuellement en préparation.

XXIV. — Mémoires et documents publiés par l'Académie salésienne, t. XXIV. (Annecy, 1901, in-8°, xvi-403 p.)

1528. Gavard (L'abbé A.). — Peillonnex, le prieuré, la paroisse, la commune, 6 *pl.*, p. 1 à 403.

SAVOIE (HAUTE-). — ANNECY.

SOCIÉTÉ FLORIMONTANE.

Les tomes I à XXVI de la *Revue savoisienne* ont été analysés dans notre *Bibliographie générale*, t. II, p. 718 à 732. — Les tomes XXVII à XLI le seront dans le Supplément actuellement en préparation.

XLII. — Société florimontane d'Annecy... Revue savoisienne... 1901, 42ᵉ année. (Annecy, 1901, in-8°, x-350 p.)

1529. Bruchet (Max). — Étude archéologique sur le château d'Annecy, p. 7 à 41. — Suite de XLI, p. 247.

[Inventaires.]

1530. Duhamel (L.). — Le cardinal de Brogny, son origine, sa famille, ses alliances, p. 41 à 47. — Suite de XLI, p. 327.

1531. Buttin (Ch.). — Notes sur les armures à l'épreuve [xivᵉ-xviᵉ s.], *fig.*, p. 60 à 92, et 150 à 210.

1532. Marteaux (Charles). — Deux inscriptions romaines inédites [à Duin et à Curty], *fig.*, p. 92 à 95.

1533. Ritter (Eugène). — Glanures salésiennes, p. 117 à 119.

[L'édition des *Œuvres* de saint François de Sales, par les religieuses de la visitation d'Annecy, p. 117. — Extraits du registre du Conseil de Genève relatifs à Pierre Poncet (1594), p. 118 — Lettre de Chapelain à Godeau, *évêque de Vence* (1663), p. 119, etc.]

1534. M. B. [Bruchet (Max)]. — Notes et documents sur la vie privée, p. 120 à 121.

[Contrat entre les habitants d'Annecy et deux musiciens (1548).]

1535. Constantin (A.) et Désormeaux (J.). — Notes de philologie [savoyarde], p. 121 à 123.

1536. Désormeaux (J.). — Noël en patois savoyard, p. 225 à 228.

1537. C. M. [Marteaux (Charles)]. — Noms de lieux dans la charte de Peillonnex (1012), p. 229 à 230.

1538. Camus (J.). — La cour du duc Amédée VIII à Rumilly-en-Albanais, p. 295 à 345.

SAVOIE (HAUTE-). — THONON.

ACADÉMIE CHABLAISIENNE.

Les tomes I à XIV des *Mémoires* de cette Société ayant paru postérieurement à 1885, seront analysés dans le Supplément de notre *Bibliographie générale*.

XV. — Mémoires et documents publiés par l'Académie chablaisienne..., t. XV. (Thonon, 1901, in-8°, LII-viij-264 p.)

1539. Piccard (L'abbé). — Procès pour les R[ds] seigneurs, prieur et religieux de la chartreuse de Ripaille, demandeur contre messire Pierre-Joseph de Planchamp, marquis de Cluses, pour un muid, soit 12 couppes de froment par année [1378], p. vi à viii.

1540. Duroyer (Norbert). — L'instituteur de Valleiry; réparations au chœur de l'église de Draillant (1719), p. viii à x.

1541. Valfrid (Frère). — Délibérations municipales de Thonon (an II), p. xv à xvii, et xix à xx.

1542. Duroyer (Norbert). — Admodiation des moulins de Coudrée [1694], p. xiii à xix.

1543. Duplan. — Vente du château de Larringe [1439], p. xiii.

1544. Duplan. — Lettre de l'abbé d'Abondance Aiazza (1608), p. xxiii à xxv.

1545. Guyon (Jules). — Le représentant du peuple Albitte (1794), p. xxv.

1546. Guyon (Jules). — Sur la chapelle Saint-Pierre de l'église de Thonon, p. xxix à xxx.

1547. Duplan. — Prétentions du seigneur de Druyn [René] dit du Rosey, sur certaines possessions du Valais, p. xxxi à xxxiii.

1548. Piccard (L'abbé). — Différend entre les villes de Thonon et d'Évian au sujet de l'administration de la justice à Évian (1639), p. xxxiv à xxxvi.

1549. Figuière. — Le cloître d'Abondance, p. xxxvi à xxxviii.

1550. Piccard (L'abbé). — Lettres d'exemption du paiement des *utencilles* pour les syndics d'Evian (1610), p. xxxviii à xxxix.

1551. Piccard (L'abbé). — Lettres patentes concernant le marché d'Évian (1714), p. xli à xlii.

1552. Guyon (Jules). — Quinze années de la vie municipale de la ville de Thonon (1700-1714), p. i à viij, et 1 à 192.

1553. Vernaz (A.-J.). — L'instruction primaire dans le canton de Thonon-les-Bains, p. 193 à 224.

1554. Anonyme. — Les audiences du juge mage de Thonon à Évian (1769), p. 227 à 244.

SEINE. — PARIS.

ASSOCIATION FRANÇAISE POUR L'AVANCEMENT DES SCIENCES.

Les tomes I à XIII des *Comptes rendus* des sessions tenues par cette Association ont été analysés dans notre *Bibliographie générale*, t. III, p. 10 à 18. — Les tomes XIV à XXIX le seront dans le Supplément actuellement en préparation.

XXX. — Association française pour l'avancement des sciences, fusionnée avec l'Association scientifique de France... Conférences de Paris. Compte rendu de la 30° session.

Première partie. Documents officiels, procès-verbaux. (Paris, 1901, in-8°, cxiii-310 p.) — Ajaccio, 1901, 2° partie. Notes et mémoires. (Paris, 1902, in-8°, 1251 p.)

Deuxième partie.

1555. Chantre (Ernest). — La nécropole proto-historiqu e de Cagnano, près Luri (Corse), *fig.*, p. 715 à 723.

1556. Ferton (Ch.). — Les premiers habitants de Bonifacio, leur origine, p. 724 à 727.

1557. Ferton (Ch.). — Poterie néolithique trouvée à Bonifacio, *fig.*, p. 728 à 729.

1558. Flamand (G.-B.-M.). — Sur l'utilisation, comme instruments néolithiques, de coquilles fossiles à taille intentionnelle (littoral du nord-africain), p. 729 à 734.

1559. Debruge (A.). — Recherches sur le préhistorique des environs d'Aumale (Algérie), *carte*, p. 735 à 740.

1560. Poutiatin (Prince Paul-Arsenievitch). — Contribution à l'étude du tatouage, p. 740.

1561. Gouhier de Charencey (Comte). — Deux dialectes est-Altaïens, p. 746 à 749.

1562. Gouhier de Charencey (Comte). — Races et langues du Japon, p. 749 à 754.

1563. Rivière (Émile). — L'abri sous roche de Morsodou du Croze de Tayac (Dordogne), *fig.*, p. 756 à 760.

1564. Rivière (Émile). — La station préhistorique de la côte Sainte-Marie (Meurthe-et-Moselle), p. 760 à 762.

1565. Capitan (D'). — Note préalable sur des fouilles exécutées au Puy-Courny, p. 762 à 766.

1566. Faure. — Aperçu historique sur l'octroi de Limoges de 1370 à 1900, p. 1130 à 1133.

1567. Muller. — Contribution à l'histoire de la paroisse et des mines abandonnées de Brandes-en-Oisans, *fig.*, p. 1133 à 1155.

SEINE. — PARIS.

ASSOCIATION POUR L'ENCOURAGEMENT DES ÉTUDES GRECQUES.

Nous avons donné dans notre *Bibliographie générale*, t. III, p. 4 à 9, l'analyse des dix-neuf premiers volumes de l'*Annuaire* publié par cette Association. — Les tomes XX et XXI, qui complètent cette collection, seront analysés dans notre Supplément.

Depuis 1888, l'Association pour l'encouragement des études grecques a remplacé son Annuaire par une *Revue des études grecques*; on trouvera l'analyse des treize premiers volumes de cette *Revue* dans notre Supplément.

XIV. — Revue des études grecques, publiée par l'Association pour l'encouragement des études grecques, t. XIV, année 1901. (Paris, 1901, in-8°, 492 p.)

1568. Collignon (Max.). — Le masque d'Artémis à double expression de Boupalos et Athénis, p. 1 à 7.

1569. Reinach (Théodore). — Un fragment d'Ion de Chios, p. 8 à 19.

1570. Weil (Henri). — Observations sur le texte de l'*Oreste* d'Euripide, p. 20 à 25.

1571. Cumont (Franz). — Un serment de fidélité à l'empereur Auguste, *carte*, p. 26 à 45.

1572. Legrand (Ph.-E.). — Questions oraculaires, p. 46 à 70. — Suite de XIII, p. 281.

[2. Xuthus et Créuse à Delphes.]

1573. Hauvette (Am.). — Les nouveaux fragments d'Archiloque, publiés par MM. Reitzenstein et Hiller von Gärtringen, p. 71 à 91.

1574. Holleaux (Maurice). — Note sur un décret de Milet, p. 92 à 96.

1575. Bréal (Michel). — Les verbes signifiant «parler», p. 113 à 121.

1576. Cavvadias (P.). — Statues rendues par la mer, *fig.*, p. 122 à 126.

1577. Reinach (Salomon). — Un bas-relief inédit au musée de Constantinople [naissance d'Athéna], *pl.*, p. 127 à 137.

1578. Cumont (Franz). — Le pontarque et l'ἀρχιερεὺς Πόντου, p. 138 à 141.

1579. Heit (C.). — Note sur l'état des études grecques en Italie et en France du XIV° au XVI° siècle, p. 142 à 162.

1580. Seymour de Ricci. — Bulletin papyrologique, p. 163 à 205.

1581. Ruelle (Ch.-Em.). — Bibliographie annuelle des études grecques (1898-1899-1900), p. 206 à 263.

1582. Weil (Henri). — Observations sur le texte des *Phéniciennes* d'Euripide, p. 265 à 269.

1583. Omont (H.). — Athènes au XVII° siècle, relation du P. Robert de Dreux, lettres de Jacob Spon et du P. Babin (1669-1680), p. 270 à 294.

1584. Contoléon (Al.-Enm.). — Inscriptions inédites d'Asie Mineure, p. 295 à 305.

1585. Reinach (Salomon). — Télesphore, p. 343 à 349.

1586. Lévy (Isidore). — Études sur la vie municipale de l'Asie Mineure sous les Antonins, p. 350 à 371. — Suite de VIII, p. 203; et XII, p. 255.

1587. Baron (Ch.). — La candidature politique chez les Athéniens, p. 372 à 399.

1588. Lechat (Henri). — Bulletin archéologique (n° IX), *fig.*, p. 409 à 479.

SEINE. — PARIS.

ASSOCIATION HISTORIQUE POUR L'ÉTUDE DE L'AFRIQUE DU NORD.

. Cette Association, fondée en 1899, devait publier un *Bulletin* et une suite de *Mémoires* formant des fascicules isolés. Le manque de ressources ne lui a pas permis de remplir ce programme. Le troisième fascicule de son *Bulletin* a paru en 1899. Elle n'en a pas publié en 1900 ni en 1901 et n'a fait paraître, pendant ce dernier exercice, qu'une mince brochure intitulée :

Publications de l'Association historique de l'Afrique du Nord, III. (Paris, 1901, in-8°.)

1589. Novak (D.). — Fouilles d'une villa romaine [à El-Alia]. (Paris, 1901, in-8°.)

SEINE. — PARIS.

CLUB ALPIN FRANÇAIS.

Les quatorze premiers volumes du *Bulletin* publié par cette Association ont été analysés dans notre *Bibliographie générale*, t. III, p. 25. — Les tomes XV à XXIX figureront dans notre Supplément. Le Club alpin publie également un *Annuaire* dont les onze premières années (1874-1884) ont été analysées dans notre *Bibliographie*, t. III, p. 26 et 27. — Les tomes XII à XXVII figureront dans notre Supplément. — La section des Hautes-Vosges du Club alpin a fait paraître, en 1901, deux fascicules de l'ouvrage suivant :

1590. Fournier (A.). — Les Vosges, du Donon au ballon d'Alsace. V. Les Hautes-Chaumes. VI. La Moselle. (Paris, s. d. [1901], 2 fascicules in-fol., p. 467 à 680, *fig.*)

[Les quatre premiers fascicules ont paru en 1900.]

XXX. — Club alpin français. Bulletin mensuel, 1901. (Paris, 1901, in-8°, 304 p.)

1591. Viallet (F.). — Nécrologie : E. Richard-Bérenger [1822 † 1900], p. 18.

1592. Armand (D'). — L'accident de la Roche-Pourrie [mort de MM. Brun-Marius, Lamy et Poncin, février 1901], p. 41 à 56, et 88 à 89.

XXVIII. — Annuaire du Club alpin français, 28° année, 1901. (Paris, 1902, in-8°, xvi-588 p.)

1593. Duval (Eugène). — Édouard Laferrière [1841 † 1901], *portr.*, p. ix à xvi.

1594. Ferrand (Henri). — De l'orthographe des noms de lieux, p. 478 à 496.

SEINE. — PARIS.

CLUB CÉVENOL.

Le Club cévenol, fondé à Florac en 1894, a son siège à Paris, rue Las-Cases, 5, depuis 1898. On trouvera dans le Supplément de notre *Bibliographie générale* l'analyse des premières années du *Bulletin* publié par cette association. Elle a fait paraître, en 1901, les trois fascicules suivants :

1595. Jourdan (Louis). — Barre des Cévennes et sa seigneurie. (Cahors, 1901, in-8°, 40 p., *pl.*)

[La couverture porte : *Mémoires du club cévenol*, t. I, n° 1.]

1596. Anonyme. — La Salindrinque [étude historique]. (Cahors, 1901, in-8°, 152 p., *fig.* et *pl.*)

[La couverture porte : *Mémoires du Club cévenol*, t. I, n° 2.]

1597. Moulharac (A.). — Voyage à travers les Cévennes avec un âne [par A. Stevenson. Adaptation française]. (Cahors, 1901, in-8°, 49 p., *fig.* et *pl.*)

[La couverture porte : *Mémoires du Club cévenol*, t. I. n° 3.]

SEINE. — PARIS.

COMITÉ DES TRAVAUX HISTORIQUES ET SCIENTIFIQUES.

Les publications du Comité ont été énumérées et analysées dans notre *Bibliographie générale*, t. III, p. 29 à 167.

I. — Les volumes de la *Collection des documents inédits* parus avant 1886 ont été énumérés, t. III, p. 31 à 37; ceux qui ont paru de 1886 à 1900 seront indiqués dans notre Supplément.

4 volumes sont venus s'ajouter à cette collection en 1901. Nous les indiquons sous les n°ˢ 1598 à 1601.

A côté de l'ancienne série in-4°, des *Documents inédits*, on a ouvert, depuis 1889, une série in-8°, spécialement consacrée à l'époque révolutionnaire. La liste des ouvrages de cette série publiés jusqu'en 1900 sera donnée dans notre Supplément. Elle s'est accrue, en 1901, de deux volumes que nous indiquons sous les n°ˢ 1602 et 1603.

C'est également à cette collection que nous rattachons notre *Bibliographie* dont le tome III a été achevé en 1901.

II. — Nous avons indiqué dans notre *Bibliographie générale*, t. III, p. 45 à 49, le contenu des vingt-sept premiers volumes du *Catalogue général des manuscrits des bibliothèques des départements*. Nous espérons pouvoir donner dans notre Supplément une analyse complète de cette publication. En attendant, nous avons signalé sous les n°ˢ 1605 et 1606 les volumes qui sont venus s'y ajouter en 1901.

Aucun volume nouveau des *Dictionnaires topographiques* ou des *Répertoires archéologiques* n'a paru en 1901.

III. — Les tomes I à III du *Bulletin* de chacune des Sections archéologique, historique et philologique et des sciences économiques et sociales, ont été analysés, t. III, p. 144 à 151. Les tomes IV à XVIII de chacun de ces *Bulletins* seront analysés dans notre Supplément, ainsi que les tomes I à XV du *Bulletin* de la Section de géographie historique et descriptive, parus de 1886 à 1900.

IV. — Les Mémoires lus aux Congrès annuels des Sociétés savantes ne sont plus, depuis longtemps, publiés à part. On les trouve à leur place respective dans les *Bulletins* de chaque section.

Seuls les Mémoires relatifs aux beaux-arts continuent à former une collection à part; nous en avons analysé les neuf premiers volumes dans notre *Bibliographie générale*, t. III, p. 162 à 167. On trouvera le dépouillement des tomes X à XXIV dans notre Supplément, et celui du tome XXV, contenant le compte rendu du Congrès de 1901, ci-après sous les n°ˢ 1764 à 1807.

DOCUMENTS INÉDITS.

Série in-4°.

1598. BAGUENAULT DE PUCHESSE (Comte). — Lettres de Catherine de Médicis, t. VIII (1582-1585). (Paris, 1901, in-4°, xxix-579 p.)

[Les cinq premiers volumes parus de 1880 à 1895 ont été publiés par M. H. La Ferrière; les tomes VI et VII, parus en 1897 et 1899, sont l'œuvre de M. Baguenault de Puchesse.]

1599. GUIFFREY (Jules). — Comptes des bâtiments du Roi sous le règne de Louis XIV, t. V : Jules Hardouin

Mansard et le duc d'Antin (1706-1715). (Paris, 1901, in-4°, iv-938 col. et 939-1057 p.)

[Les tomes I à IV ont paru de 1881 à 1896.]

1600. PICOT (Georges). — Documents relatifs aux États généraux et assemblées réunies sous Philippe le Bel (Paris, 1901, in-4°, lxii-858 p.)

1601. LONGNON (Auguste). — Documents relatifs au comté de Champagne. T. I. Les fiefs. (Paris, 1901, in-4°, liii et 809, p., 2 cartes.)

Série in-8°.

1602. AULARD (F.-A.). — Recueil des actes du Comité de salut public, avec la correspondance officielle des représentants en mission et le registre du Conseil exécutif provisoire, t. XIV : 29 mai 1794-7 juillet 1794 (10 prairial an 11-19 messidor an 11). (Paris, 1901 ; gr. in-8°, 831 p.)

[Les tomes I à XIII ont paru de 1889 à 1900.]

1603. GUILLAUME (J.). — Procès-verbaux du Comité d'instruction publique de la Convention nationale, publiés et annotés, t. IV : 1ᵉʳ germinal an 11 (21 mars 1794)-11 fructidor an 11 (28 août 1794). (Paris, 1901, gr. in-8°, LXIV-1084 p.)

[Les tomes I à III ont paru de 1891 à 1897.]

1604. LASTEYRIE (Robert DE). — Bibliographie générale des travaux historiques et archéologiques publiés par les Sociétés savantes de la France, t. III. Seine, 1ʳᵉ partie, nᵒˢ 40067 à 61847. (Paris, 1901, in-4°, XXXI-784 p.)

[Le tome I a paru en 1888, et le tome II en 1893.]

II

CATALOGUE GÉNÉRAL DES MANUSCRITS.

XXIX. — Catalogue général des manuscrits des bibliothèques publiques de France. Départements, t. XXIX. (Paris, 1901, in-8°, paginé 681 à 1563.)

1605. LABANDE (L.-H.). — Manuscrits d'Avignon, t. III, p. 681 à 1563.

XXXIV. — Catalogue général des manuscrits des bibliothèques publiques de France. Départements, t. XXXIV. (Paris, 1901, in-8°, LIX-848 p.)

1606. DUHAMEL. — Manuscrits de Carpentras, t. I, p. 1 à 848.

[Préface de L.-H. Labande, p. 1 à LIX.]

III

BULLETIN DU COMITÉ.

SECTION D'ARCHÉOLOGIE.

XIX. — Bulletin archéologique du Comité des travaux historiques et scientifiques. Année 1901. (Paris, 1901, in-8°, CCXXXVII-493 p.)

1607. LASTEYRIE (R. DE). — Procès-verbaux des séances des mois de janvier à mars 1901, p. XXIII à XLII ; avril à juin, p. XCIV à CII ; juillet à décembre, p. CX à CXXXV.

[Sceau de Robert Le Clerc, sieur de Malechar, p. XLV. — Trouvaille de monnaies du moyen âge à Beaumont (Lot), p. XLVIII. — Sépultures romaines découvertes à Auch (Gers), et à Quarante (Hérault), p. XL.]

1608. PROU (Maurice). — Sur les cimetières francs de Beynes et de Mareil-sur-Mauldre, p. XXVI à XXVIII.

1609. THÉDENAT (L'abbé). — Milliaire de la voie Aurélienne, découvert près du Paradou, p. XXIX à XXXI.

1610. LEFÈVRE-PONTALIS (Eugène). — Sur la chapelle de Saint-Quentin, à Bazarnes (Yonne), p. XXXIX à XL.

1611. PROU (Maurice). — Réunion annuelle des délégués des sociétés savantes à Nancy. Procès-verbaux des séances, p. XLIII à XCIII.

[Parures scandinaves trouvées dans les départements de l'Eure et de la Seine-Inférieure, p. XLIV.]

1612. DAIOTON (Clément). — Les retranchements calcinés des environs de Dijon, p. XLV à XLVII.

1613. BRUNE (L'abbé). — L'église Saint-Just d'Arbois (Jura), p. LIII à LIV.

1614. COURNAULT. — Les incrustations d'or et d'argent sur les objets de l'époque franque, p. LVIII à LIX.

1615. DEMAISONS (L.). — Sur la construction de la cathédrale de Reims, p. LIX à LXI.

1616. GERMAIN (Léon). — Les tabernacles de la Renaissance dans les églises lorraines, p. LXI à LXII.

1617. GIROD (Dʳ Paul). — Les invasions de l'âge paléolithique en Auvergne, p. LXVI à LXVIII.

1618. JADART. — Matrices de sceaux conservés à la bibliothèque de Reims, p. LXIX à LXX.

1619. MASFRAND. — Dolmens et tumulus du département de la Haute-Vienne, p. LXX à LXXII.

1620. GERMAIN (Léon). — Le croissant dans la symbolique chrétienne, p. LXXIII à LXXIV.

1621. POULAINE (L'abbé). — Les sépultures préromaines de l'arrondissement d'Avallon, p. LXXV à LXXVI.

1622. PROU (M.). — Rapport sur les fouilles de la forêt de Rouvray (Seine-Inférieure), p. XCVI et CXXVI. - Cf. XX, p. 24.

1623. DOUBLET (Georges). — Découverte de pierres sculptées romaines près d'Antibes, p. XCIX à CI.

1624. LEFÈVRE-PONTALIS (Eug.). — Fouilles de M. O. Bobeau dans l'église de Saint-Laurent, près Langeais, p. CI à CIII. — Cf. nᵒ 1697.

1625. THÉDENAT (L'abbé). — Fouilles de M. Collard à Preignan (Gers), p. CIV, CVIII et CXIV. — Cf. nᵒ 1633.

1626. REINACH (Salomon). — Collection de silex taillés recueillis à la Sablière (Nièvre), p. CV.

1627. BARTHÉLEMY (A. DE). — Rapport sur les méreaux ou palettes de l'église de Lyon, p. CXI à CXII. — Cf. XX, p. 69.

1628. THÉDENAT (L'abbé). — Fouilles de M. Drouault à Saint-Martin-le-Mault (Haute-Vienne), p. CXIII.

1629. Thédenat (L'abbé). — Fouilles du théâtre de Drevant (Cher), p. cxiv à cxv.

1630. Héron de Villefosse. — Cachet d'oculiste trouvé à Rugles (Eure), p. cxv à cxvi.

1631. Cagnat. — Inscription romaine trouvée à Trieste, p. cxiv à cxv.

1632. Prou. — Rapport sur une note de M. l'abbé J.-B. Martin relative aux reliques de saint Porchaire, à Montverdun (Loire), p. cxvii à cxxix.

1633. Héron de Villefosse. — Fouilles de M. Collard à Preignan (Gers), p. cxix à cxxxi. — Cf. n° 1625.

1634. Héron de Villefosse. — Inscriptions romaines trouvées à Narbonne, p. cxxxi à cxxxiii.

1635. Cagnat (R.). — Procès-verbaux de séances de la Commission de l'Afrique du Nord, de janvier à mars 1901, p. cxxxix à clxix; avril à juin, p. clxxx à ccx; juillet à décembre, p. ccxi à ccxxxvii.

1636. Toussaint (Commandant). — Recherches archéologiques faites en 1900 par les officiers des brigades topographiques de Tunisie et d'Algérie, p. cxxxvi à cxliv.

1637. Gauckler. — Les fouilles de Dougga, p. cxliv à cxlix, et ccxxv à ccxxvii. — Cf. n° 1700.

1638. Gsell. — Découvertes d'antiquités en Algérie, p. cxlix, clx, et ccvi.

1639. Saladin. — Résultats des sondages dans l'île de l'Amirauté, à Carthage, p. cliv à clv.

1640. Cagnat. — Deux inscriptions romaines trouvées dans la nécropole de Rusicade, p. clvii.

1641. Cagnat. — Les caveaux funéraires creusés dans le roc en Tunisie, p. clviii à clix.

1642. Gauckler. — Découvertes d'antiquités en Tunisie, p. clxiii, clxxx et ccxx.

1643. Delattre (Le P.). — Inscription romaine découverte près de Saint-Joseph de Thibar (Tunisie), p. clxxiii.

1644. Gauckler. — Lampes en terre cuite et poteries romaines entrées au Musée du Bardo, p. clxxiii et clxxxv.

1645. Gauckler. — Inscriptions romaines de Tunisie inédites, p. clxxvi à clxxviii.

1646. Gsell. — Inscription romaine trouvée à Takricht (Algérie), p. clxxviii à clxxix.

1647. Babelon. — Scarabée grec trouvé à Carthage, fig., p. cxciv.

1648. Berger (Ph.). — L'inscription punique de Ksiba-Mraou, p. cxcv à cxcvi.

1649. Gsell. — Inscription libyque d'El-Kantara, p. cxcvii.

1650. Arnaud (B.) et Berges (Ph.). — Inscription libyque de M'Sila.

1651. Héron de Villefosse. — Les recherches archéologiques de M. L. Bertrand aux environs de Stora, p. cxcix à cc.

1652. Gauckler. — Rapport sur la mission archéologique de M. Drappier dans la région du Goubellat, p. cci et ccix.

1653. Gsell. — Rapport sur les fouilles de M. le lieutenant Grange à Tobna, p. ccii et ccix.

1654. Gsell. — Inscriptions découvertes par M. le lieutenant de Kermabon au nord de l'Aurès, p. ccxiv à ccxvi.

1655. Gauckler. — Inscriptions romaines trouvées en Tunisie, p. ccxvii à ccxix.

1656. Gsell. — Inscription romaine trouvée à Bénian (Algérie), p. ccxxv à ccxxvi.

1657. Gauckler. — Fouilles d'El-Djem, p. ccxxvi à ccxxviii.

1658. Héron de Villefosse. — Rapport sur une note de M. Chabassière relative au tombeau de Praecilius à Constantine, p. ccxxxv à ccxxxvi.

1659. Pillot (Jules). — L'orfèvrerie lapidaire et l'émaillerie au v° siècle. La plaque de Monceau-le-Neuf (Aisne), pl., p. 3 à 14.

1660. Poulaine (L'abbé F.). — Le tumulus de Saint-Menoux (Allier), fig., p. 15 à 22.

1661. Poulaine (L'abbé F.). — Tombeaux de pierre et monuments funéraires gallo-romains à Avallon (Yonne), fig., p. 23 à 26.

1662. Gérin-Ricard (Henry). — Plats d'argent contremarqués à l'époque mérovingienne trouvés à Valdonne (Bouches-du-Rhône), pl., p. 27 à 31.

1663. Chartraire (L'abbé). — Deux statues de la Vierge [à la cathédrale de Sens], 4 pl., p. 32 à 35.

1664. Jadart (Henri). — Une peinture murale du xiii° siècle à la cathédrale de Reims, pl., p. 36 à 43.

1665. Vimont (Ed.). — Peintures murales de la cathédrale de Clermont-Ferrand, 5 pl., p. 44 à 47.

1666. Loisne (Comte A. de). — Les tableaux de l'église d'Hesdigneul-les-Béthune, 2 pl., p. 48 à 57.

1667. Loisne (Comte A. de). — Inventaire du Trésor de Saint-Saulve de Montreuil-sur-Mer en 1713, p. 58 à 65.

1668. Arnaud (Robert). — Les monuments mégalithiques d'Es-Snam, fig., p. 66 à 71.

1669. Molins (Capitaine). — Note sur la nécropole punique et romaine de Maxula-Radès, p. 72 à 74.

1670. Bertrand (Louis). — La nécropole phénicienne de Stora, pl., p. 75 à 80.

1671. Gombeaud (Lieutenant). — Fouilles du castellum d'El-Hagueuff, pl., p. 81 à 94.

1672. Hilaire (Capitaine). — Note sur la voie stratégique romaine qui longeait la frontière militaire de la Tripolitaine; essai d'identification des gîtes d'étapes de la portion de cette voie comprise entre Ad Templum et Tabuinati, carte, p. 95 à 105.

1673. Héron de Villefosse. — Quelques inscriptions d'Algérie, p. 106 à 109.

1674. Cagnat (René). — Note sur des découvertes épigraphiques récentes faites en Afrique [Algérie et Tunisie], p. 110 à 119.

1675. Gauckler (P.). — Notes d'épigraphie latine (Tunisie), fig., p. 120 à 157.

1676. Gsell (Stéphane). — Note sur quatre consoles chrétiennes trouvées à Morsott, fig., p. 158 à 161.

1677. Hocbas. — Note sur une inscription arabe trouvée chez les Maures Trarza, p. 162 à 165.

1678. Ben-Attar. — Histoire du petit serpent vert, de la fille du marchand et de la sorcière [conte tunisien], p. 166 à 171.

1679. Arnaud d'Agnel (L'abbé) et Allec (Ludovic). — Compte rendu de l'exploration d'une station préhistorique découverte à Vachères (Basses-Alpes), 2 pl., p. 173 à 184.

1680. Du Châtellier (Paul). — Exploration des tumulus des Montagnes Noires (Finistère), fig., p. 185 à 203.

1681. Bleicher et Beaupré (Jules). — Note sur l'exploitation du minerai de fer fort et oolithique en Lorraine, dans l'antiquité, p. 204 à 207.

1682. Beaupré (Jules). — Étude des enceintes préhistoriques en Lorraine, p. 208 à 214.

1683. Cortil (Léon). — Fouilles de Pitres (Eure), 2 pl., p. 215 à 224.

1684. Eck (Théophile). — Note sur les moulins à grain de Vermand (Aisne), p. 225 à 230.

1685. Déchelette (J.). — Découverte d'un vase sigillé de fabrique arverne dans la Prusse orientale, p. 231 à 237.

1686. Plancouard (Léon). — Un cimetière franc à Mézières-Maudétour (Seine-et-Oise), fig., p. 238 à 244.

1687. Pillot (Jules). — Notice sur quatre fibules de Monceau-le-Neuf (Aisne), fig., p. 245 à 253.

1688. Pasquier (Félix). — La construction du château de Saint-Élix en Comminges (1540-1548), étude d'après les minutes notariales, fig., p. 254 à 275.

1689. Bruse (L'abbé). — Notice sur quelques œuvres d'art ancien dans le Jura, fig., et 3 pl., p. 276 à 280.

[Reliquaire de Ravilloles, pl.; reliquaire de Villangrette, pl.; croix d'autel d'Arbois; châsse de Maynal, fig.; ornements de Noceroy, pl.]

1690. Drouault (Roger). — Inscription hébraïque trouvée à Loudun (Vienne), p. 281 à 283.

1691. Tribalet (Capitaine), Gauckler et Berger (Philippe). — Recherches archéologiques aux environs du poste de Tatahouine (Tunisie), fig., et pl., p. 284 à 298.

[I. Tribalet (Capitaine). Note sur des recherches archéologiques aux environs de Tatahouine, fig., p. 284. — II. Gauckler (P.). Note sur deux mausolées néo-puniques de Tatahouine, pl., p. 290. III. Berger (Philippe). Note sur l'inscription néo-punique du mausolée de Tatahouine, p. 296.]

1692. Macmené (Capitaine). — Note sur des dessins et peintures rupestres relevés dans la région entre Laghouat et Géryville, fig., et pl., p. 299 à 307.

1693. Gsell (Stéphane). — Notes d'archéologie algérienne, p. 308 à 323.

[I. Inscriptions. — II. Stèle d'El-Kantara. — III. Le camp primitif de Lambèse, fig.]

1694. Berger (Philippe). — Note sur quelques inscriptions néo-puniques [de Maktar et d'Henchir-Meded], p. 324 à 323.

1695. Reinach (Salomon). — Une statuette d'Epona découverte près de Nevers, fig., p. 332 à 335.

1696. Gauckler (P.). — Note sur quelques mosaïques romaines de Provence, p. 336 à 346. — Cf. XX, p. ciii.

1697. Boreau (Octave). — Fouilles dans l'église de Saint-Laurent, près Langeais (Indre-et-Loire), fig. et 2 pl., p. 347 à 366. — Cf. n° 1624.

1698. Poulain (L'abbé). — La Porte neuve à Vézelay (Yonne), pl., p. 367 à 370.

1699. Rouvier (Docteur Jules). — Note sur une trouvaille de doubles statères des rois phéniciens de Sidon [à Beithir, Mont-Liban], p. 371 à 373.

1700. Merlis. — Fouilles à Dougga, 2 pl., p. 374 à 412. — Cf. n° 1637.

1701. Gauckler (P.). — Note sur trois inscriptions de Tunisie, pl., p. 413 à 428.

[I. Borne frontière de Chetiou. — II. Règlement de pacage d'Henchir-Snobbeur. — III. La mensa martyrum d'Henchir-Fellous, pl.]

1702. Renault (H.). — Note sur l'inscription de Ras-el-Ain et le limes tripolitain à la fin du III° siècle, p. 429 à 437.

1703. Saladin (H.). — Note sur un chapiteau trouvé près de Sousse, fig. et pl., p. 438 à 443.

1704. Héron de Villefosse. — Note sur une mosaïque nouvelle du jardin Chevillot à Hippone, pl., p. 444 à 446.

1705. Gsell (Stéphane). — Note sur des antiquités découvertes à Tobna et à Mustapha, p. 447 à 451.

SECTION D'HISTOIRE.

XIX. — Bulletin historique et philologique du Comité des travaux historiques et scientifiques, année 1901. (Paris, 1902, in-8°, 598 p.)

1706. Ledieu (Alcius). — Une exécution capitale à Abbeville en 1426 (vieux style), p. 24 à 26.

1707. Boislisle (A. de). — Rapport sur une communication de M. Bourbon, p. 27 à 29. — Cf. n° 1708.

1708. Bourbon. — Certificat constatant la cession par François d'O à Nicolas de Harlay du tiers du diamant le Sancy [1591], p. 30 à 31. — Cf. n° 1707.

1709. Ledieu (Alcius). — Un exorcisme à Abbeville en 1580, p. 35 à 36.

1710. Lesort. — La loi de Cuvillers (1331), p. 38 à 42.

1711. Degert (L'abbé). — Une des plus anciennes coutumes de Gascogne. Fondation et coutume de Mugron [1074], p. 45 à 52.

1712. Dujarric-Descombes. — L'annonce du meurtre d'Henri IV à Périgueux, p. 66 à 68.

1713. Morin (Louis). — Marchés d'ouvrage et de fournitures pour le train des équipages au xvii° siècle, p. 70 à 78.

1714. Claudon (F.). — Langres en état de siège en 1307, d'après un document tiré des archives de cette ville, p. 85 à 100.

1715. Astier. — Note sur la lettre 153 de Gerbert, p. 185 à 190.

1716. Vernier (J.-J.). — Le fonds de Saxe aux archives départementales de l'Aube, p. 191 à 202.

1717. Bové (Pierre). — Les anciennes coutumes inédites du Bassigny-Barrois, p. 203 à 222.

1718. Morin (Louis). — Le théâtre à Troyes au xvii° et au xviii° siècles, p. 223 à 251.

1719. Haillant. — Sobriquets, prénoms et noms de famille patois d'un village vosgien (Uriménil, près Épinai), p. 252 à 261.

1720. Jadart (Henri). — Les anciens registres paroissiaux dans les arrondissements de Reims (Marne) et de Rethel (Ardennes), p. 262 à 277.

1721. Thoison (Eugène). — Larchant de 1789 à 1800, p. 278 à 308.

1722. Guyot (Ch.). — Le gouvernement révolutionnaire à Mirecourt pendant la Convention, p. 309 à 315.

1723. Guyot (Ch.). — L'administration municipale à Mirecourt pendant le Directoire, p. 316 à 326.

1724. Degert (L'abbé). — Liste critique des évêques d'Aire, p. 331 à 346.

1725. Liage de Meux (De). — Un gentilhomme normand [Gabriel du Buat] et un essai de colonisation en Sologne [à Nançay] au xviii° siècle, p. 347 à 373.

1726. Baguenault de Puchesse. — Le projet d'intervention armée du duc de Lorraine [Charles III] lors de l'invasion des reîtres allemands en France [1587], p. 374 à 380.

1727. Pellot et Sadran d'Allard (De). — Notes généalogiques et épigraphiques sur la famille de Saint-Maurice, p. 381 à 386.

1728. Petit (Ernest). — Comptes de Volnay en 1316, pour la duchesse douairière de Bourgogne, Agnès de France, fille de saint Louis, p. 389 à 395.

1729. Pérouse.— Originaux de brefs et lettres de princes conservés aux archives de la Savoie (xv° s.), p. 397 à 406.

1730. Ledieu (Alcius). — Pièce de vers du xv° siècle sur le sacre du Roi [Charles VIII] à Reims, p. 408 à 413.

1731. Morin (Louis). — Des noms de saints imposés aux nouveau-nés, p. 418 à 419.

1732. Portal (Ch.). — Le livre-journal de Jean Saval, marchand drapier à Carcassonne (1340-1341), p. 423 à 449.

1733. Pagart d'Hermansart. — Le bannissement à Saint-Omer d'après des documents inédits conservés dans les archives de Saint-Omer [xiv° s.], p. 451 à 465.

1734. Ledieu (Alcius). — Abatis de maison à Abbeville au xiv° siècle, p. 467 à 472.

1735. Degert (L'abbé). — Premier serment prêté au roi de France par un évêque de Dax [Bertrand Boyrie, 1474], p. 473 à 476.

1736. Hodenpyl (Gysberti). — Notes historiques sur le voyage de Napoléon I° et de Marie-Louise dans les provinces du Brabant et de la Zélande en 1810, p. 481 à 489.

1737. Braquehaye (Ch.). — Défi des compagnons «passants» et des compagnons «étrangers» jugé par l'Académie de peinture, de sculpture et d'architecture de Bordeaux, le 27 mars 1771, p. 493 à 503.

1738. Porée (L'abbé). — Les archives du château de Folleville (Eure), p. 505 à 528.

1739. Guigue (Georges). — Les bénédictines chez les bénédictins, profession de religieuses à l'abbaye de Savigny-en-Lyonnais (xv° s.), p. 529 à 548.

1740. Marchand (L'abbé). — Documents pour l'histoire du règne de Henri II [négociations du maréchal de Brissac en Piémont], p. 559 à 569. — Cf. n° 938.

1741. Fournier (Joseph). — Un marché de Turcs pour les galères royales (1685), p. 571 à 574.

1742. Marengo. — Épitaphe pour Antoine-Eugène de Béthisy de Mézières, chevalier de l'Ordre de Malte (26 octobre 1768), p. 576.

1743. Sabarthès (L'abbé). — Charte communale de Fendeille (Aude) [1202], p. 579 à 584.

SECTION DE GÉOGRAPHIE.

XVI. — Comité des travaux historiques et scientifiques. Bulletin de géographie historique et descriptive, année 1901. (Paris, 1901, in-8°, 369 p.)

1744. Hamy (E.-T.). — Une croisière française [du capitaine de vaisseau de la Varenne] à la côte nord du Spitzberg en 1693, carte, p. 32 à 62.

1745. Beaupré (J.). — Sur la répartition des stations pré-romaines, gallo-romaines et mérovingiennes, à la surface du département de Meurthe-et-Moselle et sur ses conséquences, d'après les documents les plus récents, p. 102 à 110.

1746. Chavanon (J.). — Essai sur le mouvement du port de Calais de 1300 à 1346, p. 120 à 169.

1747. Jadart (H.). — La limite occidentale du département des Ardennes, ancienne ligne de démarcation du Rémois et du Laonnois, carte, p. 170 à 174.

1748. Guyot (Ch.). — La forêt de Darney, p. 175 à 185.

1749. Dannreuther. — La forêt de Passavant (Haute-Saône). Lettre de Nicolas Pithou, au sujet d'une rectification de frontière entre la France et la Lorraine au xvi° siècle, p. 186 à 193.

1750. Duffart (Ch.). — Le lac de Lacanau en 1700 et 1900, carte, p. 194 à 198.

1751. FOURNIER (Joseph). — Un projet d'utilisation de l'étang de Berre au xviii* siècle, p. 199 à 208.

1752. PAWLOWSKI. — Nouvelles cartes de Masse [hydrographie du xviii* siècle], p. 209 à 212.

1753. CHAUVIGNÉ (Auguste). — Le plan de Tours de Estienne Fouquet en 1751, *pl.*, p. 213 à 216.

1754. SAINT-YVES (G.). — Notes pour servir à l'histoire de la marine au xvii* siècle. Quelques capitaines des flottes de Louis XIV, p. 217 à 238.

1755. SAINT-YVES (G.). — La perte du Canada et les papiers de Dumas (1760), p. 239 à 257.

1756. DURAND-LAPIE. — Le passage du Mont-Cenis en 1800 [relation d'Armand Fontanel], p. 258 à 268.

1757. VUACHEUX (Ferdinand). — Un mémoire et une lettre du géographe Philippe Buache (1763), p. 269 à 274.

1758. PAWLOWSKI (Auguste). — Le golfe du Poitou à travers les âges d'après la géologie, la cartographie et l'histoire, *carte*, p. 313 à 341.

SECTION DES SCIENCES ÉCONOMIQUES.

XIX. — **Bulletin du Comité des travaux historiques et scientifiques, section des sciences économiques et sociales,** Congrès des Sociétés savantes de 1901, tenu à Nancy. (Paris, 1901, in-8°, 247 p.) — [Séances du Comité]. (Paris, 1902, in-4°, 88 p.)

Congrès.

1759. BUISSON (Ferdinand). — Quelle a été, dans les trois premiers siècles de notre ère, l'influence du Christianisme sur la croyance aux miracles? La nouvelle religion a-t-elle étendu, restreint ou transformé la notion du surnaturel? p. 7 à 29.

1760. SAINT-GENIS (DE). — Les cahiers primaires de doléances du Tiers-État de Saulieu, en Bourgogne, p. 39 à 51.

1761. AUSSET. — L'enseignement public dans deux communautés rurales des Cévennes [Saint-Germain-de-Calberte et Saint-André-de-Lancize] à la fin du xvii* siècle et pendant la première moitié du xviii*, d'après les registres des délibérations de leurs conseils politiques, p. 62 à 70.

1762. GAVET (G.). — Les particularités du droit noble en Lorraine, p. 216 à 230.

Séances du Comité.

1763. TRANCHANT (Ch.). — État de la maison du comte Guy de Laval, 5 mars 1577, p. 62 à 64.

IV

RÉUNION DES SOCIÉTÉS DES BEAUX-ARTS.

XXV. — **Réunion des Sociétés des Beaux-Arts des départements.** — Salle de l'hémicycle à l'École nationale des Beaux-Arts, du 28 mai au 1er juin 1901. — 25e session. (Paris, 1901, in-8°, LXVIII et 793 p.)

1764. ANONYME. — Procès-verbaux des séances, p. 1 à 79.

[STEIN. Architectes et maîtres de l'œuvre, p. 14. — ROCHEBLAVE. Sur Pigalle, p. 22.]

1765. GRANDMAISON (L. DE). — La chapelle de Seigne, à Bléré (Indre-et-Loire), *pl.*, p. 83 à 94.

1766. BEAUCHAMP (Ch. DE). — Un mortier de veille au xvi* siècle, *pl.*, p. 94 à 99.

1767. PÉRATHON (Cyprien). — Tapisseries d'Aubusson, p. 100 à 104.

1768. QUARRÉ-REYBOURBON (L.). — Un retable du xvi* siècle, à Wattignies (Nord), 3 *pl.*, p. 104 à 108.

1769. THOISON (Eugène). — Notes sur des artistes se rattachant au Gâtinais : Les Vernansal, 2 *pl.*, p. 108 à 135.

1770. HÉNAULT (M.). — La famille Danezan, 2 *pl.*, p. 136 à 157.

1771. LEROY (Paul). — Notes sur l'art chez les Feuillants [de Paris], p. 158 à 170.

[Inventaire de 1791.]

1772. ADVIELLE (Victor). — Les faux portraits de la duchesse de Fontanges, 2 *pl.*, p. 171 à 178.

1773. PIERRE (J.). — Décoration du chœur de la cathédrale de Bourges, de 1754 à 1773, p. 179 à 206. — Suite de XXI, p. 46; et XXIII, p. 739.

1774. LORIN. — Pièces inédites relatives au *Louis XIII* de Rude (château de Dampierre), p. 207 à 211.

1775. GRANDMAISON (L. DE). — Les peintures du chœur de la chapelle du château de Vérelz (Indre-et-Loire). Louis Courant, peintre (1666), *pl.*, p. 211 à 223.

1776. GABEAU (A.). — Les décorations intérieures des habitations au xviii* siècle dans le pays Guérandais, 5 *pl.*, p. 224 à 238.

1777. FINOT (Jules). — Les bijoux, joyaux et pierreries de l'empereur Maximilien [1521], p. 238 à 262.

1778. PLANCOUARD (Léon). — Les œuvres d'art de l'église du Bellay-en-Vexin, 2 *pl.*, p. 263 à 268.

1779. BRUNE (L'abbé P.). — Les tableaux de l'église de Clairvaux (Jura), 3 *pl.*, p. 268 à 271.

12.

1780. Delignières (Émile). — Une peinture sur verre de 1525 «fixé peint» à l'église de Saint-Vulfran à Abbeville, 3 pl., p. 272 à 297.

1781. Jacquot (Albert). — Essai de répertoire des artistes lorrains (3° suite). Architectes, ingénieurs, maîtres d'œuvres, maîtres maçons, 2 pl., p. 297 à 345. — Suite de XXIII, p. 396; et XXIV, p. 307.

1782. Biais (Émile). — Les fresques du Temple près de Blanzac (Charente), xiii° siècle, 2 pl., p. 346 à 353.

1783. Roserot (Alphonse). — Bouchardon intime, p. 354 à 367.

1784. Roserot (Alphonse). — Laurent Guiard, premier sculpteur du duc de Parme (1723-1788), 4 pl., p. 368 à 397.

1785. Momméja (Jules). — Les origines de la lithographie en France, pl., p. 397 à 404.

1786. Veuclis (E.). — Un vitrail de la fin du xv° siècle [à Saint-Taurin d'Évreux], p. 404 à 406.

1787. Vesly (Léon de). — Notice sur Pierre des Aubeaux, imagier rouennais du xvi° siècle, 5 pl., p. 406 à 417. — Cf. n°ˢ 3157 et 3175.

1788. Lex (L.). — Les premières années du théâtre de Mâcon (1772-1792), 2 pl., p. 417 à 435. — Cf. id. n° 1390.

1789. Jadart (Henri). — Le livre d'heures de Marie Stuart à la bibliothèque de la ville de Reims, 4 pl., p. 435 à 448.

1790. Galle (Léon). — Note sur le missel d'Autun de la bibliothèque de la ville de Lyon, 2 pl., p. 449 à 453.

1791. Giron (Léon). — Peintures murales du département de la Haute-Loire, pl., p. 454 à 456. — Suite de XXIV, p. 77.

1792. Leymarie (Camille). — La porcelaine artistique de Limoges pendant le premier tiers du xix° siècle, 2 pl., p. 456 à 471.

1793. Bouillon-Landais. — Augustin Aubert, peintre marseillais, directeur du Musée et de l'École de dessin à Marseille (1810-1844), pl., p. 472 à 495.

1794. Richard (Alfred). — Note sur un *Album amicorum* du xvi° siècle [ayant appartenu à Jean-Jacques Grübel], 2 pl., p. 496 à 498.

1795. Requin (H.). — Documents inédits sur le sculpteur François Laurana [1464], pl., p. 498 à 508.

1796. Ponsonailhe (Charles). — La maison de Robert de Cotte [quai d'Orsay à Paris], pl., p. 508 à 516.

1797. Ponsonailhe (Charles). — Contribution à l'histoire de l'art sous la Révolution. Deux vues de l'hôtel du Dreneuc par Thévenin [à Paris, maison des suspects en 1793], 2 pl., p. 516 à 524.

1798. Duval (Louis). — Travaux d'art exécutés à l'abbaye de Notre-Dame de Silly-en-Gouffern, aux xvi° et xvii° siècles, pl., p. 525 à 536.

1799. Rossi (François). — Œuvres de Pierre Puget et de son école (collection Ricard), 4 pl., p. 536 à 555.

1800. Parrocel (Pierre). — Le peintre Michel Serre et ses tableaux relatifs à la peste de Marseille, 2 pl., p. 556 à 566.

1801. Lafond (Paul). — La crèche de la cathédrale Sainte-Marie d'Oloron, 2 pl., p. 567 à 572.

1802. Alleg (Ludovic). — Le portrait de Louis XVIII, du Musée de Marseille [peint par Gérard], p. 572 à 586.

1803. Braquehaye (Charles). — Les peintres de l'Hôtel de ville de Bordeaux, d'après les procès-verbaux de l'Académie de peinture, de sculpture et d'architecture de Bordeaux, 2 pl., p. 586 à 648.

1804. Babeau (Albert). — L'énigme de François Gentil, p. 648 à 679.

1805. Bénet (Armand). — A travers une collection d'autographes, notes et documents sur Talma et Mˡˡᵉ George, p. 679 à 693.

1806. Coste (Numa). — Jean Daret, peintre bruxellois [xvii° s.], pl., p. 693 à 730.

1807. Clauzel (Paul). — Sigalon (Xavier), peintre d'histoire (1787-1837). Note rectificative du mémoire inséré dans le Compte rendu de la session de 1900 (p. 594), p. 731 à 735. — Cf. XXIV, p. 594.

SEINE. — PARIS.

COMMISSION DE L'INVENTAIRE DES RICHESSES D'ART DE LA FRANCE.

Nous avons donné dans notre *Bibliographie générale*, t. III, p. 168 à 170, le dépouillement des volumes publiés de 1876 à 1891 par cette Commission. Elle n'a fait paraître, depuis lors, qu'un seul volume dont nous donnerons l'analyse dans notre Supplément, et l'on pouvait croire son œuvre définitivement abandonnée quand elle a fait paraître, en 1901, les deux volumes suivants :

III. — **Inventaire général des richesses d'art de la France. Paris, monuments religieux**, t. III. (Paris, 1901, in-8°, 535 p.)

1808. Michaux (Lucien). — Église Saint-Pierre de Chaillot, p. 3 à 8.

1809. Michaux (Lucien). — Église Saint-Germain de Charonne, p. 9 à 15.

1810. Michaux (Lucien). — Église Saint-Denis de la Chapelle, p. 17 à 23.
1811. Michaux (Lucien). — Église Notre-Dame-de-la-Croix de Ménilmontant, p. 25 à 36.
1812. Michaux (Lucien). — Église Saint-Michel des Batignolles, p. 37 à 43.
1813. Michaux (Lucien). — Église Saint-Martin des Marais, p. 45 à 52.
1814. Michaux (Lucien). — Église Notre-Dame de Bercy, p. 53 à 60.
1815. Michaux (Lucien). — Église Saint-Antoine des Quinze-Vingts, p. 61 à 67.
1816. Michaux (Lucien). — Église Saint-Éloi, p. 69 à 75.
1817. Michaux (Lucien). — Église russe, p. 77 à 92.
1818. Michaux (Lucien). — Temple des Billettes, p. 93 à 100.
1819. Michaux (Lucien). — Église Saint-Julien-le-Pauvre, p. 101 à 107.
1820. Michaux (Lucien). — Temple Sainte-Marie, p. 109 à 115.
1821. Michaux (Lucien). — Église de la Sorbonne, p. 117 à 132.
1822. Michaux (Lucien). — Église Saint-Gervais et Saint-Protais, p. 133 à 191.
1823. Michaux (Lucien). — Église Saint-Paul-Saint-Louis, p. 193 à 216.
1824. Michaux (Lucien). — Église Saint-Louis des Invalides, p. 217 à 272.
1825. Michaux (Lucien). — Église Saint-Denis du Saint-Sacrement, p. 273 à 284.
1826. Michaux (Lucien). — Chapelle du séminaire des Missions étrangères, p. 287 à 293.
1827. Michaux (Lucien). — Chapelle du lycée Henri-IV, p. 294 à 295.
1828. Michaux (Lucien). — Chapelle du lycée Saint-Louis, p. 296 à 300.
1829. Michaux (Lucien). — Chapelle du lycée Louis-le-Grand, p. 301 à 302.
1830. Michaux (Lucien). — Église Saint-Louis-en-l'Île, p. 305 à 356.
1831. Marcou (P.-Frantz). — Église Saint-Eustache, p. 357 à 396.
1832. Marcou (P.-Frantz). — Église Saint-Nicolas-des-Champs, p. 397 à 420.
1833. Bouillet (A.). — Église Saint-Georges de la Villette, p. 421 à 428.
1834. Bouillet (A.). — Église de l'Immaculée-Conception, p. 429 à 436.
1835. Bouillet (A.). — Église Saint-François-de-Sales, p. 437 à 444.

1836. Bouillet (A.). — Église Sainte-Anne de la Maison-Blanche, p. 445 à 448.
1837. Jouin (H.). — Église Notre-Dame de Plaisance, p. 449 à 450.
1838. Jouin (H.). — Église Saint-Pierre de Montmartre, p. 450 à 452.

III. — Inventaire général des richesses d'art de la France. Province, monuments religieux, t. III. (Paris, 1901, in-8°, 524 p.)

1839. Delignières (E.). — Église Saint-Vulfran, à Abbeville, p. 3 à 35.
1840. Du Broc de Segange (L.). — Église cathédrale de Moulins, p. 37 à 56.
1841. Durand (Georges). — Église cathédrale d'Amiens, p. 57 à 140.
1842. Requin (L'abbé). — Église Saint-Pierre, à Avignon, p. 141 à 164.
1843. Gibert (H.). — Églises de la ville d'Aix, p. 167 à 235.
1844. Rostan (L.). — Église de Saint-Maximin (Var), p. 237 à 276.
1845. Déchelette (J.). — Église et cloître de Charlieu (Loire), p. 277 à 288.
1846. Déchelette (J.). — Église Saint-Martin, à Ambierle (Loire), p. 289 à 304.
1847. Déchelette (J.). — Église Saint-Bernard de la Bénisson-Dieu (Loire), p. 305 à 320.
1848. Roman (Joseph). — Église cathédrale de Digne (Basses-Alpes), p. 321 à 327.
1849. Roman (Joseph). — Église Notre-Dame de Sisteron (Basses-Alpes), p. 329 à 339.
1850. Roman (Joseph). — Église Notre-Dame de Seyne (Basses-Alpes), p. 341 à 347.
1851. Roman (Joseph). — Église paroissiale de Volonne (Basses-Alpes), p. 349 à 352.
1852. Charvet (E.-L.-G.). — Église Saint-Pierre, à Lyon, p. 353 à 364.
1853. Charvet (E.-L.-G.). — Église du lycée Ampère, à Lyon, p. 365 à 376.
1854. Le Clert. — Église Saint-Martin-ès-Vignes, à Troyes, p. 377 à 404.
1855. Babeau (Albert). — Église Saint-Pantaléon, à Troyes, p. 405 à 420.
1856. Chennevières (Philippe de). — Église Saint-Saulve, à Montreuil-sur-Mer (Pas-de-Calais), p. 421 à 428.

SEINE. — PARIS.

COMMISSION DU VIEUX PARIS.

Les années 1898 à 1900 des *Procès-verbaux* de cette Commission seront analysés dans le Supplément de notre *Bibliographie générale*, actuellement en préparation.

IV. — Ville de Paris. Commission municipale du Vieux Paris. Année 1901, Procès-verbaux. (Paris, 1902, in-4°, 211 p.)

1857. Lambeau (Lucien). — Les pavillons de l'enceinte des fermiers généraux à la place du Trône, p. 10 à 15.

1858. Lambeau (Lucien). — La barrière d'eau de la Rapée qui faisait partie de l'enceinte des fermiers généraux, *pl.*, p. 15 à 16, 50 à 52.

1859. Lambeau (Lucien). — Reproduction de certains aspects des bâtiments de la vieille caserne des Célestins, p. 27 à 30.

1860. Sellier (Charles). — Découverte de cercueils de plomb au cimetière du Père-Lachaise (juillet 1900), p. 30 à 31.

1861. Sellier (Charles). — Démolition des maisons comprises entre les rues de la Grande et de la Petite-Truanderie et la rue Mondétour, *pl.*, p. 31 à 33.

1862. Sellier (Charles). — Découverte de l'inscription d'une pose de première pierre trouvée dans la démolition des bâtiments de l'ancien couvent de l'Assomption, en février 1899, p. 33 à 34.

1863. Sellier (Charles). — Découvertes occasionnées par les dernières fouilles exécutées dans Paris. p. 34 à 36. — Cf. n°⁵ 1889 et 1896.

[Vestiges de l'ancien cimetière Sainte-Catherine, du cimetière de la paroisse Saint-Nicolas-des-Champs, du cimetière mérovingien de Saint-Germain-des-Prés.]

1864. Nizet. — Découvertes archéologiques faites au palais abbatial de Saint-Germain-des-Prés, en novembre 1900, 2 *pl.*, p. 36 à 37.

1865. Tesson et Selmersheim. — Avis relatif à une demande de dérasement du regard Lecouteux dépendant de l'aqueduc des anciennes eaux de Belleville, p. 47 à 48.

1866. Selmersheim. — Visite faite boulevard Saint-Marcel sur l'emplacement de l'ancien cloître Saint-Marcel, p. 49 à 50.

1867. Lambeau (Lucien). — Barrière de Chartres, au parc Monceau, p. 52 à 53.

1868. Divers. — Pavillon du xvii° siècle à Courbevoie, *pl.*, p. 54.

1869. Sellier (Charles). — Découverte d'un cimetière gaulois à Pierrelaye (Seine-et-Oise), *pl.*, p. 54 à 56.

1870. Lambeau (Lucien). — Visite à l'hôtel de Païva [état des œuvres d'art], p. 67 à 70.

1871. Brown. — Les peintures de l'hôtel de Luynes, 3 *pl.*, p. 70 à 72.

1872. Lambeau (Lucien). — Spécimen existant rue Saint-Merri de la numérotation de 1805, p. 76 à 77.

1873. Laugier (André). Rapport sur les trois arceaux de la chapelle de la Vierge de l'abbaye de Saint-Germain-des-Prés encastrés dans le mur d'une maison, 6, rue de l'Abbaye. Déplacement du bas-relief « les Boulangers », placé dans le square nord de Saint-Germain-des-Prés, p. 78 à 79.

1874. Sellier (Charles). — La caserne Sévigné : l'hôtel du roi de Sicile, d'Alençon, d'Évreux, de Navarre, de Saint-Paul, de Chavigny, de la Force, etc.; l'hôtel Poultier; vestiges d'une tour de l'enceinte de Philippe Auguste, p. 80 à 86.

1875. Sellier (Charles). — Fouilles de Saint-Denis, p. 86 à 87, 119 à 120.

1876. Lambeau (Lucien). — Reproduction du dernier jardin établi boulevard Beaumarchais, n° 41, sur les anciens remparts, p. 88 à 89.

1877. Hallays (André) et Sellier (Charles). — Visite de l'École militaire, 2 *pl.*, p. 98 à 101.

1878. Sellier (Charles). — Visite à la caserne des sapeurs-pompiers de la rue de Sévigné, *pl.*, p. 101 à 102.

1879. Lambeau (Lucien). — Visite à l'église Saint-Gervais, 6 *pl.*, p. 103 à 106.

1880. Capitan (D'). — Étude préalable archéologique et géologique du premier puits d'exploration creusé place de l'Hôtel-de-Ville, p. 107. — Cf. n° 1888.

1881. Sauvageot (L.). — Découverte d'une pierre tumulaire du xii° siècle à l'église Saint-Pierre de Montmartre, p. 108. — Cf. n° 1882.

1882. Sellier (Charles). — Communication relative au tombeau de la reine Adélaïde de Savoie et aux sépultures conventuelles et paroissiales de Montmartre, *pl.*, p. 109 à 118. — Cf. n° 1881.

1883. Despatys. — Visite faite aux fresques de Clodion, dans le couvent des Dames de la Retraite, p. 122 à 123.

1884. Divers. — Conservation de certaines parties artistiques de la caserne du Petit-Musc, *pl.*, p. 128 à 131.
1885. Lambeau (Lucien). — Rapport sur la conservation de la porte [du Bureau] des marchandes lingères, rue Courtalon, n° 3, *pl.*, p. 133 à 137.
1886. Tesson. — Communication relative aux objets d'art de l'École militaire, p. 139 à 141.
1887. Tesson. — Recherche du portail de la chapelle de la Vierge de l'ancienne abbaye de Saint-Germain-des-Prés, p. 141.
1888. Capitan (D'). — Étude du sous-sol de la place de l'Hôtel-de-Ville au moyen de quatre puits d'exploration. La question du port de Lutèce, 2 *pl.* et *tableau*, p. 141 à 145, et 198 à 199. — Cf. n° 1880.
1889. Sellier (Charles). — Fouilles exécutées dans Paris, de juillet à octobre 1901, p. 145 à 147. — Cf. n° 1863.

[Galerie souterraine aux Gobelins; l'épitaphe de Mézeray et la crypte des Billettes; anciens pavages du quai Henri IV et de la rue de Brisson; inscription de la pose de la première pierre de l'ancien abattoir de Grenelle.]

1890. Lambeau (Lucien). — Communication au sujet de la statue équestre de Pradier qui ornait le fronton de l'ancien cirque des Champs-Élysées, p. 147 à 156.
1891. Gautier (L'abbé). — Communication relative à la chapelle dite de Scarron et aux stalles de l'église [Saint-Gervais], p. 159 à 160.
1892. Lambeau (Lucien). — Observation au sujet de la vente de l'ancien hôtel dit du Grand-Veneur, rue de Turenne, n° 60, p. 161 à 163. — Cf. n° 1899.

1893. Hallays (André). — Identification de la maison de Scarron, p. 165.
1894. Tesson. — Visite de la maison des Saint-Simoniens, rue de Ménilmontant, *pl.*, p. 166.
1895. Tesson. — Visite à Bagnolet, *pl.*, p. 167.
1896. Sellier (Charles). — Fouilles et démolitions exécutées du 10 octobre au 14 novembre 1901, *pl.*, p. 168 à 172. — Cf. n° 1863.

[Porte dans le mur d'enceinte du prieuré de Saint-Martin-des-Champs, rue du Vert-Bois; anciennes enceintes du Palais; sépultures mérovingiennes, rue Saint-Étienne-du-Mont; substructions du couvent des Carmes de la place Maubert; de l'ancienne église Saint-Victor, sépultures mérovingiennes l'avoisinant, *pl.*; vestiges d'époque gallo-romaine, impasse Royer-Collard.]

1897. Laugier (André). — Vestiges de la chapelle de la Vierge de l'abbaye de Saint-Germain-des-Prés, rue de l'Abbaye, n° 6, p. 172.
1898. Tesson. — Visite des bâtiments de l'ancienne abbaye de Pentemont, p. 186 à 188.
1899. Lambeau (Lucien). — Visite à l'hôtel dit du Grand-Veneur, rue de Turenne, n° 60, 3 *pl.*, p. 188 à 192. — Cf. n° 1892.
1900. Sellier (Charles). — Fouilles de l'église Saint-Pierre de Montmartre. Fouilles de la rue Clovis, p. 194 à 196.
1901. Capitan (D'). — Les alluvions quaternaires autour de Paris; géologie, paléontologie, industrie. Étude critique, *pl.*, p. 196 à 198.
1902. Markuse (Edgar). — Communication au sujet de la proposition tendant à changer le nom de la rue de la Tombe-Issoire, p. 199 à 201.

SEINE. — PARIS.

CONSEIL HÉRALDIQUE DE FRANCE.

Les tomes I à XIII de l'*Annuaire* publié par cette Association de 1888 à 1900 seront analysés dans le Supplément de notre *Bibliographie générale*, actuellement en préparation.

XIV. — **Annuaire du Conseil héraldique de France.** Quatorzième année. (Paris, 1901, in-12, LXXII-458 p.)

1903. Poli (O. de). — Jean d'Aulon, écuyer et maître d'hôtel de Jeanne d'Arc, p. 1 à 63.
1904. Albiousse (L. d'). — A travers les actes de l'état civil de la ville d'Uzès, p. 64 à 113.
1905. Barbier de Montault (X.). — Le *parfait notaire apostolique*, p. 114 à 128.

[Des qualités qu'il faut donner aux différentes personnes dans les actes, par Jean Brunet, xvii° siècle.]

1906. Villaret (Comtesse Amicie de). — Un arbitrage en 1302 [entre Guillaume de Villaret, de Crozet, et Hugues de Marchastel, du Mas de Fabrice], p. 129 à 139.

1907. Sarran d'Allard (Louis de). — Les Ordres de chevalerie en Espagne, p. 140 à 153.
1908. Listel (Roger). — Lettres d'anoblissement (1446-1566), p. 154 à 160. — Suite de XII, p. 291; et XIII, p. 47.
1909. Pellot (Paul). — Une famille de gardes du corps du Roi [famille Bourin, 1638-1779], p. 161 à 174.
1910. Le Court (Henry). — Un missionnaire normand en Asie et en Afrique au xvii° siècle; le P. Charles-François-Xavier de Brévedent, jésuite (1659 † 1699), p. 182 à 196.
1911. Pérot (Francis). — Jeanne d'Arc en Bourbonnais, *fig.*, p. 197 à 228.
1912. Couret. — Le vœu du dauphin Charles à Sainte-Catherine du Sinaï (1479-1483), p. 229 à 234.
1913. Guignard de Butteville (L.). — Essai d'armorial blésois avant 1696, p. 247 à 336.

SEINE. — PARIS.

INSTITUT DE FRANCE.

L'analyse des soixante-huit premières Séances publiques de l'Institut (1816-1885) a été donnée dans notre *Bibliographie générale*, t. III, p. 186 à 196. — Celles des années 1886 à 1900 (n°⁸ LXIX à LXXXIII) figureront dans notre Supplément.

L'Institut ayant décidé, en 1902, de prendre sous son patronage la publication du *Journal des Savants*, nous indiquerons désormais le contenu de ce recueil. La plupart des articles qui y sont insérés sont des comptes rendus de livres, aussi ne mentionnerons-nous que ceux dont l'importance est assez grande pour justifier une dérogation à la règle qui nous a fait exclure les travaux de ce genre de notre *Bibliographie*.

LXXXIV. — Institut de France; Séance publique annuelle des cinq académies du vendredi 25 octobre 1901, présidée par M. le comte de Franqueville, président de l'Académie des Sciences morales et politiques. (Paris, 1901, in-4°, 105 p.)

1914. Léger (Louis). — La bataille de Crécy d'après les récits bohémiens, p. 23 à 35.

1915. Guiffrey (Jules). — La caravane du Sultan à la Mecque, p. 93 à 105.

[Mascarade organisée à Rome en 1748 par les élèves de l'Académie de France.]

1916. Franqueville (Comte de). — Discours prononcés par M. le comte de Franqueville, président de l'Institut de France, à l'occasion de la première assemblée générale de l'Association des Académies les 18 et 20 avril 1901. (Paris, 1901, in-4°, 11 p.)

JOURNAL DES SAVANTS.

Journal des Savants, année 1901. (Paris, 1901, in-4°, 800 p.)

1917. Darboux. — L'association internationale des Académies, p. 5 à 23.

1918. Weil (Henri). — Explorations en Égypte, branche gréco-romaine, p. 24 à 29.

1919. Cagnat (R.). — Les frontières militaires de l'Empire romain, p. 29 à 40.

1920. Girard (Jules). — L'épopée byzantine à la fin du x° siècle, p. 40 à 49.

1921. Wallon (H.). — Œuvres de saint François de Sales, p. 49 à 65. — Suite de 1900, p. 708.

1922. Boissier (Gaston). — Essai sur Suétone, p. 69 à 79.

1923. Delisle (L.). — Tychonis Brahe Astronomiæ instauratæ Mechanica, p. 79 à 87.

1924. Arbin (J.). — Les superstitions populaires en Allemagne, p. 88 à 98.

1925. Picot (Émile). — L'entrée de François Iᵉʳ en la cité de Lyon (1515), p. 98 à 101.

1926. Omont (H.). — Inscriptions mérovingiennes de l'ivoire Barberini [Musée du Louvre], p. 101 à 105. — Cf. id. n° 2389.

1927. Babelon (E.). — La silique romaine, le sou et le denier de la loi des Francs Saliens, p. 105 à 121.

1928. Wallon (H.). — Mémoires de Saint-Simon, p. 133 à 150.

1929. Weil (Henri). — La philosophie de la nature chez les anciens, p. 151 à 166.

1930. Perrot (Georges). — Les temples grecs dans la Grande-Grèce et la Sicile, *fig.*, p. 167 à 178, 239 à 260 et 281 à 299.

1931. Derenbourg (Hartwig). — Les manuscrits arabes de la collection Schefer à la Bibliothèque nationale, p. 178 à 200, 299 à 324 et 374 à 393.

1932. Berthelot. — Sur les métaux égyptiens, étude sur un étui métallique et ses inscriptions, p. 205 à 214, 269 à 280.

1933. Dareste (R.). — L'ancien droit mongolo-kalmouk, p. 214 à 228.

1934. Delisle (L.). — Vie de saint Louis par Guillaume de Saint-Pathus, p. 228 à 239.

1935. Omont (Henri). — Un nouveau feuillet du Codex Sinopensis de l'Évangile de saint Matthieu, p. 260 à 262. — Cf. n°⁸ 2011 et 2101.

1936. Weil (Henri). — Syntaxe du grec classique, d'Homère à Démosthène, p. 325 à 329.

1937. Bréal (Michel). — Le *Thesaurus linguæ latinæ*, p. 337 à 346.

1938. Sorel (Albert). — Correspondance inédite du roi Frédéric-Guillaume III, p. 346 à 362.

1939. Thomas (Antoine). — Le roman de Flamenca, p. 363 à 374.

1940. Dareste (R.). — L'administration provinciale en France pendant les dernières années de l'ancien régime (1774-1789), p. 401 à 410.

1941. Guiraud (Paul). — La Gaule indépendante et la Gaule romaine, p. 411 à 422.

1942. Fabia (Philippe). — Le point final des Annales de Tacite, p. 423 à 435, et 563 à 575.

1943. Barth (A.). — Le Cambodge, p. 435 à 451.

1944. Clermont-Ganneau. — Sur un passage de Flav. Josèphe, *Antiq. Jud.* II, 10 : 7 (Edit. Naber, t. I, p. 118, § 246). Les cerfs mangeurs de serpents, p. 451 à 454.

1945. Darboux (Gaston). — Le catalogue international de littérature scientifique, p. 465 à 473.

1946. Maspéro (G.). — Contes relatifs aux grands-prêtres de Memphis, p. 473 à 504.

1947. Luchaire (Achille). — Gautier Map, p. 504 à 516.

1948. Delisle (L.). — Canons du concile tenu à Lisieux en 1064, p. 516 à 521.

1949. Dareste (R.). — Le droit en Chine, p. 529 à 541.

1950. Wallon (H.). — L'isthme et le canal de Suez, p. 542 à 555, 610 à 626.

1951. Perrot (Georges). — L'histoire et l'œuvre de l'École française d'Athènes, p. 556 à 563, 627 à 645, et 718 à 734.

1952. Duval (Louis). — Mythologie figurée de l'Edda, p. 575 à 590.

1953. Maspéro (G.). — La geste de Sésostris, p. 593 à 609, et 665 à 683.

1954. Paris (Gaston). — Histoire de la littérature française, p. 645 à 660, 699 à 717, et 779 à 788.

1955. Sorel (Albert). — L'Île de France sous Decaen, p. 683 à 699.

1956. Weil (Henri). — Nouveaux papyrus littéraires, p. 737 à 747.

1957. Bloch (G.). — Storia di Roma, p. 748 à 762.

ACADÉMIE FRANÇAISE.

Les *Séances publiques* tenues par l'Académie française jusqu'en 1885 ont été analysées dans notre *Bibliographie générale*, t. III, p. 242 à 247. Celles de 1886 à 1900 inclus (n°ˢ LVI à LXX) le seront dans notre Supplément.

Les *Discours de réception* étant tous insérés dans le *Recueil des discours, rapports et pièces diverses* dont nous avons analysé les douze premiers volumes dans notre tome III, p. 230 à 242, nous avions jugé inutile d'enregistrer dans notre *Bibliographie générale*, la première édition qui en est faite sous forme de brochure in-4°, mais ce *Recueil des discours* ne paraissant qu'à de longs intervalles, nous indiquerons dorénavant les premières éditions des discours de réception.

Les *Éloges funèbres* antérieurs au 1ᵉʳ janvier 1890 (n°ˢ I à XCIV) ont été indiqués dans notre *Bibliographie générale*, t. III, p. 247 à 255. Ceux qui ont été prononcés de 1890 à 1900 inclus (n°ˢ XCV à CVI) seront énumérés dans notre Supplément.

LXXI. — Institut de France; Académie française. Séance publique annuelle du jeudi 21 novembre 1901, présidée par M. le comte Albert de Mun, directeur. (Paris, 1901, in-4°, 121 p.)

1958. Mun (Comte Albert de). — Rapport sur les prix de vertu, p. 95 à 121.

___

Institut de France; Académie française. Discours prononcés dans la séance publique tenue par l'Académie française pour la réception de M. Émile Faguet, le jeudi 18 avril 1901. (Paris, 1901, in-4°, 55 p.)

1959. Faguet (Émile). — Discours, p. 3 à 32.

1960. Ollivier (Émile). — Réponse au discours de M. Émile Faguet, prononcé dans la séance du 18 avril 1901, p. 33 à 55.

___

Institut de France; Académie française. Discours prononcé dans la séance publique tenue par l'Académie française pour la réception de M. Berthelot, le jeudi 2 mai 1901. (Paris, 1901, in-4°, 55 p.)

1961. Berthelot. — Discours, p. 3 à 31.

1962. Lemaître (Jules). — Réponse au discours de M. Berthelot, prononcé dans la séance du 2 mai 1901, p. 33 à 55.

___

CVII. — Institut de France; Académie fran-

çaise. Funérailles de M. le vicomte Henri de Bornier, membre de l'Académie française, le jeudi 31 janvier 1901. (Paris, 1901, in-4°, 12 p.)

1963. Vogüé (Vicomte de). — Discours, p. 1 à 4.

1964. Hervieu (Paul). — Discours au nom de la Société des gens de lettres, p. 5 à 7.

1965. Claretie (Jules). — Discours [au nom de la Comédie Française], p. 9 à 12.

ACADÉMIE DES INSCRIPTIONS ET BELLES-LETTRES.

Les tomes I à XXXI des *Mémoires* de l'Académie des Inscriptions ont été analysés dans notre *Bibliographie générale*, t. III, p. 313 à 332. Les tomes XXXII à XXXV figureront dans le Supplément.

Les tomes I à IX des *Mémoires présentés par divers savants* ont été analysés dans notre *Bibliographie*, t. III, p. 332 à 336. Le tome X le sera dans notre Supplément.

Les tomes I à XXIX (4ᵉ série, t. XIII) des *Comptes rendus des séances* ont été analysés dans notre tome III, p. 336 à 366. Les tomes XXX à XLIV figureront dans notre Supplément.

Les *Séances publiques* de 1840 à 1885 inclus (nᵒˢ I à XLV) ont été analysées dans notre tome III, p. 366 à 372. Celles de 1886 à 1900 inclus (nᵒˢ XLVI à LX) le seront dans notre Supplément.

Les *Éloges funèbres* antérieurs au 1ᵉʳ janvier 1886 ont été énumérés dans notre tome III, p. 372 à 380. Ceux qui ont été prononcés de 1886 à 1900 inclus (nᵒˢ XC à CXX) le seront dans notre Supplément.

Les tomes I à XXXI des *Notices et extraits des manuscrits* ont été analysés dans notre tome III, p. 381 à 396. Les tomes XXXII à XXXV le seront dans notre Supplément.

Les tomes I à XXXII de l'*Histoire littéraire* ont été analysés dans notre tome III, p. 396 à 437.

Les tomes I à VII des *Monuments et Mémoires* publiés à l'aide de la Fondation Piot de 1890 à 1900, seront analysés dans le Supplément.

MÉMOIRES.

XXXVI. — Mémoires de l'Institut national de France; Académie des Inscriptions et Belles-Lettres, t. XXXVI. (Paris, in-4°, 1ʳᵉ partie, 1898, 422 p.; 2ᵉ partie, 1901, 505 p.)

Première partie.

1966. Le Blant (Edmond). — 750 inscriptions de pierres gravées inédites ou peu connues, 2 pl., p. 1 à 210.

1967. Deloche (M.). — Des indices de l'occupation par les Ligures de la région qui fut plus tard appelée la Gaule, p. 211 à 224.

1968. Le Blant (Edmond). — Des sentiments d'affection exprimés dans quelques inscriptions antiques, p. 225 à 233.

1969. Müntz (Eugène). — La tiare pontificale du VIIIᵉ au XVIᵉ siècle, *fig.*, p. 235 à 324.

1970. Dieulafoy. — Le château Gaillard et l'architecture militaire au XIIIᵉ siècle, *fig.*, p. 325 à 386.

1971. Helbig. — Les vases du Dipylon et les naucraries, p. 387 à 421.

Deuxième partie.

1972. Le Blant (Edmond). — Les commentaires des livres saints et les artistes chrétiens des premiers siècles, *fig.*, p. 1 à 16.

1973. Le Blant (Edmond). — Artémidore, p. 17 à 29.

1974. Deloche. — Pagi et vicairies du Limousin aux IXᵉ, Xᵉ et XIᵉ siècles, *carte*, p. 31 à 94.

1975. Dieulafoy (Marcel). — La bataille de Muret, *fig.*, p. 95 à 134.

1976. Berger (Philippe). — Mémoire sur la grande inscription dédicatoire et sur plusieurs autres inscriptions néo-puniques du temple d'Hathor-Miskar, à Maktar, 5 pl., p. 135 à 178.

1977. Giry (A.). — Étude critique de quelques documents angevins de l'époque carolingienne, 2 pl., p. 179 à 246.

[Diplômes de Charlemagne et de Charles le Chauve en faveur de Saint-Aubin d'Angers: diplômes faux de Saint-Florent de Saumur.]

1978. Müntz (Eugène). — Le musée des portraits de Paul Jove, contributions pour servir à l'iconographie du moyen âge et de la Renaissance, *fig.*, p. 249 à 343.

1979. Viollet (Paul). — Les communes françaises au moyen âge, p. 345 à 503.

XI. — Mémoires présentés par divers savants à l'Académie des Inscriptions et Belles-Lettres de l'Institut de France. Première série. Sujets divers d'érudition, t. XI, 1ʳᵉ partie. (Paris, 1901, in-4°, 516 p.)

1980. Foucher (A.). — Catalogue des peintures népâlaises et tibétaines de la collection B.-H. Hodgson à la bibliothèque de l'Institut de France, p. 1 à 30.

1981. Toutain (J.). — L'inscription d'Henchir Mettich. Un nouveau document sur la propriété agricole dans l'Afrique romaine, 4 pl., p. 31 à 81.

1982. Cuq (Édouard). — Le colonat partiaire dans l'Afrique romaine, d'après l'inscription d'Henchir Mettich, p. 83 à 146.

1983. Devéria. — L'écriture du royaume de Si-Hia ou Tangout, 2 pl., p. 147 à 175.

1984. Pélissier (Léon-G.). — Notes italiennes d'histoire de France. XLI. Sur les dates de trois lettres inédites de Jean Lascaris, ambassadeur de France à Venise (1504-1509), p. 177 à 218.

1985. Joulin (Léon). — Les établissements gallo-romains de la plaine de Martres-Tolosanes, fig. et 25 pl., p. 219 à 516. — Cf. n° 2042.

COMPTES RENDUS DES SÉANCES.

XLV. — Académie des Inscriptions et Belles-Lettres; Comptes rendus des séances de l'année 1901. (Paris, 1901, in-8°, 934 p.)

1986. Anonyme. — Compte rendu de la séance du 4 janvier 1901, p. 1 à 7.

1987. Hamy (E.-T.). — Sur une miniature de Jacques Le Moyne de Morgues, représentant une scène du voyage de Laudonnière en Floride (1564), p. 8 à 42.

1988. Héron de Villefosse. — L'histoire d'une inscription (addition à une note de M. Philippe Berger), p. 17 à 35. — Cf. XXXII, p. 494.

[L'inscription bilingue de Malte au Musée des monuments français, à la Bibliothèque Mazarine, puis au Louvre.]

1989. Anonyme. — Compte rendu de la séance du 11 janvier 1901, p. 42 à 55.

[Homolle. Fouilles de Cnossos, p. 42.]

1990. Omont (Henri). — Notice sur la vie et les travaux de M. Arthur Giry [1848 † 1899], p. 45 à 54. — Cf. id. n° 2087 et 2379.

1991. Anonyme. — Compte rendu de la séance du 18 janvier 1901, p. 55 à 78.

[Clermont-Ganneau. Bulle de plomb de la léproserie de Saint-Lazare de Jérusalem, fig., p. 56.]

1992. Cavvadias. — Lettre sur des statues et des fragments de bronze recueillis dans la mer près de l'île de Cerigotto, fig. et 2 pl., p. 58 à 63, et 158 à 159.

1993. Cabaton (Antoine). — Rapport sur les littératures cambodgienne et chame, p. 64 à 76.

1994. Anonyme. — Compte rendu de la séance du 25 janvier, p. 78 à 106.

1995. Hamy (E.-T.). — Sur les ruches en poterie de la Haute-Égypte, fig., p. 79 à 82.

1996. La Tour (Henri de). — Note sur la colonie de Lyon, sa fondation, le nom de son fondateur et son premier nom, d'après sa première monnaie, fig., p. 82 à 100.

1997. Anonyme. — Compte rendu de la séance du 1er février 1901, p. 106 à 129.

[Babelon. La valeur des monnaies d'argent de la fin de l'Empire romain, et des deniers cités dans la loi des Francs saliens, p. 106. — Héron de Villefosse. Inscription romaine sur bronze à Saint-Marcel-lès-Chalon, p. 107. — Reinach (Th.). Inscriptions grecques découvertes à Argos et à Myndos en Carie, p. 108. — Clermont-Ganneau. Inscription grecque découverte à Tell Sandahanna, près Beit-Djibrin (Palestine), fig., p. 108. — Clermont-Ganneau. Anses d'amphore avec estampilles grecques, fig., p. 110.]

1998. Thureau-Dangin (François). — Le songe de Goudéa [inscription de Tello], p. 112 à 128.

1999. Anonyme. — Compte rendu de la séance du 8 février 1901, p. 130 à 138.

[Perdrizet. Inscription latine d'Héliopolis, p. 131 (cf. XLIV, p. 255). — Cravanne. La mission épigraphique de M. Bonin dans l'Asie centrale, p. 133.]

2000. Anonyme. — Compte rendu de la séance du 15 février 1901, p. 138 à 153.

[Reinach (Salomon). Hermès de bronze de Cérigo, p. 138.]

2001. Thédenat (L'abbé). — Note sur trois monuments épigraphiques signalés par M. Émile Pierre, fig., p. 140 à 152.

[Cachets d'oculiste romains, trouvés à Gron (Vosges) et bague de bronze, trouvée à Naix (Meuse).]

2002. Anonyme. — Compte rendu de la séance du 22 février 1901, p. 153 à 166.

[Lastevrie (R. de). A. de la Borderie (1827 † 1901), p. 153 (cf. id. n° 2085 et 2385).]

2003. Enlart (Camille). — Note sur une nouvelle découverte de monuments gothiques à Nicosie de Chypre, p. 160 à 163.

2004. Anonyme. — Compte rendu de la séance du 1er mars 1901, p. 167 à 179.

[Clermont-Ganneau. Inscription en écriture crétoise de Cnossos, fig., p. 167. — Delattre (Le P.) et Berger (Ph.). Inscriptions puniques provenant des fouilles de Carthage, fig., p. 168.]

2005. Gsell (Stéphane). — Note sur une inscription [romaine] d'Ighzer-Amokrane (Kabylie), p. 170 à 172.

2006. Léger (Louis). — Nouveaux documents concernant l'Évangéliaire slavon de Reims, p. 172 à 178.

2007. Anonyme. — Compte rendu de la séance du 8 mars 1901, p. 179 à 185.

[Lastevrie (R. de). Célestin Port (1828 † 1901), p. 179 (cf. id. n° 2086 et 2386). — Reinach (Salomon). Buste de l'empereur Julien à Acerenza (Apulie), p. 184.]

2008. Anonyme. — Compte rendu de la séance du 15 mars 1901, p. 185 à 191.

2009. Anonyme. — Compte rendu de la séance du 22 mars 1901, p. 191 à 199.

2010. Cagnat (R.) et Berger (Philippe). — Note sur une inscription grecque de Pouzzoles, *fig.*, p. 191 à 198. — Cf. n° 2011.

2011. Anonyme. — Compte rendu de la séance du 29 mars 1901, p. 199 à 205.

[Omont (H.). Fragment du manuscrit de l'Évangile de saint Mathieu en onciales d'or sur parchemin pourpré (Bibliothèque nationale) au Musée du gymnase de Marioupol (Russie), p. 199 (cf. n°° 1935 et 2101). — Clermont-Ganneau. Sur l'inscription grecque de Pouzzoles, p. 200 (cf. n° 2010). — Babelon. Monnaie de bronze du tyran Domitianus, trouvée aux Cléons (Loire-Inférieure).]

2012. Weil (Henri). — Note sur une inscription grecque d'Égypte, p. 201 à 204.

2013. Anonyme. — Compte rendu de la séance du 3 avril 1901, p. 206 à 223.

[Clermont-Ganneau. Inscriptions, en caractères sémitiques, du mont Sinaï, p. 206. — Senart. Les grottes bouddhiques de Tourfan, p. 207 (cf. n° 2014).]

2014. Bonin (Charles-Eudes). — Les grottes des Mille Bouddhas [près Sha-Tcheou, du Kansou], p. 209 à 217. — Cf. n° 2013.

2015. Perdrizet (Paul). — Note sur une représentation symbolique de la triade d'Héliopolis, p. 218 à 221.

2016. Anonyme. — Compte rendu de la séance du 12 avril 1901, p. 223 à 252.

[Lagrange (Le P.). Découverte d'une mosaïque à Jérusalem, p. 223. — Joret (Charles). La flore de l'Inde, d'après les écrivains grecs, p. 226.]

2017. Foucart (Georges). — Les deux rois inconnus d'Hiéraconpolis, *fig.*, p. 228 à 252.

2018. Anonyme. — Compte rendu de la séance du 19 avril 1901, p. 252 à 263.

[Cagnat. Fouilles exécutées en 1900 par le service des monuments historiques en Algérie, p. 254. — Huber. Inscription chaldéenne, p. 256.]

2019. Blanchet (Adrien). — Note sur l'origine du gros tournois, *fig.*, p. 258 à 262.

2020. Anonyme. — Compte rendu de la séance du 26 avril 1901, p. 263 à 265.

2021. Anonyme. — Compte rendu de la séance du 3 mai 1901, p. 267 à 280.

[Cartus (D'). Le théâtre de Thugga, p. 269. — Lefèvre-Pontalis (E.). Fouilles à la cathédrale de Chartres, p. 272.]

2022. Delattre (Le P.). — Sarcophage en marbre blanc, orné de peintures, trouvé à Carthage, p. 272 à 278.

2023. Anonyme. — Compte rendu de la séance du 10 mai 1901, p. 280 à 295.

[Reinach (Salomon). Statuette gréco-celtique ou gréco-ligure trouvée à Grézan (Gard), *pl.*, p. 280. — Collignon. Statue de bronze trouvée à Pompéi, p. 282. — Guimet (Émile). Miroirs funéraires en bronze de l'époque des Han, p. 283.]

2024. Finot (Louis). — Compte rendu sur l'état de l'École française d'Extrême-Orient, p. 284 à 293.

2025. Anonyme. — Compte rendu de la séance du 17 mai 1901, p. 296 à 301.

[Reinach (Salomon). Vase en terre cuite trouvé à Lampsaque, p. 297.]

2026. Anonyme. — Compte rendu de la séance du 24 mai 1901, p. 301 à 306.

[Barth. Sur l'origine de l'ère Çaka, p. 303. — Arbois de Jubainville (D'). Sur le sens du mot *périclos* dans une loi romaine attribuée au roi Numa, p. 310.]

2027. La Trémoille (Duc de). — Notice sur la vie et les travaux de M. J. Menant [1820 † 1899], p. 310 à 324. — Cf. id. n° 2088.

2028. Anonyme. — Compte rendu de la séance du 31 mai 1901, p. 326 à 331.

2029. Anonyme. — Compte rendu de la séance du 7 juin 1901, p. 332 à 344.

[Lasteyrie (R. de). M. de Sarzec (1837 † 1901), p. 332. — Doutté (Edmond). Aghmat, ancienne capitale du Maroc; ruines de Tin Mellal dans l'Atlas, p. 333. — Pottier. Les fouilles de Cnossos, p. 337.]

2030. Anonyme. — Compte rendu de la séance du 14 juin 1901, p. 344 à 372.

[Boissier. Claveau sculpté d'une des portes de la façade du théâtre de Khamissa (Afrique), *pl.*, p. 344.]

2031. Léger. — Notice sur la vie et les travaux de M. Ravaisson-Mollien [1813 † 1900], p. 347 à 372. — Cf. id. n° 2089.

2032. Anonyme. — Compte rendu de la séance du 21 juin 1901, p. 373 à 436.

[Beraux (Élie). Chartes peintes pour la chapelle de Burgstall, au diocèse de Trente, et pour l'église de Saint-Pierre-Martyr de Vérone, p. 383.]

2033. Luxet de la Jonquière (Capitaine). — Recherche des monuments archéologiques du Cambodge, p. 384 à 396.

2034. Hamy (E.-T.). — Oyapoc et Vincent Pinson, p. 396 à 402.

2035. Tondini de Quarenghi (Le P.). — La Serbie et la fin d'une contestation pascale de trois siècles, p. 402 à 432.

2036. Anonyme. — Compte rendu de la séance du 28 juin 1901, p. 436 à 495.

2037. Ronzevalle (Le P.). — Notice sur un bas-relief représentant le simulacre du Jupiter Heliopolitanus [fouilles de Deir-el-Gala'a], 3 *pl.*, p. 437 à 482.

2038. Oppert. — Sogdien, roi des Perses. Un faux précieux, p. 482 à 493.

2039. Clercq (De), Berger (Ph.) et Clermont-Ganneau. — Notice sur une stèle phénico-hittite [trouvée à Amrith], p. 496 à 512.

2040. Anonyme. — Compte rendu de la séance du 5 juillet 1901, p. 513 à 522.

[Thomas (Antoine). Le mois de *delair* ou *deloir*, p. 514 (cf. n° 2407).]

2041. Basset (René). — Une ancienne capitale berbère, note sur les ruines de Morat, p. 515 à 517.

2042. Joulin (Léon). — Le grand oppidum des Tolosates, [Vieille-Toulouse], p. 518 à 521. — Cf. n° 1985.

2043. Anonyme. — Compte rendu de la séance du 12 juillet 1901, p. 523 à 559.

2044. Reinach (Salomon). — Le temple d'Aphaia à Égine, p. 524 à 537.

2045. Anonyme. — Compte rendu de la séance du 19 juillet 1901, p. 553 à 556.

[Clermont-Ganneau. Sur la mosaïque de Mâdebâ, p. 553. — Arbois de Jubainville (D'). Le droit successoral chez les Celtes insulaires, p. 554.]

2046. Anonyme. — Compte rendu de la séance du 26 juillet 1901, p. 556 à 561.

[Reinach (Salomon). Le dialogue *Philopatris*, attribué à Lucien, p. 558.]

2047. Anonyme. — Compte rendu de la séance du 2 août 1901, p. 562 à 563.

[Pottier. La représentation de Phèdre dans le tableau de Polygnote à Delphes, p. 562.]

2048. Anonyme. — Compte rendu de la séance du 9 août 1901, p. 563 à 565.

[Clermont-Ganneau. Le comput des Nabatéens, p. 563.]

2049. Anonyme. — Compte rendu de la séance du 16 août 1901, p. 565 à 569.

[Clermont-Ganneau. Plaque phénicienne, en or avec figures, trouvée près de Sidon, *fig.*, p. 565. — Héron de Villefosse. Antiquités romaines du Puy-de-Dôme, p. 567.]

2050. Anonyme. — Compte rendu de la séance du 23 août 1901, p. 569 à 570.

[Reinach (Salomon). Sur le dieu Télesphore, p. 569.]

2051. Anonyme. — Compte rendu de la séance du 30 août 1901, p. 570 à 574.

[Reinach (Salomon). Monuments de l'époque de la pierre polie à Jablanica (Serbie), p. 570. — Reinach (Salomon). Le mot *orbis* dans Lucain, p. 571.]

2052. Lagrange (Le P.). — Compte rendu d'une mission à Madaba et du dernier déblaiement de la mosaïque d'Orphée à Jérusalem, p. 571 à 574.

2053. Anonyme. — Compte rendu de la séance du 6 septembre 1901, p. 575 à 581.

[Müntz. Léonard de Vinci et les premières académies modernes, p. 575. — Joret (Ch.). Les jardins de l'Inde ancienne, p. 576. — Berger (Philippe). Inscription phénicienne de la collection Efisio Pischedda, p. 576.]

2054. Anonyme. — Compte rendu de la séance du 13 septembre 1901, p. 581 à 602.

[Reinach (Salomon). La mévente des vins sous l'Empire romain, p. 581.]

2055. Delattre (Le P.). — Fouilles exécutées dans la nécropole punique voisine de Sainte-Monique, à Carthage, 5 *pl.* et *fig.*, p. 583 à 602.

2056. Anonyme. — Compte rendu de la séance du 20 septembre 1901, p. 603 à 607.

[Clocker. Baptistères byzantins de Carthage, de Siagu, d'Oued Ramel, etc. (Tunisie), p. 603.]

2057. Anonyme. — Compte rendu de la séance du 27 septembre 1901, p. 607 à 609.

[Clermont-Ganneau. Stèle des environs de Tyr, p. 607. — Dieulafoy. Les origines de la jalousie et du point d'honneur en Espagne, p. 608.]

2058. Anonyme. — Compte rendu de la séance du 4 octobre 1901, p. 610 à 612.

2059. Anonyme. — Compte rendu de la séance du 11 octobre 1901, p. 612 à 620.

[Héron de Villefosse. Inscription de Lambèse, au Louvre, p. 613. — Maspero. Fouilles de Sakkarah et de Thèbes, *pl.*, p. 614. — Chassinat. Fouilles d'Abou Roush, *pl.*, p. 616.]

2060. Anonyme. — Compte rendu de la séance du 18 octobre 1901, p. 621 à 637.

2061. Babelon (Ernest). — Rapport sur une mission numismatique en Allemagne [monnaies grecques d'Asie Mineure], p. 622 à 626.

2062. Cagnat (René). — Découvertes sur l'emplacement du camp de Lambèse, 2 *pl.*, p. 626 à 634.

2063. Anonyme. — Compte rendu de la séance du 23 octobre 1901, p. 637 à 656.

[Léger. La croix de Bohême sur le champ de bataille de Crécy, p. 637. — Homolle. Les fouilles de Delphes en 1901, p. 638.]

2064. Pottier. — Rapport sur une mission en Grèce (février-avril 1901), p. 642 à 656.

2065. Homolle (Th.). — Mémoire sur les ex-voto de Lysandre à Delphes, p. 668 à 686.

2066. Anonyme. — Compte rendu de la séance du 30 octobre 1901, p. 687 à 691.

2067. Anonyme. — Compte rendu de la séance du 8 novembre 1901, p. 691 à 708.

2068. Héron de Villefosse. — Inscription d'Abou-Gosch, relative à la Legio x Fretensis, p. 692 à 696, et 904.

2069. Fossey (C.). — La question sumérienne, recherche d'un criterium, p. 696 à 706.

2070. Anonyme. — Compte rendu de la séance publique annuelle du 15 novembre 1901, p. 709 à 801.

[Lafferrerie (R. de). Discours d'ouverture, p. 709.]

2071. Wallon (H.). — Notice historique sur la vie et les travaux de Auguste-Siméon Luce [1833 † 1892], p. 751 à 783. — Cf. n° 2083 et 2422.

2072. Cagnat (R.). — Indiscrétions archéologiques sur les Égyptiens de l'époque romaine, p. 784 à 801. — Cf. id. n° 2084.

2073. Anonyme. — Compte rendu de la séance du 22 novembre 1901, p. 802 à 820.

[Reinach (S.) et Héron de Villefosse. Tête de femme découverte à Baalbeck (Syrie) en 1865, au Musée du Louvre, p. 802.]

2074. Héron de Villefosse. — Corne de bouquetin, en bronze, trouvée dans l'île de Chypre, *fig.*, p. 803 à 809.

2075. Collignon (Maxime). — Note sur les fouilles de M. Paul Gaudin dans la nécropole de Yortan, en Mysie, 2 *pl.*, p. 810 à 817.

2076. Anonyme. — Compte rendu de la séance du 29 novembre 1901, p. 821 à 851.

[Reinach (S.). La trouvaille de statues romaines faite à Apt vers 1700, p. 821.]

2077. Héron de Villefosse (A.). — Le Grand Autel de Pergame sur un médaillon de bronze trouvé en France [à l'Escale (Basses-Alpes)], *fig.*, p. 823 à 830.

2078. Oppert. — Une complainte des villes chaldéennes sur la suprématie de Babylone, de l'époque des successeurs d'Alexandre, p. 830 à 846.

2079. Berger (Philippe). — Note sur une nouvelle épitaphe sacerdotale de Carthage, *fig.*, p. 847 à 849.

2080. Anonyme. — Compte rendu de la séance du 6 décembre 1901, p. 851 à 856.

[Lastteyrie (R. de). Albrecht Weber (1825 † 1901), p. 851. -Clermont-Ganneau. Inscription hébraïque de Kefr Kenna (Galilée), *pl.*, p. 852.]

2081. Anonyme. — Compte rendu des séances des 13, 20 et 27 décembre 1901, p. 856.

[Bosanquet. La représentation de Jupiter Héliopolitain, p. 861. - Parmentier (H.). Découverte du trésor du temple de Po-Klong-Garai, *fig.*, p. 864.]

2082. Derenbourg (Hartwig). — Notice sur la vie et les travaux de M. Maximin Deloche [1817 † 1900], p. 871 à 903. — Cf. id. n° 2090.

—

LXI. — Institut de France; Académie des Inscriptions et Belles-Lettres. Séance publique annuelle du vendredi 15 novembre 1901, présidée par M. le comte de Lasteyrie. (Paris, 1901, in-4°, 119 p.)

2083. Wallon (H.). — Notice historique sur la vie et les travaux de Auguste-Siméon Luce, membre ordinaire de l'Académie des Inscriptions et Belles-Lettres [1833 † 1892], p. 61 à 97. — Cf. id. n°° 2071 et 2422.

2084. Cagnat (R.). — Indiscrétions archéologiques sur les Égyptiens de l'époque romaine, p. 99 à 119. — Cf. id. n° 2072.

—

ÉLOGES FUNÈBRES.   ⌒

CXXI. — Institut de France; Académie des Inscriptions et Belles-Lettres. Discours de M. le comte de Lasteyrie, président de l'Académie, à l'occasion de la mort de M. de la Borderie, membre libre de l'Académie, lu dans la

séance du vendredi 22 février 1901. (Paris, 1901, in-4°, 10 p.)

2085. Lasteyrie (Comte de). — Discours, p. 1 à 10. — Cf. id. n°° 2002 et 2385.

—

CXXII. — Institut de France; Académie des Inscriptions et Belles-Lettres. Discours de M. le comte de Lasteyrie, président de l'Académie, à l'occasion de la mort de M. Célestin Port, membre libre de l'Académie, lu dans la séance du vendredi 8 mars 1901. (Paris, 1901, in-4°, 84 p.)

2086. Lasteyrie (Comte de). — Discours, p. 1 à 4. — Cf. id. n°° 2007 et 2386.

—

DIVERS.

2087. Omont (Henri). — Institut de France. Académie des Inscriptions et Belles-Lettres. — Notice sur la vie et les travaux de M. Arthur Giry [1848 † 1899], lue dans la séance du 11 janvier 1901. (Paris, 1901, in-4°, 14 p.) — Cf. id. n°° 1990 et 2379.

2088. La Trémoille (Duc de). — Institut de France. Académie des Inscriptions et Belles-Lettres. — Notice sur la vie et les travaux de M. Menant, lue dans la séance du 24 mai 1901. (Paris, 1901, in-4°, 20 p.) — Cf. id. n° 2027.

2089. Léger (Louis). — Institut de France. Académie des Inscriptions et Belles-Lettres. Notice sur la vie et les travaux de M. Ravaisson-Mollien [1813 † 1900], lue dans la séance du 14 juin 1901. (Paris, 1901, in-4°, p. 35.) — Cf. id. n° 2031.

2090. Derenbourg (Hartwig). — Institut de France. — Académie des Inscriptions et Belles-Lettres. — Notice sur la vie et les travaux de M. Maximin Deloche, membre de l'Académie [1817 † 1900]. (Paris, 1901, in-4°, 42 p.) — Cf. id. n° 2082.

—

NOTICES ET EXTRAITS DES MANUSCRITS.

XXXVI. — Notices et extraits des manuscrits de la Bibliothèque nationale et autres bibliothèques, publiés par l'Académie des Inscriptions et Belles-Lettres, t. XXXVI. (1° partie, Paris, 1899, in-4°, p. 1 à 408; 2° partie, Paris, 1901, in-4°, p. 409 à 724.)

2091. Meyer (Paul). — Notice sur un légendier français du XIII° siècle classé selon l'ordre de l'année liturgique, p. 1 à 69.

2092. Graux (Charles) et Martin (Albert). — Traité de tactique connu sous le titre Περὶ καταστάσεως ἀπλήκτου, Traité de castramétation, rédigé, à ce qu'on croit, par ordre de l'empereur Nicéphore Phocas, p. 71 à 127.

2093. Meyer (Paul). — Le livre-journal de maître Ugo Teralh, notaire et drapier à Forcalquier (1330-1332), pl., p. 129 à 170.

2094. Delisle (Léopold). — Notice sur une Summa dictaminis jadis conservée à Beauvais, p. 171 à 205.

2095. Delisle (Léopold). — Notice sur la Rhétorique de Cicéron, traduite par maître Jean d'Antioche, ms. 590 du Musée Condé, 2 pl., p. 207 à 265.

2096. Schwab (Moise). — Le ms. 1380 du fonds hébreu à la Bibliothèque nationale, supplément au «Vocabulaire de l'angélologie», p. 267 à 314.

[Cf. Mémoires présentés par divers savants, 1re série X, 2e partie, p. 113.]

2097. Delisle (Léopold). — Notice sur un registre des procès-verbaux de la Faculté de théologie de Paris, pendant les années 1505-1533, manuscrit des archives de la Maison de la Trémoille, aujourd'hui à la Bibliothèque nationale, n° 1782 du fonds latin des nouvelles acquisitions, p. 315 à 408.

2098. Meyer (Paul). — Notice sur trois légendiers français attribués à Jean Belet, p. 409 à 486.

2099. Tannery (Paul) et Clerval (l'abbé). — Une correspondance d'écolâtres du XIe siècle [Ragimbold de Cologne et Radolf de Liège], p. 487 à 543.

2100. Delaborde (H.-François). — Les inventaires du Trésor des chartes dressés par Gérard de Montaigu, 3 pl., p. 545 à 598.

2101. Omont (H.). — Notice sur un très ancien manuscrit grec de l'Évangile de saint Mathieu en onciales d'or

sur parchemin pourpré et orné de miniatures, conservé à la Bibliothèque nationale, n° 1286 du supplément grec, 2 pl., p. 559 à 675. — Cf. n° 1935 et 2011.

2102. Meyer (Paul). — Notice d'un légendier français conservé à la bibliothèque impériale de Saint-Pétersbourg, pl., p. 677 à 721.

FONDATION PIOT.

VIII. — **Fondation Eugène Piot. — Monuments et mémoires publiés par l'Académie des Inscriptions et Belles-Lettres** sous la direction de Georges Perrot et Robert de Lasteyrie, membres de l'Institut, avec le concours de Paul Jamot, secrétaire de la rédaction. t. VIII. (Paris, 1902, gr. in-4°, 145 p. et 22 pl.)

2103. Lasteyrie (Robert de). — Études sur la sculpture française au moyen âge, 22 pl., p. 1 à 145.

[Le portail royal de Chartres. — La façade de Saint-Denys et de Notre-Dame de Paris. — Le cloître et la façade de Saint-Trophime d'Arles. — L'église de Saint-Gilles.]

2104. Ridder (A. de). — Catalogue des vases peints de la Bibliothèque nationale. Ouvrage publié par la Bibliothèque nationale avec le concours du Ministère de l'Instruction publique et des Beaux-Arts et de l'Académie des Inscriptions et Belles-Lettres (Fondation Piot), 1re partie, vases primitifs et vases à figures noires; 2e partie, vases à figures rouges et de décadence. (Paris, 1901-1902, gr. in-4°, XVI-710 p., fig. et 34 pl.)

ACADÉMIE DES SCIENCES.

Nous avons relevé les articles historiques contenus dans les quarante-quatre premiers volumes des Mémoires de l'Académie des Sciences dans notre tome III, p. 490 à 495. Il n'a paru, depuis lors, qu'un volume : le tome XLV, publié en 1899; nous l'analyserons dans notre Supplément.

Les Éloges funèbres prononcés avant le 31 décembre 1885 (n° I à CLXXI) ont été énumérés dans notre tome III, p. 495 à 510. Ceux qui ont été prononcés de 1886 à 1900 (n° CLXXII à CCIII) figureront dans notre Supplément. Il n'y en a pas eu en 1901.

Nous n'avons pas mentionné dans notre Bibliographie les comptes rendus des Séances publiques, tous les travaux qui y sont insérés sortant de notre cadre, sauf les notices biographiques qui sont réimprimées dans les Mémoires où nous les avons soigneusement relevées. Mais les volumes de Mémoires ne paraissant qu'à intervalles irréguliers et parfois assez longs, nous extrairons dorénavant des Séances publiques ce qui peut offrir un intérêt historique. Nous avons donc cru devoir revenir sur notre résolution première et comprendre dorénavant ce recueil dans nos dépouillements.

L'Académie des Sciences publie encore des Comptes rendus hebdomadaires dont la volumineuse collection ne contient presque rien qui rentre dans le cadre de notre Bibliographie. Aussi nous sommes-nous contentés jusqu'ici de les signaler sans en donner l'analyse. Mais en ces dernières années on a inséré dans ces *Comptes rendus* un certain nombre de communications fort intéressantes pour l'archéologie préhistorique; nous aurons donc soin, à l'avenir, d'en donner le dépouillement.

Institut de France; Académie des Sciences. Séance publique annuelle du 16 décembre 1901, présidée par M. Fouqué. (Paris, 1901, in-4°, 84 p.)

2105. Darboux (Gaston). — Éloge historique de Joseph-Louis-François Bertrand [1822 † 1900], p. 19 à 84.

CXXXII. — **Comptes rendus hebdomadaires des séances de l'Académie des Sciences...**, t. CXXXII, janvier-juin 1901. (Paris, 1901, in-4°, 1649 p.)

2106. Jordan (C.). — Notice sur M. Ch. Hermite, p. 101 à 105.
2107. Bonnier (Gaston). — Notice sur M. Adolphe Chatin [1813 † 1901], p. 105 à 110.
2108. Bornet. — Notice sur M. J. Agardh [1813 † 1901], p. 233 à 234.
2109. Berthelot. — Sur les métaux égyptiens, présence du platine parmi les caractères d'une inscription hiéroglyphique, p. 729 à 732.
2110. Berthelot. — Nouvelles recherches sur les alliages d'or et d'argent et diverses autres matières provenant des tombeaux égyptiens, p. 1282 à 1286.

CXXXIII. — **Comptes rendus hebdomadaires des séances de l'Académie des Sciences...**,

t. CXXXIII, juillet-décembre 1901. (Paris, 1901, in-4°, 1366 p.)

2111. Capitan (L.) et Breuil (H.). — Une nouvelle grotte aux parois gravées à l'époque paléolithique [aux Combarelles, commune de Tayac (Dordogne)], p. 478 à 480.
2112. Rivière (Émile). — Sur les dessins gravés et peints à l'époque paléolithique sur les parois de la grotte de la Mouthe (Dordogne), p. 505 à 507.
2113. Lortet et Hugounenq. — Recherches sur les poissons momifiés de l'ancienne Égypte, p. 613 à 616.
2114. Berthelot. — Sur une lampe préhistorique trouvée dans la grotte de la Mouthe, p. 666.
2115. Lortet et Gaillard. — Les oiseaux momifiés de l'ancienne Égypte, p. 854 à 856.

DIVERS.

2116. Gautier (Armand) et Perrier (Edmond). — Discours prononcés à l'inauguration de la statue élevée à la mémoire de Chevreul le 11 juillet 1901. (Paris, 1901, in-4°, 23 p.)
2117. Cailletet et Liard. — Discours prononcés à l'inauguration de la statue de Pasteur à Arbois, le 29 septembre 1901. (Paris, 1901, in-4°, 17 p.)

2118. Bigourdan (G.). — A.-G. Pingré. Annales célestes du XVII° siècle, ouvrage publié sous les auspices de l'Académie des Sciences. (Paris, 1901, in-4°, XI-628 p.)

ACADÉMIE DES BEAUX-ARTS.

Les soixante-dix-neuf premières *Séances publiques* de l'Académie des Beaux-Arts ont été analysées dans notre *Bibliographie générale*, t. III, p. 513 à 522. Les quinze suivantes (LXXX à XCIV) le seront dans notre Supplément.

Les *Éloges funèbres* prononcés avant le 31 décembre 1885 (n° I à CXXVI) figurent dans notre tome III. p. 522 à 533. Ceux qui ont été prononcés de 1886 à 1900 inclus (n° CXXVII à CLXI) seront énumérés dans notre Supplément.

Nous signalerons enfin comme intéressant l'histoire de cette Académie l'ouvrage suivant :

2119. Soubies (Albert). — Les membres de l'Académie des Beaux-Arts depuis la fondation de l'Institut, 1re série, 1795-1816 (Paris, s. d. [1901], in-8°, VII-230 p.); 2e série, 1816-1830 (Paris, s. d. [1901], in-8°, 170 p.)

XCV. — **Institut de France; Académie des**

Beaux-Arts. Séance publique annuelle du 19 octobre 1901, présidée par M. Camille Saint-Saëns. (Paris, 1901, in-4°, 108 p.)

2120. Larroumet (Gustave). — Notice sur la vie et les œuvres de M. Gustave Moreau [1826 † 1898], p. 67 à 108.

ÉLOGES FUNÈBRES.

CLXII. — Institut de France; Académie des Beaux-Arts. Funérailles de M. Philippe Gille, membre libre de l'Académie, le vendredi 22 mars 1901. (Paris, 1901, in-4°, 4 p.)

2121. Larroumet (Gustave). — Discours, p. 1 à 4.

CLXIII. — Institut de France; Académie des Beaux-Arts. Funérailles de M. Vacslav de Brozik, associé étranger de l'Académie, le jeudi 18 avril 1901.(S. l. n. d. [Paris, 1901], in-4°, 5 p.)

2122. Larroumet (Gustave). — Discours, p. 1.

DIVERS.

2123. Larroumet (Gustave). — Institut de France. Académie des Beaux-Arts. Discours prononcé à la cérémonie commémorative célébrée à la Sorbonne le jeudi 7 mars 1901 en l'honneur de M. Giuseppe Verdi, associé étranger de l'Académie des Beaux-Arts. (Paris, 1901, in-4°, 8 p.)

2124. Divers. — Institut de France Académie des Beaux-Arts. Inauguration de la statue de Louis Français [1814 † 1897], à Plombières, le 18 août 1901. (Paris, 1901, in-4°, 17 p.)

[Discours de MM. Bougureau, Dagnan-Bouveret et Cornoyer.]

2125. Dagnan-Bouveret. — Institut de France. Académie des Beaux-Arts. Notice sur M. Antoine Vollon [peintre, 1833 † 1900], lue dans la séance du 16 novembre 1901. (Paris, 1901, in-4°, 19 p.)

[Liste de ses principales œuvres, p. 17.]

ACADÉMIE DES SCIENCES MORALES ET POLITIQUES.

Les tomes I à XIV des *Mémoires* de cette Académie ont été analysés dans notre *Bibliographie générale*, t. III, p. 538 à 542. — Les tomes XV à XXII le seront dans notre Supplément.

Les tomes I à CXXIV des *Comptes rendus* de l'Académie ont été dépouillés dans notre tome III, p. 543 à 580. Les tomes CXXV à CLIV le seront dans notre Supplément.

Les quarante premières *Séances publiques* sont enregistrées dans notre tome III, p. 580 à 584. Celles de 1886 à 1900 inclus (XLI à LV) le seront dans notre Supplément.

Les *Éloges funèbres* prononcés antérieurement au 31 décembre 1885 ont été énumérés dans notre tome III, p. 584 à 589. Ceux de 1886 à 1900 inclus (n°° XLVII à LXXI) le seront dans notre Supplément.

CLV. — Séances et travaux de l'Académie des Sciences morales et politiques (Institut de France). Compte rendu, 61° année, nouvelle série, t. LV (CLV° de la collection), 1901, 1°° semestre. (Paris, 1901, in-8°, 852 p.)

2126. Picot (Georges). — Notice historique sur la vie et les travaux de M. Léon Say [1767 † 1896], p. 23 à 58.
2127. Boutmy (Émile). — L'État anglais et sa fonction à l'intérieur, p. 69 à 91.
2128. Lallemand (Léon). — Le sentiment charitable chez les peuples de l'antique Orient : l'Égypte et les Lagides, p. 176 à 195.
2129. Faugniez (G.). — Deux siècles de l'histoire de l'industrie et du commerce en France (xıv° et xv° s.), p. 351 à 372, 500 à 524, et 655 à 680.
2130. Glasson. — Le rôle politique du Parlement pendant la régence du duc d'Orléans sous le règne de Louis XV, p. 409 à 470.
2131. Lecomte (Achille). — La société française sous le règne de Philippe Auguste, p. 569 à 597. — Suite de CLIV, p. 269.
2132. Tondini de Quarenghi (Cés.). — La question du calendrier au point de vue social, p. 598 à 629.

2133. Picavet (F.). — Le moyen âge : caractéristique théologique et philosophico-scientifique, limites chronologiques, p. 630 à 654. — Cf. n° 2168.
2134. Révillout (Eugène). — Les drames de la conscience, étude sur deux moralistes égyptiens inédits des deux premiers siècles de notre ère, p. 711 à 768; et CLVI, p. 55 à 116.

CLVI. — Séances et travaux de l'Académie des Sciences morales et politiques (Institut de France). Compte rendu, 61° année, nouvelle série, t. LVI (CLVI° de la collection), 1901, 2° semestre. (Paris, 1901, in-8°, 736 p.)

2135. Levasseur (E.). — Les périodes de l'histoire des classes ouvrières, p. 13 à 54.
[2134]. Révillout (E.). — Les drames de la conscience, étude sur deux moralistes égyptiens inédits des deux premiers siècles de notre ère, p. 55 à 116.
2136. Geoffroy de Grandmaison. — Les sièges de Saragosse (1808-1809), p. 175 à 242.
2137. Basch (Victor). — La philosophie de Hegel, ses origines, ses conceptions maîtresses, sa décomposition, p. 243 à 260.

2138. Dareste (R.).— Les écoles philosophiques d'Athènes, p. 305 à 322.

2139. Rodocanachi (E.). — Les institutions communales de Rome sous la papauté, p. 517 à 527.

2140. Bertha (Alexandre de). — La Hongrie moderne. Le compromis entre l'Autriche et la Hongrie (1865 à 1867), p. 528 à 551.

2141. Haye (Alexandre de). — Introduction à l'histoire du général Desaix, p. 552 à 573.

2142. Xénopol (A.-D.). — La psychologie et l'histoire, p. 655 à 677.

2143. Savous (André-A.).— Quelques cartels en Hollande au xvii° siècle, p. 678 à 693.

LVI. — Institut de France; Académie des Sciences morales et politiques. Séance publique annuelle du 7 décembre 1901, présidée par M. le comte de Franqueville. (Paris, 1901, in-4°, 151 p.)

2144. Picot (Georges). — Notice historique sur la vie et les travaux de Charles Renouard [1794 † 1878], p. 99 à 151.

ÉLOGES FUNÈBRES.

LXXII. — Institut de France; Académie des Sciences morales et politiques. Funérailles de M. Maurice Block [1816 † 1901]; le samedi 12 janvier 1901. (Paris, 1901, in-4°, 8 p.)

2145. Franqueville (Comte de). — Discours, p. 3 à 8.

LXXIII. — Institut de France; Académie des Sciences morales et politiques. Funérailles de M. Arthur Desjardins, membre de l'Académie [1835 † 1901], le vendredi 18 janvier 1901. (Paris, 1901, in-4°, 10 p.)

2146. Franqueville (Comte de). — Discours, p. 1 à 10.

LXXIV. — Institut de France; Académie des Sciences morales et politiques. Discours de M. le comte de Franqueville, président de l'Académie, à l'occasion de la mort de M. le duc de Broglie, membre de l'Académie [1821 † 1901], lu dans la séance du samedi 26 janvier 1901. (Paris, 1901, in-4°, 14 p.)

2147. Franqueville (Comte de). — Discours, p. 3 à 14.

LXXV. — Institut de France; Académie des Sciences morales et politiques. Discours de M. le comte de Franqueville, président de l'Académie, à l'occasion de la mort de M.F.-T. Perrens, membre de l'Académie, lu dans la séance du samedi 9 février 1901. (Paris, 1901, in-4°, 14 p.)

2148. Franqueville (Comte de). — Discours, p. 1 à 14.

DIVERS.

2149. Liard. — Institut de France. Académie des Sciences morales et politiques. — Rapport sur le prix Audiffred (actes de dévouement) à décerner en 1901, fait dans la séance du 15 juin 1901. (Paris, 1901, in-4°, 13 p. et 1 carte.)

[Récit de la mission Foureau-Lamy au Sahara.]

2150. Ribot (Th.). — Institut de France. Académie des Sciences morales et politiques. — Notice sur la vie et les travaux de M. F. Nourrisson, lue dans la séance du 6 juillet 1901. (Paris, 1901, in-4°, 16 p.)

2151. Chuquet (Arthur). — Institut de France. Académie des Sciences morales et politiques. — Notice sur la vie et les travaux de M. Jules Zeller [1820 † 1900], lue dans la séance du 16 novembre 1901. (Paris, 1901, in-4°, 23 p.)

SEINE. — PARIS.

SOCIÉTÉ NATIONALE D'AGRICULTURE DE FRANCE.

Les tomes I à C des *Mémoires* de cette Société ont été analysés dans le tome III. p. 592 à 603, de notre *Bibliographie générale*. — Les tomes CI à CIX le seront dans le Supplément en préparation.

CX. — Mémoires publiés par la Société nationale d'agriculture de France, t. CXXXIX. (Paris, 1901, in-8°, 560 p.)

2152. Truelle. — La valeur commerciale des fruits à cidre, des cidres et des poirés en Angleterre, depuis le xvii° siècle jusqu'à nos jours, p. 383 à 431.

SEINE. — PARIS.

SOCIÉTÉ DES AMÉRICANISTES.

Les tomes I et II du *Journal* publié par cette Société seront analysés dans le Supplément de notre *Bibliographie générale*, actuellement en préparation.

III. — Journal de la Société des américanistes de Paris, t. III. (Paris, 1901, in-4°, 215 p.)

2153. Genin (Auguste). — Note d'archéologie mexicaine. Pays des Matlatlzinques, *carte* et *fig.*, p. 1 à 42.

2154. La Grasserie (Raoul de). — De la langue allentiak (grammaire, textes, vocabulaires), p. 43 à 100.

2155. Peralta (M. Manuel M. de). — Les aborigènes de Costa-Rica, essai de distribution géographique, *carte*, p. 125 à 139.

2156. Hamy (D' E.-T.). — A propos d'une figurine en stéatite découverte près de Lytton (Colombie anglaise), *fig.*, p. 140 à 145.

2157. Verneau (Docteur R.). — Ancienne sépulture de la rivière Arauca, affluent de l'Orénoque, *pl.* et *fig.*, p. 146 à 167.

2158. La Vaulx (Comte Henry de). — Excursion dans les vallées calchaquies (province de Tucuman), poteries indigènes, p. 168 à 176.

2159. Froidevaux (Henri). — Les *Lettres édifiantes* et la description de la mission de Kourou, p. 177 à 185.

2160. Hamy (E.-T.). — Henri Coudreau [1852 † 1899], p. 186 à 188.

2161. Vignaud (Henri). — Daniel G. Brinton, p. 188 à 189.

SEINE. — PARIS.

SOCIÉTÉ DES AMIS DES LIVRES.

Les tomes I à VI de l'*Annuaire* de cette Société ont été analysés dans notre *Bibliographie générale*, t. III, p. 605 à 606. Les tomes VII à XXI le seront dans le Supplément actuellement en préparation.

XXII. — Société des Amis des livres. Annuaire, 22° année. (Paris, 1901, in-8°, 133 p.)

2162. Paillet (Eugène). — Ashbee (Henri-Spencer), p. 45 à 52.

2163. P. L. [Lucas (Paul)]. — Georges Masson, p. 55 à 65.

2164. Portalis (Baron Roger). — La dague de Geoffroy Tory, *fig.*, p. 71 à 82.

SEINE. — PARIS.

SOCIÉTÉ DES AMIS DES MONUMENTS PARISIENS.

Cette Société, dont le *Bulletin* n'a jamais paru bien régulièrement, semble avoir renoncé, depuis 1900, à donner une suite à son douzième volume qui est resté trois ans sous presse.

Le compte rendu de ses séances paraît, depuis cette époque, dans l'*Ami des monuments et des arts*, revue fondée en 1887 par M. Charles Normand et dont le quatorzième volume a paru en 1900.

14.

SEINE. — PARIS.

SOCIÉTÉ DES ANCIENS ÉLÈVES DE LA FACULTÉ DES LETTRES
DE L'UNIVERSITÉ DE PARIS.

La Société des anciens élèves de la Faculté des lettres de l'Université de Paris rentre dans la catégorie des Associations amicales qui ont été négligées dans notre *Bibliographie*, et nous n'en parlerions pas ici, si elle n'avait publié, au cours de l'année 1901, un volume de *Mélanges* dont presque tous les mémoires sont de nature à figurer dans notre répertoire.

Entre camarades, publié par la Société des anciens élèves de la Faculté des lettres de l'Université de Paris. (Paris, 1901, in-8°, II-467 p.)

2165. Audollent (Aug.). — Le culte de *Caelestis* à Rome, p. 3 à 12.

2166. Blondel (Georges). — Remarques sur le mode d'établissement des Celtes et des Germains dans l'Europe occidentale, p. 13 à 32.

2167. Pariset (G.). — Un transport de prisonniers français en Angleterre (1804), p. 33 à 44.

2168. Picavet (François). — Le moyen âge : caractéristique théologique et philosophico-scientifique, limites chronologiques, p. 45 à 75. — Cf. n° 2133.

2169. Prou (Maurice). — Esquisse de la politique monétaire des rois de France du x° au xiii° siècle, p. 77 à 86.

2170. Rocheblave (S.). — Le mausolée du maréchal de Saxe par J.-B. Pigalle, p. 87 à 123.

2171. Bérenger (Henri). — L'Hélène homérique, p. 127 à 138.

2172. Coville. — Sur une ballade de Christine de Pisan, p. 181 à 194.

2173. Legouis (Émile). — L'*Élève de la nature* [de Gaspard Guillard de Beaurieu (1763)], p. 219 à 236.

2174. Lintilhac (Eugène). — Odéon. Conférence sur le *Cid*, p. 237 à 256.

2175. Thomas (P. Félix). — Pierre Leroux [1797 † 1871], p. 257 à 268.

2176. Desdevises du Dézert (G.). — Le théâtre populaire à Madrid, p. 273 à 278.

2177. Hauvette (Henri). — Recherches sur le *De casibus virorum illustrium* de Boccace, p. 279 à 297.

2178. Dottin (G.). — De quelques faits d'influence consonantique à distance en gaélique, p. 301 à 310.

2179. Duvau (Louis). — Notes de sémantique, p. 311 à 317.

[I. Allemand *Gift*. — II. Positif et comparatif. — III. Allemand *Schloss*. — IV. Allemand *es gibt*.]

SEINE. — PARIS.

SOCIÉTÉ DES ANCIENS TEXTES FRANÇAIS.

Les publications de cette Société antérieures à 1885 ont été indiquées dans notre *Bibliographie générale*, t. III, p. 608 à 609, et les tomes I à XI de son *Bulletin* ont été analysés, *ibid.*, p. 609 à 611. — Les ouvrages qui ont paru postérieurement à 1885, et les tomes XII à XXVI du *Bulletin* seront indiqués ou analysés dans le Supplément.

2180. Delisle (Léopold) et Meyer (Paul). — L'Apocalypse en français au xiii° siècle (Bibl. nat. fr. 403). Introduction et texte (Paris, 1901, in-8°, 304 et

139 p.). Reproduction phototypique (Paris, 1900, in-fol., 90 pl. sur 45 feuillets, 2 feuillets de texte et 12 *pl.*).

SEINE. — PARIS.

SOCIÉTÉ D'ANTHROPOLOGIE.

Les tomes I à VI des *Mémoires* et I à XXVI des *Bulletins* de cette Société ont été analysés dans notre *Bibliographie générale*, t. III, p. 611 à 626. Les tomes VII et VIII des *Mémoires* et XXVII à XLI des *Bulletins* seront analysés dans le Supplément. La série des *Mémoires* n'est pas continuée au delà du tome II de la troisième série, paru de 1896 à 1902, et le titre des *Bulletins* est devenu *Bulletins et mémoires*.

SEINE. — PARIS.

SOCIÉTÉ DES ANTIQUAIRES DE FRANCE.

Les tomes I à XLVI des *Mémoires* publiés par cette Société ont été analysés dans notre *Bibliographie générale*, t. III, p. 632 à 656. — Les tomes I à XXIX de son *Bulletin* l'ont été, *ibid.*, p. 658 à 689. — Les tomes XLVII à LIX des *Mémoires*, et XXX à XLIV du *Bulletin* le seront dans le Supplément actuellement en préparation. En 1901, a paru, outre les volumes annuels des *Mémoires* et du *Bulletin*, le quatrième et dernier fascicule du tome II des *Mettensia*.

LX. — Mémoires de la Société nationale des Antiquaires de France, 6ᵉ série, t. X [1899]. (Paris, 1901, in-8°, 384 p.)

2210. Pottier (E.). — Note sur des poteries rapportées du Caucase par M. le baron de Baye, *pl. et fig.*, p. 1 à 16.

2211. Pallu de Lessert. — De la compétence respective du proconsul et du vicaire d'Afrique dans les démêlés donatistes, p. 17 à 32.

2212. Baye (Baron de). — Les oiseaux employés dans l'ornementation à l'époque des invasions barbares, *fig.*, p. 33 à 52.

2213. Delaborde (Comte). — Le plus ancien acte de Philippe Auguste, p. 53 à 62.

[Confirmation d'une charte d'Ebes de Charenton en faveur de Saint-Sulpice de Bourges (1179).]

2214. Cagnat (René). — Les ruines de Leptis Magna à la fin du xviiᵉ siècle, *pl. et fig.*, p. 63 à 78.

2215. Michon (É.). — Statues antiques trouvées en France, au Musée du Louvre. La cession des villes d'Arles, Nîmes et Vienne en 1822, *fig. et pl.*, p. 79 à 173.

2216. Stein (Henri). — Un fragment des tapisseries des victoires de Charles VII au château de Fontainebleau, *pl.*, p. 174 à 188.

2217. Blanchet (Adrien). — Étude sur les figurines de terre cuite de la Gaule romaine. Supplément, 6 *pl.*, p. 189 à 272. — Suite de LI, p. 65.

2218. Maurice (Jules). — Détermination de l'époque où furent frappées les monnaies qui portent au revers l'inscription *Constantiniana Dafne* et de la localité de Dafne désignée par cette légende, p. 279 à 288.

2219. Robert (Ulysse). — Le tombeau et les portraits de Philibert de Chalon, prince d'Orange [aux Cordeliers de Lons-le-Saunier], *pl.*, p. 289 à 304.

2220. Manteyer (Georges de). — Le sceau-matrice du comte d'Anjou Foulques-le-Jeune (1109-1144), *fig.*, p. 305 à 338.

2221. Poinssot (Louis). — Inscriptions [romaines] de Bulgarie, p. 339 à 381.

XLV. — Bulletin de la Société nationale des Antiquaires de France, 1901. (Paris. s. d., in-8°, 400 p.)

2222. Anonyme. — Extrait des procès-verbaux du 1ᵉʳ trimestre 1901, p. 60 à 143.

[L'Odéon de Carthage, p. 72. — Les *lapidarii Almanicenses* et *Almanticenses*, p. 72. — Les libraires anglais à Paris au xiiᵉ siècle, p. 74. — Description de l'église de Saint-Pair (Manche), p. 114. — Agueda (Portugal) et Agde (Hérault), p. 130. — Le Triomphe de la mort, peint sur les murs de l'ancien hospice de Palerme, p. 134. — Fermoir de livre du xiiᵉ siècle, trouvé à Laramière (Lot), p. 138.]

2223. Collignon (Max.). — Discours, p. 60.

[Éloges de Maximin Deloche, Samuel Berger, Lefort, de Marsy, général Pothier, Édouard Beaudoin, Nicaise, Janvier et Revoil.]

2224. Lasteyrie (R. de). — Dessin du xviiᵉ siècle représentant le château de Gisors, p. 73 à 74. — Cf. n° 172.

2225. Omont (H.). — *Doctrinal de noblesse*, conservé à la Bibliothèque nationale, p. 80 à 84.

2226. Bordeaux (P.). — Bas-relief de Hœrtchenlei [près Altliuster], *fig.*, p. 84 à 89.

2227. Vitry (Paul). — Inscriptions tracées sur le bord des manteaux de statues des xvᵉ et xviᵉ siècles, p. 89 à 95.

2228. Monceaux (P.). — Relation martyrologique appelée *Acta proconsularia Cypriani*, p. 97 à 99.

2229. Pallu de Lessert. — Inscriptions latines de Rome, p. 100 à 101.

2230. Mowat. — Inscription du Mercure de Lezoux, p. 102 à 103.

2231. Monceaux (P.). — Récits du martyre de saint Cyprien, p. 105 à 107.

2232. Perdrizet. — Note sur la douane de Beyrouth, p. 109 à 112.

2233. Anonyme. — Notes sur la géographie antique de la Palestine, p. 112 à 114.

2234. Roman (Joseph). — Hypocauste romain de Briançon, p. 115 à 116.

2235. Lafaye (G.). — Mosaïques de Villelaure (Vaucluse), *fig.*, p. 117 à 122.

2282. Cornet (Comte A.). — Registre de l'archiconfrérie parisienne du Saint-Sépulcre de Jérusalem, p. 319 à 320.

2283. Rouillet (L'abbé). — Triptyque de la collection Favier à Douai, p. 325 à 326.

2284. Héron de Villefosse (A.). — Tablettes de plomb provenant de Tunisie, *fig.*, p. 326 à 334.

2285. Héron de Villefosse. — Inscription de Landas-Dazinville (Tunisie), p. 335 à 336.

2286. Blanchet (A.).—Bas-relief d'Altlinster, p. 337 à 338.

2287. Monceaux (P.). — Tertullien et le costume des femmes, p. 339 à 341.

2288. Maurice (J.). — Monnaies représentant la consécration des empereurs, p. 341 à 342.

2289. Héron de Villefosse et Michon (É.). — Musée du Louvre. Département des antiquités grecques et romaines. Acquisitions de l'année 1901, p. 345 à 363.

II. — **Mettensia II, Mémoires et documents** publiés par la Société nationale des Antiquaires de France. Fondation Auguste Prost. (Paris, 1898[-1901], in-8°, xv-673 p. et facs.)

2290. Herbomez (A d'). — Cartulaire de l'abbaye de Gorze, ms. 826 de la bibliothèque de Metz. (Paris, 1898 [-1901], in-8°, xv-673 p. et facs.)

SEINE. — PARIS.

SOCIÉTÉ CENTRALE DES ARCHITECTES.

Les treize premiers volumes du journal *l'Architecture* publié par cette Société, de 1887 à 1900, seront analysés dans le Supplément de notre *Bibliographie générale*.

XIV. — **L'Architecture, journal hebdomadaire de la Société centrale des Architectes français,** 14° année, 1901. (Paris, 1901, in-fol., 473 p. et album de 71 pl. et v p.)

2291. Ballu (Albert). — Les fouilles de Timgad et de plusieurs villes de l'Algérie romaine, rapport au ministre de l'Instruction publique et des Beaux-arts, *fig.*, p. 199 à 203 et 207 à 212.

SEINE. — PARIS.

SOCIÉTÉ ASIATIQUE.

Les tomes I à CXXVII du *Journal* de cette Société ont été analysés dans notre *Bibliographie générale*, t. III, p. 691 à 738. — Les tomes CXXVIII à CLVII seront analysés dans le Supplément actuellement en préparation.

CLVIII. — **Journal asiatique...,** publié par la Société asiatique, 9° série, t. XVII. (Paris, 1901, in-8°, 575 p.)

2292. Aymonier (Étienne). — La stèle de Sdok Kàk Thom, *pl.*, p. 5 à 52.

2293. Finn (L.). — Le *Karma-Çataka*, p. 53, 257, et 410.

2294. Marçais. — Le *Taqrîb* de En-Nawawi, traduit et annoté, p. 101, 193, 524; et CLIX, p. 61. — Suite de CLVII, p. 315 et 478.

2295. Schwab (Moïse). — Notes sur Al-Harizi, p. 158 à 163.

2296. Chavannes (Éd.).— La société des Boxeurs en Chine, au commencement du xix° siècle, p. 164 à 168.

2297. Decourdemanche (J.-A.). — Note sur un dictionnaire persan d'histoire naturelle, p. 168 à 169.

2298. [Chabot (J.-B.)]. — Théodore Bar-Khouni et le *Livre des scholies*, p. 170 à 179.

2299. Nau (F.). — Fragment inédit d'une traduction syriaque jusqu'ici inconnue du *Testamentum D. N. Jesu Christi*, p. 232 à 256.

2300. Halévy (J.). — Éclaircissements sur I. Samuel, xv, 32; et Job, xxxviii, 31, p. 323 à 327.

2301. Charencey (De). — Sur les idiomes parlés dans l'île de Tarakai, p. 327 à 329.

2302. Vinson (Julien). — Un résumé tamoul de la philosophie Vèdanta, p. 329 à 331.

2303. Charencey (De). — Sur l'origine iranienne du mot français *houblon*, p. 331 à 334.

2304. Halévy (J.). — L'origine de la transcription du texte hébreu en caractères grecs dans les *Hexaples* d'Origène, p. 335 à 341. — Cf. n° 2309.

2305. Halévy (J.). — Une nouvelle déesse nabatéenne, p. 341 à 342.

2306. Halévy (J.). — Le nom ancien de la ville d'El-'Aûne, p. 342 à 343.

2307. Huart (Cl.). — Inscription arabe de la mosquée Seldjouqide de Divrigui (Asie Mineure), p. 343 à 346.

2308. Colabot (J.-B.). — Sur quelques inscriptions palmyréniennes récemment publiées, p. 346 à 349.

2309. Chabot (J.-B.). — À propos des *Hexaples*, p. 349 à 350. — Cf. n° 2304.

2310. Charencey (De). — Sur la langue santali, p. 350 à 351.

2311. Chauvin (Victor). — Un manuscrit inconnu de Louqmâne, p. 351.

2312. Houdas (O.). — Un mot grec dans la bouche de 'Ali, le gendre de Mahomet, p. 355 à 357.

2313. Senart (Émile). — Les Abhisambuddhagāthās dans le *Jātaka* pāli, p. 385 à 409.

2314. Specht (Édouard). — Du déchiffrement des monnaies sindo-ephthalites, *fig.*, p. 487 à 523.

2315. Vissière (A.). — Le nom chinois des zones neutres, p. 545 à 549.

2316. Grenard (F.). — Note sur les monuments du moyen âge de Malatia, Divrighi, Siwas, Darendeh, Amasia et Tokat, p. 549 à 558.

2317. E. D. [Drouin (E.)]. — Spécimen de textes leptcha, p. 558 à 563.

CLIX. — Journal asiatique... publié par la Société asiatique, 9° série, t. XVIII. (Paris, 1901, in-8°, 576 p.)

2318. Huart (Cl.). — Le véritable auteur du *Livre de la création et de l'histoire* [Moṭahhar ben Ṭâhir el-Maqdisi] p. 16 à 21.

2319. Farjenel (Fernand). — Les Esprits [en Chine], p. 21 à 29.

[2294]. Marçais. — Le *Taqrib* de En-Nawawi, traduit et annoté, p. 61 à 146.

2320. Cordier (D' P.). — Vāgbhaṭa, étude historique et religieuse, p. 147 à 181.

2321. Chavannes (Éd.). — De l'expression des vœux dans l'art populaire chinois, *fig.*, p. 193 à 233.

2322. Duval (Rubens). — Le Testament de saint Ephrem, p. 234 à 319. — Cf. CLX, p. 144.

2323. Vissière (A.). — Traité des caractères chinois que l'on évite par respect, p. 320 à 373.

2324. Littmann (Enno). — Deux inscriptions religieuses de Palmyre, le dieu שיע אלקום, *fig.* p. 374 à 390. — Cf. n° 2330.

2325. Mondon-Vidailhet (C.). — Étude sur le Harari, p. 401 à 499; et CLX, p. 5 à 50.

2326. Chabot (J.-B.). Notes d'épigraphie et d'archéologie orientale, *pl.*, p. 430 à 450. — Suite de CLI, p. 308; CLIII, p. 68; et CLVII, p. 249.

[IX. Quelques nouvelles inscriptions palmyréniennes, *pl.*, p. 430. — X. Inscriptions grecques de Syrie, p. 440. — XI. Une inscription bilingue, nabatéenne et grecque du Sinaï, p. 441.]

2327. Boyer (A.-M.). — Étude sur l'origine de la doctrine du Saṃsāra [transmigration], p. 451 à 499.

2328. Halévy (J.). — Quatre divinités sémitiques [Ba'al-Marcod, Μαδβαχος, Ιαύδα, ירד Yarid, Ζεὺς Σαφαθηνος], p. 513 à 517.

2329. Drouin (E.). — Sur les manuscrits de l'Asie centrale, p. 517 à 521.

2330. Clermont-Ganneau. — Note sur les deux inscriptions religieuses de Palmyre publiées par M. E. Littmann, p. 521 à 528. — Cf. n° 2324.

SEINE. — PARIS.

SOCIÉTÉ BIBLIOGRAPHIQUE.

Les tomes I à XLV du *Polybiblion*, publié par cette Société, ont été analysés dans notre *Bibliographie générale*, t. III, p. 752 à 767. — Le tome I des *Congrès bibliographiques* internationaux l'a été, *ibid.*, p. 768 à 769. — Les tomes XLVI à XC du *Polybiblion*, II à IV (1888 et 1898) des *Congrès bibliographiques*, et I à V (1890-1900) des *Congrès provinciaux* le seront dans le Supplément actuellement en préparation.

XCI. — Polybiblion. Revue bibliographique universelle, partie littéraire, 2° série, t. LIII (XCI de la collection). (Paris, 1901, in-8°, 576 p.)

2331. Divers. — Nécrologie, p. 81 à 84.

[Le chanoine Arbellot (1816 † 1900); J.-J. Valfrey (1838 † 1890); le D' E.-J. Bergeron († 1900); le D' A. Berne († 1900); M°° Quinet († 1900), Camille Folletête (1833 † 1900).]

2332. Divers. — Nécrologie, p. 173 à 178.

[Jacques-Victor-Albert, duc de Broglie (1821 † 1901), p. 173; Henri de Bornier (1825 † 1901); Charles Hermite (1822 † 1901); Adolphe Chatin (1813 † 1901); Maurice Block († 1901); Ludovic Drapeyron (1839 † 1901); Arthur Desjardins (1835 † 1901); l'abbé François Guinand (1814 † 1900).]

2333. Divers. — Nécrologie, p. 264 à 269.

[Arthur de la Borderie (1827 † 1901); Jules Barbier (1822 † 1901); Armand Silvestre (1837 † 1901); le Dʳ Ollier († 1901); dom Louis Levéque († 1900); Mᵐᵉ Elme Caro († 1901); Mˡˡᵉ Marie Pellechet († 1900); Sophus Schandorph (1837 † 1901); J.-A. Scartazzini (1837 † 1901); Mandell Creighton († 1901).]

2334. Divers. — Nécrologie, p. 366.

[Ch. Le Senne (1848 † 1901); Louis Noir († 1901); F. K. Biedermann († 1901).]

2335. Divers. — Nécrologie, p. 462 à 466.

[G.-C. Calemard de la Fayette (1815 † 1901); l'abbé Alfred Vacant (1852 † 1901); Mᵍʳ X. Barbier de Montault (1830 † 1901); Mᵐᵉ E. de Pressensé (1827 † 1901); L.-A. Sabatier (1839 † 1901); Louis Ménard (1822 † 1901); Maxime Corou († 1901); Jules Forni († 1901); Félix Grus († 1901); Miss Charlotte Mary Yonge (1823 † 1901).]

2336. Divers. — Nécrologie, p. 541 à 544.

[Le comte Amédée de Bourmont (1860 † 1901); le comte Th.-J. de Puymaigre (1816 † 1901); H.-P.-L. Marès (1820 † 1901); l'abbé V. Ménard (1836 † 1901); Amédée Lefèvre-Pontalis (1833 † 1901); Franz Susemihl († 1901).]

XCII. — Polybiblion. Revue bibliographique universelle, partie littéraire, 2ᵉ série, t. LIV (XCII de la collection). (Paris, 1901, in-8°, 576 p.)

2337. Divers. — Nécrologie, p. 80 à 82.

[Eugène Manuel († 1901); F. Corréard (1853 † 1901); de Sarzec (1835 † 1901).]

2338. Divers. — Nécrologie, p. 177 à 179.

[Bleicher (1839 † 1901); D.-A. Parodi (1840 † 1901); J. Laferrière (1840 † 1901); G. Alix (1834 † 1901); Don Miguel Colmeiro y Penido (1816 † 1901); Don Juan Mañé y Flaquer († 1901).]

2339. Divers. — Nécrologie, p. 274 à 278.

[Le prince Henri d'Orléans (1867 † 1901); Mᵍʳ Iscard (1820 † 1901); A.-E. Chaignet (1819 † 1901); Valson (1826 † 1901); l'amiral J.-P.-E. de Fauque de Jonquières (1820 † 1901); Achille Mir (1822 † 1901); de Lacaze-Duthiers (1821 † 1901); C.-L. Chassin (1831 † 1901); A. Le Roy de Méricourt (1825 † 1901); E.-M.-J.-M., prince de Polignac (1834 † 1901); A.-E. Nordenskjöld (1832 † 1901).]

2340. Divers. — Nécrologie, p. 367 à 369.

[Alexandre Sorel (1826 † 1901); Edmond Audran (1842 † 1901); Karl Weinhold († 1901).]

2341. Divers. — Nécrologie, p. 463 à 465.

[Kœnig (1822 † 1901); Isaac Taylor († 1901); Urbain Roucoux (1845 † 1901); Paul Henrion (1819 † 1901); le duc Gennaro di San Donato (1823 † 1901).]

2342. Divers. — Nécrologie, p. 538 à 539.

[Le Dʳ A.-E. Foley (1820 † 1901); Carter († 1901).]

XCIII. — Polybiblion. Revue bibliographique universelle, partie technique, 2ᵉ série, t. XXVII (XCIII de la collection). (Paris, 1901, in-8°, 560 p.)

SEINE. — PARIS.

SOCIÉTÉ DES COLLECTIONNEURS D'EX-LIBRIS.

Les tomes I à VII du *Recueil* publié par cette Société, parus de 1894 à 1900, seront analysés dans le Supplément de notre *Bibliographie générale*, actuellement en préparation.

VIII. — Archives de la Société française des collectionneurs d'ex-libris, 8ᵉ année. (Paris, 1901, gr. in-8°, 192 p.)

2343. Borry (Comte de). — Des images de saints comme ex-libris, marque de Pierre-François Perrey, *fig.* et *pl.*, p. 3 à 5.

2344. Jourdanne (Gaston). — Notes sur quelques bibliophiles de l'Aude, *fig.* et *pl.*, p. 6 à 13.

2345. Advielle (Victor). — Les ex-libris d'un cabinet de lecture allemand de la rue du Caire, à Paris [1800-1830?], *fig.*, p. 13 à 14.

2346. Pas (J. de). — Ex-libris de Christophe de Morlet, évêque de Saint-Omer (1632-1633), *pl.*, p. 19.

2347. Beauchamp (P.-R. de). — Jean-Numa Dast Le Vacher de Boisville, *pl.* et *fig.*, p. 21 à 24.

2348. Bouland (Dʳ L.). — Ex-libris et fer de reliure du maréchal de Maillebois, *fig.*, p. 25 à 27. — Cf. nᵒ 2370.

2349. Perrier (Émile). — Ex-libris de l'abbaye de Montmajour, *fig.*, p. 27 à 29.

2350. Braux (Baron de). — Les ex-libris de Louis de Poilly, *pl.* et *fig.*, p. 34 à 36.

2351. Bizemont (Comte de). — Les ex-libris d'Édouard et de Charles de Beaufort d'Epotheimont, *fig.* et *pl.*, p. 36 à 39.

2352. Bouland (D' L.). — Bibliothèque de la ville de Rochefort-sur-Mer, *pl.*, p. 40 à 41.

2353. Engelmann (Ed.). — Ex-libris de Jules Degermann, *fig.*, p. 42 à 44.

2354. Divers. — A propos du blason de Christophe de Morlet, p. 44 à 45, et 61 à 62.

2355. Gruel (Léon). — Les ex-libris français à l'époque de la Terreur révolutionnaire, *fig.* et 2 *pl.*, p. 51 à 61.

2356. Dujarric-Descombes (A.). — L'ex-libris de Monseigneur George, évêque de Périgueux, *fig.*, p. 62 à 63.

2357. Pas (Justin de). — Trois ex-libris lorrains de la famille Hanus de Saint-Eusèbe, *fig.* et *pl.*, p. 67 à 69.

2358. Mar (Léopold). — René Pucelle et son ex-libris, *fig.*, p. 72 à 74.

2359. Bouland (D' L.). — Reliures aux armes de Hélie du Fresnoy (1614-1698), *fig.* et *pl.*, p. 83 à 85.

2360. Mar (Léopold). — Ex-libris du général Jomini (1779 † 1869), *fig.*, p. 86 à 88.

2361. Richebé (R.). — Ex-libris d'Alexandre Grégoire de Vichet, trésorier général de France à Montpellier, *fig.* et *pl.*; p. 88 à 89.

2362. Bouland (D' L.). — Ex-libris de J.-P.-A. Madden, p. 90.

2363. Burey (Comte de). — Ex-libris de Chambray (commencement du XVIII° s.), *fig.*, p. 91 à 93.

2364. Rizemont (Comte Arthur de). — Les ex-libris du général baron de Vincent, *fig.* et 2 *pl.*, p. 99 à 102.

2365. Richebé (R.). — Bibliothèque de la princesse de Talmond à Fleury-en-Bière, *fig.*, p. 102 à 104.

2366. Verster (J.). — Ex-libris hollandais, *fig.* et *pl.*, p. 113 à 118.

2367. Dujarric-Descombes (A.). — L'ex-libris de Jean-Louis-Antoine du Lau, marquis d'Allemans, *fig.*, p. 120 à 125.

2368. Des Meloizes (Marquis). — Ex-libris de l'archevêché de Bourges, p. 126 à 128.

2369. Verster (J.-F.). — Les cinq ex-libris de C.-J.-E. van Hultem, *pl.* et *fig*, p. 129 à 134.

2370. Bouland (D' L.). — Le fils au lieu du père, Marie-Yves des Marelz et non pas le maréchal de Maillebois, *fig.*, p. 135 à 137. — Cf. n° 2348.

2371. Advielle (Victor). — Les ex-libris du D' Toursel d'Arras, *fig.*, p. 145 à 148.

2372. Richebé (R.). — Ex-libris picards de Haussy de Robécourt, *fig.*, p. 149 à 151.

2373. Fézensac (Duc de). — L'ex-libris de M°° de Vintimille, *pl.*, p. 151 à 153.

2374. Bouland (D' L.). — Devises françaises figurant sur des ex-libris anglais ou américains, 2 *pl.*, p. 154 à 158, et 167 à 172.

2375. Bouland (D' L.). — Ex-libris de Clément-Charles François de Laverdy et de sa femme Élisabeth-Catherine de Vin, *fig.*, p. 162 à 164.

2376. Tourneux (Maurice). — Ex-libris, monogramme et devise de Philippe Burty, *fig.* et *pl.*, p. 164 à 166.

2377. Pas (Justin de). — Ex-libris du chevalier de Laurétan, *fig.*, p. 172 à 174.

2378. Bouland (L.). — Ex-libris des religieuses carmélites de Paris, *fig.*, p. 178 à 180.

SEINE. — PARIS.

SOCIÉTÉ DE L'ÉCOLE DES CHARTES.

Les tomes I à XLVI de la *Bibliothèque de l'École des Chartes* publiée par cette Société ont été analysés dans notre *Bibliographie générale*, t. IV, p. 1 à 34. — Les tomes XLVII à LXI seront analysés dans le Supplément actuellement en préparation.

LXII. — Bibliothèque de l'École des Chartes, revue d'érudition consacrée spécialement à l'étude du moyen âge, t. LXII, année 1901. (Paris, 1901, in-8°, 746 p.)

2379. Omont (Henri). — Notice sur la vie et les travaux de M. Arthur Giry [1848 † 1899], p. 5 à 14. — Cf. id. n°° 1990 et 2087.

2380. Lesort (André). — Un document inédit concernant la diplomatie de Louis XI, à propos de la neutralité de Tournai (1478-1479), p. 15 à 24.

2381. Jarry (E.). — Actes additionnels au contrat de mariage de Louis d'Orléans et de Valentine Visconti, p. 25 à 51.

2382. Moranvillé (H.). — Note sur l'origine de quelques passages de Monstrelet, p. 52 à 56.

2383. Omont (Henri). — Le recueil d'anciennes écritures de Pierre Hamon (1566-1567), p. 57 à 73.

2384. Delisle (Léopold). — Discours d'ouverture du Congrès des bibliothécaires réuni à Paris en août 1900, p. 74 à 83.

2385. Lasteyrie (Comte de). — Discours à l'occasion de la mort de M. de la Borderie [1827 † 1901], p. 84 à 89. — Cf. id. n°° 2002 et 2085.

2386. Lastetrie (Comte de). — Discours à l'occasion de la mort de M. Célestin Port [1828 † 1901], p. 90 à 94. — Cf. id. n⁰ˢ 2007 et 2086.

2387. Giard (René). — Jules Périn [1834 † 1900], p. 141 à 142.

2388. Lauer (Ph.). — Installation photographique pour le service d'une bibliothèque, p. 145 à 149.

2389. Omont (Henri). — Inscriptions mérovingiennes de l'ivoire Barberini [musée du Louvre], p. 152 à 155. — Cf. id. n° 1926.

2390. [Omont (Henri)]. — Le manuscrit des fables de Phèdre de Saint-Remi de Reims, p. 156.

2391. [Omont (Henri)]. — Manuscrit de Boèce conservé à Orléans, copié au xᵉ siècle par le clerc Albinus, p. 157.

2392. [Delisle (Léopold)]. — Ancienne édition non signalée du Doctrinal d'Alexandre de Villedieu, p. 158 à 159.

2393. [Delisle (Léopold)]. — Le dominicain Jean Tisserant, p. 160. — Cf. LXI, p. 595, et ci-dessous, n° 2427.

2394. [Omont (H.)]. — Traduction des Distiques de Caton, par Olivier Le Fèvre d'Ormesson, p. 161.

2395. [Delisle (Léopold)]. — Rouleaux des morts [Saint-Pierre et Saint-Bavon, de Gand], p. 161 à 162.

2396. Delaborde (H.-François). — Les classements du Trésor des chartes antérieurs à la mort de saint Louis, p. 165 à 180.

2397. Moranvillé (H.). — L'inventaire de l'orfèvrerie et des joyaux de Louis Iᵉʳ, duc d'Anjou, p. 181 à 222.

2398. La Roncière (Ch. de). — François Iᵉʳ et la défense de Rhodes, p. 223 à 240.

2399. Omont (Henri). — La bibliothèque d'Angliberto del Balzo, duc de Nardò et comte d'Ugento au royaume de Naples, p. 241 à 250.

2400. Langlois (Ernest). — Une rédaction en prose de l'Ovide moralisé, p. 251 à 255.

2401. Delisle (Léopold). — Les litteræ tonsæ à la Chancellerie romaine au xIIIᵉ siècle, pl., p. 256 à 263.

[Bulle de Grégoire IX pour l'église de Saint-Omer, 14 avril 1234.]

2402. Giard (René). — Diplôme inédit de Pépin Iᵉʳ d'Aquitaine [pour Saint-Mesmin de Micy, 835], p. 264 à 265.

2403. [Omont (H.)]. — Le comte Amédée de Bourmont [1860 † 1901], p. 305 à 306.

2404. [Omont (H.)]. — Vente de manuscrits du comte d'Ashburnham, p. 310 à 312.

2405. [Delisle (L.)]. — Nouveau témoignage de la célébrité de Lanfranc, p. 313 à 315.

[Bulles de Clément III.]

2406. Delisle (Léopold). — Le livre royal de Jean de Chavenges, notice sur un manuscrit du Musée Condé, p. 317 à 348.

2407. Thomas (Antoine). — Le mois de deloir, p. 349 à 355. — Cf. n° 2040.

2408. Stein (Henri). — Odyssée d'un chevalier beauceron [Tassin Gandin] au xvᵉ siècle, p. 356 à 361.

2409. Couderc (Camille). — Les manuscrits de l'abbaye de Grandmont, p. 362 à 373.

2410. Férotin (Dom Marius). — Deux manuscrits wisigothiques de la bibliothèque de Ferdinand Iᵉʳ, roi de Castille et de Léon, p. 374 à 387. — Cf. n° 2424.

2411. La Roncière (Ch. de). — Georges Salles [1870 † 1901], p. 430 à 431.

2412. [Delisle (L.)]. — Une bible de Henri IV à Genève, p. 441 à 442.

2413. [Delisle (L.)]. — La bibliothèque de Meaux en l'an VIII [d'après Arnoul Carangeot], p. 442 à 444.

2414. [Omont (H.)]. — Le manuscrit d'Orose de la Bibliothèque impériale de Saint-Pétersbourg [provenant de Corbie], p. 444.

2415. Levillain (L.). — Étude sur les lettres de Loup de Ferrières, p. 445; et LXIII, p. 69, 289 et 537.

2416. Giard (René). — Catalogue des actes des rois d'Aquitaine Pépin Iᵉʳ et Pépin II, p. 510 à 531.

2417. Poupardin (René). — Deux ouvrages inconnus de Fernand de Cordoue, p. 532 à 542.

2418. Delisle (Léopold). — Origine frauduleuse du ms. 191 Ashburnham-Barrois, p. 543 à 554.

[Faux ex-libris de Charles V et de Jean, duc de Berri. La Bible de Charles V par Raoulet d'Orléans.]

2419. Omont (Henri). — Catalogue des manuscrits Ashburnham-Barrois, récemment acquis par la Bibliothèque nationale, p. 555 à 610; et LXIII, p. 10 à 68.

2420. Lecacheux (Paul). — Les statuts synodaux de Coutances de l'année 1479, d'après un manuscrit du fonds de la reine Christine à la Bibliothèque du Vatican, p. 611 à 617.

2421. Moranvillé (H.). — Il n'y a pas de «croix de Lorraine», p. 618 à 621.

2422. Wallon (H.). — Notice historique sur la vie et les travaux de Auguste-Siméon Luce [1833 † 1892], p. 622 à 649. — Cf. id. n⁰ˢ 2071 et 2083.

2423. [Anonyme]. — Georges Bourbon († 1901), p. 694 à 695.

2424. Morin (Dom G.). — Le psautier visigothique de Compostelle, p. 712 à 714. — Cf. n° 2410.

2425. R. G. (Giard (R.)). — De l'emploi de l'ère chrétienne dans les actes carolingiens, p. 715.

2426. [Delisle (Léopold)]. — Chanson en l'honneur de musiciens anglais, p. 716 à 719.

2427. [Delisle (Léopold)]. — Le franciscain Jean Tisserant, p. 719 à 720. — Cf. n° 2393.

2428. Flament (Pierre). — Une bible de la famille Dupuy, p. 720 à 722.

SEINE. — PARIS.

SOCIÉTÉ D'ÉCONOMIE SOCIALE.

Les tomes I à X de la *Réforme sociale* publiée par cette Société ont été analysés dans notre *Bibliographie générale*, t. IV, p. 43 à 48 . — Les tomes XI à XL le seront dans le Supplément actuellement en préparation.

XLI. — La Réforme sociale. Bulletin de la Société d'Économie sociale et des Unions de la paix sociale, fondées par P.-F. Le Play, 5ᵉ série, t. I (XLI de la collection). 21ᵉ année, janvier-juin 1901. (Paris, 1901, in-8°, 1000 p.)

2429. Funck-Brentano (Frantz). — La formation des villes dans l'Europe occidentale aux origines de la civilisation moderne, p. 130 à 145.

2430. Foureau. — La mission Foureau-Lamy, *carte*, p. 519 à 546.

2431. Glasson (E.). — Les anciens baux et leur suppression, p. 921 à 927.

XLII. — La Réforme sociale. Bulletin de la Société d'Économie sociale et des Unions de la paix sociale, fondées par P.-F. Le Play, 5ᵉ série, t. II (XLII de la collection), 21ᵉ année, juillet-décembre 1901. (Paris, 1901, in-8°, 940 p.)

2432. Martin Saint-Léon (Ét.). — Le tour de France, mœurs et coutumes de compagnonnage, p. 644 à 665.

SEINE. — PARIS.

SOCIÉTÉ DE L'ENSEIGNEMENT SUPÉRIEUR.

Les tomes I à X de la *Revue internationale de l'enseignement* publiée par cette Société ont été analysés dans notre *Bibliographie générale*, t. IV, p. 49 à 52. — Les tomes XI à XL seront analysés dans notre Supplément.

XLI. — Revue internationale de l'enseignement, publiée par la Société de l'enseignement supérieur..., rédacteur en chef, François Picavet, t. XLI, janvier à juin 1901. (Paris, 1901, in-8°, 586 p.)

2433. Clerc (Michel). — Le musée archéologique du Château-Borély, à Marseille, p. 5 à 14.

2434. Collignon (Max.). — Cours d'archéologie de la Faculté des lettres de l'Université de Paris, p. 97 à 108.

2435. Darboux (Gaston). — L'association internationale des Académies, p. 193 à 210.

2436. Brunot (Ferdinand). — Leçon d'ouverture du cours d'histoire de la langue française, p. 238 à 256.

2437. Picavet (François). — Phavorinos d'Arles, prédécesseur de J.-J. Rousseau, p. 257 à 262.

2438. Benoit (François). — L'enseignement de l'histoire de l'art et l'Institut d'histoire de l'art de l'Université de Lille, p. 526 à 539.

XLII. — Revue internationale de l'enseignement..., rédacteur en chef, M. François Picavet, t. XLII, juillet à décembre 1901. (Paris, 1901, in-8°, 585 p.)

2439. Fortier (Alcée). — Résumé de l'histoire de l'éducation en Louisiane, p. 5 à 9.

2440. Desdevises du Dézert (G.). — Un concours à l'Université d'Alcala en 1792, p. 97 à 100.

2441. Loisel (Gustave). — Origine et développement de l'enseignement de l'histoire naturelle à la Faculté des sciences de Paris, p. 154 à 160, et 227 à 233.

2442. Picavet (François). — L'histoire des écoles et de l'enseignement du VIIIᵉ au XIIIᵉ siècle, p. 339 à 348.

SEINE. — PARIS.

SOCIÉTÉ D'ETHNOGRAPHIE.

Nous avons indiqué dans le tome IV, p. 53 à 104, de notre *Bibliographie générale*, la liste complète des publications de cette Société jusqu'en 1900. Malgré le nombre apparent de ses Sections, elle n'a fait paraître, en 1901, qu'un seul volume complet, il fait suite à la série de 21 volumes formant la collection des *Mémoires* du Comité sinico-japonais. Elle a en outre achevé un volume auquel on a joint un titre qui permet de l'intercaler dans la collection de ses *Mémoires*.

Mémoires de la Société d'Ethnographie, seconde série, t. II. (Paris, 1901, in-8°, XXIV-312 p.)

2443. Rosny (Lucien de). — Recherches ethnographiques sur les serments, ouvrage posthume publié par C.-A. Pret, t. I, p. 1 à XXIV, et 1 à 312.

[Nous avons déjà signalé cet ouvrage au tome IV de notre *Bibliographie générale*, n° 63766. Il devait primitivement être complet en un volume formant le tome II des *Archives ethnographiques*. Il doit maintenant en former deux, dont le premier, après être resté sous presse une douzaine d'années, vient d'être achevé et muni d'un titre qui en fait le second volume d'une série dont le premier volume comprend les articles que nous avons énumérés sous les n° 63761 à 63765 de notre tome IV.]

XXII. — **Mémoires de la Société d'Ethnographie. Comité sinico-japonais,** 3° série, bibliothèque sinico-japonaise, t. II, 22° de la collection complète. (Paris, 1901, in-8°, XVI-336 p.)

2444. Rosny (Léon de). — Feuilles de Momidzi. Études sur l'histoire, la littérature, les sciences et les arts des Japonais, p. 1 à XVI, et 1 à 336.

SEINE. — PARIS.

SOCIÉTÉ DES ÉTUDES HISTORIQUES.

Les tomes I à LVI de la *Revue* publiée par cette Société ont été analysés dans notre *Bibliographie générale*, t. IV, p. 108 à 132. — Les tomes LVII à LXXI le seront dans le Supplément actuellement en préparation.

LXXII. — **Revue des Études historiques,** 67° année, 1901. (Paris, s. d., in-8°, 596 p.)

2445. Courteault (Henri). — Souvenirs d'enfance et de jeunesse de la marquise de Villeneuve-Arifat, p. 5 à 36, 141 à 165, et 225 à 269.

2446. Pélissier (Léon-G.). — Un emblème séditieux à Venise en 1791, p. 37 à 49.

2447. Bittard des Portes (René). — Les représentants aux armées [Hentz et Francastel à l'armée de l'Ouest], p. 57 à 60.

2448. Funck-Brentano (Frantz). — La captivité, le procès et la mort de Marie-Antoinette, p. 97 à 115.

2449. Lacour-Gayet (G.). — Préliminaires de la guerre maritime de Sept ans, p. 116 à 126.

2450. Batcave (Louis). — Commentaire historique d'un passage de Montaigne [relatif au village de Lahontan], p. 127 à 140.

2451. Stryienski (Casimir). — Le secret de la Dauphine (1756-1761), p. 193 à 207.

2452. Nass (D' Lucien). — Catherine de Médicis fut-elle empoisonneuse? p. 208 à 224.

2453. Lebey (André). — Le condottiere Castruccio Castracani, p. 289 à 327, et 411 à 450.

2454. Auzoux (André). — Les derniers jours d'une colonie hollandaise, la prise du Cap en 1795, p. 328 à 339.

2455. Funck-Brentano (Frantz). — Les prisons de Paris en 1644, p. 348 à 353.

2456. Ancel (Jacques). — Une page inédite de Saint-Simon [sur les compagnies coloniales], p. 385 à 401.

2457. Vaissière (Pierre de). — Chateaubriand et son retour de l'émigration (1800-1801) d'après des documents inédits, p. 402 à 410.

2458. Funck-Brentano (Frantz). — Le camp de Turenne à Sasbach, p. 451 à 453.

2459. Peyre (Roger). — Une amie de L'Hospital et de Ronsard. Marguerite de France, duchesse de Berry, duchesse de Savoie, p. 489 à 514; et LXXIII, p. 27 à 68, et 140 à 164.

2460. Prikus (Charles). — La patrie d'Eustache Deschamps, p. 515 à 541.

2461. Saint-Chéron (René de). — La conversion de Dante et le jubilé de l'an 1300, p. 542 à 550.

2462. Depoin (Joseph). — Note sur une chronique sénonaise inédite du commencement du XIII° siècle, p. 551 à 554.

BIBLIOGRAPHIES CRITIQUES.

2463. Funck-Brentano (Frantz). — Introduction aux bibliographies critiques. (Paris, s. d., in-8°, 7 p.)

2464. Funck-Brentano (Frantz). — La prise de la Bastille (1789, 14 juillet). (Paris, s. d., in-8°, 8 p.)

2465. Martin (Germain). — Bibliographie critique de l'histoire de l'industrie en France avant 1789. (Paris, s. d., in-8°, paginé 361 à 387.)

2466. Urbain (Ch.). — Bossuet. (Paris, s. d., in-8°, 31 p.)

2467. Curzon (Henri de). — Frantz Schubert. (Paris, s. d., in-8°, 7 p.)

2468. Lehautcourt (Pierre). — La guerre de 1870-1871. (Paris, s. d., in-8°, 27 p.)

2469. Guy (Henry). — Le trouvère Adan de le Hale. (Paris, s. d., in-8°, 12 p.)

2470. Morel-Fatio (Alfred) et Rouanet (Léo). — Le théâtre espagnol. (Paris, s. d., in-8°, 47 p.)

2471. Dodgson (Campbell). — Lucas Cranach. (Paris, s. d., in-8°, 17 p.)

2472. Decharme (Pierre). — La colonisation allemande. (Paris, s. d., in-8°, 31 p.)

2473. Dumoulin (Maurice). — L'histoire du Forez et du Roannais. (Paris, s. d., in-8°, 20 p.)

2474. Asse (Eugène). — Jean-Jacques Rousseau. (Paris, s. d., in-8°, 12 p.)

2475. Griselle (E.). — Bourdaloue. (Paris, s. d., in-8°, 23 p.)

2476. Cagnat (René). — Épigraphie latine. (Paris, s. d., in-8°, 24 p.)

2477. Curzon (Henri de). — Hoffmann. (Paris, s. d., in-8°, 9 p.)

SEINE. — PARIS.

SOCIÉTÉ DES ÉTUDES JUIVES.

Les tomes I à X de la *Revue* publiée par cette Société ont été analysés dans notre *Bibliographie générale*, t. IV, p. 137 à 141. — Les tomes XI à XLI seront analysés dans le Supplément actuellement en préparation.

XLII. — Revue des Études juives, publication trimestrielle de la Société des Études juives, t. XLII. (Paris, 1901, in-8°, XL-288 p.)

2478. Philippson (Martin). — Louis Philippson [1811 † 1889], son œuvre et son action dans le judaisme moderne, p. XXIV à XL.

2479. Reinach (Théodore). — La pierre de Myndos, *fig.*, p. 1 à 6.

2480. Weill (Julien). — Les mots תָּפֵךְ וְנִקְבֶּיךָ dans la complainte d'Ézéchiel sur le roi de Tyr (XXVIII, 11-19), p. 7 à 13.

2481. Schapiro (Dr D.). — Les connaissances médicales de Mar Samuel, p. 14 à 26.

2482. Krauss (Samuel). — Dosithée et les Dosithéens, p. 27 à 42.

2483. Bacher (W.). — Contribution à l'onomatologie talmudique, p. 43 à 47.

2484. Brandin (Louis). — Les gloses françaises (loazim) de Gerschom de Metz, p. 48, 237; et XLIII, p. 72.

2485. Eppenstein (S.). — Ishak ibn Baroun et ses comparaisons de l'hébreu avec l'arabe, p. 76 à 102. — Suite et fin de XLI, p. 233.

2486. Reinach (Théodore). — Charles de Valois et les juifs, p. 103 à 110.

2487. Schwab (Moïse). — Une bible manuscrite de la bibliothèque de Besançon, *fig.*, p. 111 à 118.

2488. Mayer-Lambert. — Notes exégétiques et grammaticales, p. 119, 265; et XLIII, p. 268.

2489. Chajes (H.-P.). — Quelques remarques sur les citations bibliques dans le Talmud, p. 123 à 125.

2490. Büchler (Ad.). — Une localité énigmatique mentionnée sur la mosaïque de Madaba [Beth-Marzéah et Mayoumas], p. 125 à 128.

2491. MONCEAUX (Paul). — La Bible latine en Afrique, p. 129 à 172; et XLIII, p. 15 à 49.

2492. EPSTEIN (A.). — La querelle au sujet du calendrier entre Ben Méïr et les académies babyloniennes, p. 173 à 210.

2493. BUECHLER (A.). — חתיכה ופסיפס, expression désignant les docteurs de la loi, p. 211 à 219.

2494. BUECULER (Ad.). — Les Dosithéens dans le Midrasch, p. 220 à 231; et XLIII, p. 50 à 71.

2495. GINSBURGER (M.). — La traduction de la Bible d'après Haï Gaon, p. 232 à 236.

2496. HEMERDINGER (Gabriel). — Le dénombrement des israélites d'Alsace (1784), p. 253 à 264.

2497. GINSBURGER (M.) et LÉVI (Israël). — Note sur l'Ecclésiastique, XLIX, 14, p. 267 à 269.

2498. LÉVI (Israël). — Le livre d'Éléazar ben Iraï, p. 270 à 273.

2499. SCHWAB (Moïse). — Un secrétaire de Raschi, p. 273 à 277.

2500. KAYSERLING (M.). — Nouvelle note sur la bibliothèque de Léon Mosconi, p. 277 à 279. — Cf. XL, p. 168 et 178.

___

XLIII. — **Revue des Études juives**, publication trimestrielle de la Société des Études juives, t. XLIII. (Paris, 1901, in-8°, 320 p.)

2501. GOLDZIHER (L.). — Mélanges judéo-arabes, p. 1 à 14; XLIV, p. 63 à 72; et XLV, p. 1 à 12.

[2491]. MONCEAUX (Paul). — La Bible latine en Afrique, p. 15 à 49.

[2494]. BÜCHLER (A.). — Les Dosithéens dans le Midrasch, p. 50 à 71.

[2484]. BRANDIN (Louis). — Les gloses françaises (loazim) de Gerschom de Metz, p. 72.

2502. SELIGSOHN (M.). — Azharot en judéo-persan, p. 101 à 116.

2503. SCHWAB (Moïse). — Inscriptions hébraïques en

Bretagne [à Quimperlé et à Landerneau, XVIᵉ-XVIIᵉ s.], p. 117 à 122.

2504. KAYSERLING (M.). — Notes sur l'histoire des juifs en Espagne [à Cordoue], p. 123 à 128.

2505. MAYER-LAMBERT. — De la consécration (Lévitique, XXVII, 1-24), p. 129 à 132.

2506. GINSBURGER (M.). — Deux lettres d'Emmanuel Porto [1641-1642], p. 133 à 135.

2507. REINACH (Salomon). — Note sur une famille juive [les Lévi] de Novellara (Italie), p. 135 à 138.

2508. MARMIER (G.). — Contributions à la géographie de la Palestine et des pays voisins, p. 161 à 192; XLIV, p. 29 à 44; et XLV, p. 165 à 171. — Suite de XXXV, p. 185.

2509. LÉVI (Isidore). — Cultes et rites syriens dans le Talmud, p. 183 à 205.

2510. MAYER-LAMBERT. — Les anomalies du pluriel des noms en hébreu, p. 206 à 214.

2511. LÉVI (Israël). — Sur les deux premiers livres des Macchabées, p. 215 à 230.

2512. LÉVI (Israël). — Afiquia, femme de Jésus, fils de Sira, p. 231 à 236.

2513. LÉVI (Israël). — Un recueil de consultations inédites de rabbins de la France méridionale, p. 237 à 258; et XLIV, p. 73 à 86. — Suite et fin de XXXVIII, p. 103; et XXXIX, p. 76 et 226.

2514. KAYSERLING (M.). — Un chansonnier marrane, Antoine de Montoro [XVᵉ s.], p. 259 à 267.

[2488]. MAYER-LAMBERT. — Notes exégétiques, p. 268 à 269.

2515. KAMINKA (Armand). — Quel est le psaume de la dédicace du Temple? p. 269 à 272.

2516. REINACH (Théodore). — L'augure Fulvius et l'Enfant Jésus, p. 273 à 274.

2517. KAYSERLING (M.). — Un conflit dans la communauté hispano-portugaise d'Amsterdam, ses conséquences [1618], p. 275 à 276.

2518. KAYSERLING (M.). — Les juifs de Naples [1528], p. 277.

2519. LÉVI (Israël). — Revue bibliographique, année 1901, p. 278 à 305.

SEINE. — PARIS.

___

SOCIÉTÉ DE GÉOGRAPHIE.

Les tomes I à CXXIV du *Compte rendu* et du *Bulletin* de cette Société ont été analysés dans notre *Bibliographie générale*, t. IV, p. 143 à 190. — Les tomes CXXV à CLII des mêmes *Compte rendu* (1886-1899) et *Bulletin* (7ᵉ série, VII à XX) seront analysés dans le Supplément actuellement en préparation.

En 1900, la Société de géographie a cessé la publication de ses *Compte rendu* et *Bulletin* et les a remplacés par un autre recueil intitulé la *Géographie*. Les tomes I et II de ce recueil seront analysés dans notre Supplément.

Quant au *Congrès national des Sociétés françaises de géographie*, nous rappelons qu'il a été fondé en 1878 par la *Société de géographie* de Paris, et le compte rendu de la première session a été publié par elle; mais, dès 1879, elle a renoncé à en assumer la direction, et ce soin est échu à tour de rôle aux Sociétés locales existant dans les diverses villes où le Congrès a siégé successivement. Les comptes rendus des sept premières sessions ont été analysés dans notre tome IV, p. 192 à 193; ceux des huitième à vingt et unième sessions le seront dans notre Supplément. En 1901 la session a eu lieu à Nancy, et le compte rendu a été publié par les soins de la Société de géographie de l'Est. C'est donc seulement pour nous conformer à l'ordre suivi dans la première partie de notre ouvrage que nous lui donnons place ici.

III. — La Géographie. Bulletin de la Société de Géographie, publié... par le baron Hulot... et M. Charles Rabot... t. III, 1ᵉʳ semestre 1901. (Paris, 1901, in-8°, 578 p.)

2520. La Vaulx (Comte Henri de). — La Patagonie, *fig. et carte*, p. 17 à 28.

2521. Chesneau (M.). — La mission du capitaine Wœlffel [dans le Soudan méridional], itinéraires et résultats scientifiques, *fig. et carte*, p. 33 à 40.

2522. Deniker (J.). — Voyage de M. Kozlov en Asie centrale, p. 41 à 46.

2523. Bonin (Charles-Eudes). — Voyage de Pékin au Turkestan russe par la Mongolie, le Koukou-nor, le Lob-nor et la Dzoungarie, *pl. et carte*, p. 115 à 122, et 169 à 180.

2524. Gentil. — Occupation et organisation des territoires du Tchad, p. 353 à 368.

2525. Joalland (Capitaine P.). — De Zinder au Tchad, et conquête du Kanem, *carte*, p. 369 à 380.

2526. Weisgerber (Dr F.). — Itinéraire de Salé à Tanger, par Méquinez, Fez, Ouazzan, Alkazar, Larache, Azila, Tétouan, *fig.*, p. 381 à 390.

2527. Barthélemy (Pierre de). — Reconnaissance chez les Moïs Stiengs et aux environs du mont Djambra [Cochinchine], p. 489 à 498.

IV. — La Géographie. Bulletin de la Société de géographie, publié... par le baron Hulot... et M. Charles Rabot..., t. IV, 2ᵉ semestre 1901. (Paris, 1901, gr. in-8°, 502 p.)

2528. Orléans (H. d'). — De Kratié à Nha-Trang, à travers la province du Dar-Lac [Indo-Chine], *carte*, p. 153 à 161.

2529. Denérais (Henri). — La toponymie de la colonie du Cap de Bonne-Espérance au xviiiᵉ siècle, p. 162 à 167.

2530. Le Roux (Hugues). — Voyage au Ouallaga, itinéraire d'Addis-Ababà au Nil Bleu, *carte*, p. 217 à 234.

2531. Deniker (J.). — La première photographie de Lhassa [Thibet], *fig.*, p. 242 à 247.

2532. Lemaire (Capitaine Ch.). — Grottes et troglodytes du Ka-Tanga, *carte et fig.*, p. 321 à 338, et 403 à 418.

2533. Galland (P.). — Dans le Kurdistan, p. 393 à 402.

XXII. — Congrès national des Sociétés françaises de géographie, 22ᵉ session, Nancy, 1ᵉʳ-5 août 1901. Comptes rendus publiés par la Société de géographie de l'Est. (Nancy, 1902, in-8°, 285 p.)

2534. Haillant (Nicolas). — Glossaire géographique vosgien; sa délimitation territoriale; son objet; traitement et description des vocables; recueil de fragments, p. 100 à 132.

2535. Haillant. — Bibliographie géographique vosgienne; objet et méthode; choix de fragments du xivᵉ siècle; questions à étudier, p. 133 à 140.

2536. Duvernoy (E.). — Note sur les documents géographiques des archives de Meurthe-et-Moselle, p. 171 à 175.

2537. Beaupré (Comte J.). — Les établissements humains dans la partie française du bassin de la Moselle, aux temps préhistoriques, gallo-romains, mérovingiens. Essai de géographie ancienne, p. 175 à 184.

2538. Dupont (Henri). — Philippe de Crèvecœur, maréchal d'Esquerdes ou des Cordes (1418-1494), p. 184 à 202.

2539. Lemire (Ch.). — Les mœurs des Indo-Chinois, d'après leurs lois, leurs cultes, leur littérature et leur théâtre, *cartes et fig.*, p. 207 à 232.

2540. Devoir. — Sur les monuments mégalithiques de la Bretagne, p. 241 à 248.

2541. Des RobERTS (Ferdinand). — Metz en Lorraine, p. 270 à 272.

SEINE. — PARIS.

SOCIÉTÉ DE L'HISTOIRE DE L'ART FRANÇAIS.

Les tomes I à XIII des *Nouvelles Archives de l'art français* publiées par cette Société ont été analysés dans notre *Bibliographie générale*, t. IV, p. 204 à 220. — Les tomes XIV à XXVIII le seront dans le Supplément actuellement en préparation. — La Société a publié, en 1901, le tome XI de l'ouvrage suivant dont le premier volume remonte à 1887.

2542. Montaiglon (Anatole de) et Guiffrey (Jules). — Correspondance des directeurs de l'Académie de France à Rome avec les surintendants des bâtiments, publiée d'après les manuscrits des Archives nationales, XI, 1754-1763. (Paris, 1901, in-8°, 505 p.)

[Le tome I a paru en 1887.]

XXIX. — **Nouvelles Archives de l'art français**, 3° série, t. XVII. Année 1901. Revue de l'art français ancien et moderne, 18° année. (Paris, 1902, in-8°, LXVI-374 p.)

2543. Tuetey (L.). — Procès-verbaux de la Commission des monuments (8 novembre 1790-27 août 1793), p. I à LXVI et 1 à 374.

SEINE. — PARIS.

SOCIÉTÉ D'HISTOIRE CONTEMPORAINE.

Cette Société ayant été fondée en 1890, on trouvera dans le Supplément de notre *Bibliographie générale* l'indication des volumes publiés par elle jusqu'en 1900, ainsi que l'analyse des *Comptes rendus* de ses dix premières assemblées générales.

2544. Wimpffen (Baronne de). — Une femme de diplomate. — Lettres de Madame Reinhard à sa mère (1798-1815), traduites de l'allemand et publiées pour la Société de l'histoire contemporaine, par la baronne de Wimpffen, née Reinhard, sa petite-fille. (Paris, 1901, in-8°, XXVII-431 p. et 2 pl.)

[Le titre porte la date 1900, et la couverture la date 1901. — L'Introduction est suivie de l'*Éloge du comte Reinhard*, par le prince de Talleyrand.]

2545. Desbœufs (Charles). — Les étapes d'un soldat de l'Empire (1800-1815). Souvenirs du capitaine Desbœufs, publiés pour la Société d'histoire contemporaine, par

M. Charles Desbœufs, son petit-fils. (Paris, 1901, in-8°, XIV-224 p.)

XI. — **Société d'histoire contemporaine. Onzième assemblée générale** tenue le mercredi 5 juin 1901, sous la présidence de M. Victor Pierre. (Paris, 1901, in-8°, 44 p.)

2546. Laconas (P.). — Un concert à la cour en 1809, p. 14 à 23.

2547. Grasilier (Léonce). — La mission de Pléville-Lepelley à Tunis en octobre 1793 (extrait de ses mémoires autographes), p. 24 à 31.

SEINE. — PARIS.

SOCIÉTÉ D'HISTOIRE DIPLOMATIQUE.

Les quatorze premiers volumes de la *Revue* publiée par cette Société ont paru postérieurement à 1885, on en trouvera l'analyse dans le Supplément de notre *Bibliographie générale*.

XV. — **Revue d'histoire diplomatique**, publiée par les soins de la Société d'histoire diplomatique, 15ᵉ année. (Paris, 1901, in-8°, VIII-642 p.)

2548. Anonyme. — Le duc de Broglie (1821 † 1901), p. V à VIII.

2549. Boutry (Maurice). — L'abbé de Tencin chargé d'affaires à Rome de 1721 à 1724, p. 19 à 50.

2550. Driault (Édouard). — La question d'Orient en 1807, l'armistice de Slobodzié, p. 51 à 68. — Suite de XIV, p. 410.

2551. Avril (A. d'). — Protection des chrétiens dans le Levant, p. 69 à 87. — Suite de XIV, p. 534.

2552. Bajer (Frederik). — L'arbitrage dit Butterfield [affaire du navire américain *Benjamin-Franklin*, à l'île Saint-Thomas, Antilles danoises (1854)], p. 88 à 108.

2553. Hora Siccama (J.). — Sir Gabriel de Sylvius (1660-1696), p. 109 à 152, et 261 à 274. — Suite de XIV, p. 598.

2554. Hauterive (Comte d'). — L'éducation d'un diplomate [*Conseils à un élève du ministère des Relations extérieures*, par le comte d'Hauterive], p. 161 à 224.

2555. Flament (Pierre). — Philippe de Harlay, comte

de Césy, ambassadeur de France en Turquie (1619-1641), p. 225 à 251, et 371 à 398.

2556. Coquelle (P.). — Le cabinet secret de Louis XV en Hollande, p. 275 à 292.

2557. Avril (A. d'). — Les hiérarchies orientales, p. 293 à 313.

2558. [Grefpi (Comte)]. — La mission du comte Carletti à Paris (1794-1795), *pl.*, p. 351 à 370.

2559. Anonyme. — Les anciens uniformes du Ministère des Affaires étrangères, *fig.* et 2 *pl.*, p. 399 à 416.

2560. Coquelle (P.). — Les projets de descente en Angleterre d'après les archives des Affaires étrangères. Intervention de Louis XIV en faveur des Stuarts, p. 433 à 452, et 591 à 624.

2561. Krauss (Luigi). — L'évolution du pangermanisme au XIXᵉ siècle et la diplomatie, p. 453 à 467 et 571 à 590.

2562. Rigault (Abel). — Le voyage d'un ambassadeur de France en Turquie au XVIᵉ siècle, p. 481 à 503.

2563. Van der Kemp (P.-H.). — La Hollande et l'Europe au commencement du XIXᵉ siècle. La Guadeloupe, le Cap et la Guyane aux traités de Paris du 30 mai et de Londres du 13 août 1814, p. 504 à 542.

2564. Pélissier (Léon-G.). — Notes italiennes d'histoire de France. Le comte d'Artois et la police vénitienne (1790-1791), p. 543 à 570.

SEINE. — PARIS.

SOCIÉTÉ DE L'HISTOIRE DE FRANCE.

Les volumes publiés par la Société de l'histoire de France de 1835 à 1885 ont été indiqués dans notre *Bibliographie générale*, t. IV, p. 224 à 227; et les tomes I à XXII de l'*Annuaire-Bulletin* analysés, *ibid.*, p. 242 à 248. — Les volumes de l'*Annuaire-Bulletin* de 1885 à 1900 et les ouvrages édités par la Société pendant la même période figureront dans notre Supplément.

2565. Baguenault de Puchesse (Comte). — Mémoires du vicomte de Turenne, depuis le duc de Bouillon (1565-1586), suivis de trente-trois lettres du roi de Navarre

(Henri IV) et d'autres documents. (Paris, 1901, in-8°, X-318 p.)

2566. Lefèvre-Pontalis (Germain) et Dorez (Léon).

Chronique d'Antonio Morosini, extraits relatifs à l'histoire de France, t. III (1429-1433). (Paris, 1901, in 8°, 392 p.)

[Le tome I (1396-1413) a paru en 1898; le tome II (1414-1428) en 1899 et le tome IV (Étude sur Antonio Morosini et son œuvre. Annexes et tables) en 1902.]

2567. Meyer (Paul). — Histoire de Guillaume le Maréchal, comte de Striguil et de Pembroke, régent d'Angleterre de 1216 à 1219, poème français, t. III. (Paris, 1901, in-8°, clx-310 p.)

[Le tome I a paru en 1891, et le tome II en 1894.]

2568. Lecestre (Léon). — Mémoires du chevalier de

Quincy, t. III. (1710-1713). (Paris, 1901, in-8°, xxiii-386 p.)

[Le tome I (1690-1703) a paru en 1898, et le tome II (1703-1709) en 1899.]

XXVIII. — Annuaire-Bulletin de la Société de l'histoire de France, année 1901. (Paris, 1901, in-8°, 236 p.)

2569. Pange (Comte M. de). — Le pays de Jeanne d'Arc, le fief et l'arrière-fief, pl., p. 169 à 208.

2570. Lair (Jules). — Origines de l'Abrégé chronologique du président Hénault, p. 209 à 235.

SEINE. — PARIS.

SOCIÉTÉ D'HISTOIRE LITTÉRAIRE DE LA FRANCE.

Les tomes I à VII de la Revue publiée par cette Société de 1894 à 1900 seront analysés dans le Supplément de notre Bibliographie générale.

VIII. — Revue d'histoire littéraire de la France, 8° année, 1901. (Paris, 1901, in-8°, 716 p.)

2571. Lanson (Gustave). — Après les Provinciales, examen de quelques écrits attribués à Pascal, p. 1 à 34.

2572. Beaugrand (Ch.). — Est-ce un madrigal de Bossuet [pièce de vers sur l'Espérance, Bibl. Sainte-Geneviève, ms. 3208], p. 35 à 47.

2573. Huguet (E.). — Quelques sources de Notre-Dame de Paris [de Victor Hugo], p. 48 à 79, 425 à 455, et 622 à 649.

2574. Bédier (Joseph). — Chateaubriand en Amérique, p. 80 à 109.

2575. P. B. [Bonnefon (Paul)]. — L'Énéide burlesque, traduction inédite du sixième livre par les frères Perrault, p. 110 à 142.

2576. Ritter (Eugène). — Lettres inédites de Voltaire [au Premier syndic de la République de Genève], p. 143 à 150.

2577. Lefranc (Abel). — Fragments inédits d'André Chénier, p. 177 à 213.

2578. Clément (Louis). — Antoine de Guevara, ses lecteurs et ses imitateurs français au xvi° siècle, p. 215 à 233. — Suite de VII, p. 590.

2579. Estrée (Paul d'). — Les origines de la Revue au théâtre, p. 234 à 280.

2580. Charavay (Étienne) et Tourneux (Maurice). — Un projet d'encouragement aux lettres et aux sciences sous Louis XVI, p. 281 à 311.

2581. Gasté (Armand). — Jean Racine et Pierre Bardou, prieur de Lavoux (1694), p. 312 à 322.

2582. Vianey (Joseph). — Le sonnet lxxxiv, de l'Olive [Jacopo Sannazaro et du Bellay], p. 323 à 324.

2583. Urbain (Ch.). — Lettre inédite de La Bruyère à Santeul, p. 325 à 326.

2584. Levin (Paul). — La Romance mauresque des Orientales, p. 327.

2585. Brunel (L.). — Note sur un passage de Madame de Sévigné [l'Oraison funèbre de Scaramouche], p. 357 à 376.

2586. Baldensperger (F.). — La résistance à Werther dans la littérature française, p. 377 à 394.

2587. Lanson (G.). — Études sur les rapports de la littérature française et de la littérature espagnole au xvii° siècle. Poètes espagnols et poètes français. Sarasin, p. 395 à 407. — Suite de III, p. 65, 321; et IV, p. 61 et 180.

2588. Latreille (C.). — Un poète du premier cénacle romantique. Michel Pichat, p. 408 à 424.

2589. Berret (Paul). — Comment la scène du théâtre du xviii° siècle a été débarrassée de la présence des gentilshommes, p. 456 à 459.

2590. Petrucci (Raphaël). — Sur un passage de la Divine comédie : «Le Voltron», p. 460 à 461.

2591. Chambon (Félix). — A travers les autographes. Les papiers de Boissonade, p. 462 à 487.

[Lettres de L.-J. Anger, Casimir Bonjour, Édouard Carteron, Chateaubriand, Victor Cousin, Lamartine, Letronne, Libri, Paul Lacroix, Prosper Mérimée, Miot de Mélito, Charles Nodier, J.-M. Quérard, Raoul Rochelle, Charles Labitte, Sainte-Beuve, et réponses de Boissonade.]

2592. Delboulle (A.). — Notes lexicologiques, p. 488 à 505; et IX, p. 469 à 489. — Suite de I, p. 178, 486; II, p. 108, 256; IV, p. 127; V, p. 287; et VI, p. 285, et 452.

2593. Dejob (Charles). — Les professions et l'opinion publique dans la littérature française, p. 533 à 568.

2594. Vianey (Joseph). — Bruscambille et les poètes bernesques, p. 569 à 576.

2595. Bonnefon (Paul). — Turgot et Devaines d'après des lettres inédites, p. 577 à 621.

2596. Ritter (Eugène). — Lettres de Buffon et de Maupertuis adressées à Jalabert, p. 650 à 656.

2597. Godefroy (Paul). — Quelques observations sur les mots composés à propos des œuvres poétiques du chanoine Loys Papon, p. 657 à 665.

2598. Giraud (Victor). — Quelques lettres inédites ou perdues de Chateaubriand, p. 666 à 675.

2599. Duchemin (Marcel). — L'affaire Voltaire-Jore, trois documents inédits, p. 676 à 680.

2600. P.B.[Bonnefon (Paul)]. — A propos de deux lettres de Georges Sand, p. 681 à 686.

2601. Vaganay (Hugues). — Joachim du Bellay et les *Rime diverse di molti eccellentiss. autori*, p. 687.

2602. Delboulle (A.). — Historique du mot *Patrie*, p. 688 à 689.

SEINE. — PARIS.

SOCIÉTÉ DE L'HISTOIRE DE PARIS ET DE L'ÎLE-DE-FRANCE.

Les tomes I à XII des *Mémoires* de cette Société ont été analysés dans notre *Bibliographie générale*, t. IV, p. 248 à 251. — Les tomes I à XII de son *Bulletin* l'ont été, t. IV, p. 257 à 260. — Les volumes de *Documents* publiés avant 1886 sont énumérés, *ibid.*, p. 261. — Les tomes XIII à XXVII des *Mémoires*, XIII à XXVII du *Bulletin* et les volumes de *Documents* parus de 1886 à 1900 figureront dans notre Supplément.

XXVIII. — **Mémoires de la Société de l'histoire de Paris et de l'Île-de-France,** t. XXVIII, 1901. (Paris, 1902, in-8°, 384 p.)

2603. Bertin (E.-G.). — Notice sur l'hôtel de la Vrillière et de Toulouse, occupé depuis 1810 par la Banque de France, p. 1 à 36.

2604. Babeau (Albert). — Le Jardin des Tuileries au xvii° et au xviii° siècle, p. 37 à 70.

2605. Coyecque (E.). — Paris au Salon de 1901; Société des artistes français; Société nationale des Beaux-Arts; Société des artistes indépendants, p. 71 à 104.

2606. Dacier (E.). — La mise en scène à Paris au xvii° siècle; mémoire de Laurent Mahelot et Michel Laurent, p. 105 à 162. — Cf. *Bulletin*, XXIX, p. 68.

2607. Omont (Henri). — Inventaire du trésor et des objets précieux conservés dans l'église de l'abbaye de Saint-Denys en 1505, p. 163 à 212.

2608. Vidier (A.). — Notes et documents sur le personnel, les biens et l'administration de la Sainte Chapelle, du xiii° au xv° siècle, p. 213 à 383.

[Comptes; règlement de la maîtrise (vers 1350); compte de succession de Pierre de Houdan (1364); inventaire de vaisselle d'argent et de livres (1402); compte du parchemin du Roi (1397), etc.)]

XXVIII. — **Bulletin de la Société de l'histoire**

de Paris et de l'Île-de-France, 28° année, 1901. (Paris, 1901, in-8°, 230 p.)

2609. Divers. — Communications, p. 31, 88, 105 et 129.

[Les dossiers versés par la Direction des domaines et par la Direction de l'enregistrement aux archives de la Seine, p. 31 et 88. — Panonceaux placés sur les immeubles appartenant à l'Hôtel-Dieu au xviii° siècle, p. 105. — Récépissés de bijoux déposés à la Monnaie, p. 106. — L'âge des tours et la sonnerie de la cathédrale de Paris, p. 131.]

2610. Babeau (Albert). — Note biographique sur Pierre Bouquet, bibliothécaire de la Ville de Paris [† 1781], p. 35 à 39.

2611. Blanchet (Adrien). — Note sur deux jetons parisiens du xiv° siècle, *fig.*, p. 44 à 48.

2612. Valois (Noël). — Gerson, curé de Saint-Jean-en-Grève, p. 49 à 57.

2613. Lazard (Lucien). — Les peintres de Paris, p. 57 à 66.
[t. Étienne Boubot (1780 † 1862).]

2614. [Omont (H.)]. — L'imprimerie à Paris en 1634, visite de livres par toutes les imprimeries, p. 67 à 72.

2615. Vidier (Alexandre). — Note sur un inventaire du Trésor des Chartes (1659-1661), p. 90 à 99.

2616. Mareuse (Edgar). — Un plan de Paris de Bércy à la Bibliothèque de l'Arsenal, p. 99 à 100.

2617. Babeau (Albert). — Le mobilier des loges de la Reine [à Paris] en 1792, p. 100 à 104.

2618. Farcy (L. de). — Visite de Peiresc au Trésor de Notre-Dame de Paris en 1621, p. 107 à 109.

2619. [Thérèse de Jésus (La Mère)]. — Funérailles du chancelier Séguier chez les Carmélites de Pontoise (1672), p. 110 à 115.

2620. Babeau (Albert). — Les musées de départements et les objets d'art et d'archéologie relatifs à Paris, p. 115 à 119, 142 à 143. — Suite de XXVII, p. 55.

2621. Vidier (A.). — Chronique des archives (1899-1900), p. 119 à 126.

[Archives communales de l'Aisne. — Tableau des fonds des archives de la Seine. — Cadre de classement du fonds de Saint-Cyr aux Archives de Seine-et-Oise.]

2622. H. O. [Omont (H.)]. — Centralisation des archives de notaires aux XVIIe et XVIIIe siècles, p. 126 à 127.

2623. Couderc (C.). — Complainte inédite sur la mort de Semblançay, p. 136 à 141.

2624. Vial (H.). — Une visite [de Lefebvre de Beauvray] à la colonie indienne de Thieux en 1786, p. 143 et 144.

2625. Vidier (A.). — Inventaire des reliques et liste des sépultures de rois de France qui se trouvaient dans l'abbaye de Saint-Denis au XIVe siècle [Musée Britannique, add. ms. 32097], p. 145 à 148.

2626. Maistre (H.). — Chronique de l'année 1901, p. 149 à 156.

2627. Vidier (A.). — Bibliographie de l'histoire de Paris et de l'Île-de-France pour l'année 1900, p. 159 à 228.

DOCUMENTS.

2628. Renouard (Ph.). — Documents sur les imprimeurs, libraires, cartiers, graveurs, fondeurs de lettres, relieurs, doreurs de livres, faiseurs de fermoirs, enlumineurs, parcheminiers et papetiers ayant exercé à Paris de 1450 à 1600, recueillis aux Archives nationales et au département des manuscrits de la Bibliothèque nationale. (Paris, 1901, in-8°, XI-367 p.)

SEINE. — PARIS.

SOCIÉTÉ DE L'HISTOIRE DU PROTESTANTISME FRANÇAIS.

Les tomes I à XXXIV du *Bulletin* de cette Société ont été analysés dans notre *Bibliographie générale*, t. IV, p. 261 à 309. — Les tomes XXXV à XLIX seront analysés dans le Supplément actuellement en préparation.

L. — Société de l'Histoire du protestantisme français. Bulletin historique et littéraire, t. L, 4° série, 10° année. (Paris, 1901, in-8°.)

2629. Dupin de Saint-André (A.). — L'ancienne Église réformée de Tours, *fig.*, p. 7 à 24.

2630. Destandau et N. W. [Weiss (N.)]. — En Provence. La seigneurie des Baux et l'église de Salon pendant les guerres de religion (1563-1570), p. 25 à 32.

2631. N. W. [Weiss (N.)]. — Conditions de l'émigration huguenote au cap de Bonne-Espérance (1687), p. 32 à 34.

2632. Richemond (L. de). — Les officiers de marine huguenots restés en service après la Révocation. Isaac de la Motte-Michel (1691-1700), p. 34 à 40.

2633. Teissier (F.). — Listes de pasteurs, p. 40 à 48. — Suite de XLIX, p. 553.

[Bréau et Brésunère (1619-1900), p. 40. — Aumessas (1568-1900), p. 45.]

2634. Correvon (Henry). — Les réfugiés huguenots et l'arboriculture à Genève, p. 48 à 50.

2635. Bastide (Louis). — L'Église réformée d'Orléans à la Révocation, ses biens, son pasteur [Claude Pajon], *fig.*, p. 57 à 67.

2636. H. P. [Patry (H.)]. — François de la Gaulcherie a-t-il été persécuté par ses coreligionnaires? p. 67 à 78.

2637. Richemond (De) et N. W. [Weiss (N.)]. — Un catholique, Étienne Texier, converti par la persécution (1680-1714), p. 70 à 78.

2638. Fonbrune-Berbineau (P.). — Le duc de la Force et les protestants de Bergerac (1700), *fig.*, p. 78 à 102.

2639. Renoir (D.) et Arnaud (E.). — Un état des livres défendus en 1686 [chez Jacques Garrel, libraire à Montauban], p. 102 à 105, et 274 à 275.

2640. Fonbrune-Berbineau (P.). — Charles et Jean Lapierre, p. 110.

2641. Bénet (Armand). — Registres de Crocy, p. 111.

2642. Bonzon (Jacques). — La direction des pauvres réfugiés français de Nyon, *fig.*, p. 113 à 134.

2643. Patry (H.). — Une chronique de l'établissement de la Réforme à Saint-Seurin d'Uzet, en Saintonge. Le registre de baptêmes de Jean Frèrejean (1541-1564), *fig. et carte*, p. 135 à 157, et 184 à 196.

SEINE. — PARIS.

SOCIÉTÉ DE L'HISTOIRE DE LA RÉVOLUTION.

La Société de l'histoire de la Révolution a été fondée en 1888. Elle a pris pour organe la *Révolution française*, revue fondée en 1881 par A. Dide. Bien que ce soit seulement à partir de son tome XIX (1890, 2ᵉ semestre) que cette revue ait été publiée par la Société, nous donnerons dans notre Supplément le dépouillement des trente-neuf volumes de la *Revue* parus avant 1901 et l'indication des ouvrages isolés publiés par la Société.

2689. Figuières. — Les noms révolutionnaires des communes de France, listes par départements et liste générale alphabétique. (Paris, 1901, in-8°, 127 p.)

XL. — La Révolution française, revue d'histoire moderne et contemporaine, publiée par la Société de l'Histoire de la Révolution, directeur-rédacteur en chef : A. Aulard, t. XL, janvier-juin 1901. (Paris, 1901, in-8°, 576 p.)

2690. Aulard (A.). — L'exercice de la souveraineté nationale sous le Directoire, p. 5 à 29.

2691. Mathiez (A.). — La franc-maçonnerie en l'an VII et en l'an IX, p. 30 à 35.

2692. Blossier (A.). — L'application du Concordat à Bazoches-sur-Hoëne [Orne], p. 36 à 42.

2693. Baudon (Auguste). — Encore les éventails révolutionnaires, p. 43 à 45. — Cf. XXXIX, p. 334.

2694. Corre (A.) et Delourmel. — Correspondance de Legendre, député du tiers de la sénéchaussée de Brest aux États généraux et à l'Assemblée constituante (1789-1791), p. 46 à 78. — Suite et fin de XXXIX, p, 517.

2695. Aulard (A.). — La politique religieuse du Premier consul, p. 97 à 131.

2696. Poupé (Édmond). — La Société populaire de Villecroze (1792-an III), p. 132 à 152.

2697. Perroud (Cl.). — Le portrait de Madame Roland aux Archives nationales, p. 153 à 167.

2698. Bloch (Camille) et Brette (Armand). — La question des présidiaux, lettre de M. Camille Bloch et réponse de M. Armand Brette, p. 168 à 187.

2699. Viguier (Jules). — Marseille et ses représentants à l'Assemblée nationale constituante, p. 193 à 209.

2700. Bouvier (Félix). — Une filleule de Barras et de Joséphine [à Remiremont], p. 210 à 212.

2701. Arnaud (G.). — La mort de Bernard Font, évêque constitutionnel de l'Ariège [an IX], p. 213 à 216.

2702. Guillaume (J.). — Deux lettres d'un ancien élève de l'École de Mars [J.-B. Valentin de Lapelouze à Lamartine, 1847], p. 217 à 233.

2703. Gros (J.). — Les loges maçonniques de Toulouse (de 1740 à 1870), p. 234 à 270, et 297 à 318.

2704. Anonyme. — Un témoignage contemporain sur la journée du 19 brumaire an VIII, p. 271 à 272.

2705. Tiersot (Julien). — Le couplet des enfants de la Marseillaise, p. 319 à 329.

2706. Closmadeuc (Dʳ G. de). — Débuts de la Chouannerie dans le Morbihan, 1793-1794. Le capitaine J. Defay, officier des armées vendéennes, p. 330 à 352.

2707. Lods (Armand). — Quelques mots sur les opinions politiques de Rabaut Saint-Étienne, p. 353 à 357.

2708. A. A. [Aulard (A.)]. — Impressions de voyage de Robespierre, *fig.*, p. 358 à 364.

2709. Guillaume (J.). — La liberté de l'enseignement, à propos d'un discours de M. de Mun, p. 385 à 407, et 519 à 546.

2710. Lévy-Schneider (L.). — Jeanbon Saint-André, préfet du Mont-Tonnerre, p. 408 à 440.

2711. Aulard (A.). — Les archives révolutionnaires de Trouville-sur-Mer, p. 441 à 444.

2712. Campardon (E.). — Fabre d'Églantine posthume, p. 452 à 453.

2713. A. A. [Aulard (A.)]. — Le républicanisme à l'Assemblée constituante, p. 453 à 454.

2714. Mathiez (A.). — Catherine Théot et le mysticisme chrétien révolutionnaire, p. 481 à 518.

2715. Robiquet (Paul). — Le général d'Hédouville, Bonaparte et l'abbé Bernier, p. 547 à 557.

2716. Anonyme. — Le coup d'État du 18 brumaire, apprécié par Guillemardet, p. 565 à 566.

2717. Anonyme. — Une lettre de Chaptal à Napoléon, p. 566 à 567.

XLI. — La Révolution française. Revue d'histoire moderne et contemporaine, publiée par la Société de l'Histoire de la Révolution, directeur-rédacteur en chef : A. Aulard, t. XLI, juillet-décembre 1901. (Paris, 1901, in-8°, 576 p.)

2718. Champion (Edme). — Des mots équivoques et en particulier du mot *Encyclopédistes*, p. 5 à 30.

2719. Brette (Armand). — Les délibérations des paroisses et communautés religieuses de Paris, en 1789 et 1790, d'après les registres conservés aux Archives nationales, p. 31 à 53.

2720. Anonyme. — Une lettre de Lacépède au Premier Consul [pour se démettre des fonctions de grand chancelier de la Légion d'honneur, 24 floréal an XII], p. 67 à 68.

2721. Anonyme. — Procès-verbal de la vente des objets trouvés sur Marie-Antoinette, p. 95.

2722. Monin (H.). — Charles-Louis Chassin [1831 † 1901], p. 97 à 104.

2723. Isambert (Gustave). — Girey-Dupré, chansonnier, p. 105 à 122.

2724. Baelig (Henri). — Anacharsis Cloots avant la Révolution, p. 123 à 154. — Anacharsis Cloots, journaliste et théoricien (1789-1792), p. 311 à 355. — Anacharsis Cloots, conventionnel, p. 401 à 438.

2725. Guillaume (J.). — Grégoire et le vandalisme, p. 155 à 180, et 249 à 269.

2726. Bernard (Antoine). — Le 18 fructidor à Marseille et dans les Bouches-du-Rhône, p. 193 à 215.

2727. Adher (J.). — La conspiration royaliste dans la Haute-Garonne en l'an IV et en l'an V, p. 216 à 232.

2728. Bouvier (Félix). — La correspondance de Paolo Greppi, p. 233.

2729. Anonyme. — Provisions de l'office d'avocat aux Conseils en faveur de Danton (1787), p. 270 à 271.

2730. Aulard (A.). — Napoléon et Corneille, p. 271 à 272.

2731. Le Gallo (Émile). — L'affaire de Bédoin, p. 289 à 310.

2732. Perroud (Cl.). — J.-S. Eustace [maréchal de camp, 1794], p. 356 à 358, et 478 à 479.

2733. Mérat. — La fête de la Fédération à Jaulgonne (Aisne), p. 359 à 366.

2734. Champion (Edme). — Gui Patin, p. 385 à 400.

2735. Leroy (G.). — Le Club des Jacobins de Melun, p. 439 à 446.

2736. Mathiez (A.). — Les Jésuites jugés par un préfet de la Restauration (1824) [Aubernon, préfet de l'Hérault], p. 447 à 455.

2737. Anonyme. — Une lettre du conventionnel Marragon [relative à la victoire de Fleurus], p. 456 à 457.

2738. Anonyme. — Conférences contradictoires à l'église Sainte-Marguerite [à Paris] en mars 1803, p. 457 à 459.

2739. Gaffarel (Paul). — Une lettre de Napoléon Bonaparte en 1793, p. 459 à 460.

2740. Anonyme. — Une lettre de Berryer en 1824, p. 460 à 462.

2741. Anonyme. — Projet de cérémonie funèbre à New-York en l'honneur de Louis XVI (1794), p. 463 à 467.

2742. Caudrillier (G.). — Le siège de Mayence du 25 octobre 1794 au 29 octobre 1795, p. 481 à 510; et XLII, p. 55 à 87.

2743. Kuscinski (A.). — La «petite guillotine» du conventionnel Lejeune, p. 511 à 527.

2744. Larminat. — Le serment des ecclésiastiques. Questions de Biauzat et réponses de Lanjuinais (1791), p. 528 à 529.

2745. A. A. [Aulard (A.)]. — Les rapports de la Préfecture de police sous le Consulat, p. 530 à 560.

SEINE. — PARIS.

SOCIÉTÉ HISTORIQUE D'AUTEUIL ET DE PASSY.

Les tomes I à III de cette Société ont paru de 1892 à 1900. Ils seront analysés dans le Supplément de notre *Bibliographie générale*, actuellement en préparation.

IV. — Bulletin de la Société historique d'Auteuil et de Passy, t. IV. (Paris, 1901, in-4°, pages 1 à 96.)

2746. Mar (Léopold). — Curieux litige entre l'abbé Le Ragois et le sieur Guichon (1724-1725), p. 10 à 12.

2747. Wahl (Edmond). — Madame de Genlis (1746-1830), p. 12 à 15. — Suite de III, p. 300.

2748. Mar (L.). — Le passage des Eaux, *fig.*, p. 15 à 16.

2749. Doniol (Auguste). — Note sur l'histoire des avenues et rues de Passy, p. 16 à 22.

2750. Cortambert (Lucien). — Eugène et Richard Cortambert, géographes, p. 22 à 23.

2751. Mar (Léopold). — Bibliographie [rétrospective], p. 24 à 28. — Suite de II, p. 41, 234, et 254.

[Boulogne. Bois de Boulogne. Mont-Valérien. Auteuil. Passy. Chaillot. Champs-Élysées.]

2752. Mar (Léopold). — Iconographie, p. 28 à 30. — Suite de III, p. 105.

[Boulogne. Bois de Boulogne. Auteuil. Passy. Chaillot.]

2753. Divers. — Éphémérides du XVIᵉ arrondissement (1509-1903), *fig.*, p. 30 à 32, 219 à 220, 245 à 248, et 274 à 276.

2754. Léna (Maurice). — Sur [la musique à] l'abbaye de Longchamp, p. 33.

2755. E. P. — Pharmaciens [étiquette; la place Béranger, actuellement place de Passy], p. 33.

2756. Chandebois (Dʳ). — Incendie de la glacière du bois de Boulogne (janvier 1868), p. 33 à 34.

2757. L. M. [Mar (Léopold)]. — Cadet Buteux à Longchamp, p. 34 à 35.

2758. Potin (Émile). — Eugène Manuel [† 1901], 2 pl., p. 42 à 52.

2759. Divers. — Nécrologie, fig., p. 55 à 60.

[Edmond Got (1823 † 1901); la baronne de Pages († 1901), portr.; Jules de Strada (1821 † 1901), portr.]

2760. Wahl (Edmond). — Henri IV à Longchamp, p. 60.

2761. Mar (Léopold). — Ponsard à Passy, p. 61 à 63.

2762. [Lazard (Lucien)]. — La justice de paix du canton de Passy, 1790-an ix. Inventaire sommaire [du fonds conservé aux Archives de la Seine; documents relatifs à Condorcet et à La Tour d'Auvergne], p. 63 à 66, et 83 à 86.

2763. Mar (L.). — Miln [mécanicien anglais] et son fils au château de la Muette (1785-1793), p. 68.

2764. Dupuy (Adrien), Vaquez (Léon), etc. — Discours prononcés le 27 octobre 1901 à l'inauguration de la plaque commémorative dédiée par la Société historique

d'Auteuil et de Passy à son ancien président Eugène Manuel, p. 77 à 81.

2765. Divers. — Nécrologie, p. 82 à 83.

[Dagron († 1900); le commandant Eugène Dubois (1823 † 1901); Maurice-Alexandre de Berwick († 1901).]

2766. Wahl (Edmond). — Beaumarchais chez Franklin à Passy (3 décembre 1777), p. 87.

2767. Mar (Léopold). — Fragments de correspondance de Boileau se rattachant à sa maison d'Auteuil, fig., p. 87 à 90.

2768. L. S. G. [Potin (E.)]. — Rameau, fig., p. 90.

2769. Chochod-Lavergne (Rose). — Réception de Boileau à l'Académie française, p. 92.

2770. Chochod-Lavergne (Rose). — Annonces de mariage historiques, p. 92 à 93.

[Lettres de Victor Hugo et de Jules Janin.]

2771. L. M. [Mar (Léopold)]. — Suites de la fête de la Fédération du 14 juillet 1790, p. 93.

2772. Mar (L.). — Le cadavre mystérieux [la maison de Villemessant, 64, avenue du Bois-de-Boulogne], p. 93 à 94.

2773. Boigne (Ch. de). — Le bal du Ranelagh en 1844, p. 94 à 95.

2774. Chandebois (Dʳ). — Les animaux du Jardin d'acclimatation, 1870. Souvenir du siège, p. 95 à 96.

SEINE. — PARIS.

SOCIÉTÉ HISTORIQUE DU VIᵉ ARRONDISSEMENT DE PARIS.

Les tomes I à III du *Bulletin* de cette Société parus de 1898 à 1900 seront analysés dans le Supplément de notre *Bibliographie générale*, actuellement en préparation.

IV. — **Bulletin de la Société historique du VIᵉ arrondissement de Paris**, année 1901. (Paris, s. d., in-8°, 280 p.)

2775. Herbet (Félix). — De Blégny, auteur dramatique, [1698], p. 36 à 38.

2776. Advielle (Victor). — La tombe de Jehan Chefderoi [provenant des Grands-Augustins, 1306], p. 39 à 44.

2777. Toulouze (Eugène). — Les révélations du vieux sol parisien. Les Prémontrés et mes fouilles archéologiques à l'École de médecine, fig., p. 45 à 120.

2778. Hoffbauer (F.). — L'Opéra en 1672, pl., p. 121 à 122.

2779. Sudre (L.). — Préambule des lettres patentes pour

la construction des bâtiments devant servir à la Comédie française (24 août 1773), p. 123.

2780. Charavay (Noël). — Lettre du peintre Français à Philippe Burty, relative à la 7ᵉ compagnie du 19ᵉ bataillon de la Garde nationale (1870-71), p. 124.

2781. Laschett. — Christian Hœbensteck, suisse de l'église Saint-Sulpice (1821), p. 125 à 126.

2782. Nouvion (Georges de). — La famille de Charles Baudelaire, p. 139 à 174.

2783. Saunier (Charles). — Médailles concernant le VIᵉ arrondissement, p. 175 à 184.

2784. Fromageot (P.). — La foire Saint-Germain-des-Prés, 11 pl., p. 185 à 248; et V, p. 46 à 140.

2785. Rabbe (Félix). — Histoire du district des Petits-Augustins, p. 249 à 276. — Suite de II, p. 172.

SEINE. — PARIS.

SOCIÉTÉ HISTORIQUE ET ARCHÉOLOGIQUE DU VIIIᵉ ARRONDISSEMENT DE PARIS.

Les tomes I et II du *Bulletin* de cette Société parus en 1899 et 1900 seront analysés dans le Supplément de notre *Bibliographie générale*, actuellement en préparation.

III. — Bulletin de la Société historique et archéologique du VIIIᵉ arrondissement de Paris, 3ᵉ année, janvier-décembre 1901. (Paris, s. d., in-8°, 55 p.)

2786. MAREUSE. — Aperçu historique sur le VIIIᵉ arrondissement, p. 19 à 24.

2787. G. D. [DUVAL (Gaston)]. — Fêtes nationales et réjouissances publiques aux Champs-Élysées en 1801, p. 33 à 47.

2788. LE SENNE (Eugène). — Exposition des produits de l'industrie française en 1834, sur la place de la Concorde, p. 48 à 51.

2789. GRUEL (Léon). — Lettres patentes concernant les changements apportés au plan de la porte Saint-Honoré [29 août 1733], p. 52 à 53.

SEINE. — PARIS.

SOCIÉTÉ DE LINGUISTIQUE.

Les tomes I à V des *Mémoires* et I à VI du *Bulletin* de cette Société ont été analysés dans notre *Bibliographie générale*, t. IV, p. 315 à 321. — Les tomes VI à XI des *Mémoires* et VII à X du *Bulletin* le seront dans le Supplément actuellement en préparation. — Nous donnerons dans un fascicule ultérieur le dépouillement du tome XII des *Mémoires* dont la publication, commencée en 1901, s'est continuée en 1902.

XI. — Bulletin de la Société de linguistique de Paris, t. XI (1898-1901). (Paris, 1901, in-8°, CCXXIV p.)

2790. CHARENCEY (DE). — Variété des noms de couleurs en basque, p. LIII à LV.

2791. V. H. [HENRY (V.)]. — L'abbé Carnel [† 1899], p. LVIII à LIX.

2792. BRÉAL (Michel). — A propos du langage des oiseaux, p. CX à CXV.

2793. CHARENCEY (DE). — Numérations basque et celtique, p. CXV à CXIX.

2794. CHARENCEY (DE). — Étymologies françaises. Bijou, cagot, cacouac, cigare, gabarre, gourgandine, sagamité, tapirer, p. CXX à CXXIV.

2795. REINACH (Théodore). — Bubularius, p. CXXIV à CXXVI.

2796. BRÉAL (Michel). — Max Müller, p. CXCI à CXCVI.

2797. CHARENCEY (DE). — Quelques étymologies françaises. Agouti, barboter, cahutte, camus, carambole, chuchoter, cloporte, craindre, gourgane, Italie, p. CXCVII à CCIII.

2798. CHARENCEY (DE). — Des noms des quadrupèdes domestiques en langue basque, p. CCIII à CCXI.

2799. BALLY (Ch.). — Πάρνοψ. — De quelques noms grecs de localités, p. CCXII à CCXVII.

SEINE. — PARIS.

SOCIÉTÉ PHILOTECHNIQUE.

Les tomes I à XLIV de l'*Annuaire* de cette Société ont été analysés dans notre *Bibliographie générale*, t. IV, p. 368 à 373. — Les tomes XLV à LIX le seront dans le Supplément actuellement en préparation.

LX. — **Annuaire de la Société philotechnique.** Année 1901, t. LX. (Paris, 1902, in-8°, 190 p.)

2800. Dumont (E.). — Un mot sur l'histoire de la censure dramatique, p. 19 à 30.

2801. Clausse (Gustave). — Souvenirs de Civita-Vecchia à Naples, p. 31 à 38.

2802. Rodocanachi (E.). — Les jeux dans l'antiquité, p. 39 à 47.

2803. Biran (Élie de). — Deux frères sous la Révolution [François et Jacques de Cours], p. 90 à 97.

2804. Cochin (A.). — Notice nécrologique sur Mathieu d'Auriac, p. 119 à 124.

SEINE. — PARIS.

SOCIÉTÉ LA SABRETACHE.

Les tomes I à VIII du *Carnet de la Sabretache* publié par cette Société de 1893 à 1900 seront analysés dans le Supplément de notre *Bibliographie générale*.

IX. — **Carnet de la Sabretache**, Revue militaire rétrospective publiée par la Société « La Sabretache », 9ᵉ volume, 1901. (Paris, 1901, in-8°, 802 p.)

2805. Divers. — Exposition militaire rétrospective, 68 *pl.*, p. 3, 65, 129, 193, 261, 345, 386, 461, 553, 577, 641, et 705. — Suite de VIII, p. 513, 604, 641 et 727.

[Titeux (Lieutenant-colonel). Le général L.-E. Dulong de Rosnay (1780 † 1828), *portr.*, p. 3. — Le comte de Sainte-Aldegonde, *portr.*, p. 16. — Hollander (O.). Drapeaux des 1ᵉʳ et 2ᵉ régiments des grenadiers de la Garde impériale, 2 *pl.*, p. 17. — Le comte d'Astorg, *portr.*, p. 18. — Le marquis de Vence, *portr.*, p. 21.

2806. Boislecomte (Vicomte de). Souvenirs et lettres du maréchal Canrobert, *fig. et portr.*, p. 65. — Mannequins de troupes à pied (1855 et 1860), 2 *pl.*, p. 75. — Shakos d'infanterie de ligne (1806-1815), *fig. et pl.*, p. 76. — Hollander (O.). Drapeau de la 9ᵉ demi-brigade de ligne. armée d'Égypte, 2 *pl.*, p. 78. — Montluc, *portr.*, p. 79. — Le chevalier de Grassin (Simon-Claude de Glatigny), *portr.*, p. 81. — Le maréchal Masséna, *portr.*, p. 82.

2807. Masson (Frédéric). Portrait de Bonaparte, Premier Consul, par Ingres (musée de Liège), *fig. et portr.*, p. 129. — Bertin (G.). La hache d'abordage d'honneur du maître canonnier Hennequin (an 12), *fig.*, p. 131. — Bertin (G.). Le général de di-

vision Clément de la Roncière (1773 † 1854), *portr.*, p. 135. — Harcourt (Vicomte E. d'). Le maréchal François d'Harcourt (1689 † 1750), *portr.*, p. 137. — Bertin (G.). Le général Jean-Joseph d'Hautpoul, *fig. et pl.*, p. 138.

2808. Bertin (G.). Le général baron Burthe (1772 † 1830), *fig. et portr.*, p. 141. — Bertin (G.). Le général comte Augustin de Lespinasse, *portr.*, p. 146. — Hollander (O.). Drapeau de la 3ᵉ demi-brigade ; étendard de la gendarmerie de la Doire ; guidon du régiment de Damas-dragons, 2 *pl.*, p. 155. — Martin (Capitaine). Un officier de gendarmerie d'élite (Varsovie, 1807), *portr.*, p. 156. — Castex (Vicomte de). La fonderie de Douai en 1770, *pl.*, p. 158.

2809. Masson (Fr.). Buste du Premier Consul, par Corbel, *pl. et fig.*, p. 193. — Masson (F.). Habit de chasseur à cheval de la Garde ayant appartenu à Napoléon Iᵉʳ, musée de Sens, *pl.*, p. 195. — Orléans (Jean d'). Le duc d'Orléans et le duc d'Aumale en Afrique (1840), *pl.*, p. 198. — Orléans (Jean d'). Le duc de Nemours, à *portr.* et 1 *pl.*, p. 200.

2810. Masson (F.). Combat d'Amstetten (6 mai 1809), *pl.*, p. 203. — Cottreau (G.). Portraits de généraux et d'officiers de l'armée d'Angleterre, par van der Puy, d'Utrecht, *pl.*, p. 205. — Cottreau (G.). Souvenirs du maréchal Lannes, *pl.*, p. 206. — Le général Eugène Cavaignac, *portr.*, p. 206. — Grammont (E.). Les mannequins de cavalerie, *fig.* et 9 *pl.*, p. 261.

2811. Harcourt (Vicomte E. d'). Le maréchal Henry d'Harcourt, (1654 † 1718), *portr.*, p. 345. — Le colonel Fleury, commandant le régiment des Guides, († 1884), *portr.*, p. 353. — L. H. Le

SEINE. — PARIS.

SOCIÉTÉ DE SAINT-JEAN.

Nous avons analysé dans le tome IV de notre *Bibliographie générale*, p. 373, le *Bulletin* publié par cette Société; on trouvera l'analyse des douze premiers volumes des *Notes d'art et d'archéologie* dans le Supplément.

XIII. — **Notes d'art et d'archéologie**, Revue de la Société de Saint-Jean..., 13ᵉ année, 1901. (Paris, s. d., in-8°, 294 p.)

2840. Bouillet (L'abbé A.). — La Lorraine à l'exposition rétrospective du Petit palais en 1900, *fig.*, p. 25 à 32, 75 à 79, et 109 à 112.

2841. Porée (Le chanoine). — A propos de l'Exposition universelle de 1900. L'art chrétien au pavillon de Hongrie, *fig.*, p. 35 à 40, 49 à 54, 85 à 91, et 97 à 100. — Suite de XII, p. 266.

2842. Maignan (Albert). — Chapelle commémorative Notre-Dame de Consolation, *rue Jean-Goujon*, à Paris. Peintures de la coupole, *fig.*, p. 121 à 129.

2843. Leroux-Cesbron. — Notre-Dame de Nantilly de Saumur, p. 179 à 183.

2844. Abgrall (Le chanoine J.-M.). — Trois pièces d'orfèvrerie de Bretagne, *fig.*, p. 186 à 188, et 209 à 210.

[Calice de la Forêt-Fouesnant, *fig.*, p. 186. — Monstrance de Plougasnou, *fig.*, p. 187. — Châsse de la Martyre, *fig.*, p. 209.]

2845. Barbier de Montault (X.). — Le chef de saint Adrien à la cathédrale de Tours, *fig.*, p. 193 à 198.

2846. Girodie (André). — La collection Spetz [à Isenheim, Alsace], *fig.* et *pl.*, p. 197 à 208, et 225 à 227.

2847. Vincent-Darasse (P.). — L'île d'Yeu, *fig.*, p. 242 à 252.

2848. Girodie (André). — François-Louis Français [peintre, 1814 † 1897], *fig.*, p. 265 à 279.

SEINE. — PARIS.

SOCIÉTÉ DE STATISTIQUE DE PARIS.

Les tomes I à XXV du *Journal* de cette Société sont analysés dans notre *Bibliographie générale*, t. IV, p. 377 à 379. — Les tomes XXVI à XL seront dépouillés dans le Supplément en préparation.

La Société a publié en 1901, outre le tome XLI de son *Journal*, la table générale que nous mentionnons sous le numéro 2850.

XLI. — **Journal** de la Société de statistique de Paris..., 42ᵉ année, 1901. (Paris, 1901, gr. in-8°, 431 p.)

2849. Bienaymé (Gustave). — Le coût de la vie à Paris à diverses époques, profits des domestiques, concierges et facteurs. — Moyens de transports publics, p. 93 à 107, et 293 à 310. — Suite de XXXV, p. 57, 365; XXXVII, p. 375; XXXVIII, p. 83; XXXIX, p. 369; et XL, p. 366.

2850. Salefranque (Léon). — Journal de la Société de statistique de Paris, fondée en 1860, reconnue d'utilité publique par décret du 19 juin 1869. Table alphabétique et analytique des matières contenues dans la collection du Journal du 1ᵉʳ juillet 1860 au 31 décembre 1900 (t. I à XLI) et liste alphabétique des auteurs avec l'indication de leurs principaux articles. (Paris, 1901, gr. in-8°, 62 p.)

SEINE. — PARIS.

SOCIÉTÉ DES TRADITIONS POPULAIRES.

La Société des traditions populaires a été fondée en 1886. On trouvera dans le Supplément de notre *Bibliographie générale* l'analyse des quinze premiers volumes de la *Revue des traditions populaires*, de six volumes d'un *Annuaire* parus de 1886 à 1894 et du volume de compte rendu du premier *Congrès international des traditions populaires* tenu en 1889, à Paris, publiés par cette Société. Elle a fait paraître en 1901, outre le tome XVI de cette *Revue*, le compte rendu d'un congrès tenu à Abbeville.

XVI. — Société des traditions populaires, au Musée d'ethnographie du Trocadéro. — Revue des traditions populaires, recueil mensuel de mythologie, littérature orale, ethnographie traditionnelle et art populaire, t. XVI, 16ᵉ année. (Paris, s. d., in-8°, 675 p.)

2851. Divers. — Petites légendes locales, *carte*, p. 1, 196, 255, 337, 396, 450, 505 et 576. — Cf. XII, p. 129.

[Sémilot (Paul). Géographie légendaire du canton de Matignon, carte, p. 1. — Le moine qui marche sur l'eau (abbaye du Guildo, Côtes-du-Nord), p. 91. — La châtelaine de Galinée (Côtes-du-Nord), p. 92. — La mare de Pluduno (Côtes-du-Nord), p. 92. — Le chêne chevreux et la dame noire (forêt de Grata', Vendée), p. 93. — Cloche fécondante de la cathédrale de Mende, p. 93. — Les fontaines de la Lozère, p. 94. — Le pont du Sergent, près du Puy, p. 94. — Le meurtre de la duchesse de Mercœur, à Audes-sur-Couze, p. 95. — La statue de la Vierge et les voleurs, à Amélie-les-Bains, p. 95.

2852. Les revenants de la Croix des gardes, près de Cannes, p. 196. — Les Templiers ravisseurs, à Loverval (Hainaut), p. 196. — La dame blanche du Mas, près Brioude, p. 197. — L'étoile vengeresse (révolte de la Vendée, 1832), p. 255. — Le diable dans l'église de Saint-Avaugour-des-Landes, p. 255. — La fille du bleu, à Canihes (Côtes-du-Nord)', p. 337. — Marquer (François). La bataille de Saint-Cast, p. 337.

2853. Les frelons de saint Aignan, évêque d'Orléans, p. 338. — L'esprit de Poul et Guib à Plouharnel, p. 396. — La butte de Hoh-Castel à Quiberon, p. 397. — Sassenage (Jean de), Légendes dauphinoises, p. 450. — La fontaine et la biche (Le Bois-Riou, près Dinan), p. 451. — Léon (Henry). Le château de Brasselay, p. 452. — La tournée du château de la mort, au pays de Tréguier, p. 452.

2854. Les chambres infertiles, à Dinan, p. 505 (cf. nᵒ 2966). — Le cavalier enterré vivant, au Bordage-en-Ercé, près Liffré (Ille-et-Vilaine), p. 506. — Le souterrain de Champseau, p. 506. — La maison de la guenon, p. 506. — Maison hantée; vierge de la grande porte et vierge de la Croix-du-Gef, à Saint-Malo, p. 506. — La statuette de saint Hubert et les chiens enragés, en Latte-en-Plévenon (Côtes-du-Nord), p. 576. — Jeanne d'Arc à Saint-Aubin-du-Cormier, p. 577.]

2855. V. H. (Lucie de). — Croyances et superstitions de Noël, p. 12. — Cf. II, p. 537.

[Environs de Dinan.]

2856. Auricoste de Lazarque (A.). — Usages et superstitions populaires de la Lorraine, p. 12 à 14.

2857. Basset (René). — Contes de la Grèce ancienne, p. 24, 199, 369, 501, 559 et 633. — Suite de XI, p. 643; XII, p. 607, 656; et XIII, p. 273, 599, et 663.

[Le taureau et le loup, p. 24. — Les singes et les noix, p. 199. — Les critiques de Mômos, p. 369. — La mort d'Hésiode, p. 501. — Heraklès et Ekhidna, p. 502. — Les paroles gelées, p. 503. — Aventure d'Enalos, p. 559. — La disparition d'Aristée, p. 559. — La leçon donnée à Pythis, p. 560. — La différence d'éducation, p. 561. — Le plus grand bien, p. 633. — Le faux Scamandre, p. 633. — La sandale de Rhodope, p. 634. — L'onguent merveilleux, p. 635. — Le payement de même nature, p. 635.]

2858. Paquet (Irène-Georges). — Usages et superstitions de Nantes et de la Loire-Inférieure, p. 24 à 26.

2859. Robert (Achille). — Légendes arabes locales, p. 26 à 27, et 464. — Suite de XI, p. 316, 425, 593; et XII, p. 272.

[Saguiat el-Lehene, p. 26. — Noul-Chouïaf, p. 26. — Sidi Yahia ed Aïdli, p. 464.]

2860. Divers. — Rites et usages funéraires, p. 27, et 529 à 530. — Cf. III, p. 45.

[Jacquet (L.). Présent au mort chez les Flissa; repas funéraires à Fort-National et à Michelet, p. 27. — Bourgogne, p. 529.]

2861. Basset (René). — Notes sur les Mille et une nuits, p. 28 à 35, 74 à 88, et 183. — Suite de IX, p. 377; XI, p. 146; XII, p. 146; XIII, p. 37, 303; et XIV, p. 20, et 687.

[Le marchand et le génie, p. 28. — Le dormeur éveillé, p. 74 et 183.]

2862. Divers. — L'âme sous forme animale, p. 36, et 88 à 89. — Cf. XV, p. 635.

[Additions, p. 36 (cf. XV, p. 631). — Desaivre (Léo). Croyances du Poitou, p. 88.]

2863. Basset (René). — Contes et légendes arabes, p. 37, 108, 165, 240, 395, 457, 583, et 652. —

Suite de XI, p. 52; XII, p. 65, 243, 337, 400, 477,
633, 668; XIII, p. 217, 476, 569 et 617; XIV,
p. 54, 118, 165, 213, 285, 350, 438, 480, 627,
704; et XV, p. 22, 105, 143, 190, 281, 353, 459,
526, 606, et 665.

2864. Divers. — Pèlerins et pèlerinages, p. 41, 209,
504 et 658. — Cf. III, p. 105.

[Desaivre (Léo). Saint Rognoux à l'abbaye de la Grainetière
(Vendée), p. 41. — Maison (Paul). Les pèlerinages du Vinleu,
p. 209. — Morin (L.). Environs de Saint-Dié, p. 211. — Le
Pardou du coq, à Bulat-Pestivien, p. 211. — Chapelle Sen Rou-
sigo, près Orsan, p. 212. — Notre-Dame de Bois-Renou, à la
Gouesnière, p. 504. — Le chaudron de Nuria (Pyrénées espagnoles), p. 658.]

2865. Divers. — Légendes et superstitions préhistoriques,
p. 42, 65, 178, 341 et 522. — Cf. III, p. 617.

[Sébillot (Paul). Mégalithes cités par les auteurs antérieurs à
ce siècle, p. 42 et 522. — Four banal de Saint-Aubin-du-Cormier
(Ille-et-Vilaine), p. 46. — Sébillot (Paul). Cultes pré-mégalithiques et préhistoriques, p. 65. — Basset (Jules). Culte d'empreintes à Grandrieu (Lozère), et à l'ermitage Saint-Hilaire, dans
les gorges du Tarn, p. 71. — Le Rozic (Z). Tumulus du Mont-
Saint-Michel à Carnac, p. 72.]

2866. Sébillot (P.). Les pierres branlantes, p. 178. — Dolmen du
Mont-de-la-Ville à Jersey, de Lancresse et de Bagneux, près Saumur,
p. 180. — Sébillot (P.). Mégalithes de Bretagne en 1636, p. 180.
— Bocsel (V.). Les mégalithes de Jersey au XVIIIe siècle, p. 182.
— La pierre glissante d'Hyères, p. 182. — Pierre branlante de la
Tour, près de la Verrie, p. 341. — Anciennes représentations de
mégalithes, p. 341 et 522. — Dolmens de l'île d'Yeu, p. 522. — Le
pouvoir guérissant des mégalithes et le Roman de Brut, p. 543. —
Pierres offertes au monolithe de Trouvail, p. 544. — Bonnardot (F.).
Mégalithes de la Chapelle-sous-Brancion et de Chalmey, p. 544.]

2867. Divers. — Les villes englouties, p. 46, 142, 185,
258, 321, 519 et 579. — Cf. V, p. 483.

[Basset (René). Prondy (Posnanie); l'étang de l'enfer à Ni-
granden (Livonie); église de Ritschenwald (Posnanie); marais de
Gross-Eckau (Livonie), p. 46. — Ville engloutie près du Soulac,
p. 47. — Le Rouxic (L.). Ville d'Aïse (Quiberon), p. 142. —
Basset (René). Châteaux de Zakrzewo et de Swierkowica (Posnanie), p. 142.]

2868. Lannive (Albert de). Saint-Raphaël (Var) et île Saint-Ho-
norat, p. 185. — Basset (René). Château et église de Lubasch;
lac salé de Mansfeld; montagne de l'Église (Kokcielna Gora, Posnanie); châteaux de Spirgen (Courlande) et de Kreuz (Posnanie);
montagne du Château, à Imulebach (Courlande), p. 186.

2869. Basset (René). Château de Wirsitz (Posnanie); montagne
du Château à Kandau (Courlande); étang de Blaes (Mansfeld);
le burgberg de Mesoten (Courlande); origine de la mer des Antilles
(Haïti); lac de Kemmern (Livonie); église d'Ostrowee (Posnanie),
p. 190. — Cloches de Pumproux et de Boisse (Deux-Sèvres),
p. 258. — Basset (R.). L'Ehaweremaggi (Livonie), p. 258.

2870. Basset (René). Ancienne Iliga (Livonie); château du Burg-
liebnau (Mansfeld); chapelle de Weissenfeld (Livonie); château
d'Altenburg, près d'Allstadt (Mansfeld); château de Bonifazow (Livonie); la demoiselle verte sur le Bansberg (Mansfeld); château de
Papillakalni (Livonie); le nain dans le Huneborg, près du Wun-
melburg (Mansfeld); Maslina (Livonie); ancienne Neseritz (Posnanie); le Pilwern-Burgberg à Wallhof (Courlande), p. 321.

2871. Basset (René). Le Ringwall, à Topole (Posnanie); le Burgberg, à Alt Sauken (Courlande); le rempart de Swlmirschütz
(Posnanie); la jeune fille à Stuplakalns (Courlande); le Johannisberg

à Czarnikau (Posnanie); château de Grosen (Courlande); château
du lac de Lodnica (Posnanie); montagne d'Iblen (Courlande); le
Tanzteich, près de Niedersachs-Werfen (Prusse); montagne de
Rauschu, près de Behrshof (Courlande), p. 349.

2872. Basset (René). Lac de Korkull ou Lac blanc (Livonie); château de Neuenburg (Courlande); lac Albain; lac Tolmla (Afrique),
p. 519. — Cloches de Foudreau, près Vieillevigne, p. 579. —
Herbauges (lac de Grand-Lieu), p. 579. — Basset (R.). Changement du cours du Bandama (Guinée); destruction de Pisaure,
p. 580.]

2873. Divers. — La mer et les eaux, p. 48, 100, 201,
233, 311, 361, 420, 473, 553 et 630. — Cf. II,
p. 297.

[Haddu (Alfred). Littoral belge, p. 48 et 100; Naples, p. 101. —
Notre-Dame de Boulogne, p. 201. — Lannive (Albert de). Caverne
du loup, à Guern, près Toulon; Grotte aux fées, près Hyères,
p. 202. — La fille de la Nary Norgan, près Crozon, p. 203. —
Grotte du Trou Baligan, à Flamanville, p. 203. — Chaussée de
l'île d'Yeu, p. 203.]

2874. La mer est mer est salée, p. 233. — La scabieuse des dunes,
p. 234. — Le lys de Guernesey, p. 234. — Le Sillon du Talbert
(Côtes-du-Nord), p. 234. — Grotte de Yaudet-en-Ploulec'h,
p. 235. — Gouffre de Belangenet, près Globars, p. 235. —
Les tempêtes à l'île de Sein, p. 235. — Les croquemitaines du
rivage en Haute-Bretagne, p. 235. — Le nain rouge du Pollet,
p. 236. — Esprits tempestaires à Saint-Pol-de-Léon, p. 236. —
Écueil hanté de l'île de l'Ebihen, p. 236. — Rochers hantés de
Bretagne, p. 237. — Les comptes des pêcheurs de Blankenberghe,
p. 237.

2875. La légende du Vengeur, p. 311. — Le bain de saint Louis à
Sidi Bou-Saïd, p. 311. — Culte de la mer à Menlou, p. 311. —
Le Calvez (G.). Les Notre-Dame du bord de l'eau, p. 311. — Li-
tanies de la mer, à Ouessant, p. 312. — Le serment par la mer,
p. 313. — La voix qui vient de l'eau, à Port-Towan, p. 313. — La
dame et sa lanterne sur la côte de Cornouaille, p. 313. — Poissons
qui retardent les navires, à Tréguier, p. 313. — Les noyés, p. 313.
— La lampe jetée à la mer, p. 314.

2876. Statues plongées dans la mer, p. 314. — Pèlerinage mouillé
dans le Finistère, p. 315. — Baptême au passage des eaux, en Bretagne, p. 315. — La mer souterraine, à Agen, p. 315. — L'en-
clume et le marteau de Brehat (Côtes-du-Nord), p. 315. — Le
doigt trempé dans la mer, à Dinan, p. 317. — Le diable vous la
mer, p. 317. — L'origine de la mer, p. 318. — Culte de la mer
aux Antilles, p. 319. — Départ des pêcheurs d'Ostende, p. 319.
— Ex-voto flamands, p. 319. — Sorciers de la mer en Vendée,
p. 320. — Le clocher de Nimizan, p. 320.

2877. La mer et l'amour, p. 361. — Les bains de la Saint-Jean dans
le golfe de Gascogne, p. 361. — Constant (Gaston). Origine du
Noytan, l'étang de l'Adour, p. 361. — Jourdanne (Gaston). Les
Saintes-Marie-de-la-mer, p. 363. — Calvet (L'abbé). Le passeur
de gué, à Quiberon, p. 364. — Les épines du diable à Saint-Cast,
p. 364. — Zuidema (W.). Le blé stérile à Stavoren (Frise),
p. 365. — Sébillot (P.). Les plantes du rivage; les oiseaux et
l'origine de la mer; le feu de la Saint-Pierre, à Berck; les pré-
tresses de Sein au XVIIe siècle; serments de marins, p. 366. —
Haddu (Alfred). Examen des bateliers à Gand; les sèches du littoral
belge; le Paradis, à Ostende, p. 368.

2878. La mer et le pivert, à Dinan, p. 420. — Le pivert et les
rivières à Bélesme (Charente-Inférieure), p. 420. — Aadones dans
les bateaux, p. 421. — Jourdanne (G.). L'homme velu dans l'Aude.
— Haddu (A.). Littoral belge; caverne de Syllace (Grèce); port
d'Enzeli (Perse), p. 426. — Le navire grandit, à Norlaix, p. 426.
— La sorcière d'Héla, près Dantzick, p. 426. — Île du Pilier,
p. 427. — Les morts à Tréguier, p. 427.

2879. Harou (A.). Flore des dunes et du rivage; folk-lore de la côte de Flandre. p. 473. — Nicole de Saint-Jégut (Saint-Jacut-de-la-Mer, Côtes-du-Nord), p. 479. — Légendes des îles aux environs de Saint-Malo, p. 479. — Césembre, p. 480. — Chanson de Pelletas, p. 481. — Les chats noirs à bord, p. 481. — Les prêtres à bord, p. 481. — Les douaniers et les marins, p. 481. — Rivières infranchissables en Bretagne, p. 482. — Les rivières et les maladies en Vendée, p. 482. — Le trésor de Noirmoutiers, p. 482. — Métamorphoses en lacs de personnes affligées, p. 482. — La tempête apaisée (vii° siècle), p. 483.

2880. Baudouin (Dr Marcel). La construction du pont d'Yeu, p. 553. — Painlant du Rouil (Capitaine). Les demoiselles de Fontenailles (Calvados), p. 555. — Harou (Alfred). Les immortelles jetées à la mer, p. 557. — Saint Martin et les dunes de Dunkerque, p. 630. — Le chemin des Saintes-Maries dans la Camargue, p. 630. — Les baignades des animaux dans la Méditerranée, p. 630. — Bénédiction de la mer, en Provence, p. 630. — Jourdanne (G.). Notre-Dame-des-Auzils, p. 631. — Le meurtre de la sirène à Châtelaillon, p. 631.]

2881. Divers. — Les cimetières, p. 50. — Cf. XIII, p. 577.

[Bugey; Hamoir; Canne (Luxembourg belge); Molenbeek (Bruxelles).]

2882. Divers. — Allusions à des contes populaires, p. 51, 526 et 572. — Cf. I, p. 243.

[Basset (René). Mélusine, p. 51. — Sébillot (P.). Les fées; les loups-garous, p. 526. — Basset (René). Roland; Romans de la Table ronde; Ogier-le-Danois; Roman de Renart; Merlin; Histoire de Théophile, p. 572.]

2883. P. S. [Sébillot (Paul)]. — Les taches de la lune, p. 52. — Cf. III, p. 129.

[Basse-Bretagne.]

2884. Ledieu (Alcius). — Blason d'Abbeville, p. 53 à 56.

2885. Savore (Claudius). — Croyances populaires du Beaujolais, p. 56 à 57.

2886. Divers. — Superstitions de civilisés, p. 57 à 58. — Cf. II, p. 193.

[Blémont (Émile). Les années impaires et les diplomates autrichiens, p. 57. — Le lapin à l'étoile blanche au Bois de Boulogne, p. 58.]

2887. Harou (Alfred). — Traditions et coutumes du jour de l'an, p. 60 à 61. — Cf. II, p. 8.

[Liège, Bruxelles, Suisse, Thuin (Hainaut).]

2888. Duine (F.). — Le folk-lore dans les écrits ecclésiastiques, p. 73. — Cf. X, p. 266.

[Catéchisme de Bossuet.]

2889 P. S. [Sébillot (Paul)]. — La légende du prêtre qui revient dire la messe à minuit, p. 90 et 588.

[Vendée, p. 90. — Bourg de Batz, p. 588.]

2890. Divers. — Les redevances féodales, p. 99 et 616. — Cf. XII, p. 263.

[Destricué (Mme). Les châteaux de Verneil et de Riablé, p. 99 et 616. — La tranche de pain de Moëllien, p. 99.]

2891. Divers. — Voyageurs français et étrangers, p. 102, 253, 465 et 589. — Cf. VI, p. 155.

[Bogel (W.). Léon Godefroy (1616 † 1694), p. 102 et 253. — Harou (Alfred). François Vinchant (xvii° s.), p. 465; Nicolas de la Ruelle (xvii° s.), p. 589. — Desaivre (Léo). Du Buisson Aubenay, p. 590.]

2892. Harou (Alfred). — Notes sur les traditions et les coutumes de la province de Liège, p. 110 à 116.

2893. P. S. (Sébillot (P.)). — Parallèles, p. 117 à 118. — Cf. VII, p. 595.

[Les femmes samnites (Loire-Inférieure) et la porteuse de sel du Port-blanc.]

2894. Destricué (Mme). — Proverbes du Maine, p. 118, 257, et 562. — Suite de XV, p. 665.

2895. Divers. — Contes et légendes de la Haute-Bretagne, p. 119, 259 et 469. — Cf. XIII, p. 500.

[Sébillot (Paul). Le mariage du soleil; la boule de feu; le vieux militaire; la fille du diable; les quatre souhaits, p. 119. — La charrette moutinoire, p. 259. — Le prêtre et le tailleur, p. 469.]

2896. Divers. — Charmes et enchantements, p. 132 à 133.

[Fertiault (F.). Un noueur d'aiguillette; le curé charmeur. Desaivre (Dr Léo). Le philtre de Jacques du Fouilloux.]

2897. P. S. [Sébillot (Paul)]. — Le mael béni, p. 134. — Cf. VII, p. 153.

[Loc-Meltro (Morbihan).]

2898. Basset (René). — Contes et légendes de l'Extrême-Orient, p. 135, 446 et 514. — Suite de IX, p. 73, 473, 573, 644; X, p. 110, 365, 411, 663; XI, p. 416, 609; XII, p. 181, 597; XIII, p. 172, 570, 628, 686; XIV, p. 185, 376, 513, 532, 701; et XV, p. 45, 403 et 593.

[Tahiti, Siam, Chine, Annam, les Canaques et les Iles Loyalty.]

2899. P. S. [Sébillot (Paul)]. — Les pastiches de chansons populaires, p. 136. — Cf. III, p. 226.

[Chanson de M. de Charette.]

2900. Filleul Pétigny. — Contes de la Beauce et du Perche, p. 137 à 140. — Suite de XI, p. 357, 569; XII, p. 452; XIII, p. 180, 633; XIV, p. 116; et XV, p. 346.

[Le faiseur de latin (cf. n° 2915).]

2901. Divers. — Coutumes de la Haute-Bretagne, p. 140, 397, 444 et 577.

[Environs de Dinan, p. 140, 397 et 444. — Les pierres sur la route, p. 399. — Les digitales à la fontaine de Quintin, p. 399. — Villens (L. de). Les dormeuses à Montauban (Ille-et-Vilaine), p. 399. — Duine (F.). Coutumes de baptême et de mariage en Ille-et-Vilaine, p. 400. — Wismes (Baron Guëtan de). Le sort jeté, p. 445. — Duine (F.). Pays de Saint-Malo, p. 577.]

2902. Morin (Louis). — Les sorciers dans la région troyenne, p. 153 à 161, 267 à 273, et 487 à 501.

2903. Pommerol (D' F.) et Dauzat (A.). — Anciennes
prières en patois d'Auvergne, p. 161 à 165, et 484 à
486.

2904. Morin (Louis). — Le culte des fontaines [départe-
ment de l'Aube], p. 183 à 184. — Cf. XV, p. 490.

2905. Ledieu (Alcius). — Formule enfantine pratiquée en
Picardie et en Suisse, p. 194 à 196.

2906. P. S. [Sébillot (Paul)]. — Noms, formes et gestes
des lutins, p. 198. — Suite de IV, p. 612; V, p. 101;
et VIII, p. 46.

[Berry.]

2907. Robert (Achille). — Mœurs, habitudes, usages et
coutumes des Arabes, p. 199 à 201, et 636 à 637. —
Suite de XV, p. 662.

2908. Basset (René). — Chansons d'Auvergne, p. 204
à 205. — Suite de XIV, p. 608; et XV, p. 11, et 385.

2909. Divers. — Adjurations et conjurations, p. 205,
239, 386 et 567. — Cf. III, p. 139.

[Sébillot (P.). Adjuration à saint Yves; fontaine de Saint-
Mauvais, commune d'Argent, p. 205; assignation de Gilles de
Bretagne, p. 239; vierges vengeresses, p. 567. — Hollande,
p. 386.]

2910. Divers. — Les empreintes merveilleuses, p. 206,
261, 391 et 527. — Cf. VII, p. 427.

[Basset (René). Le pied de Némi; Nagdesprung; empreinte de
la Vierge à Tolède; le pied de Bouddha à Ceylan; marque du diable
en Livonie, p. 206. — Le pas de la Vierge à Saint-Coulitz (Finistère),
p. 208. — Basset (René). Les doigts de Kallevipoeg (Esthonie);
la pierre du diable à Sennewitz (Mansfeld); le Divelsberg à Wiek
(Esthonie), p. 261.]

2911. Basset (René). — La pierre de l'empereur à Keuschberg
(Mansfeld); le Teufelsburg à Kiwipeala (Esthonie); les pieds du
géant sur le Steindamm de Röbel (Mecklembourg), p. 262. —
Basset (René). La pierre de Kandau (Courlande); le pied du Bouddha au Siam, p. 391. — Zuidema (W.). Dalles de la bibliothèque
de l'église de Zutfen (Gueldre), p. 527. — Basset (René). Empreinte de l'enfant à la montagne des Rapailles (Vosges); empreinte
des jumeaux chez les Sia (États-Unis), p. 527.]

2912. Barbot (Jules). — Ustensiles et bibelots populaires
[dans la Lozère], fig., p. 213 à 214. — Cf. III, p. 27.

2913. Cock (A. de). — Contes flamands de Belgique,
p. 217 à 231.

[Le garçon au bonnet rouge.]

2914. Barbet (Jeanne-Marie). — Chansons du Morbihan,
p. 231 à 233.

2915. Destricné (Mᵐᵉ). — Contes du Maine, p. 238
à 239. — Cf. VI, p. 584.

[Le latin au village (cf. n° 2900).]

2916. Sébillot (Mᵐᵉ Paul). — Usages et coutumes du
temps de Pâques, p. 250 à 253. — Cf. IV, p. 351.

[Chants de la Passion et de la Résurrection en Ille-et-Vilaine.]

2917. Dagnet (A.). — La chanson de Bricou, p. 260.—
Cf. V, p. 545.

[Dinan et Saint-Malo.]

2918. Jacquot (L.). — Légendes sahariennes, p. 265
à 267 et 310.

2919. Divers. — Notes sur le culte des arbres, p. 292,
443 et 504. — Cf. XIV, p. 449.

[Passage à travers l'arbre, dans l'Ain, p. 292. — Constant
(Gaston). Le chêne des fées à Quillac (Landes), p. 443. — Chêne
de Neuillé; noyer de Grunzay, p. 504.]

2920. Saineán (Lazare).—Les géants et les nains d'après
les traditions roumaines et balkaniques, p. 293 à 310.

2921. P. S. [Sébillot (P.)]. — Nécrologie. Le comte de
Puymaigre [Théodore, 1816 † 1901], p. 342.

2922. Vaschide (N.) et Piéron (H.). — La valeur du
rêve prophétique dans la conception biblique, p. 345
à 360.

2923. Maison (Paul). — Le mariage en Vimeu, p. 370
à 376. — Cf. id. n° 2969.

2924. Mallet (Ferdinand). — Coutumes locales qui
existent depuis un temps immémorial à Bray-les-Mareuil,
et dans quelques autres villages des environs d'Abbeville, p. 376 à 378. — Cf. id. n° 2970.

2925. Touron (Marius) et Ledieu (Alcius). — Les toucheurs contre la rage descendants du grand saint
Hubert [légende de Nibas], p. 379 à 381. — Cf. id.
n° 2971.

2926. Plancouard. — Traditions du Vexin, p. 382 à 383.
— Cf. id. n° 2972.

2927. Basset (René). — Les météores, p. 384 à 386,
468, et 565 à 567. — Cf. VI, p. 115.

[L'arc-en-ciel, les étoiles filantes, la grande ourse.]

2928. Quilgars (Henry). — Folk-lore guérandais, p. 387
à 391. — Suite de XV, p. 289.

2929. Duine (F.). — Coutumes scolaires, p. 392. — Cf.
IV, p. 575.

[Cérémonie du Kroumir au Collège de Juilly.]

2930. Collet (L'abbé). — Contes et légendes du Morbihan, p. 393 à 394. — Cf. XV, p. 293.

2931. Divers. — Les traditions populaires et les écrivains français, p. 400, et 454 à 456. — Cf. II,
p. 475.

[Duine (F.). Le Campagnard, comédie par Gillet (1657),
p. 400. — George Sand, p. 454.]

2932. Constant (Gaston). — Les feux de la Saint-Jean
[dans les Landes], p. 401. — Cf. I, p. 161.

2933. Divers. — Les rites de la construction, p. 401,
441 et 512. — Cf. I, p. 172.

[Basset (René). Cadavres dans les fondations : digue d'Unstrut
(Mansfeld); église de Põlwe (Livonie) et d'Eckau (Courlande),
p. 401. — Église de la Madeleine à Slavegal (Livonie); église
de Smilten (Livonie), p. 441. — Zuidema (W.). Le rempart de
Copenhague; animaux enterrés vifs et leurs revenants; peaux
de bêtes sous les fondations, p. 512.]

2934. Saineán (Lazare). — Les marionnettes en Roumanie
et en Turquie, p. 409 à 419.

2935. Quignon (G.-Hector). — Vieux usages de la semaine sainte. Les bois sacrés, martelets, crécelles, etc.,
de la région de l'Oise et de la Somme, p. 428 à 431.
— Cf. id. n° 2973.

2936. Vayson (J.) — L'ouvrière qui revient [légende
de l'ancienne manufacture royale de tapis à Abbeville],
p. 432 à 433. — Cf. id. n° 2974.

2937. Ledieu (Alcius). — Le blason populaire du département de la Somme, p. 433 à 440. — Cf. id. n° 2975.

2938. Divers. — Les pourquoi, p. 445 et 637. — Cf. V,
p. 244.

[Pourquoi la vipère a la tête plate (Baule-Bretagne), p. 445.
— Harou (Alfred). Origine de la chouette, légende liégeoise,
p. 637.]

2939. Divers. — La pluie, p. 449 et 513.

[Saussaye (J. de). Procédé pour faire cesser la pluie à Grenoble, p. 449. — Bonnardot (F.). Les fontaines et la pluie
(Saint-Denis-l'Abbaye, Côte-d'Or), p. 513.]

2940. Divers. — Les chasses fantastiques, p. 453
et 531. — Cf. VII, p. 175.

[Bonnardot (F.). Pagny (Côte-d'Or), p. 453. — Harou
(Alfred). Le grand veneur ou chasseur noir, p. 531.]

2941. Duine (F.). — Devinettes du pays de Saint-Malo,
p. 515 à 518.

2942. Basset (René). — Les ordalies, p. 525. — Cf. VI,
p. 421.

[Par le poison, chez les Baoulés (Côte d'Ivoire.]

2943. V. H. (Lucie de). — Les enfants morts sans baptême, p. 526 à 527.

[Environs de Dinan.]

2944. Duine (F.). — Petites légendes chrétiennes, p. 528
à 529. — Cf. VII, p. 154.

[Saint Brendan ; saint Amon.]

2945. Basset (René). — Les ongles, p. 530 et 579. —
Cf. VIII, p. 375.

2946. L. M. [Morin (L.)]. — Blason populaire de l'Aube.
Les vins de Bar-sur-Aube, p. 531 à 532.

2947. Sébillot (Paul). — Nécrologie. Le docteur
François Pommerol [1839 † 1901], p. 532 à 533.

2948. Chauvin (Victor). — Les obstacles magiques,
p. 537 à 538.

2949. Sébillot (Paul). — Les insectes, p. 539 à 553.

2950. Zuidema (W.). — Les pierres enchaînées, p. 558.

[Pierre d'Utrecht.]

2951. Divers. — La neige, p. 563 à 564.

[Zuidema (W.). Des vertus de la neige, p. 563. — Haiseeke
(Hedwige). L'origine du perce-neige, légende de Carinthie,
p. 563.]

2952. Harou (Alfred). — La femme aux nombreux enfants, p. 564. — Cf. XIII, p. 680.

[Brabant wallon.]

2953. Sébillot (Paul). — Les puits, p. 568 à 571.

2954. Divers. — Les métiers et professions, p. 575. —
Cf. IX, p. 501.

[L'ouvrier qui revient, en Égypte, p. 575. — La première
journée de travail à Nantes, p. 575. — Harou (Alfred). La fille
blanche à Lodz (Russie), p. 575.]

2955. Harou (Alfred). — Miettes de folk-lore parisien,
p. 576. — Cf. III, p. 96.

[L'envoûtement.]

2956. Quesneville (Louis). — Traditions et superstitions populaires du pays d'Auge (Calvados), p. 581
à 582.

2957. Stiésel (René). — Coutumes de mariage, p. 582.
— Cf. II, p. 521.

[Environs de Montmédy.]

2958. Basset (René). — La fraternité par le sang,
p. 591. — Cf. VI, p. 577.

[Dans le Moschi (Afrique orientale).]

2959. Divers. — La médecine superstitieuse, p. 591
et 659. — Cf. V, p. 641.

[La fièvre intermittente, la rage, p. 591. — Le mal de dent,
p. 591. — Harou (A.). Les os de mulet, p. 659.]

2960. Basset (René). — Les feux follets, p. 592
à 594.

2961. Sébillot (Paul). — Nécrologie. Léon Marillier
[† 1901], p. 594 à 595.

2962. Sébillot (Paul). — Le monde minéral, p. 601
à 613.

2963. Basset (René). — La légende du mari aux deux
femmes [en Prusse], p. 614 à 616.

2964. Stiésel (René). — Légendes de l'Alsace, recueillies par Auguste Stoeber, p. 617 à 629.

2965. Sainéan (Lazare). — Coup d'œil sur le folk-lore
roumain, notice bibliographique, p. 638 à 651.

2966. Zuidema (W.). — Les chambres interdites,
p. 651. — Cf. n° 2854.

[Groningue.]

2967. Harou (Alfred). — Les gâteaux et bonbons tradi-
tionnels, p. 657.

[L'Écluse (Hollande).]

2968. Desaivre (Léo). — Prodiges et jeux de nature,
p. 658. — Cf. XI, p. 144.

[Les haricots du Saint-Sacrement.]

II. — Congrès régional des traditions popu-
laires d'Abbeville (26 mai 1901). (Paris,
1902, in-8°, 67 p.)

2969. Maison (Paul). — Le mariage en Vimeu, p. 13 à
19. — Cf. id. n° 2923.

18.

2970. Mallet (Ferdinand). — Coutumes locales qui existent depuis un temps immémorial à Bray-les-Mareuil et dans quelques autres villages des environs d'Abbeville, p. 20 à 22. — Cf. id. n° 2924.

2971. Touron (Marius) et Ledieu (Alcius). — Les toucheurs contre la rage, descendants du grand saint Hubert [légende de Nibas], p. 23 à 25. — Cf. id. n° 2925.

2972. Plancouard. — Traditions du Vexin, p. 26 à 27. — Cf. id. n° 2926.

2973. Quignon (G.-Hector). — Vieux usages de la Semaine sainte. Lès bois sacrés, martelets, crécelles, etc., de la région de l'Oise et de la Somme, p. 28 à 32. — Cf. id. n° 2935.

2974. Vayson (J.). — L'ouvrière qui revient [légende de l'ancienne manufacture royale de tapis d'Abbeville], p. 33 à 34. — Cf. id. n° 2936.

2975. Ledieu (Alcius). — Le blason populaire du département de la Somme, p. 35 à 42. — Cf. id. n° 2937.

2976. Bout (A.). — L'âme du terroir et les liens des peuples par la tradition. Rapprochement entre un conte traduit de l'irlandais et un conte populaire recueilli en Picardie, p. 43 à 54.

2977. Duvaucuel (Léon). — Les chansons de rondes dans la vallée de la Somme, p. 55 à 59.

SEINE-ET-MARNE. — BRIE-COMTE-ROBERT.

SOCIÉTÉ D'HISTOIRE ET D'ARCHÉOLOGIE DE BRIE-COMTE-ROBERT.

La Société d'histoire et d'archéologie de Brie-Comte-Robert a été fondée en 1898 et autorisée par arrêté préfectoral du 7 mai; le douzième fascicule de son *Bulletin* paru en mai 1901 termine le premier volume de cette publication.

I. — **Bulletin et compte rendu des travaux de la Société d'histoire et d'archéologie de Brie-Comte-Robert, Mormant, Tournan et la vallée de l'Yères.** (Brie-Comte-Robert, s. d. [1898-1901], in-4°, XIII-226-II-7-VI p.)

2978. Michel. — Objets trouvés aux abords du château de Brie, *fig.*, p. 7 à 8.

[Morceau d'arquebuse, médaille romaine.]

2979. E. M. [Michel (E.)]. — La reine Jeanne d'Évreux à Brie-Comte-Robert (1326-1370), *fig.*, p. 9 à 15, et 22 à 25.

2980. Blondeau (E.). — Le portail de l'église Saint-Étienne [de Brie-Comte-Robert], *pl.*, p. 15 à 16.

2981. Blondeau (E.). — Du style architectural. Classification des époques, *fig.* et *pl.*, p. 19 à 22.

2982. Camus (R.). — Quelques mots sur trois seigneurs de Coubert, *fig.* et *pl.*, p. 25 à 28, et 35 à 39.

[Samuel Bernard; Nicolas de l'Hospital, duc de Vitry; et Armand-Frédéric de Schomberg.]

2983. Michel (E.). — Un coin de Brie [les environs de Brie-Comte-Robert, le Vaudoy] en 1707 *fig.*, p. 29 à 31.

2984. E. B. [Blondeau (E.)]. — Servon (l'église Sainte-Colombe), *fig.* et *pl.*, p. 32.

2985. Anonyme. — Le sous-sol de Brie, *fig.*, p. 34 à 35.

2986. Blondeau (E.). — Église Saint-Martin de Champeaux, *fig.*, p. 40, 58, 72 et 161. — Cf. n° 3012.

2987. Noirmont (Jacques de). — Le prieuré de Vernelle, *fig.*, p. 44 à 47.

2988. Michel (E.). — Le bagage d'un officier au XVII° siècle [Jean Nicot, † 1647], p. 47 à 48.

2989. Anonyme. — Communications faites à la Commission des travaux, *fig.*, p. 50 et 65.

[Clochette de bronze (XVI° s.), *fig.*; monnaies gauloises, *fig.*; médaille du XVI° siècle, *fig.*; médaille de Francis-Henry Egerton, comte de Bridgewater (XVIII° s.), *fig.*; monnaies françaises (XVII°-XVIII° s.), *fig.*; denier de Henri II, comte de Troyes (XII° s.), *fig.*]

2990. E. M. [Michel (E.)]. — Quelques mots sur la Fronde à Brie-Comte-Robert et aux environs, *fig.*, p. 51 à 58.

2991. Chantecler. — Une écuelle du XIII° siècle [trouvée près d'Athis], *fig.*, p. 67 à 69.

2992. Leconte (Maurice). — Le domaine de Brie-Comte-Robert en 1734 (offices et justices), p. 69 à 71.

2993. Commissaire. — Le fief de Vaudoy, *fig.*, p. 75 à 78.

2994. Buffier (G.). — Madame de la Guette, dame de Mandres et de Sucy (1613 † 1680), *fig.*, p. 78 à 83, et 89 à 91.

2995. Blondeau (E.). — Combs-la-Ville, l'église Saint-Vincent, *pl. et fig.*, p. 84, 85 à 86.

2996. Lesoy (G.). — Récits et légendes de la Brie. Une fête à Combs-la-Ville en 1767, p. 86 à 89.

2997. Lepoivre (J.). — Coches, carrosses et diligences à Brie, *fig.*, p. 91 à 94.

2998. Hugues (A.). — Un partage agraire en 1792 à Réau, p. 94 à 96.

2999. Chantecler. — Note sur quatre silex taillés trouvés à Limoges-Fourches, à Courceaux et à Coubert, *fig.*, p. 96 à 98, et 113 à 116.

3000. Michel (E.). — Orgues et organistes de Brie [xvi²-xviii² s.], *fig.*, p. 98 à 100, et 111 à 113.

3001. Drouin (G.). — Férolles-Attilly, le fief de la Barre de 1600 à 1772, *fig.* et 2 *pl.*, p. 100, 119, 152, 171; et II, p. 29, et 74.

3002. Leseur. — Quelques mots sur Santeny, p. 104, 127, 158, 187, 207, 223; et II, p. 37, 61, 82 et 96.

3003. Blondeau (E.). — Le vieux château fort de Brie-Comte-Robert, *pl. et fig.*, p. 105 à 110.

3004. Louillier. — Château de Vaux-le-Vicomte, *pl.*, p. 117 à 119.

3005. M. — Mademoiselle Clara Toussaint, receveuse des postes à Brie-Comte-Robert en 1870, *fig.*, p. 129 à 133.

3006. Michel (E.). — Le château de Brie-Comte-Robert, 2 *pl. et fig.*, p. 134 à 152.

3007. Rousseau (F.). — Sur un cimetière gallo-romain découvert à Brie-Comte-Robert, *fig.*, p. 159 à 160, et 168 à 171.

3008. Legras (C.). — Passage d'une armée royale à Presles en octobre 1652, p. 166 à 168.

3009. Lenoy (G.). — Un traité royal à Moissy en 1112, p. 177 à 180.

3010. Blondeau (E.). — Brie-Comte-Robert. Façade de la chapelle de l'ancien Hôtel-Dieu, *fig.*, p. 180 à 184.

3011. B. [Bernardin]. — Diverses dénominations de Brie-Comte-Robert à l'époque de la Révolution, p 184.

3012. Baudet (Ed.). — Les dalles funéraires de l'église de Champeaux, p. 185 à 186. — Cf. n° 2986.

3013. Bernardin (Camille). — Les Minimes à Brie-Comte-Robert, *fig.*, p. 189 à 201, et 218 à 223.

3014. Hugues (A.). — Premier essai de cadastre à Andrezel en 1717, p. 202 à 204.

3015. Camus (R.). — Conspiration féodale dirigée contre Louis VII le Jeune par Robert de Dreux, qui fut le premier comte de Brie (1149), *pl.*, p. 204 à 206.

3016. Blondeau (E.). — Brie-Comte-Robert, la tour du clocher, *fig.*, p. 208 à 210.

3017. Lesoy (G.). — Un procès au sujet des anciennes corvées de Brie-Comte-Robert, p. 210 à 214.

3018. Anonyme. — Bernay, canton de Rozoy-en-Brie (Seine-et-Marne), p. 214 à 216.

3019. Anonyme. — Rapport sur l'excursion de Champeaux, Blandy, Moisenay et Vaux-le-Vicomte, *fig.*, p. 216 à 218.

SEINE-ET-MARNE. — FONTAINEBLEAU.

SOCIÉTÉ HISTORIQUE ET ARCHÉOLOGIQUE DU GÂTINAIS.

Les tomes I à III des *Annales* de cette Société ont été analysés dans notre *Bibliographie générale*, t. IV, p. 389 à 390. — Les tomes IV à XVIII de ce recueil, ainsi que les ouvrages isolés parus de 1885 à 1900, seront analysés ou indiqués dans le Supplément actuellement en préparation.

XIX. — Annales de la Société historique et archéologique du Gâtinais, t. XIX. (Fontainebleau, 1901, in-8°, xii-400 p.)

3020. Richemond (E.). — Jean III de Nanteau-sur-Lunain, pseudo-chambrier de France [sous Louis IX], *fig.*, p. 1 à 26.

3021. Dimier (L.). — François Pellegrin (Francesco di Pellegrino) peintre et sculpteur de Fontainebleau, *fig.*, p. 27 à 36.

3022. Pilastre (Ed.) et Denizet (D'). — La reprise de Château-Landon par les troupes de la Ligue en 1590, p. 37 à 46.

3023. Benois (L'abbé C.). — Histoire de Méréville, p. 47 à 121, 318 à 358; et XX, p. 259 à 345. — Suite et fin de XVIII, p. 132.

3024. Lionet (G.). — La compagnie de milice bourgeoise instituée sous le titre de Chevaliers de Moret, *pl.* et *fig.*, p. 131 à 193.

3025. Thoison (Eug.). — La commanderie de Beauvais [-en-Gâtinais] en 1659, p. 194 à 199.

3026. Charron (Alf.). — Gondreville-la-Franche (Loiret), notes d'histoire locale, p. 200 à 230; et XX, p. 24 à 54.

3027. Stein (Henri). — Les sculpteurs Barthélemy Tremblay et Germain Gissey à Fontainebleau, p. 231 à 239.

3028. Legrand (Maxime). — Notes pour servir à l'histoire de l'église collégiale Sainte-Croix d'Étampes, 2 pl., fig., p. 240 à 293.

3029. Groucby (Vicomte de). — Extraits des minutes des notaires de Fontainebleau (XVIIe-XVIIIe s.). Étude de Me Gaultry, p. 294 à 295, 390 à 393; et XX, p. 375 à 376. — Suite de X, p. 85, 226, 329, 396; XI, p. 317, 397; XII, p. 72, 150, 365; XIII, p. 95;

XIV, p. 114; XV, p. 257; XVI, p. 370; et XVII, p. 202.

3030. Baguenault de Puchesse (G.). — Le traité signé à Nemours en 1585 d'après des documents inédits, p. 305 à 317.

3031. Devaux (Jules). — Histoire d'un nom de lieu celtique [Pithiviers], p. 359 à 389. — Suite et fin de XVIII, p. 177.

SEINE-ET-MARNE. — MEAUX.

CONFÉRENCE D'HISTOIRE ET D'ARCHÉOLOGIE DU DIOCÈSE DE MEAUX.

Le tome I du *Bulletin* de cette Association paru de 1894 à 1898 sera analysé dans le Supplément de notre *Bibliographie générale*, actuellement en préparation.

II. — **Bulletin de la Conférence d'histoire et d'archéologie du diocèse de Meaux**, t. II. (Meaux, 1899-1901, in-8°, 572 p.)

3032. Le Renard (E.). — Le couvent des Capucins de Meaux (1611-1791), fig., p. 15 à 23.

3033. Jouy (E.). — L'*Ecce Homo* de la cathédrale de Meaux, fig., p. 24 à 28.

3034. Vernoy (L'abbé A.). — Comptes de la marguillerie de l'église paroissiale Saint-Denis de Coulommiers dans les quatre derniers siècles, fig., p. 29 à 38, 152 à 163, et 411 à 425.

3035. Jouy (E.). — Saint Antoine le Grand et sa statue à Ocquerre (Seine-et-Marne), fig. et pl., p. 39 à 42.

3036. Lecomte (Maurice). — Notes et documents sur les prieurés grandmontains de l'ancien archidiaconé de Provins. Aulnoy [les Minimes, auj. Courchamps] et Tourvoie [lès-Sourdun], p. 43 à 60.

3037. Jouy (E.). — L'allongement de la cathédrale de Meaux et la reconstruction de la façade aux XIVe et XVe siècles, pl. et fig., p. 61 à 68.

3038. Allou (Mgr). — Les sœurs de Saint-Augustin de Meaux, p. 69 à 78.

3039. Anonyme. — Le retable de la Sainte-Vierge à Larchant, p. 89 à 90.

3040. Anonyme. — Notre-Dame du Pilier à Villeneuve-sur-Bellot, fig., p. 90 à 92.

3041. [Jouy (E.)]. — Une ordonnance épiscopale de M. de Vieupont, concernant le château de la Trousse (1615), p. 92 à 94.

3042. [Jouy (E.)]. — Inscriptions funéraires et actes de fondations à Ocquerre, p. 94 à 95.

3043. Anonyme. — Un registre de chapelle d'hospice (Fontainebleau), p. 95 à 98.

3044. Anonyme. — Une inscription de dédicace, à Saint-Pierre de Provins, p. 98 à 99.

3045. Anonyme. — Procès-verbaux de translations de reliques à Montévrain en 1784, 1808 et 1809, p. 99 à 101.

3046. Anonyme. — M. le chanoine Frédéric-Auguste Denis [† 1899], portr., p. 110 à 111, et 121 à 128.

3047. Jouy (E.). — Saint Faron et sainte Céline, tableaux de l'avant-chœur de la cathédrale de Meaux, fig., p. 129 à 135.

3048. Stein (Henri). — Cartulaire de l'Hôtel-Dieu de Crécy-en-Brie, p. 136 à 145.

3049. Pruneau (L'abbé B.). — Reliquaire en forme d'église du Saint-Sépulcre, à Montévrain (Seine-et-Marne), 2 pl. et fig., p. 146 à 151.

3050. Lecomte (M.). — Jean L'Huillier, évêque de Meaux, et son testament [1500], p. 164 à 166.

3051. Bonard (L.). — Les chartreux à Maillard, paroisse de Beautheil (Seine-et-Marne), pl. et fig., p. 167 à 175.

3052. E. J. [Jouy (E.)]. — Petit retable peint provenant de l'ancien Hôtel-Dieu de Meaux (XVIe siècle, fig., p. 176 à 178.

3053. Lapierre (G.-A.). — Comptes du temporel de l'évêché de Meaux (1423-1426), p. 179 à 206, et 266 à 286.

3054. Barbier (A.). — Saint Jean-Baptiste et Nemours [relique et reliquaire], fig. et pl., p. 207 à 214.

3055. E. J. [Jouy (E.)]. — Jacques Le Clerc, premier curé de Soisy [† 1708], p. 225 à 226.

3056. Anonyme. — Borne sculptée provenant de l'abbaye de Saint-Faron, fig., p. 236 à 237.

3057. Anonyme. — Inscriptions de la chapelle des sœurs de Saint-Augustin de Meaux, p. 237 à 238.

3058. Thouet (L'abbé L.). — L'église de Larchant avant la Révolution, 3 pl. et fig., p. 243 à 265.

3059. Jouy (E.). — Le plus ancien monument de Meaux, les grandes salles basses et la chapelle de l'évêché, fig., p. 287 à 305.

3060. Anonyme. — Bénédiction de l'abbesse de Pont-aux-Dames, Calliope de la Trémouille (6 mai 1681), p. 340.

3061. E. J. [Jouy (E.)]. — Deux émaux limousins des xvi° et xvii° siècles [au musée diocésain de Meaux, le saint André de Jean Laudin], *fig.* et *pl.*, p. 341 à 344.

3062. Anonyme. — Une relique de sainte Fare à Besançon, p. 345 à 346.

3063. E. J. [Jouy (E.)]. — Deux bas-reliefs de la Renaissance (Jésus déposé de la croix; Jésus mis au tombeau) à Saint-Nicolas de Meaux, *pl.*, p. 355 à 356.

3064. Lenoy (G.). — L'obituaire de l'abbaye de Barbeau, p. 357 à 375.

3065. Estournet (O.). — Le grand séminaire de Meaux, notes pour servir à l'histoire de cet établissement, p. 376 à 393; et III, p. 52.

3066. Lecomte (M.). — La chronologie des évêques de Meaux, notes d'histoire, p. 395 à 410, et 474 à 487.

3067. [Jouy (E.)]. — La déformation d'une légende. Sainte Geneviève a-t-elle été bergère? Ses caractéristiques dans l'imagerie populaire, *fig.*, p. 426 à 437. — Cf. n° 3074.

3068. Estournet (O.). — Les cloches d'Avon (Seine-et-Marne), p. 438 à 441.

3069. Anonyme. — Notes de sigillographie locale, p. 450 à 455.

[Sceau de Miles-le-Poivre; sceaux relatifs à Bray-sur-Seine et au prieuré de Saint-Sauveur; sceaux d'Arnoul, curé de Charmentray, du curé de Boutigny, du prieur de Grandchamp.]

3070. E. J. [Jouy (E.)]. — Sainte Fare, verrière historiée contemporaine, à Faremoutiers, *pl.*, p. 469 à à 73.

3071. E. J. [Jouy (E.)]. — Un livre d'heures du xv° siècle à la bibliothèque du séminaire de Meaux, notes et extraits, *fig.* et *pl.*, p. 488 à 523.

3072. Fortin (J.). — La forêt de Beaulieu, près Melun. Saint-Leu, Saint-Assise et le Larré, *fig.*, p. 524 à 545.

3073. Anonyme. — Guillaume de Bray, cardinal de Saint-Marc (12.. † 1282), est-il originaire de Bray-sur-Seine? p. 546 à 550.

3074. Niobé (Ch.). — Une rectification : «la divine bergère», p. 559 à 560. — Cf n° 3067.

3075. Anonyme. — Ordonnance de Bossuet concernant les écoles de Rebais, Saint-Léger et la Trétoire (1701), p. 560 à 561.

3076. Anonyme. — Programme pour la célébration de l'anniversaire de la fondation de la République (à Boissière-la-Bertrand, le 23 septembre 1799, 1er jour de l'an viii), p. 561 à 565.

3077. Anonyme. — Un couvercle de fonts baptismaux, style régence, à Ozouer-le-Voulgis, *fig.*, p. 565 à 567.

SEINE-ET-OISE. — CORBEIL.

SOCIÉTÉ HISTORIQUE ET ARCHÉOLOGIQUE DE CORBEIL, D'ÉTAMPES ET DU HUREPOIX.

Cette Société a été fondée en 1895. Les deux premiers volumes de ses *Mémoires* et les tomes I à VI de son *Bulletin* seront analysés dans le Supplément de notre *Bibliographie générale*, actuellement en préparation.

III. — **Mémoires et documents de la Société historique et archéologique de Corbeil, d'Étampes et du Hurepoix, t. III.** (Paris, 1901, gr. in-4°, 98 p., *fig.* et 47 *pl.*)

3078. Darblay (Aymé). — Villeroy, son passé, sa fabrique de porcelaine, son état actuel, *fig.* et 47 *pl.*, p. 1 à 98.

VII. — **Bulletin de la Société historique et archéologique de Corbeil, d'Étampes et du Hurepoix, 7° année, 1901.** (Paris, 1901, in-8°, xx-160 p.)

3079. A. D. [Duroux (A.)]. — Description de Ris et de ses environs [poème anonyme, fin du xviii° s.], p. 1 à 12, et 158.

3080. Marquis (L.). — Le château de Bourgneuf, la résidence des baillis d'Étampes, 2 *pl.*, p. 13 à 23.

3081. Pinson (Paul). — Une page inédite de l'histoire municipale de la ville d'Étampes au xvii° siècle. Démêlés du maire et des échevins avec le ministre Louvois, au

sujet de la garnison des chevau-légers du Dauphin
(1669), p. 24 à 37.

3082. A. D. [DUFOUR (A)]. — Monographie de Saint-Spire
[de Corbeil, ouvrage manuscrit conservé à la Bibliothèque
de la Commission des Monuments historiques et attribué au baron de Guilhermy], *fig.*, p. 38 à 71,
et 159.

3083. G. G. — Excursion à Sainte-Geneviève-des-Bois,
Longpont et Montlhéry, p. 75 à 89.

3084. A. D. [DUFOUR (A.)]. — L'ermitage de Notre-Dame-
de-Consolation en la forêt de Sénart, p. 94 à 108,
et 158.

[Mémoire au Roi par le frère Pacôme, et Règlement.]

3085. FORTEAU (Ch.). — Fêtes à Étampes en l'honneur
de la naissance du duc de Bourgogne (1751-1752),
p. 109 à 114.

3086. PINSON (Paul). — Document inédit pour servir à
l'histoire des cantons de Dourdan. Rôle de la capitation
des nobles, officiers de justice, privilégiés et employés
des fermes et régies dans l'Élection de Dourdan (1789),
p. 115 à 122.

3087. PANNIER (Jacques). — Notes sur le Plessy-Mornay
et la Norville, leurs seigneurs et les églises réformées
au XVIIᵉ siècle. Deux grands mariages en 1671 [Samson
Pape, marquis de Saint-Auban, et Élisabeth de Mas-
sonnes, Philippe de Jaucourt et Anne d'Angennes],
2 *pl.*, p. 123 à 130.

3088. DEPOIN (J.). — Fondation d'une chapellenie au
prieuré d'Essonnes pour Alphonse, comte de Poitiers,
p. 131 à 133.

[Lettres patentes de Philippe le Hardi, 1277.]

3089. M. L. [LEGRAND (Maxime)]. — Deux notices sur
dom Basile Fleureau, p. 134 à 145.

[BOUGÉ (A.). Dom Fleureau, historien d'Étampes, p. 136 à
140. — FORTEAU (Ch.). L'acte de baptême de dom Basile
Fleureau, p. 144 à 145.]

3090. A. D. [Dufour (A.)]. — Chronique, p. 153 à 155.

[Cercueils de pierre découverts au clos dit de Tivoli sur
le chemin de Vaux à Essonnes. — Vases funéraires découverts
à Corbeil. — Lettre de Lenoir concernant l'église Saint-Jean de
Corbeil.]

SEINE-ET-OISE. — PONTOISE.

SOCIÉTÉ HISTORIQUE ET ARCHÉOLOGIQUE DE PONTOISE ET DU VEXIN.

Les tomes I à VII des *Mémoires* de cette Société ont été analysés dans notre *Bibliographie générale*, t. IV,
p. 398 à 399. — Les tomes VIII à XXII seront analysés dans le Supplément actuellement en préparation. —
La Société a publié en 1901, outre le tome XXIII de ses *Mémoires*, les fascicules suivants :

3091. MÜLLER (L'abbé Eugène). — Le prieuré de Saint-
Leu d'Esserent, 1080-1538. (Pontoise, 1900-1901,
in-4°, 210 p.)

[Cartulaire. En appendice : Office de Saint-Leu.]

3092. DEPOIN (Joseph). — Cartulaire de l'abbaye de Saint-
Martin de Pontoise. 3ᵉ fascicule (Pontoise, 1901, in-4°,
p. 243-330).

[Les premier et deuxième fascicules ont paru en 1895 et 1896.
— Le troisième contient les appendices sur les vicomtes de Pontoise
et de Nantes des familles Deliès et Mauvoisin ; sur la famille
Le Riche ; sur les comtes et vicomtes de Meulan et les vicomtes
de Nantes. — Deux fascicules restent à paraître.]

XXIII. — Mémoires de la Société historique
et archéologique de l'arrondissement de
Pontoise et du Vexin, t. XXIII. (Pontoise,
1901, in-8°, 95 p.)

3093. RÉGNIER (L.). — Ernest Seré-Depoin [1824†1901],
portr., p. 33 à 40.

3094. DEPOIN (Joseph) et LACAPELLE. — Charles Soret
de Boisbrunet [1827 † 1900], *portr.*, p. 41 à 45.

3095. BLANCHARD (Dᵣ). — Eugène Lebaigue [† 1900],
portr., p. 47 à 49.

3096. BROCHE (Lucien). — Documents pontoisiens inédits extraits des registres de la Chancellerie royale de
France et des archives de la ville de Pontoise [1296-
1408], p. 67 à 84.

3097. MARSAUX (L.). — Notice sur quelques broderies
du diocèse de Versailles, 5 *pl.*, p. 85 à 94.

[Pontoise, Beaumont-sur-Oise, l'Isle-Adam, Maffliers, Taverny,
Gonesse, Montfort-l'Amaury, Viry-Châtillon, Versailles.]

SEINE-ET-OISE. → RAMBOUILLET.

SOCIÉTÉ ARCHÉOLOGIQUE DE RAMBOUILLET.

Les tomes I à VII des *Mémoires* in-8° de cette Société ont été analysés dans notre *Bibliographie générale*, t. IV, p. 400 à 401. — Les tomes VIII à XIV le seront dans le Supplément actuellement en préparation.

XV. — Mémoires de la Société archéologique de Rambouillet. Procès-verbaux des réunions de Dampierre, de Montfort-l'Amaury et de Montlhéry-Marcoussis pendant les années 1900 et 1901, et notices diverses. Série in-8°, t. XV. (Versailles, 1901, in-8°, 406 p.)

3098. Lorin. — La Société archéologique de Rambouillet à Senlisse et à Dampierre, 12 pl., p. 5 à 118.

3099. Lorin. — Un tableau d'Eugène Delacroix à Orcemont, p. 173 à 174.

3100. Coüard (É.). — Contribution à l'histoire de l'instruction publique dans le département de Seine-et-Oise, p. 175 à 200.

3101. Risch (Léon). — Saint-Hilarion et ses hameaux, p. 201 à 320.

3102. Lorin. — La Société archéologique de Rambouillet à Chilly-Mazarin, à Montlhéry et à Marcoussis, p. 321 à 366.

3103. Anonyme. — Notices biographiques, p. 367.

[M. Georges de Linière; M. Charles Lelièvre.]

SEINE-ET-OISE. — VERSAILLES.

ASSOCIATION ARTISTIQUE ET LITTÉRAIRE.

Les tomes I à IV du *Recueil* publié par cette Association de 1896 à 1900 seront analysés dans le Supplément de notre *Bibliographie générale*, actuellement en préparation.

V. — Association artistique et littéraire. Versailles illustré, t. V, avril 1900-mars 1901. (Versailles [1900-1901], gr. in-4°, 152 p.)

3104. Fleury (Comte). — Le duc de Reichstadt et l'image, *fig.*, p. 1 à 4.

3105. Fromageot (P.). — Les voitures publiques à Versailles, sous l'ancien régime, *fig.*, p. 7 à 11, 21 à 24, et 27 à 31.

3106. Coüard (É.). — Le premier Jeu de Paume de Versailles, *fig.*, p. 13 à 15.

3107. Jehan (Auguste). — Le labyrinthe de Versailles et le Bosquet de la reine, *fig.*, p. 16, 32, 52, 115,

et 125. — Suite de IV, p. 68, 81, 92, 104, 116, 129, et 141.

3108. Terrade (Albert). — L'accident [de chemin de fer] du 8 mai 1842 [près de Bellevue], *fig.*, p. 57 à 58.

3109. Gatin (L.-A.). — La municipalité versaillaise au baptême du Roi de Rome, *fig.*, p. 61 à 66, 107 à 112, 120 à 124, et 141 à 147.

3110. Coüard (É.). — Sabre d'honneur offert au général Hoche par les citoyens de Montreuil [quartier de Versailles], *fig.*, p. 67 à 69.

3111. Dutilleux (A.). — Oberkampf, *fig.*, p. 102 à 106.

3112. Moussoir (Georges). — Vieilles maisons [de Versailles], *fig.*, p. 133 à 136.

SEINE-ET-OISE. — VERSAILLES.

COMMISSION DES ANTIQUITÉS ET DES ARTS DE SEINE-ET-OISE.

Les tomes I à V du recueil publié par cette Commission ont été analysés dans notre *Bibliographie générale*, t. IV, p. 402 à 403. — Les tomes IV à XX seront analysés dans notre Supplément actuellement en préparation.

XXI. — Département de Seine-et-Oise. — Commission des antiquités et des arts. (Commission de l'inventaire des richesses d'art)... XXIe volume. (Versailles, 1901, in-8°, 115 p.)

3113. Divers. — Procès-verbaux des séances du 19 juillet 1900 au 25 avril 1901, p. 17 à 41.

3114. Coüard. — Une épitaphe énigmatique en l'église collégiale Notre-Dame de Poissy [tombe de deux frères de saint Louis], *fig.*, p. 45 à 62.

3115. Fromageot. — L'église de Guyancourt, *fig.*, p. 63 à 76.

3116. Gavin. — Notice sur la Diège, vierge du XII° siècle,

conservée dans l'église paroissiale de Jouy-en-Josas, *pl.* et *fig.*, p. 77 à 83.

3117. Grave.—Etudes et notes sur la région mantaise : I. Les possessions de Saint-Wandrille aux environs de Mantes, p. 84. — II. La statue d'Omerville [tombeau de Marie de Trie, † 1525], p. 91.— III. Une pierre tombale à Breuil-en-Vexin [tombe d'Anne de Fleury, dame d'Oinville, † 1649], p. 94.— IV. Un vice-amiral de la mer [Étienne du Moustier], seigneur de Vert, en 1380, p. 96 à 103.

3118. Moussard. — Note sur des objets de l'époque gallo-romaine découverts au hameau des Guinets, commune de Bonnières, p. 104.

3119. Le Ronne. — Une plaque de cheminée du XVII° siècle [à Magny], p. 105 à 106.

SEINE-ET-OISE. — VERSAILLES.

SOCIÉTÉ DES SCIENCES MORALES DE SEINE-ET-OISE.

Nous avons analysé dans notre *Bibliographie générale*, t. IV, p. 403 à 407, les quatorze premiers volumes des *Mémoires* publiés par cette Société. On trouvera dans notre Supplément l'analyse des tomes XV à XXI, de cette même publication, et des tomes I et II de la *Revue de l'histoire de Versailles et de Seine-et-Oise*, qui a succédé en 1899 aux *Mémoires*.

III. — Revue de l'histoire de Versailles et de Seine-et-Oise. Année 1901. (Versailles, s. d., in-8°, 331 p.)

3120. Nolhac (Pierre de). — Trianon de porcelaine, *fig.*, p. 1 à 16.

3121. Rey (Auguste). — Le naturaliste Bosc, un Girondin herborisant, *portr.*, p. 17 à 42. — Suite et fin de II, p. 241.

3122. Maillard (J.). — Le château royal de Saint-Hubert, p. 43, 209; et IV, p. 66, et 208. — Suite de II, p. 278.

3123. Taphanel (A.). — Mémoires de Manseau, intendant de la maison royale de Saint-Cyr, 3 *pl.*, p. 54, 131 et 268. — Suite et fin de I, p. 36, 97, 172, 274; et II, p. 69, 143, 218, et 298.

3124. Fennebresque (Juste). — L'Ermitage de M°° de Pompadour [à Versailles], *fig.*, p. 81 à 96.

3125. Auscher (E.-S.). — Marie-Antoinette et la manufacture de Sèvres, 2 *pl.* et *fig.*, p. 97 à 113.

3126. Coüard (É.). — Une cousine germaine de Lazare Hoche [Marie-Victoire-Françoise Merlière], p. 114 à 125.

3127. Caron (E.). — Quelques documents relatifs aux origines du domaine de Versailles, p. 126 à 130.

3128. Bonnet (Charles). — Mᵐᵉ Bonaparte à la Malmaison, deux épisodes de son séjour (an vii-an ix), 2 pl., p. 161 à 197.

3129. Marquet de Vasselot (Jean-J.). — Trois œuvres inconnues de S. Mazière, J.-J. Caffieri et C.-A. Bridan au musée de Versailles, fig. et 2 pl., p. 198 à 208.

3130. Mareuse (E.). — Excursion d'un Anglais [J.-G. Lemaistre] à Versailles, en avril 1802, p. 215 à 224.

3131. Fromageot (P.). — Pierre-François Tissot (1768 † 1854), pl., p. 225 à 240, et 241 à 267.

SEINE-INFÉRIEURE. — LE HAVRE.

SOCIÉTÉ HAVRAISE D'ÉTUDES DIVERSES.

Les tomes I à XXXIII du Recueil publié par cette Société ont été analysés dans notre Bibliographie générale, t. IV, p. 408 à 415. — Les tomes XXXIV à XLVII le seront dans le Supplément actuellement en préparation.

XLVIII. — Recueil des publications de la Société havraise d'études diverses, 68ᵉ année, 1901... (Le Havre, 1901, in-8°, 474 p.)

3132. Roger (Dʳ Jules). — Rabelais étudiant en médecine, facs., p. 17 à 26.

3133. Martin (Alphonse). — Mariages d'autrefois, p. 27 à 35.

3134. Boulard (J.) et Lechevalier (A.). — Notice historique sur la commune d'Épouville, fig., p. 36 à 84, 119 à 162, et 231 à 295.

3135. Barrey (Ph.). — Notice sur la population du Havre, p. 97 à 109.

3136. Martin (Alphonse). — Un Hollandais au Havre en 1585 [van Buchel], p. 111 à 118.

3137. Quoist (G.-D.). — Étude sur l'imprimerie, fig., p. 163 à 195.

3138. Le Menuet de la Jugannière (P.). — Campagne d'outre-Loire de l'armée vendéenne (1793), p. 197 à 210. — Suite de XLVII, p. 71.

3139. Martin (Alphonse). — Un monument havrais du xvᵉ siècle [Saint-Michel d'Ingouville], fig., p. 221 à 230.

3140. Hofgaard (André). — Le journal et le journalisme [depuis le xviiᵉ siècle], p. 319 à 349.

3141. Dubois (L'abbé Joseph). — Récits hagiographiques des temps mérovingiens, p. 369 à 405. — Suite de XLV, p. 157.

[Saint Ouen à Jumièges et à Saint-Wandrille.]

3142. Lechevalier (A.). — A propos d'Eustache de Saint-Pierre, p. 407 à 416.

3143. Martin (Alphonse). — Notice biographique et bibliographique sur Léon Braquehais, sous-bibliothécaire de la ville du Havre [† 1901], portr., p. 431 à 436.

3144. Lechevalier (A.). — Bibliographie méthodique de l'arrondissement du Havre. (Le Havre, 1901-1902, in-8°, 247 p.)

SEINE-INFÉRIEURE. — ROUEN.

ACADÉMIE DE ROUEN.

Les tomes I à LXXXVII du Précis analytique des travaux de cette Académie ont été analysés dans notre Bibliographie générale, t. IV, p. 415 à 439. Les tomes LXXXVIII à CII le seront dans le Supplément actuellement en préparation.

CIII. — Précis analytique des travaux de l'Académie des sciences, belles-lettres et arts de Rouen pendant l'année 1900-1901. (Rouen, 1902, in-8°, 467 p.)

3145. Coutan (D'). — La chapelle Saint-Julien du Petit-Quevilly et ses peintures murales, p. 11 à 25.

3146. Boucher (D'). — Rapport sur les travaux de la classe des sciences, p. 81 à 87.

3147. Vacandard (L'abbé). — Rapport sur les travaux de la classe des lettres et des arts pour l'année 1900-1901, p. 107 à 117.

3148. Loth (L'abbé Julien). — Notice sur M. le comte Robert d'Estaintot (1832 † 1901), p. 119 à 138.

3149. Allard (Christophe). — Notice sur M. Decorde [Adolphe, 1817 † 1901], p. 139 à 150.

3150. Beaurepaire (Georges de). — L'abbé de Saint-Pierre, p. 151 à 195.

3151. Coutan (D'). — La cathédrale d'Avranches, 2 pl., p. 197 à 210.

3152. Beaurepaire (Ch. de). — Blaise Pascal et sa famille à Rouen de 1640 à 1647, facs., p. 211 à 311.

3153. Wallon (H.). — Correspondance de Turgot, contrôleur général, avec la Chambre de commerce de Normandie (1774-1775), p. 313 à 326.

3154. Paulme (Henri). — M. Gustave Rouland, sénateur de la Seine-Inférieure (1831 † 1898), p. 357 à 384.

3155. Gasté (Armand). — Madeleine de Scudéry et le *Dialogue des héros de roman* de Boileau, p. 385 à 415.

3156. Tougard (L'abbé). — De l'étude du grec, p. 417 à 436.

SEINE-INFÉRIEURE. — ROUEN.

LES AMIS DES MONUMENTS ROUENNAIS.

Les tomes I à III du *Bulletin* de cette Société, parus postérieurement à 1885, seront analysés dans le Supplément de notre *Bibliographie générale*, actuellement en préparation.

IV. — Les Amis des monuments rouennais. Bulletin. Année 1901. (Rouen, 1902, in-4°, 160 p.)

3157. Vesly (Léon de). — Pierre des Aubeaux, imagier rouennais du XVIᵉ siècle, 2 pl. et fig., p. 35 à 45. — Cf. nᵒˢ 1787 et 3175.

3158. Dubosc (Georges). — Les oriols rouennais, fig., p. 47 à 50.

3159. Dubosc (Georges). — Le manoir d'Alincourt [à Lillebonne], fig., p. 51 à 54.

3160. Dubosc (Georges). — Une vieille maison de la rue Saint-Lo [à Rouen], fig. et pl., p. 55 à 58.

3161. Deglatigny (Louis). — Nouvelles notes sur l'affaire de la rue Saint-Romain, p. 59 à 66. — Suite de III, p. 39.

3162. Vesly (Léon de). — Exploration archéologique de la forêt de Rouvray, fig., p. 67 à 74.

3163. Beaurepaire (Ch. de). — Notes sur les architectes de Rouen, p. 75 à 96.

3164. Auzé (Raoul). — Nécrologie, p. 122 à 127.

[Charles Lixé (1833 † 1900); Adolphe Duboc (1821 † 1901), Alphonse Jean († 1901); Robert Hainaut († 1901); Eugène Souchières (1845 † 1901).]

3165. Auzé (Raoul). — Excursion annuelle. Visite à Allouville, Sainte-Gertrude, Maulévrier, Saint-Wandrille, Auzebosc, 2 pl. et fig., p. 129 à 140.

SEINE-INFÉRIEURE. — ROUEN.

SOCIÉTÉ DES BIBLIOPHILES NORMANDS.

Les publications de cette Société faites de 1863 à 1885 ont été indiquées dans notre *Bibliographie générale*, t. IV, p. 452 à 456; les comptes rendus de ses quarante-quatre premières assemblées générales ont été analysés, *ibid.*, p. 456 à 458. — Nous donnerons dans notre Supplément l'indication des volumes et des comptes rendus des assemblées générales de 1886 à 1900.

3166. Tougard (L'abbé). — Les antiquités et singularités de la ville de Rouen, par Taillepied. Réimprimé avec une introduction et des notes. (Rouen, 1901,

in-8° carré, XXXIX-XIV-177 p.) — Appendice, 77ᵉ assemblée générale, 1902, p. 11 à 12.

3167. Le Verdier (P.). — Théâtre scolaire. 3ᵉ fascicule.

Tragédies allégoriques (Codrus mourant pour sa patrie. La mort d'Abel). La mort de Xerxès. Celse martyr. Damon et Pythias. (S. l. n. d., 4 plaquettes in-8° carré de 8, 11, 12 et 12 p.)

[Le premier fascicule a paru en 1897. et le deuxième en 1898.]

LXXV. — Société des Bibliophiles normands, soixante-quinzième assemblée générale, 4 juillet 1901. (S. l. n. d., in-8° carré, 13 p.)

3168. BEAUREPAIRE (Charles DE). — Discours, p. 4 à 9.

[C.-R. Gouhier, vicomte de Petitville (+ 1901).]

LXXVI. — Société des Bibliophiles normands, soixante-seizième assemblée générale, 10 décembre 1901. (S. l. n. d., in-8°, 16 p.)

3169. BEAUREPAIRE (Charles DE). — Discours, p. 4 à 14.

[L.-F. Poret, marquis de Civille (+ 1901); L.-H.-G. Méry de Bellegarde (+ 1901); Ch. Verger (+ 1901); R.-H.-G. Rangeard de la Germonière (+ 1901).]

SEINE-INFÉRIEURE. — ROUEN.

SOCIÉTÉ ROUENNAISE DES BIBLIOPHILES.

Nous avons indiqué dans le tome IV, p. 459 à 460, de notre *Bibliographie générale* les publications de cette Société antérieures à 1886; on trouvera dans notre Supplément la notice des volumes parus de 1886 à 1900.

3170. GARNETA (R.). — La conversion de la princesse de Condé à Rouen, en 1596, publié avec introduction et notes. (Rouen, 1901, in-8° carré, XLIV-20 et 53 p., *fig.*)

3171. HÉRON (A.). — Le lai d'Aristote, par Henri d'Andeli, publié d'après le texte inédit du manuscrit 3516 de la Bibliothèque de l'Arsenal, avec introduction. (Rouen, 1901, in-8° carré, XXI-25 p.)

3172. GASTÉ (Armand). — Le livre des chants nouveaux de Vaudevire, de Jean Le Houx, publié sur l'unique exemplaire de l'édition viroise de Jean de Cesne, avec une introduction et des notes. (Rouen, 1901, in-8° carré, XXV-105-XV p.)

SEINE-INFÉRIEURE. — ROUEN.

SOCIÉTÉ D'ÉMULATION DU COMMERCE ET DE L'INDUSTRIE.

Les tomes I à XLVII du *Bulletin* de cette Société sont analysés dans notre *Bibliographie générale*, t. IV, p. 461 à 468. — Les tomes XLVIII à LX le seront dans le Supplément actuellement en préparation.

LXI. — Bulletin de la Société libre d'émulation du commerce et de l'industrie de la Seine-Inférieure..... Exercice 1900-1901. (Rouen, 1901, in-8°, 361 p.)

3173. GRAVIER (Gabriel). — Jean Parmentier, navigateur dieppois (1494 + 1530), p. 175 à 181.

3174. GOISSEDET. — Notice biographique sur M. Arcisse de Caumont [1801 + 1873], p. 188 à 197.

3175. VESLY (Léon DE). — Notice sur Pierre des Aubeaux, imagier rouennais du XVI° siècle, p. 244 à 258. — Cf. n°° 1787 et 3157.

3176. VESLY (Léon DE). — Légendes, superstitions et vieilles coutumes, p. 259 à 272.

[La Sainte Onuphre à Tôtes; la Croix-Sablier dans la forêt de Bord; superstitions de la maison.]

3177. VESLY (Léon DE). — Notice biographique sur M. Alexandre-Armand Goubert [1838 + 1901], *portr.*, p. 302 à 313.

3178. MARTEL (Vincent). — Notice biographique sur Narcisse Carlier [+ 1899], p. 314 à 322.

SEINE-INFÉRIEURE. — ROUEN.

SOCIÉTÉ DE L'HISTOIRE DE NORMANDIE.

. Les publications de cette Société antérieures à 1886 ont été énumérées dans notre *Bibliographie générale*, t. IV, p. 470 à 471. — Les volumes parus de 1886 à 1900, ainsi que les tomes V à VIII du *Bulletin* parus de 1887 à 1899 et I à IV des *Mélanges* parus de 1891 à 1898, seront indiqués ou analysés dans le Supplément actuellement en préparation.

3179. Travers (Émile). — Rôle du ban et de l'arrière-ban du bailliage de Caen en 1552, publié pour la première fois avec introduction, notes, additions et corrections. (Rouen, 1901, in-8°, XVII-401 p.)

3180. Le Verdier (P.). — Correspondance politique et administrative de Miromesnil, premier président du Parlement de Normandie, publiée d'après les originaux inédits, t. III (1763-1764). (Rouen, 1901, in-8°, XLIV-471 p.)

[Les tomes I (1757-1761) et II (1761-1763) ont paru en 1899 et 1900, et le tome IV (1765-1767) en 1903.]

V. — **Mélanges.** Documents publiés et annotés par MM. Ch. de Beaurepaire, Paul Le Cacheux, A. Héron et Hippolyte Sauvage. (Rouen, 1898, [1901], in-8°, 455 p.)

[La couverture porte au dos 1901, et le permis d'imprimer du Conseil de la Société, p. 5, est daté du 4 février 1901.]

3181. Héron (A.). — Mémoires d'Antoine Bigars, sieur de la Londe [† 1593 ou 1594], p. 8 à 46.

3182. Héron (A.). — Deux relations du bombardement de Dieppe en juillet 1694 : 1° relation anonyme; 2° relation de Laurent Croisé, p. 47 à 118.

3183. Le Cacheux (Paul). — Documents concernant les États de Normandie de février 1655, p. 119 à 158.

3184. Sauvage (Hippolyte). — Origines et antiquités de la ville de Vire, p. 159 à 210.

[Mémoire attribué au P. Michel Mauduit.]

3185. Sauvage (Hippolyte). — Documents relatifs à la donation du comté-pairie de Mortain à Pierre de Navarre par Charles VI, p. 211 à 331.

3186. Beaurepaire (Charles de). — Recueil de chartes concernant l'abbaye de Saint-Victor-en-Caux, p. 333 à 453.

SEINE-INFÉRIEURE. — ROUEN.

SOCIÉTÉ NORMANDE D'ÉTUDES PRÉHISTORIQUES.

Cette Société a été fondée en mars 1893. Les tomes I à VIII de son *Bulletin* seront analysés dans le Supplément de notre *Bibliographie générale*, actuellement en préparation.

IX. — **Bulletin de la Société normande d'études préhistoriques**, t. IX, année 1901. (Louviers, 1902, in-8°, 183 p.)

3187. Romais (G.). — Stations néolithiques dans les environs de Fécamp, p. 23 à 26.

3188. Rouxel (Georges). — La station préhistorique de Biville-Vasteville (Manche), p. 27 à 33.

3189. Dupont (Dr). — Différentes manifestations du passage de l'homme à Fécamp, p. 34 à 36.

3190. Quenouille (L.). — Notes sur de récentes découvertes d'objets préhistoriques dans les départements de la Seine-Inférieure et de l'Eure, p. 37 à 38.

3191. Dubus (A.). — Note d'archéologie préhistorique sur les stations de Bléville et de la Mare-aux-Clercs (près le Havre), p. 39 à 47.

3192. Coutil (L.). — L'époque gauloise dans le sud-ouest de la Belgique et le nord-ouest de la Celtique.

Sépultures et mobilier funéraire des Calètes, Véliocasses, Eburovices, Lexovii, Esuvii, Viducasses, Baiocasses, Ambivareti et Unelli, 9 pl., p. 48 à 138.

3193. Morel (Gaston). — Étude de la préhension des silex taillés de l'époque néolithique, 4 pl., p. 139 à 173. — Suite de VII, p. 41; et VIII, p. 80.

SOMME. — ABBEVILLE.

SOCIÉTÉ D'ÉMULATION D'ABBEVILLE.

Les tomes I à XIII des *Mémoires* de cette Société ont été analysés dans notre *Bibliographie générale*, t. IV, p. 487 à 490. Les tomes XIV à XIX le seront dans le Supplément actuellement en préparation.

Quant au *Bulletin trimestriel* publié par la Société d'Abbeville, les tomes I à IV parus de 1888 à 1899 seront analysés dans notre Supplément, et le tome V, qui n'a été terminé qu'en 1902, sera indiqué dans notre prochain fascicule.

XX. — Mémoires de la Société d'émulation d'Abbeville..., t. XX de la collection, 4ᵉ série, t. IV. (Abbeville [1898-] 1901, in-8°, 747 p.)

3194. Ledieu (Alcius). — Compte rendu du centenaire de la Société d'émulation d'Abbeville, p. 1 à 50.

3195. Delignières (Ém.). — Rapport sur les origines, sur les actes et sur les travaux de la Société d'émulation d'Abbeville depuis 1797 à l'occasion de son centenaire, p. 51 à 68.

3196. Caire (P. de). — L'exploitation du théâtre d'Abbeville [depuis 1770], 2 pl., p. 69 à 92, et 473 à 720.

3197. Julia (Alfred). — La reine Radegonde, p. 93 à 174.

3198. Ledieu (Alcius). — Abbeville en liesse, réjouissances et fêtes publiques au XVᵉ siècle, p. 175 à 212.

3199. Brandt de Galametz (Comte de). — Enguerrand d'Eudin, gouverneur du Ponthieu et du Dauphiné [XIVᵉ s.], fondateur des Célestins d'Amiens, étude historique avec pièces justificatives, p. 213 à 257.

3200. Delignières (Ém.). — Exposition d'œuvres d'art et de curiosité à Abbeville. Aperçu rétrospectif, 9 pl., p. 259 à 310.

3201. Hoin (L'abbé Joseph). — Millencourt-en-Ponthieu et ses seigneurs, p. 311 à 471.

SOMME. — AMIENS.

ACADÉMIE D'AMIENS.

Les tomes I à XXXII des *Mémoires* publiés par cette Académie sont analysés dans notre *Bibliographie générale*, t. IV, p. 491 à 495; les tomes XXXIII à XLVII le seront dans le Supplément actuellement en préparation.

XLVIII. — Mémoires de l'Académie des sciences, des lettres et des arts d'Amiens, t. XLVIII, année 1901. (Amiens, 1902, in-8°, 381 p.)

3202. Leleu. — L'Académie d'Amiens, son histoire avant

1750. Histoire de la Société littéraire (1746-1750), p. 133 à 189.

3203. Fournier (Dʳ C.). — Le Dʳ Jules Lenoel (1826-1900), p. 191 à 218.

3204. Lecomte (Maxime). — Le poète Roucher; sa vie, ses œuvres, sa mort, sa correspondance, p. 241 à 262.

SOMME. — AMIENS.

SOCIÉTÉ DES ANTIQUAIRES DE PICARDIE.

Cette Société publie : 1° des *Mémoires* in-8°, paraissant à intervalles fort irréguliers, nous en avons analysé les vingt-huit premiers volumes dans notre *Bibliographie générale*, t. IV, p. 496 à 504, les tomes XXIX à XXXIII seront analysés dans notre Supplément, il n'en a pas paru depuis 1899;

2° Des *Mémoires* in-4°, dont les onze premiers volumes figurent dans notre *Bibliographie générale*, t. IV, p. 504 à 505, les tomes XII à XIV seront analysés dans notre Supplément;

3° Un *Bulletin*, dont nous avons analysé les tomes I à XV dans notre *Bibliographie générale*, t. IV, p. 505 à 514, les tomes XVI à XX seront analysés dans notre Supplément; les fascicules trimestriels de ce *Bulletin* ne formant un volume complet qu'au bout de plusieurs années et un volume ayant été commencé en 1901, nous n'avons pas pour cette année à détailler le contenu des livraisons parues ;

4° Des ouvrages isolés ou des recueils de monographies dus à plusieurs auteurs; c'est à cette catégorie qu'appartiennent les ouvrages indiqués ci-après :

3205. Durand (Georges.)—Monographie de l'église Notre-Dame cathédrale d'Amiens. — T. I. Histoire et description de l'édifice. (Paris, 1901, in-8°, x-536 p. et 48 pl.)

[En faux titre : *Mémoires de la Société des Antiquaires de Picardie.*]

3206. [Guyencourt (R. de)]. — Catalogue de la bibliothèque de la Société des Antiquaires de Picardie. — Séries O, P, Q, R, S et T. Ouvrages relatifs au département de la Somme. (Amiens 1901, in-8°, iii-364 p.)

Société des antiquaires de Picardie. Fondation E. Soyez. — La Picardie historique et monumentale. [Tome II, n° 1]. (Arrondissement de Montdidier.) (Amiens, 1901, gr. in-4°, p. 1 à 80.)

3207. Bonnault d'Houët (Baron de). — Ville de Montdidier, *fig.* et 6 *pl.*, p. 1 à 26.

3208. Guyencourt (R. de). — Canton de Montdidier, *fig.* et 4 *pl.*, p. 26 à 60.

[Andechy, Becquigny, Bouillancourt, Davenescourt, Faverolles, Guerbigny, Marcesmontiers, Piennes.]

3209. Duhamel-Decéjean. — Canton de Rosières, *fig.* et 7 *pl.*, p. 61 à 80.

[Beaufort-en-Santerre, Bouchoir, Caix, Chilly, Fransart, Harbonnières, Naucourt.]

TARN. — ALBI.

SOCIÉTÉ DES SCIENCES, ARTS ET BELLES-LETTRES DU TARN.

Les tomes I à V de la *Revue* publiée par cette Société sont analysés dans notre *Bibliographie générale*, t. IV, p. 515 à 524. — Les tomes VI à XVII le seront dans le Supplément, où l'on trouvera également la notice des six premiers volumes des *Archives historiques de l'Albigeois*, parus de 1894 à 1900.

XVIII. — Revue historique, scientifique et littéraire du département du Tarn (ancien pays d'Albigeois)..., publiée sous la direction de M. Jules Jolibois et sous le patronage de la Société des sciences, arts et belles-lettres du Tarn, 26° année, XVIII° volume. 2° série, 10° année. (Albi, 1901, in-8°, 384 p.)

3210. Cabié (Edmond). — Les coutumes de la seigneurie de Lugan (canton de Lavaur) [1402], p. 1 à 11.

3211. Lauzeral (Casimir). — Quelques mots sur les vieilles superstitions de nos campagnes, p. 17 à 20.

3212. Portal (Ch.). — Extraits de registres des notaires, documents des xive-xvie siècles concernant principalement les pays albigeois, p. 21 à 37, 72 à 88, 151 à 167, et 258 à 271. — Suite de XIII, p. 305; XIV, p. 102, 225, 362; XV, p. 58, 251; XVI, p. 50, 214, 244; et XVII, p. 15 et 129. — Cf. id. n° 3225.

3213. Rivières (Baron de). — L'Albigeois au commencement du xviiie siècle d'après le *Voyage littéraire de deux religieux bénédictins de la Congrégation de Saint-Maur*, p. 38 à 42.

3214. Gaillac (A.). — Cimetière gaulois de Saint-Vincent, commune de Lisle-sur-Tarn, p. 43 à 44.

3215. Petronnet (Charles). — Historique de quelques plantes médicinales, p. 45 à 54. — Suite de XVII, p. 216.

3216. Cabié (Edmond). — Campagne de Gaucher de Passac, contre les routiers du sud-ouest de la France (1384-1385), p. 61 à 71, et 168 à 179.

3217. Marty (Émile). — Cartulaires de Rabastens, p. 93, 180; et XIX, p. 50, 130, 269 et 331.

3218. Vidal (Aug.). — Holbein's ambassadors, the picture and the men. An historical study, by Mary F. S. Hervey, p. 125 à 150, 276 à 297; et XIX, p. 41 à 49.

[Georges de Selve, évêque de Lavaur.]

3219. Estadieu. — Glanures historiques, p. 232 à 233.

[Séance publique du directoire du département du Tarn, le 14 mars 1793; la taxe des grains, septembre 1793, dans le Tarn.]

3220. Olier (Jean). — Henry Paschal de Rochegude (1741 † 1834), p. 237 à 257.

3221. Barrau (Louis). — Petite chronique judiciaire de la Chambre de l'Édit, de Castres, p. 272 à 275.

3222. Portal (Ch.). — Christophe Moucherel, de Toul (1686 † après 1761) et l'orgue de la cathédrale d'Albi, fig., p. 298 à 328.

3223. Bécus. — Jetons de Louis XVI, p. 346.

3224. Rivières (Baron de). — Épitaphe de Mgr de Lescure, évêque de Luçon († 1723), p. 356.

VII. — Archives historiques de l'Albigeois, publication périodique de la Société des sciences, arts et belles-lettres du Tarn, fascicule septième. (Albi, 1901, in-8°, vii-224 p.)

3225. Portal (Charles). — Extraits de registres de notaires, documents des xive-xvie siècles concernant principalement le pays d'Albigeois. (Albi, 1901, in-8°, vii-224 p.)

[Ce volume est un tirage à part des *Extraits* ci-dessus sous le numéro 3212.]

TARN-ET-GARONNE. — MONTAUBAN.

ACADÉMIE DES SCIENCES, BELLES-LETTRES ET ARTS DE TARN-ET-GARONNE.

Les tomes I à X du *Recueil* publié par cette Académie sont analysés dans notre *Bibliographie générale*, t. IV, p. 531 à 532. — Les tomes XI à XXVI le seront dans le Supplément actuellement en préparation.

XXVI. — Recueil de l'Académie des Sciences, Belles-Lettres et Arts de Tarn-et-Garonne, 2e série, t. XVII, année 1901. (Montauban, 1901, in-8°, 189 p.)

3226. Soulié (Le chanoine). — Ingres, qualités de son talent, son caractère, p. 9 à 17.

3227. Auréjac (E.). — Éloge de Victor de Laprade, p. 51 à 86.

3228. Forestié (Édouard). — Olympe de Gouges, p. 87 à 134. — Suite et fin de XXVI, p. 69.

3229. Durand-Lapie (Paul). — Siméon Pécontal, poète montalbanais, sa vie et ses ouvrages (1798 † 1872), p. 147 à 171.

TARN-ET-GARONNE. — MONTAUBAN.

SOCIÉTÉ ARCHÉOLOGIQUE DE TARN-ET-GARONNE.

Les tomes I et XIII du *Bulletin* de cette Société sont analysés dans le tome IV de notre *Bibliographie générale*, p. 532 à 538. — Les tomes XIV à XXVIII le seront dans le Supplément actuellement en préparation.

XXIX. — **Bulletin archéologique et historique de la Société archéologique de Tarn-et-Garonne...**, t. XXIX, année 1901. (Montauban, 1901, in-8°, 396 p.)

3230. Pottier (Fernand). — Les châsses et reliquaires de Pompignan autrefois de la Maison professe des Jésuites de Paris, 3 *pl.*, p. 19 à 28.

3231. Galabert (L'abbé F.). — Le nombre des hommes libres dans le pays de Tarn-et-Garonne aux xi° et xii° siècles, p. 29 à 50.

3232. Grèze (Auguste). — Valence d'Agenais, des guerres de la Fronde jusqu'à la fin du xvii° siècle, p. 51 à 70.

3233. Divers. — Procès-verbaux des séances du 14 novembre 1900 au 6 novembre 1901, p. 73 à 88, 165 à 184, 260 à 296, et 369 à 382.

[Mort du général Bernard de Boysson († 1900), p. 74. — Notes extraites des minutes notariales de Caussade (xv° s.), p. 78. — Pertes artistiques occasionnées par l'incendie du château du prince de Ligne à Belœil (Belgique), p. 179. — Généalogie des Borderpied, p. 261. — Albefeuille, p. 264. — Henri Dardenne († 1901), p. 266. — M° Barbier de Montault († 1901), p. 267. — Mandement de Louis XII à l'évêque de Rodez ordonnant une levée de 600,000 livres, p. 269. — Un procès à Moudenard, p. 378.]

3234. Galabert (L'abbé F.). — Deux noms d'artistes [montalbanais : Gabriel Robert, tapissier, et Hugues Néron, maitre maçon, xvi° s.], p. 83 à 84.

3235. Galabert (L'abbé F.). — Coutumes de Castelsarrasin, p. 89 à 92.

3236. Forestié (Édouard). — Hugues de Cardailhac et la poudre à canon (xiv° siècle), p. 93 à 132, 185 à 222, et 297 à 312.

3237. Grèze (Auguste). — Églises et chapelles situées dans la juridiction de Valence d'Agen aux xvi° et xvii° siècles, p. 133 à 139.

3238. Daux (L'abbé Camille). — A travers testaments et obits [du Tarn-et-Garonne], p. 140 à 158.

3239. Forestié (Édouard). — Deux planches pour *Ex-libris*, *pl.*, p. 159 à 161.

3240. Mézamat de Lisle (De). — Établissement des Ursulines à Castelsarrazin (1643); et coutumes de la Bastide du Temple (1260), p. 173 à 176.

3241. Taillefer (L'abbé). — Différend entre les habitants de Saint-Martin-de-Caussanilhes et de Salvagnac et les consuls de Septfonds au sujet des tailles (8 mai 1470), p. 182 à 183.

3242. Rivières (Baron de) et Delpey. — Excursion de la Société. Seulis, Beauvais, Noyon et Compiègne, p. 223 à 236.

3243. Galabert (L'abbé F.). — Le rôle des *bons hommes* dans le pays de Tarn-et-Garonne, p. 237 à 248.

3244. Galabert (L'abbé F.). — La confrérie Saint-Martial, à Montauban, au xvi° siècle, p. 273 à 275.

3245. Galabert (L'abbé F.). — États de nométage des religieux de nos abbayes cisterciennes, en 1790, p. 276 à 282.

[Beaulieu, au diocèse de Rodez ; la Garde-Dieu ; Saint-Marcel-en-Quercy ; Grandselves ; Belleperche et Mas-Grenier.]

3246. Galabert (L'abbé F.). — Quelques feuillets d'un livre d'heures limousin [xv° s.], p. 286 à 289.

3247. Claverie (Jules). — Relation du témoignage de zèle que la ville de Montauban a donné le 2 juillet 1775, au sujet et à l'honneur du sacre de S. M. Louis XVI, p. 290 à 292.

3248. Claverie (Jules). — Passage du duc de Chartres à Montauban (1776), p. 292 à 293.

3249. Contensou (L'abbé). — Installation de la nouvelle municipalité [de Montauban] en 1791, p. 293 à 296.

3250. Pottier (Le chanoine). — Les clochers de brique polygonaux de l'école toulousaine dans le diocèse de Montauban, 15 *pl.*, p. 313 à 332, et 382.

[Clochers de Toulouse, *pl.* ; châsse de Grandselve, *pl.* ; clochers de Beaumont de Lomagne, *pl.* ; de Villemade, *pl.* ; de Montauban, 2 *pl.* ; de Montech, *pl.* ; de Négrepelisse, *pl.* ; de Notre-Dame des Misères, *pl.* ; de Caussade, *pl.* ; d'Aucamville, *pl.* ; de Finhan, *pl.* ; de Saint-Nicolas-de-la-Grave, *pl.* — Clochers de briques de la Haute-Garonne et de l'Ariège.]

3251. Galabert (L'abbé F.). — Villages fortifiés durant le xiv° siècle dans l'étendue du Tarn-et-Garonne, p. 333 à 344.

3252. Roger (Robert). — Église abbatiale Saint-Volusien de Foix, p. 350 à 353.

3253. Galabert (L'abbé F.). — Jean de Batut, futur évêque de Montauban, ambassadeur en Angleterre [1442], p. 372. — Passage de sauterelles à Montauban (1397), p. 373.
3254. Pottier (Le chanoine). — Règlement d'armoiries pour Dominique Lesseps (1777), p. 377 à 378.

3255. Taillefer (L'abbé). — Un vieux procès [la justice de Mondenard, 1318], p. 378 à 379.
3256. Galabert (L'abbé F.). — Donation du lieu d'Orgueil à l'Ordre de Saint-Jean [xiie s.], p. 380 à 381.

VAR. — DRAGUIGNAN.

SOCIÉTÉ D'ÉTUDES SCIENTIFIQUES ET ARCHÉOLOGIQUES DE DRAGUIGNAN.

Les tomes I à XV du *Bulletin* de cette Société ont été analysés dans le tome IV, p. 539 à 542, de notre *Bibliographie générale*, et les tomes XVI à XXII le seront dans le Supplément actuellement en préparation.

XXIII. — **Bulletin de la Société d'études scientifiques et archéologiques de la ville de Draguignan,** t. XXIII, 1900-1901. (Draguignan [1902], in-8°, lx-566 p.)

3257. Rampal. — Les papiers de Mgr Pierre-Ferdinand de Beausset-Roquefort, archevêque d'Aix, p. viii à xiii.
3258. Riffin. — Affiche en provençal du lieutenant général de Coincy [relative aux troubles] (1789), p. xviii.
3259. Poupé (E.). — L'instruction publique à Correns sous l'ancien régime, p. xxv à xxxii.
3260. Aubert. — Essai de notice sur Trigance, p. li à lii.

3261. Poupé (Edmond). — Histoire du collège de Draguignan, p. 3 à 175. — Suite et fin du XXII, p. 359.
3262. Poupé (E.). — L'élection des députés du Var à l'Assemblée législative, à la Convention nationale, au Conseil des Anciens et au Conseil des Cinq-Cents, p. 471 à 496.
3263. Cortez (Fernand). — La seigneurie de Séail, commune de Callas (Var), p. 497 à 521.
3264. Agsel (Z. D'). — Esquisses d'archéologie préhistorique, p. 523 à 546.

[Oppidum et mégalithe des environs de Cuers; oppidum de Saint-Ferréol; galgal des environs de Bargemon.]

VAR. — TOULON.

ACADÉMIE DU VAR.

Les tomes I à XLI du *Bulletin* de cette Académie sont analysés dans notre *Bibliographie générale*, t. IV, p. 542 à 548. — Les tomes XL à LI le seront dans le Supplément en préparation.

LII. — **Bulletin de l'Académie du Var,** 69e année, 1901. (Toulon, s. d. [1901], in-8°, xvi-257 p.)

3265. Bournilly (Louis). — Historique du collège de Toulon, depuis sa fondation jusqu'à son érection en lycée (1625-1867), p. 1 à 143.
3266. Trenves (A.). — Discours [à la fête du Cente-

naire de l'Académie. — Historique de la Compagnie], p. 145 à 155.
3267. Emily (Dr). — Discours de réception [Extraits de son journal de route lors de l'expédition Marchand, 1897], p. 225 à 236.
3268. Gistucci (Léon). — Discours prononcé le 25 septembre 1900 aux obsèques de M. Léon Roland, p. 237 à 242.

VAUCLUSE. — AVIGNON.

ACADÉMIE DE VAUCLUSE.

Les tomes I à IV des *Mémoires* de cette Académie ont été analysés dans notre *Bibliographie générale*, t. IV, p. 550 à 551. — Les tomes V à XIX le seront dans le Supplément en préparation. Outre le tome XX de ses *Mémoires*, l'Académie de Vaucluse a publié, en 1901, un fascicule commémoratif du centenaire de sa fondation et une table de la première série de ses *Mémoires* (voir n°ˢ 3269 et 3273-3274.)

3269. [MÉRITAN (J.)]. — Académie de Vaucluse. Table des Mémoires. Première série, 1882-1900. (Avignon, 1901, in-8°, IV-32 p.)

XX. — Mémoires de l'Académie de Vaucluse, 2ᵉ série, t. I, année 1901. (Avignon, 1901, in-8°, XIV-257 p.)

3270. MÉRITAN (J.). — Les troubles et émeutes d'Avignon (1652-1659), p. 1 à 83.

3271. ROUSSET (Antonin). — Oppède et ses environs. Fragments d'archéologie et d'histoire locale, *fig.*, et 2 *pl.*, p. 89 à 124, et 151 à 188.

3272. LABANDE (L.-H.). — Études d'histoire et d'archéo-

logie romane. Provence et Bas-Languedoc, p. 199 à 248; et XXI, 26 *pl.*, et p. 1 à 183.

[1. Églises et chapelles de la région de Bagnols-sur-Cèze.]

Centenaire de l'Académie de Vaucluse (1801-1901). Mémoires et comptes rendus. (Avignon, 1901, in-8°, VII-123 p.)

3273. LABANDE (L.-H.). — Rapport [histoire sommaire de l'Académie de Vaucluse], p. 11 à 23.

3274. PANSIER (Dʳ). — Les médecins à l'Académie de Vaucluse en 1801 (J.-C. Pancin; J.-B.-A.-B. Pamard), 2 *pl.*, p. 24 à 67.

VENDÉE. — LA ROCHE-SUR-YON.

SOCIÉTÉ D'ÉMULATION DE LA VENDÉE.

Les tomes I à XXIX de l'*Annuaire* de cette Société ont été analysés dans notre *Bibliographie générale*, t. IV, p. 554 à 561. Les tomes XXX à XLIV le seront dans le Supplément en préparation.

XLV. — Annuaire de la Société d'émulation de la Vendée. Agriculture, sciences, histoire, lettres et arts, 1901. 48ᵉ année, 5ᵉ série, t. I. (La Roche-sur-Yon, 1902, in-8°, XII-195 p.)

3275. MIGNEN (Dʳ). — Les religieuses fontevristes de Notre-Dame de Saint-Sauveur, à Montaigu (Bas-Poitou), *pl.*, p. 1 à 64; et XLVI, p. 1 à 145.

3276. LACOULOUMÈRE (G.) et BAUDOUIN (Dʳ). — Le menhir de la Conche Verte dans les dunes de la forêt d'Olonne, *fig.*, p. 65 à 100.

3277. BOCQUIER (Edm.). — Monographie de Chaillé-les-Ormeaux, p. 101 à 154. — Suite de XLIV, p. 126.

3278. E. L. [Louis (Eugène)]. — Nécrologie. M. Henri Biraud [1831 † 1901], p. 192 à 193.

3279. LOQUET (G.). — Essais historiques sur le Talmondais, p. 155 à 191. — Suite de XXXVII, p. 125; XXXIX, p. 134; XL, p. 98; XLI, p. 131; XLII, p. 18; XLIII, p. 196; et XLIV, p. 29.

VIENNE. — POITIERS.

———

SOCIÉTÉ ACADÉMIQUE D'AGRICULTURE, BELLES-LETTRES, SCIENCES ET ARTS
DE POITIERS.

Les tomes I à XLIX du *Bulletin* publié par cette Société sont analysés dans notre *Bibliographie générale*, t. IV, p. 563 à 567. Les tomes L à LXI le seront dans notre Supplément en préparation. Nous signalons ici, pour mémoire, le tome LXII qui ne contient aucun article susceptible d'être indiqué dans notre *Bibliographie*.

LXII. — **Bulletin de la Société académique d'agriculture, belles-lettres, sciences et** | arts de Poitiers..., année 1901, n°° 341-343. (Poitiers, 1901, in-8°, 143 p.)

VIENNE. — POITIERS.

———

SOCIÉTÉ DES ANTIQUAIRES DE L'OUEST.

Les tomes I à XLVIII des *Mémoires* de cette Société ont été analysés dans notre *Bibliographie générale*, t. IV, p. 567 à 577. Les tomes XLIX à LXIV seront analysés dans notre Supplément en préparation. Depuis le tome LXII paru en 1899, le titre des *Mémoires* a été modifié, il est devenu sur la couverture imprimée et parfois même sur le titre proprement dit : *Bulletin et Mémoires*; néanmoins le *Bulletin* publié par la Société a continué de paraître indépendamment des *Mémoires*; il n'y a pas eu de volume de cette dernière collection qui ait été terminé en 1901, nous remettrons donc à un fascicule ultérieur l'analyse des livraisons du volume en cours de publication.

LXV. — **Bulletin et Mémoires de la Société des antiquaires de l'Ouest**, t. XXV (de la 2° série), année 1901. (Poitiers, 1902, in-8°, LIX-343 p.)

3280. Segretain (Général L.). — Un compagnon de La Fayette. Pierre du Rousseau de Fayolle (1746-1780), p. XIX à XXXIX.

3281. Segretain (Général L.). — Journal d'une campagne en Amérique, par du Rousseau de Fayolle (1777-1779), p. 1 à 48.

3282. Pesme (Capitaine A.). — Étude sur l'ancienne enceinte de Poitiers de 1569, celle qui résista à Coligny, 4 pl., p. 49 à 120.

3283. Barbier (Alfred). — L'hôtel Sully, à Châtellerault, et Charles Androuet du Cerceau, maître-architecte du Roi (1594-1606), pl., p. 123 à 150.

3284. Babinet (Charles). — Le présidial de Poitiers, son personnel de 1551 à 1790, p. 151 à 341.

VIENNE. — POITIERS.

SOCIÉTÉ DES ARCHIVES HISTORIQUES DU POITOU.

Les tomes I à XV des *Archives* publiées par cette Société ont été analysés dans notre *Bibliographie générale*, t. IV, p. 589 à 591. — Les tomes XVI à XXX le seront dans le Supplément en préparation.

XXXI. — **Archives historiques du Poitou,** t. XXXI. (Poitiers, 1901, in-8° xix-590 p.)

3285. Barbier (Alfred). — Cartulaire [1206-1253] et chartes [1235-1773] de l'aumônerie de Saint-Michel de Thouars, p. 1 à 80.

3286. Anonyme. — Rôles de montres et revues (1387-1673) [tirés du chartrier de Thouars], p. 81 à 116.

3287. Guérin (P.). — Lettres d'abolition de 1447, p. 117 à 181.
[Compte d'une amende de 18,000 livres sur les officiers et commissaires royaux en Poitou coupables d'abus et prévarications.]

3288. Labbé (Arthur). — Documents relatifs à Noirmoutier [1438-1569], p. 182 à 189.

3289. Barbier (Alfred). — Les statuts de la Faculté des arts de l'Université de Poitiers (1484, 1488, 1494), p. 190 à 245.

3290. Desaivre (Léo). — Lettres de François de Rochechouart [1512-1524], p. 246 à 270.

3291. Chasteigner (Comte Alexis de). — Anoblissement de la maison des Giraudières, près Châtellerault (16 décembre 1619), p. 271 à 274.

3292. Desaivre (Léo). — Lettre de Camus de Pontcarré à M. de Villeroy, conseiller d'État et premier secrétaire du Roi [1586], p. 275 à 280.

3293. Charretron (Pierre). — Liquidation du douaire de la reine Marie Stuart (1602-1612), p. 281 à 308.

3294. Labbé (Arthur). — État des chemins et châteaux du Poitou, dressé en 1611 par René Androuet du Cerceau, architecte et ingénieur du Roi à Châtellerault, p. 309 à 393.

3295. Labbé (Arthur). — Mémoire du sieur des Roches-Baritault, Gabriel de Chasteau-Briant, lieutenant en Poitou, contre les malversations et violences du sieur de Villemontée, intendant de justice en icelle province (1643), p. 394 à 401.

3296. Barbier (Alfred). — Un synode en Haut-Poitou au xviie siècle [synode de Châtellerault, 1663], p. 402 à 426.

3297. Barbier (Alfred). — Voyage de Maximilien Aubéry à la cour de Louis XIV (26 janvier-30 mars 1668), p. 427 à 471.

3298. Labbé (Arthur). — Procès-verbal d'une séance du consistoire de Châtellerault tenue le 11 février 1685, p. 472 à 476.

3299. Labbé (Arthur). — État des meubles qui existent dans le château de Richelieu au 1er mars 1788, p. 477 à 561.
[Suivi d'un état des statues et bustes de marbre.]

VIENNE (HAUTE-). — LIMOGES.

SOCIÉTÉ ARCHÉOLOGIQUE ET HISTORIQUE DU LIMOUSIN.

Les tomes I à XXXII du *Bulletin* de cette Société sont analysés dans notre *Bibliographie générale*, t. IV, p. 597 à 607. — Les tomes XXXIII à XLIX le seront dans le Supplément actuellement en préparation.

L. — **Bulletin de la Société archéologique et historique du Limousin,** t. L... (Limoges, 1901, in-8°, xxxii-300 p.)

3300. Ducourtieux (Paul). — Tables générales des tomes I à XLIX, p. v à xxxv, et 1 à 300.
[Précédé d'une notice sur la Société de 1845 à 1900.]

VOSGES. — ÉPINAL.

SOCIÉTÉ D'ÉMULATION DES VOSGES.

Les tomes I à XXIV des *Annales* publiées par cette Société ont été analysés dans notre *Bibliographie générale*, t. IV, p. 614 à 620, et les tomes XXV à XXXIX le seront dans le Supplément actuellement en préparation.

XL. — Annales de la Société d'émulation du département des Vosges, 77ᵉ année, 1901. (Épinal, 1901, in-8°, 554 p.)

3301. Perrout (Henri). — Discours prononcé à la séance publique solennelle de la Société d'émulation des Vosges, le 27 décembre 1900, p. 7 à 21.

[Une famille d'artistes spinaliens, Henri-Joseph Hogard (1776 † 1837); Charles Pensée († 1871), et Eugène Pensée († 1878).]

3302. Bergerot (A.). — Remiremont pendant la Révolution, d'après les documents officiels, p. 79 à 208.

3303. Haillant (N.). — Essai sur un patois vosgien (Uriménil, près Épinal), p. 209 à 234. — Suite de XXI, p. 261; XXII, p. 195; XXIII, p. 345; XXIV, p. 228; XXV, p. 116; et XXVI, p. 1.

3304. Dreyfuss (Albert). — Monographie du collège d'Épinal, des origines à 1793, p. 235 à 318. — Cf. n° 3305.

3305. Decelle (Paul). — Monographie du collège et de l'école industrielle d'Épinal (1789-1900), p. 319 à 454. — Cf. n° 3304.

3306. Gonse (Louis). — Le musée départemental des Vosges. — Notice sur la galerie de peinture, p. 476 à 482.

[Extrait de *Les chefs-d'œuvre des musées de France*, du même.]

3307. Chevreux (Paul). — Rapport sur le musée départemental, p. 483 à 488.

3308. Chevreux (Paul). — Paroles prononcées sur la tombe de M. Gérard Gley, ancien président de la Société [1815 † 1901], p. 501 à 504.

VOSGES. — SAINT-DIÉ.

SOCIÉTÉ PHILOMATHIQUE VOSGIENNE.

Les tomes I à X du *Bulletin* publié par cette Société ont été analysés dans notre *Bibliographie générale*, t. IV, p. 620 à 622. — Les tomes XI à XXV le seront dans le Supplément actuellement en préparation.

XXVI. — Bulletin de la Société philomathique vosgienne, 26ᵉ année, 1900-1901. (Saint-Dié, 1901, in-8°, 348 p.)

3309. Fournier (Dʳ A.). — Un épisode de l'histoire de Rambervillers [siège de 1635], p. 5 à 27.

3310. Bardy (Henri). — Bruyères et le cardinal de Rohan, évêque de Strasbourg, p. 29 à 43.

[Incendie de Bruyères en 1779.]

3311. Fournier (Dʳ A.). — Quelques noms de lieux vosgiens, p. 45 à 101.

3312. Bouvier (Félix). — Le conventionnel Blaise Laurent [† 1799], p. 103 à 116.

3313. Bardy (Henri). — Les deux premiers maires de Saint-Dié, Joseph Mangin [1750 † 1821] et Dieu-

donné Dubois [1759 † 1804], *fig.* et 4 *pl.*, p. 117 à 193.

[Appendice : Christophe Dieudonné, préfet du Nord (1757 † 1805).]

3314. Pierrefitte (L'abbé). — Les braves d'Ainvelle [1795], p. 194 à 197. — Cf. XXVII, p. 293.

3315. Flayeux (L'abbé Georges). — Étude historique sur l'ancien ban de Fraize [Vosges], p. 199 à 280; XXVII, p. 307 à 346; et XXVIII, p. 5 à 66.

3316. Anonyme. — Procès-verbaux des séances [11 mars 1900 au 24 février 1901], p. 281 à 323.

[Charles-Louis Schuler (1852 † 1900), p. 287. — Jacquot (1819 † 1857), p. 299. — Jean-François Mangeonjean (1828 † 1901), p. 303.]

3317. Bardy (Henri). — Ormont, ci-devant Saint-Dié, pendant la période révolutionnaire, p. 305 à 319.

YONNE. — AUXERRE.

SOCIÉTÉ DES SCIENCES HISTORIQUES ET NATURELLES DE L'YONNE.

Les tomes I à XXXIX du *Bulletin* publié par cette Société ont été analysés dans notre *Bibliographie générale*, t. IV, p. 624 à 636. Les tomes XL à LIV le seront dans le Supplément en préparation.

LV. — Bulletin de la Société des Sciences historiques et naturelles de l'Yonne, année 1901, 55ᵉ volume, 5ᵉ de la quatrième série. (Auxerre, 1902, in-8°, 517-96-LVI p.)

3318. Bouvier (H.). — Histoire de l'assistance publique dans le département de l'Yonne jusqu'en 1789. p. 5 et 281. — Suite et fin de LIII, p. 71, et LIV, p. 235.
3319. Foin (L.). — Une bête du Gévaudan dans l'Auxerrois (1732-1734), p. 51 à 58.
3320. Jobin (L'abbé). — Notes historiques sur Gigny, p. 59 à 98.
3321. Guimard (V.). — Un procès criminel au XVIIIᵉ siècle instruit par la justice de Courlon (affaire Lengrand), p. 99 à 160.

3322. Drot (E.). — Recueils de documents tirés des anciennes minutes de notaires déposées aux Archives départementales de l'Yonne, 4 pl., p. 161 et 429; et LVI, p. 97 à 121. — Suite de LIII, p. 132; et LIV, p. 25 et 193.
3323. Demay (Charles). — Les armes de Castille figurées sur le grand portail de la cathédrale d'Auxerre, *fig.*, p. 249 à 254.
3324. Villetard (H.). — Fragments de manuscrits de plain-chant recueillis dans le département de l'Yonne, p. 255 à 280.
3325. Avout (Baron A. D'). — Maison d'Avout. Sa généalogie avec pièces à l'appui, *fig.* et *pl.*, p. 331 à 428.
3326. Parat (L'abbé). — Un manuscrit de 1817 sur les grottes d'Arcy, p. XXI à XXIII.

YONNE. — AVALLON.

SOCIÉTÉ D'ÉTUDES D'AVALLON.

Les tomes I à XXII du *Bulletin* de cette Société ont été analysés dans le tome IV de notre *Bibliographie générale*, p. 637 à 641. — Les tomes XXIII à XXVII, parus de 1888 à 1898, le seront dans le Supplément en préparation.

XXVIII. — Bulletin de la Société d'études d'Avallon, 40, 41 et 42ᵉ années, 1899-1900-1901. (Avallon, 1901, in-8°, 207 p.)

3327. Jordan (G.) et Goussard (G.). — Notices nécrologiques sur MM. C.-M. Morio [† 1900], Dʳ E. Gagniard [† 1900], Ch. d'Assay et H. Perrin [† 1900], suivies du discours prononcé sur la tombe de M. Henri Perrin, p. 13 à 20.
3328. Villetard (L'abbé H.). — Inscriptions de l'église Saint-Lazare d'Avallon, p. 21 à 56.
3329. Villetard (L'abbé H.). — Note sur une mitre en pierre trouvée à Avallon, p. 57 à 60.

3330. Pissier (L'abbé A.). — Une question de géographie ancienne. Vézelay, p. 61 à 63.
3331. Chamson (Eugène). — Recherches sur l'enseignement primaire à Avallon et dans l'Avallonnais, p. 65 à 144.
3332. Villetard (L'abbé). — Les statues du portail de l'église Saint-Lazare d'Avallon, p. 145 à 170.
3333. Charpentier (Edmond). — Le portail de l'église Saint-Lazare d'Avallon, p. 185 à 191.
3334. Chamson (Eugène). — Saint-André-en-Terre-Plaine et son cahier de doléances en 1789, p. 193 à 205.

YONNE. — SENS.

SOCIÉTÉ ARCHÉOLOGIQUE DE SENS.

Les publications de cette Société sont indiquées dans notre *Bibliographie générale*, t. IV, p. 642. Les tomes I à XII de son *Bulletin* sont analysés, *ibid.*, p. 642 à 646. Les volumes isolés et les tomes XII à XIX du *Bulletin* parus de 1885 à 1900 seront indiqués ou analysés dans notre Supplément en préparation. Il n'a pas paru de volume du *Bulletin* en 1901.

3335. Perrin (Joseph). — 1814. Sièges de Sens, défense de l'Yonne et campagne du général Allix. Publié sous les auspices de la Société archéologique de Sens. (Sens, 1901, in-8°, 240 p. et 7 *pl.*)

ALGÉRIE. — ALGER.

SOCIÉTÉ DE GÉOGRAPHIE D'ALGER ET DE L'AFRIQUE DU NORD.

La Société de géographie d'Alger et de l'Afrique du Nord a été fondée en 1896. On trouvera dans le Supplément de notre *Bibliographie générale* l'analyse des tomes I à IV de son *Bulletin*.

V. — Bulletin de la Société de géographie d'Alger et de l'Afrique du Nord, 6° année, 1901. (Alger, 1901, in-8°, CLXVIII-618 p.)

3336. Mérois (Lieutenant). — De l'Algérie au Congo par le lac Tchad [mission Foureau-Lamy-Reibell], *carte*, p. 1 à 61.

3337. Mouliéras (Auguste). — Conférence sur sa mission au Maroc, p. 62 à 75.

3338. Hacquard (Mgr). — Promenade au Mossi, relation de voyage, p. 76 à 110.

3339. Garnier (René). — Conférence sur la mission Gentil [Mission du Chari], p. 112 à 138.

3340. Raynaud (Dr L.). — L'hygiène au Maroc, étude sur les prisons, supplices et châtiments, droit d'asile, p. 139 à 147.

3341. Gsell. — Épigraphie algérienne [inscription romaine trouvée à Rernelle], p. 150 à 151.

3342. Arnaud (Robert). — Contribution à l'étude de la langue peuhle ou foullanyya, p. 152 à 157, 321 à 328 [*lisez :* 421 à 428] et 600 à 604; et VI, p. 156 à 160, 326 à 330, 488 à 493, 614 à 630. — Suite de IV, p. 284 et 432.

3343. Delpsch (A.). — Tables chronologiques, p. 158 à 163 et 341 à 350 [*lisez :* 441 à 450]; et VI, p. 142 à 155. — Suite de IV, p. 309 et 421.

3344. Mesplé (Armand). — Nécrologie. Ludovic Drapeyron [1839 † 1901], p. 167 à 168.

3345. Ducuyot (Capitaine). — Relation du voyage aux îles Baléares, p. 169 à 189.

3346. Rinn (Commandant). — Les Rira d'Adelia, p. 190 à 200.

3347. Gaulis. — La Crète et ses insurrections, p. 209 à 218.

3348. G. — Une excursion aux ruines de Tipasa, p. 219 à 227.

3349. N. — Opération d'une colonne marocaine chez les Beraber en 1884-1885, p. 234 à 243.

3350. Demontès (V.). — La plaine de Marrakesch, *carte*, p. 244 à 271.

3351. Bernard (Augustin). — Revue bibliographique des travaux sur la géographie de l'Afrique du Nord [1901], p. 272 à 301. — Cf. II, p. 15; III, p. 84; et IV, p. 185.

3352. Divers. — Correspondance du Maroc, p. 322 à 328.

3353. Mesplé (Armand). — Mgr Hacquard [1860 † 1901], p. 308 à 332.

3354. N. L. — Voyages au Maroc de Jakob Schaudt, p. 333 à 369 [lisez : 333 à 369]. — Suite de III, p. 299.

3355. Montet (Dr E.). — Un voyage au Maroc, p. 270 à 288 [lisez : 370 à 388].

3356. Rouanet (Jules). — Pour le Chéliff, p. 453 à 509;

et VI, p. 112 à 131, 218 à 343, et 558 à 605.

3357. Demontès (V.). — La région marocaine du Sous, p. 536 à 582.

3358. Divers. — Nécrologie, p. 610 à 616.

[Justin Pouyanne (1835 † 1901); Dr Blaise († 1901); Huou de Penanster (1832 † 1901); Paul Buff (1862 † 1901); le général Humbert Droz (1839 † 1901).]

ALGÉRIE. — ALGER.

SOCIÉTÉ HISTORIQUE ALGÉRIENNE.

Les tomes I à XXIX de la *Revue africaine* publiée par cette Société ont été analysés dans notre *Bibliographie générale*, t. IV, p. 647 à 666. — Les tomes XXX à XLIV le seront dans le Supplément.

XLV. — Revue africaine. Bulletin des travaux de la Société historique algérienne, 45e année. (Alger, 1901. in-8°, 372 p.)

3359. Robin (Colonel). — Notes et documents concernant l'insurrection de 1856-1857 de la Grande Kabylie, p. 14, 155, et 322. — Suite de XLII, p. 310; XLIII, p. 41, 204, 321; et XLIV, p. 79, 135 et 193.

3360. Eudel (P.). — Aperçu historique de l'orfèvrerie algérienne, p. 42 à 64.

3361. Gsell (Stéphane). — Tête de l'empereur Hadrien [trouvée à Belcourt, Mustapha], *fig.*, p. 65 à 67.

3362. Fagan. — Annales du Maghreb et de l'Espagne,

par Ibn El-Athir, p. 68 à 92, et 111 à 154. — Suite de XL, p. 352; XLI, p. 5, 185, 351; XLII, p. 82, 202, 330; XLII, p. 78, 234, 350; et XLIV, p. 165, et 312.

3363. Bigonet. — Dinar hafcide inédit, p. 97 à 100.

3364. Benchenef. — Lettre sur l'éducation des enfants par Abou Hamed el-R'azzaly, p. 101 à 110.

3365. Joly (Alexandre). — Remarques sur la poésie moderne chez les nomades algériens, p. 208 à 236. — Suite de XLIV, p. 283.

3366. Wierzejski. — Catalogue du musée de Cherchel, p. 237 à 288. — Suite de XLIV, p. 228.

3367. Moinier (Colonel). — Campagne de J. César en Afrique (46-47 avant J.-C.), *carte*, p. 289 à 321; et XLVI, p. 145 à 176, et 302 à 359.

ALGÉRIE. — CONSTANTINE.

SOCIÉTÉ ARCHÉOLOGIQUE DE CONSTANTINE.

Les tomes I à XXIII du *Recueil* publié par cette Société ont été analysés dans notre *Bibliographie générale*, t. IV, p. 672. — Les tomes XXIV à XXXIV le seront dans le Supplément.

XXXV. — Recueil des notices et mémoires de la Société archéologique du département de Constantine. 4e volume de la quatrième série, 35e volume de la collection. Année 1901. (Constantine, 1902, in-8°, xv-334 p.)

3368. Grange (Lieutenant Raoul). — Monographie de Tobna (*Thubunae*), *fig.* et 22 pl., p. 1 à 97.

3369. Jacquot (Lucien). — Les constructions pélasgiques [Mansourah, Milah], 2 pl., p. 99 à 102.

3370. Jacquot (Lucien). — Silex taillés d'Algérie, 3 pl., p. 103 à 106.

3371. Jacquot (Lucien). — Tessons à figures et à emblèmes de la région de Sétif, 2 pl., p. 107 à 113.

3372. Jacquot (Lucien). — Baignoire naturelle romaine aux Ouled-Zerara, pl., p. 114.

3373. Jacquot (Lucien). — Sarcophages monolithes de la région de Sétif (documents pour servir à une étude sur les sépultures anciennes en Algérie), pl., p. 115 à 118.

3374. Loizillon. — Les ruines de Bordj-R'dir, 2 pl., p. 119 à 126.

3375. Jacquot (Lucien). — Dessins rupestres de Tiout, 2 pl., p. 127 à 131.

3376. Jacquot (Lucien). — Communication [sur des monuments de la région de Milah], p. 132 à 133.
3377. Jacquot (Lucien). — Monuments en forme de caisson [à Bir-Haddada], *pl.*, p. 134.
3378. Robert (A.). — *Auzia*, place forte, 5 *pl.*, p. 135 à 140.
3379. Robert (A.). — Relevé des antiquités de la commune mixte d'Aïn-Melila, *pl.*, p. 141 à 147.
3380. Robert (A.). — Ruines à la Barbinais (Bir-Aïssa), 2 *pl.*, p. 148 à 150.
3381. Touchard (Capitaine J.-L.). — Notes sur les fouilles faites à Tehouda (cercle de Biskra), *fig.*, p. 151 à 155.
3382. Mercier (Gustave). — La grotte du Chettaba, 2 *pl.*, p. 156 à 166.
3383. Mercier (Gustave). — Une inscription arabe de Bougie, p. 167 à 171.
3384. Delattre (Le P. A.-L.). — Poids de bronze an-

tiques du musée Lavigerie (nouvelle série, 1902), *fig.*, p. 172 à 180.
[Cf. une première série dans la *Revue tunisienne*, VII (1900), p. 411.]
3385. Delattre (Le P. A.-L.). — Une cachette de monnaies à Carthage au ve siècle, p. 181 à 189.
3386. Labordie (E.). — Fouilles à El-Haria et Mahidjiba, *fig.* et 3 *pl.*, p. 190 à 217.
3387. Vars (Ch.). — Inscriptions découvertes à Timgad pendant l'année 1901, *fig.*, p. 218 à 274.
3388. Farges (Abel). — Inscriptions inédites adressées à la Société au cours de l'année 1901, *pl.*, p. 298 à 314.
3389. Motylinski (A. de Calassanti). — Note sur deux bracelets touareg, p. 315 à 323.
[Kherbet-Zembia, inscription romaine.]

3390. Robert. — *Lemelli*, p. 224 à 225 [lisez : 324 à 325].

ALGÉRIE. — ORAN.

SOCIÉTÉ DE GÉOGRAPHIE ET D'ARCHÉOLOGIE D'ORAN.

Les tomes I à V du *Recueil* publié par cette Société ont été analysés dans notre *Bibliographie générale*, t. IV. — Les tomes VI à XX seront analysés dans notre Supplément.

XXI. — Société de géographie et d'archéologie de la province d'Oran, fondée en 1878, t. XXI, 1901. (Oran, 1901, in-8°, LXXVIII-329 p.)

3391. Mouliéras (Auguste). — La ville de Fas (Fez), p. 1 à 31.
3392. Flahault (E.). — Fouilles à Aïn-Temouchent (Albulae), *pl.*, p. 32 à 38.

3393. Ségalas. — Lettre d'un membre de la mission Foureau-Lamy, p. 52 à 55.
3394. Farre (L'abbé). — Une découverte mégalithique en France. Les statues-menhirs [de l'Aveyron et du Tarn], p. 216 à 220.
3395. Bernard (Augustin). — En Oranie, p. 235 à 303.
3396. Duvaux (Capitaine). — Notice sur des inscriptions [arabes] recueillies à Taghit (Sud-Oranais), *fig.*, 3 *pl.*, p. 306 à 314.

TUNISIE. — TUNIS.

INSTITUT DE CARTHAGE (ASSOCIATION TUNISIENNE DES LETTRES, SCIENCES ET ARTS).

Cette Société a été fondée en 1894. — Les tomes I à VII de la *Revue tunisienne* publiée par elle seront analysés dans le Supplément de notre *Bibliographie générale*, actuellement en préparation.

VIII. — Revue tunisienne, publiée par le Comité de l'Institut de Carthage (Association tunisienne des lettres, sciences et arts) sous la

direction d'Ensèbe Vassal, secrétaire général..., t. VIII, 1901. (Tunis, s. d., in-8°, 480 p.)

3397. Médina (Gabriel). — Le christianisme dans le nord

21.

de l'Afrique avant l'Islam, p. 7 à 19, 156 à 168, 293 à 317, et 407 à 427.

3398. Delattre (A.-L.). — Inscriptions céramiques trouvées à Carthage (1900), p. 20 à 44.

3399. Regouen (Comte). — L'aiguière et le plat dits de Charles-Quint [musée du Louvre], p 62 à 69.

3400. Carton (D'). — Municipium Numlulitanum, *fig.*, p. 79 à 102. — Suite de VII, p. 395.

3401. Letaille (J.). — Voyage de Marcescheau dans le sud de la Régence de Tunis en 1896, p. 149 à 155.

3402. Wachi (Commandant). — En territoire militaire, les affaires indigènes (Oran, Alger, Constantine), p. 186 à 199.

3403. Cattan (Isaac). — *Majnoun Leila*, recueil de poésies arabes composées par Kaïs ben El Malaouah. [Texte et] traduction, p. 200 à 209, et 323 à 326.

3404. Alix (J.). — Corippe. *La Johannide*, traduction, p. 210 à 213, et 327 à 335. — Suite de VI, p. 31, 148, 314, 453; et VII, p. 106, 184, 372, et 477.

3405. Carton (D'). — Le Djebel Gorra, p. 259 à 278.

3406. Delattre (Le P. A.-L.). — La colline de Saint Louis à Carthage. Temple d'Esculape, nouvelles découvertes, inscriptions, p. 279 à 292.

3407. Wachi (Commandant P.). — En Algérie. Notes, itinéraires et souvenirs pour servir à l'histoire de la province d'Oran. L'insurrection de Bou Amama (1881-1882), p. 336 à 362, et 445 à 458.

3408. Germain (V.). — Nos émigrants siciliens chez eux, d'après Leopoldo Franchetti et Sidney Sonnino, p. 428 à 444.

3409. Julien. — Sur les rives du Bagrada, p. 459 à 462.

INDO-CHINE. — SAÏGON.

SOCIÉTÉ DES ÉTUDES INDO-CHINOISES.

Les tomes I à III du *Bulletin* de cette Société sont analysés dans notre *Bibliographie générale*, t. IV; les tomes IV à XVIII seront analysés dans notre Supplément, où l'on trouvera également l'indication des volumes publiés par cette Société de 1886 à 1900.

XIX. — Bulletin de la Société des études indo-chinoises de Saïgon. Année 1901. 1" semestre. (Saïgon, 1901, in-8°, 135 p.)

3410. Dürrwell (Georges). — Le jeu en Cochinchine, p. 5 à 48.

3411. Anonyme. — Géographie physique, économique et historique de la Cochinchine, 1" fascicule, Monographie de la province de Biên-Hòa. (Saïgon, 1901, in-8°, xii-58 p., *fig.* et *carte*.)

TABLE DES NOMS D'AUTEURS.

AUDOLLENT (Aug.). Le culte de Caelestis à Rome, n° 2165.

AIMBERT (D' A.). Émigrés de la Corrèze, n° 363.

AULARD (F.-A.). Archives révolutionnaires de Trouville-sur-Mer, n° 2711. — L'exercice de la souveraineté nationale sous le Directoire, n° 2690. — Impressions de voyage de Robespierre, n° 2708. — Napoléon et Corneille, n° 2730. — Politique religieuse du Premier Consul, n° 2695. — Rapports de la Préfecture de police sous le Consulat, n° 2745. — Recueil des notes du Comité de salut public, n° 1602. — Le républicanisme à la Constituante, n° 2713.

AURÉAC (E.). Éloge de Victor de Laprade, n° 3227.

AUBRICOSTE DE LAZARQUE (A.). Usages et superstitions populaires de la Lorraine, n° 2856.

AURIOL (L'abbé). Dévotions privées au xv° siècle, n° 607. — Fer à hosties du xv° siècle, n° 597. — Fondation de la Chartreuse de Toulouse (1569), n° 625. — Miniature de l'antiphonaire de Mirepoix, n° 588. — Tête sculptée d'Orléans prétendue de Jeanne d'Arc, n° 630.

AUSCHER (E.S.). Marie-Antoinette et la manufacture de Sèvres, n° 3125.

AUSSET. L'enseignement public dans deux communautés rurales des Cévennes au xvii° et au xviii° siècle, n° 1761.

AUVRAY (L.). Lettre de Jean Dubois sur sa Bibliotheca Floriacensis, n° 892.

AUZELET. Le clergé du Puy-de-Dôme pendant la période thermidorienne et sous le Directoire, n° 1293.

AUZOUX (André). La prise du Cap en 1795, n° 2454.

AVELOT (Lieutenant). Dans la boucle de l'Ogooué-Ngounié, n° 1160.

AVENARD DE LA GRANCIÈRE. Chambres souterraines artificielles armoricaines, n° 432. — Notes d'archéologie romaine, n° 1093. — Le préhistorique, les époques gauloise, gallo-romaine et mérovingienne dans le centre de la Bretagne armorique. Explorations de la région de Quénécan, n° 1099.

AVOUT (Baron A. D'). La cavalerie de la garde à Waterloo, n° 2829. — Généalogie de la maison d'Avout, n° 3325.

AVRIL (A. D'). Hiérarchies orientales, n° 2557. — Protection des chrétiens dans le Levant, n° 2551.

AYMAR (Alph.). Archéologie préhistorique dans le Cantal, n° 233. — Haute-Auvergne préhistorique, n° 226.

AYMONIER (Étienne). La stèle de Sdok Kâk Thom, n° 2292.

AZARIO. Campagnes de 1792-1793 contre Victor-Amédée III, roi de Sardaigne, n° 1523.

B

BABEAU (Albert). Église Saint-Pantaléon, à Troyes, n° 1855. — L'énigme de François Gentil, n° 1804. — Jardin des Tuileries au xvii° et au xviii° siècle, n° 2604. — Mobilier des loges de la reine en 1792, n° 2617. — Musées de départements et objets d'art et d'archéologie relatifs à Paris, n° 2620. — Le neveu de Grosley, n° 106. — Pierre Bouquet, bibliothécaire de la Ville de Paris, n° 2610. — La reconstruction de l'abbaye de Notre-Dame aux Nonnains de Troyes et la préfecture de l'Aube, n° 110.

BABELON (Ernest). Mission numismatique en Allemagne, n° 2061. — Monnaie de bronze du tyran Domitianus trouvée aux Cléons, n° 2011. — Scarabée grec trouvé à Carthage, n° 1647. — La silique romaine, le sou et le denier de la loi des Francs Saliens, n° 1927. — Valeur des monnaies d'argent de la fin de l'Empire romain, et les deniers cités dans la loi des Francs Saliens, n° 1997.

BABINET (Charles). Le présidial de Poitiers, son personnel de 1551 à 1790, n° 3284.

BACHER (W.). Onomatologie talmudique, n° 2483.

BACON (L'abbé L.). Peintures anciennes de l'église de Noloy, n° 403.

RACOURT (Fourier DE). — Voir FOURIER DE BALCOURT.

BAGUENAULT DE PUCHESSE (Comte Gustave). Biographie: Paul Domet, n° 872; —

Louis Jarry, n° 901. — Lettres de Catherine de Médicis, n° 1598. — Mémoires du vicomte de Turenne, depuis, duc de Bouillon, et lettres du roi de Navarre, n° 2565. — Projet d'intervention armée de Charles III, duc de Lorraine, en France (1587), n° 1726. — Traité de Nemours (1585), n° 3030.

BAILLET. Lettre d'état pour le sieur Boulanger, garde du Roy (1745), n° 242.

BAILLET (Aug.). Vases égyptiens de la collection Desnoyers au musée d'Orléans, n° 868.

BAJER (Frederik). L'arbitrage dit Butterfield (1854), n° 2552.

BALDENSPERGER (F.). Résistance à Werther dans la littérature française, n° 2586.

BALINCOURT (Comte E. DE). Des d'Esperandieu d'Uzès et de Castres, n° 558.

BALLU. Historiae abbatiae S. Nicolai Andegavensis compendium a D. Petro Le-Gall, n° 946.

BALLU (Albert). Fouilles de Timgad, n° 187 et 2291.

BAILLY (Ch.). Πάρνοψ. Noms grecs de localités, n° 2799.

BANÉAT (P.). Le Thabor, à Rennes, au xvii° siècle, n° 776.

BAPST (G.). Les Esclaves de Nichel-Ange, n° 2274.

BARBAZA (Louis). Petite chronique judiciaire de la Chambre de l'Édit, de Castres, n° 3221.

BANSBY (Jeanne-Marie). Chansons du Morbihan, n° 2914.

BARBIER (A.). Saint Jean-Baptiste et Nemours, n° 3054.

BARBIER (Alfred). Cartulaire et chartes de l'aumônerie de Saint-Nicolas de Thouars, n° 3285. — L'hôtel Sully, à Châtellerault, et Charles Androuet du Cerceau, n° 3283. — Statuts de la Faculté des arts de l'Université de Poitiers (1484-1494), n° 3289. — Synode de Châtellerault (1663), n° 3296. — Voyage de Maximilien Aubéry à la Cour (1668), n° 3297.

BARBIER DE MONTAULT (Mgr X.). Acquisitions du musée d'Angers, n° 944. — Chef de saint Adrien à la cathédrale de Tours, n° 2845. — Croix à main (xiii° s.), n° 298. — Crosses limousines de l'évêché d'Angoulême, n° 247. — Émail de Jean II Laudin, saint Jean-Baptiste, n° 344. — Le Parfait notaire apostolique, n° 1905.

BARBOT (Jules). Culte d'empreintes à Grandrieu et à l'ermitage Saint-Hilaire n° 2865. — Ustensiles et bibelots populaires dans la Lozère, n° 2912.

BARCKHAUSEN (H.). De Blaye à Saint-Jacques-de-Compostelle (1466), n° 728.

BARDET (Alfred). Brienne au temps jadis, n° 105.

BARDOUX (Jacques). Étudiants et ouvriers anglais. Origines et résultats de «l'University's settlements», n° 1322.

BANDY (Henri). Bruyères et le cardinal de Rohan, n° 3310. — Les deux

Bled (L'abbé O.). Démêlés de Mgr L.-Alph. de Valbelle, évêque de Saint-Omer, avec son chapitre, n° 1266. — La fille du commandant du château de Saint-Omer chez les Conceptionnistes en 1740, n° 1253. — Fondation de Jean Faschin en l'église cathédrale de Saint-Omer, n° 1280. — Jean Mansel, d'Hesdin, n° 1277. — Les livres liturgiques de Thérouanne, n° 1272. — Plan du couvent des Capucins de Saint-Omer, n° 1283. — Retable de l'abbaye de Saint-Bertin, n° 1274.

Bleicher. Exploitation du minerai de fer en Lorraine dans l'antiquité, n° 1681.

Blémont (Émile). Les années impaires et les diplomates autrichiens, n° 2886.

Blizard (Le P.). Dubois et l'éducation du duc de Chartres, n° 342.

Blin (Charles). Cimetières mérovingiens de Marcil-sur-Mauldre et de Beynes (Seine-et-Oise), n° 196.

Bloch (Camille). Le département de Pithiviers et Montargis en 1787, n° 896. —Dépopulation d'Orléans aux XVIII° et XIX° siècles, n° 913. — Disgrâce d'un fonctionnaire de l'ancien régime au début de la Révolution, n° 904. — Documents inédits, n° 891. — État sommaire de la série G (clergé séculier) des archives départementales du Loiret, n° 876. — Mémoires inédits sur la Sologne, n° 909. — Projet de Crédit agricole au siècle dernier, n° 907. — La question des présidiaux, n° 2698. — Règlement pour les écoles d'Ingré (1763), n° 898. — Reliques de saint Samson à Orléans, n° 874. — Statistique des corporations de métiers à Orléans à la fin de l'ancien régime, n° 906.

Bloch (G.). Storia di Roma, n° 1957.

Blondeau (E.). Combs-la-Ville, l'église Saint-Vincent, n° 2995. — Église Saint-Martin de Champeaux, n° 2986. — Façade de la chapelle de l'ancien Hôtel-Dieu de Brie-Comte-Robert, n° 3010. — Le portail de l'église Saint-Étienne de Brie-Comte-Robert, n° 2980. — Servon, église Sainte-Colombe, n° 2984. — Du style architectural, classification des époques, n° 2981. — La tour du clocher de Brie-Comte-Robert, n° 3016. — Le vieux château fort de Brie-Comte-Robert, n° 3003.

Blondel (François). Origine du nom d'Arras, n° 1229.

Blondel (Georges). Mode d'établissement des Celtes et des Germains dans l'Europe occidentale, n° 2166.

Blossier (A.). Application du Concordat à Bazoches-sur-Hoëne, n° 2692.

Bobard (L.). Les Chartreux à Maillard, n° 3051.

Bobeau (Octave). Fouilles de l'église de Saint-Laurent, près Langeais, n° 1697.

Bocquier (Edm.). Monographie de Chaillé-les-Ormeaux, n° 3277.

Boehmer (Édouard). Antonio del Corro, n° 2648.

Boigne (Ch. De). Le bal du Ranelagh en 1844, n° 2773.

Boislecomte (Vicomte de). Souvenirs et lettres du maréchal Canrobert, n° 2806.

Boislisle (Arthur de). Cession par François d'O à Nicolas de Harlay du tiers du diamant le Sancy, n° 1707.

Boissey (L'abbé). Passais-la-Conception, n° 1209.

Boissier (Gaston). Claveau sculpté d'une des portes du théâtre de Khamissa, n° 2030. — Essai sur Suétone, n° 1922.

Boissieu (Maurice de). Excursion à Saint-Galmier, Saint-Médard, Chevrières et Chazelles-sur-Lyon, n° 826.

Bombal (Eusèbe). La haute Dordogne et ses gabariers, n° 376.

Bondurand (Ed.). La leude et les péages de Saint-Gilles au XIV° siècle, n° 560. — Représentation de Jupiter Héliopolitain, n° 2081.

Bonet-Maury (G.). Lettres inédites de J. Cameron, n° 2644.

Bonin (Charles-Eudes). Les grottes des mille Bouddhas, Sha-Tcheou, du Kansou, n° 2014. — Mission épigraphique dans l'Asie centrale, n° 1999. — Voyage de Pékin au Turkestan russe, n° 2523.

Bonnardot (Fr.). Le bréviaire dit de Hugues de Bar, n° 1078. — Chasse fantastique de Pagny, n° 2940. — La désinence ain dans la déclinaison de l'ancien français, n° 1088. — Les fontaines et la pluie à Saint-Denis-l'Abbaye, n° 2939. — Mégalithes de la Chapelle-sous-Brancion et de Chalmacy, n° 2866.

Bonnault d'Houët (Baron de). Excursion dans l'Oise, n° 1194. — La Picardie historique et monumentale. Ville de Montdidier, n° 3207.

Bonneron (Paul). A propos de deux lettres de Georges Sand, n° 2600. — L'Énéide burlesque, traduction du 6° livre par les frères Perrault, n° 2575. —Turgot et Devaines, n° 2595.

Bonnet (Charles). Madame Bonaparte à la Malmaison (an VII et an XI), n° 3128.

Bonnier (Gaston). Notice sur M. Adolphe Chatin, n° 2107.

Bonvarlet (A.). Chronique de l'abbaye de Sainte-Colombe de Blendecques, n° 1246.

Bonzon (Jacques). La direction des pauvres réfugiés français de Nyon, n° 2642.

Bordeaux (P.). Bas-relief de Hoertchenlei, n° 2226.

Bordier (Pierre). Journal, n° 180.

Bornet. Notice sur M. J. Agardh, n° 2108.

Borson (Général). Opérations militaires de l'armée sarde en Lombardie en 1859, n° 1457.

Bosredon (Ph. de). Bibliographie du Périgord, n° 474.

Bossaut. L'hiver de 1783-1784 à Dunkerque, n° 1107.

Botrel (A.). Un chapitre de l'histoire de Lamballe, n° 474.

Bottet (Capitaine). L'arme blanche et les armes d'honneur, n° 2811. — Lettre du maréchal Bugeaud, n° 2827.

Bouchage (Le chanoine Léon). La chaire de Beaufort et celle de Conflans en Savoie, n° 1452.

Bouchard (Ernest). Martin Pelletier, émailleur moulinois, n° 54.

Boucher (D°). Rapport sur les travaux de la classe des sciences de l'Académie de Rouen, n° 3146.

Bouchot (Émile). L'alchimie, l'astrologie et la langue française, n° 1104. — Pierre le Grand à Dunkerque (21-25 avril 1717), n° 1103.

Boudet (Marcellin). Le mont Cantal et le pays de Cantalès, n° 219. — Le mont Carrocantal, n° 231. — La recluserie du Pont Sainte-Christine, à Saint-Flour, n° 234.

Bougeaul (Le P.). Le P. Gaichiès, de l'Oratoire, n° 711.

Bougelos (Baron de). Coffre-fort en fer forgé (XVII° s.), n° 615. — Coffret en cuir bouilli provenant de l'abbaye de Prouille, n° 638. — Diptyque d'ivoire (XIV° s.), n° 644. — Grille du cours Dillon à Toulouse, n° 650.

Bougerel. Discours prononcé à l'inauguration de la statue de L. François, n° 2124.

Boullet (L'abbé A.). Armoiries de la Ville de Paris, n° 194. — L'art religieux à l'exposition du Petit Palais, n° 173. — Églises de Paris : Immaculée Conception, n° 1834; Saint-François de Sales, n° 1835; Saint-Georges de la Villette, n° 1833; Sainte-Anne de la Maison Blanche, n° 1836. — Fabrication industrielle et catalogue des retables en albâtre, n° 166. — Iconographie de sainte Foy, n° 215. — Inscriptions sur des

C

D

E

F

H

I

J

K

L

M

N

O

P

PONL (Otto). Inscription autunoise de l'ichthys, n° 1307.

POINSSOT (Louis). Inscriptions romaines de Bulgarie, n° 2221.

POLI (O. DE). Jean d'Aulon, écuyer et maître d'hôtel de Jeanne d'Arc, n° 1903.

POMMEROL (D' F.). Anciennes prières en patois d'Auvergne, n° 2903. — Les cylindres osseux de la flûte antique, n° 1294. — La fête des Brandons et le dieu gaulois Grannus, n°° 1291 et 2198. — Origine du culte des vierges noires, n° 2182. — Origine et étymologie de Gerzat, en Limagne, n° 1290.

PONSONAILHE (Charles). La maison de Robert de Cotte, n° 1796. — Vues de l'hôtel du Dreneuc, par Thévenin, n° 1797.

PONTHIEUX (Alfred). Comptes rendus du Comité archéologique de Noyon, n° 1199. — La justice du chapitre cathédral de Noyon, n° 1201.

PORÉE (Le chanoine). L'Adoration des Bergers à Notre-Dame de Verneuil, n° 523. — Les archives du château de Folleville, n° 1738. — L'art chrétien au pavillon de Hongrie à l'Exposition de 1900, n° 2841. — Statue de l'Enfant Jésus, à Sainte-Croix de Bernay, n° 524.

PORTAL (Ch.). Christophe Moucherel, de Toul, et l'orgue de la cathédrale d'Albi, n° 3222. — Extraits de registres de notaires concernant l'Albigeois, n°° 3212 et 3225. — Livre-journal de Jean Saval, marchand drapier à Carcassonne (1340-1341), n° 1732.

PORTALIS (Baron Roger). La dague de Geoffroy Tory, n° 2164.

POTIN (Émile). Eugène Manuel, n° 2758. — Rameau, n° 2768.

POTTIER (E.). Fouilles de Cnossos, n° 2029. — Mission en Grèce, n° 2064. — Phèdre dans le tableau de Polygnote à Delphes, n° 2047. — Poteries du Caucase, n° 2210.

POTTIER (Le chanoine Fernand). Clochers de brique polygonaux de l'école toulousaine dans le diocèse de Montauban, n° 3250. — Les châsses et reliquaires de Pompignan, autrefois de la maison professe des Jésuites de Paris, n° 3230. — Règlement d'armoiries pour Dominique Lesseps, n° 3254.

POTTIER (Louis). La vie et histoire de madame sainte Barbe, le mystère joué à Laval en 1493 et les peintures de Saint-Martin-de-Connée, n° 1444.

POULAINE (L'abbé F.). La Porte Neuve à Vézelay, n° 1698. — Les sépultures préromaines de l'arrondissement d'Avallon, n° 1621. — Tombeaux de pierre et monuments funéraires gallo-romains à Avallon, n° 1661. — Tumulus de Saint-Menoux, n° 1660.

POULBRIÈRE (L'abbé J.-B.). Inventaire des titres du château de Pompadour, n° 383. — Projet d'établissement des Jésuites à Brive ; la chanson des châlaignes du Limousin ; Élie de Roffignac ; tombeaux de l'église d'Ayen ; l'abbé J.-É. Sapientis, n° 347.

POUPARDIN (René). Deux ouvrages inconnus de Fernand de Cordoue, n° 2417.

POUPÉ (Edmond). Le collège de Draguignan, n° 3261. — L'élection des députés du Var à l'Assemblée législative, à la Convention nationale, au Conseil des Anciens et au Conseil des Cinq-Cents, n° 3262. — L'instruction publique à Correns sous l'ancien régime, n° 3259. — La Société populaire de Villecroze (1792-an III), n° 2696.

POUSSIN (J.). Lettres de maîtrise de maître taillandier accordées à Léonard Rousselet (Orléans, 1765), n° 877.

POUTIATIN (Prince Paul-Arsenievitch). Contribution à l'étude du tatouage, n° 1560.

PRAT (C.-A.). Recherches ethnographiques sur les serments, n° 2443.

PRIEUR (Charles). La patrie d'Eustache Deschamps, n° 2460.

PROU (Maurice). Cimetières francs de Beynes et de Mareil-sur-Mauldre, n° 1608. — Esquisse de la politique monétaire des rois de France du x° au XIII° siècle, n° 2169. — Fouilles de la forêt de Rouvray, n° 1622. — Reliques de saint Porchaire à Montverdun, n° 1632. — Réunion des sociétés savantes à Nancy. Procès-verbaux. Section d'archéologie, n° 1611.

PRUDHOMME (A.). Nomination d'un inspecteur des lépreux en 1370, n° 791. — Opinions successives d'un gentilhomme savoyard sur la Révolution française, d'après les lettres du marquis Alexis Costa, n° 788. — Pillage de la vallée de Château-Dauphin par l'armée du duc de Savoie en novembre 1690, n° 790.

PRUNEAU (L'abbé B.). Reliquaire en forme de Saint-Sépulcre à Montévrain, n° 3049.

PUCHESSE (G. Baguenault DE). — Voir BAGUENAULT DE PUCHESSE (G.).

Q

QUARENGHI (Le P. Tondini DE). — Voir TONDINI DE QUARENGHI (Le P.).

QUABBÉ-REYBOURBON (L.). Le Dictionnaire hydrographique du capucin Charles de Venasque, n° 1164. — La peste à Lille en 1667 et la confrérie de Charitables de Saint-Éloi de Béthune, n° 1128. — Retable du XVI° siècle à Wattignies, n° 1768. — Translation des cimetières de Lille en 1779, n° 1140.

QUENOUILLE (L.). Découvertes d'objets préhistoriques dans la Seine-Inférieure et dans l'Eure, n° 3190.

QUERDAU-LAMERIE (E.). Lettres de Nichel-René Maupetit, député à l'Assemblée constituante (1789-1791), n° 1001.

QUESNEVILLE (Louis). Traditions et superstitions du pays d'Auge, n° 2956.

QUIGNON (G.-Hector). Les bâtiments du couvent des Ursulines et l'École centrale de Beauvais (1792-1796), n° 1183. — Fondeurs et ferronniers liégeois en Beauvaisis, n° 1178. — Usages de la semaine sainte dans l'Oise et dans la Somme, n°° 2935 et 2973.

QUILGARS (Henri). Ethnogénie de la population de la presqu'île de Guérande, n° 1098. — Folk-lore guérandais, n° 2928.

QUINCY (Chevalier DE). Mémoires, n° 2558.

QUIRIELLE (Roger DE). Écusson des ducs de Bourbon dans la crypte de Saint-Bonnet-le-Château, n° 38. — L'Excellent tournoy du chevalier de la Racine, n° 23. — Excursion à Ferrières-sur-Sichon et aux châteaux de Chappes et de Montgilbert, n° 48.

QUOIST (G.-D.). Étude sur l'imprimerie, n° 3137.

R

tagne, n° 2503. — Le ms. 1380 du fonds hébreu à la Bibliothèque nationale, supplément au «Vocabulaire de l'angélologie», n° 2096. — Notes sur Al-Harizi, n° 2295. — Un secrétaire de Raschi, n° 2499.

SCHWARTZ (Louis). Rapport sur le musée de Mulhouse en 1901, n° 1324.

SÉBILLOT (Paul). Adjurations et conjurations, n° 2909. — Biographies : Léon Marillier, n° 2961 ; — le D' François Pommerol, n° 2947 ; — le comte Th. de Puymaigre, n° 2921. — La chanson de M. de Charette, n° 2899. — Contes et légendes de la Haute-Bretagne, n° 2895. — Cultes pré-mégalithiques et préhistoriques, n° 2865. — Les fées ; les loups-garous, n° 2882. — Les femmes samnites de la Loire-Inférieure et la porteuse de sel du Port-Blanc, n° 2893. — Géographie légendaire du canton de Matignon, n° 2851. — Les insectes, n° 2949. — Légende des taches de la lune en Basse-Bretagne, n° 2883. — Légende du prêtre qui revient dire la messe à minuit, n° 2889. — Les lutins en Berry, n° 2906. — Le mael béni, à Loc-Meltro, n° 2897. — Mégalithes cités par les auteurs antérieurs à ce siècle, n° 2865. — Mégalithes de Bretagne en 1636, n° 2866. — Le monde minéral, n° 2962. — Les pierres branlantes, n° 2866. — Les plantes du rivage ; les oiseaux et l'origine de la mer ; le feu de la Saint-Pierre à Berck ; les prêtresses de Sein ; serments de marins, n° 2877. — Les puits, n° 2953.

SÉBILLOT (Mme Paul). Chants de la Passion et de la Résurrection en Ille-et-Vilaine, n° 2916.

SÉCHERET (A.). Cahier des doléances d'Yoncq, n° 97. — Relevé des dates de construction dans l'église de Mézières, n° 84.

SÉGHEYRON (D' L.). Jean Bascilhac, dit frère Cosme, considéré comme oculiste, n° 706.

SÉGALLA. Lettre d'un membre de la mission Foureau-Lamy, n° 3393.

SÉGANGE (Du Broc de). — Voir DU BROC DE SÉGANGE.

SÉGRÉTAIN (Général L.). Pierre du Rousseau de Fayolle : notice, n° 3280 ; — son journal de la campagne d'Amérique, n° 3281.

SELIGSOHN (M.). Azharot en judéo-persan, n° 2502.

SSLLE (Vicomte DE). Les femmes dans la science, n° 134.

SELLIER (Charles). La caserne Sévigné : hôtel du roi de Sicile, d'Alençon, etc.; l'hôtel Poulier ; vestiges d'une tour de l'enceinte de Philippe Auguste, à Paris, n° 1874. — Cimetière gaulois à Pierrelaye, n° 1869. — Découverte de cercueils de plomb au Père-Lachaise, n° 1860. — Démolition de maisons comprises entre les rues de la Grande et de la Petite-Truanderie et la rue Mondétour, à Paris, n° 1861. — Fouilles : à Saint-Denis, n° 1875 ; — à Saint-Pierre de Montmartre, et rue Clovis, à Paris, n° 1900. — Inscription d'une pose de première pierre au couvent de l'Assomption à Paris, n° 1862. — Tombeau de la reine Adélaïde et sépultures conventuelles et paroissiales de Montmartre, n° 1882. — Visite de l'École militaire à Paris, n° 1877. — Visite de la caserne Sévigné, à Paris, n° 1878.

SELMERSHEIM. L'ancien cloître Saint-Marcel, à Paris, n° 1866. — Le regard Lecouteux dépendant de l'aqueduc des anciennes eaux de Belleville, n° 1865.

SELTMAN (E.-J.). Enseigne légionnaire et siège de campagne trouvés en Angleterre, n° 2247.

SENART (Émile). Les Abhisambuddha-gâthâs dans le Jâtaka pâli, n° 2313. — Les grottes bouddhiques de Tourfan, n° 2013.

SERFASS (Ch.). L'imprimeur Quentin Maréchal, n° 2649.

SEYMOUR DE RICCI. Bulletin papyrologique n° 1580.

SICCAMA (J. Hora). — Voir HORA SICCAMA (J.).

SILVESTRE (J.). La Malmaison, Rochefort, Sainte-Hélène (20 juin-16 octobre 1815), n° 253.

SIMON (Gab.). Découverte de débris antiques au Champ-Carré, n° 875.

SIX (Georges). L'Eifel, n° 1162. — Les voies romaines de la région du Nord, n° 1150.

SOIL (E.-J.). Congrès international d'archéologie chrétienne. Rome, n° 167.

SOMMIER (F.). Sépulture néolithique de Treffort, n° 10.

SOREL (Albert). Correspondance inédite du roi Frédéric-Guillaume III, n° 1938. — L'île de France sous Decaen, n° 1955.

SOUANCÉ (Vicomte DE). Pierres tombales dans l'église d'Aunou, n° 1214.

SOUBIES (Albert). Les membres de l'Académie des Beaux-Arts (1795-1830), n° 2119.

SOUHESMES (R. DE). La torture et les anesthésiques, n° 1010.

SOULIÉ (Le chanoine). Ingres, qualités de son talent, son caractère, n° 3226.

SOYER (Jacques). Documents inédits sur Jean Boucher, n° 333.

SPECHT (Édouard). Du déchiffrement des monnaies sindo-ephthalites, n° 2314.

STALIN. Disques préhistoriques, à Mouy et près de Nelles, n° 1191. — Hodenc-en-Bray préhistorique, n° 1186. — Les silex à profil, n° 1192.

STEIN (Henri). Cartulaire de l'Hôtel-Dieu de Crécy-en-Brie, n° 3048. — Fragments des tapisseries des victoires de Charles VII, au château de Fontainebleau, n° 2216. — Odyssée d'un chevalier beauceron, au xv° siècle, n° 2408. — Les sculpteurs Barthélemy Tremblay et Germain Gissey, à Fontainebleau, n° 3027.

STEMPF (V.). Essais de déchiffrement d'inscriptions ibères, n° 1313.

STENGEL (E.). Le chansonnier de Bernart Amoros, n° 740.

STEVENSON (A.). Voyage à travers les Cévennes, n° 1597.

STIÉBAL (René). Coutume de mariage des environs de Montmédy, n° 2957. — Légendes de l'Alsace, n° 2964.

STOEBER (Auguste). Légendes de l'Alsace, n° 2964.

STRYIENSKI (Casimir). Le secret de la Dauphine (1736-1761), n° 2451.

SUCHET (Le chanoine). L'abbé Jeunet, n° 479. — Étude biographique sur Jean et Ferry Carondelet, n° 485.

SUCHIER (Walther). La Venjance nostre seigneur, poème en vieux français, n° 753.

SURAT (L.). Lettres patentes pour la construction des bâtiments devant servir à la Comédie française, n° 2779.

T

TRIBALET (Capitaine). Recherches archéologiques aux environs de Tatahouine, n° 1691.

TRIGER (Robert). Le château et la ville de Beaumont-le-Vicomte, pendant l'invasion anglaise (1417-1450), n° 1438. — Documents inédits sur le château de Fresnay en 1569, n° 1443. — La motte de l'enceinte de Beaumont-le-Vicomte, n° 175. — La place de l'Éperon au Mans, n° 1436.

TROTET (L'abbé L.). L'église de Larchant avant la Révolution, n° 3058.

TROUILLARD (Guy). Voyage à Chambéry de M. Trézin de Cangy, gentilhomme ordinaire du comte d'Artois (1775), n° 1506.

TRUCHET (Florimond). Chansons satiriques en patois, n° 1516.

TRUCHET (Le chanoine Saturnin). Le comte Amédée de Foras, n° 1513. — Les deux royaumes de Bourgogne, l'empereur Conrad le Salique, la ville et le diocèse de Saint-Jean-de-Maurienne, n° 1519. — Emprunt de Philibert II le Beau, en 1501, n° 1515. — François Bullard, n° 1517. — Maisons de Saint-Jean-de-Maurienne, ruinées par les soldats de Lesdiguières, en 1597, n° 1512. — Notes sur Bessans de 1792 à 1798, n° 1525. — Origine de la souveraineté temporelle des évêques de Mau-

rienne, n° 1520. — Pierre-Joseph Guille, n° 1514. — Représentations théâtrales dans les montagnes de la Maurienne (1584-1630), n° 1448. La seigneurie de Bessans, n° 1518.

TRUELLE. La valeur commerciale des fruits à cidre, des cidres et des poirés en Angleterre, depuis le XVIIe siècle jusqu'à nos jours, n° 2152.

TUETEY (L.). Procès-verbaux de la Commission des monuments, n° 2543.

TORENNE (Henri de la Tour d'Auvergne, vicomte DE). — Voir BOUILLON (Henri de la Tour d'Auvergne, vicomte de Turenne, depuis, duc DE).

U

ULRICH (Jacques). La traduction du Nouveau Testament en ancien haut-engadinois, par Bifrun, n° 749.

URBAIN (Ch.). Bibliographie de Bossuet. n° 2466. — Lettre de La Bruyère, à Santeuil, n° 2583.

URREAU (Ch.). Acquisitions du Musée d'Angers, n° 944.

UTINET (L'abbé J.). Le chevalier de Bonnard, n° 428. — Le monastère de Saint-Jean l'Évangéliste au château de Somur, n° 418.

UZUREAU (L'abbé F.). Ancienne académie d'Angers, n° 942. — Histoire d'un troupeau sous le Directoire, n° 943.

V

VACANDARD (L'abbé). Rapport sur les travaux de la classe des lettres de l'Académie de Rouen, n° 3147.

VACHEZ (A.). Le comte de Charpin-Feugerolles, sa vie et ses œuvres, n° 1336.

VAGANAY (Hugues). Joachim du Bellay et les Rime diverse di molti eccellentiss. autori, n° 2601.

VAISSIER (Alfred). Colonnes à figures de la Porte noire à Besançon, n° 491. — Vestiges de construction gallo-romaine à Besançon et à Chamborrany-les-Bellevaux, n° 493.

VAISSIÈRE (Pierre DE). Chateaubriand et son retour de l'émigration, n° 2457.

VALFONS (Marquis DE). Comment voyageaient nos anciens, n° 556.

VALFRID (Frère). Délibérations municipales de Thonon (an II), n° 1541.

VALLÉE (Eugène). Documents historiques sur le Bas-Vendômois, n° 811.

VALOIS (Noël). Gerson, curé de Saint-Jean-en-Grève, n° 2612.

VAN DER KEMP (P.-H.). La Hollande et l'Europe au commencement du XIXe siècle. La Guadeloupe, le Cap et la Guyane aux traités de Londres et de Paris (1814), n° 2563.

VAQUEZ (Léon). Discours en l'honneur d'Eugène Manuel, n° 2764.

VARS (Ch.). Inscriptions découvertes à Timgad, n° 3387.

VASCHIDE (N.). Le rêve prophétique : chez les peuples sauvages, n° 2185; — dans la conception biblique, n° 2922.

VASSELOT (J.-J. Marquet DE). — Voir MARQUET DE VASSELOT (J.-J.).

VAUTHERIN (Aug.). Glossaire du patois de Châteuois, n° 1317.

VAVASSEUR (Émile). L'église Saint-Almire de Greez-sur-Roc, n° 1435.

VAVASSEUR (Joseph). Moncé-en-Sonsnois, n° 1417.

VAYSON (J.). Légende de l'ouvrière qui revient, n° 2936 et 2974.

VÉRAN (Jules). La femme dans l'œuvre du poète Théodore Aubanel, n° 742.

VERMERSCH (D' Albert). Binche et son carnaval, n° 1165. — Excursions : à Seclin, n° 1152; — à Tournai, Mont-Saint-Aubert et Knin-les-Bains, n° 1159.

VERNAZ (A.-J.). L'instruction primaire dans le canton de Thonon, n° 1553.

VERNEAU (D' R.). Ancienne sépulture de la rivière Arauca, affluent de l'Orénoque, n° 2157.

VERSIER (J.-J.). Le fonds de Saxe, aux archives départementales de l'Aube, n° 1716.

VERSIER (A.). Lettre de Léon Godefroy, n° 224.

VERNON (L'abbé A.). Comptes de la marguillerie de Saint-Denis de Conlommiers, n° 3034.

VERROUX (Allut DE). — Voir ALLUT DE VERROUX.

VERSTER (J.-F.). Ex-libris de C.J.-E. van Hultem, n° 2369. — Ex-libris hollandais, n° 2366.

VESLY (Léon de). A.-A. Goubert, n° 3177. — Exploration archéologique de la forêt de Rouvray, n° 3162. — Légendes, superstitions et vieilles coutumes normandes, n° 3176. — Pierre des Anbeaux, imagier rouennais, n° 1787, 3157 et 3175.

VENOLIN (V.-E.). L'assistance publique avant la Révolution, dans l'ancien diocèse de Coutances, n° 161. — Vitrail de la fin du XVe siècle, à Saint-Taurin d'Évreux, n° 1786.

VIAL (Général baron). Journal d'un mois de campagne à la Grande Armée (septembre-octobre 1805), n° 2831.

VIAL (H.). Visite à la colonie indienne de Thioux, en 1786, n° 2624.

VIALLET (F.). E. Richard-Bérenger, n° 1591.

VIANEY (Joseph). Bruscambille et les poètes bernesques, n° 2594. — Le

W

26.

1773, n° 2678. — Poursuites et condamnations à Paris pour hérésie, de 1564 à 1572, n° 2683. — Les protestants parisiens entre 1564 et 1569, n° 2685. — La seigneurie des Baux et l'église de Salon pendant les guerres de religion, n° 2630. — Le service militaire imposé aux hugue-

nots comme un châtiment (1767-1768), n° 2655. — Souvenirs huguenots d'Ablon-sur-Seine, n° 2660. — Un témoin de la Saint-Barthélemy à Rouen, n° 2669. — Le temple de Vitré au XVII° siècle, n° 2646. WISZNIEWSKI. Catalogue du musée de Cherchel, n° 3366.

WIMPFFEN (Baronne DE). Lettres de Madame Reinhard, n° 2544. WISMES (Baron Gaëtan DE). Eugène Orieux; l'abbé Abel Cahour, n° 838. — Les fêtes religieuses en Bretagne, n° 835. — Le marquis de Dion, n° 846. — Tradition du sort jeté, n° 2901.

X

XÉNOPOL (A.-D.). La psychologie et l'histoire, n° 2142.

Y

YCBÉ (Julien). Notes sur Jacques Gamelin, n° 123.

Z

ZABOROWSKI. Influence de l'ancienne civilisation égyptienne dans l'Afrique occidentale, n° 2189. — Moulin à prière du Thibet; coran de l'Afghanistan, n° 2190. ZEILLER (P.). Lettres du duc Nicolas-

François de Lorraine et des duchesses Claude et Nicole, n° 1026. ZUIDEMA (W.) Cadavres dans les fondations, n° 2933. — Légende des chambres interdites à Groningue, n° 2966. — Légende des dalles de

la bibliothèque de l'église de Zutfen (Gueldre), n° 2911. — Légende du blé stérile à Stavoren (Frise), n° 2877. — Pierre enchaînée d'Utrecht, n° 2950. Vertus de la neige, n° 2951.

TABLE DES MATIÈRES.

A

B

27.

BEAUFORT D'EPOTHEMONT (Charles DE). Son ex-libris, n° 2351.

BEAUFORT D'EPOTHEMONT (Édouard DE). Son ex-libris, n° 2351.

BEAUFORT-EN-SANTERRE (Somme), n° 3209.

BEAUFORT-SUR-GERVANNE (Drôme), n° 519.

BEAUGENCY (Loiret). Broderies, n° 894. — Procès de l'abbaye au XVII° siècle, n° 897.

BEAUJEU (Haute-Saône). Découverte de sépultures pré-romaines, n° 1360.

BEAUJEU (Maison DE). Histoire généalogique, n° 1366.

BEAUJOLAIS. Croyances populaires, n° 2885.

BEAULAT (Claude), émailleur, à Fontainebleau, n° 2680.

BEAULIEU (Alpes-Maritimes). Inscription chrétienne sur une maison des environs, n° 2242.

BEAULIEU (Seine - et - Marne). Forêt, n° 3072.

BEAULIEU (Tarn-et-Garonne). État de nomelage de l'abbaye (1790), n° 3245.

BEAUMARCHAIS chez Franklin, à Passy, n° 2766.

BEAUMERIE (Pas - de - Calais). Église, n° 1139.

BEAUMONT (Lot). Trouvaille de monnaies du moyen âge, n° 1607.

BEAUMONT-DE-LOMAGNE (Tarn-et-Garonne). Clocher, n° 3250.

BEAUMONT-LE-VICOMTE (Sarthe). Le château et la ville pendant l'invasion anglaise (1417-1450), n° 1438. — Motta et enceinte, n° 175.

BEAUMONT-SUR-OISE (Seine-et-Oise). Broderies, n° 3097.

BEAUNE (Côte-d'Or). Attribut professionnel de l'art médical, collier de dents humaines, n° 1380. — Hospice de la Charité, n° 405.

BEAUREPAIRE (Eugène de Robillard DE). — Voir ROBILLARD DE BEAUREPAIRE (Eugène).

BEAURIEU (Gaspard Guillard DE). L'élève de la nature, n° 2173.

BEAUSSET-ROQUEFORT (M°° Pierre-Ferdinand DE), archevêque d'Aix. Ses papiers, n° 3257.

BEAUVAIS (Oise), n° 3242. — Les bâtiments du couvent des Ursulines et l'École centrale, n° 1183. — Le prix de l'arquebuse en 1613, n° 1190.

BEAUVAIS-EN-GATINAIS (Seine-et-Marne). Commanderie (1659), n° 3025.

BEAUVAISIS. Fondeurs et ferronniers liégeois, n° 1178. — Registre de visites de l'évêque d'Amiens, n° 1180.

BEAUVRAY (Lefebvre DE). — Voir LEFEBVRE DE BEAUVRAY.

BÉCHET (Armand). Son inscription dans l'église de Lusy (1731), n° 1033.

BECQUIGNY (Somme), n° 3208.

BÉDENAC (Charente-Inférieure). Légende du pivert et des rivières, n° 2878.

BÉDOIN (L'affaire), n° 2731.

BÉDOUINS (Les) d'Égypte. Esquisse ethnographique et anthropométrique, n° 1351.

BEINE (Marne). Cloches de fondeurs lorrains dans le canton, n° 1056.

BEITHIR (Mont-Liban). Trouvaille de doubles statères des rois phéniciens de Sidon, n° 1699.

BÉLABRE (Indre). Les forges au XVIII° siècle, n° 335.

BELANGENET (Finistère). Légende du gouffre, n° 2874.

BELET (Jean). Légendiers français, n° 2098.

BELFORT (Haut-Rhin). Étude historique, n° 1319. — La ville et ses environs pendant la Guerre de Trente ans et la Gazette de France, n° 1318.

BELGIQUE. Contes flamands, n° 2913. — Découvertes archéologiques, n° 178. L'époque gauloise dans le sud-ouest de la Belgique, n° 3192. — Légendes de la mer et des eaux, n° 2873 et 2878. — Table des noms de lieux mentionnés dans l'Inventaire sommaire de la série B des Archives départementales du Nord, n° 1121.

BELGRADE (Serbie). Tête de Constantin, au musée, n° 2237.

BELLAY-EN-VEXIN (Le) (Seine-et-Oise). Œuvres d'art de l'église, n° 1778.

BELLECROIX (Loire), n° 826.

BELLEFOND (Gironde). Cahier de doléances (1789), n° 720.

BELLEGARDE (Loiret). Hôtel-Dieu, n° 915.

BELLEGARDE (L.-H.-G. Néry DE). — Voir MÉRY DE BELLEGARDE (L.-H.-G.).

BELLEPERCHE (Tarn-et-Garonne). État de nomelage de l'abbaye (1790), n° 3245.

BELLEVILLE. — Voir PARIS.

BELLEVUE (Seine-et-Oise). Accident de chemin de fer (8 mai 1842), n° 3108.

BELLI (Valerio). Adoration des Bergers, à Notre-Dame de Verneuil, n° 523.

BELNAY (Saône - et - Loire). Fouilles, n° 1382.

BELOEIL (Belgique). Pertes artistiques occasionnées par l'incendie du château, n° 3233.

BELTHOMER (Prieuré de), au diocèse de Chartres. Tombeau limousin en cuivre doré et émaillé, n° 357.

BELVÈS (Dordogne). Histoire de la châtellenie, n° 452.

BEN IRAI (Éléazar). — Voir ÉLÉAZAR BEN IRAI.

BEN MÉIR. Querelle avec les académies babyloniennes au sujet du calendrier, n° 2492.

BÉNÉDICTINS. Saint-Augustin de Limoges, n° 356. — Savigny en Lyonnais, profession de religieuses bénédictines, n° 1739.

BÉNÉDICTINES. Profession de religieuses chez les Bénédictines de Savigny-en-Lyonnais, n° 1739.

BÉNIAN (Algérie). Inscription romaine, n° 1656.

BÉNIGNE (Saint). La question de –, n° 410.

BÉNISSON-DIEU (La) (Loire). Église Saint-Bernard, n° 1847.

BERABER (Maroc). Opération d'une colonne marocaine chez eux (1884-1885), n° 3349.

BURRÈRES. Morat, ancienne capitale, n° 2041.

BERCK (Pas-de-Calais). Légende du feu de la Saint-Pierre, n° 2877.

BERCY. — Voir PARIS.

BERRY. Plan de Paris, n° 2616.

BERGER (Samuel), n° 2223.

BERGERAC (Dordogne). Le duc de la Force et les protestants (1700), n° 2638.

BERGERON (D° E.J.), n° 2331.

BERNARD (Samuel), seigneur de Coubert, n° 2982.

BERNARDINES (Les) de Rumilly (Haute-Savoie), n° 1479.

BERNART AMOROS. — Voir AMOROS (Bernart).

BERNAY (Eure). Statue de l'Enfant Jésus dans l'église Sainte-Croix, n° 524.

BERNAY (Seine-et-Marne), n° 3018.

BERNE (D° P.-A.), n° 1343 et 2331.

BERNELLE (Algérie). Inscription romaine, n° 3341.

BERNESQUES (Poètes), n° 2594.

BERNIER (L'abbé). Le général d'Hédouville, Bonaparte et –, n° 2715.

BERRE (Étang de) (Bouches-du-Rhône). Projet d'utilisation au XVIII° siècle, n° 1751.

BERRY. Guerres au temps de Philippe Auguste et de Richard Cœur-de-Lion en Bas-Berry, n° 782. — Lutins, n° 2006.

BERRY (Jean, duc DE). Faux ex-libris, n° 2418.

BERRY (Marguerite de France, duchesse DE), duchesse de Savoie. Voir MARGUERITE DE FRANCE, duchesse de Berry, duchesse de Savoie.

BERRYER. Lettre (1824), n° 2740.

BERTÉLEMY (Claude), émailleur à Fontainebleau, n° 2680.

BERTHAUD (Hautes-Alpes). Évangéliaire de Notre-Dame de Berthaud, n° 67.

BERTRAND (Jean), professeur de droit à l'Université de Toulouse, n° 611.

BERTRAND (Joseph - Louis - François), n° 2105.

C

CATINI (Etienne). Biographie d'Antoine Govéau, n° 1503.
CATON. Traduction des *Distiques* par Olivier Le Fèvre d'Ormesson, n° 2394.
CAUCASS. Poteries, n° 2210.
CAULNES (Côtes-du-Nord). Légende de la fille du bleu, n° 2852.
CACWOST (Arcisse DE), n° 3174.
CAUSSADE (Tarn-et-Garonne). Clocher, n° 3250. — Extraits des minutes notariales, n° 3233.
CAVAIGNAC (Général), n° 2810. — Lettres d'Algérie, n° 2822.
CAVALLIER, n° 2657.
CAZEMAJOU (Capitaine), n° 142.
CAZENOVE (Marc-Antoine DE), n° 2834.
CAZENOVE (Quirin-Henry DE), n° 2834.
CEFFONDS (Haute-Marne). L'église et ses vitraux, n° 986.
CÉLINS (Sainte). Tableau dans la cathédrale de Meaux, n° 3047.
CELLIER (Le) (Loire-Inférieure). Ses origines d'après les démolitions de l'église Saint-Martin, n° 842.
CERSE martyr, n° 3167.
CELTES. Droit successoral chez les insulaires, n° 2045. — Inscriptions : celto-grecque de Malaucène, n° 504; — pseudo-celtique d'Eauze, n° 709. — Mode d'établissement dans l'Europe occidentale, n° 2166. — Mur celtique de Sainte-Odile (Bas-Rhin), n° 1321. — Numération celtique, n° 2793. — *Voir aussi* GAULE.
CELTIQUE. L'époque gauloise dans le nord-ouest de la Celtique, n° 3192.
CÉLY (Harlay DE). — *Voir* HARLAY DE CÉLY.
CENIS (Mont). Passage en 1800, n° 1756.
CENSURE DRAMATIQUE. Un mot sur son histoire, n° 2800.
CENT ANS (Guerre de). — *Voir* GUERRE DE CENT ANS.
CÉRAMIQUE : Poteries de l'Amérique du Sud, n° 2168. — Poteries du Caucase. n° 2210. — Vase sicule de Musée de Syracuse, n° 2241.
—— *Poteries égyptiennes* : OEnochoé en terre cuite vernissée, n° 2242. — Buches en poterie, n° 1995. — Vases de la collection Desnoyers au musée d'Orléans, n° 868.
—— *Poteries grecques* : Auses avec inscriptions grecques, n° 2199. — Catalogue des vases grecs de la Bibliothèque nationale, n° 2104. — Les vases du Dipylon et les naucraries, n° 1971.
—— *Poteries, faïences et porcelaines du moyen âge et des temps modernes* : Aiguière et plat dit de Charles-Quint,

n° 3399. — Anciennes assiettes en faïence lises avec vues de Toulouse, n° 653. — Écuelle du XIIIᵉ siècle, à Athis, n° 2991. — Fabrique de porcelaine de Villeroy (Seine-et-Oise), n° 3078. — Faïences de revêtement dans les églises, n° 1131. — Manufacture de Sèvres, n° 3125. — Porcelaine artistique de Limoges pendant le premier tiers du XIXᵉ siècle, n° 1792. — Poteries du moyen âge, à Chenaud, n° 458. — Terre cuite émaillée représentant saint Louis, à Liernolles, n° 51. — Trianon de porcelaine, n° 3120.
—— *Poteries préhistoriques* : Lampe de la grotte de la Mouthe, n° 2114 et 2207. — Poterie néolithique, à Bonifacio, n° 1557.
—— *Poteries romaines* : Figurines de terre cuite de la Gaule romaine, n° 2217. — Inscriptions céramiques de Carthage, n° 3398. — Inscriptions céramiques sigillées, n° 263. — Lampes et poteries en terre cuite : du musée du Bardo, à Tunis, n° 1644; — à Carthage, n° 2814. — Officines de potiers gallo-romains : à Saint-Bonnet-Iseure, n° 37; — à Saint-Rémy-en-Rollat, n° 33. — Tessons à figures et à emblèmes de la région de Sétif, n° 3371. — Trouvailles : à Corbeil, n° 3090; — des Croisilles, n° 1247; — de Lampsaque, n° 2025; — en Prusse orientale, vase sigillé de fabrique arverne, n° 1685. — *Voir aussi* STATUES.
CERGY (Seine-et-Oise). Disque et lame en forme de grattoir magdalénien, n° 2203.
CÉRIGO (Ile de). Hermès de bronze, n° 2000.
CERIGOTTO (Île de). Statues et fragments de bronze, n° 1992.
CÉSAR (Jules). Campagne en Afrique (46-47 av. J.-C.), n° 3367.
CÉVENNE (Île de). Légende, n° 2879.
CESSAC (Gironde). Cahier de doléances (1789), n° 720.
CÉSY (Philippe de Harlay, comte DE). — *Voir* HARLAY (Philippe DE), comte de Césy.
CÉVENNES. Voyage, n° 1597.
CÉVENOLS. L'église en 1685 — après la Révocation, n° 2687.
CATLAR. Légende du pied de Bouddha, n° 2910. — Ruines de Pollanarouwa, n° 1163.
CHABADS (Pierre). Donation de la villa de Galas, n° 830.
CHABERT. Procès, n° 510.
CHADENET (Camille), n° 1083.
CHADENET-SENOCQ (Louis), n° 1076.

CHAIGNET (A.-E.), n° 2339.
CHAILLÉ-LES-ORMEAUX (Vendée). Monographie, n° 3277.
CHAILLOT. — *Voir* PARIS.
CHAIRES. Abat-voix, n° 1131. — Beaufort et Conflans en Savoie, n° 1452.
CHAIX D'ESTANGE, n° 149.
CHALDÉE. Complainte des villes chaldéennes sur la suprématie de Babylone, n° 2078. — Inscription chaldéenne, n° 2018.
CHALÉAT. Procès, n° 510.
CHALINARGUES (Cantal). Cimetière gaulois, n° 229.
CHALMACY en Bourgogne. Mégalithe, n° 2866.
CHALON (Philibert DE), prince d'Orange. Son tombeau et ses portraits, n° 2219.
CHALON-SUR-SAÔNE (Saône-et-Loire). Noblesse du bailliage, en 1789, n° 1388.
CHÂLONS-SUR-MARNE (Marne). Cimetière gaulois, n° 969, 2209 et 2270. — Extraits du livre de La *peau de veau*, n° 970.
CHALOSSE ou Gascogne. Visiteurs de sorciers, n° 696.
CHAMBÉRY (Savoie). Exécution d'une sorcière (1461), n° 1490. — Jésuites, quelques recteurs (1610-1765), n° 1497. — Les sires de –, n° 1491. — Subside pour envoyer un infirme à la fontaine de la Roche, n° 1489. — Vente de Françoise d'Hostel, dame d'Est, aux Jésuites, n° 1477. — Voyage de M. Trézin de Cangy (1775), n° 1506.
CHAMBORNAY-LES-BELLEVAUX (Haute-Saône). Vestiges de construction gallo-romaine, n° 493.
CHAMBRAY. Ex-libris, n° 2363.
CHAMBRE DE COMMERCE de Normandie. Correspondance de Turgot (1774-1775), n° 3153.
CHAMBRE DE L'ÉDIT de Castres, n° 3221.
CHAMES (Indo-Chine). Littérature, n° 1993.
CHAMP-CARRÉ (Le), cᵗᵉ de Chemault (Loiret). Découverte de débris antiques, n° 875.
CHAMPAGNE (Comté de). Documents, n° 1601.
CHAMPAGNE (Jean V DE), dit le Grand Godet. — *Voir* JEAN V DE CHAMPAGNE, dit le Grand Godet.
CHAMPEAUX (Seine-et-Marne), n° 3019. — Église Saint-Martin, n° 2986; dalles funéraires, n° 3012. — Légende du souterrain, n° 2854.
CHAMPEU (Famille). Écusson, n° 53.
CHAMPFORGUEIL (Saône-et-Loire), n° 423.

Clarisses de Moulins, n° 34.

Classes ouvrières. Périodes de leur histoire, n° 2135.

Claude, duchesse de Lorraine. Lettres, n° 1026.

Clées (Les) (Suisse). Château, n° 484.

Clément III. Bulles adressées à Lanfranc, n° 2405.

Clément V. Son tombeau à Uzeste, n° 878.

Cléoss (Les). Trouvailles de monnaies romaines, n° 179, 843 et 2011.

Clermont (Robert de). — Voir Robert de Velay ou de Clermont.

Clermont-Dessous (Lot-et-Gar°°). Église, n° 210.

Clermont-Dessus (Lot-et-Garonne), n° 713.

Clermont-Ferrand (Puy-de-Dôme). Peintures murales à la cathédrale, n° 1665.

Clermont-Lodève (Cardinal François de), archevêque d'Auch. Lettres, n° 662.

Clermont-Mont-Saint-Jean (Jacques de), marquis de la Bâtie d'Albanais. Lettres (1816-1818), n° 1485.

Clermontois. Valeur de l'arpent, n°1075.

Clochers de brique polygonaux de l'école toulousaine dans le diocèse de Montauban, n° 3250.

Cloches : à Arras, anciens fondeurs, vieilles cloches et vieux canon, n° 1241 ; — de l'Aude, n° 130 ; — d'Avon (Seine-et-Marne), n° 3068 ; — à Beaucamps (Nord), acte de baptême (1775), n° 1124 ; — à Bonnefontaine, (abbaye), n° 83 ; — à Charly (Ain), n° 12 ; — à Failloué (Ardennes), n° 81 ; — à Liart (Ardennes), n° 83 ; — à Ligny-sur-Canche (Pas-de-Calais), n°° 1134 et 1238 ; — à Mirecourt, n° 1055 ; — à Nantes, monnaie de billon fabriquée avec le métal des cloches dans l'église Saint-Léonard (1792-1793), n° 837 ; — à Nomeny (1730), n° 1032 ; — à Paris, Notre-Dame, n° 2609 ; — à Rumigny (Ardennes), n° 83 ; — à Saint-Georges-d'Oléron (Charente-Inférieure), n°264 ; — à Semur, n° 427.

—— Fondeurs : lorrains en Artois et en Picardie, n°1054 ; — dans le canton de Beine (Marne), n° 1056 ; — dans le Pas-de-Calais, n° 1023. — Voir aussi Bonnevie, Guillemin (Pierre), Joubert (Guillaume). — Légende, n°° 2851 et 2869.

Clochette de bronze, n° 2989.

Clodion. Fresques dans le couvent des Dames de la Retraite, n° 1883.

Cloots (Anacharsis), n° 2724.

Cloporte. Étymologie, n° 2797.

Clotvire. Son combat avec Chramne, n° 442.

Cluses (Pierre-Joseph de Planchamp, marquis de). — Voir Planchamp (Pierre-Joseph de), marquis de Cluses.

Cnossos (Crète). Fouilles, n°° 1989 et 2029. — Inscription en écriture crétoise, n° 2004.

Cochinchine. Géographie physique, économique et historique, n° 3411. — Le jeu, n° 3410. — Reconnaissance chez les Moïs Stiengs et aux environs du mont Djambra, n° 2527. — Voir aussi Indo-Chine.

Codrus mourant pour sa patrie, tragédie, n° 3167.

Coetivy (Prigent de). — Voir Prigent de Coetivy.

Coffret en cuir bouilli provenant de l'abbaye de Prouille, n° 638.

Cognac (Charente), n° 320. — Arbre de la liberté (1792), n° 315. — Armoiries, n° 238.

Coincy (Aisne). Le ru, n° 16.

Coincy (Lieutenant général de). Affiche en provençal relative aux troubles (1789), n° 3258.

Colbert. Mazarin, Colbert et les jambons de Lahontan, n° 667.

Collections d'objets d'art. — Voir Baye (de), Desnoyers, Deusy, Favier, Leroy, Milliard, Noury, Oppenheim, Piscibodda, Ricard, Soleirol, Spetz, Viaud, Waroquier.

Collèges : d'Avranches, n° 951 ; — à Bordeaux, maître de danse du collège de la Madeleine (1669), n° 716 ; — de Dax, les Barnabites au XVIII° siècle, n° 800 ; — de Draguignan, n° 3261 ; — de Dunkerque, n° 1105 ; — d'Épinal, n°° 3304 et 3305 ; — du Bas-Limousin, n° 358 ; — à Paris : d'Autun, n° 1377 ; d'Harcourt, première de La Mort de César, n° 739 ; de la Marche, épitaphe, n° 1068 ; — de Saint-Omer, collège wallon, n°° 1257 et 1259 ; — de Sedan, n° 98 ; — de Semur (1573-1900), n° 426 ; — de Toulon, n° 3265 ; — de Toulouse, Jésuites, n°° 673 et 701 ; — de Treignac (Corrèze), n° 368.

Colmeiro y Penido (Don Miguel), n° 2338.

Colombe eucharistique. n° 173.

Colonat (Le) partisire dans l'Afrique romaine d'après l'inscription d'Henchir Mettich, n° 1982.

Colonies. — Voir Compagnies coloniales.

Colonisation allemande. Bibliographie, n° 2472.

Combelles (Dordogne). Grotte à peintures, n°° 471, 1353 et 2111.

Combdesson. Lettre, n° 715.

Combs-la-Ville (Seine-et-Marne). Église Saint-Vincent, n° 2995. — Fête (1767), n° 2996.

Comédie française. — Voir Paris.

Comité d'instruction publique de la Convention nationale. Procès-verbaux, n° 1603.

Comité de salut public. Recueil de ses actes, n° 1602.

Comité de sûreté générale. Ses arrêtés dans La Révolution du Cantal, n° 1300.

Commanderies : de Beauvais-en-Gâtinais (1669), n° 3025 ; — de Chazelles (Loire), n° 826 ; — de Bosson (Cantal), n° 220.

Commerce. Correspondance de Turgot avec la Chambre de commerce de Normandie (1774-1775), n° 3153. — Deux siècles de son histoire en France (XIV°-XV° s.), n° 2129. — Influence économique de la Révolution à Castelnau-Picampeau, n° 572. — Lettres patentes pour les marchands naviguant sur la Garonne, le Tarn, l'Ariège, l'Aveyron et le Lot (1565), n° 1716. — Loi sur les boissons, émeute à Aurillac en 1831, n° 222. — Mouvement du port de Calais (1304-1346), n° 1746. — Prix : fruits à cidre, cidres, poirés en Angleterre, du XVIII° siècle à nos jours, n° 2152 ; — matières résineuses dans les Landes du XVII° au XIX° siècle, n° 805. — Taxe des grains dans le Tarn (1793), n° 3219. — Voir aussi Comptes, Denrées, Foires.

Comminges (Le) et la nouvelle organisation administrative de la France (1789-1790), n° 566. — Le duc de Richelieu en Comminges (1763), n° 567. — Liste des archidiacres de Bourjac ou de Saint-Gaudens dans l'église de Comminges, n° 564. — Ordonnances synodales d'Hugues de Labatut (1641), n° 565.

Commission des monuments. Procès-verbaux (1790-1793), n° 2543.

Communes (Les), françaises au moyen âge. Formation des villes dans l'Europe occidentale, n° 2429. — Voir aussi Coutumes et Chartes de communes.

Compagnie de Jésus. — Voir Jésuites.

Compagnies coloniales. Une page inédite de Saint-Simon, n° 2456.

Compiègne (Oise), n° 3242. — Forêt, ferme de l'Ortille, n° 1195. — Palais, peintures de Don Quichotte, n° 1196.

Compostelle (Espagne). Psautier wisigothique, n° 2424. — Voir aussi Saint-Jacques de Compostelle.

Comptes. Bâtiments du Roi (1706-1715), n° 1599. — Comté de Blois (1319),

D

E

F

Fabel (Guillaume). Lettre relative à Mulhouse, n° 1324.

Faremoutiers (Seine-et-Marne). Verrière de sainte Fare, n° 3070.

Faron (Saint). Tableau dans la cathédrale de Meaux, n° 3047.

Fas (Maroc), n° 2526 et 3391.

Faschin (Jean). Fondation en l'église cathédrale de Saint-Omer (1570), n° 1280.

Faucigny (De Thoyre de). — Voir Thoire de Faucigny (De).

Faudoas le Maure est-il un personnage historique ou romanesque? n° 664.

Faugeyron (Famille), n° 367.

Fauque de Jonquières (Amiral J.-P.-E. de), n° 2339.

Faverney (Haute-Saône). Miracle de la sainte hostie, n° 481.

Faverolles (Somme), n° 3208.

Favier (Collection). Triptyque, n° 2283.

Favre (Jean), vicaire général d'Annecy. Dimissoire pour Pierre Mermier, de Talloires (1609), n° 1483.

Fayolle (Pierre du Rousseau de). — Voir Du Rousseau de Fayolle (Pierre).

Fécamp (Seine-Inférieure). Manifestations du passage de l'homme, n° 3189. — Stations néolithiques dans les environs, n° 3187.

Fédération (Fête de la) à Châteauneuf-en-Thimerais, n° 534; — à Jaulgonne (Aisne), n° 2733; — ses suites à Paris, n° 2771.

Femme (La) dans l'œuvre d'Aubanel, n° 742; — dans la science, n° 134. — Légendes, n° 2893. — Tertullien et le costume des femmes, n° 2287.

Fendeille (Aude). Charte communale, (1202), n° 1743.

Fénelon et les habitants de Jeumont, n° 1115. — Ses actes épiscopaux à Lombez, n° 665.

Fer (Industrie du), n° 353; — conséquence de la révocation de l'Édit de Nantes à Sedan, n° 2654; — exploitation du minerai en Lorraine dans l'antiquité, n° 1681. — Fers de chevaux, n° 330. — Pots de Lorraine, n° 1022. — Voir aussi Ferronnerie, Forges.

Fer à hosties du XV° siècle, n° 597; — de Limeyrat et de Saint-Gabriel (Dordogne), n° 467.

Ferdinand I°°, roi de Castille. Deux manuscrits wisigothiques de sa bibliothèque, n° 2410.

Fère-Champenoise (Marne). Combat en 1814, n° 2826.

Fermoirs de livres, n°° 2222 et 2628.

Fernand de Cordoue. Deux ouvrages inconnus, n° 2417.

Férolles-Attilly (Seine-et-Marne). Le fief de la Barre (1600-1772), n° 3001.

Ferral. Notice, n° 1338.

Ferrière (La) (Côtes-du-Nord). Verrières, n° 440.

Ferrières-sur-Sichon (Allier), n° 48.

Ferronnerie. Charnière en fer (XV° s.), n° 25. — Coffre-fort en fer forgé (XVIII° s.), n° 615. — Grille du cours Dillon, à Toulouse, n° 650. — Ferronniers liégeois en Beauvaisis, n° 1178. — Voir aussi Fer, Forges, Plaques de fer.

Ferté-Bernard (La) (Sarthe). Confrérie du Saint-Rosaire, n° 1412. — Franchises, n° 1408. — Porte Saint-Julien, n° 1434.

Ferté-sur-Grosne (La) (Saône-et-Loire). Notice historique sur l'abbaye, et Synopsis antiquitatum monasterii, n° 1379.

Fesmy (Aisne). L'abbaye et le cartulaire, n° 1100.

Fêtes. Les brandons et le dieu gaulois Grannus, n°° 1291 et 2198. — Fêtes : à Abbeville au XV° siècle, n° 3198; — à Boissise-la-Bertrand, anniversaire de la fondation de la République (1799), n° 3076; — en Bretagne, fêtes religieuses, n° 835; — à Chesne, Lametz et Marquigny, le temps des glandinettes, n° 99; — à Étampes, en l'honneur de la naissance du duc de Bourgogne, n° 3085; — à Paris, aux Champs-Élysées (1801), n° 2787; — à Senlis, n° 1204. — Voir aussi Fédération, Noël.

Feuillants (L'art chez les) de Paris, n° 1771.

Feux follets. Légendes, n° 2960.

Fez (Maroc), n°° 2526 et 3391.

Fiefs et arrière-fiefs nobles et roturiers, n° 1117.

Figeac (Lot). Notes, n° 933.

Filles-Dieu. Prieuré du Mans, n° 1406.

Filles de Notre-Dame. Couvent de Mézin, n° 661. — Jacquette de Chesnel, n° 307.

Filles de Saint-Jacques (Les) à Verdun, n° 1080.

Fines (Agenais). Son emplacement, n° 206.

Finhan (Tarn-et-Garonne). Clocher, n° 3250.

Finistère. Légende du pèlerinage mouillé, n° 2876.

Flamanville (Manche). Légende de la grotte du Trou Baligan, n° 2873.

Flambelle (La) (Haute-Garonne). Ruines gallo-romaines, n° 592.

Flamenca (Roman de), n° 1939.

Flandre. Aspect en 1789 d'après Édouard Rigby, n° 1126. — Contes flamands

de la Belgique, n° 2913. — Ex-voto, n° 2876. — Folk-lore de la côte, n° 2879. — Rachat de Flamands prisonniers à la Rochelle (1570), n° 260.

Flandre. Réclamation des volontaires de Flandres contre ceux de Hainaut (1757), n° 2832. — Table des noms de lieux des provinces de Flandre occidentale et orientale (Belgique), mentionnés dans l'Inventaire sommaire de la série B des Archives départementales du Nord, n° 1121.

Flavius Honorius. Aureus des Villaris (Allier), n° 46.

Fleureau (Dom Basile). Notice et acte de baptême, n° 3089.

Fleurus (Bataille de). Lettre de Marragon, n° 2737.

Fleury (Anne de), dame d'Oinville. Sa tombe à Breuil-en-Vexin, n° 3117.

Fleury (Colonel), n° 2811.

Fleury (Oise). Cheminée, n° 1193.

Fleury-en-Brère (Seine-et-Marne). Bibliothèque de la princesse de Talmond, n° 2365.

Flissa (Présent au mort chez les) (Algérie), n° 2860.

Floride. Voyage de Laudonnière (1564), n° 1987.

Flûte antique. Ses cylindres osseux, n° 1294.

Foires et marchés : de l'Agenais, n° 217. — Cahors, charte du Prince noir, n° 930. — Le Châtelair-en-Eréac (Côtes-du-Nord), pancarte des coutumes, n° 431. — Craffault (Côtes-du-Nord), n° 449. — Évian, lettres patentes (1714), n° 1551. — Montagnac, établissement du marché (XIII°-XIV° s.), n° 735. — Paris, foire Saint-Germain-des-Prés, n° 2784.

Foix (Ariège). Église Saint-Volusien, n° 3252.

Foix (Le cardinal Pierre de) le jeune fut-il Frère mineur? n° 679.

Foley (D' A.-E.), n° 2342.

Folk-Lore. — Voir Contes, Usages.

Folles (Haute-Vienne). Comptes d'un marchand, n° 352.

Folletête (Camille), n° 2331.

Folleville (Eure). Archives du château, n° 1738.

Foncegrive (Côte-d'Or). Étymologie, n° 402.

Fonderie de Douai en 1770, n° 2808.

Fondeurs : d'Arras, n° 1241; — de cloches, n°° 83 et 609; — de lettres parisiens de 1440 à 1600, n° 2628; — liégeois en Beauvaisis, n° 1178; — lorrains, n°° 1021, 1023, 1054 et 1056. — Voir aussi Bonnevie, Guillemin (Pierre), Joubert (Guillaume).

G

H

I

K

L

M

Marie-Louise. Six mille mariages en un jour à l'occasion de son mariage, n° 309. — Voyage en Brabant et Zélande (1810), n° 1736.

Marie Stuart. Liquidation de son douaire (1602-1612), n° 3293. — Son livre d'heures à la bibliothèque de Reims, n° 1789.

Marier de Billey (Jean), chanoine de Verdun. Sceau, n° 1063.

Marillier (Léon), n° 2961.

Marin. Lettre, n° 715.

Marine. Capitaines des flottes de Louis XIV, n° 1754. — Croisière du capitaine de vaisseau de la Varenne à la côte nord du Spitzberg (1693), n° 1744. — Mouvement du port de Calais de 1300 à 1346, n° 1746. — Officiers huguenots restés en service après la Révocation, n° 2632. — Voir aussi Bateaux, Galères, Naucraries, Parmentier (Jean).

Marioupol (Russie). Fragment du manuscrit de l'évangile de saint Matthieu en onciales d'or sur parchemin pourpré, n° 2011.

Marlière (Charles), n° 1171.

Marniès (Mad° Potier de). Lettre, n° 235.

Marns, rivière. Droits dus au seigneur de Nogent-l'Artaud, n° 22.

Marne (Département de la). Étude sur l'art du bronze à l'époque gauloise, n° 971.

Maroc, n° 3352. — Aghmât, ancienne capitale, n° 2029. — Hygiène, prisons, supplices et châtiments, droit d'asile, n° 3340. — Itinéraire, n° 2526. — Mission Mouliéras, n° 3337. — Opération d'une colonne marocaine chez les Beraber (1884-1885), n° 3349. — Région du Sous, n° 3357. — Voyages : du D' Noutet, n° 3355; — de Jakob Schaudt, n° 3354.

Marœuil (Pas-de-Calais). Trouvaille mérovingienne, n° 1276.

Maron (Meurthe-et-Moselle). Sépulture néolithique de la grotte du Géant, n° 1013.

Marquette en Ostrevant (Nord). Armoiries, n°° 1145 et 1147.

Marquigny (Ardennes). Le temps des glaudinettes, n° 99.

Marragon. Lettre, n° 2737.

Marrakesch (Maroc). La plaine de -, n° 3350.

Marsane (Chansonnier), n° 2514.

Marréaux-Delavigne, n° 575.

Mar Samuel. Ses connaissances médicales, n° 2481.

Marseillaise (La). Le couplet des enfants, n° 2703.

Marseille (Bouches-du-Rhône) et ses représentants à la Constituante, n° 2699. — Le bassin de Marseille, n° 140. — Le 18 fructidor, n° 2726. — Musée, portrait de Louis XVIII, par Gérard, n° 1802. — Musée archéologique du Château-Borély, n° 2433. — Le peintre Augustin Aubert, directeur du Musée et de l'école de dessin, n° 1793. — Peste, tableaux de Michel Serre, n° 1800.

Marsenay (Jura). Bracelet en or, n° 797.

Marst (De). Éloge, n° 2223.

Martène (Dom Edmond). Voyage littéraire : Albigeois, n° 3213; — Toulouse et sa région, n° 606.

Martial (Saint). Confrérie à Montauban, n° 3244.

Martianay (Le P.), et A.-M. Quirini, n° 691.

Martin (Saint). Destruction d'un autel, n° 1413. — Légende des dunes de Dunkerque, n° 2880.

Martin. Lettre, n° 715.

Martin (Alexandre). Sa famille, n° 1070.

Martin (Paul). Son œuvre, sa bibliographie, n° 1394.

Martres-Tolosanes (Haute-Garonne). Établissements gallo-romains, n° 1985.

Martyr (La) (Finistère). Châsse, n° 2844.

Martyrologe de Saint-Vincent du Mans, n° 1410. — Voir aussi Obituaire.

Marville (Meuse), n° 1036.

Mas (Le) (Haute-Loire). Légende de la Dame blanche, n° 2852.

Mas-Cabardès (Aude). Inscription du XIV° siècle, n° 594. — Journal d'un curé (1595-1643), n° 619.

Mas-Grenier (Le) (Tarn-et-Garonne). État de nometage (1790), n° 3245.

Massannes (Élisabeth de). Son mariage avec François Pape, marquis de Saint-Auban, n° 3087.

Massat (Ariège). Collégiale, n° 623.

Massé, hydrographe. Nouvelles cartes, n° 1752.

Masséna (Maréchal), n° 2806.

Masson (Georges), n° 2163.

Mathématiques. Archéologie mathématique. Les arithmétiques et les algèbres du XVI° siècle à la bibliothèque de Toulouse, n° 582. — Historique, n° 59.

Mathieu, architecte royal, n° 36.

Mathurin (Saint). Orthographe de son nom, n° 442.

Matny (Pierre-Nicolas). Inscriptions à la Faculté de droit de Douai, n° 85.

Matignon (Côtes-du-Nord). Géographie légendaire, n° 2851.

Matlatzinques, n° 2153.

Maubeuge (Nord). Crosse et reliquaire de sainte Aldegonde, n° 173.

Maucourant (Henri), de Bourganeuf. Livre de comptes (XVIII° s.), n° 352.

Maucourt (Somme), n° 3209.

Maucuit (Le P. Michel). Origines et antiquités de Vire, n° 3184.

Maulévrier (Seine-Inférieure), n° 3165.

Maurel (Dom). Histoire du prieuré de Saint-Pierre de la Réole, n° 713.

Maupertuis (Pierre-Louis de). Lettre, n° 2596.

Maupetit (Michel-René). Lettres, n° 1001.

Mauran (Haute-Garonne). Organisation communale en 1620, n° 641.

Maures Tbarza. Inscription arabe, n° 1677.

Maurice (Saint). Tête du musée d'Orléans, n° 624.

Maurice de La Morre, capucin. Lettre du président de Rochette, n° 1498.

Maurienne. Origine de la souveraineté temporelle des évêques, n° 1520. — Théâtre (1584-1630), n° 1448.

Maurienne (Comte de). — Voir Thomas.

Mauny (Le cardinal) à Lombez, n° 635.

Maussabré (Comte Ferdinand de), n° 337.

Mauvoisin (Famille), n° 3092.

Maxey-sur-Vaise (Meuse), n° 1064.

Maximilien, empereur. Ses bijoux, joyaux et pierreries, n° 1777. — Ses relations avec Ludovic Sforza (1499), n° 744.

Maxula. — Voir Radès.

Mayence (Sarthe). Franchises, n° 1408.

Maynal (Jura). Châsse, n° 1689.

Mayoumas (Palestine), n° 2490.

Mazarin, Colbert et les jambons de Lahontan, n° 667.

Mazière (S.). Œuvre inconnue au musée de Versailles, n° 3129.

Meaux (Seine-et-Marne). La bibliothèque en l'an VIII, n° 2413. — Bibliothèque du séminaire, livre d'heures du XV° siècle, n° 3071. — Capucins, n° 3032. — Cathédrale, allongement et reconstruction de la façade, n° 3037; Ecce homo, n° 3033; tableaux de saint Faron et sainte Céline, n° 3047. — Chronologie des évêques, n° 3066. — Comptes du temporel de l'évêché (1423-1426), n° 3053. — Grand séminaire, n° 3065. — Hôtel-Dieu, retable peint, n° 3052. — Musée diocésain, émaux, n° 3061. — Palais épiscopal, n° 197; salles basses et chapelle, n° 3059. — Saint-Faron, borne sculptée, n° 3056. — Saint-Nicolas, bas-reliefs, n° 3063. — Sœurs de Saint-Augustin, n° 3038; inscriptions de leur chapelle, n° 3057.

Médailles. — Voir Jetons et Médailles.

N

O

P

Q

R

RACINE (Jean). Pierre Bardou et –, n° 2581. — Ses ancêtres, n° 13.

RADEGONDE (Sainte), n° 3197.

RADÈS (Maxula). Nécropole punique et romaine, n° 1669.

RADOLF, de Liège. Correspondance d'écolâtres, n° 2099.

RAFAILLAC (Pierre DE). Livre de raison, n° 458.

RAFFIN (Kemmerer DE), n° 280.

RAGE. Légendes et superstitions, n°ˢ 2854, 2925, 2959 et 2971. — Traitement de l'hydrophobie en 1823, n° 300.

RAGINBOLD, de Cologne. Correspondance d'écolâtres, n° 2099.

RAHAY (Sarthe). Camp de Montjoie, n° 1421.

RAIMBAUT DE VAQUEIRAS. Restitution d'une chanson, n° 738.

RAMBERVILLER (Alphonse DE), correspondant de l'eiresc, n° 1025.

RAMBERVILLERS (Vosges). Siège (1635), n° 3309.

RAMEAU, n° 2768.

RANELAGH. — Voir PARIS.

RANTAING (Élisabeth), l'énergumène de Nancy, n° 1006.

BANREAUD DE LA GERMONNIÈRE (R.-H.-G.), n° 3169.

RANGÉVAL (Meuse). Panneaux de l'abbaye, épisodes de la vie de saint Norbert, n° 1038.

RAOULET D'ORLÉANS. Bible de Charles V, n° 2418.

RAPAILLES (Montagnes des) (Vosges). Légende de l'empreinte de l'enfant, n° 2911.

RAPÉE (La). — Voir PARIS.

RABAT (Le) (Oise). Les seigneurs du xvᵉ au xvIIIᵉ siècle, n° 1206.

RAS-EL-AÏN (Tunisie). Inscription, n° 1702.

RASCHI. Un secrétaire de –, n° 2499.

RATCHAGUS. Vicus romain à Hermes (Oise), n° 1205.

RAUCOURT (Ardennes). Jen-Louis Micquean, pasteur, n° 98.

RAUSCHE (Montagne de) (Courlande). Légende du château et de l'église engloutis, n° 2871.

RADWOLF (Léonard), n° 135.

RAVAISSON-MOLLIEN. Notice sur sa vie et ses travaux, n°ˢ 2031 et 2089.

RAVENEL (Oise), n° 1194.

RAVILLOLES (Jura). Reliquaire, n° 1689.

RAYNAUDET (Jacques), n° 135.

RÉ (Île de). Arrêt du Conseil d'État concernant la tour des Baleines (1738), n° 265. — Les Basques et les Bayonnais, n° 1301.

RÉAU (Seine-et-Marne). Partage agraire (1792), n° 2998.

REBAIS (Seine-et-Marne). Ordonnance de Bossuet concernant l'école (1701), n° 3075.

REBIÈRE (Alphonse), n° 381.

RECLUSERIES, n° 234.

RÉGENCE. Rôle politique du Parlement, n° 2131.

REGISTRES DOMESTIQUES limousins et marchois, n° 352. — Voir aussi COMPTES, LIVRES DE RAISON.

REGISTRES PAROISSIAUX. Arrêt du Parlement les concernant (1772), n° 995.

REGNAUD DE SAINT-JEAN-D'ANGÉLY (Maréchal). Lettre (1859), n° 288.

REGNAULT (Charles-Drouin). Son armorial, n° 977.

REIBELL. Mission Foureau–Lamy, n°ˢ 1151, 2149, 2430, 3336 et 3393.

REICHSTADT (Napoléon-François-Charles-Joseph Bonaparte, duc de). Le duc de Reichstadt et l'image, n° 3104. La municipalité versaillaise au baptême du roi de Rome, n° 3109.

REIMS (Marne). Bibliothèque : évangéliaire slavon, n° 2006; Heures de Marie-Stuart, n° 1789; matrices de sceaux, n° 1618. — Cathédrale : sa construction, n° 1615; peinture murale du x111ᵉ siècle, n° 1664. — Journal : anonyme (1709-1803), n° 980; — de Dom Pierre Chastelain (1709-1782) et suite jusqu'en 1848, n° 978; — des Hédouin père et fils (1708-1815), n° 982. — Manuscrit des fables de Phèdre, de Saint-Rémi de Reims, n° 2390. — Notes de J.-B. Blavier (1740-1749), n° 981. — Pièce de vers sur le sacre de Charles VIII, n° 1730. — Pied de chandelier, n° 173. — Plaque de foyer aux armoiries du duc de Lorraine, n° 1039. — Registres paroissiaux de la ville et des environs, n°ˢ 979 et 1720. — Voies romaines des environs, n° 2271.

REINHARD (Mᵐᵉ). Lettres à sa mère (1798-1815), n° 2544.

REINHARD (Charles-Frédéric). Son éloge par Talleyrand, n° 2544.

RELIEURS parisiens de 1450 à 1600, n° 2628.

RELIURES, n° 173; — du Cantal, n° 230; — à Montévrain, n° 3049; — à Nemours, n° 3054; — à Pompignan, n° 3230; — à Ravilloles, n° 1689; — à la cathédrale de Tours, n° 2845; — de Vaulx-Vraincourt, n° 1235; — à Villangrette, n° 1689.

RELIQUES : à Lille, n° 1117; — à Montévrain, n° 3045; — à l'abbaye de Saint-Denis, n° 2625; — du Précieux sang à Bruges, n° 1154; —

de saint Amand, n° 1129; — de sainte Fare à Besançon, n° 3062; — de saint Jean-Baptiste à Nemours, n° 3054; — de saint Porchaire, à Montverdun, n° 1632; — de saint Samson à Orléans, n° 874; — de saint Tudual, évêque de Tréguier, n° 860.

RELIURES: aux armes de Hélie du Fresnoy, n° 2359; — d'évangéliaire à Conques, n° 173; — du maréchal de Maillebois, n° 2348. — Faiseurs de fermoirs, n° 2628. — Fermoir de livre du xIIIᵉ siècle trouvé à Laramière, n° 2222. — Voir aussi RELIEURS.

REMIREMONT (Vosges) pendant la Révolution, n° 3302. — Une filleule de Barras et de Joséphine, n° 2700.

BÉNOIS. Ancienne ligne de démarcation du –, et du Laonnois, n° 1747.

RENART (Roman de), n° 2882.

RENAUD (Saint). Légende, n°ˢ 733 et 759.

RENÉ II, duc de Lorraine. Sentence arbitrale (1488), n° 1350.

RENNES (Ille-et-Vilaine). Musée, armes allemandes, n° 766. — Petites seigneuries du comté, n° 773. — Le Thabor au xvIIᵉ siècle, n° 776.

RENOUARD (Charles), n° 2144.

RÉOLE (La) (Gironde). Histoire du prieuré conventuel de Saint-Pierre, n° 713. — Inscription de porte, n° 181.

RÉSINES. Prix dans les Landes du xvIᵉ au xIXᵉ siècle, n° 805.

RESTAURATION. Les événements de 1815 à Nantes, n° 833.

RETABLES. La fabrication des – en albâtre, n° 166. — Retables : à Larchant, n° 3039; — à l'ancien Hôtel-Dieu de Man, n° 3052; — à Wattignies (Nord), n° 1768; — de l'abbaye de Saint-Bertin à Saint-Omer, n°ˢ 1260 et 1274.

BETHEL (Ardennes). Anciens registres paroissiaux de l'arrondissement, n° 1720.

RETZ (Duchesse DE). Statue funéraire, n° 282.

RÉUNION (La). — Voir FRANCE (Île de).

RÊVE PROPHÉTIQUE (Le) dans la conception biblique, n° 2922; — chez les peuples sauvages, n° 2185.

BRVOIL, n° 2223.

RÉVOLUTION FRANÇAISE, n°ˢ 2690 à 2745. Certificat de civisme (1793), n° 364. — Éventails révolutionnaires, n° 2693. — Ex-libris français à l'époque de la Terreur, n° 2355. — Franc-maçonnerie en l'an vII et l'an vIII, n° 2691. — Le ministère pastoral, n° 1220. — Missions : de Pléville-Lepelley à Tunis (1793), n° 2547; — du comte Carletti à Paris (1794-

S

34.

T

U

V

W

X

Y

Z

TABLE PAR DÉPARTEMENTS.

LOIRET.

LOT.

LOZÈRE.

MAINE-ET-LOIRE.

MANCHE.

MARNE.

MARNE (HAUTE-).

MAYENNE.

MEURTHE-ET-MOSELLE.

MEUSE.

IMPRIMERIE NATIONALE.

MORBIHAN.

NORD.

OISE.

ORNE.

PAS-DE-CALAIS.

PUY-DE-DÔME.

PYRÉNÉES (BASSES-).

SEINE.

BIBLIOGRAPHIE GÉNÉRALE

DES

TRAVAUX HISTORIQUES ET ARCHÉOLOGIQUES

PUBLIÉS

PAR LES SOCIÉTÉS SAVANTES DE LA FRANCE

SE TROUVE À PARIS

À LA LIBRAIRIE ERNEST LEROUX

RUE BONAPARTE, N° 28

BIBLIOGRAPHIE GÉNÉRALE

DES

TRAVAUX HISTORIQUES ET ARCHÉOLOGIQUES

PUBLIÉS

PAR LES SOCIÉTÉS SAVANTES DE LA FRANCE

DRESSÉE SOUS LES AUSPICES

DU MINISTÈRE DE L'INSTRUCTION PUBLIQUE

PAR

ROBERT DE LASTEYRIE

MEMBRE DE L'INSTITUT

AVEC LA COLLABORATION

D'ALEXANDRE VIDIER

SOUS-BIBLIOTHÉCAIRE À LA BIBLIOTHÈQUE NATIONALE

1902-1903

PARIS
IMPRIMERIE NATIONALE

MDCCCCV

AVERTISSEMENT.

En faisant paraître, l'an dernier, la *Bibliographie des travaux historiques et archéologiques publiés par les Sociétés savantes de la France* en 1901-1902, j'annonçais l'intention de donner un fascicule semblable pour les années 1902-1903.

La collaboration dévouée de mon confrère et ami M. Vidier m'a permis de tenir ma promesse, et l'on trouvera dans les pages qui suivent le dépouillement de tous les volumes afférents à cette période et qui nous sont parvenus en temps utile. Nous avons fait tous nos efforts pour mettre ce fascicule en état de paraître dans les premiers jours de l'année 1905. Malheureusement des considérations budgétaires en ont suspendu l'impression pendant plusieurs mois. Ce sont ces mêmes raisons qui nous ont empêchés de compléter nos dépouillements par une table analytique des matières pareille à celle que M. Vidier avait rédigée l'an dernier. Il y a là une lacune que nous regrettons, mais que nous espérons pouvoir combler le jour où le Ministère de l'Instruction publique pourra disposer des crédits nécessaires.

Les numéros qui précèdent chaque article faisant suite à ceux du fascicule précédent, il sera possible le jour où nous en aurons les moyens, soit de faire une table pour chaque fascicule, soit de grouper en une table unique tous les articles parus pendant une période plus ou moins longue.

Les dimensions atteintes par le présent fascicule montrent combien nous avons fait d'efforts pour être aussi complets que possible. Les lacunes que l'on pourra constater tiennent aux causes que j'ai déjà signalées et sur lesquelles je crois superflu de revenir.

R. DE LASTEYRIE,
Membre de l'Institut.

1er août 1905.

AIN. — BOURG.

SOCIÉTÉ D'ÉMULATION ET D'AGRICULTURE DE L'AIN.

Les publications antérieures de cette Société sont analysées dans notre *Bibliographie générale*, savoir :

Journal, 52 vol. (1817-1868), *Bibliographie*, t. I, p. 2.
Annales, t. I à XVIII (1868-1885), *Bibliographie*, t. I, p. 6 et 669.
— t. XIX à XXXIII (1886-1900), *Bibliographie*, t. V, p. 1.
— t. XXXIV (1901), *Bibliographie*, nouvelle série, t. I, p. 1.
Ouvrages divers (1783-1822), *Bibliographie*, t. I, p. 1.

XXXV. — Annales de la Société d'émulation et d'agriculture (lettres, sciences et arts) de l'Ain, t. XXXV, 1902. (Bourg, 1902, in-8°, 416 p.)

3412. Dubois (E.). — Notice sur la ville d'Oyonnax et son industrie, 3 pl., p. 5 à 48, et 113 à 147. — Suite et fin de XXXIV, p. 289.
3413. Alloing (L'abbé L.). — Un manuscrit sur Brou, p. 53 à 75, et 233 à 272.
3414. Marchand (L'abbé Fr.). — Catalogue descriptif du médaillier de la ville de Bourg, p. 76 à 112. — Suite de XXXIV, p. 97.

3415. Ferret (F.). — Les caveaux de Brou (1900-1902), p. 148 à 201.
3416. Marchand (L'abbé F.). — Archéologie préhistorique. La grotte sépulcrale de la Cabatane, p. 203 à 225.
3417. Anonyme. — Excursions archéologiques à Briord et au pays de Gex, 2 pl., p. 227 à 228.

[Inscriptions du moulin des Bonnes et de Verisieu, pl.; cippe de Briord, pl.]

3418. Durreuil (P.). — Essai historique sur les monnaies d'argent de la République romaine, p. 378 à 404.

AIN. — BOURG.

SOCIÉTÉ DE GÉOGRAPHIE DE L'AIN.

Les tomes I à XV du *Bulletin* de cette Société sont analysés dans notre *Bibliographie générale*, t. V, p. 4.

XVI. — Bulletin de la Société de géographie de l'Ain, 1901, t. XX. (Bourg, 1901, in-8°, 156 p.)

3419. Concelle (J.). — Le peintre de la Bresse. Gabriel Vicaire et les *Émaux bressans*, p. 5 à 18.
3420. Concelle (J.). — Le mont Cenis, la route ancienne, la route nouvelle, leurs défenses militaires, p. 66 à 96.

3421. C. — Les explorateurs du Haut-Nil. Daniel Pency [1857], p. 150 à 152.
3422. Concelle (J.). — Henriette d'Angeville et les Genevois, p. 153 à 156.

XVII. — Bulletin de la Société de géographie de l'Ain, 1902, t. XXI. (Bourg, 1902, in-8°, 170 p.)

AIN. — BOURG.

————

SOCIÉTÉ DES SCIENCES NATURELLES ET D'ARCHÉOLOGIE DE L'AIN.

Les tomes I à VII (1894-1900) du *Bulletin* de cette Société sont analysés dans notre *Bibliographie générale*, t. V, p. 7.

VIII. — **Bulletin de la Société des sciences naturelles et d'archéologie de l'Ain, nᵒˢ 22 [à 25], 1901. (Bourg, 1901, in-8°, 88 p.)**

3423. Mongon (L'abbé J.-B.). — La Dombes, étude historique et archéologique sur l'origine et l'étymologie de son nom, p. 10 à 40, et 43 à 54.

IX. — **Bulletin de la Société des sciences naturelles et d'archéologie de l'Ain, nᵒˢ 26**

[à 29], 1902. (Bourg, 1902, in-8°, 64 et 16 p.)

3424. Brunet (L'abbé). — Les monuments mégalithiques du Morbihan, p. 27 à 32.
3425. Joly (L'abbé L.). — Le mur de Bénonces, p. 52 à 55.

Supplément.

3426. Tournier (L'abbé) et Baux (Jules). — Grotte de la Cabatane, près Treffort (Ain). Âge de la pierre polie, *pl.*, p. 1 à 16.

——————   —

AISNE. — CHÂTEAU-THIERRY.

SOCIÉTÉ HISTORIQUE ET ARCHÉOLOGIQUE DE CHÂTEAU-THIERRY.

Les publications antérieures de cette Société sont analysées dans notre *Bibliographie générale*, savoir :
Annales, t. I à XX (1864-1885), *Bibliographie*, t. I, p. 16 et 670.
— t. XXI à XXXV (1886-1900), *Bibliographie*, t. V, p. 9.
— t. XXXVI (1901). *Bibliographie*, nouvelle série, t. I, p. 1.
Une table des trente-cinq premiers volumes a été publiée en 1903.

3427. Anonyme. — Table générale analytique et alphabétique des matières contenues dans les Annales de la Société historique et archéologique de Château-Thierry, 1864-1900. (Château-Thierry, 1903, in-8°, 269 p.)

XXXVII. — **Annales de la Société historique et archéologique de Château-Thierry, année 1902. (Château-Thierry, 1903, in-8°, x-37 et 160 p.)**

3428. Ruomet (L.-B.). — Épigraphie campanaire de l'Aisne. Les cloches du canton de Fère-en-Tardenois, p. 3 à 21. — Suite de XXXV, p. 119.

3429. Henriet (Frédéric). — Eugène Rouyer [1827 † 1901], p. 35 à 37.
3430. Henriet (Maurice). — Note sur l'inhumation de Racine à Port-Royal [des Champs], p. 38 à 42.
3431. Doyen aîné. — Note sur l'ermitage et l'ermite de Neuilly-Saint-Front, p. 43 à 46.
3432. Corlieu (Dʳ A.). — Testament du duc d'Alençon, seigneur de Château-Thierry, etc. (1584), p. 47 à 52.
3433. Henriet (Maurice). — Discours de M. de la Chapelle sur Racine à l'Académie française (1699), p. 53 à 67.
3434. Henriet (Frédéric). — J.-P. Bézu, peintre en décors [1753 † 1837], p. 68 à 73.

3435. Henriet (Frédéric). — Henri Joussaume-Latour [† 1902]. p. 74 à 75.

3436. Henriet (Frédéric). — Victor Cesson [peintre et collectionneur, † 1902], *fig.*, p. 79 à 102.

3437. Doyen ainé. — Découverte de monnaies romaines sur le territoire de Montigny-l'Allier, p. 103 à 105.

3438. Henriet (Maurice). — La Société racinienne de la Ferté-Milon, p. 106 à 126.

3439. Henriet (Maurice). — Le premier journal de l'arrondissement de Château-Thierry [1807], p. 127 à 130.

3440. Corlieu (Dʳ A.). — Note pour l'histoire de Chézy-sur-Marne, p. 131 à 133.

[Lettre de dom Ch. Nuley à dom Grenier (1769).]

3441. Corlieu (Dʳ A.). — L'abbé Henri de Nesmond et l'abbaye de Chézy, p. 134 à 140.

3442. Corlieu (Dʳ A.). — Note pour servir à l'histoire de l'Hôtel-Dieu de Château-Thierry [1695], p. 141 à 143.

3443. Dupont (M.). — Dissertation sur l'étymologie du mot arquebuse, p. 144 à 157.

AISNE. — LAON.

SOCIÉTÉ ACADÉMIQUE DE LAON.

Les publications antérieures de cette Société sont analysées dans notre *Bibliographie générale*, savoir :
Bulletin, t. I à XXV (1852-1882), *Bibliographie*, t. I, p. 21 et 672.
— t. XXVI à XXX (1882-1899), *Bibliographie*, t. V, p. 13.
Ouvrages divers (1869-1883), *Bibliographie*, t. I, p. 21.

3444. Matton (A.). — Les anciennes papeteries de l'Aisne. (Laon, 1903, in-4°, 80 p.)

AISNE. — SAINT-QUENTIN.

SOCIÉTÉ ACADÉMIQUE DES SCIENCES, ARTS, BELLES-LETTRES, AGRICULTURE ET INDUSTRIE DE SAINT-QUENTIN.

Les publications antérieures de cette Société sont analysées dans notre *Bibliographie générale*, savoir :
Mémoires, t. I à XXXV (1831-1883), *Bibliographie*, t. I, p. 33 et 672.
— t. XXXVI à XLII (1884-1898), *Bibliographie*, t. V, p. 17.
Ouvrages divers (1825-1882), *Bibliographie*, t. I, p. 32 et 33.

3445. Lemaire (Emmanuel). — Procès-verbaux des séances de la Chambre du Conseil des maire, échevins et jurés de Saint-Quentin. Premier registre (26 janvier 1560-23 octobre 1564). (Saint-Quentin, 1902, in-8°, LXXXVIII-375 p.) — Cf. *Mémoires*, t. XXXV-XXXIX.

ALLIER. — MOULINS.

SOCIÉTÉ D'ÉMULATION ET DES BEAUX-ARTS DU BOURBONNAIS.

Les publications antérieures de cette Société sont analysées dans notre *Bibliographie générale*, savoir :
Bulletin, t. I à XVII (1846-1885), *Bibliographie*, t. I, p. 58 et 675.
— t. XVIII (1886-1891), *Bibliographie*, t. V, p. 33.
Bulletin-Revue, t. I à VIII (1892-1900), *Bibliographie*, t. V, p. 34.
— t. IX (1901), *Bibliographie*, nouvelle série, t. I, p. 2.
Ouvrages divers (1857-1885), *Bibliographie*, t. I, p. 58 et 675.

X. — Société d'émulation et des beaux-arts du Bourbonnais. Bulletin-Revue, publication mensuelle, suite au Bulletin de la Société d'émulation de l'Allier et aux Annales bourbonnaises, t. X. (Moulins, 1902, in-8°, 344 p.)

3446. Clément (L'abbé J.). — Épitaphe curiale de messire Gilbert Thoret, né en 1631, mort le 2 mars 1714, dans l'église Notre-Dame de Montluçon, *pl.*, p. 3 à 6.

3447. Du Broc de Segange (Commandant) et Tiersonnier (Philippe). — Deux familles de Villars, p. 7 à 10.

3448. Perrault-Dabot (A.). — Archives de la Commission des monuments historiques. Extrait du catalogue des relevés, dessins et aquarelles pour l'Allier, p. 11 à 17.

3449. Pérot (Francis) et Clément (l'abbé). — Inventaire des découvertes archéologiques faites en Bourbonnais en 1901, p. 42 à 47, et 79 à 80.

3450. Quirielle (Roger de). — Documents relatifs à Charles de Boucé, prieur d'Ambierle et à son frère, le capitaine Ponceuat (François de Boucé [xvi°-xvii° s.]), p. 48 à 51.

3451. Tiersonnier. — La chapelle de l'ancien prieuré d'Aubeterre, p. 80 à 82.

3452. Quirielle (Roger de). — La pierre du chanoine Derissiaux [inscription à la cathédrale de Moulins, 1727], p. 91.

3453. Clément (L'abbé Joseph). — Le personnel concordataire dans le département de l'Allier, d'après les documents des Archives nationales, des Archives départementales de l'Allier et du fonds ecclésiastique de l'évéché de Clermont-Ferrand (1801-1802), 4 *pl.*, p. 92, 137, 162, 220, 256, 310; et XI, p. 7, 47, 92, 187, 239, 270, et 354.

3454. Grégoire (C.). — L'ancienne église de Cosne-sur-l'OEil, 2 *pl.*, p. 101 à 102.

3455. Anonyme. — Extrait des registres de l'état civil de Saulcet (année 1626) [relatif à des orages], p. 113.

3456. Crépin-Leblond (Marcellin). — Sur Marcellin Desboutin [1823 † 1902], *portr.*, p. 120 à 136.

3457. Tiersonnier (Philippe). — Les cloches de Saint-Pierre de Moulins, p. 144 à 146.

3458. Berthoumieu (L'abbé V.). — Une ancienne peinture murale de l'église de Brout-Vernet, *pl.*, p. 154 à 161.

3459. L. M. [Mantin (Louis)]. — Pièces de monnaies [françaises, xvi°-xviii° s.] recueillies dans le canton de Jaligny, p. 179 à 180.

3460. Grégoire (C.), du Broc de Segange (Commandant) et Tiersonnier. — Excursion de la Société à Ébreuil, Veauce, Vicq, Rochefort, *fig.* et 4 *pl.*, p. 184 à 219.

3461. Du Broc de Segange (Commandant). — Ventes à réméré, p. 239 à 242.

3462. Du Broc de Segange (Commandant). — Chanoines de la collégiale de Moulins, p. 264 à 265.

3463. Pérot (Francis). — Belin-Dollet (1839 † 1902), p. 266 à 270.

3464. Bertrand (A). — Musée départemental, rapport du conservateur, p. 271 à 277.

[Cheminée du doyenné de Moulins (xv° s.).]

3465. Anonyme. — Les peintures murales de l'ancienne église de Molinet, p. 277 à 279.

3466. Pérot (Francis). — Notes sur les pièces trouvées lors de la démolition de l'église de Cosne-sur-l'OEil en 1902 [monnaies romaines et françaises du moyen âge], p. 279.

3467. Quirielle (Roger de). — Procès-verbal d'une visite d'enquête au château et à la ville de la Palisse en 1724, p. 285 à 293.

3468. Anonyme. — La demi-brigade de l'Allier en 1795 [en Vendée], p. 304 à 309.

3469. Mantin (Louis). — Archéologie préhistorique [silex et hache de pierre trouvés à Bourlaud, canton de Jaligny], p. 328 à 329.

XI. — Bulletin de la Société d'émulation du Bourbonnais, lettres, sciences et arts, t. XI. (Moulins, 1903, in-8°, 428 p.)

[3453]. Clément (L'abbé Joseph). — Le personnel concordataire dans le département de l'Allier, 3 *pl.*, p. 7, 47, 92, 187, 239, 260, et 354.

3470. Tiersonnier (Philippe). — Remarques sur la sigillographie figurant au catalogue du musée départemental de Moulins, p. 30, 61, 99, 138, 169, 196, et 224.

3471. Claudon (F.). — Sur les tombeaux de Bellaigue, p. 38 à 46.

3472. Bertrand. — Pendule de marbre blanc et bronze doré, au musée de Moulins, p. 90.

3473. Berthoumieu (L'abbé). — Les fontaines publiques de Moulins depuis le xive siècle jusqu'à nos jours, *fig.* et 2 *pl.*, p. 125 à 137, 155 à 168, et 218 à 223.

3474. Tiersonnier (Philippe). — Contribution à l'héraldique bourbonnaise, p. 174.

3475. Clément (L'abbé Joseph). — M. Léon Picard (1860 † 1903), p. 245 à 248.

3476. Aubert de la Faige. — Excursion de la Société.

Vallées de la Besbre et du Barbenan [le Breuil], Châtel-Montagne et Montmorillon, 3 *pl.*, p. 271 à 285.

3477. Bertrand. — Antiquités reconnues dans les environs d'Isserpent, Châtel-Montagne et Arfeuilles, p. 290 à 295.

3478. Tiersonnier (Philippe). — Note sur les armoiries des Balzac d'Entragues, p. 298.

3479. Du Broc de Segange (Commandant). — La baronnie et la paroisse de Bressolles, p. 302 à 312, et 359 à 377.

3480. Bouchard (E.). — Gilbert Sève (1618 † 1698), Pierre Sève (1628 † 1695), p. 313 à 332, et 398 à 408.

3481. Coulhon (L'abbé G.). — Notes sur les anciennes peintures décoratives de l'église Saint-Hilaire (Allier), p. 333 à 336.

3482. Bertrand (A.). — Un ornement de bronze provenant de la Bible de Souvigny, p. 339 à 341.

3483. M. C.-L. — M. Martial Place († 1903), p. 343 à 344.

3484. Tiersonnier (Philippe). — Un mot sur le médecin Jean Banc [xviie s.], p. 378 à 381.

3485. Gravier du Monseaux. — Ancienne inscription de l'église Saint-Blaise à Vichy [Antoine Daquin, † 1696], p. 384 à 385.

3486. Tiersonnier. — Les tapisseries de Lurcy, p. 394 à 395.

3487. Anonyme. — Une circulaire de l'an xi pour le lycée de Moulins, p. 409 à 412.

ALPES (BASSES-). — DIGNE.

SOCIÉTÉ SCIENTIFIQUE ET LITTÉRAIRE DES BASSES-ALPES.

Les publications antérieures de cette Société sont analysées dans notre *Bibliographie générale*, savoir :
Annales, t. I à II (1884-1888), *Bibliographie*, t. I, p. 65 et 676.
— t. III à IX (1887-1900), *Bibliographie*, t. V, p. 40.

X. — Annales des Basses-Alpes. Nouvelle série. Bulletin de la Société scientifique et littéraire des Basses-Alpes, t. X, 1901-1902. (Digne, s. d., in-8°, 512 p.)

3488. Faucher (Paul de). — Le livre de raison de l'aveugle de Chénerilles [Claude Isoard de Chénerilles] (1581-1621), p. 1 à 21, 91 à 103, et 153 à 166.

3489. Sauvage (P.). — Noms et sobriquets, p. 22 à 33.

3490. Lieutaud (V.). — Le Poil (Péou, Pel, Pèn). Histoire féodale et toponymie, *fig.*, p. 40 à 59, 104 à 121, 169 à 174, et 474 à 491.

3491. M. I. [Issard (M.)]. — Corbeille de noce d'une bourgeoise de l'Escale au xviii° siècle, p. 60.

3492. Cauvin (C.). — Études sur la Révolution dans les Basses-Alpes. La formation de la Société populaire de Sisteron, p. 61 à 79, et 139 à 152.

3493. Rochas (Colonel de). — Une page de l'histoire d'Entrevaux [lettre de Vauban à Chamillart, 1705], p. 167 à 168.

3494. Anonyme. — Éphémérides bas-alpines, 1900, p. 175 à 177.

3495. Delmas (J.). — Quelques hommages bas-alpins (1106-1701), p. 178 à 191.

3496. [Lieutaud (V.)]. — Estoublon, fief de Montmajour (1157), p. 192 à 193.

3497. Faucher (Paul de). — Les Isoard de Chénerilles devant *La Critique de la noblesse de Provence*, de Barcilon de Mauvans, et l'histoire de la province, p. 197 à 208, 313 à 324, et 358 à 369.

3498. Richaud (A.). — Un bon géant [J.-G. Trigance, 1831 † 1899], p. 209 à 216.

3499. Boisgelin (Marquis de) et Duranti de la Calade. — Généalogie de la famille d'André, seigneurs de Bellevue, p. 217 à 243.

3500. Cauvin (C.). — Une incursion des Marseillais à Digne en 1793, p. 244 à 253, et 261 à 270.

3501. Ribbe (Charles de). — Le livre de raison d'un agriculteur. Eugène Robert, de Sainte-Tulle (1806-1873), p. 217 à 287, 325 à 344, 409 à 421, et 450 à 462.

3502. Arnaud (F.). — Le collège des notaires de Barcelonnette, p. 293 à 312.

3503. Lieutaud (V.). — Fiefs bas-alpins des Baux et des Forbin, p. 370 à 389.

3504. Anonyme. — Éphémérides bas-alpines, 1901, p. 381 à 383.

3505. V. L. [Lieutaud (V.)]. — Nomen accepte pour noble Jacques Alphand de Castel-Neuf, p. 386 à 388.

3506. L. de B.-P. [Berluc-Perrussis (L. de)]. — Procès-verbal de la tournée faite dans les Basses-Alpes par M. le marquis de la Palud, le 29 octobre 1787, p. 389 à 408.

3507. [Lieutaud (V.)]. — Subside royal à Sisteron (1345), p. 432.

3508. [Lieutaud (V.)]. — Octroi de Sisteron (1er octobre 1350), p. 433.

3509. [Isnard (M.)]. — Provision de sage-femme pour la communauté de Château-Arnoux, p. 434.

3510. Lieutaud (V.). — Lurs, terre impériale (1393), p. 435.

3511. [Lieutaud (V.)]. — Sentence de saint Louis, roi de France (8 août 1264), [en faveur de Charles d'Anjou, comte de Provence], p. 437.

3512. Richaud (A.). — Compositeurs et virtuoses bas-alpins, p. 437 à 449.

3513. Anonyme. — La paroisse de Thoard en 1795, p. 473.

3514. [Lieutaud (V.)]. — Bevons, Dromon, Brianson, p. 492.

ALPES (HAUTES-). — GAP.

—

SOCIÉTÉ D'ÉTUDES DES HAUTES-ALPES.

Les publications antérieures de cette Société sont analysées dans notre *Bibliographie générale*, savoir :
Bulletin, t. I à IV (1882-1885), *Bibliographie*, t. I, p. 69 et 677.
— t. V à XIX (1886-1900), *Bibliographie*, t. V, p. 45.
— t. XX (1901), *Bibliographie*, nouvelle série, t. I, p. 3.
Ouvrages divers (1882-1900), *Bibliographie*, t. I, p. 68, et t. V, p. 45.

XXI. — Bulletin de la Société d'études des Hautes-Alpes, 21ᵉ année. (Gap, 1902, in-8°, xxvii-374 p.)

3515. Roman (J.). — Deux portes ornées du xviᵉ siècle, provenant de la famille Emé [au Serre, commune de Molines], *pl.*, p. 1 à 6.

3516. Michel (J.). — Histoire et bibliographie de la presse gapençaise, p. 7, 77, 293; et XXII, p. 301.

3517. Roman (Bernard). — Objets antiques trouvés à la Madeleine (près Ribiers), p. 41 à 43.

3518. Divers. — Nécrologie, p. 49 à 57.

[Joseph-Émile Grimaud († 1901) ; Adolphe Gautier († 1901) ; Jules Dumas († 1902) ; le capitaine Alluin († 1901); Ernest Nondel († 1902).]

3519. Farcy (L. de). — Visite à la sacristie de l'ancienne cathédrale d'Embrun, p. 61 à 71.

3520. Roman (J.). — Origine de la famille de Rivière, p. 73 à 76.

3521. Nicollet (F.-N.). — La langue populaire du Gapençais, p. 119 à 139, et 211 à 233. — Suite de XX, p. 111, 267, et 343.

3522. Divers. — Nécrologie, p. 149 à 153.

[Albert Chauvel († 1901); le colonel Pascal-Alexis Devèze (1815 † 1902); Désiré-Saturnin Honnorat († 1902).]

3523. Allemand (L'abbé F.). — Une belle-fille du chevalier de Jarjayes [Louise-Antoinette-Laure Hinner] et son rôle dans la vie et l'œuvre de Balzac, p. 179 à 191.

3524. Roman (J.). — Monographie de la commune des Crottes, p. 193, 317; et XXII, p. 51 et 149.

3525. Anonyme. — Lettres inédites de Vallonnais et de Guy Allard [1669-1715], p. 235 à 240.

3526. Martin (David). — Aperçu sur la fouille pratiquée dans un des tumuli de Chabestan, p. 248 à 54.

3527. Anonyme. — Nécrologie, p. 257 à 259.

[Ludovic Vallentin († 1902); madame Gaignaire († 1902).]

3528. Nicollet (F.-N.). — Affouagement des communes des Hautes-Alpes de 1662 à 1666, p. 271, et XXII, p. 37, 127, et 347.

3529. Allemand (L'abbé F.). — Note biographique avec détails inédits sur André Garnier, évêque constitutionnel des Hautes-Alpes [1727 † 1816], p. 305 à 315.

3530. D. M. [Martin (David)]. — Fouilles opérées dans les tumuli 9 et 23 de Champ-Cros, p. 339 à 358.

—

XXII. — Bulletin de la Société d'études des Hautes-Alpes, 22ᵉ année. (Gap, 1903, in-8°. xxviii-380 p.)

3531. Gillet (Pierre). — Monographie de Mons-Seleucus, p. 1 à 35.

[3528]. Nicollet (F.-N.). — Affouagement des communes des Hautes-Alpes, de 1662 à 1666, p. 37, 127 et 347.

[3524]. Roman (J.). — Monographie de la commune des Crottes, p. 51 à 62, et 149 à 164.

3532. Manteyer (Georges de). — Monnaies viennoises, p. 70 à 73.

3533. Roche (Célestin). — Léon de Berluc-Pérussis, [† 1902], p. 75 à 83.

3534. Anonyme. — M. Jules de Lafont du Pin de Veynes [† 1902], p. 87 à 88.

3535. Lemaître (Paul). — Le passage de Napoléon Iᵉʳ à Gap en 1815, extrait des manuscrits de M. Farnaud, p. 97, 263, et 329.

3536. Roman (J.). — Les prétendus monuments sarrazins des Hautes-Alpes, p. 175 à 188.

.3537. Martin (David). — Voie romaine et ses stations entre Chorges et Luc-en-Diois, et voie secondaire entre Luc et Briançon, p. 195 à 231.

3538. Romas (J.). — Les routes à travers les Alpes, carte et pl., p. 239 à 262, et 311 à 323.

[3516]. Michel (J.). — Histoire et bibliographie de la presse gapençaise, p. 301 à 310.

3539. Martin (David). — Camp retranché préhistorique de la Reynaude, près de Serres (Hautes-Alpes), p. 325 à 328.

ALPES-MARITIMES. — NICE.

SOCIÉTÉ DES LETTRES, SCIENCES ET ARTS DES ALPES-MARITIMES.

Les publications antérieures de cette Société sont analysées dans notre *Bibliographie générale*, savoir :

Annales, t. I à X (1865-1885), *Bibliographie*, t. I, p. 74 et 678.

— t. XI à XVI (1887-1899), *Bibliographie*, t. V, p. 53.

— t. XVII (1901), *Bibliographie*, nouvelle série, t. I, p. 4.

Annuaires, 3 vol. (1869-1872), *Bibliographie*, t. I, p. 77.

Ouvrages divers (1883), *Bibliographie*, t. I, p. 74.

XVIII. — **Annales de la Société des lettres, sciences et arts des Alpes-Maritimes...**, t. XVIII. (Nice, 1903, in-8°, 475 p.)

3540. Rochemonteix (Vicomte Ad. de). — Une croix de conjuration du xviii° siècle à la Petite-Afrique de Beaulieu (Alpes-Maritimes), *fig.*, p. 1 à 6.

3541. Mader (Fritz). — Les inscriptions préhistoriques des environs de Tende, 3 pl., p. 7 à 34.

3542. Doublet (Georges). — Monographie des paroisses du canton de Cagnes, p. 35 à 81.

3543. Mader (Fritz). — La vérité sur Catherine Ségurane, p. 83 à 90.

3544. Moris (Henri). — Le Sénat de Nice de 1614 à 1792, p. 91 à 227.

3545. Devoluy (Pierre). — Essai sur les noms de lieux du comté de Nice, p. 229 à 281.

3546. Rance-Bourrey (L'abbé). — L'abbé Paul-Marie Foncet de Bardonanche détenu à Grasse sous la Terreur, p. 285 à 358.

3547. Barbet (Lucien). — Remise en place du milliaire DCVII à l'endroit précis où les Romains l'avaient placé, p. 359 à 364.

[Le Chemin des Romains, entre la Turbie et la Trinité.]

3548. Guebhard (D' A.). — Étymologie provençale du mot baliverne, p. 365 à 371.

3549. Doublet (Georges). — Monographie de celles des paroisses des cantons de Coursegoules, Saint-Auban et le Bar qui firent partie du diocèse de Vence, p. 373 à 437.

3550. Doublet (G.). — Note sur les travaux de M. F. Brun († 1899), p. 460 à 468.

ARDENNES. — SEDAN.

SOCIÉTÉ D'ÉTUDES ARDENNAISES.

Les publications antérieures de cette Société sont analysées dans notre *Bibliographie générale*, savoir : *Revue d'Ardenne et d'Argonne*, t. I à VII (1893-1900), *Bibliographie*, t. V, p. 55.

— — t. VIII (1900-1901), *Bibliographie*, nouvelle série, t. I, p. 4.

IX. — **Revue d'Ardenne et d'Argonne**, publiée par la Société d'études ardennaises, 9ᵉ année, 1901-1902. (Sedan, 1902, in-8°, 204 p.)

3551. BOURGUIGNON (Jean). — Un empereur de Russie dans les Ardennes. Le passage de Pierre le Grand à son départ de France en 1717, p. 1, 65, et 181.

3552. JADART (H.). — Quelques notes nouvelles sur Jean Meslier, p. 13 à 19.

3553. DIVERS. — Folk-lore ardennais, p. 19 à 21. — Cf. VIII, p. 198.

[DOHT (Dʳ H.). Villers-le-Tilleul, p. 19. — GERMAIN (L.). Sur le chant funèbre d'Auchamps, p. 21.]

3554. BAUDON (Al.). — La girouette de la halle haute, à Rethel, p. 25.

3555. COLLINET (P.). — Interdiction aux marchands juifs de vendre à Torcy (près Sedan) [1754], p. 25 à 27.

3556. E. H. [HENRY (Ernest)]. — Biographie sedanaise. [François Pérot, sieur de Mézières, xvıᵉ s.] p. 27 à 28.

3557. E. H. [HENRY (Ernest)]. — Notice sur Robert Thin de Schelandre, gouverneur de Jametz, et sa famille, p. 33 à 36.

3558. JAILLIOT (Dʳ J.). — Recherches sur l'abbaye de Chéhéry. Additions, p. 36 à 46. — Cf. II, p. 161.

3559. COLLINET (Paul). — Le droit de servage dans les bois des Ardennes, p. 46 à 51.

3560. COLLINET (Paul). — Projet d'érection à Sedan d'une statue à Turenne en 1790, p. 53 à 54.

3561. COLLINET (Paul). — Projet d'inscription commémorative de la pose de la première pierre au nouvel hôtel de ville de Rethel (1750), p. 54 à 55.

3562. LOGEART (Gustave). — Résultat des fouilles faites à Aussonce pendant l'année 1901, p. 94.

[Cimetière gaulois.]

3563. BRINCOURT (J.-B.). — Jean Jannon [imprimeur à Paris et à Sedan], ses fils, leurs œuvres [1607-1629], p. 97, 136, et 172.

3564. COLLINET (P.). — Un poète latin ardennais, Simon Pierre, de Fumay, p. 124 à 125.

3565. COLLINET (P.). — L'origine des lieux-dits la Femme morte, au bois de la Ferté-sur-Chiers, p. 125 à 126.

3566. COLLINET (Paul). — Ordonnances du prieur de Sainte-Vaubourg (14 juin 1615), p. 149 à 155.

3567. P. C. [COLLINET (Paul)]. — A propos de l'épitaphe disparue de Colson de la Hamaide, dans l'église de Haybes [1573], p. 157 à 158.

3568. LERIS (Paulin). — Le Pas de la Vierge, à Laval-Morency, p. 196 à 197.

ARIÈGE. — FOIX ET SAINT-GIRONS.

___

SOCIÉTÉ ARIÉGEOISE DES SCIENCES, LETTRES ET ARTS

ET

SOCIÉTÉ DES ÉTUDES DU COUSERANS.

Les publications antérieures de cette Société sont analysées dans notre *Bibliographie générale*, savoir :
Bulletin, t. I (1882-1885), *Bibliographie*, t. I, p. 81 et 679.
— t. II à VII (1886-1900), *Bibliographie*, t. V, p. 59.

VIII. — **Bulletin périodique de la Société ariégeoise des sciences, lettres et arts, et de la Société des études du Couserans,** 8ᵉ volume, 1901-1902. (Foix. 1901-1902, in-8°, 485 p.)

3569. CAU-DURBAN (L'abbé D.) et PASQUIER (F.). — Mémoires du comte Pierre-Paul Faydit de Terssac, major au régiment d'Artois, chevalier de Saint-Louis (1736-1820), *portr.*, p. 5, 78, 148, et 209.

3570. GOUZÉ. — Études sur deux chartes de coutumes communales du pays de Foix : Le Fossat (1274); Lézat (1299), p. 37 à 51, et 65 à 78.

3571. ANONYME. — Compte rendu des séances : Novembre à décembre 1900, p. 51 à 64; — février 1901, p. 119 à 123; — avril à juin 1901, p. 205 à 208; — juin à octobre 1901, p. 267 à 280; — décembre 1901 à mars 1902, p. 355 à 363; — avril à juin 1902, p. 422 à 429.

[Sépultures à Larbont; cartulaire en rouleau de Niglos, p. 269.]

3572. SIGNOREL. — Frédéric Arnaud (1819 † 1878), p. 58 à 61.

3573. DOUBLET (Georges). — Histoire de la maison de Foix-Rabat, p. 97, 139, 281 et 391. — Suite de VII, p. 217.

3574. BARBIER (L'abbé). — Notes sur l'évêché et le séminaire de Pamiers (1658-1718), p. 167 à 176.

3575. ROGER (Robert). — Quelques églises fortifiées de l'Ariège, *fig.* et *pl.*, p. 177 à 202.

[Églises du Fossat. de Lapenne, de Montjoie, Notre-Dame-du-Camp à Pamiers, des Pujols. de Senteiu.]

3576. FERRAN (L'abbé Eugène). — Le chapitre cathédral de Mirepoix (1318-1790), sa constitution, ses revenus et ses charges, ses divers statuts et règlements, p. 237 à 263.

3577. D. C. [CAU-DURBAN (D.)]. — Accusation de sorcellerie à Camarade, dans le comté de Foix en 1644, p. 263 à 265.

3578. POUX (Joseph). — **Les fortifications septentrionales de la ville de Foix et le quartier de l'Arget de 1446 à 1790**, *fig.*, p. 299 à 323.

3579. PASQUIER (F.). — **Confiscation et donation du fief de Varennes [Haute-Garonne] à l'occasion de la succession de Foix, sous Archambaud de Grailly (1398-1399)**, p. 342 à 350.

3580. POUX (Joseph). — **Contribution à l'étude du régime de l'impôt foncier à Foix, au moyen âge. La date de la rédaction du plus ancien *Libre de la estima* conservé aux Archives municipales**, p. 365 à 369.

3581. BARRIÈRE-FLAVY. — **L'abbaye de Marens et l'église de Saint-Geniès dans l'ancien comté de Foix, xiᵉ-xivᵉ siècles**, p. 370 à 390.

3582. BLAZY (L'abbé). — **Nos anciens évêques, listes dressées par le P. Eubel d'après les Archives vaticanes (1208-1501) [et notes complémentaires]**, p. 405 à 419.

AUBE. — TROYES.

SOCIÉTÉ ACADÉMIQUE DE L'AUBE.

Les publications antérieures de cette Société sont analysées dans notre *Bibliographie générale*, savoir :
Journal de l'École centrale, 67 vol. (an VII-an VIII), *Bibliographie*, t. I, p. 82.
Mémoires, 3 vol. (1802-1807), *Bibliographie*, t. I, p. 83.
— t. I à XLIX (1822-1885), *Bibliographie*, t. I, p. 83 et 679.
— t. L à LXIV (1886-1900), *Bibliographie*, t. V, p. 64.
— t. LXV (1901), *Bibliographie*, nouvelle série, t. I, p. 5.
Annuaire, t. I à L (1835-1885), *Bibliographie*, t. I, p. 92 et 680.
— t. LI à LXV (1886-1900), *Bibliographie*, t. V, p. 68.
— t. LXVI (1901), *Bibliographie*, nouvelle série, t. I, p. 5.
Collection de documents inédits, t. I à III (1878-1885), *Bibliographie*, t. I, p. 100 et 680.
— t. IV et V (1893), *Bibliographie*, t. V, p. 73.
Ouvrages divers, *Bibliographie*, t. I, p. 100.

LXVI. — **Mémoires de la Société académique d'agriculture, des sciences, arts et belles-lettres du département de l'Aube**, t. LXVI de la collection, t. XXXIX, 3ᵉ série, année 1902. (Troyes, s. d., in-8°, 402 p.)

3583. Chanoine (Général). — Note relative à l'invasion d'Attila dans les Gaules (chapitre XI des *Éphémérides* de Grosley), p. 143 à 147.

3584. Blampignon (E.-A.). — Le maréchal de Beurnonville d'après des documents inédits [1752 † 1821], p. 149 à 183.

3585. Dubois (Julien). — A propos d'une comédie de Pierre Larivey, p. 185 à 204.

3586. Le Clert (Louis). — Notre-Dame de Seillières, abbaye bénédictine du diocèse de Troyes, *fig.* et 2 *pl.*, p. 205 à 308.

3587. Babeau (Albert). — M. Félix Fontaine [1822 † 1902], p. 309 à 312.

3588. Babeau (Albert). — M. Hector Pron [1817 † 1902], *portr.*, p. 313 à 325.

3589. [Le Clert (Louis)]. — Liste des dons faits au musée de Troyes pendant l'année 1902, p. 348 à 352.

LXVII. — **Annuaire administratif, statistique et commercial du département de l'Aube pour 1902**, publié pour la deuxième partie sous les auspices et sous la direction de la Société académique du département de l'Aube, ... (Troyes, s. d., in-8°, 435 et 132 p.)

Deuxième partie.

3590. Georges (L'abbé Étienne). — Le Père Joseph ou l'Éminence grise, quelques branches collatérales de sa famille en Champagne [Famille Le Clerc]. Notice d'après de vieux papiers, p. 3 à 20.

3591. Babeau (Albert). — L'ancien couvent des Cordeliers de Troyes, 2 *pl.*, p. 21 à 44.

3592. Le Clert (Louis). — Les sires et les barons de Durny, 3 *pl.*, p. 45 à 70.

3593. Le Clert (Louis). — Liste des dons faits au musée de Troyes pendant l'année 1901, p. 107 à 117.

LXVIII. — **Annuaire administratif, statistique et commercial du département de l'Aube pour 1903**, publié... sous la direction de la Société académique du département de l'Aube... (Troyes, s. d., in-8°, 436 et 192 p.)

Deuxième partie.

3594. Babdet (Alfred). — Louis Guy Guerrapain de Vauréal, évêque, ambassadeur, académicien, et la famille Guerrapain, de Brienne-la-Vieille (Aube), p. 3 à 31.

3595. Babeau (Albert). — La peinture à Troyes au XVIᵉ siècle, 2 *pl.*, p. 33 à 76.

[Inventaire des tableaux sur bois du XVIᵉ siècle conservés dans les églises de Troyes, p. 70.]

3596. Le Clert (Louis). — Étude historique sur Pougy, 2 *pl.*, p. 77 à 134.

3597. Le Clert (Louis). — Liste des dons faits au musée de Troyes pendant l'année 1902, p. 169 à 178.

AUDE. — CARCASSONNE.

SOCIÉTÉ DES ARTS ET SCIENCES.

Les publications antérieures de cette Société sont analysées dans notre *Bibliographie générale*, savoir :
Mémoires, t. I à IV (1849-1879), *Bibliographie*, t. I, p. 101.
— t. V à IX (1886-1900), *Bibliographie*, t. V, p. 72.

3598. Teule (Edilbert de). — Annales du prieuré de Notre-Dame de Prouille. (Carcassonne, 1902, in-8°, xxxix-557 p.)

AUDE. — CARCASSONNE.

SOCIÉTÉ D'ÉTUDES SCIENTIFIQUES DE L'AUDE.

Les tomes I à XI (1890-1900) du *Bulletin* de cette Société sont analysés dans notre *Bibliographie générale*, t. V, p. 73.

XII. — Bulletin de la Société d'études scientifiques de l'Aude, 12ᵉ année, t. XII. (Carcassonne, 1901, in-8°, lxxviii-224 p.)

3599. Courrent (Dʳ P.). — Padern, ses forges, ses mines, notice historique, 3 *pl.*, p. 51 à 85.
3600. Pebernard. — Notes pour servir à l'inspection des viandes de boucherie au moyen âge dans quelques villes de l'arrondissement de Carcassonne, p. 149 à 156.
3601. Sicard (G.). — Note sur un cubitus humain percé par une pointe de flèche en silex, *fig.*, p. 157 à 159.
[Grottes du rec de las Balmos, près Caunes.]

XIII. — Bulletin de la Société d'études scientifiques de l'Aude, t. XIII, année 1902. (Carcassonne, 1902, in-8°, 340 p.)

3602. Mullot (Henry). — Excursion : Castelnaudary, Villeneuve-la-Comptal, Montauriol, Payra, Salles-sur-l'Hers, château de Marquein, Saint-Michel de Lanès, Molleville, Mas-Saintes-Puelles, *fig.* et *pl.*, p. 35 à 219.

AUDE. — NARBONNE.

COMMISSION ARCHÉOLOGIQUE DE NARBONNE.

Les publications antérieures de cette Commission sont analysées dans notre *Bibliographie générale*, savoir :
Bulletin, t. I (1876-1877), *Bibliographie*, t. I, p. 102.
— nouvelle série, t. I à V (1890-1899), *Bibliographie*, t. V, p. 75.
— t. VI (1900-1901), *Bibliographie*, nouvelle série. t. I, p. 6.

VII. — Bulletin de la Commission archéologique de Narbonne, années 1902-1903, t. VII. (Narbonne, 1902-1903, in-8°, lxxiv-586 p.)

3603. Divers. — Inscription romaine trouvée dans la démolition de la Vicomté (parcelle de Guillaumon), p. xiv à xv, et xvi à xix.

3604. Campardou (J.). — Sépulture du premier âge à Fleury-d'Aude, p. LXIII à LXVII.

3605. Ycmé (Julien). — A propos d'un tombeau gallo-romain du musée de Narbonne, p. LXVIII à LXX.

3606. Amardel (G.). — Le comte [de Narbonne] Milon, p. 1 à 30.

3607. Sabuc (J.). — Procès-verbal de la visite de l'église cathédrale de Saint-Pons, par monseigneur l'illustrissime et révérendissime messire Pierre-Jean-François de Percin de Montgaillard, évêque et seigneur de Saint-Pons, commencée le 5 septembre 1694, p. 31 à 53. — Suite de VI, p. 591.

3608. Favatier (Léonce). — La vie municipale à Narbonne au XVIIe siècle, 3 pl., p. 54, 163, et 336. — Suite de VI, p. 391 et 693.

3609. Amardel (G.). — Les marques monétaires de l'atelier de Narbonne au VIe siècle, p. 119 à 162.

3610. Guiraud (Jean). — Inventaires narbonnais du XIVe s., p. 215 à 267, et 375 à 413.

[Inventaires d'André Frédol (1348), p. 215; de Jacques de Brca (1348), p. 375.]

3611. Ycmé (Julien). — Notes sur Jacques Gamelin, p. 268 à 285, et 559 à 573. — Suite de VI, p. 126, 311 et 585.

3612. Sabarthès (A.). — Le concile d'Attilian [902], p. 287 à 295.

3613. Rivières (Baron de). — Le Petit évêque [règlement du chapitre de Narbonne au sujet de la fête des Innocents, 1522], p. 296 à 303.

3614. Rivières (Baron de). — Quelques notes sur la cathédrale Saint-Just de Narbonne au commencement du XVIIIe siècle, p. 304 à 307.

[Voyage littéraire de dom Martène et dom Durand.]

3615. Amardel (G.). — La monnaie de Narbonne à la fin de la domination romaine, p. 308 à 335.

3616. Anonyme. — Notice sur la Commission archéologique de Narbonne, p. 414 à 419.

3617. Amardel (G.). — Les jetons de mariage et les médailles de Nimes au pied de sanglier, p. 421 à 438.

3618. Tissier (J.). — Documents inédits pour servir à l'histoire de la province de Languedoc et de la ville de Narbonne en particulier (1596-1632), p. 439 à 558. — Cf. t. V, p. 231.

3619. Favatier (L.). — Éloge funèbre de M. Léonce Berthomieu [1825 † 1903], p. 574 à 584.

AVEYRON. — RODEZ.

SOCIÉTÉ DES LETTRES, SCIENCES ET ARTS DE L'AVEYRON.

Les publications antérieures de cette Société sont analysées dans notre *Bibliographie générale*, savoir :

Mémoires, t. I à XIII (1837-1886), *Bibliographie*, t. I, p. 103 et 681.
— t. XIV et XV (1887-1899), *Bibliographie*, t. V, p. 79.
Procès-verbaux, t. I à XIII (1864-1884), *Bibliographie*, t. I, p. 108.
— t. XIV à XVIII (1884-1900), *Bibliographie*, t. V, p. 80.

Aux ouvrages divers publiés par la Société et énumérés dans notre *Bibliographie*, t. I, p. 103 et 681 et V, p. 79, sont venus s'ajouter les deux ouvrages indiqués sous nos nos 3623 et 3624.

XIX. — **Procès-verbaux des séances de la Société des lettres, sciences et arts de l'Aveyron**, XIX, du 15 juin 1900 au 28 mai 1903. (Rodez, 1903, in-8°, XVI-294 p.)

3620. Hermet (L'abbé). — Fouilles de la Graufesenque, près Millau, p. 133 à 136, et 188 à 190.

[Poteries gallo-romaines.]

3621. Enjalbal (L'abbé). — Cuirasse découverte près du château du Salze, p. 185 à 186.

3622. Hermet (L'abbé). — Statues menhirs de Lacoste (Aveyron), d'Anglars, de Saint-Servin et du Mas-Viel (Tarn). Inscription du moyen âge à Saint-Crépin, p. 190 à 191.

3623. Masson (Louis). — Musée de Rodez appartenant

à la Société des lettres, sciences et arts de l'Aveyron. Catalogue du musée lapidaire et supplément au catalogue des sculptures. (Rodez, s. d. [1901], in-8°, paginé 105 à 128.)

[Les regrettables errements suivis par cette Société dans la plupart de ses publications, qui paraissent par feuilles détachées à intervalles fort irréguliers, rendent très difficile d'en dresser la Bibliographie. Le catalogue que nous signalons ici paraît compléter la 1re section de la 2e partie du guide signalé dans notre Bibliogra-

phie générale, n° 1898. — La première partie de ce guide serait représentée par notre n° 1897.

Quant à la 2e section de la 2e partie, qui doit comprendre le catalogue des collections numismatiques, six feuilles seulement en sont actuellement distribuées; nous attendrons qu'elle soit achevée pour l'enregistrer.]

3624. AFFRE (H.). — Dictionnaire des institutions, mœurs et coutumes du Rouergue. (Rodez, 1903, gr. in-8°, VII-470 p.)

BOUCHES-DU-RHÔNE. — AIX.

ACADÉMIE D'AIX.

Les publications antérieures de cette Académie sont analysées dans notre Bibliographie générale, savoir :
Séances publiques, t. I à LXIV (1809-1884), Bibliographie, t. I, p. 112 et 681.
— t. LXV à LXXX (1885-1900), Bibliographie, t. V, p. 82.
— t. LXXXI (1901), Bibliographie, nouvelle série, t. I, p. 7.
Mémoires, t. I à XII (1819-1882), Bibliographie, t. I, p. 114.
— t. XIII à XVII (1885-1897), Bibliographie, t. V, p. 83.
Ouvrages divers (1871), Bibliographie, t. I, p. 111 et 116.

LXXXII. — Séance publique de l'Académie des sciences, agriculture, arts et belles-lettres d'Aix. (Aix, 1902, in-8°, 56 p.)

LXXXIII. — Séance publique de l'Académie des sciences, agriculture, arts et belles-lettres d'Aix. (Aix, 1903, in-8°, 39 p.)

XVIII. — Mémoires de l'Académie des sciences, agriculture, arts et belles-lettres d'Aix, t. XVIII. (Aix-en-Provence, 1900, in-8°, 303 p.)

[La couverture imprimée porte la date de 1902, et la liste des membres, p. 264, est arrêtée à la date du 15 juin 1902.]

3625. MOUTTET (Alexandre). — Le cabinet des Fauris de Saint-Vincens à Aix, d'après des documents inédits, portr., p. 5 à 51.

3626. JORET (Charles). — L'abricotier et le pêcher [historique], p. 53 à 58.

3627. AUDE (Dr). — Les Nouvelles Hébrides, leur colonisation, p. 59 à 74.

3628. FONVERT (A. DE). — Autour de Saint-Canadel, p. 87 à 98.

3629. AUDE (Dr). — Thiers étudiant en droit, ses rapports avec l'Académie d'Aix, p. 99 à 126.

3630. SAPORTA (Comte A. DE). — Coperniciens et anticoperniciens, p. 127 à 162.

3631. DURANTI LA CALADE (Maurice DE). — Rapport sur le cours de M. Clerc, professeur à la Faculté des lettres, relatif à la campagne de Marius en Provence, p. 163 à 196.

3632. BLANCARD (Louis). — Le roi René, seigneur de Gardane, p. 197 à 215.

3633. ANONYME. — Fondation Irma Moreau [† 1899], p. 229 à 263.

BOUCHES-DU-RHÔNE. — MARSEILLE.

SOCIÉTÉ DE GÉOGRAPHIE DE MARSEILLE.

Les publications antérieures de cette Société sont analysées dans notre *Bibliographie générale*, savoir :
Bulletin, t. I à XXIV (1877-1900), *Bibliographie*, t. V, p. 86.
— t. XXV (1901), *Bibliographie*, nouvelle série, t. I, p. 7.

XXVI. — Bulletin de la Société de géographie de Marseille, t. XXVI. (Marseille, 1902, in-8°, 504 p.)

3634. Giraud (H.). — La France et l'Islam, *carte*, p. 7 à 17.

3635. Bourge (George). — Les ports d'Australie. VIII. Fremantle-Perth, p. 19. — Suite de XVII, p. 115, 244, 359; XVIII, p. 27; XX, p. 121, 244; XXII, p. 143, 315; XXIII, p. 256, 376; XXIV, p. 282, 384; et XXV, p. 371.

3636. Besson (D'). — Madagascar, pays Betsiléo et sud de l'île, *carte*, p. 38 à 55.

3637. Léotard (Jacques). — Cheik-Saïd [Arabie], nouveau Gibraltar, p. 92 à 95.

3638. Anonyme. — Nécrologie, p. 101 à 102.

[D' N. Bellay († 1902); H. Estrangin († 1902).]

3639. Borelli (Georges). — Voyage au Dahomey, p. 153 à 165.

3640. Lugan (Colonel). — Souvenirs de colonne au Sahara [1898], p. 207 à 216.

3641. Rosé (E.). — La destruction de Saint-Pierre-Martinique, d'après un témoin oculaire, p. 399 à 408.

CALVADOS. — BAYEUX.

SOCIÉTÉ DES SCIENCES, ARTS ET BELLES-LETTRES DE BAYEUX.

Les publications antérieures de cette Société sont analysées dans notre *Bibliographie générale*, savoir :
Mémoires, t. I à II (1891-1893), *Bibliographie*, t. V, p. 91.
Société... de Bayeux, t. III à V (1894-1900), *Bibliographie*, t. V, p. 91.
— t. VI (1901), *Bibliographie*, nouvelle série, t. I, p. 8.

VII. — Société des sciences, arts et belles-lettres de Bayeux, 7° volume. (Bayeux, 1902, in-8°, 211 p.)

3642. Goviscourt (R. de). — Recherches sur les artistes originaires de Bayeux et de sa région depuis le xv° jusqu'au xviii° siècle, p. 1 à 50. — Suite et fin de VI, p. 97.

3643. Anquetil (E.). — Formigny. État du Bessin après la descente de Henri V en Normandie, réveil de l'esprit français, bataille de Formigny et ses conséquences, p. 51 à 167.

3644. E. A. [Anquetil (E.)]. — Georges Villers [1818 † 1901], portr., p. 176 à 191.

3645. E. A. [Anquetil (E.)]. — Louis-Étienne Desmant [† 1902], p. 191 à 193.

3646. C. J. — Stephen Le Paulmier [1825 † 1902], p. 194 à 204.

3647. Anonyme. — Cyrus-Amédée Pain († 1902); baron du Charmel († 1902), p. 204 à 207.

3648. C. G. — Le baron Gérard († 1902), p. 207 à 210.

CALVADOS. — CAEN.

ACADÉMIE DES SCIENCES, ARTS ET BELLES-LETTRES DE CAEN.

Les publications faites par cette Académie sous l'Ancien régime et le premier Empire sont analysées dans notre *Bibliographie générale*, t. I, p. 137.

 Ses *Mémoires*, t. I à XL (1825-1885), sont analysés dans notre *Bibliographie*, t. I, p. 138 et 683.

 — t. XLI à LIV (1886-1900), *Bibliographie*, t. V, p. 92.

 — t. LV (1901), *Bibliographie*, nouvelle série, t. I, p. 8.

LVI. — Mémoires de l'Académie nationale des sciences, arts et belles-lettres de Caen. (Caen, 1902, in-8°, 31 et 393 p.)

3649. Tessier (Jules). — L'expédition anglo-française de Chine en 1860. Le prétendu guet-apens de Toung-Tcheou, p. 3 à 39.

3650. Charencey (Comte de). — Manègre et Yak [dialectes Est-Altaïens], p. 40 à 48.

3651. Gasté (A.). — Retour à Constantinople de l'ambassadeur turc Méhémet Effendi. Journal de bord du chevalier de Camilly, de Brest à Constantinople et de Constantinople à Brest, juillet 1721-mai 1722 (documents inédits), p. 49 à 141.

3652. [Gasté (A.)]. — Un autographe de Victor Hugo, notes de voyage, *facs.*, p. 142 à 153.

3653. Carlez (Jules). — Les chansonniers de Jacques Mangeant, étudiés au point de vue musical [XVII° s.], p. 154 à 180, et 3 p. de musique.

3654. Pélissier (Léon-G.). — Lettres inédites de Gisbert Cuper à P.-Daniel Huet (1683-1716) et à divers correspondants, p. 259 à 297.

3655. Travers (Émile). — Notice biographique et littéraire sur Eugène de Robillard de Beaurepaire [1827 † 1899], p. 298 à 362. — Suite de LIV, p. 338.

CALVADOS. — CAEN.

ASSISES SCIENTIFIQUES, LITTÉRAIRES ET ARTISTIQUES.

Les trois volumes publiés à l'occasion des deux premières sessions de ces *Assises* sont analysés dans notre *Bibliographie générale*, t. V, p. 95.

Assises scientifiques, littéraires et artistiques, fondées par A. de Caumont. Compte rendu de la III° session, tenue à Caen, les 4-6 juin 1903, publié sous la direction de M. A. Bigot, secrétaire général. 1er volume : Procès-verbaux, rapports sur l'état moral, le progrès de l'instruction, le mouvement littéraire et artistique. (Caen, 1903, in-8°, xx-438 p.)

Assises scientifiques, littéraires et artistiques, fondées par A. de Caumont. Compte rendu de la session tenue à Caen, les 4-

6 juin 1903, publié sous la direction de M. A. Bigot, secrétaire général. 2° volume : Rapports sur le mouvement scientifique, industriel et agricole. (Caen, 1903, in-8°, 315 p.)

3656. Souriau (Maurice). — Rapport sur le mouvement littéraire en Normandie de 1898 à 1902, p. 143 à 274.

 [Les Sociétés savantes; journaux, critique, linguistique, histoire, etc.; bibliographie.]

3657. Le Vard (G.). — Rapport sur le mouvement artistique, p. 303 à 438.

 [Sociétés savantes et artistiques, musées, restaurations archéologiques, etc., musées.]

CALVADOS. — CAEN.

ASSOCIATION NORMANDE.

Les publications antérieures de cette Association sont analysées dans notre *Bibliographie générale*, savoir :
Annuaire, t. I à L (1835-1885), *Bibliographie*, t. I, p. 145 et 683.
— t. LI à LXVI (1886-1900), *Bibliographie*, t. V, p. 96.
— t. LXVII (1901), *Bibliographie*, nouvelle série, t. I, p. 9.

LXVIII. — Annuaire des cinq départements de la Normandie, publié par l'Association normande. 69ᵉ année, 1902. (Caen, s. d., in-8°, LXIII-438 p.)

3658. Chantrux (Dʳ Paul). — La source ferrugineuse de Vaston, près Falaise, p. 76 à 83.

3659. Meynaerts. — La Guibray en 1766, p. 83 à 107.

[Poème en vers burlesques, de Gérard des Rivières, sur la foire de Guibray.]

3660. Moncel. — Monographie de la commune de Morteaux-Coulibœuf, p. 113 à 124.

3661. Des Rotours (Baron J.-A.). — Le département de Falaise-Domfront (1787-1790), p. 138 à 148.

3662. Leclerc (A.). — Imprimerie et journaux [à Falaise], p. 148 à 152.

3663. Anonyme. — Excursions et visite des monuments de Falaise, Saint-André-en-Gouffern, Crocy, Beaumais, Ailly, Jort, Courcy, Perrières et Ussy, p. 183 à 193.

3664. Brémisson (Il. de). — La tour Ravenel, contribution à l'histoire du château de Falaise, *fncs.* et *pl.*, p. 227 à 236.

3665. Biné (Octave). — Étude sur la commanderie de Bretteville-le-Rabet, p. 237 à 269.

3666. Coutil (Léon). — Les monuments mégalithiques du Calvados, p. 270 à 349.

3667. Leclerc (Abel). — Visite des monuments de Falaise, p. 350 à 376.

[La tour Talbot.]

3668. A. M. — M. Charles Verger [1830 † 1901], p. 427 à 430.

3669. Anonyme. — M. Rasset [† 1901], p. 430 à 431.

LXIX. — Annuaire des cinq départements de la Normandie, publié par l'Association normande. 70ᵉ année, 1903. (Caen, s. d., in-8°, LXIV-462 p.)

3670. Régnier (Louis). — Excursion à Gournay-en-Bray et Saint-Germer, p. 67 à 110.

3671. Beaurepaire (G. de). — Excursion de Neufchâtel à Gaillefontaine, *pl.*, p. 141 à 203.

[Neuville-Ferrières; Houpillières; le Quenel; Saint-Saire, *pl.*; Coutecoq; Hodeng; Nesle; Beaussault; Grateuois; Gaillefontaine; Clair-Ruissel; Bival.]

3672. Bertis (L'abbé J.). — Saint-Saire à l'époque franque et au moyen âge, p. 257 à 308.

3673. Veuclin (V.-E.). — Notes sur les œuvres charitables de saint Vincent de Paul à Neufchâtel-en-Bray et aux environs, p. 327 à 360.

3674. Anonyme. — Nécrologie, p. 451 à 457.

[L. de Glanville (1807 † 1903); le comte de Rostolan († 1902); V. Guyon des Diguères (1818 † 1902).]

CALVADOS. — CAEN.

SOCIÉTÉ DES ANTIQUAIRES DE NORMANDIE.

Les publications antérieures de cette Société sont analysées dans notre *Bibliographie générale*, savoir :
Mémoires, t. I à XXX (1825-1880), *Bibliographie*, t. I, p. 197.
— t. XXXI-XXXII (1892-1895), *Bibliographie*, t. V, p. 102.
Bulletin, t. I à XIII (1860-1885), *Bibliographie*, t. I, p. 210 et 685.
— t. XIV à XXI (1886-1899), *Bibliographie*, t. V, p. 102.

XXII. — Bulletin de la Société des antiquaires de Normandie, t. XXII, années 1900 et 1901. (Caen, 1902, in-8°, 378 p.)

3675. Lasteyrie (Comte R. de). — Considérations sur les origines de l'architecture gothique, p. 29 à 65.
3676. Travers (Émile). — Rapport sur les travaux de l'année [1900], p. 67 à 86.

[Le vicomte d'Amphernet († 1900); Paul de Norel († 1900); Julien Félix (1827 † 1899); Édouard Bocher (1811 † 1900); Arthur de Marsy (1843 † 1900).]

3677. Lair (Jules). — Un épisode romanesque au temps des croisades [Boémond et Melaz, d'après Orderic Vital], p. 87 à 127.
3678. Villers (Georges). — Un patriote inconnu, Jean de Chantepie [xvᵉ s.], p. 128 à 135.
3679. Anquetil (Eugène). — Girot Davy, de Bayeux, épisode de l'occupation anglaise du xvᵉ siècle, p. 136 à 144.
3680. Passy (Louis). — Les premières années de la Société des antiquaires de Normandie, p. 165 à 212.
3681. Travers (Émile). — Rapport sur les travaux de l'année 1901, p. 213 à 240.

[G. Bardel († 1901); le comte A. de Bourmont (1860 † 1901); G. Cardin de Villers (1818 † 1901).]

3682. Prentout (H.). — Une réforme parlementaire à l'Université de Caen (1521), p. 241 à 254.
3683. Anquetil (Eugène). — Le *Livre rouge* de l'évêché de Bayeux, p. 255 à 266.
3684. Gasté (Armand). — Le livre des *Chants nouveaux de Vaudevire* [de Jean Le Houx], 2 pl., 265 à 280.
3685. Bréard (Charles). — Le sermonnaire d'un curé de campagne [Jean Heudebert, curé de Gonneville-sur-Honfleur, xviiᵉ siècle], p. 281 à 296.
3686. Gasté (Armand). — Les droits de l'abbaye de Troarn sur l'église Notre-Dame, sur la chapelle du château et sur le collège et les Écoles de Vire [d'après dom Alberic Vienne], p. 297 à 306.
3687. Raulin (Th.). — Le pseudo-patriote Palloy et les administrations du Calvados, de 1790 à 1794, 2 pl., p. 307 à 376.

XXIII. — Bulletin de la Société des antiquaires de Normandie, t. XXIII. (Caen, 1903, in-8°, xiv-354 p.)

3688. Delisle (Léopold). — Catalogue des livres imprimés ou publiés à Caen avant le milieu du xviᵉ siècle, suivi de recherches sur les imprimeurs et les libraires de la même ville, p. iii à xiv, et 1 à 354.

CALVADOS. — CAEN.

SOCIÉTÉ FRANÇAISE D'ARCHÉOLOGIE.

Les publications antérieures de cette Société sont analysées dans notre *Bibliographie générale*, savoir :
Bulletin monumental, t. I à LI (1834-1885), *Bibliographie*, t. I, p. 223 et 686.
— t. LII à LXIV (1886-1900), *Bibliographie*, t. V, p. 107.
— t. LXV (1901), *Bibliographie*, nouvelle série, t. I, p. 9.

LXVI. — Bulletin monumental, publié sous les auspices de la Société française d'archéologie pour la conservation des monuments historiques et dirigé par Eugène Lefèvre-Pontalis, 66ᵉ volume de la collection. (Caen, 1902, in-8°. 612 p.)

3689. Demaison (Louis). — La cathédrale de Reims, son histoire, les dates de sa construction, 3 *pl.*, p. 3 à 59.

3690. Martin (Commandant A.). — Nouvelle exploration du tumulus de Poulguen (Finistère), *fig.*, p. 60 à 71.

3691. Massereau (E.). — Les peintures murales de l'église de Jeu-les-Bois, *pl.*, p. 72 à 77.

3692. Régnier (L.). — Les dates de l'église de Saint-Lubin-des-Joncherets [Eure-et-Loir], p. 78 à 81.

3693. Héron de Villefosse (A.). — Le prétendu squelette de Pline l'Ancien [près de Castellamare], p. 82 à 84.

3694. La Croix (Le P. C. de). — Découvertes archéologiques à Amberre (Vienne), p. 84.

3695. Régnier (L.). — Découverte de casemates au château de Loches, p. 88 à 90.

3696. Blanchet (Adrien). — Chronique, p. 92, 241, 408, et 543.

3697. Bultails (J.-A.). — La question de Saint-Philbert de Grandlieu, p. 123 à 152.

3698. Lefèvre-Pontalis (E.). — L'église de Fresnay-sur-Sarthe, *fig.* et 4 *pl.*, p. 153 à 160.

3699. Du Ranquet (H.). — L'église de Glaine-Montaigut (Puy-de-Dôme), *fig.* et *pl.*, p. 161 à 175.

3700. Abgrall (Le chanoine). — Les croix et les calvaires du Finistère, 11 *pl.*, p. 176 à 209.

[Croix de l'Hôpital-Camfrout, *pl.*; calvaires de Tronoën, *pl.*; Plougouven; Guimiliau, *pl.*; Plougastel-Daoulas, *pl.*; Saint-Thégonnec, *pl.*; Pleyben, *pl.*; Cleden-Poher, *pl.*; la Forêt-Fouesnant, *pl.*; Quilinen-en-Landrevarzec, *pl.*; Plouézoc'h, *pl.*; Saint-Servais, *pl.*, etc.]

3701. Des Forts (P.). — Le transept de l'église de Jumièges, *pl.*, p. 210 à 215.

3702. Mortet (V.). — La fabrique des églises cathédrales et la statuaire religieuse au moyen âge, p. 216 à 229.

3703. Germain de Maidy (L.). — Le texte grec du portail des Cordeliers de Chartres, p. 230 à 232.

3704. Dumuys (Léon). — Une inscription romaine découverte à Orléans, p. 232 à 236.

3705. Rivières (Baron de). — Toulouse et ses monuments en 1900-1901, p. 237 à 239.

3706. Payolls (Marquis de). — Nécrologie : A. de Roumejoux [1832 † 1902], p. 270 à 272.

3707. Maître (Léon). — L'église de Saint-Philbert est-elle carolingienne ou de l'époque romane? *pl.*, p. 287 à 295.

3708. Barret (L'abbé P.). — Le tympan de l'ancienne église romane d'Issy, *pl.*, p. 296 à 314.

3709. Sesbat (Louis). — L'architecture gothique des Jésuites au xviiᵉ siècle, *fig.* et 7 *pl.*, p. 315 à 370.

[Églises de Douai, *pl.*, Valenciennes, *fig.* et 2 *pl.*; Tournai, *fig.* et *pl.*; Lille, *fig.*; Luxembourg, *pl.*; Arras, 2 *pl.*]

3710. Travers (Émile). — L'archéologie monumentale aux salons de Paris en 1902, 12 *pl.*, p. 371 à 387.

3711. Fourier (Guillaume). — Note sur les retranchements du Mont-Réa [commune de Ménetreux-le-Pitois près Alise-Sainte-Reine (Côte-d'Or)], p. 388 à 394.

3712. Hallays (André). — L'escalier du Palais de justice de Rouen, p. 394 à 407.

3713. Lefèvre-Pontalis (Eugène). — Nécrologie. Le président Sorel [Alexandre, † 1902], p. 428 à 434.

3714. Lefèvre-Pontalis (Eugène). — L'église abbatiale de Chaalis (Oise), *fig.* et 9 *pl.*, p. 449 à 487.

3715. Fanot (L. de). — Les fouilles de la cathédrale d'Angers, *pl.*, p. 488 à 498.

3716. Broche (Lucien). — La date de la chapelle de l'évêché de Laon, *fig.* et 4 *pl.*, p. 499 à 510.

3717. Lauzun (Philippe). — Le moulin de Barbaste (Lot-et-Garonne), 5 *pl.*, p. 511 à 528.

3718. Lefèvre-Pontalis (E.). — Les fouilles du R. P. de la Croix au baptistère de Saint-Jean à Poitiers, p. 529 à 532.

3719. Chaillan (L'abbé). — L'autel mérovingien de Favaric [Bouches-du-Rhône], *fig.*, p. 532 à 535.

3720. Saladin (H.). — Les fouilles du R. P. Delattre, à Carthage, *fig.*, p. 536 à 542.

CONGRÈS ARCHÉOLOGIQUES.

LXIX. — Congrès archéologique de France, 69ᵉ session. Séances générales tenues à Troyes et Provins, en 1902, par la Société française d'archéologie pour la conservation et la description des monuments. (Caen, 1903, in-8°, 545 p.)

3721. Le Clert (Louis), Lefèvre-Pontalis (E.) et Ditsch (E.). — Guide archéologique du congrès de Troyes et de Provins, *fig.* et 22 *pl.*, p. 1 à 91.

[Troyes, *fig.* et 4 *pl.*; Brienne-le-Château; Ceffonds, *pl.*; Montiérender, *pl.*; Villemaur, *pl.*; Villeneuve-l'Archevêque, *pl.*; les

Noes; Saint-André; Saint-Germain; Bouilly, *fig.*; Saint-Léger; Pont-Sainte-Marie; Sainte-Maure; la Chapelle-Saint-Luc; Villemaure; Montaiguillon, pl.; Voulton, *pl.*; Provins, 7 *pl.*; Saint-Loup-de-Naud, 2 *pl.*; Donnemarie; Rampillon, 3 *pl.*]

3722. Rabeau (Albert). — Les études archéologiques dans le département de l'Aube depuis cinquante ans, p. 167 à 179.

3723. Le Clert (Louis). — Les castra et les oppida de l'Aube, p. 180 à 195.

3724. Diette (L'abbé). — Les cimetières antiques de l'Aube et de la Marne, p. 196 à 207.

3725. Le Clert (Louis). — Les mottes féodales et les mottes gauloises dans l'Aube, p. 208 à 223.

3726. Le Clert (Louis). — Les églises romanes de l'Aube, 2 *pl.*, p. 224 à 238.

3727. Koeculin (Raymond). — La sculpture du xive et du xve siècle dans la région de Troyes, 8 *pl.*, p. 239 à 272.

3728. Lefèvre-Pontalis (Eugène). — L'architecture gothique dans la Champagne méridionale au xiiie et au xvie siècle, *fig.* et 34 *pl.*, p. 373 à 349.

[Églises de Montiéramier, *pl.*; Voulton, 2 pl.; Saint-Quiriace et Saint-Ayoul de Provins, 3 *pl.*; la Madeleine, la cathédrale et Saint-Urbain de Troyes, 4 *pl.*; Saint-Jean à Sens, *pl.*; Nussy-sur-Seine, *pl.*, chapelle de l'Hôpiteau, au musée de Troyes, *pl.*]

3729. Églises de Chaumont, *pl.*; Notre-Dame de Soissons, pl., les Noes, *pl.*, Sainte-Savine, *pl.*; la Chapelle-Saint-Luc.

pl.; Montiéramey, *fig.*; Saint-Nizier et Saint-Nicolas de Troyes, *fig.* et *pl.*; Pont-Sainte-Marie, 2 *pl.*; Saint-Jean à Troyes, 2 *pl.*; Brienne-le-Château, 2 *pl.*; Ervy, *pl.*; la Chapelle-sur-Crécy, *pl.*; Bar-sur-Seine, *pl.*; Nogent-sur-Seine, 2 *pl.*; Saint-André, *pl.*; Rumilly-les-Vaudes, *pl.*; Auxon, *pl.*; Villemaur, *pl.*]

3730. Bavexu (L'abbé). — Les vitraux de l'église de Brienne-le-Château, 3 *pl.*, p. 350 à 375.

3731. Morin (Louis). — Les travaux d'achèvement et les vitraux de l'église Saint-Pantaléon de Troyes, *pl.*, p. 376 à 405.

3732. Morin (Louis). — Notes biographiques sur des peintres-verriers troyens du xviie siècle, p. 406 à 422.

3733. Pierns (J.). — Notes sur les foires de Champagne et de Brie, p. 423 à 457.

3734. Fleury (Gabriel). — Le portail de Saint-Ayoul de Provins et l'iconographie des portails du xiie siècle, *fig.* et 2 *pl.*, p. 458 à 488.

3735. Rogeron. — L'enceinte de Provins, 5 *pl.*, p. 489 à 511.

3736. Detouscres (C.). — Une maison du xiiie siècle à Provins, *pl.*, p. 512 à 513.

3737. Tillet (Jules). — Les ruines de l'abbaye de Nesles-la-Reposte, *pl.*, p. 514 à 528.

3738. Detouscres (C.). — Une tombe plate du xve siècle à Beauchery, *pl.*, p. 529 à 532.

[Michel de Chantaloup († 1404) et Marguerite de Vaux († 1420).]

CALVADOS. — FALAISE.

SOCIÉTÉ D'AGRICULTURE, D'HORTICULTURE, D'INDUSTRIE, DES SCIENCES ET DES ARTS DE FALAISE.

Les publications antérieures de cette Société sont analysées dans notre *Bibliographie générale*, savoir:
Annuaire, 10 vol. (1836-1845), *Bibliographie*, t. I, p. 320.
Mémoires, 1835-1836, *Bibliographie*, t. I, p. 320.
— t. I à XXV (1838-1885), *Bibliographie*, t. I, p. 320 et 688.
— t. XXVI à XXXIX (1887-1900), *Bibliographie*, t. V, p. 124.

XL. — **Mémoires de la Société d'agriculture,** d'horticulture, d'industrie, des sciences et des arts de l'arrondissement de Falaise remplissant les fonctions de Comice agricole. 1900-1901. (Falaise, 1901. in-8°, 120 p.)

XLI. — **Mémoires de la Société d'agricul-** ture... de Falaise, 1901-1902. (Falaise, 1902, in-8°, 125 p.)

XLII. — **Mémoires de la Société d'agricul-** ture... de Falaise, 1902-1903. (Falaise, 1903, in-8°, 127 p.)

CANTAL. — AURILLAC.

SOCIÉTÉ DES LETTRES, SCIENCES ET ARTS «LA HAUTE-AUVERGNE».

Les publications antérieures de cette Société sont analysées dans notre *Bibliographie générale*, savoir :
Revue, t. I et II (1899-1900), *Bibliographie*, t. V, p. 126.
— t. III (1901), *Bibliographie*, nouvelle série, t. I, p. 11.

IV. — **Revue de la Haute-Auvergne**, publiée par la Société des lettres, sciences et arts «La Haute-Auvergne».... t. IV, 1902. (Aurillac, s. d., in-8°, 448 p.)

3739. BOUDET (Marcellin). — Documents inédits sur les recluseries au moyen âge. La recluserie du Pont Sainte-Christine à Saint-Flour, p. 1 à 43. — Suite de III, p. 335.

3740. BOUDET (Marcellin) et GRAND (Roger).— Documents inédits sur les grandes épidémies. Étude historique sur les épidémies de peste en Haute-Auvergne (XIVe-XVIIIe s.), p. 44, 129, et 267.

[Appendices : Note sur la fausse charte de Laurie relative à la peste de 1318, p. 300. — Conduite d'Aurillac à l'égard de Figeac en 1653, p. 315. — Origine du nom de Croumaly, p. 317.]

3741. FELGÈRES (Charles). — Jean de Salazar, seigneur de Chaudesaigues (1443-1452), p. 72 à 96.

3742. DONIOL (Henri). — Souvenirs du vieux Mauriac.

François de Murat [1766 † 1838], la lanterne des morts du cimetière, Madame d'Orcet, extrait des papiers de François de Murat, *fig.*, p. 97 à 101.

3743. DELMAS (Jean). — La patrie en danger. Les volontaires nationaux du Cantal, p. 102 à 111.—Suite et fin de III, p. 181 et 285.

3744. DIENNE (Comte DE). — Querelles entre magistrats à Vic (XVIIe et XVIIIe s.), *pl.*, p. 182 à 212.

3745. M. B. [BOUDET (Marcellin)]. — Un sacramentaire romano-gallican inédit du monastère d'Aurillac (Xe s.), p. 220 à 224.

3746. FELGÈRES (Charles). — Rivalité des Bourbons et des Armagnacs à Chaudesaigues (1461-1470), p. 233 à 266, et 405 à 418.

3747. VERNIÈRE (A.). — Pierre d'Albe, coadjuteur (1518-1530) de Thomas et de Guillaume du Prat, évêques de Clermont, p. 319 à 325.

3748. AYMAR (Alph.). — Notes de folklore cantalien. Recettes de médecine populaire, p. 428 à 432.

CHARENTE. — ANGOULÊME.

SOCIÉTÉ ARCHÉOLOGIQUE ET HISTORIQUE DE LA CHARENTE.

Les publications antérieures de cette Société sont analysées dans notre *Bibliographie générale*, savoir :
Bulletin, t. I à XXX (1845-1885), *Bibliographie*, t. I, p. 326 et 688.
— t. XXXI à XLIV (1886-1900), *Bibliographie*, t. V, p. 127.
— t. XLV (1901), *Bibliographie*, nouvelle série, t. I, p. 12.
Ouvrages divers, *Bibliographie*, t. I, p. 325, et t. V, p. 127.

XLVI. — **Bulletin et mémoires de la Société archéologique et historique de la Charente**, année 1901-1902, 7e série, t. II. (Angoulême, 1902, in-8°, XCI-144 p.)

3749. DIVERS. — Procès-verbaux des séances du 13 novembre 1901 au 9 juillet 1902, p. XXVII à XCI.

[La tour Marguerite à Angoulême, p. XXX. — Le théâtre gallo-romain des Bouchauds, p. XXXII. — Collier de disques en os trouvé à la Cure, commune de Fonteuille, p. XXXV. — L'inscription de Louis de Bourbon-Condé († 1569), à Triac, p. XXXVI. — Fresque de l'église de Lupsault, p. XXXVII. — Moulin à bras, p. LIV. — Les gâteaux dits cornuel et carnuel, p. LIX. — Sceau d'Élisabeth, comtesse d'Angoulême (XIIe s.), p. LXV. — Sépultures mérovingiennes de la Rochelle, p. LXXIII. — Trouvaille de haches au Grand-Pirard, commune de Chazelles, p. LXXIV. — Sépultures mérovingiennes de Marcille, commune de Saint-Fraigne, p. LXXII. — Sceau de Itier Faure de Brassac (XVe s.), *fig.*, p. LXXXVIII.]

3750. Legrand (L'abbé) et Favraud. — Méreaux protestants, *fig.*, p. xxxiii à xxxv.

3751. Biais (Émile). — Contrat de vente de la seigneurie
de Balzac (16 décembre 1768), p. xxxix à xli.

3752. Dumuys (Léon). — Notes archéologiques, *fig.*,
p. xlii à xlvi.

[Annelet armorié trouvé à Anais ; ruines gallo-romaines de Font-
gibaud ; fontaine de Fontfourchaud ; litres de François VI de la
Rochefoucauld.]

3753. Chauvet (G.). — Fibule ronde émaillée des Bouchauds, *fig.*, p. xlviii à lv.

3754. Marcille (V.). — Fontaines et puits de Saint-
Cybardeaux, p. lvi à lvii.

3755. Papillaud.—Procès-verbal d'inauguration des forges
et marchés à Montboyer (11 avril 1605), p. lviii à lxiii.

3756. Favraud (A.). — Sépultures mérovingiennes de
Peury, commune de Garat, p. lxiv à lxxii.

3757. Bastier. — Station gallo-romaine des Boissières,
p. lxxxvi à lxxxvii.

3758. Tricoire (L'abbé). — Maillou et ses possesseurs
depuis le xv° siècle, *pl.*, p. 3 à 81.

3759. Chauvet (Gustave). — Travaux archéologiques de
Philippe Delamain († 1902), cimetière barbare d'Her-
pes, p. 83 à 93.

3760. Biais (Émile). — Notice biographique sur M. Joseph
Castaigne (1828 † 1902), p. 95 à 103.

3761. Esmein (A.). — Notes sur le cartulaire de l'église
d'Angoulême, p. 105 à 137.

**XLVII. — Bulletin et mémoires de la Société
archéologique et historique de la Charente,** année 1902-1903, 7° série, t. III.
(Angoulême, 1903, in-8°, cxxxiv-274 p.)

3762. Divers. — Procès-verbaux des séances du 12 novembre 1902 au 8 juillet 1903, p. xxv à cxxxiv.

3763. Favraud. — Découvertes archéologiques à Vilhon-
neur, et Saint-Yrieix, *fig.*, p. xxix à xxvii.

[Antiquités préhistoriques et romaines.]

3764. Chauvet (G.). — L'art primitif [préhistorique],
p. xxxvii à xlvi.

3765. Dumuys (Léon). — Notes archéologiques, *fig.*,
p. xlvi à lii.

[Sceau d'Olivier Ghenu (xiii° s.), *fig.*]

3766. Brémond d'Ars (A. de). — Charte de franchise
accordée à leurs tenanciers par Pierre de Brémond,
chevalier, et son fils Pierre, seigneurs de Saint-Aulaye
(16 décembre 1288), p. lv à lix.

3767. Favraud. — Découvertes archéologiques (statues)
dans l'église de Sireuil, p. lxxviii à lxxxi, xciii à xcvi,
cix à cxi.

3768. Nanglard (J.). — Deux pouillés inédits du diocèse
d'Angoulême au xviii° siècle, p. ci à cv.

3769. George (J.). — Notes sur la vie privée de Jacques
Joubert, avocat en Parlement, propriétaire de la paroisse
de Saint-Yrieix (1771-1785), p. cxix à cxxx.

3770. Brémond d'Ars (A. de). — La Grande peur au
Grand-bourg de Salagnac (29-31 juillet 1789, extraits
du journal du chevalier de Brémond], p. cxxxi à
cxxxiii.

3771. J. M. [La Martinière (J. de)]. — Les mystères à
Angoulême, xv° et xvi° siècles, p. cxxxiii à cxxxiv.

3772. Mazière (L'abbé A.). — Papier de raison de Pierre
Bourrut, sieur des Pascauds (1692-1725), [et généalogie de la famille Bourrut], *facs.*, p. 1 à 177.

3773. Mourier (Paul). — Recherches sur la fabrication
des cartes à jouer à Angoulême, 7 *pl.*, p. 179
à 218.

3774. Touzaud (Daniel). — La baronnie de Manteresse,
pl., p. 233 à 265.

CHARENTE INFÉRIEURE. — ROCHEFORT.

SOCIÉTÉ DE GÉOGRAPHIE DE ROCHEFORT.

Les publications antérieures de cette Société sont analysées dans notre *Bibliographie générale*, savoir
Bulletin, t. I à XXII (1879-1900), *Bibliographie*, t. V, sous presse.
— t. XXIII (1901), *Bibliographie*, nouvelle série, t. I, p. 13.

**XXIV. — Bulletin de la Société de géogra-
phie de Rochefort (agriculture, lettres,** sciences et arts), t. XXIV, année 1902. (Rochefort, 1902, in-8°, 348 p.)

3775. Silvestre (J.). — La Malmaison, Rochefort, Sainte-Hélène, p. 3 à 26. — Suite et fin de XXIII, p. 80, 175 et 257.

3776. Figeac (Capitaine). — Au Soudan, p. 37 à 44.

3777. Sécheresse (Aristide). — L'esprit grec, p. 83 à 99.

3778. Anonyme. — M. Gaston Lhomme (1854 † 1902), p. 101.

3779. Coffinières de Nordeck (Commandant). — Le *Formidable*, vaisseau de 80 canons (1795-1805), p. 109 à 124.

3780. Anonyme. — Notes sur les Mans et les Thôs

[peuplades] des hautes régions du Tonkin, p. 139 à 146.

3781. Anonyme. — Les lettres du canonnier Besnard (1809-1814), p. 199 à 223.

3782. Anonyme. — Le naufrage du *Saint-Géran*, dans *Paul et Virginie*, d'après des documents authentiques, p. 223 à 234.

3783. Ballands (Ch.). — Six mois sur les rivières du Pé-Tchéli, p. 302 à 323.

3784. Anonyme. — Translation des cendres de La Touche-Tréville du cap Sépet à Saint-Mandrier, p. 324 à 328.

CHARENTE-INFÉRIEURE. — SAINTES.

SOCIÉTÉ DES ARCHIVES HISTORIQUES DE LA SAINTONGE ET DE L'AUNIS.

Les publications antérieures de cette Société sont analysées dans notre *Bibliographie générale*, savoir : *Archives historiques*, t. I à XIII (1874-1885), *Bibliographie*, t. I, p. 350.

— t. XIV à XXIX (1886-1900), *Bibliographie*, t. V, sous presse.

— t. XXX (1901), *Bibliographie*, nouvelle série, t. I, p. 14.

Bulletin, t. I à V (1876-1885), *Bibliographie*, t. I, p. 364.

— t. VI à XX (1886-1900), *Bibliographie*, t. V, sous presse.

— t. XXI (1901), *Bibliographie*, nouvelle série, t. I, p. 14.

XXXI. — **Archives historiques de la Saintonge et de l'Aunis**, t. XXXI. (Saintes, 1902, in-8°, xx-403 p.)

3785. Chavanon (Jules). — Renaud VI de Pons, vicomte de Turenne et de Carlat, seigneur de Ribérac, etc., lieutenant du roi en Poitou, Saintonge et Angoumois, conservateur des trèves de Guyenne (vers 1348 † 1427), p. 1 à 202.

3786. Brémond d'Ars (Comte Anatole de). — Quatre lettres inédites de Jacques, sire de Pons, vicomte de Turenne et de Ribérac (1446-1447), p. 203 à 215.

3787. Stevent (André). — Un document sur le prieuré de Bouteville (1516), p. 216 à 223.

3788. Audiat (Louis) et Lemonnier (l'abbé). — Église de Saintes depuis 1789 jusqu'à la fin de 1796, p. 224 à 350.

[Mémoire de l'abbé Taillet, vicaire général de Saintes.]

3789. Guionneau (L'abbé).— Saint-Antoine [Saint-Authon] du Bois [commanderie, xv°-xvii° s.], p. 351 à 363.

XXXII. — **Archives historiques de la Saintonge et de l'Aunis**, t. XXXII. Registres de

l'échevinage de Saint-Jean d'Angély, III. (Saintes, 1902, in-8°, 436 p.)

3790. Denys d'Aussy et Saudau (L.-C.). — Registres de l'échevinage de Saint-Jean d'Angély (1332-1496), 3° volume, p. 1 à 436.

[Les tomes I et II de cet ouvrage, qui forment les tomes XXIV et XXVI de la collection des *Archives historiques*, ont paru en 1895 et 1897.]

XXII. — **Bulletin de la Société des archives historiques. Revue de la Saintonge et de l'Aunis**, t. XXII. (Saintes, 1902, in-8°, 434 p.)

3791. Anonyme. — Nécrologie, p. 22 à 29.

[L'abbé G. Héraud († 1901); P.-C. Fradin de Belabre († 1901); le D° P.-A. Menudier († 1901); la baronne Oudet († 1901).]

3792. Biais (Émile). — Une cheminée renaissance [à la Rochefoucauld (Charente)], p. 30 à 31. — Suite de XXI, p. 376.

3793. Cueniou (G.). — Le château de Montchaude, ses propriétaires, p. 31 à 33.

3794. Eug. R. — Les bigournes [expression saintongeaise], p. 33 à 34.

3795. Planty (Louis). — Les francs-tireurs saintongeais en 1870, p. 34 à 36.

3796. Dujarric-Descombes. — Rapports de Périgueux avec Cognac [1548 et 1620-1621], p. 36 à 37.

3797. A. [Audiat (L.)]. — Lettre de Mgr [François] de la Rochefoucauld [1784], p. 37.

3798. Besse (Dom J.). — Un bénédictin saintongeois. Dom Mommole Geoffroy [d'après Martène (1615 † 1686)], p. 37 à 42.

3799. A. [Audiat (L.)]. — La chanson de la bique [versions saintongeaise et vendéenne], p. 54 à 55. — Cf. XXI, p. 346.

3800. Divers. — La verve à Dieu et le Petit Credo [chansons saintongeaises], p. 55 à 57.

3801. Anonyme. — Nécrologie, p. 86 à 92.

[P.-G. Fragonard († 1902); A.-J.-B. Surin Dessources († 1902); le marquis R.-G. de Saint-Legier de la Sausaye († 1902).]

3802. D. [Dangibeaud]. — Quelques biographies. Le général Lechelle [1758 † 1793]; l'abbé de Feletz [1769 † 1850; la comtesse de Boufflers [1725 † 1800], p. 95 à 99.

3803. Estrée (Paul d'). — Lettre de Barentin, intendant de la Rochelle, au lieutenant de police Hérault sur son arrivée à la Rochelle [2 avril 1737], p. 100.

3804. Trigant de la Tour (Baron Maxime). — Notes sur des familles de Cognac : Forest, Dabescat, Formey Saint-Louvent et leurs alliés, p. 100 à 104.

3805. Bourde de la Rognie. — Un épisode de la prise de Saintes par les protestants. Lettre patente de Charles IX (11 avril 1570), p. 104 à 107.

3806. Dubarat (V.). — Le jansénisme [et le gallicanisme] à l'abbaye Notre-Dame de Saintes, p. 107 à 109, 167 à 168.

3807. Divorne (Paul) et Pellisson (Marcel). — Une chanson populaire [saintongeaise] d'autrefois, p. 110 à 116.

3808. Bonnin (Pierre). — Le culte de saint Eutrope. La légende du marais de la Sèvre, p. 124 à 126.

3809. Meller (Pierre). — La maison Le Fourestier d'Orignac, p. 126 à 128.

3810. Anonyme. — Nécrologie, p. 157 à 161.

[A.-E. Rullier († 1902).]

3811. Dubarat (V.). — Quelques biographies. Guillaume de la Brunetière, évêque de Saintes (1677-1702), p. 162 à 167.

3812. Anonyme. — Le gallicanisme autour de l'abbaye de Saintes, p. 167 à 168.

3813. Trigant de la Tour (Baron Maxime). — Alain Desmortiers et sa famille, p. 173 à 176.

3814. Audiat (Louis). — Un beffroi de Saintes (XVIe s.), pl., p. 176 à 178.

3815. Grasilier (Léonce). — Un Saintongeais missionnaire chez les Illinois, Gabriel Richard (1767 † 1832), p. 182 à 186.

3816. Marcut (Piere). — La chasse galerite [superstition saintongeaise], p. 188 à 189.

3817. Papillaud. — Sceau d'Itier Faure de Brassac, p. 207.

3818. Anonyme. — Nécrologie, p. 221 à 226.

[Alfred Joly d'Aussy († 1902); A.-H.-P. Delamain († 1902); l'abbé M. Brodut († 1902).]

3819. Pellisson (Jules). — Angoulême et le tremblement de terre de Lisbonne en 1775, p. 227 à 229.

3820. J. P. [Pellisson (Jules)]. — Le bœuf-roi à Cognac en 1829, p. 230 à 231.

3821. Estrée (Paul d'). — Une native de l'île d'Oléron [Charlotte Bonnamy de la Ferrière, 1729], p. 231 à 233.

3822. Réveillaud (Eugène) et Tuomas (Antoine). — Quelques mots de patois saintongeais, p. 242 à 246.

3823. Anonyme. — Une chanson saintongeaise. L'amant d'Isabeau, p. 246 à 248.

3824. L. A. [Audiat (L.)]. — Les fêtes publiques pendant la Révolution [dans la Charente-Inférieure], p. 248 à 253.

3825. Grasilier (Léonce). — Lettre de P.-A. Lozeau, représentant du peuple au Directoire exécutif (an IV), p. 253 à 254.

3826. Grasilier (Léonce). — Mlle de Bonneuil et Regnaud de Saint-Jean d'Angély, p. 255 à 258, et 321 à 325.

3827. Escussériaux. — Les nitrières en Saintonge [1793], p. 258 à 259.

3828. Pommereau (G.). — Sépultures [du moyen âge] à Saint-Simon de Pellouaille, p. 270 à 271.

3829. Anonyme. — Nécrologie, p. 284 à 295.

[J.-P.-T. Guillet († 1902); le marquis A.-L.-T.-M. de Granges de Surgères († 1902); l'abbé P.-O. Carat († 1902).]

3830. L. A. [Audiat (L.)]. — Cause de béatification des martyrs de septembre 1792 à Paris, p. 297 à 300, 358 à 360.

3831. Anonyme. — Les Seignette, de la Rochelle, p. 301 à 302.

3832. Du Temps (E.). — Les Augier de la Jallet, p. 302 à 303.

3833. Anonyme. — Une prise de possession par un curé intrus [Mignen-Planier, curé de Saint-Léger en Pons, 1791], p. 304 à 305.

3834. Anonyme. — Guibert de Landes et Diane de Polignac, p. 305 à 306.

3835. L. A. [Audiat (L.)]. — Une horloge à Royan [1898], p. 306 à 308.

3836. A. B. A. [Brémond d'Ars (A. de)]. — Une rosière à Saintes. Les fêtes publiques [1821], p. 308 à 312.

3837. Marcut (Piere). — Patois saintongeais, p. 312 à 316.

3838. Mallat-Desmortiers (A.). — Épisode de la défense nationale en 1870. Un héros saintongeais, Desmortiers, p. 317 à 320.

3839. Anonyme. — Nécrologie, p. 343 à 348.

[P.-E. Garnault († 1902); l'abbé H. Choisnard († 1902); N. A. du Boulet de la Boissière († 1902).]

3840. Lacroix (P. de). — Les archives avant 1789. [à Cognac et à Angoulême], p. 349 à 350.

3841. Denys d'Aussy. — Registres protestants de Tonnay-Boutonne, p. 350 à 354.

3842. Grasilier (Léonce). — Le brave Rondeau [1796], p. 354 à 356.

3843. Denys d'Aussy. — Les émigrés saintongeais à Munster (1792), p. 356 à 357.

3844. Anonyme. — Le brigandage dans la Charente-Inférieure en l'an IV (22 décembre 1795), p. 357 à 358. — Cf. n° 3856.

3845. L. A. [Audiat (L.)]. — Royan, Brouage et la Rochelle en 1638, p. 360 à 367.

3846. Pellisson (Marcel). — Un curé guérisseur [l'abbé Larréa, curé de Saint-Vallier (Charente), puis de Varaignes (Dordogne), 1822], p. 367 à 370. — Cf. n° 3854.

3847. Anonyme. — Deux cloches aux noms historiques [à Saint-Christophe de Belledois et à Bignay], p. 370 à 374.

3848. Letelié (André). — Une Saintongeaise, Xandre Dizier, seconde femme de Loys Gargouilleau, maire de la Rochelle [xvie s.], p. 380 à 386.

XXIII. — Bulletin de la Société des archives historiques. Revue de la Saintonge et de l'Aunis, t. XXIII. (Saintes, 1903, in-8°, 458 p.)

3849. Anonyme. — Les ports francs en 1902 et en 1778 [mémoire de Meschinet de Richemond fils, 1778], p. 11 à 13.

3850. Anonyme. — Nécrologie, p. 16 à 26.

[Le baron Raoul de Pichon-Longueville (1838 † 1902); le Dr A.-J.-L. Marvaud (1844 † 1902); le Dr J.-M.-E. Mauny (1832 † 1902).]

3851. Ardouin (D' L.). — Un placet pour un officier de marine [le sr de Raimond, 1709], p. 28.

3852. Anonyme. — Les Seignette de la Rochelle, p. 28 à 30.

3853. Clouzot (Henri). — Le théâtre révolutionnaire à Saintes, p. 30 à 33.

3854. Vigen (D'). — Un curé guérisseur [Félix Larrea, curé de Saint-Vallier de 1816 à 1829], p. 33 à 35. — Cf. n° 3846.

3855. Audiat (Louis). — Un poète oublié. Jacques Delille (1738 † 1773), abbé de Saint-Séverin [Charente-Inférieure], p. 35 à 53.

3856. Pellisson (Jules). — Le brigandage dans la Charente en l'an V et dans la Charente-Inférieure en l'an VIII, p. 53 à 64. — Cf. n° 3844.

3857. Vigen (D'). — Le dernier abbé de Baigne, Lhuillier de Rouvenac [1764 † 1853], p. 63 à 64.

3858. Phelippot (Th.). — La famille Mousnier, de l'île de Ré, p. 67 à 70.

3859. A. O. [Uget (Amédée)]. — Louis Audiat [1832 † 1903], portr., p. 81 à 154.

3860. Callandreau. — Le Masque de fer, p. 175 à 181.

3861. Pellisson (Jules). — L'Almanach des députés à l'Assemblée nationale [1790], p. 191 à 193.

3862. La Morinerie. — Pierre Fontaine, armoiries de la famille Fontaine, p. 193 à 195.

3863. Vigen (Paul D'). — La fin d'un fermier général [Pelletier de Montendre], p. 195 à 213.

3864. Saulnier (F.). — Chertemps de Seuil [† 1717 ou 1718], p. 216.

3865. Saudau (L.-C.). — Regnaud de Saint-Jean d'Angély et Mlle de Bonneuil, p. 218 à 219.

3866. Trigant de La Tour (Baron Maxime). — La famille Thévenin, p. 220 à 224.

3867. Anonyme. — Nécrologie, p. 233 à 242.

[Mme de l'Estang, née Du Breton († 1903).]

3868. Lemonnier (L'abbé P.). — L'enseignement primaire à Rochefort-sur-Mer (1789-1803), p. 252 à 261.

3869. Clouzot (Henri). — Les exécutions criminelles à Rochefort en 1782, p. 261 à 265.

3870. Pellisson (Jules). — Exemples de longévité en Saintonge et en Aunis, p. 265 à 269. — Cf. XXI, p. 110.

3871. Anonyme. — Registres paroissiaux de Saint-Coutant-le-Petit, p. 269 à 272.

3872. Dangibeaud (Ch.). — L'inscription du terrier de Toulon, fig., p. 272 à 283.

[Pierre avec inscription présumée ibéro-ligure, ou marques de tâcheron.]

3873. Cruzé (L'abbé). — Notes extraites des registres paroissiaux de Saint-Jean d'Angle, p. 283 à 285.

3874. Ch. D. [Dangibeaud (Ch.)]. — Nécrologie, p. 302 à 305.

[L.-A. Auguin (1824 † 1903).]

3875. C' D. [Dubuklle (Commandant)]. — La bataille de Jarnac, la campagne de 1569 et le rôle de Coligny, p. 324 à 341.

3876. Anonyme. — Extraits des minutes de Chevalier, notaire à Corme-Royal. Prieuré de Fourne; les soudards de la Fronde; les Regnier de la Planche; les Lebreton de Ransannes, p. 345.

3877. Réveilland (Eugène). — Quelques mots de patois saintongeais, p. 351 à 354.

3878. Ch. D. [Dangibeaud (Ch.)]. — Les miniaturistes Sainte-Marie, Liverné et J.-J.-T. Delusse (xviiie s.), p. 355 à 357.

3879. Lemonnier (L'abbé). — Cahiers des doléances et remontrances des corporations de la ville de Rochefort-sur-Mer et des paroisses du bailliage en 1789, p. 375 à 389.

3880. Dangibeaud (Ch.). — La mosaïque de Lescar est-elle romaine? *fig.*, p. 383 à 402.

3881. Mesnard (Amédée). — Le serment fédératif des troupes nationales du district de Saint-Jean-d'Angély, en 1790, p. 402 à 406.

3882. Rogér-Fromy. — État des titres qui concernent la propriété des eaux de la seigneurie des Tabarits, p. 406 à 410.

3883. Anonyme. — Papiers de la famille Baudouin de Laudeberderie, p. 410 à 420.

3884. Pellisson (Marcel). — Usages anciens de Saintonge. Le bris du miroir, p. 420 à 422.

3885. Regelsperger (G.). — Chanson de la Gâtine, p. 422 à 423.

CHER. — BOURGES.

SOCIÉTÉ DES ANTIQUAIRES DU CENTRE.

Les publications antérieures de cette Société sont analysées dans notre *Bibliographie générale*, savoir :
  Mémoires, t. I à XIII (1867-1885), *Bibliographie*, t. I, p. 369.
  — t. XIV à XXIV (1886-1900), *Bibliographie*, t. V, sous presse.
  — t. XXV (1901), *Bibliographie*, nouvelle série, t. I, p. 16.

XXVI. — Mémoires de la Société des antiquaires du Centre, 1902, XXVIᵉ volume. (Bourges, 1903, in-8°, xxxiv-273 p.)

3886. Ponnot (Henry). — Notes sur divers objets de bronze [gaulois et romains] découverts en Berry, 3 *pl.*, p. 1 à 17.

3887. Soyer (Jacques). — Les *Fossata Romanorum* du *Castrum Bituricense*, p. 19 à 26.

3888. Soyer (Jacques). — Les actes des souverains antérieurs au XVᵉ siècle, conservés dans les archives départementales du Cher, transcrits in-extenso avec des analyses et un index des noms propres, p. 27 à 144.

3889. Mater (D.). — Le livre d'heures d'Anne de Mathe-felon [XVᵉ s.], 4 *pl.*, p. 145 à 159.

3890. Soyer (Jacques). — Note sur une inscription de l'hôtel Lallemant à Bourges (XVᵉ s.), p. 161 à 164.

3891. Gauchery (P.). — Épaves des églises de Bourges, à Salbris (Loir-et-Cher) : Notre-Dame de Pitié de l'abbaye de Saint-Sulpice, *pl.*, p. 165 à 172.

3892. Toulgoët-Treanna (Comte de). — L'aventure de Mathieu de Brisacier (1676), p. 173 à 222.

3893. Mater (M.-D.). — Bulletin numismatique et sigillographique, *pl.*, p. 223 à 249.

[Monnaies de Châteauroux, Issoudun, Vierzon; monnaies gauloises; sceaux d'André de Bar, de Michel de Bucy, archevêque de Bourges; etc.]

CHER. — BOURGES.

SOCIÉTÉ HISTORIQUE, LITTÉRAIRE ET SCIENTIFIQUE DU CHER.

Les publications antérieures de cette Société sont analysées dans notre *Bibliographie générale*, savoir :
  Bulletin, t. I (1852-1856), *Bibliographie*, t. I, p. 374.
  Mémoires, t. I à X (1857-1886), *Bibliographie*, t. I, p. 374 et 691.

Mémoires, t. XI à XXIII (1887-1900), *Bibliographie*, t. V, sous presse.
— t. XXIV (1901), *Bibliographie*, nouvelle série, t. I, p. 16.

XXV. — Mémoires de la Société historique, littéraire et scientifique du Cher (1902), 4° série, 17° volume. (Bourges, s. d., in-8°, xxxiv-353 p.)

[3898]. Boyer (Hippolyte). — Histoire de la principauté souveraine de Boisbelle-Henrichemont, p. 1 à 177.

3894. Moreux (L'abbé Th.).— A propos d'un cadran stellaire [construit à Bourges en 1747]. *fig.*, p. 189 à 201.

3895. Leprince (D'). — La Faculté de médecine de Bourges (1464-1793), p. 209 à 328.

3896. Sauvaget (A.).— Les monuments mégalithiques de la région de Graçay (Cher), *pl.*, p. 329 à 334.

3897. Jeny (Lucien). — La peste et deux vœux à Notre-Dame de Liesse, à Lignières-en-Berry, en 1628-1639, p. 341 à 349.

XXVI. — Mémoires de la Société historique, littéraire et scientifique du Cher (1903), 4° série, 18° volume. (Bourges, s. d., in-8°, xx-259 p.).

3898. Boyer (Hippolyte). — Histoire de la principauté souveraine de Boisbelle-Henrichemont, p. 1 à 144. — Suite de XXIII, p. 259; XXIV, p. 1; et XXV, p. 1.

3899. Boulé (Alphonse). — Le conventionnel Fauvre La Brunerie, représentant du peuple dans le Cher (1751 † 1825), p. 145 à 171.

3900. Leprince (D'). — La thérapeutique médicale au xvi° siècle, d'après le livre de Pierre Gorré, de Bourges [1569], p. 177 à 182.

3901. Jeny (Lucien). — Un méfait de l'alchimie à Bourges au xvi° siècle, p. 187 à 208.

3902. Turpin (Émile). — Les vignes et les vins du Berry, étude historique et statistique, p. 213 à 255.

CORRÈZE. — BRIVE.

SOCIÉTÉ SCIENTIFIQUE, HISTORIQUE ET ARCHÉOLOGIQUE DE LA CORRÈZE.

Les publications antérieures de cette Société sont analysées dans notre *Bibliographie générale*, savoir :
Bulletin, t. I à VII (1879-1885), *Bibliographie*, t. I, p. 376 et 691.
— t. VIII à XXII (1886-1900), *Bibliographie*, t. V, sous presse.
— t. XXIII (1901), *Bibliographie*, nouvelle série, t. I, p. 17.

XXIV. — Bulletin de la Société scientifique, historique et archéologique de la Corrèze. t. XXIV. (Brive, 1902, in-8°, 616 p.)

3903. Seurre-Bousquet (J.). — L'instruction primaire à Égletons depuis 1650 jusqu'à nos jours, p. 7 à 19, et 263 à 281.

3904. Boysson (R. de). — Études sur Bertrand de Born, p. 21, 149, et 301. — Suite de XXII, p. 161, 329, 465; et XXIII, p. 63, 173, 345, et 477.

3905. Besse (Dom J.-M.). — Bénédictins de Saint-Augustin de Limoges, p. 87, 411, et 559. — Suite de XXIII, p. 549.

3906. Champeval (J.-B.). — Cartulaire de l'abbaye de Saint-Martin de Tulle, p. 109, et 283. — Suite de IX, p. 421, 661; X, p. 149, 315, 705; XI, p. 161, 695;

XII, p. 269, 443, 657; XIII, p. 129, 447; XIV, p. 169, 339, 515; XV, p. 171, 319, 493, 653; XVI, p. 165, 319, 503, 657; XVII, p. 141, 309, 465; XVIII, p. 279; XIX, p. 153, 277, 621; XX, p. 305, 449, 631; XXI, p. 159, 343, 697; et XXII, p. 151, 289, 429.

3907. Chlor (François). — Chansons et bourrées limousines recueillies et mises en musique, p. 127 à 142, et 551 à 557. — Suite de XXI, p. 21, 215, 439, 545; XXII, p. 237, 445, 569; et XXIII, p. 285 et 405.

3908. Bourneix (L'abbé). — Les Bénédictines de Bonnesaigne [Corrèze], p. 205 à 262, 353 à 410, et 453 à 538.

3909. Guibert (Louis) et Mouffe (Léonard). — Nouveau recueil de registres domestiques limousins et marchois (de 1384 à nos jours), p. 341 à 352. — Suite de XI,

p. 369; XII, p. 27, 345; XIII, p. 61, 217, 635; XIV, p. 487, 641; XV, p. 91, 199, 387, 584; XVI, p. 113, 469, 641; XVII, p. 179, 511; XVIII, p. 141, 477; XX, p. 187, 465; XXI, p. 275, 478, 604; XXII, p. 508; et XXIII, p. 313, 459 et 575.

[Martin de Fénis, xvii° siècle.]

3910. MARCHE (L'abbé). — Allassac et ses annexes, *fig.* et 2 *pl.*, p. 433 à 448. — Suite de XX, p. 353, 595; XXI, p. 177; XXII, p. 277, 405; et XXIII, p. 105, 211, et 417.

3911. MONTBRON (Chevalier DE). — Couplets pour le jour de la réception et bénédiction des drapeaux et étendards de la Légion des Deux-Sèvres et des Chasseurs de la Corrèze, p. 449 et 459.

3912. PLANTADIS (J.). — Le général Papon de Maucune (1772 † 1824), p. 539 à 549.

3913. ROCHE (Marcel). — Le conventionnel Bernard-François Lidon, p. 569 à 613.

CORRÈZE. — TULLE.

SOCIÉTÉ D'ETHNOGRAPHIE ET D'ART POPULAIRE DU BAS-LIMOUSIN.

Les publications antérieures de cette Société sont analysées dans notre *Bibliographie générale*, savoir :

    Bulletin, t. I (1900), *Bibliographie*, t. V, sous presse.
    — t. II (1901), *Bibliographie*, nouvelle série, t. I, p. 18.

III. — Bulletin de la Société du musée départemental d'ethnographie et d'art populaire du Bas-Limousin, t. III. (Tulle, s. d., [1902], in-8°, 231 p.)

3914. FONOT (Victor). — Monographie de la commune de Naves (Corrèze), *fig.*, *carte* et 2 *pl.*, p. 1, 57, 117, et 168.

3915. L. B. — Histoire des guerres du Bas-Limousin, p. 44 à 51, et 103 à 114. — Suite de II, p. 169.

3916. V. F. [FONOT (Victor)]. — J.-B. Leymarie [1825 † 1902], *portr.*, p. 52 à 53.

3917. NUSSAC (DE). — Les armes de la ville de Brive, p. 55 à 56.

3918. BALUZE (B.). — Les Donnereaux [Corrèze], essai historique, p. 152 à 160.

3919. PETIT (A.). — Le Pilou, ancien quartier de Tulle, p. 165 à 167.

CORRÈZE. — TULLE.

SOCIÉTÉ DES LETTRES, SCIENCES ET ARTS DE LA CORRÈZE.

Les publications antérieures de cette Société sont analysées dans notre *Bibliographie générale*, savoir :

    Bulletin, t. I à VII (1879-1885), *Bibliographie*, t. I, p. 380 et 692.
    — t. VIII à XXII (1886-1900), *Bibliographie*, t. V, sous presse.
    — t. XXIII (1901), *Bibliographie*, nouvelle série, t. I, p. 18.

XXIV. — Bulletin de la Société des lettres, sciences et arts de la Corrèze, t. XXIV, 24° année, 1902. (Tulle, s. d., in-8°, 484 p.)

3920. DEBERSAOUG (Hartwig). — Notice sur la vie et les travaux de M. Maximin Deloche, lue dans la séance de l'Académie des inscriptions et belles-lettres du 29 novembre 1901, *pl.*, p. 5 à 41. — Cf. id. n°° 2082 et 2090.

3921. FAGE (Émile). — Victor Hugo, p. 43 à 51.

3922. BOMBAL (Eusèbe). — La haute Dordogne et ses gabariers, p. 53, 159, 245, et 463. — Suite de XXII, p. 305, 449; et XXIII, p. 77, 245, 389, 513, et 535.

3923. Bourneix (Thomas). — L'œuvre des Cébile [à Darnets, xvii* s.], p. 81 à 86.

3924. La Roche-Sengensse (Octave de). — Monographie d'une commune rurale : Saint-Ybard, p. 87, 175, 307, et 437. — Suite de XXII, p. 471; XXIII, p. 115, 265, 413 et 541.

3925. Fage (Émile). — Maximin Deloche [1817 † 1900], p. 129 à 139.

3926. Deloche (Maximin). — Étude historique sur les voies d'accès de Tulle, p. 141 à 150.

3927. Lecler (A.). — L'abbé Xavier Montbrial [1745 † 1812], p. 151 à 157.

3928. Clément-Simon (G.). -- Recherches de l'histoire civile et municipale de Tulle avant l'érection du consulat, p. 207 à 244. — Suite de XXIII, p. 465.

[Mœurs, mariage, enterrement.]

3929. Bourneix (Th.). — Trois prieurés limousins.

1*** partie. Soudeilles, p. 261 à 288, et 387 à 413.

3930. Plantadis (Johannès). — Antoine-Guillaume Delmas, premier général d'avant-garde de la République (1768 † 1813), p. 289 à 305, et 415 à 435.

3931. Leroux (Alfred). — Chartes du Limousin antérieures au xiii* siècle, p. 322 à 324.

[Donations à l'abbaye de Solignac, par Almery de Lur (xi* s.) et par Geniosa, femme de Robert de Rançon (xi* s.).]

3932. Fage (René). — Notes et documents sur la Confrérie des Pénitents bleus de Tulle, p. 325 à 346.

3933. Lecler (A.). -- Jean-Baptiste-Joseph de Lubersac, évêque de Chartres [1740 † 1822], et Charles de Lubersac, prieur de Saint-Martin de Brive [1730 † 1804], p. 347 à 361.

3934. Ducourtieux (Paul). — La collection de ℳ l'abbé Pau, p. 363 à 386.

CORSE. — BASTIA.

SOCIÉTÉ DES SCIENCES HISTORIQUES ET NATURELLES DE LA CORSE.

Nous avons donné dans notre *Bibliographie générale*, t. V, sous presse, un tableau d'ensemble des publications de cette Société antérieures à 1901 (*Bulletin*, n°* 1 à 249).

Bulletin de la Société des sciences historiques et naturelles de la Corse, 21* année (octobre 1901), fasc. 250. (Bastia, 1902, in-8°, 101 p.)

Bulletin de la Société des sciences historiques et naturelles de la Corse, 21* année (novembre-décembre 1901), fasc. 251-252. (Bastia, 1902, in-8°, 176 p.)

3935. Letteron (L'abbé). — Procès-verbal de l'assemblée générale des États de Corse, convoquée à Bastia le 25 mai 1779. Vol. III. (Bastia, 1902, in-8°, 176 p.)

[Les tomes I (1770-1772), 2 vol., et II (1775-1777), 2 vol., ont été publiés de 1896 à 1898 par A. de Morati.]

Bulletin de la Société des sciences historiques et naturelles de la Corse, 22* année (janvier-juillet 1902, fasc. 253-259. (Bastia, 1902, in-8°, xv-225 p.)

Bulletin de la Société des sciences historiques et naturelles de la Corse, 22* année ([3* et] 4* trimestre 1902), fasc. 260-264. (Bastia, 1903, in-8°, 419 p.)

3936. Letteron (L'abbé). — Osservazioni storiche sopra la Corsica dell'abbate Ambrogio Rossi. Livre onzième (1761-1769). (Bastia, 1903, in-8°, 419 p.)

[Les livres VI-X (1705-1760), 5 vol., ont paru de 1898 à 1900 et les livres XII à XIV (1769-1774), 3 vol., en 1895 et 1896.]

CÔTE-D'OR. — BEAUNE.

SOCIÉTÉ D'HISTOIRE, D'ARCHÉOLOGIE ET DE LITTÉRATURE
DE L'ARRONDISSEMENT DE BEAUNE.

Les publications antérieures de cette Société sont analysées dans notre *Bibliographie générale*, savoir :
Mémoires, t. I à X (1874-1885), *Bibliographie*, t. I, p. 387 et 693.
— t. XI à XXV (1886-1900), *Bibliographie*, t. V, sous presse.
Ouvrages divers (1852-1882), *Bibliographie*, t. I, p. 387.

XXVI. — **Société d'histoire, d'archéologie et de littérature de l'arrondissement de Beaune.** Mémoires, année 1901. (Beaune, 1902, in-8°, 225 p.)

3937. Montille (L. de). — M. François Perdrier [1826 † 1900]; M. Ernest Mielle [1858 † 1900], p. 25 à 31.
3938. Montille (L. de). — M. le comte de Juigné [Anatole, 1821 † 1901]; Edmond Quantin [1859 † 1899]; Paul Artault [† 1901]; Louis Latour [† 1902]; Gabriel Bulliot [† 1902], p. 37 à 59.
3939. Mathieu (F.). — Peintures murales de la chapelle Rolin (église collégiale de Beaune), 2 pl., p. 61 à 70.
3940. Bergeret (Émile). — La compagnie royale des chevaliers de l'arquebuse de Nuits aux grands prix de la province de Bourgogne, p. 71 à 110.
3941. Molin (Amable). — Rapport sur les fouilles du polyandre burgondo-franck du mont de Bocquoy, près de Savigny-les-Beaune, pl., p. 111 à 124.
3942. Aubertin (Charles). — Souvenirs de la Société d'histoire, d'archéologie et de littérature de l'arrondissement de Beaune [1850 à 1874], p. 125 à 148.
3943. Conot (Henry). — Notes pour servir à l'étude de la haute antiquité en Bourgogne. Les épées de Créancey et de Sivry, fig. et pl., p. 149 à 159.
3944. Mairetet (L'abbé). — Notice sur l'église de Ruffey-les-Beaune, avant et après sa restauration, p. 161 à 172.
3945. Bailly (F.). — Notice sur les anciennes mesures de Bourgogne, p. 173 à 223; et XXVII, p. 155 à 210.

XXVII. — **Société d'histoire, d'archéologie**

et de littérature de l'arrondissement de Beaune. Mémoires, année 1902. (Beaune, 1903, in-8°, 211 p.)

3946. Montille (L. de). — M. Charles Aubertin [1829 † 1902], portr., p. 35 à 53.
3947. Montille (L. de). — M. Julien Piogey [† 1902], p. 53 à 57.
3948. Montille (L. de). — Les fouilles [des tumuli] des Murots-Bleus [commune de Creancey (Côte-d'Or)], 2 pl., p. 59 à 71.
3949. DuMay (Gabriel). — L'entrée de Louis XIV à Beaune au mois de novembre 1658, d'après les registres de la collégiale Notre-Dame de cette ville, p. 73 à 84.
3950. Molin (Amable). — Rapport sur la découverte d'un cimetière burgondo-franc à la Rochepot, p. 85 à 91.
3951. Molin (Amable). — Une hache de bronze à Ivry, p. 92 à 93.
3952. Bergeret (E.) et Derône (J.). — Le Dr Duret (1794 † 1874), p. 95 à 134.
3953. Voillery (L'abbé Ph.). — La pierre d'exposition ou lucarne du Saint-Sacrement dans les églises de Meursault, Merceuil, Sainte-Marie, Serrigny, Brochon, etc., p. 135 à 142.
3954. Juigné de Lassigny (E. de). — Note sur une bague en or aux armes de Rolin, appartenant à l'hôpital de Beaune, fig., p. 143 à 146.
3955. Molin (Amable). — L'unité de mesure [en archéologie], p. 149 à 153.
[3945]. Bailly (F.). — Notice sur les anciennes mesures de Bourgogne, p. 155 à 210.

CÔTE-D'OR. — DIJON.

ACADÉMIE DES SCIENCES, ARTS ET BELLES-LETTRES DE DIJON.

Les publications antérieures de cette Académie sont analysées dans notre *Bibliographie générale,* savoir :
Mémoires, t. I à LXXV (1769-1886), *Bibliographie,* t. I, p. 390 et 694.
— t. LXXVI à LXXXIII (1887-1900), *Bibliographie,* t. V, sous presse.
Ouvrages divers (1754-1877), *Bibliographie,* t I, p. 390.

LXXXIV. — Mémoires de l'Académie des sciences, arts et belles-lettres de Dijon, 4ᵉ série, t. VIII, années 1901-1902. (Dijon, 1903, in-8°, cxvii-399 p.)

3956. Chabeuf. — Nécrologie, p. i à xiv.

[François Dameron († 1900); Louis Petit de Julleville († 1900); J.-B.-H. Villard († 1900); Alfred Guichon de Grandpont († 1900).]

3957. Cornereau. — Procès-verbal dressé pour délit de chasse par le garde du parc de Dijon, contre le comte de Saulon (1700). — La messe des avocats et les Cordeliers de Dijon (1684), p. xxvii à xxxiv.

3958. Oursel. — Les noces d'or de l'imprimeur Pierre Palliot (1685), p. xlvii.

3959. Melman. — Lettres de l'amiral baron Roussin à François Arago, p. liii à liv.

3960. Melman. — Les bustes de Rameau, de Piron et de Languet, offerts en 1775 à l'Académie par J.-B. Caffieri, p. liv à lvi.

3961. Oursel. — Procès-verbal de l'assassinat de Jean-Charles Filsjean de Sainte-Colombe, conseiller au Parlement de Dijon, à Vitteaux (1790), p. lxxv à lxxxi.

3962. Huguenin (A.). — Louis Amiaba, roi d'Essimes, à la Côte d'or en Afrique, et le peintre Oudar-Augustin Justima (1701), p. lxxxii.

[Tableau à Notre-Dame de Paris.]

3963. Dumay. — Jean de la Huerta et les mines d'argent près d'Avallon (1453), p. lxxxiii à lxxxiv.

3964. Motoret. — Charles-François Dupuis († 1809), p. xc à xci.

3965. Chabeuf (Henri). — L'art et l'archéologie, p. 3 à 199.

3966. Chabeuf (Henri). — Un portrait de Charles le Téméraire, *pl.,* p. 201 à 218.

3967. Vernier. — Le duché de Bourgogne et les Compagnies dans la seconde moitié du xivᵉ siècle, p. 219 à 320.

3968. Cornereau (Armand) et Chabeuf (Henri). — L'hommage à Legouz de Gerland de Claude Hoin, *pl.,* p. 321 à 340.

3969. Oursel (C.). — Contribution à l'histoire de la bibliothèque de Dijon, p. 373 à 398.

CÔTE-D'OR. — DIJON.

COMITÉ D'HISTOIRE ET D'ARCHÉOLOGIE RELIGIEUSE.

Les publications antérieures de ce Comité sont analysées dans notre *Bibliographie générale,* savoir :
Bulletin, t. I à III (1883-1885), *Bibliographie,* t. I, p. 398.
— t. IV à XVIII (1886-1900), *Bibliographie,* t. V, sous presse.
— t. XIX (1901), *Bibliographie,* nouvelle série, t. I, p. 20.

XX. — Bulletin d'histoire, de littérature et d'art religieux du diocèse de Dijon..., 20ᵉ année. (Dijon, 1902, in-8°, 280 p.)

3970. Frémont (L'abbé). — Lacordaire à Recey, p. 1 à 18.

3971. Krau (E.). — L'histoire de Saint-Bénigne de Dijon, p. 25 à 34, et 61 à 70.

3972. Debrie (L'abbé E.). — Un chiffre énigmatique [le monogramme ⚱], p. 34 à 40.

3973. Anonyme. — M. Gabriel Bulliot († 1902], p. 41 à 43.

3974. Gras (L'abbé). — Un Bossuet [Jean], chanoine de Saint-Étienne [de Dijon, † 1630], p. 46.

3975. Thomas (L'abbé J.). — Bossuet et sa famille, p. 47 à 48. — Cf. n° 3977.

3976. Begin (L'abbé Ch.-A.). — Les candélabres historiques de Ruffey-lez-Echirey, *fig.*, p. 49 à 53.

3977. Thomas (L'abbé). — Les Bossuet en Bourgogne, p. 73, 98, 167, 189, 216 [*lisez :* 240], et 261. — Cf. n° 3975.

3978. Bergeret (Émile). — Notice sur Brémur et Vaurois, p. 89, 135, 155, et 184.

3979. Palvadeau (L'abbé C.-P.-M.). — A propos de la statue d'Antoinette de Fontette [de Verrey-sous-Drée, au musée de Dijon], *fig.* et *pl.*, p. 117 à 127. — Cf. n° 3982.

3980. Anonyme. — La confirmation dans le Beaunois au XVIII° siècle, p. 133 à 135.

3981. Debrie (L'abbé É.). — Saint Bénigne, état actuel de la question hagiographique, p. 141 à 151.

3982. Morillot (L'abbé). — Encore à propos de la statue d'Antoinette de Fontette, p. 152 à 155. — Cf. n° 3979.

3983. Voillery (Ph.). — Saint Ferréol et saint Forgeux, p. 163 à 164.

3984. Couturier (L'abbé H.). — Des agglomérations nouvelles en Côte-d'Or, p. 174 à 179, et 222 à 225. — Suite de XVIII, p. 16, 30, 103, 154, 223; XIX, p. 40, 101, 148, et 189.

3985. Boublier (J.). — Topouomastique de la Côte-d'Or, p. 195, 229, et 268.

3986. Bresson (L'abbé J.). — L'ancien prieuré de Saint-Léger, au duché de Bourgogne, p. 205, 225, et 228 [*lisez :* 252].

3987. Roux (L'abbé H.). — L'église de Larochopot, notes archéologiques, p. 224 à 228 [*lisez :* 248 à 252].

3988. Gras (L'abbé D.-D.) et Morizot (l'abbé P.). — M. Regnault, curé de Saint-Michel de Dijon, pendant la Révolution [1720 † 1800], p. 276 à 277.

CÔTE-D'OR. — DIJON.

SOCIÉTÉ BOURGUIGNONNE DE GÉOGRAPHIE ET D'HISTOIRE.

Les publications antérieures de cette Société sont analysées dans notre *Bibliographie générale*, savoir :
Bulletin, t. I (1882), *Bibliographie*, p. 406.
Mémoires, t. I à II et II *bis* (1884-1885), *Bibliographie*, p. 406 et 694.
— t. III à XVI (1886-1900), *Bibliographie*, t. V, sous presse.

3989. Petit (Ernest). — Histoire des ducs de Bourgogne de la race capétienne avec des documents inédits et des pièces justificatives, t. VIII. Règne d'Eudes IV (suite et fin), 1344 à 1349. (Dijon, 1903, in-8°, VIII-511 p., *pl.* et *tableaux.*)

[Les tomes I à VII ont paru de 1885 à 1901.]

XVII. — **Mémoires de la Société bourguignonne de géographie et d'histoire,** t. XVII. (Dijon, 1901, in-8°, LXI-419 p.)

3990. Gaffarel (Paul). — Henri de Bourgogne [† 1112] et les Croisades en Espagne, p. 1 à 30.

3991. [Seurey (Cyprien)]. — Notice historique sur Labergement-les-Auxonne [par le P. Joseph-Marie Dunand, 1778], p. 31 à 53.

3992. Gaffarel (Paul). — Une lettre de Bonaparte, *fac.*, p. 55 à 63.

3993. Laury de Saint-Germain. — Le château de Montaigu et ses seigneurs, de 1160 à 1900 (et de 761 à 1160), 2 *pl.*, p. 91 à 195.

[3998]. Gaffarel (Paul). — Cinquième décade du *De Orbe novo*, de Pierre Martyr d'Anghiera, p. 196 à 325.

3994. Cornereau (A.). — La mission du comte de Ségur dans la 18° division militaire (1813-1814), p. 327 à 368.

3995. Inoux (M.). — Au Sahara tunisien, 4 *pl.*, p. 369 à 417.

XVIII. — **Mémoires de la Société bourguignonne de géographie et d'histoire,** t. XVIII. (Dijon, 1902, in-8°, XLVIII-403 p.)

3996. Dumay (Gabriel). — Géographie historique du département de la Côte-d'Or, suivie de la nomenclature des communes et hameaux ayant changé de nom pendant la période révolutionnaire, p. 1 à 77.

3997. Chabeuf (Henri). — Charles le Téméraire à Dijon, en janvier 1474, relations officielles, avec introduction, *portr.*, p. 79 à 349.

3998. Gaffarel (Paul). — Sixième décade du *De Orbe novo* de Pierre Martyr d'Anghiera, p. 351 à 401. — Suite de XVI, p. 293; et XVII, p. 196.

CÔTES-DU-NORD. — SAINT-BRIEUC.

ASSOCIATION BRETONNE.

Les publications antérieures de cette Association sont analysées dans notre *Bibliographie générale*, savoir :
Bulletin, t. I à XXI (1844-1885), *Bibliographie*, t. I, p. 410 et 695.
— t. XXII à XXXV (1886-1900), *Bibliographie*, t. V, sous presse.
— t. XXXVI (1901), *Bibliographie*, nouvelle série, t. I, p. 22.

XXXVII. — Bulletin archéologique de l'Association bretonne, publié par la classe d'archéologie, 3ᵉ série, t. XXI. 43ᵉ congrès tenu à Redon du 1ᵉʳ au 6 septembre 1902. (Saint-Brieuc, 1903, in-8°, XL-260-25 et 2 p.)

3999. CALAN (Vicomte Ch. DE). — Introduction à l'étude de la mythologie celtique (Grecs et Germains), p. 3 à 23.

4000. AVENEAU DE LA GRANCIÈRE. — Les villages préromains en Bretagne armorique, p. 24 à 36.

4001. PALYS (Comte DE). — Notes sur Odet de la Rivière, abbé de Redon (1474-1492), p. 37 à 39.

4002. PALYS (Comte DE). — Notes sur la maison et le comté de Rieux, *tableau*, p. 40 à 60.

4003. PALYS (Comte DE). — La mort de René de Rieux (1609). La naissance de Pélagie de Rieux (1632), p. 61 à 71.

4004. GIRON (Vicomte DE). — Légendes et visions au pays de Rieux, p. 72 à 74.

4005. OHEIX (André). — Échantillons de correspondances bretonnes du XVIIIᵉ siècle, p. 75 à 84.

[Lettres au commandeur de Brilhac (1759) et de Mᵐᵉ du Plessis à Sébastien Moisan (1762-1765).]

4006. LAIGUE (Comte René DE). — Les actes des saints de Redon, p. 85 à 104.

4007. FAVÉ (L'abbé Antoine). — Quelques notes sur l'éducation des enfants nobles en Basse-Bretagne à la fin du XVIIIᵉ siècle, p. 105 à 112.

4008. TRÉVÉDY (J.). — Le port de Redon, prospérité et décadence, p. 113 à 138.

4009. GUILLOTIN DE CORSON (L'abbé). — Le Tiercent (Ille-et-Vilaine), étude historique et archéologique. La paroisse, les seigneurs, la baronnie, le château, *fig.*, p. 139 à 210.

4010. MILLON (L'abbé A.). — Dolmens et menhirs armoricains, leur destination, p. 211 à 235.

4011. AVENEAU DE LA GRANCIÈRE. — Histoire d'un clocher (légende) [Malguénac (Morbihan)], p. 236 à 240.

4012. RUELLAN (Charles). — La Légion d'honneur à Redon et en Bretagne [an x-1808], p. 241 à 243.

4013. BERTHOU (P. DE). — Du commencement de l'année civile en Bretagne aux XIᵉ et XIIᵉ siècles, p. 244 à 246.

4014. LOUIN DE LÉPINAY et LAIGUE (comte René DE). — Une promenade en pays de Redon, p. 250 à 260.

Appendice.

4015. JANVIER (Joseph). — Exemples de restes de la langue bretonne sur la limite d'Ille-et-Vilaine et des Côtes-du-Nord, p. 20 à 23.

CÔTES-DU-NORD. — SAINT-BRIEUC.

SOCIÉTÉ D'ÉMULATION DES CÔTES-DU-NORD.

Les publications antérieures de cette Société sont analysées dans notre *Bibliographie générale*, savoir :
Bulletins et mémoires, t. I à XXVIII (1861-1885), *Bibliographie*, t. I, p. 420.

Bulletins et mémoires, t. XXIX à XLIII (1886-1900), *Bibliographie*, t. V, sous presse.
—   —   t. XLIV (1901), *Bibliographie*, nouvelle série, t. I. p. 22.
Congrès celtique, 2 vol. (1867), *Bibliographie*, t. I, p. 424.

XLV. — Société d'émulation des Côtes-du-Nord. Bulletins et mémoires..., t. XL (1902). (Saint-Brieuc, 1902, in-8°, XVI-247 p.)

4016. Longeril (Vicomte A. de). — Quelques notes sur des lettres inédites de l'amiral Decrès, ministre de la Marine, à l'amiral Villaret de Joyeuse, p. 25 à 36.
4017. Martin (A.). — Le tumulus du Pont de la Planche en l'Hermitage (Côtes-du-Nord), *fig.*, p. 37 à 43.
4018. Anne-Duportal (A.). — Saint-Brieuc, varia, *pl.*, p. 44 à 88.

[L'hôtel Rohan, *pl.*]

4019. Calan (De). — Du rôle historique des provinces de France, p. 89 à 244.

XLVI. — Société d'émulation des Côtes-du-Nord. Bulletins et mémoires, t. XLI (1903). (Saint-Brieuc, 1903, in-8°, 217 p.)

4020. Berthelot du Chesnay (Gérard). — A travers les peuplades sauvages du Haut-Niari (Congo français), *fig.*, p. 19 à 37.
4021. [Anne-Duportal (A.)]. — Lettres patentes de Henri IV confirmant à Plénée-Jugon les droits de foire et marchés [1604], p. 38 à 41.
4022. [Raison du Cleuziou (A.)]. — Archives du château de Lesquiffiou, p. 42 à 72.

[Recueil de documents, 1386-1539.]

4023. [Anne-Duportal (A.)]. — La seigneurie de la Villedaniel en Plaine haute, *fig.* et *pl.*, p. 98 à 160.
4024. Tempier (D.). — Le compte d'un Breton voyageur de commerce en Espagne (1530), p. 161 à 176.
4025. Morvan (J.). — Monographie de la chapelle de Notre-Dame-de-la-Cour en Lantic (Côtes-du-Nord) p. 177 à 214.

CREUSE. — GUÉRET.

SOCIÉTÉ DES SCIENCES NATURELLES ET ARCHÉOLOGIQUES DE LA CREUSE.

Les publications antérieures de cette Société sont analysées dans notre *Bibliographie générale*, savoir :
Mémoires, t. I à V (1847-1886), *Bibliographie*, t. I, p. 425 et 698.
—   t. VI à XII (1887-1900), *Bibliographie*, t. V, sous presse.

XIII. — Mémoires de la Société des Sciences naturelles et archéologiques de la Creuse, 2° série, t. VIII [*lisez :* IX] (XIII° de la collection). (Guéret, 1901-1902, in-8°, 532 p.)

4026. Toumieux (Zénon). — La baronnie de la Farge, p. 25 à 82. — Suite de XII, p. 647.
4027. Delannoy. — Procès criminels dans la Marche, p. 83 à 94. — Suite de XII, p. 375.

[Jean Bouard, bigame guérétois, en 1705.]

4028. Pérathon (Cyprien). — François Cartaud de la Villatte [xviii° s.]. La seigneurie de la Villatte [xiv°-xviii° s.], p. 95 à 111.

4029. Pineau (Maurice). — Origine guérétoise de Madame Ingres, *portr.*, p. 112 à 119.
4030. Villard (D° F.). — Notes sur Guéret au xviii° siècle, p. 121 à 188. — Suite de X, p. 160; XI, p. 217; et XII, p. 125, et 423.
4031. Pérathon (Cyprien). — La Maison des Vallenel [à Aubusson, xvi° s.], *pl.*, p. 189 à 196.
4032. Lacroco (Louis). — Notes sur les sociétés populaires dans la Creuse pendant la Révolution, p. 197 à 205.
4033. Valladeau (P.). — Notice historique sur la ville de la Souterraine, 2 *pl.*, p. 206 à 307.
4034. Delannoy. — Liste critique des abbés de Moutier d'Ahun, p. 343 à 362.

4035. Lavillatte (D. de). — Arrêté du 29 septembre et du 21 décembre 1792 du Comité de salut public de Guéret, p. 363 à 368.

4036. Pérathon (Cyprien). — Prêtres d'Aubusson à Niort (1617-1709), p. 369 à 376.

4037. Bordier (D' G.). — Un trésor [de monnaies françaises, portugaises, espagnoles, flamandes et anglaises à Guéret], p. 377 à 384.

4038. Lecler (A.). — Jean-François Mourellon, curé de Néoux [1736 † 1817], p. 385 à 390.

4039. Corbier (Baron L. de). — Montaigut-le-Blanc, son château, sa châtellenie, ses possesseurs, 2 pl., p. 391 à 449.

4040. Dercier (L'abbé P.). — Rapport sur les fouilles exécutées au Mont de Jouer (1901-1902), pl., p. 450 à 461.

[Station romaine.]

4041. Toumieux (Zénon). — Le comté de la Feuillade, p. 462 à 508.

DORDOGNE. — PÉRIGUEUX.

SOCIÉTÉ HISTORIQUE ET ARCHÉOLOGIQUE DU PÉRIGORD.

Les publications antérieures de cette Société sont analysées dans notre *Bibliographie générale*, savoir :
Bulletin, t. I à XII (1874-1885), *Bibliographie*, t. I, p. 433.
— t. XIII à XXVII (1886-1900), *Bibliographie*, t. V, sous presse.
— t. XXVIII (1901), *Bibliographie*, nouvelle série, t. I, p. 23.
Ouvrages divers, *Bibliographie*, t. I, p. 433, t. V, sous presse, et nouvelle série, t. I, p. 24.

XXIX. — **Bulletin de la Société historique et archéologique du Périgord**, t. XXIX. (Périgueux, 1902, in-8°, 599 p.)

4042. Divers. — Procès-verbaux des séances du 5 décembre 1901 au 6 novembre 1902, p. 31, 81, 181, 273, 405, et 517.

[Sarcophages découverts à Cumond, p. 37. — Épitaphe de François du Cluzel, mestre de camp († 1780), p. 39. — Cloche Foulpeyrine (1670) p. 186. — Étui à ciseaux et dé du xviii° siècle, *fig.*, p. 193. — Acte d'émancipation d'Antoine-Paul et Louis-René de Hanconnet (1786), p. 296. — Os gravé portant une figure de femme, trouvé aux Eyzies, *fig.*, p. 415. — Antiquités gallo-romaines trouvées à Tocane-Saint-Apre, p. 423. — Sur le Lieu-Dieu, p. 522. — Inscription de l'orgue de l'ancienne cathédrale de Périgueux, p. 535.]

4043. Durand (Ch.). — [Tête de] Pomone [trouvée] à Vésone, *pl.*, p. 51 à 55.

4044. Rouméjoux (A. de). — Miremont-Mauzens, *pl.*, p. 55 à 57.

4045. Biran (Élie de). — Troubles et guerres de religion à Bergerac (1576-1577), p. 57 à 61.

4046. Villepelet (Ferd.). — L'exécution de la révocation de l'édit de Nantes dans une petite paroisse du Périgord, p. 61 à 68.

4047. Dubieux (Joseph). — Le Père Pierre Boutin, de la Compagnie de Jésus, apôtre de Saint-Domingue, (1673 † 1742), p. 68 à 75.

4048. Aublant (Ch.). — Un mot sur M. Lasserre, à propos de ses armoiries [1810], *fig.*, p. 75 à 80.

4049. Cumond (Marquis de). — Sarcophages du vieux cimetière de Cumond, 2 pl., p. 101 à 108.

4050. Hermann (Gustave). — Notes de géographie historique du Périgord. La prise de Thiviers en 1211, p. 108 à 110.

4051. Rouméjoux (A. de). — Essai sur les guerres de religion en Périgord (1551-1598), p. 111, 221, 336, 428, et 543.

4052. Charrier (G.). — Lettre du roi Henri III au roi de Navarre [23 novembre 1582], p. 164 à 169.

4053. Anonyme. — Correspondance relative aux protestants, à la famille du duc de la Force, à à Vivans, p. 169, 268, 402, et 503.

[Extrait de la *Correspondance administrative sous le règne de Louis XIV*, publiée par Depping.]

4054. Mège-Lavignotte (A.). — M. Léon Léonardon [† 1902], p. 177.

4055. D. D. [Dujarric-Descombes (A.)]. — M. Vacquand [Charles-Félix, 1827 † 1902], p. 178 à 179.

4056. Hurt (Paul). — Information ordonnée en 1310 par

le roi d'Angleterre, au sujet des surprises faites à son préjudice par le roi de France en Périgord, Limousin et Quercy, p. 195 à 215.

4057. Dujarric-Descombes (A.). — Le premier livre imprimé à Périgueux (1498), p. 215 à 220.

4058. Hermann (Gustave). — La chanson nouvelle de la défaite et mort du prince de Condé [1569], p. 256 à 265.

4059. Saint-Saud (Comte de). — À propos de deux ex libris périgourdins, p. 265 à 268.

4060. Charrier (Gustave). — Domme [notice historique], pl., p. 299 à 332, et 471 à 497.

4061. Pasquet (L.). — Le château du Lieu-Dieu [près Périgueux], pl., p. 332 à 336.

4062. Dujarric-Descombes (A.). — François de Montsalard, médecin d'Henri IV, p. 399 à 402.

4063. Béler (Albéric de). — Le fer à gaufres de Bayac, pl., p. 497 à 500.

4064. Vigié (A.). — Commission du roi Louis XIII au capitaine de Sizeault [1628], p. 500 à 503.

4065. Divers. — A. de Rouméjoux [† 1902], pl., p. 509 à 514.

4066. Biran (Élie de). — M. Hoaran de la Source, [1823 † 1902], p. 514 à 516.

4067. Du Dieu de Maynadié (J.). — La seigneurie de Jayac en Sarladais, pl., p. 538 à 543.

4068. Biran (Élie de). — Lettre relative à l'exercice de la religion protestante à Bergerac en 1672, p. 567 à 569.

4069. Dujarric-Descombes (A.). — La comédie au Collège de Périgueux, pl., p. 569 à 575.

4070. D. — M. Viellemord [1823 † 1902], p. 577.

4071. D. — M. Eyssalet [1825 † 1902], p. 578 à 579.

4072. Pouyaud (H.). — M. Jules Clédat [1840 † 1902], p. 579 à 580.

4073. P. S. — M. le baron Lapeyre de Lapagégie [† 1902], p. 580 à 584.

———

4074. Rouméjoux (A. de), de Bosredon (P.) et Villepelet (F.). — Bibliographie générale du Périgord, t. V, années 1900-1901 et renseignements complémentaires. (Périgueux, 1902, in-8°, vii-86 p.)

[Les tomes I à IV ont paru de 1897 à 1901.]

DOUBS. — BESANÇON.

———

ACADÉMIE DES SCIENCES, BELLES-LETTRES ET ARTS DE BESANÇON.

Les publications antérieures de cette Académie sont analysées dans notre *Bibliographie générale*, savoir :
Procès-verbaux et mémoires, t. I à CXXXIV (1754-1885), *Bibliographie*, t. I, p. 446.
—   —   t. CXXXV à CXLIX (1886-1900), *Bibliographie*, t. V, sous presse.
—   —   t. CL (1901), *Bibliographie*, nouvelle série, t. I, p. 24.
Mémoires et documents inédits, t. I à VII (1838-1876), *Bibliographie*, t. I, p. 459.

CLI. — Académie des sciences, belles-lettres et arts de Besançon. Procès-verbaux et mémoires, année 1902. (Besançon, 1903, in-8°, xliv-326 p.)

4075. Gauthier (Jules). — Notice sur M. Georges Jourdy [1835 † 1902], p. xiv.

4076. Truchis de Varennes (Vicomte A. de). — La chasse en Franche-Comté avant le xixe siècle, p. 24 à 61.

4077. Girardot (Dr Albert). — M. [Auguste-Napoléon] Parandier, inspecteur général des Ponts et Chaussées, sa vie et ses œuvres [1804 † 1901], portr., p. 67 à 100.

4078. Suchet (Le chanoine). — Les almanachs historiques de [Besançon et de la Franche-Comté (1743 à 1793), p. 101 à 124.

4079. Lebon (Dr). — À propos du centenaire de Victor Hugo à Besançon, p. 144 à 155.

[La maison natale de Victor Hugo à Besançon.]

4080. Gauthier (Jules). — L'abbaye de Saint-Vincent de Besançon, son église, ses monuments et leur histoire, 3 pl., p. 177 à 205.

[Inventaire de 1645.]

4081. Baudin (Dr L.). — Charles Nodier, médecin et malade, p. 206 à 233.

4082. Vaulchier (Marquis de). — Le maréchal Moncey, p. 244 à 264.

4083. Gauthier (Jules). — Les châteaux et les châtelains domaniaux en Franche-Comté sous les comtes et ducs de Bourgogne (xiiie-xve s.), pl., p. 265 à 302.

DOUBS. — BESANÇON.

SOCIÉTÉ D'ÉMULATION DU DOUBS.

Les publications antérieures de cette Société sont analysées dans notre *Bibliographie générale*, savoir :
Mémoires, t. I à XL (1841-1884), *Bibliographie*, t. I, p. 463.
— t. XLI à LVI (1885-1900), *Bibliographie*, t. V, sous presse.
— t. LVII (1901), *Bibliographie*, nouvelle série, t. I, p. 25.

LVIII. — Mémoires de la Société d'émulation du Doubs, 7ᵉ série, VIIᵉ volume, 1902. (Besançon, 1903, in-8°, xxxvi-368 p.)

4084. Drdot (L'abbé Paul). — Une cloche franc-comtoise du xvᵉ siècle [à Voillans, près Baume-les-Dames], 2 *pl.*, p. 11 à 16.

4085. Vaissier (Alfred). — Porte-Noire [de Besançon] et ses commentateurs, *fig.* et *pl.*, p. 17 à 42.

4086. Gauthier (Jules). — Donat Nonnotte, de Besançon, peintre de portraits [1706 † 1785], *portr.*, p. 43 à 56.

4087. Guillemin (Victor). — Étude sur la peinture anglaise, p. 57 à 163.

4088. Gauthier (Jules). — Le saint Suaire de Besançon et ses pèlerins, 2 *pl.*, p. 165 à 185.

4089. Gauthier (Jules). — Du degré de confiance que méritent les généalogies historiques, *facs.*, p. 186 à 200.

[Famille Lallemand.]

4090. Bauchon (Dʳ Henri). — Un médecin gouverneur de Besançon au xviiᵉ siècle. Étude sur Jean Garinet (1575-1657), 3 *pl.*, p. 201 à 223.

4091. Bourdin (Dʳ). — Le maréchal duc de Randan [Guy-Michel de Durfort de Lorges], lieutenant-général au gouvernement de Franche-Comté (1741-1773), *portr.*, p. 224 à 259.

4092. Drdot (L'abbé Hermann). — Les fouilles de Chatelneuf-en-Vennes, *pl.*, p. 260 à 277.

[Vestiges du château; objets divers (xiiiᵉ s.).]

4093. Gauthier (Jules). — Édouard Grenier (1819 † 1901), p. 278 à 290.

4094. Gauthier (Jules). — Trois églises romanes du Jura franco-suisse. Jougne (Doubs), Romain-Môtier (Suisse), Saint-Ursanne (Suisse), 3 *pl.*, p. 310 à 330.

DOUBS. — MONTBÉLIARD.

SOCIÉTÉ D'ÉMULATION DE MONTBÉLIARD.

Les publications antérieures de cette Société sont analysées dans notre *Bibliographie générale*, savoir :
Comptes rendus et mémoires, t. I à XXIV (1852-1886), *Bibliographie*, t. I, p. 471.
Mémoires, t. XXV à XXXV (1887-1900), *Bibliographie*, t. V, sous presse.
— t. XXXVI (1901), *Bibliographie*, nouvelle série, t. I, p. 25.

XXXVII. — Mémoires de la Société d'émulation de Montbéliard, XXIXᵉ volume. (Montbéliard, 1902, in-8°, xl-106 p.)

4095. Viénot (Le pasteur John). — Charles Lalance (1827-1901), *portr.*, p. 3 à 18.

4096. Duvernoy (Clément). — Note sur le temple Saint-Martin [à Montbéliard], 2 *pl.*, p. 56 à 70.

4097. Bercka (Samuel). — Une Bible copiée à Porrentruy [1467], p. 78 à 84.

4098. Magnin (Dʳ Ant.). — Notes sur les jardins botaniques de Montbéliard, d'Étupes et de Porrentruy, *facs.*, p. 85 à 92.

4099. Mauveaux (Julien). — Note sur l'occupation de Montbéliard par les troupes françaises au mois de janvier 1699, p. 93 à 103.

XXXVIII. — **Mémoires de la Société d'émulation de Montbéliard**, XXX° volume. (Montbéliard, 1903, in-8°, xxxiv-239 p.)

4100. FALLOT (Emmanuel). — Un voyage à la cour de Prusse en 1775 par David-Charles-Emmanuel Berdot, docteur en médecine, conseiller de régence et physicien adjoint de la principauté de Montbéliard, d'après un manuscrit de l'auteur, *portr.*, p. 1 à 71.

4101. SAHLER (Léon). — L'industrie cotonnière au pays de Montbéliard et ses origines, 10 *pl.*, p. 73 à 159.

4102. MAUVEAUX (Julien). — Rixes entre les habitants de Montbéliard et d'Héricourt à la fin du xviii° siècle, p. 161 à 171.

4103. BEAULIEU (E.-F.-P.) et LODS (Georges). — Essai sur la vie et les œuvres de Christophe de Forstner (1598 † 1668), humaniste et chancelier de la principauté de Montbéliard (fragments), p. 173 à 238.

4104. ANONYME. — Mémoires de la Société d'émulation de Montbéliard. Table générale des matières pour la période 1850-1900. (Montbéliard, 1902, in-8°, 38 p.)

DRÔME. — ROMANS.

COMITÉ D'HISTOIRE ECCLÉSIASTIQUE ET D'ARCHÉOLOGIE RELIGIEUSE DES DIOCÈSES DE VALENCE, GAP, GRENOBLE ET VIVIERS.

Les publications antérieures de ce Comité sont analysées dans notre *Bibliographie générale*, savoir :
Bulletin, t. I à V (1880-1885), *Bibliographie*, t. I, p. 474.
— t. VI à XX (1885-1900), *Bibliographie*, t. V, sous presse.

XXI. — **Bulletin d'histoire ecclésiastique et d'archéologie religieuse des diocèses de Valence, Gap, Grenoble et Viviers**, t. XXI. (Romans, 1901[-1903], in-8°, 224 et 41 p.)

4105. VERNET (Félix). — Une bulle de Clément VI sur la fête des fous à Vienne [1344], p. 5 à 6.

4106. PERROSSIER (Cyprien). — Nomination d'un curé d'Alixan (1339), p. 7 à 8.

4107. MARTIN (J.-B.). — Nécrologe des couvents de capucins de la custodie de Dauphiné, p. 9 à 22.

4108. [PERROSSIER (Cyprien)]. — Traversée du Bas-Dauphiné par un voyageur du xvii° siècle [*Voyage de la Terre sainte*, par J. Dourdan], p. 23 à 24.

4109. [LACIER (L'abbé) et GUEYFFIER]. — La baronnie de Bressieux, p. 25, 96, et 113. — Suite de XVI, p. 89, 147, 161, 224; XVII, p. 13, 52, 127, 179, 219; XVIII, p. 34, 76, 130, 188; XIX, p. 37, 78, 126, 215; et XX, p. 49, 96, et 137.

4110. PERROSSIER (Cyprien). — Description du Dauphiné d'après un auteur flamand du xvii° siècle [*Les Délices de la France*], p. 38 à 43.

4111. CHARRET (Joseph). — Histoire de la commune de Beauregard, comprenant les paroisses de Beauregard, Jaillans et Meymans, pendant la Révolution, d'après les registres municipaux et d'autres documents authentiques, p. 44, 80, 159, et 169. — Suite de XVIII, p. 147, 208; XIX, p. 21, 93, 158; et XX, p. 40, 103, et 209.

4112. CHEVALIER (Jules). — L'abbaye de Saint-Tiers de Saou, des chanoines réguliers de Saint-Augustin, au diocèse de Valence ou de Die, p. 57, 145, et 214.

4113. GROSPELLIER (Alexandre). — Mélanges d'hagiographie dauphinoise, p. 74 à 80. — Suite de XX, p. 5, 57 et 169.

[Passio sancti Juliani Brivatensis, XXI, p. 74.]

4114. PERROSSIER (Cyprien). — Requête du chapitre de Valence au Parlement de Grenoble au sujet des ravages des protestants dans cette ville en 1567, p. 110 à 112.

4115. ANONYME. — Table générale des matières par ordre alphabétique des noms d'auteurs I-XXI. 1880-1902, p. 215 à 224.

Appendice.

4116. CHEVALIER (Le chanoine Ulysse). — Le Saint-Suaire de Lirey-Chambéry-Turin et les défenseurs de son authenticité, p. 1 à 41.

DRÔME. — VALENCE.

SOCIÉTÉ D'ARCHÉOLOGIE ET DE STATISTIQUE DE LA DRÔME.

Les publications antérieures de cette Société sont analysées dans notre *Bibliographie générale*, savoir :
*Bulle*tin, t. I à XIX (1866-1885), *Bibliographie*, t. I, p. 477.
— t. XX à XXXIV (1886-1900). *Bibliographie*, t. V, sous presse.
— t. XXXV (1901), *Bibliographie*, nouvelle série, t. I, p. 26.
Ouvrages divers, *Bibliographie*, t. I, p. 477, et nouvelle série, t. I, p. 26.

XXXVI. — **Bulletin de la Société départementale d'archéologie et de statistique de la Drôme**, t. XXXVI, 1902. (Valence, 1902, in-8°, 450 p.)

[4133]. CHEVALIER (Le chanoine Jules). — Mémoires pour servir à l'histoire des comtés de Valentinois et de Diois, p. 5, 163, 270, et 371.

4117. VILLARD (Marius) et TAVERNAS (Jules). — Nouvelle étude critique sur Championnet, p. 41, 113, 225, 344; et XXXVII, p. 17, 121, 225, et 398.

4118. EMBLARD (Léon). — Les imprimeurs et les journaux à Valence, p. 49 à 56. — Suite et fin de XXXIV, p. 149, 229, 339; et XXXV, p. 45, 129, 233, et 333.

4119. LACROIX (A.). — Les péages de la Drôme avant 1790, p. 57 à 71.

4120. GRÉGOIRE (Félix). — Un torrent, la Drôme, p. 72, 193, 394, et 420. — Suite de XXXII, p. 394; XXXIII, p. 114, 229, 271, 361; XXXIV, p. 41, 161, 263, 351; et XXXV, p. 57, 170, 269, et 362.

4121. MAILLET-GUY (Dom Germain). — Les notaires Piémont et la famille de Nulli de Frize, de Saint-Antoine, p. 83 à 94. — Suite et fin de XXXIV, p. 242, 289; et XXXV, p. 65, 142, 259, et 304.

4122. PERROSSIER (Cyprien). — Essai de bibliographie romanaise, p. 95 à 101. — Suite de XXVI, p. 306, 406; XXVII, p. 82, 154, 282, 381; XXVIII, p. 36, 152, 295, 397; XXIX, p. 211, 313, 405; XXX, p. 66, 163, 244, 363; XXXI, p. 191, 300, 412; XXXII, p. 99 [*lisez :* 69], 161, 249, 354; XXXIII, p. 106, 218, 297, 421; XXXIV, p. 53, 270; et XXXV, p. 76, 161, 248, 259, et 304.

[Procès de la Serre pour la terre de Triors. — Procès Espie.]

4123. LACROIX (A.). — L'invasion du duc de Savoie en 1692, p. 102.

4124. LACROIX (A.). — Une lettre d'étudiant dauphinois au XVIᵉ siècle [Antoine Rambaud], p. 103 à 104.

4125. MELLIER (Étienne). — Les ponts anciens et modernes sur le Rhône à Valence, p. 133, 249, 395; et XXXVII, p. 89, 183, 273, et 422.

4126. EMBLARD (Léon). — La famille de Bressac, sa généalogie, son histoire, p. 154, 287, 385; et XXXVII, p. 61, 169, 265, et 388.

4127. MAILLET-GUY (Dom Germain). — Le cardinalat de Charles Anisson, religieux de Saint-Antoine [XVIᵉ s.], p. 180 à 192, et 297 à 309.

4128. PERROSSIER (Cyprien). — Pierre Davity, géographe et bel esprit du XVIIᵉ siècle, p. 199, 310, et 438.

4129. LACROIX (A.). — Nécrologie. Fillet (Jean-Louis-Alexis) [1840 † 1902], p. 220.

4130. LACROIX (A.). — Châtillon et ses alentours, p. 317, 409; et XXXVII, p. 80, 199, 289, et 438.

[Châtillon, Creyers, Glandage, Bonneval, Boule, Soubéroche et Sérionne.]

4131. J. B.-D. [BRUN-DURAND (J.)]. — Nécrologie. M. le chanoine Cyprien Perrossier († 1902), p. 329 à 331.

XXXVII. — **Bulletin de la Société départementale d'archéologie et de statistique de la Drôme**, t. XXXVII, 1903. (Valence, 1903, in-8°, 450 p.)

4132. CHAMPAVIER (Maurice). — Louis Deschamps [peintre, 1846 † 1902], p. 5 à 16.

[4117]. VILLARD (Marius) et TAVERNAS (Jules). — Nouvelle étude critique sur Championnet, p. 17, 121, 225, et 398.

4133. CHEVALIER (Le chanoine Jules). — Mémoires pour servir à l'histoire des comtés de Valentinois et de Diois, p. 44, 151, et 256. — Suite de XXII, p. 151, 277; XXIII, p. 115, 309, 440; XXIV, p. 280, 345; XXV, p. 73; XXVI, p. 5, 184, 266; XXVII, p. 134, 270, 398; XXVIII, p. 47, 137, 264, 358; XXIX,

p. 71, 177, 295, 361; XXX, p. 28, 115, 200, 295; XXXI, p. 56, 158, 261, 367; XXXII, p. 91, 123, 257, 305; XXXIII, p. 81; XXXIV, p. 68, 116, 205, 317; XXXV, p. 13, 105, 217, 313; et XXXVI, p. 5, 163, 270, et 371.

[4126]. Emblard (Léon). — La famille de Bressac, sa généalogie, son histoire, p. 61, 169, 265, et 388.

4134. Mellier [Étienne). — Balthazard Bard, sa filiation, p. 73 à 79.

[4130]. Lacroix. — Châtillon et ses alentours, p. 80, 199, 289, et 438.

[4125]. Mellier (Étienne). — Les ponts anciens et modernes sur le Rhône à Valence, p. 89, 183, 273, et 422.

4135. Lacroix (A.). — L'Ile-Adam [au Bourg-lès-Valence], p. 214 à 216.

4136. Bellet (Charles-Félix). — Histoire de la ville de Tain, p. 301 à 320, et 337 à 374.

4137. Lacroix (A.). — Plan-de-Baix, p. 321 à 327, et 375 à 387.

4138. Caprais-Favier. — Sépulture gallo-romaine de Lachau, p. 328 à 330.

EURE. — ÉVREUX.

SOCIÉTÉ LIBRE D'AGRICULTURE, SCIENCES, ARTS ET BELLES-LETTRES DE L'EURE.

Les publications antérieures de cette Société sont analysées dans notre *Bibliographie générale*, savoir :
Bulletin, Journal et *Recueil*, t. I à XL (1822-1881), *Bibliographie*, t. I, p. 489.
Recueil, t. XLI à LIII (1882-1900), *Bibliographie*, t. V, sous presse.
— t. LIV (1901), *Bibliographie*, nouvelle série, t. I, p. 27.
Ouvrages divers (1827-1886), *Bibliographie*, t. I, p. 489.

LV. — Recueil des travaux de la Société libre d'agriculture, sciences, arts et belles-lettres de l'Eure, 5ᵉ série, t. X, année 1902. (Évreux, 1903, in-8, cxii-92 p.)

4139. Buret (Comte de). — Notice sur un évêque d'Évreux du xivᵉ siècle (Bernard Cariti ou Chariti) présumé d'origine italienne, p. 1 à 13.

4140. Guéry (L'abbé C.). — Quelques célébrités ébroïciennes, p. 27 à 40.

[P.-P. Le Brasseur, Thomas Adam, P.-C.-F. Auzillon, Nicolas de Bonneville, J.-F. de Chambray, Hilaire Courtois, Guillaume Costeley, P.-L. Siret, Jourdain Guibelet.]

4141. Broglie (Duc de). — Discours prononcé à l'inauguration d'une plaque commémorative en l'honneur de Michel Odieuvre à Romilly-la-Puthenaye, le 26 octobre 1902, p. 41 à 44.

4142. L'Hopital (Joseph). — Discours prononcé sur la tombe de M. Victor Souty [1835 † 1902], p. 45 à 49.

EURE. — ÉVREUX.

SOCIÉTÉ DES AMIS DES ARTS DE L'EURE.

Les publications antérieures de cette Société sont analysées dans notre *Bibliographie générale*, savoir :
Bulletin, t. I à XVI (1885-1900), *Bibliographie*, t. V, sous presse.

Bulletin, t. XVII (1901), *Bibliographie*, nouvelle série, t. I, p. 27.
Album, 1ᵉ série (1899), *Bibliographie*, t. V, sous presse.

XVIII. — Société des Amis des arts du département de l'Eure, Bulletin XVIII, 1902. (Évreux, 1903, in-8°, 97 p.)

4143. Hénissay (Émile). — Compte rendu des travaux de la Société en 1902, p. 5 à 27.

[Benjamin-Constant († 1902), Léopold Chauveau ,(1829 † 1902), P.-G. Gattier († 1902); C.-E. Piot († 1902); T.-F. Leseur († 1902); le comte Robert de Burey († 1902).]

4144. Montier (A.). — Les vitraux de la chapelle Saint-Firmin à Saint-Martin-Saint-Firmin, *pl.*, p. 33 à 39.

4145. Bessiren (G.). — L'œuvre de Georges Bourbon, p. 40 à 72.

II. — Société des Amis des arts du département de l'Eure. Album artistique et archéologique, 2ᵉ série. (Évreux, 1902, gr. in-4°, 35 p. et 15 pl.)

4146. Prévost (Gustave-A.). — Statuette de génie ailé, bronze, musée d'Évreux, *pl.*, p. 9.

4147. Régnier (L.). — Notre-Dame-de-Pitié, pierre, église Notre-Dame de Verneuil, *pl.*, p. 11.

4148. Régnier (L.). — Statue de saint Jacques le Majeur, pierre, église Notre-Dame de Verneuil, *pl.*, p. 13.

4149. Régnier (L.). — Statue d'ange, bois, église Notre-Dame de Verneuil, *pl.*, p. 15.

4150. Régnier (L.). — Statues d'anges, bois, collection de M. le chanoine P.-L. Dubois, *pl.*, p. 17.

4151. Montier (A.). — Vitraux de la chapelle Saint-Firmin, à Saint-Martin-Saint-Firmin [xviᵉ s.], 2 *pl.*, p. 19.

4152. Montier (A.). — Vitraux de l'église de Bosbénard-Commin [xviᵉ s.], *pl.*, p. 21.

4153. Régnier (L.). — Porte de l'église de Fatouville-Grestain [xiiᵉ s.], *pl.*, p. 23.

4154. Régnier (L.). — Portail de l'église de Saint-Pierre de Bailleul [xvᵉ s.], *pl.*, p. 25.

4155. Régnier (L.). — Fonts baptismaux, pierre, église d'Ivry-la-Bataille, *pl.*, p. 27.

4156. Blanquart (L'abbé F.). — Lambris et stalles de l'église d'Écouis [xviᵉ s.], 2 *pl.*, p. 29.

4157. Régnier (L.). — Vantaux de porte, église d'Aubevoie [xviᵉ s.], 2 *pl.*, p. 33.

4158. Coutil (L.). — Lutrin, bois, église du Manoir [xviᵉ s.], *pl.*, p. 35.

EURE. — LOUVIERS.

SOCIÉTÉ D'ÉTUDES DIVERSES DE L'ARRONDISSEMENT DE LOUVIERS.

Les tomes I à V du *Bulletin* de cette Société publiés de 1893 à 1898 seront analysés dans le tome V de notre *Bibliographie générale*.

VI. — Bulletin de la Société d'études diverses de l'arrondissement de Louviers, t. VI, année 1902. (Louviers, 1903, in-8°, 127 p.)

4159. Lenot (Charles). — La famine à Tourville en 1794 et 1795, p. 26 à 73.

4160. Barbe (Lucien). — Louviers décorée au xvᵉ siècle, ses armoiries, p. 74 à 86.

4161. Barbe (Lucien). — Acte de baptême de Pierre-Noël Le Cheron, dit le Père d'Incarville [1706], p. 87 à 88.

4162. Quesné (Victor). — Le désert des Carmes déchaussés de la Garde-Châtel, proche Louviers, *plan*, p. 89 à 117.

EURE-ET-LOIR. — CHÂTEAUDUN.

SOCIÉTÉ DUNOISE.

Les publications antérieures de cette Société sont analysées dans notre *Bibliographie générale*, savoir :
Bulletins, t. I à IV (1864-1884), *Bibliographie*, t. I, p. 502.
— t. V à IX (1885-1900), *Bibliographie*, t. V, sous presse.
Ouvrages divers (1874-1884), *Bibliographie*, t. I, p. 502, et t. V, sous presse.

4163. Aubis (L'abbé J.). — Essai historique sur la ville et châtellenie de la Ferté-Villeneuil. (Châteaudun, 1902, in-8°, xi-464 p. et *pl.*)
[Préface par René Merlet.]

FINISTÈRE. — BREST.

SOCIÉTÉ ACADÉMIQUE DE BREST.

Les publications antérieures de cette Société sont analysées dans notre *Bibliographie générale*, savoir :
Bulletin, t. I à XVIII (1858-1885), *Bibliographie*, t. I, p. 505.
— t. XIX à XXXIII (1885-1900), *Bibliographie*, t. V, sous presse.
— t. XXXIV (1900-1901), *Bibliographie*, nouvelle série, t. I, p. 29.

XXXV. — Bulletin de la Société académique de Brest..., 2ᵉ série, t. XXVII, 1901-1902. (Brest, 1902, in-8°, 378 p.)

4164. Kerisser (P.). — Étude historique sur Chardon de Courcelle, premier médecin du port de Brest (1741-1775), p. 5 à 82. — Suite de XXXIV, p. 225.

4165. Lonme (A. de).—L'art breton du xiiiᵉ au xviiiᵉ siècle. Guimiliau et ses monuments, p. 83 à 113. — Suite de XXXIV, p. 103.

4166. Amante (Bruto). — La mort d'Esmenard [Joseph-Alphonse, 1767 † 1811], p. 115 à 133.
[Traduction par Jules Lemoine.]

4167. Kernéis.*— L'ancien Brest. Propriétaires et locataires anciens de la maison n° 25 rue de la Rampe, p. 155 à 182.

4168. Kernéis (A.). — Plan de la ville de Brest, sa date et le nom de l'auteur, 2 *pl.*, p. 307 à 328.

FINISTÈRE. — QUIMPER.

COMMISSION DIOCÉSAINE D'ARCHITECTURE ET D'ARCHÉOLOGIE.

La Commission diocésaine d'architecture et d'archéologie du diocèse de Quimper et de Léon a été créée par ordonnance de l'évêque de Quimper du 5 novembre 1900; cette Commission a entrepris la publication d'un *Bulletin*, dont les deux premiers volumes ont paru en 1901 et 1902.

I. — Diocèse de Quimper et de Léon, Bulletin de la Commission diocésaine d'architecture et d'archéologie, 1ʳᵉ année. (Quimper, 1901, in-8°, 306 p.)

4169. Abgrall (L'abbé J.-M.). — Statistique monumentale du diocèse de Quimper et de Léon, p. 23, 60, 104, et 149.

4170. Peyron (Le chanoine). — Cartulaire de l'église de Quimper, p. 30, 73, 126, 177, 226, 276; et II, p. 39, 99, 159, 225, 262, 346. — Tables, p. 380.

4171. Peyron (Le chanoine). — Enquête de 1698 touchant l'union des sept vicariats du Minihy de Léon en une seule paroisse, p. 47, 86, 138, 187, 233, 284; et II, p. 49, 106, 170, et 236.

4172. Anonyme. — Musée d'art religieux [à l'évêché de Quimper], p. 56, 101, 201, 247; et II, p. 5 et 193.

4173. Abgrall (L'abbé J.-M.). — Architecture bretonne. Étude des monuments du diocèse de Quimper, 8 pl., p. 159, 202, 248; et II, p. 13, 72, 129, 195, 257, et 321.

[Saint-Pol-de-Léon, *pl.*; Berven en Plouzevédé, 2 *pl.*; Ploaré, *pl.*; Pleyben, pl.; Notre-Dame des Fontaines à Morlaix, *pl.*; ruines de Languidou, Plovan, *pl.*; ossuaire de Pleyben, *pl.*]

II. — Diocèse de Quimper et de Léon. Bulletin de la Commission diocésaine d'archi- tecture et d'archéologie, 2ᵉ année. (Quimper, 1902, in-8°, 382 p.)

[4172]. Anonyme. — Musée d'art religieux, p. 5 et 193.

4174. Favé (L'abbé Antoine), — Orationes jaculatoriae ad vitam ecclesiasticam et religionem pertinentes, p. 8 à 12.

[Liturgie de Landernenu, ms. du xviiiᵉ siècle.]

[4173]. Abgrall (L'abbé J.-M.). — Architecture bretonne. Étude des monuments du diocèse de Quimper, 8 pl., p. 13, 72, 129, 195, 257, et 321.

[4170]. Peyron (Le chanoine). — Cartulaire de l'église de Quimper, p. 39, 99, 159, 225, 262, et 346. — Tables, p. 380.

[4171]. Peyron (Le chanoine). — Union des sept vicariats du Minihy de Léon, enquête de commodo et incommodo, p. 49, 106, 170, et 236.

4175. Peyron (Le chanoine) et Abgrall (L'abbé). — Notices sur les paroisses du diocèse de Quimper et de Léon, p. 55, 113, 177, 239, 272, et 356.

[Argol, p. 55. — Arzano, p. 113. — Audierne, p. 177 et 239. — Bannalec, p. 272. — Bas-Corlay, Corlay, p. 356. — Bayes, p. 357. — Benodet-Perguet, p. 365.]

4176. Anonyme. — Le nouveau cloître du grand séminaire, p. 65 à 66.

[Reconstitution à Quimper du cloître des Carmes de Pont-l'Abbé.]

GARD. — ALAIS.

SOCIÉTÉ SCIENTIFIQUE ET LITTÉRAIRE D'ALAIS.

La Société scientifique et littéraire d'Alais, fondée en 1868, a publié de 1868 à 1901 un recueil intitulé *Comptes rendus*, puis *Mémoires et comptes rendus;* il forme 32 volumes. Nous avons donné l'analyse des tomes I à XVI dans notre *Bibliographie générale*, t. I, p. 517, et celle des tomes XVII à XXXI (1885-1900), dans notre tome V. Nous donnons ici l'analyse du tome XXXII.

En 1902, la Société d'Alais a commencé la publication d'une *Revue cévenole* qui remplace le recueil précédent. Nous donnons ici l'analyse du premier volume de cette *Revue.*

XXXII. — Mémoires et comptes rendus de la Société scientifique et littéraire d'Alais, année 1901, t. XXXII. 1ᵉʳ semestre. (Alais, 1901, in-8°, 133 p.)
[Le 2ᵉ semestre n'a pas paru.]

4177. Rouvière (F.). — Un épisode de l'histoire de Castelnau [1683], p. 5 à 10.

4178. Sabran d'Allard (Louis de). — Un Portugais ami de la France. Manuel Pinheiro Chagas [1842 † 1895], p. 13 à 37.

4179. Pagès (E.). — Dante et la Divine Comédie, p. 39 à 100. — Suite de XXXI, p. 120.

4180. Delfieu (Émile). — Notice biographique sur Jean-Pierre Goirand [1822 † 1898], p. 114 à 132.

I. — Revue cévenole. Bulletin de la Société scientifique et littéraire d'Alais, 1902. (Alais, 1902, in-8°, 195 p.)

4181. Carli (Euclide). — Le félibre Paul Gaussen [1845 † 1893], p. 19 à 40.

4182. Troulmas (Numa). — Sur un petit trésor gallo-romain [ampoule et anneau sigillaire en bronze], *fig.,* p. 73 à 81.

4183. Coloms (Maurice). — Adrien Dadre, ancien bâtonnier du barreau d'Alais (1823 † 1902), *portr.,* p. 103 à 106.

4184. Patin (Martial). — La Garde nationale à Alais pendant la Révolution, p. 111 à 131.

4185. Gilly (J. Prosper). — Notes pour servir à l'histoire de l'ancienne commune de Laval et de Saint-Vincent-des-Salles. Ordonnances de visite des églises de Saint-Vincent-des-Salles, des 11 septembre 1738 et 6 septembre 1749, et de Saint-Pierre-la-Tour, du 25 novembre 1749, par Mᵍʳ l'évêque d'Uzès [Bonaventure Baüyn], p. 133 à 145.

4186. Roucquette (Paul). — Sur quelques découvertes archéologico-préhistoriques faites au Camp de César, près Bagnols-sur-Cèze, p. 147 à 149.

4187. Bourinet (L.). — Henri Murger. p. 153 à 186.

GARD. — NIMES.

ACADÉMIE DE NIMES.

Les publications antérieures de cette Académie sont analysées dans notre *Bibliographie générale*, savoir :
Recueil (1756), *Bibliographie*, t. I, p. 520.
Notices et Mémoires, t. I à XLIX (1805-1885), *Bibliographie*, t. I. p. 520.
Mémoires, t. L à LXIV (1886-1900), *Bibliographie*, t. V, sous presse.

Mémoires. t. LXV (1901), *Bibliographie*, nouvelle série, t. I, p. 29.
Procès-verbaux et *Bulletin*, t. I à XL (1842-1885), *Bibliographie*, t. I, p. 530.
Bulletin, t. XLI à LV (1886-1900), *Bibliographie*, t. V, sous presse.
— t. LVI (1901), *Bibliographie*, nouvelle série, t. I, p. 29.

LXVI. — Mémoires de l'Académie de Nimes, 7ᵉ série, t. XXV, année 1902. (Nimes, s. d., in-8°, ᴌx-192 p.)

4188. Reinaud (Émile). — La jeunesse de Charles Jalabert, p. xxvii à ᴌi.

4189. Bondurand (Édouard). — Jupiter Héliopolitain, p. 1 à 16.

4190. Carrière (Gabriel). — Les cimetières de l'époque du Bas-empire de Pouzilhac, Arpaillargues et autres lieux du département du Gard, *tableau* et 2 *pl.*, p. 17 à 23.

4191. Carli (Euclide). — Le félibre Paul Gaussen, influence de son séjour à Nimes sur son développement littéraire, p. 25 à 36.

4192. Marignan (A.). — Quelques notes sur le midi de la France [Provence] par un voyageur de Vic-le-Comte, en 1688, p. 37 à 52.

4193. Balincourt (Comte E. de). — Les œuvres tragiques inédites de Jean Reboul, p. 53 à 80.

4194. Simon (Joseph). — Bibliographie du département du Gard (1902), p. 81 à 89.

4195. Simon (Joseph) et Misgaud (G.). — Le tombeau dit des Porcelets aux environs d'Aiguesmortes, *pl.*, p. 91 à 93.

4196. Nicolas (L'abbé C.). — Notes de M. Delmas sur l'église de Saint-Gilles (1843), *pl.*, p. 95 à 121.

4197. Nicolas (L'abbé C.). — Le manuscrit de Jean Raybaud à Aix. [Histoire des grands prieurs et du prieuré de Saint-Gilles], p. 123 à 136.

LVII. — Bulletin des séances de l'Académie de Nimes, année 1902. (Nimes, 1902, in-8°, 75 p.)

GARONNE (HAUTE-). — SAINT-GAUDENS.

SOCIÉTÉ D'ÉTUDES DU COMMINGES, DU NÉBOUZAN ET DES QUATRE-VALLÉES.

Les publications antérieures de cette Société sont analysées dans notre *Bibliographie générale*, savoir :
Revue de Comminges, t. I à II (1885-1886), *Bibliographie*, t. I, p. 541.
— — t. III à XV (1887-1900), *Bibliographie*, t. V, sous presse.
— — t. XVI (1901), *Bibliographie*, nouvelle série, t. I, p. 30.

XVII. — Revue de Comminges, Pyrénées centrales. Bulletin de la Société des études du Comminges, du Nébouzan et des Quatre-Vallées, t. XVII, année 1902. (Saint-Gaudens, 1902, in-8°, 264 p.)

4198. Pénissé (F.). — Le procès de la réformation dans la ville et le consulat d'Aspet, p. 1 à 12.

4199. Cau-Durban. — Le clergé du diocèse de Couserans pendant la Révolution, p. 13, 101, 182, et 201. — Suite de XVI, p. 218.

4200. Bourdette (Jean). — Notice du Nébouzan, p. 40 à 55, et 82 à 94. — Suite de XIV, p. 211, 253; XV, p. 1, 77, 124, 201; et XVI, p. 14, 75, 143, et 207.

4201. Bacalérie (E.). — Iconographie de saint Exupère, p. 56 à 64.

4202. Franquès. — A propos de l'excursion du 12 juin 1901 à Montespan, p. 65 à 67.

[Documents concernant la chapelle Capérête (1616-1618).]

4203. Lestrade (J.). — Mgr de Donadieu de Griet et l'abbé de Saint-Cyran, témoignage de saint Vincent de Paul, un panégyriste de M. de Griet, p. 73 à 81.

4204. Espénan (Célestin). — Charles-Antoine-Gabriel d'Osmond, avant-dernier évêque de Saint-Bertrand [1722 † 1806], p. 95 à 100. — Cf. n° 4210.

4205. J. L. [Lestrade (J.)]. — Deux cloches à Montrejeau [XVIIᵉ s.], p. 119 à 126.

4206. Pénissé(F.).—Le cardinal Sourrieu [1825 † 1899], p. 137 à 156.

4207. Espénan (C.). — Lettres de Messire Barthélemy de Donnadieu, évêque de Saint-Bertrand [1625-1637], p. 157 à 178.

4208. Fabre d'Envieu (Le chanoine E.). — Étymologie de Tibiran-Jaunac, ou un Tibre dans le Comminges, avec un appendice sur le Tibre de Rome et les Celtes cofondateurs de Rome, p. 211 à 217; et XVIII, p. 23 à 34.

4209. Marsan (François). — Arrevasces et Calaguritains [lettre de Suilhan (1723)], p. 218 à 227.

4210. Dulon (J.). — Charles-Antoine Gabriel d'Osmond, avant-dernier évêque de Comminges (1723 † 1806), p. 228 à 236. — Cf. n° 4204.

4211. Lestrade (J.).—Testament de Mgr de Griet [1637], p. 237 à 240.

4212. Bagnéris. — Saint Germier à Frouzins, traditions et légendes, p. 241 à 257; et XVIII, p. 1 à 22.

4213. Anonyme. — Vieilles recettes commingeoises, p. 258 à 259.

4214. Anonyme. — Les sinistrés sous l'ancien régime [Muret, 1779], p. 259 à 260.

XVIII. — Revue de Comminges, Pyrénées centrales. Bulletin de la Société des études du Comminges, du Nébouzan et des Quatre-Vallées, t. XVIII, année 1903. (Saint-Gaudens, 1903, in-8°, 256 p.)

[4212]. Bagnéris (V.). — Saint Germier à Frouzins, traditions et légendes. p. 1 à 22.

[4208]. Fabre d'Envieu (Le chanoine). — Étymologie de Tibiran-Jaunac, ou un Tibre dans le Comminges, p. 23 à 34.

4215. Lestrade (J.) — Coutumes de Salerm [1708], p. 35 à 39.

4216. Cornet (L'abbé). — Histoire de Montmaurin, et suite des Recherches archéologiques dans la haute vallée de la Save, pl., p. 40, 77, 129, et 207.

4217. Gorsse (Bertrand de). — Documents sur le Nébouzan, le Comminges et les Quatre-Vallées [tirés du Trésor des chartes de Pau], p. 56 à 60, et 106 à 111.

4218. Dulon. — Note sur le maréchal Miles de Noyers et sur Jeanne d'Albret, p. 61 à 63.

4219. Pénissé (F.). — Un hobereau commingeois [Giraud d'Encausse de Save, la baronnie d'Aspet, xvie-xviie s.], p. 116 à 124.

4220. Bacalérie (E.). — Le chapitre cathédral de Rieux, règlements, usages, etc., p. 149 à 164.

4221. Bouche (L'abbé). — Les de Bachos, p. 165 à 177, et 193 à 206.

4222. Vié (Louis). — Une commune rurale pendant la Révolution, Castelnau-Picampeau, p. 178 à 184.

4223. Picot (J.). — Entre la Garonne et l'Arbas, excursion, p. 185 à 188.

4224. Couget (Alphonse). — Les armoiries du Nébouzan, fig., p. 189 à 191.

4225. Espénan (C.). — Le district de Saint-Gaudens pendant la Révolution (1789-1795), p. 218 à 238.

4226. Gorsse (Bertrand de). — Les huguenots à Saint-Bertrand [1577], p. 239 à 241.

4227. Vié (Louis). — A propos d'un vieux livre, notes d'histoire locale, p. 242 à 248.

[Sur quelques paroisses du diocèse de Rieux.]

4228. Lestrade (J.). — Prise de possession de l'évêché de Comminges par Donadieu de Griet [1626], p. 249 à 250.

4229. Couget (Alphonse). — Clément V en Comminges [1309], p. 251 à 252.

GARONNE (HAUTE-). — TOULOUSE.

ACADÉMIE DES JEUX FLORAUX.

Les publications antérieures de cette Académie sont analysées dans notre *Bibliographie générale*, savoir : *Recueil*, t. I à CLVI (1696-1886), *Bibliographie*, t. I, p. 542.
— t. CLVII à CLXX (1887-1900), *Bibliographie*, t. V, sous presse.
— t. CLXXI (1901), *Bibliographie*, nouvelle série, t. I, p. 30.
Ouvrages divers (1715-1844), *Bibliographie*, t. I, p. 542.

CLXXII. — Recueil de l'Académie des jeux floraux, 1902. (Toulouse, 1902, in-8°, xvi-253 et 96 p.)

4230. Gélis (F. de). — Étude sur l'œuvre d'Alphonse Daudet, 1re partie, p. 183 à 251.

4231. Cartailhac (E.). — Éloge de Clémence Isaure, 2e partie, p. 77 à 87.

GARONNE (HAUTE-). — TOULOUSE.

ACADÉMIE DES SCIENCES, INSCRIPTIONS ET BELLES-LETTRES DE TOULOUSE.

Les publications antérieures de cette Académie sont analysées dans notre *Bibliographie générale*, savoir :
Recueil (1692-1694), *Bibliographie*, t. I, p. 557.
Histoire et Mémoires, t. I à LVI (1782-1885), *Bibliographie*, t. I, p. 557.
Mémoires, t. LVII à LXVIII (1886-1897), *Bibliographie*, t. V, sous presse.
— t. LXIX (1901), *Bibliographie*, nouvelle série, t. I, p. 31.
Annuaire, t. I à XLVI (1814-1885), *Bibliographie*, t. I, p. 572.
Bulletin, t. I à III (1897-1900), *Bibliographie*, t. V, sous presse.

LXX. — **Mémoires de l'Académie des sciences, inscriptions et belles-lettres de Toulouse**, 10ᵉ série, t. II. (Toulouse, 1902, in-8°, xxiv-549 p.)

4232. Roschach. — Un voyage princier en 1535, passage à Toulouse du roi de Navarre Henri d'Albret et de la reine Marguerite, p. 54 à 70.

4233. Lapierre (E.). — Les portraits gravés de Molière, p. 82 à 95.

4234. Crouzel (A.). — Études de bibliothéconomie. II. Ouvrages à suites et recueils, inventaires et registres, p. 108 à 149. — Suite de LXIX, p. 167.

4235. Santi (L. de). — Le combat de Souilhe (3 novembre 1627), p. 150 à 172. — Cf. nᵒˢ 4239 et 4241.

4236. Antoine. — Les avocats à Rome sous l'Empire, p. 217 à 236.

4237. Pradel. — Puylaurens, *fig.*, p. 237 à 264.

4238. Desazars de Montgailhard (Baron). — Les salons de peinture de Toulouse au xviiiᵉ siècle, p. 265 à 294.

4239. Santi (L. de). — Le château de Montmaur, p. 295 à 320. — Cf. nᵒˢ 4235 et 4241.

4240. Brissaud. — De l'application des lois wisigothiques dans le midi de la France, p. 321 à 328.

4241. Santi (L. de). — La maison de Lévis-Montmaur, p. 351 à 376. — Cf. nᵒˢ 4235 et 4239.

4242. Joulin (Léon). — Les stations antiques des coteaux de Pech-David, près de Toulouse, *carte*, p. 377 à 394.

4243. Baudouin (Adolphe). — Bertrand de Got, archevêque de Bordeaux, et les libertés gallicanes, p. 403 à 413.

4244. Cartailhac (Émile). — Nos cavernes ornées de dessins préhistoriques, p. 458 à 472.

4245. Juppont (P.). — Note sur un essai de bibliographie du magnétisme [1621-1802], p. 473 à 488.

4246. Hallberg. — Éloge de M. Deschamps [1820 † 1899], p. 497 à 510.

LXXI. — **Mémoires de l'Académie des sciences, inscriptions et belles-lettres de Toulouse**, 10ᵉ série, t. III. (Toulouse, 1903, in-8°, xvi-478 p.)

4247. Roschach. — Un souvenir d'Ingres (1760-1799), p. 1 à 26.

4248. Santi (L. de). — Michel de Paulo, seigneur de Grandval [† 1583], p. 49 à 109.

[Les guerres de religion dans le Lauraguais.]

4249. Lapierre (E.). — Le vrai portrait de Molière, p. 138 à 149.

4250. Gescuwind (Dr). — L'abbaye d'Andlau en Alsace, sa désaffectation en 1790, p. 150 à 163.

4251. Joulin (Léon). — Un torse antique du musée de Toulouse, *fig.*, p. 174 à 176.

4252. Deloume (Antonin). — Note sur l'hôtel d'Assezat et de Clémence Isaure [à Toulouse], p. 210 à 244.

4253. Desazars de Montgailhard (Baron). — L'iconographie des incunables imprimés à Toulouse, p. 303 à 335.

4254. Lécrivain (Ch.). — La loi des astynomes de Pergame, p. 363 à 378.

4255. Brissaud (J.). — L'histoire du droit dans le midi de la France, p. 403 à 419.

4256. Neumann. — Éloge de M. C. Baillet [† 1900], p. 420 à 425.

GARONNE (HAUTE-). — TOULOUSE.

SOCIÉTÉ ARCHÉOLOGIQUE DU MIDI DE LA FRANCE.

Les publications antérieures de cette Société sont analysées dans notre *Bibliographie générale*, savoir :
Mémoires, t. I à XIII (1832-1885), *Bibliographie*, t. I, p. 576.
— t. XIV à XV (1889-1896), *Bibliographie*, Supplément sous presse.
Bulletin (in-4°), t. I à XIII (1869-1886), *Bibliographie*, t. I, p. 582.
— (in-8°), t. I à XII (1887-1899), *Bibliographie*, Supplément sous presse.
— — t. XIII (1899-1901), *Bibliographie*, nouvelle série, t. I, p. 32,

XIV. — Bulletin de la Société archéologique du midi de la France, série in-8°, n°ˢ 29 à 31, 19 novembre 1901 au 7 juillet 1903. (Toulouse, 1903, in-8°, 419 p.)

4257. Anonyme. Compte rendu des séances du 19 novembre 1901 au 8 juillet 1902, p. 15 à 192.

4258. Rochigneux. — Extraits du Livre de nouvelles de Barthélemy et Jean Puy concernant la Gascogne (1512-1524), p. 16 à 17.

4259. Cartailhac (Émile). — Bijoux wisigoths de Teilhet (Ariège) au Musée de Toulouse, *fig.*, p. 17 à 19.

4260. Cartailhac (É.). — Deux statues de la chapelle de Rieux [église des Cordeliers à] Toulouse, retrouvées, 2 *pl.*, p. 19 à 21.

4261. Lestrade (L'abbé). — Registre paroissial de Vacquiers (Haute-Garonne) [1616-1788], p. 22 à 30.

4262. Cartailhac (É.). — Pierre sculptée, aux armes de Toulouse, *fig.*, p. 31.

4263. Rivières (Baron de). — Deux ouvriers toulousains au xviiiᵉ siècle, maître fondeur [Arnault Boudret] et orfèvre [Antonin Troy], p. 32 à 35.

4264. Cartailhac (É.). — Le cimetière barbare de Saint-Affrique (Aveyron), *pl.*, p. 35 à 37.

4265. Nitzdulu (Albert). — Les portes et l'enceinte d'Alet (Aude), p. 38.

4266. Lestrade (L'abbé). — La suette à Muret, Frouzins et Montgeard (Haute-Garonne) [1782] p. 39 à 42.

4267. Galabert (L'abbé F.). — Jean de Touchebeuf, abbé du Mas-Grenier, et les églises bâties par lui (1523-1554), p. 42 à 46.

4268. Lestrade (L'abbé J.). — Portrait gravé de J.-L. de Buisson de Beauteville, évêque d'Alais. Cloche du château de Castelnau d'Estrétefonds (Haute-Garonne), p. 46.

4269. Jeanroy. — Un sirventés historique de Peire de Vilar, p. 47 à 48.

4270. Barrière-Flavy. — Sépultures barbares de Venerque (Haute-Garonne), p. 52 à 54.

4271. Hermet (L'abbé). — Cimetière wisigoth de Briadels, près Saint-Georges de Luzençon (Aveyron), *pl.*, p. 54 à 58.

4272. Cartailhac (É.). — Un cubitus humain percé par une flèche en silex [trouvé à Caunes (Aude)], p. 61.

4273. Durrach. — Bustes inédits d'Hermès [marbre] aux musées de Toulouse, 2 *pl.*, p. 62 à 65.

4274. Lamouzèle (Edmond). — Collection du conseiller [au Parlement de Toulouse] Fr. de Montégut, xviiiᵉ siècle, p. 65 à 66.

[Monnaies diverses.]

4275. Coust (L'abbé). — Durand d'Henri de Bredou, abbé de Moissac et évêque de Toulouse [xiiᵉ s.], p. 67 à 69.

4276. Taillefer (L'abbé). — Recettes médicinales populaires du xviiᵉ siècle, p. 87 à 88.

4277. Cau-Durban (L'abbé). — L'art français en Navarre sous Charles le Noble (1361-1425), p. 91.

4278. Pasquier. — Le vandalisme au château de Montségur (Ariège), p. 92.

4279. Saltet (L'abbé). — Vivien d'Aliscans et la légende de saint Vidian, p. 94.

4280. Desazars de Montgaillard (Baron). — Note sur deux portraits de saint Vincent de Paul, p. 95.

4281. Degert (L'abbé A.). — Contribution à l'histoire de l'imprimerie à Toulouse, p. 96.

[Bréviaire de Tarbes.]

4282. Lamondès (J. de). — Les projets de restauration de l'église Saint-Étienne [de Toulouse], p. 97 à 99.

4283. Couderc (C.). — Sur un missel ayant appartenu à l'église de la Daurade, p. 100.

4284. Degap. — La régence des écoles de Muret avant la Révolution (1451-1790), p. 100 à 112.

de l'église Saint-Étienne par le cardinal de Joyeuse [1592], p. 345 à 347.

4331. Lestrade (L'abbé J.). — Inventaire des ornements et vases sacrés de l'église de Saint-Rome à Tholose [1603], p. 347 à 350.

4332. Lestrade (L'abbé J.). — Tableau pour les Ursulines de Toulouse [par Jacques La Carrière], en 1608, p. 350.

4333. Droubt (L'abbé). — Origine de la vierge noire de la Daurade, p. 355 à 358.

[Statue de bois.]

4334. Lestrade (L'abbé). — La prière d'un notaire toulousin [Louis Adenet, 1603], p. 358.

4335. Seymour de thcci. — Notes d'onomastique pyrénéenne, p. 362 à 374.

4336. Deloume (Antonin). — Note sur l'hôtel d'Assezat et de Clémence Isaure (1895-1903), p. 375 à 400.

4337. Cartailhac (E.) et Deloume (Louis). — Martres Tolosane. La Société archéologique du midi de la France et son œuvre (1831-1901), p. 401 à 410.

GARONNE (HAUTE-). — TOULOUSE.

SOCIÉTÉ DE GÉOGRAPHIE DE TOULOUSE.

Les dix-neuf premiers volumes du recueil publié par cette Société, parus de 1882 à 1900, sont analysés dans le tome V, sous presse, de notre *Bibliographie générale*.

XX. — Société de géographie de Toulouse, 20ᵉ année. (Toulouse, 1901, in-8°, xvi-464 p.)

4338. Roule (Dʳ Louis). — Les bêtes dans l'art japonais, p. 125 à 152.

4339. Malafosse (De). — Le pays d'Aubrac et le plateau des Lacs, *fig.* et *carte*, p. 237 à 304.

XXI. — Société de géographie de Toulouse, 21ᵉ année. (Toulouse, 1902, in-8°, xvi-496 p.)

4340. Caraven-Cachin. — Quelques notes sur l'exploita-

tion des sources thermales dans le midi de la Gaule, p. 89 à 100.

4341. Castagné (J.). — Province du Térek (Caucase), p. 189 à 225.

4342. Foureau (Fernand). — De l'Algérie au Congo par l'Aïr et le Tchad, p. 269 à 297.

4343. Caraven-Cachin (Alfred). — La vierge du saule de Cadalen [Tarn], légende religieuse du IVᵉ siècle, p. 333 à 362.

4344. Auber. — Les établissements militaires de Toulouse en l'an ii et en l'an iii, p. 421 à 424.

4345. Guenot. — La navigation de la Garonne dans les temps anciens, p. 424 à 426.

GERS. — AUCH.

SOCIÉTÉ ARCHÉOLOGIQUE DU GERS.

Cette Société a été fondée en 1891 et reconnue par arrêté préfectoral du 29 mai 1894. Elle a publié, de 1891 à 1899, 8 volumes qui seront analysés dans le tome V de notre *Bibliographie générale*, ainsi que le tome I de son *Bulletin* paru en 1900.

II. — Bulletin de la Société archéologique du Gers, 2ᵉ année. (Auch, 1901, in-4°, 284 p.)

4346. Mazéret (Ludovic). — Voyage d'un jurat de Mont-

réal à Saint-Jean-de-Luz, avec une analyse des comptes consulaires pour l'année 1522, p. 13 à 21.

4347. Larroux (J.). — Contributions d'une commune

4390. Pagel (R.).—Lettre du pape Clément VII à Jean II, comte d'Armagnac [1379], p. 99 à 103.

4391. Anonyme. — Clôture du porche de Sainte-Marie d'Auch, p. 103.

4392. Laradie et Lavergne (A.). — Restauration de l'église paroissiale de Vic-Fezensac (1615-1619), fig., p. 105 à 112.

4393. Branet (A.). — Le grand Roi amoureux de Pierre de Sainte-Gemme [Lyon, 1603], p. 113 à 119, et 172 à 183.

4394. Pagel (R.). — Livres liturgiques manuscrits du diocèse d'Auch aux xv⁰ et xvi⁰ siècles, p. 119 à 123.

4395. Anonyme. — Victimes innocentes des révolutionnaires du Gers, p. 124.

4396. Mastron. — La pile gallo-romaine de Saint-Arailles, pl., p. 125 à 129.

4397. Pagel (René). — Le roi de la science, Joseph Lacomme, de Crastes [1792 † (?)], p. 129 à 136.

4398. Ditandy. — M. Cénac-Moncaut. Contes populaires de la Gascogne, p. 137 à 146. — Cf. n° 4353.

4399. Anonyme. — Jean de Beaujeu, bibliophile, p. 146 à 147.

4400. Mazéret (Ludovic). — Les consuls de Montréal et les Mercier, seigneurs de Balarin, p. 183 à 197.

4401. Samaran (Ch.) et Branet (A.). — Le château et les deux tours de Bassoues d'après les comptes de construction inédits (1370-1371), fig. et pl., p. 197 à 221.

4402. Anonyme. — Jean de Labrille, p. 221.

4403. Anonyme. — Feu de joie de la Saint-Jean-Baptiste [à Miramont-Latour, 1553], p. 222.

4404. Anonyme. — Frais de funérailles au xii⁰ siècle, p. 223 à 224.

4405. Lamazouade (L'abbé). — La peste à Plaisance en 1654, p. 227 à 231.

4406. Castex (Émile). —Coutumes ou for de Pardelban [xiii⁰ s.], p. 231 à 252.

4407. Lavergne (A.). — M. Auguste Ditandy [† 1902], notice biographique et bibliographique, p. 254 à 257.

4408. Brégail. — Un révolutionnaire gersois. Lantrac, p. 257 à 272.

4409. Métivier. — Église de Simorre, 3 pl., p. 274 à 276.

4410. Mazéret (Ludovic). — Lettres de rémission pour Alexandre de Galard, seigneur de Balarin (1614), p. 277 à 280.

4411. Despaux (Ch.). — Mandement inédit de Mᵍʳ de la Mothe-Houdancourt (1670), p. 281 à 283.

4412. Pagel (R.). — Marques extérieures de deuil en Gascogne (xvi⁰ et xvii⁰ s.), p. 283 à 286.

4413. Lamazouade (L'abbé). — Le clergé d'Auch pendant la Révolution, p. 286 à 291.

4414. Lagleize (L'abbé). — Le château féodal de Tournecoupe, p. 291 à 294.

GERS. — AUCH.

SOCIÉTÉ HISTORIQUE DE GASCOGNE.

Les publications antérieures de cette Société sont analysées dans notre *Bibliographie générale*, savoir :
Archives historiques de Gascogne (1883-1900), *Bibliographie*, t. I, p. 589, et t. V, sous presse.
Bulletin (devenu en 1864 la *Revue de Gascogne*), t. I à IV (1860-1863), *Bibliographie*, t. I, p. 589.
Revue de Gascogne, t. V à XXVII (1864-1886), *Bibliographie*, t. I, p. 592.
— — t. XXVIII à XLI (1887-1900), *Bibliographie*, t. V, sous presse.
— — t. XLII (1901), *Bibliographie*, nouvelle série, t. I, p. 34.

XLIII. — Revue de Gascogne. Bulletin mensuel de la Société historique de Gascogne, nouvelle série, t. II. (Auch, 1902, in-8°, 584 p.)

4415. Jullian (Camille). — Notes sur l'Aquitaine [d'après la Cosmographie de Qaswini, x⁰ s.], p. 5 à 11.

[Bordeaux et Dax au x⁰ siècle.]

4416. L. C. (Couture (Léonce)]. — Sur M. de Cérisy, évêque de Lombez [xviii⁰ s.], p. 11.

4417. Couture (Léonce). —Le soldat de Saint-Sever, conte de Rabelais, étude de linguistique gasconne, p. 12 à 34.

4418. L. C. [Couture (Léonce)]. — Propos d'un ministre de Puymirol, p. 34.

4419. Degert (A.). — La généalogie d'une erreur. Un concile gascon à rayer ou à déplacer, p. 35 à 46.

[Synode de Saint-Sever attribué à l'année 1381.]

4420. Anonyme. — M. de Chaumont, évêque de Dax, historien de Louis XIV, p. 46.

4421. Cézérac (C.). — Le sceau du chapitre de la cathédrale de Lectoure, *fig.*, p. 47 à 49.

4422. Anonyme. — M. Thore, prêtre de Saint-Sulpice [† 1879], p. 49.

4423. Lestrade (J.). — L'archiprêtré de Lussan et le jubilé auscitain de 1701, p. 50 à 52.

4424. Anonyme. — Deux centenaires béarnais [à Morlas (1771) et à Pau (1779)], p. 56.

4425. Secheyron (Dr L.) et Lavergne (Adrien). — Le Dr Édouard Desponts (1820 †1901), p. 57 à 69, et 79 à 85.

4426. Cézérac (C.). — Le clocher de Lectoure en 1761, p. 70 à 78.

4427. Anonyme. — Le rituel de Couserans [xiie s.], p. 85 à 86.

4428. Anonyme. — Un ouvrage oublié de M. Isidore Salles, p. 86 à 88.

[Histoire des professeurs du Jardin des plantes.]

4429. Anonyme. — Sentetz, d'Auch, constituant, p. 88.

4430. Lestrade (J.). — Critique des notices commingeoises du *Gallia Christiana* (1730), p. 93 à 95.

4431. Anonyme. — Armand Marrast et Castallat, p. 99.

4432. J. L. [Lestrade (J.)]. — Bibere et vivere, p. 112.

4433. Batcave (Louis). — Contrat d'engagement d'un médecin municipal à Orthez au xvie siècle [Mathurin Renoul], p. 113 à 119.

4434. Lestrade (J.). — A propos du crocodile de Saint-Bertrand [de Comminges], p. 120. — Cf. XXXVIII, p. 137.

4435. L. C. [Couture (Léonce)]. — Une plaquette auscitaine du capucin Joseph de Labitte-Toupière, p. 121 à 127.

4436. L. C. [Couture (Léonce)]. — Un chapelain du château de Lourdes [l'abbé Lasberons], p. 127.

4437. Guérard (J.). — La désolation de l'abbaye de Saint-Pé-de-Bigorre à la fin du moyen âge, p. 128 à 144.

4438. Degert (A.). — Premier serment prêté au Roi par les évêques de Gascogne. Formule inédite [du serment de Bertrand Boérie, 1474], p. 145 à 148.

4439. Degert (A.). — Les derniers jours de M. Couture, p. 153 à 157.

4440. L. C. [Couture (Léonce). — Une recette culinaire, p. 157 à 158.

4441. T. de L. [Tamizey de Larroque]. — Dom Bernard de Sédirac est-il né dans le diocèse d'Agen ou dans le diocèse d'Auch? p. 158.

4442. La Plagne-Barris (Cyprien). — Lauraet, p. 159 à 166.

4443. L. C. [Couture (Léonce)]. — Sur la bibliographie des *Maximes* du P. Gaichiés, p. 166.

4444. Gardère (Joseph). — La mort et les obsèques de M. de Jumilhac de Cubjac, évêque de Lectoure [† 1772], p. 167 à 170.

4445. Degert (A.). — Lettres inédites de Le Boux, évêque de Dax, à Colbert, p. 171 à 180.

4446. Anonyme. — Deux centenaires béarnais de l'année 1767 [à Bizanos et à Arros], p. 181.

4447. Lestrade (J.). — Le duc H. de Mayenne et Garaison, p. 181 à 182.

4448. F. G. — Beaumarchés et Marciac, pays de francsalé, p. 183 à 190.

4449. Lestrade (J.). — A propos de la conversion du vicomte de Fontrailles, p. 191 à 192.

4450. Lamazouade (P.). — Épisodes révolutionnaires. Persécution contre M. l'abbé Bladé, vicaire de Bajonnette, p. 193 à 195.

4451. Gardère (Joseph). — L'abbé Jaubert, évêque nommé de Saint-Flour [1769 † 1825], p. 202, 308, 410, et 562.

4452. J. L. [Lestrade (J.)]. — La première pierre du palais épiscopal de Lombez [1781], p. 220.

4453. Couture (Léonce). — Les correspondants de Chaudon, p. 221 à 236. — Suite de XLI, p. 481.

[L'abbé Trublet.]

4454. Samaran (Charles). — Charles d'Armagnac, vicomte de Fezensaguet, et la vie de château en Gascogne au xve siècle, p. 249, 297, et 366.

4455. Degert (A.). — A propos de l'iconographie de saint Vincent de Paul, *fig.*, p. 266 à 278.

4456. La Plagne-Barris (Cyprien). — Saint-Arailles, p. 279 à 288.

4457. L. C. [Couture (Léonce)]. — Si Coeffoteau a été nommé évêque de Lombez, p. 291.

4458. Cézérac (C.). — La prieure du Carmel de Lectoure à l'abbaye de Grandselve, [la Mère Thérèse de la Croix, 1730], p. 318 à 328.

4459. A. D. [Degert (A.)]. — Le mot historique du général Tartas, p. 328.

4460. Tauzin (J.-J.-C.). — Les Landes dans les rôles gascons d'Édouard Ier, p. 329 à 334.

4461. A. D. [Degert (A.)]. — Rectifications à la *Gallia Christiana*, Abbés de Saint-Pé : Jean (?) de la Porte et Jean d'Estornès [xvie s.], p. 334. — Évêques de Condom : Robert de Gontaud et Jean du Monluc [xvie s.], p. 433 à 434.

4462. Lestrade (J.). — Lettre d'un ancien évêque de Comminges [Charles-Antoine-Gabriel d'Osmond de Médavi, 1801], p. 335 à 336.

4463. Lestrade (J.). — Les poésies de M. Bordages, prêtre commingeois (xviiie s.), p. 345 à 365.

4464. Cézérac (C.). — L'archevêque d'Auch [Henri de la Mothe-Houdancourt] en conflit de préséance avec l'archevêque de Paris [Hardouin de Beaumont de Péréfixe, 1665], p. 376 à 381.

4465. C. C. [Cézérac (C.)]. — Le nom du directeur des biens et de la personne de Charles d'Armagnac [Jean-Pierre d'Estaing], p. 381.

4466. Degert (A.). — Le jansénisme à Dax, p. 389 à 397.

4467. Laplagne-Barris (Cyprien). — Saint-Jean-d'Angles, p. 398 à 409.

4468. Lamazouade (P.). — Épisodes révolutionnaires.

L'abbé François Montégut, curé de Sainte-Gemme,
p. 430 à 433.

4469. Laclavère (M.). — La vie de M. Couture [Léonce,
1832 † 1902], portr., p. 441 à 488.

4470. Labargou (Paul). — M. Couture, et son enseignement, p. 489 à 499.

4471. Maisonneuve (L.). — La philosophie de M. Couture,
p. 500 à 522.

4472. Jeanroy (A.). — M. Couture, philologue, p. 523
à 529.

4473. Cézérac (C.). — M. L. Couture et l'hagiographie
gasconne, p. 530 à 547.

4474. Degert (A.). — M. Couture et la *Revue de Gascogne*, p. 548 à 567

ARCHIVES HISTORIQUES DE LA GASCOGNE.

4475. Guérard (L'abbé Louis). — Documents pontificaux
sur la Gascogne d'après les archives du Vatican. Pontificat de Jean XXII (1316-1334). T. II. (Auch, 1903,
in-8°, 164 p.)

[Le tome I a paru en 1896.]

GIRONDE. — BORDEAUX.

ACADÉMIE DES SCIENCES, BELLES-LETTRES ET ARTS DE BORDEAUX.

Les publications antérieures de cette Académie sont analysées dans notre *Bibliographie générale*, savoir :
Séances publiques (1820-1837), *Bibliographie*, t. I, p. 619.
Actes, t. I à XLVI (1839-1885), *Bibliographie*, t. I, p. 621.
— t. XLVII à LX (1886-1900), *Bibliographie*, t. V.

LXI. — Actes de l'Académie nationale des
sciences, belles-lettres et arts de Bordeaux... 3° série, 63° année, 1901. (Paris,
1901, in-8°, 287-104 p.)

4476. Jullian (Camille). — Le gui et les Bituriges Vivis-
ques, p. 5 à 10.

4477. Labat (Gustave). — Nicolas Beaujon [1718 † 1786]

et les tableaux de la Chambre de commerce de Bordeaux [légués par lui], p. 47 à 108.

4478. Labat (Gustave). — Notes sur quelques peintures
en grisaille de Pierre Lacour fils, p. 139 à 145.

4479. Bouvy. — Sur une version italienne de la fable *Le
Meunier, son Fils et l'Âne* [sermon de saint Bernardin
de Sienne], p. 147 à 155.

4480. Jullian (Camille). — Notes bibliographiques sur
l'œuvre du Dr Azam (1822 † 1899), p. 157 à 201.

GIRONDE. — BORDEAUX.

SOCIÉTÉ ARCHÉOLOGIQUE DE BORDEAUX.

Les publications antérieures de cette Société sont analysées dans notre *Bibliographie générale*, savoir :
Recueil, t. I à IX (1874-1884), *Bibliographie*, t. I, p. 639.
— t. X à XXII (1885-1897), *Bibliographie*, t. V.

XXIII. — Société archéologique de Bordeaux,
t. XXIII. (Bordeaux, 1898 [à 1902], in-8°,
LIII-348 p.)

4481. Brion (André). — Un atelier de potier néolithique
(Canissac-Bégadan), p. 1 à 4.

4482. Corbineau (E.). — Lussac gallo-romain, *fig.* et *pl.*,
p. 7 à 18.

4483. Mensignac (Camille de). — Confrérie bordelaise de
monseigneur saint Jacques de Compostelle à l'église
Saint-Michel de Bordeaux, 4 *pl.*, p. 19 à 43.

4484. Nicolai (Alexandre). — *Note sur un nom de potier présumé Aquitain* (Andoca), *fig.*, p. 45 à 53.

4485. Mensignac (C. de). — *Note sur trois amulettes gallo-romaines contre les serpents*, p. 55 à 60.

4486. Dast Levacher de Boisville. — *La fontaine de l'hôtel Duplessis* [à Bordeaux], *fig.*, p. 61.

4487. Mensignac (Camille de). — *Note sur deux herminettes à tranchant oblique de l'époque robenhausienne*, p. 63.

4488. Mensignac (C. de). — *Pulvérin du xvie siècle découvert dans les ruines de château de Guillerages*, p. 81 à 83.

4489. Meller (P.). — *Monnaies et jetons en argent* [xviiie s.], p. 83 à 85.

4490. Jullian (Camille). — *Éloge funèbre de M. le comte A. de Chasteigner*, p. 112.

4491. Daleau (François). — *Une visite au musée Pérès à Libourne*, p. 131 à 134.

4492. Mensignac (C. de). — *Note sur la découverte de l'aqueduc gallo-romain de la place Sainte-Eulalie à Bordeaux*, *fig.*, p. 134 à 138.

4493. Meller (P.). — *Le mobilier d'une famille parlementaire sous Louis XIV, à Bordeaux*, p. 142 à 158.

[Inventaire après décès du président Jean Daffis, † 1637.]

4494. Brun (L'abbé). — *La matrice du sceau du Concordat de 1517*, *fig.*, p. 255 à 260.

4495. Brus (L'abbé). — *Une page de l'histoire de l'archéologie de Bazas, la porte du Gisquet et la fontaine Bragoux*, p. 260 à 269.

4496. Daleau (François). — *Une fibule à arc plat*, *pl.*, p. 270 à 273.

[Trouvaille d'Aveyres (Gironde).]

4497. Meller (Pierre). — *La porte d'Aquitaine* [à Bordeaux], p. 273 à 288.

4498. Mensignac (Camille de). — *Notice sur le cimetière gallo-romain du cours Pasteur, à Bordeaux*, p. 289 à 313.

4499. Fourché (P.). — *Les jetons* [de Bordeaux] *dits de l'Ormée* (1653), *pl.*, p. 315 à 336.

4500. Daleau (F.). — *Pied de roi en ivoire monté en argent*, p. 337.

4501. Mensignac (Camille de). — *Découverte de haches de bronze au moulin Gaillon, commune de Pauillac* (Gironde), p. 338.

4502. Dussaut. — *L'église de Montussan* (Gironde), *pl.*, p. 338 à 341.

4503. Mensignac (Camille de). — *Statuette de Mercure, découverte à Bordeaux*, p. 341.

GIRONDE. — BORDEAUX.

SOCIÉTÉ DES ARCHIVES HISTORIQUES DE LA GIRONDE.

Les publications antérieures de cette Société sont analysées dans notre *Bibliographie générale*, savoir :
Archives historiques, t. I à XXIV (1859-1885), *Bibliographie*, t. I, p. 644.
— — t. XXV à XXXV (1887-1900), *Bibliographie*, t. V.
— — t. XXXVI (1901), *Bibliographie*, nouvelle série, t. I, p. 35.

XXXVII. — **Archives historiques du département de la Gironde**, 37e volume. (Bordeaux, 1902, in-4°, 6 ff. non chiffrés, xvi-595 p.)

4504. Abbadie (François). — *Le Livre noir et les établissements de Dax*, 8 *pl.*, p. 1 à xvi, et 1 à 594.

XXXVIII. — **Archives historiques du département de la Gironde**, 38e volume. (Bordeaux, 1903, in-4°, xxiii-597 p.)

4505. Tallet et la Martinière (de). — *Cartulaire du prieuré de Sainte-Geneviève de Fronsac*, p. 1 à 35.

4506. Piganeau (E.). — *Documents sur la ville de Saint-Émilion* [1400-1790], p. 36 à 122.

4507. Meller (Pierre). — *État des gentilshommes et des possesseurs de fiefs nobles dans les juridictions dépendant des sénéchaussées de Guienne et de Libourne* [vers 1690], p. 123 à 163.

4508. Corbineau (E.). — *Documents sur l'abbaye de Faize* [1618-1791], p. 164 à 222.

4509. Divers. — *Documents concernant la ville de Bordeaux*, *plan*, p. 223 à 320.

[État des navires arrivés d'Angleterre en janvier 1455, p. 223. — Lettre de François Ier relative aux Cordeliers, p. 228. — Recouvrement de 25,000 livres sur les biens de Pierre Secondat, général des finances (1561), p. 230. — Mémoire de Vauban, devis des travaux, et comptes pour les fortifications du Château-Trom-

pelle, du fort Sainte-Croix et du château du Hâ (1680-1681),
p. 231. — Contrat pour la réparation du palais de l'Ombrière
(1690), p. 275. — Délibérations de la Jurade, p. 280. — Travaux
d'édilité (1744-1765), etc., p. 280.]

4510. Cosme (Léon). — L'industrie et le commerce en
Guienne sous le règne de Louis XVI, journal de tournée
de François-de-Paule Latapie, inspecteur des manufactures, en 1778, p. 321 à 509.

511. Marion. — Cahiers de doléances rédigés en 1789
par les paroisses de la sénéchaussée de Libourne,

p. 510 à 561. — Suite de XXXV, p. 351; et XXXVI,
p. 433.

[Libourne, Guîtres. — Canton de Pujols : Pujols, Civrac,
Noulliets, Villlemartin, Sainte-Florence, Saint-Jean de Blagnac,
Rauzan, Saint-Vincent. —.Charente-Inférieure : la Barde.]

4512. Barbère (Joseph). — Les filleules de Bordeaux :
Rions,'p. 562 à 565.

4513. Nicolaï (Alexandre). — Les filleules de Bordeaux :
Cadillac, p. 566 à 567.

GIRONDE. — BORDEAUX.

SOCIÉTÉ DES BIBLIOPHILES DE GUYENNE.

Les publications antérieures de cette Société sont analysées dans notre *Bibliographie générale*, savoir :
Ouvrages divers (1870-1881), *Bibliographie*, t. I, p. 665, et Supplément sous presse.
Publications, t. I à III (1868-1882), *Bibliographie*, t. I, p. 665.
Tablettes, t. I à IV (1869-1881), *Bibliographie*, t. I, p. 666.

4514. Bordes de Fortage (L. de). — Montesquieu.
Histoire véritable, publiée d'après un nouveau manuscrit avec une introduction et des notes. (Bordeaux,
1902, in-4°, xvi-77 p.)

GIRONDE. — BORDEAUX.

SOCIÉTÉ DE GÉOGRAPHIE COMMERCIALE DE BORDEAUX.

Les tomes I à XXV du recueil de cette Société seront analysés dans le Supplément, sous presse, de notre
Bibliographie générale, ainsi que les tomes I à V du *Bulletin* de la Société d'anthropologie de Bordeaux, qui s'est
fondue en 1894 avec la Société de géographie commerciale.

**XXVI. — Groupe géographique et ethnogra-
phique du Sud-Ouest. Société de géographie
commerciale de Bordeaux** réunie en 1894
avec la Société d'anthropologie et d'ethnographie
du Sud-Ouest. Bulletin, 2ᵉ série, 24ᵉ année, 1901.
(Bordeaux, 1901, in-8°, x-368 p.)

4515. Saint-Jours. — État ancien du littoral gascon, *fig.*,
p. 25 à 34, et 45 à 55.

4516. Descoffre (P.). — La Charente préhistorique, station humaine quaternaire d'Haute-Roche, *fig.*, p. 77
à 84, et 96 à 105.

4517. Humbert (Jules). — Un Gibraltar ignoré [localité de

ce nom situé sur le lac de Maracaïbo], p. 109 à 112.

4518. Duffart (Charles). — Topographie ancienne et
moderne des lacs d'Hourtin et de Lacanau, *fig.*, p. 129
à 145.

4519. Saint-Jours. — L'âge des dunes et des étangs de
Gascogne, *fig.*, p. 213, 233, et 253. — Cf. nᵒˢ 4520,
4523 et 4533.

4520. Duffart (Ch.). — Sur l'âge des dunes et des étangs
de Gascogne (Réponse aux articles de M. Saint-Jours),
p. 273 à 278. — Cf. nᵒˢ 4519 et 4523.

4521. Amérus (G.). — La ville de Kristiania [son histoire],
son commerce, sa navigation et son industrie, *fig.*,
p. 293, 333; et XXVII, p. 149, 285, 304, et 361.

4522. Girard (B.). — L'île de Metelin [Lesbos], p. 353 à 359.

4523. Saint-Jours. — Au sujet des eaux de Hourtin et de Lacanau, p. 364 à 366. — Cf. nᵒˢ 4519 et 4520.

XXVII. — Groupe géographique et ethnographique du Sud-Ouest. Société de géographie commerciale de Bordeaux réunie en 1894 avec la Société d'anthropologie et d'ethnographie du Sud-Ouest. Bulletin, 2ᵉ série, 25ᵉ année, 1902. (Bordeaux, 1902, in-8°, x-392 p.)

4524. Pawlowski (A.). — La Gironde et le golfe de Gascogne au xvie siècle. Extraits du *Routier de la mer*, de Pierre Garcie, dit Ferrande, p. 65 à 81.

[4520]. Amnéus (G.). — La ville de Kristiania, *fig.*, p. 149, 285, 304 et 361.

4525. Girard (B.). — Syra [Syros, Cyclades], p. 169 à 172.

4526. Girard (B.). — Beyrouth et le Liban, p. 209 à 222.

4527. Daunis (Marcel). — La principauté de Samos, p. 325 à 338.

GIRONDE. — BORDEAUX.

SOCIÉTÉ PHILOMATHIQUE DE BORDEAUX.

Les publications antérieures de cette Société sont analysées dans notre *Bibliographie générale*, savoir :
Revue philomathique de Bordeaux, t. I à III (1897-1900), *Bibliographie*, t. V, sous presse.
— — — t. IV (1901), *Bibliographie*, nouvelle série, t. I, p. 36.

V. — Revue philomathique de Bordeaux et du Sud-Ouest, 1902. (Bordeaux, 1902, in-8°, 576 p.)

4528. Dupuch (R.). — Le parti libéral à Bordeaux et dans la Gironde sous la deuxième Restauration, p. 21, 76, et 172.

4529. Callen (J.). — La rue Poitevine [à Bordeaux], p. 49 à 61, et 416 à 421.

4530. Meller (Pierre). — Les jeux de paume à Bordeaux avant la Révolution, p. 167 à 171.

4531. Strowski (Fortunat). — Montaigne lu à Bordeaux. Étude sur l'édition des *Essais* de 1580, p. 193 à 218.

4532. Boppe (A.). — Les deux tableaux *Turcs* du Musée de Bordeaux, p. 241 à 249.

[Réception du vicomte d'Andrezel par le sultan Ahmed III, peintures de van Mour.]

4533. Saint-Jours. — Le littoral de la Gascogne, p. 269 à 278, et 314 à 324. — Cf. nᵒ 4519.

[Étude historique sur les modifications de la côte.]

4534. Callen (J.). — Le premier bateau russe à Bordeaux [1725], p. 279 à 288.

4535. Céleste (R.). — Nicolas Beaujon (1718 † 1785), p. 289 à 301.

4536. Renaud (Léon). — Louis XIV à Bourg-sur-Gironde, p. 325 à 336.

4537. Marion (M.). — La vente des biens nationaux dans le district de Libourne, p. 385 à 405.

4538. Perceval (Émile de). — Coup d'œil sur de vieux dossiers, p. 422 à 431.

[Étude sur l'éloquence judiciaire à Bordeaux.]

4539. Céleste (Raymond). — Un petit fils de Montesquieu en Amérique (1780-1783), p. 529 à 556.

[Charles-Louis de Montesquieu, lieutenant-général des armées du Roi, 1749 † 1824, portr.]

HÉRAULT. — BÉZIERS.

SOCIÉTÉ ARCHÉOLOGIQUE ET LITTÉRAIRE DE BÉZIERS.

Les publications antérieures de cette Société sont analysées dans notre *Bibliographie générale*, savoir :
Bulletin, t. I à XXI (1836-1885), *Bibliographie*, t. II, p. 1.
—   t. XXII à XXVII (1887-1900), *Bibliographie*, Supplément sous presse.
—   t. XXVIII (1901), *Bibliographie*, nouvelle série, t. I, p. 36.
Ouvrages divers (1861-1881), *Bibliographie*, t. I, p. 1.

XXIX. — Bulletin de la Société archéologique, scientifique et littéraire de Béziers (Hérault), 3ᵉ série, t. IV, 1ʳᵉ [-2ᵉ] livraison, vol. XXXI [-XXXII] de la collection. (Béziers, 1901 [-1902], in-8°, 265 p.)

4540. Noguier (L.). — Chronique archéologique, *pl.*, p. 5 à 13, et 245 à 252.

[Sépultures gallo-romaines trouvées à Quarante (Hérault); antiquités gallo-romaines et sculptures du moyen âge entrées au musée, *pl.*; épitaphe de Dorothée Smith Walmesley, à Béziers († 1699), p. 5. — Inscription romaine découverte à Florensac; bronze antique représentant Bacchus; historique des fourches patibulaires de Béziers; la maison Lagarrigue, à Béziers, p. 245.]

4541. Noguier (Louis). — Les anciennes prisons et le château vicomtal à Béziers, *pl.*, p. 87 à 98.

4542. Soucaille (A.). — État paroissial de Béziers sous l'épiscopat de Jean IV de Bonsy (1599), p. 140 à 225.

4543. X. B. — Capitulation de Béziers [1632], p. 226 à 228.

4544. X. B. — Épitaphe [de Madeleine de Bermond du Caylar d'Espondeilhan, dame de Maussac, dans l'église de la Madeleine de Béziers, 1621], p. 228 à 229.

4545. Delouvrier (L'abbé A.). — Autel de l'église de Paulhan (ancien diocèse de Béziers), p. 229 à 232.

4546. Delouvrier (L'abbé A.). — Visite du monastère de Cassan par Jean de Bonsy (1605), p. 232 à 235, et 237 à 242.

4547. Delouvrier (L'abbé A.). — Cloche de l'église de Paulhan, p. 235 à 237.

HÉRAULT. — MONTPELLIER.

ACADÉMIE DES SCIENCES ET LETTRES DE MONTPELLIER.

Les publications antérieures de cette Académie sont analysées dans notre *Bibliographie générale*, savoir :
Mémoires, in-4°, t. I à VII (1847-1886), *Bibliographie*, t. I, p. 7.
—   t. VIII-IX (1887-1892), *Bibliographie*, Supplément sous presse.
Mémoires, in-8°, t. I-II (1893-1899), *Bibliographie*, Supplément sous presse.
Ouvrages divers (1858), *Bibliographie*, t. II, p. 7.

4548. Bonnet (Émile). — Catalogue de la bibliothèque de l'Académie des sciences et lettres de Montpellier. 1ʳᵉ partie : travaux des sociétés et établissements scientifiques, publications officielles, recueils périodiques. (Montpellier, 1901, in-8°, x-195 p.)

HÉRAULT. — MONTPELLIER.

SOCIÉTÉ ARCHÉOLOGIQUE DE MONTPELLIER.

Les publications antérieures de cette Société sont analysées dans notre *Bibliographie générale*, savoir :
Mémoires, t. I à VIII, 1ʳᵉ partie (1835-1884), *Bibliographie*, t. II, p. 9.
— t. VIII, 2ᵉ partie. et t. IX (1892-1899), *Bibliographie*, Supplément sous presse.
Ouvrages divers, *Bibliographie*, t. II, p. 9, et Supplément sous presse.

X. — Mémoires de la Société archéologique de Montpellier, 2ᵉ série, t. II. (Montpellier, 1902, in-8°, III et 469 p.)

4549. GUIRAUD (L.). — Jacques Cœur, p. 1 à 169.
4550. CAZALIS DE FONDOUCE. — La cachette du fondeur de Launac, 11 *pl.*, p. 171 à 208.
4551. REVILLOUT (Ch.). — Les promoteurs de la Renaissance à Montpellier, p. 209 à 384.
4552. GRASSET-MOREL. — Les projets de Dartain, 5 *pl.*, p. 385 à 400.

4553. BONNET (Émile). — Les œuvres de l'historien montpelliérain Pierre Serres, p. 401 à 430.
4554. BONNET (Émile). — Sur un livre liturgique imprimé pour l'église de Maguelonne en 1523, *fig.* et 2 *pl.*, p. 431 à 442.
4555. FABRÈGE et BONNET. — Fouilles de Villeneuve-lez-Maguelonne, p. 447 à 449.
4556. MERLE (L'abbé). — Un manuscrit du Traité des oiseaux d'Hugues de Fouilloy, p. 455 à 458.

HÉRAULT. — MONTPELLIER.

SOCIÉTÉ POUR L'ÉTUDE DES LANGUES ROMANES.

Les publications antérieures de cette Société sont analysées dans notre *Bibliographie générale*, savoir :
Revue des langues romanes, t. I à XXVIII (1870-1885), *Bibliographie*, t. II, p. 14.
— — t. XXIX à XLIII (1886-1900), *Bibliographie*, Supplément sous presse.
— — t. XLIV (1901), *Bibliographie*, nouvelle série, t. I, p. 37.
Ouvrages divers (1875-1901), *Bibliographie*, t. II, p. 13, et nouvelle série, t. I, p. 37.

XLV. — Revue des langues romanes, publiée par la Société pour l'étude des langues romanes, t. XLV (5ᵉ série, t. VII [*lisez* : V]). (Montpellier, 1902, in-8°, 544 p.)

4557. CHABANEAU (C.). — Une nouvelle édition du *Roman de Flamenca*, p. 5 à 43.
4558. STENGEL (E.). — Le chansonnier de Bernart Amoros, p. 44, 120, et 211. — Suite de XLI, p. 349; XLII, p. 5; XLIII, p. 190; et XLIV, p. 213, 328, 423 et 514.
4559. CASTETS (Ferdinand). — I dodici canti, épopée romanesque du XVIᵉ siècle, p. 65 à 71, et 152 à 173. — Suite

de XLI, p. 453; XLII, p. 44; XLIII, p. 71; et XLIV, p. 245, 443, et 531.
[4577]. PÉLISSIER (L.-G.). — Documents sur les relations de l'empereur Maximilien et de Ludovic Sforza en l'année 1499, p. 72, 370, et 470.
4560. TROUBAT (Fernand). — La danse des treilles [à Montpellier], *fig.* et *musique*, p. 97 à 119.
4561. JEANROY (A.). — Refrains inédits du XIIIᵉ siècle, p. 193 à 208. — Corrections à quelques textes précédemment publiés, p. 208 à 210. — Cf. XXXIX, p. 241; et XL, p. 350.
4562. ANGLADE (J.). — Gurgus. Lat. Gurgus; formes féminines et masculines en provençal, p. 276 à 278.

8.

4563. Coulet (Jules). — Sur la nouvelle provençale du *Papagai*, p. 289 à 330.

4564. Restori. — Recettes de fauconnerie et éléments de médecine. *fig.*, p. 337 à 347.

4565. Bertoni (Giulio). — Noterelle provenzali, p. 348; XLVI, p. 74, et 245.

[Sur Cercalmon, p. 348. — La chanson à la Vierge *Flors de Paradis* et Paraphrase en vers du *Pater*, p. 352. — Bertrand de Born (80, 14), XLVI, p. 73. — Il *flabel* di Aimeric de Peguilhan a Sordello, p. 245. — Vie provençale de sainte Marguerite, p. 249.]

[4572]. Ulrich (Jacques). — La traduction du nouveau Testament en ancien haut-engadinois par Bifrun, p. 357 à 369.

4566. Sarrieu (B.). — Le parler de Bagnères-de-Luchon et de sa vallée, p. 385 à 446; et XLVI, p. 317 à 398.

4567. Vidal (Auguste). — Les cartulaires d'Albi, p. 447 à 469.

4568. Tuénond (Gustave). — Contes lengadoucians, p. 488 à 498. — Suite de XLIII, p. 325; et XLIV, p. 54, 259, 469, et 551.

XLVI. — Revue des langues romanes, t. XLVI (5ᵉ série, t. VI). (Montpellier, 1903, in-8°, 608 p.)

4569. Grammont (Maurice). — *Ragotin* [comédie de La Fontaine] et le vers romantique, p. 5 à 29.

4570. Vianey (Joseph). — La robe grise de Macette [de Mathurin Régnier], p. 30 à 32.

4571. Vidal (Auguste). — Les délibérations du Conseil communal d'Albi de 1372 à 1388, p. 33 à 73.

[4565]. Bertoni (Giulio). — Noterelle provenzali, p. 74, et 245.

4572. Ulrich (Jacques). — La traduction du nouveau Testament en ancien haut-engadinois par Bifrun, p. 75 à 93. — Suite de XL, p. 65; XLI, p. 239; XLII, p. 56; XLIV, p. 521 et XLV, p. 357.

4573. Grammont. — Études sur les vers français, p. 97 à 244, et 417 à 532.

4574. Pistolesi (Lucilla). — Del posto che spetta al *Libro de Alexandro* nella storia della letteratura spagnuola, p. 255 à 281.

4575. Berthelé (Jos.). — Le vrai sens du mot *gitare* dans les anciens documents campanaires, p. 282 à 287.

4576. Kastner (L.-E.). — Les grands rhétoriqueurs et l'abolition de la coupe féminine, p. 289 à 297.

4577. Pélissier (L.-G.). — Documents sur les relations de l'empereur Maximilien et de Ludovic Sforza en l'année 1499, p. 298 à 316. — Suite de XLIV, p. 342; et XLV, p. 72, 370 et 470.

[4566]. Sarrieu (B.). — Le parler de Bagnères-de-Luchon et de sa vallée, p. 317 à 398.

4578. Chichmarev. — Vie provençale de sainte Marguerite, p. 545 à 590.

HÉRAULT. — MONTPELLIER.

SOCIÉTÉ LANGUEDOCIENNE DE GÉOGRAPHIE.

Les publications antérieures de cette Société sont analysées dans notre *Bibliographie générale*, savoir :
Bulletin, t, I à XXIII (1878-1900). *Bibliographie*, Supplément sous presse.
— t. XXIV (1901), *Bibliographie*, nouvelle série, t. I, p. 38.

XXV. — Société languedocienne de géographie. Bulletin, 25ᵉ année, t. XXV. (Montpellier, 1902, in-8°, 504 p.)

4579. Grasset-Morel. — Montpellier, ses sixains et ses rues, *pl.*, p. 5 à 42, 159 à 195. — Suite de XXIV, p. 198, 293 et 445.

4580. Calvet (J.). — La Montagne noire, p. 43 à 68. — Suite et fin de XXIV, p. 213, 316 et 467.

4581. Duponchel (A.). — Le colonel Fulcrand [† 1902], p. 340 à 343.

ILLE-ET-VILAINE. — RENNES.

SOCIÉTÉ ARCHÉOLOGIQUE D'ILLE-ET-VILAINE.

Les publications antérieures de cette Société sont analysées dans notre *Bibliographie générale*, savoir :
Extrait des procès verbaux (1844-1857), *Bibliographie*, t. II, p. 23.
Bulletin et mémoires, t. I à XVII (1861-1885), *Bibliographie*, t. II, p. 24.
— t. XVIII à XXX (1888-1901), *Bibliographie*, Supplément sous presse.
— t. XXXI (1902), *Bibliographie*, nouvelle série, t. I, p. 38.
Ouvrages divers (1883-1886), *Bibliographie*, t. II, p. 23.

XXXII. — Bulletin et mémoires de la Société archéologique du département d'Ille-et-Vilaine, t. XXXII. (Rennes, 1903, in-8°, XLVI et 259 p.)

4582. BIZEAT. — La corne de licorne conservée à l'hôpital Saint-Yves de Rennes, p. XIV.

4583. FROTIER DE LA MESSELIÈRE. — Portrait de Pierre Frotier (XV⁰ s.), p. XX.

4584. DECOMBE. — Médaille commémorative de la pose de la première pierre du Palais de justice de Rennes (1618), p. XXIV.

4585. PARFOURU. — Procès verbal de la pose de la première pierre du Palais de justice de Rennes, tiré des registres du Parlement de Bretagne (1618), p. XXVI.

4586. DU PONTAVICE. — Accord entre Yves Robelot, sᵉ de la Voltais, et Bertrand de Couëdor, sᵉ de l'Abbaye, relatif à des violences commises dans l'église de Guer (1518), p. XXVII.

4587. SAULNIER. — Charte suspecte relative à la famille de Boisgelin (1294), p. XXVIII à XXX.

4588. PARIS-JALLOBERT (L'abbé). — Cadran solaire à l'usage de Saint-Malo, dressé par l'abbé Manet, p. XXXVI à XXXIX.

4589. PARIS-JALLOBERT (L'abbé). — Pierre Desvallées (XVII⁰ s.), p. XXXIX à XLII.

4590. GUILLOTIN DE CORSON (L'abbé). — Petites seigneuries du comté de Rennes, p. 1 à 36. — Suite de XXIX, p. 227; et XXXI, p. 87.
[La Villegontier et la Tendraye en Parigné, Clayes en Clayes. La Bourbansaye en Pleugueneuc.]

4591. ANNE-DUPORTAL (A.). — Hédé, hôpital et maison des retraites, p. 37 à 84.

4592. DU PONTAVICE (Vicomte Paul). — Un enlèvement au temps jadis, p. 85 à 105.
[Jean Le Provost, sieur de la Garenne, et Louise Boschier (1635).]

4593. SAULNIER (F.). — Un prélat au XVII⁰ siècle. François de Villemontée, évêque de Saint-Malo [1598 † 1670], sa femme et ses enfants d'après des documents inédits, 2 portr., p. 107 à 138.

4594. POCQUET (Barth.). — Un prédicateur poursuivi en 1770, p. 139 à 162.
[Sermon de l'abbé Poisson à Saint-Germain de Rennes.]

4595. DECOMBE (Lucien). — Un artiste rennais du XVIII⁰ siècle. Jean-François Huguet (1679 † 1749), portr., p. 163 à 225.

4596. JOÜON DES LONGRAIS. — D'Artagnan à Rennes, vers héroïques d'Amelte de la Bourdonnaye [1717], p. 229 à 234.

4597. JOÜON DES LONGRAIS. — Le drapeau de Jacques Cartier, p. 235 à 240.

ILLE-ET-VILAINE. — SAINT-MALO.

SOCIÉTÉ HISTORIQUE ET ARCHÉOLOGIQUE DE SAINT-MALO.

Cette Société a été fondée à la fin de l'année 1899 et approuvée par arrêté préfectoral du 3 janvier 1900. Elle a publié depuis cette époque un fascicule annuel d'*Annales ;* une table collective pour les fascicules de

1900, 1901 et 1902 termine celui de cette dernière année, nous donnons donc ci-dessous l'analyse de ce premier volume. .

I. — **Annales de la Société historique et ar-chéologique de l'arrondissement de Saint-Malo.** Année 1900 [et années 1901 et 1902]. (Saint-Servan, 1900 [-1902], in-8°, 78, 93. et xii-96 p.)

Année 1900.

4598. Decombe (Lucien). — Un artiste oublié. Hyacinthe Lorette [1794 † 1872], p. 15 à 21.
4599. Herpin (E.). — Le fabuliste malouin François Longuécand [1813 † 1890], p. 22 à 27.
4600. Herpin (E.). — Le peintre Louis Amiel, p. 28 à 30.
4601. Hamon (J.-M.). — La vierge en argent de la cathé-drale de Saint-Malo, p. 31 à 34.
4602. Dupont (Étienne). — Simples notes de contribution à l'histoire du pays malouin, p. 35 à 38.
4603. Mathurin (L'abbé Joseph). — Les papegault ou papegai à Cancale (1559-1770), p. 39 à 44.
4604. Harvut. — La pêche à Terre-Neuve [depuis le xvi° siècle], p. 45 à 52.
4605. Dagnet (A.). — La mare Saint-Coulban, p. 61 à 68; et 1901, p. 72 à 78.

Année 1901.

4606. Herpin (E.). — La Compagnie des Indes aux mains des Malouins, p. 13 à 21.
4607. Mathurin (L'abbé Joseph). — Les prairies de Cé-zembre, p. 23 à 26.
4608. Hervot (D'). — La médecine et les médecins à l'Hôpital général de Saint-Malo (1679-1901), p. 27 à 46.
4609. Hamon (J.-M.). — L'amiral Gauttier-Duparc [1772 † 1850], p. 47 à 50.

4610. Boivin (Louis). — Au pays des Curiosolites, *pl.*, p. 51 à 63.
4611. Duchesne (L'abbé Louis). — Le presbytère de Saint-Servan en 1427, p. 64.
4612. Haize (Jules). — La station romaine de l'Argue-non. Voie romaine de Corseul à Tregon. Vestiges des Quatre-Vaux, p. 65 à 71.
[4604]. Dagnet (A.). — La mare Saint-Coulban, p. 72 à 78.

Année 1902.

4613. Herpin (E.). — Les chiens du guet [à Saint-Malo], p. 1 à 6.
4614. Hervot (D'). — Les rapports de l'Hôpital général de Saint-Malo avec Saint-Servan (1679-1793), p. 7 à 16.
4615. Saint-Mleux (Georges). — *Les cancans bretons* [pamphlet légitimiste], p. 17 à 29.
4616. Cléret de Langavant (Capitaine). — Simple note pour servir à l'histoire de Saint-Malo [1591], p. 30 à 33.
4617. Dagnet (A.). — Le parler cancalais, p. 34 à 38.
4618. Mathurin (Joseph). — Le Conseil général de Saint-Énogat (1726-1778), p. 39 à 46.
4619. Haize (Jules). — Notice sur les archives communales de Châteauneuf, p. 47 à 55.
4620. Boivin (Louis). — Promenades archéologiques, 2 *pl.*, p. 56 à 69.

[Dol., *pl.*; la Vieuville, *pl.*; Cancale et la Gouesnière.]

4621. Parfouru (P.). — Documents relatifs à la réception de Jean-Baptiste Garnier du Fougeray comme chevalier de l'ordre du Christ de Portugal [1726], p. 71 à 78.
4622. Delarue. — Procès-verbal concernant les chapelles et autels du Mont-Dol ayant servi aux sacrifices des an-ciens, et depuis, au culte catholique [1804], p. 79 à 83.

INDRE. — CHÂTEAUROUX.

SOCIÉTÉ ACADÉMIQUE DU CENTRE.

Les publications antérieures de cette Société sont analysées dans notre *Bibliographie générale*, savoir :
  Bulletin, t. I à VI (1895-1900), *Bibliographie*, Supplément sous presse.
  — t. VII (1901), *Bibliographie*, nouvelle série, t. I, p. 39.

VIII. — **Bulletin de la Société académique du Centre,** 8° année. (Châteauroux, 1902, in-8°, 336 p.)

4623. Lamy (L'abbé). — Archiprêtré du Blanc, p. 1 à 33, et 69 à 103. — Suite de VII, p. 1, 69, et 213.

4624. Moreau (L'abbé P.-S.). — Chapitre de Saint-Silvain de Levroux, p. 34 à 58. — Suite de II, p. 114, 200, 279; III, p. 109, 157; et VII, p. 181.
4625. Laguérenne (Henry de). — Les vignerons d'Issou-dun, p. 59 à 65.

4626. Bouvonnet (L'abbé Pierre). — Estrées-Saint-Genou, p. 104 à 125.

4627. Laguérenne (A. de). — Une lettre du comte de Brunet de Neuilly (1825; les chasses de Compiègne), p. 126 à 129.

4628. Morsau (S.). — Monographie de la paroisse de Saint-Satur et de ses environs pendant la période révolutionnaire (1789-1800), p. 133 à 150.

4629. Pierre (J.). — Histoire singulière et véridique de cinq bustes en marbre offerts à la ville de Troyes par M. Grosley, avocat, et exécutés par le sculpteur Louis-Claude Vassé, *facs.* et *pl.*, p. 151 à 174, et 217 à 237.

[Bustes de Pierre Miguard, *pl.*; de Girardon, *pl.*; de Pierre Pilhou, *pl.*; du P. Le Cointe et de J. Passerat.]

4630. V. H. [Huguenot (V.)]. — Monnaies découvertes à Bretagne, *pl.*, p. 175 à 184.

[Monnaies romaines.]

4631. [Huguenot (V.)]. — Le général A. Fabre, ses campagnes (1854-1871), d'après ses notes et sa correspondance, *portr.* et *pl.*, p. 185 à 202, et 238 à 324.

[Campagne de Crimée.]

4632. Pérot (Francis). — Méreaux de l'abbaye de Bussière-les-Nonains, à Saint-Désiré (Allier), dans l'ancien diocèse de Bourges, p. 325 à 332.

INDRE-ET-LOIRE. — TOURS.

SOCIÉTÉ D'AGRICULTURE, SCIENCES, ARTS ET BELLES-LETTRES D'INDRE-ET-LOIRE.

Les publications antérieures de cette Société sont analysées dans notre *Bibliographie générale*, savoir :

Recueil des séances, t. I à VI (an XI-1810), *Bibliographie*, t. II, p. 30.

Annales, t. I à LXIII (1821-1885), *Bibliographie*, t. II, p. 31.

— t. LXIV à LXXVII (1886-1900), *Bibliographie*, Supplément sous presse.

— t. LXXVIII (1901), *Bibliographie*, nouvelle série, t. I, p. 39.

Ouvrages divers (1763-1863), *Bibliographie*, t. II, p. 30.

LXXIX. — Annales de la Société d'agriculture, sciences, arts et belles-lettres du département d'Indre-et-Loire, publiées sous la direction de M. Auguste Chauvigné,... 2ᵉ série, 141ᵉ année, t. LXXXII, année 1902. (Tours, 1902, in-8°, 124 p.)

4633. Guerlin (Henri). — L'art religieux et l'œuvre de James Tissot, p. 70 à 78.

LXXX. — Annales de la Société d'agriculture, sciences, arts et belles-lettres du département d'Indre-et-Loire, publiées sous la direction de M. Auguste Chauvigné..., 2ᵉ série, 142ᵉ année, t. LXXXIII, année 1903. (Tours, 1903, in-8°, 124 p.)

INDRE-ET-LOIRE. — TOURS.

SOCIÉTÉ ARCHÉOLOGIQUE DE TOURAINE.

Les publications antérieures de cette Société sont analysées dans notre *Bibliographie générale*, savoir :

Mémoires in-8°, t. I à XXXIII (1842-1885), *Bibliographie*, t. II, p. 36.

— in-8°, t. XXXIV à XLI (1888-1900), *Bibliographie*, Supplément sous presse.

Mémoires in-8°, t. XLII (1901), *Bibliographie*, nouvelle série, t. I, p. 40.

Mémoires in-4°, t. I à II (1869-1887), *Bibliographie*, t. II, p. 44.

— in-4°, t. III à IV (1888-1897), *Bibliographie*, Supplément sous presse.

Bulletin, t. I à VI (1869-1885), *Bibliographie*, t. II, p. 44.

— t. VII à XII (1886-1900), *Bibliographie*, Supplément sous presse.

Ouvrages divers (1871-1881), *Bibliographie*, t. II, p. 36 et 49.

XIII. — Bulletin trimestriel de la Société archéologique de Touraine, t. XIII, 1901-1902. (Tours, 1903, in-8°, 604 p.)

4634. Bossebœuf (L'abbé L.). — L'église abbatiale de Marmoutier, p. 28. — Les statues de Saint-Paterne, p. 31.

4635. Bossebœuf (L'abbé L.). — La famille de Rabelais, p. 38 à 39.

4636. Alousque. — L'ancien presbytère de Boussay, p. 47 à 48.

4637. B. de la M. (Comte) [Boulay de la Meurthe (Comte Alfred)]. — Translation des restes de Descartes à l'abbaye de Saint-Germain-des-Prés, p. 55 à 80.

4638. Beaumont (Ch. de). — Communications archéologiques, p. 83 à 85.

[Sceau de Saint-Martin-de-Maillé-Laillé ; statue de Vénus Anadyomène ; fouilles de Chatigny.]

4639. Bossebœuf (L'abbé L.). — Sur un buste du Christ au Carroi-Voguet, commune de Saint-Pierre-des-Corps (xv° s.), p. 85 à 86.

4640. Langlois (L.). — Obligations passées à Tours par Henri IV, au profit de ses régiments suisses (mars 1593), p. 102 à 165.

4641. Gatian de Clérambault (E.). — Note sur les jetons des maires de Tours, p. 165 à 167.

4642. Grimaud (Henri). — Les propriétés de la famille Rabelais (1480-1650), p. 168 à 181.

4643. Anonyme. — Les proches parents de Descartes en Touraine, p. 181 à 184.

4644. Beaumont (Comte Ch. de). — La ferme des Roulets ou Roulais, à Fondettes, p. 189 à 190.

4645. Bossebœuf (L'abbé). — Le château de la Vallière, p. 191 à 193.

4646. Hardion (J.) et Bossebœuf (L.). — Les maisons historiques de Tours, 2 pl., et fig., p. 201 à 268. — Suite du XII, p. 195 et 230.

[L'hôtel Gouin.]

4647. Roulay de la Meurthe (Comte). — Les peintres du château des Montils et d'Amboise, p. 271. — La Saint-Barthélemy à Tours, p. 272.

4648. Grandmaison (Louis de). — Inscriptions de la cloche de Coucsmes (1787), p. 272.

4649. Bossebœuf (L'abbé). — Fragment d'un livre des recettes de Marmoutier relatif à la famille Descartes, p. 273.

4650. Bossebœuf (L'abbé). — Découverte d'un four à poteries à Tours, p. 274.

4651. Fave. — Excursion à Vendôme, p. 278 à 280.

4652. Grandmaison (Louis de). — Jean-Baptiste Gault, évêque de Marseille († 1643), p. 280.

4653. Fave (H.). — M. Malardier [Pierre-Louis, 1848 † 1901], p. 293 à 295.

4654. Fave (H.). — M. Auguste Martin [1817 † 1901], p. 295 à 297.

4655. Dubreuil-Chambardel (Louis). — La rivière de Liqueil, p. 297 à 300.

4656. Grimaud (Henri). — La sibylle de Panzoult, p. 301 à 305.

4657. Beaumont (Comte Charles de). — Note sur les seigneurs de Rochecot, p. 306 à 344.

4658. Gabeau (Alfred). — Étude sur le marquisat de la Vallière et les fiefs qui en dépendent, p. 362 à 392, et 435 à 473.

4659. Beaumont (Comte Charles de). — Nouveau document sur l'hôtel Gouin [à Tours, 1599], p. 393 à 402.

4660. Grandmaison (Louis de). — La naissance de l'historien Jacques Dupuy (Tours, 24 septembre 1591), p. 403 à 405.

4661. Fay (Paul). — La confrérie des agonisants à Luynes [xviii° s.], p. 405 à 408.

4662. Langlois (Ludovic). — L'Atlas de [Maurice] Bouguereau [*Théâtre françois*, Tours, 1594], p. 408 à 412.

4663. Beaumont (Comte Charles de). — La carte du duché de Touraine en 1592, p. 412 à 415.

4664. Bousrez (Louis). — L'emplacement exact de N.-D. de l'Écrignole [à Tours], p. 415.

4665. Bossebœuf (L.). — Notes sur quelques artistes de Touraine [xv°-xviii° s.], p. 473 à 488.

4666. Clérambault (De). — Les cimetières des protestants à Tours, p. 488 à 491.

4667. Beaumont (Comte Charles de). — Découvertes de monnaies à Luynes, p. 491 à 492.

[Monnaies françaises (xv°-xvi° s.).]

4668. Lépinais (De). — Excursion de la Société archéologique au Mans, p. 500 à 514.

4669. Fave (H.). — Pierre Damien [1824 † 1902], p. 514 à 515.

4670. Fave (H.). — Le comte Jules-Auguste de Marolles [1809 † 1902], p. 516 à 520.

4671. Beaumont (Comte Charles de). — Note sur les tapisseries de la cathédrale de Tours, p. 520 à 524.

4672. Grimaud (Henri). — Le statut municipal de Chinon [1560], p. 524 à 543.

4673. Grandmaison (Louis de). — Inscriptions des églises de Crissay et de Rivière, p. 559 à 562.

4674. Boulay de la Meurthe (Comte). — Notes sur les imprimeurs et libraires de Tours pendant la Ligue, p. 563 à 571.

4675. Vitry (P.). — A propos du coffre d'Azay-le-Rideau [les stalles de la chapelle du château d'Ussé, xvi⁰ s.], p. 571 à 573.

4676. Grandmaison (Ch. de). — Deux points de la biographie de Michel Colombe, p. 574 à 585.

4677. Faye (H.). — M. Louis Camus [1851 † 1902], p. 585 à 586.

4678. Boutineau (F.-Émile). — Note sur l'église Saint-Pierre-le-Puellier à Tours [vente en 1791], p. 587 à 589.

4679. Fay (Paul). — Un collège à Luynes, p. 590 à 592.

4680. Beaumont (Comte Charles de). — Découvertes archéologiques à Fondettes, *fig.*, p. 593 à 597.

[Antiquités gauloises et gallo-romaines.]

ISÈRE. — GRENOBLE.

ACADÉMIE DELPHINALE.

Les publications antérieures de cette Académie sont analysées dans notre *Bibliographie générale*, savoir :

Bulletin, t. I à XXVIII (1836-1885), *Bibliographie*, t. II, p. 51.

— t. XXIX à XLII (1886-1900), *Bibliographie*, Supplément sous presse.

— t. XLIII (1901), *Bibliographie*, nouvelle série, t. I, p. 40.

Documents inédits, t. I à III (1865-1875), *Bibliographie*, t. II, p. 59.

Mémoires, t. I à III (1787-1789), *Bibliographie*, t. II, p. 51.

Recueil, t. I à III (an vii-1807), *Bibliographie*, t. II, p. 51.

XLIV. — **Bulletin de l'Académie delphinale**, 4⁰ série, t. XVI, 1902. (Grenoble, 1903, in-8⁰, xl.-488 p.)

4681. Juster (Capitaine Émile). — Deux années de commandement [de Leroy, dit Blondel] à Château-Queyras (1822-1824), p. 17 à 64.

4682. Mirieu (Comte de). — Monographie de la famille de la Morte-Laval, 7 portr., 1 pl., et 2 tableaux, p. 73 à 116.

4683. Ferrand (Henri). — Un problème de géographie dauphinoise [cartographie], *cartes dont 2 hors texte*, p. 117 à 134.

4684. Juster (Émile). — Une fête municipale à Grenoble. Mariage de dix anciens militaires le 29 avril 1810 [à l'occasion du mariage de Napoléon I⁰ʳ et de Marie-Louise], p. 135 à 145.

4685. Boudet (Marcellin). — Documents inédits sur les chartes coutumières et gardiennes. Aspres-sur-Buech et ses chartes de coutumes (1276-1439), p. 173 à 475.

ISÈRE. — GRENOBLE.

SOCIÉTÉ DAUPHINOISE D'ETHNOLOGIE ET D'ANTHROPOLOGIE.

Les tomes à I à VII des Bulletins de cette Société publiés de 1894 à 1900 seront analysés dans le Supplément de notre *Bibliographie générale*.

VIII. — Bulletins de la Société dauphinoise d'ethnologie et d'anthropologie, t. VIII, 1901. (Grenoble, 1901, in-8°, 364 p.)

4686. Jacquot (Lucien). — De quelques usages chez les indigènes de l'Afrique australe, p. 6.

4687. Jacquot (Lucien). — Étymologie des noms de lieu en Chablais, p. 8 à 45. — Suite et fin de VII, p. 178.

4688. Genton. — Notes ethnographiques sur la Corsa, p. 45 à 54.

4689. Beylié (De). — Notes sur les corporations en Dauphiné dans la seconde moitié du xviii° siècle, p. 56 à 70.

4690. Lachmann. — Origine du mot Dalhia, p. 72.

4691. Flandrin (D'). — Le premier disciple de Pasteur en Dauphiné : M. Pierre Sirand, p. 73 à 91.

4692. Chabrand (E.). — Coup d'œil général sur l'extraction et la métallurgie de l'or dans l'antiquité, p. 91 à 104.

4693. Morel (Jules). — Le vagabondage et la mendicité au xvi° siècle, p. 104 à 122.

4694. Roux (Émile). — Les Précieuses à Grenoble au xvii° siècle, Claude de Chaulnes, à propos de son manuscrit inédit de la bibliothèque de Grenoble, p. 133 à 160.

4695. Muller. — Présentation d'un vase funéraire romain en plomb, trouvé à la Bâtie-Mont-Saléon (Hautes-Alpes), *pl.*, p. 163 à 166.

4696. Jacquot. — Fêtes traditionnelles des indigènes de l'Algérie, p. 211.

4697. Bonnet (D' J.). — A propos de quelques chapiteaux, 2 *pl.*, p. 213 à 229.

[Chapiteaux provenant de l'église de Bernins (Aĩn), et de l'ancien cloître de la cathédrale de Grenoble.]

4698. Verne (Claude). — A travers les Indes anglaises, *fig.* et 6 *pl.*, p. 232 à 319.

4699. Picaud (A.). — Ethnologie des jeux populaires, p. 331 à 352.

IX. — Bulletin de la Société dauphinoise d'ethnologie et d'anthropologie, t. IX, 1902. (Grenoble, 1902, in-8°, 264 p.)

4700. Girard. — Dessèchement des marais de Bourgoin,

Jallieu, Brangues, le Bouchage, la Verpillière et leurs dépendances [xvii° s.], p. 10 à 13.

4701. Muller. — Présentation d'objets en bronze trouvés en Dauphiné, *pl.*, p. 14 à 20.

4702. Delacroix. — Notes pour servir à l'histoire des protestants en Dauphiné, après la révocation de l'Édit de Nantes (notes extraites des archives communales de Mens), p. 24 à 28.

4703. Muller. — Note sur une pointe de flèche en bronze trouvée au pied de la cheminée de Chamechaude [massif de la Grande-Chartreuse], p. 28 à 30.

4704. Jacquot. — Notes diverses d'ethnographie, *pl.*, p. 30 à 34.

4705. Jacquot (L.). — Notes ethnographiques sur les Boers, p. 43 à 47.

4706. Jacquot. — La découverte de l'Amérique [ix-xi° s.], p. 47 à 51.

4707. Delaloye (L'abbé). — Démembrement de la paroisse de la Garde en Oisans, p. 52 à 56, 199 à 209.

4708. Beylié (J. de). — Une arrestation sensationnelle à la Mure, en 1792, p. 64 à 75.

4709. Delacroix. — Privilèges et libertés de Mens [1282-1687], p. 78 à 82.

4710. Bordier (D'). — Analyse ethnique des populations de l'Isère par l'étymologie des noms propres, p. 90 à 101.

4711. Muller. — Notes pour servir à l'histoire de l'organisation du corps pharmaceutique et médical militaire dans les Alpes, du 27 juin 1792 au 14 pluviôse an viii, p. 109 à 117.

4712. Bordier (D'). — Un chapitre de l'évolution de l'art, l'art préhistorique, *fig.* et *pl.*, p. 118 à 129.

4713. Delmas (D' P.). — Les Hadjrat Mektoubat ou les pierres écrites du Djebel Amour dans le Sud-Oranais, *fig.*, p. 130 à 147.

4714. Jacquot. — Amulettes algériennes, *fig.* et 2 *pl.*, p. 195 à 198.

4715. Chalvin. — Règlements de la commune d'Huez en Oysans [1733], p. 210 à 217.

4716. Bolot (Louis). — Les campagnards de l'arrondissement de Lure. Leur histoire, leur patois, leurs superstitions, leur thérapeutique, p. 217 à 241.

ISÈRE. — GRENOBLE.

SOCIÉTÉ DE STATISTIQUE, DES SCIENCES NATURELLES ET DES ARTS INDUSTRIELS DE L'ISÈRE.

Les publications antérieures de cette Société sont analysées dans notre *Bibliographie générale*, savoir :
Bulletin, t. I à XXIV (1838-1885), *Bibliographie*, t. II, p. 60.
— t. XXV à XXXI (1889-1900), *Bibliographie*, Supplément sous presse.

XXXII. — Bulletin de la Société de statistique, des sciences naturelles et des arts industriels du département de l'Isère, 4ᵉ série, t. VI (XXXIIᵉ de la collection). (Grenoble, 1902, in-8°, 433 p.)

4717. Roman (J.). — Les peuples des Alpes, *carte*, p. 9 à 21.

4718. Roman (J.). — Legs faits par Abbon dans son testament dans les pagi de Briançon, Embrun, Chorges et Gap [739], p. 23 à 46.

4719. Gevrey (A.). — Les monnaies incuses de la Grande Grèce, p. 103 à 118.

4720. Duhamel (H.). — Voyage d'inspection de la frontière des Alpes en 1752 par le marquis de Paulmy, secrétaire d'État, adjoint au ministre de la Guerre, le comte d'Argenson, *fig.*, p. 119 à 264.

[Relation rédigée par Charles Benoit, comte de Guibert, suivie de mémoires sur les travaux de fortification, par Pierre Bourcet.]

ISÈRE. — GRENOBLE.

SOCIÉTÉ DES TOURISTES DU DAUPHINÉ.

Les publications antérieures de cette Société sont analysées dans notre *Bibliographie générale*, savoir :
Annuaire, t. I à XI (1875-1885), *Bibliographie*, t. II, p. 64.
— t. XII à XXVI (1886-1900), *Bibliographie*, Supplément sous presse.

XXVII. — Annuaire de la Société des touristes du Dauphiné, 27ᵉ année, 1901, 2ᵉ série, t. VII. (Grenoble, 1902, in-8°, 323 p.)

4721. Coolidge (W.-A.-B.). — Le mont Pelvoux, monographie historique, 4 *pl.*, p. 69 à 150.

4722. Coolidge (W.-A.-B.). — La Meije et ses noms divers, p. 180 à 196.

4723. Anonyme. — Le Briançonnais, p. 239 à 255.

XXVIII. — Annuaire de la Société des touristes du Dauphiné, 28ᵉ année, 1902, 2ᵉ série, t. VIII. (Grenoble, 1903, in-8°, 327 p.)

4724. Ferrand (H.). — Le Dauphiné inconnu, p. 98 à 110.

JURA. — LONS-LE-SAUNIER.

SOCIÉTÉ D'ÉMULATION DU JURA.

Les publications antérieures de cette Société sont analysées dans notre *Bibliographie générale*, savoir :
Travaux et Mémoires, t. I à XLIX (1819-1885), *Bibliographie*, t. II, p. 66.
Mémoires, t. L à XLIII (1886-1900), *Bibliographie*, Supplément sous presse.
— t. LXIV (1901), *Bibliographie*, nouvelle série, t. I, p. 41.
Ouvrages divers (1883-1885), *Bibliographie*, t. II, p. 60.

LXV. — Mémoires de la Société d'émulation du Jura, 7ᵉ série, 2ᵉ volume, 1902. (Lons-le-Saunier, 1902, in-8°, 403 p.)

4725. Grosjean (Mˡˡᵉ) et Briot (Dʳ). — Glossaire du patois de Chaussin, p. 1 à 60.

4726. Pernod (Maurice). — Étude sur la vie et sur les œuvres de Guillaume de Saint-Amour, docteur en théologie de l'Université de Paris, chanoine de Beauvais et de Mâcon (1202-1272), pl., p. 61 à 252.

4727. Longin (Émile). — Augustin Vuillerme. Relation de l'incendie de Saint-Claude (1639), publiée avec une introduction et des notes, p. 253 à 320.

4728. Lautrey (Louis). — La baronnie de Chevreau, terrier de 1659, p. 321 à 366.

JURA. — POLIGNY.

SOCIÉTÉ D'AGRICULTURE, SCIENCES ET ARTS DE POLIGNY.

Les publications antérieures de cette Société sont analysées dans notre *Bibliographie générale*, savoir :
Bulletin, t. I à XXVI (1860-1885), *Bibliographie*, t. II, p. 73.
— t. XXVII à XLI (1886-1900), *Bibliographie*, Supplément sous presse.
— t. XLII (1901), *Bibliographie*, nouvelle série, t. I, p. 41.

XLIII. — Bulletin de la Société d'agriculture, sciences et arts de Poligny..., 43ᵉ année, 1902. (Poligny, 1902, in-8°, 144 p.)

LANDES. — DAX.

SOCIÉTÉ DE BORDA.

Les publications antérieures de cette Société sont analysées dans notre *Bibliographie générale*, savoir :
Bulletin, t. I à X (1876 à 1885), *Bibliographie*, t. II, p. 80.

Bulletin, t. XI à XXV (1886-1900), *Bibliographie*, Supplément sous presse.
— t. XXVI (1901), *Bibliographie*, nouvelle série, t. I, p. 42.
Ouvrages divers (1887), *Bibliographie*, t. II, p. 80.

XXVII. — Bulletin de la Société de Borda.
Dax (Landes), 27ᵉ année, 1902. (Dax, 1902, in-8°, I.X-282 p.)

4729. Arnaudin (Félix). — Un mot sur Labouheyre, p. xxv à xxvii.
4730. Laporterie (Joseph de). — Mosaïque du Gleyza, à la Hounade, p. xxxiv.
4731. Cuzacq. — Prix des matières résineuses dans les Landes durant une période de plus de cent ans, avec des notes explicatives et historiques, p. 1 à 33. — Suite de XXVI, p. 249.
4732. Degert (A.). — Histoire des évêques de Dax, p. 37, 85, 141 et 249. — Suite de XXIV, p. 37, 89, 141;

XXV, p. 1, 53, 117, 217; et XXVI, p. 1, 41, 119, et 189.
4733. Foix (V.). — Où est né Lahire? *fig.*, p. 69 à 81.
4734. Abbadie (F.). — Programme d'une fête scolaire au xviiiᵉ siècle, p. 125 à 138.

[Au collège des Barnabites, à Dax, 1768.]

4735. Haristoy (P.). — Fondation de la paroisse et de la commune de Ciboure (Basses-Pyrénées), aux xvᵉ et xviiᵉ siècles, p. 181 à 192, et 201 à 222.
4736. Daugé (C.). — Numismatique. Collection de M. le Dʳ Levrier à Aire-sur-l'Adour (Landes), p. 223 à 246.

[Monnaies mérovingiennes, romaines et du moyen âge; poids monétaires.]

LOIR-ET-CHER. — BLOIS.

SOCIÉTÉ DES SCIENCES ET LETTRES DE LOIR-ET-CHER.

Les publications antérieures de cette Société sont analysées dans notre *Bibliographie générale*, savoir :
Mémoires, t. I à XI (1833-1885), *Bibliographie*, t. II, p. 86.
— t. XII à XIV (1888-1900), *Bibliographie*, Supplément sous presse.
— t. XV (1901), *Bibliographie*, nouvelle série, t. I, p. 42.

XVI. — Mémoires de la Société des sciences et lettres de Loir-et-Cher, 16ᵉ volume. (Blois, 1902, in-8°, 295 p.)

4737. Belton (Louis). — Victor Hugo et son père, le général Hugo à Blois, d'après les lettres de Victor Hugo conservées à la Bibliothèque de Blois et divers documents inédits, *pl.*, p. 9 à 85.
4738. Ressomen (André). — Une famille blésoise : les de Brisacier, *pl.*, p. 89 à 148.
4739. Brosset (Jules). — La musique de la Garde nationale de Blois [1789 † 1885], p. 149 à 167.
4740. Houssay (Dʳ François). — Les silex du tertiaire

de Thenay et l'œuvre de l'abbé Bourgeois, *portr.*, 4 *pl.*, p. 169 à 219.
4741. Thibault (Adrien). — Nouvelles notes sur les protestants blaisois, p. 221 à 267. — Cf. XI, p. 61.
4742. Soyer (Jacques). — Les Bretons à Blois à la fin du vᵉ siècle, la prise de la ville par les Francs, l'histoire et la légende, p. 268 à 271.
4743. Trouëssart (A.). — La galerie de Henri IV dans les jardins du château de Blois, *pl.*, p. 272 à 276.
4744. Ubald d'Alençon (Le Fr.). — Description de Montfraut, près Chambord, en 1327, p. 277 à 288.
4745. Soyer (Jacques). — Un saint du Blésois : Victor, évêque du Mans, son identité, p. 289 à 293.

LOIR-ET-CHER. — VENDÔME.

SOCIÉTÉ ARCHÉOLOGIQUE DU VENDÔMOIS.

Les publications antérieures de cette Société sont analysées dans notre *Bibliographie générale*, savoir :
Bulletin, t. I à XXIV (1862-1885). *Bibliographie*, t. II, p. 88.
— t. XXV à XXXIX (1886-1900), *Bibliographie*, Supplément sous presse.
— t. XL (1901), *Bibliographie*, nouvelle série, t. I, p. 43.
Ouvrages divers (1883), *Bibliographie*, t. II, p. 88; et Supplément sous presse.

XLI. — Bulletin de la Société archéologique, scientifique et littéraire du Vendômois.., t. XLI, 1902. (Vendôme, 1902, in-8°, 292 p.)

4746. Haugou (L'abbé).— Troo, de 1790 à 1795, d'après les registres municipaux, p. 5 à 35, et 250 à 275.
4747. Dupré. — César de Vendôme en Guyenne, p. 36 à 47. — Suite et fin de XL, p. 89, et 293.
4748. Saint-Venant (R. de). — La municipalité de la Chapelle-Vicomtesse (canton de Droué, Loir-et-Cher) de 1787 à 1792, p. 48 à 76. — Suite de XL, p. 251.
4749. Chantraud (G.). — La fontaine Godineau [à Vendôme], p. 77 à 79.
4750. Bonbourg (G.). — Histoire du collège et du lycée de Vendôme, p. 91 à 103, et 175 à 190.
4751. Martellière (J.). — Analyse de quelques autographes et documents faisant partie de la collection A. Maitre, p. 104 à 132.

[Sauvegarde de Charles de Vendômois (1527), p. 105. — Quittance de Henriette de Nevers (1564), p. 109. — Ordre de mise en

liberté donné par Catherine de Médicis (1572), p. 111. — Lettre de Charles IX au duc de Longueville (1572), p. 113. — Lettres d'Eugène et d'Hortense de Beauharnais à leur mère, p. 125.]

4752. Trémault (A. de). — Hôtel de Langey [à Vendôme], p. 144 à 147.
4753. Nouel (E.) et Peltereau (E.). — M. Émilien Renou (1815 † 1902), portr., p. 156 à 174, et 214 à 222.
4754. Rochambeau (Marquis de). — Notice biographique sur le D⁗ Jonquet de Mondoubleau [François-Félix, 1813 † 1876], p. 191.
4755. Saint-Venant (R. de). — La paroisse de la Chapelle-Vicomtesse et sa fondation, *fig.*, p. 223 à 249. — Suite de XXXIX, p. 162.
4756. Rotau (Ph.). — Notice sur les fouilles et recherches effectuées en 1902 dans l'ancien prieuré de Saint-Pierre-la-Motte, p. 276 à 281.
4757. Renault (G.). — Note sur la découverte d'un atelier néolithique au Neufmanoir près de Danzé, p. 282 à 285.
4758. Letessier (L.). — Monnaie vendômoise inédite, *fig.*, p. 287 à 289.

LOIRE. — SAINT-ÉTIENNE.

SOCIÉTÉ D'AGRICULTURE DU DÉPARTEMENT DE LA LOIRE.

Les publications antérieures de cette Société sont analysées dans notre *Bibliographie générale*, savoir :
Annales, t. I à XXIX (1857-1885), *Bibliographie*, t. II, p. 100.
— t. XXX à XLIV (1886-1900), *Bibliographie*, Supplément sous presse.
— t. XLV (1901), *Bibliographie*, nouvelle série, t. I, p. 44.

XLVI. — Annales de la Société d'agriculture, industrie, sciences, arts et belles-lettres du département de la Loire....., 2ᵉ série, t. XXII, 46ᵉ volume de la collection, année 1902. (Saint-Étienne, 1902, in-8°, 291 p.)

4759. Biron (Joseph). — M. Louis de Lapala [1836 † 1902], portr., p. 139 à 142.

4760. [Dumas (Joseph)]. — Tableau des conspirateurs et suspects du district d'Armeville, ci-devant Saint-Étienne; évaluation de la fortune des principaux habitants de Saint-Étienne et montant des sommes taxées par le représentant en mission Javogues, p. 211 à 220.

4761. Thiollier (Noel). — Document relatif au transport en franchise des charbons destinés aux Compagnies de colonisation [1664-1726], p. 221 à 224.

4762. Dumas (Joseph). — Élections nationales de l'an ix. Liste des notables du département de la Loire, élus pour faire partie de la liste de notabilité nationale, p. 263 à 265.

4763. Thiollier (Noël). — Sculptures de la Renaissance trouvées à Saint-Étienne, fig. et 2 pl., p. 267 à 272.

LOIRE (HAUTE-). — LE PUY.

SOCIÉTÉ D'AGRICULTURE, SCIENCES, ARTS ET COMMERCE DU PUY.

Les publications antérieures de cette Société sont analysées dans notre *Bibliographie générale*, savoir :
Annales. t. I à XXXIII (1826-1877), *Bibliographie*, t. II, p. 106.
— t. XXXIV et XXXV (1878-1897), *Bibliographie*, Supplément sous presse.
Almanach, t. I à XV (1851-1865), *Bibliographie*, t. II, p. 111.
Bulletin, t. I et II (1899-1901), *Bibliographie*, Supplément sous presse.
Ouvrages divers (1869-1885), *Bibliographie*, t. II, p. 106.

III. — Bulletin de la Société d'agriculture, sciences, arts et commerce du Puy, 3° année, n° 1 [à 6], novembre-décembre 1901 [à septembre-octobre 1902]. (Le Puy, 1902, in-8°, 144 p.)

4764. Dienne (Comte de). — Le monastère de Saint-Théofrède de Cervère et le culte de saint Théofrède en Piémont, p. 8 à 15.

4765. Le Blanc (Paul). — La construction de l'hôtel de ville actuel du Puy, en 1763, p. 16 à 20.

4766. Boudon (G.). — Le rapt de Gasparde de Chevrières, marquise de Canillac, par Claude de l'Aubépine, marquis de Châteauneuf; le vœu de Jacques de Chevrières à Notre-Dame du Puy, p. 21 à 24, et 25 à 28.

4767. Arsac (J.-B.). — Chapelle de Saint-Préjet, p. 45 à 48.

4768. Anonyme. — Les Castellane dans le Velay, p. 49 à 50.

4769. Brive (A. de). — Médaille de l'expédition du duc d'Angoulême en Espagne (1823), p. 51.

4770. Boudon (G.). — Cession de droits contre les enfants Vaneau (1709); contrat de mariage de Pierre Vaneau, fils de Pierre Vaneau, sculpteur, avec Antoinette Martin (1712), p. 54 à 58.

4771. Bastide (L'abbé). — Signature cryptographique de Jean du Périer, sur un missel du xv° siècle (Bibliothèque du Puy), p. 58 à 61.

4772. Terrasse (L'abbé Auguste). — La seigneurie de Saint-Quentin ou les seigneurs de la Loire, depuis le Pont de Brives jusqu'à la Voûte, p. 72, 111, et 121.

4773. Arsac (G.). — Gilbert de Malafayda, abbé de Saint-Chaffre (1375-1386), p. 98 à 100.

4774. Anonyme. — Armand de Béthune, évêque du Puy (1661-10 décembre 1703), portr., p. 124.

4775. Anonyme. — Cahier des doléances et demandes, instructions et pouvoirs de l'Assemblée élémentaire et particulière du Tiers État de la ville et mandement du Monastier Saint-Chaffre en Velay (1789), p. 125 à 144.

LOIRE-INFÉRIEURE. — NANTES.

SOCIÉTÉ ACADÉMIQUE DE NANTES.

Les publications antérieures de cette Société sont analysées dans notre *Bibliographie générale*, savoir :
Annales, t. I à LVI (1830-1885), *Bibliographie*, t. II, p. 115.
— t. LVII à LXXI (1886-1900). *Bibliographie*, Supplément sous presse.
— t. LXXII (1901), *Bibliographie*, nouvelle série, t. I, p. 45.
Séances publiques et Procès-verbaux, t. I à XVI (1798-1898), *Bibliographie*, t. II, p. 113.

LXXIII. — Annales de la Société académique de Nantes et du département de la Loire-Inférieure..., volume 3ᵉ de la 8ᵉ série, 1902. (Nantes, 1903, in-8°, 271-LXXX p.)

4776. TYRION (Julien). — Grégoire de Tours et son temps (540-595), p. 34 à 59.
4777. LIBAUDIÈRE (Félix). — Les élections législatives à Nantes sous la Restauration (1815-1830), p. 138 à 151.

4778. LIBAUDIÈRE (Félix). — La presse à Nantes sous la Restauration et les Mangin, p. 152 à 167.
4779. CAILLÉ (Dominique). — Journal de marche du 5ᵉ bataillon de chasseurs à pied [1840-1841, campagne d'Algérie, par le général Émile Mellinet], p. 181 à 236.
4780. GUILLOU (Dʳ). — Notice nécrologique sur M. le Dʳ Chartier, p. 265 à 267.
4781. GUILLOU (Dʳ). — Discours prononcé sur la tombe de M. le marquis de Granges de Surgères, p. 268 à 271.

LOIRE-INFÉRIEURE. — NANTES.

SOCIÉTÉ ARCHÉOLOGIQUE DE NANTES.

Les publications antérieures de cette Société sont analysées dans notre *Bibliographie générale*, savoir :
Bulletin, t. I à XXIV (1861-1885), *Bibliographie*, t. II, p. 124.
— t. XXV à XXXIX (1886-1900), *Bibliographie*, Supplément sous presse.
— t. XL (1901), *Bibliographie*, nouvelle série, t. I, p. 45.

XLI. — Bulletin de la Société archéologique de Nantes et du département de la Loire-Inférieure, année 1902, t. XLIII. (Nantes, 1902, in-8°, 325 p.)

4782. SENOT DE LA LONDE (J.) et QUILGARS. — Procès-verbaux des séances du 14 janvier au 2 décembre 1902, p. IX à LII.

[Médaille de saint Nabieuc, p. XVI. — Cryptes du Poitou, p. XIX, et XXIII. — Commencement de l'année en Bretagne au XVIᵉ siècle, p. XIX.]

4783. WISMES (Baron Christian DE). — Notre ancien président d'honneur, Mᵍʳ Fournier [1803 † 1877], d'après l'ouvrage offert à notre bibliothèque par M. l'abbé Pothier, son secrétaire, p. 26 à 43.

4784. WISMES (Armel DE). — Les mosaïques de Rome. Rapport sur la fabrique du Vatican et la possibilité d'introduire en France l'industrie des mosaïques [1875], p. 44 à 53.

[Notice biographique sur Armel de Wismes, par son frère le baron Christian de Wismes.]

4785. SENOT DE LA LONDE (J.). — Les origines de l'insurrection vendéenne sur la rive droite de la Loire entre Ancenis et Nantes, p. 54 à 66.
4786. PIED (Ed.). — Histoire des corporations d'arts et métiers de la ville de Nantes, p. 67 à 86.
4787. VEILLECHÈZE (A. DE). — Le Croisic. Vieux logis, vieilles gens, *fig.*, p. 87 à 118.
4788. MOLLAT (G.). — L'institution de la prévôté dans

l'église collégiale de Saint-Aubin de Guérande, p. 119 à 122.

[Bulle de Clément V, instituant cette prévôté, 1312.]

4789. Laprade (De). — Notice sur les haches en pierre trouvées dans la province de Bienhoa (Cochinchine), et offertes au musée par M. de Laprade, p. 123.

4790. Wismes (Baron Gaëtan de). — Combat de mouvance entre l'évêque de Nantes et Armand du Pé, marquis d'Orvault, pl., p. 125 à 175, et 322 à 323.

[Vitrail de l'église d'Orvault, pl.]

4791. Veillechèze (A. de). — Madame de Bulkeley [1753 † 1832] et le château de Givre, fig., p. 179 à 186.

4792. Veillechèze (A. de). — Le manoir de Kervandu [commune du Croisic] et ses anciens propriétaires, fig., p. 186 à 192.

4793. Veillechèze (A. de). — Mise à la côte, au Croisic, du vaisseau le Soleil royal [1759], p. 193 à 197.

4794. Senot de la Londe (J.). — Les bénéfices de l'abbaye de Toussaint (d'Angers), dans le pays nantais, p. 198 à 209.

4795. Senot de la Londe (J.). — Excursion archéologique en Auvergne. Les églises de style roman auvergnat, p. 210 à 225.

4796. Wismes (Baron Gaëtan de). — Interrogatoire d'un vagabond détenu dans les prisons de Guérande (18 août 1734), p. 226 à 234.

4797. Bocenet (E. de). — Arrestation de dom Louvard, moine de Saint-Gildas [1728], p. 235 à 248.

4798. Bocenet (E. de). — Arrestation du docteur Mellinet [1728], p. 249 à 256. — Prise de possession de la baronnie de Retz par M. le marquis de Brie-Serrant en 1780, p. 257 à 305.

4799. Maître (Léon). — De la nécessité de terminer les travaux de restauration de l'église de Saint-Philbert-de-Grandlieu (Loire-Inférieure), pl., p. 306 à 316.

4800. Soullard (L.). — Imbert Dorléans, échevin de Nantes (1602-1605), p. 317 à 321.

LOIRE-INFÉRIEURE. — NANTES.

SOCIÉTÉ DES BIBLIOPHILES BRETONS ET DE L'HISTOIRE DE BRETAGNE.

Les publications antérieures de cette Société sont analysées dans notre Bibliographie générale, savoir :
Bulletin, t. I à VIII (1878-1885), Bibliographie, t. II, p. 133.
— t. IX à XIII (1885-1897), Bibliographie, Supplément sous presse.
Mélanges historiques, t. I à II (1878-1883), Bibliographie, t. II, p. 134.
Archives de Bretagne, t. I à III (1883-1885), Bibliographie, t. II, p. 134.
— — t. IV à IX (1889-1900), Bibliographie, Supplément sous presse.
Revue de Bretagne, de Vendée et d'Anjou, t. I à XXIV (1889-1900), Bibliographie, Supplément sous presse.
— — t. XXV et XXVI (1901), Bibliographie, nouvelle série, t. I, p. 46.
Ouvrages divers (1877-1900), Bibliographie, t. II, p. 132 et Supplément sous presse.

X. — Archives de Bretagne. Recueil d'actes, de chroniques et de documents inédits, publiés par la Société des bibliophiles bretons et de l'histoire de Bretagne, t. X. (Nantes, 1901, in-4°, 314 p.)

4801. Maître et Reathou (de). — Dubuisson-Aubenay, itinéraire de Bretagne en 1636 (t. II), p. 1 à 314.

LOIRET. — ORLÉANS.

ACADÉMIE DE SAINTE-CROIX D'ORLÉANS.

Les publications antérieures de cette Académie sont analysées dans notre *Bibliographie générale*, savoir :
Lectures et mémoires, t. I à V (1865-1886), *Bibliographie*, t. II, p. 136.
— — t. VI à VIII (1891-1899), *Bibliographie*, Supplément sous presse.
Bulletin (1891-1896), *Bibliographie*, Supplément sous presse.

IX. — Académie de Sainte-Croix d'Orléans.
Lectures et mémoires, t. IX. (Orléans, 1902, in-8°, 543 p.)

4802. Janossay (L'abbé). — Abbaye de Micy-Saint-Mesmin-lez-Orléans (1502-1790), 4 *pl.*, p. 1 à 543.

LOIRET. — ORLÉANS.

SOCIÉTÉ D'AGRICULTURE, SCIENCES, BELLES-LETTRES ET ARTS D'ORLÉANS.

Les publications antérieures de cette Société sont analysées dans notre *Bibliographie générale*, savoir :
Annales, t. I à XIV (1818-1837), *Bibliographie*, t. II, p. 138.
Mémoires, t. I à XXXV (1837-1885), *Bibliographie*, t. II, p. 140.
— t. XXXVI à XLVIII (1886-1900), *Bibliographie*, Supplément sous presse.
— t. XLIX (1901), *Bibliographie*, nouvelle série, t. I, p. 47.

L. — Mémoires de la Société d'agriculture, sciences, belles-lettres et arts d'Orléans, 5ᵉ série des travaux de la Société, t. I, 72ᵉ vol. de la collection. (Orléans, 1902, in-8°, 323 p.)

[Les indications de tomaison données ci-dessus sont prises sur le titre ; les deux fascicules qui forment le volume fournissent des indications discordantes. Ainsi la couverture du fascicule correspondant au 1ᵉʳ semestre porte : *t. I nᵉ 3, 5ᵉ série des travaux, 71ᵉ volume de la collection ;* celle du 2ᵉ semestre porte : *t. II, nᵉ 2, 5ᵉ série des travaux, 71ᵉ volume de la collection ;* enfin, pour comble de confusion, la table est intitulée : *Table du 2ᵉ volume de la 5ᵉ série des mémoires.*]

4803. Cuissard (Ch.). — Le siège de l'Académie [d'Orléans, 1837], poème héroï-comique du Dʳ Lhuillier, publié avec des notes, p. 1 à 16.
4804. Garsonnin (Dʳ). — Cahier des doléances de l'École royale de chirurgie d'Orléans [1789], p. 17 à 29.

4805. Michau (Charles). — Jacob (Denis-Philippe-Abraham-Isaac), professeur à l'École de dessin, conservateur du musée d'Orléans (1788 † 1855), p. 39 à 53.
4806. Croze-Lemercier (Comte de). — Monseigneur Desnoyers [1806 † 1902], p. 54 à 75.
4807. Baillet (Aug.). — Le nom de quelques vases égyptiens, *fig.*, p. 91 à 117.
4808. Cuissard (Ch.). — Origine de la gouttière de cire présentée par les quatre barons orléanais [à l'évêque d'Orléans] et liste des fiefs de l'évêché d'Orléans (1292-1312), p. 129 à 219.
4809. Lalbalettrier. — Pascal et les lois de l'attraction, résumé de la discussion soulevée devant l'Académie des Sciences au sujet de la gravitation universelle [Michel Chasles et les faux de Vrain-Lucas (1867-1869)], p. 220 à 239.

LOIRET. — ORLÉANS.

SOCIÉTÉ ARCHÉOLOGIQUE ET HISTORIQUE DE L'ORLÉANAIS.

Les publications antérieures de cette Société sont analysées dans notre *Bibliographie générale*, savoir :
Mémoires, t. I à XX (1851-1885), *Bibliographie*, t. II, p. 145.
— t. XXI à XXVII (1886-1898), *Bibliographie*, Supplément sous presse.
Bulletin, t. I à VIII (1848-1886), *Bibliographie*, t. II, p. 151.
— t. IX à XI (1887-1897), *Bibliographie*, Supplément sous presse.
— t. XII (1898-1901), *Bibliographie*, nouvelle série, t. I, p. 47.
Ouvrage divers (1853), *Bibliographie*, t. II, p. 145.

XXVIII. — **Mémoires de la Société archéologique et historique de l'Orléanais,** t. XXXVIII. (Orléans, 1902, in-8°, 633 p.)

4810. Desnoyers. — Les tessères du musée d'Orléans, *pl.*, p. 1 à 11.

4811. Dumuys (Léon). — Les fouilles de la rue Coquille [antiquités romaines, gallo-romaines et mérovingiennes], p. 13 à 31.

[Lettre de M. Prou sur l'épitaphe de Lantrudes.]

4812. Cuissard (Ch.). — Nicolas Thoynard et son testament (1629-1706), p. 33 à 57.

4813. Cuissard (Ch.). — Les chanoines et les dignitaires de la cathédrale d'Orléans, d'après les nécrologes manuscrits de Sainte-Croix, p. 59 à 257.

[Suivi de documents inédits concernant Sainte-Croix d'Orléans (856-1640).]

4814. Cuissard (Ch.). — Chartes originales de l'ancien Hôtel-Dieu d'Orléans [1122-1774], p. 259 à 388.

4815. Desnoyers. — Fouilles de la Loire en 1894 [monnaies gauloises et romaines], p. 389 à 392.

4816. Desnoyers. — Les fouilles de la Loire en 1898 [monnaies gauloises, romaines et franques], p. 393 à 402.

4817. Basseville (Anatole). — Un autographe de Pothier. Pothier, archer de la lieutenance criminelle de robe courte, p. 403 à 409.

4818. Maître (Léon). — Les cryptes mérovingiennes d'Orléans, 2 *pl.*, p. 411 à 416.

4819. Baguenault de Puchesse, Auvray (Lucien) et Lacombe (Bernard de). — Documents inédits sur les guerres de religion dans l'Orléanais, 1re série : 1560-1565, p. 417 à 571.

[Philibert de Marcilly de Sipierre; Jean de Losse.]

4820. Croy (J. de). — Quelques renseignements inédits sur les maîtres maçons des châteaux de Chambord et d'Amboise, p. 573 à 607.

4821. Chollet (Alfred). — Vestiges gallo-romains du canton de Châtillon-sur-Loire. Le puits d'Havenas, Gannes, 2 *pl* et *fig.*, p. 609 à 632.

LOT. — CAHORS.

SOCIÉTÉ DES ÉTUDES LITTÉRAIRES, SCIENTIFIQUES ET ARTISTIQUES DU LOT.

Les publications antérieures de cette Société sont analysées dans notre *Bibliographie générale*, savoir :
Procès-verbaux, t. I à IV (1875-1877), *Bibliographie*, t. II, p. 159.

Bulletin, t. I à X (1873-1885), *Bibliographie*, t. II, p. 159.
—   t. XI à XXV (1886-1900), *Bibliographie*, Supplément sous presse.
—   t. XXVI (1901), *Bibliographie*, nouvelle série, t. I, p. 49.

XXVII. — Bulletin trimestriel de la Société des études littéraires, scientifiques et artistiques du Lot, t. XXVII. (Cahors, 1902, in-8°, 262 p.)

4822. Fontenilles (P. de). — Recueil d'épigraphie quercynoise, p. 1 à 15. — Suite de XXVI, p. 48, 93, 157, et 221.

4823. Combarieu (L.). — Construction d'une église paroissiale au XVII° siècle. Extrait des archives de l'église de Vaysse, p. 16 à 22.

4824. Fourastié (V.). — Privilèges, franchises et libertés de la ville de Sainte-Spérée, de tout le château et de la châtellenie de Saint-Céré (Sanctus Serenus), p. 23, 65, 156; et XXVIII, p. 10.

4825. Esquieu (L.). — Une bulle du pape Jean XXII

[pour la chapelle Saint-Michel, à Cahors] (13 janvier 1324), p. 38 à 47.

4826. Cadiergues (D'). — Estat de dénombrement de Mollières, actuellement canton de Lacapelle-Marival (1684), p. 90.

4827. Albe (L'abbé). — Notes pour servir à l'histoire de l'abbaye de Leyme, p. 91 à 112, 141 à 155; et XXVIII, p. 3 à 9.

4828. Combs (A.). — Transaction entre le curé de Fraissines et ses paroissiens (30 juin 1495), p. 113 à 123, et 192 à 201.

4829. Esquieu (L.). — Essai d'un armorial quercynois, p. 176 à 191; et XXVIII, p. 37 à 63.

4830. Albe (L'abbé). — Quelques-unes des dernières volontés de Jean XXII, p. 205 à 219.

4831. Albe (L'abbé). — Bulle de Jean XXII, concernant Espagnac[en Quercy] (27 juillet 1330), p. 227 à 233.

LOT-ET-GARONNE. — AGEN.

SOCIÉTÉ D'AGRICULTURE, SCIENCES ET ARTS D'AGEN.

Les publications antérieures de cette Société sont analysées dans notre *Bibliographie générale*, savoir :
Recueil des travaux, t. I à XVIII (an XII-1885), *Bibliographie*, t. II, p. 62.
—   — t. XIX à XXIII (1887-1900), *Bibliographie*, Supplément sous presse.
Revue de l'Agenais, t. I à XII (1874-1885), *Bibliographie*, t. II, p. 165.
—   — t. XIII à XXVII (1886-1900), *Bibliographie*, Supplément sous presse.

XXVIII. — Revue de l'Agenais. Bulletin de la Société d'agriculture, sciences et arts d'Agen, t. XXVIII, année 1901. (Agen, 1901, in-8°, 553 p.)

4832. Lauzun (Ph.). — La commune à Agen en 1514, *pl.*, p. 5 à 14.

4833. Granat. — L'amélioration des voies navigables en Agenais au XVIII° siècle, p. 15 à 35.

4834. Marboutin (J.-R.). — Fête célébrée à Laroque-Timbaut en l'honneur de la naissance du duc de Bordeaux en 1820, p. 36 à 44.

[4854]. Lauzun (Philippe).— Itinéraire raisonné de Marguerite de Valois en Gascogne (1578-1586), p. 45, 140, 330, 441, et 521.

4835. Tholin (G.). — Le capitaine Henri Pouydebat (4 mai 1859 † 8 juillet 1900), p. 60 à 76.

4836. Dubourg. — La Fronde en Gascogne et dans le Brulhois, p. 77 à 80. — Suite et fin de XXVII, p. 202, 306, 399, et 495.

4837. Anonyme. — Certificat de santé (Penne, 1721), p. 81.

4838. Lauzun (Ph.). — Le commandant Lac de Bosredon [1883 † 1901], p. 93 à 96.

4839. Tholin (G.). — Le vieux château de Lafox, *pl.*, p. 104 à 107.

4840. J. de la J. — Impressions de voyage [en Chine], p. 108, 480; et XXIX, p. 46 et 140.

4841. Tholin (G.). — Lettres de volontaires de Laroque-Timbaud [1793], p. 117 à 133.

4842. Chaux (C.). — Les premiers troubles dans l'Agenais [1790], p. 134 à 139.

4843. Couyba (D'). — Le registre paroissial de Casseneuil (1614-1638). Note complémentaire, p. 154 à 157. — Suite de XXVII, p. 513.

4844. Marboutin (J.). — Notice historique sur la Sauvelat-de-Savères, p. 158, 347, et 459.

4845. G. T. [Tholin (G.)]. — Livre de raison de Jean de Lorman [1622-1623], p. 179 à 194. — Suite et fin de XXIII, p. 167.

4846. Bonnat (René). — Le Congrès archéologique d'Agen (juin 1901), pl., p. 285 à 322.

4847. Servières (L.) et Bouillet (A.). — Sainte Foy, vierge et martyre à Agen, 2 pl., p. 323 à 329, et 469 à 479.

4848. Dubois (J.). — Régine pour une dame de l'Agenais en 1600, p. 367 à 369.

4849. Lauzun (Philippe). — Le château de la Grange-Monrepos (commune de Nérac, Lot-et-Garonne), pl., p. 381 à 402.

4850. Hérrard (P.). — Querelles et démêlés d'un curé avec ses paroissiens [à Casseneuil] (1652-1682), p. 403 à 424, et 494 à 520. — Cf. n° 4867.

4851. Granat. — Essai sur le commerce dans un canton de l'Agenais au XVII° siècle, d'après le livre de comptes et de raisons de Hugues Mario, marchand de Montaigut-en-Agenais, aujourd'hui Montaigut-du-Quercy (1648-1654), p. 425 à 440.

XXIX. — Revue de l'Agenais. Bulletin de la Société d'agriculture, sciences et arts d'Agen, t. XXIX, année 1902. (Agen, 1902, in-8°, 541 p.)

4852. Lauzun (Ph.). — Le portrait de Théophile de Viau, p. 5 à 11.

4853. Momméja (Jules). — Les journaux de mer de Florimond Boudon de Saint-Amans [aux Îles-sous-le-vent et aux Antilles, 1767-1769], pl., p. 12, 202, 393, et 453. — Cf. n° 4869.

4854. Lauzun (Ph.). — Itinéraire raisonné de Marguerite de Valois en Gascogne (1578-1586), p. 27, 107, 241, 328, 417, et 484. — Suite de XXVI, p. 202, 306, 399, 495; XXVII, p. 57, 107, 324, 423, 476; et XXVIII, p. 45, 140, 330, 441, et 521.

[4840]. J. de la J. — Impressions de voyage [en Chine], p. 46 à 59, et 140 à 147.

4855. Chaux (C.). — Le château de Lusignan, pl., p. 60 à 64.

4856. Massip (Lucien). — Une station préhistorique du Haut-Agenais [collines de la Sède], p. 65 à 68.

4857. Momméja (J.). — Archéologie agenaise, p. 72, 153, 263, 359, et 518.

[Épée à Antonnes de Tayrac, p. 72. — Ruines gallo-romaines de la Mourrasse, p. 73. — Épitaphe de Bernard de Cuzorn à Moulauban (1242), p. 153. — Poterie romaine à Agen, p. 155. — Les sarcophages en pierre du moyen âge, p. 156, et 264. — Inscription du temple de Tournou-d'Agenais, p. 158 et 264. — Trouvaille de monnaies du XVIe siècle, à Sernet, p. 158. — Statue antique trouvée à Saint-Hilaire, p. 263. — Inscription de G. Peitavin, à Agen [XIIIe s.], p. 359. — Un nouveau faux archéologique de Théodore Chrétin, p. 361. — Un moule du potier Cinnamus, p. 518. — Sigillographie révolutionnaire du Lot-et-Garonne, p. 519.]

4858. Lauzun (Ph.). — L'abbé Léopold Dardy [1826 † 1901], p. 88 à 92.

4859. Marboutin (J.-R.). — Le château de Fontirou (commune de Castella, Lot-et-Garonne), 2 pl., p. 93 à 106.

4860. Chaux (C.). — Une affaire judiciaire au XVI° siècle, maistre Jehan de Bagetz, p. 130 à 139.

4861. L. D. — Réception de Mgr Jean IX Louis d'Usson de Bonnac, évêque et comte d'Agen, dans l'église collégiale de Saint-Caprais où il vint selon l'usage prêter serment et recevoir le bâton pastoral de la main du prieur [1768], p. 148 à 152.

4862. Lauzun (Ph.). — Léonce Couture [1832 † 1902], p. 172 à 176.

4863. Lauzun (Ph.). — Statistique du département de Lot-et-Garonne [Industrie] pour l'année 1789 et l'an IX [par Claude Lamouroux], p. 221, 376, et 510.

4864. La Combe (Eugène de). — Le château de Saint-Puy, ses anciens seigneurs et la famille de Monluc, p. 294 à 313.

4865. Granat. — La manufacture de toiles à voiles d'Agen (1764-18..), p. 314 à 327, et 466 à 483.

4866. Momméja (Jules). — Retable de Fongrave, pl., p. 369 à 375.

4867. Couyba (L.). — Une avanie de messire Jean de Fleurans, curé de Casseneuil, p. 410 à 416. — Cf. n° 4850.

4868. Marboutin (J.). — Document sur une invasion des Normands en Agenais [IXe s.], p. 435 à 437.

4869. Momméja (Jules). — Quelques documents inédits sur Boudon de Saint-Amans, p. 438 à 440. — Cf. n° 4853.

LOZÈRE. — MENDE.

SOCIÉTÉ D'AGRICULTURE, INDUSTRIE, SCIENCES ET ARTS
DU DÉPARTEMENT DE LA LOZÈRE.

Les publications antérieures de cette Société sont analysées dans notre *Bibliographie générale*, savoir :
Mémoires, t. I à XVI (1827-1849), *Bibliographie*, t. II, p. 172.
Bulletin, t. I à XXXVI (1850-1885), *Bibliographie*, t. II, p. 173.
— t. XXXVII à LI (1886-1900), *Bibliographie*, Supplément sous presse.
— t. LII (1901), *Bibliographie*, nouvelle série, t. I, p. 49.
Ouvrages divers, *Bibliographie*, t. II, p. 172, et nouvelle série, t. I, p. 49.

Le tome LIII du *Bulletin* paru en 1902 n'est mentionné ici que pour mémoire, car il ne contient rien qui rentre dans le cadre de notre *Bibliographie* ; mais aux divers fascicules de ce volume étaient annexées des feuilles destinées à constituer des volumes ou fascicules isolés ; ceux que nous mentionnons sous les nᵒˢ 4871 à 4880 ont été achevés ou publiés intégralement en 1902 ; nous y joignons en tête, sous le nᵒ 4870, un fascicule paru en 1901, mais que nous avions négligé parce qu'il se termine par la mention *à suivre* ; il n'a cependant rien paru de ce travail en 1902.

LIII. — Bulletin de la Société d'agriculture, industrie, sciences et arts du département de la Lozère, t. LIV [lisez : LIII], 1902. (Mende, 1902, in-8°, 118 p.)

OUVRAGES DIVERS.

4870. BARBOT (J.). — Zigzags en Lozère du Nord au Sud, notes d'archéologie. (S. l. n. d. [1901], in-8°, 55 p., *fig.*)

4871. ROUCAUTS (Jean). — La formation territoriale du domaine royal en Gévaudan, 1161-1307, avec la carte des terres propres du Roi au temps de Philippe le Bel. (Mende, 1901[-1902], in-8°, 127 p.)

4872. [GERMER-DURAND]. — Mémoire concernant la baronnie de Meyrueys (documents du XVIIIᵉ siècle). (S. l. n. d. [1901-1902], in-8°, 254 et XXXIX p.)

[Cartulaire du prieuré de Notre-Dame de Bonheur (XIIᵉ-XVIIIᵉ s.), p. 17 à 248 et XXXIX pages de table. — Règlement sur les mines d'argent et de cuivre de la terre d'Hierle autorisé par Pierre Bermond, de Sauve (1227-1228), p. 249 à 254.]

4873. PORÉE (Charles). — Le consulat et l'administration municipale de Mende (des origines à la Révolution), documents publiés avec une introduction et des notes. (Mende, 1901, in-8°, CXXXV-622 p.)

4874. REISSER (Edmond). — Le premier serment des prêtres lozériens après le Concordat, documents inédits. (Mende, 1902, in-8°, 30 p.)

4875. [POURCHER (L'abbé)]. — Mémoire d'une partie de ce qui s'est fait et passé à la montagne de Grèzes depuis 90 ans ou environ, recueilli de la mémoire des plus anciens habitants dudit lieu de Grèzes, par Pierre Ribes, aussi habitant dudit lieu (en l'année 1640). (S. l. n. d. [1902], in-8°, 40 p.)

4876. BARBOT (J.). — Documents d'histoire gévaudanaise extraits de divers ouvrages et périodiques. (Mende, 1902, in-8°, 111 p.)

[La famille d'Apchier, p. 1. — Guerres de religion (1560-1564), p. 78. — Siège de Meyrueis par Rohan (1628), p. 89. — Mission de N. de Maebault en Gévaudan (1632-1633), p. 94. — Notice sur Mende et son diocèse, par François Graverol (1696), p. 105.]

4877. CORD (Ernest). — Contribution à l'étude de la préhistoire. Une station néolithique dans la Lozère [à Marazel, commune d'Ispagnac]. (S. l. n. d. [1902], in-8°, 10 p.)

4878. BARBOT (J.). — Les anciennes drayes [routes suivies par les troupeaux]. (S. l. n. d. [1902], in-8°, 16 p.)

4879. BOYER (Dʳ Pierre). — Documents sur l'histoire de la Révolution en Lozère recueillis aux Archives nationales. (S. l. n. d. [1902], in-8°, 104 p.)

4880. GERMER-DURAND (Fr.). — Notes bibliographiques sur la Lozère (ancien Gévaudan) avec table alphabétique des noms de personnes et des noms de lieux (supplément aux notes bibliographiques publiées en 1901). (Mende, 1902, in-8°, 32 et 4 p.)

MAINE-ET-LOIRE. — ANGERS.

SOCIÉTÉ D'AGRICULTURE, SCIENCES ET ARTS D'ANGERS.

Les publications antérieures de cette Société sont analysées dans notre *Bibliographie générale*, savoir :
Mémoires, t. I à XLI (1831-1885), *Bibliographie*, p. 187.
— t. XLII à LVI (1886-1900), *Bibliographie*, Supplément sous presse.
— t. LVII (1901), *Bibliographie*, nouvelle série, t. II, p. 50.
Documents historiques, t. I et II (1896-1899), *Bibliographie*, Supplément sous presse.
Procès-verbaux de la Commission archéologique, t. I à XIII (1846-1854), *Bibliographie*, t. II, p. 197.
Nouvelles archéologiques, t. I à LIV (1847-1857), *Bibliographie*, t. II, p. 198.
Répertoire archéologique, t. I à XI (1858-1869), *Bibliographie*, t. II, p. 202.
Ouvrages divers (1832-1847), *Bibliographie*, t. II, p. 187.

LVIII. — Mémoires de la Société nationale d'agriculture, sciences et arts d'Angers, ancienne Académie d'Angers, fondée en 1685, 5ᵉ série, t. V, année 1902. (Angers, 1902, in-8°, 334 p.)

4881. Rondeau (L'abbé E.). — Le sacre d'Angers [procession], p. 5 à 44.

4882. Farcy (L. de). — Les bonnes fortunes d'un archéologue. p. 45 à 58.

[Les dahellis de la cathédrale d'Angers; testament de Louis Iᵉʳ, duc d'Anjou (1383); la chape anglaise du musée de Vich (Espagne); xiiᵉ siècle; le cœur de Mᵉʳ Gault, évêque de Marseille, découvert à Grézillé; la couronne d'argent de Notre-Dame des Gardes.]

4883. Du Brossay. — Ménage et la généalogie des seigneurs de Château-Gontier. p. 87 à 105.

4884. Halphen (Louis). — L'histoire de l'Anjou, xᵉ et xiᵉ siècles, étude bibliographique, p. 106 à 120.

4885. Du Mas (Henri). — Cadets de province au xviiiᵉ siècle, p. 121 à 165.

[Antoine Tarlas de Romainville.]

4886. Espinay (G. d'). — Les statues de Fontevrault et la Société d'agriculture, sciences et arts d'Angers [1866-1867], p. 175 à 182.

4887. Pavie (Eusèbe). — M. Cosnier et les statues de Fontevrault, p. 183 à 186.

4888. La Perraudière (H. de). — Un chant populaire annamite, p. 187 à 206.

4889. Uzureau (F.). — L'enseignement secondaire en Anjou. Programmes, prospectus et réclame (xviiiᵉ s.), p. 207 à 283.

4890. La Combe (Louis). — Les toilettes d'une bourgeoise d'Angers, au xviiiᵉ siècle [Marie-Perrine Ollivier], p. 284 à 308.

III. — Documents historiques sur l'Anjou, III.

4891. Bertrand de Broussillon et Lelong (Eugène). — Cartulaire de l'abbaye de Saint-Aubin d'Angers. Avec une table des noms de personnes et de lieux par Eugène Lelong, t. III : table des noms de personnes et de lieux. Angers, (1903, in-8°, 243 p.)

[Les tomes I et II ont paru en 1896 et 1899.]

IV. — Documents historiques sur l'Anjou, IV.

4892. Planchenault (Adrien). — Cartulaire du chapitre de Saint-Laud d'Angers (actes du xiᵉ et du xiiᵉ siècle), suivi de la vie de saint Silvestre et l'invention de la Sainte Croix, poème français du xiiᵉ siècle. (Angers, 1903, in-8°, xxiv-201 p.)

4893. Bretaudeau (L'abbé A.). — Histoire des Ponts-de-Cé. (Angers, 1901-1903, in-8°, 357 p.)

[Cet ouvrage a paru par fragments annexés aux volumes de *Mémoires* publiés en 1901, 1902 et 1903.]

MAINE-ET-LOIRE. — ANGERS.

───

SOCIÉTÉ D'ÉTUDES SCIENTIFIQUES D'ANGERS.

Cette Société publie, depuis 1871, un *Bulletin* dont les onze premiers volumes parus avant 1885 ont été omis dans le tome II de notre *Bibliographie générale*, parce qu'ils ne contiennent pas de travaux rentrant dans notre cadre; cependant la Société ayant, par là suite, inséré dans ce *Bulletin* des notices sur des questions d'archéologie préhistorique, nous donnerons dans notre Supplément sous presse l'analyse des vingt-six volumes parus de 1871 à 1900.

XXVII. — **Bulletin de la Société d'études scientifiques d'Angers**, nouvelle série, 31° année, 1901. (Angers, 1902, in-8°, XLVII-250 p.)

4894. Desmazières (O.). — Notice sur la partie scientifique des travaux de M. Célestin Port, p. 47 à 50.
4895. Desmazières (O.). — Essai sur le préhistorique dans le département de Maine-et-Loire, 3° supplément. Nouvelles découvertes, bibliographie, collections, p. 175 à 201.
4896. Préaubert (E.). — M. E. Aubert (1827 † 1901), p. 219 à 224.
4897. Surrault. — M. Colas († 1901), p. 224 à 225.
4898. Surrault (Th.). — Table décennale du Bulletin de la Société d'études scientifiques d'Angers (1891-1900), p. 229 à 248.

───

XXVIII. — **Bulletin de la Société d'études scientifiques d'Angers**, nouvelle série. 32° année, 1902. (Angers, 1903, in-8°, XLI-189 p.)

4899. Faaysse. — Le préhistorique dans la commune de Pontigné, p. 45 à 56.
4900. [Préaubert]. — Le Dr Laumonier [Arthur, † 1903], p. 181 à 182.
4901. [Bouvet (G.)] - Albert Gaillard [1858 † 1903], p. 183 à 185.

───

MANCHE. — AVRANCHES.

───

SOCIÉTÉ D'ARCHÉOLOGIE, LITTÉRATURE, SCIENCES ET ARTS
D'AVRANCHES ET DE MORTAIN.

Les publications antérieures de cette Société sont analysées dans notre *Bibliographie générale*, savoir :
Bulletin, t. I à IV (1844-1847), *Bibliographie*, t. II, p. 215.
Bulletins des séances publiques, 7 vol. (1844-1851), *Bibliographie*, t. II, p. 215.
Mémoires, t. I à VII (1842-1885), *Bibliographie*, t. II, p. 215.
— t. VIII à XIV (1886-1899), *Bibliographie*, Supplément sous presse.
Revue de l'Avranchin, t. I à II (1882-1884), *Bibliographie*, t. II, p. 218.

Revue de l'Avranchin, t. III à IX (1886-1899), *Bibliographie*, Supplément sous presse.

— — t. X (1900-1901), *Bibliographie*, nouvelle série, t. I, p. 51.

XV. — Mémoires de la Société d'archéologie, littérature, sciences et arts des arrondissements d'Avranches et de Mortain, t. XV, années 1900-1902. (Avranches, 1902, in-8°, 344 p.)

4902. Tesson (A. de). — La noblesse de l'Avranchin (élections d'Avranches et de Mortain) d'après les recherches officielles, p. 1 à 64.

4903. Descuamps du Manoir (Mgr). — Notes au sujet de l'armorial de l'Avranchin, par M. Alfred de Tesson, p. 78. — Cf. XIII, p. 1.

4904. Tesson (Alfred de). — Réception d'un écuyer du Roi, le comte de Tesson, écuyer ordinaire de Louis XVI (1778), p. 81 à 97.

4905. Descuamps du Manoir (Mgr). — Réminiscences avranchoises, p. 99 à 199.

4906. Tesson (Alfred de). — Les biens des émigrés dans l'Avranchin (districts d'Avranches et de Mortain) en 1792, p. 201 à 332.

XI. — Revue de l'Avranchin, bulletin trimestriel de la Société d'archéologie, de littérature, sciences et arts d'Avranches et de Mortain, t. XI. (Avranches, 1902 [-1903], in-8°, 343 p.)

4907. Sauvage (Hippolyte). — Deux chroniques d'Avranches, p. 8 à 15.

[Chronique des évêques d'Avranches et des abbés du Mont-Saint-Michel (1030-1359); les évêques d'Avranches au temps de Charles II.]

4908. Sauvage (Hippolyte). — Les trésors cachés dans le comté de Mortain [pendant l'invasion anglaise, 1337-1450], p. 16 à 36.

4909. Mauduit (Sosthène). — Rectification [les tours de la porte Baudange, à Avranches], p. 38 à 39. — Cf. X, p. 368.

4910. Guéroult (F.). — Observations au sujet de la note concernant les prisonniers de guerre écossais internés au château de Cherbourg et au Mont-Saint-Michel en 1547, p. 40 à 44. — Cf. X, p. 380.

4911. [Descuamps du Manoir (Mgr)]. — Remarques au sujet des notes granvillaises, p. 51 à 52. — Cf. X, p. 88.

4912. Sauvage (Hippolyte). — Récits légendaires, p. 53, 96, et 240.

[Le Château-Canne, de Periers-en-Beauficel, p. 53. — Les drames de la forêt de Mortain, p. 96. — La viole d'amour et le donjon d'Avranches, p. 240.]

4913. [Descuamps du Manoir (Mgr Joseph)]. — A propos de l'arrestation du chevalier des Touches, p. 78 à 80. — Cf. VI, p. 107.

4914. Lecacheux (Paul). — Bulles du pape Urbain V concernant le diocèse d'Avranches (1362-1370), p. 81 à 96.

4915. Sauvage (Hippolyte). — Monsieur le président Le Faverais [Julien-Henri, 1825 † 1902], p. 117 à 121.

4916. Tesson (A. de). — Le blason populaire de l'Avranchin. Dictons, proverbes et sobriquets des communes des arrondissements d'Avranches et de Mortain et de leurs habitants, p. 122 à 153.

4917. Tesson (A. de). — Une page d'histoire en 1831-1832. La duchesse de Berry dans la Vendée, *portr.*, p. 178 à 232.

4918. Descuamps du Manoir (Mgr). — Notes pour servir à l'histoire de Granville, p. 262 à 311. — Suite de X, p. 88.

4919. Anonyme. — Table pour les années 1900-1903, p. 332 à 342.

[*Mémoires de la Société et Revue de l'Avranchin.*]

MANCHE. — CHERBOURG.

SOCIÉTÉ ARTISTIQUE ET INDUSTRIELLE DE CHERBOURG.

Les publications antérieures de cette Société (1872-1900) sont analysées dans notre *Bibliographie générale*, t. II, p. 223, et Supplément sous presse.

Bulletin de la Société artistique et industrielle de Cherbourg..., nos 25 et 26, années 1901-1902. (Cherbourg, 1903, in-8°, LXXVI-48 p.)

4920. Anonyme. — Exposition rétrospective (1789-1848), p. LVIII à LXXVI, et 1 à 48.

MANCHE. — SAINT-LÔ.

SOCIÉTÉ D'AGRICULTURE, D'ARCHÉOLOGIE ET D'HISTOIRE NATURELLE
DE LA MANCHE.

Les publications antérieures de cette Société sont analysées dans notre *Bibliographie générale*, savoir :
Notices, t. I à VI (1851-1885), *Bibliographie*, t. II, p. 225.
— t. VII à XVIII (1887-1900), *Bibliographie*, Supplément sous presse.
— t. XIX (1901), *Bibliographie*, nouvelle série, t. I, p. 51.
Ouvrages divers (1864), *Bibliographie*, t. II, p. 225.

XX.—Notices, mémoires et documents publiés par la Société d'agriculture, d'archéologie et d'histoire naturelle du département de la Manche, XXᵉ volume. (Saint-Lô, 1902, in-8°, 81 p.)

4921. Sauvage (Hippolyte). — Le château de Saint-Lô (Manche) et ses capitaines gouverneurs, p. 1 à 40.

4922. Du Boscq de Beaumont (G.). — Le fief du Buret en la paroisse de Rampan, p. 41 à 50.
4923. Lepingard. — Saint-Lô, places et rues, p. 51 à 55.
4924. Lepingard. — Saint-Lô, sa poterne et les rues y accédant, p. 56 à 58.
4925. Lepingard. — Gourfaleur, p. 59 à 70.

MANCHE. — VALOGNES.

SOCIÉTÉ ARCHÉOLOGIQUE, ARTISTIQUE, LITTÉRAIRE ET SCIENTIFIQUE
DE VALOGNES.

Les publications antérieures de cette Société sont analysées dans notre *Bibliographie générale*, savoir :
Mémoires, t. I à IV (1878-1886), *Bibliographie*, t. II, p. 227.
— t. V (1886-1899), *Bibliographie*, Supplément sous presse.

VI. — Mémoires de la Société archéologique, artistique, littéraire et scientifique de l'arrondissement de Valognes, t. VI, 1900-1903. (Valognes, 1903, in-8°, 129 p.)

4926. Fontaine de Ressbeco (Vicomte de). — Jean Marie [1841 † 1899], professeur à la Faculté de droit de Caen, avocat à la Cour d'appel, sa vie, ses œuvres, p. 1 à 26.
4927. Lemarquand. — Note sur la découverte d'un vase ancien à Valognes, *fig.*, p. 27 à 29.
4928. Le Cannellier. — Procès entre les seigneurs de Carteret, de la Haye, d'Ectot et de Graffard, sur la nature et l'étendue de leur droit de gravage en la paroisse de Carteret avant la Révolution (1766), p. 31 à 45.

4929. Lemarquand. — Alleaume, exploration des sources du Castelet, p. 47 à 51.
4930. Lerosier (L'abbé P.). — L'ermitage de Sainte-Anne à Bricquebec, p. 53 à 60.
4931. Le Cannellier (Albert). — Doléance, plainte et remontrance de la communauté de Cartrot, élection de Vallogne [1789], p. 61 à 70.
4932. Lerosier (L'abbé P.). — M. Eustache, curé de Bricquebec (1718 † 1793), p. 71 à 77.
4933. Lemarquand. — La propriété de la Fosse, à Lieusaint, p. 79 à 84.
4934. Anam (L'abbé). — Note sur l'inscription gallo-romaine de l'arche de Chiffrevast, *fig.*, p. 85 à 93.
4935. Lerosier (L'abbé P.). — Les seigneurs du Mont en Sauxemesnil, d'après d'anciens titres de propriété et autres documents inédits, p. 95 à 108.

MARNE. — CHÂLONS-SUR-MARNE.

SOCIÉTÉ D'AGRICULTURE, COMMERCE, SCIENCES ET ARTS DE LA MARNE.

Les publications antérieures de cette Société sont analysées dans notre *Bibliographie générale*, savoir :
Comptes annuels et *Séances publiques*, t. I à XLVI (1807-1856), *Bibliographie*, t. II, p. 229.
Mémoires, t. I à XXIX (1855-1885), *Bibliographie*, t. II, p. 232.
— t. XXX à XLIV (1885-1900), *Bibliographie*, Supplément sous presse.
— t. XLV (1901), *Bibliographie*, nouvelle série, t. I, p. 52.

XLVI. — Mémoires de la Société d'agriculture, commerce, sciences et arts du département de la Marne... 2ᵉ série, t. V, 1901-1902. (Châlons-sur-Marne, 19ᵒ³, in-8°, 33³² p.)

4936. Lucot (Le chanoine P.). — L'antique cuve baptismale de la cathédrale de Châlons, p. 65 à 71.

4937. Coyon. — Étude sur l'art du fer dans la Marne à l'époque gauloise, *pl.*, p. 87 à 110.

4938. Pelicier (P.). — Archives départementales de la Marne, à Châlons. Copie d'un cahier manuscrit. Valeur des rentes de l'évêché de Châlons en 1312, p. 123 à 158.

MARNE. — REIMS.

ACADÉMIE NATIONALE DE REIMS.

Les publications antérieures de cette Académie sont analysées dans notre *Bibliographie générale*, savoir :
Annales, t. I et II (1842-1844), *Bibliographie*, t. II, p. 237.
Séances et travaux, t. I à LXXX (1845-1886), *Bibliographie*, t. II, p. 238.
Travaux, t. LXXXI à CVIII (1886-1902), *Bibliographie*, Supplément sous presse.
— t. CIX et CX (1900-1901), *Bibliographie*, nouvelle série, t. I, p. 52.
Ouvrages divers (1843-1882), *Bibliographie*, t. II, p. 237.

CXI. — Travaux de l'Académie nationale de Reims, CXIᵉ volume, année 1901-1902, t. I. (Reims, 1903, in-8°, 310 p.)

4939. Divras. — Nécrologie. Henri Paris (1821 † 1902), p. 105 à 120.

[Discours de MM. L. Mennesson-Champagne, Paul Douce, H. Jadart.]

4940. Margotin-Thiénot (L.). — Le carillon de la cathédrale et la restauration de son garde-corps, p. 159 à 162.

4941. Bigot (L'abbé). — Notice sur les droits des seigneurs de Roucy, p. 163 à 174.

4942. Jadart (Henri). — Inventaire des richesses d'art de Reims. Hôpital Saint-Marcoul, notes sur ses origines et ses curiosités (1645-1900). *fig.*, p. 175 à 241.

4943. Chamberland (Albert). — Recherches sur les réformes financières en Champagne à l'époque de Henri IV et de Sully, p. 243 à 271.

4944. Demaison (L.). — L'église Saint-Rémi, histoire abrégée de sa construction, p. 273 à 290.

4945. Jadart (H.). — Les notes de statistique recueillies par l'abbé Hillet en 1783 [diocèse de Reims], p. 291 à 303.

CXII. — Travaux de l'Académie nationale

11.

de Reims, CXII° volume, année 1901-1902, t. II. (Reims, 1903, in-8°, 298 p.)

4946. Brouillon (L.). — L'abbaye de Châtrices (diocèse ancien de Châlons-sur-Marne), p. 1 à 108.

4947. Bovis (D' R. de). — Les Gaulois et les Scythes sur le Danube (étymologie des noms de ce fleuve), p. 109 à 149.

4948. Roxbot (Natalis). — Excursion en Champagne, 4 pl., p. 151 à 185.

[Laon, Reims, Arcis-sur-Aube, Châlons-sur-Marne, Troyes. — Introduction, par H. Jadart.]

4949. Gosset (Paul). — Armorial de l'élection de Reims, dressé par Ch. d'Hozier, juge d'armes, fig., p. 187 à 286.

MARNE. — VITRY-LE-FRANÇOIS.

SOCIÉTÉ DES SCIENCES ET ARTS DE VITRY-LE-FRANÇOIS.

Les publications antérieures de cette Société sont analysées dans notre *Bibliographie générale*, savoir
Mémoires, t. I à XIII (1861-1884), *Bibliographie*, t. II, p. 256.
 — t. XIV à XX (1885-1900), *Bibliographie*, Supplément sous presse.

XXI. — Société des sciences et arts de Vitry-le-François, t. XXI, 1902. (Vitry-le-François, 1902, in-8°, 775 p.)

4950. Jovy (E.). — François Tissard et Jérôme Aléandre. Contribution à l'histoire des origines des études grecques en France, p. 1 à 138. — Suite du XIX, p. 317.

4951. Jovy (E.). — Bossuet et la Visitation de Meaux, d'après quelques lettres circulaires de ce monastère, p. 139 à 155.

4952. Jovy (E.). — Une biographie inédite de Jacques-Bénigne Bossuet, évêque de Troyes, p. 157 à 507.

4953. Mougin (D' L.). — Biographie. [Louis-Rémy] Aubert-Roche (1810 † 1874), portr., p. 509 à 591, et 754 à 759.

4954. Mougin (D' L.). — Variétés iconographiques sur l'arrondissement de Vitry [-le-François], 6 pl., p. 593 à 614.

[Médaille de bronze frappée à l'occasion du discours de Royer-Collard sur le septennalité, et sceau du district de Vitry-sur-Marne, pl. — Anciennes tombes de l'église de Vitry-le-François, 2 pl. — La fête de l'âne, en 1793, à Vitry-le-François, pl. — Médaille commémorative du séjour à Paris, en juin 1848, de la garde nationale de Vitry-le-François et revue de départ, 2 pl.]

4955. Vast (D' L.). — Notice sur le D' Louis Valentin (de Soulanges), médecin en chef des armées françaises à Saint-Domingue, en 1793 [1758 † 1829], portr., p. 615 à 619.

4956. Millard (L'abbé A.). — Saint Chrodegand et le Pertois, p. 621 à 629.

4957. Millard (L'abbé A.). — Comment Hugues de Montfélix bâtit un château à Vanault [XII° s.], p. 630 à 641.

4958. Capitan (D'). — La trouvaille de Frignicourt [antiquités préhistoriques], fig., p. 643 à 654.

4959. Jovy (E.). — Lettre circulaire de Monseigneur Monyer de Prilly, évêque de Châlons, sur le clergé de l'arrondissement de Vitry-le-François [1828], p. 661 à 670.

4960. Jovy (E.). — Ravages causés par la grêle à Vitry-le-François en 1774, p. 670.

4961. Jovy (E.). — Contribution à l'histoire médicale de Vitry-le-François, p. 670 à 692.

4962. Jovy (E.). — L'histoire religieuse de Vitry et les *Nouvelles ecclésiastiques* [XVIII° s.], p. 692 à 693.

4963. Jovy (E.). — Le séminaire de Soudé-Sainte-Croix, p. 693 à 716.

4964. Grosseteste (William). — Les protestants de Vitry établis à Erlangen, p. 718 à 721.

4965. Royer-Collard (Paul). — Lettres de Royer-Collard relatives au Champenois Gillet, conseiller d'État du Gouvernement russe (1840-1842), p. 721 à 793.

4966. Jovy (E.). — Pierre Jacobé, de Vitry-le-François, poète latin (XVI° s.), p. 726 à 727.

4967. Jovy (E.). — Notes historiques et bibliographiques sur Vitry-le-François, p. 742 à 753.

MARNE (HAUTE-). — LANGRES.

SOCIÉTÉ HISTORIQUE ET ARCHÉOLOGIQUE DE LANGRES.

Les publications antérieures de cette Société sont analysées dans notre *Bibliographie générale*, savoir :
*Mémoi*res, t. I et II (1847-1862), *Bibliographie*, t. II, p. 255.
— t. III (1880-1901), *Bibliographie*, nouvelle série, t. I, p. 53.
*Bulle*tin, t. I et II (1872-1885), *Bibliographie*, t. II, p. 257.
— t. III (1887-1892), *Bibliographie*, Supplément sous presse.
Ouvrages divers (1876-1886), *Bibliographie*, t. II, p. 255.

4968. Piépape (Général de). — Une châtellenie du pays de Langres. Les anciens seigneurs de l'ancienne seigneurie de Piépape (Piépape, Haute-Marne). Étude publiée sous les auspices de la Société historique et archéologique de Langres. (Paris, 1903, in-8°, 209 p. et *pl.*)

IV. — Bulletin de la Société historique et archéologique de Langres, t. IV. (Langres, s. d. [1893-1902], in-8°, 460 p.)

4969. Brocard (Henry). — M. Girault de Prangey [1804 † 1892], p. 15 à 21.

4970. Rosenot (A.). — Bonne-Encontre, p. 22 à 39.

4971. Ch. R. [Royer (Cb.)]. — Claude-Émile Jolibois (1813 † 1894), p. 47.

4972. Chénoy (Le P. H.). — Une lettre autographe du Père Pierre Le Moyne, retrouvée au musée de Chaumont, p. 49 à 54.

4973. Royer (Ch.). — Notice sur le village de Bourg et sur sa nouvelle église, p. 55 à 60.

4974. Marchal (S.). — Une page du nobiliaire du Bassigny. La famille Sarazin de Germainvilliers, p. 66 à 78.

4975. Multier (V.). — Fouilles faites au mont Mercure, près Andilly, p. 86 à 88.

4976. Ch. R. [Royer (Cb.)]. — Découverte de cercueils en plomb, à Langres, p. 114 à 116.

4977. H. B. [Brocard (H.)]. — Un bénitier du xiiᵉ siècle [à Douy, commune de Courcelles-val-d'Esnoms], p. 116.

4978. Brocard (H.). — Charte d'affranchissement de Breuvannes (1551), p. 118 à 134.

4979. Brocard (H.). — Les privilèges de Langres, p. 134 à 144.

4980. Brocard (H.). — Le sculpteur Antoine Besançon, de Langres (1731 † 1811), p. 146 à 164.

4981. Royer (Ch.). — Un manuscrit du xviiᵉ siècle [sur Langres et ses environs], p. 164 à 183.

4982. Ch. R. [Royer (Ch.)]. — Sépultures mérovingiennes, à Cusey, p. 186 à 187.

4983. Rosenot (A.). — Quelques inscriptions du département de la Haute-Marne, *fig.*, p. 188 à 199.

4984. Royer (Cb.). — Épitaphe d'Odot ou Odon Ferri à la cathédrale Saint-Mammès, de Langres (xiiiᵉ s.), *fig.*, p. 199.

4985. Girard (A.). — Prise du château de Nogent-en-Bassigny par les Bourguignons, en 1417, p. 201 à 213.

4986. Brocard (Henry). — Le docteur Perron [Nicolas], p. 216 à 220.

4987. Royer (Camille). — Le tumulus des Charmoiselles, *fig.*, p. 221 à 236, et à 247.

4988. Humblot (J.-C.). — Le chapitre de Langres et le bois de Haute-Oreille (1564), p. 239 à 242.

4989. J.-C. H. [Humblot (J.-C.)]. — Épitaphe de Jean Blachot, à Chantraines (1378), p. 243.

4990. Royer (Charles) et Daguin (Arthur). — Inventaire sommaire des sceaux et cachets (matrices, empreintes, fac-similés) figurant dans les diverses vitrines du musée de la ville de Langres, p. 248 à 264.

4991. Rosenot (A.). — Lettres missives de rois et reines de France, etc., pour la collation des prébendes du chapitre de Langres, de 1527 à 1575, extraites des archives de la Haute-Marne et de la bibliothèque de Chaumont, p. 265 à 304.

4992. Humblot (J.-C.). — Ambroise-Edme Magnien [1750 † 1837]. Un recteur d'école à la fin du xviiiᵉ siècle, p. 309 à 316.

4993. H. B. [Brocard (H.)]. — M. Charles Godard († 1892), p. 317.

4994. Anonyme. — Certificat concernant le prévôt des maréchaux de Langres (1667), p. 325.

4995. Royer (Camille). — Deux pierres tombales d'Aubigny [Elvis de Vaus, † 1336], et de Montsaugeon [Étienne de Boulot de Lèggres, † 1599], *fig.*, p. 327 à 331.

4996. Royer (Camille). — La tombe de Louvières [Claude Dorge, s' de Louvière, † 1627], fig., p. 332 à 338.

4997. Royer (Ch.). — Tombe de Jeanne de Fouchier, femme de Philippe d'Anglure, seigneur de Guyonvelle (1583), pl., p. 339.

4998. H. B. [Brocard (H.)]. — Henri Villard [† 1900], p. 345 à 347.

4999. Royer (Camille). — Deux manuscrits langrois [inscriptions trouvées dans les fortifications de Langres; antiquités de Langres], fig., p. 348 à 356.

5000. Barthélemy (A. de). — Deux méreaux de Langres, fig., p. 357.

5001. Brocard (Henry). — L'Annonciation [ivoire] du musée de Langres (xive s.), 2 pl., p. 359 à 368.

5002. Brocard (Henry). — La croix de Brennes, p. 373 à 377.

5003. Brocard (Henry). — Henri Revoil [1822 † 1900], p. 378 à 380.

[Sceau de la Trésorerie de Langres, pl.]

5004. Serrigny (Ern.). — Les Verseilles et Valpelle, p. 381 à 422.

5005. Arrigny (F. d'). — Des cimetières de Langres avant la Révolution, p. 451 à 458.

MAYENNE. — LAVAL.

COMMISSION HISTORIQUE ET ARCHÉOLOGIQUE DE LA MAYENNE.

Les publications antérieures de cette Commission sont analysées dans notre Bibliographie générale, savoir :
Procès-verbaux, t. I à IV (1878-1885), Bibliographie, t. II, p. 260.
Bulletin, t. V à XXI (1886-1900), Bibliographie, Supplément sous presse.
— t. XXII (1901), Bibliographie, nouvelle série, t. I, p. 53.

XXIII. — Bulletin de la Commission historique et archéologique de la Mayenne,... 2ᵉ série, t. XVIII, 1902. (Laval, 1902, in-8°, 516 p.)

5006. Galland (A.). — Les sociétés populaires de Laval et de Mayenne (1791-1795), p. 15 à 40.

5007. Beauchesne (Marquis de). — Le château du Coudray et les châtellenies de Chemeré et de Saint-Denis-du-Maine, p. 41, 174, 303, et 389; et XXIV, p. 90. — Suite de XXI, p. 249, 378; et XXII, p. 15, 129, 268, et 409.

5008. Bertrand de Broussillon (Comte). — La maison de Laval. Cartulaire de Laval, fig., p. 75, 198, 334, et 476. — Suite de XIII, p. 62, 199; XIV, p. 64, 183; XV, p. 82, 244; XVI, p. 168; XVII, p. 47, 166, 297; XVIII, p. 152, 286, 434; XIX, p. 41, 144, 349; XX, p. 33, 203, 302, 390; XXI, p. 12, 178, 310, 442; et XXII, p. 63, 187, 328, et 455.

5009. Delaunay (Paul). — La pierre levée de la Chablière [commune d'Oisseau], fig., p. 124 à 126.

5010. Quéruau-Lamerie (E.). — Lettres de Michel-René Maupetit, député à l'Assemblée nationale constituante (1789-1791), p. 133, 321, 447; et XXIV, p. 205 et 348. — Suite de XXII, p. 302 et 439.

5011. Guilloreau (Dom Léon). — L'obituaire des Cordeliers d'Angers, p. 164, 278, et 417.

5012. Moreau (Émile). — E.-M.-L. Leblanc (1844 † 1902), p. 248 à 251.

5013. Barthélemy (Anatole de). — Les reliques de saint Tudual, évêque de Tréguier, fig., p. 261 à 277.

5014. Moreau (Émile). — Henri de la Broise (1835 † 1902), p. 378 à 380.

5015. Moreau (Émile). — J.-J.-M.-F. Raulin (1843 † 1902), p. 505 à 509.

MEURTHE-ET-MOSELLE. — NANCY.

ACADÉMIE DE STANISLAS.

Les publications antérieures de cette Académie sont analysées dans notre *Bibliographie générale*, savoir :
Mémoires, 4 vol. (1754-1759), *Bibliographie*, t. II, p. 264.
Précis analytique, 15 vol. (an XI-1831), *Bibliographie*, t. II, p. 265.
Mémoires, t. I à LIV (1834-1885), *Bibliographie*, t. II, p. 266.
— t. LV à LXVIII (1886-1900), *Bibliographie*, Supplément sous presse.
— t. LXIX (1900-1901), *Bibliographie*, nouvelle série, t. I, p. 54.

LXX. — **Mémoires de l'Académie de Sta-nislas**, 1901-1902. 152° année, 5° série, t. XIX. (Nancy, 1902, in-8°, CXLIV-576 p.)

5016. FLOQUET (G.). — L'astronome Messier [Charles, 1730 † 1817], *portr.*, p. XXIII à LXVII.

5017. DES ROBERT (Ferdinand). — Campagnes de Turenne en Allemagne, d'après des documents inédits (1672-1675), p. 1 à 249. — Suite de LXVIII, p. 193; LXIX, p. 227.

5018. DEALIN (Henri). — A propos d'une lettre de Madeleine Plantin, p. 250 à 268.

5019. FLICHE (P.). — Henri Nanquette [1815 † 1899], *portr.*, p. 269 à 317.

5020. COLLIGNON (Albert). — Notes sur l'*Argenis*, de Jean Barclay, p. 329 à 507.

5021. ROCHS DU TEILLOY (Alexandre DE). — Un poète nancéien oublié, Eugène Hugo [1800 † 1837], p. 508 à 530.

LXXI. — **Mémoires de l'Académie de Sta-**nislas, 1902-1903. 153° année, 5° série, t. XX. (Nancy, 1903, in-8°, CXLIII-242 p.)

5022. VILLARD (E.). — Henri Maguin, avocat à l'ancienne cour de Metz [1830 † 1876]. Notice biographique, p. XXXII à LXX.

5023. FRIOT (D° A.). — La mutualité à Nancy, historique, évolution et efflorescence des sociétés de secours mutuels, p. LXXI à CIII.

5024. SODUKSMES (Raymond DE). — Le mariage de Louis XIV et les Messins, p. 1 à 23.

5025. LOMBARD (A.). — Platon, la poésie dans *la République* et dans *les Lois*, p. 24 à 75.

5026. THOULET (J.). — La notion de la mer chez les peuples anciens, Chaldéens, Égyptiens et Hébreux, p. 140 à 161.

5027. MRIXMOHON DE DOMBASLE (Ch. DE). — Claude le Lorrain, p. 162 à 194.

5028. FAVIER (J.) et PFISTER (Chr.). — Table alphabétique des publications de l'Académie de Stanislas (1750-1900), rédigée par les soins de J. Favier, précédée de l'Histoire de l'Académie, par Chr. Pfister. (Nancy, 1902, in-8°, 225 p.)

MEURTHE-ET-MOSELLE. — NANCY.

SOCIÉTÉ D'ARCHÉOLOGIE LORRAINE ET DU MUSÉE HISTORIQUE LORRAIN.

Les publications antérieures de cette Société sont analysées dans notre *Bibliographie générale*, savoir :
Bulletin, t. I à VIII (1849-1858), *Bibliographie*, t. II, p. 277.
Mémoires, t. IX à XXXV (1859-1885), *Bibliographie*, t. II, p. 278.

Mémoires, t. XXXVI à L (1886-1900), *Bibliographie*, Supplément sous presse.
— t. LI (1901), *Bibliographie*, nouvelle série, t. I, p. 55.
Journal, t. I à XXXIV (1853-1885), *Bibliographie*, t. II, p. 287.
— t. XXXV à XLIX (1886-1900), *Bibliographie*, Supplément sous presse.
Bulletin mensuel, t. L (1901), *Bibliographie*, nouvelle série, t. I, p. 55.
Recueil de documents, t. I à XV (1855-1870), *Bibliographie*, t. II, p. 309.

LII. — Mémoires de la Société d'archéologie lorraine et du musée historique lorrain, t. LII (4ᵉ série, 2ᵉ volume). (Nancy, 1902, in-8°, 487-xxviii p.)

5029. Fourier de Bacourt (Comte E.). — Monuments funéraires de la cathédrale et de l'église des Célestins, de Metz, p. 5 à 21.

5030. Chatton (L'abbé Ed.). — Notice sur Relécourt, commune de Moriviller, du xiiᵉ au xviiiᵉ siècle, p. 22 à 66.

5031. Bové (Pierre). — Étude historique sur les Hautes-Chaumes des Vosges, *pl.*, p. 66 à 208. — Suite et fin de L, p. 185; et LI, p. 368.

5032. Lefebvre (H.). — Les sires de Pierrefort, de la maison de Bar, 2 *pl.*, p. 209 à 487.

LI. — Bulletin mensuel de la Société d'archéologie lorraine et du musée historique lorrain, 2ᵉ série, t. II (51ᵉ volume), 1902. (Nancy, 1902, in-8°, 288 p.)

5033. Chatton (L'abbé Ed.). — La terre de Saint-Denis au xiiᵉ siècle (commune de Moriviller), p. 5 à 13, et 26 à 32.
[Terre du prieuré de Salone, dépendance de Saint-Denis en France.]

5034. Wiener (René). — Portraits lorrains à la galerie des Offices de Florence, p. 13 à 17.

5035. Duvernoy (E.). — Chartes lorraines pour l'abbaye de Cluny, p. 17 à 22.

5036. Poinet (Aug.). — Note sur la mise à jour d'une villa romaine à Pont-Saint-Vincent, et sur l'une des causes probables de la rareté des découvertes de stations préhistoriques humaines, dans les vallées de nos régions, p. 22.

5037. E. D. [Duvernoy (E.)]. — Le fondeur de cloches Pierre Huart (1637), p. 23.

5038. Duvernoy (E.). — Le droit de grenouillage, p. 32 à 35.

5039. Clanché (L'abbé). — François Bracquet, de Nancy, sculpteur (xviiiᵉ s.), p. 36.

5040. L. G. [Germain (Léon)]. — Le nécessaire de table du nain Bébé donné au Musée lorrain, p. 37 à 39.

5041. Pfister (Ch.). — Un mémoire de l'abbé de Rulle sur les tombeaux des ducs de Lorraine et sur Nancy pendant la Révolution, p. 43 à 66.

5042. Braux (G. de). — Une lettre de Fabert (1649), p. 66 à 69.

5043. Nicolas (J.). — Une inscription dans la citadelle de Stenay (Meuse) [1734], p. 70.

5044. Mangenot (E.). — Manuscrit grec des Évangiles, d'Hector d'Ailly, évêque de Toul [Bibl. nat., Coislin 197], p. 79 à 83.

5045. Marchal (J.). — Noms de fondeurs de cloches, extraits des registres du bailliage du Bassigny [xviᵉ-xviiiᵉ s.], p. 83 à 92, et 108 à 110.

5046. Nicolas (J.). — Inscriptions funéraires de l'église de Brouennes [xviᵉ-xiiᵉ s.], p. 92 à 95.

5047 L. G. [Germain (Léon)]. — Bénédiction d'une cloche de Boncourt-sur-Orne, en 1738, p. 95.

5048. Germain (Léon). — Fragment d'études sur l'église de Saint-Nicolas de Port, les vitraux du chœur, d'après feu M. A. Bretagne, p. 99 à 107.

5049. Germain (Léon). — Note sur les armoiries de Mirecourt, p. 111 à 113.

5050. Germain (Léon). La cloche ancienne de Mont-Saint-Martin [1549], p. 113 à 115.

5051. Quintard (L.). — Nécrologie. Raymond des Godins de Soubesmes [1850 † 1902], *portr.*, p. 116 à 120.

5052. Des Robert (Edmond). — Sceau du maire de Neufchâteau en 1298, *fig.*, p. 123.

5053. Nicolas (J.). — Inscriptions funéraires de l'église d'Inor [xviiiᵉ-xiiᵉ s.], p. 125 à 130.

5054. Clanché (L'abbé G.). — Notes historiques sur les proses, les hymnes et les récitatifs du supplément tullonancéien de 1887 au graduel et à l'antiphonaire, p. 131 à 139.

5055. Germain (Léon). — Metz en Lorraine, p. 140 à 143. — Cf. n° 5058.

5056. Nicolas (J.). — Inscriptions funéraires de l'église de Petit-Verneuil [xviiᵉ-xviiiᵉ s.], p. 147 à 149.

5057. Germain (Léon). — La famille des médecins Callot, p. 150 à 160.

5058. Des Robert (F.). — Metz en Lorraine, p. 160 à 163. — Cf. n° 5055.

5059. Germain (Léon). — Louis d'Avocourt [xiiiᵉ s.], p. 163 à 168. — Gilles Iᵉʳ, Jacques, Conrad et Burnequin d'Avocourt [xiiiᵉ-xivᵉ s.], p. 178 à 186. — Perrin, Renaud et Isabelle d'Avocourt [xivᵉ s.], p. 211 à 213.

5060. Germain (Léon). — Un acte de Jean d'Aix, évêque de Verdun (1250), p. 168, et 174 à 177.

5061. Des Robert (Edmond). — Sceau de Jean de Bourlémont, grand archidiacre de Toul, *fig.*, p. 172 à 174.

5062. Germain (L.). — Note sur les armoiries de Gérardmer, p. 186 à 188.

5063. Germain (L.). — Une cloche de Romans (Drôme), fondue par Nicolas Dubois, de Neufchâteau (1545), p. 189 à 192.

5064. Robert (L.). — Notice historique et descriptive sur le château de Prény, 2 pl., p. 193 à 211.

5065. Nicolas (J.). — Inscriptions funéraires de l'église de Razeilles [XVIe-XVIIIe s.], p. 213 à 217.

5066. Des Robert (Edmond). — Un lieu dit : Les Jolis fous, près de Remilly, p. 217 à 219.

5067. Germain (Léon). — Recherches sur les actes de Robert de Baudricourt depuis 1432 jusqu'à 1454, p. 219 à 230. — Cf. nᵒˢ 5074 et 5077.

5068. Germain (Léon). — Le sceau de Salomon et le monogramme de Diane de Dommartin, fig., p. 230 à 235.

5069. Germain (Léon). — Épitaphe de Claudine de Rune, veuve de Louis de Heumont, à Réhon, XVIe siècle, fig., p. 235 à 238.

5070. Martin (Eug.). — Nécrologie. Dom Edmond Didier-Laurent [† 1902], p. 239 à 240.

5071. Wiener (L.). — Panpan Devaux et Eustache Pointu, pl., p. 243 à 247.

5072. Souhesmes (R. de). — Le panonceau de Xonville, p. 247 à 257.

5073. Germain (L.). — Identifications de quelques localités pour la liste des vassaux du comté de Bar, en 1311, p. 257 à 259. — Suite de L, p. 251.

5074. Pange (Comte Maurice de). — Sur Robert de Baudricourt, p. 260 à 261. — Cf. nᵒ 5067.

5075. Bernard (Henri). — Une tête d'ange de l'école sammielloise, pl., p. 269 à 271.

5076. Beaupré (J.). — Compte rendu des fouilles exécutées en 1902 dans des tumulus situés dans le bois communal de Serres, 2 pl., p. 272 à 278.

5077. Germain (L.). — Sur l'origine de la famille de Baudricourt, p. 278 à 285. — Cf. nᵒ 5067.

MEURTHE-ET-MOSELLE. — NANCY.

SOCIÉTÉ DE GÉOGRAPHIE DE L'EST.

Les publications antérieures de cette Société sont analysées dans notre *Bibliographie générale*, savoir : *Bulletin*, t. I à VII (1879-1885), *Bibliographie*, t. II, p. 311.
— t. VIII à XXI (1886-1900), *Bibliographie*, Supplément sous presse.
Congrès des sociétés françaises de géographie (1901), *Bibliographie*, nouvelle série, t. I, p. 121.

XXII. — **Société de géographie de l'Est...,** Bulletin trimestriel, nouvelle série, 22ᵉ année, 1901. (Paris et Nancy, 1901, in-8°, XXXVI-383 p.)

[5080]. Fournier (A.). — *Les vallées vosgiennes,* p. 23, 167, et 277.

5078. Rambaud (Pierre). — *Voyage au Sénégal, carte,* p. 61 à 71.

5079. André (Émile). — *Impressions de voyage en Perse,* p. 139 à 166.

XXIII. — **Société de géographie de l'Est...,**

Bulletin trimestriel, nouvelle série, 23ᵉ année, 1902. (Nancy, 1902, in-8°, 495 p.)

5080. Fournier (A.). — Les vallées vosgiennes, p. 39, 202 et 293. — Suite de XXI, p. 51, 205, 357, 522; et XXII, p. 23, 167, et 277.

5081. Hagen (D' A.). — Quelques mots sur la province de Chantoung (Chine), p. 53 à 83.

5082. Rouyon (D'). — Les anciens Écossais, p. 95 à 99.

5083. Froidevaux (Henri). — Comment nous connaissons Madagascar, p. 180 à 201.

5084. Mansuy (A.). — Les religions dans l'ouest de l'Empire russe, p. 279 à 292, et 373 à 392.

5085. Vialet (D'). — Note d'ethnographie sur Quang-Tchéou-Wan, p. 393 à 408.

MEUSE. — BAR-LE-DUC.

SOCIÉTÉ DES LETTRES, SCIENCES ET ARTS DE BAR-LE-DUC.

Les publications antérieures de cette Société sont analysées dans notre *Bibliographie générale*, savoir :
Mémoires, t. I à XIV (1871-1885), *Bibliographie*, t. II, p. 314.
— t. XV à XXIX (1886-1900), *Bibliographie*, Supplément sous presse.
— t. XXX (1901), *Bibliographie*, nouvelle série, t. I, p. 56.

XXXI. — Mémoires de la Société des lettres, sciences et arts de Bar-le-Duc, 4ᵉ série, t. I. (Bar-le-Duc, 1902, in-8°, CIV-320 p.)

5086. COMTE (F.). — Notice sur les façons de la vigne sous les Côtes, en 1344, p. VIII.

5087. A. L. [LESORT (André)]. — Notes bibliographiques sur la *Relevatio* du B. Pierre de Luxembourg (1397), p. XVIII à XX.

5088. ROBINET DE CLÉRY. — A propos de la trouvaille de pièces d'or à Dun, p. XXXVI à XLII.

[Florins du Rhin (XVᵉ s.).]

5089. MAXE-WERLY (L.). — Monnaies de bronze romaines trouvées à Erize-la-Grande, p. XLVII.

5090. COMTE (F.). — Le *pagus Ornensis* dans le cartulaire de Gorze, p. LIV.

5091. MAXE-WERLY (L.). — Ex-voto gallo-romains du musée de Bar-le-Duc, p. LVI.

5092. LESORT (A.). — Sceau de Jean, deuxième fils de Thiébaud II, comte de Bar (XIIIᵉ-XIVᵉ s.), p. LXX.

5093. LABOURASSE (H.). — Donation du bois des Embannieux [territoire de Senon], par Édouard, comte de Bar, aux habitants d'Amel et de Senon (1351), p. LXXVI à LXXIX.

5094. F. DE B. [FOURIER DE BACOURT]. — Galerie de portraits lorrains de Mᵐᵉ Vaultier, à Ligny-en-Barrois, p. LXXXIV à LXXXVI.

5095. A. L. [LESORT (André)]. — Archives du prieuré de Saint-Thiébaut de Veaucouleurs [aux archives de la Côte-d'Or]. p. LXXXVI.

5096. H. D. [DANNREUTHER (H.)]. — M. Léon Maxe-Werly [1831 † 1901], p. LXXXVIII.

5097. GERMAIN (Léon). — La légende d'Amel, p. XCII à CI.

5098. LABOURASSE (H.). — Anciens us, coutumes, légendes, superstitions, préjugés, etc., du département de la Meuse, p. 3 à 225.

5099. FOURIER DE BACOURT. — Dominique Dordelu avocat de Bar-le-Duc, député du Tiers aux États de 1579, p. 227 à 245.

5100. ANTHOUARD-VRAINCOURT (Comte D'). — Généalogie en vers de la famille de Saint-Vincent (1717), p. 247 à 256.

5101. CHEVELLE (C.). — Vente à Saint-Mihiel de la cave du commandeur de Marbotte (13-17 février 1786), p. 257 à 270.

5102. LESORT (André). — Excursion archéologique à Blénod et Toul, *fig.*, p. 271 à 288.

MEUSE. — MONTMÉDY.

SOCIÉTÉ DES NATURALISTES ET ARCHÉOLOGUES DU NORD DE LA MEUSE.

Cette Société a été fondée en 1889.

On trouvera dans le Supplément de notre *Bibliographie générale*, l'analyse des douze volumes qu'elle a publiés de 1889 à 1900. Nous donnons ci-après le sommaire de la partie archéologique du tome XIII qui porte la daté de 1901, mais qui nous est parvenu trop tard pour figurer dans le fascicule de notre *Bibliographie* correspondant à cette année.

XIII. — Société des naturalistes et archéologues du nord de la Meuse, t. XIII, 1901. (Montmédy, s. d., in-8°, sciences naturelles, 82 p.; archéologie et histoire locale, 120 p.)

Archéologie et histoire locale.

5103. Lemenaux (P.). — Excursion archéologique à Dun-Haut, 2 *pl.*, p. 1 à 18.
5104. Biguet (E.). — Excursion à Pouilly et Inor (6 juin 1901), *pl.*, p. 19 à 38.
5105. Biguet (E.). — Excursion à Montfaucon (27 juin 1901). *pl.*, p. 39 à 49, et 118 à 119.
5106. Houzelle (F.). — De Montmédy à Virton par Saint-Mard et Latour, excursion, p. 57 à 117.

[Verneuil-Grand, Écouviez, Montquintin, Lamorteau, Rouvroy, Harnoncourt, Dampicourt, Saint-Mard, Latour, Virton.]

XIV. — Société des naturalistes et archéologues du nord de la Meuse, t. XIV, 1902. (Montmédy, s. d., in-8°, sciences naturelles, 62 p.; archéologie et histoire locale, 99 p.)

Archéologie et histoire locale.

5107. Biguet (E.). — Damvillers, excursion du 21 septembre 1902, *pl.*, p. 1 à 47, et 96 à 97.
5108. Houzelle (F.). — De Margut à Thonne-le-Thil, par Tassigny-Sapogne (excursion du 5 juin 1902), p. 49 à 95.

[Margut, Moiry, Sapogne, Tassigny, Thonne-le-Thil, Hianquemine.]

MORBIHAN. — VANNES.

SOCIÉTÉ POLYMATHIQUE DU MORBIHAN.

Les publications antérieures de cette Société sont analysées dans notre *Bibliographie générale*, savon :
Comptes rendus, t. I à VII (1826-1833), *Bibliographie*, t. II, p. 320.
Bulletin, t. I à XXXI (1857-1885), *Bibliographie*, t. II, p. 321.
— t. XXXII à XLVI (1886-1900), *Bibliographie*, Supplément sous presse.
— t. XLVII (1901), *Bibliographie*, nouvelle série, t. I, p. 57.
Ouvrages divers (1878-1881), *Bibliographie*, t. II, p. 320.

XLVIII. — Bulletin de la Société polymathique du Morbihan, année 1902. (Vannes, 1902, in-8°, 420-56 p.)

5109. Le Mené (J.). — Abbaye de Rhuys, *fig.* et *pl.*, p. 26 à 119.
5110. Aveneau de la Grancière. — Le préhistorique et les époques gauloise, gallo-romaine et mérovingienne dans le centre de la Bretagne armorique. Dernières explorations dans la région montagneuse de Quénécan, entre le Blavet et le Sar (1899-1900), *fig.* et *carte*, p. 120 à 170, et 371 à 414. — Suite et fin de XLVII, p. 276.
5111. Sageret (Émile). — Du 23 septembre au 25 oc-

tobre 1799. Préliminaires de l'insurrection, p. 171 à 189.
5112. Quilgars (Henri). — La question des augets de terre découverts sur les côtes de la Bretagne armoricaine [poteries gallo-romaines], *fig.*, p. 191 à 202.
5113. Le Mené (J.-M.). — Abbaye de Lanvaux, 2 *pl.*, p. 203 à 255.
5114. Ginon (L. de). — Fouilles au Haut-Bézy en Saint-Jacut, *fig.*, p. 256 à 259.

[Antiquités gallo-romaines.]

5115. Closmadeuc (D' de). — Chouannerie. Conspiration

12.

de 1804. Deux Vannetais (un apothicaire [R.-V.-B. Blouet] et un chirurgien [Pierre Querelle]), sauveurs du Premier Consul, p. 260 à 288.

5116. Le Rouzic (Z.). — Carnac, fouilles faites dans la région en 1901 et 1902, *fig.*, p. 289 à 304.

[Antiquités préhistoriques.]

5117. Closmadeuc (Dʳ de). — Découverte de cists tu-

molaires à Belle-Île en 1896, *fig.* et *pl.*, p. 305 à 309.

[Antiquités préhistoriques et poteries romaines.]

5118. Le Mené (J.-M.). — Temple [gaulois] du Mur en Carentoir, *fig.*, p. 310 à 311.

5119. Sageret (Émile). — Insurrection royaliste du Morbihan le 25 octobre 1799 (jusqu'au 18 brumaire), p. 312 à 370.

MOSELLE. — METZ.

ACADÉMIE DE METZ.

Les publications antérieures de cette Académie sont analysées dans notre *Bibliographie générale*, savoir :
Séances, t. I à VII (1819-1827), *Bibliographie*, t. II, p. 330.
Mémoires, t. VIII à LXX (1827-1885), *Bibliographie*, t. II, p. 331.
— t. LXXI à LXXXIV (1885-1899), *Bibliographie*, Supplément sous presse.

LXXXV. — **Mémoires de l'Académie de Metz**, lettres, sciences, arts et agriculture..., 2ᵉ période, 81ᵉ année, 3ᵉ série, 29ᵉ année, 1899-1900. (Metz, 1902, in-8°, xii-156 et 192 p.)

5120. Schuster (Aimé). — Notice sur M. le colonel du génie Livet [1808 † 1860], p. 91 à 97.

5121. Schuster (A.). — Souvenirs d'un bibliothécaire, p. 99 à 104.

[Jacques-Philippe-François de Masson, chevalier d'Autume, 1746 † 1828.]

Supplément.

5122. Box (N.). — Mémoires de l'Académie de Metz. Tables générales récapitulatives de 1819 à 1895. (Metz, 1895, in-8°, 192 p.)

LXXXVI. — **Mémoires de l'Académie de Metz**, lettres, sciences, arts et agricul-

ture..., 2ᵉ période, 82ᵉ année, 3ᵉ série, 30ᵉ année, 1900-1901. (Metz, 1903, in-8°, xvii-285 p.)

5123. Schuster (Aimé). — Notice sur M. E.-A. Remoissenet, opticien constructeur à Metz, p. 121 à 129.

5124. Collin (L'abbé H.). — M. l'abbé Auguste Bérard (1835 † 1899), p. 131 à 140.

5125. Schuster (Aimé). — Notice sur M. Charles-Louis-Emmanuel Baillard, inspecteur général des ponts et chaussées en retraite, p. 141 à 165.

5126. Meyer (Dʳ J.). — Notice biographique sur M. le Dʳ Ch. Marchal, de Mondelange († 1900), p. 167 à 178.

5127. Choppé. — Sur Rabelais, p. 179 à 190.

5128. Lametz. — Présentation avec explications d'une épée à deux mains (imitation du moyen âge), 2 *pl.*, p. 191 à 198.

5129. Huber (Émile). — Lettres inédites de Robespierre, 2 *facs.* et *pl.*, p. 211.

MOSELLE. — METZ.

SOCIÉTÉ D'HISTOIRE ET D'ARCHÉOLOGIE LORRAINE.

Cette Société a été fondée postérieurement à l'annexion de l'Alsace-Lorraine à l'Empire allemand; nous croyons cependant devoir comprendre dans notre *Bibliographie générale* l'analyse de son *Annuaire*, parce qu'elle s'est réclamée, lors de sa fondation, en 1888, de l'ancienne *Société d'archéologie et d'histoire de la Moselle* qui n'avait plus alors qu'une existence nominale, et aussi parce que le sujet de ses travaux a une importance trop grande au point de vue de l'histoire et l'archéologie d'une ancienne province française pour que nous ne fassions pas figurer ses publications à côté de celles des anciennes sociétés alsaciennes et lorraines qui ont continué d'exister depuis 1870. Pour nous conformer à l'ordre de classement adopté, c'est sous le nom de l'ancien département de la Moselle que nous insérons ici l'analyse des tomes XIII et XIV des *Annuaires* parus en 1901 et 1902. On trouvera dans notre Supplément au nom du même département le dépouillement des douze premiers volumes de cette collection.

XIII. — Jahrbuch der Gesellschaft für Lothringische Geschichte und Altertumskunde. Annuaire de la Société d'histoire et d'archéologie lorraine, 13ᵉ année, 1901. Dreizehnter Jahrgang, 1901. (Metz, s. d., in-4°, VIII-520 p.)

5130. FORRER (R.). — Keltische Numismatik der Rhein-und Donaulande (Numismatique celtique des provinces rhénanes et danubiennes), *fig.*, p. 1 à 35; et XIV, p. 151 à 209.

5131. THIRIOT (G.). — Un aventurier messin au XVIIIᵉ siècle, Théodore de Neuhoff, roi de Corse, *carte et pl.*, p. 36 à 123.

5132. ZÉLIQZON (C.). — Patois-Lieder aus Lothringen (Chansons en patois lorrain), p. 124 à 144.

5133. CONT (L'abbé Franz). — Der Vertrag vom 23 August 1581 zwischen Karl III von Lothringen und Philipp von Nassau-Saarbrücken betreffend die Vogteirechte über die Klöster zu Lubeln, Wadgassen, Fraulautern und Herbitzheim, die Herrschaft Bolchen, die Saline von Salzbronn, etc. (L'accord du 23 août 1581 entre Charles III de Lorraine et Philippe de Nassau, concernant les droits de juridiction sur les abbayes de Lubeln, etc.), p. 145 à 163.

5134. MÜSEBECK (E.). — Die Benediktinerabtei S. Arnulf vor Metz in der ersten Hälfte des Mittelalters (L'abbaye de Saint-Arnoul de Metz dans la première moitié du moyen âge), 2 *tabl.*, p. 164 à 244.
[*Chartes.*, p. 198 à 223.]

5135. CHATELAIN (L'abbé V.). — Le comté de Metz et la vouerie épiscopale du VIIIᵉ au XIIIᵉ siècle, p. 245 à 311. — Suite de X, p. 72.

5136. HUBER (Émile). — Notes sur le château et la fortification de Sarreguemines, *fig.* et *pl.*, p. 312 à 324.

5137. KEUFFER. — Eine französische Urkunde von 1205 (une charte française [d'Isabelle de Montcler] de 1205), *facs.*, p. 325 à 328.

5138. SOMMERFELDT (Gustav). — Nikolaus von Butrinto, ein Nachtrag (Nicolas de Butrinto. Appendice), p. 328 à 336. — Cf. XV, p. 223.

5139. SAUERLAND (H. V.). — Vatikanische biographische Notizen zur Geschichte des XIV Jahrhunderts (Notices biographiques pour l'histoire du XIVᵉ siècle, extraites des archives du Vatican), p. 337 à 344.
[Léopold de Bebenburg, Henri de Dissenhofen, Jean Hocsem

de Liège, Conrad de Gelnhausen, cardinal Robert de Genève (Clément VII), Leopold de Norihof, Jean de Lichtemberg, Guillaume d'Aigrefeuille.]

5140. MÜSEBECK (E.). — Zur Geschichte von Metz im Anfange des 15 Jahrhunderts (Note pour l'histoire de Metz au début du XVᵉ siècle), p. 345 à 347.

5141. WOLFRAM (G.). — Vorläufiger Bericht über die Aufdeckung der römischen Mauer zwischen Höllenturm und Römerthor (Rapport provisoire sur la découverte du mur romain entre la tour d'Enfer et la porte des Romains à Metz), *fig.*, et 8 *pl.*, p. 348 à 355.

5142. KEUNE (J. B.). — Spät-merovingischer Friedhof bei Cross-Moyenvre (Cimetière de la fin de l'époque mérovingienne découvert à Moyeuvre-le-Grand), *pl.*, p. 355 à 360.

5143. KEUNE (J. B.). — Römische Skelettgräber und gestempelto Ziegel zu Niederjeutz bei Diedenhofen (Sépultures à inhumation de l'époque romaine et tuile estampée trouvées à Niederjeutz, près Thionville), p. 360 à 363.

5144. KNITTERSCHEID (E.). — Gräberfunde bei Metz (Sépultures franques découvertes près de Metz), *pl.*, p. 363 à 366.

5145. KEUNE (J. B.). — Das Briquetage im oberen Seillethal, nebst einer vorläufigen Uebersicht über die Ergebnisse der durch die Gesellschaft im Sommer 1901 ausgeführten Ausgrabungen (Le briquetage dans la haute vallée de la Seille, d'après un aperçu provisoire du résultat des fouilles exécutées par la Société dans l'été de 1901), *fig.* et 3 *pl.*, p. 366 à 394.

5146. CRUSSE (H.). — Neue Versuche über den Zweck des Briquetage (Nouvelles recherches sur le but du briquetage), p. 394 à 401.

5147. KEUNE. — Silbernes Kesselchen aus römischen Gebäuderesten bei Büdingen (Bassin d'argent provenant des ruines romaines de Budingen), *fig.*, p. 402.

5148. KEUNE (J. B.). — Bericht über das Museum der Stadt Metz. Geschäftsjahr 1901 (Rapport sur le musée de Metz, exercice 1901), p. 403 à 415.

5149. PAULUS (E.). — Tables des treize premiers volumes de l'Annuaire de la Société d'histoire et d'archéologie lorraine, p. 500 à 520.

XIV. — Jahrbuch der Gesellschaft für Lothringische Geschichte und Altertums-

kunde. **Annuaire de la Société d'histoire et d'archéologie lorraine**, 14ᵉ année, 1902. Vierzehnter Jahrgang, 1902. (Metz, s. d., in-4°, xi-591 p.)

5150. Bætcke (A. J.). — Die schottische Abstammung der Lothringer de Blair (L'origine écossaise des Lorrains de Blair), *tabl.*, p. 1 à 47.

5151. Bloch (Hermann). — Die älteren Urkunden des Klosters S. Vanne zu Verdun (Les plus anciens diplômes de l'abbaye de Saint-Vanne), p. 48 à 150. — Suite de X, p. 338.

[Chartes (xıᵉ-xɪɪᵉ s.), polyptique , nécrologe.]

[5130]. Forrer (R.) — Keltische Numismatik der Rhein- und Donaulande (Numismatique celtique des provinces rhénanes et danubiennes), *fig.*, p. 151 à 209.

5152. Paulus (E.). — Apport à l'histoire des études archéologiques et historiques pendant le xvıııᵉ siècle, p. 210 à 269.

[Correspondance de dom Théodore Brocq , de Saint-Arnoul de Metz, avec Dom Calmet, et lettres de dom Étienne Pierre, au même.]

5153. Reumont (H.). — Zur Chronologie der Gorzer Urkunden aus Karolingischer Zeit (Sur la chronologie des diplômes carolingiens de Gorze), p. 270 à 289.

5154. Beaupré (Comte J.) — Observations sur les sépultures sous tumulus de la Lorraine, p. 290 à 300.

5155. Easnien (E.). — Ueber Volks-und Dialektdichtung im Metzer Lande (Sur la poésie populaire en patois messin), p. 301 à 318.

5156. Hucra (Émile). — Le Hérapel d'après le résultat général des fouilles (coup d'œil d'ensemble), quatrième et dernière notice, 8 *pl.*, p. 319 à 339. — Suite de VI, p. 296; et XI, p. 314.

[Antiquités romaines.]

5157. Schramm (E.), Wolfram (G.), et Keune (J. B.).

— Das grosse römische Amphitheater zu Metz (Le grand amphithéâtre romain de Metz), *fig.*, 22 *pl.*, p. 340 à 430.

5158. Saukalaxa (H. V.). — Zwei Aktenstücke zur Geschichte des Metzer Bischofs Philipp von Flörchingen (Deux pièces pour l'histoire de l'évêque de Metz, Philippe de Florchingen, 30 décembre 1260 et 24 septembre 1263), p. 431 à 448.

5159. Schiber (Adolf). — Zur deutschen Siedlungsgeschichte und zur Entwicklung ihrer Kritik in den letzten Jahren (Sur l'histoire de la colonisation allemande et le développement de sa critique en ces dernières années), p. 449 à 461.

5160. Sauer (E.). — Notice sur l'hôtel de la Préfecture (ancien hôtel de l'Intendance) [à Metz], p. 461 à 464.

5161. Anam (A.). — Hans Hammer, Erbauer der Kirche in Finstingen (Jean Hammer, constructeur de l'église de Eistingen), p. 465 à 466.

5162. Walter (Theobald). — Zur lothringischen Territorialgeschichte im Oberelsass [un domaine lorrain en haute Alsace], p. 467 à 470.

5163. Welter (P. Symphorien). — Rédange au point de vue archéologique, 3 *pl.*, p. 470 à 473.

5164. Welter (T.). — Die fränkische Grabfeld Haut-Zabès bei Fraquelfing-Lörchingen (Le cimetière franc de Haut-Zabès, près de Fraquelfing-Lörchingen), p. 474 à 475.

5165. Welter (T.). — Mittelalterliche Niederlassung auf dem Schelmenberg (Altmühle) bei Hilbesheim, Kr. Saarburg (Établissement du moyen âge sur le Schelmenberg, près de Hilbesheim, arrond. de Sarrebourg), *pl.*, p. 475 à 476.

5166. Keune (J. B.). — Einige neueste Funde aus der Nähe von Metz und aus Diedenhofen (Découvertes [d'antiquités romaines] dans les environs de Metz et de Thionville), *pl.*, p. 476 à 479.

5167. Doll. — Bauliche Reste im Moselbette (Restes de constructions [romaines] dans le lit de la Moselle), p. 479 à 483.

NIÈVRE. — NEVERS.

SOCIÉTÉ ACADÉMIQUE DU NIVERNAIS.

Les publications antérieures de cette Société sont analysées dans notre *Bibliographie générale*, savoir : *Mémoires*, t. I et II (1886-1887), *Bibliographie*, t. II, p. 359.
    — t. III à IX (1888-1900), *Bibliographie*, Supplément sous presse.

X. — Mémoires de la Société académique du Nivernais, t. X. (Nevers, 1902, in-4°, 107 p.)

5168. [Cuerdac (Lucien)]. — L'occupation de Nevers

par nos bons alliés, du 22 juillet au 16 octobre 1815. (Extraits des Mémoires de François-Joseph Fourquemin, menuisier à Nevers,) p. 3 à 37.

5169. Guernae (Victor). — Un mot sur les anciennes écoles de Moulins-Engilbert, p. 38 à 43.

5170. Brouillet (D'). — Acte de mariage du maréchal Lannes à Dornes [29 fructidor an VIII], p. 44 à 45.

5171. L. C. [Gueneau (Lucien)] et Stenamot (Jean). — Chansons populaires glanées en pays nivernais, p. 46 à 74.

5172. Desforges (A.). — La station préhistorique de la Sablière (commune de Saint-Parize-le-Châtel) et la collection de M. Étienne Tardy, p. 75 à 78.

5173. Gueneau (Lucien). — Notes sur les établissements hospitaliers de Luzy, p. 79 à 95.

5174. Gueneau (Lucien). — Le mercredi des cendres à Nevers. La promenade sur le pont de la Loire, son symbolisme, p. 96 à 99.

XI. — Mémoires de la Société académique du Nivernais, t. XI. (Nevers, 1902, in-4°, 93 p.)

5175. Gueneau (Victor). — Notes sur Commagny, p. 16 à 40.

5176. Gueneau (Lucien). — La campagne de Saint-Saulge par la garde nationale de Châtillon-en-Bazois, en 1831, poème héroï-comique par Jules Regnard, p. 45 à 53.

5177. Jolivet (Louis). — Les artistes nivernais, p. 54 à 88.

NIÈVRE. — NEVERS.

SOCIÉTÉ NIVERNAISE DES LETTRES, SCIENCES ET ARTS.

Les publications antérieures de cette Société sont analysées dans notre *Bibliographie générale*, savoir :
Bulletin, t. I à XII (1854-1886), *Bibliographie*, t. II, p. 360.
— t. XIII à XVIII (1890-1900), *Bibliographie*, Supplément sous presse.
Ouvrages divers (1854-1885), *Bibliographie*, t. II, p. 360, et Supplément sous presse.

XIX. — Bulletin de la Société nivernaise des lettres, sciences et arts, 3ᵉ série, t. IX, XIXᵉ volume de la collection. (Nevers, 1901-1902. in-8°, 569 p.)

5178. Lespinasse (René de). — Description du clocher et de l'église de Marzy, p. 1 à 10.

5179. Sert (l'abbé A.). — Le père Placide Gallemant et le couvent des Récollets de Nevers, 3 pl., p. 11 à 57.

5180. Meunier (Paul). — Francis d'Allarde [auteur dramatique (1778 † vers 1840)], p. 58 à 65.

5181. Massillon-Rouvet. — Les Conrade, leurs faïences d'art, pl., p. 66 à 99.

5182. Lespinasse (René de). — A travers les lettres de rémission nivernaises aux XIVᵉ et XVᵉ siècles, p. 100 à 135.

5183. Anonyme. — Méreaux de la collégiale de Saint-Pierre-le-Moutier, p. 1 à 1.

5184. Teste. — La tombe de Serène de Crevant, femme de François II de Chabannes, comte de Saignes, baron de Charlus, etc., et de Valentine de Chabannes, leur fille, en l'église de Trucy-l'Orgueilleux, et la tombe de Jacques de Chabannes, baron de Vergers et de Sainte-Colombe, dans l'ancienne église de Vergers, commune de Suilly-la-Tour [XVIIᵉ s.], pl., p. 145 à 151.

5185. Mirot (Léon). — Fragments de l'obituaire de l'église Saint-Martin de Clamecy, p. 152 à 165. — Suite de XVII, p. 506.

5186. Maron (Albert). — Promenade archéologique à Cosne, [Villemoison], Saint-Père, Saint-Laurent [l'abbaye], Saint-Verain et ses environs [Cours, Saint-Loup], 3 pl., p. 166 à 210.

5187. Gauthier (Gaston). — La taille et la capitation dans la paroisse de Champvert en 1779, p. 211 à 222.

5188. Saint-Venant (J. de). — Une statuette de la déesse Epona, [à Urzy] près Nevers, pl., p. 223 à 228.

5189. Lespinasse (René de). — Les plus anciennes chartes du Nivernais jusqu'au Xᵉ siècle, p. 229 à 245.

5190. Sert (L'abbé A.). — Abbaye des religieuses bénédictines de Notre-Dame de Nevers, 3 pl. et fig., p. 246 à 389.

5191. Lespinasse (René de). — Documents nivernais de la collection Duchesne à la Bibliothèque nationale, p. 390 à 401.

5192. R. de L. [Lespinasse (R. de)]. — Notice sur l'abbé Bogros, curé de Marzy († 1901), p. 408 à 410.

5193. Moreau (Victor). — Notice sur Commagny, pl., p. 417 à 448.

5194. Gauthier (Gaston). — Les bains de la villa gallo-romaine de Champvert (Nièvre), 3 pl., p. 449 à 468.

5195. Boyer (Auguste). — La vie municipale à Dampierre pendant la Révolution (1788-1795), p. 469 à 558.

5196. Sert (Le chanoine André). — L'abbaye Saint-Martin de Nevers, des chanoines réguliers de Saint-Augustin. avec une lettre de Mgr Lelong, évêque de Nevers, et une introduction de dom Fourier Bonnard. (Nevers, 1902, in-8°, XVI-286 p. et pl.)

NORD. — CAMBRAI.

SOCIÉTÉ D'ÉMULATION DE CAMBRAI.

Les publications antérieures de cette Société sont analysées dans notre *Bibliographie générale*, savoir : *Séances publiques* et *Mémoires*, t. I à LVIII (1808-1885), *Bibliographie*, t. II, p. 371. *Mémoires*, t. LIX à LXXII (1886-1900), *Bibliographie*, Supplément sous presse.

LXXIII. — **Mémoires de la Société d'émulation de Cambrai**, t. LVI. Séance publique du 15 décembre 1901... (Cambrai, 1902, in-8°, cv-vi-335 p.)

5197. Coulon (Dʳ H.). — Proverbes d'autrefois *vl.* p. 1 à vi, et 1 à 174.

5198. Proyart de Baillescourt (Comte Fernand de). — De l'origine et de l'étymologie du nom de Cambrai, p. 175 à 214.

5199. Bergen (Abel). — Découverte de tombes gallo-romaines à Esnes près Cambrai, p. 215 à 217.

5200. Margerin (L'abbé). — Martin Cuper, abbé de Crespin et auxiliaire de Cambrai sous Robert de Croÿ, Maximilien de Berghes et Louis de Berlaymont. Le concile provincial de Cambrai, la part qu y pren Martin Cuper (1565), mort de Louis de Blois (1566), p. 219 à 256.

5201. Petit (Ch.). — Deux lettres de Henri IV [relatives à l'hôtel Saint-Pol, à Cambrai, 1605], p. 303 à 307.

5202. Bombart (Dʳ H.). — Le tabellion du Cateau, p. 309 à 329.

NORD. — DOUAI.

UNION GÉOGRAPHIQUE DU NORD DE LA FRANCE.

Les tomes I à XXI du recueil de cette association parus de 1880 à 1900 seront analysés dans le Supplément, sous presse, de notre *Bibliographie générale*.

XXII. — **Union géographique du nord de la France, siège à Douai**, Bulletin 1901, t. XXII. (Douai, 1901, in-8°, 312 p.)

5203. Noirot. — La Guinée française et le Fouta-Djalon, p. 22 à 43.

5204. Jennepin (A.). — Monographie de l'industrie marbrière dans l'arrondissement d'Avesnes, p. 145 à 186.

XXIII. — **Union géographique du nord de la France...**, Bulletin 1902, t. XXIII. (Douai, s. d., in-8°, 384 p.)

NORD. — DUNKERQUE.

SOCIÉTÉ DUNKERQUOISE POUR L'ENCOURAGEMENT DES SCIENCES, DES LETTRES ET DES ARTS.

Les publications antérieures de cette Société sont analysées dans notre *Bibliographie générale*, savoir :
Bulletin, 1 vol. (1852), *Bibliographie*, t. II, p. 408.
Mémoires, t. I à XXIV (1853-1885), *Bibliographie*, t. II, p. 408.
— t. XXV à XXXIV (1887-1900), *Bibliographie*, Supplément sous presse.
— t. XXXV (1901), *Bibliographie*, nouvelle série, t. I, p. 58.
Bulletin, t. I à IX (1892-1898), *Bibliographie*, Supplément sous presse.

XXXVI. — **Mémoires de la Société dunkerquoise pour l'encouragement des sciences, des lettres et des arts...** 1902, 36° volume. (Dunkerque. 1902, in-8°, 638-cxx p.)

5205. Saint-Léora (A. de). — Dunkerque au milieu du xviii° siècle. La ville, les habitants, les institutions, p. 5 à 28.
5206. Ruyssen (A.). — Étude historique sur l'hospice civil de Dunkerque, p. 159 à 185.
5207. Tasquem (Henri). — L'authenticité du linceul de Turin, état actuel de la question, *pl.*, p. 257 à 371.
5208. Dehacker (Em.) et Tasquem (H.). — L'exposition d'art rétrospectif de 1902 [organisée par la Société], 3 *pl.*, p. 607 à 638.

XXXVII. — **Mémoires de la Société Dunkerquoise pour l'encouragement des sciences, des lettres et des arts...** 1903, 37° volume. (Dunkerque, 1903, in-8°, 434 p.)

5209. Dubiau (D° G.). — L'hygiène publique à Dunkerque, p. 5 à 89. — Suite de XXXV, p. 5.

[III. Les épidémies.]

5210. Kremp (Georges). — Essai sur l'histoire du collège Jean-Bart, collège communal et universitaire de Dunkerque, [p. 120 à 142. — Suite de XXXIII, p. 422; et XXXV, p. 287.

NORD. — LILLE.

COMITÉ FLAMAND DE FRANCE.

Les publications antérieures de ce Comité sont analysées dans notre *Bibliographie générale*, savoir :
Annales, t. I à XV (1853-1886), *Bibliographie*, t. II, p. 397.
— t. XVI à XXV (1887-1900), *Bibliographie*, Supplément sous presse.
Bulletin, t. I à VII, n° 1-2 (1857-1878), *Bibliographie*, t. II, p. 401.
Bulletin (1890-1899), *Bibliographie*, Supplément sous presse.

XXVI. — **Annales du Comité flamand de France**, t. XXVI, 1901-1902. (Lille. 1902, in-8°, xxiii-387 p.)

5211. Flahault (Le chanoine R.). — Notre-Dame de Grâce et les trois vierges de Caestre, 2 *pl.* et *fig.*, p. 3 à 52.
5212. Provost (L'abbé). — Saint Vinoc a-t-il demeuré Bergues? p. 53 à 89.

5213. Looten (L'abbé). — Michel de Swaen. Mauritius, treurspel (1702), texte publié d'après le manuscrit du Comité flamand de France, avec une introduction littéraire, p. 91 à 174.
5214. Coussemaker (Félix de). — Thierry Gherbode, secrétaire et conseiller des ducs de Bourgogne et comtes de Flandre, Philippe le Hardi et Jean sans Peur, et premier garde des chartes de Flandre (13..-1421), étude biographique, p. 175 à 385.

NORD. — LILLE.

SOCIÉTÉ D'ÉTUDES DE LA PROVINCE DE CAMBRAI.

Les publications antérieures de cette Société sont analysées dans notre *Bibliographie générale*, savoir :
Bulletin, t. I (1899-1900), *Bibliographie*, Supplément sous presse.
— t. II (1900-1901), *Bibliographie*, nouvelle série, L I, p. 59.

III. — **Société d'études de la province de Cambrai.** Bulletin, t. III, 3ᵉ année, juillet 1901 à juin 1902. (Lille, 1901-1902, in-8°, 320 p.)

5215. Leclair (Edm.). — La châsse de N.-D. de la Treille, p. 14.

5216. Du Chastel (Comte). — Est-ce Marquillies ou Maclines [chevalier flamand tué à Bouvines]? p. 15 à 17.

5217. Leardan (Le chanoine). — Les reliques de saint Aubert et de saint Géry à Arras; reliquaire de saint Vaast, p. 17 à 20.

5218. Salembier (Le chanoine L.). — Le diocèse de Cambrai durant le Grand Schisme, p. 21 à 27.

5219. Du Chastel de la Howarderie (Comte). — Une preuve pour l'origine de la famille de Beaulaincourt, p. 27 à 29.

5220. Berget (Ed.). — Fontaine-au-Tertre et Briastre. Extrait d'un manuscrit : *Scripta miscellanea* de D. Benoît Marteau, moine de Liessies, écrit de 1738 à 1748, p. 29 à 34.

[5265]. [Leuridan (Th.)].— Table des noms de lieux mentionnés dans l'*Inventaire sommaire* de la série B des archives départementales du Nord, p. 35, 148, et 249.

5221. Debout (L'abbé P.). — Difficultés entre le chapitre de Cambrai et l'archiduc Albert au sujet de l'élection du successeur de Jean Sarrazin [1598], p. 55 à 71.

5222. Leuridan (L'abbé Th.). — Le cahier de doléances de la communauté de Bachy, p. 71 à 80.

5223. Mortreux (L'abbé). — Inscription du grand séminaire de Gap, p. 84.

5224. Desilve (L'abbé J.). — Chapellenie de Saint-Druon à Sebourg, p. 87 à 92.

5225. Du Chastel de la Howarderie-Neuvireuil (Comte). — Rapport et dénombrement de la seigneurie de le Loire (à Sars et Rosières), par un seigneur inconnu aux historiens de ce fief (29 août 1652), p. 93 à 95.

5226. Leclair (Edm.). — Faits divers extraits d'une chronique lilloise manuscrite de 1600 à 1662, p. 96 à 112, et 289 à 304.

5227. Quarré-Reybourbon. — Les fonts baptismaux de la province de Cambrai, p. 128 à 133.

5228. Leclair (Edm.). — Les processions à Lille, en 1793, p. 135.

5229. Lefebvre (J.). — L'évêque des fous et la fête des Innocents à Lille, *fac.*, p. 138 à 147.

5230. Galametz (Comte de). — Fondation de sonnerie à l'église Saint-Nicolas-sur-les-fossés, à Arras, par Jacques Bosquet, sieur des Coutures (31 août 1592), p. 169 à 171.

5231. Desilve (L'abbé). — Les reliques de saint Amand, p. 171 à 173.

5232. Bocquillet (A.). — Cambrai et le Cateau en 1553, p. 173 à 177.

5233. Leclair (Edm.). — La chapelle de Sainte-Marie-Madeleine à Saint-Étienne de Lille, p. 177.

5234. Broutin (L'abbé). — Séparation des cures de Nivelles et de Thun [1268], p. 178 à 180.

5235. Berget. — Vente de l'abbaye de Liessies à l'époque de la Révolution, p. 180 à 183.

5236. Debout (L'abbé P.). — La campagne de 1712 dans le Cambrésis [lettre de J.-B. Leroy, vicaire de Saint-Vaast, à Cambrai], p. 183.

5237. Du Chastel de la Howarderie-Neuvireuil (Comte). — Un relief du fief de Breuze à Baisieux-en-Ferrain fait le 8 janvier 1419 (1420 n. st.), p. 199 à 202.

5238. Broutin (L'abbé A.-M.). — Le culte de N.-D. des Malades à Saint-Amand, p. 203 à 220.

5239. Debout (L'abbé P.). — Tremblement de terre de 1692, p. 224.

5240. Bataille (L'abbé). — Notre-Dame de Bonne-Fin, p. 224 à 226.

5241. Desilve (L'abbé J.). — Curés du xivᵉ et du xvᵉ siècles [environs de Valenciennes], p. 226.

5242. Quarré-Reybourbon (L.). — Chapelle de Notre-Dame de la Treille à Douai, p. 227.

5243. Bocquillet (A.). — Séparation des paroisses de Vicq et d'Escaupont [1186], p. 228.

5244. Desilve (J.). — La paroisse de Vicq [1700], p. 228.

5245. Leclair (Edm.). — Chapellenies et bénéfices de Saint-Étienne à Lille, p. 229 à 235.

5246. Leclair (Edm.). — Préséance des métiers aux processions [à Lille, 1419-1425], p. 243.

5247. Leclair (Edm.). — Cabinet d'un médecin flamand au xve siècle, fig., p. 245.

5248. Leclair (Edm.). — La mendicité interdite à Saint-Étienne de Lille [1708], p. 246.

5249. Leclair (Edm.). — Fermeture de la chapelle Saint-Michel à Lille [1791], p. 246.

5250. Leclair (Edm.). — Les pharmacopées lilloises, fig. et pl., p. 283 à 288.

IV. — Société d'études de la province de Cambrai. Bulletin, t. IV, 4e année, 1902. (Lille, 1902, in-8°, 320 p.)

5251. Debout (P.). — Le confessionnal de Saint-Géry d'Arras (1498), p. 7.

5252. Griselle (Aug.). — Lille et le palinod de Caen [en 1792], p. 8 à 10.

5253. Leroy (L'abbé N.). — Épitaphe de François de Gouy [d'Arras, † 1576], p. 10.

5254. Flipo (L.). — Le pochonnet [burette d'autel, document de 1583 concernant Deulémont], p. 22.

5255. Broutin (L'abbé). — Médailles de Marie-Antoinette [procès-verbal du Directoire de Valenciennes, 2 brumaire an iv], p. 23.

5256. Broutin (L'abbé). — Le dixième ecclésiastique de 1441 [extrait de compte concernant Lille], p. 24.

5257. Leuridan (L'abbé Th.). — Un épisode des luttes de la manufacture de Roubaix contre les corporations voisines [1669-1671], p. 26 à 32.

5258. Dubrulle (L'abbé H.). — Le fonds de la cathédrale de Cambrai aux archives départementales du Nord et ses cartulaires indéterminés, p. 33 à 40.

5259. Le Rue (J. de). — Quartiers généalogiques [Germain-François Petitpas, † 1736], p. 40.

5260. Leuridan (L'abbé Th.). — Quelques documents sur Racby [Nord], p. 41 à 54.

5261. Debout (Le chanoine Henri). — Jean-Baptiste-Alexandre-Louis de Sougnis, commandant d'armes et maire de Merville en 1815 [1773 † 1856], contribution à l'histoire des Cent-Jours, portr., p. 55 à 76.

5262. Broutin (L'abbé). — Visites pastorales de l'évêque de Tournai en 1466, p. 76 à 82.

5263. Leclair (Edm.). — Fac-similé d'impressions lilloises, fig., p. 82 à 86.

5264. Bercet (Édouard). — La loi de Prisches [1158], et la charte d'Anor [1196], p. 87 à 104.

5265. [Leuridan (L'abbé Th.)]. — Table des noms de lieux mentionnés dans l'Inventaire sommaire, de la

série B des archives départementales du Nord, p. 105 et 265. — Suite de I, p. 42, 85, 125, 192, 227; II, p. 86, 201, 266; et III, p. 35, 148, et 249.

[Arrondissements de Saint-Omer et de Saint-Pol (Pas-de-Calais), III, p. 35. — Provinces d'Anvers et de brabant, p. 148; de Flandre occidentale, p. 249. — Provinces de Flandre orientale, IV, p. 105; et du Hainaut, p. 265.]

5266. Rodière (Roger). — Deux vieux registres de catholicité du pays d'Artois, p. 130 à 160.

[Registres d'Ames (1567-1597), chronique du curé (1578-1583), obituaire, notes historiques. — Registres de Werchin (1605-1638), notes historiques.]

5267. Griselle (Eug.). — Un sermon de Fénelon à retrouver; panégyrique de saint François d'Assise, prononcé à Cambrai le 4 octobre 1695, p. 168 à 170.

5268. Anonyme. - - Les arbres de la liberté à Lille, de 1792 à 1797, d'après les documents contemporains, p. 170 à 173.

5269. Anonyme. — Le citoyen Metgy, curé intrus [constitutionnel] d'Armentières, p. 173 à 176.

5270. Anonyme. — Le pillage de Comines en 1792, p. 176 à 180.

5271. Anonyme. — Un épisode de la Révolution à la Bassée, p. 180 à 184.

5272. Leuridan (L'abbé Th.). — Archives et archivistes diocésains, p. 185 à 203.

5273. Anonyme. — Synopse de l'architecture chrétienne, p. 204.

5274. [Leuridan (Th.) et Leuridan (l'abbé Tb.)]. — Inventaire sommaire des archives communales de Willems antérieures à 1790, p. 206 à 229.

5275. Broutin (L'abbé A.-M.). — Élection des abbés de Saint-Amand [1551], p. 230 à 232.

5276. Dubrulle (L'abbé H.). — Lettres des rois de France conservées dans le fonds de la cathédrale de Cambrai aux archives départementales du Nord [1179-1398], p. 233 à 255.

5277. Anonyme. — Houplines pendant la Révolution française, p. 255 à 260.

5278. Anonyme. — Le temple de la Raison à Lille, p. 260.

5279. Théodore (Ém.). — Monument commémoratif d'un bourgeois de Lille, Pierre Machon, dit de le Sauch, et sa femme, Jeanne de Courtray, conservé en l'église paroissiale de Sainte-Catherine, à Lille [† 1473], p. 290 à 295.

5280. Desilve (L'abbé Isidore). — La crédence-piscine de l'église de Sebourg [xie-xiie s.], p. 295.

5281. Griselle (Eug.). — Le maréchal de Boufflers à Lille, p. 297 à 311.

13.

NORD. — LILLE.

SOCIÉTÉ DE GÉOGRAPHIE DE LILLE.

Les publications antérieures de cette Société sont analysées dans notre *Bibliographie générale*, savoir :
Bulletin, t. I à XXXIV (1882–1900), *Bibliographie*, Supplément sous presse.
— t. XXXV et XXXVI (1901), *Bibliographie*, nouvelle série, t. I, p. 61.

XXXVII. — **Bulletin de la Société de géographie de Lille (Lille, Roubaix, Tourcoing)...,** 1ᵉʳ semestre de 1902, 23ᵉ année, t. XXXVII. (Lille, s. d., in-8°, 464 p.)

5282. Didry (Fidèle). — Excursion à Solre-le-Château: Lessies, Trelon, étang de la Folie, Eppe-Sauvage, Cousolre, Beaumont, Solre-le-Château, p. 73 à 82.

[5288]. Anonyme. — Extraits de la correspondance d'un officier de cavalerie attaché à la mission du Chari, p. 133 à 146, et 196 à 203.

5283. Anonyme. — Nos frontières. Étude de géographie militaire, *cartes*, p. 146, 204, et 269.

5284. Haumant (E.). — Dans les Vosges perdues, 2 *pl.*, p. 181 à 195.

5285. Gallois (Eugène). — La France en Océanie, *fig.*, p. 409 à 434; et XXXVIII, p. 23 à 44.

5286. Maitre (Henri). — Le bassin du lac Kivu [Haut-Congo], p. 434; et XXXVIII, p. 44, 112, et 162.

XXXVIII. — **Bulletin de la Société de géographie de Lille (Lille, Roubaix, Tourcoing),** 2ᵉ semestre de 1902, 23ᵉ année, t. XXXVIII. (Lille, s. d., in-8°, 408 p.)

5287. Lobel (L. de). — L'Alaska, le Klondike, les Esquimaux, les Indiens de l'Alaska et de l'Amérique du Nord. Le trans-alaska-sibérien, p. 5 à 22.

[5285]. Gallois (Eugène). — La France en Océanie, *fig.*, p. 23 à 44.

[5286]. Maitre (Henri). — Le bassin du lac Kivu, p. 44, 112, 162.

5288. Anonyme. — Extraits de la correspondance d'un officier de cavalerie attaché à la mission du Chari, p. 102 à 111. — Suite de XXXV, p. 222; XXXVII, p. 133, et 196.

5289. Ferraille (A.). — Compte rendu d'une excursion dans les hospices et hôpitaux de la ville de Lille [leur histoire], p. 292 à 319.

5290. Patouillet (J.). — L'est de la Russie d'Europe, Nijni-Novgorod et la moyenne Volga, Kazan et les populations allogènes, p. 341 à 363.

NORD. — ROUBAIX.

SOCIÉTÉ D'ÉMULATION DE ROUBAIX.

Les publications antérieures de cette Société sont analysées dans notre *Bibliographie générale*, savoir :
Mémoires, t. I à VIII (1868-1885), *Bibliographie*, t. II, p. 430.
— t. IX à XX (1886-1899), *Bibliographie*, Supplément sous presse.
— t. XXI (1900-1901), *Bibliographie*, nouvelle série, t. I, p. 61.

XXII. — **Mémoires de la Société d'émulation de Roubaix,** 4ᵉ série, t. I (t. XXII de la collection) 1902. (Roubaix, 1902, in-8°, 464 p.)

5291. Leuridan (L'abbé Th.). — Inventaire sommaire des archives communales de Bourghelles antérieures à 1790, p. 5 à 68.

5292. Bataille (L'abbé J.). — Saint Évrard, fondateur de l'abbaye de Cysoing, son culte et ses reliques, 2 pl., p. 69 à 192.

5293. Leuridan (L'abbé Th.). — Inventaire sommaire des archives communales de Gondecourt antérieures à 1790. p. 193 à 258.

XXIII. — **Mémoires de la Société d'émulation de Roubaix**, 4ᵉ série, t. II (t. XXIII de la collection), 1903. (Roubaix, 1903, in-8°, 215 p.)

5294. Leuridan (L'abbé Th.). — Inventaire sommaire des archives communales de Bachy antérieures à 1790, p. 157 à 209.

OISE. — BEAUVAIS.

SOCIÉTÉ ACADÉMIQUE DU DÉPARTEMENT DE L'OISE.

Les publications antérieures de cette Société sont analysées dans notre *Bibliographie générale*, savoir :

Mémoires, t. I à XII (1847-1885), *Bibliographie*, t. II, p. 444.
   — t. XIII à XVII (1886-1900), *Bibliographie*, Supplément sous presse.
Bulletin, t. I (1854), *Bibliographie*, t. II, p. 449.
Compte rendu, t. I à III (1882-1885), *Bibliographie*, t. II, p. 449.
   — t. IV à XVIII (1886-1900), *Bibliographie*, Supplément sous presse.
   — t. XIX (1901), *Bibliographie*, nouvelle série, t. I, p. 62.

XVIII. — **Mémoires de la Société académique d'archéologie, sciences et arts du département de l'Oise**, t. XVIII. (Beauvais, 1901[-1903], in-8°, 770 p.)

5295. Meister (L'abbé L.). — Un neveu de Boileau, Gilles Dongois, conseiller et aumônier du Roi, prieur de Pont-Sainte-Maxence et chanoine de la Sainte-Chapelle [1636 † 1708], p. 5 à 30.

5296. Groult (A.). — Excursion au camp de Catenoy, p. 31 à 45.

5297. Thiot (L.). — Historique de l'ancienne télégraphie aérienne particulièrement dans le département de l'Oise, p. 46 à 60.

5298. Renet. — Monument [romain] du Mont-Capron (Oise), pl., p. 61 à 64.

5299. Renet. — Le Mercure barbu de Beauvais, 2 pl., p. 65 à 114.

5300. Veilhorgne (L.). — Notice biographique sur Jean Pillet, historien de Gerberoy [1615 † 1691], p. 115 à 130.

5301. Groult (A.). — Station préhistorique de Fouquenies-Montmille, 4 pl., p. 131 à 139.

5302. Muller (L'abbé Eug.). — A propos de quelques stations préhistoriques des environs de Senlis, 2 pl., p. 140 à 150.

5303. Leblond (Dʳ V.). — Quelques mots sur le château de Rebetz-en-Vexin et son poète Jean Loret (1622), p. 151 à 157.

5304. Elbée (Comte d'). — Notice historique et archéologique sur l'Épine, p. 158 à 245.

5305. Elbée (Comte d'). — Notice historique et archéologique sur Warluis, p. 249 à 354.

5306. Elbée (Comte d'). — Notice historique et archéologique sur Saint-Arnoult, ou Parfondeval, p. 355 à 369.

5307. Leblond (Dʳ V.). — Note sur quelques monnaies gauloises trouvées au pays des Bellovaques, 2 pl., p. 370 à 386.

5308. Régnier (L.). — Notice archéologique sur la commune de Fleury, *fig.* et 3 pl., p. 387 à 423, et 736 à 742.

5309. Thiot (L.). — Les puits préhistoriques à silex de Velennes (Oise), pl., p. 424 à 428.

5310. Stalin (Georges). — La préhistoire dans l'Oise. L'atelier et la station d'Hodenc-en-Bray, 3 pl., p. 429 à 450.

5311. Tiersonnier (Philippe). — Les gardes du corps à Beauvais, p. 451 à 480.

5312. Baudon (A.). — Le cimetière gallo-romain de Villers-sous-Erquery, pl., p. 481 à 483.

5313. Varenne (Gaston). — Lamartine garde du corps à Beauvais en 1814, p. 489 à 502.

5314. Piman (L.). — Notice sur Hubert-Ernest Charvet [1838 † 1902], *portr.*, p. 563 à 580.

5315. Hermanville. — Notice historique et archéologique sur la commune de Héricourt-Saint-Samson, canton de Formerie (Oise), 3 *pl.* et *tableau*, p. 581 à 735.

5316. Triot (L.). — Un tremblement de terre dans l'Oise en 1756, p. 743 à 747.

XX. — Société académique d'archéologie, sciences et arts du département de l'Oise, Compte rendu des séances, 1902. (Beauvais, s. d., in-8°, 99 p.)

5317. François. — Les découvertes de Gerberoy [vestiges de la maladrerie], p. 5.

5318. Piman. — La correspondance de l'abbé Dubos et celle de Godefroy Hermant (xviiᵉ s.), p. 7 à 10.

5319. Thorel-Perrin. — Récits et légendes picardes, p. 16 à 19.

5320. Veilborgne (L.). — Les descendants de Gui Patin, p. 24 à 28.

5321. Quignon. — Le prieuré de Saint-Jean des Viviers, p. 34 à 38.

5322. François (B.-M.). — La statue équestre de Louis XIV à Beauvais, p. 44.

5323. Quignon (C.-M.). — Règlement de 1544 pour la Charité [à Beauvais], p. 45.

5324. Quignon (C.-M.). — Pouillé du diocèse de Beauvais (xivᵉ s.), p. 47.

5325. Quignon (C.-M.). — Les registres des «Trois-Corps» aux Archives départementales, p. 48 à 49.

5326. Gouyer. — Sépultures mérovingiennes à Yaumé-Dampierre, p. 53.

5327. Carrère (De). — Pierre tombale d'Hélène Do, dame Dubec († 1613), p. 63.

5328. Acher. — Fouille dans l'église Saint-Étienne de Beauvais, p. 70 à 73.

5329. Piman (Le chanoine). — L'abbé Étienne Carion, p. 73.

5330. Marsaux (L'abbé). — Le vieux château de Vez, p. 74 à 76.

5331. Varenne (G.). — Corot sur les bords du Thérain, p. 90 à 97.

OISE. — COMPIÈGNE.

SOCIÉTÉ HISTORIQUE DE COMPIÈGNE.

Les publications antérieures de cette Société sont analysées dans notre *Bibliographie générale*, savoir :

Bulletin, t. I à VI (1869-1884), *Bibliographie*, t. II, p. 450.
— t. VII à IX (1888-1899), *Bibliographie*, Supplément sous presse.
Procès-verbaux, t. I à X (1888-1900), *Bibliographie*, Supplément sous presse.
— t. XI (1901), *Bibliographie*, nouvelle série, t. I, p. 63.
Ouvrages divers (1869-1900), *Bibliographie*, t. II, p. 449, et Supplément.

5332. Cauchemé (V.). — Description des fouilles archéologiques exécutées dans la forêt de Compiègne sous la direction de M. Albert de Roucy. (Compiègne, 1900-1902, in-4°, vi-90 p. et *pl.*)

[I. Rapport de M. Albert de Roucy (1861), p. 1 ; fouilles du Mont-Berny, 15 *pl.*, p. 25. — II. Fouilles de la Carrière du Roi, 14 *pl.*, p. 61 ; description d'une statue de Mercure, par M. de Roucy (1875), p. 75 ; caves gallo-romaines, 12 *pl.*, p. 81.]

X. — Bulletin de la Société historique de Compiègne, t. X. (Compiègne, 1902, in-8°, lvi-211 p.)

5333. Anonyme. — Le comte de Marsy [† 1900], sa mort, ses funérailles, *portr.*, p. vxxiii à lvi.

5334. Palat (Le lieutenant-colonel). — Compiègne en 1814, p. 1 à 146.

5335. Sorel (Alexandre). — Dépenses du duc de Bourgogne au siège de Compiègne en mai 1430, lors de la prise de Jeanne d'Arc, p. 147 à 164.

5336. Gallois (L'abbé). — Les fonts baptismaux et le lutrin de Vandelicourt, 2 *pl.*, p. 165 à 168.

5337. Bonnault (Baron de). — Impressions florentines d'un paysan picard au xviiᵉ siècle [Guillaume Manier], p. 169 à 183.

5338. Roucy (Francis de). — Les armoiries de Compiègne, *pl.*, p. 184 à 188.

5339. Divers. — Le président Sorel [1826 † 1901], *portr.*, p. 189 à 211.

[Discours, et notice biographique par le baron de Bonnault.]

XII. — Société historique de Compiègne. Procès-verbaux, rapports et communications diverses, XI, 1902. (Compiègne, 1903, in-8°, 129 p.)

5340. Vattier (L'abbé). — La Tour de la monnaie et le palais royal mérovingien et carolingien à Compiègne, p. 29 à 30.

5341. Morel (E.). — Excursion archéologique à Mouy, Bury, Cambronne, Auviller, Clermont, p. 67 à 73.

5342. Lambin (P.).—Histoire du poste et du domaine forestier de Saint-Corneille (forêt de Compiègne), p. 93 à 106.

OISE. — NOYON.

COMITÉ ARCHÉOLOGIQUE ET HISTORIQUE DE NOYON.

Les publications antérieures de ce Comité sont analysées dans notre *Bibliographie générale*, savoir :
Comptes rendus et mémoires, t. I à VII (1856-1885), *Bibliographie*, t. II, p. 452.
— — t. VIII à XVI (1886-1900), *Bibliographie*, Supplément sous presse.
— — t. XVII (1901), *Bibliographie*, nouvelle série, t. I, p. 64.
Table générale (1856-1900), *Bibliographie*, nouvelle série, t. I, p. 64.
Ouvrages divers (1876-1883), *Bibliographie*, t. II, p. 452.

5343. Pagel (René). — Bibliographie noyonnaise, suivie de la bibliographie de la rosière de Salency. (Noyon, 1903, in-8°, vii-318 p.)

XVIII. — Comité archéologique et historique de Noyon. Comptes rendus et mémoires lus aux séances, t. XVIII. (Chauny, 1903, in-8°, xcix-264 p.)

5344. Cardon (H.). — Extraits du journal de Charles de Croix, chanoine de l'église collégiale de Saint-Quentin, p. xxiv à xxviii. — Suite de XVII, p. xix.

5345. Ponthieux (A.). — Excursion de Laon, p. xxix-xxxv.

5346. A. P. [Ponthieux (A.)].— M. Poissonnier [† 1902], p. liv à lvii.

5347. A. P. [Ponthieux (A.)]. — Excursion à Saint-Quentin, p. lxxxii à lxxxvi.

5348. Ponthieux (A.). — La justice du chapitre cathédral de Noyon, p. 1 à 54. — Suite de XVII, p. 139.

5349. Bougon (D' G.). — Noyon-Noviodunum, p. 55 à 106.

5350. Roquin (L'abbé Auguste). — Analyse de quelques pièces d'un cartulaire [du chapitre cathédral] de Laon, concernant Noyon et Ourscamp, p. 107 à 112.

5351. Loire. — Documents pour servir à l'histoire du district de Noyon (1790-1791), p. 113 à 149.

5352. Legrand. — Notes sur l'abbé J.-B. Riquier [1719 † en v], p. 150 à 155.

5353. Baudoux (Augustin). — Les évêques de Noyon, 2 pl., p. 157 à 234.

OISE. — SENLIS.

COMITÉ ARCHÉOLOGIQUE DE SENLIS.

Les publications antérieures de ce Comité sont analysées dans notre *Bibliographie générale*, savoir :
Comptes rendus et mémoires, t. I à XX (1862-1885), *Bibliographie*, t. II, p. 455.

Comptes rendus et mémoires, t. XXI à XXXII (1886-1899), *Bibliographie*, Supplément sous presse.

— — t. XXXIII (1900-1901), *Bibliographie*, nouvelle série, t. I, p. 64.

Ouvrages divers (1870-1884), *Bibliographie*, t. II, p. 455.

XXXIV. — Comité archéologique de Senlis.
Comptes rendus et mémoires, 4ᵉ série, t. V, année 1902. (Senlis, 1903, in-8°, xvi-15 et 189 p.)

5354. Luppé (Marquis de). — Notes sur les L'Orfèvre [seigneurs de Pont-Sainte-Maxence], p. 3 à 7.

5355. Mâcon (G.). — Chantilly et le connétable Henri de Montmorency, 4 pl., p. 1 à 72.

5356. Laurain (E.). — Une enquête sur le nombre des feux dans le doyenné de Crépy-en-Valois au milieu du xvᵉ siècle, p. 73 à 80.

5357. Laurain (E.). — Jean-Baptiste-Michel Ouvrard de la Haie ou le Batave heureux [1741 † 1821], p. 81 à 101.

5358. Mangny (A.). — Nouvelles recherches sur les origines des grandes baillies royales, p. 102 à 185. — Suite de XXXI, p. 105.

ORNE. — ALENÇON.

LES AMIS DES MONUMENTS ORNAIS.

Cette association est une filiale de la Société historique et archéologique de l'Orne; c'est une transformation de la Commission de protection des monuments instituée par cette Société au mois de juin 1900. Malgré le lien étroit qui unit ces deux groupements, l'analyse de leurs travaux doit faire l'objet dans notre *Bibliographie* de deux paragraphes, car ils ont des adhérents distincts, chacun un budget particulier et font des publications indépendantes. Les Amis des monuments ornais ont commencé en 1901 la publication d'un *Bulletin* trimestriel formant un volume chaque année.

I. — Bulletin des Amis des monuments ornais, t. I. (Alençon, 1901, in-8°, 150 p.)

5359. Tournouer (H.). — La maison d'Ozé [à Alençon], p. 29 à 43.

5360. Desvaux (L'abbé A.). — Les monuments funéraires de Mesdames Louise Rouxel de Médavy [† 1674] et Marie-Louise de Médavy [† 1764], abbesses d'Almenesches, p. 56 à 63.

5361. Du Motey (Vicomte). — Les origines de Jean Goujon, p. 64 à 66.

5362. France de Tersant (Urbain de). — Pierres tombales de l'église Saint-Pierre de Sées, p. 67 à 72.

5363. Anonyme. — Inscription du xvrᵉ siècle à Sept-Forges, p. 84.

5364. Beauchêne (Marquis de) et Adigard (P.). — A la Ferté-Macé et à Domfront, excursion, p. 89 à 96, et 114 à 125.

5365. Loriot (Florentin). — Les fonts baptismaux de Couterne, p. 97 à 110.

5366. Barret (L'abbé P.). — Le retable peint de l'église de Vitray-sous-Laigle, un primitif français, p. 126 à 136.

5367. Tournouer (H.) et des Noëttes (L.). — A propos de vieux porches dans la Grande-Rue d'Alençon, *fig.*, p. 137 à 141.

5368. Tournouer (H.). — Les fouilles de la Simonnière en Villers-sous-Mortagne, p. 142 à 144.

II. — Bulletin des Amis des monuments ornais, t. II. (Alençon, 1902, in-8°, 142 p.)

5369. Divers. — Inventaire archéologique par communes des arrondissements d'Alençon, d'Argentan et de Domfront, *fig.*, p. 16 à 94, 100 à 106, et 113 à 124.

5370. Blaizot. — Procès-verbal d'apposition et levée de scellés chez M. le curé d'Alençon [Pierre Belard] (1729), p. 25 à 42.

5371. Letacq (A.-L.). — Notice sur l'ancienne chapelle

de Sainte-Catherine du Poitou dans la forêt d'Écouves, p. 43 à 49.

5372. Pernelle (A.). — Vimoutiers. Hôtellerie des moines de Jumièges, *fig.*, p. 63 à 69, et 93 à 95.

5373. Souancé (Vicomte de). — Bénédiction de cloches et chapelles de l'église Notre-Dame d'Alençon (1644-1791) [et bénédiction de cloches de l'église Saint-Pierre de Montsort (1712-1782) et Saint-Roch de Courteil (1784), p. 70 à 76.

5374. Pernelle (A.). — Le château de Renouard, *fig.*, p. 96 à 99.

5375. Anonyme. — Documents, p. 107 à 109.
[Réparations aux châteaux d'Exmes (1370), d'Alençon (1595), et d'Argentan (1570).]

5376. Desvaux (L'abbé A.). — L'église de Colombiers, *fig.*, p. 125 à 131.

5377. Lefebvre des Noettes. — Les anciens ferraient-ils leurs chevaux? p. 132 à 135.

ORNE. — ALENÇON.

SOCIÉTÉ HISTORIQUE ET ARCHÉOLOGIQUE DE L'ORNE.

Les publications antérieures de cette Société sont analysées dans notre *Bibliographie générale*, savoir :
Bulletin, t. I à IV (1883-1885), *Bibliographie*, t. II, p. 463.
— t. V à XIX (1886-1900), *Bibliographie*, Supplément sous presse.
— t. XX (1901), *Bibliographie*, nouvelle série, t. I, p. 65.
Ouvrages divers (1885), *Bibliographie*, t. II, p. 463.

XXI. — Bulletin de la Société historique et archéologique de l'Orne, t. XXI. (Alençon, 1902, in-8°, xvi-341 [*lisez* 441] p.)

5378. Le Faverais (A.). — Recherches sur les origines de Domfront et de Saint-Front, p. 17 à 34, et 109 à 120.

5379. Duval (Louis). — Phénomènes météorologiques et variations atmosphériques. Sécheresses, pluies, orages, etc., observés en Normandie, principalement dans l'Orne, d'après les chroniques locales, etc. (1073 à 1893), p. 35 à 50, et 121 à 146. — Suite de XII, p. 385; XIII, p. 337; XIV, p. 257; XIX, p. 5, 111; et XX, p. 10 et 167.

5380. Chollet (A.). — Saint-Arnoult, p. 51 à 70.

5381. Du Motey (Vicomte). — Les origines de Serlon d'Orgères, évêque de Séez (1091 † 1123], p. 71 à 76.

5382. Pescuot (L'abbé). — Documents [sur Louise Lamy, abbesse de Saint-Nicolas de Verneuil, 1757 † 1837], p. 77 à 80.

5383. Letacq (A.-L.). — Nécrologie : Ambroise Rétout, professeur au collège de Domfront [1844 † 1901]. L'abbé Diavet, curé de Réveillon [1845 † 1901], p. 91 à 95.

5384. Anonyme. — Bibliographie de l'Orne pendant l'année 1901, p. 147 à 182.

5385. Prusells (A.). — L'hospice de Vimoutiers, p. 183 à 204, et 228 à 301. — Suite de XX, p. 240.

5386. Beauchesne (Marquis de). — Nécrologie : M. Delarue [† 1902], p. 209.

5387. Du Motey (Vicomte). — M. Eugène Lecointre [ancien maire d'Alençon, † 1901], p. 210 à 214.

5388. Gatry (L'abbé). — Notes biographiques sur M. Auguste Deniset (1809 † 1885), ancien professeur aux collèges de Séez et d'Alençon, p. 221 à 227.

5389. Beauchesne (Marquis de). — Tessé, Coulonges, Mehzon, p. 302 à 319.

5390. Desvaux (L'abbé A.). — A travers la vallée d'Auge et le pays d'Ouche [excursion archéologique], *fig.* et *pl.*, p. 227 à 281 [*lisez* : 327 à 281].
[Châteaux de Mélavy, *fig.*; d'O, *fig.*: églises d'Almenesches; de Silly, *pl.*; de Saint-Évroult de Montfort, *fig.*: ruines de l'abbaye de Saint-Évroult, *fig.* et *pl.*, etc.]

5391. Gatry (L'abbé). — Le bourg Saint-Léonard et les seigneurs, p. 282 à 290 [*lisez* : 382 à 390].

5392. Du Motey (Vicomte). — Les origines des Matignon, comtes de Gacé, p. 308 à 310 [*lisez* : 408 à 410].

5393. Richer (A.). — Une école de tilles à Gacé au XVIIIe siècle, p. 311 à 318 [*lisez* : 411 à 418].

5394. Porcher (Jacques). — Gacé pendant la Terreur, p. 322 à 335 [*lisez* : 422 à 435].

ORNE. — MORTAGNE.

SOCIÉTÉ PERCHERONNE D'HISTOIRE ET D'ARCHÉOLOGIE.

Cette Société a été fondée au mois d'octobre 1900. Elle a commencé en 1901 la publication d'un *Bulletin* dont le tome I est analysé ci-dessous. Le Rapport mentionné dans notre précédent fascicule sous le numéro 1225 n'est qu'un extrait de ce volume. On doit aussi à cette Société la fondation, à Mortagne, d'un musée-bibliothèque.

I. — **Bulletin de la Société percheronne d'histoire et d'archéologie** (1901-1902). (Bellême, 1902, in-8°, 210 p.)

5395. BARRET (L'abbé P.). — Le château de Vauvineux en Pervenchères, *pl.*, p. 18 à 23.

5396. TOURNOUER (H.). — L'église du prieuré de Sainte-Gauburge en Saint-Cyr-la-Rosière, p. 24 à 26.

5397. ANONYME. — Dons faits au Musée percheron, p. 30, 164, et 178.

5398. TOURNOUER (H.). — Le Musée percheron, p. 38 à 43.

5399. H. T. [TOURNOUER (H.)]. — La maison de M. de Puisaye, à Mortagne, p. 44 à 47.

5400. FOURNIER (Louis). — Requête présentée à MM. les maire et échevins par plusieurs bourgeois de Mortagne pour la réception dans cette ville du marquis de Puisaye, en 1759, p. 48.

5401. TOURNOUER (H.). — Dotation de Napoléon Ier à Regmalard et à Nocé, p. 50.

5402. GODET (L'abbé). — Noels percherons, 2 *facs.*, p. 98 à 133.

5403. FOURNIER (L.). — Autour du Vieux-Mortagne, *fig.*, p. 149 à 163, et 181 à 203.

PAS-DE-CALAIS. — ARRAS.

ACADÉMIE D'ARRAS.

Les publications antérieures de cette Académie sont analysées dans notre *Bibliographie générale*, savoir :
Mémoires, t. I à LIV (1818-1885), *Bibliographie*, t. II, p. 466.
— t. LV à LXIX (1886-1900), *Bibliographie*, Supplément sous presse.
— t. LXX (1901), *Bibliographie*, nouvelle série, t. I, p. 65.
Ouvrages divers (1852-1878), *Bibliographie*, t. II, p. 466.

5404. DAUMET (Georges). — Calais sous la domination anglaise. Ouvrage publié au nom de l'Académie d'Arras avec une subvention spéciale du Conseil général du Pas-de-Calais. (Arras, 1902, in-8°, 211 p.)

LXXI. — **Mémoires de l'Académie des sciences, lettres et arts d'Arras**, 2e série, t. XXXIII. (Arras, 1902, in-8°, 474 p.)

[5410]. HAUTECLOCQUE (Comte de). — Le maréchal de Lévis, gouverneur général de l'Artois (1765-1787), p. 7 à 164.

5405. GUESNON (A.). — Le cartulaire de l'évêché d'Arras manuscrit du xiiie siècle avec additions jusqu'au milieu du xvie, analysé chronologiquement, p. 165 à 323.

5406. Rodière (Roger). — Une condamnation à mort par contumace [contre Charles-Antoine Le Roy, à Pommera-Sainte-Marguerite] en 1789, p. 357 à 366.

5407. Viltart (L.). — Madame Gustave Mesureur (Amélie Dewailly), p. 367 à 374.

5408. Cavrois (Baron Alexandre). — Note sur deux volets de triptyque représentant des chanoines de la Diennée, p. 375 à 391.

5409. Cavrois (Baron). — Discours [sur l'histoire de l'Académie], p. 399 à 408.

LXXII. — Mémoires de l'Académie des sciences, lettres et arts d'Arras, 2ᵉ série, t. XXXIV. (Arras, 1903, in-8°, 479 p.)

5410. Hautéclocque (Comte G. de). — Le maréchal de Lévis, gouverneur général de l'Artois (1765-1787), p. 7 à 156. — Suite de LXX, p. 75; et LXXI, p. 7.

5411. Viltart (L.). — F.-N. Chifflart [peintre] (1825-1901), portr. et 3 pl., p. 157 à 192.

5412. Depotter (J.). — Les échevins du pays de Lalloeux, p. 201 à 234.

5413. Rodière (Roger). — Essai sur les prieurés de Beaurain et de Maintenay et leurs chartes, p. 235 à 389.

5414. Parenty (Henri). — Exposé sommaire de la science de Descartes, p. 391 à 402.

PAS-DE-CALAIS. — ARRAS.

COMMISSION DES MONUMENTS HISTORIQUES.

Les publications de cette Commission que nous avons analysées antérieurement dans notre *Bibliographie générale*, sont :

Bulletin, série in-4°, t. I à VI (1849-1888), *Bibliographie*, t. II, p. 476.

Bulletin, 2ᵉ série, t. I (1889-1895), *Bibliographie*, Supplément sous presse.

— t. II (1896-1901), *Bibliographie*, nouvelle série, t. I, p. 66.

Statistique monumentale, t. I à III (1850-1877), *Bibliographie*, t. II, p. 482.

Dictionnaire historique (1873-1884), *Bibliographie*, t. II, p. 483.

Épigraphie, t. I (1883-1887), *Bibliographie*, t. II, p. 484.

Ces publications jointes au volume dont nous indiquons ci-dessous le contenu, représentent, croyons-nous, tous les volumes *terminés* que la Commission a fait paraître jusqu'à ce jour. Mais il convient de rappeler qu'elle en a plusieurs autres en cours de publication, car elle a la fâcheuse habitude d'imprimer simultanément plusieurs volumes qui restent sous presse jusqu'à dix et quinze ans et paraissent sans aucun ordre par fascicules dont la pagination ne se suit même pas.

II. — **Épigraphie du département du Pas-de-Calais**. Ouvrage publié par la Commission départementale des monuments historiques, t. II [arrondissement de Béthune]. (Arras, 1889 [-1901], 6 fascicules in-4°, 344 et 70 p.)

[Fasc. I (1889); II (1890); III (1891); IV (1898); V (1898); VI (1901).]

5415. Loriquet (H.). — Béthune, pl., 1ᵉʳ fasc., p. 1 à 20.

5416. Loriquet (H.). — Canton de Béthune, 3 pl., 1ᵉʳ fasc., p. 21 à 80.

5417. La Gloais (H. de). — Canton de Cambrin, pl., 2ᵉ fasc., p. 81 à 144.

5418. Anonyme. — Canton de Carvin, 3ᵉ fasc., p. 145 à 200.

5419. Loisne (Comte A. de). — Canton de Laventie, 4ᵉ fasc., p. 205 à 219.

5420. Loisne (Comte A. de). — Canton de Lillers, 4ᵉ fasc., p. 221 à 273.

5421. Loisne (Comte A. de). — Canton de Norrent-Fontes, pl., 5ᵉ fasc., p. 275 à 344.

5422. Loisne (Comte A. de). — Canton d'Houdain, 6ᵉ fasc., pl., p. 1 à 70.

PAS-DE-CALAIS. — BOULOGNE-SUR-MER.

SOCIÉTÉ ACADÉMIQUE DE BOULOGNE-SUR-MER.

Les publications antérieures de cette Société sont analysées dans notre *Bibliographie générale*, savoir :
Mémoires, t. I à XIII (1864-1886), *Bibliographie*, t. II, p. 484.
— t. XIV à XX (1888-1900), *Bibliographie*, Supplément sous p$_r$e$_{ss}$e.'
— t. XXI (1901), *Bibliographie*, nouvelle série, t. I, p. 67.
Bulletin, t. I à IV (1864-1890), *Bibliographie*, t. II, p. 486.
— ' t. V (1891-1899), *Bibliographie*, Supplément sous presse.
Ouvrages divers (1881-1886), *Bibliographie*, t. II, p. 484.

XXII. — **Mémoires de la Société académique de l'arrondissement de Boulogne-sur-Mer,** t. XXII, 1903. (Boulogne-sur-Mer, 1903, xvii-638 p.)

5423. Haigneré (Le chanoine D.). — Le patois boulonnais comparé avec le patois du nord de la France. Vocabulaire, p. i à xvii, et 1 à 638. — Suite de XXI.

PAS-DE-CALAIS. — SAINT-OMER.

SOCIÉTÉ DES ANTIQUAIRES DE LA MORINIE.

Les publications antérieures de cette Société sont analysées dans notre *Bibliographie générale*, savoir :
Mémoires, t. I à XIX (1833-1885), *Bibliographie*, t. II, p. 496.
— t. XX à XXVI (1886-1898), *Bibliographie*, Supplément sous presse.
Bulletin, t. I à VII (1852-1886), *Bibliographie*, t. II, p. 502.
— t. VIII à IX (1887-1896), *Bibliographie*, Supplément sous presse.
— t. X (1897-1901), *Bibliographie*, nouvelle série, t. I, p. 67.
Ouvrages divers (1854-1900), *Bibliographie*, t. II, p. 496, et Supplément sous presse.

XXVII. — **Mémoires de la Société des antiquaires de la Morinie,** t. XXVII (1901-1902). (Saint-Omer. 1902, in-8°, viii-492 p.)

5424. Le Sergeant de Monnecove (Félix). — Testament et exécution' testamentaire de Jean Tabari, évêque de Thérouanne [1400-1411], p. iii à viii, et 1 à 124.

5425. Pagart d'Hermansart. — Les greffiers de l'échevi-

nage de Saint-Omer, 1311 à 1790. Le greffier civil ou principal, le greffier criminel et de police, p. 125 à 196.

5426. Pas (Justin de). — Testaments transcrits à l'échevinage de Saint-Omer de 1486 à 1495, usages testamentaires au xv° siècle, p. 197 à 263.

5427. Pagart d'Hermansart. — Les argentiers de la ville de Saint-Omer. Les rentiers, les clercs de l'argenterie, p. 265 à 468.

PUY-DE-DÔME. — CLERMONT-FERRAND.

ACADÉMIE DES SCIENCES, BELLES-LETTRES ET ARTS DE CLERMONT.

Les publications antérieures de cette Académie sont analysées dans notre *Bibliographie générale*, savoir :
Annales, t. I à XXXI (1828-1858), *Bibliographie*, t. II, p. 515.
Mémoires, t. XXXII à LVIII (1859-1885), *Bibliographie*, t. I, p. 520.
— t. LIX à LXXV (1886-1900), *Bibliographie*, Supplément sous presse.
Bulletin, t. I à V (1881-1885), *Bibliographie*, t. II, p. 527.
— t. VI à XX (1886-1900), *Bibliographie*, Supplément sous presse.
— t. XXI (1901), *Bibliographie*, nouvelle série, t. I, p. 68.
Ouvrages divers (1748-1874), *Bibliographie*, t. II, p. 514.

XXII. — **Bulletin historique et scientifique de l'Auvergne**, publié par l'Académie des sciences, belles-lettres et arts de Clermont-Ferrand, 2° série, 1902. (Clermont-Ferrand, 1902, in-8°, 372 p.)

5428. SALVETON (Henri). — Étude sur le genre grammatical du nom propre *Brioude*, p. 74 à 85.

5429. BIGÈS (Capitaine). — Histoire de l'École royale militaire d'Effiat, p. 95 à 132, et 135 à 187.

5430. JALOUSTRE (Élie). — Un janséniste en exil. Jean Soanen, évêque de Senez, à l'abbaye de la Chaise-Dieu, 3 *portr.*, p. 192 à 224, et 228 à 271.

5431. DOUNIF. — Une lettre de Sidoine Apollinaire et les volcans d'Auvergne, p. 308 à 325.

LXXVI. — **Mémoires de l'Académie des sciences, belles-lettres et arts de Clermont-Ferrand**, 2° série, fascicule 16. (Clermont-Ferrand, 1903, in-8°, VIII-220 p.)

PUY-DE-DÔME. — CLERMONT-FERRAND.

SOCIÉTÉ DES AMIS DE L'UNIVERSITÉ DE CLERMONT.
(ANCIENNE SOCIÉTÉ D'ÉMULATION DE L'AUVERGNE.)

Les publications antérieures de cette Société sont analysées dans notre *Bibliographie générale*, savoir :
Revue d'Auvergne, t. I à II (1884-1885), *Bibliographie*, t. II, p. 529.
— t. III à XVII (1886-1900), *Bibliographie*, Supplément sous presse.
— t. XVIII (1901), *Bibliographie*, nouvelle série, t. I, p. 69.

XIX. — **Revue d'Auvergne**, publiée par la Société des amis de l'Université de Clermont..., t. XIX, 1902. (Clermont-Ferrand, 1902, in-8°, 480 p.)

5432. A. V. — Le docteur F. Pommerol [1839 † 1901], *portr.*, p. 1 à 10.

5433. BARON (Ch.). — L'*Hélène* d'Euripide, p. 11 à 45.

5434. DELMAS (Jean). — Les arrêtés du Comité de la Sûreté générale dans la *Révolution du Cantal*, p. 46 à 57. — Suite et fin de XVIII, p. 397.

5435. LAUR (Ant.). — Compte rendu du Congrès

tenu à Aurillac les 18, 19 et 20 mai 1902, p. 177 à 254.

[Collection Aymard, objets provenant des stations préhistoriques des environs d'Aurillac, p. 214. — Delort. La race néolithique, p. 216. — Pagès-Allart. Tumulus de la vallée d'Allagnon, p. 218. — Grand (Roger). Monuments d'Aurillac, Saint-Cernin, châteaux d'Anjony et de Tournemire, Arpajon, Carlat, p. 221.]

5436. Crégut (L'abbé G. Régis). — Histoire du collège de Riom, p. 257, 458; XX, p. 27, 132, 213, 299, 363, et 435.

5437. Golliard (Claudius). — Notice archéologique sur l'église de Bellaigue et sur les tombeaux des derniers sires de Bourbon, *fig.*, p. 344 à 365.

5438. Desdevises du Dézert (G.). — La Martinique, p. 372 à 381.

5439. Audollent (Aug.). — Notes sur l'Auvergne antique, *fig.*, p. 409 à 435.

XX. — **Revue d'Auvergne,** publiée par la Société des Amis de l'Université de Clermont, t. XX, 1903. (Clermont-Ferrand, 1903, in-8°, 480 p.)

[5436]. Crégut (L'abbé G.-Régis). — Histoire du

collège de Riom, *fig.*, p. 27, 132, 213, 299, 363, et 435.

5440. Du Ranquet. — Les églises romanes de la Haute-Auvergne, d'après un ouvrage récent, *fig.*, p. 98 à 114.

5441. Mèges (Francisque). — Les cahiers des bailliages et sénéchaussées d'Auvergne, en 1789, p. 161, 276, et 321.

5442. Biélawski (J.-B.-M.). — Bansat et sa croix processionnelle [xvᵉ s.], *fig.*, p. 205 à 209.

5443. Du Ranquet (H.). — Fouilles de Mozac, p. 210 à 212.

[Vestiges de l'église romane.]

5444. Bréhier (Louis). — Un problème d'iconographie religieuse. L'introduction du crucifix en Gaule au ivᵉ siècle, p. 241 à 253.

5445. Laguy (Ant.) et Pagès-Allart (J.). — L'abri sous roche de la Tourille, près Murat (Cantal), *fig.* et 2 pl., p. 401 à 418.

5446. Biélawski (J.-B.-M.). — Antiquités [gauloises et bronzes romains] d'Auvergne, pl., p. 419 à 434.

PYRÉNÉES (BASSES-). — BIARRITZ.

SOCIÉTÉ DES SCIENCES, LETTRES ET ARTS BIARRITZ-ASSOCIATION.

Les publications antérieures de cette Société sont analysées dans notre *Bibliographie générale*, savoir :
Bulletin mensuel, t. I à V (1896-1900), *Bibliographie*, Supplément sous presse.
— t. VI (1901), *Bibliographie*, nouvelle série, t. I, p. 70.

VII. — **Bulletin mensuel de Biarritz-Association.** Société des sciences, lettres et arts, 7ᵉ année. (Biarritz, 1902, in-8°, 199 p.)

5447. Darricarrère (Capitaine). — Évolution phonétique et sémantique des vocables communs au basque, aux patois romans et aux langues indo-européennes. A : Le mot français *cabane* et ses variantes, leurs formes ancestrales et leur origine, p. 29 à 33, et 44 à 51.

5448. Léon (Henry). — Bismarck à Biarritz [1864]. Correspondance et anecdotes, p. 52 à 57.

5449. [Chudeau]. — Quelques fiches sur le peuple basque, p. 64 à 71.

5450. Chasteigner La Rocheposay (Vicomte P. de). —

Sceaux de Bayonne et de Biarritz sur la trève de 1351 avec les villes de Flandre, charte latine inédite, p. 73 à 80, et 86 à 91.

5451. Léon (Henry). — Biarritz. La paroisse Saint-Martin, p. 111 à 113.

5452. Bailly (A.). — Une excursion à l'île de la Conférence, p. 132 à 134.

5453. Montiton (Victor). — Biarritz préhistorique. Aspect primitif de Biarritz, p. 135 à 136.

5454. [Chasteigner (Vicomte de)]. — Une alliance russe au xiᵉ siècle. Le sang de saint Vladimir et de saint Louis dans la maison impériale de Russie (1049-1902), p. 170 à 178.

[Anne de Russie et Henri Iᵉʳ.]

PYRÉNÉES (BASSES-). — PAU.

SOCIÉTÉ DES SCIENCES, LETTRES ET ARTS DE PAU.

Les publications antérieures de cette Société sont analysées dans notre *Bibliographie générale*, savoir :
Bulletin, t. I à XIX (1841-1886), *Bibliographie*, t. II, p. 535.
— t. XX à XXXII (1886-1899), *Bibliographie*, Supplément sous presse.
— t. XXXIII (1901), *Bibliographie*, nouvelle série, t. I, p. 70.

XXXIV. — **Bulletin de la Société des sciences, lettres et arts de Pau**, 2ᵉ série, t. XXX. (Pau, 1902, in-8°, VII-243 p.)

5455. PLANTÉ (Adrien). — Registre des délibérations du Comité de surveillance établi à Orthez, p. v à VII, et 1 à 224.

PYRÉNÉES (HAUTES-). — BAGNÈRES-DE-BIGORRE.

SOCIÉTÉ RAMOND.

Les publications antérieures de cette Société sont analysées dans notre *Bibliographie générale*, savoir :
Explorations pyrénéennes, t. I à XX (1866-1885), *Bibliographie*, t. II, p. 540.
— t. XXI à XXXV (1886-1900), *Bibliographie*, Supplément sous presse.
— t. XXXVI (1901), *Bibliographie*, nouvelle série, t. I, p. 70.

XXXVII. — **Explorations pyrénéennes...** **Bulletin de la Société Ramond**, 37ᵉ année, 2ᵉ série, t. VII, 1902. (Bagnères-de-Bigorre, s. d., in-8°, XI-293 p.)

5456. GRASSET (Lieutenant). — Un guerrier gascon. Maransin [Jean-Pierre, 1770 † 1828], p. 37 à 46, et 87 à 115.

[Guerres de la Révolution et de l'Empire.]

5457. RICAUD (L'abbé Louis). — Journal pour servir à l'histoire de la réclusion des prêtres insermentés du diocèse de Tarbes, p. 47, 116, 167, et 267. — Suite de XXXVI, p. 115.

5458. MARSAN (L'abbé François). — Les revenus de l'évêché de Tarbes de 1774 à 1781, p. 143 à 155.

5459. MARCAILHOU-D'AYMÉRIC (Hippolyte). — Explorations pyrénéennes. Le Mont-Valier, p. 156 à 166, et 246 à 266.

5460. É. M. [MARCHAND (Émile)]. — Nécrologie. Charles Frossard [1827 † 1903], *portr.*, p. 188 à 196.

[Discours de N. BOURCHENIN et du Dr DAJEANNE.]

PYRÉNÉES-ORIENTALES. — PERPIGNAN.

SOCIÉTÉ AGRICOLE, SCIENTIFIQUE ET LITTÉRAIRE DES PYRÉNÉES-ORIENTALES.

Les publications antérieures de cette Société sont analysées dans notre *Bibliographie générale*, savoir :
Bulletin, t. I à XXVIII (1834-1886), *Bibliographie*, t. II, p. 546.
— t. XXVIII *bis* à XLI (1887-1900), *Bibliographie*, Supplément sous presse.
— t. XLII (1901), *Bibliographie*, nouvelle série, t. 1, p. 71.

XLIII. — **Société agricole, scientifique et littéraire des Pyrénées-Orientales...**, XLIIIe volume. (Perpignan, 1902, in-8°, 418 p.)

5461. CALMETTE (Joseph). — La fin de la domination française en Roussillon au xve siècle, étude d'histoire diplomatique, p. 161 à 192.

5462. TORREILLES (L'abbé Ph.). — Le livre de raison d'une famille de paysans rousillonnais au xviie siècle [famille Ciuro, de Camélas], p. 193 à 250.

5463. VIDAL (Pierre). — Documents relatifs à l'histoire du département des Pyrénées-Orientales pendant la xixe siècle. Documents complémentaires relatifs à l'année 1814, p. 251 à 290. — Suite de XLII, p. 295.

5464. GUIBEAUD (J.). — Enquête économique sur le Roussillon en 1775, p. 291 à 336.

[Préface par Ph. Torreilles.]

5465. SÉRR (Henri). — Notice sur Justin Pépratx [† 1901], p. 387 à 393.

XLIV. — **Société agricole, scientifique et littéraire des Pyrénées-Orientales...**, 44e volume, 1903. (Perpignan, 1903, in-8°, 352 p.)

5466. PRATX (Maxence). — Le régime des eaux en Roussillon, p. 115 à 200.

5467. TORREILLES (Philippe). — Les testaments des consuls de Perpignan au xviie siècle, p. 249 à 298.

5468. SARRÈTE (L'abbé). — Notre-Dame de la Cerdagne, p. 299 à 318.

[N'adone actuellement à Puycerda.]

5469. DELPONT (J.). — Mossen Jacinto Verdaguer, p. 319 à 325.

RHIN (HAUT-). — BELFORT.

SOCIÉTÉ BELFORTAINE D'ÉMULATION.

Les publications antérieures de cette Société sont analysées dans notre *Bibliographie générale*, savoir :
Bulletin, t. I à VII (1872-1885), *Bibliographie*, t. II, p. 573.
— t. VIII à XIX (1886-1900), *Bibliographie*, Supplément sous presse.
— t. XX (1901), *Bibliographie*, nouvelle série, t. 1, p. 71.

5470. TOUTEY (E.). — Charles le Téméraire et la Ligue de Constance. (Paris, 1902, in-8°, 475 p.)

[La couverture imprimée porte : *Supplément au Bulletin de la Société belfortaine d'émulation.*]

XXI. — **Bulletin de la Société belfortaine**

d'émulation, n° 21, 1902. (Belfort, 1902, in-8°, xxix-239 p.)

5471. DUBAIL-ROY (F.-G.). — Le siège de Belfort en 1653-1654 et la *Gazette de France*, p. 1 à 10.

5472. HERBELIN (Louis). — Notice sur les perturbations atmosphériques survenues aux xviie et xviiie siècles dans le territoire de Belfort et les pays circonvoisins, p. 11 à 27. — Suite de XV, p. 53.

5473. D.-R. [Dubail-Roy et Berger (Philippe)]. — Les principales villes d'Alsace [ms. de la Bibliothèque de l'Institut rédigé en 1667], p. 28 à 209.

5474. Pajot (F.). — Gramatum et le Mont-Terrible, p. 218 à 233.

5475. Pajot (F.). — Recherches sur l'origine du Mont-Terrible, p. 234 à 238.

XXII. — Bulletin de la Société belfortaine

d'émulation, n° 22, 1903. (Belfort, 1903, in-8°, xxvi-145 p.)

5476. Feltin. — L'urbaire de Delle de 1667, p. 1 à 53.

5477. Deschamps (C.-P.-L.) et Dubail-Roy (F.-G.). — La comtesse de la Suze, portr., p. 55 à 99.

5478. Bardy (Henri). — Les trois Guittard de Belle-magny [xviii°-xix° s.], p. 107 à 118.

5479. Bourquin. — Notice sur l'ancien pont de la rivière la Savoureuse au passage de la route nationale n° 19, à Belfort, p. 119 à 122.

5480. Dubail-Roy (F.-G.). — La guerre de Bourgogne en 1474-1475 et les Belfortains, p. 123 à 136.

RHIN (HAUT-). — MULHOUSE.

SOCIÉTÉ INDUSTRIELLE DE MULHOUSE.

Les publications antérieures de cette Société sont analysées dans notre *Bibliographie générale*, savoir :
Bulletin de la Société, t. I à LV (1828-1885), *Bibliographie*, t. II, p. 577.
— — t. LVI à LXX (1886-1900), *Bibliographie*, Supplément sous presse.
— — t. LXXI (1901), *Bibliographie*, nouvelle série, t. I, p. 72.
Bulletin du Musée, t. I à X (1876-1885), *Bibliographie*, t. II, p. 583.
— — t. XI à XXIV (1886-1901), *Bibliographie*, Supplément sous presse.
— — t. XXV (1901), *Bibliographie*, nouvelle série, t. I, p. 72.
Ouvrages divers (1831-1883), *Bibliographie*, t. II, p. 577 et 583.

5481. Waltz (André). — Bibliographie de la ville de Colmar, publiée sous les auspices de la Société industrielle de Mulhouse et de la ville de Colmar. (Mulhouse, 1902, in-8°, xxi-539 p.)

LXXII. — Bulletin de la Société industrielle

de Mulhouse, t. LXXII. (Mulhouse, 1902, gr. in-8°, xi-462 et 269 p.)

5482. Kœchlin (Raymond). — L'art Japonais, p. 19 à 29.

5483. Richard (Paul). — Notice nécrologique sur M. Oscar Scheurer [1834 † 1902], p. 337 à 351.

RHÔNE. — LYON.

ACADÉMIE DES SCIENCES, BELLES-LETTRES ET ARTS DE LYON.

Les publications antérieures de cette Société sont analysées dans notre *Bibliographie générale*, savoir :
Comptes rendus, t. I à XXXIV (1806-1853), *Bibliographie*, t. II, p. 587.
Mémoires, section des lettres et arts, t. I à XXIII (1845-1886). *Bibliographie*, t. II, p. 590.

Mémoires, section des lettres et arts, t. XXIV à XXVIII (1887-1892), *Bibliographie*, Supplément sous presse.

Mémoires, section des sciences, t. I à XXVII (1845-1885), *Bibliographie*, t. II, p. 597.

—   —   t. XXVIII à XXXI (1886-1892), *Bibliographie*, Supplément sous presse.

Mémoires, sciences et lettres, t. I à V (1893-1898), *Bibliographie*, Supplément sous presse.

—   —   t. VI (1901), *Bibliographie*, nouvelle série, t. I, p. 72.

Ouvrages divers (1807-1901), *Bibliographie*, t. II, p. 586, 600, et nouvelle série, t. I, p. 73.

VII. — Mémoires de l'Académie des sciences, belles-lettres et arts de Lyon. Sciences et lettres, 3ᵉ série, t. VII. (Lyon, 1903, gr. in-8°, xix-381 p.)

5484. Beaune (Henri). — Scènes de la vie privée au xviiiᵉ siècle [Madame d'Épinay et ses amis], p. 1 à 37.

5485. Chevalier (Le chanoine Ulysse). — L'abjuration de Jeanne d'Arc au cimetière de Saint-Ouen et l'authenticité de sa formule, étude critique, p. 87 à 170.

5486. Pariset (E.). — Les tireurs d'or et d'argent à Lyon, xviiiᵉ et xixᵉ siècles, p. 171 à 222.

5487. Chevalier (Le chanoine Ulysse). — Autour des origines du suaire de Turin, avec des documents inédits, p. 237 à 285.

5488. Bégule (Lucien). — Un orfèvre lyonnais. T.-J. Armand-Calliat et son œuvre (1822 † 1901), 6 pl., p. 361 à 378.

RHÔNE. — LYON.

SOCIÉTÉ D'ANTHROPOLOGIE DE LYON.

Les publications antérieures de cette Société sont analysées dans notre *Bibliographie générale*, savoir :

Bulletin, t. I à IV (1881-1885), *Bibliographie*, t. II, p. 626.

—   t. V à XIX (1886-1900), *Bibliographie*, Supplément sous presse.

—   t. XX (1901), *Bibliographie*, nouvelle série, t. I, p. 74.

XXI. — Bulletin de la Société d'anthropologie de Lyon... t. XXI. (Lyon, 1902, in-8°, 170 et 270 p.)

Deuxième partie.

5489. Giraud-Teulon. — Sur les origines de la famille, p. 40 à 51.

5490. Savoie. — Le mégalithe de Vergisson (Saône-et-Loire), p. 77 à 78.

5491. Dumarest (Noel). — Les Indiens du Nouveau-Mexique, p. 79 à 102.

5492. Chantre (Ernest). — Notice sur la vie et les travaux d'Albert Falsan [1833 † 1902], portr., p. 109 à 117.

5493. Chantre (Ernest). — Notice nécrologique de Charles Letourneau [1831 † 1902], p. 119 à 121.

5494. Chantre (Ernest). — La nécropole protohistorique de Cagnano, près Luri (Corse), pl., p. 178 à 189.

5495. Chantre (E.) et Bourdaret. — Esquisse anthropologique des Coréens. Ethnogénie et ethnographie, 2 pl., p. 222 à 238.

5496. Bourdaret (Émile). — Note sur les dolmens de la Corée, p. 243 à 245.

RHÔNE. — LYON.

SOCIÉTÉ DES BIBLIOPHILES LYONNAIS.

Les publications antérieures de cette Société sont analysées dans notre *Bibliographie générale*, t. II, p. 628, et Supplément sous presse.

5497. GALLE (Léon) et GUIGUE (Georges). — Histoire du Beaujolais. Manuscrits inédits des xviie et xviiie siècles. Mémoires de Louvet. (Lyon, 1903, 2 vol. in-8°, lxxxiv-461 p. et 498 p.)

[GALLE (Léon). Pierre Louvet (1617 † vers 1684) ; sa vie et ses travaux, portr., p. xiii à lxxiv. — Histoire du Beaujolais, t. I, p. 1

à 461; et t. II, p. 1 à 374. — Mémoires contenant ce qu'il y a de plus remarquable dans Villefranche, capitale du Beaujolais, p. 375 à 493.]

5498. BOISSIEU (Maurice DE). — William Poidebard, sa vie et ses travaux. (Lyon, 1903, in-4°, 37 p., *fig.* et 2 pl.)

RHÔNE. — LYON.

SOCIÉTÉ DE GÉOGRAPHIE DE LYON.

Les publications antérieures de cette Société sont analysées dans notre *Bibliographie générale*, savoir :
Bulletin, t. I à V (1875-1885), *Bibliographie*, t. II, p. 630.
— t. VI à XVI (1886-1900), *Bibliographie*, Supplément sous presse.

XVII. — **Bulletin de la Société de géographie de Lyon et de la région lyonnaise,** t. XVII. (Lyon, 1901[-1903], in-8°, 1052 p.)

5499. PERREAU (Capitaine). — Le Grand Saint-Bernard et Napoléon, *carte,* p. 205 à 214.

5500. PRIVAT-DESCHANEL (Paul). — Les influences géogra-

phiques dans la répartition de la population en Écosse, p. 545 à 559.

5501. TURQUAN (Mme). — De Lyon aux Portes de fer par l'Adriatique (souvenirs d'un voyage en Croatie et au pays des Huns), p. 741 à 764.

5502. MAITRE (Henri). — North-Eastern Rhodesia. Une page d'histoire, p. 783 à 802, et 861 à 872.

[Mission catholique du sud-est du Nyassa.]

RHÔNE. — LYON.

SOCIÉTÉ LITTÉRAIRE, HISTORIQUE ET ARCHÉOLOGIQUE DE LYON.

Les publications antérieures de cette Société sont analysées dans notre *Bibliographie générale*, savoir :
Mémoires, t. I à XIV (1860-1885), *Bibliographie*, t. II, p. 631.

15.

Mémoires, t. XV à XVII (1886-1897), *Bibliographie*, Supplément sous presse.
Ouvrages divers (1839-1880), *Bibliographie*, t. II, p. 631.

XVIII. — Mémoires de la Société littéraire, historique et archéologique de Lyon, années 1898 à 1902. (Lyon, 1903, gr. in-8°, CXLII-326 p.)

5503. Poidebard (Alexandre). — Les premiers essais d'assurances et le service contre les incendies à Lyon avant la Révolution, p. 1 à 16.

5504. Vingtrinier (Emmanuel). — L'étranger à Lyon, *fig.*, p. 17 à 63.

[Les voyages au temps jadis.]

5505. Gabut (F.). — Les aqueducs construits sous la période gallo-romaine pour Lyon et sa banlieue, *fig.*, p. 65 à 79.

5506. Grand (A.). — Notice historique et descriptive sur l'horloge astronomique de la cathédrale de Lyon, p. 81 à 98.

5507. Martin (L'abbé J.-B.). — Note sur quelques ouvrages lyonnais rares ou inconnus, p. 99 à 106.

5508. Vingtrinier (Joseph). — Cérémonie funèbre en l'honneur du général Léonard Duphot [à Rome en 1798], p. 115 à 126.

5509. Richard (Paul). — Le culte de saint Clair à Lyon, *pl.*, p. 127 à 136.

5510. Bayssac (J.). — Les grands prêtres de l'église de Lyon [XIVᵉ-XVIIIᵉ s.], p. 137 à 156.

5511. Sallès (A.). — Le mouvement musical à Lyon pendant la période contemporaine, p. 157 à 252.

5512. Artaud (Dʳ Jean). — Une lettre inédite du cardinal de Richelieu, remerciements au roi Louis XIII de la nomination d'Alphonse-Louis du Plessis de Richelieu à l'archevêché de Lyon [1628], p. 253 à 257.

5513. Vachez (A.). — Le comte de Charpin-Feugerolles (1816 † 1894), p. 277 à 289.

5514. Poidebard (A.). — Théodore Camus (1862 † 1896), p. 290 à 295.

5515. Vachez (A.). — Honoré Pallias (1833 † 1896), *portr.*, p. 296 à 303.

5516. Vachez (A.). — Alexandre de Lagrevol (1820 † 1897), p. 304 à 308.

5517. Bleton (Auguste). — Étienne Beauverie (1832 † 1897), *portr.*, p. 309 à 317.

5518. Vachez (A.). — M. Paul Mougin-Rusand (1838 † 1897), *portr.*, p. 318 à 323.

RHÔNE. — VILLEFRANCHE.

SOCIÉTÉ DES SCIENCES ET ARTS DU BEAUJOLAIS.

Le tome I du *Bulletin* de cette Société paru en 1900 sera analysé dans le Supplément, sous presse, de notre *Bibliographie générale*.

II. — Bulletin de la Société des sciences et arts du Beaujolais, 2ᵉ année, 1901. (Villefranche, 1901, gr. in-8°, 353 p.)

5519. Clavière (Raoul de). — La prébende de Jarnioux (1335-1789), *fig.*, p. 21 à 43. — Suite de I, p. 273.

5520. Berthier-Geoffray (A.). — Souvenirs de l'invasion de 1814 en Beaujolais, *fig.*, p. 44 à 55.

5521. Prajoux (Joseph). — Le Coteau, autrefois le Coteau Beaujolais, p. 92 à 117.

5522. Sanlaville (Jean). — La chapelle de Saint-Roch à Gleizé, *fig.*, p. 124 à 131.

5523. Morel de Voleine (J.). — Documents sur la chapelle de Chevennes à Denicé, *fig.*, p. 164 à 183.

5524. Ménu (Eugène). — Documents sur Salles-en-Beaujolais, 2 *pl.*, p. 184 à 211.

5525. Missol (Dʳ Léon). — L'ancien hôpital de Roncevaux de Villefranche-en-Beaujolais, p. 245 à 288.

[Inventaire des meubles (1600), p. 284.]

5526. Carra (J.-A.). — Le hameau de Saint-Clair à Ville-sur-Jarnoux, ses restes archéologiques et sa légende, *fig.*, p. 289 à 299.

[Antiquités gauloises et romaines.]

III. — Bulletin de la Société des sciences et arts du Beaujolais, 3ᵉ année, 1902. (Villefranche, 1902, in-8°, 354 p.)

5527. Morel L.-B.). — Notes et réflexions archéologiques sur Chazay-d'Azergues, *fig.* et 2 *pl.*, p. 25 à 56, et 100 à 128.

5528. Longevialle (L. de). — La chapelle du château de Mongré et sa prébende (1641-1789), p. 57 à 69.

5529. Morel (L.-B.). — Excursion archéologique à Chazay-d'Azergues, *fig.*, p. 84 à 89.

5530. Morel de Charnay (J.). — Excursion archéologique à Charnay, p. 90.

5531. Longin (E.). — La milice bourgeoise de Villefranche, p. 129 à 149, 207 à 232, et 321 à 335.

5532. Prajoux (Joseph). — Vougy, *fig.*, p. 175 à 206.

5533. Sabatier (Antoine). — Un fragment de poterie rouge à couverte lustrée, décor au corbeau, *fig.*, p. 289 à 299.

5534. Missol (D' Léon). — J.-B. Martiny, médecin de Villefranche-en-Beaujolais (1673 † 1751), p. 300 à 308.

5535. Desvernay (Félix). — Catalogue des manuscrits de la bibliothèque de Lyon concernant le Beaujolais, ses communes, ses seigneurs et ses familles. (Villefranche, 1901, in-8°, 73 p.)

SAÔNE (HAUTE-). — GRAY.

SOCIÉTÉ GRAYLOISE D'ÉMULATION.

Les publications antérieures de cette Société sont analysées dans notre *Bibliographie générale*, savoir :
Bulletin, t. I à III (1898-1900), *Bibliographie*, Supplément sous presse.
— t. IV (1901), *Bibliographie*, nouvelle série, t. I, p. 74.

V. — Bulletin de la Société grayloise d'émulation, n° 5, année 1902. (Gray, 1902, in-8°, 226 p.)

5536. Louvot (L'abbé). — Notice sur M. Jourdy, bibliothécaire de la ville de Gray, *portr.* [1835 † 1902], p. 17 à 24.

5537. Lenoy (Stephen). — Vue générale sur l'histoire de la Haute-Saône, p. 29 à 117.

[5545]. Linotte (A.). — La Franche-Comté et ses voisins, p. 118.

5538. Simonnet (Louis). — Notes sur l'abbaye de Theuley, p. 152 à 162.

5539. Gasser (A.). — Étude préhistorique de la vallée de la Saône supérieure. L'homme paléolithique dans la région circumvosgienne, *cartes*, p. 163 à 195.

5540. Boucher (D'). — Le camp du Chatelard, *pl.*, p. 196 à 199.

5541. Gasser (A.). — Un tableau de Gresly à l'église de Mantoche (Haute-Saône), *pl.*, p. 200.

5542. Fecvrier (Julien). — Un épisode de la rivalité entre les capitaines et les vicomtes-mayeurs de Gray (1609), p. 206 à 210.

5543. Gascon (R.-E.). — Une excursion à Blidah et aux gorges de la Chiffa dans la tribu des Béni-Salah, p. 211 à 223.

VI. — Bulletin de la Société grayloise d'émulation, n° 6, année 1903. (Gray, 1903, in-8°, 221 p.)

5544. Lenoy (Stephen). — Ternaux, Rouget de Lisle et Saint-Simon, *musique gravée*, p. 17 à 40.

5545. Linotte (A.). — La Franche-Comté et ses voisins, p. 41 à 76. — Suite de III, p. 104; IV, p. 128; et V, p. 118.

5546. Godard (Ch.). — Les Annonciades de Gray, 2 *pl.*, p. 77 à 91.

5547. Boucher (D'). — Recherches préhistoriques aux environs de Gray, *pl.*, p. 92 à 100.

5548. Roucher (D'). — Découverte d'une pirogue à Apremont (Haute-Saône). Les pirogues dans la vallée de la Saône supérieure, *pl. et carte*, p. 101 à 111.

5549. Lenoy (Stephen). — Notice sur la borne milliaire du Vergy, *pl.*, p. 113 à 124.

5550. Lenoy (Stephen). — Essai d'un classement chronologique des milliaires trouvés dans la Séquanie, p. 125 à 179.

SAÔNE (HAUTE-). — VESOUL.

SOCIÉTÉ D'AGRICULTURE, SCIENCES ET ARTS DE LA HAUTE-SAÔNE.

Les publications antérieures de cette Société sont analysées dans notre *Bibliographie générale*, savoir :
Bulletin, t. I à X (1869-1885). *Bibliographie*, t. II, p. 641.
— t. XI à XXV (1886-1900), *Bibliographie*, Supplément sous presse.
— t. XXVI (1901), *Bibliographie*, nouvelle série, t. I, p. 75.
Autres recueils (1806-1824), *Bibliographie*, t. II, p. 640 et 641.

XXVII. — Bulletin de la Société d'agriculture, sciences et arts du département de la Haute-Saône, 4ᵉ série, n° 2. (Vesoul, 1902, in-8°, xxiv-472 p.)

5551. BERTIN (J.). — Histoire généalogique de la maison de Beaujeu-sur-Saône, 2ᵉ partie. Branche cadette, 9 *pl.* et 2 *tableaux*, p. 1 à 434. — Suite de XXVI, p. 63.

SAÔNE-ET-LOIRE. — AUTUN.

SOCIÉTÉ ÉDUENNE.

Les publications antérieures de cette Société sont analysées dans notre *Bibliographie générale*, savoir :
Mémoires, t. I à XIV (1872-1885), *Bibliographie*, t. II, p. 648.
— t. XV à XXVIII (1887-1900), *Bibliographie*, Supplément sous presse.
— t. XXIX (1901), *Bibliographie*, nouvelle série, t. I, p. 75.
Autres recueils (1836-1864), et ouvrages divers (1866-1900), *Bibliographie*, t. II, p. 645 et 646,
et Supplément sous presse.

XXX. — Mémoires de la Société éduenne, nouvelle série, t. XXX. (Autun, 1902, in-8°, xxix-499 p.)

5552. BOËLL (Ch.). — Un chapitre de l'histoire d'Autun. L'année 1815, p. 1 à 68.
5553. CHARMASSE (A. DE). — La Maison-Dieu des Quatre-frères, p. 69 à 83.
5554. BAZIN (J.-L.). — La Bourgogne sous les ducs de la maison de Valois (1361-1478), p. 85 à 160. — Suite de XXIX, p. 33.
5555. FYOT (Eugène). — La châtellenie de Montcenis, p. 161 à 249. — Suite et fin de XXIX, p. 289.
5556. GRAILLOT (Henri). — Poculum et Lagena. Un type de stèles funéraires en pays éduen, 2 *pl.*, p. 251 à 280.
5557. MONTARLOT (P.). — Les députés de Saône-et-Loire aux assemblées de la Révolution (1789-1799), p. 281 à 365.
5558. CHARMASSE (A. DE). — Note sur une commune jurée à Autun en 1098, p. 367 à 370.
5559. DÉCHELETTE (Joseph). — La sépulture de Chassenard et les coins monétaires de Paray-le-Monial, *fig.*, p. 371 à 397.
5560. ANONYME. — Sully, Morlet et le Val-Saint-Benoît, p. 399 à 429.
5561. CHARMASSE (A. DE). — Nécrologie, p. 432 à 437.

[M. Bulliot; J.-B Mangematin.]

5562. Boëll (Charles). — Émile Martin (1859 † 1902), p. 443.

5563. Gillot (André). — Acte de rémission autunois, [1469], p. 447 à 454.

5564. Charmasse (A. de). — Nécrologie, p. 457 à 459.

[Le comte Bérold Costa de Beauregard († 1902); Henri de Fontenay († 1902); Louis Nallard († 1902).]

5565. Dumay. — Henri Marc (1869 † 1902), p. 459 à 461.

5566. Romiszowski. — Monnaies autunoises mérovingiennes et carolingiennes, p. 461.

5567. Charmasse (A. de). — Sculptures du moyen âge provenant de Saint-Pierre-de-Lestrier, p. 462 à 464.

5568. Boëll (Charles). — Les foires de la seigneurie de Montmort, p. 464 à 466.

5569. Rénolle (Joseph). — Nécrologie, p. 471 à 478.

[Pierre Grenot (1826 † 1902); l'abbé Pierre Rousset (1833 † 1902).]

5570. Charmasse (A. de). — Album de miniatures provenant de manuscrits (XIIᵉ-XVᵉ s.), p. 479 à 483.

5571. Rénolle (Joseph). — Nécrologie, p. 490 à 494.

[Comte Ernest d'Aboville (1819 † 1902); Ch. Gadant (1826 † 1902).]

5572. Anonyme. — Le serment de Théotard, abbé de Saint-Martin d'Autun (XIᵉ s.), p. 494 à 495.

SAÔNE-ET-LOIRE. — CHALON-SUR-SAÔNE.

SOCIÉTÉ D'HISTOIRE ET D'ARCHÉOLOGIE DE CHALON-SUR-SAÔNE.

Les publications antérieures de cette Société sont analysées dans notre *Bibliographie générale*, savoir :
Mémoires, t. I à VII (1844-1888). *Bibliographie*, t. II, p. 656.
— t. VIII (1895-1901), *Bibliographie*, nouvelle série, t. I, p. 76.
Ouvrages divers (1850-1863), *Bibliographie*, t. II, p. 656.

5573. Niepce (Léopold). — Histoire du canton de Sennecey-le-Grand (Saône-et-Loire) et de ses dix-huit communes (topographie, géologie, organisation religieuse et administrative), t. III. (Chalon-sur-Saône, 1903, in-8°, VIII-156 p.)

[Le tome I a paru en 1875, et le tome II en 1877.]

SAÔNE-ET-LOIRE. — MÂCON.

ACADÉMIE DE MÂCON.

Les publications antérieures de cette Académie sont analysées dans notre *Bibliographie générale*, savoir :
Comptes rendus, t. I à XVIII (1806-1847), *Bibliographie*, t. II, p. 660.
Annales, t. I à XX (1851-1885), *Bibliographie*, t. II, p. 663.
— t. XXI à XXXII (1886-1900), *Bibliographie*, Supplément sous presse.
— t. XXXIII (1901), *Bibliographie*, nouvelle série, t. I, p. 76.
Ouvrages divers (1851-1900), *Bibliographie*, t. II, p. 660, et Supplément sous presse.

XXXIV. — Annales de l'Académie de Mâcon, Société des arts, sciences, belles-lettres et agriculture de Saône-et-Loire, 3ᵉ série, t. VII. (Mâcon, 1902, in-8°, LXXII-458 p.)

5574. Rameau (Mʳ). — Liste chronologique des baillis de Mâcon [1239-1789], p. 1 à 25.

5575. Virey (Philippe). — Sur quelques données égyptiennes introduites par les Grecs dans le développement de leur mythe d'Hercule, *fig.* et *pl.*, p. 27 à 38.

5576. Huor (D'). — Dans l'Oubangui et le Bahr el Ghazal; la mission Chari-Sanga, p. 39 à 95.

5577. Lex (L.). — Les enseignes de la tavernerie de Mâcon au XIIIᵉ siècle, *pl.*, p. 97 à 100.

5578. Vingtrinier (Aimé). — Lettre au sujet de la prise d'Ambérieu par le comte Amédée V de Savoie, en 1316, p. 101 à 106.

5579. Sandre (J.). — Notice sur la maison Perrin, 2 pl. et 5 tableaux, p. 121 à 171.

5580. Dufréault (A.). — Paroles prononcées le 13 juillet 1902, à Coupy-Bellegarde, dans la cérémonie d'inauguration du buste de M. Joseph Marion [† 1899], p. 177 à 187.

5581. Plassard (J.). — L'œuvre sociale de Mme Boucicaut, p. 189 à 196.

5582. Déchelette (Joseph). — Gabriel Bulliot [1817 † 1902], p. 197 à 204.

5583. Martin (J.). — Nouvelles découvertes de sépultures barbares aux environs de Tournus, 8 pl., p. 205 à 217.

5584. Derviku (Commandant). — Les origines de l'art bourguignon, p. 287 à 305.

5585. Déchelette (J.). — Visites pastorales des archiprêtres de Charlieu et du Rousset, p. 315 à 418. — Suite et fin de XXX, p. 444; XXXI, p. 547; XXXII, p. 439; et XXXIII, p. 403.

SARTHE. — LE MANS.

SOCIÉTÉ D'AGRICULTURE, SCIENCES ET ARTS DE LA SARTHE.

Les publications antérieures de cette Société sont analysées dans notre *Bibliographie générale*, savoir :
Séances publiques, t. I à VII (an XI-1825), *Bibliographie*, t. II, p. 670.
Bulletin, t. I à XXX (1833-1886), *Bibliographie*, t. II, p. 671.
— t. XXXI à XXXVIII (1887-1900), *Bibliographie*, Supplément sous presse.
Mémoires, t. I à II (1855-1878), *Bibliographie*, t. II, p. 681.
Ouvrages divers (1877-1881), *Bibliographie*, t. II, p. 670.

XXXVIII. — **Bulletin de la Société d'agriculture, sciences et arts de la Sarthe,** fondée en 1761, 2e série, t. XXX (38e de la collection). Années 1901 et 1902. (Le Mans, 1902, in-8°, 431 p.)

5586. Deschamps La Rivière. — Recherches historiques sur Dollon, p. 20 à 37, et 401 à 409. — Suite et fin de XXXVI, p. 459; et XXXVII, p. 51, 284, et 400.

5587. Legeay. — Inventaire des registres de Saint-Benoît, naissances de 1563 à 1792, p. 38 à 129.

5588. Rebot (D.). — Essai sur l'histoire de la culture de la vigne dans le département de la Sarthe, 2 pl., p. 151 à 224, et 259.
[Vitrail des vignerons à la cathédrale du Mans, 2 pl.]

5589. Gentil. — Notice sur Pierre Diard, botaniste manceau [1784 † 1849], p. 229 à 252.

5590. Lhermitte. — Un contingent de l'armée de Charles VI au Mans en 1392, p. 253 à 256.

SARTHE. — LE MANS.

SOCIÉTÉ DES ARCHIVES HISTORIQUES DU MAINE.

Les publications antérieures de cette Société ou de l'Union historique et littéraire du Maine dont elle a repris les travaux, sont analysées dans notre *Bibliographie générale*, savoir :
Union historique du Maine, t. I à II (1893-1894), *Bibliographie*, Supplément sous presse.

La Province du Maine, t. III à VIII (1895-1900), *Bibliographie*. Supplément sous presse.
' — — t. IX (1901), *Bibliographie*, nouvelle série, t. I, p. 77.
Archives historiques du Maine, t. I (1900), *Bibliographie*, Supplément sous presse.

X. — Société des Archives historiques du Maine. La province du Maine. Revue mensuelle fondée sous les auspices de M. de la Rochefoucauld, duc de Doudeauville, t. X. (Laval, 1902, in-8°, 400 p.)

5591. Ledru (Amb.). — La procession des Rameaux au Mans, ou *Le Mistaire de la Croix aourée*, p. 17, 49, et 81.

5592. Fleury (Gabriel). — La légende d'un portrait [Marie Prullay, dame Boivin des Donatières, 1640], *pl.*, p. 40 à 45.

5593. Chambois (Em.-Louis). — Le bœuf villé [bœuf gras du carnaval] de Montfort-le-Rotrou en 1729, p. 46 à 48.

5594. Bertrand de Broussillon (Comte). — Lettre écrite en 1612 par Richelieu à David Rivault de Florence, p. 67 à 69.

5595. Coutard (Alb.) et Jaguelin (René). — Les seigneurs manceaux à la troisième croisade (1190-1192), p. 70 à 74, et 195 à 201. — Suite de IX, p. 305.

5596. Froger (L.). — Une réception d'évêque [Christophe de Chauvigné], à la Ferté-Bernard, en 1529, p. 75 à 78.

5597. Amb. L. [Ledru (Amb.)]. — Note sur saint René, p. 79.

5598. Bertrand de Broussillon (Comte). — Cinq pièces de vers de Jean Gesland [xvi°s.], p. 99 à 104.

5599. Froger (L.). — Le testament de Jean Leclerc, sieur des Fossés [1404], p. 105 à 108.

5600. Ledru (Amb.). — Le château royal et le manoir du Gué de Maulny, notes et documents sur le Maine, p. 109 à 112. — Suite et fin de IX, p. 383.

5601. Ledru (Amb.). — Saint Pavin [le saint et le monastère], p. 113 à 128, et 145 à 156.

5602. Bertrand de Broussillon (Comte). — Le cartel de La Roche-Baritaud au comte du Lude (1581), p. 129 à 133.

5603. Froger (L.). — Le presbytère de la Ferté-Bernard, p. 134 à 139.

5604. Chambois (Em.-L.). — Inventaire du château de Montreuil-le-Henry en 1724, p. 140 à 142, et 157 à 160.

5605. Froger (L.). — La confrérie des prêtres à Château-du-Loir, p. 161 à 163.

[Acte de Charles de Valois (1394).]

5606. Chambois (Em.-Louis). — Les Thibergeau de la Motte de Flée au xv° siècle, p. 164 à 172.

5607. Denis (L.). — Compte de Pierre Sainsot [receveur pour le Roy des quatrièmes de certains vins au Mans, la Ferté-Bernard, Lucé, etc.] (1427-1428), p. 173, 204, 235, et 331.

5608. Ledru (Amb.). — Le premier miracle attribué à saint Julien (la fontaine ·Centonomius), p. 177 à 185.

5609. Montesson (C.-H., vicomte de). — Portraits du château des Arcis (Mayenne), 3 ou 4 *pl.*, p. 186 à 194.

5610. Chambois (Em.-L.). — Les torches de la Fête-Dieu au Mans, p. 202.

5611. Vallée (Eugène). — Les seigneurs de Bouloire (1037-1466), p. 209, 241, et 287.

5612. Ledru (Amb.). — Note sur François-Michel de la Rue, maire de la Flèche, de 1735 à 1741, p. 223 à 225.

5613. Chambois (Em.-Louis). — Émeute populaire à Laval relativement à la cherté des grains [1725], p. 226 à 234.

5614. Chambois (Em.-L.). — Les bedeaux et l'horloge de Saint-Benoît du Mans [1742], p. 239.

5615. Anonyme. — Enchère de quarantaine de la baronnie du Château-du-Loir et dépendances (1748), p. 259 à 269.

5616. Ledru (A.). — Les reliques insignes [et reliquaires] de la cathédrale du Mans, 2 *pl.*, p. 273 à 280.

5617. Candé (Dʳ). — Raillon, son prieuré, son hospice, sa léproserie, sa foire, p. 281 à 286.

5618. Chambois (Em.-L.). — Lettre de Jacques de Vendômois, seigneur d'Alleray, à sa fiancée, Marguerite de Marescot [1584], p. 294.

5619. Froger (L.). — Un revenu de fabrique (la Ferté Bernard) [xv°-xvi° s.], p. 296 à 302.

5620. Ledru (Amb.). — Les pèlerinages à la Sainte-Vierge dans le diocèse du Mans, p. 305, 337, et 386. — Suite de V, p. 261.

[Notre-Dame de la Faigne.]

5621. Candé (Dʳ). — Le prieuré de Saint-Vincent du Lude, p. 319 à 330.

5622. Ledru (Amb.). — Note sur les premiers vicomtes du Maine, p. 335 à 336.

5623. Froger (L.). — La fabrique de l'église paroissiale de la Flèche au xiii° siècle, p. 346 à 350.

5624. Ledru (A.). — A propos du tombeau de saint Pavin [à Saint-Pavin des Champs, au Mans], 2 *pl.*, p. 351 à 357.

5625. Ledru (A.). — La villa de Tournay à Teloché, p. 358 à 361.

5626. Chambois (Em.-Louis). — Notes et remarques extraites des registres de la paroisse du Crucifix, au Mans (1680-1789), p. 362 à 366, et 388 à 390.

5627. Angot (A.). — Le faussaire Audiguer, p. 367 à 368.

5628. Menjot d'Elbenne (Vicomte). — Note sur les premiers vicomtes du Mans, p. 369 à 373.

5629. Ledru (A.). — Le culte de saint Léon-Fort, à la Couture et dans le diocèse du Mans, p. 374 à 383.

5630. Chambois (Em.-Louis). — Le bailli de Coulonge et l'insolent vassal [1506], p. 384.

II. — Archives historiques du Maine, II. (Le Mans, 1902, in-8°, cxlvii-606 p.)

5631. Busson (L'abbé G.), Ledru (l'abbé A.) et Vallée (Eugène). — Actus pontificum Cenomannis in urbe

degentium, publiés par l'abbé G. Busson et l'abbé A. Ledru, avec une table alphabétique des noms, dressée par Eugène Vallée, *facs.*, p. 1 à cxlvii, et 1 à 606.

III. — Archives historiques du Maine, III. (Le Mans, 1902, in-8°, 168 p.)

5632. Bertrand de Broussillon et du Brossay. — Cartulaire d'Asé le Riboul, publié par le comte Bertrand de Broussillon. Cartulaire d'Azé et du Géneteil publié par M. du Brossay, p. 1 à 168.

SARTHE. — LE MANS.

SOCIÉTÉ HISTORIQUE ET ARCHÉOLOGIQUE DU MAINE.

Les publications antérieures de cette Société sont analysées dans notre *Bibliographie générale*, savoir :
Revue historique du Maine, t. I à XVIII (1876-1885), *Bibliographie*, t. II, p. 683.
— — t. XIX à XLVIII (1886-1900), *Bibliographie*, Supplément sous presse.
— — t. XLIX et L (1901), *Bibliographie*, nouvelle série, t. I, p. 78.
Ouvrages divers (1876-1885), *Bibliographie*, t. II, p. 682.

LI. — Revue historique et archéologique du Maine, t. LI. Année 1902, 1ᵉʳ semestre. (Le Mans, 1902, in-8°, 312 p.)

5633. Beauchesne (Marquis de). — Le bois de Maine, 3 pl., p. 30 à 53.

5634. Fleury (Gabriel). — Le rôle du commissaire du Directoire exécutif près de l'administration municipale du canton rural de Mamers, p. 54 à 80.

5635. Roquet (Henri). — Moncé-en-Belin, *fig.*, p. 81 à 98. — Suite de L, p. 26, 196, et 313.

[Appendice : généalogie de la famille de Maridort, p. 93.]

5636. Deschamps La Rivière (Robert). — Le théâtre au Mans pendant la Révolution, p. 99, 157, et 237. — Suite de XLIX, p. 78; et L, p. 71.

5637. Lefèvre-Pontalis (Eugène). — L'église de Fresnay-sur-Sarthe, *fig.* et 2 pl., p. 121 à 131.

5638. Fleury (Gabriel). — Note archéologique sur l'église des Loges en Coudrecieux (Sarthe), *fig.* et 2 pl., p. 137 à 149.

5639. Triger (Robert). — Une mitrailleuse d'infanterie au xviiiᵉ siècle, p. 150 à 156.

5640. Froger (L.). — Le paroisse de Fyé en 1586, p. 217 à 223.

LII. — Revue historique et archéologique du Maine, t. LII, année 1902, 2ᵉ semestre. (Le Mans, 1902, in-8°, 320 p.)

5641. Chappée (J.). — L'église et le tombeau de saint Pavin au Mans, *fig.* et *pl.*, p. 5 à 48.

5642. Triger (Robert). — Notes et souvenirs sur l'ancienne église Saint-Pavin des Champs [au Mans], p. 49 à 72.

5643. Laurain (F.). — Les doléances de Saint-Aignan-sur-Roë [1789], p. 73 à 92.

5644. Heurtebize (Dom B.). — Un pèlerin manceau en Palestine. Greffin Affagard (1533-1534), p. 93 à 108.

5645. Delisle (Léopold). — Une édition inconnue de la grammaire de Gui Jouannaux, p. 110.

5646. Calendini (L'abbé). — Sur l'usage de la paille dans les églises, p. 112.

5647. Guilloreau (Dom Léon). — L'abbaye d'Étival-en-Charnie et ses abbesses (1109-1790), p. 121 à 160. — Suite de XLIX, p. 113.

5648. Triger (Robert). — Le donjon de Courmenant, *fig.* et 3 pl., p. 161 à 176.

5649. Fleury (Gabriel). — De l'organisation des assemblées municipales créées par l'édit de juin 1787, p. 177 à 193.

5650. Brière (Louis). — Bibliographie du Maine. Année 1901, p. 194 à 217.

5651. Besnard (Auguste). — Le drapeau vendéen de la ville de Cholet (1793), p. 220.

5652. Triger (Robert). — L'administration municipale au Mans de 1530 à 1545. Premier registre de l'hôtel de ville, *fig.*, p. 225 à 274.

5653. Beaumont (Comte Charles de). — Les tapisseries de l'église de la Couture au Mans, 3 *pl.* [xvie-xviiie s.], p. 275 à 286.

5654. Uzureau (F.). — Une visite pastorale [de Jacques de Grasse, évêque d'Angers], à la Flèche en 1773, p. 287 à 297.

SAVOIE. — CHAMBÉRY.

ACADÉMIE DES SCIENCES, BELLES-LETTRES ET ARTS DE SAVOIE.

Les publications antérieures de cette Académie sont analysées dans notre *Bibliographie générale*, savoir :
Mémoires, t. I à XXXV (1825-1886), *Bibliographie*, t. II, p. 692.
— t. XXXVI à XLIV (1887-1900), *Bibliographie*, Supplément sous presse.
Documents, t. I à V (1859-1883), *Bibliographie*, t. II, p. 699.
— t. VI et VII (1888-1893), *Bibliographie*, Supplément sous presse.

XLV. — Mémoires de l'Académie des sciences, belles-lettres et arts de Savoie, 4e série, t. IX. (Chambéry, 1902, in-8°, xv-cxxiii-606 p.)

5655. Arcollières (D'). — Compte rendu des travaux de l'Académie (1896-1900), p. I à cxxiii.

[Charles Schefer († 1898), p. lxxvi; P.-F. Genin († 1898), p. lxxxiv; le comte L. Narin († 1899), p. lxxxix; le Bon G. Clarella († 1900), p. xci; P.-G. Drevet († 1896), p. xcii; A. Lecoy de la Marche († 1897), p. xcii; l'abbé Gremaud († 1897), p. xcv; J. Brossard († 1897), p. xcvii; P. Vayra († 1898), p. xcvii; l'abbé F.-M. Lacroix († 1899), p. xcix.]

5656. Fonas (Comte Amédée de). — La clause de mainmorte dans les anciennes chartes, p. iii.

5657. Mailland (Le chanoine). — Documents relatifs à la Confrérie des Pénitents noirs de Chambéry, p. v à viii.

5658. Perrin. — Traité entre le duc de Savoie et le dauphin Louis relatif à la cession du Valentinois et du Diois (1444), p. x.

5659. Perrin. — L'éclairage de la ville de Chambéry autrefois et aujourd'hui, p. xi à xvii.

5660. Oncieu (D'). — Documents relatifs aux Jésuites de Chambéry, p. xviii à xli.

5661. Perrin. — Généalogie de la famille Curial, p. xvii.

5662. Arcollières (D'). — Philibert de Pingon (1525 † 1582), p. xxviii.

5663. Perrin. — Plats, assiettes et objets en étain du xviie et xviiie siècle, p. xxxii à xxxv.

5664. Perrin. — Découverte d'une sépulture et de poteries romaines près de Voglans, p. xxxvi.

5665. Perrin. — La chapelle de Nemours dans la chapelle du château de Chambéry, p, xxxviii à xli.

5666. Perrin. — Trouvailles de monnaies, p. xli.

[Monnaies romaines trouvées au cours des travaux du tunnel de l'Épine ; monnaies de Savoie trouvées dans l'Ain et à Cruet.]

5667. Borson (Général). — Charles Buet (1846 † 1897), p. lxxxi à lxxxiii.

5668. Perrin. — Francis Molard (1845 † 1897), p. lxxxiv à lxxxvi.

5669. Perrin. — Melleville Glover (1834 † 1897), p. xcvi.

5670. Borson (Général). — Notice nécrologique sur le général Méuabréa, marquis de Val-Dora [1809 † 1896], p. 65 à 123.

5671. Borson (Général). — Notice nécrologique sur le contre-amiral Victor Arminjon (1830 † 1897), p. 181 à 198.

5672. Borson (Général). — Éloge de Victor Barbier [1828 † 1898], *portr.*, p. 199 à 214.

5673. Borson (Général). — Éloge de M. le docteur Calle [1802 † 1876], p. 215 à 230.

5674. Perrin (A.). — Station romaine de Labisco (Les Échelles, Savoie), commanderie de Saint-Jean de Jérusalem, chronologie historique, p. 277 à 353.

16.

5675. Mailland (L'abbé Joseph). — Les Savoyards et l'église du Saint-Suaire, Rome, p. 355 à 456.

5676. Bobson (Général). — Éloge de M. Alexis de Jussieu [1827 † 1899], portr., p. 457 à 476.

5677. Mareschal (Comte de). — Notice biographique sur M. le comte Amédée de Foras [1830 † 1899], portr., p. 477 à 489.

5678. Descotes (François). — Éloge de M. Claudius Blanchard [1836 † 1900], portr., p. 491 à 507.

Académie des sciences, belles-lettres et arts de Savoie. Tableau des membres de l'Aca-démie et tables des noms et des matières conte-nus dans chacun des volumes des mémoires et des documents. (Chambéry, 1903, in-8°, LVI-205 p.)

5679. Anonyme. — État des membres de l'Académie des sciences, belles-lettres .et arts de Savoie depuis sa fondation (1820) jusqu'au 30 juin 1903, p. 1 à LVI.

5680. Szerlecki (D' Alphonse-André). — Table des noms mentionnés dans les Mémoires et Documents publiés par l'Académie des sciences, belles-lettres et arts de Savoie de 1825 à 1902, p. 1 à 203.

SAVOIE. — CHAMBÉRY.

SOCIÉTÉ SAVOISIENNE D'HISTOIRE ET D'ARCHÉOLOGIE.

Les publications antérieures de cette Société sont analysées dans notre *Bibliographie générale*, savoir :
Mémoires, t. I à XXIII (1856-1885), *Bibliographie*, t. II, p. 702.
— t. XXIV à XXXIX (1886-1900), *Bibliographie*, Supplément sous presse.
— t. XL (1901), *Bibliographie*, nouvelle série, t. I, p. 79.

XLI. — Mémoires et documents publiés par la Société savoisienne d'histoire et d'archéologie, t. XLI, 2ᵉ série, t. XVI. (Chambéry, 1902, in-8°, CXLVI-544 p.)

5681. Mugnier. — Transaction entre Philippe, comte de Genevois, et Jean de Compeys (1442), p. VIII à x.

5682. Mugnier. — Délégation générale donnée par le provincial des Franciscains de Saint-Bonaventure à frère Pierre de Rivo, gardien de Savoie (Mians, 21 août 1589), p. XI.

5683. Mugnier. — Un monitoire au XVIIIᵉ siècle à Rumilly, p. XIII à XVII.

5684. Mugnier. — Duels et rixes en Savoie au XVIIᵉ siècle, p. XVII à XXI.

[Pierre Dinal (1591); Philibert de Rover (1604).]

5685. Anonyme. — Une institutrice d'Annecy [Mˡˡᵉ Marie Bérard, 1749], p. XXI.

5686. Anonyme. — Noms de religieux de divers ordres relevés dans des documents savoyards (XVIᵉ-XVIIIᵉ s.), p. XXIII.

5687. Mugnier. — Testament de Claude du Coudray de Blancheville, de Sallanches (9 juin 1643), p. XXIV à XXVI.

5688. Anonyme. — Concession par le légat Nicolas, évêque de Modène, en faveur de Jacques Mareschal, seigneur de Senozan, du droit d'avoir un autel privé portatif (25 janvier 1475), p. XXVIII.

5689. Mugnier. — Sauvetage du duc Philibert Iᵉʳ par le seigneur de Menthon et Geoffroi de Rivarol, et du prince Charles de Savoie par Antoine de la Forest (1476), p. XXX à XXXIII.

5690. Mugnier. — Ours et blaireaux dans les vignes d'Arbin en 1592, p. XXXIII à XXXV.

5691. Mugnier. — Prix des vignes à Aise, près Bonneville en 1529, p. XXXV.

5692. Perpéchon. — Ventes de maisons à Chambéry (1539-1562), p. XXXVI à XXXVIII.

5693. Létanche (Jean). — Le marquisat d'Yenne, p. XXXIX à LXXXII.

5694. Anonyme. — Bulle du pape Jules II pour Claude et Georges de Charansonnay (15 mai 1508), p. LXXXIII.

5695. Anonyme. — Actes du notaire Noë Chapuys, de Saint-Pierre-de-Soucy (1534-1540), p. LXXXIV.

5696. Mugnier. — Alphonse Delbène [abbé de Hautecombe et évêque d'Alby, XVIᵉ siècle], p. LXXXV à LXXXVIII.

5697. Mugnier. — François III de Fléhard, évêque de Grenoble (1575-1606), p. LXXXVIII à XCII.

5698. Mugnier. — Jules-César Riccardi, nonce à Turin (1595-1601), p. XCII à XCVI.

5699. Mugnier. — Barthélemy Ferrero, évêque d'Aoste († 1607), p. xcvi à xcix.

5700. Mugnier. — Dom Juste Guérin [1598 † 1645]; Charles-Auguste de Sales [1606 † 1660], p. c à civ.

5701. Burchet (Max). — Saisie des biens d'un usurier à Bonne-en-Faucigny (14 novembre 1683), p. civ à cvii.

5702. Mugnier. — Testament de Jean Vignod, d'Annecy (Rome, 9 septembre 1585), p. cvii à cxvi.

5703. Anonyme. — Trois lettres au P. Chérubin, capucin de Saint-Jean-de-Maurienne (1595-1601), p. xcviii à cxxii.

5704. Arbois de Jubainville (Paul d'). — Abergement d'une terre par Marguerite de Meuillon, abbesse de Sainte-Catherine-d'Annecy (15 janvier 1319), p. cxviii à cxxvi.

5705. Anonyme. — Un grand mariage de Savoisiens à Bonn-sur-le-Rhin en 1716 [Jean-Joseph de Chabod de Saint-Maurice et Marie-Jeanne-Éléonor de Chabod de Saint-Maurice], p. cxxvi à cxxviii.

5706. Anonyme. — Note sur le comte Pierre de Genevois (1382), p. cxxviii.

5707. Anonyme. — Achat de livres par le chanoine poète Claude-Étienne Nouvellet (1600), p. cxxxiii.

5708. Anonyme. — Procès de Claudine de Bellegarde, veuve du gouverneur de Savoie, Pierre Maillard, avec son fils (1590), p. cxxxiv à cxxxvi.

5709. Mugnier (François). — Antoine Favre, président de Genevois, premier président du Sénat de Savoie (1557 † 1624), portr., p. 3 à 539; et XLII, p. 3 à 545.

XLII. — Mémoires et documents publiés par la Société savoisienne d'histoire et d'archéologie, t. XLII, 2e série, t. XVII. (Chambéry, 1903, in-8°, clxxx-550 p.)

5710. Mugnier. — Inventaire du mobilier de D. Joseph Tarin Impérial, gouverneur de Savoie (1789), p. v à xii.

5711. Mugnier. — Vente d'une partie du mobilier du gouverneur de Savoie, M. de Sinsan (1759), p. xii.

5712. Piccard (L'abbé). — Transaction entre Alexandre de Montluel et Claude de Seyssel (novembre 1486), p. xiii à xv.

5713. Piccard (L'abbé). — Chartes relatives à la famille Malesinans, de Puygros, près Chambéry (1283), p. xvi.

5714. Létanche (Jean). — Documents sur les juifs à Yenne en 1347-1348, p. xvii.

5715. Mugnier. — Plaintif du IId Benoît de Pontverre, curé de Confignon, contre le sieur Marret, protestant genevois (1730), p. xviii à xvii.

5716. Mugnier. — Plaint de M. Collonges, curé d'Annemasse, contre les seigneurs de Genève (1700), p. xxiii.

5717. Mugnier. — Lettre du duc de Savoie Charles-Emmanuel II, relative à une maladie du sieur Barrillet, prisonnier au fort de Miolans (25 juillet 1664), p. xxiv.

5718. Mugnier. — Visite médicale en un procès d'annulation de mariage en 1628 (la comtesse de la Val d'Isère), p. xxvi.

5719. Mugnier. — Voyage à Avignon du comte de Savoie Amédée VI, auprès du pape Urbain V en 1362, p. xxvii à xxix.

5720. Pérouse (Gabriel). — Dépenses de voyage de Louis, duc de Savoie, dans la Bresse et le Dauphiné en 1451 et 1452, p. xxx à xli.

5721. Mugnier. — Refus par le duc Charles-Emmanuel II, d'autoriser une coadjutorerie à un canonicat de la cathédrale de Genève (1664), p. lxi à lxiii.

5722. Mugnier. — Madame Cardinal, bourgeoise d'Annecy (xviiie s.), p. lxv à lxviii.

5723. Mugnier. — Contrats de mariage de la vallée de Bellevaux en Chablais (1695 et 1703), p. lxviii.

5724. Anonyme. — M. Anthonioz, syndic de Rumilly, et son correspondant à Turin, pour exercer l'industrie du vitriol et du natron (juin-août 1767), p. lxxi à lxxv.

5725. Anonyme. — Contrats d'apprentissage de métiers à Rumilly (minutes du notaire Dubosson de 1723), p. lxxv.

5726. Mugnier. — Jean Vallet, sculpteur (1817 † 1903), p. lxxvii à lxxviii.

5727. Mugnier et Pérouse (Gabriel). — Union par Pierre, abbé de Saint-Michel de la Cluse du prieuré de Cravin, au diocèse d'Ivrée, à la chantrerie de ladite abbaye (novembre 1366), p. lxxviii à lxxx.

5728. Létanche (Jean). — Les cloches à Yenne, p. lxxxiii à xcviii.

5729. Mugnier. — Contrats de mariage du xvie au xviiie siècle, p. ci à cxvii.

[Claude de Chatillon et demoiselle Claude de Charansonney (1551); Jean Bayet et Jeanne Trolffoaz (1577); Jean de Fernex et Laure Paschal (1587); Aué Dogier et Claudine Delavenay (1596); Claude de Quoex et François de Montfermod (1644); Claude Dijod et Adrienne Josy (1645); Jacques Peltier et Claude-Antheline de Lespignier (1699); Antoine Gaultier et Jeanne-Antoine Rolland (1644); Bernard Héritier et Hélène Curdel (1721).]

5730. Pérouse (Gabriel). — Dépenses de la maison du prince Amé de Savoie, fils du duc Louis, de 1462 à 1464, p. cxviii à clvi.

5731. Bruchet (Max). — Bulle du pape Léon X à Pierre Lambert, l'autorisant à construire à ses frais un couvent de Célestins à Annecy, p. clvii.

[5709]. Mugnier (François). — Antoine Favre, président de Genevois, premier président du Sénat de Savoie (1557 † 1624). Seconde partie. Correspondance du président Favre (t. I), facs., p. 3 à 545.

SAVOIE. — SAINT-JEAN-DE-MAURIENNE.

SOCIÉTÉ D'HISTOIRE ET D'ARCHÉOLOGIE DE MAURIENNE.

Les publications antérieures de cette Société sont analysées dans notre *Bibliographie générale*, savoir :
Travaux, t. I à VI (1859-1892), *Bibliographie*, t. II, p. 713.
— t. VII à X (1894-1899), *Bibliographie*, Supplément sous presse.
— t. XI (1901), *Bibliographie*, nouvelle série, t. I, p. 81.

XII. — **Travaux de la Société d'histoire et d'archéologie de Maurienne, 2ᵉ série,** t. III, 2ᵉ partie. (Saint-Jean-de-Maurienne, 1902, in-8°, 270 p.)

5732. Truchet (Le chanoine). — Le fief de Combefort à Montpascal, p. 2.

5733. Buttard (Le chanoine). — Les Chignin de Pontamafrey, p. 4 à 8.

5734. Cazenove (Raoul de). — Rapin-Thoyras, p. 11.

5735. Truchet (Le chanoine). — Documents sur Lanslevillard et Bessans, p. 13 à 15.

5736. Buttard (Le chanoine). — Le pont Renard ou de la Madeleine à Saint-Jean-de-Maurienne, p. 16.

5737. Truchet (Le chanoine). — Un moulin à Saint-Julien en 1326, p. 28 à 30.

5738. Truchet (Le chanoine). — Maisons de Saint-Jean-de-Maurienne, incendiées par les soldats de Lesdiguières en 1597, p. 31. — Cf. X, p. 23; et XI, p. 2.

5739. Truchet (Le chanoine). — Testament de Jean de Pralognan, de Saint-André (1357), p. 33 à 36.

5740. Buttard (Le chanoine). — La mestralie, la châtellenie et les carces de Pontamafrey, p. 37 à 40.

5741. Truchet (Le chanoine). — Les «Enfants de la ville» à Saint-Jean-de-Maurienne, p. 41 à 44.

5742. Truchet (Le chanoine). — Excursion à Saint-Julien, p. 46 à 106.

[La Maison-Blanche, p. 47; châteaux de Lagarde, p. 52; et de la Maladrière, p. 5; le fief Manuel, p. 66; Saint-Julien, p. 70.]

5743. [Truchet (Le chanoine)]. — Échaillon, voie romaine et eaux thermales, *carte*, p. 112 à 165.

5744. [Truchet (Le chanoine)]. — Les nobles de la Balme de Montvernier et leurs fiefs, p. 166 à 209.

5745. [Mottard (L'abbé)]. — Lanslevillard pendant la Révolution, p. 209 à 246.

5746. [Gros (L'abbé)]. — Les redevances féodales de Lanslevillard et la dîme. Acte d'affranchissement [1785], p. 247 à 268.

SAVOIE (HAUTE-). — ANNECY.

ACADÉMIE SALÉSIENNE.

Les publications antérieures de cette Académie sont analysées dans notre *Bibliographie générale*, savoir ;
Mémoires, t. I à VIII (1879-1885), *Bibliographie*, t. II, p. 716.
— t. IX à XXIII (1886-1900), *Bibliographie*, Supplément sous presse.
— t. XXIV (1901), *Bibliographie*, nouvelle série, t. I, p. 82.

XXV. — **Mémoires et documents publiés par l'Académie salésienne,** t. XXV. (Annecy, 1902, in-8°, xvi-486 p.)

5747. Albert (L'abbé Nestor-V.-L.). — Vie de M. l'abbé Jean Mercier, chanoine de la cathédrale d'Annecy, membre agrégé de l'Académie de Savoie [1818 † 1902],

suivie d'une étude spéciale des *Souvenirs historiques d'Annecy*, p. 1 à 214, et erratum, p. 479.

5748. Chevalier (Jean-Marie). — Monographie de la commune de Reignier, diocèse d'Annecy (Haute-Savoie) [et de la paroisse de Saint-Romain], 2ᵉ partie, *carte*, p. 215 à 478. — Suite de XXIII, p. 1.

SAVOIE (HAUTE-). — ANNECY.

SOCIÉTÉ FLORIMONTANE D'ANNECY.

Les publications antérieures de cette Société sont analysées dans notre *Bibliographie générale*, savoir :

Séances et Annales (1851-1854), Bibliographie, t. II, p. 718.
Bulletin et Revue savoisienne, t. I à XXVI (1855-1885), Bibliographie, t. II, p. 718.
Revue savoisienne, t. XXVII à XLI (1886-1900), Bibliographie, Supplément sous presse.
— — t. XLII (1901), Bibliographie, nouvelle série, t. I, p. 82.

5749. CONSTANTIN (A.) et DESORMAUX (J.). — Dictionnaire savoyard, publié sous les auspices de la Société florimontane. Ouvrage contenant une carte des localités citées (départements de la Savoie et de la Haute-Savoie), avec une bibliographie des textes patois. (Paris, 1902, in-8°, LIII-447 p.)

5750. MARTEAUX (Charles). — Table des matières des Bulletins de l'association florimontane et de la Revue savoisienne (année 1851 à 1900). Annecy, 1903, in-8°, VI-88 p.

XLIII. — Société florimontane d'Annecy... Revue Savoisienne..., 1902, 43° année. (Annecy, 1902, in-8°, X-310 p.)

5751. BRUCHET. — Toponomastique des environs de Faverges, p. 2.
5752. DÉSORMAUX (J.). — Notes de linguistique : Marrons et marrons, p. 9 à 14.
5753. DUVAL (C.). — Les francs-tireurs du Mont-Blanc, récits de la guerre de 1870-1871 à l'armée des Vosges, p. 18, 69, et 131.
5754. RITTER (Eugène). — Glanures salésiennes. [Les citations des Psaumes par saint François de Sales dans son *Traité de l'amour de Dieu*], p. 27 à 30.
5755. BRUCHET. — Testament de Jonoil de Veria de Chessenaz (1387); affranchissement de Jean Moret, de Chambéry (1624), etc., p. 41.
5756. MARTEAUX. — La *Chonziata* du vieux château de Duin, p. 42.
5757. DUSSAIX. — Charte de franchises accordée aux habitants de Thonnaz, hameau de Mégève, par Amédée VI, comte de Savoie (3 décembre 1375), p. 43 à 45.
5758. MARTEAUX. — Découverte de sépultures anciennes à Sonney, p. 47.
5759. BRUCHET. — Jacques de Savoie, duc de Genevois-Nemours, et Catherine de Médicis, p. 48.

5760. VUARNET (Émile). — Malheureuse expédition du seigneur de Sallenove et de quelques partisans savolsiens en Auvergne en 1422, p. 54.
5761. MACKEY (Dom B.). — Le voyage de Charles-Emmanuel I⁽ᵉʳ⁾ à Paris (décembre 1599), p. 94 à 101.
5762. CORDERO DE PAMPARATO (S.). — La dernière campagne d'Amédée VI, comte de Savoie (1382-1383), d'après les comptes des Trésoriers généraux conservés aux Archives de Turin, p. 101, 147, 247; et XLIV, p. 183.
5763. BRUCHET. — Destruction de Sallanches par une inondation (1436), p. 120.
5764. MARTEAUX. — Cloche provenant du prieuré de Viuz-Faverges, p. 170.
5765. MARTEAUX. — Tombe gallo-romaine trouvée aux Fins, p. 177.
5766. BRUCHET (Max). — Difficulté des approvisionnements de Genève à la fin du XVI° siècle, p. 244 à 246.
5767. VUARNET (E.). — Glossaire du livre de Jeanne de Jussy [XVI° s.], p. 290 à 293.
5768. GEX (A.). — Un autographe de Jacques Balmat, premier ascensionniste du Mont-Blanc, p. 293 à 297.
5769. VUARNET (Émile). — Une vieille coutume. La *pesse de mai* ou *lou mai* en Chablais, p. 297.

XLIV. — Société florimontane d'Annecy... Revue savoisienne..., 1903, 44° année. (Annecy, 1903, in-8°, 294 p.)

5770. BRUCHET. — Notes sur des feuilles de garde, p. 6.

[Le cours des monnaies (1571-1595); Thonon en 1634; Orage sur le lac Léman (1645).]

5771. Desormaux. — Quelques expressions usitées dans les parlers savoyards, p. 7 à 9.

5772. Constantin (A.) et Désormaux (J.). — Études philologiques savoisiennes. Parabole de l'enfant prodigue, p. 11 à 22, et 102 à 125.

5773. Marteaux (Ch.) et Le Roux (Marc). — Voies romaines de la Haute-Savoie. Voie romaine de Boutae à Casuaria, *fig. et pl.*, p. 23, 87, 166, et 278.

5774. Pissard. — Représentation du mystère de saint Bernard de Menthon à Annecy (1626), p. 74.

5775. Le Roux. — Pierre tombale de Jean de Charansonay, infirmier de l'abbaye de Talloires (1551), *fig.*, p. 81 à 83.

5776. Marteaux (Ch.). — Note sur trois fragments d'une inscription romaine à Rumilly, p. 84 à 86.

5777. Bettis (Ch.). — Les anneaux disques préhistoriques et les tchakras de l'Inde, *fig. et pl.*, p. 138 et 244.

[5762]. Cordero de Pamparato (S.). — La dernière campagne d'Amédée VI, comte de Savoie (1382-1383), p. 183 à 204.

5778. Brucbet (Max). — Le séjour de Leurs Majestés Sardes [Victor Amédée III] et de Leurs Altesses Royales à Annecy en 1775, p. 204 à 213.

5779. Brucbet (Max). — Les familles d'Annecy au milieu du xvᵉ siècle, p. 234 à 240.

SAVOIE (HAUTE-). — THONON.

ACADÉMIE CHABLAISIENNE.

Les publications antérieures de cette Académie sont analysées dans notre *Bibliographie générale*, savoir :
Mémoires, t. I à XIV (1887-1900), *Bibliographie*, Supplément sous presse.
    — t. XV (1901), *Bibliographie*, nouvelle série, t. I, p. 83.

XVI. — **Mémoires et documents publiés par l'Académie Chablaisienne...**, t. XVI. (Thonon, 1902, in-8°, xxiii-182 p.)

5780. Guyon (Jules). — Quinze années de la vie municipale de la ville de Thonon (1700-1714), 2ᵉ partie, p. 1 à 165. — Suite de XV, p. 1 et 1.

SEINE. — PARIS.

ASSOCIATION POUR L'ENCOURAGEMENT DES ÉTUDES GRECQUES.

Les publications antérieures de cette Association sont analysées dans notre *Bibliographie générale*, savoir :
Annuaire, t. I à XIX (1867-1885), *Bibliographie*, t. III, p. 4.
    — t. XX à XXI (1886-1887), *Bibliographie*, Supplément sous presse.
Monuments grecs, t. I (nᵒˢ 1 à 10) (1872-1888), *Bibliographie*, t. III, p. 9.
    —   t. II (nᵒˢ 11 à 25) (1882-1897), *Bibliographie*, Supplément sous presse.
Revue des études grecques, t. I à XIII (1888-1900), *Bibliographie*, Supplément sous presse.
    — t. XIV (1901), *Bibliographie*, nouvelle série, t. I, p. 84.

XV. — **Revue des études grecques,** publiée par l'Association pour l'encouragement des études grecques, t. XV, année 1902. (Paris, 1902, in-8°, lxx-482 p.)

5781. Bréal (Michel). — Χρόνος, p. 1. — Ἤθεος, p. 6.

5782. Michon (Étienne). — La Vénus de Milo, p. 11 à 31.

5783. Reinach (Théodore). — Apollon Kendrisos et Apollon Patrôos en Thrace, p. 32 à 36.

5784. Doublet (Georges). — Les *Souvenirs* de Photakos, premier aide de camp de Th. Colocotronis [1821-1828], p. 37 à 59.

5785. T. R. [Reinach (Théodore)]. — Nouveaux fragments de Sappho, p. 60 à 70.

5786. Reinach (Théodore). — Bulletin épigraphique, p. 71 à 95.

5787. Eichthal (Eugène d'). — Hérodote et Victor Hugo, à propos du poème *Les Trois cents*, p. 119 à 131.

5788. Contoléon (Al.-Emm.). — Inscriptions de la Grèce d'Europe, p. 132 à 143.

5789. Legrand (Ph.-E.). — Στρατεύεσθαι μετὰ Ἀθηναίων [privilège des métèques athéniens], p. 144 à 147.

5790. Ruelle (Ch.-Em.). — Bibliographie annuelle des études grecques (1899-1900-1901), p. 172 à 228.

5791. Girard (Paul). — Comment a dû se former l'Iliade, p. 229 à 287.

5792. Dupuis (J.). — Le nombre géométrique de Platon, p. 288 à 301.

5793. Holleaux (Maurice). — Φιλέταιρος Ἀττάλου [Philétairos, roi de Pergame], p. 302 à 310.

5794. Cumont (Franz). — Nouvelles inscriptions du Pont, *fig.*, p. 311 à 335.

5795. Tannery (Paul). — Sur les intervalles de la musique grecque, p. 336 à 352.

5796. Jamot (Paul). — Sur la date de la réorganisation des Mouseia, p. 353 à 356.

5797. Legrand (Ph.-E.). — Pour l'histoire de la comédie nouvelle, p. 357 à 379.

[I. Le Δύσκολος et les Ἐπιτρέποντες de Ménandre. — II. Conjectures sur la composition des Κληρούμενοι de Diphile.]

5798. Ridder (A. de). — Bulletin archéologique n° X, *fig.*, p. 380 à 407.

5799. Seymour de Ricci. — Bulletin papyrologique, p. 408 à 460

SEINE. — PARIS.

ASSOCIATION FRANÇAISE POUR L'AVANCEMENT DES SCIENCES.

Les publications antérieures de cette Association sont analysées dans notre *Bibliographie générale*, savoir : *Comptes rendus*, t. I à XIII (1872-1884), *Bibliographie*, t. III, p. 10.

— t. XIV à XXIX (1885-1900), *Bibliographie*, Supplément sous presse.

— t. XXX (1901), *Bibliographie*, nouvelle série, t. I, p. 83.

Ouvrages divers (1879-1900), *Bibliographie*, t. III, p. 10, et Supplément sous presse.

5800. Divers. — Association française pour l'avancement des sciences, 31ᵉ session à Montauban en 1902. Publication de la ville de Montauban. Le Tarn-et-Garonne. Histoire, sciences, industrie, commerce, agriculture, viticulture, idiome, mœurs, coutumes, assistance, anciens monuments, instruction, bibliothèque, archives, musées, sociétés savantes, démographie. (Montauban, 1902, in-8°, vi-287 p. et *pl.*)

XXXI. — Association française pour l'avancement des sciences, fusionnée avec l'Association scientifique de France... Conférences de Paris. Compte rendu de la 31ᵉ session. 1ʳᵉ partie. Documents officiels. Procès-verbaux. (Paris, 1902, in-8°, cxi-599 p.) — Compte rendu de la 31ᵉ session. Montauban, 1902, seconde partie. Notes et mémoires. (Paris, 1903, in-8°, 1423 p.)

Première partie.

5801. Tautat (E.). — Les excursions du Congrès de Montauban. Plaine de la Garonne, vallée de l'Aveyron, vallée du Lot, 3 *pl.*, p. 545 à 563.

Deuxième partie.

5802. Gardès (L.-F.-J.). — La date de Pâques, p. 94 à 96.

5803. Viré (Armand). — Les fouilles du puits de Padirac (Lot), p. 579 à 584.

[Habitation du moyen âge.]

5804. Gain (Edmond). — L'herbier de Dominique Perrin, médecin lorrain de la première partie du xviiᵉ siècle, p. 609 à 613.

5805. Bonnet (D' Ed.). — Documents pour servir à l'histoire de la collection de miniatures d'histoire naturelle connue sous la dénomination de Vélins du Muséum, p. 660 à 672.

5806. Courty (Georges). — Sur les signes gravés des rochers de Seine-et-Oise, *fig.*, p. 752 à 755.

5807. Capitan (D'). — Un nouveau gisement chelléen, commune de Clérieux, près Curson (Drôme), p. 755 à 757.

5808. Chauvet (G.). — Haches plates, la cachette de Mondouzil (Charente), *fig.*, p. 757 à 765.

5809. Masfrand. — Fouilles faites dans la grotte du Placard, commune de Villhonneur (Charente), *fig.*, p. 765 à 768.

5810. Capitan (D'), Breuil (l'abbé) et Peyrony. — La station acheuléenne de la grotte-abri (l'église de Guilhem) près des Eyzies (Dordogne), p. 769.

5811. Capitan (D') et Breuil (l'abbé). — Une fouille systématique à Laugerie-Haute [antiquités préhistoriques], p. 771 à 773.

5812. Mortillet (A. de). — Les monuments mégalithiques du département du Nord, *fig.*, p. 773 à 781.

5813. Capitan (D') et Breuil (l'abbé). — Les figures gravées de l'époque paléolithique sur les parois de la grotte des Combarelles, près des Eyzies (Dordogne), p. 782 à 784.

5814. Capitan (D') et Breuil (l'abbé). — Les figures peintes à l'époque paléolithique sur les parois de la grotte de Font-de-Gaume (Dordogne), p. 784 à 786.

5815. Daleau (François). — Gravures paléolithiques de la grotte de Pair-non-Pair, commune de Marcamps (Gironde), p. 786 à 789.

5816. Labrie (L'abbé). — Sur quelques objets inédits de l'industrie magdalénienne : fourchette, fendeur, etc. [Trouvaille de la caverne de Fontarnaud (Gironde)], *fig.*, p. 789 à 797.

5817. Chantre (Ernest) et Savoye (Claudius). — Répertoire et carte paléoethnologique du département de Saône-et-Loire, p. 798 à 839.

5818. Charencey (Comte de). — Sur les idiomes kolariens [nord de l'Hindoustan], p. 840 à 844.

5819. Drioton (Clément). — Contribution à l'étude de la fortification antique dans l'arrondissement de Dijon. Les retranchements calcinés des châtelets de Val-Suzon et d'Étaules, *fig.*, p. 844 à 848.

5820. Drioton (Cl.) et Galimard (D' J.). — Répertoire des excavations naturelles et artificielles de l'arrondissement de Dijon, p. 849 à 851.

5821. Drioton (Cl.), Gruène (G.) et Galimard (D' J.). — Résultat des fouilles et recherches exécutées dans la caverne dite le Trou-de-la-Roche, à Baulme-la-Roche (Côte-d'Or), *fig.*, p. 851 à 855.

[Antiquités néolithiques, gauloises et gallo-romaines.]

5822. Poutiatin (Prince). — Éclats de silex avec conchoïdes (bulbes) par percussion et naturels. Nucleus [Station préhistorique de Bologoïé (Russie)], p. 855 à 860.

5823. Favenc (B.). — Note sur le paléolithique égyptien, p. 800 à 862.

5824. Gauthiot (Robert). — La maison lithuanienne, p. 862 à 865.

5825. Debruge (A.). — Fouille de la grotte Ali-Bacha [Algérie], *fig.*, p. 866 à 883.

[Antiquités préhistoriques.]

5826. Delisle (D' Fernand). — Note sur les ossements humains de la grotte Ali-Bacha [Algérie], p. 883 à 885.

5827. Garrisson (Eugène). — Sur un coup de poing en basalte trouvé à Royat [Puy-de-Dôme], *fig.*, p. 886.

5828. Garrisson (Eugène). — Le préhistorique antémagdalénien des environs de Montauban, p. 887 à 895.

5829. Chantre (Ernest) et Bourdaret (Émile). — Les Coréens, esquisse anthropologique, p. 895 à 899.

5830. Sicard (Germain). — Sur quelques explorations nouvelles dans les grottes de l'Aude, *fig.*, p. 899 à 903.

5831. Beaupré (Comte J.). — Dessins gravés au trait sur le dessous d'un sarcophage barbare trouvé à Bislée (Meuse), *fig.*, p. 903 à 905.

5832. Baudouin (D' Marcel). — Découverte d'un objet de cuivre dans une allée couverte de Vendée [Pierre-Folle, commune de Commequiers], p. 906.

5833. Martel (E.-A.). — Inaptitude des stalagmites à servir d'élément chronologique pour le préhistoire dans les cavernes, p. 908 à 911.

5834. Pallary (P.). — Recherches palethnologiques dans le nord du Maroc, p. 911 à 917.

5835. Rivière (Émile). — Grottes du Périgord, *fig.*, p. 917 à 921.

5836. Rivière (Émile). — Une lampe préhistorique en pierre trouvée au Moustier (?) (Dordogne), p. 921 à 923.

5837. Rivière (Émile). — L'âge des sépultures de Beaulon (Allier), *fig.*, p. 923 à 926.

[Sépultures gallo-romaines.]

5838. Breuil (L'abbé). — Quelques haches [de bronze] ornées découvertes dans l'ouest de la France, *fig.*, p. 926 à 931.

5839. Breuil (L'abbé). — Quelques bronzes du Périgord [objets préhistoriques], p. 932.

5840. Charencey (Comte de). — De quelques noms de boissons en langue basque, p. 1068 à 1074.

5841. Baudouin (D' Marcel). — Les côtes de Vendée, des Sables-d'Olonne à Bourgneuf, de la période néolithique au moyen âge, cartes, p. 1074 à 1093.

5842. Dessinier de Pauwel (R.). — De Bangui à Carnot et de Carnot à Bangui [centre africain] (30 septembre-28 novembre 1901), p. 1112 à 1129.

5843. Lapeyrière (De). — La Corée, p. 1147 à 1162.

5844. Forestié. — Planches gravées des confréries, *fig.*, p. 1287 à 1291.

5845. Masfrand (A.). — Mothe féodale de Merlis, commune de Vayres (Haute-Vienne), *fig.*, p. 1291 à 1292.

SEINE. — PARIS.

ASSOCIATION POUR L'ENSEIGNEMÉNT DES SCIENCES ANTHROPOLOGIQUES
(ÉCOLE D'ANTHROPOLOGIE DE PARIS).

Cette Association a été fondée vers 1876 par Broca, dans le but de créer à Paris une École d'anthropologie; mais c'est seulement en 1891 qu'elle a commencé, sur l'initiative de M. Hovelacque, la publication d'un recueil intitulé *Revue de l'École d'anthropologie*. Nous donnerons dans le Supplément de notre *Bibliographie* l'analyse des dix premiers volumes de ce recueil.

XI. — Association pour l'enseignement des sciences anthropologiques. Revue de l'École d'anthropologie de Paris. Recueil mensuel fondé par Abel Hovelacque, publié par les professeurs, 11ᵉ année, 1901... (Paris, 1901, in-8°, 412 p.)

5846. Mortillet (A. de). — Distribution géographique des dolmens et des menhirs en France, 2 cartes, p. 33 à 45.

5847. Balliot. — Les tumulus d'Essey-les-Eaux (Haute-Marne), *fig.*, p. 87 à 91; et XII, p. 23 à 26.

5848. Capitan (L.). — Les pierres à cupule, *fig.*, p. 114 à 127.

5849. Mahoudeau (Pierre-G.) et Capitan (L.). — La question de l'homme tertiaire à Thenay, près Pont-Levoy, *fig.*, p. 129 à 153.

5850. Lefèvre (André). — Le saint Graal, p. 178 à 183.

5851. Capitan (L.). — Les cupules à l'époque paléolithique et sur les milliaires romains, *fig.*, p. 184 à 195.

5852. Zaborowski. — De l'influence de l'ancienne civilisation égyptienne dans l'Afrique centrale, p. 197 à 205.

5853. Hervé (G.). — Les Écossais en France, p. 206 à 210.

5854. Pommerol (F.). — Pierres à bassins et à cupules du Puy-de-Dôme, *fig.*, p. 211 à 218.

5855. Capitan (L.). — Histoire du préhistorique. La première hache acheuléenne connue, *fig.*, p. 219 à 226.

5856. Breuil (H.). — Un os gravé de la grotte des Eyzies, *fig.*, p. 226.

5857. Manouvrier (L.). — La protection des antiques sépultures et des gisements préhistoriques, p. 229 à 250.

5858. Breuil (H.) et Dubalen (P.). — Fouilles d'un abri à Sordes en 1900, *fig.*, p. 251 à 268.

5859. Letourneau (Ch.). — La femme à travers les âges, p. 273 à 290.

5860. Capitan (L.). — La trouvaille de Frignicourt [prés Vitry-le-François], *fig.*, p. 291 à 298. [Objets préhistoriques.]

5861. Lefèvre (André). — Quelques années du bon vieux temps, p. 305 à 320, et 351 à 362.
[Louis le Hutin et Philippe le Long, p. 305. — Les lépreux en 1320; Bernard Délicieux; mort de Philippe le Long, p. 351.]

5862. Capitan (L.) et Breuil (H.). — Les grottes à parois gravées ou peintes à l'époque paléolithique, p. 321 à 325.

5863. Stalin (G.). — Curieux disques préhistoriques [découverts à Mouy (Oise)], p. 325.

5864. Capitan (L.). — Les alluvions quaternaires autour de Paris. Géologie, paléontologie, industrie, p. 337 à 350.

5865. Mortillet (A. de). — Supports de vases néolithiques, *fig.*, p. 363 à 371.

XII. — Association pour l'enseignement des sciences anthropologiques. Revue de l'École d'anthropologie de Paris,... 12ᵉ année, 1902. (Paris, 1902, in-8°, 430 p.)

5866. Schrader (F.). — Lois terrestres et coutumes humaines, p. 1 à 10.

[5847]. Balliot (L.). — Les tumulus d'Essey-les-Eaux (Haute-Marne), *fig.*, p. 23 à 26.

5867. Capitan (L.) et Breuil (H.). — Les gravures sur les parois des grottes préhistoriques. La grotte des Combarelles, *fig.*, p. 33 à 46.

5868. Mortillet (Adrien de). — L'or en France aux temps préhistoriques et protohistoriques, *fig.*, p. 47 à 72.

5869. Hervé (Georges). — Charles Letourneau (1831 † 1902), *portr.*, p. 79 à 83.

17.

5870. Résé (F^n). — Les dolmens de Roche-Vernaize, commune des Trois-Moutiers (Vienne), *fig.*, p. 107 à 112.
5871. Vinson (Julien). — La science du langage, p. 155 à 167.
5872. Capitan (L.). — Hadjrat-Mektoubat, ou les Pierres écrites, premières manifestations artistiques dans le Nord africain, *fig.*, p. 168 à 174.
5873. Sébillot (Paul). — Le culte des pierres en France, *fig.*, p. 175 à 186, et 205 à 216.
5874. Capitan (L.). — L'histoire de l'Elam [Suse] d'après les derniers travaux de la mission de Morgan, études des séries exposées, *fig.*, p. 187 à 200.
5875. Lefèvre (André). — Treize années d'enseignement, p. 219 à 234, et 265 à 282.

[Ethnographie et linguistique.]

5876. Capitan (L.) et Breuil (H.). — Les figures peintes à l'époque paléolithique sur les parois de la grotte de Font-de-Gaume (Dordogne), 2 *pl.*, p. 235 à 239.

5877. Breuil (H.). — Débris de vase de la fin du néolithique trouvé à Bulles (Oise), *fig.*, p. 246 à 247.
5878. Dussaud (René). — Les premiers renseignements historiques sur la Syrie, p. 251 à 264.
5879. Hervé (Georges). — Le renouvellement de la population alsacienne au XVII° siècle, p. 283 à 299.
5880. Barthélemy (Lieutenant Raymond) et Capitan (D°). — Le préhistorique aux environs d'Igli, extrême-Sud algérien, *fig.* et *carte*, p. 300 à 315.
5881. Mahoudeau (Pierre-G.). — Note sur les anciens habitants de la Corse, p. 319 à 333.
5882. Hervé (Georges). — Alsaciens contemporains et Alsaciens du moyen âge, p. 355 à 372.
5883. Letourneau (Ch.). — La femme en Papouasie et en Afrique, p. 373 à 388.
5884. Capitan (L.). — Un instrument poli breton, *fig.*, p. 389.

SEINE. — PARIS.

ASSOCIATION HISTORIQUE POUR L'ÉTUDE DE L'AFRIQUE DU NORD.

Les publications antérieures de cette Société sont analysées dans notre *Bibliographie générale*, savoir :
   Publications, fasc. I et II (1899-1900), *Bibliographie*, Supplément sous presse.
   — fasc. III (1901), *Bibliographie*, nouvelle série, t. I, p. 85.

IV. — Publications de l'Association historique de l'Afrique du Nord, IV. (Paris, 1903, in-8°.)
5885. Gsell (Stéphane). — Fouilles de Gouraya, sépultures puniques de la côte algérienne, exécutées et publiées sous les auspices de l'Association historique pour l'étude de l'Afrique du Nord. (Paris, 1903, in-8°, 51 p., *fig.* et *pl.*)

SEINE. — PARIS.

CLUB ALPIN FRANÇAIS.

Les publications antérieures de cette Société sont analysées dans notre *Bibliographie générale*, savoir :
   Bulletin, t. I à XIV (1874-1885), *Bibliographie*, t. III, p. 25.
   — t. XV à XXIX (1886-1900), *Bibliographie*, Supplément sous presse.
   — t. XXX (1901), *Bibliographie*, nouvelle série, t. I, p. 85.

Annuaire, t. I à XI (1874-1884), *Bibliographie*, t. III, p. 26.
— t. XII à XXVII (1885-1900), *Bibliographie*, Supplément sous presse.
— t. XXVIII (1901), *Bibliographie*, nouvelle série, t. I, p. 85.

XXIX. — Annuaire du Club alpin français, 29ᵉ année, 1902. (Paris, 1903, in-8°,. xx-624 p.)

5886. Metinoer (F.). — Un coin de la frontière, *fig.*, p. 48 à 86.
[Menton, monastère de Sainte-Annonciade, Sainte-Agnès, Vintimille, Tende, etc.]

SEINE. — PARIS.

COMITÉ D'ÉTUDES DE LA MONTAGNE SAINTE-GENEVIÈVE ET SES ABORDS.

Cette Société a été fondée en 1896. Elle publie à intervalles longs et irréguliers un *Bulletin* dont les tomes I II seront analysés dans le Supplément de notre *Bibliographie générale*.

III. — Bulletin de la Montagne Sainte-Geneviève et ses abords, comité d'études historiques, archéologiques et artistiques (vᵉ et xiiiᵉ arrondissements), t. III, 1899-1902. (Paris, 1902, in-8°, 294 p.)

5887. Valet (Paul). — La Salpêtrière, histoire et bâtiments, *fig.*, p. 27 à 38.
5888. Valet (Paul). — Le Panthéon, *fig.*, p. 39 à 53.
5889. Gazier (A.). — Essay sur l'idée de peindre la coupe du dôme futur de la nouvelle église de Sainte-Geneviève [ms. de Revol, conseiller au Parlement de Paris], p. 54 à 58.
5890. Valet (Paul). — Le Val-de-Grâce, les bâtiments, la vie au couvent, l'hôpital militaire, *fig.* et *pl.*, p. 59 à 87.
5891. Magne (Charles). — Les divinités païennes sur la rive gauche de l'ancienne Lutèce, *fig.*, p. 90 à 170.

5892. Valet (Paul). — Au musée de Cluny, recherches sur le tableau catalogué sous le n° 1682 [volets de la confrérie de Notre-Dame du Puy d'Amiens], *fig.*, p. 171 à 181.
5893. Legrand (Noé). — L'amphithéâtre de l'ancienne Faculté de médecine et les jetons des doyens, *fig.*, p. 182 à 195.
5894. Legrand (Noé). — Quelques mots sur le quartier de Marat; trouvailles faites sur l'emplacement des démolitions, *fig.*, p. 196 à 200.
5895. Gazier (A.). — Le masque mortuaire de la mère Angélique Arnauld, *pl.*, p. 201 à 206.
5896. Mabille (F.). — Les Feuillantines de Paris (1622-1792), p. 207 à 232.
5897. Ruelle (Ch.-Em.). — Essai d'une bibliographie de la Montagne Sainte-Geneviève et de ses environs (vᵉ et xiiiᵉ arrondissements), p. 242 à 280.

SEINE. — PARIS.

COMITÉ DES TRAVAUX HISTORIQUES ET SCIENTIFIQUES.

Les publications antérieures du Comité des Travaux historiques sont analysées dans notre *Bibliographie générale*, savoir :

1° *Documents inédits*, série in-4° (1835-1885), *Bibliographie*, t. III, p. 31.
— séries in-4° et in-8° (1885-1900), *Bibliographie*, Supplément sous presse.
— séries in-4° et in-8° (1901), *Bibliographie*, nouvelle série, t. I, p. 86.

2° *Catalogue des manuscrits*, série in-4°, *Bibliographie*, t. III, p. 44.

—   —   série in-8°, *Bibliographie*, t. III, p. 45, et Supplément sous presse.

—   —   *Bibliographie* (1901), nouvelle série, t. I, p. 87.

3° *Dictionnaires topographiques* (1861-1897), *Bibliographie*, t. III, p. 49, et Supplément sous presse.
Répertoires archéologiques (1861-1888), *Bibliographie*, t. III, p. 50, et Supplément sous presse.

4° *Bulletins et Revues* (1838-1885), *Bibliographie*, t. III, p. 51.
Bulletin archéologique (1886 à 1900), *Bibliographie*, Supplément sous presse.

—   —   (1901), *Bibliographie*, nouvelle série, t. I, p. 87.

Bulletin historique et philologique (1886 à 1900), *Bibliographie*, Supplément sous presse.

—   —   (1901), *Bibliographie*, nouvelle série, t. I, p. 89.

Bulletin de géographie historique et descriptive (1886 à 1900), *Bibliographie*, Supplément sous presse.

—   —   (1901), *Bibliographie*, nouvelle série, t. I, p. 90.

Bulletin des sciences économiques et sociales (1886 à 1900), *Bibliographie*, Supplément sous presse.

—   —   (1901), *Bibliographie*, nouvelle série, t. I, p. 91.

5° *Réunion des Sociétés des beaux-arts*, t. I à IX (1877-1885), *Bibliographie*, t. III, p. 162.

—   —   t. X à XXIV (1886-1900), *Bibliographie*, Supplément sous presse.

—   —   t. XXV (1901), *Bibliographie*, nouvelle série, t. I, p. 91.

6° *Mémoires lus à la Sorbonne* (1861-1868), *Bibliographie*, t. III, p. 152.

7° *Répertoire des travaux historiques*, t. I à III (1882-1883), *Bibliographie*, t. III, p. 167.

DOCUMENTS INÉDITS.

SÉRIE IN-4°.

5898. Robert (Ulysse). — Testaments de l'officialité de Besançon (1265-1500). T. I (1265-1400). (Paris, 1902, in-4°, 551 p.)

5899. Mazerolle (F.). — Les médailleurs français du xv° siècle au milieu du xvii°. (Paris, 1902, in-4°, t. I, clxxviii-630 p.; t. II, 267 p. et atlas.)

5900. Omont (Henri). — Missions archéologiques françaises en Orient aux xvii° et xviii° siècles. (Paris, 1902, in-4°, xvi-1237 p.)

5901. Langlois (Ernest). — Recueils d'arts de seconde rhétorique. (Paris, 1902, in-4°, lxxxviii-497 p.)

SÉRIE IN-8°.

5902. Perroud (Claude). — Lettres de Madame Roland, t. II, 1788-1793. (Paris, 1902, gr. in-8°, 287 p.)

[Le tome I (1780-1787) a paru en 1900.]

5903. Aulard (A.). — Recueil des actes du Comité de Salut public, avec la correspondance officielle des représentants en mission et le registre du Conseil exécutif provisoire. T. XV, 8 juillet 1794-9 août 1794 (20 messidor an II-22 thermidor an II). (Paris, 1903, in-8°, 845 p.)

[Les tomes I à XIV ont paru de 1889 à 1901.]

II

CATALOGUE DES MANUSCRITS.

XXXVI. — Catalogue général des manuscrits des bibliothèques de France. Départements, t. XXXVI. (Paris, 1902, in-8°, 1156 p.)

5904. Liabastres. — Manuscrits de Carpentras, t. III, 1ʳᵉ partie, p. 1 à 543.

5905. Labande (L.-H.). — Manuscrits de Carpentras, t. III, 2° partie, table générale, p. 544 à 1156.

XL. — Catalogue général des manuscrits des bibliothèques publiques de France,

t. XL. Supplément, t. I : Abbeville-Brest. (Paris, 1902, in-8°, 796 p.)

[Abbeville, par A. Ledieu, p. 1. — Agen, par G. Calvet, p. 39. — Aire, p. 40. — Aix, par Aude, p. 43. — Aix-les-Bains, par Mauvert, p. 84. — Ajaccio, par Marcaggi, p. 85. — Albi, par Portal, p. 86. — Alençon, p. 103. — Alger, par Dujardin, p. 104. — Amiens, par Michel, p. 105. — Annecy, par Le Roux, p. 111. — Annonay, par Nicod, p. 114. — Antibes, p. 121. — Apt, par Sauve, p. 121. — Argentan, par Lévesque, p. 125. — Arles, par Martel, p. 125. — Arras, par Wicquot et Advielle, p. 149. — Autun, par Laticule, p. 429. — Auxerre,

par Porée, p. 431. — Auxonne, par Bernard, p. 449. — Avallon, par Chambon, p. 449. — Avignon, par Labande, p. 450. — Bagnères-de-Bigorre, par l'abbé Pepouey, p. 473. — Bagnols, par Mme Caribel, p. 473. — Bar-le-Duc, par Dannreuther, p. 492. — Bastia par le baron Cervoni, p. 497. — Bayeux, par A. Bénet, p. 498. — Bayonne, par Hiriart, p. 544. — Beaune, par Lambert, p. 549. — Beauvais, p. 557. — Béziers, par Barbier, p. 557. — Blois, par Dufay, p. 558. — Bordeaux, par Boucherie, p. 576. — Boulogne-sur-Mer, par Martel, p. 622. — Bourbonne-les-Bains, par Parison, p. 631. — Bourbourg, p. 631. — Bourg, p. 631. — Bourges, par Micou, p. 636. — Brest, par Marion, p. 640.]

III

DICTIONNAIRES TOPOGRAPHIQUES.

5906. Ledain (Bélisaire) et Dupond (Alfred). — Dictionnaire topographique des Deux-Sèvres comprenant les noms de lieux anciens et modernes. (Poitiers, 1902, in-4°, xlii-359 p.)

5907. Roserot (Alphonse). — Dictionnaire topographique du département de la Haute-Marne, comprenant les noms de lieux anciens et modernes. (Paris, 1903, in-4°, lix-235 p.)

IV

BULLETINS DU COMITÉ.

SECTION D'ARCHÉOLOGIE.

XX. — **Bulletin archéologique du Comité des travaux historiques et scientifiques,** année 1902. (Paris, 1902, in-8°, ccxvii-588 p.)

5908. Lasteyrie (R. de) et Prou (M.). — Procès-verbaux des séances, p. xxiv à cxvi.

[Bracelets de bronze préhistoriques trouvés à Colmar, p. xl.]

5909. Lefèvre-Pontalis (Eugène). — Fouilles de la Motte de Merlis (Haute-Vienne), p. xxvi à.

5910. Jadart. — Peintures murales du moyen âge dans l'église de Sermiers (Marne), p. xxxi.

5911. Prou (M.). — Sarcophages trouvés à Moroges (Saône-et-Loire) en 1880, p. xxxiv.

5912. Héron de Villefosse. — Découverte d'une sépulture antique près d'Auch, p. xxxv.

5913. Héron de Villefosse. — Stèle avec inscription romaine découverte à Narbonne, p. xxxvi.

5914. Prou (M.). — Empreintes monétiformes sur d'anciennes reliures de cuir, p. xl.

5915. Perrot (Georges). — Statue de Minerve découverte à Poitiers, p. xli.

5916. Prou (M.). — Procès-verbaux des séances de la réunion annuelle des délégués des Sociétés savantes à Paris, du 1er au 5 avril 1902, p. xliv à lxxviii.

[Girard (L'abbé). — Le mur romain au nord de l'Angleterre, p. xlvi.]

5917. Bousrez (Louis). — Sépulture gallo-romaine découverte aux Ports (Indre-et-Loire), p. l.

5918. Arnaud d'Agnel (L'abbé). — Stations préhistoriques du plateau des Claparèdes (Vaucluse), p. li.

5919. Parat (L'abbé). — Station préhistorique de l'Étang-Minard (Yonne), p. liii.

5920. Bizot. — L'église de Saint-Pierre, à Vienne (Isère), p. lv.

5921. Carrière (Gabriel). — Sépultures antiques découvertes dans le département du Gard, p. lv.

5922. Rivières (Baron de). — Inscriptions de cloches de la Haute-Garonne, p. lix.

5923. Blancard (Louis). — Sur l'inscription phénicienne du musée de Marseille, p. lxi.

5924. Chauvet. — Fibules gallo-romaines provenant du théâtre des Bouchauds (Charente), p. lxii.

5925. Delattre (Le P.). — Bulles de plomb byzantines, p. lxiv.

5926. Moulin. — La station préhistorique de la Baume-des-Peyrards (Vaucluse), p. lxv.

5927. Repelin. — Station chelléo-moustérienne de la Roquebrussane (Var), p. lxv.

5928. Anquetil. — Monuments antiques et objets d'art provenant de la cathédrale de Bayeux, p. lxviii.

5929. Leroux. — Le prétendu vitrail de Jeanne d'Albret à Limoges, p. lxix.

5930. Magne (Charles). — Antiquités gallo-romaines et du moyen âge, statuette de bronze trouvée dans les fouilles de la rue Dante, à Paris, p. lxxi.

5931. Pottier (Le chanoine). — Objets d'orfèvrerie du diocèse de Montauban, p. lxxii.

5932. Viret (Philippe). — Modèle grec de Bès, forme de l'Hercule égyptien, p. LXXII.

5933. Demiau (Capitaine). — Sur le calendrier gaulois de Coligny, p. LXXII.

5934. Cagnat (René). — Sépultures gallo-romaines trouvées à Argenteuil (Seine-et-Oise), p. LXXX.

5935. Héron de Villefosse. — Fouilles de M. Collard à Preignan, p. LXXXII.

5936. Saglio. — Plaque émaillée limousine, *fig.*, p. LXXXVI à LXXXVIII.

5937. Reinach (S.). — L'exploitation agricole des bords de la Cadière (Bouches-du-Rhône) à l'époque romaine, p. c.

5938. Héron de Villefosse. — Sur quelques mosaïques romaines de Provence, p. CIII. — Cf. XIX, p. 336.

5939. Héron de Villefosse. — Inscriptions romaines trouvées à Lyon, p. CXIII à CXVI.

5940. Cagnat (R.). — Procès-verbaux des séances de la Commission de l'Afrique du Nord, de janvier à décembre 1902, p. CXVII à CCXVII.

5941. Gauckler. — Dons faits au musée du Bardo à Tunis, p. CXVII à CXX.

[Pierres gravées, monnaies romaines et arabes, etc.]

5942. Toussaint (Commandant). — Reconnaissances archéologiques exécutées par les officiers des brigades topographiques d'Algérie et de Tunisie en 1901, p. CIX à CXXV.

5943. Gauckler. — Fouilles dans le Sud tunisien, p. CXXV à CXXX.

5944. Delattre (Le P.). — Antiquités romaines découvertes à El-Menchar (Tunisie), p. CXXXI.

5945. Berger (Philippe). — Stèle punique récemment entrée au musée du Bardo, p. CXXXII.

5946. Cagnat. — Inscriptions romaines du musée de Philippeville, p. CXXXIII.

5947. Delattre (Le P.). — Fragments d'inscriptions romaines trouvés à Saniet-Khodja (Tunisie), p. CXXXV à CXXXVII.

5948. Ballu. — Fouilles exécutées en Algérie en 1901, p. CXXXVII à CXL.

5949. Gsell. — Bornes milliaires relevées dans la région du N'gaous (Algérie), p. CXL à CXLIV. — Cf. n° 6000.

5950. Houdas. — Inscription arabe trouvée dans l'Oued-Gabès, p. CXLIV.

5951. Héron de Villefosse. — Inscription romaine découverte à Thibaris (Tunisie), p. CXLVI.

5952. Gauckler. — Antiquités et inscriptions romaines découvertes en Tunisie, p. CXLIX, CLXIV, CLXXVI, et CXCIII.

5953. Carton (D'). — Inscription romaine trouvée à Aïn-Serrag (Algérie), p. CLXXIII.

5954. Ballu. — Mosaïque romaine découverte à Timgad (Algérie), p. CLXXIV.

5955. Carton (D'). — Inscriptions romaines relevées à Sousse (Tunisie), p. CXCII.

5956. Cagnat. — Inscription romaine de Bordj-bou-Baker (Tunisie), p. CXCII.

5957. Héron de Villefosse et Delattre (le P.). — Tombeau carthaginois trouvé à Carthage et inscription romaine découverte à Saniet-Khodja, p. CC.

5958. Héron de Villefosse. — Fragments de sculpture antique conservés à Bône, p. CCII.

5959. Gauckler. — Découvertes céramiques à Sousse, p. CCIV à CCX.

[Statuettes, lampes et poteries romaines.]

5960. Gauckler. — Fouilles de Dougga en 1902, p. CCX à CCXVI.

5961. Gsell. — Reliquaires de l'époque byzantine découverts à Henchir-Akrib (Algérie), p. CCXVI.

5962. Breuil (L'abbé). — Rapport sur les fouilles dans la grotte du Mas d'Azil (Ariège), *fig.* et 3 *pl.*, p. 3 à 23.

5963. Vesly (Léon de). — Exploration archéologique de la forêt de Rouvray [Seine-Inférieure], *fig.* et *pl.*, p. 24 à 35.

[Antiquités gallo-romaines.]

5964. Gérin-Ricard (Henry de). — Les pyramides [romaines] de Provence, 2 *pl.*, p. 36 à 50.

5965. Poulaine (L'abbé). — Les souterrains-refuges de Naours (Somme), p. 51 à 60.

5966. Laigue (De). — Notice sur une nécropole préromaine et une inscription latine découverte à Nesazio [Istrie], p. 61 à 64.

5967. Cortez (Fernand). — L'église de Saint-Maximin (Var), note complémentaire sur la date de son achèvement, p. 65 à 68.

5968. Guigue (Georges). — Les méreaux ou palettes de l'église de Lyon du XIII° au XVI° siècle, p. 69 à 100.

5969. Fillet (Le chanoine). — Les horloges publiques dans le sud-est de la France [XV°-XVIII° s.], p. 101 à 119.

5970. Giraud (J.-B.). — L'acier de Carme, p. 120 à 128.

5971. Schulten (A.). — L'arpentage romain en Tunisie, *fig.* et 7 *pl.*, p. 129 à 173.

5972. Charassière. — Note sur le tombeau de Præcilius à Constantine, *fig.*, p. 174 à 176.

5973. Montier (Amand). — Notice sur les pavés du Pré d'Auge et les pavés de Lisieux, 5 *pl.*, p. 177 à 201.

5974. Du Châtellier (Paul). — Les monuments mégalithiques des îles du Finistère, de Béniguet à Ouessant, p. 202 à 213.

5975. Arnaud d'Agnel (L'abbé). — Notice sur onze maillets de pierre [préhistoriques] découverts à Pichoyet (Basses-Alpes), *fig.*, p. 214 à 221.

5976. Corot (Henry). — Un tumulus hallstattien à Minot (Côte-d'Or), *fig.* et 4 *pl.*, p. 222 à 226.

5977. Eck (Théophile). — Les cimetières gallo-romains de Sissy et de Berthenicourt (Aisne), *fig.*, p. 227 à 247.

5978. Galle (Léon). — Une ancienne chapelle de Savigny-en-Lyonnais, *fig.* et *pl.*, p. 248 à 256.

5979. Thiollier (Félix et Noël). — L'église de Ternay (Isère), 8 *pl.*, p. 257 à 264.

5980. Gauthier (Jules). — L'église de Romain-Métier au canton de Vaud (Suisse), 3 *pl.*, p. 265 à 272.

5981. Brutails (J.-A.). — Tiers-point et quint-point, *fig.*, p. 273 à 279.

5982. Guilhiermoz (Baron). — Deux statuettes polychromées de saint Louis de Provence, évêque de Toulouse, et de sainte Consorce, conservées à Aix en Provence, 4 *pl.*, p. 280 à 289.

5983. Urseau (Le chanoine). — Une statuette de sainte Émérance au Longeron (Maine-et-Loire), *pl.*, p. 290 à 296.

5984. Pottier (Le chanoine). — Tissu historié représentant la légende d'Alexandre, *pl.*, p. 297 à 301.

5985. Chartraire (L'abbé). — Inventaire, après décès, du mobilier de l'archidiacre Jacques Orsini à Sens (1312), p. 302 à 307.

5986. Gsell (Stéphane). — Rapport archéologique sur les fouilles faites en 1901 par le Service des Monuments historiques de l'Algérie, 4 *pl.*, p. 308 à 341.

[Antiquités romaines de Tiougad, Lambèse, *pl.*, Tébessa-Khalia : Kherbet-bou-Addoufeu, 3 *pl.*]

5987. Balle (Alb.). — Note sur les fouilles des Monuments historiques en Algérie pendant l'année 1902, p. 342 à 361.

[Antiquités romaines de Lambèse et de Cherchel.]

5988. Merlis (A.). — Les fouilles de Dougga en octobre-novembre 1901, *pl.*, p. 362 à 394.

5989. Poinssot (Louis). — Inscriptions de Dougga, p. 395 à 404.

5990. Saladin (H.). — Fouilles à Henchir-bou-Guerba (Tunisie), exécutées par M. du Breil de Pontbriand, 3 *pl.*, p. 405 à 411.

5991. Goetscuy (Général). — Note sur les fouilles effectuées à Sousse et à Sidi-el-Hani [Tunisie], *fig.* et *pl.*, p. 412 à 416.

5992. Audollent (Aug.). — Note sur une nouvelle *tabella devotionis* trouvée à Sousse (Tunisie), *pl.*, p. 417 à 425.

5993. Gauckler (P.). — Inscriptions inédites de Tunisie, p. 426 à 445.

5994. Delattre (Le P. A.-L.). — Marques céramiques grecques et romaines trouvées à Carthage durant l'année 1901, p. 446 à 469.

5995. Viollier (David). — La mosaïque [romaine] de Ferryville [Tunisie], p. 470 à 475.

5996. Gauthier (Gaston). — Les bains de la villa gallo-romaine de Champvert (Nièvre), *pl.*, p. 477 à 489.

5997. Brutails (J.-A.). — Note sur deux croix d'absolution [trouvées à la Justice, près Archiac, Charente-Inférieure (XIᵉ-XIIᵉ s.) et à Saint-Seurin de Bordeaux (1318)], *pl.*, p. 490 à 494.

5998. Loisne (Comte de). — Portraits inédits de Philippe le Bon et d'Isabelle de Portugal, de Charles le Téméraire et de Marguerite d'York, 4 *pl.*, p. 495 à 501.

5999. Fage (René). — Note sur un marché relatif à la confection de tapisseries d'Aubusson (1695), p. 502 à 505.

6000. Gsell (Stéphane). — Notes d'archéologie algérienne, p. 506 à 532.

[Bornes milliaires (n° 5949) et inscriptions. — Emplacement de Tepidae.]

6001. Gauckler. — Note sur un cippe funéraire à bas-relief romain d'Henchir-Souar (Tunisie), 2 *pl.*, p. 533 à 537.

6002. Marçais (W.). — Six inscriptions arabes du musée de Tlemcen, p. 538 à 551.

SECTION D'HISTOIRE.

XX. — Bulletin historique et philologique du Comité des travaux historiques et scientifiques, année 1902. (Paris, 1903, in-8°, 634 p.)

6003. Aulard (A.). — Sur un rapport des commissaires de vingt-quatre sections de Paris sur l'exécution de la loi du 26 juillet 1793 contre les accapareurs, p. 23.

6004. Barthélemy (A. de). — Sur des extraits des registres de l'échevinage de Saint-Valery-sur-Somme (1533-1682), p. 24.

6005. Villepelet. — L'exécution de la révocation de l'édit de Nantes dans une petite paroisse du Périgord [Rouquette (Dordogne)], p. 27 à 33.

6006. Dujarric-Descombes. — Lettre du Grand Conseil de Charles VII à l'évêque de Périgueux (25 avril 1446), p. 36 à 39.

6007. Grand (Roger). — Traité de pariage entre Philippe le Bel et l'abbé de Charroux pour la création d'une ville franche à Pleaux (Cantal) [1282-1290], p. 42 à 52.

6008. Ledieu (Alcius). — Sentences portant mutilation de membres prononcées par l'échevinage d'Abbeville au XIIIᵉ siècle, p. 54 à 60.

6009. Loisne (Comte de). — Ban des échevins ou anciens règlements de police de la ville de Béthune (vers 1350), p. 61 à 72.

6010. Meyer (Paul). — Documents concernant Seyne-les-Alpes (Basses-Alpes) [XVIᵉ s.], p. 73 à 78.

6011. Leroux (Alfred). — Nomination d'un lieutenant du sénéchal de Périgord et Quercy en 1340, p. 80.

6012. Delisle (L.). — Sur des documents provenant de la Chambre des comptes (xiv°-xvii° s.), p. 82.

6013. Tholin (G.). — Documents intéressant le maréchal de Xaintrailles, p. 85 à 94.

6014. Meschinet de Richemond. — Extraits du livre de raison de François Gillet, sergent royal à Saintes (1641-1692), p. 98 à 100.

6015. Birot (J.) et Martin (l'abbé J.-B.). — Notice sur la collection des livres d'heures conservés au Trésor de la primatiale de Lyon, p. 104 à 113.

6016. Chevalier (Le chanoine Ulysse). — L'abjuration de Jeanne d'Arc au cimetière de Saint-Ouen et l'authenticité de sa formule, p. 128.

6017. Lefèvre-Pontalis (Germain). — La question d'Olivier Basselin, p. 131.

6018. Jeanroy. — Le soulèvement de 1242 dans la poésie des troubadours, p. 136 à 138.

6019. Bombart (D'). — La bataille de 57 avant Jésus-Christ, p. 139.

6020. Defoin (J.). — Sur l'extension des empêchements de consanguinité au moyen âge, p. 140.

6021. Degert (L'abbé). — Sur l'ancien collège de Dax, p. 143.

6022. Ravenet (L'abbé) et Jeanton. — Sur les communautés rurales de la paroisse de Prety-en-Mâconnais, p. 146.

6023. Haillant (Nicolas). — Sur les patois vosgiens, p. 147.

6024. Brière (F.). — Sur les authentiques des reliques de saint Éloi à la cathédrale de Noyon, p. 148.

6025. Blossier. — Sur la convocation des États généraux à Honfleur, p. 150.

6026. Galland. — Sur les fêtes célébrées sous le Directoire à Cossé-le-Vivien (Mayenne), p. 151.

6027. Astier (R.). — Sur le traité De corpore et sanguine Domini de Jean Scot Érigène attribué faussement à Gerbert, p. 154.

6028. Guesnon. — Sur un cartulaire de l'évêché d'Arras, p. 156.

6029. Pasquier (F.). — Sur un règlement pastoral du Couserans (xv° s.), p. 158.

6030. Vidal de la Blache. — Routes et chemins de l'ancienne France, p. 165 à 176. — Cf. id. n° 6063.

6031. Bouquet de la Grye. — L'île des Pins en 1856, p. 176 à 180. — Cf. id. n° 6064.

6032. Morel (Le chanoine E.). — Les livres liturgiques imprimés avant le xvii° siècle à l'usage des diocèses de Beauvais, Noyon et Senlis, p. 185 à 196.

6033. Grand (Roger). — Les chartes de franchises de Roquerou (1281-1282) et de Conros (1317) (Cantal), p. 197 à 228.

6034. Gauthier (Jules). — Le diplomate Antoine Brun au siège de Dôle de 1636, p. 229 à 255.

6035. Jadart (H.). — Les livres liturgiques du diocèse de Reims imprimés avant le xvii° siècle et conservés pour la plupart à la bibliothèque de Reims, p. 256 à 297.

6036. Thoison (Eug.). — L'enseignement primaire à Larchant avant 1790, p. 298 à 308.

6037. Poupé (Édmond). — Les opérations de l'assemblée électorale du Var élue en août 1792, p. 309 à 317.

6038. Drouault (Roger). — Comment finirent les lépreux, p. 318 à 328.

[Lussac et Milhac.]

6039. Bruchet (Max). — Le plébiscite occulte du département du Mont-Blanc en 1815, p. 329 à 371.

6040. Mourlot (Félix). — La question de la mendicité en Normandie à la fin de l'ancien régime, p. 372 à 417.

6041. Finot (Jules). — Le commerce de l'alun dans les Pays-Bas et la bulle encyclique du pape Jules II en 1506, p. 418 à 431.

6042. Boudet (Marcellin). — Note sur le cartulaire de Saint-Flour, p. 436.

6043. Métais (L'abbé). — Une ratification du traité d'Hamptoncourt (1562-1568), facs., p. 440 à 448.

6044. Degert (L'abbé). — L'impression des liturgies gasconnes. Tableau d'ensemble et documents inédits, p. 449 à 463.

6045. Raimbault. — Les dessous d'un traité d'alliance en 1350 (entre le pape Clément VI, le roi de Chypre, Venise et l'ordre de Saint-Jean de Jérusalem, contre les Turcs, p. 469 à 476.

6046. Duvernoy (E.). — Lettre du lieutenant-colonel Lacoste sur la bataille de Valmy, p. 481.

6047. Porée (Ch.). — Note pour établir l'exactitude d'un continuateur de Monstrelet, p. 483 à 488.

6048. Luçay (De). — Sur deux lettres de Guillaume de Lamoignon de Malesherbes (1792), p. 489.

6049. Porée (L'abbé). — Bulle inédite de Célestin III en faveur du prieuré des Deux-Amants au diocèse de Rouen (31 janvier 1192), p. 490.

6050. Lesort. — Lettres inédites de Louis XII, François I°, Charles IX et Catherine de Médicis, p. 493 à 496.

6051. Chauvet. — Registre de la Société des amies des vrais amis de la constitution à Ruffec (Charente) (1791-1792), p. 500 à 530.

6052. Soyer (Jacques). — Actes inédits au nom de Jean de Luxembourg et de Béatrice, roi et reine de Bohême (1340 et 1342), conservés dans les archives départementales du Cher, p. 531 à 535.

6053. Ledieu (Alcius). — Le roi des grandes écoles à Abbeville au xv° siècle, p. 536 à 538.

6054. Blancard. — Actes apocryphes conservés dans les archives publiques et particulières, p. 544 à 547.

[La consécration de l'église de Saint-Victor de Marseille par Benoît IX. — La charte de Gibellin de Grimaud.]

6055. Couderc (C.). — Sur une collection de pièces offerte à la Bibliothèque nationale par M. Grave, p. 548 à 569.

6056. Laurent (Gustave). — Les archives révolutionnaires de la ville de Reims, p. 575 à 600.

6057. Urseau (Le chanoine). — Un manuscrit liturgique à l'usage d'une communauté de chanoines réguliers [xii° s.], p. 601 à 603.

6058. Paris (G.). — Rapport sur une communication de M. Leroux, p. 604. — Cf. n° 6059.

6059. Leroux (A.). — La légende du roi Aigolant et les origines de Limoges, p. 606 à 619. — Cf. n° 6058.

SECTION DE GÉOGRAPHIE.

XVII. — **Bulletin de géographie historique et descriptive,** année 1902. (Paris, 1902, in-8°, 423 p.)

6060. Hamy (D' E.-T.). — Le capitaine René de Laudonnière, nouveaux renseignements sur ses navigations (1561-1572), p. 53 à 63.

6061. Soyer (J.). — Une subdivision administrative du pagus Bituricus sous le règne de Hugues Capet. La vicaria Ernotrensis, p. 66 à 68.

6062. Paris (C.). — Les stations de My-Son, Tra-Keu, Phong-Lé [Indo-Chine], carte, p. 69 à 83.

[Ruines tjames.]

6063. Vidal de la Blache. — Routes et chemins de l'ancienne France, p. 115 à 126. — Cf. id. n° 6030.

6064. Borquet de la Grye. — L'île des Pins en 1856, p. 126 à 131. — Cf. id. n° 6031.

6065. Pawlowski (Auguste). — Pierre Garcie, dit Ferrande, et son grand routier, p. 155 à 158.

6066. Fournier (Joseph). — Documents pour servir à l'histoire de la marine française au xvi° siècle. L'entrée de Léon Strozzi, prieur de Capoue, au service de la France (1539), p. 159 à 175.

6067. Marcel (Gabriel). — Une carte de Picardie inconnue et le géographe Jean Jolivet, p. 173 à 183.

6068. Musset (G.). — J.-B. Le Moyne de Bienville [1680 † 1767], tableau, p. 184 à 186.

6069. Pelletier (Fr.). — Un épisode des explorations françaises dans l'Amérique septentrionale pour la découverte de la mer de l'Ouest, p. 187 à 206.

[Expédition de La Verendrye (xviii° s.).]

6070. Saint-Yves. — Les premières relations des Antilles françaises et des Antilles anglaises, p. 207 à 252.

6071. Froidevaux (Henri). — Un arbitrage français en Guyane en l'année 1742, p. 253 à 260.

6072. Saint-Yves (G.). — Documents sur le Canada pendant la Régence, p. 261 à 269.

6073. Chauvigné (Auguste). — Étude comparative des différents pays de Touraine avant 1789, carte, p. 270 à 275.

6074. Rabot (Charles). — Essai de chronologie des variations glaciaires, p. 285 à 327.

6075. Hilaire (Capitaine). — La pierre écrite d'Hadjerat el M'Guil (Sud-Oranais), fig., p. 341.

6076. Pawlowski (Auguste). — Les transformations du littoral français. Le pays d'Arvert et de Vaux d'après la géologie, la cartographie et l'histoire, cartes, p. 349 à 402.

SECTION DES SCIENCES ÉCONOMIQUES.

XX. — **Bulletin du Comité des travaux historiques et scientifiques. Section des sciences économiques et sociales.** Congrès des Sociétés savantes de 1902 tenu à Paris. (Paris, 1902, in-8°, 327 p.) — [Séances du Comité. (Paris, 1903, in-8°, 220 p.).]

Congrès.

6077. Bloch (Camille). — Les origines de la taxe du pain à Orléans, p. 143 à 159.

6078. Coulon (D'). — La vente des charges et les corps de métiers à Cambrai (1697), p. 159.

6079. Morin (Louis). — La participation des artisans aux affaires publiques avant la Révolution, p. 160 à 172.

6080. Lhomel (De). — La réglementation des heures de travail pour les tisserands au xiv° siècle, p. 172 à 176.

6081. Moullot. — Étude sur l'assemblée provinciale de la Basse-Normandie (1787-1790), p. 163 à 176.

6082. Des Cilleuls. — Étude sur le mouvement de la population dans la commune de Vuillafans (Doubs) de 1792 à 1801, p. 281 à 283.

6083. Durand-Lapie. — Étude sur le mouvement de la population à Montauban de 1792 à 1801, p. 283 à 289.

6084. Boulogne (Paul). — Note sur l'histoire du collège de Semur, p. 291.

6085. Pillet (J.). — Notice historique sur le collège de Saint-Maixent, p. 293.

6086. Pitoiset. — Notice historique sur l'École centrale du département de l'Eure, p. 294 à 305.

Séances du Comité.

6087. Tranchant (Charles). — Détails touchant les assemblées d'habitants de l'ancienne France d'après les Documents relatifs aux États généraux et assemblées réunies sous Philippe le Bel, publiés par M. Georges Picot, p. 102 à 118.

6088. Lévy-Morand. — La confrérie de Saint-Fiacre à Jargeau au xvi° siècle, p. 119.

6089. Platon (G.). — Du droit de la famille dans ses rapports avec le régime des biens en droit andorran, p. 144 à 214.

18.

V

RÉUNION DES SOCIÉTÉS DES BEAUX-ARTS.

XXVI. — Réunion des sociétés des Beaux-Arts des départements, salle de l'Hémicycle, à l'École nationale des Beaux-Arts, du 1ᵉʳ au 4 avril 1902, 26ᵉ session. (Paris, 1902, in-8°, 724 p.)

[A certains exemplaires sont annexés les nᵒˢ 17 à 19 d'un *Bulletin du Comité des sociétés des Beaux-Arts*, paginés LXIX à LXXX.]

6090. **Herluison** (H.). — Les débuts de la lithographie à Orléans, 2 *pl.*, p. 75 à 87.

6091. **Leymarie** (Camille). — La renaissance de la faïence architecturale en France au xixᵉ siècle, p. 88 à 111.

6092. **Roserot** (A.). — Église du collège des jésuites à Chaumont-en-Bassigny, 5 *pl.*, p. 112 à 137.

6093. **Biais** (Émile). — Monuments angoumoisins du temps de la Renaissance, 5 *pl.*, p. 138 à 167.

[Châteaux d'Angoulême, de Montchaude, de Cognac, palais épiscopal, maison de Calvin, château de Larochefoucauld; chapelle de Saint-Gelais, et hôtel de Saint-Simon à Angoulême, château de Boutteville, etc.]

6094. **Vesly** (Léon de). — Le château du Belley à Hénouville-sur-Seine et ses propriétaires, *pl.*, p. 168 à 174.

6095. **Grandmaison** (Louis de). — L'arc de triomphe érigé à Tours en l'honneur de Louis XIV (1688-1693), 2 *pl.*, p. 175 à 189.

6096. **Berluc-Perussis** (L. de). — L'architecte Le Doux et le sculpteur Chardigny à Aix, 4 *pl.*, p. 189 à 225.

6097. **Vauclin** (E.). — Une curieuse miniature de la première moitié du xviᵉ siècle, *pl.*, p. 225 à 226.

[Constitutions de la confrérie de S. Roch, en l'église de Nassandres, au diocèse d'Évreux.]

6098. **Brune** (L'abbé P.). — Une peinture flamande de l'église de Sirod (Jura), 2 *pl.*, p. 227 à 231.

6099. **Larond** (Paul). — Cartons de Rubens pour la suite de tapisserie de l'*Histoire d'Achille*, 3 *pl.*, p. 232 à 238.

6100. **Lesort** (P.). — Un portrait d'Henriette-Anne d'Angleterre, 2 *pl.*, p. 239 à 241.

6101. **Ponsonailhe** (Charles). — Une peinture d'Angelica Kauffmann, portrait d'Henri Reboul, *pl.*, p. 242 à 245.

6102. **Porée** (L'abbé). — Les statues de l'ancienne collégiale d'Écouis (Eure), 4 *pl.*, p. 246 à 252.

6103. **Bossebœuf** (L.). — Le tombeau de Henri de Bourbon-Montpensier à Champigny-sur-Veude, 2 *pl.*, p. 252 à 255.

6104. **Lex** (Léonce). — Les anciens mausolées de l'église Saint-Pierre-en-Bresse (Saône-et-Loire), 2 *pl.*, p. 255 à 262.

6105. **Beaumont** (Charles de). — Les œuvres d'art [vitrail] d'une église rurale : Saint-Étienne de Chigny (Indre-et-Loire), *pl.*, p. 262 à 266.

6106. **Jadart** (H.). — Croix et candélabres des églises et du musée de Reims [xviiiᵉ s.], 3 *pl.*, p. 266 à 289.

6107. **Couret** (A.). — Médaillons-amulettes des Syriennes de Bethléem, *pl.*, p. 290 à 293.

6108. **Bossebœuf** (L.). — Jouvenet chez le duc de Mazarin, p. 293 à 295. .

6109. **Gatian de Clérambault** (E.). — Les peintures du château de Tournoel [Puy-de-Dôme], 2 *pl.*, p. 295 à 305.

6110. **Morin** (Louis). — Quelques sculpteurs troyens des xviiᵉ et xviiiᵉ siècles, p. 305 à 319.

[Phaupelier, Vaulthier, Baugé, Chabouillet, Masson.]

6111. **Teissier** (Octave). — Pierre Mignard en Provence, 2 *pl.*, p. 320 à 323.

[Portraits de la marquise de Montoliou et de la marquise de Valbelle.]

6112. **Jacquot** (Albert). — Essai de répertoire des artistes lorrains. Les luthiers lorrains, 3 *pl.*, p. 324 à 405. — Suite de XXIII, p. 396; XXIV, p. 307; et XXV, p. 297.

6113. **Braquehaye** (Ch.). — Dessins et inscriptions inédits de monuments funèbres de Bordeaux, de la fin du xviᵉ siècle, détruits en 1792; par Hermann Hem, peintre flamand (1637 † 1649), 6 *pl.*, p. 405 à 419.

6114. **Requin** (H.). — Une œuvre de Nicolas Froment, p. 420 à 426.

[Convention de 1470 relative à un retable commandé à Nicolas Froment.]

6115. **Tuoison** (Eug.). — Notes et documents sur quelques artistes intéressant le Gâtinais, IIᵉ série, *pl.*, p. 427 à 451. — Suite de XXIII, p. 153.

6116. **Quarré-Reynourbon** (L.). — André Corneille Lens, peintre anversois, et ses tableaux conservés à Lille, *pl.*, p. 452 à 462.

6117. **Advielle** (Victor). — Les peintre d'Arras au xixᵉ siècle, *pl.*, p. 462 à 497.

[Dominique Doncre et sa famille.]

6118. **Pottier** (Le chanoine). — A propos d'une enseigne peinte de débit de tabac du xviiiᵉ siècle, conservée au musée de Montauban, 3 *pl.*, p. 497 à 505.

6119. **Vauclin** (E.). — Notes inédites sur Jean-Baptiste Carteaux, peintre et soldat. Son séjour en Russie et en Pologne (1782-1788), p. 506 à 509.

6120. Gauthier (Jules). — Le Bisontin Donat Nonnotte, peintre de portraits (1708 † 1785), 2 pl., p. 510 à 540.

6121. Grave (E.). — L'architecte J.-D. Antoine et son élève Vivenel (Cyr-Jean-Marie), p. 540 à 557.

6122. Braquehaye (Ch.). — Les peintres de l'hôtel de ville de Bordeaux, d'après les procès-verbaux de l'Académie de peinture, sculpture et architecture de Bordeaux, p. 557 à 578. — Suite de XXV, p. 586.

6123. Hénault (Maurice). — Le sculpteur Gillet et sa famille, p. 578 à 592.

[Les peintures et les sculptures de la bibliothèque de Valenciennes.]

6124. Guioue (Georges). — Vanloo négociant (1745-1767), fig., p. 593 à 646.

6125. Delignières (Ém.). — Un graveur de 95 ans. Delattre (Jean-Marie), d'Abbeville (1745-1840), pl., p. 647 à 677.

SEINE. — PARIS.

COMMISSION DE L'INVENTAIRE DES RICHESSES D'ART DE LA FRANCE.

Aux publications de cette Commission analysées dans notre *Bibliographie générale*, t. III, p. 168, et nouvelle série, t. I, p. 92, il convient d'ajouter un volume dont nous indiquons le contenu dans notre Supplément.

III. — Inventaire général des richesses d'art de la France. Paris, monuments civils, tome III. (Paris, 1902, gr. in-8°, 537 p.)

6126. Michaux (Léon). — Hôtel de ville de Paris, p. 1 à 76.

6127. Darcel (Alfred) et Guiffrey (Jules). — Manufacture nationale des Gobelins, p. 77 à 184.

6128. Jouin (Henry). — Monuments ou statues érigés par l'État, par la ville ou à l'aide de souscriptions, et sépultures historiques entretenues par la ville dans les cimetières de Paris, p. 185 à 396.

[I. Cimetière du Père-Lachaise, p. 193. — II. Cimetière Montmartre, p. 277. — III. Cimetière Montparnasse, p. 309.]

6129. Jouin (Henry). — Jardin du Luxembourg, pl., p. 397 à 432.

SEINE. — PARIS.

COMMISSION DES MISSIONS SCIENTIFIQUES ET LITTÉRAIRES.

Les publications antérieures de cette Commission sont analysées dans notre *Bibliographie générale*, savoir :
Archives, t. I à XXVII (1850-1885), *Bibliographie*, t. III, p. 170.
— t. XXVIII à XXXI (1887-1890), *Bibliographie*, Supplément sous presse.
Nouvelles archives, t. I à IX (1891-1899), *Bibliographie*, Supplément sous presse.

X. — Nouvelles archives des Missions scientifiques et littéraires. Choix de rapports et instructions publié sous les auspices du Ministère de l'Instruction publique et des Beaux-Arts, t. X. (Paris, 1902, in-8°, 745 p.)

6130. Gsell (Stéphane). — Enquête administrative sur les travaux hydrauliques anciens en Algérie, fig., p. 1 à 143.

6131. Barthélemy (Comte de). — Rapport sur une mission scientifique en Annam et au Laos (région de Xieng-Khouang), carte, p. 145 à 166.

6132. Panisot (Dom J.). — Rapport sur une mission scientifique en Turquie et en Syrie, p. 167 à 244.

[Recherches sur la musique ancienne des Syriens.]

6133. Ménier de Mathuisieulx (H.). — Rapport sur une

mission scientifique en Tripolitaine, *carte* et 10 *pl.*,
p. 245 à 277.

[Ruines et inscriptions romaines à Leptis Magna et à Sabratha.]

6134. Menant (Mlle). — Rapport sur une mission
scientifique dans l'Inde britannique, 3 *pl.*, p. 309
à 351.

[Étude sur les Parsis.]

6135. Gauthiot (Robert). — Rapport sur une mission
scientifique en Lithuanie russe, p. 353 à 377.

[Recherches sur le dialecte lithuanien.]

6136. Dussaud (René) et Macler (Frédéric). — Rapport
sur une mission scientifique dans les régions désertiques

de la Syrie moyenne, *fig.* et 31 *cartes* ou *pl.*, p. 411
à 744.

[Inscriptions safaïtiques et nabatéennes.]

**XI. — Nouvelles archives des Missions scien-
tifiques et littéraires.** Choix de rapports et
instructions publié sous les auspices du Ministère de l'Instruction publique et des Beaux-Arts,
t. XI. (Paris, 1903, in-8°, 243 p.)

6137. Merlin (A.). — Les fouilles de Dougga en 1902,
pl., p. 1 à 116.

6138. Pernot (Hubert). — Rapport sur une mission
scientifique en Turquie, p. 117 à 241.

[Mélodies populaires de l'île de Chio.]

SEINE. — PARIS.

COMMISSION DU VIEUX PARIS.

Les publications antérieures de cette Commission sont analysées dans notre *Bibliographie générale*, savoir :
Procès-verbaux, t. I à III (1898-1900), *Bibliographie*, Supplément sous presse.
— t. IV (1901), *Bibliographie*, nouvelle série, t. I, p. 94.

**V. — Ville de Paris. Commission munici-
pale du Vieux Paris.** Année 1902. Procès-
verbaux. (Paris, 1903, in-4°, 319 p.)

6139. Tesson. — L'hôtel des Miramionnes et la Pharmacie centrale des hôpitaux, 2 *pl.*, p. 4 à 8.

6140. Tesson. — Le musée du magasin central des hôpitaux, p. 8.

6141. Sellier (Charles). — Rapport sur les dernières
fouilles exécutées à Paris, p. 11. — Cf. n°° 6142, 6157
et 6183.

[Rue Clovis, vestiges de l'église et de l'ancien cimetière Sainte-
Geneviève ; fragment de l'ancien aqueduc de Marie de Médicis,
boulevard Saint-Jacques.]

6142. Capitan (D^r) et Sellier (Charles). — Fouilles le long
du mur du quai de l'Archevêché, p. 12. — Cf. n° 6141.

6143. Lambeau (Lucien). — Sur l'ancienne Faculté de
médecine, rue de la Bûcherie, 2 *pl.*, p. 16 à 23.

6144. Divers. — Les aspects des maisons de la place
Dauphine et de la place du Pont-Neuf, p. 30 à 32.

6145. Tesson. — Le bâtiment de l'ancien château d'eau
des eaux de Rungis [rue Denfert-Rochereau], *pl.*, p. 37
à 39.

6146. Tesson. — Les vestiges de l'ancienne porte Saint-
Michel ayant fait partie de l'enceinte de Philippe Auguste, p. 40.

6147. Lambeau (Lucien). — Plaque de bornage de l'enceinte de Louis XV, située rue Lamblardie, au coin de
la rue de Picpus [1727], p. 41 à 43.

6148. Tesson. — La pompe à feu de Chaillot, *pl.*, p. 48
à 50.

6149. Divers. — Lotissement de la partie désaffectée des
fortifications de Paris, p. 58 à 60.

6150. Lambeau (Lucien). — Rapport sur les peintures du
xvii° siècle nouvellement découvertes dans l'église Saint-
Nicolas-des-Champs, p. 60 à 64.

6151. Le Vayer (Paul). — Épitaphes des chapelles laté-
rales de l'église Saint-Nicolas-des-Champs, p. 64.

6152. Lambeau (Lucien). — Petite maison de campagne,
située à Belleville et ayant appartenu à François Souf-
flot, dit le Romain, *pl.*, p. 65 à 68.

6153. Divers. — Sur l'ancienne abbaye de Saint-Germain-
des-Prés, *pl.*, p. 81.

[Plan de l'abbaye en 1790.]

6154. Lambeau (Lucien). — Rapport sur des objets d'art
appartenant à l'église Saint-Denis de la Chapelle, *pl.*,
p. 83 à 85.

6155. Tesson. — Sur un obélisque à Nanterre (1783),
p. 87 à 89.

6156. Hallays (André). — Rapport relatif au pavillon de
Julienne [rue des Gobelins], *pl.*, p. 90.

6157. Sellier (Charles). — Rapport sur les fouilles, p. 91 à 95. — Cf. n° 6141.

[Fouilles des Billettes, de la Bourse, du grand collecteur de Clichy, du boulevard Beaumarchais, n° 41, de la rue Beautreillis, u° 17 (cf. n° 6183).]

6158. Sellier (Charles). — Sur la maison de la rue de la Chapelle, 122, et le cabaret de] Le Faucheur, p. 97.

6159. Lambeau (Lucien). — Sur la maison sise rue Beautreillis, n° 17, pl., p. 97 à 100. — Cf. n° 6157.

6160. Le Vayer. — Inscription de pose de première pierre du couvent des Filles-Saint-Thomas, p. 102.

6161. Dufrez. — Fouille au carrefour de la Croix-Rouge [les Prémontrés], 2 pl., p. 106.

6162. Lambeau (Lucien). — Borne-limite de 1726, rue de Laborde, n° 4, p. 109.

6163. Lambeau (Lucien). — Ancien rendez-vous de chasse à Clichy-la-Garenne, pl., p. 110 à 112.

6164. Espaullart (Hector). — La statue de Jeanne d'Arc à Noisy-le-Sec, p. 112.

6165. Tesson. — L'aqueduc des eaux de Rungis, p. 112 à 119.

6166. Mentienne. — Découvertes archéologiques faites à Bry-sur-Marne, Champigny-sur-Marne et Villiers-sur-Marne, p. 119.

6167. Sellier (Charles). — Recherches sur les origines domaniales et l'établissement de la propriété du n° 17 de la rue Beautreillis, p. 121 à 128.

6168. Coudray (Léonce). — La fontaine Maubuée, p. 134.

6169. Mercier (Ch.). — Rapport relatif aux chapelles de l'église Saint-Nicolas-des-Champs, p. 135 à 137.

6170. Lambeau (Lucien). — Rapport sur l'apposition d'inscriptions rappelant les anciennes dénominations des rues de Paris, p. 138.

6171. Lambeau (Lucien). — Rapport sur les terrains de l'hôpital Trousseau, anciennement des Enfants-Trouvés, et sur la chapelle d'Aligre, 4 pl., p. 140 à 147.

6172. Tesson. — Anciens numéros de maisons, p. 148.

6173. Tesson. — Le monastère de l'Abbaye-aux-Bois, rue de Sèvres. p. 149.

6174. Tesson. — L'ancien couvent des Prémontrés, p. 149.

6175. Sellier (Charles). — Vestiges du mur d'enceinte de Philippe Auguste rencontrés dans le petit Lycée Charlemagne, p. 150 à 153.

6176. Sellier (Charles). — Découverte de pierres tombales d'abbesses à l'église Saint-Pierre de Montmartre, p. 153.

6177. Capitan (D'). — Étude du sous-sol de Paris, boulevard Bonne-Nouvelle, rue de Provence et près des bords de la Seine, rue Dante, 2 pl., p. 154 à 157.

6178. Dufrez. — Restauration d'une peinture décorative ancienne [d'Esprit-Antoine Gibelin] à l'École de médecine, p. 166.

6179. Cavel. — Découvertes de peintures anciennes dans le temple de l'Oratoire, p. 168.

6180. Taxil. — Sur le pavillon de Julienne, p. 168.

6181. Lambeau (Lucien). — Sur l'hôtel de Sully de la rue Saint-Antoine et sur la place des Vosges, 7 pl., p. 175 à 216, et 262 à 294.

6182. Lenôtre (G.). — Louis-Sébastien Mercier, auteur du Tableau de Paris, p. 218.

6183. Sellier (Charles). — Rapport sur les fouilles de la rue Beautreillis, n° 17, p. 219 à 222. — Cf. n° 6157 et 6184.

6184. Capitan (D'). — A propos de la fouille de la rue Beautreillis, p. 222. — Cf. n° 6157 et 6183.

6185. Sellier (Charles). — Fouilles du métropolitain, ligne n° 3, sous la place de la République et la rue Turbigo, p. 224.

6186. Tesson. — Expropriation des maisons n° 23, 25, 27 et 29 de la rue de l'École-de-médecine [monographie de cette rue], pl., p. 231 à 241.

6187. Sellier (Charles). — Rapport relatif à Saint-Maur-des-Fossés, 2 pl., p. 241 à 250.

6188. Lefol. — Découverte d'un morceau de marbre sculpté à Saint-Nicolas-des-Champs, p. 259.

6189. Tesson. — Visite rue de l'École-de-Médecine, p. 294.

6190. Tesson. — Visite d'un regard à Pantin, p. 295.

6191. Tesson. — Expropriation rue Vésale et avenue de Breteuil, p. 296.

6192. Tesson. — Sur le plan de Paris, par Jouvin de Rochefort, p. 296.

SEINE. — PARIS.

CONSEIL HÉRALDIQUE DE FRANCE.

Les publications antérieures de cette société sont analysées dans notre *Bibliographie générale*, savoir :
Annuaire, t. I à XIII (1888-1900), *Bibliographie*, Supplément sous presse.
—   t. XIV (1901), *Bibliographie*, nouvelle série, t. I, p. 95.

XV. — Annuaire du Conseil héraldique de France, 15ᵉ année. (Paris, 1902, in-12, 530 p.)

6193. Poli (Vicomte Oscar de). — Les pages de Jeanne d'Arc, p. 73 à 184.

6194. Le Court (Henry). — Un grand médecin du xviᵉ siècle, messire Jehan de Goévrot, médecin de François Iᵉʳ et de Henri II, vicomte du Perche, sa famille et sa postérité; étude biographique d'après des documents inédits, p. 185 à 213.

6195. Hémery (Philippe). — La compagnie de Pierre de Brézé, grand sénéchal de Normandie (8 juillet 1451), p. 214 à 224.

6196. La Guère (Comte Alphonse de). — Sources nobiliaires du Berry, p. 248 à 285.

6197. Bittard des Portes (René). — Le combat des Brouzils (21 février 1796), p. 286 à 292.

6198. Ermerin (R.-J.). — De Toulouse et de Toulouse-Lautrec, p. 293 à 305.

6199. Burey (Comte de). — Denis-Pierre-Jean Papillon de la Ferté, intendant et contrôleur général des Menus-plaisirs de la Chambre du Roi (1727 † 1794), p. 306 à 327.

6200. Carolois (P. de). — Famille de Granier de Cassagnac, p. 328 à 370.

6201. Barral (Adrien de). — Le puits aux squelettes et le duel manqué [à Treuillaut, commune de Villers, près Châteauroux] (chroniques du Berry au xivᵉ siècle), p. 385 à 393.

SEINE. — PARIS.

INSTITUT DE FRANCE.

Les publications antérieures faites collectivement par les différentes Académies qui forment l'Institut de France sont analysées dans notre *Bibliographie générale*, savoir :
Séances publiques annuelles (1816-1885), *Bibliographie*, t. III, p. 186.
—   —   (1886-1900), *Bibliographie*, Supplément sous presse.
—   —   (1901), *Bibliographie*, nouvelle série, t. I, p. 96.
Journal des Savants (1901), *Bibliographie*, nouvelle série, t. I, p. 96.
Ouvrages divers (an v-1802), *Bibliographie*, t. III, p. 185.

LXXXV. — Institut de France. Séance publique annuelle des cinq académies, du samedi 25 octobre 1902, présidée par M. Albert Vandal, directeur de l'Académie française. (Paris, 1902, in-4°, 65 p.)

6202. Joret (Charles). — La correspondance de Millin et de Böttiger, p. 17 à 33.

6203. Saint-Saëns. — Essai sur les lyres et cithares antiques, pl., p. 45 à 52.

6204. Luchaire (Achille). — L'avènement d'Innocent III, p. 53 à 65.

LXXXVI. — Institut de France. Séance publique annuelle des cinq académies, du

lundi 26 octobre 1903, présidée par M. Georges Perrot, président de l'Académie des Inscriptions et Belles-Lettres. (Paris, 1903, in-4°, 78 p.)

6205. GEBHART (Émile). — Réflexions sur les légendes relatives au Paradis terrestre, p. 50 à 57.

6206. HAUSSONVILLE (Comte D'). — La statue de Voltaire de Pigalle, p. 59 à 78.

JOURNAL DES SAVANTS.

Journal des Savants, année 1902. (Paris, 1902, in-4°, 684 p.)

6207. BRÉAL (Michel). — Grammaire comparée des langues germaniques, p. 5 à 16.

6208. BLOCH (G.). — Storia di Roma, p. 16 à 31. — Suite de 1901, p. 748.

6209. WALLON (H.). — Le dernier bienfait de la monarchie [indépendance et neutralité de la Belgique], p. 31 à 45, et 102 à 116.

6210. DELISLE (L.). — La prétendue célébration d'un concile à Toulouse, en 1160, p. 45 à 51.

6211. PARIS (Gaston). — Cligès [Chrestien de Troyes], p. 57, 289, 345, 438, et 641.

6212. CAGNAT (R.). — Les monuments antiques de l'Algérie, p. 69 à 80, et 202 à 209.

6213. PICOT (Émile). — Histoire de l'Université de Ferrare, p. 80 à 102, et 141 à 158.

6214. BERTHELOT. — Les manuscrits de Léonard de Vinci et les machines de guerre, p. 116 à 120.

6215. SOREL (Albert). — Les négociations avec l'Angleterre en 1796, p. 121 à 134.

6216. WEILL (Henri). — Histoire de la littérature grecque, p. 134 à 141, et 193 à 202.

6217. BOISSIER (Gaston). — L'incendie de Rome et la première persécution chrétienne, p. 158 à 167.

6218. LÉGER (Louis). — La paléographie cyrillique, p. 167 à 174.

6219. FOUCART (P.). — Une loi athénienne du IV° siècle, pl., p. 177 à 193, et 233 à 245.

6220. DERENBOURG (Hartwig). — Correspondance de Michele Amari, p. 209, 486, et 608.

6221. DELISLE (L.). — Historical manuscripts Commission, p. 223 à 228.

[Archives du Chapitre de Cantorbéry. — Étudiants anglais aux Universités de Paris et d'Orléans (XIII° s.), etc.]

6222. CHATELAIN (Émile). — Fragments dispersés de vieux manuscrits, p. 271 à 276.

6223. WALLON (H.). — Mémoires de Saint-Simon, p. 309 à 322.

6224. LÉGER (L.). — Un poème tchèque sur la bataille de Crécy, p. 323 à 331.

6225. DELISLE (L.). — Note sur un livre offert à Jean Bourré, conseiller de Louis XI, par Ambroise de Cambrai, chancelier de l'Université de Paris, p. 332 à 338.

6226. BOEHMER (Ed.) et MOREL-FATIO (A.). — L'humaniste catalan P. Galès, p. 357, 425, et 476.

6227. HAVET (Louis). — Les lignes transposées du Cato maior, p. 371 à 382, et 401 à 412.

6228. MEILLET (A.). — Précis de philologie iranienne, p. 382 à 393.

6229. L. D. R. [DELISLE BURNOUF (Mme L.)]. — F.-Max Müller, p. 413 à 424.

6230. DELISLE (L.). — Les Évangiles de l'abbaye de Prüm, p. 461 à 475.

6231. BARTH (A.). — La grammaire palie de Kaccayana, p. 498 à 513.

6232. DARESTE (R.). — Le code babylonien d'Hammourabi, p. 517 à 528, et 586 à 599.

6233. MASPERO (G.). — Vie de Thoutmôsis III, p. 529 à 539.

6234. PERROT (Georges). — Les Phéniciens et l'Odyssée, p. 539 à 556, et 629 à 641.

6235. WALLON (H.). — OEuvres de saint François de Sales, p. 556 à 571, et 656 à 673.

6236. MASPERO (G.). — Imhotep, l'Esculape des Égyptiens, p. 573 à 585.

6237. BRÉAL (Michel). — Sur la langue de la Loi des XII Tables, p. 599 à 608.

6238. L. D. [DELISLE (L.)]. — Le cartographe dieppois Pierre Desceliers [XVI° s.], p. 674.

PIÈCES DIVERSES.

6239. DIVERS. — Institut de France. Discours prononcés à l'inauguration de la statue de Pasteur, à Dôle le dimanche 3 août 1902. (Paris, 1902, in-4°, 16 p.)

[Discours de MM. THUREAU-DANGIN et ROUX.]

6240. DIVERS. — Institut de France. Inauguration de la statue de Jules Simon, à Paris, le dimanche 12 juillet 1903. (Paris, 1903, in-8°, 20 p.)

[Discours de MM. Paul DESCHANEL et Georges PICOT.]

ACADÉMIE FRANÇAISE.

Les publications de l'Académie française antérieures à la Révolution sont analysées dans notre *Bibliographie générale*, t. III, p. 197 à 229.

Les publications de l'Académie postérieures à sa réorganisation en 1803 sont analysées dans notre *Bibliographie*, savoir :

Recueil des discours, rapports, etc., t. I à XII (1803-1889); *Bibliographie*, t. III, p. 230.

—   —   t. XIII et XIV (1890-1899), *Bibliographie*, Supplément sous presse.

Séances publiques annuelles, de 1830 à 1885, *Bibliographie*, t. III, p. 243.

—   —   de 1885 à 1900, *Bibliographie*, Supplément sous presse.

—   —   de 1901, *Bibliographie*, nouvelle série, t. I, p. 96.

Discours de réception prononcés en 1901, *Bibliographie*, nouvelle série, t. I, p. 96.

Éloges funèbres, de 1799 à 1889, *Bibliographie*, t. III, p. 247.

—   —   de 1890 à 1900, *Bibliographie*, Supplément sous presse.

—   —   prononcés en 1901, *Bibliographie*, nouvelle série, t. I, p. 97.

LXXII. — **Institut de France; Académie française.** Séance publique annuelle du jeudi 20 novembre 1902, présidée par M. Henry Houssaye, directeur. (Paris, 1902, in-4°, 107 p.)

6241. Houssaye (Henry). — Discours sur les prix de vertu, p. 85 à 107.

LXXIII. — **Institut de France; Académie française.** Séance publique annuelle du jeudi 26 novembre 1903, présidée par M. Thureau-Dangin, directeur. (Paris 1903, in-4°, 109 p.)

6242. Thureau-Dangin. — Discours sur les prix de vertu, p. 87 à 109.

Institut de France; Académie française. Discours prononcé dans la séance publique tenue par l'Académie française pour la réception de M. le marquis de Vogüé, le 12 juin 1902. (Paris, 1902, in-4°, 61 p.)

6243. Vogüé (Marquis de). — Discours, p. 3 à 36.
6244. Hérédia (De). — Discours, p. 37 à 61.

Institut de France; Académie française. Discours prononcé dans la séance publique tenue par l'Académie française pour la réception de M. Edmond Rostand, le 4 juin 1903. (Paris, 1903, in-4°, 57 p.)

6245. Rostand (Edmond). — Discours, p. 3 à 34.
6246. Vogüé (Vicomte Henri de). — Discours, p. 35 à 57.

CVIII. — **Institut de France; Académie française.** Funérailles de M. Gaston Paris, membre de l'Académie française et de l'Académie des Inscriptions et Belles-Lettres, le jeudi 12 mars 1903. (Paris, 1903, in-4°, 47 et 5 p.)

6247. Brunetière (F.). — Discours, p. 1 à 11.
6248. Perrot (Georges). — Discours, p. 13 à 23.
6249. Levasseur. — Discours au nom du Collège de France, p. 25 à 34.
6250. Meyer (Paul). — Discours [au nom de l'École des Chartes], p. 35 à 41.
6251. Havet (Louis). — Discours au nom des anciens élèves non romanistes de M. Gaston Paris, p. 43 à 47.
6252. Monod (Gabriel). — Discours au nom de l'École des hautes études, p. 1 à 5.

PIÈCES DIVERSES.

6253. Hanotaux (Gabriel). — Institut de France; Académie française. Centenaire de Victor Hugo, à Paris, le 26 février 1902. Discours de M. Gabriel Hanotaux, directeur de l'Académie française. (Paris, 1902, in-4°, 12 p.)
6254. Claretie (Jules). — Institut de France; Académie française. Centenaire de Victor Hugo célébré à Besançon le dimanche 17 août 1902. (Paris, 1902, in-4°, 9 p.)

[Discours de M. Jules Claretie.]

6255. Claretie (Jules). — Institut de France; Académie française. Inauguration de la maison de Victor Hugo à Paris le mardi 30 juin 1903. Discours de M. Jules Claretie, membre de l'Académie. (Paris, 1903, in-4°, 10 p.)

ACADÉMIE DES INSCRIPTIONS ET BELLES-LETTRES.

Les publications antérieures de cette Académie sont analysées dans notre *Bibliographie générale,* savoir :
Histoire et Mémoires de littérature, t. I à LI (1663-1793), *Bibliographie,* t. III, p. 256.
Mémoires, notices et rapports (an IV-1815), *Bibliographie,* t. III, p. 307.
Histoire et Mémoires, t. I à XXXI (1815-1884), *Bibliographie,* t. III, p. 313.
Mémoires, t. XXXII à XXXV (1886-1893), *Bibliographie,* Supplément sous presse.
— t. XXXVI (1898-1901), *Bibliographie,* nouvelle série, t. I, p. 98.
Mémoires présentés par divers savants, 1ʳᵉ série, t. I à IX (1844-1884), *Bibliographie,* t. III, p. 332.
— — 1ʳᵉ série, t. X (1893), *Bibliographie,* Supplément sous presse.
— — 1ʳᵉ série, t. XI, 1ʳᵉ partie (1901), *Bibliographie,* nouvelle série,
t. I, p. 98.
Mémoires présentés par divers savants, 2ᵉ série, t. I à VI (1845-1888), *Bibliographie,* t. III, p. 334.
Comptes rendus des séances, t. I à XXIX (1857-1885), *Bibliographie,* t. III, p. 336.
— — t. XXX à XLIV (1886-1900), *Bibliographie,* Supplément sous presse.
— — t. XLV (1901), *Bibliographie,* nouvelle série, t. I, p. 99.
Séances publiques annuelles, t. I à XLV (1840-1885), *Bibliographie,* t. III, p. 366.
— — t. XLVI à LX (1886-1900), *Bibliographie,* Supplément sous presse.
— — t. LXI (1901), *Bibliographie,* nouvelle série, t. I, p. 102.
Éloges funèbres. de 1799 à 1885, *Bibliographie,* t. III, p. 372.
— de 1886 à 1900, *Bibliographie,* Supplément sous presse.
— prononcés en 1901, *Bibliographie,* nouvelle série, t. I, p. 102.
Notices et Extraits des manuscrits, t. I à XXXI (1787-1886), *Bibliographie,* t. III, p. 380.
— t. XXXII à XXXV (1886-1896), *Bibliographie,* Supplément.
Notices et Extraits des manuscrits, t. XXXVI (1899-1901), *Bibliographie,* nouvelle série, t. I, p. 102.
Histoire littéraire, t. I à XXXII (1733-1898), *Bibliographie,* t. III, p. 396.
Recueil des historiens de la France, in-folio, t. I à XXIII (1738-1876), *Bibliographie,* t. III, p. 437.
Recueil des historiens des Croisades, Historiens occidentaux, t. I à V, *Bibliographie,* t. III, p. 464.
— — Historiens orientaux, t. I à IV, *Bibliographie,* t. III, p. 466.
— — Documents arméniens, t. I, *Bibliographie,* t. III, p. 466.
— — Historiens grecs, t. I et II, *Bibliographie,* t. III, p. 467.
— — Lois, t. I et II (1841-1843), *Bibliographie,* t. III, p. 467.
Ordonnances des rois de France, t. I à XXI (1723-1849), *Bibliographie,* t. III, p. 468.
Table chronologique des diplômes, t. I à VIII (1769-1876), *Bibliographie,* t. III, p. 471.
Diplomata, t. I et II (1843-1849), *Bibliographie,* t. III, p. 472.
Gallia Christiana, t. XVI (1865), *Bibliographie,* t. III, p. 472.
OEuvres de Borghesi, t. I à X (1862-1897), *Bibliographie,* t. III, p. 472.
Corpus inscriptionum Semiticarum, t. I à IV (1881-1893), *Bibliographie,* t. III, p. 474.
Fondation Piot, monuments et mémoires, t. I à VII (1894-1900), *Bibliographie,* Supplément sous presse.
— — t. VIII (1901), *Bibliographie,* nouvelle série, t. I, p. 103.

COMPTES RENDUS DES SÉANCES.

XLVI. — **Académie des Inscriptions et Belles-Lettres.** Comptes rendus des séances de l'année 1902. (Paris, 1902, in-8°, 780 p.)

6256. ANONYME. — Compte rendu des séances de janvier et février 1902, p. 1 à 77.

[HILD (J.-A.). Statue d'Athéna découverte à Poitiers, p. 80. — Le portrait de Vercingétorix sur les monnaies, p. 49 à 65.]

6257. JULLIAN (C.). — Le palais de Julien à Paris, p. 14 à 17.

19.

6258. Schlumberger (Gustave). — Note sur une mission de MM. Perdrizet et Chesnay en Macédoine, p. 33 à 37.

6259. Cagnat (R.). — Note sur les découvertes nouvelles survenues en Afrique, pl. et fig., p. 37 à 46.

[Antiquités romaines de Bou-Ghrara (Gigthis) et de Lambèse, pl. et fig.]

6260. Capitan (Dʳ) et Breuil (l'abbé). — Figures préhistoriques de la grotte de Combarelles (Dordogne), fig., p. 51 à 56.

6261. Delattre (Le P.). — Sarcophage de marbre avec couvercle orné d'une statue, trouvé dans une tombe punique de Carthage, fig., p. 56 à 64.

6262. Schlumberger (Gustave). — Un reliquaire byzantin portant le nom de Marie Comnène, fille de l'empereur Alexis Comnène, fig., p. 67 à 71.

6263. Hamy (E.-T.). — Meciade Villadestes, cartographe juif majorcain du commencement du xvᵉ siècle, p. 71 à 75.

6264. Thureau-Dangin (François). — Note sur la troisième collection de tablettes découvertes par M. de Sarzec à Telloh, p. 77 à 94.

6265. Anonyme. — Comptes rendus des séances de mars et avril 1902, p. 95 à 245.

[Clédat. Antiquités découvertes à Baouit (Égypte), p. 95. — Heuzey. Osselet de bronze massif avec inscription grecque, trouvé à Suse, p. 97. — Roizeville (Le P.). Bas-relief antique trouvé à Hous (Embre), pl., p. 235. — Müntz (Eug.). Peintures du xvᵉ siècle à Notre-Dame-des-Doms et au palais des papes à Avignon, p. 237.]

6266. Menant (Mˡˡᵉ D.). — L'entretien du feu sacré dans le culte mazdéen, pl. et fig., p. 101 à 111.

6267. Joret (Charles). — Notice sur la vie et les travaux de M. de la Borderie, p. 125 à 185. — Cf. id. nᵒˢ 6350 et 6868.

6268. Heuzey (Léon). — Archéologie orientale [musée du Louvre], 3 pl., p. 190 à 206.

[Un dieu cavalier de Syrie, pl.; stèles phéniciennes, 2 pl.]

6269. Lair (Jules). — Notice sur la vie et les travaux de M. Célestin Port, p. 206 à 233. — Cf. id. nᵒˢ 6351 et 6874.

6270. Anonyme. — Comptes rendus des séances de mai et juin 1902, p. 247 à 356.

[Vercoutre (Dʳ A.). Le lai d'Aristote à l'ancien Hôtel-Dieu d'Issoudun, p. 268. — Reinach (S.). Antiquités de Tralles, p. 284; et XLVII, p. 78. — Arbois de Jubainville (Dʳ). Les reines de Tara, en Irlande, p. 343.]

6271. Dussaud (René). — Rapport sur une mission dans le désert de Syrie, p. 251 à 264.

6272. Delattre (Le P.). — Le quatrième sarcophage de marbre blanc trouvé dans la nécropole punique voisine de Sainte-Monique à Carthage, fig., p. 89 à 295. — Cf. nᵒˢ 6279, 6283, 6292 et 6293.

6273. Audollent (Auguste). — Note sur les fouilles du Puy-de-Dôme (1901), fig., p. 299 à 316.

6274. Gauckler (Paul). — Le centenarius de Tibuci (Ksar-Tarcine, Sud Tunisien), fig., p. 321 à 340.

6275. Jouguet (Pierre). — Rapport sur deux missions au Fayoûm, p. 346 à 359.

6276. Oppert. — Le cylindre A de Gudéa, p. 368 à 412.

6277. Anonyme. — Comptes rendus des séances de juillet et août 1902, p. 413 à 474.

[Tumulus entre Tombouctou et Goundam, p. 414. — Reinach (S.). La légende de la mort d'Orphée, p. 417. — Barbier de Meynard. Inscription turque de la mosquée de Pékin, p. 439. — Inscriptions hittites de Palangah (Asie Mineure), carte, p. 452. — Inscriptions grecques chrétiennes du Mont des Oliviers, p. 454. — Reinach (S.). La statue équestre de Milo, p. 455. — Clermont-Ganneau. Inscription phénicienne du Musée du Louvre, p. 469. — Pottier. Canthare de terre cuite émaillée d'époque gréco-romaine, au Musée du Louvre, p. 470. — Clermont-Ganneau. Sur le dieu oriental Genneas, p. 472.]

6278. Pottier (Edmond). — Sur un vase grec trouvé à Suse par la mission J. de Morgan, p. 428 à 438; et XLVII, p. 216 à 219.

6279. Delattre (Le P.). — Rapport sur les fouilles de la nécropole punique voisine de Sainte-Monique, découverte d'un cinquième sarcophage de marbre blanc, fig., p. 443 à 450. — Cf. nᵒ 6272.

6280. Oppert. — Six cent cinquante-trois ; les quarrés mystiques chaldéens, p. 457 à 468.

6281. Anonyme. — Comptes rendus des séances de septembre et octobre 1902, p. 475 à 559.

[Reinach (S.). La renonciation à Satan et à ses pompes dans le baptême des adultes, p. 484. — Reinach (S.). Les légendes grecques relatives aux peines éternelles, p. 506. — Babelon (E.). Poids monétaire de l'époque constantinienne trouvé à Carthage, p. 508. — Delattre (Le P.). Épitaphe punique trouvée à Carthage, p. 525. — Clermont-Ganneau. Sur une dynastie sidonienne, p. 550. — Berger (Ph.). E. Müntz (1845 + 1902), p. 555 (cf. id. nᵒ 6348).]

6282. Cartailhac. — Note sur les dessins préhistoriques de la grotte de Marsoulas, p. 478 à 483.

6283. Delattre (Le P.). — Sixième sarcophage de marbre blanc peint trouvé à Carthage, pl., p. 484 à 491. — Cf. nᵒ 6272.

6284. Lagrange (Le P.). — Deux hypogées macédo-sidoniens à Beit-Djebrin (Palestine), p. 497 à 505.

6285. Clédat (Jean). — Recherches sur le Kôm de Baouit, 4 pl., p. 525 à 546.

6286. Anonyme. — Comptes rendus des séances de novembre et décembre 1902, p. 561 à 750.

[Gauckler. Antiquités romaines de l'Henchir Douemis, pl., p. 565. — Berger (Ph.). Inscriptions puniques trouvées à Carthage, p. 672. — Houssaye. Stèles funéraires du musée de Thèbes, p. 715. — Omont (H.). Le manuscrit de l'Évangile de saint Marc en onciale d'or, conservé au Caire, p. 725. — Héron de Villefosse. Découverte de sarcophages antiques à Carthage, p. 729. — Reinach (S.). Les Supplices des enfers, p. 748.]

6287. Wallon (Henri). — Notice sur la vie et les travaux de M. Jacques-Auguste-Adolphe Régnier (1804 † 1884), p. 606 à 647. — Cf id. n° 6344.

[Suivi d'une note de M. Barth.]

6288. Lair (Jules). — La captivité de Pouqueville en Morée, p. 648 à 664. — Cf. id. n° 6345.

6289. Valois (Noël). — Notice sur la vie et les travaux de M. Jules Girard (1825 † 1902), p. 674 à 711. — Cf. id. n° 6353.

XLVII. — Académie des Inscriptions et Belles-Lettres. Comptes rendus des séances de l'année 1903. (Paris, 1903, in-8°, 686 p.)

6290. Anonyme. Comptes rendus des séances de janvier et février 1903, p. 1 à 102.

[Hauet. Le Sceau de Goudéa, p. 37. — Dieulafoy. Statue de Diane découverte à Santiponce, p. 38. — D. Serruys. La correspondance du patriarche Ignace dans la bibliothèque du monastère de Vatopedi (Mont-Athos), p. 38 (cf. n° 6333). — Clermont-Ganneau. Inscription latine des Croisades trouvée à Saint-Jean d'Acre, fig., p. 72. — Schlumberger (G.). Tessère au nom de l'empereur Zénon et d'Odoacre, p. 81. — Clermont-Ganneau. Statues de Jupiter Héliopolitain, fig., p. 89 et 91. — Clermont-Ganneau. Stèle de granit de Djebaïl, p. 91. — Aymonier. Phra Ruang, le libérateur du Siam, p. 93.]

6291. Gauckler. — Lettre sur les découvertes faites à Carthage par le R. P. Delattre, p. 6 à 10.

6292. Delattre (Le P.). — Carthage. Nécropole punique voisine de Sainte-Monique. Le septième et le huitième sarcophage de marbre, couvercle anthropoïde, épitaphes de prêtresses, fig., p. 11 à 23. — Cf. n° 6272.

6293. Delattre (Le P.). — Carthage. Nécropole punique voisine de Sainte-Monique. Deux sarcophages anthropoïdes en marbre blanc, fig., p. 23 à 33. — Cf. n° 6272.

6294. Gérin-Ricard (Henry de) et Arnaud d'Agnel (l'abbé). — Une sépulture à incinération avec inscription grecque découverte dans la vallée de l'Arc (Bouches-du-Rhône), p. 58 à 61.

6295. Perdrizet (Paul). — Une inscription d'Antioche qui reproduit un oracle d'Alexandre d'Abonotichos, p. 62 à 66.

6296. Brénier (Louis). — L'introduction du crucifix en Gaule, p. 67 à 70.

6297. Collignon (Maxime). — Rapport sur les fouilles exécutées par M. Degrand dans la vallée de la Toundja, en Bulgarie, p. 81 à 87.

6298. Berger (Philippe). — Note sur une nouvelle inscription [punique] funéraire de Carthage, fig., p. 94 à 97.

6299. Osont (Henri). — Un plagiat littéraire du XIIᵉ siècle. La vie de saint Willibrord, évêque d'Utrecht, par le prêtre Egbert, p. 98 à 100.

6300. Anonyme. — Comptes rendus des séances de mars et avril 1903, p. 103 à 179.

[Héron de Villefosse et Delattre (le P.). Inscription de l'amphithéâtre de Carthage, p. 106. — Reinach (Théodore). Le

papyrus des Perses de Timothée, p. 126. — Serruys (D.). Système de métrique verbale appliquée à l'étude des mètres lyriques, p. 138. — Clermont-Ganneau. Sur l'inscription du temple d'Echmoun à Sidon, p. 163 (cf. n° 6305). — Reinach (S.). Le sculpteur athénien Strongylion, p. 164. — Héros de Villefosse. Mosaïque de Villelaure (Vaucluse), p. 168.]

6301. Arbois de Jubainville (D'). — VENITOVTA-QVADVNIA [inscription de Ventabren (Bouches-du-Rhône)], fig., p. 108 à 111.

6302. Capitan (D') et Breuil (l'abbé). — Les figures peintes à l'époque paléolithique sur les parois de la grotte de Font-de-Gaume (Dordogne), fig., p. 117 à 129.

6303. Hamy (D' E.-T.). — Quelques observations au sujet des gravures et des peintures de la grotte de Font-de-Gaume (Dordogne), p. 130 à 134.

6304. Rivière (Émile). — Découvertes gallo-romaines faites à Paris, p. 142 à 151.

6305. Berger (Philippe). — Découverte d'une nouvelle inscription du temple d'Echmoun à Sidon, fig., p. 154 à 159, et 166 à 168. — Cf. n° 6300.

6306. Weill (R.). — Un nom royal égyptien de la période Thinite au Sinaï, p. 160 à 162.

6307. Chatelain (Émile). — Le manuscrit d'Hygin en notes tironiennes, p. 169 à 174.

6308. Anonyme. — Comptes rendus des séances de mai 1903, p. 181 à 216.

[Clerc. Bas-relief découvert à Montsalier (Basses-Alpes), fig., p. 189. — Babelon. Médaillon d'or de Constantin, p. 192. — Reinach (S.). Inscription découverte à Rome, p. 193. — Clermont-Ganneau. Monument provenant de Lepsis magna, fig., p. 201. — Joret. Sur la bataille de Formigny, p. 206. — Serruys (Daniel). Le concile iconoclaste de 815, p. 207. — Cartos (D'). Les fouilles de Sousse, p. 209. — Léops. La croix de Bohême sur le champ de bataille de Crécy, fig., p. 210. — Mély (De). Aiguière en porcelaine ayant appartenu à Jeanne Iʳᵉ, reine de Naples.]

6309. Berger (Philippe). — Vase de plomb avec inscription bilingue [phénicienne et grecque] découvert à Carthage, fig., p. 194 à 198.

[6278]. Pottier (F.). — L'auteur du vase grec trouvé à Suse, note complémentaire, fig., p. 216 à 219.

6310. Capitan (D'), Breuil (l'abbé) et Peyrony. — Les figures gravées à l'époque paléolithique sur les parois de la grotte de Bernifal (Dordogne), p. 219 à 230.

6311. Anonyme. — Comptes rendus des séances de juin 1903, p. 231 à 257.

[Héron de Villefosse et Delattre (le P.). Inscription romaine découverte à Djebba, p. 242. — Ravillout. Nouveaux évangiles apocryphes, p. 246. — Clermont-Ganneau. Inscriptions grecques de Gaza, p. 251. — Déramb (Victor). Sceau égyptien trouvé à Hagia Triada (Crète), p. 255.]

6312. Berger (Philippe). — Une inscription juive du Touat, p. 235 à 239.

6313. Cartailhac (Émile) et Breuil (l'abbé H.). — Les peintures préhistoriques de la grotte d'Altamira, à Santillana (Espagne), p. 256 à 265.

6314. Anonyme. — Comptes rendus des séances de juillet 1903, p. 267 à 331.

[Croiset (Maurice). Le sens du mot δίκη et l'idée de justice dans Homère, p. 294. — Delattre (Le P.). Amphores avec inscriptions puniques trouvées à Carthage, *fig.*, p. 311. — Collignon (M.). Tête de marbre provenant d'Égypte, au Musée du Louvre, p. 314. — Reinach (Salomon). Sculptures du xiiie siècle au château de Saint-Germain, p. 319. — Lefranc (Abel). Un prétendu Ve livre du Pantagruel de Rabelais, p. 320. — Arbois de Jubainville (D'). La mesure gauloise candetum, p. 329.]

6315. Vogüé (Marquis de). — Inscription araméenne trouvée en Égypte [à Assouan, au musée du Caire], *pl.*, p. 269 à 276.

6316. Vogüé (Marquis de). — Analyse d'un mémoire du R. P. Ronzevalle sur un bas-relief [avec inscription grecque] trouvé à Émèse et plusieurs monuments palmyréniens, *fig.*, p. 276 à 283.

6317. Carton (D'). — Rapport sur les fouilles exécutées à El Kenissia, près de Sousse, p. 283 à 287.

6318. Arbois de Jubainville (D'). — Les Gourdeiziou [douze jours] bretons et leur origine babylonienne, p. 315 à 318.

6319. Froelich. — Les inscriptions de la roche de Trupt [région du Donon], p. 331 à 333.

6320. Clermont-Ganneau. — Lepcis et Leptis Magna (Tripolitaine), p. 333 à 346.

[Inscription romaine.]

6321. Anonyme. — Comptes rendus des séances d'août 1903, p. 347 à 368.

[Homolle. Les fouilles de Délos, inscription grecque, p. 347.]

6322. Naville. — A propos du fronton oriental du temple de Zeus à Olympie, p. 350 à 356.

6323. Clermont-Ganneau. — Les sépulcres à fresques de Guigariche et le culte de Mithra en Afrique, *fig.*, p. 357 à 363.

6324. Leclère (Adhémar). — Mémoire sur une charte de fondation d'un monastère bouddhique [Sambôk (Cambodge)] où il est question du roi du feu et du roi de l'eau, p. 369 à 378.

6325. Clermont-Ganneau. — Inscription égypto-phénicienne de Byblos, *fig.*, p. 378 à 383.

6326. Anonyme. — Comptes rendus des séances de septembre 1903, p. 387 à 438.

[Delattre (Le P.). Disque de plomb avec inscriptions punique et grecque, p. 387. — Clermont-Ganneau. L'étymologie de λύγμος dans le ms. de Tours n° 286, p. 388. — Clermont-Ganneau. Chartes de croisés dans un manuscrit arabe de la Bibliothèque nationale, p. 398. — Ruelle (Émile). Sur un traité d'astronomie faussement attribué à Jean Tzetzès, p. 413. — Héron de Villefosse. Inscription latine trouvée à Carthage, p. 420.]

6327. Degrand. — Le trésor d'Izgherli (Bulgarie), p. 390 à 396.

[Monnaies romaines, plat en argent.]

6328. Chassinat. — Rapport sur les travaux de l'Institut français d'archéologie orientale du Caire, p. 399 à 406.

6329. Capitan (D'), Breuil (l'abbé) et Peyrony. — Une nouvelle grotte à parois gravées à l'époque préhistorique de la grotte de Teyjat (Dordogne), p. 407 à 412.

6330. Clermont-Ganneau. — Le chrisme constantinien selon Mas 'Oudî, p. 416 à 419.

6331. Dürrbach. — Rapport sommaire sur les fouilles de Délos (15 juin-8 août), p. 422 à 429.

6332. Delattre (Le P.). — Figurines trouvées à Carthage dans une nécropole punique, *fig.*, p. 429 à 436.

6333. Anonyme. — Comptes rendus des séances d'octobre 1903, p. 439 à 473.

[Omont. Les lettres d'Ignace de Nicée, p. 461 (cf. n° 6290). — Vogüé (De). Inscription phénicienne trouvée à Carthage, p. 465.]

6334. Anonyme. — Comptes rendus des séances de novembre et décembre 1903, p. 476 à 654.

[Ducrosse (Mgr L.). Un incendie du Vaticane, p. 476. — Clermont-Ganneau. Inscription grecque chrétienne du mont des Oliviers, p. 641. — Lanterier (R. de). Le Boccador et la construction de l'Hôtel de ville de Paris, p. 642.]

6335. Clermont-Ganneau. — Inscriptions [grecques et latines] de Palestine, *fig.*, p. 479 à 495.

6336. Wallon (Henri). — Centenaire de l'élection de Quatremère de Quincy à l'Institut, classe d'histoire et de littérature ancienne, le 16 février 1804. Notice supplémentaire sur sa vie et ses travaux, p. 538 à 580. — Cf. id. n° 6346.

6337. Croiset (Maurice). — La morale et la cité dans les poésies de Solon, p. 581 à 596. — Cf. id. n° 6347.

6338. Héron de Villefosse. — Mission archéologique du R. P. Germer Durand en Arabie, p. 597 à 599.

6339. Finot. — Fouilles du temple de Bhadreçvara à My-Son (Annam), p. 600 à 601.

6340. Carton (D'). — Découverte de catacombes chrétiennes à Sousse, p. 607 à 609.

6341. Oppert. — L'étendue de Babylone, p. 611 à 618.

6342. Heuzey (Léon). — Reprise des fouilles de Tello [Chaldée] par le capitaine Cros. Première communication, une statue complète de Goudéa, *facs.*, p. 618 à 629.

[Inscription cunéiforme de la statue, transcrite et traduite par M. François Thureau-Dangin, facs.]

6343. Collignon (Maxime). — Note sur les fouilles exécutées dans le tumulus de Costievo, en Bulgarie, par M. Degrand, consul de France à Philippopoli, p. 644 à 662.

LXII. — Institut de France; Académie des Inscriptions et Belles-Lettres. Séance publique annuelle du vendredi 14 novembre 1902, présidée par M. Philippe Berger. (Paris, 1902, in-4°, 122 p.)

6344. WALLON (Henri). — Notice sur la vie et les travaux de M. Jacques-Auguste-Adolphe Régnier [1804 † 1884], p. 53 à 101. — Cf. id. n° 6287.

[Suivi d'un appendice de M. BARTH, p. 95 à 101.]

6345. LAIR (Jules). — La captivité de Pouqueville en Morée, p. 103 à 122. — Cf. id. n° 6288.

LXIII. — **Institut de France; Académie des Inscriptions et Belles-Lettres.** Séance publique annuelle du vendredi 13 novembre 1903, présidée par M. Georges Perrot. (Paris, 1903, in-4°, 127 p.)

6346. WALLON (Henri). — Centenaire de l'élection de Quatremère de Quincy [1755 † 1849] à l'Institut, classe d'histoire et de littérature ancienne, le 16 février 1804. Notice supplémentaire sur sa vie et ses travaux, p. 59 à 108. — Cf. id. n° 6336.

6347. CROISET (Maurice). — La morale et la cité dans les poésies de Solon, p. 109 à 127. — Cf. id. n° 6337.

ÉLOGES FUNÈBRES.

CXXIII. — **Institut de France. Académie des Inscriptions et Belles-Lettres.** Discours de M. Philippe Berger, président de l'Académie, à l'occasion de la mort de M. Eugène Müntz, membre de l'Académie, lu dans la séance du 31 octobre 1902. (Paris, 1902, in-4°, 6 p.)

6348. BERGER (Philippe). — Discours, p. 1 à 6. — Cf. id. n° 6281.

CXXIV. — **Institut de France; Académie des Inscriptions et Belles-Lettres.** Discours de M. Philippe Berger, président de l'Académie, à l'occasion de la mort de M. Alexandre Bertrand, membre de l'Académie, lu dans la séance du 12 décembre 1902. (Paris, 1902, in-4°, 6 p.)

6349. BERGER (Philippe). — Discours, p. 1 à 6.

PIÈCES DIVERSES.

6350. JORET (Charles). — Institut de France. Académie des Inscriptions et Belles-Lettres. Notice sur la vie et les

travaux de M. de la Borderie [1827 † 1901], lue dans les séances des 14, 21 et 26 mars 1902. (Paris, 1902, in-4°, 75 p.) — Cf. id. n°ˢ 6267 et 6868.

6351. LAIR (Jules). — Institut de France. Académie des Inscriptions et Belles-Lettres. Notice sur la vie et les travaux de M. Célestin Port [1828 † 1901], lue dans la séance du 11 avril 1902. (Paris, 1902, in-4°, 36 p.) — Cf. id. n°ˢ 6269 et 6874.

6352. GORJE (J. DE). — Institut de France. Académie des Inscriptions et Belles-Lettres. Notice sur la vie et les travaux de M. Max Müller [1823 † 1900], lue dans la séance du 25 avril 1902. (Paris, 1902, in-4°, 35 p.)

6353. VALOIS (Noël). — Institut de France. Académie des Inscriptions et Belles-Lettres. Notice sur la vie et les travaux de M. Jules Girard [1825 † 1902], lue dans la séance du 21 novembre 1902. (Paris, 1902, in-4°, 46 p.) — Cf. id. n° 6289.

RECUEIL DES HISTORIENS DES GAULES
ET DE LA FRANCE.

Le tome XXIV, sous presse, de cette collection terminera la série in-folio commencée en 1738. Une nouvelle série in-4° lui fait suite, dans laquelle chaque volume ou suite de volumes renferme une catégorie uniforme de documents : documents financiers, obituaires, pouillés, diplômes, etc.

6354. LANGLOIS (Ch.-V.). — Inventaire d'anciens comptes royaux dressé par Robert Mignon sous le règne de Philippe de Valois, publié sous la direction de M. L. Delisle. (Paris, 1899, in-4°, XLI-435 p.)

[Recueil des historiens de la France. Documents financiers, t. I. — Bien que portant la date de 1899, ce volume n'a été distribué qu'en 1902.]

6355. MOLINIER (Auguste) et LONGNON (Auguste). — Obituaires de la province de Sens. Tome I (diocèses de Sens et de Paris), publié par M. Auguste Molinier, sous la direction et avec une préface de M. Auguste Longnon. (Paris, 1902, 2 vol., in-4°, CIX-1380 p.)

[Recueil des historiens de la France. Obituaires, t. I. — Sens. Ferrières, Melun, Barbeaux, le Jard, Vauluisant, Provins. Fontainebleau, Voulton, Preuilly, Joigny, Yèbles, Paris, Saint-Denis, Argenteuil, Saint-Maur-les-Fossés. Chelles, Lagny, Corbeil, Deuil, Longpont, Malnoue, Yerres, le Val, Hérivaux, Hermières, Port-Royal, Maubuisson, Longchamp, Saint-Cloud, Montmorency, Goussainville, Villeneuve.]

FONDATION PIOT.

IX. — **Fondation Eugène Piot. Monuments et mémoires publiés par l'Académie des Inscriptions et Belles-Lettres,** sous la direction de Georges Perrot et Robert de Lasteyrie, membres de l'Institut, avec le concours de Paul Jamot, secrétaire de la rédaction, t. IX. (Paris, 1902, gr. in-4°, 244 p.)

6356. COLLIGNON (Max.). — Situla d'ivoire provenant de Chiusi, musée du Louvre, *fig.* et *pl.*, p. 5 à 13.

6357. GASPAR (Camille). — Le peintre céramiste Smikros, à propos d'un vase inédit du musée de Bruxelles, *fig.* et 2 *pl.*, p. 15 à 41.

6358. AUDOUIN (E.). — La Minerve de Poitiers, 2 *pl.*, p. 43 à 71.

6359. BENOIT (Camille). — La Résurrection de Lazare, par Gérard de Harlem, *fig.* et *pl.*, p. 73 à 94.

6360. MÜNTZ (Eugène). — Tapisseries allégoriques inédites ou peu connues, *fig.* et 3 *pl.*, p. 95 à 121.

6361. BÉNÉDITE (Georges). — Un guerrier libyen, figurine inédite en bronze incrusté d'argent, conservée au musée du Louvre, *pl.*, p. 123 à 133.

6362. POTTIER (E.). — Epilykos, étude de céramique grecque, *fig.* et 5 *pl.*, p. 135 à 178.

6363. HÉRON DE VILLEFOSSE (A.). — Le canthare [argent] d'Alise [Côte-d'Or], *fig.* et *pl.*, p. 179 à 188.

6364. REINACH (Théodore). — Le sarcophage de Sidamara [Cilicie], *fig.* et 3 *pl.*, p. 189.

[Inscription grecque.]

6365. SCHLUMBERGER (Gustave). — Deux bas-reliefs byzantins de stéatite de la plus belle époque faisant partie de la collection de Mᵐᵉ la comtesse R. de Béarn, *fig.* et *pl.*, p. 229 à 236.

ACADÉMIE DES SCIENCES.

Les publications antérieures de cette Académie rentrant dans le cadre de notre *Bibliographie générale* sont analysées, savoir :

Histoire et Mémoires, t. I à CVIII (1666-1797), *Bibliographie*, t. III, p. 477.
Mémoires, t. I à XIV (1798-1815), *Bibliographie*, t. III, p. 489.
— t. I à XLIV (1816-1889), *Bibliographie*, t. III, p. 490.
— t. XLV (1899), *Bibliographie*, Supplément sous presse.
Séance publique annuelle (1901), *Bibliographie*, nouvelle série, t. I, p. 104 (pour les volumes antérieurs, voir les *Mémoires*).
Comptes rendus, t. CXXXII et CXXXIII (1901), *Bibliographie*, nouvelle série, t. I, p. 104.
Éloges funèbres, t. I à CLXXI (1799-1885), *Bibliographie*, t. III, p. 495.
— t. CLXXII à CCIII (1886-1900), *Bibliographie*, Supplément sous presse.
Ouvrages divers (1676-1895), *Bibliographie*, t. III, p. 476.

Institut de France. Académie des Sciences. Séance publique annuelle du lundi 22 décembre 1902, présidée par M. Bouquet de la Grye. (Paris, 1902, in-4°, 64 p.)

6366. BERTHELOT (Marcelin). — Notice historique sur la vie et les travaux de M. Chevreul [1786 † 1889], p. 17 à 64.

Institut de France. Académie des Sciences. Séance publique annuelle du lundi 21 décembre 1903, présidée par M. Albert Gaudry, président de l'Académie. (Paris, 1903, in-4°, 76 p.)

6367. DARBOUX (Gaston). — Éloge historique de François Perrier [1833 † 1888], p. 17 à 76.

CCIV. — Institut de France. Académie des Sciences. Funérailles de M. Alfred Cornu, membre de l'Académie, le mercredi 16 avril 1902. (Paris, 1902, in-4°, 18 p.)

6368. MASCART. — Discours, p. 1 à 7.
6369. BASSOT (Général). — Discours, p. 9 à 13.
6370. POINCARÉ. — Discours, p. 15 à 18.

CCV. — Institut de France. Académie des Sciences. Funérailles de M. Filhol, membre de l'Académie, le mercredi 30 avril 1902. (Paris, 1902, in-4°, 17 p.)

6371. BOUQUET DE LA GRYE. — Discours, p. 1 à 3.
6372. CHATIN (Joannès). — Discours, p. 5 à 9.
6373. PERRIER (Edmond). — Discours, p. 11 à 17.

CCVI. — Institut de France. Académie des Sciences. Funérailles de M. Faye, membre de l'Académie, le lundi 7 juillet 1902. (Paris, 1902, in-4°, 25 p.)

6374. BOUQUET DE LA GRYE. — Discours, p. 1 à 4.
6375. JANSSEN. — Discours, p. 5 à 8.
6376. LOEWY. — Discours, p. 9 à 15.
6377. BASSOT (Général). — Discours, p. 17 à 21.
6378. BAKHUYSEN. — Discours, p. 23 à 25.

CCVII. — Institut de France. Académie des Sciences. Funérailles de M. Damour, membre libre de l'Académie, le jeudi 25 septembre 1902. (Paris, 1902, in-4°, 2 p.)

6379. BOUQUET DE LA GRYE. — Paroles d'adieu, p. 1.

CCVIII. — Institut de France. Académie des Sciences. Funérailles de M. Debérain, membre de l'Académie, le mercredi 10 septembre 1902. (Paris, 1902, in-4°, 21 p.)

6380. BOUQUET DE LA GRYE. — Discours, p. 1 à 3.
6381. CHAUVEAU. — Discours, p. 5 à 10.
6382. PERRIER (Edmond). — Discours, p. 11 à 16.
6383. PASSY (Louis). — Discours, p. 17 à 21.

CCIX. — Institut de France. Académie des Sciences. Funérailles de M. de Bussy, membre de l'Académie, le mardi 28 avril 1903. (Paris, 1903, in-8°, 5 p.)

6384. GUYOU (E.). — Discours, p. 1 à 5.

CXXXIV. — Comptes rendus hebdomadaires de l'Académie des Sciences…, t. CXXXIV, janvier-juin 1902. (Paris, 1902, in-4°, 1668 p.)

6385. BERTHELOT (M.). — Sur un vase antique trouvé à Abou Roach (Égypte), p. 501 à 503.

CXXXV. — Comptes rendus hebdomadaires des séances de l'Académie des Sciences…,

t. CXXXV, juillet-décembre 1902. (Paris, 1902, in-4°, 1388 p.)

6386. RIVIÈRE (Émile). — Les figurations préhistoriques de la grotte de la Mouthe (Dordogne), fig., p. 265 à 268. — Cf. n° 6388.
6387. OSMOND (F.). — Sur les procédés de fabrication des armes à l'époque du bronze, p. 1342 à 1343.

CXXXVI. — Comptes rendus hebdomadaires de l'Académie des Sciences…, t. CXXXVI, janvier-juin 1903. (Paris, 1903, in-4°, 1782 p.)

6388. RIVIÈRE (Émile). — Les parois gravées et peintes de la grotte de la Mouthe formant de véritables panneaux décoratifs, p. 142 à 144. — Cf. n° 6386.

CXXXVII. — Comptes rendus hebdomadaires des séances de l'Académie des Sciences…, t. CXXXVII, juillet-décembre 1903. (Paris, 1903, in-4°, 1322 p.)

6389. CHESNEAU. — Sur la composition de bronzes préhistoriques de la Charente, p. 653 à 656.
6390. CHESNEAU (G.). — Étude microscopique de bronzes préhistoriques de la Charente, p. 930 à 932.

PIÈCES DIVERSES.

6391. CHAUVEAU. — Institut de France. Académie des Sciences. Discours prononcé à l'inauguration du monument élevé à la mémoire de Pasteur, à Chartres, le dimanche 7 juin 1903. (Paris, 1903, in-4°, 11 p.)
6392. GAUTIER (Armand). — Institut de France. Académie des Sciences. Inauguration de la statue d'Auguste Laurent, à Langres, le dimanche 23 août 1903. (Paris, 1903, in-4°, 7 p.)
6393. GAUDRY (Albert) et PERRIER (Edmond). — Institut de France. Académie des Sciences. Discours prononcés à l'inauguration du monument élevé à la mémoire des deux frères Haüy, à Saint-Just-en-Chaussée (Oise), le 8 novembre 1903. (Paris, 1903, in-4°, 17 p.)

ACADÉMIE DES BEAUX-ARTS.

Les publications antérieures de cette Académie sont analysées dans notre *Bibliographie générale*, savoir :
Séances publiques annuelles, n°ˢ I à LXXIX (1807-1885), *Bibliographie*, t. III, p. 513.

— — n°ˢ LXXX à XCIV (1886-1900), *Bibliographie*, Supplément sous presse.

n° XCV (1901), *Bibliographie*, nouvelle série, t. I, p. 104.

Éloges funèbres, n⁰ˢ I à CXXVI (1806-1885), *Bibliographie*, t. III, p. 522.
— n⁰ˢ CXXVII à CLXI (1886-1900), *Bibliographie*, Supplément sous presse.
— n⁰ˢ CLXII et CLXIII (1901), *Bibliographie*, nouvelle série, t. I, p. 104.
Ouvrages divers (1667-1873), *Bibliographie*, t. III, p. 512.

XCVI. — Institut de France. Académie des Beaux-Arts. Séance publique annuelle du samedi 8 novembre 1902, présidée par M. Jean-Paul Laurens. (Paris, 1902, in-4°, 78 p.)

6394. Larroumet (Gustave). — Notice historique sur la vie et les œuvres de M. Alexandre Falguière, p. 55 à 78.

XCVII. — Institut de France. Académie des Beaux-Arts. Séance publique annuelle du samedi 31 octobre 1903, présidée par M. Marqueste, président de l'Académie. (Paris, 1903, in-4°, 58 p.)

ÉLOGES FUNÈBRES.

CLXIV. — Institut de France. Académie des Beaux-Arts. Funérailles de M. Coquart, membre de l'Académie, le vendredi 11 avril 1902. (Paris, 1902, in-4°, 8 p.)

6395. Larroumet (Gustave). — Discours, p. 1 à 5.
6396. Dubois (Paul). — Discours, p. 7 à 8.

PIÈCES DIVERSES.

6397. Massenet. — Institut de France. Académie des Beaux-Arts. Centenaire de Hector Berlioz, inauguration du monument élevé à Monte-Carlo, le samedi 7 mars 1903. (Paris, 1903, in-4°, 6 p.)

6398. Aynard (Édouard). — Institut de France. Académie des Beaux-Arts. Notice sur la vie et les œuvres de M. Philippe Gille [1831 † 1901]. (Paris, 1903, in-4°, 18 p.)

6399. Divers. — Institut de France. Académie des Beaux-Arts. Discours prononcés à l'inauguration du monument élevé à la mémoire de Charles Garnier, le samedi 20 juin 1903. (Paris, 1904, in-4°, 20 p.)

[Discours de MM. Larroumet, Alf. Normand, C. Moyaux et J.-B. Pascal.]

6400. Fontaine (André). — Conférences inédites de l'Académie royale de peinture et de sculpture, d'après les manuscrits des archives de l'École des Beaux-Arts... (La querelle du dessin et de la couleur; discours de Le Brun, de Philippe et de Jean-Baptiste de Champaigne : l'année 1672.) Paris, Fontemoing [1903], in-8°, LXIII-233 p. (Collection Minerva.)

[Cette publication n'a pas été faite par l'Académie des Beaux-Arts; nous la signalons néanmoins en raison de l'intérêt qu'elle présente pour l'histoire de cette compagnie.]

ACADÉMIE DES SCIENCES MORALES ET POLITIQUES.

Les publications antérieures de cette Académie sont analysées dans notre *Bibliographie générale*, savoir :
Mémoires, t. I à V (an IV-1804), *Bibliographie*, t. III, p. 537.
— t. I à XIV (1837-1884), *Bibliographie*, t. III, p. 539.
— t. XV à XXII (1887-1900), *Bibliographie*, Supplément sous presse.
Comptes rendus, t. I à CXXIV (1840-1885), *Bibliographie*, t. III, p. 542.
— t. CXXV à CLIV (1886-1900), *Bibliographie*, Supplément sous presse.
— t. CLV et CLVI (1901), *Bibliographie*, nouvelle série, t. I, p. 105.
Séances publiques annuelles (1836-1885), *Bibliographie*, t. III, p. 580.
— — (1886-1900), *Bibliographie*, Supplément sous presse.
— — (1901), *Bibliographie*, nouvelle série, t. I, p. 106.
Éloges funèbres, n⁰ˢ I à XLVI (1799-1885), *Bibliographie*, t. III, p. 584.
— n⁰ˢ XLVII à LXXI (1886-1900), *Bibliographie*, Supplément sous presse.
— n⁰ˢ LXXII et LXXIII (1901), *Bibliographie*, nouvelle série, p. 106.

XXIII. — Mémoires de l'Académie des Sciences morales et politiques de l'Institut de France, t. XXIII [1901-1902]. Paris, 1902, in-4°, xx-743 p.)

6401. Picot (Georges). — Notice historique sur la vie et les travaux de M. Léon Say [1826 † 1896], p. 1 à 54.

6402. Monod (G.). — Notice sur la vie et les travaux de M. Paul de Rémusat [1831 † 1897], p. 77 à 121.

6403. Picot (Georges). — Notice historique sur la vie et les travaux de Charles Renouard [1794 † 1878], p. 301 à 353. — Cf. id. n° 6406.

6404. Ribot (Th.). — Notice sur la vie et les travaux de M. F. Nourrisson, p. 405 à 418. — Cf. id. n° 6408.

6405. Chuquet (Arthur). — Notice sur la vie et les travaux de M. Jules Zeller [1820 † 1900], p. 419 à 439. — Cf. id. n° 6409.

CLVII. — Séances et travaux de l'Académie des Sciences morales et politiques (Institut de France). Compte rendu..., 62ᵉ année, nouvelle série, t. LVII (CLVIIᵉ de la collection), 1902, 1ᵉʳ semestre. (Paris, 1902, in-8°, 776 p.)

6406. Picot (Georges). — Notice historique sur la vie et les travaux de Charles Renouard [1794 † 1878], p. 49 à 92. — Cf. id. n° 6403.

6407. Gréard. — La sépulture du cardinal de Richelieu, p. 180 à 201.

6408. Ribot (Th.). — Notice sur la vie et les travaux de M. F. Nourrisson, p. 203 à 213. — Cf. id. n°ˢ 2150 et 6404.

6409. Chuquet (Arthur). — Notice sur la vie et les travaux de M. Jules Zeller [1820 † 1900], p. 214 à 231. — Cf. id. n°ˢ 2151 et 6405.

6410. Cabanès (A.). — Stendhal-Beyle [1783 † 1842], p. 328, 429 et 545.

6411. Boutmy. — Notice sur la vie et les travaux de M. Bardoux [1830 † 1897], p. 360 à 378, et 405 à 428. — Cf. id. n° 6459.

6412. Cochery (Baron de). — Notice sur la vie et les travaux de M. Buffet [Louis-Joseph, 1818 † 1898], p. 509 à 544, 633 à 675. — Cf. id. n° 6458.

6413. Lair (Adolphe). — Dubois, de la Loire-Inférieure [† 1874], p. 676 à 704.

CLVIII. — Séances et travaux de l'Académie des Sciences morales et politiques (Institut de France). Compte rendu... 62ᵉ année, nouvelle série, t. LVIII (CLVIIIᵉ de la collection), 1902, 2ᵉ semestre. (Paris, 1902, in-8°, 799 p.)

6414. Faguet. — Notice sur la vie et les travaux de M. le duc Albert de Broglie [1821 † 1901], p. 5 à 44, et 161 à 205. — Cf. id. n° 6460.

6415. Chuquet (Arthur). — L'insurrection de l'armée du Rhin en 1815, ou le sergent Dalousi, dit le général Strasbourg, p. 45 à 76.

6416. Rodiquet (Paul). — Le général d'Hédouville [Gabriel-Marie-Théodore-Joseph, 1755 † 1825], p. 77 à 121.

6417. Stourm (René). — Les interventions à la Bourse sous le Consulat, p. 206 à 222.

6418. Waddington (Charles). — Le scepticisme après Pyrrhon, les nouveaux académiciens Énésidème et les nouveaux Pyrrhoniens, p. 223 à 243.

6419. Gomel (Ch.). — Les actes financiers de l'Assemblée législative au lendemain du 10 août, p. 282 à 297.

6420. Monod (G.). — Henri Vincent Perrens [† 1843], p. 321 à 334.

6421. Crue (Francis de). — Les derniers desseins de Henri IV, d'après les dépêches inédites du député de Genève à la Cour de France, p. 367 à 397.

6422. Carré (Henri). — Turgot et le rappel des Parlements (1774), p. 442 à 458.

6423. Levasseur (E.). — Les sources principales de l'histoire des classes ouvrières et de l'industrie (documents imprimés), p. 568 à 624; et CLIX, p. 179 à 260, et 484 à 523.

6424. Glasson. — Les gens du Roi au Parlement de Bretagne, p. 649 à 668.

6425. Luchaire (Achille). — L'avènement d'Innocent III, p. 669 à 709.

6426. Rodocanachi (E.). — Marguerite-Louise d'Orléans, grande-duchesse de Toscane [† 1721], p. 739 à 771.

CLIX. — Séances et travaux de l'Académie des Sciences morales et politiques (Institut de France). Compte rendu..., 63ᵉ année, nouvelle série, t. LIX (CLIXᵉ de la collection), 1903, 1ᵉʳ semestre. (Paris, 1903, in-8°, 775 p.)

6427. Picot (Georges). — Notice historique sur la vie et les travaux de M. Paul Janet [1823 † 1899], p. 18 à 55. — Cf. id. n° 6452.

6428. Chuquet (Arthur). — Bayard à Mézières, p. 63 à 84.

6429. Bibesco (Prince G.). — Le lieutenant T. Galland, du 1ᵉʳ zouaves, p. 145 à 150.

[6423]. Levasseur (E.). — Les sources principales de l'histoire des classes ouvrières et de l'industrie (documents imprimés), p 179 à 260, et 484 à 523.

6430. Brochard. — Notice sur la vie et les œuvres de M. Francisque Bouillier [1813 † 1899], p. 281 à 305. — Cf. id. n° 6461.

6431. Dareste (R.). — Le code babylonien d'Hammourabi, p. 306 à 339.

6432. Lehr (Ernest). — Coup d'œil sur la constitution de Strasbourg jusqu'à la Révolution française, p. 340 à 362.

6433. Gréard. — Michelet et l'éducation nationale, p. 393 à 419.

20.

6434. **Lomix** (Henri). — L'émigration des Basques et la colonisation de l'Afrique française du Nord, p. 468 à 481.

6435. **Badeau** (Albert). — Notice sur la vie et les travaux de M. Perrens [François-Tommy, 1822-1901], p. 537 à 560. — Cf. id. n° 6462.

6436. **Boutmy** (E.). — La déclaration des droits de l'homme et du citoyen et M. Jellinek, p. 600 à 636.

6437. **Gréard**. — Francisque Sarcey, p. 649 à 668.

6438. **Sorel** (Albert). — Comment la paix d'Amiens fut appliquée, p. 670 à 696.

6439. **Baguenault de Puchesse** (G.). — Les négociations de Catherine de Médicis à Paris après la journée des Barricades (mai-juin 1588), p. 697 à 709.

6440. **Debidour** (A.). — Fabvier à l'Acropole [1827], p. 710 à 732.

CLX. — **Séances et travaux de l'Académie des Sciences morales et politiques (Institut de France).** Compte rendu..., 63° année, nouvelle série, t. LX (CLX° de la collection), 1903, 2° semestre. (Paris, 1903, in-8°, 831 p.)

6441. **Monizot-Thibault** (Charles). — De l'*habeas corpus* français en ce qui concerne le droit d'arrestation spontanée, p. 5 à 62.

6442. **Rocquain** (Félix). — Discours prononcé aux funérailles de M. Antonin Lefèvre-Pontalis, le 22 avril 1903, p. 249 à 252 —. Cf. id. n° 6454.

6443. **Combes de Lestrade**. — La principauté de Ratzebourg, p. 256 à 277.

6444. **Luchaire** (A.). — Le tribunal d'Innocent III, p. 449 à 466.

6445. **Dubrus** (Ferdinand). — La Rochefoucauld-Liancourt et la société charitable pendant le Consulat et l'Empire, p. 469 à 483.

6446. **Carré** (Henri). — La revision du procès Lally (1768-1786), p. 609 à 656.

6447. **Bonet-Maury** (Gaston). — Les origines du mouvement vaudois, p. 696 à 710.

6448. **Gréard**. — Un dernier mot sur la vieille Sorbonne, p. 729 à 751.

6449. **Dehérain** (Henri). — Une tentative de conquête du Mozambique portugais par les Hollandais en 1662, p. 752 à 763.

6450. **Cheysson** (E.). — Notice sur la vie et les œuvres de M. Joseph Ferrand [1827 † 1903], p. 764 à 779. — Cf. id. n° 6463.

6451. **Waddington** (Ch.). — La philosophie ancienne et la critique historique, p. 784 à 794.

LVII. — **Institut de France. Académie des Sciences morales et politiques.** Séance publique annuelle du samedi 6 décembre 1902,

présidée par M. Albert Sorel, président. (Paris, 1902, in-4°, 116 p.)

6452. **Picot** (Georges). — Notice historique sur la vie et les travaux de M. Paul Janet [1823 † 1899], p. 63 à 106. — Cf. id. n° 6427.

LVIII. — **Institut de France. Académie des Sciences morales et politiques.** Séance publique annuelle du samedi 12 décembre 1903, présidée par M. Bérenger, président. (Paris, 1903, in-4°, 155 p.)

6453. **Picot** (Georges). — Notice historique sur la vie et les travaux de M. W. E. Gladstone, p. 71 à 139.

ÉLOGES FUNÈBRES.

LXXV. — **Institut de France. Académie des Sciences morales et politiques.** Funérailles de M. Antonin Lefèvre-Pontalis, académicien libre, le mardi 22 avril 1903. (Paris, 1903, in-4°, 5 p.)

6454. **Rocquain** (Félix). — Discours, p. 1 à 5. — Cf. id. n° 6442.

LXXVI. — **Institut de France. Académie des Sciences morales et politiques.** Funérailles de M. Colmet de Santerre, membre de l'Académie, le jeudi 31 décembre 1903. (Paris, 1903, in-4°, 10 p.)

6455. **Bérenger**. — Discours, p. 1 à 4.

6456. **Glasson**. — Discours, p. 5 à 10.

PIÈCES DIVERSES.

6457. **Liard**. — Institut de France. Académie des Sciences morales et politiques. Rapport sur le prix Audiffred (actes de dévouement) à décerner en 1902, fait dans la séance du 21 juin 1902. (Paris, 1902, in-4°, 6 p.)

[Mme Meyrier et les massacres de chrétiens à Diarbekir en 1895-1896.]

6458. **Conncel** (Baron de). — Institut de France. Académie des Sciences morales et politiques. Notice sur la vie et les travaux de M. Buffet [1818 † 1898] lue dans les séances des 4, 11 et 18 janvier 1902. (Paris, 1902, in-4°, 93 p.) — Cf. id. n° 6412.

6459. Boutmy. — Institut de France. Académie des Sciences morales et politiques. Notice sur la vie et les travaux de M. Bardoux [1830 † 1897] lue dans les séances du 21 janvier et du 1er février 1902. (Paris, 1902, in-4°, 51 p.) — Cf. id. n° 6411.

6460. Fagniez (Gust.). — Institut de France. Académie des Sciences morales et politiques. Notice sur la vie et les travaux de M. le duc Albert de Broglie [1821 † 1901] lue dans les séances des 5, 12 et 19 avril 1902. (Paris, 1902, in-4°, 101 p.) — Cf. id. n° 6414.

6461. Brochard. — Institut de France. Académie des Sciences morales et politiques. Notice sur la vie et les œuvres de M. Francisque Bouillier [1813 † 1899] lue

dans la séance du 10 novembre 1902. (Paris, 1902, in-4°, 31 p.) — Cf. id. n° 6430.

6462. Badeau (Albert). — Institut de France. Académie des Sciences morales et politiques. Notice sur la vie et les œuvres de M. Perrens [1822†1901] lue dans la séance du 31 janvier 1903. (Paris, 1903, in-4°, 30 p.) — Cf. id. n° 6435.

6463. Cheysson (E.). — Institut de France. Académie des Sciences morales et politiques. Notice sur la vie et les œuvres de M. Joseph Ferrand, correspondant de l'Académie des Sciences morales et politiques [1827 † 1903] lue dans la séance du 1er août 1903. (Paris, 1903, in-4°, 21 p.) — Cf. id. n° 6450.

SEINE. — PARIS.

SOCIÉTÉ DES AMÉRICANISTES.

Les publications antérieures de cette Société sont analysées dans notre *Bibliographie générale*, savoir :
Journal, t. I et II (1895-1898), *Bibliographie*, Supplément sous presse.
— t. III (1901), *Bibliographie*, nouvelle série, t. I, p. 107.

IV. — Journal de la Société des américanistes de Paris, t. IV. (Paris, 1903, in-4°, 252 p.)

6464. Hébert (J.). — Quelques mots sur la technique des céramistes péruviens, p. 1 à 7.

6465. Charencey (Comte H. de). — Études algiques, p. 8 à 54.

[Les verbes *être* et *avoir* dans les langues algiques; conjugaisons basque et algique; l'adjectif dans les dialectes berbers et algiques.]

6466. Saint-Yves (G.). — Les Antilles françaises et la correspondance de l'intendant Patoulet, p. 54 à 71.

6467. Hamy (Dr E.-T.). — Le joyau du vent, *fig.*, p. 72 à 81.

[Joyau symbolique mexicain.]

6468. Hamy (Dr E.-T.). — Roches gravées de la Guadeloupe, *fig.*, p. 82 à 97.

6469. Musset (G.). — Le voyage en Louisiane de Franquet de Chaville (1720-1724), p. 98 à 143.

6470. Hamy (Dr E.-T.). — Le petit vase à figurine humaine de Santiago-Tlatlelolco (Mexique), *fig.*, p. 169 à 173.

6471. Lejeal (Léon). — Campagnes archéologiques récentes dans l'Oaxaca (Mitla et les Mogotes de Xoxo), p. 174 à 189.

6472. Charnay (Désiré). — Notes d'histoire et d'archéologie mexicaines, p. 190 à 195.

[Utatlan (Santa Cruz del Quiché).]

6473. Froidevaux. — Un document inédit sur [le baron de] Lahontan, p. 196 à 203.

SEINE. — PARIS.

SOCIÉTÉ DES AMIS DES LIVRES.

Les publications antérieures de cette Société rentrant dans notre cadre sont analysées dans notre *Bibliographie générale*, savoir :
Annuaire, t. I à VI (1880-1885), *Bibliographie*, t. III, p. 605.

Annuaire, t. VII à XXI (1886-1900), *Bibliographie*, Supplément sous presse.
— t. XXII (1901), *Bibliographie*, nouvelle série, t. I, p. 107.

XXIII. — Société des Amis des livres. Annuaire, 23ᵉ année. (Paris, 1902, in-8°, 134 p.)

6474. Portalis (Baron Roger). — Eugène Paillet, bibliophile (1829 † 1901), *portr.*, p. 27 à 70.
6475. Paillet (Jean). — Alfred Piet [† 1901], p. 73 à 80.

6476. H. B. [Béraldi (H.)]. — P.-E. Truchy [† 1901]. p. 83.

XXIV. — Société des Amis des livres. Annuaire, 24ᵉ année. (Paris, 1903, in-8°, 105 p.)

6477. Béraldi (Henri). — Le baron de ·Claye (bibliophile d'Eylac), p. 49 à 55.

SEINE. — PARIS.

SOCIÉTÉ DES ANCIENS TEXTES FRANÇAIS.

Les publications antérieures de cette Société sont analysées dans notre *Bibliographie générale*, savoir :
Bulletin, t. I à XI (1875-1885), *Bibliographie*, t. III, p. 609.
— t. XII à XXVI (1886-1900), *Bibliographie*, Supplément sous presse.
Ouvrages divers publiés de 1875 à 1885, *Bibliographie*, t. III, p. 608; de 1886 à 1900, *Bibliographie*, Supplément sous presse; en 1901, *Bibliographie*, nouvelle série, t. I, p. 108.

6478. Raynaud (Gaston). — OEuvres complètes d'Eustache Deschamps, publiées d'après le manuscrit de la Bibliothèque nationale [t. X]. (Paris, 1901, in-8°, xciv-255 p.) — Cf. n° 6483.

[Les tomes I à IX de cette publication ont paru de 1878 à 1894; les tomes I à VII ont été édités par le marquis de Queux de Saint-Hilaire.]

6479. Bédier (Joseph). — Le roman de Tristan, par Thomas, poème du xiiᵉ siècle. (Paris, 1902, in-8°, ix-430 p.)
6480. Picot (Émile). — Recueil général des sóties [t. I]. (Paris, 1902, in-8°, xxxi-282 p.)
6481. Huet (Gédéon). — Chansons de Gace-Brulé. (Paris, 1902, in-8°, cxiii-163 p.)

XXVII. — Bulletin de la Société des anciens textes français, 27ᵉ année. (Paris, 1901, in-8°, 82 p.)

6482. Meyer (Paul). — Prières et poésies religieuses tirées d'un manuscrit lorrain (Arsenal 570), p. 43 à 83.

[Appendice : La prière Notre-Dame, par Thibaut d'Amiens, texte du fragment d'Oxford complété.]

XXVIII. — Bulletin de la Société des anciens textes français, 28ᵉ année. (Paris, 1902, in-8°, 120 p.)

6483. Piaget (Arthur). — Note sur le tome X ·des œuvres complètes d'Eustache Deschamps, p. 64 à 67. — Cf. n° 6478.
6484. Meyer (Paul). — Notice d'un ms. de la bibliothèque d'Este à Modène (légendes des saints en français), p. 68 à 96.
6485. Camus (Jules). — La seconde traduction de la Chirurgie de Mondeville (Turin, Bibl. nat., L. iv. 17.), p. 100 à 119.

SEINE. — PARIS.

SOCIÉTÉ D'ANTHROPOLOGIE.

Les publications antérieures de cette Société sont analysées dans notre *Bibliographie générale*, savoir :
Mémoires, t. I à VI (1860-1888), *Bibliographie*, t. III, p. 611.
— t. VII à IX (1889-1896), *Bibliographie*, Supplément sous presse.
Bulletins, t. I à XXVI (1860-1885), *Bibliographie*, t. III, p. 613.
— t. XXVII à XL (1885-1899), *Bibliographie*, Supplément sous presse.
Bulletins et mémoires, t. XLI (1900), *Bibliographie*, Supplément sous presse.
— t. XLII (1901), *Bibliographie*, nouvelle série, t. I, p. 109.

XLIII. — Bulletins et mémoires de la Société d'anthropologie de Paris, t. III, 5ᵉ série. (Paris, 1902, in-8°, xxviii-856 p.)

6486. Forju (G.). — Fouilles au dolmen de Menouville (Seine-et-Oise), p. 54 à 57.

6487. Danjou (Dʳ). — Lettre sur le crime rituel [en Syrie], p. 69 à 75.

[Relation de l'assassinat du P. Thomas (1840) et du meurtre rituel de Henri Abdelnour (1890).]

6488. Verneau (Dʳ). — Discours aux obsèques de Mᵐᵉ Clémence Royer, p. 75 à 78.

6489. Giraux (L.). — Pointes de flèches à Grossa (Corse), p. 80 à 82.

6490. Mc Gée (W. J.). — Germes d'une industrie de la pierre en Amérique, traduit par M. Oscar Schmidt, p. 82 à 88.

6491. Broquet (Dʳ Charles). — Flèches dont se servent pour chasser les Chinois laï de la presqu'île de Lei-Chau (province du Quang-Tong), p. 181.

6492. Baudouin (Dʳ Marcel). — Le polissoir ou pierre à rainures de la Brélaudière à l'Aiguillon-sur-Vie (Vendée), *fig.*, p. 182 à 205.

6493. Bonnemère (Lionel). — Remarques sur le patois angevin, p. 205 à 206.

6494. Thieullen (A.). — Technologie néfaste, p. 212 à 227.

[Sur les silex taillés.]

6495. Vascuide (N.) et Piéron (H.). — Le rêve prophétique dans la croyance et la philosophie des Arabes, p. 228 à 243.

6496. Courty (Georges). — Un foyer préhistorique aux environs de Nemours (Seine-et-Marne), p. 244.

6497. Sakhokia (T.) et Azoulay (L.). — Phonétique du géorgien, p. 268 à 274.

6498. Nicole (Paul). — Anthropologie religieuse, p. 305 à 333, et 573 à 581.

[Dieu Sol, p. 305. — Le Dieu Jahvè, p. 573.]

6499. Bloch (Dʳ Adolphe). — Considérations anthropologiques sur la Corse actuelle, ancienne et préhistorique, p. 333 à 363.

6500. Capitan et Breuil (H.). — Gravures paléolithiques sur les parois de la grotte des Combarelles [Dordogne], *fig.*, p. 527 à 535.

6501. Laville (A.). — Hache polie en silex se rapprochant de certains silex de Pressigny de la base des limons jaunes *f* de la vallée de la Seine, p. 535.

6502. Hroust. — Les Juifs du Mzab, p. 559 à 573.

6503. Verneau. — Thomas Wilson (1832 † 1902), p. 590.

6504. Manouvrier. — Arsène Dumont († 1902), p. 591 à 597.

6505. Baudouin (Marcel) et Lacouloumère (G.). — Les mégalithes comme repères de chronologie préhistorique (menhir de la forêt d'Olonne, Vendée), p. 535.

6506. Huget (Dʳ J.). — Sur les Touareg, *carte et fig.*, p. 614 à 642.

6507. Girard de Rialle. — De l'âge de la pierre polie au Chili, p. 644 à 648.

6508. Azoulay (Dʳ L.). — Liste des phonogrammes composant le musée phonographique de la Société d'anthropologie, p. 652 à 666.

6509. Bloch (Dʳ Adolphe). — De la race qui précéda les Sémites en Chaldée et en Susiane, p. 666 à 682.

6510. Enjoy (Paul d'). — Le pays des Tsings. Étude de l'organisation politique de la Chine, p. 686 à 694.

6511. Azoulay (Dʳ). — Un jouet religieux [cliquet des enfants juifs d'Algérie], p. 698.

6512. Cuervin. — Crânes, pointes de flèche en silex et instruments de pêche provenant de la baie d'Antofagasta. Momies des hauts plateaux de la Bolivie, *fig.*, p. 700 à 708.

6513. Morgan (J. de). — Note sur les âges de la pierre dans l'Asie antérieure, p. 708 à 716.

6514. Verneau. — André Sanson [† 1902], p. 720 à 722.

6515. Verneau. — Rudolf Virchow [1821 † 1902] p. 722.

6516. Capitan. — La station paléolithique de la Ferrassie (Dordogne), p. 730.

6517. Divers. — Sur le crime rituel, p. 731 à 736.

6518. Delisle (D'). — Vieilles coutumes et croyances en Languedoc, p. 738 à 742.

6519. Doigneau (A.). — Crânes provenant de l'ancien cimetière Saint-Paul [à Paris], p. 753.

6520. Poutiatine (Prince Paul). — Station nouvelle sur les bords du lac Bologoie [à Visokoé]. Atelier de fabri-

cation des outils et armes en pierre. Fouilles de 1901 et 1902, p. 755.

6521. Trieullen (A.). — Le préchelléen en Belgique, p. 756 à 767.

6522. Piette (Édouard). — Gravure du Mas d'Azil et statuettes [glyptiques] de Menton, *fig.*, p. 771 à 779.

6523. Cuervin. — Amulettes pour femmes enceintes et ex-voto, *fig.*, p. 806 à 809.

6524. Chambroux (Eugène). — Le polissoir de Mézy-Moulins (Aisne), *fig.*, p. 839.

6525. Conbtt (Georges). — Examen chimique de deux matières colorantes trouvées dans des stations préhistoriques du Périgord, p. 840.

6526. Laville (A.) et Gennetier. — Silex taillés (types chelléen, moustiérien et néolithique) recueillis carrière Dauphin, à Ivry-Port, p. 841.

6527. Jodnon (L.). — Haches emmanchées trouvées enfouies, isolées de toute sépulture et de tout squelette [dans la Marne], p. 850 à 853.

SEINE. — PARIS.

SOCIÉTÉ DES ANTIQUAIRES DE FRANCE.

Les publications antérieures de cette Société sont analysées dans notre *Bibliographie générale*, savoir :

Mémoires de l'Académie celtique, t. I à VI (1807-1812), *Bibliographie*, t. III, p. 626.

Mémoires, t. I à XLVI (1817-1885), *Bibliographie*, t. III, p. 632.

— t. XLVII à LIX (1886-1900), *Bibliographie*, Supplément sous presse.

— t. LX (1901), *Bibliographie*, nouvelle série, t. I, p. 110.

Annuaire, t. I à VIII (1848-1855), *Bibliographie*, t. III, p. 656.

Bulletin, t. I à XIX (1857-1885), *Bibliographie*, t. III, p. 658.

— t. XX à XLIV (1886-1900), *Bibliographie*, Supplément sous presse.

— t. XLV (1901), *Bibliographie*, nouvelle série, t. I, p. 110.

Mettensia, t. I (1897), *Bibliographie*, Supplément sous presse.

— t. II (1898-1901), *Bibliographie*, nouvelle série, t. I, p. 112.

LXI. —**Mémoires de la Société nationale des Antiquaires de France**, 7ᵉ série, t. I. (Paris, 1902, in-8°, 259 p.)

6528. Maurice (Jules). — Mémoire sur la révolte d'Alexandre en Afrique, sa proclamation comme Auguste, en juin 308 et sa chute au printemps de 311 (chronologie de ces événements établie par la comparaison des émissions monétaires de Rome, de Carthage et d'Ostia), p. 1 à 22.

6529. Martin (Henry). — Notes pour un Corpus iconum du moyen âge. Un faux portrait de Pétrarque, portraits de Jeanne, comtesse d'Eu et de Guines (1311),

de la bienheureuse Jeanne de France (vers 1500), de Louise de Savoie, de Rochefort, et de Pierre Fabre [Le Fèvre] (1518), 4 *pl.*, p. 23 à 51.

6530. Pallu de Lessert. — De quelques titres donnés aux empereurs sous le Haut-Empire, p. 52 à 78.

6531. Stein (Henri). — Pierre de Montereau, architecte de l'église abbatiale de Saint-Denis, 7 *pl.*, p. 79 à 104.

6532. Durrieu (Comte Paul). — Deux miniatures inédites de Jean Fouquet, 2 *pl.*, p. 105 à 126.

6533. Maurice (Jules). — Classification chronologique des émissions monétaires de l'atelier de Trèves pendant la période constantinienne (305-337), 2 *pl.*, p. 127 à 190; et LXII, p. 25 à 114.

6534. Du Teil (Baron Joseph). — Autour du Saint-Suaire de Lirey, documents inédits, remarques juridiques et esquisse généalogique, p. 191 à 218.

6535. Cocret. — Le livre d'heures du pape Alexandre VI, p. 219 à 229.

6536. Carton (D') — Statuettes en terre cuite de la nécropole d'Hadrumète (Tunisie), *fig.*, et 3 *pl.*, p. 230 à 243.

6537. Besnier (Maurice). — Monuments figurés du pays des Péligniens, *pl.*, p. 243 à 258.

LXII. — Mémoires de la Société nationale des Antiquaires de France, 7ᵉ série, t. II. (Paris, 1903, in-8°, 295 p.)

6538. Enlart (C.). — Deux têtes de pleureurs du xvᵉ siècle au musée de Douai, *pl.*, p. 1 à 8.

6539. Giraud (J.-B.). — Le coffre de mariage des Bertholon-Bellièvre (1512), contribution à l'étude du bois sculpté dit de l'école lyonnaise, *pl.*, p. 9 à 18.

6540. Bate (Baron de). — Un émail de la cathédrale de Vladimir (Russie), *fig.* et *pl.*, p. 19 à 24.

[6533]. Maurice (Jules). — Classification chronologique des émissions monétaires de l'atelier de Trèves pendant la période constantinienne (305-337), 2 *pl.*, p. 25 à 114.

6541. Chapot (Victor). — Deux divinités fluviales de Syrie, 3 *pl.*, p. 115 à 122.

6542. Toutain (J.). — Les Pontarques de la Mésie inférieure, p. 123 à 144.

6543. Poinssot (Louis). — Les ruines de Thugga et de Thignica au xvııᵉ siècle, p. 145 à 184.

6544. Rey (Ferdinand). — Étude sur une mesure antique découverte aux environs de Mirebeau-sur-Bèze (Côte-d'Or), *pl.*, p. 185 à 204.

6545. Héron de Villefosse (Ant.). — Outils d'artisans romains, *fig.*, p. 205 à 240.

6546. Bertuelé (Jos.). — Les Samnagenses et l'oppidum de Nages (Gard), à propos de l'inscription romaine de Montarnaud (Hérault), p. 241 à 292.

XLVI. — Bulletin de la Société des Antiquaires de France, 1902. (Paris, s. d., in-8°, 421.)

6547. Monceaux (Paul). — Notice nécrologique sur Maximin Deloche (1817 † 1900), p. 61 à 88.

6548. Stein (Henri). — Bibliographie des œuvres de Maximin Deloche, p. 89 à 101.

6549. Anonyme. — Extraits des procès-verbaux du 1ᵉʳ trimestre de 1902, p. 103 à 180.

6550. Rabelon (E.). — Discours, p. 103 à 121.

[Célestin Port, le comte de Puymaigre, Henri Meyer, E. Lambin, L. Maze-Werly, René Le Cerf.]

6551. Michon (É.). — Inscriptions latines et grecques des environs du lac de Tibériade, p. 124 à 127.

6552. Michon (É.). — A propos d'un buste de La Tour d'Auvergne, p. 128 à 130.

6553. Lafaye (Georges). — Inscriptions romaines trouvées à Fontaine de Vaucluse, à Vénejean (Drôme), p. 131 à 132.

6554. Héron de Villefosse. — Découverte de mosaïques à Sainte-Colombe (Rhône), 2 *pl.*, p. 133 à 136.

6555. Marchand (L'abbé). — Inscriptions romaines trouvées à Briord (Ain), au château de Machuraz, commune de Vieu-en-Valromey (Ain); marque de potier au musée de Bourg, p. 139 à 144.

6556. Héron de Villefosse. — Patère en argent découverte en Syrie, *pl.*, p. 150 à 152.

6557. Héron de Villefosse. — Marbre byzantin orné de sculptures, avec inscription grecque, provenant de Gheresi, près de Myndos, au Musée du Louvre, p. 152.

6558. Michon (É.). — Inscriptions romaines trouvées dans le canal dit de Salomon (Palestine), p. 154.

6559. Espérandieu (Capitaine). — Les mosaïques de Sainte-Colombe-lès-Vienne et mur construit avec des amphores, p. 154.

6560. Héron de Villefosse. — Objets antiques trouvés à l'Escale (Basses-Alpes), p. 158.

6561. Ganckler. — Inscription romaine trouvée à Medjez-el-Bab (Tunisie), p. 161 à 164.

6562. Arbois de Jubainville (D'). — Sur le mot *avot* dans les inscriptions céramiques gauloises, p. 167.

6563. Maurice (Jules). — Iconographie des empereurs de la fin du iiiᵉ et du ivᵉ siècle d'après les monnaies, *pl.*, p. 169 à 174, et 339 à 341.

6564. Héron de Villefosse. — Dé à jouer trouvé à Carthage, p. 174.

6565. Guiffrey (Jules). — Tapisseries flamandes à Florence, p. 175 à 177.

6566. Monceaux (Paul). — Monuments trouvés en Algérie et en Tunisie se rapportant au culte de saint Ménas, p. 177 à 178.

6567. Stein (Henri). — Sceau de Philippe le Bel, roi de Navarre, p. 178.

6568. Anonyme. — Extrait des procès-verbaux du 2ᵉ trimestre de 1902, p. 181 à 254.

6569. Demaison (L.). — Vases gallo-romains avec inscription trouvés à Reims, *pl.*, p. 182.

6570. Lespinasse (De). — Mosaïque à sujets marins découverte à Champvert (Nièvre), p. 183 à 186.

6571. Grand (Roger). — Station gallo-romaine d'Arpajon (Cantal), *pl.*, p. 187 à 192.

[Stèle du dieu Mars, *pl.*]

6572. Chauvet (C.). — Antiquités romaines trouvées au Bois-des-Bourbauds (Charente), p. 192.

6573. Pallu de Lessert. — Poteries marquées trouvées à Châlons-sur-Marne, p. 194.

6574. Héron de Villefosse. — Sceaux grec et latin trouvés à Tripoli de Syrie, p. 197.

6575. Lauzun. — Statue antique trouvée à Saint-Hilaire-sur-Garonne, pl., p. 198 à 201.

6576. Enlart (C.). — Retable du xvi° siècle dans l'église de Jubainville, p. 203.

6577. Blanchet (A.). — Moule de médaillon, en terre cuite, trouvé à Lectoure (Gers), p. 204.

6578. Vitry (P.). — Buste en terre cuite de Charles Lebrun, par Coysevox, conservé au Musée Wallace à Londres, p. 207.

6579. Omont (H.). — Notes pour le peintre dans un ms. de Saint-Gall (ix°-x° s.), p. 208.

6580. Espérandieu (Capitaine E.). — Inscriptions romaines trouvées à Langres, fig., p. 214 à 219.

6581. Omont (H.). — Miniature représentant la mort de sainte Gorgonie dans un ms. de saint Grégoire de Nazianze, p. 221.

6582. Blanchet (A.). — Fibule de bronze trouvée à Roanne fig.‘ ‚p. 222

6583. Monceaux (P.). — Sur une inscription romaine d'Auzia (Aumale), p. 224 à 226.

6584. Perdrizet (P.). — Sur une inscription romaine de Boïran (Macédoine), p. 230.

6585. Toulotte (Mgr Anatole) et Héron de Villefosse. — Sarcophage chrétien trouvé à Tébessa (Algérie), p. 231 à 234.

6586. Birne (L'abbé P.). — Croix byzantine provenant d'un reliquaire de l'abbaye de Baume-les-Messieurs, fig., camée en pâte de verre trouvé à Kouffange (Jura), pl.; cachet d'oculiste romain provenant d'une châsse de l'abbaye de Baume-les-Messieurs, fig., p. 235.

6587. Gauckler (P.). — Antiquités romaines récemment découvertes à Utique, pl., p. 237 à 244.

6588. Monceaux (P.). — La formule de donis Dei et les formules analogues dans les inscriptions chrétiennes d'Afrique, p. 245 à 247.

6589. Arnauldet (P.). — Sur une inscription fausse de Rome relative à Papinien, p. 247 à 251.

6590. Zeiller (J.). — Le culte de saint Menas en Dalmatie, p. 251 à 254.

6591. Anonyme. — Extrait des procès-verbaux du 3° trimestre de 1902, p. 255 à 302.

6592. Gauckler (P.). — Antiquités et inscriptions romaines de l'Henchir-Douémis, p. 257 à 261.

6593. Maurice (J.). — Monnaies romaines trouvées au Maroc, p. 261 à 267.

6594. Maurice (J.). — Le fonctionnement des ateliers monétaires romains des Gaules, p. 267.

6595. Monceaux (P.). — Inscriptions romaines découvertes à Ksar-Melloul, à Koudiat-el-Hadjela, près Sétif, et près d'Orléansville, p. 269 à 270.

6596. Gauckler (P.). — Bijoux provenant de la nécropole punique de Bordj-Djedid, à Carthage, pl., p. 271 à 277.

6597. Baye (Baron J. de). — Lustre et émaux limousins au monastère de Saint-Antoine-le-Romain, près Novgorod, 2 pl., p. 277 à 281.

6598. Mowat (R.). — Les trésors de monnaies romaines de Karnak et de médaillons grecs d'Aboukir, p. 281 à 286, et 308 à 318.

6599. Mowat. — Médaillons d'or du trésor grec de Tarse, p. 287.

6600. Monceaux (P.). — Inscription romaine trouvée à Aïn-Melloul, près Sétif, p. 287 à 289.

6601. Marquet de Vasselot (J.-J.). — Coupe de bronze avec inscription grecque; buste italien en bronze du xvi° siècle; buste de Marie Stuart; bronze représentant Jupiter sur l'aigle (xvi° s.), au musée du Louvre, p. 290 à 297.

6602. Héron de Villefosse (A.). — Statuettes romaines de bronze trouvées à Mandeure; cachet d'oculiste avec légende grecque trouvé dans une sépulture barbare à Boulogne-sur-Mer, p. 297 à 300.

6603. Durrieu (Paul). — Faux tableau de Jean van Eyck représentant le sacre de saint Thomas de Cantorbéry, p. 300 à 302.

6604. Anonyme. — Extrait des procès-verbaux du 4° trimestre de 1902, p. 303 à 368.

6605. Héron de Villefosse (A.). — Petit bateau de bronze, ex-voto, trouvé à Lyon, p. 305 à 308.

6606. Omont (H.). — Supplément manuscrit par un dominicain de Breslau au Fasciculus temporum de Werner Rolewinck (1461-1471), p. 319 à 323.

6607. Vitry (P.). — Coffres en bois sculpté du xvi° siècle, p. 324 à 328.

6608. Monceaux (P.). — Monuments africains et romains récemment découverts à Carthage, p. 328 à 330.

6609. Michon (É.). — Le satyre dit Faune Barberini de la Glyptothèque de Munich, p. 331 à 336.

6610. Héron de Villefosse (A.). — Plomb romain avec inscription découvert à Beyrouth (Syrie), fig., p. 341 à 344.

6611. Cagnat (R.). — Inscription romaine trouvée à Hadrumète (Sousse), p. 345.

6612. Héron de Villefosse (A.). — Stèle grecque du musée de Narbonne, pl., p. 347.

6613. Stein (H.). — Mesure royale pour le sel (xviii° s.), p. 348.

6614. Michon (É.). — Document relatif aux moulages d'antiques exécutés à Rome par le Primatice (1545), p. 351 à 358.

6615. Durrieu (Paul). — Pièces d'orfèvrerie représentées dans les Très riches Heures du duc de Berry (Musée Condé), fig., p. 354 à 356.

6616. Héron de Villefosse (A.). — Inscription grecque trouvée à Karnak, p. 357 à 360.

6617. Maurice (J.). — Sur les campagnes germaniques de Constantin et les monnaies, p. 361 à 366.

6618. Casati (C.). — Le château de Beaugé et le château de la reine de Sicile à Saumur, p. 366 à 368.

6619. Héron de Villefosse (A.) et Michon (F.). — Musée du Louvre. Département des antiquités grecques et romaines. Acquisitions de l'année 1902, p. 369 à 383.

XLVII. — Bulletin de la Société nationale des Antiquaires de France, 1903. (Paris, s. d., in-8°, 401 p.)

6620. Enlart (Camille). — Notice nécrologique sur Charles Read (1819 † 1898), p. 63 à 77.

6621. Pallu de Lessert (C.). — Notice nécrologique sur Samuel Berger (1843 † 1900), p. 79 à 114.

6622. Anonyme. — Extrait des procès-verbaux du 1er trimestre de 1903, p. 115 à 198.

[Statuette japonaise en bronze (musée du Louvre), p. 184.]

6623. Ravaisson-Mollien (Ch.). — Discours, p. 115 à 130.

[Alexandre Bertrand († 1902); E. Muntz († 1902); le général de la Noé (1836 † 1902); J.-G. Bulliot (1817 † 1902); Mgr Desnoyer (1806 † 1902); Le Sergent de Monnecove (1827 † 1902); Vincent Durand; L. Blancard (1831 † 1902); Ch. Frossard (1827 † 1902); Ph. Delamain; le vicomte A. de Rochementeix († 1902).]

6624. Omont (H.). — Obituaire des Dominicaines de Sainte-Croix de Ratisbonne, pl., p. 133 à 137.

6625. Blanchet (Adrien). — Disposition intentionnelle de haches dans des cachettes ou sépultures, p. 137 à 141.

6626. Maurice (Jules). — De la véracité du De mortibus persecutorum de Lactance, p. 142 à 146.

6627. Grand (Roger). — Croix reliquaire du xive siècle ayant appartenu au comte d'Armagnac, pl., p. 146 à 148.

6628. Vitry (Paul). — Statue de Vierge en bronze de l'église d'Apchon (Cantal), pl., p. 151 à 154.

6629. Laigue (Louis de). — Analogie des monuments de Carthage et d'Agadir, p. 154.

6630. Héron de Villefosse (A.). — Tessères de mosaïques provenant du sanctuaire d'Echmoun près de Sidon, p. 156 et 157.

6631. Monceaux (Paul). — Inscription des martyrs de Renault (musée d'Oran), p. 159 à 161.

6632. Destrée (J.). — Renier de Huy, orfèvre, auteur des fonts baptismaux de Saint-Barthélemy à Liège (1138-1142) et de l'encensoir de Lille, p. 163 à 164.

6633. Perdrizet (P.). — Le folk-lore de la chouette dans l'antiquité, p. 164 à 170.

6634. Schlumberger (G.). — Sceau de Jean, évêque d'Afrique, p. 171 à 172. — Cf. n° 6639.

6635. Tonlotte (Mgr Anatole) et Monceaux (P.). — Note sur le martyre du jeune Maximilien à Théveste, p. 173 à 175.

6636. Vitry (Paul). — Statues funéraires de Claude de Laubespine [musée de Poitiers] et de Christine Leclerc [musée du Louvre], pl., p. 176 à 179.

6637. Blanchet (Adrien). — Plaquette [de laiton estampé, trouvée à Sainte-Solange (Cher)] représentant Hérodiade et saint Jean-Baptiste, p. 180.

6638. Mély (F. de). — L'image acheiropoïète du Christ à Sainte-Praxède de Rome, p. 182. — Cf. n° 6653.

6639. Monceaux (P.). — Sceau de Jean, évêque d'Afrique, p. 185 à 187. — Cf. n° 6634.

6640. Ronzevalle (Le P.). — Sarcophage d'Oppia († 133) trouvé à Beyrouth; inscription romaine de Jditah (Cœlésyrie); milliaire romain de Khan-Khaldi (Heldva, Syrie); milliaire de Soungourlou (Bithynie), p. 190 à 193.

6641. Mély (F. de). — Le buhotiau de Sainte-Sophie de Constantinople, p. 194 et 198.

6642. Anonyme. — Extrait des procès-verbaux du 2e trimestre de 1903, p. 199 et 280.

[Madone italienne attribuée à Agostino di Duccio, musée du Louvre, p. 204.]

6643. Chapot (V.). — Inscription grecque chrétienne provenant de Harbié (Daphné), fig., p. 200.

6644. Delattre (Le P.). — Plombs inédits trouvés à Carthage, p. 204.

6645. Monceaux (P.). — Plombs byzantins trouvés en Algérie ou en Tunisie, p. 207.

6646. Chénon (E.). — La famille du peintre verrier Fra Guglielmo, alias Guillaume de Marcillat, de la Châtre, p. 208.

6647. Baye (Baron de). — Antiquités trouvées à Messigny (Ain), p. 210.

6648. Maurice (J.). — Monnaies romaines avec la représentation d'un autel accompagné d'un génie, p. 211 à 220.

6649. Martin (H.). — Manuscrit écrit en blanc sur fonds noir, p. 220.

6650. Mély (F. de). — Les inventaires de reliques d'Aix-la-Chapelle et de Saint-Denis, p. 221.

6651. Blanchet (Adrien). — Statuette gauloise de Dispater ou sacellus du musée de Nevers, trouvée à la Motte-Pasquier, pl., p. 222 à 225.

6652. Monceaux (P.). — Poids romains et byzantins, en bronze, à symbole chrétien, trouvés en Afrique, p. 226 à 228.

6653. Lauer (Philippe). — Images achéropites du Christ à Sainte-Praxède et au Latran, p. 229 à 230. — Cf. n° 6638.

6654. Demaisons. — Trésor d'argenterie romaine; vase portant la légende vitula; milliaire de l'empereur Maximien trouvés à Reims, p. 230 à 234.

6655. Hauvette (Am.). — Inscription grecque de Paros, fig., p. 235 à 240.

6656. Chénon (E.). — Statuette gallo-romaine provenant de Châteaumeillant (Cher), p. 241 à 242.

6657. Monceaux (P.). — Pierres gnostiques de Mehedia et d'El-Djem, p. 243.

6658. Clerc (M.). — Les arrosoirs antiques, p. 244 à 246.

21.

6659. Mowat (R.). — L'inscription grecque de l'ancienne église Saint-Étienne-des-Grés à Paris, p. 247.

6660. Cagnat (R.). — Inscription romaine de Khamissa, p. 248 à 251.

6661. Ganckler (P.). — Inscription chrétienne de Bordj-el-Amri (Tunisie), p. 251 à 254.

6662. Monceaux (P.). — La hiérarchie épiscopale et ses origines païennes dans la tradition du moyen âge, p. 254 à 256.

6663. Garnier. — L'amphithéâtre romain de Metz, p. 256 à 261.

6664. Lafaye (G.) et Moulin (Franki). — Antiquités de Vénejean, quartier de Montbrun (Drôme), p. 262 à 270.

6665. Arnauldet (P.). — La bibliothèque de l'abbaye de Saint-Mesmin de Micy, p. 270 à 277.

6666. Pallu de Lessert (C.). — Le proconsul d'Afrique Tib. Claudius Telemachus, et l'inscription grecque de Xanthus, p. 278 à 280.

6667. Anonyme. — Extrait des procès-verbaux du 3° trimestre de 1903, p. 281 à 303.

6668. Monceaux (P.). — Les seniores laici des églises africaines au iv° siècle, p. 283 à 285, et 286.

6669. Ravaisson-Mollien (Ch.). — Le forum d'Archémore à Rome, fig., p. 286 à 288.

6670. Arnauldet (P.). — Les types d'imprimerie gravés par Francesco da Bologna, p. 289 à 295.

6671. Héron de Villefosse (A.). — Inscription romaine trouvée à Fréjus, p. 298.

6672. Mowat. — Inscription romaine trouvée dans la Tyne, à Newcastle, p. 299 à 301.

6673. Omont (Henri). — Le temple des Payens à Ouessant, p. 301.

6674. Héron de Villefosse (A.). — Découverte de bains romains à Beauvais, p. 302.

6675. Anonyme. — Extraits des procès-verbaux du 4° trimestre de 1903, p. 304 à 348.

[Inscription romaine découverte à Narbonne, p. 307.]

6676. Héron de Villefosse. — Inscription latine trouvée à Alise-Sainte-Reine, p. 307 à 308.

6677. Maurice (Jules). — Origines des monogrammes et du labarum sur les monnaies de Constantin, p. 310 à 317. — Cf. XLV, p. 199.

6678. Gérin-Ricard. — Vase grec peint trouvé à Marseille, p. 317 à 319.

6679. Héron de Villefosse. — Découverte d'antiquités romaines près de Baena (province de Cordoue, Espagne), p. 319.

6680. Toulotte (An.). — Gemellae (Algérie), p. 319.

6681. Monceaux (P.). — Les Acta Marcelli, p. 321 à 323.

6682. Pallu de Lessert. — Inscriptions trouvées dans le théâtre de Guelma, p. 326 à 328.

6683. Gauckler (P.). — Le mausolée des Laubespine dans la cathédrale de Bourges, pl., p. 329 à 331.

6684. Monceaux. — Les Aquae Persianae (Hammam-Lif), p. 331 à 333.

6685. Merlin (A.). — Étude sur une nouvelle inscription de Khamissa, p. 333 à 340.

6686. Maurice (J.). — Médaillon inédit de Constantin II, fig., p. 340 à 343.

6687. Héron de Villefosse. — Médaillons de poterie romaine, p. 343.

6688. Gauckler (P.). — Inscription latine trouvée à Munchar, musée du Bardo, p. 344 à 346.

6689. Durrieu (Paul). — Missels manuscrits à miniatures exécutés pour le cardinal Dominique de la Rovère, p. 346.

6690. Capitan (D'). — L'analyse des bronzes de l'époque préhistorique, p. 347.

6691. Héron de Villefosse (A.) et Michon (E.). — Musée du Louvre. Département des antiquités grecques et romaines. Acquisitions de l'année 1903, p. 349 à 363.

III. — Mettensia III. Mémoires et documents publiés par la Société des Antiquaires de France. Fondation Auguste Prost. (Paris, 1902, in-8°, 105 p.)

6692. Marichal (Paul). — Remarques chronologiques et topographiques sur le cartulaire de Gorze. (Paris, 1902, in-8°, 105 p.)

IV. — Mettensia IV. Mémoires et documents publiés par la Société nationale des antiquaires de France. Fondation Auguste Prost. (Paris, 1903-1905, in-8°, p. 1 à 176.)

6693. Marichal (Paul). — Cartulaire de l'évêché de Metz, dit le Troisième registre des fiefs, publié avec un essai de restitution du Vieil registre et du Second registre des fiefs, p. 1 à 176.

SEINE. — PARIS.

SOCIÉTÉ CENTRALE DES ARCHITECTES.

Les publications de cette Société rentrant dans le cadre de notre *Bibliographie générale* sont analysées, savoir :

Conférences, t. I et II (1885-1887), *Bibliographie*, t. III, p. 690.
Annales, t. I et II (1874-1875), *Bibliographie*, t. III, p. 690.
L'Architecture, t. I à XIII (1888-1900), *Bibliographie*, Supplément sous presse.
— t. XIV (1901), *Bibliographie*, nouvelle série, t. I, p. 112.

XV. — L'Architecture, journal de la Société centrale des Architectes français. (Paris, 1902, in-fol., 464-v p.)

6694. Camut (Émile). — Méry-sur-Oise [le château], 2 *pl.*, p. 92 à 95.
6695. Narjoux (André). — L'hôtel de Strasbourg. Imprimerie nationale, *fig.* et *pl.*, p. 115 à 118.
6696. Anonyme. — Le château de Jozerand [Puy-de-Dôme], *fig.*, p. 164 à 167.
6697. Bérard (E.). — La cathédrale de Sens, *fig.*, p. 177 à 179.
6698. Anonyme. — Une maison du xve siècle à Blois, rue Saint-Lubin, *pl.*, p. 262.

6699. Nizet. — Les dessins de Philibert de l'Orme, de la collection Lechevallier-Chevignard, *fig.*, p. 268 à 270.
6700. Saladin (H.). — Les fouilles de Carthage par le R. P. Delattre, *fig.*, p. 278.
6701. Héron de Villefosse (A.). — Une médaille de Septime Sévère et la restauration du grand autel de Pergame, *fig.*, p. 365 à 368, et 394 à 396.
6702. Saladin (Henri). — Une famille d'architectes tunisiens depuis le xviie siècle jusqu'à nos jours, *fig.*, p. 401 à 404.
6703. Tanquerel (C.). — Promenades en Italie, *fig.*, p. 447 à 452, et 460 à 461.

[Pompéi, p. 447 ; Pouzzoles, Pestum, Capri, p. 460.]

SEINE. — PARIS.

SOCIÉTÉ ASIATIQUE.

Les publications antérieures de cette Société sont analysées dans notre *Bibliographie générale*, savoir :
Journal Asiatique, t. I à CXXVII (1822-1885), *Bibliographie*, t. III, p. 691.
— t. CXXVIII à CLVII (1886-1900), *Bibliographie*, Supplément sous presse.
— t. CLVIII et CLIX (1901), *Bibliographie*, nouvelle série, t. I, p. 112.

CLX. — Journal Asiatique..., publié par la Société Asiatique, 9e série, t. XIX. (Paris, 1902, in-8°, 576 p.)

6704. Mondon-Vidailhet (C.). — Étude sur le Harari, p. 5 à 50. — Suite et fin de CLIX, p. 401.
6705. Parisot (D.-J.). — Le dialecte néo-syriaque de Bakha'a et de Djub'Adin [Anti-Liban], p. 51 à 61.

6706. Carra de Vaux (Baron). — La philosophie illuminative (Hikmet el-Ichraq) d'après Suhrawerdi Meqtoul, p. 63 à 94.
6707. Lévi (Sylvain). — Sur quelques termes employés dans les inscriptions des Kṣatrapas [Kathiawar], p. 95 à 125.
6708. Halévy (J.). — Le mot arabe قالون (Qâloun) et l'adjectif grec καλόν, p. 133.

6709. Halévy (J.). — La transcription du tétragramme dans les versions grecques [des *Hexaples* d'Origène], p. 134 à 136.

6710. Halévy (J.). — Les quadrilittères à la seconde radicale redoublée [en hébreu], p. 136.

6711. Basmadjian (K. J.). — Une nouvelle inscription vannique trouvée à Qizil-Qalé, p. 137 à 140.

6712. Halévy (J.). — Un passage de la Vulgate [Ps. cx, 3], p. 140 à 144.

6713. Halévy (J.). — Un passage du testament de saint Ephrém, p. 144 à 146. — Cf. CLIX, p. 234.

6714. Halévy (J.). — Harout et Marout [anges déchus, Coran, 11, 96], p. 146 à 150.

6715. Charencey (De). — Sur quelques dialectes est-altaïques, p. 150 à 153.

6716. Doutté (Edmond). — Mission au Maroc. Recherches d'archéologie musulmane et portugaise, p. 153 à 166.

6717. Ferrand (Gabriel). — La légende de Raminia d'après un manuscrit arabico-malgache de la Bibliothèque nationale, p. 185 à 230.

6718. Guérinot (A.). — Le Jīvaviyāra de 'Sântisûri, un traité Jaïna sur les êtres vivants, texte prâcrit, traduction française, notes et glossaire, p. 231 à 288.

6719. Bel (Alfred). — La Djâzya, chanson arabe précédée d'observations sur quelques légendes arabes et sur la geste des Benî Bilâl, p. 289; CLXI, p. 169; et CLXII, p. 311.

6720. Barbier de Meynard. — Léon Feer († 1902), p. 349 à 351.

6721. Halévy (J.). — 'Affân, Khillît et Millît [dans les Mille et une nuits], p. 356 à 364.

6722. Fossey (C.). — Le texte magique [assyrien] K. 6172, p. 364 à 367.

6723. Bouvat (Lucien). — Le *débat des deux langues*, Mohâkemet Ul-Loughatein de Mir 'Alî Chir Nevâï, p. 367 à 372.

6724. Dussaud (René). — Baλάνιον [et le temple de Baalbeck à Héliopolis], p. 372 à 375.

6725. Charencey (De). — Une formation numérale en Tibétain, p. 375 à 377.

6726. Van Berchem (Max). — Notes sur les Croisades, p. 385 à 456.

[Le royaume de Jérusalem et le livre de M. Rohricht.]

6727. Macler (F.). — Choix de fables arméniennes attribuées à Mkhithar Goch, p. 457 à 487.

6728. Blochet (E.). — Études sur l'ésotérisme musulman, p. 489; et CLXI, p. 49.

6729. Schwab (Moïse). — Du folklore de l'Orient, p. 536 à 545.

6730. Basset (René). — Mission dans la région de Tiharet et le Serson, p. 545 à 547.

6731. Meillet (A.). — Notice sur un passage de l'historien arménien Élisée, p. 548 à 549.

6732. Halévy (J.). — Les tablettes gréco-babyloniennes du British Museum, p. 549 à 552.

6733. Oppert (J.). — Traduction du cylindre A de Gudéa [trouvé dans les ruines de Tello], p. 552 à 561.

CLXI. — Journal Asiatique..., publié par la Société Asiatique, 9ᵉ série, t. XX. (Paris, 1902, in-8°, 534 p.)

6734. Charencey (De). — Les noms de nombre dans les dialectes de l'Himalaya, p. 14 à 17.

[6728]. Blochet (E.). — Études sur l'ésotérisme musulman, p. 49 à 111.

6735. Farjenel (Fernand). — La métaphysique chinoise, p. 113 à 131.

6736. Chavannes (Édouard). — Le défilé de Long-Men dans la province de Ho-Nan, 6 *pl.*, p. 133 à 158.

[6719]. Bel (Alfred). — La Djâzya, p. 169 à 236.

6737. La Vallée Poussin (Louis de). — Dogmatique bouddhique, p. 237 à 306; et CLXIII, p. 357 à 450.

6738. Basset (René). — Rapport sur les études berbères et Haoussa (1897-1902), présenté au xiiiᵉ Congrès des orientalistes à Hambourg, p. 307 à 325.

6739. Halévy (J.). — Le mot phénicien אֲדֹלֹן [*Adlon*], p. 349.

6740. Halévy. — L'infinitif arabe Taf'îl, p. 350.

6741. Halévy. — Deux passages de l'Évangile, p. 351.

6742. Halévy. — Le sacrifice du porc en Babylonie, p. 351.

6743. Halévy. — Origine du Ξ grec, p. 352.

6744. Anonyme. — Tables des matières de la 9ᵉ série, comprenant les années 1893 à 1902, p. 357 à 531.

CLXII. — Journal Asiatique..., publié par la Société Asiatique, 10ᵉ série, t. I. (Paris, 1903, in-8°, 584 p.)

6745. Nau (F.). — Histoire de Dioscore, patriarche d'Alexandrie, écrite par son disciple Théopiste, p. 5 à 108, et 241 à 310.

6746. Aymonier (Étienne). — Le Founan [Cambodge], p. 109 à 150.

6747. Chabot (J.-B.). — Restitution d'un passage de la Chronique de Michel le Syrien, p. 161.

6748. Derenbourg (Hartwig). — Faux et faussaires yéménites [inscriptions], p. 162 à 165.

6749. Aymonier (Étienne). — Le Siam ancien, p. 185 à 239.

[6719]. Bel (Alfred). — La Djâzya, p. 311 à 366.

6750. Halévy (J.). — Mantanbukus, Metembékos; Lotape; Houd et Cho'Aïb, p. 374 à 377.

6751. Halévy (J.). — Vasti [Esther, 1, 9]; prophètes mentionnés dans le Livre de la création, p. 377 à 380.

6752. Doval (Rubens). — Le double point syropalestinion, p. 382 à 384.

6753. Charencey (De). — De l'origine arabe de nos mots *sacate* et *sabot*, p. 384 à 389.

6754. Botvat (Lucien). — Histoire de Yoùsouf Châh, nouvelle historique de Mîrzâ Fetḥ'Alî Akhondzâdé, texte azéri publié et traduit, p. 393 à 489.

6755. Macler (Frédéric). — Extraits de la chronique de Maribas Kaldoyo (Mar Abas Katina ?), essai de critique historico-littéraire [arménienne], p. 491 à 549.

6756. Basmadjian (K. J.). — Quelques observations sur l'inscription [cunéiforme] de Kelischin, p. 554 à 555.

6757. Halévy (J.). — Proverbes, xxv, 20 ; Lévitique, xxvi, 41 ; Qoleyon, l'aigle et les Nafât, p. 555 à 558.

6758. Chabency (De). — Origine du mythe d'Orphée, p. 561 à 565.

CLXIII. — Journal Asiatique..., publié par la Société Asiatique, 10° série, t. II. (Paris, 1903, in-8°, 547 p.)

6759. Basset (René). — Deux manuscrits d'une version arabe inédite du Recueil des Sept Vizirs [Sept Sages], p. 43 à 83.

6760. Farjenel (Fernand). — Quelques particularités du culte des ancêtres en Chine, p. 85 à 96.

6761. Littmann (Enno). — Le chant de la belle-mère en arabe moderne, p. 97 à 131.

6762. Prince (J. Dyneley). — Le bouc émissaire chez les Babyloniens, p. 133 à 156.

6763. Motylinski (A. C. de). — Note sur sa récente mission dans le Souf pour y étudier le dialecte berbère de R'adamès, p. 157 à 162.

6764. Revillout (Eugène). — Lettre sur de nouveaux Évangiles apocryphes relatifs à la Vierge, p. 162 à 174.

6765. Foucher (A.). — Les bas-reliefs du Stûpa de Sikri (Gandhâra), 7 pl., p. 185 à 330.

6766. Aymonnier (Étienne). — Nouvelles observations sur le Founan, p. 333 à 341.

[6737]. La Vallée Poussin (Louis de). — Dogmatique bouddhique, p. 357 à 450.

6767. Ferrand (Gabriel). — L'élément arabe et sonahili en malgache ancien et moderne, p. 451 à 485.

6768. Meillet (A.). — Observations sur la graphie de quelques anciens manuscrits de l'Évangile arménien, p. 487 à 507.

6769. Halévy. — Le nom d'Ève ; Nabuchodonosor, p. 522 à 524.

6770. Halévy. — Juges, vi, 37 ; Psaumes, xvii, 13-14 ; le mot arbuste en éthiopien populaire ; des formes pehlevies à l'époque achéménide, p. 524 à 528.

SEINE. — PARIS.

SOCIÉTÉ BIBLIOGRAPHIQUE.

Les publications antérieures de cette Société sont analysées dans notre *Bibliographie générale*, savoir :
Polybiblion, t. I à XLV (1868-1885), *Bibliographie*, t. III, p. 752.
— t. XLVI à XC (1886-1900), *Bibliographie*, Supplément sous presse.
— t. XCI à XCIII (1901), *Bibliographie*, nouvelle série, t. I, p. 113.
Congrès (1888-1900), *Bibliographie*, t. III, p. 768, et Supplément sous presse.

XCIV. — Polybiblion, Revue bibliographique universelle. Partie littéraire, 2° série, t. LV (XCIV° de la collection). (Paris, 1902, in-8°, 576 p.)

6771. Anonyme. — Nécrologie, p. 76 à 79.
[H. Fouquier (1838 † 1901) ; C.-J. Maunoir (1830 † 1901) ; L. Gualtieri (1826 † 1901).]

6772. Anonyme. — Nécrologie, p. 172 à 176.
[Le chanoine E.-J.-M. Allain (1857 † 1901) ; le vicomte A.-B. de Calonne (1835 † 1902) ; E. Grenier (1819 † 1901) ; C. P. Tiele (1830 † 1902) ; J. E. Joerg (1819 † 1901).]

6773. Anonyme. — Nécrologie, p. 265 à 270.
[Mᵐᵉ Clémence Royer (1830 † 1902) ; Mᵐᵉ Louise Gagneur (1832 † 1902) ; Mᵐᵉ Rattazzi (al. princesse Bonapart-Wyse,

Mᵐᵉ de Solms, Mᵐᵉ de Rute, † 1902) ; Mᵐᵉ Clarisse Bader (1840 † 1902) ; lord Dufferin (1826 † 1902) ; F.-H. Groome (1851 † 1902) ; F.-X. Kraus (1840 † 1901).]

6774. Anonyme. — Nécrologie, p. 363 à 367.
[L. Couture (1832 † 1902) ; A. Gasté (1838 † 1902) ; C. Potvin (1818 † 1902) ; A. Eisenlohr († 1902) ; T. Tyler († 1902).]

6775. Anonyme. — Nécrologie, p. 457 à 462.
[N. Quellien (1848 † 1902) ; Aurélien Scholl (1833 † 1902) ; V. Clavel († 1902) ; J. Doinel († 1902) ; P. Avenel (1823 † 1902) ; F.-H.-G. Isambert (1841 † 1902) ; A. Larhalétrier (1864 † 1902).]

6776. Anonyme. — Nécrologie, p. 535 à 540.
[Le P. C. Sommervogel (1834 † 1902) ; J.-A. Girard (1825 † 1902) ; Xavier de Montépin (1864 † 1902) ; l'abbé C. Fromentin (1831 † 1902) ; le prince Georges Bibesco (1834 † 1902) ; K. Vochette, dit Chavette (1857 † 1902) ; J.-L. Dubut de Laforest (1853 † 1902) ; sir Arthur Arnold († 1902).]

XCV. — Polybiblion. Revue bibliographique universelle. Partie littéraire, 2ᵉ série, t. LVI (XCVᵉ de la collection). (Paris, 1902, in-8°, 576 p.)

6777. ANONYME. — Nécrologie, p. 79 à 83.

[Le marquis A.-H.-P. de Ségur (1823 † 1902); R. de Maulde La Clavière (1848 † 1902); Mouton, dit Mérinos (1823 † 1902); Léon Duvauchel (1850 † 1902); Mᵐᵉ Durand, dite Henry Gréville (1842 † 1902); Mᵐᵉ Emmeline Raymond (1828 † 1902); Mᵐᵉ Edouard Foucaux, dite Mary Summer (1842 † 1902); dom Jacinto Verdaguer (1845 † 1902).]

6778. ANONYME. — Nécrologie, p. 181 à 183.

[H.-A.-E.-A. Faye (1814 † 1902); l'abbé Maze (1836 † 1902); F.-H.-R. Allain-Targé (1832 † 1902); l'abbé A. Largeault († 1902).]

6779. GEOFFROY DE GRANDMAISON. — Le marquis de Beaucourt [† 1902], p. 271 à 274.

6780. ANONYME. — Nécrologie, p. 275 à 277.

[C.-H.-H. Chincholle (1845 † 1902); G.-J. Delarue, dit de Strada (1821 † 1902); J.-F.-H. Pontois (1837 † 1902); l'abbé J.-A. Guillermin (1845 † 1902).]

6781. ANONYME. — Nécrologie, p. 367 à 371.

[R. Virchow (1821 † 1902); R.-A.-A. Riant (1827 † 1902).]

6782. LEDOS (E.-G.). — Bibliographie de M. le marquis de Beaucourt, p. 458 à 463.

6783. ANONYME. — Nécrologie, p. 463 à 467.

[E. Zola (1840 † 1902).]

6784. ANONYME. — Nécrologie, p. 539 à 542.

[Eug. Müntz (1845 † 1902); A.-M. Bucheron, dit Saint-Genest (1835 † 1902); Bouquet (1815 † 1902); Jules Brisson (1828 † 1902); J. W. Powel († 1902).]

XCVI. — Polybiblion. Revue bibliographique universelle. Partie technique, 2ᵉ série, t. XXVIII (XCVIᵉ de la collection). (Paris, 1902, in-8°, 664 p.)

XCVII. — Polybiblion. Revue bibliographique universelle. Partie littéraire, 2ᵉ série, t. LVII (XCVIIᵉ de la collection). (Paris, 1903, in-8°, 576 p.)

6785. ANONYME. — Nécrologie, p. 75 à 79.

[P.-P. Dehérain (1830 † 1902); A.-L.-J. Bertrand (1820 † 1902); L. Muhlfeld (1870 † 1902); l'abbé E.-C. Minjard († 1902); F. Temple (1821 † 1902).]

6786. ANONYME. — Nécrologie, p. 174 à 178.

[Pierre Laffitte (1823 † 1903); J. Chavanne (1846 † 1902); L. Blancard, Opper, dit de Blowitz (1823 † 1902); le docteur Stephens († 1902); le P. Zottoli († 1902).]

6787. ANONYME. — Nécrologie, p. 268 à 272.

[Gaston Paris (1839 † 1903) † J.-J. Cartwright; E.-B. Cowell (1826 † 1903); J. Parry (1841 † 1903); sir Charles Gavan Duffy († 1903).]

6788. ANONYME. — Nécrologie, p. 367 à 372.

[E. Legouvé (1807 † 1903); E. Cat († 1903); F.-I. Crousié (1830 † 1903); L. Audiat (1832 † 1903); R.-V. Lottin de Laval (1815 † 1903); H. Keller († 1903); G.-G. Bradley († 1903).]

6789. ANONYME. — Nécrologie, p. 460 à 464.

[Docteur J.-B.-V. Laborde (1831 † 1903); P.-E. Piestre, dit Eugène Cormon (1810 † 1903); Pessonneaux; A. Vingtrinier (1812 † 1903); L. de la Roque († 1903); Edouard Garnier († 1903); G.-A. Lefèvre-Pontalis (1830 † 1903); Dʳ J.-V. Carus († 1903).]

6790. ANONYME. — Nécrologie, p. 535 à 538.

[P. Jacquinet (1815 † 1903); J. Ferraud (1847 † 1903); P. Belloni du Chaillu (1835 † 1903); Mᵐᵉ Malvina von Meysenburg († 1903); R .H. Stoddard († 1903).]

XCVIII. — Polybiblion. Revue bibliographique universelle. Partie littéraire, 2ᵉ série, t. LVIII (XCVIIIᵉ de la collection). (Paris, 1903, in-8°, 576 p.)

6791. ANONYME. — Nécrologie, p. 77 à 80.

[P.-C.-A. Loyseau de Grandmaison (1824 † 1903); Gaspar Muñez de Arce (1834 † 1903); le cardinal Vaughan (1832 † 1903).]

6792. ANONYME. — Nécrologie, p. 178 à 182.

[Léon XIII (1810 † 1903); J.-J. Clamageran (1827 † 1903); Luigi Cremona (1830 † 1903).]

6793. ANONYME. — Nécrologie, p. 269 à 276.

[G. Larroumet (1852 † 1903); A.-V. Meunier (1817 † 1903); C. Arcarias (1831 † 1903); E. Mühlbacher (1843 † 1903); J.-M.-A. Vézian (1821 † 1903); E.-J.-E. Nocard (1850 † 1903); E. Desbeaux († 1903); le général; C.-A. Fay (1846 † 1903); le général A.-H. Brialmont (1821 † 1903); O. Klopp (1822 † 1903); G.-H. Bellermann (1822 † 1903).]

6794. ANONYME. — Nécrologie, p. 366 à 370.

[C.-B. Renouvier (1834 † 1903); Overton (1835 † 1903); W. Hastie († 1903); A. Bain (1818 † 1903); C. E. Turner († 1903).]

6795. ANONYME. — Nécrologie. p. 456 à 460.

[Th. Mommsen (1817 † 1903); V. de Joncières (1839 † 1903); M. Rollinat (1846 † 1903); R. Proctor († 1903); R. Scott Fillis († 1903).]

6796. ANONYME. — Nécrologie, p. 540 à 541.

[F.H. Dieterici (1821 † 1903).]

XCIX. — Polybiblion. Revue bibliographique universelle. Partie technique, 2ᵉ série, t. LVIII (XCIXᵉ de la collection). (Paris, 1903, in-8°, 588 p.)

SEINE. — PARIS.

SOCIÉTÉ DES BIBLIOPHILES FRANÇAIS.

Les publications antérieures de cette Société sont analysées dans notre *Bibliographie générale*, savoir :
Mélanges, t. I à XI (1820-1877), *Bibliographie*, t. III, p. 772.
Ouvrages divers, *Bibliographie*, t. III, p. 776, et Supplément sous presse.

XII. — Mélanges publiés par la Société des Bibliophiles françois ... (Paris, 1903, 8 p. d'avertissement et 9 fascicules en 2 vol. in-8°.)

Première partie.

6797. Pallu de Lessert (C.). — Correspondance de Louis XIV et du duc d'Orléans (1707). (Paris, 1903, in-8°, 4 et 193 p., 2 pl.)

[Précédé d'une introduction par le duc de Chartres. — Campagne d'Espagne, siège de Lérida.]

6798. Galard (Vicomtesse de). — Lettres du roi Louis XIII au cardinal de Richelieu et à M. de Bullion. (Paris, 1903, in-8°, 4 et 32 p.)

6799. Royer-Collard (Paul). — Lettres et billets du prince de Talleyrand et de M. Royer-Collard. (Paris, 1903, in-8°, 4 et 26 p.)

6800. Portalis (Baron Roger). — Éloge de M. Coustou le jeune par l'abbé Gougenot. (Paris, 1903, in-8°, 4 et 20 p.)

6801. Biencourt (Marquis de). — Institutions et règlements de charité au xvie et au xviie siècle. (Paris, 1903, in-8°, 4 et 90 p.)

Deuxième partie.

6802. Broglie (Duc de). — Deux Français aux États-Unis et dans la Nouvelle-Espagne en 1782. Journal de voyage du prince de Broglie et lettres du comte de Ségur. (Paris, 1903, in-8°, 4 et 200 p.)

6803. Tourneux (Maurice). — Lettre de P.-J. Mariette à Gérard Meerman. (Paris, 1903, in-8°, 4 et 34 p.)

[Sur les origines de la gravure.]

6804. Portalis (Baron Roger). — Quatre lettres du comte de Forbin à Huyot, architecte français. (Paris, 1903, in-8°, 4 et 30 p.)

[Notice biographique par le comte Alex. de Laborde.]

6805. Barante (Baron de). — Lettres de Florian à Mme de la Briche. (Paris, 1903, in-8°, 4 et 107 p.)

SEINE. — PARIS.

SOCIÉTÉ DES COLLECTIONNEURS D'EX-LIBRIS.

Les publications antérieures de cette Société sont analysées dans notre *Bibliographie générale*, savoir :
Archives ..., t. I à VII (1894-1900), *Bibliographie*, Supplément sous presse.
— t. VIII (1901), *Bibliographie*, nouvelle série, t. I, p. 114.

IX. — Archives de la Société française des collectionneurs d'ex-libris, 9e année. (Paris, 1902, in-fol., 196 p.)

6806. Wiggishoff (J.) et Bouland (L.). — Les ex-libris français anonymes non héraldiques, *fig.*, p. 2 à 3, et 179 à 181.

6807. Masson (Henri). — Ex-libris de Jean-Philippe d'Anthès, baron de Longepierre, conseiller au Conseil souverain d'Alsace, *fig.* et *pl.*, p. 4 à 7.

6808. Bouland (D' L.). — Ex-libris de M. Louis Brun, *fig.* et *pl.*, p. 10.

6809. Divers. — Questions et réponses, *fig.*, p. 11 à 16.

[Ex-libris de madame de Saint-Germain, marquise d'Aligny, p. 12, 80, et 93 ; de Jacques Le Grand, s' d'Aiuze, Marnay, etc., *fig.*; de madame Ronié, de J.-B.-A. Nourrisson, de Salut de Luzan, *fig.*]

6810. Buney (Comte de). — Marque inédite de la comtesse de Franclieu, née de Belleval (seconde moitié du XVIII° siècle), *fig.*, p. 18 à 20.

6811. Engelmann (Ed.). — Ex-libris monogramme de M. Radiguet, *fig.*, p. 20.

6812. Farcy (P. de). — Ex-libris du président J.-C.-A. de Farcy, dit le marquis de Cuillé, *fig.*, p. 21.

6813. Bertarelli (Achille) et Prior (David-Henry). — Ex-libris italiens portant des devises françaises,' *fig.* et 3 *pl.*, p. 23 à 29.

6814. Dujarric-Descombes (A.). — L'ex-libris de Paul-Emeric Cellerier, *fig.*, p. 29.

6815. Divers. — Questions et réponses, p. 31.

[Marque de la bibliothèque de Condé à Chantilly, *fig.*]

6816. Bouland (D' L.). — Ex-libris de M. Albert de Bary (Bibliothèque de La Prairie), *fig.* et *pl.*, p. 35.

6817. Bouland (D' L.). — La marque de l'imprimeur Martin Nutius, alias Merten Vermeeren, *fig.*, p. 37.

6818. Braux (De). — Un ex-libris aux armes de la famille de S.-J.-B. de la Salle, *fig.*, p. 38 à 41.

6819. Mar (Léopold). — Fer à dorer de Micault d'Harvelay, *fig.*, p. 41, et 73.

6820. Bouland (D' L.). — Ex-libris de M. le marquis des Méloizes, *pl.*, p. 43.

6821. Engelmann (Ed.). — Ex-libris de M' Lepappe de Trévern, évêque de Strasbourg [1754 † 1842], *fig.*, p. 44.

6822. Divers. — Questions et réponses, *fig.*, p. 45 à 48.

[Ex-libris de Charles Cousin, *fig.*; de N... des Huaux, *fig.*]

6823. Advielle (Victor). — Fers de reliure du Collège des Jésuites de Besançon, *fig.*, p. 51.

6824. Guellinck d'Elseghem (Vicomte A. de). — Ex-libris héraldique de la famille de Bray, *pl.*, p. 53 à 55.

6825. Falgairolle (Prosper). — Les ex-libris du marquis d'Aubais [Charles Baschi], *fig.*, p. 55 à 59.

6826. Duris (F.). — Ex-libris de M. J.-B. Mercier [de Dijon], *pl.*, p. 59.

6827. Bouland (D' L.). — Ex-libris de M. Alfred Piet, *pl.*, p. 67.

6828. Dujarric-Descombes (A.). — Ex-libris de la maison d'Abzac, *fig.*, p. 68 à 72.

6829. Mar (Léopold). — L'ex-libris du président Bernard de Rieux, *pl.*, p. 73 à 76.

6830. Advielle (Victor). — L'ingénieur Prony et sa marque de livres, *fig.*, p. 75.

6831. Divers. — Questions et réponses, *fig.*, p. 78 à 80.

[Ex-libris de la famille de Vendières, *fig.*, p. 79, et 95.]

6832. Engelmann (Ed.). — Bibliothèque paroissiale de Notre-Dame Saint-Louis [actuellement église Saint-Vincent à Lyon], *fig.* et *pl.*, p. 83 à 85.

6833. Boymono (M.). — Ex-libris de M. A. Girard, *pl.*, p. 85.

6834. Perrier (Émile). — La bibliothèque d'Arles, *fig.*, p. 87 à 90.

6835. Dont-Care. — Ex-libris de la famille Dupont en Artois, *fig.*, *pl.* et *tableau généalogique,* p. 90 à 92, et 157.

6836. Divers. — Questions et réponses, *fig.*, p. 93 à 95.

[Ex-libris de Robin de la Tremblaye.]

6837. Des Robert (Edmond). — Claude-Nicolas Le Cat, *fig.*, p. 99 à 101.

6838. Richebé (H.). — Bibliothèques et bibliophiles du nord de la France, ex-libris et fers de reliure, *pl.*, p. 102 à 104.

[Abbaye de Phalempin (Nord), *pl.*]

6839. Advielle (Victor). — Les timbres de Cayrol [L.-N.-J.-J., 1775 † 1859], *fig.*, p. 104 à 106.

6840. Prior (David-Henri). — L'ex-libris du marquis Sforza del Mayno, *pl.*, p. 107 à 110.

6841. Divers. — Questions et réponses, *fig.*, p. 112 à 115.

[Ex libris de G. Badfilé, *fig.*]

6842. Braux (De). — Ex-libris aux armes de la famille de Jeanne d'Arc, *fig.* et 3 *pl.*, p. 113 à 125.

[Familles du Chemin, *fig.*; Ferand, *pl.*; Boucher de Perthes, *fig.*; Le Court, *fig.*; de Braux, *fig.*; de Gaudart d'Allaines, 2 *pl.* etc.]

6843. Bouland (D' L.). — Ex-libris de M. F. Garde, *fig.*, p. 125 à 127.

6844. Divers. — Questions et réponses, *fig.*, p. 127, et 142.

[Ex-libris des familles de Viry, et de Narbonne-Lara, *fig.*]

6845. Faucher (Paul de). — L'ex-libris du marquis d'Aquéria de Rochegude, *fig.* et *pl.*, p. 129 à 133.

6846. Dujarric-Descombes (A.). — Les ex-libris des marquis de Cumond en Périgord, *fig.*, p. 133 à 136.

6847. Bouland (D' L.). — Ex-libris et fer de reliure de la marquise de Vintimille, *fig.*, p. 137 à 139.

6848. Bouland (D' L.). — Ex-libris typographiés de J.-A. Junot, duc d'Abrantès, *fig.*, p. 139 à 141.

6849. Wiggishoff (J.-C.). — E.-M.-J. Lemoine [et l'Institution polytechnique, à Paris, an VIII], p. 141.

6850. Brénisson (R. de). — Ex-libris de monsieur et madame Louis Blanchet-Magon, *fig.* et *pl.*, p. 145 à 148.

6851. Mazières (Lucien de). — En-tête de lettres, et non ex-libris, du général Ernouf, *fig.*, p. 148 à 150.

6852. Bouland (Dʳ L.). — Livres aux armes de l'impératrice Eugénie, *fig.*, p. 151 à 155.

6853. Bouland (Dʳ L.). — Ex-libris de Gaspard-Antoine d'Amoreux, p. 156.

6854. Divers. — Questions et réponses, *fig.*, p. 158 à 160.

[Ex-libris de Mᵐᵉ de Saint-Prest, d'Achille Cochart, marquis de Chastenaye, et de Charlotte Le Tonnellier, *fig.*]

6855. Advielle (Victor). — L'abbé Prompsault, chapelain de l'hospice des Quinze-vingts aveugles, son ex-libris manuscrit, *facs.* et *fig.*, p. 162.

6856. Engelmann (Ed.). — Les ex-libris de la famille Zimberlin, *fig.* et *pl.*, p. 164 à 167.

6857. Bouland (Dʳ L.). — Ex-libris de Pierre-Hyacinthe-Vincent Botu, *pl.*, p. 167.

6858. Mar (Léopold). — Les ex-libris du comte de Baschi-Saint-Estève, *fig.* et *pl.*, p. 169 à 172.

6859. Divers. — Questions et réponse, *fig.*, p. 174 à 176.

[Ex-libris de Pianello de la Valette, *fig.*]

6860. Bizemont (Comte Arthur de). — Ex-libris de M. le comte A[ndré] de Bizemont [-Prunelé], *pl.*, p. 179.

6861. Divers. — Questions et réponses, *fig.*, p. 181.

[Cachet du district de Metz, *fig.*; ex-libris du comte J.-M. de Viry-La-Forest, *fig.*]

SEINE. — PARIS.

SOCIÉTÉ DE L'ÉCOLE DES CHARTES.

Les publications antérieures de cette Société sont analysées dans notre *Bibliographie générale*, savoir :
Bibliothèque de l'École des Chartes, t. I à XLVI (1839-1885), *Bibliographie*, t. IV, p. 1.
  —   —   t. XLVII à LXI (1886-1900), *Bibliographie*, Supplément sous presse.
  —   —   t. LXII (1901), *Bibliographie*, nouvelle série, t. I, p. 115.
Documents historiques (1873-1879), *Bibliographie*, t. IV, p. 34.
Mémoires et documents, t. I à IV (1896-1900), *Bibliographie*, Supplément sous presse.

6862. Dieudonné (A.). — Table des tomes XLI-LX (1880-1899) de la Bibliothèque de l'École des Chartes, suivie des tables générales sommaires des tomes I-XL, savoir : II. Table alphabétique des articles par noms d'auteurs. — III. Table chronologique des documents. — IV. Table des fac-similés, dessins et plans. — (Paris, 1903, in-8°, 11-318 p.)

6863. Anonyme. — Livret de l'École des Chartes (1891-1901). Supplément au livret publié en 1891. (Paris, 1902, in-18, 167 p.)

LXIII. — **Bibliothèque de l'École des Chartes...**, LXIII, année 1902. (Paris, 1902, in-8°, 794 p.)

6864. H. O. [Omont (H.)]. — Dictionnaire d'abréviations latines publié à Brescia en 1534, 4 *ff. de facs.*, p. 5 à 9.

6865. Omont (H.). — Catalogue des manuscrits Ashburnham-Barrois, récemment acquis par la Bibliothèque nationale, p. 10 à 68. — Suite et fin de LXII, p. 555.

6866. Levillain (Léon). — Étude sur les lettres de Loup de Ferrières, p. 69, 289 et 537. — Suite et fin de LXII, p. 445. — Cf. n° 6901.

6867. Morel (Octave). — Note sur l'usage du signet royal au xivᵉ siècle, à propos de deux signets de Jean le Bon, p. 119 à 124.

6868. Joret (Charles). — Notice sur la vie et les travaux de M. de la Borderie, p. 177 à 219. — Cf. id. nᵒˢ 6267 et 6350.

6869. Valois (Noel). — Jacques de Nouvion et le religieux de Saint-Denis, p. 233 à 262.

6870. Delaborde (H.-François). — Une œuvre nouvelle de Guillaume de Saint-Pathus, p. 263 à 288.

6871. Guilhiermoz (P.). — Ordonnance inédite de Philippe le Bel sur la police de la pêche fluviale (17 mai 1293), p. 331 à 337.

6872. G. G. [Guigues (G.)]. — Entrée à Lyon de l'archevêque François de Rohan, relation des actes capitulaires du chapitre métropolitain (14 août 1506), p. 338 à 351.

6873. Poupardin (René). — Dix-huit lettres inédites d'Arnoul de Lisieux, p. 352 à 373.

22.

6874. Lair (Jules). — Notice sur la vie et les travaux de M. Célestin Port, p. 443 à 462. — Cf. id. n°⁵ 6269 et 6351.

6875. Berger (Élie). — René de Maulde [† 1902], p. 463 à 465.

6876. Schmidt (Charles). — Henri Chassériaud [1873 † 1902], p. 465.

6877. [Omont (H.)]. — Manuscrits latins et français récemment entrés à la Bibliothèque nationale et exposés dans la galerie Mazarine, p. 474.

6878. [Delisle (L.)]. — Gilles Aicelin, archevêque de Narbonne [1302], p. 478.

6879. Anonyme. — La chancellerie romaine au temps de Paul II, p. 479.

6880. Lauer (Ph.). — Les manuscrits de Saint-Arnoul de Crépy, p. 481 à 516.

6881. Sepet (Marius). — Observations sur la légende de sainte Odile, p. 517 à 536.

6882. Calmette (Joseph). — Notice sur la seconde partie du manuscrit catalan P 13 de la Bibliothèque nationale de Madrid, p. 587 à 595.

[Fastes de J.-P. Bosché (xvᵉ s.).]

6883. [Omont (H.)]. — Catalogue de la bibliothèque des Grands-Augustins de Paris vers la fin du xiiiᵉ siècle, p. 596 à 598.

6884. Vernier (J.-J.). — Inventaire du Trésor et de la sacristie de l'abbaye de Clairvaux de 1640, p. 599 à 677.

6885. Bruel (A.). — Fragment d'un cartulaire de Cluny renfermant un diplôme inédit de Philippe Auguste, p. 678 à 681.

6886. Fénotin (D. Marius). — Complément de la lettre de saint Hugues, abbé de Cluny, à Bernard d'Agen, archevêque de Tolède (1087), p. 682 à 686. — Cf. LXI, p. 339.

6887. Lauer (Ph.). — Lettre close de Charles le Chauve pour les Barcelonais, p. 696 à 699. — Cf. n° 6906.

6888. Anonyme. — Une nouvelle lettre de Racine, p. 762.

LXIV. — Bibliothèque de l'École des Chartes...,LXIV, année 1903. (Paris, 1903, in-8°, 726 p.)

6889. Omont (Henri). — Nouvelles acquisitions du département des manuscrits de la Bibliothèque nationale pendant les années 1900-1902, p. 5 à 30, et 221 à 258.

6890. Levillain (Léon). — Le sacre de Charles le Chauve à Orléans, p. 31 à 53.

6891. Lévêque (Pierre). — Trois actes faux ou interpolés des comtes Eudes et Robert et du roi Raoul en faveur de l'abbaye de Marmoutier (887, 912, 931), p. 54 à 82, et 289 à 305.

6892. Lanore (M.). — La tapisserie de Bayeux, p. 83 à 93.

6893. Delachenal (R.). — La date de la naissance de Charles V, p. 94 à 98.

6894. Guilhiermoz. — Joseph Couraye du Parc (1856 † 1902), p. 198 à 200.

6895. Lex. — A.-C.-M. Paillard († 1903), p. 200 à 202.

6896. Divers. — Discours prononcés aux funérailles de M. G. Paris, p. 202 à 209.

[Discours de M. P. Meyer, A. Morel-Fatio, É. Berger, A. Thomas.]

6897. Delisle (L.). — Rouleau mortuaire du cardinal Milon de Palestrina [† vers 1103], p. 211.

6898. Ch.-V. L. [Langlois (Charles-Victor)]. — La lettre d'Enguerrand de Marigny à Simon de Pise [1314], p. 212 à 214.

6899. [Omont (H.)]. — Manuscrits de la collection Phillipps récemment acquis pour la Bibliothèque nationale, p. 214 à 215. — Cf. n° 6914.

6900. Delisle (L.). — Le cierge pascal de la cathédrale de Sens en 1515, p. 216.

6901. Levillain (Léon). — Une nouvelle édition des lettres de Loup de Ferrières, p. 259 à 283. — Cf. n° 6866.

6902. Poupardin (René). — La date de la *Visio Karoli Tertii*, p. 284 à 288.

6903. Delaborde (H.-François). — A propos d'une rature dans un registre de Philippe Auguste, p. 306 à 313.

6904. Delisle (L.). — Les Heures de Jacqueline de Bavière, p. 314 à 320.

6905. Durrieu (Paul). — Les très riches Heures du duc de Berry, conservées à Chantilly au musée Condé, et le Bréviaire Grimani, p. 321 à 328.

6906. Calmette (Joseph). — Sur la lettre close de Charles le Chauve aux Barcelonais, p. 329 à 334. — Cf. n° 6887.

6907. Mandrot (Bernard de). — P.-L. Pelicier [1836 † 1903], p. 437 à 439.

6908. Roux (H. de). — Henri Duchemin [1866 † 1903]. p. 439.

6909. Berger (Élie). — Léon XIII et les études historiques, p. 444 à 446.

6910. Welvert (E.). — Les comptes décadaires, leur valeur historique, leur classement, p. 447 à 451.

6911. [Delisle (L.)]. — Recouvrement de l'indemnité promise à Pierre Schoeffer par Louis XI, p. 451. — Cf. id. n° 7200.

6912. Delisle (Léopold) et Traube (Ludwig). — Un feuillet retrouvé du recueil écrit sur papyrus de lettres et de sermons de saint Augustin, *facs.*, p. 453 à 480.

6913. La Roncière (Ch. de). — L'atlas catalan de Charles V dérive-t-il d'un prototype catalan?, p. 481 à 489.

6914. Omont (H.). — Manuscrits de la bibliothèque de sir Thomas Phillipps récemment acquis pour la Bibliothèque nationale, p. 490 à 553. — Cf. n° 6899.

6915. Lesort (André) et Prévost (Michel). — Bulles inédites des papes Eugène III, Lucius III, Célestin III et Innocent III, p. 554 à 566.

[Bulles en faveur des abbayes de Saint-Benoît en Woëvre (1147 et 1182), de Riéval (1148) et de Saint-Airy de Verdun (1197 et 1198).]

6916. H. M. [Moranvillé (H.)]. — Notes de statistique douanière sous Philippe VI de Valois, p. 567 à 576.

6917. Prou (M.). — Deux fragments de bulles sur papyrus au musée du Puy, *facs.*, p. 577.

[Bulles de Silvestre II (999) et de Léon IX (1052) pour l'église du Puy.]

6918. [Moranvillé (H.)]. — Charles de Grandmaison, [1844 † 1903], p. 670 à 673.

6919. Delisle (L.) et Durrieu (Paul). — Ulysse Robert, p. 673 à 677.

6920. Dorez (L.). — L'incendie du Vatican, p. 690 à 696.

6921. [Delisle (L.)]. — Insurrections populaires sous le règne de Louis X, p. 697.

6922. H. M. [Moranvillé (H.)]. — Le barbier de Charles VI [Merlin Joli], p. 699 à 702.

V. — Mémoires et documents publiés par la Société de l'École des Chartes, V. (Paris, 1902, in-8°, xiii-382 p.)

6923. Levillain (Léon). — Examen critique des chartes mérovingiennes et carolingiennes de l'abbaye de Corbie. (Paris, 1902, in-8°, xiii-382 p.)

SEINE. — PARIS.

SOCIÉTÉ DE L'ÉCOLE DES SCIENCES POLITIQUES.

Cette Société a été fondée en 1871; la publication de ses *Annales* n'ayant commencé qu'en 1886, c'est dans le Supplément, sous presse, de notre *Bibliographie générale* qu'on trouvera l'analyse des quinze premiers volumes de ce recueil.

XVI. — Annales des sciences politiques, revue bimestrielle publiée avec la collaboration des professeurs et des anciens élèves de l'École libre des sciences politiques..., 16° année, 1901. (Paris, 1901, in-8°, 801 p.)

6924. Léonardon (H.). — L'Espagne et la question du Mexique (1861-1862), p. 59 à 95.

6925. Piot (Stéphane). — L'édit d'août 1749 sur les biens de mainmorte, p. 145 à 159.

6926. Aragon (Marcel). — La Compagnie d'Ostende et le grand commerce en Belgique au début du xviii° siècle, p. 216 à 247.

6927. Maury (F.). — De La Fayette à Gambetta. L'esprit républicain, p. 248 à 258.

6928. Schefer (Christian). — La politique coloniale de la Première Restauration, p. 299 à 319; et XVII, p. 344 à 361.

6929. Alix (Gabriel). — De l'organisation et du rôle des sciences politiques, p. 403 à 446.

6930. Sivary (Robert). — Les salaires et les prix en France et aux États-Unis au cours du dernier demi-siècle, p. 487 à 497.

6931. Maury (François). — Anvers autrefois et aujourd'hui, p. 571 à 599; et XVII, p. 87 à 109.

6932. Dollot (René). — Un condominium dans l'Europe centrale. Moresnet, *carte*, p. 620 à 634.

6933. Calan (Ch. de). — La race et le milieu, essai de géographie sociale, p. 730 à 747; et XVII, p. 226 à 246.

XVII. — Annales des sciences politiques, revue bimestrielle publiée avec la collaboration des professeurs et des anciens élèves de l'École libre des sciences politiques..., 17° année, 1902. (Paris, 1902, in-8°, 853 p.)

[6931]. Maury (François). — Anvers autrefois et aujourd'hui, p. 87 à 109.

6934. Stourm (René). — L'œuvre financière du Consulat, p. 135 à 146.

[6933]. Calan (Ch. de). — La race et le milieu, essai de géographie sociale, p. 226 à 246.

[6928]. Schefer (Christian). — La politique coloniale de la Première Restauration, p. 344 à 361.

6935. Henry (Paul-L.). — L'hospitalité de nuit à Paris [historique], p. 362 à 377, et 768 à 780.

6936. Boutmy (E.). — La Déclaration des droits de l'homme et du citoyen, et M. Jellinek, p. 415 à 443.

6937. Levasseur (E.). — La Convention et le maximum, p. 543 à 577.

SEINE. — PARIS.

SOCIÉTÉ D'ÉCONOMIE SOCIALE.

Les publications antérieures de cette Société sont analysées dans notre *Bibliographie générale*, savoir :
Les *Ouvriers des Deux Mondes*, t. I à V (1857-1885), *Bibliographie*, t. IV. p. 36.
    —   t. VI à X (1887-1899), *Bibliographie*, Supplément sous presse.
Bulletin, t. I à IX (1865-1885), *Bibliographie*, t. IV, p. 38.
Annuaire, t. I à V (1875-1880), *Bibliographie*, t. IV, p. 42.
La Réforme sociale, t. I à IX (1881-1885), *Bibliographie*, t. IV, p. 43.
    —   t. X à XL (1886-1900), *Bibliographie*, Supplément sous presse.
    —   t. XLI et XLII (1901), *Bibliographie*, nouvelle série, t. I, p. 117.

XLIII. — La Réforme sociale. Bulletin de la Société d'Économie sociale et des Unions de la paix sociale, fondées par P.-F. Le Play, 5ᵉ série, t. III (tome XLIII de la collection), 22ᵉ année, janvier-juin 1902. (Paris, 1902, in-8°, 980 p.)

6938. Levasseur. — La corporation sous le Consulat, l'Empire et la Restauration, p. 144 à 178, et 227 à 240.

6939. Rivière (Louis). — Les mendiants sous l'ancien régime, p. 714 à 731.

6940. Delaire (A.).—Monsieur Charles Welche († 1902), p. 805 à 807.

XLIV. — La Réforme sociale. Bulletin de la Société d'Économie sociale et des Unions de la paix sociale, fondées par P.-F. Le Play, 5ᵉ série, t. IV (tome XLIV de la collection), 22ᵉ année, juillet-décembre 1902. (Paris, 1902, in-8°, 944 p.)

SEINE. — PARIS.

SOCIÉTÉ D'ENCOURAGEMENT POUR LA PROPAGATION DES LIVRES D'ART.

Les publications antérieures de cette Société sont indiquées dans notre *Bibliographie générale*, savoir :
Ouvrages divers (1881-1886), *Bibliographie*, t. IV, p. 48.
    —   (1887-1900), *Bibliographie*, Supplément sous presse.

6941. Babelon (Ernest). — Histoire de la gravure sur gemmes en France, depuis les origines jusqu'à l'époque contemporaine. (Paris, 1902, gr. in-8°, xx-263 p., *fig.* et *pl.*)

SEINE. — PARIS.

SOCIÉTÉ DE L'ENSEIGNEMENT SUPÉRIEUR.

Les publications antérieures de cette Société sont analysées dans notre *Bibliographie générale*, savoir :
Études et *Bulletin*, t. I à III (1878-1880), *Bibliographie*, t. IV, p. 49.

Revue, t. I à X (1881-1885), *Bibliographie*, t. IV, p. 49.
— t. XI à XL (1886-1900), *Bibliographie*, Supplément sous presse.
— t. XLI à XLII (1901), *Bibliographie*, nouvelle série, t. I, p. 117.

XLIII. — **Revue internationale de l'enseignement**, publiée par la Société de l'enseignement supérieur..., rédacteur en chef, M. François Picavet, t. XLIII, janvier à juin 1902. (Paris, 1902, in-8°, 584 p.)

6942. Renard (Georges). — L'histoire économique et sociale de la deuxième République française, p. 13 à 21.
6943. Monod (Gabriel). — François-Tommy Perrens (1822 † 1901), p. 108 à 123.
6944. Luchaire (Julien). — Leçon d'ouverture du cours de langue et de littérature italiennes à la Faculté des lettres de l'Université de Lyon, p. 259 à 273.
6945. La Ville de Miremont (H. de). — La bibliothèque universitaire et la bibliothèque municipale de Bordeaux, p. 518 à 524.

XLIV. — **Revue internationale de l'enseignement**, publiée par la Société de l'enseignement supérieur..., rédacteur en chef, M. François Picavet, t. XLIV, juillet à décembre 1902. (Paris, 1902, in-8°, 585 p.)

6946. Delfour (Joseph). — La prétendue crise de l'enseignement secondaire après l'expulsion des Jésuites en 1762, p. 161 à 163.
6947. Anonyme. — Collège de France. Cours de M. Gaston Paris (1867-1902), p. 200 à 203.

SEINE. — PARIS.

SOCIÉTÉ DES ÉTUDES HISTORIQUES.

Les publications antérieures de cette Société sont analysées dans notre *Bibliographie générale*, savoir :
Journal et *Revue*, t. I à LVI (1834-1885), *Bibliographie*, t. IV, p. 108.
Revue, t. LVII à LXXI (1885-1900), *Bibliographie*, Supplément sous presse.
— t. LXXII (1901), *Bibliographie*, nouvelle série, t. I, p. 118.
Congrès, 6 vol. (1835-1842), *Bibliographie*, t. IV, p. 133.
Bibliographies critiques (1901), *Bibliographie*, nouvelle série, t. I, p. 119.

LXXIII. — **Revue des études historiques**, 68ᵉ année, 1902. (Paris, s. d., in-8°, 659 p.)

6948. Tabournel (Raymond). — Considérations sur la guerre de Sept ans, manuscrit inédit du prince Henri de Prusse, p. 5 à 26.
6949. Perre (Roger). — Une amie de L'Hospital et de Ronsard : Marguerite de France, duchesse de Berry, duchesse de Savoie, p. 27 à 68, et 140 à 164. — Suite de LXXII, p. 489.
6950. Pappas (Spyridon). — Un point d'histoire ignoré. L'agence de commerce français d'Ancône (1799), p. 69 à 72.
6951. Duvernoy (Émile). — Actes de saint Louis aux archives de Meurthe-et-Moselle, p. 73 à 74.
6952. Marion (Marcel). — État des classes rurales au xviiiᵉ siècle dans la Généralité de Bordeaux, p. 97, 335, et 451.
6953. Froidevaux (Henri). — Le gouvernement de Flacourt à Madagascar, p. 165 à 175.

6954. Cottin (Paul). — Les dernières pages du roman de Mirabeau et Sophie de Monnier (1781), d'après des documents inédits, p. 209 à 334.
6955. Laborde-Milaà (A.). — La Boétie et Montaigne, p. 362 à 368.
6956. Lattre (Henri de). — Les idées politiques et sociales du vice-président des États-Unis Calhoun d'après sa correspondance, p. 369 à 377.
6957. Fleury (Comte). — Les Amazones de Charette, p. 433 à 450.
[Mᵐᵉ de la Rochefoucauld ; Mᵐᵉ de Moutsorbier ; Mˡˡᵉ de la Rochette et de Conetus.]
6958. Perre (Roger). — Une lettre retrouvée de Colbert [à Villotte], p. 479 à 482.
6959. Funck-Brentano (Frantz). — L'imprimerie à Paris en 1645, p. 483 à 486.
6960. Dupoin (J.). — De la propriété et de l'hérédité des noms dans les familles palatines, p. 545 à 557.
6961. Mirot (Léon). — Les insurrections urbaines en Normandie à la fin du xivᵉ siècle, p. 558 à 582.

6962. Piot (Stéphane). — Les premiers mois de la peste de Marseille d'après des documents inédits, p. 583 à 601.

LXXIV. — **Revue des études historiques,** 69ᵉ année, 1903. (Paris, s. d., in-8°, 672 p.)

6963. Lacour-Gayet (G.). — Un utopiste inconnu. Les Codicilles de Louis XIII, p. 5 à 50.

6964. Cart (J.). — Souvenirs de Russie (1783-1798). Extraits du journal de Mˡˡᵉ Lienhardt [Marie-Dorothée], p. 51, 129, et 248.

6965. Fleury (Comte). — La comtesse de Luçay (1769 †1842), p. 113 à 128.

6966. Madelin (Louis). — Talleyrand préhistorique, p. 147 à 155.

6967. Tabournel (Raymond). — Les dernières volontés du prince Henri de Prusse (1802), p. 156 à 161.

6968. Lavollée (Robert). — Les duels de Montmorency-Bouteville, d'après des documents inédits, p. 225 à 247, et 337 à 365.

6969. Misermont (Lucien). — Le conventionnel Lebon avant son entrée dans la vie publique, d'après ses lettres et plusieurs documents inédits, p. 274 à 293.

6970. Auzoux (A.). — Lettres inédites de l'amiral de Linois (1806), p. 366 à 389.

6971. Funck-Brentano (Frantz). — Les bâtiments du For-l'Évêque en 1583, p. 390 à 395.

6972. Boutry (Maurice). — La mort de madame de Pompadour et l'alliance autrichienne. Un faux bruit d'ambassade, p. 396 à 398.

6973. Boutry (Maurice). — Le mariage de Marie-Antoinette, p. 449 à 497, et 581 à 616.

6974. Cochin (Auguste). — Les conquêtes du consistoire de Nîmes pendant la Fronde (1648-1653), p. 498 à 514.

6975. Vaissière (Pierre de). — Bernardin de Saint-Pierre, les années d'obscurité et de misère (1773-1783), p. 515 à 525.

6976. Stryienski (Casimir). — Le testament de Madame Infante [Louise-Élisabeth de France] (1759), p. 561 à 580.

BIBLIOTHÈQUE DES BIBLIOGRAPHIES CRITIQUES.

6977. Leroux (Alfred). — Les conflits entre la France et l'Empire pendant le moyen âge. (Paris, 1902, in-8°, 73 p.)

6978. Chavanon (Jules). — Histoire de l'Artois. (Paris, 1902, in-8°, 64 p.)

6979. Giraud (Victor). — Taine. (Paris, 1902, in-8°, 83 p.)

6980. Blanchet (Adrien). — Sigillographie française. (Paris, 1902, in-8°, 53 p.)

6981. Lejeal (Léon). — Les antiquités mexicaines. (Paris,, 1902 in-8°, 79 p.)

SEINE. — PARIS.

SOCIÉTÉ DES ÉTUDES JUIVES.

Les publications antérieures de cette Société sont analysées dans notre *Bibliographie générale*, savoir :
Revue des études juives, t. I à X (1880-1885), *Bibliographie*, t. IV, p. 137.
— — t. XI à XLI (1885-1900), *Bibliographie*, Supplément sous presse.
— — t. XLII et XLIII (1901), *Bibliographie*, nouvelle série, t. I, p. 119.
Annuaire, t. I à III (1881-1884), *Bibliographie*, t. IV, p. 141.
Actes et conférences (1886-1889), *Bibliographie*, Supplément sous presse.

XLIV. — **Revue des études juives,** publication trimestrielle de la Société des études juives, t. XLIV. (Paris, 1902, in-8°, xxx-320 p.)

6982. Monceaux (Paul). — Les colonies juives dans l'Afrique romaine, p. 1 à 28.

[7033]. Marmier (G.). — Contributions à la géographie de la Palestine et des pays voisins, p. 29 à 44.

6983. Epstein (A.). — Le retour de Rab en Babylonie d'après M. Isaac Halévy, p. 45 à 62.

[7035]. Goldziher (J.). — Mélanges judéo-arabes, p. 63 à 72.

6984. Lévi (Israël). — Un recueil de consultations inédites de rabbins de la France méridionale, p. 73 à 86.
— Suite et fin de XXXVIII, p. 103, XXXIX, p. 76, 266; et XLIII, p. 237.

6985. Séligsohn (M.). — Quatre poésies judéo-persanes sur les persécutions des juifs d'Ispahan, p. 87 à 103, et 244 à 259. — Cf. XLIII, p. 101.

6986. Ginsburger (M.). — Élie Schwab, rabbin de Haguenau (1721 † 1747), p. 104 à 121, 260 à 282; et XLV, p. 255 à 284.

6987. Lambert (Mayer). — Notes exégétiques, p. 122; XLV, p. 289; et XLVI, p. 147.

6988. Derenbourg (Hartwig). — Un dieu nabatéen ivre sans avoir bu de vin [Schī'a al-Kaum], p. 124 à 126.

6989. Chajes (H.-P.). — Sur quelques noms propres talmudiques, p. 126 à 128.

6990. Hildenfinger (Paul). — Une accusation de meurtre rituel à Waldkirch en Brisgau (1503), p. 129 à 131.

6991. Poznanski (S.). — Anan et ses écrits, p. 161 à 187; et XLV, p. 50 à 69, et 176 à 203.

6992. Adler (Elkan N.) et Séligsohn (M.). — Une nouvelle chronique samaritaine, p. 188 à 222; XLV, p. 70 à 98, 223 à 254; et XLVI, p. 123 à 146.

6993. Chajes (H. P.). — Notes de lexicographie hébraïque, p. 223 à 229.

6994. Epstein (A.). — L'ouvrage intitulé Les quatre portes et l'affaire de Ben Méïr, p. 230 à 236.

6995. Büchler (A.). — Relation d'Isaac Dorbelo sur une consultation envoyée par les Juifs du Rhin en l'an 960 aux communautés de Palestine, p. 237 à 243.

6996. Bacher (W.). — Notes sur Isaïe, LIV, 7, p. 283 à 285.

6997. Bacher (W.). — אור dans le sens d'obscurité, p. 286 à 287.

6998. Lévi (Israël). — La langue originale du Livre de Tobit, p. 288 à 291.

6999. Lévi (Israël). — Quelques citations de l'Ecclésiastique, p. 291 à 294.

7000. Lévi (Israël). — Un fragment du Maftéah de R. Nissim sur Sanhédrin, p. 294 à 297.

7001. Kayserling (M.). — Notes sur l'histoire des juifs de Majorque [1391-1392], p. 297 à 300.

7002. Kayserling (M.). — Un ouvrage inconnu d'un savant italien [Règles de l'abatage par le médecin romain Yehiel ben Yekouthiel ben Benjamin, de la famille d'Anaw, 1275], p. 300 à 301.

7003. Crémieux (Ad.). — Un droit perçu sur les juifs étrangers venus en France au XVII° siècle [à Marseille], p. 301 à 306.

———

XLV. — Revue des études juives, publication trimestrielle de la Société des études juives, t. XLV. (Paris, 1902, in-8°, 320 p.)

[7035]. Goldziher (J.). — Mélanges judéo-arabes, p. 1 à 12.

7004. Lévy (Louis-Germain). — Du totémisme chez les Hébreux, p. 13 à 26.

7005. Krauss (S.). — Antioche, p. 27 à 49.

[6991]. Poznanski (S.). — Anan et ses écrits, p. 50 à 69, et 176 à 203.

[6992] Adler (E.) et Séligsohn. — Une nouvelle chronique samaritaine, p. 70 à 98, et 223 à 254.

7006. Elbogen (A.). — Les Dinim de R. Péreç, p. 99 à 111, et 204 à 217.

7007. Schwab (Moïse). — Une Haggada illustrée [ms. hébreu 1388 de la Bibliothèque nationale, XVI° s.], fig., p. 112 à 132.

7008. Weill (Julien). — Revue bibliographique, 1er, 2e et 3e trimestres 1902, p. 133 à 157. — Cf. nos 7017 et 7030.

7009. Reinach (Théodore). — La date de la colonie juive d'Alexandrie, p. 161 à 164.

[7033] Marmier (G.). — Contributions à la géographie de la Palestine et des pays voisins, p. 165 à 171.

7010. Lévi (Israël). — Un indice sur la date et le lieu de la composition de la Meguillat Antiochos (rouleau d'Antiochus), p. 172 à 175.

7011. Hildenfinger (Paul). — Figures de juifs portant la rouelle, p. 218 à 222.

[6986] Ginsburger (M.). — Élie Schwab, rabbin de Haguenau (1721 † 1747), p. 255 à 284.

7012. Lambert (Mayer). — Les dates et les âges dans la Bible, p. 285 à 288.

[6987]. Lambert (Mayer). — Notes exégétiques, p. 289 à 291.

7013. Bacher (W.). — Le taureau de Phalaris dans l'Agada, p. 291 à 295.

7014. Schwab (Moïse). — Le Credo traduit en hébreu et transcrit en caractères latins, p. 296 à 298.

7015. Harkavy (A.). — Contribution à la littérature gnomique, p. 298 à 305.

7016. Lévi (Israël). — Une fragment d'une traduction arabe du Hibbour Maasiot, p. 305 à 308.

7017. Slouschz (N.). — Revue bibliographique [complément pour 1899-1902], p. 309 à 318. — Cf. nos 7008 et 7030.

———

XLVI. — Revue des études juives, publication trimestrielle de la Société des études juives, t. XLVI. (Paris, 1903, in-8°, LVIII-320 p.)

7018. Crémieux (Ad.). — Les juifs de Marseille au moyen âge, p. 1, 246; et XLVII, p. 62 et 243.

7019. Kuiper (K.). — Le poète juif Ézéchiel, p. 48 à 73, et 161 à 177.

7020. Büchler (A.). — L'enterrement des criminels d'après le Talmud et le Midrasch, p. 74 à 88.

7021. Bergmann (J.). — Les éléments juifs dans les pseudo-Clémentines, p. 89 à 98.

7022. Seligsohn (M.). — Une critique de la Bible du temps des Gueonim, p. 99 à 122.

[6992]. Adler (Elkan A.) et Séligsohn (M.). — Une nouvelle chronique samaritaine, p. 123 à 146.

[6987]. Lambert (Mayer). — Notes exégétiques, p. 147.

7023. Schwab (Moïse). — Mots hébreux dans les mystères du moyen âge, p. 148 à 151.

7024. Lambert (Mayer). — De l'emploi des suffixes pronominaux avec noun et sans noun au futur et à l'impératif, p. 178 à 183.

[7033]. Marmier (G.).— Contributions à la géographie de la Palestine et des pays voisins, p. 184 à 196.

7025. Epstein (A.). — Ordination et autorisation [Le voyage de Rab en Babylonie, *Sanhédrin* 5 a.], p. 197 à 211.

7026. Lévi (Israël). — Un papyrus biblique, p. 212 à 217.

7027. Krauss (Samuel). — Les divisions administratives de la Palestine à l'époque romaine, p. 218 à 236.

7028. Monod (Bernard). — Juifs, sorciers et hérétiques au moyen âge, d'après les mémoires d'un moine du XIᵉ siècle, Guibert de Nogent, p. 237 à 245.

7029. Kayserling (M.). — Les rabbins de Suisse [XVIIᵉ-XIXᵉ s.], p. 269 à 275.

7030. Lévi (Israël). — Revue bibliographique, 4ᵉ trimestre 1902-1ᵉʳ trimestre 1903, p. 276 à 300. — Cf. nᵒˢ 7008 et 7017.

XLVII. — Revue des études juives, publication trimestrielle de la Société des études juives, t. XLVII. (Paris, 1903, in-8°, 320-XIV p.)

7031. Lévi (Israël). — Un problème de paléographie hébraïque, p. 1 à 6.

7032. Gunzburg (David de). — Le nom d'Abraham, p. 7 à 22.

7033. Marmier (G.). — Contributions à la géographie de la Palestine et des pays voisins, p. 23 à 31. — Suite de XXXV, p. 185; XLIII, p. 161, XLIV, p. 29; XLV, p. 165; et XLVI, p. 184.

7034. Krauss (S.). — Les préceptes des Noachides, p. 32 à 40.

7035. Goldziher (I.). — Mélanges judéo-arabes, p. 41 à 46, 179 à 186. — Suite de XLIII, p. 1; XLIV, p. 63; et XLV, p. 1.

7036. Eppenstein (Simon). — Recherches sur les comparaisons de l'hébreu avec l'arabe chez les exégètes du nord de la France, p. 47 à 56.

7037. Schwab (Moïse). — Un acte de vente hébreu du XIVᵉ siècle [à Girone], p. 57 à 61, et 318.

[7018]. Crémieux (Ad.). — Les juifs de Marseille au moyen âge, p. 62 à 86, et 243 à 261.

7038. Ginsburger (Ernest). — Les juifs de Frauenberg [près Sarreguemines, XVIIIᵉ s.], p. 87 à 112.

7039. Meyerson (E.-D.). — Le sac du ghetto de Francfort en 1614, *fig.*, p. 123.

7040. Ginsburger (M.). — Les juifs de Villingen [grand duché de Bade, XIVᵉ-XVIᵉ s.], p. 125 à 128.

7041. Ginsburger (M.). — La famille Schweich [à Metz, XVIIIᵉ s.], p. 128 à 132.

7042. Lévi (Israël). — Notes sur les jeûnes chez les Juifs, p. 161 à 171.

7043. Reinach (Théodore). — Mon nom est légion [Marc et Luc], p. 172 à 178.

7044. Hildenfinger (Paul). — La figure de la synagogue dans l'art du moyen âge, p. 187 à 196.

7045. Liber (M.). — Gloses arabes dans Raschi, p. 197 à 204.

7046. Lévi (Israël). — Un recueil de contes juifs inédits, p. 205 à 213. — Suite de XXXIII, p. 47, 233; et XXXV, p. 65.

7047. Lévi (Israël). — Une consultation inédite sur l'intercession des vivants en faveur des morts [XIVᵉ s.], p. 214 à 220.

7048. Hildenfinger (P.). — Documents relatifs aux juifs d'Arles [1361-1477], p. 221 à 242.

7049. Bacher (W.). — Un épisode de l'histoire des juifs de Perse, p. 262 à 282.

7050. Ginsburger (Moïse et Ernest). — Contributions à l'histoire des juifs d'Alsace pendant la Terreur, p. 283 à 299.

7051. Lévi (Israël). — Un acte hébreu de fiançailles de l'année 1049 [à Fostat, vieux Caire], p. 300.

7052. Marrel (E.). — Un document sur les juifs de Saint-Remy-de-Provence au XIVᵉ siècle, p. 301 à 307.

7053. Goldblum (Isidore). — Élégies sur des rabbins martyrs, composées par Samuel, fils d'Ascher Halévi, p. 307 à 311.

7054. Reinach (Salomon). — La prétendue race juive, p. 1 à XIV.

SEINE. — PARIS.

SOCIÉTÉ DE GÉOGRAPHIE.

Les publications antérieures de cette Société sont analysées dans notre *Bibliographie générale*, savoir :
Bulletin et Comptes rendus, t. I à CXXIV (1822-1885), *Bibliographie*, t. IV, p. 143.
— — t. CXXV à CLII (1886-1899), *Bibliographie*, Supplément sous presse.
La Géographie, t. I et II (1900), *Bibliographie*, Supplément sous presse.
— t. III et IV (1901), *Bibliographie*, nouvelle série, t. I, p. 121.

Recueil de voyages, 8 vol. (1824-1866), *Bibliographie*, t. IV, p. 190.
Congrès, t. I à VII (1875-1884), *Bibliographie*, t. IV, p. 191.
— t. VIII à XXI (1886-1900), *Bibliographie*, Supplément sous presse.
— t. XXII (1901), *Bibliographie*, nouvelle série, t. I, p. 121.

V. — La Géographie, Bulletin de la Société de géographie, publié tous les mois par le baron Hulot,... et M. Charles Rabot,... t. V, 1ᵉʳ semestre 1902. (Paris, 1902, gr. in-8°, 518 p.)

7055. Divers. — Charles Maunoir (1830 † 1901), *portr.*, p. 1 à 4.
7056. Brunhes (Jean) — Les oasis du Souf et du M'zab comme types d'établissements humains, *fig.*, p. 5 à 20, et 175 à 195.
7057. Robillot. — Reconnaissance et organisation du Bas-Chari, p. 155 à 164.
7058. Bruel (G.). — La région civile du Haut-Chari, p. 165 à 174.
7059. Deniker (J.). — Voyage du lieutenant Kozlov' en Asie centrale, *carte*, p. 273 à 278.
7060. Anonyms. — Nécrologie. Mikhail Vassiliévitch Pievtsov', p. 310.
7061. Weisgerber (Dʳ F.). — Explorations au Maroc, *fig. et carte*, p. 321 à 339.
7062. Du Bourg de Bozas (Vicomte). — Mission du Bourg de Bozas, voyage au pays des Aroussi (Éthiopie méridionale), *fig. et carte*, p. 401 à 430.

VI. — La Géographie. Bulletin de la Société de géographie, publié tous les mois par le baron Hulot,.... et Charles Rabot,... t. VI, 2ᵉ semestre 1902. (Paris, 1902, gr. in-8°, 450 p.)

7063. Grandidier (Guillaume). — Une mission dans la région australe de Madagascar en 1901, *fig. et pl.*, p. 1 à 16.
7064. Rabot (Charles). — Les récentes explorations danoises à la côte orientale du Grönland, *fig.*, p. 79 à 100.
7065. Dehérain (H.). — Voyage du landdrost Starrenburg au nord du cap de Bonne-Espérance en 1705, p. 284 à 288.
7066. Charcot (J.-B.). — Une excursion à Jan-Mayen, *fig.*, p. 363 à 369.

SEINE. — PARIS.

SOCIÉTÉ DE L'HISTOIRE DE L'ART FRANÇAIS.

Les publications antérieures de cette Société sont analysées dans notre *Bibliographie générale*, savoir :
Archives de l'art français, 8 vol. (1851-1860), *Bibliographie*, t. IV, p. 194.
Nouvelles archives de l'art français, t. I à XIII (1872-1885), *Bibliographie*, t. IV, p. 204.
— t. XIV à XXVIII (1886-1900), *Bibliographie*, Supplément sous presse.
— t. XXIX (1901), *Bibliographie*, nouvelle série, t. I, p. 122.
Bulletin (1875-1878), *Bibliographie*, t. IV, p. 220.
Ouvrages divers, *Bibliographie*, t. IV, p. 221; Supplément sous presse, et nouvelle série, t. I, p. 122.

7067. Montaiglon (Anatole de) et Guiffrey (Jules). — Correspondance des directeurs de l'Académie de France, à Rome, avec les surintendants des bâtiments, publiée d'après les manuscrits des Archives nationales, t. XII, 1764-1774. (Paris, 1902, in-8°, 490 p.)

[Le tome I a paru en 1887. et le tome XI en 1901.]

XXX. — Nouvelles archives de l'art français, 3ᵉ série, t. XVIII, année 1902. Revue de l'art ancien et moderne, 19ᵉ année. (Paris, 1903, in-8°, 387 p.)

7068. Turey (Louis). — Procès-verbaux de la Commission des monuments, t. II, p. 1 à 387.

[Le tome I de cette publication a paru en 1902 et forme le tome XXIX des *Nouvelles archives de l'art français*.]

23.

SEINE. — PARIS.

——

SOCIÉTÉ D'HISTOIRE CONTEMPORAINE.

Les publications antérieures de cette Société sont analysées dans notre *Bibliographie générale*, savoir :
Assemblée générale, n⁰ˢ I à X (1891-1900), *Bibliographie*, Supplément sous presse.
—   n° XI (1901), *Bibliographie*, nouvelle série, t. I, p. 122.
Ouvrages divers (1890-1901), *Bibliographie*, Supplément sous presse, et nouvelle série, t. I, p. 122.

7069. L.-G. F. [Fabri (L.-G.)]. — Mémoires de Langeron, général d'infanterie dans l'armée russe, campagnes de 1812, 1813, 1814, publiés d'après le manuscrit original pour la Société d'histoire contemporaine. (Paris, 1902, in-8°, cxx-524 p. et carte.)

7070. Mallet (Albert). — Louis XVIII et les Cent jours à Gand. Recueil de documents inédits publiés pour la Société d'histoire contemporaine, tome II. (Paris, 1902, in-8°, xv-314.)

[Le tome I a paru en 1898.]

7071. Pierre (Victor). — P.-Fr. de Rémusat. Mémoire sur ma détention au Temple (1797-1799), publié pour la Société d'histoire contemporaine avec introduction, notes et documents inédits. (Paris, 1903, in-8°, xlii-191 p.)

7072. Cazenove (A. de). — Deux mois à Paris et à Lyon sous le Consulat. Journal de Mme de Cazenove d'Arlens (février-avril 1803). (Paris, 1903, in-8°, xxxvi-176 p. et portr.)

7073. Roussel (Le P.). — Correspondance de Le Coz, évêque constitutionnel d'Ille-et-Vilaine et archevêque de Besançon. Tome II. 1801-1815. (Paris 1903, in-8°, xv-521 p.)

[Le tome I a paru en 1900.]

XII. — **Société d'histoire contemporaine**, 12° assemblée générale tenue le jeudi 5 juin

1902, sous la présidence de M. Victor Pierre, président de la Société. (Paris 1902, in-8°, 72 p.)

7074. Verhaegen (Paul). — Notice sur Estienne, chef des sans-culottes de Bruxelles en 1792, p. 13 à 38.

7075. Roussel (Le P.- A.). Lettre-journal de Claude Le Coz, évêque constitutionnel d'Ille-et-Vilaine, prisonnier au Mont Saint-Michel, du 5 au 17 novembre 1793, p. 39 à 49.

7076. Bégis (Alfred). — Invasion de 1814, ordre donné par l'empereur Napoléon de faire sauter la poudrière de Grenelle, p. 50 à 59. — Cf. n° 7081.

XIII. — **Société d'histoire contemporaine**, 13° assemblée générale tenue le mercredi 10 juin 1903, sous la présidence de M. Victor Pierre, président de la Société. (Paris, 1903, in-8°, 76 p.)

7077. Pierre (Victor). — Discours, p. 3 à 9.

[M. de Beaucourt († 1902).]

7078. Blazy (L'abbé Louis). — Mgr Jean-Marie du Lau, archevêque d'Arles, massacré aux Carmes, le 2 septembre 1792, p. 14 à 35.

7079. Pierre (Victor). — Le 30 octobre 1836 [Strasbourg] et le 24 février 1848, documents inédits [Rapport et lettre du général Tallandier], p. 36 à 44.

7080. Sagebet (Ém.). — Un complot pour prendre Belle-Île en 1801, p. 45 à 51.

7081. Grasilier (L.). Napoléon et la poudrière de Grenelle (30 mars 1814), p. 52 à 63. — Cf. n° 7076.

SEINE. — PARIS.

SOCIÉTÉ D'HISTOIRE DIPLOMATIQUE.

Les publications antérieures de cette Société sont analysées dans notre *Bibliographie générale*, savoir :
Revue, t. I à XIV (1887-1900), *Bibliographie*, Supplément sous presse.
— t. XV (1901), *Bibliographie*, nouvelle série, t. I, p. 123.

XVI. — Revue d'histoire diplomatique, publiée par les soins de la Société d'histoire diplomatique. 16ᵉ année. (Paris 1902, in-8°, 646 p.)

7082. TROPLONG (Édouard). — De la fidélité des Gascons aux Anglais pendant le moyen âge (1152-1453), p. 51, 238, 410, et 481.

7083. ROTT (Ed.). — Les Suisses, l'Espagne et la Ligue. L'ambassade à Soleure, du sieur de Fleury (1582-1586), p. 69 à 91.

7084. BAGUENAULT DE PUCHESSE (G.). — La neutralité belge pendant la guerre de 1870-1871, p. 92 à 102.

7085. VAN DER KEMP. — La Hollande et l'Europe au commencement du xixᵉ siècle, p. 103 à 133.

7086. COQUELLE (P.). — Les projets de descente en Angleterre d'après les archives des Affaires étrangères, p. 134 à 157. — Suite de XV, p. 433, et 591.

7087. BOURGUET (Alfred). — Une négociation diploma-

tique du duc de Choiseul, relative aux jésuites (1761-1762), p. 161 à 175.

7088. COQUELLE (P.). — Les responsabilités de la rupture de la paix d'Amiens en 1803, d'après des documents inédits, p. 267 à 302.

7089. BEAUFORT (D.). — Quelques projets d'arbitrage international et de paix perpétuelle aux xviiᵉ et xviiiᵉ siècles, p. 351 à 367.

7090. HORRIC DE BEAUCAIRE. — Le dernier duc de Mantoue, Charles IV de Gonzague (1652-1708), p. 368 à 400.

7091. BOPPE (A.). — Le peintre Jacques-François Martin et la mascarade turque de 1748, p. 401 à 409.

7092. FAVRE (C.-B.). — Politique et diplomatie de Jacques Cœur, p. 438 à 466, et 579 à 618.

7093. RIGAULT (Abel). — Savary de Lancosme, un épisode de la Ligue à Constantinople (1589-1593), p. 522 à 578.

7094. FLAMENT (Pierre). — La France et la ligue contre le Turc (1571-1573), p. 619 à 634.

SEINE. — PARIS.

SOCIÉTÉ DE L'HISTOIRE DE FRANCE.

Les publications antérieures de cette Société sont analysées dans notre *Bibliographie générale*, savoir :
Annuaire, 27 vol. (1836-1863), *Bibliographie*, t. IV, p. 228.
Bulletin, 21 vol. (1834-1862), *Bibliographie*, t. IV, p. 232.
Annuaire-Bulletin, t. I à XXII (1863 1885), *Bibliographie*, t. IV, p. 242.
— t. XXIII à XXXVII (1886-1900), *Bibliographie*, Supplément sous presse.
— t. XXXVIII (1901), *Bibliographie*, nouvelle série, t. I, p. 124.
Ouvrages divers, *Bibliographie*, t. IV, p. 224; Supplément sous presse, et nouvelle série, t. I, p. 123.

7095. COURTEAULT (Henri) et VAISSIÈRE (Pierre DE). — Journal de Jean Vallier, maître d'hôtel du Roi (1648-1657), t. I (1ᵉʳ janvier 1648-4 septembre 1649), par Henri Courteault. (Paris, 1902, in-8°, 412 p.)

7096. PÉLICIER (P.). — Lettres de Charles VIII, roi de France, t. III (1490-1493); et t. IV (1494-1495). (Paris, 1902-1903, in-8°, 438 p. et 371 p.)
[Les tomes I et II ont paru en 1898 et 1900.]

7097. Lefèvre-Pontalis (Germain) et Dorez (Léon). — Chronique d'Antonio Morosini. Extraits relatifs à l'histoire de France, t. IV. Etude sur Antonio Morosini et son œuvre; annexes et tables. (Paris, 1902, in-8°, 466 p.)

[Les tomes I à III ont paru de 1898 à 1901.]

7098. Moranvillé (H.). — Chroniques de Perceval de Cagny, publiées pour la première fois. (Paris, 1902, in-8°, xviii-295 p.)

7099. Tuetey (Alexandre) et Lacaille (Henri). — Journal de Clément de Fauquembergue, greffier du Parlement de Paris (1417-1435), t. I : 1417-1420. (Paris, 1903, in-8°, 397 p.)

7100. Lecestre (Léon). — Mémoires de Saint-Hilaire, t. I : 1661-1678. (Paris, 1903, in-8°, 372 p.)

7101. Vaesen (Joseph) et Charavay (Étienne). — Lettres de Louis XI, roi de France, publiées d'après les originaux pour la Société de l'histoire de France, t. VIII.

Lettres de Louis XI (1479-1480), publiées par Joseph Vaesen. (Paris, 1903, in-8°, 388 p.)

[Les tomes I à VII ont paru de 1883 à 1900.]

XXIX. — Annuaire-Bulletin de la Société de l'histoire de France, année 1902. (Paris, 1902, in-8°, 229 p.)

7102. Delisle (Léopold). — Discours, p. 80.

[Le comte Th. de Puymaigre (1816 † 1901); Alexandre Sorel (1826 † 1901).]

7103. Valois (Noël). — Essai de restitution d'anciennes annales avignonnaises (1397-1420), p. 161 à 186.

7104. Pange (Comte M. de). — Les Baudricourt, p. 187 à 194.

7105. Boislisle (A. de). — Trois princes de Condé à Chantilly, p. 195 à 228.

SEINE. — PARIS.

SOCIÉTÉ D'HISTOIRE LITTÉRAIRE DE LA FRANCE.

Les publications antérieures de cette Société sont analysées dans notre *Bibliographie générale*, savoir :
Revue d'histoire littéraire, t. I à VII (1894-1900), *Bibliographie*, Supplément sous presse,
—   —   t. VIII (1901), *Bibliographie*, nouvelle série, t. I, p. 124.

IX. — Revue d'histoire littéraire de la France, publiée par la Société d'histoire littéraire de la France, 9° année, 1902. (Paris, 1902, in-8°, 716 p.)

7106. Joret (Ch.). — Madame de Stael et Berlin, p. 1 à 28.

7107. Laumonier (Paul). — Chronologie et variantes des poésies de Pierre de Ronsart, p. 29; et X, p. 63, et 256.

7108. Urbain (Ch.). — Quelques documents inédits relatifs à la *Connaissance de Dieu et de soi-même*, par Bossuet, p. 88 à 99.

7109. Harmand (R.). — Note sur un passage du 3° dialogue du *Cymbalum mundi*, p. 100 à 101.

[Les amours de Bonaventure des Périers et de Claude de Bectoz.]

7110. Michaut (G.). — Bibliographie des écrits de Sainte-Beuve, des débuts au 31 décembre 1830, p. 102; X, p. 121, et 290.

7111. Ritter (Eugène). — Balzac [Jean-Louis] et Théophile [de Viau], p. 131 à 132.

[7153]. Pélissier (L.-G.). — Les correspondants du duc de Noailles, p. 133 à 147, et 284 à 311.

7112. Ritter (Eugène). — Vivre et mourir en roi [épître de Frédéric II à Voltaire], p. 148.

7113. Glachant (Paul et Victor). — Le manuscrit autographe de *Ruy-Blas* à la Bibliothèque nationale, p. 175 à 216.

7114. Guy (Henry). — Les sources françaises de Ronsart, p. 217 à 256.

7115. Latreille (C.). — Sainte-Beuve et Alfred de Vigny, p. 257 à 268.

7116. Giraud (Victor). — Sur une édition [abrégée] du *Génie du Christianisme* [Paris, 1804], p. 269 à 270.

7117. Lacombain (Lieutenant-colonel). — Bernardin de Saint-Pierre, ses deux femmes et ses enfants, documents inédits, p. 271, 448; et X, p. 646.

7118. Bédier (Joseph). — Établissement d'un texte critique de l'*Entretien de Pascal avec M. de Saci*, p. 351 à 384.

7119. Potez (Henry). — La jeunesse de Denys Lambin (1519-1548), p. 385 à 413.

7120. Chatelain (Henri). — Les critiques d'*Atala* et les corrections de Chateaubriand, p. 414 à 440.

7121. Laumonier (P.). — Cinq poésies inédites de P. de Ronsart, p. 441 à 447.

[7143]. Delboulle (A.). — Notes lexicologiques, p. 469 à 489.

7122. Tourneux (Maurice) et Dupuy (Ernest). — Diderot et Naigeon, p. 504 à 529. — Cf. nᵒˢ 7132 et 7352.

7123. Bonnefon (Paul). — Une inimitié littéraire au XVIIIᵉ siècle, d'après des documents inédits. Voltaire et Jean-Baptiste Rousseau, p. 547 à 595.

7124. Berret (Paul). — Comment Victor Hugo composa *Plein ciel*, p. 596 à 607.

7125. Brun (Pierre). — Jean Chapelain (1595-1674), p. 608 à 632.

7126. Bodin (L.). — Sur deux phrases de Rabelais, p. 633 à 636.

7127. Omont (H.). — Le *Traité de la guerre* de François d'Espinay de Saint-Luc, p. 637 à 639.

7128. Godefroy (Paul). — Étienne Binet et ses *Merveilles de nature*, p. 640 à 645.

7129. Belmont (L.). — Documents inédits sur la société et la littérature précieuses : extraits de la *Chronique du samedi* publiés d'après le registre original de Pellisson (1652-1657), p. 646 à 673.

7130. Lanson (Gustave). — A propos de la défection de Chateaubriand, documents et fragments, p. 674 à 684.

7131. Perdrizet (Paul). — Correction à un passage de Chateaubriand, p. 685.

X. — Revue d'histoire littéraire de la France publiée par la Société d'histoire littéraire de la France, 10ᵉ année, 1903. (Paris, 1903, in-8°, 728 p.)

7132. Brunel (L.). — Observations critiques et littéraires sur un opuscule de Diderot (Lettre sur le commerce de la librairie), p. 1 à 24. — Cf. nᵒˢ 7122 et 7352.

7133. Toldo (P.). — Études sur le théâtre de Regnard, p. 25 à 62.

[7107]. Laumonier (P.). — Chronologie et variantes des poésies de Pierre de Ronsart, p. 63 à 90, et 256 à 276.

7134. Urbain (Ch.). — Anecdotes sur la vie de Bossuet par l'abbé de Saint-André et J.-B. Winslow, p. 91 à 120.

[7110]. Michaut (G.). — Bibliographie des écrits de Sainte-Reuve, p. 121 à 144, et 290 à 316.

7135. Lanson (Gustave). — Études sur les origines de la tragédie classique en France. Comment s'est opérée la substitution de la tragédie aux mystères et moralités, p. 177 à 231, et 413 à 436.

7136. Van Hamel (A.-G.). — L'album de Louise de Coligny [princesse d'Orange], p. 232 à 255.

7137. Vaganay (Hugues) et Vianey (Joseph). — Un modèle de Desportes non signalé encore, Pamphilo Sasso, p. 277 à 282.

7138. Giraud (Victor). — Sur une édition peu connue des *Pensées* de Pascal, p. 283 à 284.

7139. Giraud (Victor). — Une lettre perdue de Chateaubriand au prince Louis-Napoléon Bonaparte, p. 285.

7140. Bastier (Paul). — Sur une citation de Madame de Sévigné, p. 286.

7141. Huguet (Edmond). — Notes sur les sources de *Notre-Dame de Paris*, p. 287 à 289. — Cf. VIII, p. 48, 425 et 622.

7142. Delaruelle (Louis). — Qui est Éva dans la *Maison du Berger* [d'Alfred de Vigny], p. 317 à 319.

7143. Delboulle (A.). — Notes lexicologiques, p. 320 à 339. — Suite de I, p. 178, 482; II, p. 108, 256; IV, p. 127; V, p. 287; VI, p. 285, 452; VIII, p. 488; et IX, p. 469.

7144. Dupuy (Ernest). — Les origines littéraires d'Alfred de Vigny, p. 373 à 412.

7145. Baldensperger (Fernand). — Gessner en France, p. 437 à 456.

7146. Lafenestre (Pierre). — François Maynard, p. 457 à 477.

7147. Griselle (Eugène). — Un nouveau texte inédit de Bourdaloue. Le sermon sur la Prudence du monde, p. 478 à 502.

7148. Dottin (G.). — Le *Rhin* de Victor Hugo et l'*Essay des merveilles de nature* [de René François, 1623], p. 503 à 505.

7149. Guy (Henry). — Un souverain poète français, maître Guillaume Crétin, p. 553 à 589.

7150. Counson (Albert). — Les sources françaises de Malherbe, p. 590 à 609.

7151. Morel (Louis). — *Clavijo* [de Goethe] en Allemagne et en France, p. 610 à 636.

7152. Estrée (Paul d'). — La genèse de Georges Dandin, p. 637 à 645.

[7117]. Largemain (Lieutenant-colonel). — Bernardin de Saint-Pierre, ses deux femmes et ses enfants, documents inédits, p. 646 à 670.

7153. Pélissier (Léon-G.). — Les correspondants du duc de Noailles, p. 671 à 689. — Suite de VI, p. 621; VII, p. 624; IX, p. 133, et 284.

[Lettres de Renaudot, IX, p. 133 et 284. — Lettres de M. de Valencourt, X, p. 671.]

SEINE. — PARIS.

SOCIÉTÉ DE L'HISTOIRE DE PARIS ET DE L'ÎLE-DE-FRANCE.

Les publications antérieures de cette Société sont analysées dans notre *Bibliographie générale*, savoir :
Mémoires, t. I à XII (1875-1885), *Bibliographie*, t. IV, p. 248.
— t. XIII à XXVII (1886-1900), *Bibliographie*, Supplément sous presse.
— t. XXVIII (1901), *Bibliographie*, nouvelle série, t. I, p. 125.
Bulletin, t. I à XII (1875-1885), *Bibliographie*, t. IV, p. 251.
— t. XIII à XXVII (1886-1900), *Bibliographie*, Supplément sous presse.
— t. XXVIII (1901), *Bibliographie*, nouvelle série, t. I, p. 125.
Documents (1879-1885), *Bibliographie*, t. IV, p. 125.
— (1886-1901), *Bibliographie*, Supplément sous presse; et nouvelle série, t. I, p. 126.

XXIX. — **Mémoires de la Société de l'histoire de Paris et de l'Île-de-France**, t. XXIX, 1902. (Paris, 1902, in-8°, 305 p.)

7154. LASTEYRIE (R. DE). — La date de la porte Sainte-Anne à Notre-Dame de Paris, 2 pl., p. 1 à 18.

7155. TOURNEUX (Maurice). — Journal intime de l'abbé Mulot (1777-1782), p. 19 à 124.

7156. MIROT (Léon). — Un trousseau royal à la fin du XIVᵉ siècle [Isabelle de France, fille de Charles VI], p. 125 à 158.

7157. DELABORDE (H.-François). — Les bâtiments successivement occupés par le Trésor des chartes, 8 pl., p. 159 à 172.

7158. POUPARDIN (René). — Cartulaire de Saint-Vincent de Laon (Arch. Vatican, misc. arm. x, 145). Analyse et pièces inédites, p. 173 à 267.

7159. STEIN (Henri). — Le sacre d'Anne de Bretagne et son entrée à Paris, p. 268 à 304.

XXX. — **Mémoires de la Société de l'histoire de Paris et de l'Île-de-France**, t. XXX, 1903. (Paris, 1903, in-8°, 309 p.)

7160. BABEAU (Albert). — Les tableaux du Roi chez le duc d'Antin (1715), p. 1 à 18.

7161. CAIX DE SAINT-AYMOUR (Vicomte DE). — Le mausolée des Puget à Senlis, pl., p. 19 à 40.

7162. GIARD (René). — Étude sur l'histoire de l'abbaye de Sainte-Geneviève de Paris jusqu'à la fin du XIIIᵉ siècle, p. 41 à 126.

7163. OMONT (Henri). — Cartulaire de l'hôpital de l'abbaye du Val-Notre-Dame au diocèse de Paris (XIIIᵉ s.), p. 127 à 174.

7164. FREMAUX (H.) [et GUESNON (A.)]. — La famille d'Étienne Marcel (1250-1397), tableau, p. 175 à 242.

7165. BORRELLI DE SERRES (Colonel). — Compte d'une mission de prédication pour secours à la Terre Sainte (1265), p. 243 à 280.

7166. VIDIER (A.). — Un tombier liégeois à Paris au XIVᵉ siècle. Inventaire de la succession de Hennequin de Liège (1382), p. 281 à 308.

XXIX. — **Bulletin de la Société de l'histoire de Paris et de l'Île-de-France**, 29ᵉ année, 1902. (Paris, 1902, in-8°, 243 p.)

7167. DIVERS. — Communications, p. 31 et 49.

[Le couvent des Carmélites, rue Denfert-Rochereau, p. 33. — Les assemblées de la Bourse cléricale de Saint-Nicolas du Chardonnet, p. 66 et 67.]

7168. GUIFFREY (Jules). — Les ancêtres de V. Duruy aux Gobelins, p. 32.

7169. BABEAU (A.). — Le diamant qui ornait la toque du prévôt des marchands de Paris au XVIIᵉ siècle, p. 34.

7170. JULLIAN (Camille). — La date de l'enceinte gallo-romaine de Paris, p. 37 à 42.

7171. REY (Auguste). — Du changement de Tour en Saint-Prix, p. 42 à 48.

7172. TRANCHANT (Charles). — Discours prononcé à l'assemblée générale annuelle, p. 49 à 59.

[A. SOREL (1826 † 1901); le chanoine E. Suquet (1831 † 1901). — Les sociétés savantes de l'Île-de-France.]

7173. Monval (G.). — Sur le registre des décorateurs Laurent Mahelot et Michel Laurent, p. 68 à 69.

7174. Marcel (Gabriel). — Le plan de Bâle et Olivier Truchet, p. 69 à 75.

7175. Delisle (L.). — Légendes sur la vie d'Étienne Boileau, p. 76 à 79.

7176. Bruel (A.). — Inventaire des tableaux des châteaux de Saint-Germain-en-Laye et de Maisons-sur-Seine, à la fin du XVIII° siècle, p. 79 à 88.

7177. Vidier (A.). — Chronique des archives. (1900-1901), p. 88 à 91.

[Archives municipales de l'Aisne.]

7178. Thérèse de Jésus (La M.). — Épitaphes de la mère Jeanne Séguier († 1674] et du duc de Sully († 1661] aux Carmélites de Pontoise, p. 91 à 94.

7179. Michel (Edmond). — Marché avec Jacques Richard, peintre parisien, pour travaux à l'église de Villecresnes (Seine-et-Oise) en 1612, p. 93 à 96.

7180. Vidier (A.). — La chanson des Parchemins et les minutiers parisiens en 1828, p. 98.

7181. Babeau (A.). — Collections particulières d'objets d'art relatifs à Paris. Collection Paul Marmottan, p. 99 à 103.

7182. Barroux (Marius). — Les dons et les achats aux Archives de la Seine, de 1896 à 1902, état sommaire, p. 103 à 124; et XXX, p. 57 à 80.

7183. Grente (J.). — Achèvement de l'église Saint-Eustache de Paris (1635-1637), p. 124 à 128.

7184. Vidier (A.). — Bibliographie de l'histoire de Paris et de l'Île-de-France pour les années 1901-1902, p. 129 à 241.

XXX. — Bulletin de la Société de l'histoire de Paris et de l'Île-de-France, 30° année, 1903. (Paris, 1903, in-8°, 301.)

7185. Divers. — Communications, p. 31, 49, 81, 137 et 169.

[L'hôtel de Châtellux, p. 49. — Sceau du bureau de la Ville, p. 50. — Le sommier foncier de Paris aux Archives de l'enregistrement, p. 52. — Atlas cadastral de Paris, p. 53. — L'église Saint-Évremond de Créil, p. 98. — Comptes de l'Académie impériale de musique (an XI-1807), p. 99. — Quittance de Escouvette, déchiffreur (1754), p. 170.]

7186. Lazard (Lucien). — Les lettres de ratification hypothécaire, contribution à la topographie historique de Paris et du département de la Seine, p. 33 à 47.

[L'hôtel de Heiss; les habitants d'Épinay au XVIII° siècle; le château de Charonne.]

7187. Boulay de la Meurthe. — Lettre du ministre des affaires étrangères [Chateaubriand] au ministre de la Maison du Roi relative à l'acquisition de la Vénus de Milo, p. 47.

7188. Babeau (Albert). — L'hôtel Saint-Florentin et la fontaine de la place Louis XV, p. 53 à 57.

[7182]. Barroux (Marius). — Les dons et les achats aux Archives de la Seine, de 1896 à 1902, état sommaire, p. 57 à 80.

7189. Valois (Noël). — Discours à l'Assemblée générale [La grande salle du Palais], p. 81 à 90.

7190. Reure (O.-C.). — Compte des funérailles de Gilberte d'Estampes enterrée à Paris le 23 juillet 1540, au couvent de Sainte-Claire de l'Ave-Maria, p. 100 à 108.

7191. Blanchet (Adrien). — Documents numismatiques concernant Versailles, p. 108 à 112.

[Médaille de la maison philanthropique (1786), fig.; bon de pain de l'époque révolutionnaire, fig.; jeton d'entrée pour les jardins de Versailles, fig.]

7192. Moranvillé (H.). — Aide imposée par le roi d'Angleterre à Paris en 1423, p. 112 à 126.

7193. Coyecque (Ernest). — Inscription de Barthélemy Thoynard († 1752] à l'hôtel de la Caisse d'épargne, p. 127 à 129.

7194. Omont (Henri). — Déploration du trépas de François I° par Robert Cusson, p. 129 à 132.

7195. Lacombe (Paul). — Les six cents mariages célébrés aux frais de la Ville de Paris en 1751, p. 132.

7196. Boudon (G.). — Le règlement de l'Hôtel-Dieu de Paris en 1580, p. 139 à 143.

7197. Bretaudeau (Léon). — L'union du prieuré de Saint-Lazare-lez-Paris à la congrégation des Prêtres de la Mission fondée par saint Vincent de Paul (1630-1662), p. 144 à 155.

7198. Stein (H.). — Testament d'un chambellan de Philippe Auguste (1205) [Christoforus Malciu], p. 156.

7199. H. O. [Omont (H.)]. — Adrien Turnèbe et les Grecs du Roi en 1556, p. 157.

7200. Delisle (L.). — Recouvrement de l'indemnité promise à Pierre Schoeffer par Louis XI, p. 159. — Cf. id. n° 6911.

7201. [Vidier (A.)]. — Chronique des archives (1901-1902), p. 160 à 163.

[Archives municipales de l'Aisne et de la Seine-et-Marne.]

7202. H. O. [Omont (H.)]. — Les caractères syriaques et coptes de l'Imprimerie nationale, p. 163.

7203. Lacombe (Paul). — La malpropreté des rues de Paris à la fin du XV° siècle, p. 173 à 175.

7204. Poëte (Marcel). — La confrérie de Notre-Dame de Liesse ou confrérie aux Goulus, p. 176 à 180.

7205. Auvray (Lucien). — Louise de Bassompierre et les origines du transfert à Paris des religieuses de Sainte-Périne de Compiègne, p. 181 à 195.

7206. Mareuse (E.). — La croix des Bureau au cimetière des Innocents, p. 196 à 199.

7207. H. O. [Omont (H.)]. — Une édition des *Hymnes à la Vierge* de Jean le Géomètre offerte au pape Grégoire XIV par la Ville de Paris en 1593, p. 199 à 202.

7208. Rousnon (Fernand). — Chronique des années 1902 et 1903, p. 203 à 208.

7209. Vidier (A.). — Bibliographie de l'histoire de Paris et de l'Île de France pour les années (1902-1903), p. 209 à 299.

7210. Boislisle (A. de). — Lettres de Marville, lieutenant général de police au ministre Maurepas (1742-1747), publiées d'après les originaux. T. II (années 1745-1746). (Paris, 1903, in-8°, 288 p.)

[Le tome I a paru en 1896.]

SEINE. — PARIS.

SOCIÉTÉ DE L'HISTOIRE DU PROTESTANTISME FRANÇAIS.

Les publications antérieures de cette Société sont analysées dans notre *Bibliographie générale*, savoir :
   Bulletin, t. I à XXXIV (1853-1885), *Bibliographie*, t. IV, p. 261.
   — t. XXXV à XLIX (1886-1900), *Bibliographie*, Supplément sous presse.
   — t. L (1901), *Bibliographie*, nouvelle série, t. I, p. 126.

LI. — **Société de l'histoire du protestantisme français.** Bulletin historique et littéraire, t. LI, 4° série, 11° année. (Paris, 1902, in-8°, 708 p.)

7211. Grandmaison (Charles de). — Origine et étymologie françaises du mot huguenot, prouvées par des textes authentiques antérieurs à la Réforme, p. 7 à 13.

7212. Lefranc (Abel). — Un nouveau registre de la Faculté de théologie de Paris au xvi° siècle, p. 14 à 19.

7213. Atger. — Listes de pasteurs. Bernis (Gard), 1561-1900, p. 20.

7214. N. W. [Weiss (N.)]. — Portrait d'Antoine Garrissoles, professeur de l'Académie de Montauban, *fig.*, p. 22.

7215. Lehr (Henry). — Une agression singulière (1688) [à Ribebon, paroisse de Pressac], p. 24 à 26.

7216. Schickler (F. de). — Jean Véron le réformateur anglo-français. Errata et addenda, p. 26 à 31. — Cf. XXXIX, p. 437.

7217. Réville (A.). — Un économe infidèle [Gérard Hendrich ten Berge, xvii° s.], p. 31 à 36.

7218. Dannreuther (H.). — Un monogramme symbolique huguenot, la *fermesse*, p. 36 à 38.

7219. Kuhn (Félix). — La vie intérieure du protestantisme sous le Premier Empire, p. 57 à 73.

7220. Patry (H.). — Un mandat d'arrêt du Parlement de Guyenne contre Bernard Palissy et les premiers fidèles des églises de Saintes et de Saint-Jean-d'Angély (1558), p. 74 à 81.

7221. Serfass (Ch.). — Autobiographie de Jeanne Céard de Vassy (1666-1668), p. 81 à 84.

7222. Richemond (De). — La liberté de conscience dans la marine à partir de 1685, d'après les archives navales de Rochefort, p. 84 à 93.

7223. N. W. [Weiss (N.)] et Vial (Henri). — Cimetières protestants parisiens, *fig.*, p. 94 à 99 et 259 à 280.

7224. Rodriguez (M.). — Les de Genas, huguenots, p. 104 à 112.

7225. Pagès (G.). — Les réfugiés à Berlin d'après la correspondance du comte de Rébenac (1681-1688), p. 113 à 140.

7226. Patry (H.). — La Réforme et le théâtre en Guyenne au xvi° siècle (2° article). Libourne (suite). Clairac (1554), p. 141 à 151. — Suite de L, p. 523.

7227. Galabert (François). — Les sentiments des protestants au début de la Révolution, adresse des non-catholiques de Montauban à l'Assemblée nationale (janvier 1790), p. 151 à 157.

7228. Allier (Raoul). — La Compagnie du Saint-Sacrement à Grenoble (1644-1666), p. 169 à 203.

7229. Weiss (N.). — Statistique protestante et catholique du Languedoc en 1698, p. 203 à 205.

7230. Félice (P. de). — L'instruction et l'éducation chez les protestants d'autrefois. Les élèves, p. 206 à 217.

7231. Cans (A.). — La caisse du Clergé de France et les protestants convertis (1598-1790), p. 225 à 243.

7232. Patry (H.). — Trois pièces justificatives du martyrologe de Crespin. Le supplice à Bordeaux de Jérôme Casebonne (14 mai 1555), p. 244 à 248.

7233. Arnaud (E.). — Lesdiguières après sa conversion, p. 248 à 250.

7234. N. W. [Weiss (N.)]. — Le patriotisme huguenot et ses calomniateurs à Dieppe en 1678, p. 250 à 255.

7235. Serpass (Ch.). — La chanson catholique du massacre de Vassy, p. 255 à 258.

7236. [Weiss (N.)]. — L'origine et la signification de la loi du 18 germinal an x, p. 286 à 307.

7237. [Weiss (N.)]. — A quoi sert l'histoire du protestantisme, p. 327 à 350.

7238. Divers. — Exposition rétrospective [de l'histoire du protestantisme], *fig.*, p. 373 à 520.

[Cinquantenaire de la Société.]

7239. Doumergue (E.). — L'arrivée de Calvin à Genève et la dispute de Lausanne (1536), *fig.*, p. 521 à 537.

7240. N. W. [Weiss (N.)]. — Sous la Ligue aux environs de Paris, abjuration forcée de Pierre de Lyon, écuyer, seigneur de Breuil, dit La Fontaine d'Aulnay (1586-1587), p. 538 à 543.

7241. N. W. [Weiss (N.)]. — Pourquoi et comment on se soumettait à Montauban en 1685, p. 543 à 545.

7242. Fonbrune-Berbinau (P.). — Fugitifs du Périgord arrêtés en Belgique en 1701, p. 546 à 550.

7243. Lehr (Henry). — A quel prix on pouvait rester à Sainte-Foy entre 1700 et 1703, p. 551 à 553.

7244. N. W. [Weiss (N.)]. — Paris en 1773, d'après une descendante de huguenots réfugiés à Cassel [J.-P. Leclerc, née du Ry], p. 553 à 560.

7245. Bolvart (G.). — Protestants de Monneaux-Essomes, réfugiés au sud de l'Afrique après la Révocation, p. 561 à 567.

7246. Schickler (F. de). — Nécrologie, p. 574 à 576.

[Henri Tollin († 1902); Charles Frossard († 1902).]

7247. Barbau (P.-A.). — L'église réformée de Revel au xviie siècle, *fig.*, p. 619 à 634.

7248. Bourrilly (V.-L.). — Une lettre inédite de Louis de Berquin (26 décembre 1526), p. 634 à 637.

7249. Guyot (H.) et N. W. [Weiss (N.)]. — Banquiers huguenots réfugiés en Frise (1687), p. 637 à 640.

7250. P. F.-B. [Fonbrune-Berbinau (P.)] et [Weiss (N.)]. — La mission de Fénelon et de l'abbé Cordemoy en Saintonge, d'après un témoin oculaire [Samuel Neau] (1694), p. 640 à 644.

7251. Patry (H.). — Une abjuration publique à Villeneuve-d'Agen en 1559, p. 645 à 647.

7252. P. F.-B. [Fonbrune-Berbinau (P.)]. — Une lettre d'un forçat pour la foi [Serre, 1702], p. 647 à 649.

LII. — **Société de l'histoire du protestantisme français. Bulletin historique et littéraire, 52e année, 1re de la cinquième série, année 1903. (Paris, 1903, in-8°, 608 p.)**

7253. Reuss (Rod.). — Un chapitre de l'histoire des persécutions religieuses. Le clergé catholique et les enfants illégitimes protestants et israélites en Alsace au xviiie siècle et au début de la Révolution, p. 6 à 31.

7254. Weiss (N.). — Bernard Palissy devant le Parlement de Paris, arrêt inédit du 12 janvier 1587, *fig.*, p. 31 à 40.

7255. Pagès (G.). — Les réfugiés français à Baireuth en 1686, p. 40 à 44.

7256. Loos (Armand) et Benoit (Daniel). — Nouveaux échos de la tour de Constance [à Aigues-Mortes]. Trois lettres inédites de Marie Durand (1752-1759), *fig.*, p. 45 à 59.

7257. N. W. [Weiss (N.)]. — Montauban en 1773-1774, trois lettres de Jeannette-Philippine Leclerc, *portr.*, p. 59 à 72.

7258. Coche. — Note sur les temples de Dieppe au xviie siècle, *fig.*, p. 73 à 74.

7259. Weiss (N.). — Madame de Bombelles en 1773, p. 93.

7260. Weiss (N.). — L'art et le protestantisme à propos du mausolée du maréchal de Saxe, p. 93 à 94.

7261. Loos (Armand). — Un dessin du peintre Lafitte, p. 96.

7262. Bourrilly (V.-L.) et Weiss (N.). — Jean du Bellay, les Protestants et la Sorbonne (1529-1535), *fig.*, p. 97 à 127.

7263. N. W. [Weiss (N.)]. — Poursuites en Savoie et en Dauphiné contre Germain Colladon, Michel Protin et le cordelier Marin, d'après une lettre inédite de Michel de l'Hôpital (1551), p. 127 à 130.

7264. Weiss (N.). — La signification de l'avertissement pastoral à Montauban (7 janvier 1683), *facs.*, p. 130 à 136.

7265. Dannreuther (H.). — La révocation de l'Édit de Nantes à Longwy, p. 137 à 141.

7266. Serpass (Ch.). — Les abjurations forcées en Vivarais (1700), p. 141 à 143.

7267. Patry (H.). — La bataille de Jarnac, la campagne de 1569 et le rôle de Coligny, *carte*, p. 143 à 160.

7268. Claparède (Alex.). — Remarques sur la forme donnée à certains noms de famille appliqués aux femmes dans les actes des xvie et xviie siècles, p. 187 à 190. — Cf. nos 7273 et 7279.

7269. N. W. [Weiss (N.)]. — Mémoires de la famille de Chaufepié, *fig.*, p. 231 à 254, et 571 à 572.

7270. Lehr (H.). — Estat (statistique) de l'église (catholique) de France et de son revenu en 1644, p. 254.

7271. Clouzot (Henri). — Une dragonnade en Poitou en 1681, *fig.*, p. 256 à 268.

7272. Guyot (H.). — Réfugiés huguenots à Ceylan, p. 268.

7273. Atgbr (A.). — Orthographe et désignation anciennes des noms de femmes, p. 286 à 288. — Cf. nos 7268 et 7279.

24.

7274. R.L. — Conversion d'un Turc à Montauban (1660), p. 288.

7275. Schickler (F. de). — Dossier de Jérémie Vallois ou Valois [Archives de la Brille, Pays-Bas]; p. 309 à 313.

7276. Weiss (N.). — L'Église réformée de Rouen, de l'édit de tolérance à la réorganisation officielle des cultes (1787-1804), p. 313 à 339.

7277. Anonyme. — Inventaire des objets exposés par M. R. Garreta [relatifs aux protestants de Rouen], p. 339 à 345.

7278. Mahlet (Léon). — Notes critiques sur la Saint-Barthélemy, d'après les mémoires inédits de Jules Gassot, p. 345 à 366.

7279. Bourchenin (Daniel). — Encore la désignation des noms de femmes, p. 380 à 381. — Cf. n°° 7268 et 7273.

7280. Gelin (H.). — Cent cadavres de huguenots sur la claie et à la voirie sous Louis le Grand, p. 385 à 418.

7281. Gelin (H.). — Relevé analytique et alphabétique de tous les procès actuellement connus, intentés aux mourants et aux cadavres protestants sous Louis XIV et sous Louis XV, fig., p. 419 à 456, et 573 à 576.

7282. Richemond (M. de). — Un drame au Château-Gaillard en 1670, p. 456 à 461.

7283. N. W. [Weiss (N.)]. — Un souvenir de la Révocation au musée des antiquités de Rouen [médaille de Louis XIV], fig., p. 461 à 463.

7284. Lods (Armand). — Deux chansons sur Rabaut de Saint-Étienne, p. 463 à 468.

7285. Félice (Paul de). — La réaction catholique à Orléans au lendemain de la première guerre de religion (1563-1565), p. 481 à 554.

7286. Dannreuther (H.). — Requête des protestants de Toul au roi de France (1571), p. 554 à 556.

7287. P. F.-B. [Fornerne-Berbinau (P.)]. — Le prétendu vitrail de Jeanne d'Albret à Limoges, fig., p. 557 à 559.

7288. Benoit (D.). — Ouvrages ignorés de Gardesi, Cameron, Garrissoles et Belon, p. 573.

SEINE. — PARIS.

SOCIÉTÉ DE L'HISTOIRE DE LA RÉVOLUTION FRANÇAISE.

Les publications antérieures de cette Société sont analysées dans notre Bibliographie générale, savoir :
La Révolution française, t. I à XXXIX (1881-1900), Bibliographie, Supplément sous presse.
— t. XL et XLI (1901), Bibliographie, nouvelle série, t. I, p. 128.
Ouvrages divers, Bibliographie, Supplément sous presse et nouvelle série, t. I, p. 128.

XLII. — La Révolution française, revue d'histoire moderne et contemporaine publiée par la Société de l'histoire de la Révolution, directeur-rédacteur en chef A. Aulard, t. XLII, janvier-juillet 1902. (Paris, 1902, in-8°, 576 p.)

7289. Mautouchet (Paul). — Les questions politiques à l'Assemblée du Clergé de 1788, p. 5 à 44.

7290. Brette (Armand). — Un projet d'aliénation de l'Hôtel de ville en 1791, p. 45 à 49.

7291. Guillaume (J.). — A propos de la condamnation des fermiers-généraux (19 floréal an II), p. 50 à 52.

7292. Champion (Edme). — Le premier télégramme, p. 53.

7293. Caudrillier (G.). — Le siège de Mayence du 25 octobre 1794 au 29 octobre 1795, p. 55 à 87. — Suite et fin de XLI, p. 481.

7294. Blossier (A.). — Les cahiers du bailliage de Honfleur, p. 97 à 109.

7295. Galabert (François). — Une chanson sur la fuite à Varennes, p. 110 à 114.

7296. Cahen (Léon). — Un fragment inédit de Condorcet, p. 115 à 131.

7297. Lévy-Schneider (L.). — Les habitants de la rive gauche du Rhin et la France sous le Premier Empire, p. 143 à 166, et 233 à 259.

7298. Anonyme. — La grande peur à Rive-de-Gier, p. 167.

7299. [Aulard]. — Extraits de Guizot et de l'abbé Aude [sur l'instruction primaire sous l'ancien régime], p. 169.

7300. [Isambert]. — L'origine des crayons Conté, p. 170.

7301. Anonyme. — Les dissensions religieuses à la Carneille (Orne) en 1791, p. 170 à 172.

7302. Schmidt (Charles). — Les sources de l'histoire d'un département aux Archives nationales, p. 193 à 232.

7303. Perroud (Cl.). — Un projet de Brissot pour une Association agricole, p. 260 à 265.

7304. Zivy (H.). — Notes de Rabaut Saint-Étienne sur les premières séances de la Convention, p. 266 à 271.

7305. Poupé (Edmond). — Une lettre de Barras [12 février an 11], p. 272 à 274.

7306. Brette (Armand). — La réforme de la législation criminelle et le projet de Lepeletier de Saint-Fargeau, p. 297 à 320.

7307. Karéiev (N.). — La Révolution française dans la science historique russe, p. 321 à 345.

7308. Aulard (A.). — Les accusés de Chartres (prairial an iii-brumaire an iv), une lettre de Rossignol et Villain d'Aubigni, p. 346 à 362.

7309. Guillaume (J.). — Le berger Daubenton, encore une légende révolutionnaire, p. 385 à 398.

7310. Rouvière (F.). — La flottille du Gard (an xi), p. 399 à 405.

7311. Mater (André). — Le groupement régional des partis politiques à la fin de la Restauration (1824-1830), p. 406 à 463.

7312. Aulard (A.). — L'arrestation et l'interrogatoire du républicain Robert (juin 1791), p. 464 à 467.

7313. Caron (Pierre). — L'organisation des études locales d'histoire moderne, p. 481 à 510.

7314. Perroud (Cl.). — Le premier ministère de Roland, p. 511 à 528.

7315. C. P. [Perroud (Cl.)]. — A propos des Mémoires de Barras, p. 529 à 531.

7316. Anonyme. — Une fantaisie de Philippe-Égalité, p. 531.

7317. [Aulard]. — Les idées libérales en l'an viii [et le 18 brumaire], p. 532 à 533.

7318. [Aulard]. — Lettre de Dulaure à la Convention en vendémiaire an iii, p. 534 à 540.

XLIII. — La Révolution française, revue d'histoire moderne et contemporaine publiée par la Société de l'histoire de la Révolution, directeur-rédacteur en chef A. Aulard, t. XLIII, juillet-décembre 1902. (Paris, 1902, in-8°, 576 p.)

7319. Guillaume (J.) — Le Saint-Suaire de Besançon, p. 5 à 16.

7320. Bussière (G.). — La fédération départementale à Périgueux en 1790, p. 17 à 48.

7321. Bloch (Camille). — Les femmes d'Orléans pendant la Révolution, p. 49 à 67.

7322. Rumeau (R.). — Lettres du constituant Roger, p. 68 à 82.

7323. Perroud (Cl.). — A propos de l'armoire de fer, p. 83 à 86.

7324. Blossier (A.). — Le duc d'Orléans, seigneur de Honfleur, p. 97 à 105.

7325. Balseinte (J.-M.). — Les réquisitions militaires dans le district de Grenade (Haute-Garonne), de 1793 à 1795, p. 106 à 120.

7326. Mathiez (A.). — Chaumette franc-maçon, p. 121 à 141.

7327. Corre (Dr A.). — Un épisode de la Restauration à Brest (1816), p. 142 à 161.

7328. Aulard (A.). — Napoléon Ier et le clergé hollandais, p. 162 à 172.

7329. Gazier (A.). — Une lettre inédite de Marat, p. 174:

7330. A. A. [Aulard (A.)]. — Origine du mot centralisation, p. 175.

7331. Anonyme. — Les précurseurs du général Malet [an viii], p. 176 à 177.

7332. [Aulard]. — Projet d'appeler charte la Constitution de l'an viii, p. 179 à 180. — Cf. n° 7384.

7333. [Aulard]. — Opinion d'un militaire [le général Starray] sur Kant, p. 180.

7334. Carré (Henri). — Turgot et le rappel des Parlements (1774), p. 193 à 208.

7335. Liéby (A.). — M.-J. Chénier et la fête de l'Être suprême (du 20 prairial an 11), d'après les documents rassemblés par M. Guillaume au tome IV du Comité d'instruction publique de la Convention, p. 209 à 237. — Cf. n° 7340.

7336. Le Gallo (Émile). — Les Jacobins de Cognac depuis leur formation jusqu'à l'établissement de la République, d'après le registre de leurs délibérations, p. 238 à 255.

7337. Delabrousse (Lucien). — Un arbre de la liberté à Strasbourg, p. 257 à 258.

7338. Viguier (Jules). — Louis-Charles Thiers, archiviste de Marseille (1770-1790), p. 259 à 280.

7339. Campagnac (E.). — Les délégués du représentant Laplanche en mission dans le Cher, p. 300 à 346.

7340. Guillaume (J.). — Marie-Joseph Chénier et Robespierre. Réponse à M. A. Liéby, p. 347 à 357. — Cf. n° 7335.

7341. Laurent (Gustave). — La correspondance du conventionnel Armonville au mois de janvier 1793, p. 358 à 362.

7342. Anonyme. — Procès-verbal de constat du suicide d'Ignace Brunel, député de l'Hérault à la Convention, p. 363 à 371.

7343. P. M. [Metzger (P.)]. — Les mémoires et les papiers de Cambacérès, p. 385 à 391.

7344. Raboum. — Troubles en Beauce à l'occasion de la cherté du blé (novembre et décembre 1792), p. 392 à 416.

7345. Blum (S.). — La mission d'Albert dans la Marne en l'an iii, p. 417 à 441; et XLV, p. 193 à 231.

7346. Dieudonné (F.). — Préliminaires et causes des

journées de prairial an III, p. 442 à 465, et 504 à 527.

7347. Fling (Fred. Morrow). — Une pièce fabriquée. Le troisième volume des Mémoires de Bailly, p. 466 à 469.

7348. Lamouzèle (E.). — Une lettre inédite de Sermet, évêque constitutionnel de la Haute-Garonne (15 vendémiaire an III), p. 470 à 475.

7349. Poupé (Edmond). — La Société populaire de Callas (Var) [1792–an III], p. 481 à 503.

7350. P. M. [Metzger (P.)]. — Cambacérès, son rôle comme remplaçant de Bonaparte (an VIII-an XII), p. 528 à 558.

7351. Rigaud (Jacques). — Une tentative de fusion en 1796 [Louis XVIII et Louis-Philippe d'Orléans], p. 559 à 562.

XLIV. — **La Révolution française**, revue d'histoire moderne et contemporaine publiée par la Société de l'histoire de la Révolution, directeur-rédacteur en chef A. Aulard, t. XLIV, janvier-juin 1903. (Paris, 1903, in-8°, 576 p.)

7352. Aulard (A.). — La question de l'authenticité du *Paradoxe sur le comédien* de Diderot, p. 5 à 12. — Cf. n°ˢ 7122 et 7132.

7353. Liégy (A.). — L'hymne à la Raison (de M.-J. Chénier) adaptée au culte de l'Être suprême, p. 13 à 28.

7354. Campagnac (E.). — Le représentant Laplanche et les délégués des assemblées primaires du Cher (1793), p. 29 à 54.

7355. Desternes (L.) et Galland (G.). — La réaction royaliste en Touraine (1816), d'après la pétition aux deux Chambres de P.-L. Courier et d'après des documents contemporains inédits, p. 55 à 75.

7356. Aulard (A.). — Barère républicain en 1790, p. 76.

7357. P. M. [Metzger (P.)]. — Un document sur l'histoire de la Presse. La préparation de l'arrêté du 27 nivôse an VIII, p. 78 à 82.

7358. Carré (Henri). — Le premier ministère de Necker (1776-1781), p. 97 à 136.

7359. Mautouchet (Paul). — Le mouvement électoral à Paris en août-septembre 1792, p. 137, 223, et 296.

7360. Brette (Armand). — Les édifices où siégèrent à Paris les anciens États-Généraux et les Assemblées parlementaires. Lettre à M. le président de la Commission des inscriptions parisiennes, p. 165 à 173.

7361. Anonyme. — Une lettre de Bouchotte à Marat (14 mai 1793), p. 183.

7362. Vignaux (Alphonse). — Une lettre du Comité de sûreté générale en thermidor an II [adressée au Comité de surveillance de Toulouse], p. 184.

7363. Guillaume (J.). — Les sextiles de l'ère républicaine, p. 193 à 222.

7364. Mathiez (A.). — Une brochure anti-bonapartiste en l'an VI. Les prédictions de Silvain Maréchal, p. 249 à 255.

7365. Conard (P.). — Un document sur l'origine des fédérations [Laragne (Hautes-Alpes), 1789], p. 256 à 259.

7366. Anonyme. — Une lettre de Mᵐᵉ Roland à Lavater [20 novembre 1787], p. 259 à 263.

7367. Doniol (Henri). — Un commissaire des guerres de la République. Claude-Barthélemy Juric (1759 † 1804), p. 321 à 345. — Cf. n° 7371.

7368. Desternes (L.) et Galland (G.). — La réaction cléricale en Touraine (1814-1824), d'après la *Pétition pour des villageois que l'on empêche de danser*, et d'après des documents contemporains inédits, p. 346 à 366.

7369. Mathiez (A.). — Protestants et théophilanthropes, p. 385 à 401.

7370. Guyot (Raymond). — Le Directoire et la République de Gênes (1795-1797), p. 402, 518; et XLV, p. 39.

7371. Bénet (Armand). — Le commissaire des guerres Juric, p. 435 à 436. — Cf. n° 7367.

7372. Anonyme. — Les imprimés relatifs à la Révolution française au British Museum, p. 443 à 460.

7373. Cabanès. — Le testament du conventionnel Chabot [François, 27 ventôse an II], p. 461 à 465.

7374. Aulard (A.). — L'instruction publique dans le Cher sous le Directoire, p. 465 à 467.

7375. Conard (Pierre). — Les cahiers du Dauphiné en 1789, p. 481 à 496.

7376. Aulard (A.). — Le carnet de Bertrand Barère, *fac.*, p. 497 à 500.

7377. Lods (Armand). — Deux chansons de Rabaut de Saint-Étienne, p. 501 à 507.

7378. Dieudonné (F.). — La déchristianisation de la commune de Ris-Orangis [Seine-et-Oise, brumaire an II], p. 508 à 517.

7379. Schmidt (Charles). — Un épisode de l'histoire du machinisme en France. Les premiers luddites de l'Isère en 1819, p. 551 à 561. — Cf. n° 7382.

XLV. — **La Révolution française**, revue d'histoire moderne et contemporaine, publiée par la Société de l'histoire de la Révolution, directeur-rédacteur en chef A. Aulard, t. XLV, juillet-décembre 1903. (Paris, 1903, in-8°, 576 p.)

7380. Dreyfus (Ferdinand). — La Rochefoucauld-Liancourt à l'assemblée du bailliage de Clermont-en-Beauvoisis et à la Chambre de la noblesse (9 mars-10 juillet 1789), p. 5 à 29. — La Rochefoucauld-Liancourt, lieutenant général de Normandie et le projet de départ du Roi (avril-août 1792), p. 105 à 129.

7381. Perroud (C.). — Quelques notes sur les missions de l'automne de 1792, p. 30 à 38.

[7370]. Guyot (Raymond). — Le Directoire et la République de Gênes (1795-1797), p. 39 à 65.

7382. Schmidt (Ch.). — Encore un document relatif à l'histoire du machinisme en France [les tondeurs de Sedan], p. 66 à 70. — Cf. n° 7379.

7383. Gouzy (Paul). — Deux lettres du général Dugua à Bonaparte, p. 71 à 73.

7384. [Aulard]. — Sur l'emploi du mot *Charte* avant 1814 [Constitution de l'an VIII], p. 74. — Cf. n° 7332.

7385. A. A. [Aulard (A.)]. — Mᵐᵉ de Stael en Italie, d'après le témoignage d'Artaud, p. 75.

7386. Anonyme. — Correspondance des conventionnels Rillaud-Varenne et Marragon, p. 76.

7387. Champion (Edme). — La première atteinte portée à l'empire du catholicisme [édit de novembre 1787 en faveur des protestants], p. 97 à 104.

7388. Tiersot (Julien). — L'hymne à l'Être suprême, p. 130 à 160. — Cf. n° 7394.

7389. Bouvier (Félix). — L'Italie de 1794 à 1796, d'après les papiers de Paul Greppi, p. 161 à 169.

7390. [Aulard]. — Une lettre de Rillaud-Varenne à son père, p. 170 à 172.

7391. Anonyme. — Fabre d'Églantine fut-il l'assassin de Rabaut Saint-Étienne? p. 173. — Cf. n° 7400.

[7345.] Blum (S.). — La mission d'Albert dans la Marne en l'an III, les poursuites contre les Terroristes, p. 193 à 231.

7392. Gaudrillier (G.). — Projets ou essais de négociations entre Condé et Moreau, p. 232 à 254.

7393. Poupé (Edmond). — Souscription des notaires de France en l'an XI, p. 255 à 258.

7394. Guillaume (J.). — L'hymne à l'Être suprême, un simple mot à l'occasion de l'article de M. J. Tiersot, p. 259 à 270. — Cf. n° 7388.

7395. A. A. [Aulard (A.)]. — Lalande et le calendrier républicain, p. 271 à 272.

7396. Pasquier (F.). — Recherche des documents historiques d'ordre militaire dans les archives publiques, p. 282 à 286.

7397. Aulard (A.). — Les greffes ou archives des tribunaux et les historiens, p. 289 à 294.

7398. A. A. [Aulard (A.)]. — Les inventaires des Archives départementales, p. 295 à 305.

7399. Liéby (A.). — La presse révolutionnaire et la censure théâtrale sous la Terreur, p. 306 à 353, et 447 à 470.

7400. Lods (Armand). — L'arrestation de Rabaut de Saint-Étienne. Fabre d'Églantine fut-il le dénonciateur de Rabaut? p. 354 à 364. — Cf. n° 7391.

7401. Anonyme. — Une lettre du conventionnel Ingrand sur l'insurrection vendéenne en thermidor an II, p. 365 à 370.

7402. S. L. [Lacroix (S.)]. — Les budgétivores de la Révolution, p. 371 à 372.

[Lettres des administrateurs de la Seine au ministre de l'Intérieur (mai 1786).]

7403. Pellisson (Maurice). — La sécularisation de la morale au XVIIIᵉ siècle, p. 385 à 408.

7404. Mautoucuet (Paul). — Le renouvellement du département de Paris en décembre 1792, p. 409 à 424.

7405. Campagnac (Ed.). — Un prêtre communiste, le curé Petit-Jean [à Épineuil (Cher)], p. 425 à 446.

7406. Dreyfus (Ferdinand). — Trois discours de Mirabeau, d'après les manuscrits récemment acquis par la bibliothèque de l'Arsenal, *facs.*, p. 481 à 495.

7407. Brette (A.). — Nouvelles observations sur le plan de Paris dit des artistes, p. 496 à 501.

7408. Laurent (Gustave). — L'arrestation et la mort de Jean-Arnaud de Castellane, évêque de Mende, p. 530 à 542.

7409. [Labroue (H.)]. — L'assemblée philosophique d'Aubas (Dordogne), p. 543 à 544.

7410. Mathiez (A.). — Origine des mots *Montagne* et *Montagnard*, p. 544 à 545.

7411. [Aulard]. — Disparition de quelques inscriptions révolutionnaires sous le Consulat, p. 546 à 547.

7412. A. M. [Mathiez (A.)]. — Origine du mot déchristianisation, p. 548.

7413. Anonyme. — Troisième table générale analytique et alphabétique de la Révolution française, revue d'histoire moderne et contemporaine (1895-1902), tomes XXIX à XLIII. (Paris, 1903, in-8°, 49 p.)

7414. Hesnut (Léon). — État militaire de la France en 1793. Nouvelle édition revue, corrigée et augmentée. (Paris, 1903, in-8°, XIV-470 p.)

SEINE. — PARIS.

SOCIÉTÉ DE L'HISTOIRE DU THÉÂTRE.

Cette Société a été fondée en 1902; elle a fait paraître dans le cours de cette année le tome I de son *Bulletin*.

I. — Bulletin de la Société de l'histoire du théâtre, revue trimestrielle. (Paris, 1902, gr. in-8°, 158, 156 et 187 p.)

Numéro 1.

7415. Martin (Henry). — Le *Térence* des ducs [ms. de la Bibliothèque de l'Arsenal] et la mise en scène au moyen âge, *fig.*, p. 15 à 42.

7416. Lyonnet (Henri). — Mademoiselle Raucourt, directrice des théâtres français en Italie (1806-1807), *fig.* et *facs.*, p. 43 à 78.

7417. Curzon (Henri de). — Bouffé et *Michel Perrin* [vaudeville de Mélesville et Ch. Duveyrier], *fig.* et *facs.*, p. 79 à 90.

7418. Augier (Émile). — Une préface inédite [pour une œuvre posthume d'Arnold Mortier], p. 91.

7419. Got (Edmond). — Souvenirs d'un comédien pendant la Commune, *fig.*, p. 93 à 130.

7420. Sardou (Victorien). — Autographe de Collot d'Herbois, *facs.*, p. 132 à 135.

7421. Cain (G.). — Autographe de La Bussière [Charles-Hippolyte-Delpeuch], *facs.*, p. 135.

7422. Cain (G.). — Une lettre de M. de Beaumarchais (1789), p. 136.

7423. Sardou (Victorien). — Droits d'auteurs en assignats [an iv, à Paris], *facs.*, p. 138 à 140.

7424. Estournelles de Constant (J. d'). — Les rappels interdits, lettre de M. Debelleyme, préfet de police, au Secrétaire d'État, ministre de l'Intérieur (1828), *facs.*, p. 141 à 143.

7425. Haquette (Maurice). — Le décret de Moscou, *facs.*, p. 144.

7426. Anonyme. — Le théâtre au Palais, un acteur [Carré] refusant par modestie de jouer le rôle de Napoléon (Tribunal du commerce de Besançon, audience du 1er octobre 1831), p. 146.

7427. Anonyme. — Théâtre et comédiens du vieux Paris, *fig.*, p. 148 à 153.

[Les Funambules, *fig.*; Jean-Gaspard Debureau, *portr.*; Fanchon la Vielleuse (1803), *fig.*]

7428. Anonyme. — Autographe de Rachel, p. 154 à 156.

Numéro II.

7429. Malherbe (Charles). — Les costumes et décors d'*Armide* : L'*Armide* de Lulli, *fig.*, p. 5 à 38.

7430. Pougin (Arthur). — Les lettres de noblesse de Rameau, *fig.*, p. 39 à 43.

7431. Monval (Georges). — La pompe funèbre de Crébillon (1762), documents inédits, *facs.*, p. 45 à 49.

7432. Montorgueil (Georges). — Le théâtre des enfants du sieur Moreau au Palais-Royal en 1791, documents inédits, p. 51 à 65.

7433. Curzon (Henri de). — Le Comité de lecture à l'Opéra au xviiie siècle, p. 67 à 75.

7434. Claretie (Léo). — Ordonnances de police pour les théâtres [1811-1832], *facs.*, p. 77 à 90.

7435. Lyonnet (H.). — Les comédiens français du Prince Eugène, *fig.*, p. 91 à 119; et n° *III*, p. 123 à 134.

7436. H. M. [Martin (Henry)]. — Journal d'Édouard Thierry, administrateur général de la Comédie Française (janvier-juin 1863), p. 121 à 147.

7437. Anonyme. — L'ancienne Comédie Française à l'Odéon, *fig.*, p. 150 à 151.

7438. H. de C. [Curzon (H. de)]. — Garat, une pétition originale pour la croix de la Légion d'honneur, p. 152 à 154.

7439. Anonyme. — Interdiction d'une pièce de Boursault par le Parlement en 1668, *facs.*, p. 155 à 156.

Numéros III-IV.

7440. Funck-Brentano (Frantz). — La Bastille des comédiens. Le For l'Évêque, *fig.*, p. 5 à 94.

7441. Lenôtre (G.). — La collection Dutuit, *fig.*, p. 97 à 111.

7442. Curzon (Henri de). — Comment on retouchait Corneille pour le rendre digne de Napoléon. *Héraclius* à la Cour, p. 113 à 121.

[7435] Lyonnet (Henry). — Les comédiens français du Prince Eugène, p. 123 à 134.

7443. Tesco (Martial). — Une lettre inédite d'Alexandre Dumas fils [1870], p. 137 à 146.

7444. Ginisty (Paul). — Le théâtre au théâtre, p. 147 à 158.

7445. Curzon (Henri de). — Documents inédits sur la Comédie-Française, conservés aux Archives nationales, *fig.*, p. 169 à 179.

7446. Anonyme. — Prospectus pour l'ouverture d'une agence dramatique par Perlet, *facs.*, p. 180 à 181.

7447. Anonyme. — Une affiche réglant les feux. Gratifications et fournitures pour les spectacles de la Cour (1773), *facs.*, p. 182-183.

SEINE. — PARIS.

SOCIÉTÉ HISTORIQUE ET ARCHÉOLOGIQUE DU IV⁰ ARRONDISSEMENT DE PARIS.

Cette Société a été fondée en 1902; le premier volume de son *Bulletin* a paru en 1902-1903.

I. — La Cité. Bulletin de la Société historique et archéologique du IV⁰ arrondissement de Paris, 1ʳᵉ année. (Paris, 1902-1903, in-8⁰, 562 p.)

7448. Anonyme. — Le IV⁰ arrondissement, p. 264.

7449. Sellier (Charles). — L'hôtel du prévôt de Paris, *fig.*, p. 29 à 50.

7450. A. C. [Callet (A.)]. — A travers le IV⁰ arrondissement, *fig.*, p. 51, 141, 243, 273, 363, 449, et 517.

[Le café de la Garde nationale, *fig.*; maison du XVⁱ siècle au coin des rues Cloche-Perce et François-Miron, *fig.*; anciens pavages du quai Henri-IV et de la rue de Brissac; la porte Saint-Antoine. Le logis de Rabelais, p. 51 à 55. — L'arrivée de Dantou à Paris; fouilles le long du mur du quai de l'Archevêché; les portes d'eau de l'île Saint-Louis; le marché Sainte-Catherine et le couvent Sainte-Catherine du Val-des-Écoliers, p. 141 à 149. — Fouilles de la rue Beautreillis, *fig.*; la maison des Arbalétriers; restauration de Saint-Gervais, *fig.*; les bains Vigier, p. 243 à 253.— Caserne du Petit-Musc; cabaret du Petit-Noailu; les tours de Notre-Dame; la place Baudoyer et les places de grèves, p. 273 à 284. — Les mouettes du Pont Marie; le dernier vignoble parisien *intra muros*, p. 449. — La maison de la Lanterne, place de Grève, *fig.*, p. 517.]

7451. Lambeau (L.). — Un vieux logis parisien [l'hôtel de la Vieuville], *fig.*, p. 57 à 62. et 101 à 107.

7452. Damblemont (R.). — La maison de Victor Hugo à la place Royale, *fig.* et 2 *pl.*, p. 65 à 80.

7453. Callet (A.). — Les vieilles enseignes du IV⁰ arrondissement, *fig.*, p. 81, 150, et 529.

7454. Hartmann (Paul). — Nicolas Flamel, p. 133 à 140.

7455. A. C. [Callet (A.)]. — Un coin de l'île Saint-Louis, p. 158 à 160.

7456. A. C. [Callet (A.)]. — La maison 17, rue Beautreillis, et le cimetière Saint-Paul, *fig.*, p. 161 à 169.

7457. A. C. [Callet (A.)]. — Le couvent des Billettes. Fouilles [au lycée Charlemagne], p. 170 à 174.

7458. Callet (A.). — Une démolition rue Pavée. L'hôtel de Savoisy, *fig.*, p. 181 à 190.

7459. Anonyme. — Tour de l'enceinte de Paris sous Philippe Auguste [au Mont-de-Piété], *fig.*, p. 197 à 201.

7460. Gauthier (L'abbé M.). — Un Pérugin à Saint-Gervais, p. 202 à 206.

7461. Prisca (Albert). — Le centenaire de Bichat, *fig.*, p. 207 à 225.

7462. Van Geluwe (L.). — Une épave de la Bastille [une pierre de Palloy au musée de Luxembourg], p. 226 à 234.

7463. Pisani (P.). — Les tombeaux des archevêques de Paris à Notre-Dame, p. 235 à 242.

7464. Sardou (Victorien). — La mort de Gérard de Nerval; la rue de la Vieille-Lanterne, *fig.*, p. 261 à 272.

7465. Augé de Lassus (L.). — Hôtel Saint-Pol, église et charniers Saint-Pol, *fig.*, p. 289 à 298.

7466. Funck-Brentano (Frantz). — Les anciens quartiers des IIIⁱ et IV⁰ arrondissements, p. 1 à XVIII.

7467. Divers. — A travers le IV⁰ arrondissement, p. 341, 431, 495, et 522.

[Lambeau (B.). Acte de baptême de Gérard de Nerval (1808), p. 341. — Acte de naissance de V. Sardou (1831), p. 342. — L'inscription de la colonne de la Bastille, p. 343. — Gauthier (L'abbé M.). L'église Saint-Gervais, p. 346. — L'église des Blancs-Manteaux, p. 349. — Maison de Regnaut Freron, rue du Cloître-Notre-Dame, p. 350. — Deux bals de l'Hôtel de Ville (1626), p. 352. — Lettres de Voltaire relatives à son séjour dans le IV⁰ arrondissement, p. 355. — Videcq, ancien habitant du IV⁰ arrondissement, p. 359. — Gandoulf le Lombard dans le quartier Saint-Merry, p. 431. — Débordements de la Seine, p. 495. — Les fossés de la Bastille, p. 522.]

7468. Lambeau (Lucien). — Essais sur la mort de Mᵐᵉ la princesse de Lamballe, *fig.*, p. 369, 433, et 497.

7469. L'Esprit. — Un centre intellectuel. Le quartier Saint-Paul et le Marais, p. 385 à 399.

7470. Delany (Cléon). — L'île Louviers, *fig.*, p. 405 à 430.

7471. Gauthier (L'abbé M.). — Philippe de Champaigne dans notre quartier, *fig.*, p. 456 à 462.

7472. Rioton (Léon). — La maison de Victor Hugo, *fig.*, p. 469 à 489.

7473. Hartmann (Paul). — L'éléphant de la Bastille, *fig.*, p. 490 à 495.

SEINE. — PARIS.

SOCIÉTÉ HISTORIQUE DU VIᵉ ARRONDISSEMENT DE PARIS.

Les publications antérieures de cette Société sont analysées dans notre *Bibliographie générale*, savoir :
Bulletin, t. I à III (1898-1900), *Bibliographie*, Supplément sous presse.
— t. IV (1901), *Bibliographie*, nouvelle série, t. I, p. 130.

V. — Bulletin de la Société historique du VIᵉ arrondissement de Paris, année 1902. (Paris, s. d., in-8°, 216 p.)

7474. Levesque (L'abbé E.). — Les sépultures de l'ancien séminaire de Saint-Sulpice, p. 18 à 19.

7475. Toulouse (Eugène). — Jean-Georges Wille, sa famille et ses élèves, *fig.*, p. 35 à 45.

7476. Fromageot (Paul). — La foire Saint-Germain des Prés, 5 *pl.*, p. 46 à 140. — Suite de IV, p. 185.

7477. Régamey (Félix). — Horace Lecocq de Boisbaudran et ses élèves, *fig.*, p. 141 à 163.

7478. Cabanès (Dᵣ). — Les comédiens et le clergé. Les démêlés de Talma avec le curé de Saint-Sulpice, p. 164 à 172.

7479. Demombynes (Gabriel). — Les bataillons de marche de la Garde nationale du VIᵉ arrondissement pendant le siège de Paris (1870-1871), *fig.*, p. 198 à 211.

SEINE. — PARIS.

SOCIÉTÉ HISTORIQUE ET ARCHÉOLOGIQUE DU VIIIᵉ ARRONDISSEMENT DE PARIS.

Les publications antérieures de cette Société sont analysées dans notre *Bibliographie générale*, savoir :
Bulletin, t. I et II (1899-1900), *Bibliographie*, Supplément sous presse.
— t. III (1901), *Bibliographie*, nouvelle série, t. I, p. 131.

IV. — Bulletin de la Société historique et archéologique du VIIIᵉ arrondissement de Paris, 4ᵉ année. (Paris, s. d. [1902], in-8°, 69 p.)

7480. Mareuse (Edgar). — Discours, *pl.*, p. 16 à 27.
[Denormandie (1821 † 1902); V. Dablin (1818 † 1901); le baron Texior de Ravisi (1822 † 1902). — Le parc Monceau, *pl.*]

7481. Gruel (Léon). — L'église de la Madeleine, documents historiques, *fig.*, p. 31 à 47; et V, p. 20 à 38.

7482. Le Senne (Eugène). — Le cirque des Champs-Élysées, *pl.*, p. 58 à 61.

7483. Vial (Henri). — Un frère de Santerre. [Jean-François], brasseur, rue Neuve-de-Berry, *fig.*, p. 62 à 68.

V. — Bulletin de la Société historique et archéologique du VIIIᵉ arrondissement de Paris, 5ᵉ année. (Paris, s. d., in-8°, 114 p.)

7484. Mareuse (E.). — Discours, p. 9 à 13.
[La Petite Pologne, ancien quartier du VIIIᵉ arrondissement.]

7485. Dablin (Paul). — Sur l'emplacement où était érigé l'échafaud le jour de l'exécution de Louis XVI, p. 17 à 19.

[7481]. Gruel (Léon). — L'église de la Madeleine, documents historiques, *fig.* et 3 *pl.*, p. 20 à 38.

7486. C. W. [Westercamp (C.)]. — L'arrestation d'André Chénier et l'hôtel de Pastoret, p. 39 et 40.

7487. Bassao (Albert). — Les origines de la rue Royale Louis XV, p. 41 à 48.

7488. Duval (Gaston) et Vial (Henri). — Le palais de l'Élysée, historique des bâtiments, notice descriptive des grands appartements, p. 49 à 59.

7489. Weil (Commandant). — Les alliés à Paris en 1814, extrait des Mémoires du général de Löwenstern, p. 60 à 77.

7490. Ch. W. [Westercamp (Ch.)]. — La maison de Tallien, p. 77 à 78.

7491. Mareuse (E.). — L'arcade des Bénédictines de la Ville l'Évêque, fig., p. 79 à 96.

7492. Le Senne (Eugène). — Le jardin Mabille, pl., p. 97 à 104.

7493. Duval (Gaston). — Notes pour l'histoire de la place de la Concorde, p. 105 à 111.

SEINE. — PARIS.

SOCIÉTÉ DE LINGUISTIQUE.

Les publications antérieures de cette Société sont analysées dans notre *Bibliographie générale*, savoir :

Mémoires, t. I à V (1868-1884), *Bibliographie*, t. IV, p. 315.

— t. VI à XI (1889-1900), *Bibliographie*, Supplément sous presse.

Bulletin, t. I à VI (1869-1888), *Bibliographie*, t. IV, p. 319.

— t. VII à X (1889-1898), *Bibliographie*, Supplément sous presse.

— t. XI (1899-1901), *Bibliographie*, nouvelle série, t. I, p. 131.

XII. — **Mémoires de la Société de linguistique de Paris**, t. XII. (Paris, 1903, in-8°, xxvi-504 p.)

7494. Bréal (Michel). — Étymologies, p. 1, 73, 239, et 289.

7495. Huart (Cl.). — L'accentuation en turc osmanli, p. 12 à 13.

7496. Meillet (A.). — La différenciation des phonèmes, p. 14 à 34.

7497. Meillet (A.). — Slave *pustů gradů Ἑρμούπολις*, p. 34.

7498. Boissier (Alfred). — Haruspex, note supplémentaire, p. 35 à 39. — Cf. XI, p. 330.

7499. Vendryès (J.). — Latin : *vervěx* (*vervix*); irlandais : *ferb*, p. 40 à 42.

7500. Lamouche (Léon). — Les déterminatifs dans les langues slaves du Sud, p. 43 à 59.

7501. Bally (Ch.). — Ἀκράσια, p. 60 à 66.

7502. Bréal (Michel). — Aἴην, λίαν, p. 66.

7503. Courant (Maurice). — Note sur l'existence, pour certains caractères chinois, de deux lectures distinguées par les finales *k-ñ*, *t-n*, *p-m*, p. 67 à 72.

7504. Huart (Cl.). — Note sur un psautier turc en caractères grecs, p. 83 à 84.

7505. Lejay (Paul). — Le locatif *terrae*, p. 85 à 89.

7506. Saінéan (Lazare). — Essai sur le judéo-allemand et spécialement sur le dialecte parlé en Valachie, p. 90 à 138, et 176 à 196.

7507. Duvau (Louis). — À propos des initiales latines, p. 138 à 140.

7508. Bréal (Michel). — À propos de ἀτθλον, p. 140. — Cf. XI, p. 130.

7509. Ferrand (Gabriel). — Notes sur la transcription arabico-malgache d'après les manuscrits antaimorona, p. 141 à 175.

7510. Halévy (J.). — Mélanges étymologiques, p. 197 à 212.

7511. Meillet (A.). — Varia, p. 213 à 238.

7512. Thomas (A.). — Ancien français *nuitre*, p. 249 à 251.

7513. Ernault (É.). — Études d'étymologie bretonne, p. 252, 295, et 432.

7514. Bally (Ch.). — Contribution à la théorie du Z voyelle, p. 314 à 330.

7515. Saінéan (Lazare). — Le mot *saint* dans les idiomes balkaniques, p. 331 à 334.

7516. Doutté (Edmond). — Un texte arabe en dialecte oranais, p. 335 à 370, et 373 à 406.

7517. Clédat (E.). — Deux mots alsaciens, p. 371.

[*Blochwieder, Gænsel.*]

7518. Meillet (A.). — Recherches sur la syntaxe comparée de l'arménien, p. 407 à 428. — Suite de X, p. 241; XI, p. 369

7519. Meillet (A.). — Étymologies arméniennes, p. 429 à 431.

25.

SEINE. — PARIS.

SOCIÉTÉ DE PHILOLOGIE ET ŒUVRE DE SAINT-JÉRÔME.

Les publications antérieures de cette Société sont analysées dans notre *Bibliographie générale*, savoir
Actes, t. I à XV (1869-1885), *Bibliographie*, t. IV, p. 364.
— t. XVI à XXVI (1886-1898), *Bibliographie*, Supplément sous presse.
Bulletin, t. I et II (1880-1898), *Bibliographie*, t. IV, p. 366.
Œuvre de Saint-Jérôme, t. I à III (1883-1886), *Bibliographie*, t. IV, p. 368.
La Société a fait paraître en 1902 le tome I d'un nouveau recueil *l'Année linguistique*, que nous analysons ci-dessous.

I. — **L'Année linguistique**, publiée sous les auspices de la Société de philologie (organe de l'Œuvre de Saint-Jérôme). T. I, 1901-1902. (Paris, 1902, in-16, VI-303 p.)

7520. VENDRYÈS (J.). — Langues latines, p. 1 à 23.
7521. DAUZAT (Albert). — Langues romanes, p. 25 à 58.
7522. VENDRYÈS (J.). — Langues celtiques, p. 59 à 84.
7523. GAUTHIOT (Robert). — Langues germaniques, p. 85 à 107.
7524. GUIDI (I.) — Langues éthiopiennes, p. 109 à 133.
7525. VINSON (Julien). — Revue des études basques (1891-1899), p. 135 à 197.

7526. THOMAS (Albert). — Langues de l'Extrême-Orient, p. 199 à 263.
[Indo-Chine, Chine, Mandchourie et Mongolie, Corée, Japon.]

7527. MARRE (Aristide). — Aperçu bibliographique des travaux relatifs aux peuples de race malaise qui ont été publiés pendant les années 1898, 1899 et 1900, p. 265 à 290.

7528. RINCK (S.). — Liste des ouvrages relatifs au Groënland et à la langue esquimaude depuis 1890, p. 291 à 294.

7529. GUILBEAU (E.). — Le livre de l'aveugle, p. 295 à 301.
[Historique de la typographie pour les aveugles.]

SEINE. — PARIS.

SOCIÉTÉ PHILOTECHNIQUE.

Les publications antérieures de cette Société sont analysées dans notre *Bibliographie générale*, savoir :
L'Ami des arts, t. I et II (1796), *Bibliographie*, t. IV, p. 368.
Annuaire, t. I à XLIV (1840-1885), *Bibliographie*, t. IV, p. 368.
— t. XLV à LIX (1886-1900), *Bibliographie*, Supplément sous presse.
— t. LX (1901), *Bibliographie*, nouvelle série, t. I, p. 132.

LXI. — **Annuaire de la Société philotechnique**, année 1902, t. LXI. (Paris, 1903, in-8°, 180 p.)

7530. BOILEAU (Lucien). — Une excursion en Albanie, p. 55 à 70.

7531. DONVILLE (Alexis). — Berlioz, César Franck, Richard Wagner jugés par leurs contemporains, p. 77 à 93.

SEINE. — PARIS.

SOCIÉTÉ «LA SABRETACHE».

Les publications antérieures de cette Société sont analysées dans notre *Bibliographie générale*, savoir :
Carnet de la Sabretache, t. I à VIII (1893-1900), *Bibliographie*, Supplément sous presse.
— — t. IX (1901), *Bibliographie*, nouvelle série, t. I, p. 132.

X. — **Carnet de la Sabretache**, revue militaire rétrospective, publiée par la Société «La Sabretache», 10ᵉ volume, 1902. (Paris, s. d., in-8°, 830 p.)

7532. Divers. — Exposition militaire rétrospective, 59 *pl.*, p. 1, 66, 129, 193, 257, 385, 449, 513, 577, 657 et 777. — Suite de VIII, p. 513, 604, 641, 727; et IX, p. 3, 65, 129, 193, 261, 345, 386, 461, 552, 577, 641, et 705.

[Masson (Frédéric). Le général Leclerc (1772 † 1802), *portr.*, p. 1. — Cossé-Brissac (Comte N. de). L.-H.-T. de Cossé, duc de Brissac († 1792), *portr. et fig.*, p. 3. — Bertin (G.). Renée d'Amboise, maréchale de Balagny († 1595), *portr.*, p. 16. — Bertin (G.). Le général Victor Oudinot, duc de Reggio (1791 † 1863), *portr.*, p. 77. — [Bertin (G.)]. Mort du colonel Oudinot (Numa-Auguste, 1799 † 1835), *fig. et pl.*, p. 80. — Langlais (Lieutenant-colonel). Le général baron H. Vial (1766 † 1813), *portr.*, p. 83.

7533. Hennet (L.). Le maréchal J.-B.-P. Vaillant (1790 † 1872), *portr.*, p. 66. — Bertin (G.). Les trois frères Barbanègre (Joseph, 1772 † 1830 ; Jean-Baptiste, 1775 † 1806 ; Jacques, 1777 † 1844), *fig. et portr.*, p. 3. — Bertin (G.). Le général Victor Oudinot, duc de Reggio (1791 † 1863), *portr.*, p. 77. — [Bertin (G.)]. Mort du colonel Oudinot (Numa-Auguste, 1799 † 1835), *fig. et pl.*, p. 80. — Langlais (Lieutenant-colonel). Le général baron H. Vial (1766 † 1813), *portr.*, p. 83.

7534. Masson (F.). L'amiral A.-J. Bruat (1796 † 1855), *portr.*, p. 119. — Hennet (L.). Le maréchal Davout († 1823), *fig. et portr.*, p. 130. — Cottreau (G.). Louis, dauphin de France, fils de Louis XV, en uniforme du son régiment de dragons ; le comte C.-H.-L. de Nachault d'Arnouville, colonel de Languedoc-dragons ; le marquis de Castelhajac, colonel de dragons de la Garde royale (1825), 3 *portr.*, p. 133.

7535. Cottreau (G.). Mannequins d'infanterie et pièces d'artillerie du régiment à cheval de la Garde impériale, *fig. et 7 pl.*, p. 193. — Orléans (Jean d'). Le duc d'Aumale, *portr.*, p. 257. — Hennet (L.). Le maréchal Niel (1802 † 1869), *portr.*, p. 263. — Hennet (L.). Le général de Pontevès (1805 † 1855), *portr.*, p. 267.

7536. Bertin (G.). Le maréchal de Montesquiou d'Artagnan (1640 † 1725), *portr.*, p. 270. — Cottreau (G.). Le colonel baron de Wimpffen, *portr.*, p. 271. — Cottreau (G.). Le comte de Houstiers-Mérinville, *portr.*, p. 278. — Masson (Frédéric). Le prince Eugène de Beauharnais, *portr.*, p. 386. — [Bertin (G.)]. Le maréchal de Guébriant (1595 † 1643), *portr.*, p. 387. — Cottreau (G.). Le général Bro de Commère, *portr.*, p. 389. — Cottreau (G.). Le baron Faverot de Kerbrech, *portr.*, p. 390.

7537. Cottreau (G.). Le colonel marquis de Villeneuve de Veuce (1783 † 1834), et le sous-lieutenant J.-B. de la Roue, 2 *portr.*, p. 391. — Cottreau (G.). Le colonel marquis de Nadaillac (1787 † 1837), *portr.*, p. 392. — Bertin (G.). Le maréchal de la Motte-Houdancourt (1605 † 1657), *portr.*, p. 449. — Cottreau (G.). Grenadier et fusilier des gardes suisses ; grenadier, fusilier, chasseur du régiment du Roi-infanterie en 1789 ; garde de la porte (maison du Roi, 1814-1816), 3 *pl.*, p. 450. — Le général J.-L. Metman (1814 † 1889), *portr.*, p. 453. — Le général F.-A. Appert (1817 † 1891), *portr.*, p. 455.

7538. Masson (F.). Le général baron L.-M.-J.-B. Atthalin, *portr.*, p. 513. — Cottreau (G.). Le général baron Lejeune, *portr.*, p. 515. — Denis (Lieutenant Ch.). La remise du drapeau aux bataillons de chasseurs à pied (4 mai 1841), *portr.*, p. 520. — Le comte Alexandre Colonna Walewski (1810 † 1868), *portr.*, p. 521. — Le colonel baron Filhol de Camas (1807 † 1854), *portr.*, p. 577. — Hennet (Léon). La division du Hainaut, *pl.*, p. 579. — Hennet (Léon). Le général Pajol (1772 † 1844), *portr.*, p. 586.

7539. Masson (F.). Le maréchal Pélissier, *portr.*, p. 657. — Bertin (G.). Le colonel de Brancion (1803 † 1855), *fig. et portr.*, p. 659. — Hennet (Léon). La prise de Malakoff, *pl.*, p. 661. — Hennet (Léon). Le colonel baron Filhol de Camas (1807 † 1854), *portr.*, p. 666. — Titeux (Eugène). Un officier des gardes d'honneur italiens (1809), *pl.*, p. 777. — Bertin (G.). Le général F. Legrand (1810 † 1870), *portr.*, p. 782. — Hennet (L.). Le commandant comte Bruyère (1813 † 1879), *portr.*, p. 784. — Hennet (Léon). Le général de Miribel (1831 † 1893), *portr.*, p. 785. — L'amiral Tréhouart (1798 † 1873), *portr.*, p. 789.]

7540. Reiset (Vicomte de). — Un épisode de la bataille de Dresde (août 1813), p. 32 à 42.

7541. Jordens (E.). — Campagne et captivité de Russie (1812-1813). Extraits des mémoires inédits du général-major H.-P. Everts, p. 43 à 62. — Suite et fin de IX, p. 620 et 686.

7542. Guitry (Lieutenant). — Camp sous Calais, commandé par M. le prince de Croÿ (16 juillet-16 septembre 1756), *portr.*, p. 87 à 111.

7543. Millot (A.). — Ordres du 2ᵉ régiment de conscrits chasseurs de la Garde impériale (juillet 1809-mai 1810), p. 112 à 119. — Suite et fin de IX, p. 374, 495, 572, 748.

7544. Anonyme. — Lettres au comte de Thorenc (1761-1762), p. 120, 181, 244, et 312. — Suite et fin de VIII, p. 31, 162, et 293.

7545. Schmid (Paul). — Les Français en Allemagne pendant les guerres de la Révolution et de l'Empire (fragments d'un manuscrit allemand de 1810 [par l'abbé Vincentius Zahn]), p. 135 à 148.

7546. Anonyme. — Une recette de cuisine [Armée d'Orient, ordre général du 3 mai 1854, signé : Canrobert], p. 149.

7547. L. L. — Une lettre d'un sergent du premier Empire [Humblot, 1809], p. 150 à 153.

7548. Allut (P.-A.). — Expédition contre Alger (1830) [relation du capitaine P.-A. Allut], 2 portr., p. 154 à 177, et 220 à 245.

7549. G. C. [Cottreau (G.)]. — Essai de formation de gardes d'honneur en Seine-et-Oise (an xiv), p. 178 à 180.

7550. Borpe (A.). — Le régiment albanais (1807-1814), p. 200 à 215. — Suite de IX, p. 161.

7551. H. V. — La compagnie des chirurgiens-barbiers de Marseille (1744), p. 216 à 219.

7552. Cazenove (Capitaine de). — Mémorial de campagne d'Antoine de Lafarelle, chef du génie du 6° corps de la Grande Armée (1805), portr., p. 273 à 309.

7553. Jordan (Lieutenant). — Une lettre du général Drouot au général Dumoustier (1818), p. 310 à 311.

7554. Regamey (Frédéric). — Benjamin Zix, peintre militaire (1772 † 1811), fig. et 5 pl., p. 321 à 332.

7555. Anonyme. — Mémorial militaire [1792-1813] du colonel Castillon (Jean-François-Antoine-Marie), p. 333 à 355, et 394 à 416.

7556. Anonyme. — Fleurus sur l'étendard du 14° dragons, p. 356 à 358.

7557. Anonyme. — Une lettre de Cambronne au général Dumoustier [1815], p. 359.

7558. Cottreau (G.). — La télégraphie militaire pendant la Révolution et l'uniforme du directeur Chappe aux armées en l'an xiv, p. 361 à 364.

7559. Bertin (G.). — Le 6° dragons en Crimée (1854-1855) [lettres du lieutenant C.-L. de Sibert de Cornillon], carte, p. 365, 425, 490, 556, et 617.

7560. Justen (Capitaine). — L'équipage d'un chef de brigade de carabiniers sous Louis XV, p. 417 à 424.

[Inventaire du marquis de Bovet, 1759.]

7561. Amman (C.). — Musée historique de l'armée, rapport [et liste des objets entrés au musée du 6 juin 1901 au 13 mai 1902], p. 438 à 448.

7562. Fauet (V.). — Dugommier d'après sa correspondance durant ses six mois de commandement à l'armée des Pyrénées-Orientales (18 janvier-17 novembre 1794), p. 457, 527, et 590.

7563. Cazenove (Capitaine de). — Le général Lafont (1740 † 1810), p. 480 à 489.

7564. Duval (D.). — Le général comte Pacthod [1764 † 1830], portr., p. 547 à 552.

7565. Cottreau (G.). — Les guides-interprètes de l'armée d'Angleterre (an xii-1814), fig., p. 553 à 555.

7566. Cottreau (G.). — Ex-libris du duc de Luynes, colonel-général des dragons [1717 † 1771], fig., p. 613.

7567. Cottreau (G.). — Une lettre du général Bourcier, commandant les dépôts généraux de cavalerie [1813], p. 615.

7568. Cottreau (G.). — Fac-similés, pl. et fig., p. 633 à 637.

[Brevet de volontaire de la Garde nationale parisienne (1789), pl. ; vignette de la manufacture de fers ouvrés pour la marine Guilliaud père et fils ; en-tête de l'administration centrale du département du Mincio; lettre de Paul Barthélemy ; en-tête du lieutenant général Dabrowski, commandant les Légions polonaises auxiliaires de la République cisalpine (an xi) ; en-tête du comte Lubienski ; ex-libris du chevalier d'Haudricourt, de Maritz de la Barollière.]

7569. Guitry (Lieutenant). — Opérations du 4° corps de l'armée d'Espagne (1809-1811) d'après la correspondance du général Sébastiani, p. 638, 705, et 763.

7570. Marielle (Commandant). — Souvenirs de campagne d'un soldat du régiment de Limousin (1741-1748) [Charles-Étienne Bernos, 1722 † 1809], p. 668 à 690, et 737 à 762.

7571. Hauvette (Commandant). — Blessé mortellement à Waterloo. Jules Michelin, lieutenant au 5° régiment d'infanterie de ligne (1793-1815), p. 691 à 698.

7572. Anonyme. — Fac-similé d'un certificat de l'état-major du 10° bataillon de l'Isère (an iv), pl. sans texte.

7573. Bertin (G.). — Le général Louis-Jacques, baron de Coëhorn (16 janvier 1771 † 29 octobre 1813), fig., portr. et pl., p. 699 à 703.

7574. Anonyme. — Une feuille de route du 7 septembre 1778, p. 704.

7575. Anonyme. — Trompette du 23° dragons, compagnie d'élite (1800-1812), pl. en couleur sans texte.

7576. Anonyme. — Fac-similé d'un titre de congé du régiment de voltigeurs de la Garde royale (Espagne, 1813), pl. sans texte.

7577. Anonyme. — Bibliographie spéciale d'ouvrages parus en 1902 [histoire militaire], p. 818 à 830.

XI. — **Carnet de la Sabretache**, revue militaire rétrospective publiée mensuellement par la Société «La Sabretache», 2° série, 1er volume. (Paris, 1903, in-8°, 390 p.)

[A partir de 1903 le Carnet de la Sabretache forme deux volumes semestriels chaque année.]

7578. Anonyme. — Soldat du régiment de Poitou, pl. sans texte.

7579. Lieutenant-colonel S. — La prise des Barricades (19 juillet 1744), fig., p. 3 à 10.

[Relation du passage en Piémont envoyée par M. Belidor, lieutenant-colonel d'infanterie (21 juillet 1744).]

7580. S. — Deux lettres de Masséna, fig. et 2 pl., p. 11 à 18.

[Sabre et épée d'honneur de Masséna. fig. et 2 pl.]

7581. Pélissier (L.-G.). — Un soldat d'Italie et d'Égypte. Souvenirs d'Antoine Bonnefons (7 novembre 1792-21 février 1801), p. 19, 109, 224, 282, et 347.

7582. Rouffet (J.). — Le premier uniforme des chasseurs d'Afrique, *fig.* et 2 *pl.*, p. 35 à 40.

7583. Marchal. — Étendard du 15ᵉ de Cavalerie (Première République), *pl.*, p. 41 à 44.

7584. Anonyme. — État de la dépense indispensable d'un capitaine d'infanterie pendant une année en temps de paix [xviiiᵉ s.], p. 45.

7585. Duclos (A.) et Marquiset (Comte). — Un changement de garnison sous Louis XV [le régiment d'Alsace transféré de Saint-Omer à Landau (1767), instructions de route], *fig.* et *pl.*, p. 47 à 56.

7586. G. M. [Marchal (G.)]. — Armes d'honneur décernées à la Garde consulaire après Marengo, p. 57 à 60.

7587. Anonyme. — Certificat d'action d'éclat accordé au sergent-major Duret (25 germinal an x), p. 61.

7588. Anonyme. — Fournitures pour la Maison du Roi [1751], p. 62.

7589. Lieutenant-colonel S. — Le 4ᵉ bataillon de chasseurs à pied en Crimée. Lettres du capitaine Mennessier, *fig.*, 3 *pl.* et *portr.*, p. 65, 145, 204, 266, et 321.

7590. Marmottan (Paul). — Le général Menou en Toscane [1808], *portr.*, p. 79 à 90, et 182 à 188.

7591. Anonyme. — Le régiment d'Auvergne en 1764. Rapport d'inspection de M. de Puységur, *fig.*, p. 91 à 95.

7592. Martin (Commandant E.). — Portrait ex-libris du baron de Castille (1789), *fig.*, p. 96.

7593. Marchal (G.). — Requête des grenadiers à pied de la Garde de l'Empereur, *fig.* et 2 *pl.*, p. 97 à 102.

7594. Laforge (Édouard). — Les guidons du 16ᵉ régiment de dragons ci-devant Orléans, *fig.*, p. 103 à 108.

7595. Anonyme. — Certificat d'action d'éclat accordé à l'adjudant-major Hugo [1ᵉʳ thermidor an x], p. 125.

7596. Lot (Lieutenant L.). — Affiche militaire, jugement prévôtal contre le sᵗ Jacques-Antoine Remy (Valenciennes, 18 décembre 1731), *facs.*, p. 127.

7597. Martin (Commandant E.). — Les chasseurs à pied de 1837 à 1840. Compagnie modèle, bataillon provisoire de chasseurs à pied et bataillon de tirailleurs, *fig.* et 4 *pl.*, p. 129 à 144.

7598. Carnot (Capitaine). — Instruction du général Hoche pour les troupes employées contre les Chouans (1795). *portr.*, p. 159 à 178.

7599. Castex (Vicomte Maurice de). — Quatre lettres du colonel Castex [1806-1809], *portr.*, p. 179 à 181.

7600. Bottet (Capitaine M.). — Vandamme, sabre de récompense nationale et brevet de comte d'Unebourg [1809], *facs.*, p. 189 à 190.

7601. G. M. [Marchal (G.)]. — Rapport du duc de Feltre à l'Empereur sur les musiques de la Garde (1810), p. 191.

7602. Cottreau (G.). — Hussards de la Garde royale, croquis d'effets de harnachement, d'équipement et de tenue, par Raffet (1827), *fig.* et 5 *pl.*, p. 193 à 198.

7603. L. H. [Hennet (Léon)]. — Marceau, documents inédits, p. 199 à 203.

7604. Rouffet (J.). — Une sabretache de Marengo, *pl.*, p. 221 à 223.

7605. Cazenove (Capitaine de). — Le siège de Savannah (1779), *portr.*, p. 240 à 252, et 289 à 300.

[*Portr.* de M. de Terson.]

7606. Cottreau (G.). — Infanterie de la Garde royale (1815-1830). Sapeurs du 3ᵉ régiment (1825), *pl.*, p. 257 à 265.

7607. Margerand. — Le 95ᵉ régiment d'infanterie de ligne à Nuremberg en 1806, *pl.*, p. 275 à 281.

7608. Anonyme. — Portrait du vice-amiral Charles-Henri comte d'Estaing, *pl. sans texte.*

7609. Hennet (Léon). — Le général comte Vallin, *portr.*, p. 301 à 303.

7610. Martin (Commandant E.). — Les monnaies obsidionales d'Anvers (1814), *pl.* et *portr.* de Carnot, p. 304 à 316.

7611. F. B. — A propos du droit de prise des bagages du prince Eugène de Savoie en 1710, p. 317 à 319.

7612. Anonyme. — Sergent des grenadier-guards en tenue de parade, en Crimée, *pl. sans texte.*

7613. Anonyme. — Sergent de voltigeurs du 50ᵉ régiment de ligne en Crimée, *pl. sans texte.*

7614. Grammont (E.). — Chasseurs du Roi, 1ᵉʳ régiment de chasseurs à cheval (1814-1815), *pl.*, p. 328 à 334.

7615. La Croix-Vaubois (Capitaine de). — Prise de Zaatcha (1849). [Souvenirs du général L.-J. Le Poittevin de la Croix de Vaubois], *portr.*, p. 335 à 340.

7616. Capitaine de L. J. — Les lettres de marque à l'époque du Directoire, *pl.*, p. 341 à 346.

7617. Bonnemains (Baron Édouard de). — Le lieutenant général vicomte Pierre de Bonnemains [1773 † 1850], *portr.*, p. 373 à 379.

7618. Baron de M. — Une affiche de recruteurs [1757], *pl.*, p. 380 à 383.

SEINE. — PARIS.

SOCIÉTÉ DE SAINT-JEAN.

Les publications antérieures de cette Société sont analysées dans notre *Bibliographie générale*, savoir :
Bulletin (1873-1878), *Bibliographie*, t. IV, p. 373.
Notes d'art et d'archéologie, t. I à XII (1889-1900), *Bibliographie*, Supplément sous presse.
—   — t. XIII (1901), *Bibliographie*, nouvelle série, t. I, p. 134.

XIV. — **Notes d'art et d'archéologie**, revue de la Société de Saint-Jean, 14ᵉ année, 1902. (Paris, 1902, in-8°, 288 p.)

7619. P.-H. F. — P.-E. Sautai [† 1901], *fig.*, p. 1 à 3.
7620. ROUILLARD (M.). — D'Angers à Bougival, *fig.*, p. 4 à 17.

[Église de Bougival.]

7621. EUDE (Émile). — En Rouergue, *fig.*, p. 35 à 43.
7622. MALLAT (Joseph). — Recherches sur l'origine de quelques églises romanes, *fig.*, p. 49 à 59, et 84 à 90.

[Saint-Front de Périgueux, Saint-Pierre d'Angoulême, cathédrale de Saintes, Fontevrault.]

7623. GIRODIE (André). — Paul Flandrin [† 1902], p. 73 à 78.
7624. MÊLLES (Chanoine Eug.). — Note sur deux ver-

rières du XIIᵉ siècle [de sa collection], *fig.*, p. 100 à 107.
7625. CHEROT (Henri). — La bienheureuse Jeanne de Lestonnac (1556-1640), vieux buste et statue nouvelle, *fig.*, p. 169 à 179.
7626. DIMIER (L.). — Claude Lorrain et l'ancienne école du paysage, à propos de l'exposition des œuvres de cet artiste à Londres, p. 179 à 191.
7627. MAXE-WERLY (L.). — L'iconographie de l'Immaculée Conception de la Sainte-Vierge depuis le milieu du XVᵉ siècle jusqu'à la fin du XVIᵉ, *fig.*, p. 193 à 200, et 223 à 254.
7628. KELLER (A.). — Jehan Fouquet et le manuscrit au XVᵉ siècle, *fig.*, p. 201 à 205, et 255 à 258.
7629. MEUNYNCK (A. DE). — Fête de la canonisation de saint Jean de la Croix célébrée à Lille le 24 août 1727, relation détaillée d'après un manuscrit de l'époque, p. 265 à 280.

SEINE. — PARIS.

SOCIÉTÉ DE STATISTIQUE DE PARIS.

Les publications antérieures de cette Société sont analysées dans notre *Bibliographie générale*, savoir :
Journal, t. I à XXV (1860-1885), *Bibliographie*, t. IV, p. 377.
—   — t. XXVI à XL (1886-1900), *Bibliographie*, Supplément sous presse.
— —   t. XLI (1901), *Bibliographie*, nouvelle série, t. I, p. 134.

XLII. — **Journal de la Société de statistique de Paris**, 43ᵉ année (1902). (Paris, 1902, grand in-8°, 432 p.)

7630. BIENAYMÉ (Gustave). — Le coût de la vie à Paris à diverses époques. Moyens de transport publics.

Voitures en commun à destination fixe, p. 87 à 130.
— Suite de XXXV, p. 57, 365; XXXVII, p. 375; XXXVIII, p. 83; XXXIX, p. 369; XL, p. 366; et XLI, p. 93, et 293.
7631. ANONYME. — Le Mont-de-Piété de Paris, p. 386 à 388.

SEINE. — PARIS.

SOCIÉTÉ DES TRADITIONS POPULAIRES.

Les publications antérieures de cette Société sont analysées dans notre *Bibliographie générale*, savoir :

Revue, t. I à XV (1886-1900), *Bibliographie*, Supplément sous presse.
— t. XVI (1901), *Bibliographie*, nouvelle série, t. I, p. 135.
Annuaire, t. I à VI (1886-1894), *Bibliographie*, Supplément sous presse.
Congrès, t. I (1889), *Bibliographie*, Supplément sous presse.
— t. II (1901), *Bibliographie*, nouvelle série, t. I, p. 139.

XVII. — **Revue des traditions populaires**, recueil mensuel de mythologie, littérature orale, ethnographie traditionnelle et art populaire, t. XVII, 17ᵉ année. (Paris, 1902, in-8°, 648 p.)

7632. Sébillot (Paul). — Les poissons et les mammifères aquatiques, p. 1 à 11, et 161 à 163.

[Bout (A.). Les poissons d'eau de mer en Picardie, p. 161. — Harou (Alfred). Les poissons d'eau de mer et d'eau douce en Belgique, p. 161 à 163.]

7633. Divers. — La mer et les eaux, p. 11, 89, 146, 270, 336, 380, 470 et 574. — Cf. II, p. 297.

[Harou (Alfred). Baptême de navire à Anvers; la statue qui nage à Assebrouck (Belgique), p. 11. — Le Carguet (H.). La baignade des chevaux en Bretagne, p. 11. — Sébillot (Paul). Le bateau balancé dans le Doubs; la fontaine ardente à Saint-Barthélemy, près Grenoble; les lacs du diable; l'Ankou et les fontaines dans les Côtes-du-Nord; la mer souterraine en Bretagne, p. 11. — Bout (A.). Légendes de Picardie, p. 89, 147 et 574. — Kuhkesse (M.). L'homme qui perd sa force sur mer, p. 90.]

7634. Harou (Alfred). Nom de la mer; amulettes; les ricochets dans l'eau, p. 146. — Duine (F.). Le navire merveilleux, chanson de marins de Cancale, p. 146. — Sébillot (Paul). Les délaissements de la mer en Belgique, p. 470. — Harou (Alfred). Le lac de Noral sanglant, p. 270. — Jourdanne (Gaston). Les jeux nautiques à Cette, p. 336. — Giraud de Rialle. L'arche des amoureux près Constitucion (Chili), p. 380. — Hextapa (P. J.). Les mouettes sur le littoral de Sussex; les anguilles dans le comté d'Essex, p. 380. — La mer souterraine à Dinan, p. 380.

7635. Harou (Alfred). L'aiguille de mer et l'ombe des crevettes à Heyst, p. 381. — Zuidema (W.). Fête de Neptune et baptême au passage de l'équateur sur les bateaux néerlandais, p. 381. — Harou (Alfred). Légendes du littoral belge, p. 470. — Marquer (François). Le navire errant dans les Côtes-du-Nord, p. 475. — Lambert (Élodie). Le culte de l'Arroux; fontaine de Saint-Martin à Lausey (Saône-et-Loire), p. 478. — Le Carguet (J.). Le cheval de la Vierge à Audierne, p. 574.]

7636. Decourdemanche (J.-A.). — Notes sur le livre de Sendabad, p. 14 à 33. — Suite de XIV, p. 321 et 405.

7637. Basset (René). — Contes et légendes arabes, p. 34, 91, 148, 480, et 606. — Suite de XI, p. 502; XII, p. 65, 243, 337, 400, 477, 633, 668; XIII, p. 217, 476, 569, 617; XIV, p. 54, 118, 165, 213, 285, 350, 438, 480, 627, 704; XV, p. 22, 105, 143, 190, 281, 353, 459, 526, 606, 665; XVI, p. 37, 108, 165, 240, 395, 457, 583, et 652.

7638. Divers. — Contes et légendes du Morbihan, p. 42, 110, 221, et 343. — Cf. XV, p. 293.

[Guillaume (Lucie). La Vierge et les deux femmes au pardon de Saint-Cado, p. 42; saint Pierre, saint Jean et le bon Dieu en voyage, p. 110. — Plourinac (Jeanne de). L'enfant vendu au diable, p. 111. — Guillaume (Lucie). Saint Yves au paradis, p. 221; les poulpiquets ou lutins, p. 343.]

7639. Stiébel (René). — Légendes de l'Alsace recueillies par Auguste Stœber, p. 43, 65, et 164. — Suite de XVI, p. 617.

7640. Divers. — Les insectes, p. 49, 81, 218, 402. — Cf. XVI, p. 539.

[Guillaume (Lucie). Origine des abeilles, p. 49. — Harou (Alfred). Le pou rouge à Serning, p. 49. — Desaivre (Léo). Les mouches signe d'épidémies, p. 81. — Harou (Alfred). Traditions de la Belgique, p. 218 et 402. — Bout (A.). La vermine en Picardie, p. 220. — Duine (F.). Le silence du grillon à Guipel (Ille-et-Vilaine), p. 403.]

7641. Basset (René). — Parallèles, p. 50 à 52. — Cf. VII, p. 595.

[Le seigneur de Châteauroux mutilé, dans Giraud de Cambrie, et le noble Indien mutilé, dans la *Kitâb el Mostatref* de Ahmed el Ibchîhî.]

7642. Divers. — Petites légendes locales, p. 53, 103, 136, 247, 318, 393, 575, et 592. — Cf. XII, p. 129.

[Harou (Alfred). Le château de Warfusée (pays de Liège), p. 53. — Sébillot (Paul). La terre prise à témoin à Moutgermont; les cercles mystérieux, p. 53. — Le cheval qui parle et la dame du Bois-Riou, p. 103. — Savors (Claudius). Légendes beaujolaises, p. 103. — Haudoux (Dʳ Marcel). Légendes du château fort de Saint-Nicolas de Brem (Vendée), p. 105. — Harou (Alfred). Les roches blanches, près de Bielle (pays de Vaud), p. 107.]

7643. Desaivre (Léo). Les moines fantômes du parc de Chistré (Vienne); la pierre de la fontaine d'Arvor à Gennes (Maine-et-Loire), p. 108. — Bonnardot (François). Serpents et fées de la Côte-d'Or, p. 108. — Madelaine (A.). Les lavandières de l'étang de Roc-Heu, p. 136. — Les fontaines d'Argentel, près Dinan, et du château de Boisriou, p. 137. — Le bois de la dause, à Quéverl, près Dinan, p. 247. — Desaivre (Léo). Le crocodile et le crapaud d'Oiron, p. 274. — Harou (Alfred). La résidence des sorcières dans la province de Namur, p. 248.

7644. Sébillot (P.). La Mule de César près les Ponts-de-Cé; les pierres de César près des Chatelliers, en Anjou; l'amphithéâtre romain de Grohan, près Angers; sculpture de l'église du Plessis-Gramoire, près Angers, p. 248. — Le Carguet (H.). La lande fleurie en Bretagne; le géant Beg-Evor en Bretagne, p. 317. — Sébillot (P.). La prise de Valcabrère; le bruit du marteau dans la chapelle de Sainte-Anne en Ploaéis; la rue de la Tasse-d'Argent à Marseille; sainte Restitute au combat de Colenzana (Corse), p. 319. — Morin (Louis). Tertre hanté du Pont-Mignard à Hancourt (Marne), p. 321.

7645. Sébillot (Paul). Formulettes et dictons sur les anciens seigneurs; le diable et saint Martin sur les Voirons, p. 393. — Sauton (A.). Taches de sang des Visigoths dans la Vienne, p. 395. — La pierre qui geint à Bourseul (Côtes-du-Nord), p. 575. — Duine (F.). Le château de Toulhouet (Morbihan), p. 575. — Dauzat (A.). Les clochers de Senlis; François Ier et l'ordonnance de Villers-Cotterets; l'enmurée du château de Miolans (Savoie), p. 592. — Lacuve (R.-M.). Le Hoppou du Bois-Brûlé (Deux-Sèvres); légende du Puy-Cadoret (Deux-Sèvres), p. 593.]

7646. Guillaume (Lucie). — Les femmes ont la tête du diable, légende du Morbihan, p. 54. — Cf. II, p. 62.

7647. Divers. — Les météores, p. 55, 82, 138, 271, 340, 361, 450, 566, et 585. — Cf. VI, p. 115.

[Basset (René). La voie lactée; l'arc-en-ciel, la Grande-Ourse et météores divers, p. 55, 141, 275, 342, 364, 455, 589. — Sébillot (Paul). Les étoiles; apparition dans la voie lactée; l'homme dans la lune; la lune derrière les nuages; météores personnifiés; le soleil; le tonnerre, p. 82. — La Chesnaye (J. de). Traditions du Bocage vendéen, p. 138. — Le tonnerre à Dinan. p. 139. — Collet (Marie). La lune et le vent à Saint-Brieuc, p. 139. — Bour (J.). Traditions de Picardie, p. 139, 474. — Harou (Alfred). Traditions de Belgique, p. 140, 273, 453, 566, 590. — Sébillot (Paul). La substance du ciel; le ciel qui s'ouvre; les nuages; la pluie personnifiée; la lune et le mariage; les tourbillons et les fées, p. 271.]

7648. Desaivre (Léo). Traditions du Poitou, p. 274. — Plantadis (Johannès). Traditions du Limousin, p. 340. — Rousset (Alfred). L'étoile poussinière, lettre de Lamennais, p. 341. — Le Carguet (H.). L'arc-en-ciel dans le Finistère, p. 341. — La Chesnaye (Jehan de). L'arc-en-ciel en Vendée, p. 353. — Sébillot (Paul). Création des météores; l'arc-en-ciel double; noms saumâtres des météores; les constellations; la rosée guérissante, p. 450. — Filleau-Périgny. Traditions du Perche, p. 452. — Marquer (François). Le ciel en Haute-Bretagne, p. 454. — Le ciel et l'arc-en-ciel, p. 574. — Le Carguet (H.). Météorologie populaire du Cap-Sizun, p. 585.]

7649. Guillaume (Lucie). — La part du chien, p. 56. — Cf. XII, p. 177.

7650. Robert (Achille). — Superstitions et croyances des Arabes du département de Constantine, p. 57. — Cf. XI, p. 475.

7651. Basset (René). — Les empreintes merveilleuses, p. 58 et 288. — Cf. VII, p. 427.

[La pierre de Stolzenhagen (Prusse); le lion d'Aksum (Abyssinie), p. 58. — L'empreinte de l'homme et du bœuf en Haute-Gambie, p. 288.]

7652. Duine (F.). — Légendes contemporaines, p. 59.

[Le spectre du cardinal de Rohan à Heiligenberg (Alsace).]

7653. Basset (René). — La fraternisation par le sang, p. 59 et 354. — Cf. VI, p. 577.

7654. Divers. — Traditions et superstitions préhistoriques, p. 60, 99, 253, 353, 405, et 459. — Cf. III, p. 617.

[Sébillot (Paul). Les pierres à tonnerre en Haute-Bretagne, p. 60. — Ault du Mesnil (D'). Le dolmen de Boch-en-Aud, près Saint-Pierre de Quiberon (Morbihan), p. 99. — Marlot (Hipp.). Menhir de Vaumort (Yonne); les haches sous le foyer à Bourbuisson (forêt d'Othe), p. 100. — Harou (Marcel). Dolmens du canton de Saint-Gilles-sur-Vie; pierre levée de Soubise (Bretignolles); allée couverte de Pierre Folle (Commequiers); polissoir de la Breludière (Aiguillon-sur-Vie, Vendée), p. 253. — Menhir de Saint-Samson, près Dinan, p. 257, et 353.

7655. Harou (Alfred). La pierre du Hollain (Hainaut); la pierre aux fées des Rocailles, près Genève, p. 258. — Desaivre (Léo). Pierre à bassin servant de bénitier aux Pourches, commune de Châteldon, p. 353. — Muller (Hippolyte). Les pierres et le mariage à Brandes (Isère), p. 412. — Sébillot (Paul). Menhir de la Moulède; la cupule guérissante de Saint-Marc (Cantal), p. 405. — Frasse (C.). Dolmens et peulvans de l'arrondissement de Beaugé, p. 406. — Lambert (Élodie). Tumulus de Nancey (Saône-et-Loire) et menhir de Pierre-Pointe, commune de Sussey (Côte-d'Or), p. 459.]

7656. Divers. — Médecine populaire, p. 61, et 412 à 414. — Cf. V, p. 641.

[Harou (Alfred). La rage; empoisonnement des malades incurables, p. 61. — Ladrit (Alcius). Les enragés à Saint-Accard (Somme) au XVe siècle, p. 412. — Harou (Alfred). Un grimoire de remégeux à Hollogne-aux-Pierres (province de Liège), p. 413.]

7657. Divers. — Coutumes et superstitions de la Haute-Bretagne, p. 61, 191, 355, et 595. — Cf. XVI, p. 140.

[Les épines et la foudre, p. 61. — Superstitions de la banlieue de Dinan, p. 191. — Duine (F.). Quand les heures sonnent, chanson de Saint-Malo, p. 191. — Ravaline (J.). Superstitions de Blain (Loire-Inférieure), p. 192. — Superstitions des environs de Dinan, p. 355. — L'âne dont une touffe de genêts; les graines de pisseulit; la toute-saine; l'herbe aux couleuvres; le purgatoire et l'enfer, p. 595.]

7658. Harou (Alfred). — Les inventions modernes, p. 62.

7659. P. S. [Sébillot (Paul)]. — René Stiébel, p. 62.

7660. Robert (Achille). — Mœurs, habitudes, usages et coutumes arabes, p. 87 à 88. — Suite de XV, p. 621; et XVI, p. 199 et 636.

7661. Basset (René). — Contes et légendes de l'Extrême-Orient, p. 88. — Suite de IX, p. 73, 473, 573, 644; X, p. 110, 365, 411, 663; XI, p. 416, 609; XII, p. 181, 597; XIII, p. 172, 570, 628, 686; XIV, p. 185, 376, 513, 532, 701; XV, p. 45, 403, 593; et XVI, p. 135, 441, et 514.

[Chine.]

7662. Divers. — Le monde minéral, p. 88, 138, 416, 461, et 565. — Cf. XVI, p. 601.

[Harou (Alfred). Fossiles; traditions de Belgique. p. 88, 138. 416, et 461. — Sébillot (Yves). L'or de Trogorédec (Finistère). p. 565.]

7663. Divers. — La neige, p. 101, 224, 276, et 346. — Cf. XVI, p. 563.

[Madelaine (A.). Tradition du Bocage normand. p. 101. — Harou (Alfred) Croyances belges, p. 224, 276, et 346.]

7664. Divers. — Voyageurs français et étrangers, p. 112, 408, et 509. — Cf. VI, p. 155.

[Desaivre (Léo). Léon Godefroy, p. 112. — Bugiel (Dr V.) et Basset (René). Lefranc de Pompignan. p. 408 et 509.]

7665. Charlec. — Blason populaire de Bretagne. Arrondissement de Saint-Malo, p. 115. — Cf. VIII, p. 548.

7666. Robert (A.). — Fanatisme et légendes arabes, p. 116. — Suite de XI, p. 316, 425, 593; XII, p. 272; XVI, p. 26, et 464.

7667. Duvauchel (Léon). — Les chansons de rondes dans la vallée de la Somme, p. 117 à 121.

7668. Tiersot (Julien) et Boirac (E.). — Trois chansons populaires [bayonnaises], p. 129 à 136.

7669. Revelière (J.). — Notes de folk-lore corse, p. 147.

7670. Divers. — Les Pourquoi, p. 160, 344, 370, et 578. — Cf. V, p. 244.

[Harou (Alfred). Origine de la femme, légende liégeoise. p. 160. — Guillaume (Lucie). Le nid de la tourterelle, légende du Morbihan, p. 160. — Les feuilles de tremble et d'érable, p. 314. — Sébillot (Paul). Pourquoi les chiens lèvent la patte, p. 344; les oiseaux domestiques, p. 370. — Guyot-Daubès (P.). Pourquoi les chiens lèvent la patte, p. 578. — Harou (Alfred). La terre ronde, p. 578. — Sébillot (Paul). La crête et le chant du coq, p. 578.]

7671. Divers. — Les villes englouties, p. 163, 387, et 576. — Cf. V, p. 483.

[Harou (Alfred). Aux Açores, p. 163. — Sébillot (P.). Le puits de la ville d'Is, p. 163. — Basset (René). Le Buchensee (Allemagne); les Indiens gigantesques (Amérique); le château de Singerberg (Thuringe); Blumenthal (Prusse); l'abîme du Hakel (Prusse); Gelte (Allemagne), p. 387; Poppenrohde (Allemagne); église de Fellin (Esthonie). p. 576. — Château de Chaperoy (Yonne), p. 576.]

7672. Duine (F.). — Le folk-lore dans les écrits ecclésiastiques, p. 190. — Cf. X, p. 266.

7673. Ben-Attar. — Contes d'une grand'mère tunisienne, p. 193 à 217.

7674. Divers. — Miettes de folk-lore parisien, p. 217, et 619. — Cf. III, p. 96.

[Marlot (H.). Fucélies aux provinciaux, p. 217. — Duine (F.). La châsse de sainte Geneviève; le linge et les fruits, p. 217. — Daulat (A.). Notre-Dame-des-Anges, près Bondy; menues superstitions, p. 619.]

7675. Divers. — Marques de propriété, p. 222, 331, et 517. — Cf. XVI, p. 403.

[Rosapelly (Norbert). Sur les moutons, les vaches, les chevaux et des objets divers, p. 222. — Ledieu (Alcius). Coutumes picardes, p. 331. — Sébillot (P.). Sur les bateaux à Venise, p. 331. — Van Gennep (A.). Coutumes du Perche; proscriptions du Code forestier. p. 517.]

7676. Sébillot (Paul). — N. Quellien († 1902), portr., p. 225 à 227.

7677. Basset (René). — Les formules dans les contes, p. 233, 347, 462 et 536.

7678. Sébillot (Paul). — La nuit, p. 244, 383, et 605.

7679. Divers. — Les métiers et les professions, p. 250 à 252, et 580. — Cf. IX, p. 501.

[Robert (Achille). Le camelot de Biskra (Algérie), p. 250. — L'apparition aux meuniers, p. 580.]

7680. Saineán (Lazare). — Le langage métaphorique des contes roumains, p. 259 à 270.

7681. Divers. — Les rites de la construction, p. 277, 344, et 565. — Cf. I, p. 172.

[Sébillot (Paul). L'emmurement des créatures vivantes dans le Maine et en Anjou; précaution avant d'habiter une maison neuve; le sacrifice du poulet à Deville (Seine-Inférieure), p. 277. — Vaucrois (Marie-Edmée). L'arrosement par le sang de poulet, coutume nantaise, p. 278. — Sébillot (Paul). La lune et la construction dans le pays de Vaud, p. 344. — Basset (René). Le sacrifice du coq à Leucade (Grèce), p. 565.]

7682. Basset (René). — Contes et légendes de la Grèce ancienne, p. 279, 411 et 507. — Suite de XI, p. 643; XII, p. 607, 656; XIII, p. 273, 599, 663; XVI, p. 24, 199, 369, 501, 559 et 633.

7683. Vernière (A.). — Chansons et usages de mai, p. 285.

7684. La Chesnaye (Jehan de). — Les rêves, p. 286. — Cf. XVI, p. 345.

7685. Divers. — Pèlerins et pèlerinages, p. 287, 345, 386, 506 et 613. — Cf. III, p. 105.

[Desaivre (Léo). Procession courante de Montmorillon (Vienne), p. 287. — Guivsse (Paul). La statue de saint Loup, en Artois, p. 287. — Marlot (H.). Offrandes aux cupules en Agenais. p. 345. — Sébillot (Paul). Les stalactites de la grotte de Las Mumes à Boslens (Landes), p. 345. — Desaivre (Léo). La poussière des mâchoires du crocodile de la chapelle d'Oiron, p. 345; les yeux de saint Roch dans l'église de Champdeniers (Deux-Sèvres), p. 386. — Lambert (Élodie). Dans le Morvan, p. 506. — Van Gennep (A.). Les eaux miraculeuses en Eure-et-Loir. p. 613.]

7686. Sébillot (Paul). — Poésies et musiques sur des thèmes populaires, p. 288 à 291.

[La messe sous-marine, p. 288; l'alouette, p. 290.]

7687. Divers. — Petites légendes chrétiennes, p. 291, 493 à 496. — Cf. VII, p. 154.

[Desaivre (Léo). L'arbre de saint Honoré de Buzençais, p. 291. — Lambert (Élodie). Saint Martin à Conches, près Aubin; saint Julien et saint Léger dans l'Autunois; la chapelle Sainte-Dame près d'Étang (Saône-et-Loire), p. 493. — Duine (F.). Saint-Yves à Pontioulset (Côtes-du-Nord); saint Hervé à Kerisaouen (Finistère), p. 495.]

7688. Hermant (Paul). — A propos du fantastique dans les contes populaires, p. 297 à 317.

7689. Basset (René). Les taches de la lune, p. 322 à 330, et 591. — Cf. III, p. 129.

7690. Divers. — Chansons du Morbihan, p. 332 à 335, et 365 à 370.

[Guillaume (Lucie). Er Miliner, chansons du meunier, p. 332. — Basset (Jeanne-Marie). Le tailleur de Guéméné; Saperlouille; le charbonnier, p. 365.]

7691. Gaudefroy-Demombynes. — Coutumes de mariage en Orient, p. 337 à 339, et 603 à 605.

[Conte arabe, p. 337. — Une noce en Tunisie; coutumes du Maroc et d'Alger, p. 603.]

7692. Divers. — Les poissons, p. 346 et 500.

[Stiébel (R.). Surnom du Bernard l'Ermite, p. 346. — Harou (Alfred). Les poissons de mer en Belgique, p. 500.]

7693. Divers. — Rites et usages funéraires, p. 352. — Cf. III, p. 45.

[Le pain et le voyage des morts aux environs de Dinan, p. 352. — Sébillot (P.). Les chevaux de corbillard dans le Finistère, p. 352.]

7694. Harou (Alfred). — Notes sur les traditions et les coutumes de la province de Liège, p. 371 à 379, et 598 à 602. — Suite de XVI, p. 110.

7695. Divers. — Les esprits forts à la campagne, p. 379, et 502 à 503.

7696. Filleul-Pétigny. — Formulettes enfantines du Perche, p. 384 à 386.

7697. Sébillot (Paul). — Les rites de la plantation, p. 395.

7698. Macquart (Émile). — Le cœur de la maitresse (chanson ardennaise), p. 396 à 397.

7699. Basset (René). — Les ordalies, p. 397 et 597. — Cf. VI, p. 421.

7700. P. S. [Sébillot (Paul)]. — Les noms et les associations des animaux, p. 398.

7701. Plantadis (Johannès). — Contes populaires du Limousin, p. 399 à 401.

7702. Butet-Hamec. — Les redevances féodales, p. 403. — Cf. XII, p. 263.

[Souvenirs du droit de jambage près de Vire.]

7703. Tiersot (Julien). — La fiancée infidèle [chanson nivernaise], p. 404 à 405.

7704. Basset (René). — Les ongles, p. 415, et 613 à 614. — Cf. VIII, p. 375.

7705. Duine (F.). — Extraits et lectures, p. 417 à 418.

[La fête des rois à la Cour (1633); pouvoir guérissant des rois de France; prêtres brûlés comme sorciers à Rouen (1647); reliques de sainte Marthe à Tarascon.]

7706. Doudou (Ernest). — Les origines de la légende des nutons, p. 425 à 449.

7707. Le Carguet (H.). — Faune populaire de la Basse-Cornouaille, p. 460 à 461.

7708. Sébillot (Yves). — Les charivaris, p. 469.

7709. Divers. — Les entrées frauduleuses en paradis, p. 486 à 488.

[Sébillot (Yves). L'abbé Chané en paradis; Le meunier en paradis, p. 486. — Guillaume (Lucie). Le sac de Belzic, légende d'Hennebont (Morbihan), p. 487.]

7710. Basset (René). — Le tabac en Amérique, p. 489.

7711. Basset (René). — Les douze paroles de vérité [complainte], p. 496 à 497.

7712. Fraysse (C.). — Coutumes et traditions populaires bourgeoises, p. 498 à 499, et 611.

[Le mariage, p. 498. — La naissance, p. 611.]

7713. Guillaume (Lucie). — Coutumes bretonnes, p. 501.

[Fraternité bretonne.]

7714. Sébillot (P.). — Les chasses fantastiques, p. 504 à 505. — Cf. VII, p. 175.

7715. Duine (F.). — Contes et légendes de la Haute-Bretagne, p. 508 à 509. — Cf. XIII, p. 500.

[Le passeur du Guildo; les chats sorciers.]

7716. Sébillot (Gabrielle). — Contes du pays de Bigorre, p. 511 à 516, et 616 à 618.

7717. Gorovei (Arthur). — Traditions populaires des Roumains, p. 521 à 535.

[La naissance.]

7718. Sakbokia (Th.). — Les proverbes géorgiens, p. 547 à 565.

7719. Heincke (H.). — Coutumes de mariage, p. 577. — Cf. II, p. 521.

7720. Pineau (Léon). — Le folk-lore de la Touraine, p. 579 à 580.

[Le loup-garou.]

7721. Le Carguet (J.). — Ustensiles et bibelots populaires, p. 596. — Cf. III, p. 27.

[Jouets du Finistère.]

7722. Lucie de V. H. — Les cimetières, p. 597. — Cf. XIII, p. 577.

[Les lanternes des morts.]

7723. Buciel (D' V.). — L'âne sous forme animale, p. 602. — Cf. XV, p. 625.

[En Océanie.]

7724. Simon (François). — Légendes sakalaves, p. 614 à 615.

7725. Vernière (Antoine). — Incantations au sifflet, p. 615 à 616. — Cf. II, p. 328.

7726. Cordier (Henri). — Eugène Muntz, p. 620 à 634.

SEINE. — PARIS.

SOCIÉTÉ «LE VIEUX PAPIER».

Cette Société, fondée en mars 1900, et autorisée par arrêté du Préfet de police du 19 mai de la même année, a pour objet, «à l'exclusion de tout but commercial, la recherche, l'étude et la conservation de : 1° les marques du papier timbré et l'étude de la fabrication du papier et des filigranes; 2° les marques postales qui ont précédé le timbre-poste; 3° les autographes; 4° les petites illustrations du papier en feuilles volantes : menus, programmes, invitations, têtes de lettres et de factures, cartes-adresses, papiers-monnaie, prospectus, étiquettes, cartes à jouer et cartes géographiques anciennes, imagerie populaire, billets de loterie, etc.». Le premier volume du *Bulletin* de cette Société a été commencé en 1900 et a été terminé en 1902.

7755. Pellisson (Jules). — Les capucins de Turin fabricants de papier [1814], p. 159.

7756. Florent (Paul). — Les exposants de l'an x, p. 159.

7757. Vivarez (Henry). A propos des marques postales, fig. p. 160.

7758. Vivarez (Henry). — Sur une valeur à lots de la fin du xviii° siècle [Billet de chance de l'emprunt du duc d'Orléans, 1785], facs., p. 169 à 174. — Cf. n° 7765.

7759. Vivarez (Henry). — Marques postales d'armée [régiment de Lusace, armée d'Allemagne], p. 187.

7760. Pellisson (Jules). — Un cartier d'Angoulême au xviii° siècle, p. 188.

7761. Lazard (Lucien). — Étiquettes de papetiers parisiens [xviii° s.], 2 pl., p. 191 à 193.

7762. Delpy (Armand). — De Clermont à Paris en 1661, p. 194 à 197.

7763. Vivarez (Henry). — Les menus, p. 204 à 207.

7764. Pellisson (Jules). — Vieilles loteries parisiennes, p. 215 à 216.

7765. Creste (G.). — Sur le billet de chance de la toutine d'Orléans, p. 217. — Cf. n° 7758.

7766. Creste (G.). — Les prospectus des marchands [parisiens] au xviii° siècle, p. 222 à 228.

7767. Saint-Saud (Comte de). — Simples notes sur les faire-part de naissances, p. 230 à 235.

7768. Vivarez (Henry). — Catalogue des assignats de la Révolution, p. 235 à 236.

7769. Florent (Paul). — Formules épistolaires de la Révolution, p. 241.

7770. Monmarché (M.). — Un curieux usage funéraire [à Seurre, Côte-d'Or], fig., p. 250 à 251, et 286.

7771. Vivarez (Henri). — Deux documents révolutionnaires, fig., p. 254 à 256.

[Carte d'électeur parisien (1790); carte d'entrée au club des Jacobins de Celle (1793).]

7772. A. F. — Le serment civique [à Saint-Loup (Charente-Inférieure) en 1792], p. 257.

7773. Bridoux (Georges). — Les archives municipales d'Amboise, p. 259 à 262.

7774. Pellisson (Jules). — Notes sur le papier timbré en Périgord, p. 279.

7775. Delpy (Armand). — Les papiers et parchemins timbrés de la vicomté de Turenne, fig., p. 290 à 301, et 393 à 397.

7776. Vivarez (Henri). — Assignats américains, fig., p. 302 à 305.

7777. Florent (Paul). — Curiosité des anciennes cartes à jouer, fig., p. 306, 402 et 449.

7778. Delpy (Armand). — Essai d'une bibliographie spéciale des livres perdus, ignorés ou connus à l'état d'exemplaire unique, p. 322, 381, 455, 500, 550; et II, p. 31, 94, 157, 220, 273, 323, 378, 438, 505, 565, 625, 681.

7779. Rolland (Ant.). — Un ex dono scolaire de 1672 [collège des jésuites d'Avignon], fig., p. 338.

7780. Devaux (A.). — Le papier des cartes à jouer, fig., p. 348 à 354.

7781. Monmarché (Marcel). — Les armoiries de Bordeaux, fig., p. 363 à 366.

7782. Parisot (Paul). — Empreintes fiscales et ferme du papier timbré en Lorraine et en Barrois, fig., p. 367, 468, 526, 583; et II, p. 39, 75, et 214.

7783. Vivarez (Henry). — Bibliographie des cartes à jouer. Le jeu de la Comète, fig., p. 372 à 380.

7784. Pellisson (Jules). — Pensionnats d'autrefois [à Brioude et à Bordeaux], p. 409 à 411.

7785. Delpy (Armand). — Billet de faire part du mariage de la belle-fille du général Beaufranchet d'Ayat, fig., p. 411 à 412.

7786. Vivarez (Henry). — Les précurseurs du papier, p. 421, 480, 536, et 591; II, p. 11, 90, et 180.

[Pierre, bois, poterie, etc.]

7787. Boisserie de Mamonret (J.-Ed.). — Une lettre inédite de Fénelon (journal d'un voyage du Périgord à Paris en 1685), fig., p. 428 à 437.

7788. Chamboissier (L.). — Les marques postales, fig., p. 438 à 440.

7789. Rolland (Antonin). — Le pain bénit obligatoire pendant la Révolution [aux Ifs (Seine-inférieure)], p. 466 à 467.

7790. Barbin (Henri). — A propos du sacre de Napoléon I°, fig., p. 476 à 479.

7791. Pellisson (Jules). — Lettres de Victor Hugo, Alfred de Vigny et Béranger à Édouard Foussier, p. 498 à 499.

7792. Bridoux (G.). — Quatre billets d'enterrement [xviii° s.], p. 507 à 509.

7793. Couraud (L.-P.). — Le 14 juillet 1790 à Blanzac et Saint-André, p. 559.

7794. Raulet (Lucien). — Marques postales parisiennes. Projet de marque pour la petite poste (1758), fig., p. 562 à 566.

7795. Chamboissier (Léon). — Un mot sur les lettres de deuil [à Bordeaux, au xii], p. 602 à 604.

SEINE-ET-MARNE. — FONTAINEBLEAU.

SOCIÉTÉ HISTORIQUE ET ARCHÉOLOGIQUE DU GÂTINAIS.

Les publications antérieures de cette Société sont analysées dans notre *Bibliographie générale*, savoir :
Annales, t. I à III (1883-1885), *Bibliographie*, t. IV, p. 389.
— t. IV à XVIII (1886-1900), *Bibliographie*, Supplément sous presse.
— t. XIX (1901), *Bibliographie*, nouvelle série, t. I, p. 141.
Documents, t. I à IV (1885-1900), *Bibliographie*, Supplément sous presse.

XX. — Annales de la Société historique et archéologique du Gâtinais, t. XX. (Fontainebleau, 1902, in-8°, xi-384 p.)

7796. STEIN (Henri). — Recherches sur quelques fonctionnaires royaux des XIIIe et XIVe siècles, originaires du Gâtinais, p. 1 à 23, 192 à 217; et XXI, p. 343 à 372.

[Henri de Gandevilliers, bailli de Bourges, sénéchal d'Agenais et Quercy, bailli d'Auvergne, p. 2. — Galeran d'Escrennes, bailli de Dourdan et du Gâtinais; Jean d'Escrennes, sénéchal de Béziers et Carcassonne, bailli de Mâcon, sénéchal de Quercy, p. 8. — Guillaume de Pontchevron, sénéchal de Nîmes et Beaucaire, p. 13. — Philippe de Landreville, sénéchal de Quercy et d'Agenais; Pierre de Landreville, sénéchal de Rouergue et Albigeois, et de Toulouse, p. 16.]

7797. Arnoul de Courfraud, bailli de Caen, sénéchal de Beaucaire, panetier du Roi; Geoffroy de Courfraud, sénéchal de Beaucaire, p. 19. — Baudouin de Dannemois, bailli du Cotentin, p. 192. — Jean de Chaintreaux, bailli de Mâcon, p. 194. — Robert de Châteaulandon, bailli de Troyes, p. 195. — Guillaume de Bagneaux, ambassadeur de Louis VIII, p. 196.

7798. Guillaume de Villethierry, châtelain et bailli de Gisors; Renaud de Villethierry, châtelain et bailli de Caen, Bayeux, Avranches, Mortain, p. 198. — Thibaut de Nangeville, sénéchal de Toulouse; Aubert de Nangeville, sénéchal de Rouergue, p. 200. — Philippe de Corquilleroy, grand veneur de Charles V et de Charles VI, p. 201. — Thibaut d'Écuelles, bailli de Senlis, XXI, p. 343. — Jean de Mocherin, sénéchal de Lyon et Pierre de Mocherin, sénéchal de Nîmes et Beaucaire, p. 344. — Pierre de Villebleviu, sénéchal de Poilou et Limousin, et Jean de Villeblevin, bailli de Vitry et de Troyes, p. 346. — Guillaume d'Eschillouses, bailli des Montagnes d'Auvergne, p. 349.

7799. Jean et Adam de Bardilly, p. 351. — Matthieu de Beaune, bailli d'Orléans et du Vermandois, p. 354. — Renard le Soichier, prévôt de Château-Landon, p. 356. — Thomas de Moncelard, sénéchal de Béziers et Carcassonne, et Adam de Moncelard, sénéchal de Nîmes et Beaucaire, p. 370.]

7800. CHARBON (Alf.). — Gondreville-la-Franche (Loiret). Notes d'histoire locale, p. 24 à 54. — Suite et fin de XIX, p. 200.

7801. HERBET (Félix). — Les graveurs de l'école de Fontainebleau, p. 55 à 86. — Suite de XIX, p. 200.

7802. VITRY (Paul). — Le saint Michel du musée de Montargis (Deuxième moitié du XVe siècle), *fig.* et *pl.*, p. 87 à 92.

7803. MARQUIS. (Léon). — Passage à Étampes d'un duc de Parme [Édouard Farnèse] en 1636, p. 93 à 96.

7804. THOISON (Eug.). — Liste alphabétique des personnes inhumées en l'église Saint-Jean-Baptiste de Nemours, au XVIIe et XVIIIe siècles, p. 97, 225, et 346.

7805. HUGUES (Ad.). — Le droit de champart en 1790 et la révolte des paysans du Gâtinais, p. 113 à 137.

7806. FORTEAU (Ch.). — Les registres paroissiaux de Pussay (canton de Méréville), p. 138 à 184. — Suite et fin de XVII, p. 259.

7807. THOISON (Eug.). — Documents inédits sur les paroisses du Gâtinais, p. 185 à 191. — Suite de XIV, p. 45, 163; XV, p. 111, 246; XVI, p. 128, 349; XVII, p. 131, et 305.

[Inscription de croix à Ury (1550); incendie à Boismimard (juin 1622); halle et boucherie de Fontainebleau (1654); notaires, procureurs et huissiers du bailliage de Moret (1665); le maître d'école de Dannemois (1671); restauration de l'église de Chailly-en-Bière (1764-1765).]

7808. DENOT (Léon). — La décoration des trumeaux de la chapelle de la Sainte Trinité au château de Fontainebleau, p. 218 à 224.

7809. BLOCH (Camille). — La justice du canal de Briare au XVIIIe siècle, p. 241 à 258.

7810. BERNOIS (Abbé C.). — Histoire de Méréville, 2 *pl.*, *fig.*, p. 259 à 345. — Suite et fin de XVIII, p. 132; XIX, p. 47 et 318.

7811. QUESVERS (Paul). — Une tournée en Gâtinais (octobre 1773) [par Antoine-Nicolas Duchesne], p. 358 à 374.

[7823]. GROUCHY (Vicomte DE). — Extrait des minutes des notaires de Fontainebleau (XVIIe-XVIIIe siècles), étude de Me Gaultry p. 375 à 376.

XXI. -- Annales de la Société historique et

archéologique du Gâtinais, t. XXI. (Fontainebleau, 1903, in-8°, 384 p.)

7812. Maricourt (André de). — Essai sur l'histoire du duché de Nemours de 1404 à 1666, p. 1 à 72; et 257 à 298.

7813. Herbet (F.). — Le château de Fontainebleau en 1580, p. 73 à 99.

7814. Forteau (Ch.).—Comptes de recettes et de dépenses de la maladrerie et léproserie de Saint-Lazare d'Étampes de 1552 à 1556, p. 100 à 120.

7815. Raud (F.). — Brivodurum-Briare, p. 129 à 146.

7816. Cornet (D.). — Le siège de Montargis par les Anglais (1427), fig., p. 147 à 220.

7817. Ventori (A.). — Les beaux-arts et la maison d'Este. Le cardinal de Ferrare en France, p. 221 à 246.

[Traduit de l'italien par L. Dimier.]

7818. Stein (Henri). — Recherches sur la topographie gâtinaise, p. 247 à 253. — Suite de VIII, p. 183, 253; IX, p. 140, 355; et XVI, p. 263.

[Le pont de Samois, notes complémentaires, p. 247 (cf. XVI.]

p. 263). — Une paroisse du pays de Bière disparue depuis le xiie siècle (Tosiacum), p. 251.]

7819. H. S. [Stein (H.)]. — Un document sur la famille de Sébastien Rouillard, p. 299 à 300.

7820. Denizet (D'). — Sceau d'un chanoine de Sainte-Croix d'Étampes [Pierre Rapine, xive s.], p. 301 à 303.

7821. Moranvillé (H.). — Procès-verbal de visite des places fortes du bailliage de Melun en 1367, p. 304 à 319.

7822. Quesvers (Paul). — Une famille gâtinaise, les Pampelune, p. 320 à 342.

[7796]. Stein (Henri). — Recherches sur quelques fonctionnaires royaux des xiiie et xive siècles, originaires du Gâtinais, p. 343 à 372.

7823. Grouchy (Vicomte de). — Extraits des minutes des notaires de Fontainebleau (xviie-xviiie siècles), étude de Me Gaultry, p. 373 à 376; et XX, p. 375. — Suite de X, p. 85, 226, 329, 396; XI, p. 317, 397; XII, p. 72, 150, 365; XIII, p. 95; XIV, p. 114; XV, p. 257; XVI, p. 370; XVII, p. 202; XVIII, p. 294, 390; et XX, p. 375.

SEINE-ET-MARNE. — MEAUX.

SOCIÉTÉ LITTÉRAIRE ET HISTORIQUE DE LA BRIE.

Cette Société a été fondée en 1892 et autorisée par arrêté préfectoral du 23 décembre de la même année. Les tomes I et II de son *Bulletin* parus en 1895 et en 1898 seront analysés dans le Supplément de notre *Bibliographie générale*.

III. — Bulletin de la Société littéraire et historique de la Brie, t. III, fasc. 1-5.

7824. Gassies (Georges). — Les chartes de la commune de Meaux (1179-1222), textes publiés d'après les documents et commentés. (Meaux, 1900, in-8°, 61 p. et pl.)

7825. Mellin (Albert). —'Carte des voies romaines dans les départements de Seine-et-Marne, Oise et les départements limitrophes avec une notice sur les principales voies de la Gaule romaine, un tableau indiquant les pays situés sur les voies et un index alphabétique des noms des principales localités de la Gaule à l'époque gallo-romaine. (Meaux, 1901, in-8°, 32 p. et carte.)

7826. Barigny (Jules). — L'ancien Hôtel-Dieu de Meaux. (Meaux, 1901, in-8°, 16 p. et pl.)

[Fossé (L'abbé). Hymne latine de Bossuet en l'honneur de saint Barthélemy, p. 11.]

7827. Husson (Georges). — Rapport sur le Congrès annuel des Sociétés savantes tenu à Nancy. (Meaux, 1901, in-8°, 20 p.)

7828. Lebert (Fernand). — La Bibliothèque de la ville de Meaux et les bibliothécaires. (Meaux, 1903, in-8°, 64 p.

SEINE-ET-OISE. — CORBEIL.

SOCIÉTÉ HISTORIQUE ET ARCHÉOLOGIQUE DE CORBEIL, D'ÉTAMPES ET DU HUREPOIX.

Les publications antérieures de cette Société sont analysées dans notre *Bibliographie générale*, savoir :

Mémoires, t. I à II (1897-1900), *Bibliographie*, Supplément sous presse.
— t. III (1901), *Bibliographie*, nouvelle série, t. I, p. 143.
Bulletin, t. I à VI (1895-1900), *Bibliographie*, Supplément sous presse.
— t. VII (1901) *Bibliographie*, nouvelle série, t. I, p. 143.

VIII. — Bulletin de la Société historique et archéologique de Corbeil, d'Étampes et du Hurepoix, 8ᵉ année, 1902. (Paris, 1902, in-8°, xxiv-160 p.)

7829. Fonteau (Ch.). — Notes sur la Congrégation de Notre-Dame à Étampes, p. 4 à 23.

7830. Pinson (Paul). — Document inédit pour servir à l'histoire des octrois de la ville d'Étampes au xviᵉ siècle (1563), p. 24 à 27.

7831. Boucher (Dʳ P.). — Deux maîtres en chirurgie à Corbeil. Édouard Mathez (1732-1815); Jean-Pierre Petit (1755-1823), 2 pl., p. 28 à 47.

7832. Depoin (J.). — Une supplique des religieux de Morigny [xvᵉ-xviᵉ s.], p. 48 à 50.

7833. Gatinot (C.). — La disette à Montgeron et aux environs à la fin de l'ancien régime et pendant les premières années de la Révolution. Épisode de l'application du décret du 4 mai 1793 relatif au maximum des denrées, p. 51 à 58, et 75 à 89.

7834. A. D. [Dufour (A.)]. — Le peintre Mauzaisse (1784 † 1844), pl., p. 90 à 92.

7835. Dufour (A.). — Un voyageur hollandais à Corbeil. Arnold van Buchel, d'Utrecht (1586), pl., p. 93 à 100.

7836. Barthélemy (J.). — Notre-Dame des Champs [à Essonnes] et la chapelle de Clotaire II, p. 101 à 103.

7837. Pinson (Paul). — Un grand comédien du xviiiᵉ siècle. Jean-Baptiste Guignard, dit Clairval, p. 104.

7838. Dufour (A.). — Les archives anciennes de la ville de Corbeil, *facs.*, p. 107 à 138.

[Facs. d'une charte d'Adèle, reine de France (1203).]

7839. A. D. [Dufour (A.)]. — Découverte de sépultures gallo-romaines à Essonnes et à Ballainvilliers, p. 156 à 157.

IX. — Bulletin de la Société historique et archéologique de Corbeil, d'Étampes et du Hurepoix, 9ᵉ année, 1903. (Paris, 1903, in-8°, xxi-154 p.)

7840. Destanac (L'abbé P.). — Étude historique sur saint Spiro (Exupère), 1ᵉʳ évêque de Bayeux et patron de Corbeil, *fig.* et *pl.*, p. 12 à 25.

7841. Depoin (J.). — Notre-Dame des Champs, prieuré dyonisien d'Essonnes, p. 26 à 38.

7842. Devenne (L'abbé A.). — Les dernières années de Michel de l'Hôpital, sa retraite au Vignay et sa mort au château de Bellébat, 3 pl., p. 39 à 55.

7843. Dufour (A.). — Le grand portail du cloître Saint-Spire, p. 56 à 58.

7844. Boucher (Dʳ P.). — Un souvenir de Morsang-sur-Seine. Une représentation théâtrale pour la fondation d'une école (6 octobre 1844), 2 pl., p. 59 à 87.

7845. Dufour (A.). — Le collège de Corbeil, p. 88 à 105.

7846. Fonteau (Ch.). — Les restes de l'Hôtel-Dieu d'Étampes en 1665, p. 106 à 132.

7847. A. D. [Dufour (A.)]. — Le conscrit de Corbeil et l'acteur Odry, p. 133 à 135.

7848. A. D. [Dufour (A.)]. — Le prieuré de Saint-Guenault [de Corbeil], p. 144 à 146.

7849. Anonyme. — Habitants de Corbeil guillotinés à Paris (an II), p. 151.

Société historique et archéologique de Corbeil, d'Étampes et du Hurepoix. Les sources de l'histoire de Seine-et-Oise. Rapports

Ius à la Conférence des Sociétés savantes du département en 1902.... (Corbeil. 1903, in-8°, 67 p.)

7850. Couard. — Les sources et instruments de travail applicables aux études historiques [pour la Seine-et-Oise], p. 11 à 19. — Cf. id., n°° 7859 et 7916.

7851. Depoin (J.). — Cartulaires et inventaires civils

ou ecclésiastiques du département de Seine-et-Oise, p. 20 à 41. — Cf. id., n°° 7860 et 7917.

7852. Mareuse (Edgar). — Bibliographie des cartes et des documents cartographiques [de Seine-et-Oise], p. 42 à 55. — Cf. id., n°° 7861 et 7918.

7853. Dutilleux. — Note sur la carte archéologique et monumentale de Seine-et-Oise et sur la carte des bailliages royaux en 1789, p. 55 à 57. — Cf. id., n° 7862 et 7919.

SEINE-ET-OISE. — PONTOISE.

SOCIÉTÉ HISTORIQUE ET ARCHÉOLOGIQUE DE PONTOISE ET DU VEXIN.

Les publications antérieures de cette Société sont analysées dans notre *Bibliographie générale*, savoir :
Mémoires, t. I à VII (1879-1885), *Bibliographie*, t. IV, p. 398.
— t. VIII à XXII (1886-1900), *Bibliographie*, Supplément sous presse.
— t. XXIII (1901), *Bibliographie*, nouvelle série, t. I, p. 144.

XXIV. — Mémoires de la Société historique de l'arrondissement de Pontoise et du Vexin, t. XXIV. (Pontoise, 1902, in-8°, 95 p.)

7854. Couard (E.). — L'instruction secondaire à Pontoise, avant, pendant et après la Révolution, p. 37 à 39.

7855. Pisson (Paul). — Documents inédits pour servir à l'histoire du bailliage de Magny-en-Vexin, p. 41 à 46.

7856. Plancouard (Léon). — Notice archéologique sur l'église du Bellay (Seine-et-Oise), p. 47 à 53.

7857. Rey (Auguste). — Du nom de Saint-Prix, p. 55 à 65.

7858. Lefèvre-Pontalis (Germain). — Les capitaines anglais de Pontoise, p. 67 à 85.

Les Sources de l'histoire de Seine-et-Oise.

Rapports lus à la Conférence des Sociétés savantes du département en 1902... Extrait du compte rendu officiel des travaux de la Conférence. (Pontoise, Société historique, 1903, in-8°, 52 p.)

7859. Couard. — Les sources et instruments de travail applicables aux études historiques [pour la Seine-et-Oise], p. 6 à 14. — Cf. id., n°° 7850 et 7916.

7860. Depoin (J.). — Cartulaires et inventaires civils ou ecclésiastiques du département de Seine-et-Oise, p. 15 à 36. — Cf. id., n°° 7851 et 7917.

7861. Mareuse (Edgar). — Bibliographie des cartes et des documents cartographiques [de Seine-et-Oise], p. 37 à 50. — Cf. id., n°° 7852 et 7918.

7862. Dutilleux. — Note sur la carte archéologique et monumentale de Seine-et-Oise et sur la carte des bailliages royaux en 1789, p. 50 à 52. — Cf. id., n°° 7853 et 7919.

SEINE-ET-OISE. — RAMBOUILLET.

SOCIÉTÉ ARCHÉOLOGIQUE DE RAMBOUILLET.

Les publications antérieures de cette Société sont analysées dans notre *Bibliographie générale*, savoir :
Ouvrages divers (1846-1862), *Bibliographie*, t. IV, p. 400.

Mémoires, t. I à VII (1873-1886), *Bibliographie*, t. IV, p. 400.
— t. VIII à XIV (1886-1899), *Bibliographie*, Supplément sous presse.
— t. XV (1900-1901), *Bibliographie*, nouvelle série, t. I, p. 145.

XVII. — **Mémoires de la Société archéologique de Rambouillet** .. série in-8°, t. XVI. (Versailles, 1902, in-8°, 464 p.)

7863. Coüard (E.) et Lorin (F.). — Les Trois États du bailliage royal de Montfort-l'Amaury aux États généraux (1789), p. 1 à 301.

[Cahiers et députés des villes, bourgs, paroisses et communautés.]

7864. [Lorin (F.)]. — Montfort-l'Amaury. Quatrième

pardon d'Anne de Bretagne, 4 *pl.*, p. 302 à 349.

[Le groupe bugraphile de Montfort-l'Amaury (1820-1830); Claude Souillard, dit Adolphe de Saint-Valry.]

7865. [Lorin (F.)]. — La Société archéologique à Saint-Léger-en-Yveline, à Condé, à Houdan et à Gambais, 11 *pl.*, p. 351 à 392.

7866. Anonyme. — La Société des amis des monuments à Rambouillet, 8 *pl.*, p. 393 à 431.

7867. F. L. [Lorin (F.)]. — Nécrologie, M. Flamand [1839 † 1902], *portr.*, p. 438 à 451.

SEINE-ET-OISE. — VERSAILLES.

ASSOCIATION ARTISTIQUE ET LITTÉRAIRE.

Les publications antérieures de cette Association sont analysées dans notre *Bibliographie générale*, savoir : *Versailles illustré*, t. I à IV (1896-1900), *Bibliographie*, Supplément sous presse.
— t. V (1900-1901), *Bibliographie*, nouvelle série, t. I, p. 145.

VI. — **Association artistique et littéraire. Versailles illustré**, t. VI, avril 1901-mars 1902. (Versailles, s. d., gr. in-4°, 155 p.)

7868. Fleury (Comte). — L'incendie du palais et de la ville de Saint-Cloud [notes de Barba], *fig.*, p. 3 à 9, et 13 à 19.

7869. Nolhac (Pierre de). — Les sphinx aux enfants, parterre du midi [du parc de Versailles], *fig.*, p. 10 à 12.

7870. Terrade (Albert). — Quelques documents sur Houdon, *fig.* et *pl.*, p. 20 à 24.

7871. Bertrand (Alph.). — La rue Saint-Louis [à Versailles], *fig.*, p. 25 à 29.

7872. Taphanel (Achille). — Adrien Le Roi, bibliothécaire de la ville de Versailles [1797 † 1873], p. 31.

7873. Despagne. — Rues et habitants, *fig.*, p. 35 à 36, 78 à 80, et 97.

[La détention de N. de Persigny à l'Hôpital de Versailles de 1845 à 1848, p. 35. — Georges Haussmann (1786 † 1837), p. 78. — Le combat de Roquencourt, p. 97.]

7874. Moussoir (Georges). — L'arbre de la reine [au Petit-Trianon], *fig.*, p. 50.

7875. Terrade (Albert). — L'hôtel de Mme du Barry (pavillon Montesquiou) [à Versailles]. *fig.*, p. 61 à 64.

7876. Anonyme. — Un portrait inédit de Marie-Antoinette [par Boze], p. 69.

7877. Auscher (E.-S.). — Les sculpteurs et les peintres de Mme du Barry : Pajou, Caffieri, Drouais et Mme Vigée-Lebrun, *fig.*, p. 71 à 77, et 87 à 92.

7878. Fromageot (P.). — L'opéra à Versailles en 1770 pour les fêtes du mariage de Marie-Antoinette, *fig.*, p. 81, 98, 123, 136, 148; et VII, p. 2.

7879. Lorin. — Le château de Dampierre, *fig.*, p. 93 à 96, et 109 à 116.

7880. Bart (Victor). — Les statues monumentales de la cour d'honneur du Palais de Versailles, *fig.*, p. 105 à 108.

7881. Dutilleux (A.). — Le fort, le siège de Montreuil et le camp de Porche-Fontaine [manœuvre faite près de Versailles en 1722], *fig.*, p. 119 à 122, et 129 à 134.

7882. Terrade (Albert). — La propriété de Madame Élisabeth (Montreuil), *fig.*, p. 141 à 145; et VII, p. 7 à 12.

7883. Moussoir (Georges). — Le balcon de l'impasse des Écuries [à Versailles], p. 146 à 147.

VII. — **Association artistique et littéraire. Versailles illustré**, t. VII, avril 1902-mars 1903. (Versailles, s. d., gr. in-4°, 147 p.)

[7878]. Fromageot (P.). — L'opéra à Versailles en 1770

27.

pour les fêtes du mariage de Marie-Antoinette, *fig.*, p. 2 à 7.

[7882]. TERRADE (Albert).— La propriété de Madame Élisabeth (Montreuil), *fig.*, p. 7 à 12.

7884. ALLORGE (Henri). — La ferme de Porchefontaine, *fig.*, p. 13 à 17, et 29 à 34.

7885. COÜARD (E.). — Carabine d'honneur de la manufacture de Versailles [donnée par le Directoire au général Hédouville], p. 18 à 21.

7886. DESPAGNE. — Rues et habitants, p. 24, et 120.

[Joseph-Julien de Montaulieu, p. 24. — Étienne-Marie Courgaud, p. 120.]

7887. GATIN (L.-A.). — Visite originale au roi de France [Le Grand Thomas, arracheur de dents à Versailles (1729), *fig.*, p. 35.

7888. MOUSSOIN (Georges). — Vieilles maisons (l'hôtel de Schonen), *fig.*, p. 37 à 45.

7889. GATIN (L.-A.). — Versailles pendant la Révolution. Le recensement de 1790, *fig.*, p. 49 à 53, et 67 à 72.

7890. ANONYME. — Le bosquet des Trois-Fontaines [parc de Versailles], *fig.*, p. 57.

7891. TERRADE (Albert). — Pierre Blaizot [libraire du Roi à Versailles, † 1808], p. 59, et 91.

7892. TERRADE (Albert). — Quelques notes sur Mᵐᵉ de Pompadour et l'Ermitage de Versailles, *fig.*, p. 61 à 65, et 75 à 79.

7893. ANONYME. — Le balcon du n° 60 de la rue Royale, *fig.*, p. 66.

7894. GATIN (L.-A.). — La colonne départementale [à Versailles, an VIII], *fig.*, p. 83.

7895. ANONYME. — Un Versaillais oublié [Michel Guyot de Merville, 1696 † 1763], p. 95.

7896. TERRADE (Albert). — Procès de MM. de Bellegarde et de Monthieu [1773-1777], *fig.*, p. 97 à 101.

7897. ANONYME. — Le général [Charles-Marie-Robert] de Sainte-Croix (1782-1810), p. 107.

7898. LECLERC (Alfred). — Charles Le Brun (1619 † 1690), son œuvre et son influence sur les arts au XVIIᵉ siècle, *fig.*, p. 109, 128, et 136.

7899. GALARD (Vicomtesse DE). — Wideville, *fig.*, p. 121 à 127.

7900. ANONYME. — Deux caricatures curieuses [relatives à Louis XIV], *fig.*, p. 142 à 144.

SEINE-ET-OISE. — VERSAILLES.

COMMISSION DES ANTIQUITÉS ET DES ARTS.

Les publications antérieures de cette Commission sont analysées dans notre *Bibliographie générale*, savoir :
Procès-verbaux, t. I à V (1881-1885), *Bibliographie*, t. IV, p. 401.
— t VI à XX (1886-1900), *Bibliographie*, Supplément sous presse.
— t. XXI (1901), *Bibliographie*, nouvelle série, t. I, p. 146.

XXII. — Département de Seine-et-Oise. Commission des antiquités et des arts (Commission de l'inventaire des richesses d'art)... Procès-verbaux des séances du 11 juillet 1901 au 10 avril 1902. Notices et mémoires... XXIIᵉ volume. (Versailles, 1902, in-8°, 93 p.)

7901. RENET-TENER. — Dolmen de Presles, p. 37 à 40.

7902. HUSSON. — Tableau de Philippe de Champaigne, p. 40 à 42.

7903. GRAVE. — Excursion à Grignon, Thiberval et au château de Wideville, *fig.*, p. 47 à 62.

7904. FOURNIEZ. — Château de Saint-Germain et Musée des antiquités nationales, p. 63 à 71.

7905. PLANCOUARD (Léon). — Notice archéologique sur l'église de Cléry-en-Vexin, p. 72 à 91.

XXIII.—Département de Seine-et-Oise. Commission des antiquités et des arts (Commission de l'inventaire des richesses d'art)... Procès-verbaux, XXIIIᵉ volume. (Versailles, 1903, in-8°, 131 p.)

7906. GRAVE. — Rolet, procureur au Parlement, p. 26.

7907. LE RONNS. — Sur le cimetière mérovingien de la ferme de Mézières, cⁿᵉ de Maudétour (Seine-et-Oise), p. 42.

7908. DUTILLEUX (A.). — Notice sur la Commission départementale des antiquités et des arts de Seine-et-Oise, p. 51 à 53.

7909. LEFÈVRE-PONTALIS (Germain). — Le siège de Meulan en 1423, p. 54 à 68.

7910. COQUELLE. — Trouvaille de monnaies d'or et d'argent [françaises et espagnoles, du xvi° et du xvii° siècle] à Mezy, canton de Meulan, p. 69 à 73.

7911. Grave (E.). — Notice sur Tallemant des Réaux dans Seine-et-Oise, p. 74 à 82.

7912. Grave (E.). — La galiote de Bonnières et celle de Rolleboise, p. 83 à 91.

7913. Grave (E.). — Le chartrier de Magnanville, p. 92 à 104.

7914. Le Ronne (Victor). — Notice sur la chapelle Saint-Léonard du Vaumiou, *fig.*, p. 105 à 115.

7915. Plancouard (Léon). — Notice archéologique sur l'église de Cléry-en-Vexin, p. 116 à 130.

SEINE-ET-OISE. — VERSAILLES.

CONFÉRENCE DES SOCIÉTÉS SAVANTES DE SEINE-ET-OISE.

Les Sociétés savantes du département de Seine-et-Oise ont formé une Fédération dans le but de se réunir en assises communes. La première réunion de cette Conférence a eu lieu en 1903, et le volume suivant a été publié à cette occasion. Les Sociétés de Corbeil et de Pontoise ont fait faire pour leurs membres respectifs des éditions spéciales de ce volume; elles sont analysées ci-dessus, p. 209 et 210.

I. — **Conférence des Sociétés savantes, littéraires et artistiques de Seine-et-Oise.** 1° réunion tenue à Versailles, les 14 et 15 juin 1902, sous la présidence de M. G. Picot,... et de M. Paisant,... (Versailles, 1903, in-8°, 139 p.)

7916. Coüard. — Les sources et instruments de travail applicables aux études historiques [pour la Seine-et-Oise], p. 74 à 83. — Cf. id., n° 7850 et 7859.

7917. Depoin (J.). — Cartulaires et inventaires civils ou ecclésiastiques du département de Seine-et-Oise, p. 83 à 104. — Cf. id., n° 7851 et 7860.

7918. Mareuse (Edgar). — Bibliographie des cartes et des documents cartographiques [de Seine-et-Oise], p. 105 à 118. — Cf. id., n° 7852 et 7861.

7919. Dutilleux. — Note sur la carte archéologique et monumentale de Seine-et-Oise et sur la carte des bailliages royaux en 1789, p. 118 à 120. — Cf. id., n° 7853 et 7862.

SEINE-ET-OISE. — VERSAILLES.

SOCIÉTÉ DES SCIENCES MORALES, DES LETTRES ET DES ARTS DE SEINE-ET-OISE.

Les publications antérieures de cette Société sont analysées dans notre *Bibliographie générale*, savoir :
Mémoires, t. I à XIV (1347-1885), *Bibliographie*, t. IV, p. 403.
— t. XV à XXI (1887-1897), *Bibliographie*, Supplément sous presse.
Revue de l'histoire de Versailles, t. I à II (1899-1900), *Bibliographie*, Supplément sous presse.
— t. III (1901), *Bibliographie*, nouvelle série, t. I, p. 146.

IV. — **Revue de l'histoire de Versailles et de Seine-et-Oise,** année 1902. (Versailles, 1902, in-8°, 323 p.)

7920. Auscher (E.-S.). — La manufacture de Sèvres sous la Révolution (1789-1800), p. 1 à 15.

7921. Bosset (Charles). — Madame Bonaparte à la Malmaison. Deux épisodes de son séjour (an VII-an IX), p. 16 à 52.

7922. Fleury (Comte). — Le comte et la comtesse du Nord à Versailles en 1782, d'après un document inédit, p. 53 à 65.

7923. Maillard (J.). — Le château royal de Saint-Hubert, *fig.*, p. 66 à 75, et 208 à 216. — Suite de II, p. 278; et III, p. 43, et 209.

7924. Pinson (Paul). — Rachat par Louis XIII du péage et moulin banal de Meulan aliénés par le duc d'Alençon, seigneur apanagiste, document inédit (20 septembre 1617), p. 76 à 80.

7925. Nolhac (P. de). — L'orangerie de Mansart à Versailles, *fig.*, p. 81 à 90.

7926. Fennebresque (Juste). — Construction projetée sous Louis XIV à Versailles d'un pavillon d'Apollon, p. 91 à 100.

7927. Fromageot (P.). — Le jardin du marquis de Cubières [à Versailles], p. 101 à 119.

7928. Moussoir (Georges). — Un procès révolutionnaire à Versailles. Les détenus du Temple (1797-1798), p. 120 à 157.

7929. P. F. [Fromageot (P.)]. — Deux lettres inédites de Louis XVIII, comte de Provence, p. 158 à 160.

7930. Grave (E.). — Bourgeois et taillables de Mantes après la Régence. Mémoire de Guy Chrestien, échevin de la ville (1730), p. 161 à 182.

7931. Montier (A.). — La poterie normande au Trianon de porcelaine. Les pavés de Joachim Vattier, *pl.*, p. 183 à 195.

7932. Fromageot (P.). — L'enfance de Mme de Pompadour d'après des documents inédits, p. 196 à 207.

7933. A. T. [Taphanel (A.)]. — Lettres inédites de Ducis et fragments de son journal intime, p. 217 à 237, et 288 à 320.

7934. Pinson (Paul). — Document inédit pour servir à l'histoire de la maison de Saint-Louis à Saint-Cyr (8 novembre 1793), p. 238 à 240.

7935. Dutilleux (A.). — Héloïse à Argenteuil, *pl.*, p. 241 à 274.

7936. Fromageot (P.). — La mort et les obsèques de Madame de Pompadour, p. 275 à 287.

V. — Revue de l'histoire de Versailles et de

Seine-et-Oise, année 1903. (Versailles, 1903, in-8°, 324 p.)

7937. Rey (Auguste). — Le château de la Chevrette et Mme d'Épinay, *fig.*, p. 1, 125, 197, et 273.

7938. Babeau (Albert). — Les visites du prévôt des marchands et des échevins [de Paris] à Versailles sous Louis XV, p. 19 à 23.

7939. Tourneux (Maurice). — Un mot célèbre qui n'a jamais été prononcé [Louis XV et le convoi de Mme de Pompadour], p. 24 à 29.

7940. Auscher (E.-S.). — Les deux premiers conservateurs du musée de Sèvres : Riocreux et Champfleury (1823-1889), *portr.*, p. 30 à 46.

7941. Couard (E.). — Le testament [et l'inventaire après décès] de Mme de Maintenon, p. 47 à 80.

7942. Auscher (E.-S.). — La céramique au château de Versailles pendant le règne de Louis XIV, *fig.* et *pl.*, p. 81 à 119, et 161 à 187.

7943. Caron (Pierre). — La société versaillaise sous le Premier Empire, fragment de mémoires inédits [de Mme de Ménerville], p. 120 à 124.

7944. Pinson (Paul). — La chapelle de Notre-Dame des Anges à Clichy-sous-Bois d'après de nouveaux documents, p. 149 à 158.

7945. Fromageot (P.). — La famille royale au Temple [dépenses d'octobre et novembre 1792], p. 159.

7946. Thirion (H.). — Voltaire chez Madame de Prie. Les fêtes de Bellébat [à Fontainebleau], p. 188 à 196, et 260 à 272.

7947. Fromageot (E.). — Le château de Versailles en 1793 d'après le journal de Hugues Lagarde, bibliothécaire et conservateur du musée, p. 224 à 240.

7948. Fennebresque (Juste). — Itinéraire des promenades de la famille royale dans les parcs de Versailles (1778-1789), *fig.*, p. 241 à 259.

7949. Espénan (C.). — Le roué du Barry et l'Ordre de Malte, p. 308 à 314.

7950. Fromageot (Paul). — Bulletin de la dernière maladie et de la mort du roi Louis XVIII, p. 315 à 320.

SEINE-INFÉRIEURE. — LE HAVRE.

SOCIÉTÉ HAVRAISE D'ÉTUDES DIVERSES.

Les publications antérieures de cette Société sont analysées dans notre *Bibliographie générale*, savoir : *Recueil*, t. I à XXXIII (1834-1885), *Bibliographie*, t. IV, p. 408.

Recueil, t. XXXIV à XLVII (1886-1900), *Bibliographie*, Supplément sous presse.
— t. XLVIII (1901), *Bibliographie*, nouvelle série, t. I, p. 147.

**XLIX. — Recueil des publications de la So-
ciété havraise d'études diverses** de la
69ᵉ année, 1902... (Le Havre, 1902, in-8°,
500 p.)

7951. Lechevalier. — Saint-Nicolas-de-la-Taille et son
petit collège ou séminaire avant la Révolution, p. 17
à 31.

7952. Martin (Alphonse). — Un patriote cauchois accusé
d'espionnage en 1415 [Raoul Le Gay, de Montivilliers
et l'affaire de Jean Fusoris], p. 33 à 42.

7953. Lechevalier (A.). — Les Charles de la Blandi-
nière d'après leurs archives de famille, contribution à
l'histoire de la noblesse rurale de la Haute-Normandie
[xivᵉ-xviiᵉ s.], p. 55 à 88.

7954. Dubois (L'abbé). — Excursion archéologique dans
le département de l'Oise, p. 121 à 139.

7955. Beaucousin (L.-A.). — Recherches historiques sur
la paroisse et les seigneurs de Valliquerville, *fig.*, p. 183
à 232.

7956. Anonyme. — Hommage à la mémoire de M. A. Fol-
loppe [1819 † 1894], *fig.*. p. 329 à 353.

7957. Roger (Dʳ Jules). — Notice biographique sur
Édouard Lefranc [1826 † 1902], *portr.*, p. 354
à 360.

7958. Martin (Alphonse). — Notice biographique sur
M. l'abbé Maze [Camille-Modeste, 1836 † 1902],
portr., p. 362 à 370.

7959. Le Mendet de la Jugannière (P.). — Campagne
d'outre-Loire de l'armée vendéenne, 1793, *carte*, p. 387
à 412. — Suite de XLVII, p. 71 ; et XLVIII, p. 197.

7960. Lechevalier (A.). — Bio-bibliographie des écrivains de l'arrondissement du Havre (suite et complément de la Bibliographie méthodique de l'arrondissement du Havre. (Le Havre, 1902-1903, in-8°, 191 p.)

7961. Maze (L'abbé C.). — Étude sur la langue de la
banlieue du Havre. (Le Havre, 1903, in-8°, 226 p.)

7962. Barrey (Ph.). — Notice sur la Société havraise
d'études diverses, suivie du catalogue méthodique de ses
publications. (Le Havre, 1903, in-8°, 103 p.)

[Table du *Recueil* publié par la Société.]

SEINE-INFÉRIEURE. — ROUEN.

ACADÉMIE DES SCIENCES, BELLES-LETTRES ET ARTS DE ROUEN.

Les publications antérieures de cette Académie sont analysées dans notre *Bibliographie générale*, savoir :
Précis analytique, t. I à LXXXVII (1744-1885), *Bibliographie*, t. IV, p. 415.
— t. LXXXVIII à CII (1885-1900), *Bibliographie*, Supplément sous presse.
— t. CIII (1900-1901), *Bibliographie*, nouvelle série, t. I, p. 147.

**CIV. — Précis analytique des travaux de
l'Académie des sciences, belles-lettres et
arts de Rouen** pendant l'année 1901-1902.
(Rouen, 1903, in-8°, 375 p.)

7963. Ruel (Georges). — La maison que l'on aimait
[l'ancienne maison rouennaise], p. 9 à 24.

7964. Sarrazin (A.). — Rouen d'après les miniatures des
manuscrits, *fig.*, p. 25 à 118.

7965. Beaurepaire (Ch. de). — Notice sur l'Oratoire de
Rouen, p. 211 à 229.

7966. Lotu (L'abbé Julien). — Le marquis Le Ver et
dom Bétencourt, p. 231 à 250.

7967. Prévost (G.-A.). — Note sur deux ventes sur

saisie de la seigneurie du Bosguouet au xviᵉ siècle,
p. 251 à 297.

7968. Frère (Henri). — Notes sur Fagon, premier médecin de Louis XIV, p. 299 à 322.

7969. Tougard (L'abbé). — Deux livres du xviiᵉ siècle,
p. 323 à 341.

[Impressions périodiques à Rouen en 1632. — Grammaire illustrée. — L'helléniste champêtre L. Damesnil.]

7970. Allard (Ch.). — La sépulture d'Octave Crémazie
[décédé au Havre sous le nom de Jules Fontaine en
1879], p. 343 à 352.

7971. Paulme. — Notice sur Septime Le Pippre [1833-
1891], p. 353 à 358.

CV. — Précis analytique des travaux de l'Académie des sciences, belles-lettres et arts de Rouen pendant l'année 1902-1903. (Rouen, 1903, in-8°, 413 p.)

7972. Boucher (D'). — Le travail et l'assistance mutuelle, p. 27 à 59.

[La mutualité et les corporations.]

7973. Beaurepaire (G. de). — La Fronde en Normandie. Rapport sur le prix Gossier, p. 77 à 105.

7974. Boucher (D'). — Notice sur M. [Boisiard de Premagny] de Glanville, p. 171 à 176.

7975. Desbuissons (R.). — Notice sur M. le pasteur Roberty, p. 177 à 184.

7976. Wallon (H.). — La vicomté de l'eau et le commerce de Rouen au XVIII° siècle, p. 185 à 242.

7977. Chanoine-Davranches. — Fêtes à Forges en 1737, p. 243 à 281.

7978. Porée (L'abbé). — Note sur Auguste Le Prévost et Charles Nodier, p. 283 à 293.

7979. Loth (L'abbé Julien). — Une lettre du président de Saint-Victor à Servan [1784], p. 295 à 315.

7980. Boucher (D'). — Impressions de voyage de Marseille à Constantine, p. 317 à 335.

7981. Beaurepaire (Ch. de). — Notice sur la Chartreuse de Saint-Julien composée d'après les comptes de cette communauté, p. 337 à 367.

7982. Le Verdier (P.). — Note sur la restauration de l'Académie en 1803 et la subvention municipale, p. 387 à 398.

7983. Hénon (A.). — Liste générale des membres de l'Académie des sciences, belles-lettres et arts de Rouen de 1744-1745 à 1900-1901. (Rouen, 1903, in-8°, 112 p.)

SEINE-INFÉRIEURE. — ROUEN.

LES AMIS DES MONUMENTS ROUENNAIS.

Les publications antérieures de cette Société sont analysées dans notre *Bibliographie générale*, savoir :
Bulletin, t. I à III (1886-1900), *Bibliographie*, Supplément sous presse.
— t. IV (1901), *Bibliographie*, nouvelle série, t. I, p. 148.

V. — Les amis des monuments rouennais, Bulletin. Année 1902. (Rouen, 1903, in-4°, 186 p.)

7984. Divers. — Sur les restaurations du Palais de justice de Rouen, p. 12 à 16.

7985. Vesly (De). — Les logettes de la Grosse-Horloge, p. 32.

7986. Grispitz (H.). — Exposition de documents relatifs au Palais de Justice, *fig.*, et 5 *pl.*, p. 45 à 58.

7987. Vesly (Léon de). — Le château du Belley à Hénouville-sur-Seine et ses propriétaires, *fig.* et *pl.*, p. 59 à 65.

7988. Beaurepaire (Ch. de). — Notes sur les architectes de Rouen. Jenson Salvart, Jean Roussel, Alexandre et Colin de Berneval (première moitié du XV° siècle), *pl.* et *facs.*, p. 67 à 93.

7989. Grispitz (H.). — Deux bas-reliefs de Jaddoulle au palais des consuls, 2 *pl.*, p. 95 à 97.

7990. Vesly (Léon de). — Rouen souterrain. 1° Fouilles pour l'établissement des Nouvelles Galeries (pavillon de la rue Saint-Étienne-des-Tonneliers); 2° fouilles pour la construction de la Bourse du travail (place de la Haute-Vieille-Tour), *fig.*, p. 99 à 110.

[Antiquités gallo-romaines, établissement de potiers.]

7991. Aubé (Raoul). — Chronique, *fig.* et *pl.*, p. 111 à 147.

[Le portail de Saint-Maclou, *fig.*, p. 111. — Travaux de la cathédrale et de l'archevêché, p. 113; dans les églises Saint-Godard, de la Madeleine et Saint-Paul, p. 115; à l'hôtel de ville, p. 116. — La Cloche d'argent, p. 118. — Hôtels et maisons particulières, *fig.*, p. 120. — Le cimetière et l'ancienne église Sainte-Marie-la-Petite, p. 132. — Vestiges de l'ancien collège du Saint-Esprit, p. 132. — L'ancienne croix de la cathédrale, p. 133. — Incendie du château d'Eu, p. 133. — Restitution du château de Boulineaux, *pl.*, p. 135. — Nécrologie : F.-V. Bouquet (1815 † 1902). H. Gosselin († 1902), A. Dutuit (1812 † 1902), p. 139.]

7992. Giraud (A.). — Excursion à Louviers, Pinterville, Acquigny, Saint-Étienne-du-Vauvray, Notre-Dame-du-Vaudreuil, Léry, Pont-de-l'Arche, *fig.*, p. 149 à 160.

SEINE-INFÉRIEURE. — ROUEN.

COMMISSION DES ANTIQUITÉS DE LA SEINE-INFÉRIEURE.

Les publications antérieures de cette Commission sont analysées dans notre *Bibliographie générale*, savoir :
Procès-verbaux, t. I et II (1818-1866), *Bibliographie*, t. IV, p. 439.
Bulletin, t. I à VII (1867-1887), *Bibliographie*, t. IV, p. 443.
— t. VIII à XI (1888-1899), *Bibliographie*, Supplément sous presse.

XII. — Bulletin de la Commission des antiquités de la Seine-Inférieure, t. XII, 1900 à 1902. (Rouen, 1903, in-8°, 520 p.)

7993. TOUGARD (A.). — Procès-verbaux de la Commission des antiquités de la Seine-Inférieure pendant l'année 1900, p. 1 à 168.

[Travaux de jardinage à Charleval (1574), p. 5. — Église Saint-Maclou de Rouen, p. 5. — Incunables rouennais, p. 101, et 111.]

7994. MILET. — Panneaux de faïence vernissée du xvi° siècle, découverts à Neufchâtel, p. 2 à 4.

7995. GARRETA. — Christophe Héris, écuyer, sieur de Coqueriomont, jurisconsulte cauchois [xvi°-xvii° s.], p. 7 à 9.

7996. BEAUREPAIRE (Ch. DE). — Enquête à propos de rixes entre des maîtres peintres-sculpteurs de Rouen (1705), p. 9 à 13.

7997. BEAUREPAIRE (Ch. DE). — Note sur une montre du Dr Porrée [1644], p. 13 à 15.

7998. BEAUREPAIRE (Ch. DE). — Règlement pour l'organiste de Saint-Sauveur de Montivilliers [1612], p. 15.

7999. BEAUREPAIRE (Ch. DE). — Notes extraites d'un compte de tutelle des enfants de Manneville [1637-1655], p. 20 à 30.

8000. BOUQUET. — Remarques sur les noms : Prieuré du Pré, Notre-Dame de Bonnes-Nouvelles, et Bonne-Nouvelle [à Rouen], p. 33 à 44.

8001. DROUET. — Monnaie campanienne en bronze trouvée aux marettes de Londinières (Seine-Inférieure), p. 45.

8002. HÉRON. — La tombe de Bedford à Notre-Dame [de Rouen], p. 46 à 48.

8003. BEAUREPAIRE (Ch. DE). — Notice sur l'église de l'ancien Hôtel-Dieu de Rouen, *fig.* et *pl.*, p. 49 à 67.

8004. VALLÉE. — Cimetière gallo-romain du Catillon, à Lillebonne, p. 69 à 70.

8005. TOUGARD (A.). — Saint-Étienne du Rouvray. Pierre tombale [de Charles-Anne Louvet, 1782], p. 70.

8006. BOUQUET. — Deux restes des anciennes fortifications de Rouen à l'Hospice général, p. 75 à 88.

8007. GARRETA. — Église Saint-Maclou [de Rouen]. Inscription [de 1737], p. 88.

8008. BEAUREPAIRE (Ch. DE).— Note sur le cimetière des Juifs à Rouen, p. 89.

8009. BEAUREPAIRE (Ch. DE). — Note sur les églises Saint-Godard et Saint-Laurent de Rouen, p. 90 à 96.

8010. BOUQUET. — Remplacement de la première tour du colombier détruite au siège de 1562, p. 101 à 109.

8011. BAUDRY (P.). — Monnaie romaine [de L. Verus, trouvée à Saint-Sever], p. 112.

8012. LA SERRE (DE). — Ornements de maisons à Rouen, p. 113.

8013. DUBOSC (G.). — L'hôtel de Girancourt, rue Saint-Patrice, 48, à Rouen, p. 115 à 123.

8014. BEAUREPAIRE (Ch. DE). — Notes sur trois reliquaires de l'église Saint-Patrice de Rouen, p. 123 à 131.

8015. VALLÉE. — Calvaire épigraphique [de Bois-Himont], p. 131.

8016. CLAUDIN (A.). — Sur les anciennes impressions parisiennes et rouennaises, p. 135 à 139.

8017. BOUQUET. — Admission des Frères des écoles chrétiennes dans Rouen. Leurs écoles dans la ville et à l'Hôpital général, p. 141 à 152.

8018. BEAUREPAIRE (Ch. DE). — Notes sur deux maisons de la rue de la Prison, à Rouen, *fig.*, p. 160 à 168.

8019. TOUGARD (A.). — Procès-verbaux de la Commission des antiquités de la Seine-Inférieure pendant l'année 1901, p. 169 à 328.

[Église Saint-Maclou de Rouen, p. 313. — Inscription sur le buste de Georges d'Amboise au Parlement de Rouen, p. 316.]

8020. PELAY. — Tombeaux des abbayes de Saint-Georges-de-Boscherville et de Saint-Wandrille, p. 173 à 177, et 355 à 356.

8021. GARRETA. — Enceinte de Rouen, p. 179.

8022. GARRETA. — La cloche de Monville (1622), p. 180.

8023. GARRETA. — Note sur un étalon du pot royal à l'usage de Rouen au xvi° siècle, p. 182 à 189.

8024. Beaurepaire (Ch. de). — Note sur l'Hôtel de l'Écu d'Orléans [à Rouen], p. 190 à 192.

8025. Beaurepaire (Ch. de). — Note sur Coulomb [Michel] et Mosselman [Paul, 1497], p. 202.

8026. Beaurepaire (Ch. de). — Des images de majesté, p. 203 à 206.

8027. Beaurepaire (Ch. de). — Écrivains et enlumineurs, p. 206 à 211.

8028. Beaurepaire (Ch. de). — Deux anciennes épitaphes relatives à la famille Erquembout, p. 212.

8029. Dergny. — Cloche de Sainte-Austreberte, p. 215 à 217.

8030. Beaurepaire (Ch. de). — Extraits des comptes de la confrérie des merciers établie en l'église Saint-Jean-de-Rouen, œuvres d'art, images, ornements d'églises, sermons, p. 217 à 232.

8031. Baudry (P.). — Poteries et faïences découvertes à Rouen, p. 225 à 227.

8032. Baudry (P.). — Jean Ferey, sieur de Durescu [xvie s.], p. 228.

8033. Le Verdier (P.). — Hachette de bronze gauloise trouvée à Longueville, p. 230.

8034. Beaurepaire (Ch. de). — Les anciennes hôtelleries de Rouen, p. 231 à 258.

8035. Dubosc (Georges). — Les oriols rouennais, p. 260 à 264.

8036. Beaurepaire (Ch. de). — Notice sur la fontaine du chapitre [à Rouen], fig., p. 265 à 288.

8037. La Serre. — Croix du cimetière de Sasseville [et statues, xvie s.], p. 291 à 292.

8038. Vesly (De). — Exploration archéologique de la forêt de Rouvray, p. 292 à 303.

[Antiquités romaines.]

8039. Garreta. — Sceau attribué à l'abbaye de Grosbos ou Fontvive [xive s.], p. 304.

8040. Drouet. — Contrefaçon des monnaies françaises par les princes du nord de l'Italie [xvie-xviie s.], p. 307 à 310.

8041. Pelay. — Vase romain, en bronze, trouvé à Hautot-l'Auvray, pl., p. 316 à 318.

8042. Beaurepaire (Ch. de). — Notes sur les Antonins de Rouen [commanderie de Saint-Antoine, xviiie s.], p. 318 à 328.

8043. Tougard (A.). — Procès-verbaux de la Commission des antiquités de la Seine-Inférieure pendant l'année 1902, p. 329 à 488.

8044. Dubosc (G.). — Note sur les peintures d'une maison, rue Percière [à Rouen], p. 332 à 336.

8045. Le Verdier (P.). — Destruction d'anciennes cloches [Longueville, Manéhouville, Linfot, Torry-le-Petit], fig., p. 336 à 341.

8046. Beaurepaire (Ch. de). — Notice sur le château de Longueville, p. 343 à 354.

8047. Beaurepaire (Ch. de). — Dalle tumulaire à Arques, p. 354.

8048. Pelay. — Boiseries de l'ancien hôtel des Duval d'Coupeauville, rue Ganterie, n° 74, à Rouen, p. 358.

8049. Pelay. — Hôtel des Trois-Maures, rue Beauvoisine, n° 132, à Rouen, p. 359 à 360.

8050. Pelay. — Anciennes impressions rouennaises, p. 361 à 364.

8051. Dubosc (G.). — Beffroi, documents relatifs au Gros-Horloge de Rouen et aux maisons contiguës, p. 364 à 366.

8052. Beaurepaire (Ch. de). — Tombeau d'Anne Rychault [église des Cordeliers de Rouen, † 1635], p. 366 à 368.

8053. Beaurepaire (Ch. de). — Manoir de Pierre Corneille au Petit-Couronne, p. 368.

8054. Beaurepaire (Ch. de). — Statues à l'entrée du palais de justice de Rouen, p. 369.

8055. Beaurepaire (Ch. de). — Manoir du Bellay, p. 370.

8056. Beaurepaire (Ch. de). — Maison avec lanterne devant une image de la Sainte Vierge [à Rouen], p. 370.

8057. Beaurepaire (Ch. de). — Cloches de l'abbaye de Fécamp, p. 372.

8058. Vesly (L. de). — Pavage du château du Bellay, p. 373 à 374.

8059. Baudry (P.). — Une Imitation de Corneille éditée en 1653, p. 381.

8060. Vesly (L. de). — Marteau préhistorique en corne de cerf, monnaies et poteries romaines trouvées à Rouen, p. 382.

8061. Pelay. — Mort de l'évêque [constitutionnel] Gratien [an vii], p. 383 à 385.

8062. Beaurepaire (Ch. de). — Sceaux de la commune de Rouen, p. 385.

8063. Beaurepaire (Ch. de). — Crucifix de la cathédrale de Rouen, p. 386.

8064. Beaurepaire (Ch. de). — Ornements liturgiques et décorations d'autels des églises de Gonnetot et d'Angerville-la-Martel, p. 387 à 392.

8065. Haucourt (L'abbé). — La cloche de Sainte-Austreberte [de Rouen], p. 392 et 454.

8066. Garreta. — Source Saint-Filleul [Yonville, inscription, 1768], p. 393.

8067. Lefort. — Les perrons du Palais de justice, p. 394 à 400.

8068. La Serre. — Comparaison de l'église abbatiale de Lessay avec celle de Saint-Martin de Boscherville, p. 405 407.

). Beaurepaire (Ch. de). — Note sur les brigandines [armures], p. 407 à 409.

8070. Beaurepaire (Ch. de). — Contrat de fondation à l'église Saint-Maclou [de Rouen] (1527), p. 409 à 412.

8071. Beaurepaire (Ch. de). — Note sur les jetons de la Chambre ecclésiastique [de Rouen], p. 412.

8072. Vesly (L. de). — Fouilles des Essarts et de Gréail forêt de Rouvray], p. 415 à 421.

8073. Pelay. — Oriol à Dieppe; épis en plomb place du Vieux-Marché, n° 41, à Rouen; emplacement de *Veteres Domus*, p. 421 à 423.

8074. Garreta. — Portail de l'église Saint-Godard [de Rouen], p. 423.

8075. Beaurepaire (Ch. de). — A propos d'armoiries du prince de Conti posées aux portes de l'église des Pénitents d'Ingouville, p. 425 à 428.

8076. Beaurepaire (Ch. de). — Notice sur les anciennes couvertures des maisons de Rouen, p. 429 à 449.

8077. Vesly. — Emmanchement de hache en corne de cerf, p. 452.

8078. Héron (A.). — L'incendie de 1248 à Rouen, p. 454 à 456.

8079. Garreta. — Chapelle des religieux Minimes, aujourd'hui des Dames du Saint-Sacrement, à Rouen, p. 456.

8080. Beaurepaire (Ch. de). — Notes sur l'emplacement du couvent des Cordeliers de Rouen, p. 460 à 487.

SEINE-INFÉRIEURE. — ROUEN.

SOCIÉTÉ DES BIBLIOPHILES NORMANDS.

Les publications antérieures de cette Société sont analysées dans notre *Bibliographie générale*, savoir :
Assemblées générales, t. I à XLIV (1863-1885), *Bibliographie*, t. IV, p. 458.

— t. XLV à LXXIV (1886-1900), *Bibliographie*, Supplément sous presse.

— t. LXXV et LXXVI (1901), *Bibliographie*, nouvelle série, t. I, p. 149.

Ouvrages divers, *Bibliographie*, t. IV, p. 453; Supplément sous presse, et nouvelle série, t. I, p. 148.

LXXVII. — Société des bibliophiles normands, soixante-dix-septième assemblée générale, 22 mai 1902. (S. l. n. d., in-8° carré. 12 p.)

8081. Beaurepaire (Charles de). — Discours, p. 4 à 10.

[A. Gasté († 1901); le Puy des Pauvres et le Puy d'Amour.]

8082. A. T. [Tougard (A.)]. — Appendice aux *Antiquités* de Taillepied, p. 11 à 12.

LXXVIII. — Société des bibliophiles normands, soixante-dix-huitième assemblée générale, 18 décembre 1902. (S. l. n. d., in-8° carré, 13 p.)

8083. Beaurepaire (Ch. de). — Discours, p. 7 à 9.

[F. V. Bouquet († 1901).]

8084. Robillard de Beaurepaire (Ch. de). — Entrée de Charles VIII à Rouen, en 1485. Reproduction fac-similé d'un imprimé du temps, avec introduction et annexes. (Rouen, 1902, pet. in-4°, xxvi-61 p.)

8085. Le Verdier. — Théâtre scolaire, 4e fascicule : Saulem cum filiis; Agathocle; sujets de pièces dramatiques, etc.; Egiste; Benjamin dans les fers; l'Enfant prodigue; Nabot. (Rouen, 1902, petit in-4°, 84 p.)

[Les trois premiers fascicules ont paru en 1897, 1898 et 1901.]

8086. Formigny de la Londe (R. de). — Discours de l'entrée du duc d'Épernon à Caen, le 14 mai 1588 [par Jacques de Cabaignes]. (Rouen, 1903, pet. in-4°, xi-23 et xiv p.)

8087. Barbier de la Serre (G.). — Le variable discours de la vie humaine, par M° Guilloume Haudent. (Rouen, 1803, pet. in-4°, xi p. et 12 ff. n. ch.)

SEINE-INFÉRIEURE. — ROUEN.

SOCIÉTÉ ROUENNAISE DES BIBLIOPHILES.

Les publications antérieures de cette Société sont analysées dans notre *Bibliographie générale*, t. IV, p. 459; Supplément sous presse, et nouvelle série, t. I, p. 149.

8088. Pavel (Dʳ G.). — Recueil de la vertu de la fontaine médicinale de Saint-Éloi à Forges [par Pierre de Grousset], publié avec introduction et notes. (Rouen, 1902, pet. in-4°, xiv-34-x p.)

8089. Bréard (Charles). — Les Effets merveilleux de Notre-Dame de Grâce, publiés avec introduction et notes par Charles Bréard. (Rouen, 1902, in-4°, lv-41 p.)

[Réimpression de l'édition de Rouen, 1615, in-4°.]

8090. Garreta (R.). — La seconde partie de l'histoire de l'Église réformée de Dieppe (1660-1685) publiée pour la première fois avec une introduction et des notes. (Rouen, 1902-1903, pet. in-4°, ix-286 p. et ix-173 p.)

8091. Héron (A.). — David Ferrand. Discours apologétique en faveur de l'instinct et naturel admirable de l'éléphant. (Rouen, 1903, pet. in 4°, xii-40 p.)

8092. Beaurepaire (J. de). — Entrée à Rouen du cardinal de Saulx-Tavannes. (Rouen, 1902, pet. in-4°, xvii-22 p., portr.)

SEINE-INFÉRIEURE. — ROUEN.

SOCIÉTÉ LIBRE D'ÉMULATION, DU COMMERCE ET DE L'INDUSTRIE DE LA SEINE-INFÉRIEURE.

Les publications antérieures de cette Société sont analysées dans notre *Bibliographie générale*, savoir :
Bulletin, t. I à XLVII (1837-1886), *Bibliographie*, t. IV, p. 464.
— t. XLVIII à LX (1886-1900), *Bibliographie*, Supplément sous presse.
— t. LXI (1900-1901), *Bibliographie*, nouvelle série, t. I, p. 149.
Autres publications, *Bibliographie*, t. IV, p. 461.

LXII. — Bulletin de la Société libre d'émulation, du commerce et de l'industrie de la Seine-Inférieure, exercice 1902. (Rouen, 1903, in-8°, 724 p.)

8093. Vesly (Léon de). — Exploration archéologique de la forêt de Rouvray (Seine-Inférieure), fouilles de 1902, *fig.*, p. 133 à 168.

[Antiquités préhistoriques et gallo-romaines.]

8094. Vesly (Léon de). — La divinité des *fana* gallo-romains, p. 159 à 168.

8095. Vesly (Léon de). — *Légendes, superstitions et vieilles coutumes*. Les Essarts de la forêt de Lyons. Le feu de Saint-Jean à Mardor. La fontaine Sainte-Catherine à Mortemer, p. 169 à 175.

8096. Gravier (Gabriel). — Madagascar. Les Malgaches. Les origines de la colonisation française. La conquête, *fig.* et *carte*, p. 176 à 687.

SEINE-INFÉRIEURE. — ROUEN.

SOCIÉTÉ DE L'HISTOIRE DE NORMANDIE.

Les publications antérieures de cette Société sont analysées dans notre *Bibliographie générale*, savoir :
Bulletin, t. I à IV (1870-1887), *Bibliographie*, t. IV, p. 471.
— t. V à VIII (1888 à 1899), *Bibliographie*, Supplément sous presse.
Mélanges, t. I à IV (1891-1898), *Bibliographie*, Supplément sous presse.
— t. V (1898-1901), *Bibliographie*, nouvelle série, t. I, p. 150.
Ouvrages divers, *Bibliographie*, t. IV, p. 470, Supplément sous presse, et nouvelle série, t. I, p. 150.

8097. Le Verdier (P.). — Correspondance politique et administrative de Miromesnil, premier président du Parlement de Normandie, publiée d'après les originaux, t. IV (1765-1767), et t. V (1761-1771). (Rouen, 1902-1903, in-8°, xlii-298 et xxxv-319 p.)

[Les tomes I à III ont paru en 1899, 1900 et 1901.]

8098. Bourrienne (L'abbé V.). — Antiquus cartularius ecclesiae Baiocensis (Livre noir), publié pour la première fois avec introduction. (Rouen, 1902-1903, 2 vol. in-8°, cxix-336 et 446 p.)

8099. Tardif (Joseph). — Coutumiers de Normandie, textes critiques publiés avec notes et éclaircissements, t. I, 2° partie : Le très anciens coutumier de Normandie, textes français et normand. (Rouen, 1903, in-8°, c-148 p.)

[La 1re partie du t. I a paru en 1881 ; et le t. II en 1896.]

SEINE-INFÉRIEURE. — ROUEN.

SOCIÉTÉ NORMANDE D'ÉTUDES PRÉHISTORIQUES.

Les publications antérieures de cette Société sont analysées dans notre *Bibliographie générale*, savoir :
Bulletin, t. I à VIII (1893-1900), *Bibliographie*, Supplément sous presse.
— t. IX (1901), *Bibliographie*, nouvelle série, t. I, p. 150.

X. — **Bulletin de la Société normande d'études préhistoriques**, t. X, année 1902. (Louviers, 1903, in-8°, 256 p.)

8100. Gallerand. — Instruments recueillis à Beaumont-le-Roger, p. 9.

8101. Deshayes (L'abbé). — Note sur les découvertes préhistoriques du canton de Rugles, p. 10 à 13.

8102. Chedeville (P.-J.). — Sur l'excursion aux environs de Pacy-sur-Eure, p. 32 à 36.

8103. Morel (Gaston). — Étude sur la préhension des silex taillés de l'époque néolithique, 4 pl., p. 37 à 79. — Suite de VII, p. 41 ; VIII, p. 80 ; et IX, p. 139.

8104. Romain (Georges). — Station humaine au lieu dit la Bergerie entre Villerville et Trouville (Calvados), p. 80 à 82.

8105. Quenouille (L.). — Quelques silex néolithiques à profils, à images, et découverte d'imagettes confirmatives des sujets représentés, notes et documents, 6 pl., p. 83 à 116.

8106. Poulain (Georges). — Le menhir de Saint-Nicolas-d'Attez [Eure] et description d'instruments en silex trouvés dans la contrée, *fig.*, p. 117 à 125.

8107. Coutil (L.). — Les sculptures de l'allée couverte le Trou aux Anglais [Aubergenville], transférées au musée de Saint-Germain-en-Laye, *fig.*, p. 126 à 127.

8108. Coutil (Léon). — Haches géantes de l'époque néolithique trouvées en Normandie, comparées à celles de la Bretagne et du Bocage, p. 128 à 130.

8109. Vesly (L. de). — Sur une pioche en corne de cerf trouvée dans la Seine, à Moulineaux (Seine-Inférieure), et sur un emmanchement de hache en corne de cerf,

recueilli également dans la Seine, au hameau de Bé-
dane, commune de Tourville-la-Rivière (Seine-Inférieure), *fig.*, p. 131 à 133.

8110. Poccain (Georges). — Fouilles dans un abri sous
roche, situé à Métreville, commune de Saint-Pierre-
d'Autils, canton de Vernon (Eure), *fig.*, p. 134 à 138.

8111. Vesly (Léon de). — Exploration archéologique de
la forêt de Rouvray (Seine-Inférieure). Le fanum des
Essarts et la découverte de nombreux outils et armes
préhistoriques, *fig.* et 3 *pl.*, p. 139 à 145.

8112. Coutil (L.). — L'époque gauloise dans le sud-
ouest de la Belgique. Sépultures et mobilier funéraire
des Calètes et des Véliocasses, p. 146 à 195.

8113. Desloges (Amand). — Les âges de la pierre, ou
introduction à l'histoire de Rugles, *fig.*, p. 196 à 229.

8114. Fortin (R.). — Sur des sépultures mérovingiennes
découvertes à Maromme (Seine-Inférieure), *fig.*, p. 230
à 233.

8115. Coutil (L.). — Nécrologie, p. 237 à 240.

[A. Bertrand (1820 † 1902); A.-J. Ternisien († 1902).]

SEINE-INFÉRIEURE. — ROUEN.

SOCIÉTÉ NORMANDE DE GÉOGRAPHIE.

Les publications antérieures de cette Société sont analysées dans notre *Bibliographie générale*, savoir :
Bulletin, t. I à VII (1879-1885), *Bibliographie*, t. IV, p. 468.
— t. VIII à XXII (1886-1900), *Bibliographie*, Supplément sous presse.

XXIII. — **Société normande de géographie.**
Bulletin de l'année 1901, t. XXIII. (Rouen,
1901, in-4°, xxvii-432 p.)

8116. Levasseur (Émile). — La colonisation normande,
portr., p. 1 à 19.

8117. Lasné (Paul). — Une exploration à l'île Sakhaline,
les forçats russes, les indigènes de l'île (Aïnos et Ghi-
liaks), *fig.*, p. 19 à 36.

8118. Layer (Ernest). — Quelques jours à Tunis, notes
de touriste, *fig.*, p. 53 à 91.

8119. Foureau (Fernand). — De l'Algérie au Congo
français par l'Aïr et le Tchad, 2 *portr.* et *carte*, p. 170
à 199.

8120. Liard (André). — La mission Poureau-Lamy,
p. 200 à 223.

8121. Cordier (Henri). — Relations de la Chine avec
l'Europe, *portr.*, p. 265 à 278.

8122. Toutain (Paul). — Excursions en Basse-Seine, *fig.*,
p. 278 à 308.

8123. Layer (Ernest). — Alger, Timgad, Sidi-Okba,
notes de voyage, *fig.*, p. 363 à 417.

XXIV. — **Société normande de géographie.**
Bulletin de l'année 1902, t. XXIV. (Rouen,
1902, in-4°, xxx-274 p.)

8124. Vogüé (Melchior de). — L'Empire du Soleil levant
[Japon], p. 1 à 19.

8125. Gravier (Gabriel). — La lettre et la carte de
Toscanelli à Fernam Martins et à Christophe Colomb,
p. 37 à 48.

8126. Monflier (Georges). — La Normandie et la colonisation, p. 48 à 54.

8127. Joalland (Capitaine Paul). — Du Niger au Tchad,
portr., p. 65 à 84.

8128. Drouet (Francis). — Notes sur la Martinique,
p. 98 à 104.

8129. Boulland (A.). — Excursion à Domrémy, *fig.*,
p. 107 à 128.

8130. Saint-Arroman (Raoul de). — La Commission des
missions scientifiques (1874-1902), p. 203 à 229.

8131. Segonzac (Marquis de). — A travers le Maroc,
p. 229 à 247.

8132. Berthaut (Léon). — La pêche à Terre-Neuve,
Saint-Pierre-Miquelon; la vie des pêcheurs; la question
du French Shore, p. 137 à 170.

8133. Gaffarel (Paul). — Le corsaire Jean Fleury
[xvi° s.], p. 171 à 194.

SOMME. — ABBEVILLE.

SOCIÉTÉ D'ÉMULATION D'ABBEVILLE.

Les publications antérieures de cette Société sont analysées dans notre *Bibliographie générale*, savoir :
Mémoires (in-8°), t. I à XIII (1833-1876), *Bibliographie*, t. IV, p. 487.
— t. XIV à XIX (1877-1897), *Bibliographie*, Supplément sous presse.
— t. XX (1898-1901), *Bibliographie*, nouvelle série, t. I, p. 151.
Mémoires (in-4°), t. I à III (1897-1899), *Bibliographie*, Supplément sous presse.
Bulletin, t. I à IV (1888-1899), *Bibliographie*, Supplément sous presse.

V. — Bulletin de la Société d'émulation d'Abbeville, années 1900-1901-1902, t. V. (Abbeville, 1902, in-8°, 383 p.)

8134. Lediеu (Alcius). — Entrée de le reine Éléonore d'Autriche à Abbeville, le 19 décembre 1531, p. 15 à 40, et 53 à 74.

8135. Mallet (F.). — Le chevalier de Saint-Pol-Hécourt, commandant d'escadre (1665-1705), 2 pl., p. 74 à 99.

8136. Delignières (Em.). — Note sur la pierre tombale d'Antoine de Lestocq, échevin d'Abbeville au xvi° siècle, p. 100 à 102.

8137. Brandt de Galametz (Comte de). — Quelques souvenirs sur Abbeville, p. 102 à 105.

8138. Lediеu (Alcius). — Le Ponthieu à l'Exposition militaire rétrospective des armées de terre et de mer, 3 pl., p. 129 à 142.

[Charles de Rambures, portr.; le maréchal d'Hocquincourt, portr.; le maréchal de Mailly, portr.]

8139. Tillette de Clermont-Tonnerre (Adrien). — Livre de raison d'un bourgeois d'Abbeville (xviii° s.) [Georges Mellier], p. 143, 189, et 233.

8140. Courtellemont (Le P.). — Une lettre inédite du P. Ignace au vénérable Père Eudes [1660], p. 247 à 253.

8141. Brandt de Galametz (Comte de). — Un inventaire à Abbeville en 1493 [Nicolas Postel, seigneur de Bellefontaine], p. 271 à 303.

8142. Delignières (Em.). — Note sur le lieu de naissance de saint Wulfran, p. 304 à 306.

8143. Delignières (Em.). — Pièce de 1743 relative à la vente de grains au marché d'Abbeville, p. 313 à 320.

8144. Rodière (Roger). — Excursion à Montdidier, Tilloloy et Roye, pl., p. 329 à 348.

IV. — Mémoires de la Société d'émulation d'Abbeville, t. IV. (Abbeville, 1902, in-4°, 654 p.)

8145. Witasse (Gaëtan de). — Géographie historique du département de la Somme, état religieux, administratif et féodal des communes et de leurs dépendances, t. I. (Abbeville, 1902, in-4°, 654 p.)

SOMME. — AMIENS

ACADÉMIE DES SCIENCES, DES LETTRES ET DES ARTS D'AMIENS.

Les publications antérieures de cette Académie sont analysées dans notre *Bibliographie générale*, savoir :
Mémoires, t. I à XXXII (1835-1885), *Bibliographie*, t. IV, p. 491.

Mémoires, t. XXXIII à XLVII (1886-1900), *Bibliographie*, Supplément sous presse.
— t. XLVIII (1901), *Bibliographie*, nouvelle série, t. I, p. 151.

XLIX. — Mémoires de l'Académie des sciences, des lettres et des arts d'Amiens, t. XLIX, année 1902. (Amiens, 1903, in-8°, 445 p.)

8146. Boquet (Jules). — Paul-Émile Sautai, peintre, (1842 † 1901), portr., p. 43 à 59.

8147. Boucher (Édouard). — Taine, écrivain, p. 123 à 143.
8148. Gosselin (Le chanoine J.). — Catherine Levesque, poète mystique et historien péronnais [Mme Vaillant, XVII° s.], p. 145 à 192.
8149. Peugniez. — L'histoire et la médecine dans l'art religieux, *fig.* et 19 *pl.*, p. 269 à 407.

SOMME. — AMIENS.

SOCIÉTÉ DES ANTIQUAIRES DE PICARDIE.

Les publications antérieures de cette Société sont analysées dans notre *Bibliographie générale*, savoir :
Mémoires (in-8°), t. I à XXVIII (1838-1885), *Bibliographie*, t. IV, p. 496.
— (in-8°), t. XXIX à XXXIII (1887-1899), *Bibliographie*, Supplément sous presse.
Mémoires (in-4°), t. I à XI (1845-1883), *Bibliographie*, t. IV, p. 504.
— (in-4°), t. XII à XIV (1890-1897), *Bibliographie*, Supplément sous presse.
Bulletin, t. I à XV (1841-1885), *Bibliographie*, t. IV, p. 505.
— t. XVI à XX (1886-1900), *Bibliographie*, Supplément sous presse.
Picardie historique et monumentale, t. I (1893-1899), *Bibliographie*, Supplément sous presse.
— t. II, fasc. 1 (1901), *Bibliographie*, nouvelle série, t. I, p. 152.

XXXIV. — Mémoires de la Société des Antiquaires de Picardie, 4° série, t. IV. (Amiens, 1903, in-8°, IV-745 p.)

8150. Bréard (Charles). — Le Crotoy et les armements maritimes des XIV° et XV° siècles, étude historique, p. 1 à IV et 1 à 214.
8151. Guerlin (Robert). — Fêtes chômées, leur nombre, règlements échevinaux [à Amiens], p. 215 à 235.

8152. Quignon (G.-Hector). — Daours en Amiénois, *fig.* et *pl.*, p. 237 à 497.
8153. Tuorel (Oct.). — Les rébus de Picardie, étude historique et philologique, *fig.*, p. 499 à 700.
8154. Durand (Georges). — Monographie de l'église Notre-Dame, cathédrale d'Amiens, t. II, mobilier et accessoires. (Amiens, 1903, gr. in-4°, VIII-663 p. et *pl.*)
[Le tome I a paru en 1901.]

TARN. — ALBI.

SOCIÉTÉ DES SCIENCES, ARTS ET BELLES-LETTRES DU TARN.

Les publications antérieures de cette Société sont analysées dans notre *Bibliographie générale*, savoir :
Revue historique du Tarn, t. I à V (1877-1885), *Bibliographie*, t. IV, p. 515.
— — t. VI à XVII (1886-1900), *Bibliographie*, Supplément sous presse.

Revue historique du Tarn, t. XVIII (1901), *Bibliographie*, nouvelle série, t. I, p. 152.
Archives historiques de l'Albigeois, t. I à VI (1894-1900), *Bibliographie*, Supplément sous presse.
— — t. VII (1901), *Bibliographie*, nouvelle série, t. I, p. 152.

XIX. — **Revue historique, scientifique et littéraire du département du Tarn (ancien pays d'Albigeois)...**, publiée sous la direction de M. Jules Jolibois et sous le patronage de la Société des sciences, arts et belles-lettres du Tarn, 27ᵉ année, 19ᵉ volume, 2ᵉ série, 11ᵉ année. (Albi, 1902, in-8°, 411 p.)

8155. Peyronnet (Charles). — Documents sur quelques artistes du pays albigeois, p. 30 à 38.
8156. Vidal (A.). — Georges de Selve, p. 41 à 49. — Suite de XVIII, p. 125 et 276.

[A propos du livre de Mary F. S. Hervey : *Holbein's Ambassadors*.]

8157. Marty (Émile). — Cartulaires de Rabastens, p. 50, 130, 269, et 331. — Suite de XVIII, p. 93 et 180.
8158. Cabié (Edmond). — Documents sur les préludes de la Réforme dans le nord-est de l'Albigeois, p. 69 à 76.
8159. Rivières (Baron de). — Encore quelques notes sur le cimetière mérovingien de Bonnefil, p. 129.

8160. Gaillac (A.). — Notes sur quelques tiers de sou mérovingiens découverts dans la commune de Lisle-sur-Tarn, p. 154 à 156.
8161. Bécus. — Monnaies du comtat Venaissin à l'effigie d'Innocent VIII et d'Alexandre VI, p. 172.
8162. Jolibois (Jules). — Louis Barbaza (1830 † 1902), p. 187.
8163. Vidal (Auguste). — Un chapitre de l'histoire de la guerre de Cent ans dans l'Albigeois (1375-1385), p. 189 à 208, et 307 à 330.
8164. Cabié (Edmond). — H.-G. Paris, de Mazamet, p. 209.
8165. Cabié (Edmond). — Note additionnelle sur le codicille de Garsinde, p. 266 à 298. — Cf. XVII, p. 181.
8166. Cabié (Edmond). — Sur la patrie de Pontus de la Gardie, p. 301 à 306.
8167. Anonyme. — Fouilles et découvertes dans un vieux quartier d'Albi, 6 pl., p. 365 à 389.

[Antiquités romaines et du moyen âge, poteries, etc.]

TARN-ET-GARONNE. — MONTAUBAN.

ACADÉMIE DES SCIENCES, BELLES-LETTRES ET ARTS DE TARN-ET-GARONNE.

Les publications antérieures de cette Académie sont analysées dans notre *Bibliographie générale*, savoir :
Recueil et Mélanges, t. I à V (1742-1750), *Bibliographie*, t. IV, p. 530.
Séances publiques, t. I à III (1858-1860), *Bibliographie*, t. IV, p. 530.
Recueil, t. I à X (1867-1885), *Bibliographie*, t. IV, p. 531.
— t. XI à XXV (1886-1900), *Bibliographie*, Supplément sous presse.
— t. XXVI (1901), *Bibliographie*, nouvelle série, t. I, p. 153.

XXVII. — **Recueil de l'Académie des sciences, belles-lettres et arts de Tarn-et-Garonne**, 2ᵉ série, t. XVIII, année 1902. (Montauban, 1902, in-8°, 188 p.)

8168. Durand-Lapie (Paul). — L'imprimerie Fontanel et Lapie-Fontanel à Montauban (1758-1861), p. 55 à 70.
8169. Boriès (D⁻). — L'homme préhistorique de Bruniquel, p. 105 à 111.

8170. Gandilhon (A.). — Note sur quelques recettes médicales du xvᵉ siècle, p. 117 à 123.
8171. Galabert (L'abbé F.). — L'abbé de Mondésir [Jean-Antoine Exupère de Pause], p. 125 à 135.
8172. Forestié (Édouard). — Inventaire [d'un anonyme] du xvᵉ siècle, p. 137 à 157.

[Extrait des minutes de J. Borel, notaire à Monteech (1421).]

TARN-ET-GARONNE. — MONTAUBAN.

SOCIÉTÉ ARCHÉOLOGIQUE DE TARN-ET-GARONNE.

Les publications antérieures de cette Société sont analysées dans notre *Bibliographie générale*, savoir :
Bulletin archéologique, t. I à XIII (1869-1885), *Bibliographie*, t. IV, p. 539.
— t. XIV à XXVIII (1886-1900), *Bibliographie*, Supplément sous presse.
— t. XXIX (1901), *Bibliographie*, nouvelle série, t. I, p. 154.

XXX. — Bulletin archéologique et historique de la Société archéologique de Tarn-et-Garonne..., t. XXX, année 1902. (Montauban. 1902, in-8°, 388 p.)

8173. Rivières (Baron de). — Inventaire des possessions de noble Jean, seigneur de Bel-Castel en Quercy (1490), p. 28 à 40.

8174. Pécharman (Paul). — Excursion à Carcassonne, Fontfroide, Narbonne, p. 41 à 46.

8175. Bourdeau (Jean). — Procès-verbaux des séances de décembre 1901 à novembre 1902, p. 62, 177, 268, et 350.

[Cloche de Sauvelerre (1500), p. 187. — Le clocher des Carmes de Castelsarrasin, p. 271. — Cloches de Sauvelerre (1500) et de Saux (1599), p. 352.]

8176. La Fontan de Goth (De). — Notice historique sur le château de Gramont, p. 64 à 67.

8177. Galabert (L'abbé). — Deux bastides disparues [La Borde et O vent fol], p. 74.

8178. Forestié (Ed.). — Henry Le Bret à Rieux (xviiᵉ s.), p. 81 à 84.

8179. Altmayer (Général). — Discours prononcé aux obsèques du général Verrier, p. 94 à 96.

8180. Galabert (L'abbé F.). — La condition des personnes à Montauriol du xᵉ au xiiᵉ siècle, p. 97 à 111.

8181. Taillefer (L'abbé). — Une histoire de paysans (page de l'histoire du Quercy), les Nu-Pieds (1637-1639), p. 112 à 121.

8182. Boé (D'). — Documents sur le Tarn-et-Garonne, p. 122 à 127.

8183. Chevalier (Capitaine). — Excursion à Carbonne, Rieux et Saint-Félix, p. 128 à 133.

8184. Siaux (Commandant). — Excursion à Bressols, Labastide-Saint-Pierre, Orgueil, Nohic, châteaux du Claux et de Reyniès, 2 pl., p. 135 à 142.

8185. Pottier (Chanoine F.). — État des gages de la maison de la reine Catherine de Médicis (1585), p. 151 à 158.

8186. Mézamat de Lisle (Ch. de). — Transaction entre le seigneur de Castelferrus et les habitants (17 août 1631), p. 159 à 164.

8187. Mentque (Robert de). — Notice sur la maison de Chaumont de la Galaisière, p. 165 à 171, et 287.

8188. Galabert (L'abbé F.). — Trois titres concernant le monastère de Saint-Antonin [ixᵉ-xᵉ siècles], p. 172 à 176.

8189. Gandilhon. — Construction de tombeaux à Caylus [1598], p. 188.

8190. Buzenac (L'abbé). — Les fortifications et défenses de l'église de Montpezat, p. 189 à 192.

8191. Taillefer (L'abbé) et Forestié (Ed.). — Inventaire de noble dame Aloys de Saint-Gilles (1375), p. 193 à 202.

8192. Luby (Augustin). — Documents pontificaux extraits des Archives vaticanes pour servir à l'histoire du diocèse de Montauban aux xivᵉ et xvᵉ siècles, p. 203 à 218.

8193. Galabert (L'abbé F.). — Le faubourg Villenouvelle à Montauban, p. 219 à 236.

8194. Rivières (Baron de). — Le Christ de Pitié, tableau de la collection de M. le chanoine Pottier [xviᵉ s.], p. 237 à 244.

8195. Daux (L'abbé Camille). — L'ordre franciscain dans le Montalbanais, p. 245 à 267, et 310 à 337.

8196. Ghèze. — La dot d'une jeune bourgeoise du xviᵉ siècle [Bernarde de Rouby], les joyaux et objets précieux que possédait une grande dame à la même époque [Ysaheau de Benquet de Pelegrue, veuve de Julien de Timbrone], p. 273 à 275.

8197. Taillefer (L'abbé). — Maison du Gozon d'Ays en Quercy, p. 277 à 279.

8198. Gandilhon. — Inventaire des reliquaires et joyaux de l'église paroissiale Saint-Jacques de Montauban (1481), p. 279 à 281.

8199. Galabert (L'abbé). — Note sur le commerce par eau dans le Montalbanais, p. 281 à 283.

8200. Annoux de Brossard (D'). — Description de la réjouissance faite à l'occasion du mariage de M. le marquis de Caumont avec Mᵐᵉ la comtesse de Béarn, petite-fille de Mᵍʳ le duc de la Force, par les habitants de la ville de S.-Porquier, le 26 juin 1757, p. 284 à 287.

8201. Pottier (Le chanoine F.). — Tissu historié représentant la légende d'Alexandre [xive s.], pl., p. 289 à 295.

8202. Forestié (Édouard). — Le Saint-Suaire de Turin et les images du musée diocésain [de Montauban], pl. et fig., p. 296 à 307.

8203. Pottier (Le chanoine F.). — Le Saint-Suaire au musée diocésain [de Montauban], p. 308.

8204. Pottier (Le chanoine Fernand). — Notes archéologiques sur le couvent des Cordeliers de Montauban, pl., p. 338 à 345.

8205. Mézamat de Lisle (De). — Tableau généalogique pour servir à l'histoire des seigneurs du village de Castelferrus, p. 354.

8206. Cézérac.—Visite à Grandselve (1730), p. 355 à 360.

8207. Galabert (L'abbé). — Deux ministres montalbanais convertis : Siméon de Cazalet [1621] et Hector Jolly [1646], p. 364.

VAR. — TOULON.

ACADÉMIE DU VAR.

Les publications antérieures de cette Académie sont analysées dans notre *Bibliographie générale*, savoir :
Bulletin, t. I à XLI (1833-1884), *Bibliographie*, t. IV, p. 542.
— t. XLII à LI (1886-1899), *Bibliographie*, Supplément sous presse.
— t. LII (1901), *Bibliographie*, nouvelle série, t. I, p. 155.

LIII. — **Bulletin de l'Académie du Var**, 70e année de la publication du Bulletin, 1902. (Toulon, s. d., in-8°, xxxviii-140 p.)

8208. Vidal (R.). — La fabrication de la pourpre romaine à Toulon, p. 1 à 11.

8209. Moulin (F.). — Le préhistorique dans la région du sud-est de la France, notes et documents, p. 49 à 61.

[La Baume des Peyrards.]

8210. Archer (Capitaine). — Lichtenberg [relation du siège en 1870], p. 75 à 93.

8211. Roustan. — Discours, p. 95 à 106.

[Léon Vaudoyer († 1872); Henri Espérandieu († 1874); Henri Révoil († 1900), architectes de la cathédrale de Marseille.]

8212. Bottin (C.). — Archéologie préhistorique. Les grottes du Destéou, 3 pl., p. 107 à 129.

VAUCLUSE. — AVIGNON.

ACADÉMIE DE VAUCLUSE.

Les publications antérieures de cette Académie sont analysées dans notre *Bibliographie générale*, savoir :
Mémoires, t. I à IV (1882-1885), *Bibliographie*, t. IV, p. 550.
— t. V à XIX (1886-1900), *Bibliographie*, Supplément sous presse.
— t. XX (1901), *Bibliographie*, nouvelle série, t. I, p. 156.
Centenaire (1901), *Bibliographie*, nouvelle série, t. I, p. 156.

XXI. — **Mémoires de l'Académie de Vaucluse**, 2e série, t. II, année 1902. (Avignon, 1902, in-8°, xiv-453 p.)

8213. Labande (L.-H.). — Études d'histoire et d'archéologie romane. Provence et Bas Languedoc, 27 pl., p. 1 à 183. — Suite de XX, p. 199.

[I. Région de Bagnols-sur-Cèze.]

8214. Sack (J.). — Jean-Ignace Jalla-Lagardette, curé d'Aubignan (1784-1831), p. 199 à 339.

8215. Laval (D' Victorin). — Lettres inédites de Rovère, membre du Conseil des Anciens, à son frère, ex-évêque constitutionnel du département de Vaucluse (1er janvier 1796-15 août 1797), p. 241 à 283, et 353 à 395.

8216. Miçuel-Béchet (D' L.). — Les épidémies de peste à Avignon, p. 345 à 351.

8217. Bourges (G.). — Allocution prononcée en la séance du 6 novembre 1902 à l'occasion du décès de M. Ernest Verdet, membre titulaire [de l'Académie de Vaucluse], p. 397.

8218. Biret. — Aperçu historique sur les serrures, p. 401 à 430.

XXII. — Mémoires de l'Académie de Vaucluse, 2e série, t. III, année 1903. (Avignon, 1903, in-8°, xiv-353 p.)

8219. Pansier (D' P.). — Arnaldi de Villanova *Libellus de confortatione visus*, publié pour la première fois d'après le manuscrit de la bibliothèque de Metz, p. 1 à 19.

8220. Delmas (Jacques). — Essai sur l'histoire de Seyne-les-Alpes, 7 pl., p. 21, 169, et 273.

8221. Laval (D' Victorin). — Joseph-Agricol Viala, sa naissance, sa mort, sa glorification [1778 † 1793], portr., p. 41 à 53, et 111 à 154.

8222. Destandau. — Documents inédits sur la ville des Baux, p. 71 à 92.

8223. Sauve (Fernand). — Découvertes à Apt, p. 155 à 159.

[Antiquités et inscriptions gallo-romaines.]

8224. Labande (L.-H.). — Découvertes d'inscriptions et antiquités romaines ou gauloises à Vaison, Ménerbes, Cavaillon et Malemort. Les fresques de Simone Memmi au porche de la métropole d'Avignon, p. 160 à 167.

8225. Labande (L.-H.). — M. Alphonse Sagnier [1813 † 1903], p. 225 à 236.

8226. Faucher (Paul de). — Joseph-Marie Calvier, peintre de Bollène (1749 † 1819), portr., p. 251 à 257.

8227. Reboulet (Capitaine A.). — Le général d'Anselme [Joseph-Bernard-Modeste, 1740 † 1814], et ses *Maximes militaires*, portr., p. 259 à 272.

VENDÉE. — LA ROCHE-SUR-YON.

SOCIÉTÉ D'ÉMULATION DE LA VENDÉE.

Les publications antérieures de cette Société sont analysées dans notre *Bibliographie générale*, savoir :
Annuaire, t. I à XXIX (1855-1885), *Bibliographie*, t. IV, p. 554.
— t. XXX à XLIV (1886-1900), *Bibliographie*, Supplément sous presse.
— t. XLV (1901), *Bibliographie*, nouvelle série, t. I, p. 156.

XLVI. — Annuaire de la Société d'émulation de la Vendée (Agriculture, sciences, histoire, lettres et arts), 1902, 49e année, 5e série, t. II. (La Roche-sur-Yon, 1903, in-8°, xii-225 p.)

8228. Mignen (D'). — Les religieuses Fontevristes de Notre-Dame de Saint-Sauveur, à Montaigu-Bas-Poitou. pl., p. 1 à 145. — Suite de XLV, p. 1.

8229. Lacouloumère (G.) et Baudouin (D' M.). — Dé-

couverte et mise au jour du château fort de Saint-Nicolas de Brem, fig., p. 146 à 214.

8230. Merland (Julien). — Quelques documents inédits [1836] à propos de l'érection de la statue du général Travot à la Roche-sur-Yon [en 1838], p. 215 à 223.

8231. Louis (Eugène). — Annuaire de la Société d'émulation de la Vendée. Table générale des matières contenues dans les quatre premières séries (1854-1900). (La Roche-sur-Yon, 1902, in-8°, viii-44 p.)

VIENNE. — POITIERS.

SOCIÉTÉ DES ANTIQUAIRES DE L'OUEST.

Les publications antérieures de cette Société sont analysées dans notre *Bibliographie générale*, savoir :
Mémoires, t. I à XLVIII (1835-1884), *Bibliographie*, t. IV, p. 567.
— t. XLIX à LXIV (1886-1900), *Bibliographie*, Supplément sous presse.
— t. LXV (1901), *Bibliographie*, nouvelle série, t. I. p. 157.
Bulletin, t. I à XVII (1836-1885), *Bibliographie*, t. IV, p. 577.
— t. XVIII-XXII (1886-1900), *Bibliographie*, Supplément sous presse.

LXVI. — Bulletin et Mémoires de la Société des Antiquaires de l'Ouest, t. XXVI, de la 2ᵉ série, année 1902. (Poitiers, 1903, in-8°, LXXII-639 p.)

[*Ce volume, en dépit de son titre, fait partie de la série des Mémoires.*]

8232. BOISSONNADE. — L'administration royale et les soulèvements populaires en Angoumois, en Saintonge et en Poitou pendant le ministère de Richelieu (1624-1642), p. XIX à LIII.

8233. PROUHET (Dʳ). — Contribution à l'étude des assemblées générales de communautés d'habitants en France sous l'ancien régime [d'après les actes de la paroisse de la Mothe-Saint-Héray], p. 1 à 292.

8234. BARBIER (Alfred). — Les intendants de province et les commissaires royaux en Poitou de Henri III à Louis XIV, p. 293 à 637.

XXIII. — Bulletins de la Société des Antiquaires de l'Ouest..., t. IX, 2ᵉ série, années 1901-1902-1903. (Poitiers, 1904, in-8°, 760 p.)

8235. COURTEAUD (L'abbé). — Sur une hache trouvée dans le souterrain-refuge de Bellebouche, commune de Gourgé (Deux-Sèvres), p. 22.

8236. TOURNÉZY (A.). — Discours prononcé aux funérailles de M. J. Levieil de la Marsonnière [et bibliographie de ses travaux], p. 29 à 37.

8237. LA BOURALIÈRE (A. DE). — Deux souvenirs des Templiers en Poitou, 2 pl., p. 38 à 50.

[*Pierre sculptée provenant de la commanderie de Montgauguier ; gisant provenant de la commanderie de Hoche.— Liste des commanderies du Poitou.*]

8238. ROUSSEAU (Commandant). — Note au sujet de quelques bijoux mérovingiens trouvés dans le département de Loir-et-Cher, 2 pl., p. 51 à 54.

8239. DUPRÉ (Louis). — Inventaire des objets offerts ou acquis pour les musées de la Société des Antiquaires de l'Ouest, année 1900, p. 55 à 94. — Année 1901, p. 220 à 259. — Année 1902, p. 472 à 500. — Cf. n° 8264.

8240. QUINIVET (Général). — Le général de division Al. Segretain [1826 † 1901], p. 117 à 120.

8241. RENÉ (Le Frère). — Les sépultures franques aux environs de Saint-Amand-sur-Sèvre (Deux-Sèvres), *fig.*, p. 121 à 130.

8242. BARBIER (Alfred). — Les de Prie en Haut-Poitou [XVIIᵉ-XVIIIᵉ s.], p. 131 à 141.

8243. DUPRÉ (Louis). — Notice nécrologique sur M. P.-Amédée Brouillet, ancien directeur de l'École régionale des beaux-arts de Poitiers, ancien conservateur des musées de la ville [1826 † 1901], p. 151 à 160.

8244. BESSE (Dom). — Les premiers moines gallo-romains, p. 161 à 180.

8245. ROUSSEAU (Commandant). — Note au sujet du crochet en bronze doré offert par le Dʳ Poupelard à la Société des Antiquaires de l'Ouest, *pl.*, p. 181 à 184.

8246. BARBIER (Alfred). — Les Gillier de Puygarreau, seigneurs de Marmande, de Faye-la-Vineuse et de Grouin, p. 185 à 188.

8247. LA CROIX (Le P. DE). — Caveau funéraire de Nueil-sous-Faye (Vienne). Théâtre gallo-romain des Bouchauds (Vienne), p. 194 à 196.

8248. BALU. — Un chauffe-pieds du XVIIᵉ siècle, *pl.*, p. 214 à 216.

8249. MARAIS (Lieutenant-colonel). — Note sur un fragment du tombeau de Jeanne de Villers (1612), p. 217 à 219.

8250. HILD (J.-A.). — La Minerve de Poitiers, p. 278 à 301.

8251. RICHARD (Alfred). — Relation de la découverte de

la Minerve de Poitiers le 20 janvier 1902, 2 pl., p. 302 à 328.

8252. Collon (L'abbé A.). — Essai sur l'archiprêtré de Lusignan et ses annexes successives, le prieuré de Celle-l'Evècault et la cure de Voulon, p. 351 à 392.

8253. Barbier de Montault (X.) et Richard (Alfred). — Le livre d'heures de l'abbaye de Charroux, p. 400 à 423.

8254. Brac. — La boule [en bronze] de Brigueil-le-Chantre, pl., p. 424 à 431.

8255. Gelin. — Les vipères du Poitou [traditions et légendes], p. 432 à 440.

8256. Dupré (Louis). — Les carreaux émaillés du palais de justice de Poitiers au xivᵉ siècle, pl., p. 459 à 469.

8257. Richard (Alfred). — Note sur une inscription du xiᵉ siècle [trouvée à Vouhé], p. 470.

8258. La Croix (Le P. de). — Étude sommaire du bap-

tistère de Saint-Jean de Poitiers, 3 pl., p. 527 à 612.

8259. Desaivre (Léo). — Deux voyageurs en Poitou au xviiᵉ siècle. Dubuisson-Aubenay et Léon Godefroy, p. 630 à 658.

8260. Barbier (Alfred). — Sur des faïences de Hollande à portraits et à légendes, fig., p. 659 à 663.

8261. Bleau (L'abbé). — L'inscription d'une clef de voûte à la cathédrale de Poitiers [1167], fig., p. 676.

8262. Desaivre (Léo). — Note sur le château de Bonnivet, p. 678 à 680.

8263. Barbier (Alfred). — Chroniques chatelleraudaises. Le fort du Peu Millerou [Puymillerou], ès frontières de Guienne (1371), fig. et pl., p. 681 à 694.

8264. La Croix (Le P. de). — Inventaire des objets offerts ou acquis pour les musées de la Société des Antiquaires de l'Ouest, année 1903, p. 719 à 732. — Cf. nᵒ 8239.

VIENNE. — POITIERS.

SOCIÉTÉ DES ARCHIVES HISTORIQUES DU POITOU.

Les publications antérieures de cette Société sont analysées dans notre *Bibliographie générale*, savoir :
Archives historiques du Poitou, t. I à XV (1872-1885), *Bibliographie*, t. IV, p. 589.

— t. XVI à XXX (1886-1899), *Bibliographie*, Supplément sous presse.
— t. XXXI (1901), *Bibliographie*, nouvelle série, t. I, p. 158.

XXXII. — Archives historiques du Poitou, t. XXXII. (Poitiers, 1903, in-8°, xxxvii-496 p.)

8265. Guérin (Paul). — Recueil de documents concer-

nant le Poitou contenus dans les registres de la chancellerie de France, t. IX (1447-1456), p. vii à xxxvii et 1 à 496.

[Les tomes I à VIII de ce *Recueil* ont paru de 1881 à 1898.]

VIENNE (HAUTE-). — LIMOGES.

SOCIÉTÉ ARCHÉOLOGIQUE ET HISTORIQUE DU LIMOUSIN.

Les publications antérieures de cette Société sont analysées dans notre *Bibliographie générale*, savoir :
Bulletin, t. I à XXXII (1846-1885), *Bibliographie*, t. IV, p. 597.
— t. XXXIII à XLIX (1886-1900), *Bibliographie*, Supplément sous presse.
— t. L (1901), *Bibliographie*, nouvelle série, t. I, p. 158.

VIENNE (HAUTE-). — LIMOGES.

SOCIÉTÉ DES ARCHIVES HISTORIQUES DU LIMOUSIN.

Les publications antérieures de cette Société sont analysées dans notre *Bibliographie générale*, savoir :
Archives anciennes, t. I à VII (1887-1897), *Bibliographie*, Supplément sous presse.
Archives modernes, t. I à V (1889-1896), *Bibliographie*, Supplément sous presse.

ARCHIVES ANCIENNES.

VIII. — **Société des archives historiques du Limousin**, 1ʳᵉ série, Archives anciennes, t. VIII.

8295. Guibert (Louis). — Documents, analyses de pièces, extraits et notes relatifs à l'histoire municipale des deux villes de Limoges, tome II, comprenant, 2ᵉ série : Le château (de 1373 à la transaction du 30 juillet 1566). Supplément, errata et table. (Limoges, 1902, in-8°, vi-432 p.)

[Le tome I, formant le tome VII de la série, a paru en 1897.]

ARCHIVES MODERNES.

VI. — **Société des Archives historiques du Limousin**, 2ᵉ série, Archives modernes, fasc. VI.

8296. Fray-Fournier (A.). — Le club des Jacobins de Limoges, 1790-1795, d'après ses délibérations, sa correspondance et ses journaux. (Limoges, 1903, in-8°, xxxviii-395 p.)

VIENNE (HAUTE-). — ROCHECHOUART.

SOCIÉTÉ LES AMIS DES SCIENCES ET ARTS DE ROCHECHOUART.

Cette Société a été fondée en 1889. Les dix premiers volumes de son *Bulletin*, parus de 1889 à 1900, sont analysés dans le Supplément de notre *Bibliographie générale*.

XI. — **Bulletin de la Société Les amis des sciences et arts de Rochechouart...**, t. XI. (Rochechouart, 1901-1902, in-8°, 176 p.)

8297. Masfrand (A.). — Compte rendu des fouilles faites dans les ruines gallo-romaines de Chassenon [Charente], p. 1 à 6. — Suite et fin de X, p. 91, 116, et 150.

[8309]. Marquet (D'). — La vie communale à Rochechouart d'après les registres consulaires et les livres de la municipalité, p. 10, 67, 86, 118, et 146.

8298. Reinach (Salomon). — La bataille de l'Allia, p. 16 à 19. — Suite et fin de X, p. 156.

8299. Marquet (D'). — Une visite au Confolentais, p. 25 à 36.

8300. Précigou (A.). — Exploitation des gisements stannifères du Limousin durant l'âge du bronze, p. 36, 76, et 81.

8301. Boissot (E.). — La redoute de Coligay à Pensol, p. 40 à 45.

8302. Mannet. — Aperçu sur le brahmanisme, p. 45 à 47.

8303. Savoye. — Monuments mégalithiques du département de Saône-et-Loire, p. 47 à 50. — Suite de X, p. 127.

[8310]. Imbert (Martial). — L'archéologie à l'Exposition de 1900, p. 50, 57, 99, et 129.

8304. Blanchet (A.). — Nouvelles observations sur la monnaie barbarine de Limoges, *fig.*, p. 60 à 63.

8305. Masfrand (A.). — Quelques notes sur les origines de la nationalité française, p. 63, 103, 126, 154; et XII, p. 12, 44, et 49.

8306. Savoye (Claudius). — Le cimetière gallo-romain de Saint-Amour (Saône-et-Loire), p. 74 à 76, et 108 à 110.

8307. Gaumy (P.). — Un groupe d'habitants de la région de Rochechouart devant le Tribunal révolutionnaire pendant la Terreur, p. 91, 113, 158; et XII, p. 15, 38, 61, 91, 117, et 151.

8308. Pouyaud (A.). — Simple aperçu sur les découvertes archéologiques faites en Tunisie, p. 96, 116, et 145.

XII. — Bulletin de la Société Les Amis des sciences et arts de Rochechouart, t. XII. (Rochechouart, 1902, in-8°, 176 p.)

8309. Marquet (D'). — La vie communale à Rochechouart d'après les registres consulaires et les livres de la municipalité, p. 8, 31, 52, 81, 113, et 145. — Suite de IX, p. 8, 59, 94, 107, 139; X, p. 1, 35, 100, 123, 141; et XI, p. 10, 67, 86, 118, et 146.

[8305]. Masfrand (A.). — Quelques notes sur les origines de la nationalité française, p. 12, 44, et 49.

[8307]. Gaumy (P.). — Un groupe d'habitants de la région de Rochechouart devant le Tribunal révolutionnaire pendant la Terreur, p. 15, 38, 61, 91, 117, et 151.

8310. Imbert (Martial). — L'archéologie à l'Exposition de 1900, p. 19, et 25. — Suite et fin de X, p. 57, 81; et XI, p. 50, 57, 99, et 129.

8311. Anzic (Octave d'). — La question des halles à Rochechouart en 1768, p. 28 à 31.

8312. Pouyaud (A.). — Dolmen de l'île de Saint-Germain (Charente), p. 36 à 37.

8313. Pouyaud (A.). — Syndicat des meuniers de l'ancienne vicomté de Rochechouart; leur procès avec les habitants [1767-1768], p. 76, 88, 136, 162; XIII. p. 8, 38.

8314. Masfrand. — Le tombeau du général [monolithe à Massaloux], p. 87.

8315. Masfrand (A.). — Sépultures néolithiques dans la Creuse, p. 135 à 136.

VOSGES. — ÉPINAL.

SOCIÉTÉ D'ÉMULATION DU DÉPARTEMENT DES VOSGES.

Les publications antérieures de cette Société sont analysées dans notre *Bibliographie générale*, savoir :
Journal, t. I à II (1825-1827), *Bibliographie*, t. IV, p. 613.
Séances publiques (1828-1830), *Bibliographie*, t. IV, p. 614.
Annales, t. I à XXIV (1831-1885), *Bibliographie*, t. IV, p. 614.
— t. XXV à XXXIX (1886-1900), *Bibliographie*, Supplément sous presse.
— t. XL (1901), *Bibliographie*, nouvelle série, t. I, p. 159.

XLI. — Annales de la Société d'émulation du département des Vosges, 78° année, 1902. (Épinal, 1902, in-8°, xc-608 p.)

8316. Barthélemy. — Sorcellerie et criminalité chez les animaux et particulièrement au pays de Lorraine, p. ix à xliii.

8317. Barré (Léon). — De l'influence française au royaume des Khmers, étude historique, économique et politique du Cambodge ancien et moderne, p. 1 à 131.

8318. Fournier (A.). — Topographie ancienne du département des Vosges, 10° fascicule. Les pagi et les divisions religieuses et politiques, 3 cartes, p. 135 à 184. — Suite de XXXI, p. 69; XXXII, p. 25; XXXIII, p. 441; XXXIV, p. 1; XXXV, p. 11; XXXVII, p. 1; XXXVIII, p. 55; et XXXIX, p. 49.

8319. Perrout (René). — Épinal au xviii° siècle, p. 185 à 435.

8320. Fournier (D' A.). — Les noms de personnes d'une ville lorraine (Rambervillers), p. 437 à 557.

8321. Chevreux. — Rapport sur le Musée départemental, p. 559 à 563. — Cf. n° 8330.

8322. Haillant (Nicolas). — Americ Andreocci, chimiste italien [1863 † 1899]. Notice bio-bibliographique traduite de l'italien du D' Gius. Grassi-Cristaldi, p. 564 à 577.

XLII. — Annales de la Société d'émulation du département des Vosges, 79° année, 1903. (Épinal, 1903, in-8°, lxxxviii-431 p.)

8323. Simon. — Discours prononcé à la séance publique annuelle de la Société La Bulgarie, p. vii à xxvi.

8324. Haillant (Nicolas) et Virtel (Albert). — Choix

de proverbes et dictons patois de Damas (près de Dom-
paire). p. 1 à 36.

8325. Bergerot (V.-A.). — Remiremont pendant la
Révolution d'après les documents officiels, p. 37 à 166.
Suite de XL, p. 79.

8326. Haillant (N.). — Notice nécrologique sur
M. Jean-Baptiste Huot (1822 † 1903), p. 167 à 182.

8327. Le Moyne. — Allocution prononcée sur la tombe
de M. Tourey [Charles] (1824 † 1903), p. 183 à 185.

8328. Triaucourt (Paul). — Les anciennes Sociétés de tir
de Remiremont (1449-1739), p. 187 à 233.

8329. Chevreux (Paul). — Le sculpteur-médailleur
H. Ponscarme (1827 † 1903), portr. et 4 pl., p. 235
à 288.

8330. Chevreux (Paul). — Rapport sur le musée départemental des Vosges, p. 289 à 300. — Cf. n° 8323.

8331. Sonnier (Albert). — Un défenseur des Vosges en
1814-1815. Le général Brice (1783 †1851), p. 301 à 353.

VOSGES. — SAINT-DIÉ.

SOCIÉTÉ PHILOMATHIQUE VOSGIENNE.

Les publications antérieures de cette Société sont analysées dans notre *Bibliographie générale*, savoir :
Bulletin, t. I à X (1876-1885), *Bibliographie*, t. IV, p. 620.
— t. XI à XXV (1886-1900), *Bibliographie*, Supplément sous presse.
— t. XXVI (1900-1901), *Bibliographie*, nouvelle série, t. I, p. 159.

XXVII. — **Bulletin de la Société philoma-**
thique vosgienne, 27ᵉ année, 1901-1902.
(Saint-Dié, 1902, in-8°, 416 p.)

8332. Didier-Laurent (Dom E.). — Correspondance de
l'abbé Hugo d'Étival avec le nonce de Lucerne, D. Pas-
sionéi (1723-1726), p. 5 à 30, et 362.

8333. Denis (Ch.). — Jacques de Choiseul, comte de
Stainville, maréchal de France (1727-1789), pl. et
facs., p. 31 à 47.

8334. Jérôme (L'abbé Léon). — L'abbaye de Moyen-
moutier, étude historique, p. 49 à 143. — Suite de
XXIV, p. 175; et XXV, p. 5.

8335. Fournier (A.). — La Voge, p. 145 à 157.

8336. Didier-Laurent (L'abbé A.). — Le mariage et la
donation de saint Romary, p. 159 à 266, et 359
à 361.

8337. Bardy (Henri). — Le colonel du génie J.-B. Nicolas
Souhait (de Saint-Dié), 24 juin 1773-22 juin 1799,
pl., p. 267 à 292.

8338. Thomassin (L'abbé). — Encore les braves d'Ainvelle, p. 293 à 296. — Cf. XXVI, p. 194.

8339. L'Hote (E.). — L'inscription du bourdon de
la cathédrale de Saint-Dié [xviiiᵉ s.], p. 297
à 305.

[8342]. Flayeux (L'abbé Georges). — Étude historique
sur l'ancien ban de Fraize, p. 307 à 313.

8340. Bardy (Henri). — Gaston Save, artiste peintre
(1844 † 1901), pl., p. 347 à 358.

8341. Anonyme. — Procès-verbaux des séances du 24 mars
1901 au 23 février 1902, p. 363 à 393.
[Sceau de l'évêque constitutionnel des Vosges J.-A. Maudru,
fig., p. 371.]

XVIII. — **Bulletin de la Société philoma-**
thique vosgienne, 28ᵉ année, 1902-1903.
(Saint-Dié, 1903, in-8°, 414 p.)

8342. Flayeux (L'abbé Georges). — Étude historique
sur l'ancien ban de Fraize, p. 5 à 66. — Suite de XXVII,
p. 199; et XXVII, p. 307.

8343. Bardy (Henri). — Les sires de Parroy au chapitre
de Saint-Dié, 3 pl., p. 67 à 81.

8344. Germain (Léon). — Note sur deux chapiteaux de
la cathédrale de Saint-Dié, 2 pl., p. 83 à 88.

8345. Fournier (A.). — Le duc Léopold et la Lorraine,
p. 89 à 265.

8346. Puton (Bernard). — Les vitraux de l'église
Saint-Nicolas de Remiremont [xviᵉ s.], pl., p. 267 à 287.

8347. Fixsse (Adrien). — Rétablissement des travaux
des mines dans les Vosges en 1721, p. 289 à 295.

8348. Hingre (Le chanoine). — Patois de la Bresse. Vocabulaire, p. 297 à 347. — Suite de XII, p. 143.

8349. Badel (E.). — Bossuet et le culte de sainte Li-
baire [à Condé-sur-Morin], p. 350 à 365.

8350. Bardy (A.). — Discours, p. 371 à 380.

[Le colonel de Bourcille (1813 † 1902); Albert Blondin (1828
† 1902); Dom Edmond Didier-Laurent († 1902).]

YONNE. — AUXERRE.

SOCIÉTÉ DES SCIENCES HISTORIQUES ET NATURELLES DE L'YONNE.

Les publications antérieures de cette Société sont analysées dans notre *Bibliographie générale*, savoir :
Bulletin, t. I à XXXIX (1847-1885), *Bibliographie*, t. IV, p. 624.
— t. XL à LIV (1886-1900), *Bibliographie*, Supplément sous presse.
— t. LV (1901), *Bibliographie*, nouvelle série, t. I, p. 160.
Ouvrages divers (1850-1878), *Bibliographie*, t. IV, p. 623.

LVI. — Bulletin de la Société des sciences historiques et naturelles de l'Yonne, année 1902, 56ᵉ volume, 6ᵉ de la 4ᵉ série. (Auxerre, 1902, in-8°, 368-111-LXXXIV p.)

Sciences historiques.

8351. Petit (Ernest). — Affranchissement de Poilly-sur-Serain par le maréchal de Noyers, en 1341, p. 5 à 13.
8352. Dubois (A.-J. Charles). — Notice sur le village d'Esnon, 3 pl., p. 16 à 90.
8353. Blondel (L'abbé). — Théodore de Bèze jugé par les protestants. Réflexions critiques, p. 91 à 96.
8354. Drot (Eugène). — Recueil de documents tirés des anciennes minutes de notaires déposées aux Archives départementales de l'Yonne, pl., p. 97 à 121. — Suite et fin de LIII, p. 132; LIV, p. 25, 193; et LV, p. 161 à 429.
8355. Moisst (Charles). — Mes souvenirs, par Jacob Moreau, historiographe de France au XVIIIᵉ siècle, p. 123 à 131.
8356. Pissier (L'abbé A.). — Notice historique sur Saint-Père-sous-Vézelay (Yonne), *fig.* et *pl.*, p. 133 à 176, et 275 à 368.
8357. Moisst (Charles). — La franc-maçonnerie à Auxerre au XVIIIᵉ siècle, p. 181 à 193.
8358. Demay (Ch.). — Confréries de métier, de charité et autres établies à Auxerre avant 1789, *fig.*, p. 197 à 243.
8359. Drot (Eugène). — Le règlement de la boucherie et des bouchers de Joigny (1415-1440), p. 245 à 260.
8360. Dormois (Camille). — Description des bâtiments de l'abbaye de Saint-Michel près Tonnerre, 3 pl., p. 261 à 274.

Sciences naturelles.

8361. Parat (L'abbé A.). — Les grottes de la Cure, 5 pl., p. 49 à 90. — Suite de XLIX, p. 47; LII, p. 83; et LIV, p. 3 et 45.

YONNE. — SENS.

SOCIÉTÉ ARCHÉOLOGIQUE DE SENS.

Les publications antérieures de cette Société sont analysées dans notre *Bibliographie générale*, savoir :
Bulletin, t. I à XIII (1846-1885), *Bibliographie*, t. IV, p. 642.
— t. XII à XIX (1888-1900), *Bibliographie*, Supplément sous presse.
Ouvrages divers (1876-1884), *Bibliographie*, t. IV, p. 642, Supplément sous presse, et nouvelle série, t. I, p. 161.

XX. — Bulletin de la Société archéologique de Sens, t. XX [1899-1902]. (Sens, 1903, in-8°, 412 p.)

8362. Chartraire (E.). — L'épitaphe de Rainnaldus au Musée de Sens, p. 1 à 10.

[Renaud de Courtenay, XIIᵉ s.]

8363. Anonyme. — Histoire du catéchisme de Sens, p. 11 à 25.
8364. Perrin (Joseph). — Découverte des restes de l'église de Sainte-Colombe-du-Carrouge, à Sens, pl., p. 39 à 53. — Cf. n° 8385.
8365. Chandenier (Félix). — Une rectification. Réponse du Père Laire à une lettre de Pasumot [an IX], p. 59 à 79. — Cf. XIX, p. 141

30.

8366. Perrin (Joseph). — La défense du pont d'Yonne en 1814, document inédit, p. 80 à 84. — Cf. *Bibliographie* de 1901-1902, n° 3335.

8367. Perrin (Joseph). — Découverte de sépultures et d'armes antiques à Saint-Denis-lez-Sens, *pl.*, p. 85 à 98.

8368. Roy (Maurice). — Le couvent des Dominicains de Sens, 2 *pl.*, p. 99 à 221.

8369. Sepot (Ch.). — La corporation des ménétriers de France à Sens au XVII° siècle, p. 222 à 232.

8370. Roblot (B.). — Le grand pont de Sens et son auteur l'architecte Boffrand, p. 233 à 245.

8371. Perrin (Joseph). — Le P. Cornat († 1899), p. 261 à 264.

8372. Perrin (Joseph). — Fouilles dans l'église de Saint-Martin-du-Tertre, p. 269.

8373. Perrin (Joseph). — Sceau de la châtellenie de Fontaine, près Sens (XV° s.), p. 274.

8374. Mémain (Le chanoine). — Les trois Willicaire, p. 274 à 276.

8375. Chartraine (L'abbé) et Mémain (le chanoine). — Sur la verrière de la rosace du portail nord de la cathédrale de Sens, p. 284 à 286.

8376. Perrin (Joseph). — Sur la famille de Vères, p. 289 à 290.

8377. Perrin (Joseph). — M. Loriferne († 1900), p. 293.

8378. Julliot. — Verrière de l'ancienne chapelle Saint-Eutrope à la cathédrale de Sens, p. 296.

8379. Chartraine (L'abbé). — Sur la chapelle de Sainte-Colombe à la cathédrale de Sens, p. 299.

8380. Michel (Jules). — Inscription chrétienne découverte à Saint-Maurice en-Valais, p. 300.

[Épitaphe de Thoctebo.]

8381. Montjoie (Vicomte de). — Sur les familles Berthier de Grandry et Berthier de Sauvigny, p. 307.

8382. Guillet (L'abbé). — Découverte d'une officine de potiers gallo-romains à Sens, p. 318 à 320.

8383. Perrin (Joseph). — Excursion à Fleurigny, Sognes et Villechat, p. 328 à 336.

8384. Perrin (Joseph). — Chaussée antique rue Beaurepaire (ancienne rue Saint-Didier), p. 340.

8385. Perrin (Joseph). — Découverte d'un souterrain vers le carrefour de Sainte-Colombe-du-Carrouge, p. 341 à 343. — Cf. n° 8364.

8386. Perrin (Joseph). — Fragment de sculpture provenant de l'église de Maillot, p. 344 à 345.

8387. Prou (Maurice) et Perrin (Joseph). — Sur le pont d'Yonne à Sens, p. 360 à 362.

8388. Perrin (Joseph). — Sur une statue du XIII° siècle trouvée rue du Lion-d'Or, p. 365 à 367.

8389. Perrin (Joseph). — Sépultures barbares découvertes à Vinneuf, p. 370 à 372.

8390. Chartraine (L'abbé). — Sur les reliques de saint Savinien, p. 386.

ALGÉRIE. — ALGER.

SOCIÉTÉ DE GÉOGRAPHIE D'ALGER ET DE L'AFRIQUE DU NORD.

Les publications antérieures de cette Société sont analysées dans notre *Bibliographie générale*, savoir : *Bulletin*, t. I à IV (1896-1900). *Bibliographie*, Supplément sous presse.

—| t. V (1901), *Bibliographie*, nouvelle série, t. I, p. 161.

VI. — **Bulletin de la Société de géographie d'Alger et de l'Afrique du Nord**, 7° année, 1902. (Alger, in-8°, cxxxiv-638 p.)

8391. Malafosse (D'). — Colonne du 2° étranger allant de Géryville au Gourara. Description du pays, *pl.* et *carte*, p. 1 à 31.

8392. Kieffer (Lieutenant). — Conférence sur son exploration au Longone, *carte*, p. 86 à 110.

8393. Rouanet (Jules). — Pour le Cheliff, *tableau*, p. 112, 218, et 558. — Suite de V, p. 453.

8394. Calléja (F.). — Réfutation du mémoire adressé en 1885 à M. Renan par M. Ladislau Netto concernant la stèle du Brésil, p. 132 à 142.

8395. Delprch (A.). — Tables chronologiques, p. 142 à 155. — Suite de IV, p. 309, 421; et V, p. 158, et 441.

8396. Arnaud (Robert). — Contribution à l'étude de la langue peuhle ou foullanyya, p. 156, 326, 488, et 614. — Suite de IV, p. 284, 432; et V, p. 152, 421, et 600.

8397. Mesplé (Armand). — Le commandant René Reibell († 1901], p. 164.

8398. Segonzac (Marquis R. de). — Conférence sur ses voyages au Maroc, p. 180 à 196.

8399. Rinn (Commandant). — Le Peñon de Argel, p. 206 à 217.

8400. P. — Notice sur le troisième territoire militaire de Zinder, carte, p. 252 à 258.

8401. Rinn (Commandant). — Origine des droits d'usage des Sahariens dans le Tell, p. 259 à 267.

8402. Mayer (Commandant E.). — Un explorateur français. Édouard Foa [1863 † 1901], p. 268 à 280.

8403. Ferrand (Gabriel). — Notes de voyage au Guilân [Perse], p. 281 à 320.

8404. Demontès (V.). — Une colonie allemande en Algérie. La Stidia, étude historique, démographique, économique, fig., p. 351 à 407.

8405. Mougenot (Lieutenant). — Un coin de Numidie [Souk-Ahras], p. 413 à 419.

8406. Lefébure (E.). — La politique religieuse des Grecs en Libye, p. 420 à 455, et 517 à 531.

8407. Bernard (Aug.). — Revue bibliographique des travaux sur la géographie de l'Afrique septentrionale (5ᵉ année), p. 456 à 476.

8408. Rimbaud. — Le chant chez les Imouhar, p. 532 à 543.

8409. Van Vollenhoven (Joost). — Conférence sur le voyage de Nachtigal au Ouadaï, p. 544 à 557.

8410. Sagoman. — Le Dahomey, p. 606 à 613.

8411. Mesplé (Armand). — Nécrologie. Amiral Merleaux-Ponty († 1902); Mercuri († 1902), p. 631.

ALGÉRIE. — ALGER.

SOCIÉTÉ HISTORIQUE ALGÉRIENNE.

Les publications antérieures de cette Société sont analysées dans notre *Bibliographie générale*, savoir :
Revue africaine, t. I à XXIX (1856-1885). *Bibliographie*, t. IV, p. 647.

— t. XXX à XLIV (1886-1900), *Bibliographie*, Supplément sous presse.

— t. XLV (1901), *Bibliographie*, nouvelle série, t. I, p. 162.

XLVI. — Revue africaine, Bulletin des travaux de la Société historique algérienne, 46ᵉ année. (Alger, 1902, in-8°, 367 p.)

8412. Waille (Victor). — Rapport sur les fouilles exécutées à Cherchell, 8 pl., p. 5 à 40.

[Statues antiques, sarcophages chrétiens, mosaïque, bijoux et monnaies, cadran solaire, inscriptions, poteries.]

8413. Robin (Colonel). — Notes historiques sur la Grande Kabylie de 1838 à 1851, p. 41 à 78, et 213 à 262.

8414. Quedenfelt. — Division et répartition de la population berbère au Maroc, p. 79 à 116, et 263 à 301.

[Traduit par le capitaine H. Simon.]

8415. Giacobetti (Le P.). — Kitab En-Nasab, p. 117 à 132, et 177 à 212.

8416. Rinn (Louis). — Nécrologie [le général E.-L. Boissonnet (1811 † 1902)], p. 133 à 136.

8417. Moinier (Colonel A.). — Petit bronze antique découvert dans la région de Sétif, fig., p. 137 à 144.

8418. Moinier (Colonel A.). — Campagne de J. César en Afrique (47-46 avant J.-C.), carte, p. 145 à 176, et 302 à 359. — Suite de XLV, p. 289.

8419. Moinier (Colonel A.). — Inscription romaine à Chanzy (Oran), p. 360 à 361.

8420. E. F. — Le jeu *Yadas* [Philippine, chez les Algériens], p. 364 à 366.

ALGÉRIE. — BÔNE.

ACADÉMIE D'HIPPONE.

Les publications antérieures de cette Société sont analysées dans notre *Bibliographie générale*, savoir :
Bulletin, t. I à XX (1865-1885). *Bibliographie*, t. IV, p. 667.

Bulletin, t. XXI à XXIX (1886-1899), *Bibliographie*, Supplément sous presse.
Comptes rendus (1889 à 1900), *Bibliographie*, Supplément sous presse.

XXX. — **Bulletin de l'Académie d'Hippone** (1899-1900). Bulletin n° 30. (Bône, 1901, gr. in-8°, xxii-185 p.)

[La couverture porte la date 1903.]

8421. Gsell (Stéphane). — Note sur quelques antiquités non romaines conservées à Bône, 3 *pl.*, p. 1 à 6.

[Antiquités phéniciennes.]

8422. Mélix (Capitaine) et Papier (Alex.). — Des deux médaillons en terre cuite provenant de Tébessa, p. 7 à 16.
8423. Mélix (Capitaine) et Héron de Villefosse. — Sur deux cachets d'oculiste, *fig.*, p. 17 à 23.
8424. Levistre (L.). — Contribution aux études berbères, carte, p. 25 à 113.
8425. Levistre (L.). — L'origine et la signification révélées des lettres de l'alphabet. Les caractères primitifs du *Tifinarg'h*, *fig.* et *pl.*, p. 115 à 143.
8426. Carton (D'). — Un dolmen à cupule du cercle de la Calle, p. 145 à 147.
8427. Papier (Alex.). — Au sujet de la mosaïque aux médaillons de la villa Chevillot, à Hippone, *pl.*, p. 149 à 183.

Académie d'Hippone. Comptes rendus des réunions, année 1901. (Bône, 1903, in-8°, xv p.)

8428. Delattre (Le P.). — Inscription romaine trouvée à Bou-Zitoun, p. vii, et xiv.
8429. Dessau. — Inscription romaine trouvée à Cherchell, p. viii à ix.
8430. Bertrand. — Sur une inscription romaine du musée de Philippeville, p. xiv.

Académie d'Hippone. Comptes rendus des réunions, année 1902. (Bône, 1903, in-8°, xxiii p.)

8431. Papier (A.). — Inscription romaine relevée à Affreville, p. ii à vi.
8432. Benoit (Ch.) et Papier (A.). — Inscriptions romaines relevées à Guelma, p. ix à x.
8433. Granier (Aug.). — Inscriptions romaines du Kef, p. x à xiv.
8434. Marc et Papier (A.). — Inscriptions romaines de Teniet-el-Haad et des environs, p. xvi à xx.
8435. Papier (A.). — Inscription romaine des environs de Penthièvre, au musée de Bône, p. xxi à xxiii.

ALGÉRIE. — CONSTANTINE.

SOCIÉTÉ ARCHÉOLOGIQUE DE CONSTANTINE.

Les publications antérieures de cette Société sont analysées dans notre *Bibliographie générale*, savoir :
Annuaire et Recueil, t. I à XXIII (1853-1884), *Bibliographie*, t. IV, p. 671.
Recueil, t. XXIV à XXXIV (1886-1900), *Bibliographie*, Supplément sous presse.
— t. XXXV (1901), *Bibliographie*, nouvelle série, t. I, p. 162.

XXXVI. — **Société archéologique du département de Constantine**. Souvenir du cinquantenaire (1853-1903), 35° [*lisez* : 36°] volume de la collection. (Constantine, s. d., in-8°, xvi-48 et 131 p.)

8436. Hinglais (Ulysse). — Le premier demi-siècle de la Société archéologique de Constantine, 1852 à 1902, p. 1 à 48.
8437. Cagnat (R.). — Fastes municipaux de Timgad, p. 1 à 20.
8438. Gsell (Stéphane). — Observations géographiques sur la révolte de Firmus, p. 21 à 46.
8439. Héron de Villefosse (A). — Remarques sur des inscriptions de Taourà, p. 47 à 52.

8440. Toutain (J.). — La Colonia Tertiadecimanorum Uthina, p. 53 à 61.
8441. Carton (D'). — L'hypogée du labyrinthe de la nécropole d'Hadrumète, p. 63 à 70.
8442. Reinach (Salomon). — Chevaux et chameaux d'Afrique, p. 71 à 74.
8443. Besnier (Maurice). — Les Augustales de Timgad, p. 75 à 89.
8444. Gauckler (P.). — Tête de poète grec découverte à Carthage, *pl.*, p. 91 à 99.
8445. Mercier (E.) et Maguelonne (J.). — M. Poulle [Joseph-Alexandre], p. 101 à 106.
8446. Hinglais (Ulysse). — M. Prud'homme, p. 107 à 109.

ALGÉRIE. — ORAN.

SOCIÉTÉ DE GÉOGRAPHIE ET D'ARCHÉOLOGIE DE LA PROVINCE D'ORAN.

Les publications antérieures de cette Société sont analysées dans notre *Bibliographie générale*, savoir :
Recueil, t. I à V (1878-1885), *Bibliographie*, t. IV, p. 678.
— t. VI à XX (1886-1900), *Bibliographie*, Supplément sous presse.
— t. XXI (1901), *Bibliographie*, nouvelle série, t. I, p. 163.
Bulletin des antiquités africaines, puis *Revue de l'Afrique française*, t. I à VI (1882-1888), *Bibliographie*, t. IV, p. 679.

XXII. — **Société de géographie et d'archéologie de la province d'Oran...**, t. XXII, 1902. (Oran, 1902, in-8°, 541 p.)

8447. Duvaux (Capitaine). — Zousfana, Guir, Saoura [Extrême-Sud oranais], 5 cartes, p. 12 à 96.
8448. Gentil (Louis). — Joustin Pouyanne, p. 97 à 100.
8449. Leclerc (René). — Monographie géographique et

historique de la commune mixte de la Mina, *fig.* et *pl.*, p. 125 à 236.
8450. Carton (D'). — Sculpture sur un rocher de Bulla Regia, *pl.*, p. 237 à 240.
[Sculpture rupestre ou libyque.]

8451. Fabre. — Monographie de la commune indigène de Tiaret-Aflou, *fig.* et carte, p. 255 à 314.

TUNISIE. — TUNIS.

INSTITUT DE CARTHAGE (ASSOCIATION TUNISIENNE DES LETTRES, SCIENCES ET ARTS).

Les publications antérieures de cette Association sont analysées dans notre *Bibliographie générale*, savoir :
Revue tunisienne, t. I à VII (1894-1900), *Bibliographie*, Supplément sous presse.
— t. VIII (1901), *Bibliographie*, nouvelle série, t. I, p. 163.

IX. — **Revue tunisienne**, publiée par le Comité de l'Institut de Carthage (Association tunisienne des lettres, sciences et arts), sous la direction de M. Albert Vassal, secrétaire général, t. IX. 1902. (Tunis, s. d., in-8°, 360 p.)

8452. Anonyme. — Notes sur les tribus de la Régence, p. 1, 185, et 277.
8453. Carton (D'). — Un pays de colonisation romaine, p. 24 à 50, et 165 à 184.
8454. Germain (V.). — Nos émigrants siciliens chez eux, p. 61 à 75. — Suite de VIII, p. 428.

8455. Cattan (Isaac). — *Majnoun Leila*, recueil de poésies arabes composées par Kaïs ben El Malaouah. [Texte et] traduction, p. 77 à 82. — Suite de VIII, p. 200, et 323.
8456. Alix (J.). — Corippe. *La Johannide*, traduction, p. 83 à 96. — Suite de VI, p. 31, 148, 314, 453; VII, p. 106, 184, 372, 477; et VIII, p. 210, et 327.
8457. Wacui (Lieutenant-Colonel P.). — En Algérie. Notes, itinéraires et souvenirs pour servir à l'histoire de la province d'Oran. L'insurrection de Bou Amama (1881-1882), p. 97 à 104, 289 à 317. — Suite de VIII, p. 336 et 445.

8458. Deambroggio, dit Kaddour. — Notes succinctes sur les tribus tripolitaines situées entre la frontière tunisienne et le méridien de Tripoli, p. 113 à 134, et 266 à 276.

8459. Julien (C.). — Thugga, promenade archéologique, p. 158 à 164.

8460. Curzon (Henri de). — L'histoire de Tunis au théâtre. Une pièce du poète espagnol José de Cañizares [Carlos Quintos sobre Tunez, xviiiᵉ s.], p. 262 à 265.

8461. Deambroggio, dit Kaddour. — Kanoun Orfia [règlement relatif aux saisies de troupeaux] des Berbères du Sud tunisien, p. 346 à 356.

8462. Menouillard. — Un mariage dans le Sud tunisien (Matmata), p. 372 à 374.

8463. Cattan (Isaac). — Biographie du cheikh Es Senoussi [1851 † 1900], p. 432 à 443.

INDO-CHINE. — HANOÏ.

ÉCOLE FRANÇAISE D'EXTRÊME-ORIENT.

Cet Institut a été fondé à Saïgon par arrêté du gouverneur général de l'Indo-Chine en date du 15 décembre 1898. Un décret présidentiel du 26 février 1901 a élevé l'École au rang d'Institut national; son siège a été transféré en 1902 de Saïgon à Hanoï. L'École française d'Extrême-Orient est placée sous le contrôle scientifique de l'Académie des Inscriptions et Belles-Lettres, elle comprend, outre ses directeur, sous-directeur et membres, un certain nombre de correspondants; enfin un arrêté du 31 décembre 1901 lui a annexé une Commission des antiquités. Il n'est pas sans intérêt de rappeler qu'ainsi constituée, l'École et sa Commission des antiquités se proposent de reprendre l'œuvre d'une institution mort-née, l'Académie tonkinoise, créée par un arrêté de Paul Bert, gouverneur général de l'Indo-Chine, en date du 3 juillet 1886.

L'École publie un Bulletin, dont le tome I a paru en 1901, et le tome II, en 1902. Elle a fait paraître en outre, de 1900 à 1902, divers ouvrages dont nous donnons l'indication sous les nᵒˢ 8464 à 8471.

8464. Finot (Louis) et Lunet de la Jonquière (E.). — Inventaire sommaire des monuments chams de l'Annam. (Hanoï, 1900, in-fol., 14 p., autographié, avec 1 carte en 7 feuilles et 2 plans.)

8465. Lacroix (Désiré). — Numismatique annamite. (Saïgon, 1900, gr. in-8°, 231-xxxi p., et 1 vol. in-fol. de 40 pl.)

8466. [Finot (L.)]. — Instruction pour les collaborateurs de l'École française d'Extrême-Orient. (Saïgon, 1900, in-16, 73 p.)

8467. Cabaton (A.). — Nouvelles recherches sur les Chams. (Paris, 1901, in-8°, 215 et IV p., pl. et fig.)

8468. Lunet de la Jonquière (Capitaine). — Atlas archéologique de l'Indo-Chine. Monuments du Champa et du Cambodge. (Paris, 1901, in-fol., 24 p. et 5 cartes.)

8469. Henry (Victor). — Éléments de sanscrit classique. (Paris, 1902, in-8°, 284 p.)

8470. Cadière (L.). — Phonétique annamite (dialecte du Haut-Annam). (Paris, 1902, gr. in-8°, xiii-113 p.)

8471. Lunet de la Jonquière (Commandant E.). — Inventaire descriptif des monuments du Cambodge. (Paris, 1902, gr. in-8°, cvii-430 p., fig.)

[Forme le tome I de l'Inventaire archéologique de l'Indo-Chine.]

I. — Bulletin de l'École française d'Extrême-

Orient, t. I, 1901. (Hanoï, 1901, gr. in-8°, ii-434 p.)

8472. Barth (A.), Bréal (Michel) et Sénart (Émile). — L'École française d'Extrême-Orient, p. 1 à 11.

8473. Finot (Louis). — La religion des Chams d'après les monuments, fig., p. 12 à 33.

[Suivi d'un Inventaire sommaire des monuments chams de l'Annam.]

8474. Finot (Louis). — Rapport au gouverneur général sur les travaux de l'École pendant l'année 1899, p. 69 à 76. — Cf. nᵒˢ 8495 et 8517.

8475. Dumoutier (G.). — Études sur les Tonkinois, p. 81 à 98.

8476. Lunet de la Jonquière (Capitaine). — Vieng-Chan, fig. et carte, p. 99 à 118.

8477. Cadière (Le P. L.). — Croyances et dictons populaires de la vallée du Nguôn Son, province de Quảng-bình (Annam), p. 119 à 139, et 183 à 207.

8478. Anonyme. — Débris d'un mobilier funéraire découverts à Dàm-xuyén (Tonkin), fig., p. 162 à 167.

8479. Anonyme. — Liste des monuments historiques de l'Annam, de la Cochinchine, du Cambodge et du Laos, p. 171 à 181.

8480. Leclère (Adhémard). — Le Cûlâ-Kantana-Maṅgala, ou la fête de la coupe de la houppe d'un prince royal à Phnôm-Pénh, le 16 mai 1901, p. 208 à 230.

8481. Dufour (H.). — Documents photographiques sur les fêtes ayant accompagné la coupe solennelle des cheveux du prince Chandalekha, fils de Noroudàm, en mai 1901, à Phnôm-Pénh, fig., p. 231 à 243.

8482. Parmentier (Henri). — Caractères généraux de l'architecture chame, fig., p. 245 à 258.

8483. Lavallée (A.). — Notes ethnographiques sur divers tribus du sud-est de l'Indo-Chine, fig., p. 291 à 311.

8484. Tchang (Le P. Mathias). — Tableau des souverains 南詔 de Nan-Tchao, p. 312 à 321.

8485. Foucher (A.). — Notes sur la géographie ancienne du Gandhâra (commentaire à un chapitre de Hiuen-Tsang), fig. et carte, p. 322 à 369.

8486. Parmentier. — Le trésor du Temple de Phanrang, fig., p. 409 à 411.

8487. Cadière (Le P.). — Statue de la grotte de Chuàhang, fig., p. 411 à 413.

II. — Bulletin de l'École française d'Extrême-Orient, t. II, 1902. (Hanoï, 1902, gr. in-8°, 456 p.)

8488. Finot (L.). — Notre transcription du cambodgien, p. 1 à 15.

8489. Parmentier (H.). — Le sanctuaire de Po-Nagar à Nhatrang, fig., p. 17 à 54.

8490. Cadière (Le P.). — Géographie historique du Quang Binh, d'après les Annales impériales, carte, p. 55 à 73.

8491. Barth (A.). — Çanf et Campâ, p. 98.

8492. Parmentier (H.). — Note sur l'exécution des fouilles, p. 99 à 104.

[Instructions générales.]

8493. Odend'hal (P.). — Note sur l'existence de ruines à Giam-Biêu (Thua Thiên), p. 105.

8494. Anonyme. — Durgâ, statue chame [en grès] (musée de l'École française), fig., p. 109 à 110.

8495. Finot (L.). — Rapport à M. le gouverneur général sur les travaux de l'École française d'Extrême-Orient pendant l'année 1900, p. 114 à 120. — Cf. n° 8474.

8496. Pelliot (P.). — Mémoires sur les coutumes du Cambodge, p. 123 à 177.

8497. [Pelliot (P.)]. — Notre transcription du chinois, p. 178 à 184.

8498. Finot (Louis). — Notes d'épigraphie, 3 pl., p. 185 à 191.

[Inscriptions de Bha'ravarman Iᵉʳ, roi de Champa.]

8499. Pelliot (P.). — Avalambana ou Vilambin; les ouvrages de mathématiques sous le T'ang; le pays des hommes longs, p. 192 à 194.

8500. Foucher. — Les pagodes, musées et bibliothèques de Bangkok (Siam), p. 227 à 229.

8501. Barth (A.). — Stèle de Vat Phou, près de Bassac (Laos), p. 235 à 240.

8502. Finot (L.). — Vat Phou, fig. et pl., p. 241 à 245.

8503. Lévi (Sylvain). — Notes chinoises sur l'Inde, p. 246 à 255.

8504. Huber (Édouard). — L'itinéraire du pèlerin Ki Ye dans l'Inde, p. 256 à 259.

8505. Commaille (J.). — Les ruines de Bassac (Cambodge), fig., p. 260 à 267.

8506. Bonifacy (A.). — Contes populaires des Mans du Tonkin, p. 268 à 279.

8507. Parmentier (H.). — Nouvelles découvertes archéologiques en Annam, p. 280 à 282.

[Le Trésor des rois chams; le monument ruiné de Phuoc-Thinh; la tour de Chéo Reo.]

8508. Grossin (Commandant). — Note sur une fouille faite dans l'île de Culao-Rua, près de Bien-Hoa, p. 282 à 284.

8509. Cadière (L.). — Les pierres de foudre, p. 284.

8510. Lunet de la Jonquière (E.). — Une tour du silence au Cambodge(?) fig., p. 286 à 288.

8511. Cauen (G.). — Livres et documents chinois et livres russes relatifs à la Chine, des bibliothèques et musées de Saint-Pétersbourg et de Moscou, p. 288 à 293.

8512. Bellan (Ch.). — Ruines de Barai Andet, près Prey-Veng, de Prey-Sla, etc., p. 307.

8513. Pelliot (Paul). — Notes de bibliographie chinoise, p. 315 à 340.

8514. Maître (Cl.-E.). — Notes de bibliographie japonaise, p. 341 à 351.

8515. Cadière (Le P.). — Coutumes populaires de la vallée du Nguôn-Son, fig., p. 352 à 386.

8516. Anonyme. — Liste des manuscrits khmèrs de l'École française d'Extrême-Orient, p. 387 à 400.

8517. Anonyme. — Rapport à M. le gouverneur général sur les travaux de l'École française d'Extrême-Orient pendant l'année 1901, p. 433 à 442. — Cf. n° 8474.

INDO-CHINE. — SAÏGON.

SOCIÉTÉ DES ÉTUDES INDO-CHINOISES.

Les publications antérieures de cette Société sont analysées dans notre *Bibliographie générale*, savoir :
Bulletin, t. I à III (1883-1885), *Bibliographie*, t. IV, p. 683.
— t. IV à XVIII (1886-1900), et Ouvrages divers, *Bibliographie*, Supplément sous presse.

XIX. — **Bulletin de la Société des études indo-chinoises de Saïgon**, année 1901. (Saïgon, 1902, in-8°, 135 et 96 p.)

Premier semestre.

[2410]. DÉRRWELL (Georges). — Le jeu en Cochinchine, p. 5 à 48.

Deuxième semestre.

8518. ANONYME. — Historique de la Société des études indo-chinoises, p. 5 à 33.
8519. SCHREINER (A.). — Préface des institutions annamites, p. 49 à 57.

XX. — **Bulletin de la Société des études indo-chinoises de Saïgon**, année 1902. (Saïgon, 1902, in-8°, 342 et 87 p.)

Premier semestre.

8520. SCHREINER (Alfred). — Étude sur la constitution de la propriété foncière en Cochinchine, p. 1 à 342.

Deuxième semestre.

8521. NEL (Lieutenant de vaisseau). — Philastre [† 1902]. Sa vie et son œuvre, p. 1 à 27.
8522. PASSERAT DE LA CHAPELLE (Pierre). — Note sur les anciennes digues du Cambodge, pl., p. 39 à 42.
8523. G. D. — Notice historique sur la conquête des provinces de la Basse-Cochinchine, *carte*, p. 43 à 60.
8524. NGUYEN-KHAC-HUÉ. — Notice sur le *Bánh-Ngói* (gâteau-tuile) [usage ancien], p. 61 à 66.

INSTITUTS FRANÇAIS À L'ÉTRANGER.

ÉGYPTE. — LE CAIRE.

MISSION ARCHÉOLOGIQUE ET INSTITUT FRANÇAIS D'ARCHÉOLOGIE ORIENTALE.

La *Mission archéologique* fondée au Caire en 1881 a publié dix-neuf volumes de *Mémoires* qui seront analysés dans le Supplément de notre *Bibliographie générale*. La section orientale de la Mission a d'autre part inauguré en 1901 la publication d'un *Bulletin* dont nous analysons ci-dessous les deux premiers volumes; elle a en outre entrepris la publication d'une série de *Mémoires* distincts de ceux mentionnés plus haut, les premiers fascicules sont datés de 1902, mais aucun d'eux ne formant un volume complet, ils seront analysés ultérieurement.

I. — **Bulletin de l'Institut français d'archéologie orientale**, publié sous la direction de M. É. Chassinat, directeur de l'Institut français du Caire, t. I. (Le Caire, 1901, in-4°, 241 p.)

8525. CASANOVA (P.). — Un texte arabe transcrit en caractères coptes, 2 pl., p. 1 à 20.

[Verba seniorum.]

8526. CLÉDAT (Jean). — Notes sur quelques figures égyptiennes, *fig.*, p. 21 à 24.
8527. SALMON (Georges). — Note sur la flore du Fayoum, d'après An-Nâboulsi, p. 25 à 28.
8528. SALMON (Georges). — Répertoire géographique de la province du Fayyoûm, d'après le Kitâb-Târîkh Al-Fayyoûm d'An-Nâboulsi, carte, p. 29 à 77.
8529. CHASSINAT (Émile). — Une monnaie d'or à légendes hiéroglyphiques trouvée en Égypte, *fig.*, p. 78 à 86.
8530. CLÉDAT (Jean). — Notes archéologiques et philologiques, *fig.*, p. 87 à 97.

[Antiquités de Meir, Cousieh, Baouit, Gebel Abou-Feddâh.]

8531. CHASSINAT (Émile). — Un interprète égyptien pour les pays chananéens, p. 98 à 100.
8532. CLÉDAT (Jean). — Notes sur la nécropole de Bersheh, p. 101.
8533. CHASSINAT (Émile). — Sur quelques textes provenant de Gaou El-Kébir (Antaeopolis), p. 103 à 107.
8534. CLÉDAT (Jean). — Rapport sur une mission au canal de Suez (octobre 1900), *fig.*, p. 108 à 112.

8535. CASANOVA (P.). — Notes sur un texte copte du XIIIe siècle, p. 113 à 137.

[Panégyrique de Jean de Phanidjoît.]

8536. CASANOVA (Paul). — Les noms coptes du Caire et localités voisines, carte, p. 139 à 224.
8537. CHASSINAT (Émile). — La tombe inviolée de la XVIIIe dynastie découverte aux environs de Médinet El-Gorab, dans le Fayoûm, *fig.* et 3 *pl.*, p. 225 à 234.
8538. SALMON (Georges). — Le nom de lieu Babîdj dans la géographie égyptienne, p. 235 à 239.

II. — **Bulletin de l'Institut français d'archéologie orientale**, publié sous la direction de M. É. Chassinat, ... t. II. (Le Caire, 1902, in-4°, 217 p.)

8539. CASANOVA (Paul). — De quelques légendes astronomiques arabes considérées dans leurs rapports avec la mythologie égyptienne, *fig.*, p. 1 à 39.
8540. CLÉDAT (Jean). — Notes archéologiques et philologiques, *fig.* et 7 *pl.*, p. 41 à 70.

[Inscriptions hiéroglyphiques de Meir; inscriptions et église coptes de Deir Abou-Hennis, carte, *fig.* et 5 *pl.*; inscriptions coptes de Cheik Abâhdeh, *fig.*; inscriptions démotiques de Ouâdy-en-Nakhleh, *fig.* et 2 *pl.*; stèle avec inscription copte d'Ashmouneïn.]

8541. SALMON (Georges). — Rapport sur une mission à Damiette (mai-juin 1901), p. 71 à 89.
8542. JOUGUET (Pierre). — Ostraka du Fayoum, p. 91 à 105.

31.

8543. Chassinat (Émile). — Note sur un nom géographique emprunté à la grande liste des nomes du temple d'Edfou, p. 106 à 108.

8544. Salmon (Georges). — Notes d'épigraphie arabe, *fig.* et *pl.*, p. 109 à 112, et 118 à 138.

[Inscriptions d'amulettes, etc., *fig.*, p. 109. — Stèles d'Assouân, *pl.*, p. 118.]

8545. Scheil (Le P. V.). — Deux nouvelles lettres d'El-Amarna, *pl.*, p. 113 à 118.

8546. Galtier (Émile). — Sur les mystères des lettres grecques, p. 189 à 162.

8547. Palanque (Charles). — Rapport sur les fouilles d'El-Deir (1902), *fig.*, p. 163 à 170.

8548. Chassinat (Émile). — Fragments de manuscrits coptes en dialecte fayoumique, p. 171 à 206.

[Isaïe, Matthieu, Marc, Corinthiens, Hébreux.]

8549. Lacau (Pierre). — Une inscription phénicienne de Chypre, *fig.*, p. 207 à 211.

8550. Galtier (Émile). — De l'influence du copte sur l'arabe d'Égypte, p. 212 à 216.

ÉGYPTE. — LE CAIRE.

INSTITUT ÉGYPTIEN.

Les publications antérieures de cet Institut sont analysées dans notre *Bibliographie générale*, savoir :
Bulletin, t. I à XX (1859-1885), *Bibliographie*, t. IV, p. 697.
   — t. XXI à XXXV (1886-1900), *Bibliographie*, Supplément sous presse.
Mémoires, t. I (1862), *Bibliographie*, t. IV, p. 699.
   — t. II et III (1889-1900), *Bibliographie*, Supplément sous presse.

XXXVI. — **Bulletin de l'Institut égyptien**, 4ᵉ série, n° 2, année 1901. (Le Caire, 1902, in-8°, 396 p.)

8551. Rissing (F. W. von). — La grande inscription grecque de Khargeh, p. 7 à 22.

8552. Abbate pacha (D'). — Les miracles de l'empereur Vespasien à Alexandrie, *pl.*, p. 125 à 140.

8553. Botti (G.). — Une deuxième découverte faite le 30 mars 1901 dans le stade d'Alexandrie, p. 187 à 190.

8554. Mayer-Eymar. — Sur le Kasr Es-Sagan, près de Dimé, p. 208 à 212.

8555. Mouillard (L.-P.). — Les silex taillés égyptiens, p. 223 à 225.

8556. Botti (D' G.). — Les anciens rois d'Orient en exil. Le parti légitimiste en Égypte sous les Romains, p. 307 à 311.

8557. Apostolidès (D'). — Encore les inscriptions préhelléniques de l'île de Lemnos, *fig.*, p. 321 à 334, et 353 à 370; et XXXVII, p. 123 à 152.

8558. Botti (D' G.). — Première visite à la nécropole d'Anfouchi, à Alexandrie, p. 335 à 337.

XXXVII. — **Bulletin de l'Institut égyptien**, 4ᵉ série, n° 3, année 1902. (Le Caire, 1903, in-8°, 262 p.)

8559. Adamidi (D' Frassari). — Les Pélasges et leurs descendants les Albanais, p. 5 à 15, et 45 à 57.

8560. Arvanitakis (G. L.). — Sur quelques inscriptions [grecques] relatives au canal d'Alexandrie et principalement sur l'Agathodémon, p. 17 à 35.

8561. Arvanitakis. — La citerne du couvent d'Abraham à Jérusalem, 2 *pl.*, p. 81 à 85.

8562. Maspero (G.). — Sur quelques documents de l'époque thinite découverts à Sakkarah, p. 107 à 116.

[8557.] Apostolidès. — Encore les inscriptions préhelléniques de l'île de Lemnos, *fig.*, p. 123 à 152.

8563. Legrain (G.). — Les nouvelles découvertes de Karnak, p. 153 à 167.

8564. Arvanitakis (G.). — Sur un cadran solaire zodiacal [avec inscription grecque], *pl.*, p. 181 à 184.

GRÈCE. — ATHÈNES.

ÉCOLE FRANÇAISE D'ATHÈNES.

Les publications antérieures de cette École sont analysées dans notre *Bibliographie générale*, savoir :

Bulletin, t. I (1868-1871), *Bibliographie*, t. IV, p. 700.

Bulletin de correspondance hellénique, t. I à IX (1877-1885). *Bibliographie*, t. IV, p. 701.

— — t. X à XXIV (1886-1900), *Bibliographie*, Supplément sous presse.

Bibliothèque des Écoles d'Athènes et de Rome, série in-8°, t. I à XLII (1887-1885), *Bibliographie*, t. IV, p. 710.

Bibliothèque des Écoles d'Athènes et de Rome, t. XLIII à LXXXIII (1886-1900), *Bibliographie*, Supplément sous presse.

Bibliothèque des Écoles d'Athènes et de Rome, série in-4° (1884-1900), *Bibliographie*, t. IV, p. 713, et Supplément sous presse.

Le tome XXVI (1902) du *Bulletin de correspondance hellénique* est encore en partie sous presse, nous en donnerons le dépouillement quand le volume sera complet.

A l'occasion du cinquantenaire de sa fondation, un ancien élève de l'École a consacré à son histoire l'ouvrage suivant :

8565. RADET (Georges). — L'histoire et l'œuvre de l'École française d'Athènes. (Paris, 1901, in-8°, xiv-493 p.)

XXV. — École française d'Athènes. Bulletin de correspondance hellénique, Δελτίον ἑλληνικῆς ἀλληλογραφίας, 25° année. (Athènes, 1901, in-8°, 524 p.)

8566. MENDEL. — Inscriptions de Bithynie, p. 5 à 92.

8567. WILHELM. — Inscription attique du Musée du Louvre, p. 93 à 104.

8568. HOMOLLE. — Sur une signature de Kephisodotos à Delphes, p. 104.

8569. HOMOLLE. — Inscriptions de Delphes, locations des propriétés sacrées, p. 105 à 142.

8570. LAURENT (Marcel). — Sur un vase de style géométrique, p. 143 à 155.

8571. SEURE. — Voyage en Thrace, p. 156 à 220, et 308 à 324. — Suite de XXII, p. 472, 520; et XXIV, p. 147, 574.

8572. VOLLGRAFF. — Deux inscriptions d'Amphissa, p. 221 à 240.

8573. MENDEL (Gustave). — Fouilles de Tégée, rapport sommaire sur la campagne de 1900-1901, *fig.* et 6 *pl.*, p. 241 à 281.

8574. DEMARGNE (J.). — Les ruines de Goulas ou l'ancienne ville de Lato en Grèce, *fig.* et 2 *pl.*, p. 282 à 307.

8575. BESSET (Le P. A.). — Inscriptions d'Asie Mineure, p. 325 à 336.

8576. LAURENT (Marcel). — Inscriptions de Delphes, p. 337 à 358.

8577. VOLLGRAFF (Wilhelm). — Inscriptions de Béotie, p. 359 à 378.

8578. JOUGUET (Pierre). — Fouilles du Fayoum, *fig.*, p. 379 à 411.

[Fouilles de Médinet Ma'di.]

8579. HOMOLLE (Théophile). — Inscriptions d'Amorgos, p. 412 à 456.

8580. HOMOLLE (Théophile). — Monuments figurés de Delphes, 10 *pl.*, p. 457 à 515. — Suite de XVIII, p. 169; XIX, p. 534; XX, p. 581, 605, 657; XXI, p. 579; XXII, p. 586; XXIII, p. 421 et 617; et XXIV, p. 427 et 582.

[Les frontons du temple d'Apollon.]

BIBLIOTHÈQUE DES ÉCOLES FRANÇAISES D'ATHÈNES ET DE ROME.

Série in-8°.

LXXXIV. — Bibliothèque des Écoles françaises d'Athènes et de Rome, fasc. LXXXIV.

8581. AUDOLLENT (Auguste). — Carthage romaine (146 av. J.-C.-698 ap. J.-C.). (Paris, 1901, in-8°, xxxii-834 p. et *cartes*.)

LXXXV. — **Bibliothèque des Écoles françaises d'Athènes et de Rome,** fasc. LXXXV.

8582. Collignon (Maxime) et Couve (Louis). — Catalogue des vases peints du Musée national d'Athènes. (Paris, 1902-1903, in-8°, xi-709 p.)

LXXXVI. — **Bibliothèque des Écoles françaises d'Athènes et de Rome,** fasc. LXXXVI.

8583. Déprez (Eugène). — Les préliminaires de la guerre de Cent ans, la Papauté, la France et l'Angleterre (1328-1342). (Paris, 1902, in-8°, xiii-451 p.)

LXXXVII. — **Bibliothèque des Écoles françaises d'Athènes et de Rome,** fasc. LXXXVII.

8584. Besnier (Maurice). — L'île tibérine dans l'antiquité. (Paris, 1902, in-8°, iv-357 p., fig. et pl.)

LXXXVIII. — **Bibliothèque des Écoles françaises d'Athènes et de Rome,** fasc. LXXXVIII.

8585. Yver (Georges). — Le commerce et les marchands dans l'Italie méridionale au xiii° et au xiv° siècle. (Paris, 1903, in-8°, viii-439 p.)

ITALIE. — ROME.

ÉCOLE FRANÇAISE DE ROME.

Les publications antérieures de cette École sont analysées dans notre *Bibliographie générale*, savoir :
Mélanges d'archéologie et d'histoire, t. I à V (1881-1885). *Bibliographie*, t. V, p. 713.
— t. VI à XX (1886-1900), *Bibliographie*, Supplément sous presse.
Bibliothèque des Écoles d'Athènes et de Rome, série in-8°, t. I à XLII (1877-1885), *Bibliographie*, t. IV, p. 710.
Bibliothèque des Écoles d'Athènes et de Rome, t. XLIII à LXXXIII (1886-1900), *Bibliographie*, Supplément sous presse.
Bibliothèque des Écoles d'Athènes et de Rome, t. LXXXIV à LXXXVIII (1901-1903), voir ci-dessus, p. 245.
Bibliothèque des Écoles d'Athènes et de Rome, série in-4° (1884-1900), *Bibliographie*, t. IV, p. 713, et Supplément sous presse.

XXI. — **École française de Rome.** Mélanges d'archéologie et d'histoire, 21° année, 1901. (Paris et Rome, s. d., in-8°, 509 p.)

8586. Homo (L.). — Le forum de Thugga d'après les fouilles de 1899 et 1900, fig. et pl., p. 3 à 22.

8587. Luchaire (Julien). — Le statut des neuf gouverneurs et défenseurs de la commune de Sienne (1310), p. 23 à 65, et 243 à 305.

8588. Pernot (Maurice). — L'inscription d'Henchir-Mettich, p. 67 à 95.

8589. Merlin (A.). — A propos de l'extension du pomerium par Vespasien, p. 97 à 115.

8590. Poupardin (René). — Étude sur la diplomatique des princes lombards de Bénévent, de Capoue et de Salerne, p. 117 à 180.

8591. Gsell (Stéphane). — Chronique archéologique africaine, sixième rapport, p. 181 à 241. — Cf. n° 8609.

8592. Lapôtre (A.). — Le Souper de Jean Diacre, p. 305 à 385.

8593. Poupardin (René). — Note sur la chronologie du pontificat de Jean XVII, p. 387 à 390.

8594. Serruys (Daniel). — Thucydides, fig., p. 391 à 409.

8595. Chalandon (F.). — L'état politique de l'Italie méridionale à l'arrivée des Normands, p. 411 à 452.

8596. Calmette (Joseph). — Documents relatifs à Don Carlos de Viane (1460-1461) aux Archives de Milan, p. 453 à 470.

8597. Ashby (Thomas) fils. — Un panorama de Rome par Antoine van den Wyngaerde, pl., p. 471 à 486.

8598. Gay (J.). — L'État pontifical, les Byzantins et les Lombards sur le littoral campanien (d'Hadrien Ier à Jean VIII), p. 487 à 508.

XXII. — École française de Rome. Mélanges d'archéologie et d'histoire, 22e année, 1902. (Paris et Rome, s. d., in-8°, 469 p.)

8599. Duchesne (L.). — Vaticana. Notes sur la topographie de Rome au moyen âge, p. 3 à 22, et 385 à 428.

8600. Dubois (Ch.-A.). — Cultes et dieux à Pouzzoles, p. 23 à 68.

8601. Merlin (A.). — Les fouilles de Dougga en 1901, 3 pl., p. 69 à 87.

8602. Calmette (Joseph). — Notes sur les premiers comtes carolingiens d'Urgel, p. 89 à 97.

8603. Samaran (Ch.). — Lettres inédites du cardinal Georges d'Armagnac conservées à la bibliothèque Barberini, à Rome [1556-1585], p. 99 à 134.

8604. Calmette (Joseph). — Une lettre close originale de Charles le Chauve, 2 pl., p. 135 à 139.

8605. Samaran (Ch.). — La jurisprudence pontificale en matière de droit de dépouille (jus spolii) dans la seconde moitié du xive siècle, p. 141 à 156.

8606. Serruys (Daniel). — Anastasiana, 2 pl., p. 157 à 207.

8607. Constant (G.). — Deux manuscrits de Burchard. Fragment du Diaire (1492–1496). Le cérémonial, fig. et pl., p. 209 à 250.

8608. Madelin (Louis). — Le journal d'un habitant français de Rome au xvie siècle (1509-1540), p. 251 à 300.

8609. Gsell (Stéphane). — Chronique archéologique africaine, septième rapport, p. 301 à 345. — Cl. n° 8591.

8610. Maynial (Édouard). — Les salutations impériales de Vespasien, p. 347 à 359.

8611. Calmette (Joseph). — La légation du cardinal de Sienne auprès de Charles VIII (1494), p. 361 à 377.

8612. Samaran (Ch.). — Note sur quelques manuscrits de l'inventaire des Archives pontificales rédigé en 1366-1367 sous le pontificat d'Urbain V, p. 379 à 384.

8613. Zeiller (Jacques). — Les dernières fouilles de Salone, p. 429 à 437.

8614. Dubois (Ch.). — Observations sur un passage de Vitruve (lib. V, cap. xii), fig., p. 439 à 467.

ITALIE. — ROME.

SAINT-LOUIS DES FRANÇAIS.

Le Collège des chapelains de Saint-Louis des Français à Rome a fondé en 1896 un recueil d'*Annales* destiné à la publication des travaux de ses membres. Les quatre premiers volumes de ces *Annales* parus de 1896 à 1900 seront analysés dans le Supplément, sous presse, de notre *Bibliographie générale*. L'article indiqué ci-dessous. sous le n° 8625 se réfère aux publications personnelles des chapelains et non à des travaux collectifs.

V. — Annales de Saint-Louis des Français, publication trimestrielle des études et travaux des Chapelains, 5e année, octobre 1900 [à juillet 1901]. (Rome, 1900 [-1901], in-8°, 489 p.)

8615. Fraikin (L'abbé J.). — Les comptes du diocèse de Bordeaux de 1316 à 1453 d'après les archives de la Chambre apostolique, p. 5 à 74. — Suite de III, p. 527.

8616. Scerrel de Saint-Julien (L'abbé Henri de). — Saint-Louis des Français pendant la Révolution, le Consulat et l'Empire d'après le registre des entrées, sorties et payements des chapelains durant cette période, p. 75 à 83.

8617. Vidal (L'abbé J.-M.). — Documents sur les origines ecclésiastiques de la province ecclésiastique de Toulouse (1295-1318), p. 93, 211, et 367.

8618. Tostivint. — Esdras et Néhémie. [Chronologie juive d'après ces livres de la Bible], p. 165 à 210.

8619. Perrin (L'abbé E.). — Nicolas Perrenot de Granvelle, ministre de Charles-Quint, p. 285 à 314.

8620. Larminat (L'abbé P. de). — Sancta Maria antiqua [à Rome], pl., p. 315 à 359.

8621. Magaud (L'abbé P.). — Un évêque des Gaules au ve siècle. Saint Sidoine Apollinaire, évêque de Clermont (430-489), p. 435 à 473.

8622. Fraikin (L'abbé J.). — Deux documents sur les rapports entre l'Oratoire et Saint-Louis des Français, p. 475 à 482.

VI. — Annales de Saint-Louis des Français, publication trimestrielle des études et travaux des Chapelains, 6e année, octobre 1901 [à juillet 1902]. (Rome, 1901 [-1902], in-8°, 475 p.)

8623. Vidal (L'abbé J.-M.). — Rapport fait au pape Clément VII au sujet des bénéfices vacants dans le royaume de Castille par la mort du cardinal Gómez (1391): candidats du roi: candidats de la Cour d'Avignon, p. 5 à 34.

8624. Vidal (L'abbé J.-M.). — Érection de la confrérie des médecins de Rome sous le patronage de saint Luc, à Saint-Louis des Français par Pie IV (1563), p. 35 à 43.

8625. Dumaz (Ch.). — Un demi-siècle d'études. Publications des chapelains de Saint-Louis des Français depuis l'année 1844, p. 45 à 98.

8626. T. D. (L'abbé). — Pierre d'Épinac, archevêque de Lyon, et la Satire Ménippée, p. 103 à 146.

8627. Richard (P.). — Une nouvelle correspondance de Pierre d'Épinac, p. 147 à 157.

8628. Mollat (G.). — Thomas Le Roy, dit Régis, et le palazzetto de la Farnésine, via de' Baullari [à Rome], 3 pl., p. 159 à 200.

8629. Calmet (P.). — Sommaire des bulles de Clément VII concernant le diocèse de Rodez (d'après le sommaire de P. de Montroy, et les Regesta d'Avignon), p. 201 à 248, 283 à 335; et VII, p. 493 à 526.

8630. Magaud (L'abbé P.). — Un procès canonique au XVIe siècle. L'élection de Thomas du Prat, évêque de Clermont, en 1517, p. 249 à 278.

8631. Mollat (G.). — Jean de Thororières, architecte de Saint-Louis des Français [1525], p. 279 à 282.

8632. Albe (Edmond). — Autour de Jean XXII.

Jean XXII et les familles du Quercy, p. 341; et VII, p. 91, 141, 287 et 441.

8633. Sol (E.). — Un canoniste du XVIe siècle. Le cardinal Giacomo Simonetta, p. 397 à 444. — Cf. n° 8635.

8634. Mollat (L'abbé G.). — Un envoi en France de commissaires pontificaux après la restitution d'obédience à Benoît XIII (1404-1405), p. 445 à 470.

* * *

VII. — **Annales de Saint-Louis des Français**, publication trimestrielle des études et travaux des Chapelains, 7e année, octobre 1902 [à juillet 1903]. (Rome, 1902[-1903], in-8°, 535 p.)

8635. Sol (Eug.). — L'œuvre canonique du cardinal Giacomo Simonetta. Le Traité sur les deux signatures de justice et de grâce, p. 5 à 71. — Cf. n° 8633.

8636. Hyvernat (H.). — Concordance des cotes des anciens fonds et du fonds actuel syriaques de la Vaticane, p. 73 à 89.

[8632]. Albe (Edmond). — Autour de Jean XXII. Jean XXII et les familles du Quercy, p. 91, 141, 287 336, et 441.

8637. Lamy (L'abbé Albert). — De Luxembourg à Rome, aller et retour. Itinéraire inédit de deux frères mineurs capucins (1739-1740), p. 235 à 278, et 337 à 391.

8638. Dumaz (Ch.). — Benedetto Marcello, poète et musicien (1686 † 1739), p. 397 à 440.

[8629]. Calmet (P.). — Sommaire des bulles de Clément VII concernant le diocèse de Rodez, p. 493 à 526.

TABLE PAR DÉPARTEMENTS.

AUBE.

AUDE.

AVEYRON.

BOUCHES-DU-RHÔNE.

CALVADOS.

CANTAL.

CHARENTE.

CHARENTE-INFÉRIEURE.

CHER.

CORRÉZE.

CORSE.

CÔTE-D'OR

CÔTES-DU-NORD.

CREUSE.

DORDOGNE.

DOUBS.

DRÔME.

SAÔNE (HAUTE-).

SAÔNE-ET-LOIRE.

SARTHE.

SAVOIE.

SAVOIE (HAUTE-).

SEINE.

33.

COLONIES.

ALGÉRIE. — CONSTANTINE.

ALGÉRIE. — ORAN.

TUNISIE.

INDO-CHINE.

INSTITUTS FRANÇAIS À L'ÉTRANGER.

ÉGYPTE.

GRÈCE.

ITALIE.

BIBLIOGRAPHIE ANNUELLE

DES

TRAVAUX HISTORIQUES ET ARCHÉOLOGIQUES

PUBLIÉS

PAR LES SOCIÉTÉS SAVANTES DE LA FRANCE

SE TROUVE À PARIS

·

À LA LIBRAIRIE ERNEST LEROUX

RUE BONAPARTE, N° 28

BIBLIOGRAPHIE ANNUELLE

DES

TRAVAUX HISTORIQUES ET ARCHÉOLOGIQUES

PUBLIÉS

PAR LES SOCIÉTÉS SAVANTES DE LA FRANCE

DRESSÉE SOUS LES AUSPICES

DU MINISTÈRE DE L'INSTRUCTION PUBLIQUE

PAR

ROBERT DE LASTEYRIE

MEMBRE DE L'INSTITUT

AVEC LA COLLABORATION

D'ALEXANDRE VIDIER

SOUS-BIBLIOTHÉCAIRE À LA BIBLIOTHÈQUE NATIONALE

———

1903-1904

PARIS

IMPRIMERIE NATIONALE

———

MDCCCCVI

AVERTISSEMENT.

Ce troisième fascicule complète le tome Ier de notre *Bibliographie annuelle*. Nous aurions bien voulu y joindre une table analytique des matières. Nous en avons été empêchés par les raisons que nous avons déjà dites dans l'avertissement de notre second fascicule. Nous avons dû nous contenter, en attendant mieux, d'une table sommaire donnant l'indication exacte de tous les volumes analysés dans ces trois fascicules.

1er décembre 1906.

R. DE LASTEYRIE.

AIN. — BOURG.

SOCIÉTÉ D'ÉMULATION ET D'AGRICULTURE DE L'AIN.

Les publications antérieures de cette Société sont analysées dans notre *Bibliographie générale*, savoir :
Journal, 52 vol. (1817-1868), *Bibliographie*, t. I, p. 2.
Annales, t. I à XVIII (1868-1885), *Bibliographie*, t. I, p. 6 et 669.
— t. XIX à XXXIII (1886-1900), *Bibliographie*, t. V, p. 1.
— t. XXXIV et XXXV (1901-1902), *Bibliographie*, nouvelle série, I, p. 1; et II, p. 1.
Ouvrages divers (1783-1822), *Bibliographie*, t. I, p. 1.

XXXVI. — **Annales de la Société d'émulation et d'agriculture (lettres, sciences et arts) de l'Ain**, t. XXXVI, 1903. (Bourg, 1903, in-8°, 455 p.)

8639. Bérard (Alexandre). — Un document de l'époque révolutionnaire, p. 5 à 24.

[Règlement de la Société des amis de la constitution à Trévoux (1791).]

8640. Dementhon (L'abbé Ch.). — L'abbé Jean-Baptiste Bottex et l'assemblée du bailliage de Bourg en 1789, p. 25 à 54.

8641. Buche (Joseph). — Quinet et la Bresse, *pl.*, p. 55 à 80.

8642. Marchand (L'abbé Fr.). — Études archéologiques [dans le département de l'Ain], *pl.*, p. 149, 285, 399; XXXVII, p. 263, 335; et XXXVIII, p. 57.

8643. Thibaut (F.). — Extraits d'une monographie de Pérouges, 4 *pl.*, p. 213 à 236, et 357 à 373.

8644. Nodet (D' Victor). — Jean Perréal et Marguerite d'Autriche. Rôle de Jean Perréal et de Michel Colombe à Brou, p. 237 à 245.

8645. Corcelle (J.). — Antoine Favre [1557 † 1624], *portr.*, p. 246 à 256.

8646. L. S. [Servas (D')]. — Aimé Vingtrinier [1812 † 1903], *portr.*, p. 257 à 260.

8647. Dubreuil (P.). — Essai historique sur les monnaies d'argent de la République romaine, p. 261 à 284. — Suite et fin de XXXV, p. 378.

8648. Nodet (D' Victor). — La valeur documentaire des manuscrits sur Brou, p. 377 à 398.

XXXVII. — **Annales de la Société d'émulation et d'agriculture (lettres, sciences et arts) de l'Ain**, t. XXXVII, 1904. (Bourg, 1904, in-8°, 416 p.)

8649. Buche (Joseph). — Jérôme Lalande, l'homme et le Bressan, p. 5 à 34.

8650. F. S. [Sommier (F.)]. — La vierge du portail de Notre-Dame de Bourg, p. 107 à 108.

8651. Nodet (D' Victor). — Les donateurs des tableaux de la sacristie de Bourg, p. 165 à 175.

8652. Baux (Xavier). — Histoire de la seigneurie d'Andelot-lez-Coligny, *pl.*, p. 189, et 305; et XXXVIII, p. 5, 321, et 410.

8653. Cornet (Aug.). — Coligny à travers les âges, 3 *pl.*, p. 219, et 371; et XXXVIII, 3 *pl.* et 3 *tableaux*, p. 89, 192, 267.

[8642]. Marchand (L'abbé Fr.). — Études archéologiques, p. 263, et 335.

8654. Perrault-Dabot (A.). — Le retable de Saint-Germain-les-Ambérieu, *pl.*, p. 303 à 304.

AIN. — BOURG.

SOCIÉTÉ DE GÉOGRAPHIE DE L'AIN.

Les publications antérieures de cette Société sont analysées dans notre *Bibliographie générale*, savoir :
Bulletin, t. I à XV (1882-1900), *Bibliographie*, t. V, p. 4.
—   t. XVI et XVII (1901-1902), *Bibliographie*, nouvelle série, II, p. 1.

XVIII. — **Bulletin de la Société de géographie de l'Ain**, 1903, t. XXII. (Bourg, 1903, in-8°, 198 p.)

8655. Corcelle (J.). — Géographie économique du département de l'Ain, 2ᵉ partie, p. 1 à 103. — Suite de XIII, p. 103; et XIV, p. 132. — Cf. *Bibliographie*, t. V, p. 4, n°ˢ 8389a et 8389b.

8656. Corcelle (J.). — Les routes et vallées de la Savoie, 10 pl., p. 104 à 193.

AIN. — BOURG.

SOCIÉTÉ GORINI.

Cette Société a été fondée le 30 novembre 1903 sous les auspices de l'évêque de Belley à l'occasion du centenaire de l'abbé Gorini (1803 † 1859), auteur d'une *Défense de l'Église*. La Société, formée surtout d'ecclésiastiques, a pour but l'étude de l'histoire et de l'archéologie religieuses de la région qui forme aujourd'hui le diocèse de Belley; elle a commencé en 1904 la publication d'un bulletin trimestriel dont le premier volume est analysé ci-dessous.

I. — **Bulletin de la Société Gorini**, revue d'histoire ecclésiastique et d'archéologie religieuse du diocèse de Belley, t. I, 1904. (Bourg, s. d., in-8°, 400 p.)

8657. Alloing (L'abbé Louis). — L'abbé Gorini [1803 † 1859] et la Société d'histoire ecclésiastique et d'archéologie religieuse, *portr.*, p. 15 à 22.

8658. Joly (L'abbé Léon). — La paroisse de Benonces, *3 pl.*, p. 23, 131, 209 et 346.

8659. Tournier (L'abbé J.). — Peintures sur bois dans l'église de Saint-Rambert, p. 35 à 41.

8660. Marchand (L'abbé). — Jeanne Derrias, la sainte de Villieu [XVIIIᵉ s.], p. 42, 267; et II, p. 198.

8661. Philippe (L'abbé Louis). — Circulaire des préposés au gouvernement du diocèse en 1794, p. 51 à 55.

8662. Morgon (L'abbé J.-B.). — Visite de Mᵍʳ de Marquemont à Saint-Étienne-sur-Chalaronne en 1614, p. 56 à 64.

8663. Anonyme. — Gorini et Quinet, p. 92 à 101, et 333 à 345.

8664. Dementhon (L'abbé Charles). — Notes bibliographiques pour l'histoire religieuse de la Révolution dans le département de l'Ain, p. 102 à 130, et 177 à 208.

8665. Page (L'abbé F.). — Notes sur le calendrier républicain. L'an II de la République française, p. 143 à 146.

8666. Blocuet (L'abbé C.). — Trois visites pastorales de Mᵍʳ d'Aranthon d'Alex, évêque et prince de Genève à Thoiry [1682-1692], p. 147 à 157.

8667. Condenod (Ph.). — Mᵍʳ de Marquemont à Bourg [1613], p. 227 à 240, et 372 à 380.

8668. Alloing (L'abbé Louis). — Tableau du clergé paroissial dans le département de l'Ain en 1791, p. 241 à 266.

8669. Marchand (L'abbé Fréd.). — Les inscriptions funéraires et autres monuments épigraphiques de l'Ain, *fig.* et *pl.*, p. 289 à 320.

8670. Laplace (L.). — Le chanoine François Martin [1814 † 1859], p. 321; et II, p. 19 et 353.

AIN. — BOURG.

SOCIÉTÉ DES SCIENCES NATURELLES ET D'ARCHÉOLOGIE DE L'AIN.

Les publications antérieures de cette Société sont analysées dans notre *Bibliographie générale*, savoir :
Bulletin, t. I à VII (1894-1900), *Bibliographie*, t. V, p. 7.
— t. VIII et IX (1901-1902), *Bibliographie*, nouvelle série, II, p. 2.

X. — Bulletin de la Société des sciences naturelles et d'archéologie de l'Ain, n° 30 [-33], 1903. (Bourg, 1903, in-8°, 84 p.)

8671. Tournier (J.).— Les camps des Portes, *pl.*, p. 8 à 18.
8672. Brunet (L'abbé). — Les monuments mégalithiques du Morbihan, p. 19 à 20. — Suite de IX, p. 27.
8673. Marchand (L'abbé Fr.). — Médaillier de Bourg. Note sur quelques pièces [romaines] d'introduction récente, p. 52 à 57.
8674. Jolly (L'abbé L.). — L'Apremont du cartulaire de Portes, p. 70 à 84.

XI. — Bulletin de la Société des sciences naturelles et d'archéologie de l'Ain, n° 34 [-37]. (Bourg, 1904, in-8°, 112 p.)

8675. Marchand (L'abbé F.). — La trahison des Coligny, p. 50 à 59.
8676. Guillet-Brossette. — Les franchises d'Ordonnaz [1337-1391], p. 66 à 75.
8677. Chagny (André). — Les syndics de la ville de Bourg et la corporation des bouchers de 1445 à 1552, p. 76 à 80, et 88 à 106.

AISNE. — CHÂTEAU-THIERRY.

SOCIÉTÉ HISTORIQUE ET ARCHÉOLOGIQUE DE CHÂTEAU-THIERRY.

Les publications antérieures de cette Société sont analysées dans notre *Bibliographie générale*, savoir :
Annales, t. I à XX (1864-1885), *Bibliographie*, t. I, p. 16 et 670.
— t. XXI à XXXV (1886-1900), *Bibliographie*, t. V, p. 9.
— t. XXXVI et XXXVII (1901-1902), *Bibliographie*, nouvelle série, I, p. 1, et II, p. 2.
Une table des trente-cinq premiers volumes a été publiée en 1903 (voir notre n° 3427).

XXXVIII.— Annales de la Société historique et archéologique de Château-Thierry, année 1903. (Château-Thierry, 1904, in-8°, I-XLVIII et 268 p.)

8678. Henriet (Frédéric). — Le peintre Léon Lhermitte et son œuvre gravé, p. 3 à 40.
8679. Guyot (L'abbé N.). — Le clergé natif de l'arrondissement de Château-Thierry, p. 41 à 72, et 265.
8680. Corlieu (D' A.). — Épisode de la Révolution française à Charly. Le culte des théophilanthropes; le citoyen Antoine Cappe, p. 73 à 90.

8681. Camuzon (O.). — Les fouilles d'Azy, *fig.*, p. 91 à 102.

[Monnaies gauloises et romaines.]

8682. Josse (A.). — Note analytique sur le voyage de Versailles à Reims opéré en 1775 par A.-N. Duchesne, p. 103 à 108.
8683. Minouflet (A.). — Influence temporelle du clergé au XVII° siècle à Nogent-l'Artaud, p. 109 à 112.
8684. Leurand-Vaternelle. — Note sur la compagnie des fusiliers de Château-Thierry (1757-1792), *fig.*, p. 113 à 120, et 266.

8685. Henriet (J.). — Réunion du Vermandois, du Valois et de l'Amiénois à la couronne de France (1191-
1213), p. 121 à 125.

8686. Doyen aîné. — Nouvelles notes sur le couvent du
Charme, près Grisolles, p. 126 à 134.

8687. Corlieu (Dʳ A.). — Géographie de l'élection de
Château-Thierry avant 1789, p. 135 à 143.

8688. Guyot (N.). — Note pour servir à l'histoire de
Bonneil, pierre sculptée, armoiries, fig., p. 144
à 151.

8689. Doyen aîné. — Rapport sur la petite collection de
vieilles monnaies et médailles communiquées à la
Société par M. Moregnaux, de Blesmes, p. 152
à 155.

8690. Corlieu (Dʳ A.). — L'église de Saulchery, fig.,
p. 156 à 172.

8691. Henriet (Maurice). — Letellier, auteur dramatique
forain [† vers 1732], p. 179 à 207.

8692. Corlieu (Dʳ A.). — La Société populaire de Château-Thierry pendant la Convention, p. 210 à 217.

8693. Guyot (L'abbé N.). — L'abbé Dubrécy, curé de
Lucy-le-Bocage (1822 † 1894), p. 218 à 232.

8694. Henriet (Jules). — Excursion archéologique :
Fossoy, Mézy et Saint-Eugène, fig., p. 235 à 244.

8695. Riomet (L.-B.). — Épigraphie campanaire de
l'Aisne. Les cloches du canton de Fère-en-Tardenois,
p. 245 à 264; et XXXIX, p. 193. — Suite de XXXV,
p. 119; et XXXVII, p. 3.

AISNE. — CHAUNY.

SOCIÉTÉ ACADÉMIQUE DE CHAUNY.

Les publications antérieures de cette Société sont analysées dans notre *Bibliographie générale*, savoir :
Bulletin, t. I (1884-1886), *Bibliographie*, t. I, p. 671.
— t. II à IV (1887-1890), *Bibliographie*, t. V, p. 14.
— t. V et VI (1894-1900), *Bibliographie*, t. V, supplément.

**VII. — Bulletin de la Société académique
de Chauny**, t. VII. (Chauny, 1901, in-8°,
301 p.)

[La couverture imprimée est datée de 1904.]

8696. Silvestre (J.) et Palant (l'abbé). — Pigneau de
Béhaine, né à Origny-en-Thiérache (Aisne), évêque
d'Adran, missionnaire et diplomate, précurseur de la
colonisation française en Indo-Chine (1747-1799),
4 pl., p. 5 à 48.

8697. Poissonnier (Jules). — Archives de la ville de
Chauny. Registre des délibérations du Conseil municipal
pour les années 1790 à 1794, p. 49 à 160.

8698. Palant (L'abbé). — M. Jules-Pierre Poissonnier
(† 1902), portr., p. 161 à 173.

8699. Anonyme. — Découverte archéologique à Chauny
[inscription, 1776], p. 174.

8700. [Dejente et Poissonnier (H.)]. — Le terrier de
l'abbaye de Saint-Amand de Barisis (668 à 1609),
p. 177 à 240.

8701. Cannot (A.). — Saint-Aubin, la propriété foncière
avant 1789; l'église, les curés, le presbytère, p. 241
à 292. — Cf. n° 8702.

8702. Poissonnier (Henry). — A propos de la propriété
foncière avant 89, à Saint-Aubin, p. 293 à 299. —
Cf. n° 8701.

AISNE. — VERVINS.

SOCIÉTÉ ARCHÉOLOGIQUE DE VERVINS.

Les publications antérieures de cette Société sont analysées dans notre *Bibliographie générale*, savoir :
La Thiérache, t. I à X (1873-1885), *Bibliographie*, t. I, p. 53, et 675.

La Thiérache, t. XI à XIX (1886-1900), *Bibliographie*, t. V, p. 32.
Ouvrages divers (1879), *Bibliographie*, t. I, p. 53.

XX. — La Thiérache, Bulletin de la Société archéologique de Vervins (Aisne), t. XX. (Vervins, 1901-1903, in-4°, 144 p.)

8703. Legrand (G.). — Trois documents pour servir à l'histoire du protestantisme dans la Thiérache, p. 5 à 14.

[Lettres de Miromésnil et de Lamoignon relatives aux protestants de Neuve-Maison et d'Obis (1787).]

8704. Gannelon (D'). — La Marseillaise et Jean Debry, p. 15.

8705. Palant (L'abbé). — Monographie de Marle, p. 17 à 48.

8706. Palant (L'abbé). — Recherches sur les localités détruites du pays marlois, p. 49 à 59.

8707. Bercet (Ed.). — Notes et documents concernant les possessions de l'abbaye de Liessies à Fontenelle et Papleux, p. 65 à 76.

8708. Penant (D'). — Rapport [de Chalenton et Cambronne] du mémoire de M. Debrie, avocat à Vervins, sur la topographie de ce pays, lu le 13 juin 1786 au Bureau d'agriculture de Laon, p. 77.

8709. Penant. — Aimée de Coigny [1769 † 1820], p. 79 à 83.

8710. Penant (D'). — Vervins au moment de la Révolution. Extrait des séances du Conseil municipal de 1790 à 1794, p. 84 à 106, et 125 à 142.

8711. Penant (D'). — Observations pour la ville de Guise contre la ville de Vervins sur leurs prétentions respectives pour être chef-lieu de district, p. 107 à 111. — Défense de la ville de Vervins contre la ville de Guise (1790), p. 111 à 117.

8712. Gannelon. — Procès verbal de la prestation de serment du curé Joffet [à Vervins], en 1791, p. 118.

8713. Gannelon (D'). — Poids et mesures en usage à Vervins en 1793, p. 119.

8714. Palant (L'abbé). — Les caves de guerre [à Marle], p. 120 à 123.

ALLIER. — MOULINS.

SOCIÉTÉ D'ÉMULATION DU BOURBONNAIS.

Les publications antérieures de cette Société sont analysées dans notre *Bibliographie générale*, savoir:
Bulletin, t. I à XVII (1846-1885), *Bibliographie*, t. I, p. 58 et 675.
— t. XVIII (1886-1891), *Bibliographie*, t. V, p. 33.
Bulletin-Revue, t. I à VIII (1892-1900), *Bibliographie*, t. V, p. 34.
— t. IX à XI (1901-1903), *Bibliographie*, nouvelle série, I, p. 2; et II, p. 4.
Ouvrages divers (1857-1896), *Bibliographie*, t. I, p. 58 et 675; et t. V, p. 33.

XII. — Bulletin de la Société d'émulation du Bourbonnais, lettres, sciences et arts, t. XII. (Moulins, 1904, in-8°, 404 p.)

8715. Quirielle (Roger de). — Autour d'une édition de 1498 des Coutumes du Bourbonnais, p. 6 à 8.

8716. Rouchard (E.). — Gilbert Sève, Pierre Sève. Filiation et alliances des Sève, p. 9, 43, et 76.

8717. Du Broc de Segange (Commandant). — La baronnie et la paroisse de Bressolles, p. 17, 53, 82, 133, et 163. — Suite de XI, p. 302, et 359.

8718. Claudon (F.). — Une charte de Louis Ier, comte de Clermont, sire de Bourbon (22 mars 1320, v. st.), p. 105 à 112.

8719. G. M. [Milcent (G.)]. — La question Louis XVII et le cimetière Sainte-Marguerite [à Paris], p. 113 à 125.

8720. Pérot (L'abbé Michel). — Quelques pages pour servir à l'histoire de Saint-Yorre, carte, p. 126 à 132.

8721. Quirielle (Roger de). — G.-E. Aubert de la Paige, ancien officier d'état-major [1855 † 1904], portr., p. 151 à 162.

8722. Bertrand. — Notes archéologiques sur Isserpent, p. 171 à 174.

8723. Quirielle (Roger de). — Tuiles émaillées provenant de l'église de Montaiguet, p. 183.

8724. Desnoix (L'abbé P.). — La tapisserie flamande de l'église de Lurcy-Lévy, pl., p. 185 à 191.

8725. Bertrand. — Étude critique sur Néris, capitale des Gaules. Les eaux de beauté. p. 192 à 196.

8726. Flament (Pierre). — Note sur le 1er bataillon des volontaires de l'Allier (1791-1792), p. 217 à 227, et 308 à 318.

8727. Tiersonnier (Philippe). — Notes sur Louis de Pestivien, abbé d'Ebreuil (1687-1716), et sur sa famille, à propos d'une croix processionnelle à ses armes, *fig.*, p. 228 à 236.

8728. Flament (Pierre). — Remarque sur l'étymologie de Souvigny, p. 237 à 238.

8729. Quirielle (Roger de). — Excursion : Saint-Martin-d'Estreaux, Saint-Pierre-Laval, Montaiguet et la Palisse, *fig.* et 12 *pl.*, p. 245 à 307.

8730. Tiersonnier (Philippe). — Note sur deux empreintes de sceaux du moyen âge [Étienne Laurent, clerc ; Hugues Pourcellet], p. 319 à 322.

8731. Tiersonnier (Philippe). — Encore le vin de Saint-Pourçain, p. 324 à 325. — Cf. *Bull.-Revue*, V, p. 351.

8732. Le Brun (Eugène). — Quatre pièces concernant la ville de Moulins au xve siècle, p. 348 à 358, et 386 à 388.

8733. Déprat (Jacques). — Note pour servir à l'histoire de la période du fer dans le département de l'Allier, *fig.* et 2 *pl.*, p. 359 à 364.

8734. P. F. [Flament (P.)]. — Documents sur la généralité de Moulins, p. 365 à 368.

8735. Tiersonnier (Philippe). — Note sur Thierry de Clèves, chirurgien et valet de chambre de Jean II et Pierre II, ducs de Bourbon, p. 369 à 372.

8736. Tourteau, La Barre (Raymond de) et Bertrand. — Découverte d'un village gallo-romain dans l'ancienne province du Bourbonnais et actuellement sur la commune de Livry (Nièvre), près du château de Pareize, *pl.*, p. 380 à 385.

ALPES (BASSES-). — DIGNE.

SOCIÉTÉ SCIENTIFIQUE ET LITTÉRAIRE DES BASSES-ALPES.

Les publications antérieures de cette Société sont analysées dans notre *Bibliographie générale*, savoir :
Annales, t. I et II (1881-1886), *Bibliographie*, t. I, p. 65 et 676.
   — t. III à IX (1887-1900), *Bibliographie*, t. V, p. 40.
   — t. X (1901-1902), *Bibliographie*, nouvelle série, II, p. 6.
Ouvrages divers (1887-1889), *Bibliographie*, t. V, p. 40.

XI. — **Annales des Basses-Alpes. Bulletin de la Société scientifique et littéraire des Basses-Alpes**, t. XI, 1903-1904. (Digne, s. d., in-8°, 611 p.)

8737. Arnaud (F.). — Étude sur le Dr Honnorat [1783 † 1852], *portr.*, p. 1 à 20, et 96 à 108.

8738. Arnoux (J.). — Les fiefs du monastère de Saint-Martin de l'Ile Barbe [près Lyon, dans les Basses-Alpes], p. 21 à 24.

8739. Cauvin (C.). — Dignois et Bas-Alpins au moyen âge, p. 25, 113, 140, 204, 269, et 357.

8740. Arbaud (Damase). — Les possessions de l'abbaye de Saint-Victor de Marseille dans les Basses-Alpes, p. 36, 121, 189, 253, 444, 552 ; et XII, p. 35, 96, et 180.

8741. Richaud (A.). — M. Léon de Berluc-Pérussis [1835 † 1902], *portr.*, p. 65 à 95.

8742. Lieutaud (V.). — Le poulet de la Bréole (21 janvier 1239, n. st.), p. 109 à 113.

8743. Boisgelin (Marquis de). — Maurel, seigneur de Callissanne, Châteauneuf-de-Volonne, etc., p. 155 à 173, et 221 à 235.

8744. L. V. [Lieutaud (V.)]. — Une nouvelle source de l'histoire bas-alpine. Journal de Jean Lefèvre, évêque de Chartres, chancelier des comtes de Provence Louis Ier (1382-1384), et Louis II d'Anjou (1384-1417), p. 174, 236, 318, 492, 570 ; et XII, p. 23.
   — Suite de VI, p. 11, et 49.

8745. Delmas (Jacques). — Une ville morte bas-alpine [Beauvillard, près Seyne-les-Alpes], p. 278 à 283.

8746. Maurel (M.-J.). — Une page d'histoire bas-alpine. Mouvements insurrectionnels contre les Droits réunis (1813-1814), p. 284 à 297, et 432 à 443.

8747. Isnard (M.-Z.). — Comptes du receveur de la vicomté de Valernes (1401-1408), p. 298, 363, 421, et 537.

8748. Richaud (A.). — Paul Martin [1830 † 1903], *portr.* et 4 *pl.*, p. 337 à 356.

8749. Giffarel (P.). — Jacques Gaffarel (1601 † 1681), p. 374, 463, et 501.

ALPES (HAUTES-). — GAP.

SOCIÉTÉ D'ÉTUDES DES HAUTES-ALPES.

Les publications antérieures de cette Société sont analysées dans notre *Bibliographie générale*, savoir :
Bulletin, t. I à IV (1882-1885), *Bibliographie*, t. I, p. 69 et 677.
— t. V à XIX (1886-1900), *Bibliographie*, t. V, p. 44.
— t. XX à XXII (1901-1903), *Bibliographie*, nouvelle série, I, p. 3; et II, p. 7.
Ouvrages divers (1883-1900), *Bibliographie*, t. I, p. 68; t. V, p. 44.

XXIII.— Bulletin de la Société d'études des Hautes-Alpes, 23ᵉ année... (Gap, 1904, in-8°, xxxi-338 p.)

8750. Olphe-Gaillard (Léon). — Notice sur la vie et les travaux de l'abbé Caire [1809 † 1884], ornithologiste, *portr.*, p. 15 à 31, et 85 à 92.

8751. Roman (J.). — Obituaire de la chartreuse de Berthaud, p. 32 à 50.

8752. Michel (J.). — Une statue de tritonnesse à Briançon, p. 51 à 54.

8753. Roman (J.). — Nécrologie, Aristide Albert (1821 † 1903), p. 59 à 60.

8754. Allemand (L'abbé F.). — Notice sur les sources minérales les Fonts-Saintes et les Fonts-Bénites dans les Hautes-Alpes, p. 65 à 83, et 205 à 225.

8755. Arnaud (F.). — L'abbé des oiseaux [l'abbé Caire], p. 93 à 99.

8756. Manteyer (Georges de). — Fouilles de Champcrose (le tumulus n° 12), *pl.*, p. 101 à 140.

8757. Roman (Joseph). — Le prétendu duché de Tollard, p. 141.

8758. Martin (David). — Collection Rostan donnée au musée départemental des Hautes-Alpes, p. 143 à 145.

8759. Roman (Joseph). — Correspondance du ministre de la Marine [Sartines] avec Joseph de Flotte d'Argenson (1779-1782), p. 195 à 204.

8760. Jacob (Louis). — Un chansonnier dauphinois au xviᵉ siècle, Jean Lescot, p. 227 à 234.

8761. Roman (Joseph). — Généalogie de la famille de Flotte (1064-1904), *fig.*, p. 237 à 272.

8762. Allemand (L'abbé F.). — La mansion de Mont-Seleucus à la Beaumette, p. 273 à 281.

8763. Nicollet (F.-N.). — L'emplacement d'Ictodurum et la voie gallo-romaine entre Gap et Chorges, origine de la Bâtie-Vieille et de la Bâtie-Neuve, *carte*, p. 299 à 329.

ARDENNES. — SEDAN.

SOCIÉTÉ D'ÉTUDES ARDENNAISES.

Les publications antérieures de cette Société sont analysées dans notre *Bibliographie générale*, savoir :
Revue d'Ardenne et d'Argonne, t. I à VII (1893-1900), *Bibliographie*, t. V, p. 55.
— t. VIII et IX (1900-1902), *Bibliographie*, nouv. série, I, p. 4; et II, p. 9.
Ouvrages divers (1890-1896), *Bibliographie*, t. V, p. 55.

X. — Revue d'Ardenne et d'Argonne, publiée par la Société d'études ardennaises, 10ᵉ année, 1902-1903. (Sedan, 1903, in-8°, 212 p.)

8764. Villette (J.). — Un procès entre un chirurgien et des médecins sedanais en 1646, p. 1 à 25.

8765. Brincourt (J.-B.). — Jean Jannon [imprimeur], ses fils et leurs œuvres, p. 25, 45, et 75. — Suite de IX, p. 97, 136, et 172.

8766. Collinet (Paul). — Une inscription inédite à Buzancy [1619]. — Deux noms nouveaux de seigneurs d'Orchimont au xiiᵉ siècle : Alfred et Baudouin, p. 33 à 36.

8767. Kenler (Lucien). — Les grèves à Sedan en 1712, 1713 et 1729, p. 41 à 44.

8768. Menu (Henri). — Recherches sur les portraits de Dom Mabillon, p. 61 à 74.

8769. M. D. — Une monstrance flamande à Sedan, pl., p. 87.

8770. Benoit (Paul). — Mes antiquités ardennaises, p. 87.

8771. Collinet (Paul). — Acceptions nouvelles du droit de servage dans des documents intéressant la vallée de la Meuse, p. 89 à 91.

8772. Riomet (L.-B.). — Les deux cloches de l'abbaye de Bonnefontaine (note rectificative), p. 91. — Cf. VIII, p. 17.

8773. Letellier (Jules) et Collinet (Paul). — Inventaire sommaire de la collection de notes et documents sur l'histoire des Ardennes réunis par le marquis Olivier de Gourjault et déposés à la bibliothèque de Sedan, p. 93 à 139, et 153 à 172.

8774. Logeart (Gustave). — Résultats des fouilles faites dans les cimetières gaulois d'Aussonce, Juniville, l'Écaille et la Neuville-en-Tourne-à-Fuy pendant l'année 1902, p. 140. — Cf. V, p. 109; VI, p. 55; VII, p. 103; VIII, p. 81; et IX, p. 94.

8775. P. C. [Collinet (Paul)]. — Trouvaille d'un sceau [rethelois] et de pièces [romaines et françaises] à Omont, p. 141 à 142.

8776. Pellot (Paul). — Les familles de la Chevardière et du Guet, p. 145 à 152.

8777. H. J. [Jadart (H.)]. — Les communiants à Lalobbe en 1695, p. 173.

8778. Collinet (P.). — Inscription de la cloche de Gesnes (Meuse) provenant de l'abbaye de Belval-Bois-des-Dames, p. 174.

8779. Gourjault (Marquis Olivier de). — Bogny et ses seigneurs jusqu'au XVIe siècle, p. 177 à 184.

[Publié par P. Collinet.]

8780. Jailliot (Dr). — Nouveaux documents sur l'abbaye de Chéhéry, p. 185 à 207. — Cf. II, p. 161; III, p. 8, 47, 86, 107, 151, 202; IV, p. 24, 90, 122, 157, 193; V, p. 33; et IX, p. 36.

8781. Tuot (Pol et André). — Inscription de la cloche de Poix (1522), p. 207. — Cf n° 8788.

XI. — Revue d'Ardenne et d'Argonne, publiée par la Société d'études ardennaises, 11e année, 1903-1904. (Sedan, 1904, in-8°, 220 p.)

8782. Collinet (Paul). — La frontière d'Empire dans l'Argonne et l'Ardenne au moyen âge, carte, p. 1 à 10.

8783. Pellot (Paul). — Bail des droits de Saint-Julien-des-Ménétriers sur les musiciens du bailliage de Vermandois en 1620, p. 14 à 17.

8784. Jailliot (Dr J.). — Le protestantisme dans le Rethelois et dans l'Argonne jusqu'à la révocation de l'Édit de Nantes, p. 21, 49, 93, 132, 160, 198.

8785. Al. B. [Baudon (Al.)]. — Les cérémonies de la paix célébrées à Rethel en 1660, p. 39 à 43.

8786. Henry (E.). — Deuxième supplément à la liste des personnages enterrés dans l'église Saint-Charles de Sedan, p. 44 à 45. — Cf. V, p. 20, 91; et VII, p. 65.

8787. P. C. [Collinet (Paul)]. — Les noms révolutionnaires des communes des Ardennes, p. 45.

8788. Baudon (Al.). — Sur l'inscription de la cloche de Poix, p. 47 à 48. — Cf. n° 8781.

8789. Collinet (Paul). — La Grand'Peur à Sedan et la création de la Garde nationale (juillet-septembre 1789), p. 72 à 78.

8790. Bourguignon (Jean). — Nouvelles notes sur le passage de Pierre le Grand en 1717, p. 81 à 92. — Cf. IX, p. 1, 65, et 181.

8791. Sartuoy (H.). — La légende en Ardenne, p. 113 à 131, et 145 à 159.

8792. Houin (Ch.). — Proverbes et dictons agricoles ardennais, p. 141 à 143.

8793. Henry (E.). — Biographie des généraux du Blaisel, p. 175 à 185.

8794. Eden-Bourg. — Une inscription de l'ancienne église de Bazeilles [J.-B. Dehaye, † 1755], p. 185.

8795. Houin (Ch.). — Exemption de droits de douanes accordée à deux couvents des Pays-Bas [Dominicains de Louvain et de Liège] (1709), p. 187 à 188.

ARIÈGE. — FOIX.

SOCIÉTÉ ARIÉGEOISE DES SCIENCES, LETTRES ET ARTS
ET
SOCIÉTÉ DES ÉTUDES DU COUSERANS.

Les publications antérieures de cette Société sont analysées dans notre *Bibliographie générale*, savoir :
Bulletin, t. I (1882-1885), *Bibliographie*, t. I, p. 81 et 679.
— t. II à VII (1886-1900), *Bibliographie*, t. V, p. 59.
— t. VIII (1901-1902), *Bibliographie*, nouvelle série, II, p. 10.

IX. — **Bulletin périodique de la Société ariégeoise des sciences, lettres et arts, et de la Société des études du Couserans**, 9ᵉ volume, 1903-1904. (Foix, 1904, in-8°, 472 p.)

8796. Pasquier (F.). — Règlement pastoral à la fin du xvᵉ siècle dans la vallée du Couserans, p. 16 à 24.

8797. Flous. — Remèdes du vieux temps au pays de Couserans, p. 31.

8798. D. C. [Cau-Durban (D.)]. — Réparations à la tour de Foix à la Bastide-de-Serou, p. 32 à 33.

8799. Pasquier (F.). — Substitution de mari à Artigat en 1560, ou l'histoire de Martin Guerre d'après les témoignages contemporains, p. 49 à 73.

8800. Bardies (Baron de). — Les guerres de religion en Couserans d'après les archives municipales de Moret, p. 74, 121, 165, 221, et 292.

8801. L. M. — Un coin des Pyrénées : Bélesta (Ariège) et ses environs, p. 89.

8802. Doublet (G.). — Histoire de la maison de Foix-Rabat, p. 113 à 120, et 175 à 202. — Suite de VI, p. 1, 66, 307 ; VII, p. 49, 217; et VIII, p. 97, 129, 281, et 391.

8803. Vidal (J.-M.). — Moines alchimistes à l'abbaye de Boulbonne (1339), p. 133 à 140.

8804. Samiac (F.-J.). — Les scolanies dans l'ancien diocèse de Couserans, p. 141, 280, 345, et 401.

8805. F. P. [Pasquier (F.)]. — Quittance de cent écus d'or faite par Raymond-Roger de Comminges, vicomte de Couserans, à Gaston de Lévis, seigneur de Léran (Saint-Girons, 11 août 1425), p. 155 à 156.

8806. B. [Barbier (L'abbé)]. — La cueillette de l'or à Pamiers, p. 203 à 205.

8807. L. B. — Excursion : abbaye de Combelongue, château de Durban, p. 217 à 220.

8808. Pasquier (F.). — Privilèges et libertés des trois États du comté de Foix à la fin du xivᵉ et au commencement du xvᵉ siècle, d'après des documents inédits, p. 231 à 239.

8809. F. P. [Pasquier (F.)]. — Troubles à Mirepoix les 28, 29, 30 août 1792 racontés par un témoin [J.-A. Rivel fils, procureur de la commune], p. 240 à 255, et 300 à 314.

8810. F. P. [Pasquier (F.)]. — L'Andorre en 1794, d'après le rapport d'un représentant du peuple en mission dans l'Ariège [Chaudron-Rousseau], p. 256 à 258.

8811. F. P. [Pasquier (F.)]. — Louis Lafont de Sentenac (1842 † 1903), p. 264 à 267.

8812. F. P. [Pasquier (F.)]. — Redevance de 25 sous morlas due par le comte de Foix Jean Iᵉʳ, à l'abbé de Lézat en exécution du paréage [1412], p. 267.

8813. Doublet (Georges). — Un ambassadeur ariégeois en Espagne à la fin du règne de Louis XIV [Jean-Louis d'Usson, marquis de Bonnac] (1711-1713), p. 269 à 280.

8814. Bégouen (Comte). — Une des sources historiques du mémorial de J.-J. Delescazes, p. 322 à 324.

8815. Régouen (Comte). — Une femme anachorète dans les Pyrénées au xviiᵉ siècle [Jeanne de Quélus au Canigou], p. 324 à 325.

8816. Galabert (François). — Les foires et marchés de Mirepoix depuis le xviᵉ siècle, p. 337 à 344.

8817. Galy (Osmin). — Mémoire sur le 69ᵉ régiment provisoire de mobiles (Ariège) pendant la guerre franco-allemande (1870-1871), p. 353 à 385, et 417 à 460.

8818. Gardes (L'abbé A.) et F. P. [Pasquier (F.)]. — Le cardinal Bernard d'Albi, son origine [xivᵉ s.], p. 386 à 388.

8819. Galasset (François). — Les troubles de Mirepoix en 1792, p. 388 à 394.

AUBE. — TROYES.

SOCIÉTÉ ACADÉMIQUE DE L'AUBE.

Les publications antérieures de cette Société sont analysées dans notre *Bibliographie générale*, savoir :
Journal de l'École centrale, 67 fasc. (an VII-an VIII), *Bibliographie*, t. I, p. 82.
Mémoires, 3 vol. (1802-1807), *Bibliographie*, t. I, p. 83.
Mémoires, t. I à XLIX (1822-1885), *Bibliographie*, t. I, p. 83 et 679.
— t. L à LXIV (1886-1900), *Bibliographie*, t. V, p. 64.
— t. LXV et LXVI (1901-1902), *Bibliographie*, nouvelle série, I, p. 5; et II, p. 11.
Annuaire, t. I à L (1835-1885), *Bibliographie*, t. I, p. 92 et 680.
— t. LI à LXV (1886-1900), *Bibliographie*, t. V, p. 68.
— t. LXVI à LXVIII (1901-1903), *Bibliographie*, nouvelle série, I, p. 5; et II, p. 11.
Collection de documents inédits, t. I à III (1878-1885), *Bibliographie*, t. I, p. 100 et 680.
— — t. IV et V (1893), *Bibliographie*, t. V, p. 71.
Ouvrages divers (1850-1882), *Bibliographie*, t. I, p. 100.

LXVII. — Mémoires de la Société académique ... de l'Aube, t. LXVII de la collection, t. XL, 3ᵉ série, année 1903. (Troyes, s. d., in-8°, 370 p.)

8820. BARDET (Alfred). — L'hôpital de Brienne (Aube) du XIIᵉ au XXᵉ siècle, 3 *pl.*, p. 5 à 122.

8821. DUBOIS (Julien). — Boursault et la comédie italienne, p. 123 à 144.

8822. PÉTEL (L'abbé A.). — La charte d'affranchissement de Ricey-Bas [1345], p. 145 à 157.

8823. MAITRE (Léon). — Les cryptes de Sens, *fig.* et *pl.*, p. 159 à 179.

8824. GILLET (René et Horace). — Biographie et œuvre de François Lespingolas, de Joinville (Haute-Marne) [sculpteur, 1644 † 1705], *pl.*, p. 179 à 198.

8825. PÉTEL (L'abbé A.). — Documents inédits concernant Guichard, évêque de Troyes, p. 199 à 213.

8826. ANONYME. — Notes biographiques sur Jacques Edme Regnault de Beaucaron (complément), p. 215 à 230. — Cf. LIII, p. 189.

8827. BASEAU (Albert). — M. Charles Fichot († 1903), paroles prononcées à ses obsèques, p. 281.

8828. HUOT (Gustave). — M. Georges Hoppenot († 1903), paroles prononcées à l'occasion de son décès, p. 283 à 285.

8829. HUOT (Gustave). — M. Fr.-Eugène Piat († 1903), paroles prononcées à l'occasion de son décès, p. 287 à 289.

8830. LE CLERT (Louis). — Liste des dons faits au musée de Troyes pendant l'année 1903, p. 309 à 317. — Cf. id. n° 8835.

LXIX. — Annuaire administratif, statistique et commercial du département de l'Aube pour 1904, publié pour la deuxième partie sous les auspices et sous la direction de la Société académique du département de l'Aube, 78ᵉ année. (Troyes, s. d., in-8°, 429 et 207 p.)

Deuxième partie.

8831. BASEAU (Albert). — Charles Fichot [1817 † 1903], *portr.*, p. 3 à 23.

[Liste des dessins de Charles et Karl Fichot, conservés aux Archives de l'Aube.]

8832. MARGUILLIER (Auguste). — L'église de Brienne-la-Vieille, *pl.*, p. 25 à 44.

8833. BASEAU (Albert). — Les ponts de Troyes, *pl.*, p. 45 à 78.

8834. NIORÉ (L'abbé Ch.). — Les sibylles [vitrail] dans l'église d'Ervy et dans le diocèse de Troyes, étude iconographique, *pl.*, p. 79 à 160.

8835. LECLERT (Louis). — Liste des dons faits au musée de Troyes pendant l'année 1903, p. 197 à 205. — Cf. id. n° 8830.

AUDE. — CARCASSONNE.

SOCIÉTÉ DES ARTS ET DES SCIENCES DE CARCASSONNE.

Les publications antérieures de cette Société sont analysées dans notre *Bibliographie générale*, savoir :
Mémoires, t. I à IV (1849-1879), *Bibliographie*, t. I, p. 101.
— t. V à IX (1886-1900), *Bibliographie*, t. V, p. 72.
Ouvrages divers (1902), *Bibliographie*, nouvelle série, II, p. 12.
Une table générale des dix premiers volumes des *Mémoires*, est jointe au volume analysé ci-dessous
(n° 8848).

X. — **Mémoires de la Société des arts et des sciences de Carcassonne, t. X.** (Carcassonne, 1901-1904, in-8°, 58-275 et XII p.)

Première partie.

8836. BAICHÈRE (Ed.). — Une pétition des habitants de Laprade aux commissaires du département de l'Aude (10 août 1790), p. 35 à 40.
8837. JOURDANNE (G.). — Note sur les livres imprimés à Carcassonne dans le courant du XVII° siècle, p. 41 à 47.
8838. BAICHÈRE (Edmond). — Note relative à l'époque de la présence des Polacres à Conques et dans la région de l'Aude (1622-1632), p. 48 à 58.

Deuxième partie.

8839. DOINEL (J.). — Récit du passage de Pie VII à Alzonne et à Moux en février 1814, p. 127 à 131.
8840. CHARPENTIER (Léon). — Note sur l'abbé de Luillier [1764 † 1853], p. 132 à 138.
8841. CHARPENTIER (Léon). — Un inventaire épiscopal à Alet en 1763, p. 139 à 180.

[Jean-François de Bonald.]

8842. BAICHÈRE (L'abbé Edmond).— Note sur les origines du village de Bagnoles (Aude), d'après quelques chartes et les vestiges de ses anciens monuments (découverte de monnaies ibériennes et romaines), p. 181 à 191.
8843. BAICHÈRE (Edmond). — Note sur les droits et prérogatives de l'abbé et des bénédictins de Caunes dans les lieux de leurs seigneuries respectives au XVIII° siècle, p. 192 à 204.
8844. BAICHÈRE (Edmond). — Les électeurs de Pépieux à l'assemblée primaire d'Azille, en 1790, p. 205 à 209.
8845. GALINIER (Casimir). — Une fête populaire à Caunes en 1811, à l'occasion du baptême du roi de Rome (Napoléon II), p. 210 à 227.
8846. BAICHÈRE (Edmond). — Notes et nouveaux documents pour servir à l'histoire de l'instruction publique dans l'Aude de 1790 à 1807, p. 228 à 252.
8847. SABARTHÈS (A.). — Donation de Floranus et d'Anseria à l'abbaye de Lagrasse (Aude) (882 à 899), p. 253 à 263.

8848. BAICHÈRE (L'abbé Ed.). — Table générale des travaux publiés dans les *Mémoires* de la Société des arts et sciences de Carcassonne (1849-1904), p. I à XII.

AUDE. — CARCASSONNE.

SOCIÉTÉ D'ÉTUDES SCIENTIFIQUES DE L'AUDE.

Les publications antérieures de cette Société sont analysées dans notre *Bibliographie générale*, savoir :
Bulletin, t. I à XI (1890-1900), *Bibliographie*, t. V, p. 73.
— t. XII et XIII (1901-1902), *Bibliographie*, t. II, p. 12.

XIV. — **Bulletin de la Société d'études scientifiques de l'Aude, t. XIV, année 1903.** | (Carcassonne, 1903, in-8°, LXXXV-83 et 200 p.)

Deuxième partie.

8849. Esparseil (R.). — Excursion aux mines de Mis-pickel de Salgine, à la grotte de Villanière et aux châteaux de Lastours, *fig.*, p. 3 à 40.

8850. Blanquier (A.). — Excursion à Sallèles-d'Aude, à Mont-Laurès, et au plateau de Levrettes, p. 41 à 55.

Troisième partie.

8851. Courrent (D' P.). — Tuchan [château d'Aguilar].

Nouvelles, Domneuve et Segure, notice historique, 3 *pl.*, *fig.*, p. 79 à 166.

8852. Courrent (D' P.). — Le crâne trépané de Mont-laur et la chirurgie préhistorique, *pl.*, p. 178 à 188.

8853. Catuala. — Notice sur un cimetière gallo-romain et sur les trouvailles faites dans la commune d'Arge-liers, *fig.*, p. 189 à 196.

BOUCHES-DU-RHÔNE. — AIX.

ACADÉMIE D'AIX.

Les publications antérieures de cette Académie sont analysées dans notre *Bibliographie générale* , savoir :

Séances publiques, I à LXIV (1809-1884), *Bibliographie*, t. I, p. 112 et 681.

— LXV à LXXX (1885-1900), *Bibliographie*, t. V, p. 82.

— LXXXI à LXXXIII (1901-1903), *Bibliographie*, nouvelle série, I, p. 7; II, p. 14.

Mémoires, t. I à XII (1819-1882), *Bibliographie*, t. I, p. 114.

— t. XIII à XVIII (1885-1900), *Bibliographie*, t. V, p. 83.

Ouvrages divers (1871), *Bibliographie*, t. I, p. 111.

LXXXIV. — Séance publique de l'Académie des sciences, agriculture, arts et belles-lettres d'Aix. (Aix-en-Provence, 1904, in-8°, 55 p.)

8854. Cherrier (Le chanoine). — Provence et Lorraine dans l'histoire, p. 6 à 36.

BOUCHES-DU-RHÔNE. — AIX.

SOCIÉTÉ D'ÉTUDES PROVENÇALES.

Cette Société a été fondée à la fin de l'année 1903, elle a publié en 1904 le premier volume de ses *Annales* formé de six fascicules, auxquels sont jointes des feuilles annexes avec pagination spéciale destinées à constituer des ouvrages isolés; nous attendrons pour mentionner ces derniers qu'ils forment des volumes complets.

I. — Annales de la Société d'études proven-çales..., 1re année, 1904. (Aix-en-Provence, s. d., in-8°, x-318 p.)

8855. Clerc (Michel). — L'archéologie ligure, une en-quête à faire, p. 1 à 9.

8856. Labande (L.-H.). — Projet de translation du con-cile de Bâle en Avignon pour la réunion des églises grecque et latine, documents inédits sur la subvention payée au concile par les Avignonnais, p. 10, 133, et 189.

8857. Ville d'Avray (H. de). — Description funéraire inédite à l'Abadie (Alpes-Maritimes), *fig.*, p. 25 à 28.

8858. Perrier (Émile). — La mort d'un ambassadeur russe à Marseille [le prince Béloselski, 1779], p. 55 à 67.

8859. Martin (David). — Inscription gallo-romaine trouvée à Fos-sur-Mer, *fig.*, p. 68 à 72.

8860. Doublet (G.). — La bibliothèque d'un évêque de Grasse et de Vence à la fin du xvi* siècle, p. 103 à 117, et 153 à 167.

8861. Poupé (Edmond). — La Ligue en Provence et les Pontevès-Bargème. Correspondance relative à la prise d'armes carciste de 1578-1579, p. 118, 176, 240, et 283.

8862. Liabastres. — Découverte à Carpentras de pièces manuscrites du xiv* siècle provenant de l'archevêché d'Embrun, p. 168 à 175.

8863. Auzivizier (Clément). — Notes biographiques sur Poitevin (Jean-François-Anicet), député du Var en 1791, p. 187 à 188.

8864. Lieutaud (V.). — Le registre de Louis III, comte de Provence, roi de Sicile, et son itinéraire (1422-1434), p. 217 à 232.

8865. Aude (Ed.). — Lettre de Louis III, comte de Provence, en faveur de trois marchands drapiers de Marseille (1420), p. 233 à 234.

8866.. Du Rocre (Baron). — Singulier pari sur la naissance d'un enfant (Arles, 1535), p. 248 à 249.

8867. Fournier (Joseph). — Lettre inédite de Championnet, général en chef de l'armée des Alpes, à l'administration du département des Bouches-du-Rhône (1799), p. 251 à 256.

8868. Martin (David). — Fos, importance de sa région au point de vue archéologique et géologique, p. 265 à 277.

8869. Clerc (M.). — Sainte-Victoire et Sainte-Venture [à Vauvenargues], p. 278 à 282.

8870. Teissèrre (V.). — Estampille sur anse d'amphore, p. 289.

8871. Nicollet (F.-N.). — Testament en langue provençale du xiv* siècle, dialecte d'Aix, p. 299 à 301.

BOUCHES-DU-RHÔNE. — ARLES.

SOCIÉTÉ DES AMIS DU VIEIL ARLES.

Cette Société a été fondée en 1903 dans le but de veiller sur les œuvres d'art et la physionomie monumentale de la ville d'Arles et de ses environs. Elle a repris l'œuvre entreprise en 1832 par une *Commission archéologique* qui n'avait plus depuis bien des années qu'une existence nominale et qui n'a jamais rien publié. La Société des amis du Vieil Arles fait paraître un *Bulletin*.

I. — **Bulletin de la Société des amis du Vieil Arles.** 1ʳᵉ année. (Aix, 1903-1904, in-8°, 200 p.)

8872. Fassin (Émile). — Le vieil Arles. Le Montjuif et les cimetières israélites, p. 30 à 33, et 87 à 90.

8873. Taillefer (A.). — L'enseignement primaire dans l'arrondissement d'Arles. Période antérieure à l'année 1789, p. 34, 79, 135, et 181.

8874. Lieutaud (Auguste). — Vieux Rhônes et vieilles tours, carte, p. 37, 73, et 129.

8875. E. F. [Fassin (E.)]. — Les proverbes du pays d'Arles, p. 43, 146, et 190.

8876. Véran (A.). — La statue d'Auguste [musée d'Arles], *pl.*, p. 65 à 72, et 134.

8877. Véran (Auguste). — Le palais de Constantin, dit palais de la Trouille, à Arles, *fig.* et 3 *pl.*, [p. 97 à 107.

8878. Chailan (M.). — A travers le vieil Arles. Le grand prieuré, 2 *pl.*, p. 108 à 128, et 172 à 180.

8879. E. F. [Fassin (E.)]. — La légende territoriale d'Arles, p. 149 à 150, et 192 à 194.]

8880. Fassin (E.). — Le vieil Arles. Le discours des antiquités, p. 161 à 169.

8881. Beaucaire (Georges). — Impression de voyage. Autour du musée lapidaire [d'Arles], *pl.*, p. 170 à 171.

8882. Beaurepaire-Froment (De). — Le retour de la Vénus d'Arles, p. 186 à 189.

BOUCHES-DU-RHÔNE. — MARSEILLE.

ACADÉMIE DES SCIENCES, LETTRES ET BEAUX-ARTS DE MARSEILLE.

Les publications antérieures de cette Académie sont analysées dans notre *Bibliographie générale*, savoir :

Recueil, 45 vol. (1727-1786), *Bibliographie*, t. I, p. 117.

Procès-verbal et *Journal*, 5 vol. (an IX-1805), *Bibliographie*, t. I, p. 121.

Mémoires, t. I à XXVII (1803-1885), *Bibliographie*, t. I, p. 121 et 682.

— t. XXVIII à XXXI (1885-1899), *Bibliographie*, t. V, p. 84.

— t. XXXII (1899-1901), *Bibliographie*, nouvelle série, I, p. 7.

Ouvrages divers (1826-1882), *Bibliographie*, t. I, p. 117 et 126.

XXXIII. — **Mémoires de l'Académie des sciences, lettres et beaux-arts de Marseille,** 1901-1903. (Marseille, 1904, in-8°, 619 p.)

8883. Bry (G.). — Discours de réception [Éloge de Philippe Matheron, géologue (1807 † 1899)], p. 7 à 31.

8884. Boze (Honoré). — Discours de réception [Éloge d'Étienne Parrocel], p. 43 à 49.

8885. Legré (Ludovic). — La botanique en Provence au XVIe siècle, p. 59 à 237. — Suite de XXXII, p. 1, et 297.

[Louis Auguillara, p. 59. — Pierre Belon, p. 85. — Charles de l'Escluse, p. 115. — Lettres de Peiresc, p. 175. — Antoine Constantin, p. 183.]

8886. Blancard (Louis). — Note sur la monnaie romaine au IIIe siècle de l'ère chrétienne, p. 239 à 253.

8887. Prou-Gaillard. — L'œuvre de Le Play et de son école, p. 277 à 296.

8888. Barthelet (Edmond). — Discours de réception [Éloge de M. Guilbault], p. 297 à 318.

8889. Cantini (Jules). — Discours de réception [Éloge de Magaud, peintre], p. 327 à 334.

8890. Gamber (L'abbé). — Discours de réception [Éloge de Mgr Robert], p. 353 à 367.

8891. Montricher (Dr). — Discours de réception [Éloge du Dr David], p. 385 à 402.

8892. Desplaces (Comte Henri). — Discours de réception [Éloge de Matabon], p. 415 à 432.

8893. Bernard (Valère). — Discours de réception [Éloge de François Laugier], p. 443 à 454.

8894. Legré (Ludovic). — Marseille en 1822 d'après les notes de voyage d'Adolphe Thiers, p. 465 à 478.

8895. Masson (Paul). — Discours de réception [Éloge de l'abbé Gras], p. 479 à 497.

8896. Servian (Ferdinand). — Discours de réception [Éloge de Henry Revoil], p. 507 à 525.

8897. Vincens (Ch.). — Rapport sur un manuscrit concernant l'Académie, p. 557 à 564.

[Discours de réception de Michel Roussier en 1791.]

8898. Servian (Ferdinand). — Puget inconnu, étude technique et psychologique, p. 565 à 581.

8899. Legré (Ludovic). — Un épisode des premiers temps de l'Académie. La satire du sieur Decugis [1726], p. 583 à 593.

BOUCHES-DU-RHÔNE. — MARSEILLE.

SOCIÉTÉ DE GÉOGRAPHIE DE MARSEILLE.

Les publications antérieures de cette Société sont analysées dans notre *Bibliographie générale*, savoir :
Bulletin, t. I à XXIV (1877-1900), *Bibliographie*, t. V, p. 86.
— t. XXV et XXVI (1901-1902), *Bibliographie*, nouvelle série, I, p. 7; et II, p. 15.

XXVII. — **Bulletin de la Société de géographie et études coloniales de Marseille**, t. XXVII. (Marseille, 1903, in-8°, 500 p.)

8900. Tournier (Capitaine). — Les oasis du Touat, p. 90 à 97.
8901. Mondon (Dr C.). — La côte d'Ivoire, p. 129 à 147.
8902. Bourge (Georges). — Les ports d'Australie, p. 148 à 166, et 275 à 288. — Suite et fin du XVII, p. 115,

244, 359; XVIII, p. 27; XX, p. 121, 244; XXII, p. 143, 315; XXIII, p. 256, 376; XXIV, p. 282, 384; XXV, p. 371; et XXVI, p. 19.
8903. Gaffarel (Paul). — La Ciotat et ses environs, *carte*, p. 245 à 262.
8904. Carré (Pierre). — Notes sur Majunga, p. 263 à 274.
8905. Berthier (L.-C.). — L'islam dans nos colonies, p. 431 à 435.

BOUCHES-DU-RHÔNE. — MARSEILLE.

SOCIÉTÉ DE STATISTIQUE DE MARSEILLE.

Les publications antérieures de cette Société sont analysées dans notre *Bibliographie générale*, savoir :
Annales, 3 vol. (1832), *Bibliographie*, t. I, p. 128.
Répertoire des travaux, t. I à XL (1837-1882), *Bibliographie*, t. I, p. 128.
— t. XLI à XLIV (1884-1900), *Bibliographie*, t. V, p. 90.
Ouvrages divers, comptes rendus, procès-verbaux (1828-1883), *Bibliographie*, t. I, p. 127.

XLV. — **Répertoire des travaux de la Société de statistique de Marseille...**, 1900-1903, t. XLV, 1re de la 10e série..., publié sous la direction de M. Henry de Gérin-Ricard, secrétaire perpétuel. (Marseille, 1901-1904, in-8°, 496 p.)

8906. Arnaud d'Agnel (L'abbé Gustave). — Sur une inscription grecque découverte à Marseille. p. 17 à 19.
8907. Pascal (Adrien). — Étude sur le commerce maritime, la marine et la navigation des Phéniciens, p. 52 à 64, et 228 à 233.
8908. Gérin-Ricard (De). — De la monnaie parure et de la parure sur la monnaie, p. 65 à 73.
8909. Perrier (Émile). — Les coffres d'une grande dame

provençale [Catherine de Maurel, dame de Bandol, vers 1725], p. 74 à 84. — Cf. n° 8913.
8910. Beraud. — Le jeu de Dom Bède (ex Propos. arithmeticae), traduit et complété, p. 121 à 123.
8911. Arnaud d'Agnel (L'abbé). — Essai de palethnologie critique, p. 124 à 172.
8912. Fournier (Joseph). — Une grève à Marseille en 1785, p. 223 à 227.
8913. Perrier (Émile). — L'hôtel et le château d'un financier aixois au XVIIe siècle, p. 234 à 266. — Cf. n° 8909.
[Inventaire après le décès de Pierre Maurel, des meubles de l'hôtel Maurel à Aix, et du château de Pontevès (1674).]
8914. Gérin-Ricard (H. de). — Une famille de bourgeois sous l'ancien régime, notes généalogiques et domestiques sur les Laget de Bardelin, de Provence, p. 267 à 305.

8915. Rigaud (Paul). — L'échappé de Brienne [Lucien Bonaparte]. Lettre inédite de Joseph Bonaparte [1785], p. 306 à 307.

8916. Perrier (Émile). — Les Marseillaises et le connétable de Bourbon, p. 370 à 382.

8917. Foulques de Villaret (C**** Amicle de). — Les écoliers provençaux à l'Université d'Orléans, p. 400 à 403.

8918. Foulques de Villaret (C**** Amicle de). — Une petite contribution à l'histoire de Marseille (disette de céréales en 1533), p. 404 à 411.

8919. Rigaud (Paul). — Un procès de confrérie en 1789, p. 412 à 414.

[Confrérie du scapulaire en l'église Notre-Dame du Mont-Carmel, à Marseille.]

8920. Arnaud d'Agnel (L'abbé). — Un groupe de dix stations préhistoriques sur le plateau des Claparèdes (Vaucluse), p. 415 à 431.

8921. Perrier (Émile). — Les récentes découvertes archéologiques d'Arles, p. 432 à 437.

8922. Gérin-Ricard (De). — Notes archéologiques sur Tourves (Var), p. 438 à 453.

8923. Lalubie. — Éloge funèbre de M. Blancard, p. 456 à 459.

8924. Perrier (Émile). — Léon de Berluc-Pérussis, p. 460 à 465.

8925. Gérin-Ricard (De). — Mausolée de Ventabren, p. 482.

CALVADOS. — CAEN.

ACADÉMIE DES SCIENCES, ARTS ET BELLES-LETTRES DE CAEN.

Les publications antérieures de cette Académie sont analysées dans notre *Bibliographie générale*, savoir :
Recueil, Mémoires, Rapports, etc. (1731-1816), *Bibliographie*, t. I, p. 137.
Mémoires, t. I à XL (1825-1885), *Bibliographie*, t. I, p. 138 et 683.
— t. XLI à LIV (1886-1900), *Bibliographie*, t. V, p. 92.
— t. LV et LVI (1901-1902), *Bibliographie*, nouvelle série, I, p. 8 ; et II, p. 16.
Tables (1754-1893), *Bibliographie*, t. V, p. 92 et 94.
— (1894-1903), voir ci-dessous, n° 8937.

LVII. — **Mémoires de l'Académie nationale des sciences, arts et belles-lettres de Caen.**
(Caen, 1903, in-8°, vi-12-42-36-73-50-41-57, p. 41 à 103-11 et 27 p.)

8926. Tessier (Jules). — Le plan de l'archiduc Albert et le projet de triple alliance austro-franco-italienne en mars-juin 1870, 36 p.

8927. Joret (Charles). — Un helléniste voyageur normand, J.-B. Le Chevalier, membre du Lycée de Caen d'après sa correspondance avec Böttiger, 73 p.

8928. Prentout (Henri). — Introduction à l'histoire de Caen, 41 p.

8929. Travers (Émile). — Notice biographique et littéraire sur M. Armand Gasté, 57 p.

[8935]. Pélissier (Léon G.). — Lettres inédites de Gisbert Cuper à P.-Daniel Huet et à divers correspondants (1683-1716), *pl.*, p. 41 à 103

LVIII. — **Mémoires de l'Académie nationale des sciences, arts et belles-lettres de Caen.**
(Caen, 1904, in-8°, 30-404 et 24 p.)

8930. Decauville-Lachénée (Abel). — Notes sur les annalistes et les auteurs de journaux de la ville de Caen et en particulier sur le *Journal d'un bourgeois de Caen*, attribué à Lamare, et le *Journal* du conseiller Jacques Lemarchand, p. 1 à 16.

8931. Harmand (René). — Le dernier des Brébeuf (1750-1790), p. 17 à 35.

8932. Souriau (Maurice). — Bernardin de Saint-Pierre. Le texte authentique des *Harmonies de la nature*, p. 37 à 107.

8933. Lavalley (Gaston). — Une émeute originale des mineurs de Littry en 1792 d'après des documents complètement inédits, p. 109 à 189.

8934. Prentout (Henri). — La prise de Caen par Édouard III (1346), étude critique, *pl.*, p. 223 à 295.

8935. Pélissier (Léon G.). — Lettres inédites de Gisbert Cuper à P.-Daniel Huet et à divers correspondants (1683-1716), *pl.*, p. 297 à 361 ; et LIX, *documents*, p. 1 à 245. — Suite de LVI, p. 259 ; et LVII, p. 41.

8936. Charencey (Comte de). — Étymologies françaises et patoises, p. 363 à 389.

8937. Prentout (Henri). — Tables décennales (1894 à 1903 inclusivement) des Mémoires de l'Académie de Caen, 24 p.

CALVADOS. — CAEN.

ASSOCIATION NORMANDE.

Les publications antérieures de cette Association sont analysées dans notre *Bibliographie générale*, savoir :
Annuaire, t. I à LI (1835-1885), *Bibliographie*, t. I, p. 145 et 683.
— t. LII à LXVI (1886-1900), *Bibliographie*, t. V, p. 96.
— t. LXVII à LXIX (1901-1903), *Bibliographie*, nouvelle série, I, p. 9; et II, p. 17.

LXX. — **Annuaire des cinq départements de la Normandie,** publié par l'Association normande, 71ᵉ année, 1904. (Caen, s. d., in-8°, LXIV-585 p.)

8938. Ponée (Le chanoine). — Une vieille description du château de Vaudreuil, *pl.*, p. 15 à 28.
8939. Blanquart (L'abbé). — Le Bethléem d'Aubevoye, p. 29 à 40.
8940. Leroy (Charles). — Paysans normands au XVIIIᵉ siècle, p. 41 à 168.
8941. Régnier (Louis). — Excursion à l'abbaye de Bonport, à Pont-de-l'Arche et à Poses, p. 169 à 192.
8942. Régnier (L.). — Excursion à Acquigny, p. 280 à 293.
8943. Anonyme. — Excursion à Aubevoye, Bethléem, Gaillon et la colonie des Douaires, p. 297 à 318.

8944. Boulet. — Le Roumois, p. 319 à 325.
8945. Barbe. — Le patois normand, p. 325 à 387.
8946. Montier. — Études de céramique normande, p. 338 à 351.
[Les potiers d'Infreville, près Bourgthéroulde.]

8947. Leclerc. — Honfleur et ses musées, p. 355 à 363.
8948. Vesly (De). — Les forêts de Bord et de Louviers, p. 364 à 390.
8949. Hébert (E.). — Le musée de Louviers et la bibliothèque municipale, p. 427 à 430.
8950. Anquetil. — Inauguration du monument de Formigny, *pl.*, p. 431 à 491.
8951. Anonyme. — Nécrologie [l'abbé Gaulier († 1903)], p. 575 à 577.
8952. Ponée (Le chanoine). — M. Frédéric Malbranche (1819 † 1903), p. 577 à 582.

CALVADOS. — CAEN.

SOCIÉTÉ DES ANTIQUAIRES DE NORMANDIE.

Les publications antérieures de cette Société sont analysées dans notre *Bibliographie générale*, savoir :
Mémoires, t. I à XXX (1824-1880), *Bibliographie*, t. I, p. 197.
— t. XXXI et XXXII (1892-1895), *Bibliographie*, t. V, p. 102.
Bulletin, t. I à XIII (1860-1885), *Bibliographie*, t. I, p. 210 et 685.
— t. XIV à XXI (1886-1899), *Bibliographie*, t. V, p. 102.
— t. XXII et XXIII (1900-1903), *Bibliographie*, nouvelle série, II, p. 18.

XXIV. — **Bulletin de la Société des Antiquaires de Normandie,** t. XXIV. (Caen, 1904, in-8°, CXXXI-178 p.)

8953. Delisle (Léopold). — Catalogue des livres imprimés ou publiés à Caen avant le milieu du XVIᵉ siècle, suivi de recherches sur les imprimeurs et les libraires de la même ville, t. II : recherches sur les imprimeurs et les libraires, 27 *pl.*, p. 1 à CXXXI, et 1 à 178.
[Le tome I a paru en 1903 et forme le tome XXIII du *Bulletin* de la *Société*.]

CALVADOS. — CAEN.

SOCIÉTÉ FRANÇAISE D'ARCHÉOLOGIE.

Les publications antérieures de cette Société sont analysées dans notre *Bibliographie générale*, savoir :
Bulletin monumental, t. I à LI (1834-1885), *Bibliographie*, t. I, p. 223 et 686.
— t. LII à LXIV (1886-1900), *Bibliographie*, t. V, p. 107.
— t. LXV et LXVI (1901-1902), *Bibliographie*, nouvelle série, I, p. 9; II, p. 19.
Congrès archéologiques, t. I à LII (1834-1885), *Bibliographie*, t. I, p. 280 et 687.
— t. LIII à LXVII (1886-1900), *Bibliographie*, t. V, p. 116.
— t. LXVIII et LXIX (1901-1902), *Bibliographie*, nouv. série, I, p. 10; II, p. 19.

LXVII. — **Bulletin monumental**, publié sous les auspices de la Société française d'archéologie pour la conservation des monuments historiques et dirigé par Eugène Lefèvre-Pontalis, LXVII° volume de la collection. (Caen, 1903, in-8°, 619 p.)

8954. Mallard (Gustave). — Le théâtre gallo-romain de Drevant (Cher), *pl.*, p. 3 à 16.

8955. Lannois (L'abbé). — Les anciens cimetières de Biermes (Ardennes), *fig.*, p. 17 à 28.

8956. Demaison (L.). — Deux inscriptions de la cathédrale de Reims [Adalbéron, archevêque († 988) et Walterus (xi° s.)], p. 29 à 33.

8957. Mortet (Victor). — L'âge des tours et la sonnerie de Notre-Dame de Paris au xiii° siècle et dans la première partie du xiv°, 7 *pl.*, p. 34 à 63.

8958. Chevallier (L'abbé Émile). — L'église de Léry (Eure), 4 *pl.*, p. 64 à 83.

8959. Serbat (Louis). — L'architecture gothique des Jésuites au xvii° siècle, *fig.* et 8 *pl.*, p. 84 à 134. — Suite et fin de LXVI, p. 315.

8960. Serbat (Louis). — Chronique [archéologique], p. 135, 267, 426, et 577.

8961. Lasteyrie (Robert de). — La date de la porte Sainte-Anne à Notre-Dame de Paris, *pl.*, p. 179 à 204. — Cf. id. n° 7154.

8962. Régnier (Louis). — L'église de Sainte-Marie-aux-Anglais [Calvados], *fig.* et *pl.*, p. 205 à 231.

8963. Du Chatellier (P.). — Les monuments mégalithiques de la pointe de Kermorvan en Ploumoguer, *fig.*, p. 232 à 239.

8964. Des Forts (P.). — Le château de Rambures (Somme), 4 *pl.*, p. 240 à 266.

8965. Lefèvre-Pontalis (Eugène). — L'église abbatiale d'Evron (Mayenne), 14 *pl.*, p. 299 à 342.

8966. Masséreau (T.). — Le château de Sarzay (Indre), 2 *pl.*, p. 343 à 357.

8967. Bouillet (L'abbé). — L'église de Montreuil-sous-Bois (Seine), 2 *pl.*, p. 358 à 380.

8968. Lefèvre-Pontalis (Eugène). — Le puits des Saints-Forts et les cryptes de la cathédrale de Chartres, *pl.*, p. 381 à 402.

8969. Travers (Émile). — L'archéologie monumentale aux Salons de Paris en 1903, *fig.* et 10 *pl.*, p. 403 à 445; — en 1904, *fig.* et 7 *pl.*, LXVIII, p. 377 à 404.

8970. Véran (Auguste). — Les fouilles de la porte de l'Aure, à Arles, 3 *pl.*, p. 451 à 458.

8971. Labande (L.-H.). — Étude historique et archéologique sur Saint-Trophime d'Arles du iv° au xiii° siècle, 2 *pl.*, p. 459 à 497; et LXVIII, 4 *pl.*, p. 3 à 42.

8972. Vachon (Marius). — L'architecte de l'ancien hôtel de ville de Paris, Boccador ou Chambiges? *fig.*, p. 498 à 514.

8973. Virey (Jean). — Les dates de construction de Saint-Philibert de Tournus, *fig.* et 4 *pl.*, p. 515 à 561.

8974. Déchelette (Joseph). — A propos de l'oppidum des Nitiobriges, p. 562 à 570.

8975. Lefèvre-Pontalis (F.). — Les corbeaux à encoche, *fig.*, p. 570 à 572.

LXVIII. — **Bulletin monumental**, publié sous les auspices de la Société française d'archéologie pour la conservation des monuments historiques et dirigé par Eugène Lefèvre-Pontalis, LXVIII° volume de la collection. (Caen, 1904, in-8°, 479 p.)

[8971]. Labande (L.-H.). — Étude historique et archéologique sur Saint-Trophime d'Arles du iv° au xiii° siècle, 4 *pl.*, p. 3 à 42.

8976. Philippe (André). — L'architecture religieuse aux xi° et xii° siècles dans l'ancien diocèse d'Auxerre, 16 *pl.*, p. 43 à 92.

8977. Lefèvre-Pontalis (Eugène). — Jean Langlois, architecte de Saint-Urbain de Troyes, p. 93 à 108.

8978. Blanchet (Adrien). — Marques de tâcherons et marques d'appareillage, p. 109 à 117.

8979. Serrat (Louis). — Chronique [archéologique], p. 118, 260, et 427.

8980. Mortet (Victor). — L'ancien niveau de Notre-Dame de Paris et les portes secondaires de la façade méridionale (xiiie-xive s.), pl., p. 149 à 159.

8981. Lefèvre-Pontalis (Eugène). — Saint-Évremond de Creil, notice nécrologique, fig. et 9 pl., p. 160. à 182.

8982. Clément (L'abbé Joseph). — Les épitaphes sacerdotales de Chareil-Cintrat (Allier), pl., p. 183 à 189. — Cf. n° 8988.

8983. Lanore. — La cathédrale de Lescar (Basses-Pyrénées), p. 190 à 259.

8984. Lefèvre-Pontalis (Eugène) et Jarry (Eugène). — La cathédrale romane d'Orléans, fig. et 5 pl., p. 309 à 372.

8985. Mortet (Victor). — La loge aux maçons et la forge de Notre-Dame de Paris (xiiie s.), p. 373 à 376.

[8969]. Travers (Émile). — L'archéologie monumentale aux Salons de Paris en 1904, fig. et 7 pl., p. 377 à 404.

8986. Engerand (Louis). — La sculpture romane en Normandie, p. 405 à 416.

[Suivi de remarques de R. de Lasteyrie.]

8987. Masserau (T.). — Le donjon du Lys-Saint-Georges (Indre), fig. et pl., p. 417 à 425.

8988. Germain de Maidy (L.). — Les épitaphes de Chareil-Cintrat, p. 426. — Cf. n° 8982.

8989. Régnier (L.). — Nécrologie. M. le chanoine Bouillet († 1904), p. 446 à 453.

CONGRÈS ARCHÉOLOGIQUES.

LXX. — Congrès archéologique de France, 70° session. Séances générales tenues à Poitiers, en 1903, par la Société française d'archéologie pour la conservation et la description des monuments. (Caen, 1904, in-8°, lvi-437 p.)

8990. La Bouralière (A. de). — Guide archéologique du Congrès de Poitiers, 39 pl., p. 1 à 84.

[Poitiers, 17 pl.; Parthenay, 2 pl.; Saint-Savin, 2 pl.; Chau-vigny, 6 pl.; Montmorillon, 4 pl.; le Dorat, pl.; Saint-Jouin de Marnes, pl.; Saint-Généroux, pl.; Airvault, 3 pl.; Nouaillé, 2 pl.]

8991. Chotard. — L'inscription de la clef de voûte de la cathédrale de Poitiers, p. 142 à 144.

8992. Vallette (René). — L'archéologie en Bas-Poitou depuis 1864, p. 159 à 174.

8993. Brochet (Louis). — Les voies romaines en Bas-Poitou, carte et pl., p. 175 à 190.

8994. Brochet (Louis). — Le Portus Secor et le promontorium Pictonum, p. 191 à 202.

8995. Brac. — Un anneau d'or [antique] et son intaille [trouvés à Poitiers], fig., p. 203 à 213.

8996. La Croix (Le P. A. de). — Trois bas-reliefs religieux dont les originaux existent à Poitiers, 2 pl., p. 214 à 222.

8997. Blanchet (Adrien). — Vases de la Gaule indépendante, pl., p. 223 à 233.

8998. Berthelé (Joseph). — L'architecture Plantagenet, fig. et 9 pl., p. 234 à 275.

8999. Musset (Georges). — Le trésor de Notre-Dame-la-Grande [de Poitiers, pendant la Révolution], p. 276 à 291.

9000. Bouneault (Arthur). — Les clefs de voûtes de la chapelle du château d'Oyron [xvie s.], pl., p. 292 à 298.

9001. Tornézy (A.). — Quelques marchés relatifs aux beaux-arts [en Poitou, xve-xviie siècle], p. 299 à 309.

9002. Babinet (Colonel L.). — La tactique de la bataille de Poitiers en 1356, p. 310 à 321.

9003. Lefèvre-Pontalis (Eugène). — L'église de Jazeneuil, fig. et 5 pl., p. 322 à 329.

9004. La Bouralière (De). — L'église et le château de Gençay, 2 pl., p. 330 à 334.

9005. Thiollier (Noël). — Une église du Velay [Dunières] construite suivant le mode poitevin, fig. et 2 pl., p. 335 à 341.

9006. Rambaud (P.). — Les sculpteurs poitevins au xviie siècle, p. 342 à 360.

9007. Lefèvre-Pontalis (Eugène). — Saint-Hilaire de Poitiers, étude archéologique, fig. et 20 pl., p. 361 à 405.

9008. Collox (Le chanoine A.). — La crosse de la cathédrale de Poitiers, pl., p. 406 à 423.

CANTAL. — AURILLAC.

SOCIÉTÉ DES LETTRES, SCIENCES ET ARTS «LA HAUTE-AUVERGNE».

Les publications antérieures de cette Société sont analysées dans notre Bibliographie générale, savoir : .
Revue de la Haute-Auvergne, t. I et II (1899-1900), Bibliographie, t. V, p. 126.
— *t. III et IV (1901-1902), Bibliographie, nouvelle série, I, p. 11; II, p. 21.*

V. — Revue de la Haute-Auvergne, publiée par la Société des lettres, sciences et arts «La Haute-Auvergne»..., t. V, 1903. (Aurillac, s. d., in-8°, 423 p.)

9009. Girod (Dr Paul) et Ayman (Alph.). — Stations moustériennes et campigniennes des environs d'Aurillac, 20 pl., p. 1 à 58.

9010. Bastid (Achille). — Notes et documents sur l'histoire de Saint-Cernain, p. 59 à 80.

9011. Felgères (Charles). — Chaudesaigues et le Caldagués avant la féodalité. Les sires de Saint-Urcise, fig., p. 183, 249, 309; et VI, p. 41.

9012. Grand (Roger). — Lettre de rémission en faveur de Bernardin Lavergne, de Murat, accusé d'avoir commis un meurtre à Allanche (août 1542), p. 203 à 206.

9013. Chetlud (Em.). — L'École centrale du département du Cantal (an v-an xi), notes et documents, p. 217 à 248, et 345 à 385.

9014. Boudet (Marcellin). — Laurent de Belloy [1727 † 1775] et son biographe M. Pierre Valentin, p. 269 à 289.

9015. Dienne (Comte de). — La reine Marguerite à Carlat, p. 290 à 295.

9016. Rimier (Dr Louis). — Les eaux minérales de Jaleyrac, analyse de 1782, p. 386 à 404.

VI. — Revue de la Haute-Auvergne, publiée par la Société des lettres, sciences et arts «La Haute-Auvergne»..., t. VI, 1904. (Aurillac, s. d., in-8°, 443 p.)

9017. Grand (Roger). — Les chartes de commune de la ville d'Allanche, p. 25 à 40.

[9011]. Felgères (Charles). — Chaudesaigues et le Caldagués au moyen âge, p. 41.

9018. Esquer (Gabriel). — Un guérisseur de fous au xviii° siècle; Martin Degimard, de Bort, p. 84 à 96.

9019. Delort. — Les Romains et les Francs en Auvergne, p. 97 à 119.

9020. Gardère (J.). — L'abbé Jaubert, évêque nommé de Saint-Flour, p. 120 à 124.

9021. Rimier (René de). — L'assemblée des États particuliers de la Haute-Auvergne en 1649, fig., p. 125 à 180.

9022. Boudet (Marcellin). — Deux épisodes des guerres albigeoises en Haute-Auvergne, d'après les textes contemporains (1223-1226), p. 181 à 190.

9023. Delmas (Jean). — La misère à Aurillac en 1693, pl., p. 191 à 202.

9024. Girod (Docteur P.) et Ayman (Alph.). — Préhistoire d'Auvergne. Nouvel outil paléolithique [trouvé aux Issards], pl., p. 203 à 205.

9025. Boudet (Marcellin). — La Haute-Auvergne et les d'Armagnac pendant le siège d'Orléans, et la mission de Jeanne d'Arc, p. 221 à 273, et 415 à 418.

9026. Sanson (L'abbé G.). — Ad. de Rochemonteix [1837 † 1902] et son œuvre, p. 274 à 296.

9027. Esquer (G.). — Levée de francs-archers aurillacois au xv° siècle, d'après les comptes consulaires d'Aurillac (1451-1473), p. 297 à 311.

9028. Le Blanc (Paul). — Le poète patois Jean-Baptiste Veyre et l'Académie de Clermont [1861-1862], p. 312 à 316.

9029. Foun (L'abbé Raymond). — Phonétique occitanienne (dialecte d'Aurillac), p. 357 à 400.

9030. Anonyme. — L'hiver dans la Haute-Auvergne, par François de Murat [1836], p. 401 à 406.

9031. Delmas (Jean). — Une page inédite de la vie du général Milhaud [1793-1794], p. 407 à 411.

9032. Delort. — Fouilles de Chastel-sur-Murat, pl., p. 412 à 414.

[Antiquités préhistoriques.]

9033. Dienne (Ed. de). — Un chevalier d'Auvergne, prince souverain de Béarn [Gaston, xii° s.]. p. 419; — le baptême du premier comte de Carladez [1643]. p. 420.

CHARENTE. — ANGOULÈME.

SOCIÉTÉ ARCHÉOLOGIQUE ET HISTORIQUE DE LA CHARENTE.

Les publications antérieures de cette Société sont analysées dans notre *Bibliographie générale*, savoir :
Bulletin, t. I à XXX (1845-1885), *Bibliographie*, t. I, p. 325 et 688.
— t. XXXI à XLIV (1886-1900), *Bibliographie*, t. V, p. 128.
— t. XLV à XLVII (1901-1903), *Bibliographie*, nouvelle série, I, p. 12; II, p. 21.
Ouvrages divers, *Bibliographie*, t. I, p. 325; et t. V, p. 128.

XLVIII. — **Bulletin et mémoires de la Société archéologique et historique de la Charente**, année 1903-1904, 7ᵉ série, t. IV. (Angoulème, 1905, in-8°, CLVIII-218 p.)

9034. Touzaud. — Le trafic des esclaves à la Dominique (1769), p. XLI à XLIII.

9035. Chauvet (G.). — Les grottes de Teyjat, p. XLIV à XLIX.

9036. Favraud. — Pendeloque mérovingienne trouvée dans la forêt de Boixe, *fig.*, p. LII à LIV.

9037. Chauvet (G.). — Vieilles cloches [de la Charente], p. LVII à LX.

9038. Favraud. — Extrait du journal de bord du chevalier de Plas [1757-1759], p. LX à LXIII.

9039. Massougnes (De). — Extraits des registres d'état civil de Notre-Dame de Lanville-Marcillac (XVIᵉ-XVIIᵉ s.), p. LXVI.

9040. Chauvet (G.). — Vieilles lampes charentaises, *fig.*, p. LXVIII à LXXX.

9041. Chauvet (G.). — Sépultures préhistoriques de la Charente et de l'Égypte, comparaison, p. LXXXIX à XCIII.

9042. Favraud (A.). — Les grottes de Teyjat, p. XCIX à CIII.

9043. Chauvet (G.). — Monnaie gauloise de Lorigné (Deux-Sèvres), *fig.*, p. CIII à CVIII.

9044. Chauvet (G.). — *Aneut, anuit*. La lune et les Gaulois, *fig.*, p. CXIV à CXXIV. — Cf. n° 9045.

9045. D. T. [Touzaud (D.)]. — La coexistence d'*anuit* et de *huy*, d'*anuit* et de *enhuy*, p. CXXXI à CXXXVIII. — Cf. n° 9044.

9046. Chauvet (G.). — Collection Maurin, *fig.*, p. CXXXVIII à CXLI, et CLI à CLV.

[Menottes gallo-romaines, *fig.*, p. CXXXVIII; — tête humaine en terre cuite; carnassier anthropophage, bronze, *fig.*, p. CLI.]

9047. Chauvet (G.). — Compte de la terre de Ruffec, par J.-B. Thorel (1783-1792), p. CXLVII à CLI.

9048. Favraud (A.). — Ruine romaines à la Font-Brisson, commune des Gours, p. CLV à CLVII.

9049. Favraud (A.). — Les stations lacustres de l'Osme, p. CLVII.

9050. Depoin (J.). — Les comtes héréditaires d'Angoulème, de Vougrin Iᵉʳ à Audoin II (869-1032), p. 1 à 27.

9051. Blanchet (J.-P.-G.). — Recueil de lettres missives adressées à Antoine de Bourbon (1553-1562) et de documents divers du XVIᵉ siècle, p. 29 à 185.

[Inventaire de la garde-robe d'Antoine de Bourbon (1562), p. 169.]

9052. Biais (Émile). — Notes sur les entrées solennelles dans Angoulème et passage de personnages célèbres en cette dite ville (XVIIIᵉ-XIXᵉ s.), p. 187 à 210.

CHARENTE INFÉRIEURE. — ROCHEFORT.

SOCIÉTÉ DE GÉOGRAPHIE DE ROCHEFORT.

Les publications antérieures de cette Société sont analysées dans notre *Bibliographie générale*, savoir :
Bulletin, t. I à XXII (1879-1900), *Bibliographie*, t. V, p. 135.
— t. XXIII et XXIV (1901-1902), *Bibliographie*, nouvelle série, I, p. 13 ; II, p. 22.

XXV. — **Bulletin de la Société de géographie de Rochefort (agriculture, lettres, sciences et arts)**, t. XXV, année 1903. (Rochefort, 1903, in-8°, 316 p.)

9053. Courcelle-Seneuil. — Une légende des côtes de Saintonge et d'Aunis [géographie historique], p. 3, 77, et 158.

9054. Girard (B.). — L'Île et la principauté de Samos, p. 38 à 49.

9055. Auriac (Albert d'). — La baie d'Ha-Long, p. 57 à 61.

9056. Annouin (Docteur). — Combats de *La Belle-Poule*

(1778) [d'après les souvenirs du capitaine de vaisseau Polony], p. 110 à 117.

9057. Figeac (T.). — Origines et migrations des peuples du moyen Niger, p. 145 à 158. — Cf. n° 9058.

9058. Figeac (T.). — Peuplement du bassin du moyen Niger par des envahisseurs de race blanche venus du Nord-Est, p. 213 à 234. — Cf. n° 9057.

9059. Toureille (C.). — Observations sur l'étymologie de certaines expressions géographiques [Ras], p. 271.

9060. Imbert (G.). — Notice sur l'ermitage de Mortagne-sur-Gironde, p. 271 à 273.

9061. Imbert (G.). — Le dolmen de Saint-Fort-sur-le-Né, près Germignac (Charente-Inférieure), p. 274.

CHARENTE-INFÉRIEURE. — SAINTES.

COMMISSION DES ARTS ET MONUMENTS HISTORIQUES.

Les publications antérieures de cette Société sont analysées dans notre *Bibliographie générale*, savoir :
Recueil, t. I à VIII (1860-1885), *Bibliographie*, t. I, p. 345 et 689.
— t. IX à XIV (1888-1898), *Bibliographie*, t. V, p. 139.
— t. XV (1899-1901), *Bibliographie*, nouvelle série, I, p. 13.
Ouvrages divers (1862-1871), *Bibliographie*, t. I, p. 345.

XVI. — **Recueil de la Commission des arts et monuments historiques de la Charente-Inférieure et Société d'archéologie de Saintes**, t. XVI. (Saintes, 1902-1904, in-8°, 609 p.)

9062. Egreteaud. — Monographie de la commune des Mathes, arrondissement de Marennes, p. 7 à 38, et 56 à 77.

9063. Tsibaudeau. — La Fronde en Saintonge (1651-1652), p. 38 à 42.

9064. Hildebrand (Ham.). — Notes d'art de Suède, *fig.*, p. 78 à 85.

[Peintures murales de Vadstena ; boucles en forme d'animaux ; fonts baptismaux. — Traduit du suédois par Maurice Martineau.]

9065. Chainet. — Notes extraites des registres d'état civil de Bois [1613-1775], p. 88 à 89, et 122 à 124.

9066. Fronsac (Vicomte de). — La noblesse du Canada et de l'Acadie, ses droits et ses privilèges, p. 103 à 122.

CHARENTE-INFÉRIEURE. — SAINTES.

SOCIÉTÉ DES ARCHIVES HISTORIQUES DE LA SAINTONGE ET DE L'AUNIS.

Les publications antérieures de cette Société sont analysées dans notre *Bibliographie générale*, savoir :
Archives historiques, t. I à XIII (1874-1885), *Bibliographie*, t. I, p. 350.
— t. XIV à XXIX (1886-1900), *Bibliographie*, t. V, p. 145.
— t. XXX à XXXII (1901-1902), *Bibliographie*, nouvelle série, I, p. 14 ; II, p. 23.
. *Bulletin*, t. I à V (1876-1885), *Bibliographie*, t. I, p. 359.
— t. VI à XX (1886-1900), *Bibliographie*, t. V, p. 147.
— t. XXI à XXIII (1901-1903), *Bibliographie*, nouvelle série, I, p. 14 ; II, p. 23.

XXXIII. — Archives historiques de la Saintonge et de l'Aunis, t. XXXIII. (Saintes, 1903, in-8°, cclii-463 p.)

9105. Musset (Georges). — Cartulaire de l'abbaye royale de Saint-Jean-d'Angely, t. II, *pl.*, p. 1 à cclii, et 1 à 463.

[Le tome I a paru en 1901 et forme le tome XXX des *Archives historiques*.]

XXXIV. — Archives historiques de la Saintonge et de l'Aunis, t. XXXIV. (Saintes, 1904, in-8°, xix-364 p.)

9106. Meschinet de Richemond. — Délibérations de la Société des Amis de la Liberté et de l'Égalité d'Ars-en-Ré, *pl.*, p. 1 à 253.

9107. Fleury (Paul). — Quelques épisodes de l'histoire de la Réforme à Marans, p. 254 à 287.

9108. Saudau (L.-C.). — Corporations, maîtrises ou jurandes de la Saintonge et de l'Aunis, p. 288 à 356 ; et XXXV, p. 414 à 451.

XXIV. — Bulletin de la Société des archives historiques. Revue de la Saintonge et de l'Aunis, t. XXIV. (Saintes, 1904, in-8°, 477 p.)

9109. Anonyme. — Nécrologie, p. 5, 88, 140, 205, 270, et 361.

[G. Denis († 1903) ; le comte de Chasseloup-Laubat († 1903) ; P.-E. Laurent († 1903) ; G. Renault († 1903), p. 5. — Dr C. Baril († 1904) ; P.-F. Delany († 1904), p. 88. — Le comte H. de la Laurencie († 1904) ; Mme M.-A. Dumontet († 1904), p. 140. — H.-P.-E. Chaudruc de Crazannes († 1904) ; J. Foucaud († 1904), p. 205. — A. de Barthélemy († 1904) ; J.-L. d Salignac († 1904), p. 270. — La marquise de Thezan-Saint-Geniès († 1904), p. 361.]

9110. Dangibeaud (Ch.). — Découverte de sépultures médiévales à Saint-Jean-d'Angely, *fig.*, p. 16 à 21.

9111. Lemonnier (P.). — Pourquoi le comte d'Artois n'a pas rejoint Charette, p. 21 à 36.

9112. Dangibeaud (Ch.). — Saintes ancienne. Les rues, *fig.*, p. 37, 103, 161, 368 ; et XXXV, *fig.* et 2 *pl.*, p. 19, 96, 181, et 413.

9113. Divers. — Questions et réponses, p. 64, 123, 180, 243, et 322.

[La locution saintongeaise *à chd petit*, p. 181. — Étymologie de *L'Age*, p. 243. — Usages et superstitions en Saintonge, p. 322.]

9114. Laverny (Anat.). — J.-G. Landreau, du Maine, au Picq (xviii° s.), p. 65 à 73.

9115. Mesnard (Amédée). — Saint-Jean-d'Angely sous la Révolution. Difficulté entre la Garde nationale et les Amis de la constitution, p. 93 à 95.

9116. Richemond (De). — Papiers de la famille Baudouin de Laudeberderie, p. 95 à 103. — Suite et fin de XXIII, p. 410.

9117. Anonyme. — Anciennes maisons des environs de Cognac, p. 126, 183, et 261.

9118. Saint-Saud. — Maintenue de noblesse en faveur de Jean et Dominique Guichon, écuyers, avocats (4 septembre 1668), p. 146 à 148.

9119. Du Bastin (E.). — Notre-Dame de la Rotonde [à Saintes], p. 155.

9120. Pellisson (Jules). — Une invitation à dîner chez le premier consul, p. 157.

9121. Pellisson (Jules). — Une fête scolaire à Cognac en 1784, *facs.*, p. 157 à 160.

9122. Musset (Jean). — Excursion de Pons au château d'Ars, 2 *pl.*, p. 210 à 225.

[Bougneau ; Pérignac, *pl.* ; Ars, *pl.*]

9123. Anonyme. — Deux épisodes de la fuite en Espagne de Monseigneur de Coucy, sa rencontre avec l'évêque constitutionnel Robinet; une aventure de son vicaire général, p. 225 à 230.

9124. Audiat (Gabriel). — Le général Théophile-Charles de Brémond d'Ars (1787 † 1875), p. 230 à 242, et 300 à 309.

9125. Jean le Saintongeais. — A. Richard. Histoire des comtes de Poitou, p. 246, 330, et 405.

9126. Labadie (Ernest). — Étude bibliographique sur les éditions de l'*Antiquité de Saintes et de Barbezieux*, d'Élie Vinet, *facs.*, p. 280 à 300.

9127. Olce (J. d'). — Le général Muller [Jacques-Léonard, 1749 † 1824], p. 309.

9128. Lemonnier (P.). — Le clergé de la Charente-Inférieure pendant la Révolution, en 1789, p. 391 à 404.

CHER. — BOURGES.

SOCIÉTÉ DES ANTIQUAIRES DU CENTRE.

Les publications antérieures de cette Société sont analysées dans notre *Bibliographie générale*, savoir :
Mémoires, t. I à XIII (1867-1885), *Bibliographie*, t. I, p. 369.
— t. XIV à XXIV (1886-1900), *Bibliographie*, t. V, p. 160.
— t. XXV et XXVI (1901-1902), *Bibliographie*, nouvelle série, I, p. 16; et II, p. 26.

XXVII. — Mémoires de la Société des antiquaires du Centre, 1903, XXVII° volume. (Bourges, 1904, in-8°, xxx-406 p.)

9129. [Rocca]. — Catalogue de la Bibliothèque [de la Société des antiquaires du Centre], p. 11 à 156.

9130. Breuil (L'abbé) et Goy (P. de). — Note sur une sépulture antique de la rue de Dun [à Bourges] découverte en 1849, *fig.*, p. 157 à 173.

9131. Mater (D.). — Nouvelles découvertes au cimetière romain du Fin-Renard, 2 *pl.*, p. 176 à 211.

[Marques de potiers; stèles gallo-romaines.]

9132. Chénon (Émile). — Notes archéologiques et historiques sur le Bas-Berry, 4° série, 2 *pl.*, p. 213 à 305.

[Le sphinx gallo-romain du Gessé. — Le peintre verrier Guillaume de Marcillat (1475-1535). — Droits et redevances seigneuriales.]
[Pour les trois premières séries, voir notre *Bibliographie*, t. V, n° 88407.]

9133. Soyer (Jacques). — Documents inédits sur le séjour et la demeure, à Bourges, de divers artistes au service de Jean de France, duc de Berry et d'Auvergne, comte de Poitou, p. 305 à 328.

[Guy de Dammartin, Jean de Morcelles.]

9134. Mater (D.). — Les anciennes tapisseries de la cathédrale de Bourges. Pierre de Crosses, *fig.*, p. 329 à 359.

9135. Soyer (Jacques). — Deux documents inédits sur le premier imprimeur de Bourges, Jean Garnier (1543), p. 361 à 367.

9136. Gauchery (P.). — Les statues et les mausolées des familles de Lauhespine et de la Grange-Montigny à la cathédrale de Bourges, 3 *pl.*, p. 369 à 382.

CHER. — BOURGES.

SOCIÉTÉ HISTORIQUE, LITTÉRAIRE ET SCIENTIFIQUE DU CHER.

Les publications antérieures de cette Société sont analysées dans notre *Bibliographie générale*, savoir :
Bulletin (1852-1856), *Bibliographie*, t. I, p. 374.
Mémoires, t. I à X (1857-1886), *Bibliographie*, t. I, p. 374 et 691.

Mémoires, t. XI à XXIII (1887-1900), *Bibliographie*, t. V, p. 164.
— t. XXIV à XXVI (1901-1903), *Bibliographie*, nouvelle série, I, p. 16; et II, p. 27.
Ouvrages divers (1857), *Bibliographie*, t. I, p. 691.

**XXVII. — Mémoires de la Société histo-
rique, littéraire et scientifique du Cher**
(1904), 4° série, XIX° volume. (Bourges, s. d.,
in-8°, XVIII-311 p.)

9137. Turpin (Émile). — Les vignes et les vins du Berry,
étude historique et statistique, p. 61 à 204; et XXVIII,
p. 47. — Suite de XXVI, p. 213.

9138. Mater (D.). — Le capitaine Claude Puget [1792-
1816], p. 209 à 292.
9139. Larchevêque (Th.). — Notice nécrologique de
M. Alliot [1834 † 1903], p. 293 à 295.
9140. Jeny (Lucien). — Louis Rollet [1821 † 1904],
sa famille, sa vie, son œuvre, p. 297 à 308.

CORRÈZE. — BRIVE.

SOCIÉTÉ SCIENTIFIQUE, HISTORIQUE ET ARCHÉOLOGIQUE DE LA CORRÈZE.

Les publications antérieures de cette Société sont analysées dans notre *Bibliographie générale*, savoir :
Bulletin, t. I à VII (1879-1885), *Bibliographie*, t. I, p. 376 et 691.
— t. VIII à XXII (1886-1900), *Bibliographie*, t. V, p. 167.
— t. XXIII et XXIV (1901-1902), *Bibliographie*, nouvelle série, I, p. 17; et II, p. 27.

**XXV. — Bulletin de la Société scientifique,
historique et archéologique de la Corrèze,**
siège à Brive, t. XXV. (Brive, 1903, in-8°,
668 p.)

[9158]. Bourneix (Thomas). — Les Bénédictines de Bonnesaigne, p. 21, 195, et 349.
9141. Tardieu (Ambroise). — Iconographie. Portraits de
deux ducs de Ventadour [Charles de Lévis († 1649) et
Hercule-Mériadec de Rohan († 1719)], *fig.*, p. 99
à 107.
9142. Marbeau (Eugène). — Lettre à propos du conventionnel Lidon, p. 113 à 115. — Cf. XXIV, p. 569.
9143. Champeval (J.-B.). — Cartulaire de l'abbaye bénédictine Saint-Martin de Tulle, p. 117 à 132. —
Suite et fin de IX, p. 421, 661; X, p. 149, 315, 705;
XI, p. 161, 695; XII, p. 269, 443, 657; XIII, p. 129,
447; XIV, p. 169, 339, 515; XV, p. 171, 319, 493,
653; XVI, p. 165, 319, 503, 657; XVII, p. 141,
309, 465; XVIII, p. 279; XIX, p. 153, 277, 621;
XX, p. 205, 449, 631; XXI, p. 159, 343, 697;
XXII, p. 152, 289, 629; et XXIV, p. 109, et 283.
9144. Rousou (A.) et Charvilhat (D' G.). — Des blocs
de fer non météoriques et des prétendues pierres de
foudre fausses trouvées dans les ruines de temples et
dans des lieux consacrés, *fig.*, p. 133 à 144.
9145. Albe (L'abbé Ed.) et Poulbrière (l'abbé). — L'abbaye de Beaulieu et les seigneurs de Castelnau-Breto-

noux (1316-1317-1344). Documents extraits des archives du Vatican, p. 145 à 162.
9146. Anonyme. — Notices biographiques, *fig.*, p. 167.

[Le commandant Dial de Bellerade († 1903), *portr.*; Élie
Masssénat († 1903), *portr.*; A. de Bosredon († 1903), *portr.*]

9147. Saint-Germain (Louis de). — Le conventionnel
Lidon (notes complémentaires), p. 181 à 193. — Cf.
XXIV, p. 569.
9148. Nussac (Louis de). — La bibliographie du dialecte
limousin depuis 1870, p. 293 à 307.
9149. Roche (Marcel). — Le général Ernault des Bruslys [1757 † 1809], *portr.*, p. 309 à 341. — Cf.
n° 9157.
9150. Delmond. — Ordonnance des officiers de la maîtrise des eaux et forêts du Limousin qui fixe le nombre
des chèvres qu'on doit nourrir dans chaque bourg et
village [1784], p. 346 à 348.
9151. Saint-Germain (Louis de). — Un coin du vieux
Brive, *pl.* — Liquidation de la communauté de Sainte-
Claire ou de Bonnesaigne, *a pl.* — Notices généalogiques
sur la famille Cavaignac et la famille Dumyrat, p. 421
à 443. — Cf. n° 9156.
9152. Lerousseau (D' François). — Quelques notes sur un
médecin philosophe, P.-J.-G. Cabanis (1757 † 1808),
portr., p. 445 à 524.

[Préface par le D' Georges Dumas.]

9153. FOROT (V.). — Les fêtes nationales et cérémonies publiques à Tulle sous la Révolution et la première République, p. 525; XXVI, p. 19, 177, et 445.

[9170]. CELOR (François). — Chansons et bourrées limousines. Supplément, p. 605 à 630.

9154. NUSSAC (Louis DE). — Les généraux brivistes. Le général de Gilibert de Merlhiac [1745 † 1819], p. 631 à 643.

9155. LALANDE (Ph.). — La maison natale du maréchal Brune [à Brive], p. 645 à 654.

9156. LALANDE (Ph.). — Encore un mot sur l'ancien couvent de Sainte-Claire à Brive. Digression archéologique, p. 662 à 664. — Cf n° 9151.

9157. DU REST PRÉLAN (D' Henri). — Lettre sur la famille des Bruslys, p. 665. — Cf. n° 9149.

XXVI. — Bulletin de la Société scientifique, historique et archéologique de la Corrèze, siège à Brive, t. XXVI. (Brive, 1904, in-8°, 672 p.)

[9153]. FOROT (Victor). — Les fêtes nationales et cérémonies publiques à Tulle sous la Révolution et la première République, pl., p. 19, 177, et 445.

9158. BOURNEIX (L'abbé). — Les Bénédictines de Bonnesaigne. Note complémentaire, p. 53 à 64. — Suite du XXIV, p. 205, 353, 453; et XXV, p. 21, 195, et 349.

9159. NUSSAC (Louis DE). — Le général Antoine Marbot [1753 † 1800], p. 65, 121, 233, et 498.

9160. SAINT-GERMAIN (Louis DE). — Histoire locale : Une ancienne et très honorable famille du vieux Brive qui a donné le plus séduisant de nos orateurs, le vicomte de Martignac, ministre sous la Restauration (1778 † 1832), 2 pl., p. 129 à 176.

9161. BARDON (L'abbé L.) et BOUYSSONIE (les abbés A.

et J.). — Anthropologie préhistorique. Un nouveau type de burins, fig., p. 219 à 225.

9162. BELLIER (Jane). — La Vierge de Moussac [émail limousin, XIII° s.], 2 pl., p. 227 à 232.

9163. VALON (Ludovic DE). — Prieuré de Catus. Essai historique et archéologique, fig., p. 305, 361, 505; et XXVII, p. 17.

9164. ANONYME. — Notices nécrologiques, p. 339 à 356.

[M. Fernand de Maillard, fig., p. 339. — Louis Guibert (1840 † 1904), fig., p. 344. — Mᵐᵉ la Comtesse Léon de Valon († 1904), p. 349. — Anatole de Barthélemy (1821 † 1904), p. 354.]

9165. GVOUX (D'). — Note rectificative [au t. XXIV, p. 434, sur l'abbé Forsse † 1844], p. 357 à 358.

9166. NUSSAC (Louis DE). — Un aide de camp. Le commandant Géraud Girbaud (1778 † 1841), portr., p. 451 à 468.

9167. LALANDE (Philibert). — Notes sur le vieux Brive. Dragons en garnison à Brive dans le courant du XVIII° siècle et notamment de 1730 à 1732, p. 487 à 497.

9168. SAINT-GERMAIN (Louis DE). — Histoire locale. Une ancienne et très honorable famille originaire de Brive ou des environs et qui a donné le maréchal Canrobert; la famille Certain de Lacoste de la Meschaussée de Canrobert, p. 589 à 614.

9169. DONIOL (Henri). — Voyage historique à Pompadour et à Aurillac en 1809 par François Murat, ancien élève de l'École des Petits-gendarmes ou d'Artois à Lunéville, p. 615 à 650.

9170. CELOR-PIRKIN (F.). — Chansons et bourrées limousines, p. 651 à 657. — Fin de XXI, p. 21, 215, 439, 545; XXII, p. 237, 445, 569; XXIII, p. 285, 405; XXIV. p. 127, 551; et XXV, p. 605.

9171. [MARCHANT]. — Procès-verbal touchant le règlement des mesures de la juridiction de Larche (1578), p. 659 à 662.

9172. ANONYME. — Nécrologie. M. Louis Greil [† 1904], p. 663 à 665.

CORRÈZE. — TULLE.

SOCIÉTÉ D'ETHNOGRAPHIE ET D'ART POPULAIRE DU BAS-LIMOUSIN.

Les publications antérieures de cette Société sont analysées dans notre *Bibliographie générale*, savoir :
Bulletin, t. I (1900), *Bibliographie*, t. V, p. 176.
— t. II et III (1901-1902), *Bibliographie*, nouvelle série, I, p. 18; et II, p. 28.

IV. — Bulletin de la Société d'ethnographie et d'art populaire du Bas-Limousin, 1903. (Tulle, 1903, in-8°, 112 p.)

[9178]. FOROT (V.). — Monographie de la commune de Naves (Corrèze), 2 cartes, p. 1 à 40, et 41 à 65.

9173. ULRECIN (V.). — Épisodes révolutionnaires dans la Corrèze, p. 67, 95; et V, p. 56.

[Arrestations à Tulle sous la Terreur.]

9174. JUCLARD (J.-B.). — Délibération de la commune de la ville d'Uzerche (1790), p. 81 à 85.

4.

9175. Anonyme. — Le point de Tulle [dentelle], p. 89 à 94.

9176. Chastrusse. — Oraison funèbre de Marat prononcée à Tulle, le 21 juillet 1793, par J.-C. Jumel, p. 105 à 112.

V. — Bulletin de la Société d'ethnographie et d'art populaire du Bas-Limousin, 1904. (Tulle, s. d., in-8°, 70 et 70* p.)

9177. Forot (Victor). — Le maître-autel de Naves et son retable, *carte et 11 pl.*, p. 1 à 41..

9178. Forot (V.). — Monographie de Naves (Corrèze), p. 43 à 55, et 35* à 56*. — Suite de III, p. 1, 57, 117, 168; et IV, p. 1, et 41.

[9173]. Ulbecie (V.). — Épisodes révolutionnaires dans la Corrèze, p. 56 à 70.

9179. Forot (V.). — Épisode révolutionnaire en Corrèze. La guerre des bonnets à Tulle, p. 1* à 34*.

9180. Baluze (R.). — Les vieux quartiers tullois. Le Fouret, *pl.*, p. 57* à 70*.

CORRÈZE. — TULLE.

SOCIÉTÉ DES LETTRES, SCIENCES ET ARTS DE LA CORRÈZE.

Les publications antérieures de cette Société sont analysées dans notre *Bibliographie générale*, savoir :

> *Bulletin*, t. I à VII (1879-1885), *Bibliographie*, t. I, p. 380 et 692.
> — t. VIII à XXII (1886-1900), *Bibliographie*, t. V, p. 176.
> — t. XXIII et XXIV (1901-1902), *Bibliographie*, nouvelle série, I, p. 18; et II, p. 28.
> Ouvrages divers (1886), *Bibliographie*, t. V, p. 178.

XXV. — Bulletin de la Société des lettres, sciences et arts de la Corrèze, t. XXV, 1903. (Tulle, s. d., in-8°, 470 p.)

9181. Bastide (Lieutenant L.). — Lois militaires sous la Révolution, leur application dans la Corrèze, p. 13, 153, et 277.

[9198]. Clément-Simon (G.). — Recherches sur l'histoire civile et municipale de Tulle avant l'érection du consulat, p. 41 à 88, et 383 à 388.

[9187]. Plantadis (Johannès). — Antoine-Guillaume Delmas, premier général d'avant-garde de la République (1768-1813), *portr.*, p. 89, 297, et 389.

[9189]. La Roche-Sengensse (Octave de). — Monographie d'une commune rurale : Saint-Ybard (Corrèze), p. 95, 193, 307, et 459.

9182. Bombal (Eusèbe). — La Haute-Dordogne et ses gabariers, p. 105 à 120, et 203 à 208. — Suite de XXII, p. 305, 449; XXIII, p. 77, 245, 389, 513, 535; et XXIV, p. 53, 159, 245, et 463.

[9193]. Poulbrière (J.-B.). — Copie de l'inventaire des titres qui se sont trouvés dans le trésor du château de Pompadour, lors de l'arrivée du sieur Bonotte, au mois d'avril 1765, p. 121, 209, et 315.

[9186]. Fage (René). — Notes et documents sur la confrérie des Pénitents bleus de Tulle, p. 133, 217, et 335.

[9195]. Bourneix (Th.). — Trois prieurés limousins, p. 177, 261, et 433.

9183. Nussac (Louis de). — Le pont Milet-Mureau à Tulle, p. 237 à 259.

9184. Leroux (Alfred). — Testament de l'abbé Jean-Noël Coste (29 avril-20 juillet 1792), p. 351 à 358.

9185. Clément-Simon (G.). — Biographie tulloise. Les de Loyac, p. 359 à 381.

XXVI. — Bulletin de la Société des lettres, sciences et arts de la Corrèze, t. XXVI. (Tulle, 1904, in-8°, 445 [lisez : 464] p.)

9186. Fage (René). — Notes et documents sur la confrérie des Pénitents bleus de Tulle, *fig.*, p. 1 à 36. — Suite de XXIV, p. 325; et XXV, p. 133, 217, et 335.

9187. Plantadis (J.).—Antoine-Guillaume Delmas, premier général d'avant-garde de la République, p. 37 à 71. — Suite de XXIV, p. 289, 415; et XXV, p. 89, 297, et 389.

9188. Bombal (E.). — Souterrains-refuges du canton d'Argental et de la Saintrie, *fig.*, p. 73 à 103.

9189. La Roche-Sengensse. — Monographie d'une commune rurale. Saint-Ybard (Corrèze), p. 105, 197; et XXVII, p. 489. — Suite de XXII, p. 471; XXIII, p. 115, 265, 413, 541; XXIV, p. 87, 175, 307, et 437; et XXV, p. 95, 193, 307 et 459.

9190. Forot (Victor). — Une seigneurie du Bas-Limousin [Chaunac], *pl.*, p. 123, 263; et XXVII, p. 69 et 375.

9191. Fage (René). — Notes et documents sur la confrérie des Pénitents blancs [à Tulle], *pl.*, p. 141 à 166, et 217 à 236.

9192. Morély (D' Paul). — L'exercice de la médecine à Tulle à la fin du XIIIᵉ siècle, p. 167 à 196.

9193. Poulbrière (L'abbé). — Copie de l'inventaire des titres qui se sont trouvés dans le trésor du château de Pompadour lors de l'arrivée du sᵗ Bonotte au mois d'avril 1765, p. 207, 429 [lisez : 449]; et XXVII, p. 459. — Suite de XV, p. 326, 477, 661; XVI, p. 135, 393, 529; XVII, p. 128, 238, 375, 481; XVIII, p. 429, 596; XIX, p. 140, 278, 407; XX, p. 529; XXI, p. 122, 255, 385; XXII, p. 361; XXIII, p. 453, 585; et XXV, p. 121, 209; et 315.

9194. Bastide (Lieutenant). — Une figure corrézienne de la période révolutionnaire. Treich-Desfarges, général de brigade, p. 237 à 261; et XXVII, 2 pl., p. 29.

9195. Bourneix (Th.). — Trois prieurés limousins, p. 279 à 303, XXVII, p. 201, et 481. — Suite de XXIV, p. 261, 387; et XXV, p. 177, 261, et 433.

[Soudeilles, XXIV, p. 261, 387. — Bonneval, XXV, p. 177, 261, 433. — Chamberet, XXVI, p. 279; XXVII, p. 201 et 481.]

9196. Nessac (Louis de). — Une grande terre seigneuriale au XVIIᵉ siècle. Pompadour et Hautefort (1684-1695), p. 305, 413 [lisez : 433]; et XXVII, p. 133, et 259.

9197. Bertin (Georges). — Le général Materre (16 novembre 1772 † 2 février 1843), p. 335 [lisez : 355] à 354 [lisez : 374]; et XXVII, p. 101, 149, 317 et 461.

9198. Clément-Simon (G.). — Recherches de l'histoire civile et municipale de Tulle avant l'érection du Consulat, p. 355 [lisez : 375] à 393 [lisez : 413]. — Suite de XXIII, p. 465; XXIV, p. 207; et XXV, p. 41, et 383.

9199. Fage (René). — Les fêtes, cérémonies et manifestations publiques à Tulle pendant la période révolutionnaire, p. 395 [lisez : 415] à 407 [lisez : 427]; et XXVII, p. 5, 175, 343, et 449.

9200. Bombal (Eusèbe). — Clef trouvée à la villa gallo-romaine de Longour, fig., p. 409 à 411.

CORSE. — BASTIA.

SOCIÉTÉ DES SCIENCES HISTORIQUES ET NATURELLES DE LA CORSE.

Les ouvrages historiques et archéologiques publiés par cette Société sont énumérés dans notre *Bibliographie générale*, t. I, p. 385 et 693, et t. V, p. 187; nouvelle série, I, p. 19, et II, p. 29. Les quatre fascicules du *Bulletin* de 1903 sont numérotés 266 à 276, ils contiennent tout ou partie des ouvrages historiques suivants :

9201. Letteron (L'abbé). — Procès-verbaux des assemblées générales des États de la Corse tenues à Bastia en 1779. (Bastia, 1903, in-8°, 315 p.)

92002. Letteron (L'abbé). — Osservazioni storiche sopra la Corsica dell' abbate Ambrogio Rossi, livre XV : 1794-1799. (Bastia, 1903, in-8°, 440 p.)

[Les livres VI à XIV ont paru de 1895 à 1900.]

CÔTE-D'OR. — BEAUNE.

SOCIÉTÉ D'HISTOIRE, D'ARCHÉOLOGIE ET DE LITTÉRATURE DE L'ARRONDISSEMENT DE BEAUNE.

Les publications antérieures de cette Société sont analysées dans notre *Bibliographie générale*, savoir : *Mémoires*. t. I à X (1874-1885), *Bibliographie*, t. I, p. 387 et 693.

Mémoires, t. XI à XXV (1886-1900), *Bibliographie*, t. V, p. 187.
— t. XXVI et XXVII (1901-1902), *Bibliographie*, nouvelle série, II, p. 30.
Ouvrages divers (1852-1882), *Bibliographie*, t. I, p. 387.

XXVIII. — **Société d'histoire, d'archéologie et de littérature de l'arrondissement de Beaune.** Mémoires, année 1903. (Beaune, 1904, in-8°, 267 p.)

9203. Montille (L. de). — M. Edmond de Torcy (1847 † 1903), p. 35 à 47.

9204. Montille (L. de). — Le marquis Paul d'Ivry [1829 † 1903], p. 47 à 53.

9205. Montille (L. de). — M. Hippolyte Bachey-Deslandes [† 1904], p. 53.

9206. Montille (L. de). — M. Alexandre Panariou [† 1904], p. 55 à 56.

9207. Cyrot (Henri). — Impressions et souvenirs (siège de Paris, 1870-1871), p. 95 à 111.

9208. Cyrot (Henri). — Deux légendes beaunoises, p. 113 à 116.

9209. Bergeret (Émile). — Entrée de la reine de Sardaigne [Élisabeth-Thérèse de Lorraine] à Nuits, en 1737, p. 117 à 129.

9210. Bergeret (E.). — Note sur la marque de fabrique des tuiles de l'Hôtel-Dieu de Beaune au XV° siècle, *fig.*, p. 131.

9211. Bergeret (E.). — Sépultures mérovingiennes découvertes à Aloxe-Corton, *fig.*, p. 133.

9212. Moingeon (Albert). — Lulune et Moutremenot, *fig.* et 3 *pl.*, p. 135 à 175.

9213. Bailly (F.). — Notice sur les anciennes mesures de Bourgogne, p. 177 à 265; et XXIX, p. 293 à 306. — Suite de XXVI, p. 173; et XXVII, p. 155.

CÔTE-D'OR. — DIJON.

ACADÉMIE DES SCIENCES, ARTS ET BELLES-LETTRES DE DIJON.

Les publications antérieures de cette Académie sont analysées dans notre *Bibliographie générale*, savoir :
Mémoires, t. I à LXXV (1769-1886), *Bibliographie*, t. I, p. 390.
— t. LXXVI à LXXXIII (1887-1900), *Bibliographie*, t. V, p. 192.
— t. LXXXIV (1901-1902), *Bibliographie*, nouvelle série, II, p. 31.
Ouvrages divers (1754-1877), *Bibliographie*, t. I, p. 390.

LXXXV. — **Mémoires de l'Académie des sciences, arts et belles-lettres de Dijon,** 4° série, t. IX, années 1903-1904. (Dijon, 1905, in-8°, 30-clv-399 p.)

9214. Chabeuf. — Gabriel-Gustave d'Hugues (1827 † 1903), p. III à XII.

9215. Chabeuf. — Le portrait de Bénigne Gagnereaux, *pl.*, p. XVI.

9216. Dumay. — Lettre de Charles Brifaut (Paris, 1841), p. XVII à XIX.

9217. Chabeuf. — Provisions de garde de la Porte pour Nicolas Chabeuf [1776], p. XXV.

9218. Chabeuf. — Le D° A.-M. Legrand (1819 † 1902), p. XXVII.

9219. Chabeuf. — Le peintre paysagiste A.-E. Lambert (1824 † 1903), p. XXIX à XXXI.

9220. Chabeuf. — Les anges pleurants du puits de Moïse, p. XL à XLII.

9221. Cornereau. — Lithographie du projet Parandier

pour le passage de la voie ferrée de Paris à Lyon sur l'emplacement de l'ancienne porte d'Ouche (1843), p. XLIV.

9222. Oursel. — Acte de baptême de Crébillon (1674), et acte du second mariage de son père, Melchior Jolyot, s° de Crébillon (1688), p. LII.

9223. Chabeuf. — Annonce du concert donné le 18 juillet 1766 par la famille Mozart à l'ancien Hôtel de Ville de Dijon, p. LIII à LVI.

9224. Metman. — Tableau de l'église Saint-Michel de Dijon, représentant le martyre de saint Jacques le Majeur, p. LVII à LIX.

9225. Metman. — Documents relatifs à l'Académie de Dijon au XVIII° siècle, p. LXIV.

9226. Chabeuf. — Joseph Garnier (1815 † 1903), p. LXXV à LXXXII.

9227. Dumay. — Le D° F.-N.-E. Lebon (1826 † 1903), p. LXXXVII à LXXXIX.

9228. Chabeuf. — Le plafond de Prudhon dans la salle des statues au musée de Dijon, p. CIII à CV.

9229. Chabeuf. — P.-X.-D. Richard, marquis d'Ivry (1829 † 1903), p. cvi à cx.
9230. Dumay. — Les avocats et les procureurs au Parlement de Dijon au xvi° siècle, p. cxxi.
9231. Dumay. — Curés de paroisse dépendant de l'abbaye de Bèze (1052-1786), p. cxvii à cxxvi.
9232. Mocquery. — Charles Poisot (1822 † 1904), p. cxxvii à cxxv.
9233. Chabeuf. — M. Charles Mocquery, p. cxxx à cxxxv.
9234. Cornereau. — Deux lauréats de l'Académie de Dijon : J.-J. Rousseau (9 juillet 1750) et Lazare Carnot (2 août 1784), p. 1 à 37.

9235. Oursel (C.). — Courtépée, Papillon. Voyages en Bourgogne, p. 67 à 175.
9236. Chabeuf (Henri). — La croix vivante du musée de Beaune, p. 213 à 230, et 396.

[L'*Hortus deliciarum* et l'album de Villard de Honnecourt, p. 224 et 396.]

9237. Cornereau (A.). — Un procès d'octroi à Dijon au xviii° siècle (1776-1786), p. 231 à 291.
9238. Chabeuf (Henri). — Tivoli et la villa Hadriana, p. 293 à 395.

CÔTE-D'OR. — DIJON.

COMITÉ D'HISTOIRE ET D'ARCHÉOLOGIE RELIGIEUSE.

Les publications antérieures de ce Comité sont analysées dans notre *Bibliographie générale*, savoir :
Bulletin, t. I à III (1883-1885), *Bibliographie*, t. I, p. 398.
— t. IV à XVIII (1886-1900), *Bibliographie*, t. V, p. 194.
— t. XIX et XX (1901-1902), *Bibliographie*, nouvelle série, I, p. 20; et II, p. 31.

XXI. — Bulletin d'histoire, de littérature et d'art religieux du diocèse de Dijon..., 21° année. (Dijon, 1903, in-8°, 288 p.)

9239. Pajot (F.). — Attribution à Beneuvre d'un atelier monétaire de l'époque mérovingienne, p. 10 à 15.
9240. Debrie (E.). — Saint Ferréol et saint Fergeux, p. 18 à 20. — Cf. XX, p. 140, 163, et 269.
9241. Voillery (L'abbé Ph.). — M. Regnault [Jean-Baptiste], curé de Saint-Michel à Dijon [† 1800], p. 20 à 23. — Cf. XX, p. 259, et 277.
9242. Debrie (E.). — Ancien nom de Semur en Auxois, p. 23. — Cf. XX, p. 212.
9243. Élix (L'abbé Raphaël). — Mᵐᵉ de Sévigné en Bourgogne d'après les lettres, p. 25 à 36, et 73 à 83.
9244. Debrie (L'abbé E.). — La vie littéraire à Dijon au xviii° siècle, p. 36, 131, 157, 186, 204, 226; et XXII, p. 14, 56, et 80.
9245. Thomas (L'abbé J.). — Les Bossuet en Bourgogne, p. 49 à 57, et 84 à 96. — Suite de XX, p. 73, 98, 167, 189, 216 [lisez : 240], et 261.
9246. Jarrot (L'abbé L.). — La poésie dans les Noëls de La Monnoye, p. 57, 110, 135, et 224.
9247. Bourlier (J.). — Toponomastique de la Côte-d'Or, p. 61 à 69. — Suite et fin de XX, p. 195, 229, et 268.
9248. Jollet (L'abbé L.). — La chronique de l'abbaye de Bèze, p. 97 à 109.

9249. Cochin (Henry). — Encore un mot sur Saint-Bénigne de Dijon, p. 121 à 131, et 154.
9250. Barbier (L'abbé E.). — Le théologal de Bossuet, Simon-Michel Treuvé (1651-1730), p. 147, 178, 193, 246, et 277.
9251. Taupenot (L'abbé A.). — Une vierge ancienne [xiii° s.] à Vertault, *pl.*, p. 155 à 157.
9252. Couturier (L'abbé H.). — Des agglomérations humaines en Côte-d'Or, p. 169; et XXII, p. 21, et 71. — Suite de XVIII, p. 16, 30, 103, 154, 223; XIX, p. 40, 101, 148, 189; et XX, p. 174, et 222.
9253. Bourlier (J.). — Le vitrail de sainte Paschasie [dans la basilique romane de Saint-Bénigne de Dijon] est-il le plus ancien vitrail historié ?, p. 217 à 223. — Cf. n° 9257.
9254. Anonyme. — Un panégyrique de Dijon au xvii° s., p. 235, 256, et 283.
9255. Jarrot (L'abbé L.). — La Chambre des comptes et l'érection d'un siège épiscopal à Dijon [1732], p. 241 à 245.
9256. Thomas (L'abbé J.). — Inscriptions de deux cloches de l'horloge de Jaquemart à Dijon [1383 et 1387], p. 265 à 273.
9257. Ménard (Dʳ E.) et Chomton (L.). — A propos du vitrail de sainte Paschasie, p. 274 à 277. — Cf. n° 9253.

CÔTE-D'OR. — DIJON.

SOCIÉTÉ BOURGUIGNONNE DE GÉOGRAPHIE ET D'HISTOIRE.

Les publications antérieures de cette Société sont analysées dans notre *Bibliographie générale*, savoir :
Bulletin, t. I (1882), *Bibliographie*, p. 406.
Mémoires, t. I à II (1884-1885), *Bibliographie*, t. I, p. 406.
— t. III à XVI (1886-1900), *Bibliographie*, t. V, p. 205.
— t. XVII et XVIII (1901-1902), *Bibliographie*, nouvelle série, II, p. 32.
Ouvrages divers (1885-1905), *Bibliographie*, t. V, p. 205.

XIX. — **Mémoires de la Société bourguignonne de géographie et d'histoire,** t. XIX. (Dijon, 1903, in-8°, LI-473 p.)

9258. Chabeuf. — Gabriel-Gustave d'Hugues (1827 † 1902), p. xxxiii à xxxix.
9259. Chabeuf. — M. Charles-Henri Clerget-Vaucouleurs (1830 † 1903), p. xlvii à xlviii.
9260. Avout (Vicomte A. d'). — Promenades valaisanes (1902), p. 1 à 38.
9261. Ladry de Saint-Germain. — Notes sur le Sud et l'Extrême-Sud oranais, p. 39 à 77.
9262. Rosenthal. — Promenades dans Florence, p. 79 à 119.
9263. Anonyme. — Histoire de ce qui s'est passé au mois de novembre 1674 en la cure de Mailly-l'Église, touchant l'apparition d'un esprit, dressé par moi, Edme-Édouard Sain, maître d'école dudit lieu, par l'ordre du R. P. Legrand, de la Compagnie de Jésus [1695], p. 121 à 132.
9264. Gascon (Honoré). — Deux semaines en Espagne, p. 177 à 240.
9265. Bertin (Dr J.). — Les Beaujeu de Franche-Comté

dans le duché de Bourgogne, l'Auxerrois, le Tonnerrois, la Champagne, etc., 5 pl. et *tableaux*, p. 241 à 384; et XX, p. 1 à 94.
9266. Gaffarel (Paul). — Le général de Gassendi [1748 † 1828], p. 385 à 459.
9267. Chabeuf (Henri). — Le code Hammourabi, p. 461 à 471.

XX. — **Mémoires de la Société bourguignonne de géographie et d'histoire,** t. XX. (Dijon, 1904, in-8°, LI-431 p.)

[9265]. Bertin (Dr J.). — Les Beaujeu de Franche-Comté dans le duché de Bourgogne, l'Auxerrois, le Tonnerrois, la Champagne, etc., *tableaux* et *facs.*, p. 1 à 94.
9268. Cornereau (A.). — Éloge historique de Pierre-Joseph Antoine, ingénieur en chef de la province de Bourgogne [1730 † 1814], par Cl.-X. Girault [1764 † 1823], 2 *portr.*, p. 95 à 141.
9269. Avout (Vicomte A. d'). — Un voyage en Espagne (avril 1903), p. 233 à 374.
9270. Dietsch (Joseph). — Une supercherie de l'histoire d'Auxonne. La chambre de Bonaparte, p. 399 à 430.

CÔTE-D'OR. — SEMUR.

SOCIÉTÉ DES SCIENCES HISTORIQUES ET NATURELLES DE SEMUR-EN-AUXOIS.

Les publications antérieures de cette Société sont analysées dans notre *Bibliographie générale*, savoir :
Bulletin, t. I à XIX (1864-1885), *Bibliographie*, t. I, p. 407 et 694.
— t. XX à XXVIII (1886-1898), *Bibliographie*, t. V, p. 209.
— t. XXIX (1901), *Bibliographie*, nouvelle série, I, p. 21.

XXX. — **Bulletin de la Société des Sciences historiques et naturelles de Semur-en-** Auxois (Côte-d'Or). Années 1902 et 1903. (Semur-en-Auxois, 1904, in-8°, 320 p.)

9271. Berthoud (L.) et Matruchot (L.). — Étude historique des noms de lieux habités, villes, villages et principaux hameaux du département de la Côte-d'Or, p. 1 à 238. — Suite de XXIX, p. 273.

9272. Saint-Genis. — Le D' Victor Simon (1824 † 1901), p. 239 à 249.

9273. Testart. — Notice biographique sur Victor de Lanneau [1758 † 1830], p. 250 à 258.

9274. Guitaut. — Les seigneurs du château d'Époisses, p. 268 à 276.

9275. Cazet. — Statistiques économiques, p. 277 à 281.

[Prix de vente et de location d'immeubles, xvii-xviiie siècle.]

9276. Saint-Genis. — Le donjon de Semur-en-Auxois, p. 282 à 287.

CÔTES-DU-NORD. — SAINT-BRIEUC.

ASSOCIATION BRETONNE.

Les publications antérieures de cette Association sont analysées dans notre *Bibliographie générale*, savoir : *Bulletin*, t. I à XXI (1844-1885), *Bibliographie*, t. I, p. 410 et 695.

— t. XXII à XXXV (1886-1900), *Bibliographie*, t. V, p. 211.

— t. XXXVI et XXXVII (1901-1902), *Bibliographie*, nouvelle série, I, p. 22; et II, p. 33.

XXXVIII. — **Bulletin archéologique de l'Association bretonne**, publié par la classe d'archéologie, 3ᵉ série, t. XXII. 44ᵉ congrès tenu à la Roche-Bernard du 31 août au 5 septembre 1903. (Saint-Brieuc, 1904, in-8°, xlviii-206-16 et 2 p.)

9277. Palys (Comte de). — L'*Emmanuel* de Philippe Le Noir, sieur de Crevain, p. 3 à 8.

9278. Buléon (L'abbé). — Le théâtre breton, p. 9 à 18.

9279. Trévédy (J.). — La séparation des lépreux et leur condition notamment en Bretagne, p. 19 à 106.

9280. Wismes (Baron G. de). — Notre-Dame des Anges en la paroisse d'Orvault près de Nantes, p. 107 à 121.

9281. Berthou (Paul de). — Des titres usités en Bretagne aux xiᵉ et xiiᵉ siècles d'après les chartes du cartulaire de Quimperlé, p. 122 à 135.

9282. Aveneau de la Grancière. — La région de la Roche-Bernard aux époques préromaine, gallo-romaine, et mérovingienne, pl., p. 136 à 182.

9283. Anonyme. — Le vaisseau La Couronne [1637], p. 183 à 185.

9284. Laigue (Comte René de). — Aux environs de la Roche-Bernard, p. 196 à 201.

9285. Berthou (Paul de). — Excursion à Belle-Isle, p. 202 à 206.

CÔTES-DU-NORD. — SAINT-BRIEUC.

SOCIÉTÉ D'ÉMULATION DES CÔTES-DU-NORD.

Les publications antérieures de cette Société sont analysées dans notre *Bibliographie générale*, savoir : *Bulletins et mémoires*, t. I à XXVIII (1861-1885), *Bibliographie*, t. I, p. 420.

— t. XXIX à XLIII (1886-1900), *Bibliographie*, t. V, p. 217.

Bulletins et mémoires, t. XLIV à XLVI (1901-1903), Bibliographie, nouv. série, I. p. 22; II, p. 34.
Ouvrages divers (1867-1885), Bibliographie, t. I, p. 420 et 424.

XLVII — Société d'émulation des Côtes-du-Nord. Bulletins et mémoires..., t. XLII (1904). (Saint-Brieuc, 1904, in-8°, XVI-309 p.)

9286. BERTHELOT DU CHESNAY (C.). — L'année préhistorique dans les Côtes-du-Nord. Excursion archéologique d'Erquey à Lannion, fig., p. 1 à 16.

9287. RAISON DU CLEUZIOU (Al.). — Documents inédits pour servir à l'histoire de la Ligue en Bretagne, extraits des archives du marquis de Lescoat, p. 25 à 80.

9288. TRÉVÉDY (J.). — La Tour d'Auvergne-Corret fut-il noble? p. 81 à 135.

9289. ANNE-DUPORTAL (A.). — Monnaies romaines trouvées à Saint-Brieuc en 1904, p. 136 à 140.

9290. LEMIÈRE (Edmond). — Bibliographie des ouvrages et des écrits, publiés sur les guerres de la Vendée et sur la chouannerie, p. 141 à 206.

9291. RAISON DU CLEUZIOU (Al.). — Guillaume de Rosmadec et la seigneurie de Buhen-Lantic, pl., p. 207 à 306.

CREUSE. — GUÉRET.

SOCIÉTÉ DES SCIENCES NATURELLES ET ARCHÉOLOGIQUES DE LA CREUSE.

Les publications antérieures de cette Société sont analysées dans votre Bibliographie générale, savoir :
Mémoires, t. I à V (1847-1886), Bibliographie, t. I, p. 425 et 698.
— t. VI à XII (1887-1900), Bibliographie, t. V, p. 227.
— t. XIII (1901-1902), Bibliographie, nouvelle série, II, p. 34.
Ouvrages divers (1877), Bibliographie, t. I, p. 425.

XIV. — Mémoires de la Société des sciences naturelles et archéologiques de la Creuse, 2ᵉ série, t. IX (XIVᵉ de la collection). (Guéret, 1903-1904, in-8°, 564 p.).

9292. TOUMIEUX (Zénon). — Le comté de la Feuillade, carte, p. 5 à 91. — Suite de XIII, p. 462.

9293. PÉRATHON (Cyprien). — Issoudun et la seigneurie d'Hautefaye, p. 92 à 108.

9294. DELANNOY (H.). — L'abbaye du Moutier d'Ahun, p. 109 à 189.

9295. PÉRATHON (Cyprien). — Plan d'Aubusson (1663-1685), pl., p. 190 à 192.

9296. DERCIER (L'abbé P.). — Rapport sur les fouilles exécutées au Mont de Jouer d'octobre 1902 à juillet 1903, pl., p. 193 à 208. — Suite de XIII, p. 450.

[Antiquités, monnaies et voies romaines.]

9297. AUTORDE (F.). — Le reliquaire de Saint-Goussaud, p. 209 à 218.

[Relique de saint Léobon provenant de Grandmont.]

9298. VILLARD (Dʳ F.). — Notes sur Guéret au XVIIIᵉ siècle, p. 245 à 301. — Suite de X, p. 160; XI, p. 217; XII, p. 125, 423; et XIII, p. 191.

9299. DELANNOY (H.). — Un procès criminel au XVIIᵉ siècle, p. 330 à 339.

[Roy de Pierrefitte, de Felletin, contre Masson-Dumas, Mosnier de Gaton et autres, pour faux témoignage.]

9300. GUIBRAT (Louis). — Histoires de sorciers, p. 340 à 377.

9301. LACROCQ (Louis). — Notes sur les Sociétés populaires dans la Creuse pendant la Révolution, p. 378 à 431. — Suite de XIII, p. 197.

9302. PÉRATHON (Cyprien). — Affranchissement par les seigneurs de Clairavaux, p. 432 à 442.

9303. BEAUFRANCHET (Comte de). — Notes complémentaires sur l'histoire de l'abbaye de Prébenoit (pour faire suite à la notice de M. l'abbé Roy-Pierrefitte), fig., p. 443 à 457.

9304. MARTIN (Gabriel). — Histoire d'une frontière, Aigurande depuis l'époque gauloise jusqu'à nos jours, p. 458 à 545.

DORDOGNE. — PÉRIGUEUX.

SOCIÉTÉ HISTORIQUE ET ARCHÉOLOGIQUE DU PÉRIGORD.

Les publications antérieures de cette Société sont analysées dans notre *Bibliographie générale*, savoir :
Bulletin, t. I à XII (1874-1885), *Bibliographie*, t. I, p. 433.
— t. XIII à XXVII (1886-1900), *Bibliographie*, t. V, p. 225.
— t. XXVIII et XXIX (1901-1902), *Bibliographie*, nouvelle série, I, p. 23; et II, p. 35.
Ouvrages divers (1880-1902), *Bibliographie*, t. I, p. 433; et t. V, p. 225.

XXX. — **Bulletin de la Société historique et archéologique du Périgord**, t. XXX. (Périgueux, 1903, in-8°, 474 p.)

9305. Durand (Charles). — Les exemptions de corvées dans la généralité de Bordeaux au XVIII° siècle, p. 53 à 56.

9306. Boysson (R. de). — Une chanson d'amour composée au XII° siècle par Bertrand de Born, *facs.*, p. 61 à 68.

9307. Comte (E.). — Abbaye de Châtres, *pl.*, p. 69 à 78, et 118 à 139.

9308. Duvernecil (Alcide). — Traduction intégrale et commentée du distique de l'ex-libris de Jean Bertaud sur son livre *Cornucopiae seu latinae linguae commentarii*, de Nicolas Perotti, p. 79 à 81.

9309. Aublant (Ch.). — Billet imprimé envoyé à l'occasion de la mort de Mᵐᵉ la duchesse de Noailles, mère de Louis-Antoine de Noailles, archevêque de Paris [1697], p. 81 à 83.

9310. Divers. — Nécrologie, p. 86, 167, 228, 310, 386, et 449.

[Le marquis Antoine-François de Cossé-Brissac (†1902); Jacques Coulombeix (†1902); Moreau de Saint-Martin (1835 †1902), p. 86. — G.-L. Pasquet (†1903), p. 167. — Jean-Baptiste-Alexandre de Bourdon (1831 †1903), p. 228. — Augustin Sinson (1819 †1903), p. 310. — Le comte de Saint-Légier (1835 †1903), p. 386. — Marie-Thérèse de Damas d'Hautefort, marquise de Comont (†1903); le capitaine de Mirandol (†1903); Tony Chambon (†1903); de Thômasson de Saint-Pierre (†1903), p. 449.]

9311. Couvi (D'). — Jean-Pierre Souffron, de Villeneuve-sur-Lot, architecte du Roi (1616), p. 95 à 96.

9312. Deffarnic-Descombes (A.). — Le traité d'Élie Salomon sur la science de l'art musical, 3 *facs.*, p. 114 à 118, et 186 à 192.

9313. Villepelet (R.). — Notes et documents statistiques sur les diocèses de Périgueux et de Sarlat aux XVII° et XVIII° siècles, p. 139 à 155, et 192 à 213.

9314. Durand (Ch.). — Un dessin de l'ancien pont de Bergerac, *pl.*, p. 155 à 166.

9315. Anonyme. — Registre ouvert par M. Romieu, préfet de la Dordogne, et destiné à constater authentiquement la mémoire des événements remarquables accomplis dans le département [1833-1841], p. 166, 226, 305, 382, et 444.

9316. Aublant (Ch.). — Police de ferme du bateau et passage de Campniac (19 février 1702), p. 213 à 216.

9317. Saint-Saud (Comte de). — Privilèges de la ville d'Excideuil [1482-1726], p. 216 à 220.

9318. Villepelet (Ferd.). — Baptême d'une fille naturelle du chevalier de Saint-Georges, dans la ville d'Excideuil (Dordogne) [1777], p. 220 à 223.

9319. Charrier (Gustave). — Un duel aux Lèches, près Bergerac, p. 224 à 226.

9320. Féaux. — Découverte de tombeaux des XI° et XII° siècles à Périgueux, p. 256 à 259.

9321. Hardy. — Bersac, hameau de la commune de Beauregard, *fig.*, p. 261.

9322. Montégut (De). — Pierre tombale de Gabriel-Jacques de Salignac de la Motte-Fénelon, dans l'église de Lantin (Belgique) [†1746], p. 263.

9323. Fayolle (Marquis de). — Les tombeaux de la Riheyrie, près Bergerac, *fig.* et 2 *pl.*, p. 266 à 275.

[Sépultures barbares.]

9324. Roumejoux (A. de). — Domme [château de la Vistor] [1495], p. 275.

9325. Villepelet (Ferd.). — Inventaire du trésor de l'église collégiale Saint-Front de Périgueux (15 mai 1552), p. 277 à 293.

9326. Maisonneuve-Lacoste (André). — Correspondance de la famille de Vaucocour [1618-1624], p. 295 à 305.

9327. Du Souls (Adalbert-G.). — Pressignac, commune, canton de Lalinde (Dordogne), *pl.*, p. 346 à 350.

9328. Durand (Ch.). — Heurtoirs périgourdins, *pl.*, p. 350 à 353.

9329. Bayle (E.). — Un curé de campagne au XVIII° siècle,

5.

d'après le Livre de raison de François Secresta [curé de Tamniès], p. 354 à 359.

9330. Villepelet (Ferd.). — Le Périgord en 1698 d'après le mémoire de l'intendant de la généralité de Bordeaux, p. 360 à 379.

9331. Biran (Élie de). — Lettre relative à la destruction du pont de Bergerac, en 1783, p. 380 à 382.

9332. Beaumont (Comte Charles de). — Excursion de la Société [à Marsac, Montanceix, Saint-Astier, Grignols, Neuvic-sur-l'Isle, Mussidan], 2 pl., p. 406 à 415.

9333. Dujarric-Descombes (A.). — Mussidan et les guerres de religion (1562-1569), p. 415 à 429.

9334. Charrier (G.). — Cinq lettres inédites de l'abbé Lespine [1780-1781], p. 429 à 437.

9335. Gendraud. — État des revenus des biens et revenus du prieuré de Fontaines en 1790, p. 437 à 444.

DOUBS. — BESANÇON.

ACADÉMIE DES SCIENCES, BELLES-LETTRES ET ARTS DE BESANÇON.

Les publications antérieures de cette Académie sont analysées dans notre *Bibliographie générale*, savoir :
Procès-verbaux et mémoires, t. I à CXXXIV (1754-1885), *Bibliographie*, t. I, p. 446.

—   —   t. CXXXV à CXLIX (1886-1900), *Bibliographie*, t. V, p. 240.

—   —   t. CL et CLI (1901-1902), *Bibliographie*, nouv. série, I, p. 24; II, p. 36.

Mémoires et documents inédits, t. I à VII (1838-1876), *Bibliographie*, t. I, p. 459.

—   t. VIII et IX (1900), *Bibliographie*, t. V, p. 245.

CLII. — Académie des sciences, belles-lettres et arts de Besançon. Procès-verbaux et mémoires, année 1903. (Besançon, 1904, in-8°, xxxiv-240 p.)

9336. Boutroux. — Notice sur M. Reboul [Pierre-Edmond], p. xviii à xx.

9337. Gauthier (Jules). — Notice sur M. Joseph Garnier [1825 † 1903], p. xxvii.

9338. Lieffroy. — Notice nécrologique sur M. Eugène de Beauséjour [1836 † 1903], p. xxix à xxxii.

9339. Gauthier (Jules). — Notice sur M. Ulysse Robert [1845 † 1903], p. xxxii à xxxiv.

9340. Louvot (Le chanoine). — Un érudit alsacien en Franche-Comté à la fin du xviii° siècle [Grandidier], p. 17 à 36.

9341. Gaudenon (D'). — Le professeur Coutenot, médecin en chef de l'hôpital Saint-Jacques [1823 † 1901], portr., p. 37 à 59.

9342. Pingaud (Léonce). — Notice sur M. Albert Mallié [1841 † 1902], p. 60 à 66.

9343. Mallié (Albert). — La principauté de Neuchâtel sous le maréchal Berthier (1806-1814), p. 67 à 99.

9344. Gauthier (Jules) et Lurion (Roger de). — Marques de bibliothèques et ex-libris franc-comtois. 2° série, 10 pl., p. 120 à 155. — Suite de CXLII, p. 215.

9345. Baudin (D' L.). — Arcier, histoire d'une source, p. 167 à 197.

9346. Boussey (A.). — Les Franc-Comtois à Ferrare au xv° et au xvi° siècle, p. 204 à 216.

DOUBS. — BESANÇON.

SOCIÉTÉ D'ÉMULATION DU DOUBS.

Les publications antérieures de cette Société sont analysées dans notre *Bibliographie générale*, savoir :
Mémoires, t. I à XL (1841-1884), *Bibliographie*, t. I, p. 463.

Mémoires, t. XLI à LVI (1885-1900), *Bibliographie*, t. V, p. 245.
— t. LVII et LVIII (1901-1902), *Bibliographie*, nouvelle série, I, p. 25; II, p. 37.

LIX. — **Mémoires de la Société d'émulation du Doubs**, 7ᵉ série, VIIIᵉ volume, 1903-1904. (Besançon, 1905, in-8°, LV-336 p.)

9347. Gauthier. — Volumes provenant de la bibliothèque du cardinal Granvelle, p. XVI.
9348. Anonyme. — Plaque de la rue Sainte-Anne à Besançon [1557], p. XVIII.
9349. Rossignot (L'abbé Auguste). — L'orientaliste Guillaume Pauthier (1801 † 1873), p. 15 à 26.
9350. Almand (Commandant V.). — En Égypte. Du Caire à Assouan, p. 27 à 44.
9351. Daubt (L'abbé Paul). — La voie romaine du Rhin et ses stations dans les cantons de Baume-les-Dames et de Clerval (Doubs), 2 pl., p. 45 à 80.
9352. Thubiet (Maurice). — Notice sur le statuaire Jean Petit (1819 † 1903), portr. et pl., p. 81 à 96.
9353. Blondeau (G.). — La rentrée du Parlement de Franche-Comté après l'exil de 1759, pl., p. 97 à 115.
9354. Truchis de Varennes (Vicomte A. de). — Les ruines du château de Cicon, p. 116 à 125.

9355. Ledoux (Dʳ). — Le Dʳ J. Bruchon, portr., p. 126 à 130.
9356. Vaissier (Alfred). — Un Dieu des jardins (sculpture gallo-romaine) et l'œnochoé priapique (en verre) du musée de Besançon, pl., p. 131 à 137.
9357. Rossignot (L'abbé Auguste). — Le chanoine Suchet (1819 † 1904), portr., p. 138 à 143.
9358. Gazier (G.). — Les maisons natales de Fourier et de Proudhon [à Besançon], p. 144 à 157.
9359. Gauthier (Jules). — Les pièces d'honneur [médailles] des cogouverneurs de Besançon (XVIᵉ-XVIIIᵉ s.) p. 158 à 176.
9360. Sandoz (Ch.). — L'hôtel de ville de Besançon, p. 254 à 262.
9361. Gaiffe. — Un dramaturge bisontin au XVIIIᵉ siècle Arnould-Mussot, p. 262 à 271.
9362. Gazier (Georges). — Un manuscrit autobiographique de Charles Nodier, p. 271 à 279.
9363. Rossignot (L'abbé Auguste). — Le livre de raison d'Emmanuel-Simon Pourchet [1747-1801], p. 285 à 295.

DOUBS. — MONTBÉLIARD.

SOCIÉTÉ D'ÉMULATION DE MONTBÉLIARD.

Les publications antérieures de cette Société sont analysées dans notre *Bibliographie générale*, savoir :
Comptes rendus et mémoires, t. I à XXIV (1852-1886), *Bibliographie*, t. I, p. 471.
Mémoires, t. XXV à XXXV (1887-1900), *Bibliographie*, t. V, p. 249.
— t. XXXVI à XXXVIII (1901-1903), *Bibliographie*, nouvelle série, I, p. 25; II, p. 37.
Ouvrages divers (1874), *Bibliographie*, t. I, p. 471.

XXXIX. — **Mémoires de la Société d'émulation de Montbéliard**, XXXIᵉ volume. (Montbéliard, 1904, in-8°, XXXI-464 p.)

9364. Roux (Albert). — Note sur les dernières acquisitions du musée de Montbéliard à Mandeure [bronzes antiques], 3 pl., p. 3 à 8.
9365. Perrenot (Th.). — Les établissements burgondes dans le pays de Montbéliard, carte, p. 9 à 149.

9366. Roux (Albert). — Notes sur l'horlogerie à Montbéliard au XVIIIᵉ siècle, p. 151 à 166.
9367. Mériot (Bl.). — L'église luthérienne au XVIIIᵉ siècle dans le pays de Montbéliard, p. 167 à 354.
9368. Mauveaux (Julien). — Le service des incendies dans la ville de Montbéliard depuis le XIIIᵉ siècle et la compagnie des sapeurs-pompiers, p. 355 à 463.

DRÔME. — VALENCE.

—

SOCIÉTÉ D'ARCHÉOLOGIE ET DE STATISTIQUE DE LA DRÔME.

Les publications antérieures de cette Société sont analysées dans notre *Bibliographie générale,* savoir :

Bulletin, t. I à XIX (1866-1885), *Bibliographie,* t. I, p. 477.
— t. XX à XXXIV (1886-1900), *Bibliographie,* t. V, p. 257.
— t. XXXV à XXXVII (1901-1903), *Bibliographie,* nouvelle série, I, p. 26 ; et II, p. 39.
Ouvrages divers (1872-1901), *Bibliographie,* t. I, p. 477, V, p. 257 ; et nouvelle série, I, p. 26.

XXXVIII. — **Bulletin de la Société départementale d'archéologie et de statistique de la Drôme,** t. XXXVIII, 1904. (Valence, 1904, in-8°, 448 p.)

9369. Bellet (Charles-Félix). — Histoire de la ville de Tain, *pl.,* p. 5, 113, 225, 337 ; et XXXIX, p. 5. — Suite de XXXVII, p. 301, et 337.

9370. Villard (Marius) et Tavenas (Jules). — Nouvelle étude critique sur Championnet, p. 46 à 63. — Suite de XXXVI, p. 41, 113, 225, 344 ; et XXXVII, p. 17, 121, 225, et 398.

9371. Chevalier (Jules). — Mémoires pour servir à l'histoire des comtés de Valentinois et de Diois, p. 64, 182, 278, 397 ; et XXXIX, p. 100, 149, 292, et 385. — Suite de XXII, p. 151, 277 ; XXIII, p. 115, 309, 440 ; XXIV, p. 280, 345 ; XXV, p. 73 ; XXVI, p. 5, 184, 266 ; XXVII, p. 134, 270, 328 ; XXVIII, p. 47, 137, 264, 358 ; XXIX, p. 71, 177, 295, 361 ; XXX, p. 28, 115, 200, 295 ; XXXI, p. 56, 158, 261, 367 ; XXXII, p. 21, 123, 257, 305 ; XXXIII, p. 81 ; XXXIV, p. 68, 116, 205, 317 ; XXXV, p. 13, 105, 217, 313 ; XXXVI, p. 5, 163, 270, 371 ; et XXXVII, p. 44, 151, et 256.

9372. Lacroix (A.). — Plan-de-Baix, p. 100 à 107. — Suite de XXXVII, p. 321, et 375.

9373. Mellier (Étienne). — Les ponts anciens et modernes sur le Rhône à Valence, p. 147, 421 ; et XXXIX, p. 315, et 376. — Suite de XXXVI, p. 133, 249, 395 ; XXXVII, p. 89, 183, 273, et 422.

9374. Lacroix (A.). — Les environs de Châtillon, p. 207 à 211 ; et XXXIX, p. 266 à 272. — Suite de XXXVI, p. 317 et 409 ; et XXXVII, p. 80, 199, 289, et 438.

9375. Lacroix (A.). — Le district de l'Ouvèze, p. 212 à 215.

9376. Lacroix (A.). — Louis-Auguste Moutier [1831 † 1903], p. 216 à 218.

9377. Brun-Durand. — Le président Charles Ducros et la société protestante en Dauphiné au commencement du XVIIᵉ siècle, p. 309 407 ; et XXXIX, p. 73, 196, 273 et 353.

9378. Boisgelin (Marquis de). — Les d'Hugues de la Garde-Adhemar, p. 322 à 331. — C. n° 9379.

9379. Roman (J.). — Les d'Hugues de la Garde-Adhemar, renseignements complémentaires, p. 441. — Cf. n° 9378.

EURE. — ÉVREUX.

SOCIÉTÉ LIBRE D'AGRICULTURE, SCIENCES, ARTS ET BELLES-LETTRES DE L'EURE.

Les publications antérieures de cette Société sont analysées dans notre *Bibliographie générale*, savoir :
Bulletin, Journal et Recueil, t. I à XL (1822-1881), *Bibliographie*, t. I, p. 489.
Recueil, t. XLI à LIII (1882-1900), *Bibliographie*, t. V, p. 265.
— t. LIV et LV (1901-1902), *Bibliographie*, nouvelle série, I, p. 27; et II, p. 40.
Ouvrages divers (1827-1890), *Bibliographie*, t. I, p. 489; et t. V, p. 265.

LVI. — Recueil des travaux de la Société libre d'agriculture, sciences, arts et belles-lettres de l'Eure, 6ᵉ série, t. I, année 1903. (Évreux, 1904, in-8°, cxxv-205 p.)

9380. Guény (L'abbé). — Le bailli de Chambray [Jacques-François, 1687 † 1756], p. 5 à 83.

9381. Cauët (S.). — Les confréries de charité en Normandie, 2 *pl.*, p. 96 à 131.

9382. Anonyme. — Notice sur M. Léon Labbé [1832 † 1903], *portr.*, p. 146 à 157.

EURE. — ÉVREUX.

SOCIÉTÉ DES AMIS DES ARTS DU DÉPARTEMENT DE L'EURE.

Les publications antérieures de cette Société sont analysées dans notre *Bibliographie générale*, savoir :
Bulletin, t. I à XVI (1885-1900), *Bibliographie*, t. V, p. 268.
— t. XVII et XVIII (1901-1902), *Bibliographie*, nouvelle série, I, p. 27; et II, p. 40.
Album, 1ʳᵉ série (1899), *Bibliographie*, t. V, p. 270.
— 2ᵉ série (1902), *Bibliographie*, nouvelle série, II, p. 41.
Ouvrages divers (1893), *Bibliographie*, t. V, p. 268.

XIX. — Société des Amis des arts du département de l'Eure. Bulletin XIX, 1903. (Évreux, 1904, in-8°, 134 p.)

9383. Coutil (Léon). — J.-L. Gérôme [† 1904] (notes biographiques), p. 48 à 60.

9384. Hénissay (Jacques). — L'éducation d'un peintre à la fin du XVIIIᵉ siècle. Germain-Jean Drouais (1763-1788), 2 *pl.*, p. 61 à 103; et XX, p. 61 à 137.

9385. L. R. [Régnier (L.)]. — Découverte d'une statue du XVIᵉ siècle à Louviers, *pl.*, p. 109.

XX. — Société des Amis des arts du département de l'Eure. Bulletin XX. 1904. (Évreux, 1905, in-8°, 165 p.)

9386. Hénissay (Émile). — Compte rendu des travaux de la Société en 1904, p. 5 à 23.

[Constant-Rousset (1814 † 1904); A.-E. Routier de Maisonville (1834 † 1904); J.-H.-A. Moulier (1815 † 1905); le Dʳ Berlin du Château (1852 † 1905); le Cᵗᵉ G.-A.-H. de Reiset († 1905); P.-H. Ménécier († 1905); A.-L. Baudouin († 1905).]

9387. Blanquart (F.). — La clôture de chœur de Notre-Dame d'Audely et le tombeau des Picart de Radeval, *fig.* et 3 *pl.*, p. 28 à 60.

[9384]. Hénissay (Jacques). — L'éducation d'un peintre à la fin du XVIIIᵉ siècle. Germain-Jean Drouais (1763-1788), p. 61 à 137.

EURE. — ÉVREUX.

SOCIÉTÉ NORMANDE D'ÉTUDES PRÉHISTORIQUES.

Les publications antérieures de cette Société sont analysées dans notre *Bibliographie générale*, savoir :
Bulletin, t. I à VIII (1893-1900), *Bibliographie*, t. V, p. 270.
—   t. IX et X (1901-1902), *Bibliographie*, nouvelle série, I, p. 150; et II, p. 221.

XI. — Bulletin de la Société normande d'études préhistoriques, t. XI, année 1903. (Louviers, 1904, in-8°, 223 p.)

9388. Poulain (G.). — Excursion aux abris sous roches de Métreville, p. 23 à 26.

9389. Romain (G.). — Découverte d'un atelier de silex taillés dans la forêt de Montgeon, au lieu dit les Sapinières, p. 27 à 30.

9390. Poulain (Georges). — Les âges de la pierre dans la vallée de la Seine, à Vernon et aux environs, 6 *pl.*, p. 31 à 64.

9391. Quenouille (L.). — Silex néolithiques à figurations, et comparaison de quelques-unes de celles-ci avec les sépultures funéraires en pierre et les gravures sur roches signalant l'apparition des armes en cuivre ou même en bronze. Notes et documents, *fig.* et *pl.*, p. 65 à 87.

9392. Morel (Gaston). — Étude sur la préhension des silex taillés de l'époque néolithique, 3 *pl.*, p. 88 à 127.
— Suite de VI, p. 31; VII, p. 41; VIII, p. 80; IX, p. 139; et X, p. 87.

9393. Vesly (Léon de). — La Grosse-Pierre et la station de la Londe (Seine-Inférieure), *pl.*, p. 128 à 130.

9394. Vesly (Léon de). — La forêt de Rouvray archéologique. Préhistoire, légendes, fouilles de 1903, *fig.*, p. 131 à 146. — Cf. X, p. 139.

9395. Coutil (L.). — Sépultures et mobilier funéraire des Lexovii, Esuvii, Viducasses et Baiocasses (département du Calvados), 2 *pl.*, p. 147 à 182.

9396. Quesné (Victor). — Étude sur les monnaies romaines impériales, p. 183 à 190.

9397. Apel. — Notice sur de nouvelles fouilles exécutées en juin 1903 dans le théâtre romain de Lillebonne (Seine-Inférieure), *fig.* et *pl.*, p. 191 à 199.

9398. Fortin (R.). — Émile Savalle [† 1902], p. 201.

9399. Vesly (Léon de). — Biographie de Charles-Henry Benner [1821 † 1903], p. 202 à 204.

9400. Coutil (L.). — Charles Costard [† 1903] p. 204 à 206.

9401. Montier (A.). — Édouard Ferray [1845 † 1903], p. 206 à 208.

EURE. — LOUVIERS.

SOCIÉTÉ D'ÉTUDES DIVERSES DE L'ARRONDISSEMENT DE LOUVIERS.

Les publications antérieures de cette Société sont analysées dans notre *Bibliographie générale*, savoir :
Bulletin, t. I à V (1893-1898), *Bibliographie*, t. V, p. 272.
—   t. VI (1902), *Bibliographie*, nouvelle série, II, p. 41.

VII. — Bulletin de la Société d'études diverses de l'arrondissement de Louviers, t. VII, année 1903. (Louviers, 1904, in-8°, 121 p.)

9402. Leroy (Charles). — Notes sur le Bec-Thomas (origines à 1789), p. 24 à 56.

9403. Guibert (Henri). — Notes au sujet des retranchements aux environs de Louviers, p. 57 à 62.

9404. Collignon (Maurice). — Ternaux (1763 † 1833), 2 *pl.*, p. 63 à 111.

EURE-ET-LOIR. — CHÂTEAUDUN.

SOCIÉTÉ DUNOISE.

Les publications antérieures de cette Société sont analysées dans notre *Bibliographie générale,* savoir :

Bulletins, t. I à IV (1864-1884), *Bibliographie*, t. I, p. 502.

— t. V à IX (1885-1900), *Bibliographie*, t. V, p. 278.

Ouvrages divers (1874-1902), *Bibliographie*, t. I, p. 502, t. V, p. 278; et nouvelle série, II, p. 42.

X. — Bulletin de la Société dunoise..., t. X (1901-1904).(Châteaudun, 1904, in-8°, 449 p.)

9405. CHAPRON (L'abbé). — Courtalain, p. 24 à 59. — Suite de IX, p. 373.

9406. PESCHOT (L'abbé). — La Touche-Hersant, recherches historiques et généalogiques, 2 *pl.,* p. 71 à 111.

9407. VALLÉE. — Note sur l'étalon du minot de Châteaudun, *pl.,* p. 137 à 140.

9408. MARQUIS (L'abbé). — Brou et son passé, 2 *pl.,* p. 171 à 188.

9409. THIERCELIN (L'abbé). — Grandes orgues de la Madeleine de Châteaudun, p. 207 à 225.

9410. JUTEAU (L'abbé Ch.). — Excursion archéologique dans le canton de Cloyes, p. 267 à 276.

9411. THIERCELIN (L'abbé). — Sceau de la Sainte-Chapelle de Châteaudun, *fig.*, p. 285 à 289.

9412. CHAPRON (L'abbé).— La Grande-Touche ou Touche-Boisselet en Unverre, p. 300 à 312.

9413. CHAPRON (L'abbé). — La seigneurie de la Petite-Touche en Unverre, p. 357 à 363.

9414. VALLÉE (M.). — Quelques trouvailles faites dans l'ancien cimetière de Saint-Jean [à Châteaudun], p. 364 à 368.

9415. VILLARET (Comtesse Amicie DE). — Les étudiants du pays dunois ayant suivi les cours de l'Université d'Orléans, p. 379 à 384.

9416. A. B. — Les statues de la Sainte-Chapelle de Châteaudun, 8 *pl.,* p. 393 à 400.

9417. PESCHOT (L'abbé). — Excursion archéologique à Lavardin, Montoire et Troo, 2 *pl.,* p. 411 à 433.

FINISTÈRE. — BREST.

SOCIÉTÉ ACADÉMIQUE DE BREST.

Les publications antérieures de cette Société sont analysées dans notre *Bibliographie générale,* savoir :

Bulletin, t. I à XVIII (1858-1885), *Bibliographie*, t. I, p. 505.

— t. XIX à XXXIII (1885-1900), *Bibliographie*, t. V, p. 282.

— t. XXXIV et XXXV (1900-1902), *Bibliographie,* nouvelle série, I, p. 29; et II, p. 42.

XXXVI. — Bulletin de la Société académique de Brest..., 2ᵉ série, t. XXVIII, 1902-1903. (Brest, 1903, in-8°, XXIV-313 p.)

[9422]. LORME (A. DE). — L'art breton du XIIIᵉ au XVIIIᵉ siècle, p. 3 à 34.

9418. DELOURMEL (L.). — L'imprimerie à Brest. Les Malassis (1685-1813), *fig.* et tableau, p. 35 à 74.

9419. LORME (A. DE). — L'épopée celtique et la légende bretonne dans le Finistère, p. 95 à 150.

9420. KERNÉIS (A.). — Étymologie du mot *Cayenne*, colonie et caserne des marins. Historique de l'établissement de Brest, p. 179 à 189.

9421. LORME (A. DE). — Biographie bretonne. Le général baron de Tromelin [† 1842], p. 191 à 219.

XXXVII. — Bulletin de la Société académique de Brest..., 2ᵉ série, t. XXIX, 1903-1904. (Brest, 1904, in-8°, 233 p.)

9422. Lorme (A. de).—L'art breton du xiiiᵉ au xviiiᵉ siècle, p. 3 à 20. — Suite de XXIX, p. 5; XXX, p. 5; XXXI, p. 23; XXXII, p. 5 et 33; XXXIV, p. 103; XXXV, p. 83; et XXXVI, p. 3.

[Vannes et sa cathédrale, XXXVI, p. 3. — La Roche-Maurice, XXXVII, p. 3.]

9423. Lorme (A. de). — Savalette de Langes (1789 † 1858), p. 51 à 85.

9424. Jarno. — Notes d'archéologie, 2 pl., p. 87 à 97.

[Corny, Saint-Évarzec, Hanvec, Rumengol, le Drennec, Kersaint-Plabennec, Laber-Vrac'h.]

9425. Ferrand (Allain). — Le château de Trémazan, p. 101 à 122.

[Généalogie de la famille du Chatel, tableau.]

9426. Delpeuch (Maurice). — L'escadre de Louisbourg et l'épidémie de Brest en 1757, d'après le journal de bord du lieutenant de vaisseau de Vaudreuil, p. 123 à 204.

FINISTÈRE. — QUIMPER.

COMMISSION DIOCÉSAINE D'ARCHITECTURE ET D'ARCHÉOLOGIE.

Les deux premiers volumes du *Bulletin* de cette Commission sont analysés dans notre *Bibliographie générale*, nouvelle série, II, p. 43.

III. — Diocèse de Quimper et de Léon. Bulletin de la Commission diocésaine d'architecture et d'archéologie, 3ᵉ année. (Quimper, 1903, in-8°, 382 p.)

[9427]. Abgrall (L'abbé J.-M.). — Architecture bretonne. Étude des monuments du diocèse de Quimper, *fig.* et 10 *pl.*, p. 7, 68, 129, 193, 258, et 321.

9428]. Peyron (Le chanoine). — Cartulaire de l'église de Quimper, p. 36, 90, 148, 229, et 348.

9429]. Peyron (L'abbé) et Abgrall (l'abbé). — Notices sur les paroisses du diocèse de Quimper et de Léon, *fig.*, p. 47, 104, 159, 237, 294 et 357.

IV. — Diocèse de Quimper et de Léon. Bulletin de la Commission diocésaine d'architecture et d'archéologie, 4ᵉ année. (Quimper, 1904, in-8°, 351 p.)

9427. Abgrall (L'abbé). — Architecture bretonne. Étude des monuments du diocèse de Quimper, *fig.*, p. 5, 65, et 137. — Suite de I, p. 159, 202, 248; II, p. 13, 72, 129, 195, 257, 321; et III, p. 7, 68, 129, 193, 258, et 321.

9428. Peyron (L'abbé). — Cartulaire de l'église de Quimper, p. 24, 73, 146, 194, 271, 311; et V, p. 13, 57, 97, 146, 193, 241, et 281. — Suite de I, p. 30, 73, 126, 177, 226, 276; II, p. 39, 99, 159, 225, 262, 346, 380; et III, p. 36, 90, 148, 229, et 348.

9429. Peyron et Abgrall. — Notices sur les paroisses du diocèse de Quimper et de Léon, p. 33, 88, 168, 202, 279, 323; et V, p. 19, 74, 110, 153, 203, et 254. — Suite de II, p. 55, 113, 177, 239, 272, 356; et III, p. 47, 104, 159, 237, 294, et 357.

9430. Tébenat (L'abbé J.). — Une bulle de Grégoire XI relative à une chapelle de Notre-Dame de Rocamadour au diocèse de Quimper, p. 129 à 136.

9431. Anonyme. — Musée archéologique de l'évêché, catalogue descriptif, p. 259, 305; et V, p. 5 et 49.

FINISTÈRE. — QUIMPER.

SOCIÉTÉ ARCHÉOLOGIQUE DU FINISTÈRE.

Les publications antérieures de cette Société sont analysées dans notre *Bibliographie générale*, savoir :
Bulletin, t. I à XII (1873-1885), *Bibliographie*, t. I, p. 511.
— t. XIII à XXVII (1886-1900), *Bibliographie*, t. V, p. 286.
Ouvrages divers (1885-1886), *Bibliographie*, t. I, p. 511 et 699.

XXVIII. — **Bulletin de la Société archéologique du Finistère**, t. XXVIII, 1901. (Quimper, 1901, in-8°, 14-LVIII-342 p.)

9432. Du Chatellier (P.). — Les pierres gravées de Peuhoat, en Saint-Coulitz et de Saint-Bélec en Leuhan, 2 *pl.*, p. 3 à 7.

9433. Trévédy (J.). — Culte collectif des Sept-Saints de Bretagne, p. 8 à 28.

9434. Bourde de la Rogerie (H.). — Correspondance de Guillaume Charrier, abbé de Sainte-Croix de Quimperlé [1672-1707], p. 29 à 60.

9435. Du Chatellier (P.). — Tumulus, allée couverte et menhirs de Kergus, Gourin (Morbihan), *fig.*, p. 61 à 63.

9436. Villiers du Terrage. — Tumulus et sépultures avec foyers de Penbuel, en Rosporden, p. 64 à 74.

9437. Chaussepied (Charles). — Notice sur la chapelle de Ty-Mam-Doué [près de Quimper], p. 75 à 78.

9438. Abgrall (J.-M.). — Autour du vieux Quimper, p. 79 à 89.

9439. Favé (L'abbé Antoine). — Du bruit dans Landerneau, à propos de chansons (1731), p. 90 à 114.

9440. Abgrall (L'abbé J.-M.). — Landudal, église, chapelles, p. 115 à 120.

[9451]. Trévédy (J.). — Notes sur Fréron et ses cousins Royou, p. 121 à 144, et 154 à 163.

9441. Rolland (L'abbé L.). — Inventaire de Saint-Trémeur (Carhaix), 7 octobre 1627, p. 145 à 153.

9442. Favé (L'abbé Antoine). — Le Finistère à l'École de Mars (1794), p. 164 à 218.

9443. Trévédy (J.). — Les seigneurs et la seigneurie de Carnoet, p. 219 à 259.

9444. Du Chatellier (P.). — Pont gaulois de Sainte-Catherine sur l'ancienne voie romaine de Carhaix vers Lannion, *fig.*, p. 260 à 263.

9445. Abgrall (J.-M.). — Le vieux Morlaix, p. 264 à 280.

9446. Du Chatellier (P.). — Relevé des monuments des îles du littoral du Finistère, de Beniguet à Ouessant, p. 281 à 295.

9447. Villiers du Terrage. — Fragment d'un compte de dépenses faites en 1586 en Bretagne pour le service du roi par Philippe-Emmanuel de Lorraine, duc de Mercœur, gouverneur de cette province, p. 296 à 303.

9448. Chaussepied (Charles). — Notes sur la cathédrale de Saint-Pol-de-Léon (Finistère), p. 304 à 313.

9449. Martin (A.). — Un menhir et une table de dolmen à cupules en Languidic (Morbihan), *fig.*, p. 314 à 317.

9450. Le Carguet (H.). — L'île de Sein au XVIIIe siècle, p. 318 à 337; et XXIX, p. 268 à 282.

[J.-R. Le Gallo, recteur de l'île de Sein (1723-1734).]

XXIX. — **Bulletin de la Société archéologique du Finistère**, t. XXIX, 1902. (Quimper, 1902, in-8°, 14-LI-286 p.)

9451. Trévédy (J.). — Notes sur Fréron et ses cousins Royou, p. 3 à 22. — Suite et fin de XXVII, p. 178, 220, 307; et XXVIII, p. 121, et 154.

9452. Martin (A.). — Nouvelle exploration du tumulus de Poulguen en Penmarc'h (Finistère), *fig.*, p. 23 à 33.

9453. Le Carguet (H.). — L'élégance de la femme en Basse-Cornouaille, p. 34 à 37.

9454. Guennec (L'abbé) et Favé (Antoine). — Démarches de La Tour d'Auvergne Corret pour la radiation de sa nièce Mme de Kersauzic sur la liste des émigrés, p. 38 à 53.

9455. Favé (L'abbé Antoine). — La vie dans une gentilhommière de Basse-Bretagne [Quillimadec] au XVIIe siècle d'après des comptes de tutelle, p. 54 à 89.

9456. Martin (Commandant A.). — Lettres d'Algérie, p. 90 à 106.

[Tipasa, Cherchel, Constantine, Alger.]

9457. Trévédy (J.). — Deux pères jésuites missionnaires, oncles de La Tour d'Auvergne-Corret [Guillaume Le Roux et Thomas Olivier Corret], p. 107 à 135.

6.

9458. Martin (A.). — Description d'une partie des monnaies romaines du trésor de Saint-Pabu, p. 136 à 157.

9459. Le Guennec (L'abbé). — La Tour d'Auvergne homme d'affaires et régisseur de ses biens, p. 158 à 169.

9460. Gould (S. Baring). — Vie de saint Germain l'Armoricain, évêque et confesseur, p. 170 à 189.

[Traduit par M. Bourde de la Rogerie.]

[9478]. Le Carguet (H.). — Les chapelles du cap Sizun, p. 190 à 192.

9461. Du Chatellier (P.). — Émile-Alexandre-Louis du Crest de Villeneuve [1838 .† 1902], p. 193 à 196.

9462. Furic (P.). — Papier contenant les naissances des enfants du sieur de Keranmanoir et leurs mariages, p. 197 à 204.

9463. Favé (L'abbé Antoine). — Contraventions et commissaire de police à Landerneau vers 1740, p. 205 à 219.

9464. Jones (W. Jenkyn). — Des dolmens et des menhirs sur les montagnes de Khasia et de Jaintia, p. 220 à 222.

9465. Bourde de la Rogerie (H.). — Origine et organisation des sièges d'amirauté établis en Bretagne, p. 223 à 260.

9466. Du Chatellier (P.). — Un âge du cuivre ayant précédé l'âge du bronze a-t-il existé en Armorique? p. 261 à 267. — Cf. n° 9482.

[9450]. Le Carguet (H.). — L'île de Sein au xviii° siècle, p. 268 à 282.

XXX. — **Bulletin de la Société archéologique du Finistère**, t. XXX, 1903. (Quimper, 1903, in-8°, 14-lviii-413 p.)

9467. Du Chatellier (P.). — V.-M. Roussin (†1903), p. xxiv.

9468. Bourde de la Rogerie (H.). — Restitution de cloches aux paroisses du Finistère (1829), p. li à lviii.

9469. Le Guennec (Louis). — Note sur le château de Penhot en Saint-Thégonnec, *fig.*, p. 3 à 8.

9470. Favé (L'abbé Antoine). — Deux incidents de procession à Landerneau en 1748 et 1760, p. 9 à 23.

9471. Abgrall (J.-M.). — Le vieux Quimperlé, 4 *pl.*, p. 24 à 45.

9472. Bergevin (E. de). — Monographie de la paroisse de Lanmeur, p. 46, 97, 113, et 225.

9473. Martin (A.). — Fouille d'un tumulus en Plouguerneau (Finistère), *fig.*, p. 65 à 69.

9474. Villiers du Terrage (De). — Les recherches de l'or dans le Finistère, p. 70 à 89.

9475. Du Chatellier (P.). — La pointe de Kermorvan, en Ploumoguer, ses monuments, pierres à cupules, *fig.*, p. 90 à 96.

9476. Peyron (P.). — Les églises et chapelles du diocèse de Quimper, p. 129, 145; XXXI, p. 18, 216, 304; et XXXII, p. 183.

9477. Martin (A.). — Quelques jours à Carthage. Les nécropoles carthaginoises et la salle punique du musée des Pères Blancs, p. 184 à 199.

9478. Le Carguet (H.). — Les chapelles du cap Sizun, p. 200 à 211. — Suite de XXVI, p. 26, 193, 417; et XXIX, p. 190.

9479. Favé (L'abbé Antoine). — Lettres de rémission dans la sénéchaussée de Carhaix en 1698, p. 212 à 224.

9480. Trévédy (J.). — La bataille de Formigny (15 avril 1450), p. 241 à 275.

9481. Villiers du Terrage. — Essais sur la seigneurie de Kerminiby en Rosporden, p. 276 à 390.

9482. Du Chatellier (P.). — Découvertes confirmant un âge du cuivre en Armorique, p. 391. — Cf. n°9466.

9483. Favé (L'abbé Antoine). — Brindamour, soldat de marine pour le service du Roy, détenu aux prisons de Callac, p. 393 à 410.

GARD. — ALAIS.

SOCIÉTÉ SCIENTIFIQUE ET LITTÉRAIRE D'ALAIS.

Revue cévenole, t. I, (1902), *Bibliographie,* nouvelle série, II, p. 44.
Ouvrages divers (1873-1884), *Bibliographie,* t. I, p. 517.

II. — Revue cévenole. Bulletin de la Société scientifique et littéraire d'Alais. IV, 1903. (Alais, 1904, in-8°, 130 p.)

[Ce fascicule porte le numéro IV. Les trois premiers fascicules forment le tome I.]

9484. Dumas (Ulysse). — La grotte de Meyrannes, *pl.,* p. 79 à 81.
9485. Haon (G.). — Amédée Gros, architecte (1833 † 1903), *portr.,* p. 111 à 119.

GARD. — NIMES.

ACADÉMIE DE NIMES.

Les publications antérieures de cette Académie sont analysées dans notre *Bibliographie générale,* savoir:
Recueil (1756), *Bibliographie,* t. I, p. 520.
Notices et Mémoires, t. I à XLIX (1805-1885), *Bibliographie,* t. I, p. 520.
Mémoires, t. L à LXIV (1886-1900), *Bibliographie,* t. V, p. 298.
— t. LXV et LXVI (1901-1902), *Bibliographie,* nouvelle série, I, p. 29; et II, p. 45.
Procès-verbaux et Bulletin, t. I à XL (1842-1885), *Bibliographie,* t. I, p. 530.
Bulletin, t. XLI à LV (1886-1900), *Bibliographie,* t. V, p. 302.
— t. LVI et LVII (1901-1902), *Bibliographie,* nouvelle série, I, p. 29; et II, p. 45.
Outre les publications qu'elle fait paraître annuellement, l'Académie du Gard a donné en supplément à ses *Mémoires* l'ouvrage suivant:

9486. Nicolas (C.). — Histoire des grands prieurs et du prieuré de Saint-Gilles, par Jean Raybaud, avocat et archivaire de ce prieuré, t. I. (Nimes, 1904, in-8°, 446 p.)

LXVII. — Mémoires de l'Académie de Nimes, 7° série, t. XXVI, année 1903. (Nimes, s. d., in-8°, cxv-223 p.)

9487. Balincourt (Comte E. de). — Deux livres de raison du xv° siècle. Les Merles de Beauchamps, *portr. et tableau,* p. 1 à 78.
9488. Bondurand (Éd.). — Les suites d'un miracle à Saint-Gilles (1515-1516), p. 79 à 85.
9489. Simon (Joseph). — Bibliographie du département du Gard, p. 87 à 95.
9490. Jouve (Michel). — Journal d'un chanoine au diocèse de Cavaillon (1664-1684), fragments du livre de raison de Gaspar de Grasse, p. 117 à 196.

LXVIII. — Mémoires de l'Académie de

Nimes, 7° série, t. XXVII, année 1904. (Nimes, s. d., in-8°, clxxi-80 p.)

9491. Reinaud, Marguéjol et Balincourt (de). — Obsèques du général H.-G. Bertrand († 1904), p. lix à lxvii.
9492. Anonyme. — Cinquantenaire académique de M. Gaston Boissier, *portr. et pl.,* p. lxix à cxxv.
9493. Divers. — Inauguration du buste de Charles Jalabert [à Nimes], p. cxxvii à cli.

[Discours de MM. Clavel, Crouzet, Lahaye, Esjalbert, Gaston Boissier, E. Reinaud.]

9494. Sallustien (Le Fr. Joseph). — Grotte néolithique de Saint-Vérédème, 11 *pl.,* p. 1 à 36.

LVIII. — Bulletin des séances de l'Académie de Nimes, année 1903. (Nimes, 1903, in-8°, 99 p.)

9495. Dumas (U.). — Le cippe de Labaume, p. 33 à 34.

LIX. — Bulletin des séances de l'Académie de Nimes, année 1904. (Nimes, 1904, in-8°, 110 p.)

GARONNE (HAUTE-). — SAINT-GAUDENS.

SOCIÉTÉ D'ÉTUDES DU COMMINGES, DU NÉBOUZAN ET DES QUATRE-VALLÉES.

Les publications antérieures de cette Société sont analysées dans notre *Bibliographie générale*, savoir :
   Revue de Comminges, t. I et II (1885-1886), *Bibliographie*, t. I, p. 541.
   —   —   t. III à XV (1887-1900), *Bibliographie*, t. V, p. 307.
   —   —   t. XVI à XVIII (1901-1903), *Bibliographie*, nouv. série, I, p. 30; et II, p. 45.

XIX. — Revue de Comminges, Pyrénées centrales. Bulletin de la Société des études du Comminges, du Nébouzan et des Quatre-Vallées, t. XIX, année 1904. (Saint-Gaudens, 1904, in-8°, 276 p.)

9496. Lestrade (J.). — Dominique Lacombe de Montréjeau [évêque constitutionnel de la Gironde, puis évêque concordataire d'Angoulême, 1749 † 1823], p. 1 à 24, et 145.

9497. Espénan (C.). — Le district de Saint-Gaudens pendant la Révolution (1789-1795), p. 25 à 47. — Suite de XVIII, p. 218.

9498. Vié (Louis). — Notes sur quelques anciennes mesures locales, p. 48 à 53.

9499. Couret (L'abbé). — Histoire de Montmaurin, et suite des Recherches archéologiques dans la haute vallée de la Save, p. 54 à 61, et 85 à 98.

9500. Saint-Paul (Anthyme). — M. l'abbé Couret [Jean-Marie, † 1904], p. 77 à 79.

9501. Divers. — Chronique, p. 80, 143, 205, et 271.

[Clément V en Comminges; trouvaille de monnaies du moyen âge à Saint-Gaudens; Mouzon et son poème en vers latins sur Mouzou, p. 80. — Administration du district de Saint-Gaudens en 1792; la Pique et l'Oue; trouvailles préhistoriques à Saint-Mamel, p. 143. — Enseigne du xvi° siècle à Saint-Bertrand de Comminges, p. 205. — Ancienne borne à Saint-Gaudens; les Trinitaires de Saint-Gaudens, p. 271.]

9502. Décap (J.). — Les confréries de l'ancien diocèse de Comminges. Statuts inédits de la confrérie de Saint-Jean-Baptiste établie dans l'église de Benque avant 1402, p. 99 à 107.

9503. Lestrade (J.). — Les poésies de M. Bordages, prêtre commingeois (xviii° siècle), p. 108, 185, et 220.

9504. Espénan (C.). — Gilbert de Choiseul, évêque de Comminges, puis de Tournai (1613-1689), p. 123 à 138.

9505. S. M. — La Pique et les foires de Piqué, près Luchon, p. 139 à 142.

9506. Pánissé (F.). — Église Saint-Martin d'Aspet et ses chapelains (1ᵉʳ janvier 1401), p. 149 à 164.

9507. Espénan (C.). — Les derniers temps de l'abbaye de Nizors, p. 165 à 176.

9508. Sahuqué de Gott (Louis). — Deux documents sur les États de Comminges et de Nébouzan, ou rôle des assemblées provinciales sous l'Ancien régime. Pétition des États de Nébouzan au Roi, lettre de l'évêque de Comminges à Colbert, p. 177 à 184.

9509. Bacnéris (V.). — Mésaventure de quelques marchands de Saint-Gaudens à Seysses-Tolosanes (1630), p. 197 à 199.

9510. Vié (Louis). — Simples notes de paléontologie et d'archéologie, p. 213 à 219.

9511. Arous (Paul). — Autonomie des Tourreilles menacée par Montréjeau (xvi° s.), p. 258 à 260.

9512. D. J. — Le général Jean Pegot [† 1819], p. 261.

GARONNE (HAUTE-). — TOULOUSE.

ACADÉMIE DES JEUX FLORAUX.

Les publications antérieures de cette Académie sont analysées dans notre *Bibliographie générale*, savoir :
   Recueil, t. I à CLVI (1696-1886), *Bibliographie*, t. I, p. 542.

Recueil, t. CLVII à CLXX (1887-1900), *Bibliographie*, t. V, p. 312.
— t. CLXXI et CLXXII (1901-1902), *Bibliographie*, nouvelle série, I, p. 30; et II, p. 46.
Ouvrages divers (1715-1844), *Bibliographie*, t. I, p. 542.

CLXXIII. — **Recueil de l'Académie des jeux floraux**, 1903. (Toulouse, 1903, in-8°, xvi-160 et 334 p.)

Deuxième partie.

9513. Labondès (J. de). — Éloge de M. Bladé, p. 3 à 28.

9514. Suffren (Marquis de). — Éloge de M. le conseiller Dubédat, p. 67 à 93.
9515. Maisonneuve (L'abbé). — Éloge de M. l'abbé Léonce Couture, p. 146 à 181.

GARONNE (HAUTE-). — TOULOUSE.

ACADÉMIE DE LÉGISLATION DE TOULOUSE.

Les publications antérieures de cette Académie sont analysées dans notre *Bibliographie générale*, savoir :
Recueil, t. I à XXXIII (1851-1884), *Bibliographie*, t. I, p. 553.
— t. XXXIV à XLVIII (1885-1900), *Bibliographie*, t. V, p. 314.
— t. XLIX (1900-1901), *Bibliographie*, nouvelle série, I. p. 31.

L. — **Recueil de l'Académie de législation de Toulouse**, 1901-1902..., t. L. (Toulouse, 1901-1902, in-8°, xiv-195-xciv p.)

LI. — **Recueil de l'Académie de législation de Toulouse**, 1903, t. LI. (Toulouse, 1903, in-8°, xiii-408-lxviii et 19 p.)

9516. Deloume (Antonin). — Note sur l'hôtel d'Assezat et de Clémence Isaure (1895 à 1903), p. 25 à 68. — Cf. id., n° 9530.
[9518]. Duménil (Henri). — Aperçus sur l'histoire constitutionnelle de la Révolution d'Angleterre, p. 69 à 90.

9517. Forestié (Ed.). — Les Réformateurs royaux en Bigorre en 1344, p. 91 à 111.

LII. — **Recueil de l'Académie de législation de Toulouse**, 1904, t. LII. (Toulouse, in-8°, clvi-222 p.)

9518. Duménil (Henri). — Aperçus sur l'histoire constitutionnelle de la Révolution d'Angleterre, p. 112 à 146. — Suite de XLIX, p. 49; et LI, p. 69.
9519. Deloume (A.). — Histoire sommaire de la Faculté de droit de Toulouse, p. 169 à 182.
9520. Anonyme. — Table générale des années 1900 à 1904 (t. 48 à 52), p. 211 à 219.

GARONNE (HAUTE-). — TOULOUSE.

ACADÉMIE DES SCIENCES, INSCRIPTIONS ET BELLES-LETTRES DE TOULOUSE.

Les publications antérieures de cette Académie sont analysées dans notre *Bibliographie générale*, savoir :
Recueil (1692-1694), *Bibliographie*, t. I, p. 557.
Histoire et Mémoires, t. I à LVI (1782-1885), *Bibliographie*, t. I, p. 557.
Mémoires, t. LVII à LXVIII (1886-1897), *Bibliographie*, t. V, p. 316.

Mémoires, t. LXIX à LXXI (1901-1903), *Bibliographie*, nouvelle série, I, p. 31; et II, p. 47.
Annuaire, t. I à XLVI (1814-1885), *Bibliographie*, t. I, p. 572.
Bulletin, t. I à III (1897-1900), *Bibliographie*, t. V, p. 320.

LXXII. — **Mémoires de l'Académie des sciences, inscriptions et belles-lettres de Toulouse,** 10ᵉ série, t. IV. (Toulouse, 1904, in-8°, xvi-396 p.)

9521. Geschwind (Dʳ). — L'administration de l'Alsace à la fin du règne de Louis XVI. Un épisode des luttes municipales préliminaires de la Révolution, p. 3 à 16.

9522. Lapierre (E.). — L'office de concierge-buvetier au Parlement de Toulouse, p. 25 à 32.

9523. Duméril (Henri). — Les idées pédagogiques de Goldsmith, p. 123 à 139; et LXXIII, p. 23 à 39.

9524. Crouzel (A.). — Études de bibliothéconomie, p. 140 à 180. — Suite de LXIX, p. 167; et LXX, p. 108.

9525. Santi (L. de). — L'expédition du Prince Noir en 1355, d'après le journal d'un de ses compagnons, p. 181 à 223.

9526. Desazars de Montgailhard (Baron). — L'art à Toulouse, ses enseignements professionnels pendant l'ère moderne [xviiᵉ s.], p. 239 à 305.

9527. Rouquet. — Éloge de M. Fontès, ingénieur en chef des Ponts et chaussées [1842 † 1902], p. 344 à 355.

GARONNE (HAUTE-). — TOULOUSE.

SOCIÉTÉ DE GÉOGRAPHIE DE TOULOUSE.

Les publications antérieures de cette Société sont analysées dans notre *Bibliographie générale*, savoir :
Bulletin, t. I à XIX (1882-1900), *Bibliographie*, t. V, sous presse.
— t. XX et XXI (1901-1902), *Bibliographie*, nouvelle série, II, p. 50.
Une table générale des 21 premiers volumes a paru en 1903 (voir notre n° 9531).

XXII. — **Bulletin de la Société de géographie de Toulouse,** 22ᵉ année. (Toulouse, 1903, in-8°, 432-lxii p.)

9528. Guénot (S.). — La Garonne, son rôle économique dans les temps anciens, p. 121 à 146.

9529. G. (Jules). — Épisodes de la vie d'un administrateur en Cochinchine, p. 162 à 172.

9530. Deloume (Antonin). — Note sur l'Hôtel d'Assezat et de Clémence Isaure (1895 à 1903), p. 181 à 223. — Cf. id., n° 9516.

9531. Anonyme. — Table générale des matières et noms d'auteurs de 1882 à 1902, p. 1 à lxii.

XXIII. — **Bulletin de la Société de géographie de Toulouse,** 23ᵉ année. (Toulouse, 1904, in-8°, 472 p.)

9532. Gouget de Castéras. — D'Ax à Puycerda, p. 87 à 111.

9533. Guénot (S.). — Toulouse et le commerce du pastel, p. 111 à 134.

9534. Girard (B.). — Tanger (Maroc), le Laurium (Grèce), p. 219 à 234.

9535. Auber (J.). — Les établissements militaires de Toulouse en l'an ii et en l'an iii (1793-1795), p. 261 à 282.

9536. Girard (B.). — Les îles de Cos, de Chio et de Santorin, p. 283 à 296.

9537. Girard (B.). — L'île de Milo, p. 319 à 323.

GERS. — AUCH.

SOCIÉTÉ ARCHÉOLOGIQUE DU GERS.

Les publications antérieures de cette Société sont analysées dans notre *Bibliographie générale*, savoir :
Bulletin, t. I (1900), *Bibliographie*, t. V, sous presse.
— t. II et III (1901-1902), *Bibliographie*, nouvelle série, II, p. 50.

IV. — Bulletin de la Société archéologique du Gers, 4ᵉ année. (Auch, 1903, petit in-4°, 324 p.)

9538. Lavergne (A.). — Louis de Pardailhan-Gondrin, marquis de Montespan, p. 14 à 18.

[9575]. Brégail. — Un révolutionnaire gersois. Lantrac, *facs.*, p. 18, 119, 226, 291, et 308.

9539. Lagleize (L'abbé). — Une fête patriotique en 1660 dans deux villages de Gascogne : Mauroux et Saint-Créac, p. 32.

9540. Gaubin (L'abbé). — Barcelonne [Gers], p. 32, 245; V, p. 125, 322; et VI, p. 24.

9541. Limazouade (L'abbé). — M. de Gère, seigneur de Sainte-Gemme, p. 44 à 49.

9542. Anonyme. — La notice sur Sainte-Marie d'Auch de P. Sentetz, réédition, p. 50, et 81.

9543. Pagel (R.). — L'intendant d'Étigny et les bouchers d'Auch, p. 51 à 55.

9544. Lavergne (A.). — Marguerite de Valois en Gascogne, p. 56.

9545. Bluem (Capitaine). — Marché passé pour la construction des deux frégates royales l'*Opale* et l'*Hermine* en 1759, p. 65.

[9565]. Castex (E.). — Coutumes ou for de Pardelhan, p. 71 à 80, et 97 à 113.

9546. Brégail. — Saint Orens et son poème, *pl.*, p. 86 à 97, et 134 à 141.

9547. Dautour. — Noël inédit [registre paroissial de Gouts, 1692], p. 114.

9548. Branet (A.). — Une journée révolutionnaire à Auch (le 29 janvier 1792), p. 141 à 148.

9549. Samaran (Ch.). — Arrêts du Parlement de Toulouse concernant la construction de la cathédrale d'Auch (1487, 1492, 1496), p. 148 à 152.

9550. Anonyme. — Renseignements sur les édifices du diocèse de Lectoure, p. 152 à 154.

9551. Anonyme. — Un cas de diffamation au xviiᵉ siècle, p. 154.

9552. Anonyme. — Statues de saints aux portes des villes [à Mirande], p. 155.

9553. Lavergne (A.). — Jean-François Bladé [1827 †1900], p. 158, 254; et V, p. 16.

9554. Chanchus (P.-E.). — Une ordonnance de police à Masseube au xviiiᵉ siècle, p. 171 à 182.

9555. Lagleize (L'abbé). — Le marquis de la Jonquière, baron de Magnas, seigneur de Castelnau-d'Arbieu et d'Urdens, chef d'escadre, inspecteur des flottes de Sa Majesté, gouverneur du Canada (1685-1752), p. 182 à 202.

9556. Mazéret (Ludovic). — Notes sur les du Bosc de Momplaisir, en Fourcés, p. 202 à 211.

9557. Lauzun (Philippe). — Le château de Balarin (commune de Montréal, Gers), 2 *pl.*, p. 211 à 225, et 266 à 284.

9558. Bluem (Capitaine). — Deux lettres de soldats gascons [J. Bouilhet, A. Lacomme] (campagnes du Premier Empire), p. 286 à 290.

9559. Grasilier (Léonce). — Le colonel Barthélemy [Napoléon à Auch en 1808], p. 301 à 304.

9560. Palanque (Ch.). — Une histoire de jeu au xvᵉ siècle [à Lannepax], p. 307 à 308.

9561. Anonyme. — Déclaration de grossesses au siècle dernier [à Jurançon], p. 320 à 322.

V. — Bulletin de la Société archéologique du Gers, 5ᵉ année. (Auch, 1904, petit in-4°, 332 p.)

9562. Chanchus (P.-E.). — Visite de Mᵍʳ le duc de Rohan-Chabot, comte d'Astarac, dans sa bonne ville de Masseube, en l'an 1771, p. 8 à 15.

[9553]. Lavergne (A.). — Jean-François Bladé, p. 16 à 28.

9563. Palanque (Ch.). — Vestiges égyptiens dans le sud-ouest de la France, p. 28 à 39.

9564. Castaignon (E.). — Reconnaissance féodale et serment de fidélité passé entre Roger et Bernard de Noé et les habitants de l'Isle-de-Noé (1564), p. 39 à 43.

9565. Castex (Émile). — Coutumes ou for de Pardelhan, p. 43, 115, et 221. — Suite de III, p. 231; IV, p. 71, et 97.

9566. Anonyme. — Poésie contre la démolition du jubé de Sainte-Marie [d'Auch], p. 51 à 52.

9567. Mommeja. — La roue de fortune du château de Mazères, notes pour servir à l'histoire des pavements émaillés du moyen âge, *fig.*, p. 61 à 83.

9568. Colmont (M. de). — Requête adressée aux administrateurs du district de Condom par les détenus du collège de ladite ville, p. 86 à 90.

9569. Anonyme. — Communion pascale d'un prisonnier [à Vic, 1555], p. 91 à 92.

9570. Lagleize (L'abbé). — L'impôt sous l'ancien régime. Syndicat de protestation des industriels de Saint-Clar contre l'impôt en 1684, p. 95 à 111.

9571. Pagel (René). — Lettre d'un créancier [l'abbé de la Gorrée] à sa débitrice [Lucrèce de Roquemaurel, dame de Seguenville] (XVII° s.), p. 111 à 115.

[9540]. Gausin (L'abbé). — Barcelonne, p. 125, et 322.

9572. Lavergne (Adrien). — Excursion en Lomagne, *fig.*, p. 138 à 151.

[Fleurance, Castelnau d'Arbieu, Magnas, Saint-Clar, Plamarous, la Chapelle, Gramont, Saint-Créac, Castéron, Gaudonville, Esclignac, *fig.*; Bivès.]

9573. Sardac (De). — Préparatifs pour l'entrée à Lectoure d'Antoine de Bourbon et de Jeanne d'Albret, roi et reine de Navarre (1555), p. 154 à 161.

9574. Lagleize (L'abbé). — Les peintures de l'église de Saint-Créac, *pl.*, p. 161 à 165.

9575. Brégail. — Un révolutionnaire gersois. Lantrac, p. 165, 225, 259. — Suite de III, p. 257; et IV, p. 18, 119, 226, 291 et 308.

9576. Mazéret. — Le dernier seigneur de Fourcés (Augustin-Jean-Charles-Louis d'Aspe), p. 172 à 176, et 198 à 208.

9577. Anonyme. — Inscription funéraire [romaine, à Auch], p. 177.

9578. Sardac (De). — Un épisode de la Réforme à Lectoure (1551), p. 182 à 185.

9579. Dambielle (L'abbé). — Notes sur le château et l'église de Pellefigue et sur la découverte d'une vieille statue dans un des murs de l'église, p. 185 à 190.

9580. Gardère (J.) et Lauzun (Ph.). — Le couvent des dominicaines de Pont-Vert ou Prouillan, à Condom, *fig.*, p. 190 à 198.

9581. Mastron. — La commanderie de Bonnefont près Barran, p. 209 à 221, et 275 à 285.

9582. Anonyme. — Notes sur la Révolution, p. 250.

[Proclamation du général Willot aux habitants d'Auch; lettre d'un sans-culotte de Paris à son fils; prières à l'usage de l'armée des Pyrénées occidentales.]

9583. Lauzun (Ph.). — Des fortifications de Mouchan et de Vaupillon au XV° siècle, p. 255 à 259.

9584. Dambielle (L'abbé). — Inscription gallo-romaine à Pellefigue, p. 289.

9585. Mastron (J.). — Les verreries dans le Gers : la verrerie de Montpellier, p. 290 à 299.

9586. Sancc. — Cahier des doléances de la communauté d'Ansan, p. 299 à 303.

9587. Castaignon. — Fonte et baptême de cloche à l'Isle-d'Arbeyssan, p. 303 à 306.

9588. Miégeville (A.). — Installation d'un juge-mage à Auch [1768], p. 306 à 310.

9589. Barada (Jean). — La garde d'honneur de Napoléon I° à son passage à Auch (1808), *pl.*, p. 314 à 320.

9590. Pagel (R.). — Capitulation de la ville de la Sauvetat en 1585, p. 320 à 321.

GERS. — AUCH.

SOCIÉTÉ HISTORIQUE DE GASCOGNE.

Les publications antérieures de cette Société sont analysées dans notre *Bibliographie générale,* savoir :

Archives historiques de la Gascogne(1883-1900), *Bibliographie,* t. I, p. 589; et t. V, sous presse.

— — (1901-1903), *Bibliographie,* nouvelle série, II, p. 54.

Bulletin (devenu en 1864 *Revue de Gascogne*), t. I à IV (1860-1863), *Bibliographie,* t. I, p. 589.

Revue de Gascogne, t. V à XXVII (1864-1886), *Bibliographie,* t. I, p. 593.

— — t. XXVIII à XLI (1887-1900), *Bibliographie,* t. V, sous presse.

— — t. XLII et XLIII (1901-1902), *Bibliographie,* nouvelle série, I, p. 34; II, p. 52.

Une table des 41 premiers volumes de la *Revue de Gascogne* a paru en 1904 (voir nos n° 9591 et 9678).

9591. [Lalague (Noël)]. — Revue de Gascogne. Bulletin mensuel de la Société historique de Gascogne. Tables des tomes I à XLI (1860-1900). (Auch, 1904, in-8°, 72 p.) — Cf. n° 9678.

XLIV. — Revue de Gascogne. Bulletin mensuel de la Société historique de Gascogne, nouvelle série, t. III. (Auch, 1903, in-8°, 576 p.)

9592. Degert (A.). — L'impression des liturgies gasconnes, p. 5 à 14, et 58 à 69.

9593. Tierny et Couaix. — Journal de Sentex, archer du vice-sénéchal d'Auch (1640-1665), p. 15, 70 et 268.

9594. Gabarra (J.-B.). — Lettre inédite de Lequien de la Neufville, évêque d'Aix [1802], p. 23 à 26.

9595. Lestrade (J.). — Le testament de Jean de Ribeyran [1672], p. 27 à 30.

9596. A. D. [Degert (A.)]. — Tremblements de terre en Gascogne [1660], p. 30.

9597. Clergeac (A.). — Un manuscrit du xive siècle à Lombez [Glosa super VI librum Decretalium secundum Johannem Andream], p. 31 à 33.

9598. Divers. — Centenaires gascons [et landais], p. 33, 69, 423; XLV, p. 115, 208, et 281. — Cf. n° 9638.

9599. Lamazouade (P.). — Notes et souvenirs de M. l'abbé Dalas sous la Révolution, p. 34 à 36.

9600. Saint-Fris (L. de). — Fondation de la collégiale de Bassoues, p. 37 à 41.

9601. Couture (L.). — Les correspondants de Chaudon, p. 49 à 57. — Suite de XLI, p. 481; et XLIII, p. 221.

[III. L'abbé d'Artigny.]

9602. Degert (A.). — Les premières journées de la Révolution [à Paris] racontées par un Marciacais [Laffitte de Gardey], p. 79 à 84.

9603. Anonyme. — Phénomène météorologique en Gascogne [1666], p. 84.

9604. Atan (J.). — Date du couronnement de Catherine de Navarre et de Jean d'Albret, p. 85.

9605. Gabarra (J.-B.). — Une proclamation de Wellington [1814], p. 87.

9606. Clergeac (A.). — Une famille de gentilshommes campagnards aux xviie et xviiie siècles. Les Chabanes-Lagabo, p. 97 à 110.

9607. Ricaud (L.). — La fin du vieux Garaison, p. 111 à 125, et 174 à 186.

9608. J. L. [Lestrade (J.)]. — Le lac de Barbazan, p. 125.

9609. Lestrade (J.). — Les poésies de M. Bordages, prêtre commingeois [xviiie s.], p. 126, 397 et 505. — Suite de XLIII, p. 345.

9610. Samaran (Ch.). — Un inventaire du château de Mazères, au temps du cardinal Louis d'Este, archevêque d'Auch (août 1583), p. 145 à 153.

9611. Batcave (L.). — Lettre de Dartigoeyte au Comité de Salut public, p. 153.

9612. Degert (A.). — L'édit de 1768 et le clergé de Béarn, p. 154 à 173. — Cf. n° 9634.

9613. Degert (A.). — Les reliques de sainte Quitterie, p. 193 à 209; et XLV, p. 464 à 466.

9614. Broconat. — État ancien de l'instruction primaire dans quelques paroisses du Gers, p. 210, 434; et XLV, p. 35, 79, et 260.

9615. Atan (J.). — Quatre bulles relatives à Pierre de Foix le Vieux, p. 221 à 224.

9616. Bellanger (L.). — Les dépenses d'un écolier du collège d'Auch [Pierre Savoye] à la fin du xvie siècle et au commencement du xviie, p. 241 à 256.

9617. Foix (V.). — Folklore. Glossaire de la sorcellerie landaise, p. 257, 362, 444; et XLV, p. 64, 123, et 185.

9618. Degert (A.). — Fleurance enlevée aux Anglais. p. 263 à 267.

9619. J. A. [Atan (J.)]. — Comment Samatan passa du chapitre de Roncevaux au chapitre de Saint-Sernin, p. 267.

9620. Maisonneuve (L'abbé L.). — Éloge de M. Léonce Couture, p. 289 à 320.

9621. Degert (A.). — Le jansénisme à Dax, p. 321, 424, et 529.

9622. J.-L. [Lestrade (J.)]. — Une lettre de Cosme Roger, évêque de Lombez, p. 330.

9623. Cézérac (C.) et Clergeac. — Biane, son passé, sa coutume, notes et documents, p. 331 à 347, et 409 à 423.

9624. Anonyme. — Générosité philanthropique des habitants de Saint-Sever en 1789, p. 347.

9625. Mastron (J.). — Cahier des doléances du tiers-état de Callian, p. 348 à 356.

9626. C. C. [Cézérac (C.)]. — A propos de la nomination de Mgr de Latour-Dupin à l'archevêché d'Auch [1783], p. 357.

9627. Lestrade (J.). — Un registre paroissial de Boulouc, p. 358 à 361.

9628. Foix (V.). — L'assistance publique dans un village gascon [Caphreton] au xvie siècle, p. 361.

9629. A. D. [Degert (A.)]. — Un vicaire général aérostatier [L.-A. de la Tour du Pin-Montauban], à Auch, en 1784, p. 373.

9630. Cézérac (C.). — M. Paul Druilhet [1837 † 1903], p. 375.

9631. Lestrade (J.). — Quelques distiques du xviie siècle sur Garaison, p. 377.

9632. A. D. [Degert (A.)]. — Modification dans le cours de la Garonne, une île disparue [à Grenade], p. 439.

9633. Ricaud (L.). — Sens, curé de Recurt et non Ricourt, p. 440 à 443.

9634. Duffour (J.). — L'édit de 1768 et le clergé du diocèse d'Auch, p. 481 à 504. — Cf. n° 9612.

9635. Lestrade (J.). — Une réprimande de Bonaparte à A.-E. d'Osmond, évêque de Comminges [1802], p. 504.

9636. Couaix. — Monographie d'un village. Castin, p. 516, 558; et XLV, p. 229, 361, et 467.

9637. A. D. [Degert (A.)]. — Une harangue de Dom Brugèles, p. 528.

9638. Dupont (V.). — La longévité et les centenaires dans les Landes, p. 553. — Cf. n° 9598.

9639. Ansat (J.). — Pierre Milhard, prieur de Sainte-Dode, p. 565. — Cf. n°° 9672 et 9643.

XLV. — Revue de Gascogne. Bulletin mensuel de la Société historique de Gascogne,
nouvelle série, t. IV. (Auch, 1904. in-8°, 576 et 7 p.)

9640. Daucé (C.). — Le mouvement félibréen dans le Sud-Ouest, p. 1 à 22.

9641. Drouet (A.). — Un artiste auscitain à retrouver [la Vierge de l'église Notre-Dame de la Daurade à Toulouse], p. 23 à 29.

9642. Batcave (L.). — Une lettre de Marca, p. 29.

9643. A. D. [Degert (A.)]. — Encore Pierre Milhard, prieur de Sainte-Dode, p. 30. — Cf. n°° 9639 et 9672.

[9614]. Broconat (I.). — État ancien de l'instruction primaire dans quelques paroisses rurales du Gers, p. 35, 79, et 260.

9644. Bellanger (L.). — Note sur la légende de saint Orens, p. 42.

9645. J. L. [Lestrade (J.)]. — Lettre d'Hugues de Labatut, évêque de Comminges, à son chapitre [1641], p. 43.

9646. Clergeac (A.). — Les hôpitaux de Gimont, p. 49 à 57, et 172 à 181.

9647. Degert (A.). — Édouard I*r et la Gascogne en 1300, p. 58 à 63.

9648. J. L. [Lestrade (J.)]. — Lettre de M. de Lastic, évêque de Rieux, à son chapitre [1771], p. 63.

[9617]. Foix (V.). — Folklore; Glossaire de la sorcellerie landaise, p. 64, 123, et 185.

9649. A. D. [Degert (A.)] et Ricaud (L.). — A propos d'un Ordo tarbais et d'une lettre épiscopale, p. 85, et 182.

[9598]. Divers. — Centenaires gascons et landais, p. 115, 208, et 281.

9650. Annat (J.). — Première restitution de Sauvelade [1610], p. 116 à 122.

9651. Degert (A.). — Nomination de Bossuet à Condom, p. 145 à 150.

9652. Galabert (F.). — Comment finit la première maison de Terride, vicomtes de Gimoès, p. 151 à 160.

9653. A. D. [Degert (A.)]. — Additions et corrections à la Gallia christiana, p. 161, 216, 226, 259, 378, et 389. — Suite de XLIII, p. 433.

{ Évêques de Lescar, p. 161.— Évêques de Condom, p. 216.— Évêques de Buzas, p. 226.— Abbés de Berdoues, p. 259.— Abbés de Saint-Jean de la Castelle, p. 378.— Évêques de Comminges, p. 389.]

9654. Coste (P.). — Une victime de la Révolution; sœur Marguerite Rutan, fille de la Charité, p. 161, 217, 268, 345, et 441.

9655. Bellanger (L.). — Note sur Orientius et Colomban, p. 171.

9656. Lestrade (J.). — A qui le pas des Pénitents bleus ou des Pénitents gris de Gimont ? p. 184.

9657. Balencie (G.). — La comète de l'année 1577, décrite par un témoin oculaire, p. 188.

9658. Balencie (G.). — Chronologie des évêques de Tarbes (1227-1801), p. 193, 248, 330; et XLVI, p. 69 et 268.

9659. Sardac (J. de). — Lettre inédite du général Lagrange [an vii], p. 209 à 216.

9660. Degert (A.). — L'évêque d'Oloron Gérard Roussel et la curie romaine [xvi° s.], p. 227.

[9636]. Conaix (B.). — Monographie d'un village. Castin, p. 229, 361, et 467.

9661. Clergeac (A.). — Clément VI et la guerre de Cent ans en Gascogne, p. 241 à 247.

9662. Lestrade (J.). — Le testament de G. d'Amboise, évêque de Tarbes [1576], p. 267.

9663. A. D. [Degert (A.)]. — Fin de la primatie de Bourges dans la province d'Auch, p. 282.

9664. Degert (A.). — Les papiers de Dom Estiennot et l'histoire gasconne, p. 289 à 321.

9665. Foix (V.). — Un nouveau manuscrit de La Fontaine de Bayonne [de {Fauvet-Duhard], p. 322 à 329.

9666. A. D. [Degert (A.)]. — Un Bayonnais, contradicteur de Jean-Jacques Rousseau [Coste d'Arnobat], p. 344.

9667. Gausin (J.). — Ancien inventaire des joyaux de l'église d'Auch, p. 373 à 376.

9668. Sarran (F.). — Mœurs populaires de la Gascogne au xviii° siècle, p. 392 à 398.

9669. Foix (V.). — Mœurs matrimoniales en Gascogne, p. 409.

9670. Degert (A.). — Évêques gascons devant l'Inquisition romaine [xvi° s.], p. 410, 505; et XLVI, p. 25 et 59.

9671. Lestrade (J.). — Trois lettres de Jean-Louis de Berthier, évêque de Rieux [1615-1651], p. 438 à 440.

9672. Lestrade (J.). — A propos de P. Milhard, prieur de Sainte-Dode, p. 451. — Cf. n°° 9639 et 9643.

9673. Castex (E.). — Épisode de l'histoire municipale d'Éauze à la fin de l'ancien régime, p. 452 à 463.

[9613]. Degert (A.). — Les reliques de sainte Quitterie, p. 464 à 466.

9674. Gausin (J.). — La commanderie de Cabas et la Bastide de Sainte-Grâce, p. 515 à 525.

9675. Degert (A.). — Le culte de l'Immaculée Conception en Gascogne, p. 529 à 562.

9676. Dubourg (Aug.). — Pluie étrange en Gascogne [728], p. 562.

9677. Clergeac (A.). — Différend entre l'évêque de Lombez et son chapitre en cour d'Avignon (1346), p. 563 à 568.

9678. Anonyme. — Errata de la table générale parue en 1900, p. 1 à 7. — Cf. n° 9591.

ARCHIVES HISTORIQUES DE LA GASCOGNE.

9679. Jaurgain (Jean de) et Maumus (Justin). — Cartu-laire du prieuré de Saint-Mont (ordre de Cluny) publié pour la Société historique de Gascogne. (Auch, 1904, in-8°, xiv-152 p.)

9680. Lestrade (L'abbé J.). — Les Huguenots dans le diocèse de Rieux, documents inédits publiés pour la Société historique de Gascogne. (Auch, 1904, in-8°. xiii-259 p.)

GIRONDE. — BORDEAUX.

ACADÉMIE DES SCIENCES, BELLES-LETTRES ET ARTS DE BORDEAUX.

Les publications antérieures de cette Académie sont analysées dans notre *Bibliographie générale*, savoir :

Séances publiques, 17 vol. (1820-1837), *Bibliographie*, t. I, p. 619.

Actes, t. I à XLVI (1839-1885), *Bibliographie*, t. I, p. 621.

— t. XLVII à LX (1886-1900), *Bibliographie*, t. V, sous presse.

— t. LXI (1901). *Bibliographie*, nouvelle série, II, p. 54.

LXII. — **Actes de l'Académie nationale des sciences, belles-lettres et arts de Bordeaux...,** 3° série, 64° année, 1902. (Paris, 1902, in-8°, 239 et 100 p.)

9681. Labat (Gustave). — A propos de quelques lettres intéressant le commerce de Bordeaux et la marine pendant la guerre de l'indépendance des États-Unis d'Amérique (1779-1782), p. 23 à 33.

9682. Vivie (Aurélien). — Le mobilier de la bibliothèque de Vergniaud à Bordeaux, p. 35 à 46.

9683. Labat (Gustave). — Le maréchal Philippe de Noailles, duc de Mouchy, et le peintre F.-J. Lonsing (notes inédites, 1785-1799), p. 47 à 58.

9684. Durègne. — Discours de réception [éloge du baron de Verneilh], p. 63 à 78.

9685. Manès. — Discours de réception [éloge d'Eug. Azam], p. 89 à 117.

9686. Loynes (De). — Discours de réception [éloge de Ch. de Pelleport, 1827 † 1900], p. 169 à 184.

9687. Nabias (De). — Discours de réception [éloge de Th. Fromeut], p. 193 à 208.

LXIII. — **Actes de l'Académie nationale des sciences, belles-lettres et arts de Bordeaux,** 3° série, 65° année, 1903. (Paris, 1903, in-8°, 222-110 p.)

9688. Labat (Gustave). — Simple note sur un tableau de Pierre Lacour, p. 25 à 31.

[Le retour de l'amiral d'Estaing à Brest (1780).]

9689. Jullian (Camille). — Les recherches locales et l'histoire de France [à Bordeaux], p. 33 à 45. — Cf. id. n° 11342.

9690. Labat (Gustave). — Pierre-Eugène Claveau (1820 † 1902), p. 47 à 53.

9691. Labat (Gustave). — Le maréchal duc de Richelieu et les jurats de Bordeaux (1780), p. 59 à 63.

9692. Labat (Gustave). — Vieux souvenirs. Le vice-amiral Gustave Lugeol (1799 † 1866), p. 85 à 101.

9693. Bonnes de Fortage (De). — Un portrait de madame de Grignan, pl., p. 103 à 122.

9694. Marion. — Discours de réception [éloge d'Aurélien Vivie, 1827 † 1903], p. 167 à 184.

GIRONDE. — BORDEAUX.

SOCIÉTÉ ARCHÉOLOGIQUE DE BORDEAUX.

Les publications antérieures de cette Société sont analysées dans notre *Bibliographie générale*, savoir :
Recueil, t. I à IX (1874-1884), *Bibliographie*, t. I, p. 639.
— t. X à XXII (1885-1897), *Bibliographie*, t. V, sous presse.
— t. XXIII (1898-1902), *Bibliographie*, nouvelle série, II, p. 54.

XXIV. — **Société archéologique de Bordeaux**, t. XXIV. (Bordeaux, 1903, in-8°, 144 p.)

9695. Paris (P.). — Ivoire sculpté de la collection Fourché, p. 25 à 26.

9696. Brutails (J.-A.). — Saint-Astier, *fig.*, p. 47 à 50.

9697. Rousselot. — Documents concernant la famille et la faïencerie de Jacques Hustin, *tableau*, p. 51 à 59.

9698. Mensignac (C. de). — Note sur la découverte de la première pierre du bastion nord-ouest de l'ancien château Trompette de Bordeaux, p. 59 à 66.

9699. Brun (L'abbé). — Les sceaux capitulaires de Bazas, *fig.*, p. 66 à 72.

9700. Dussaut (F.). — Pierre tumulaire à Montussan, *fig.*, p. 73.

9701. Fouché (Paul). — Extrait des registres de la Jurade [1753], p. 109.

9702. Paniagua (A. de). — Silex reuteliens et mesviniens [en Belgique], p. 111 à 115.

9703. Callen (L'abbé J.). — L'ancien jubé de l'église primatiale [de Bordeaux], p. 115 à 121.

9704. Mensignac (C. de). — Poids et monnaies du XVᵉ siècle trouvés à Bordeaux, p. 123.

9705. Brutails. — Découverte d'un hypocauste à Cambes, p. 124 à 125.

GIRONDE. — BORDEAUX.

SOCIÉTÉ DE GÉOGRAPHIE COMMERCIALE DE BORDEAUX.

Les publications antérieures de cette Société sont analysées dans notre *Bibliographie générale*, savoir :
Bulletin, t. I à XXV (1874-1900), *Bibliographie*, t. V, sous presse.
— t. XXVI et XXVII (1901-1902), *Bibliographie*, nouvelle série, II, p. 56.

XXVIII. — **Groupe géographique et ethnographique du Sud-Ouest. Société de géographie commerciale de Bordeaux** réunie en 1894 avec la Société d'anthropologie et d'ethnographie du Sud-Ouest. Bulletin, 2ᵉ série, 26ᵉ année, 1903. (Bordeaux, 1903, in-8°, VII-400 p.)

9706. Amnéus (G.). — La ville de Kristiania, son commerce, sa navigation et son industrie [notice historique], *fig.*, p. 1, 85, 205, 247, 329, et 372. — Suite de XXVI, p. 293, 333 ; et XXVII, p. 149, 285, 304, et 361.

9707. Lestrade (P.). — Le Quercy, p. 25 à 35.

9708. Busson (Henri). — Races d'Algérie, p. 125 à 131.

9709. Bocquillon (N.). — Un carnaval (maslianitsa) sous Pierre le Grand [à Moscou], p. 137 à 139.

9710. Humbert (Jules). — Un officier des troupes de Chine. Le lieutenant Cuntal (1876 † 1900), p. 221 à 232.

9711. Lasserre (Dʳ Gilbert). — Topographie ancienne et moderne de la ville de Bordeaux, son influence sur l'état sanitaire, p. 261 à 266.

9712. Anonyme. — Le lieutenant-colonel Pierre-H. Dufour (1832 † 1903), p. 321 à 326.

9713. Burfault (Pierre). — Forêts et gaves du pays d'Aspe, p. 341, 361, et 381.

GIRONDE. — BORDEAUX.

SOCIÉTÉ PHILOMATHIQUE DE BORDEAUX.

Les publications antérieures de cette Société sont analysées dans notre *Bibliographie générale*, savoir :
Revue philomathique de Bordeaux, t. I à III (1897-1900), *Bibliographie*, t. V, sous presse.
— — — t. IV et V (1901-1902), *Bibliographie*, nouv. série, I, p. 36 ; et II, p. 57.

VI. — Revue philomathique de Bordeaux et du Sud-Ouest, 1903. (Bordeaux, 1903, in-8°, 580 p.)

9714. Courteault (Paul). — Un magistrat bordelais. Le président Émérigon (1762 † 1838), p. 49 à 61.
9715. Brutails (J.-A.). — Note sur la question de Terre-Neuve, p. 62 à 74.
9716. Renaud (Léon). — Bourg-sur-Gironde pendant la Révolution, p. 75 à 88.
9717. Meller (Pierre). — Louis XIV à Bordeaux (1659). Une représentation dramatique au collège de la Madeleine, p. 115 à 129.
9718. Elzingre (Adolphe). — Notions d'histoire littéraire russe contemporaine (1850-1900), p. 145 à 166.
9719. Brutails (J.-A.). — Notes archéologiques. La nef de la cathédrale Saint-André [de Bordeaux], *fig.*, p. 167 à 174.
9720. Paris (Pierre). — Villanueva y Geltrù et l'Institut Balaguer, p. 175 à 186.
9721. Matignon (J.). — La délivrance des légations de Pékin, *fig.*, p. 193 à 206, et 274 à 288.
9722. Paris (Léon). — Analyse raisonnée de la *République* de Platon, p. 262 à 273, et 297 à 323.
9723. Dezeimeris (R.). — Vieux bouquinistes de Bor-

deaux, souvenirs d'un bibliophile, *fig.*, p. 289 à 296.
9724. Jullian (Camille). — Les invasions ibériques en Gaule et l'origine de Bordeaux, p. 337 à 349.
9725. Saint-Jours. — Preuves de l'antique stabilité des côtes de Gascogne, p. 359 à 372.
9726. Brutails (J.-A.). — De l'appellation *filleules de Bordeaux*, p. 373 à 374.
9727. Cabrit (J.). — Auguin [Louis-Augustin, artiste peintre, 1824 † 1903], *portr.*, p. 385 à 390.
9728. Cosme (Léon). — A propos d'autographes de Montesquieu. Souvenirs d'un témoin de sa vie [Latapie], p. 391 à 401.
9729. Brutails (J.-A.). — Note sur les anciennes confréries et l'assistance mutuelle dans le Sud-Ouest, p. 402 à 409.
9730. Millet (M.). — Les brahmes convertis de Trichinopoly, p. 455 à 459.
9731. Perceval (E. de). — A propos d'un bijou quasi historique, p. 460 à 468.

[Bague donnée par les Faucher à Ravez.]

9732. Céleste (Raymond). — Charles-Louis de Montesquieu à l'armée (1772-1782), p. 504 à 524.
9733. Renaud (L.). — La duchesse de Berry [Marie-Caroline] à Blaye. Quelques documents inédits [1832-1833], p. 529 à 548.

HÉRAULT. — BÉZIERS.

SOCIÉTÉ ARCHÉOLOGIQUE ET LITTÉRAIRE DE BÉZIERS.

Les publications antérieures de cette Société sont analysées dans notre *Bibliographie générale*, savoir :
Bulletin, t. I à XXI (1836-1885), *Bibliographie*, t. II, p. 1.
— t. XXII à XXVII (1887-1900), *Bibliographie*, Supplément sous presse.

Bulletin, t. XXVIII et XXIX (1901-1902), nouvelle série, I, p. 36; et II, p. 58.
Ouvrages divers (1861-1881), *Bibliographie*, t. II, p. 1.

XXX. — Bulletin de la Société archéologique, scientifique et littéraire de Béziers (Hérault), 3ᵉ série, t. V..., de la collection. (Béziers, 1903-1904, in-8°, 516 p.)

9734. Soucaille (A.). — État paroissial de Béziers sous l'épiscopat de Clément de Bonsy (1633), p. 5 à 187, et 283 à 430.

9735. Anonyme. — Vestiges archéologiques dans l'ancien collège de Béziers, p. 258 à 262.
9736. Sicard (E.-J.). — Tombeau gallo-romain trouvé à Béziers en 1833, p. 263.
9737. Lander (L. de). — Monuments gallo-romains trouvés aux environs d'Eyguières (arrondissement d'Arles), p. 266 à 268.
9738. Tarrieux (Dʳ. — Chronique numismatique, p. 495 à 499.

HÉRAULT. — MONTPELLIER.

ACADÉMIE DES SCIENCES ET LETTRES DE MONTPELLIER.

Les publications antérieures de cette Académie sont analysées dans notre *Bibliographie générale*, savoir
Mémoires, in-4°, t. I à VII (1847-1886), *Bibliographie*, t. I, p. 7.
　　— 　　 — t. VIII et IX (1887-1892), *Bibliographie*, Supplément sous presse.
Mémoires, in-8°, t. I à III (1893-1899), *Bibliographie*, Supplément sous presse.
Ouvrages divers (1858 et 1901), *Bibliographie*, t. II, p. 7; et nouvelle série, II, p. 58.

IV. — Académie des sciences et lettres de Montpellier. Mémoires de la section des lettres, 2ᵉ série, t. IV. (Montpellier, 1904, in-8°, vii-773 p.)

9739. Castets (Ferdinand). — Bourdaloue, p. 1 à 773.

HÉRAULT. — MONTPELLIER.

SOCIÉTÉ POUR L'ÉTUDE DES LANGUES ROMANES.

Les publications antérieures de cette Société sont analysées dans notre *Bibliographie générale*, savoir :
Revue des langues romanes, t. I à XXVIII (1870-1885), *Bibliographie*, t. II, p. 14.
　　— 　　 — t. XXIX à XLIII (1886-1900), *Bibliographie*, Supplément sous presse.
　　— 　　 — t. XLIV à XLVI (1901-1903), *Bibliographie*, nouv. sér., I, p. 37; et II, p. 59.
Ouvrages divers (1875-1901), *Bibliographie*, t. II, p. 13, et nouvelle série, I, p. 37.

XLVII. — Revue des langues romanes, t. XLVII, 5ᵉ série, t. VII. (Montpellier, 1904, in-8°, 576 p.)

9740. Kastner (L.-E.). — Histoire des termes techniques de la versification française, p. 5 à 28.

9741. Grammont (Maurice). — Études sur le vers français, p. 29 à 74, et 193 à 293. — Suite de XLVI, p. 97, et 417.
9742. Vidal (Auguste). — Les délibérations du Conseil communal d'Albi de 1372 à 1388, p. 75, 384, 535; et XLVIII, p. 240, 420. — Suite de XLVI, p. 33.

9743. Sarrieu (B.). — Le parler de Bagnères-de-Luchon et de sa vallée, p. 97 à 153, et 481 à 534. — Suite de XLV, p. 385; et XLVI, p. 317.

9744. Bertoni (Giulio). — Noterelle provenzali, p. 154 à 158. — Suite de XLV, p. 348; XLVI, p. 74, et 245.

[Une traduction du xvi° siècle d'Arnaud Daniel. — Le manuscrit provençal consulté par Le Tasse pour la première rédaction des *Considerazioni sul Petrarca*.]

9745. Planchon. — Le poète nimois Bigot [1825 † 1897] et ses poésies languedociennes, p. 305 à 335.

9746. Kastner (L.-E.). — L'alternance des rimes, de Saint-Gelais à Ronsard, p. 336 à 347.

9747. Guy (Henry). — La Chronique française de maître Guillaume Cretin, p. 385; et XLVIII, p. 174, 324, 530.

9748. Lambert (Louis). — Chansons de printemps, p. 418 à 441.

[Chants populaires du Languedoc.]

9749. Bertoni (Giulio). — Sulle redazioni provenzale e francesc della *Practica oculorum* di Benvenuto, p. 442 à 454.

9750. Pélissier (L.-G.). — Documents sur les relations de l'empereur Maximilien et de Ludovic Sforza en l'année 1499, p. 455 à 468; XLVIII, p. 157. — Suite de XLIV, p. 342; XLV, p. 72, 370, 470; et XLVI, p. 298.

HÉRAULT. — MONTPELLIER.

SOCIÉTÉ LANGUEDOCIENNE DE GÉOGRAPHIE.

Les publications antérieures de cette Société sont analysées dans notre *Bibliographie générale*, savoir : *Bulletin*, t. I. à XXIII (1878-1900), *Bibliographie*, t. V, sous presse.
— t. XXIV et XXV (1901-1902), *Bibliographie*, nouvelle série, I, p. 38: et II, p. 60.

XXVI. — **Société languedocienne de géographie. Bulletin**, 26° année, t. XXVI. (Montpellier, 1903, in-8°, 471 p.)

[9752]. Grasset-Morel. — Montpellier, ses sixains, ses îles et ses rues, *pl.*, p. 51, 248, et 387.

9751. Malavialle (L.). — Adolphe Duponchel (1820 † 1903), *portr.*, p. 239 à 247.

XXVII. — **Société languedocienne de géographie, Bulletin**, 27° année, t. XXVII. (Montpellier, 1904, in-8°, 382 p.)

9752. Grasset-Morel. — Montpellier, ses sixains, ses îles

et ses rues, *pl.*, p. 5, 114, 199, 327; XXVIII, *pl.*, p. 139, 291, 385. — Suite de XXIV, p. 198, 293, 445; XXV, p. 5, 159; et XXVI, p. 51, 248, et 387.

9753. Pézières (A.). — Étymologie du mot Londres, p. 72 à 74.

9754. Vidal (Pierre). — Ascension du Canigou par Pierre III, roi d'Aragon, en 1285, p. 74 à 77.

9755. Saint-Quirin. — Les verriers du Languedoc (1290-1790), *fig.*, p. 177, 285; et XXVIII, *pl.*, p. 35, 166, 265, 339.

9756. Galtier. — Le Rhône et la foire de Beaucaire autrefois, p. 241 à 247.

9757. Guimet. — Les antiquités de l'Asie Mineure et de la Palestine, p. 271 à 284.

ILLE-ET-VILAINE. — RENNES.

SOCIÉTÉ ARCHÉOLOGIQUE D'ILLE-ET-VILAINE.

Les publications antérieures de cette Société sont analysées dans notre *Bibliographie générale*, savoir :

Extrait des procès verbaux (1844-1857), *Bibliographie*, t. II, p. 23.

Bulletin et mémoires, t. I à XVII (1861-1885), *Bibliographie*, t. II, p. 24.

— — t. XVIII à XXX (1888-1901), *Bibliographie*, Supplément sous presse.

— — t. XXXI et XXXII (1902-1903), *Bibliographie*, nouv. série, I, p. 38; et II, p. 61.

Ouvrages divers (1883-1886), *Bibliographie*, t. II, p. 23.

XXXIII. — Bulletin et mémoires de la Société archéologique du département d'Ille-et-Vilaine, t. XXXIII. (Rennes, 1904, in-8°, LXXVII-414 p.)

9758. Banéat. — Laissez-passer délivrés par l'amirauté anglaise (1694 et 1721), p. XXI à XXIII.

9759. Saulnier. — Épitaphe du président Henry de Bourgneuf, marquis de Cucé [† 1660], dans l'église des Filles-du-Calvaire au Marais, à Paris, p. XXVII à XXIX.

9760. Philouze. — Les budgets de Rennes de 1790 à 1789, p. XXIX à XXXVII.

9761. Philouze. — Note relative à la cession d'une charge de conseiller au Parlement de Bretagne et à celle d'une charge de conseiller au présidial de Rennes sous le règne de Louis XIV, p. XLVII à LI.

9762. Banéat (Paul). — Un bal à la Maison de Ville de Rennes en 1627, p. LXVII à LXIX.

9763. Duine (L'abbé). — Les cercueils mérovingiens de Dol, p. LXIX à LXX.

9764. Harscouët de Keravel. — Le manoir des anciens évêques de Rennes, en Saint-Jacques, près Rennes, p. LXX à LXXIV.

9765. Pâris-Jallobert (L'abbé). — Inscription des sieurs de la Courneuve dans l'église de Prince, p. LXXIV à LXXVII.

9766. Guillotin de Corson (L'abbé). — Petites seigneuries du comté de Rennes, p. 1 à 40. — Suite de XXIX, p. 227; XXXI, p. 87; et XXXII, p. 1.

9767. Banéat (Paul). — Le Vieux Rennes, *pl.*, p. 41 à 224.

9768. Saulnier (F.). — Amaury de Farcy de Saint-Laurent, lieutenant général hanovrien (1652 † 1729), d'après de nouveaux documents français et allemands, *portr.*, p. 225 à 268.

9769. Esquieu (L.). — Vieux papiers rennais. Les placards mortuaires, 25 *pl.*, p. 269 à 372.

9770. F. J. D. L. [Joüon des Longrais (F.)]. — Statuts des pâtissiers de la ville de Rennes en 1573, p. 375 à 384.

9771. Duine (L'abbé F.). — Missels de Dol et prose de saint Samson, p. 385 à 389.

9772. Guillotin de Corson (L'abbé). — Note sur l'ancien manoir et les seigneurs de la Thebaudaye en Gevezé, p. 391 à 393.

9773. Guillotin de Corson (L'abbé). — Note sur la relation d'un voyage en Terre-Sainte fait par trois Bretons à la fin du XV° siècle, p. 395 à 398.

ILLE-ET-VILAINE. — SAINT-MALO.

SOCIÉTÉ HISTORIQUE ET ARCHÉOLOGIQUE DE SAINT-MALO.

Le tome I des *Annales* de cette Société est analysé dans notre *Bibliographie générale*, nouv. série, II, p. 62.

II. — Annales de la Société historique et archéologique de l'arrondissement de Saint-Malo, années 1903-1904. (Saint-Servan, 1903-1904, in-8°, XIV-106 et 147 p.)

Année 1903.

9774. Anonyme. — M.-J.-M. Hamon [1823 † 1902], p. XII à XIV.

9775. Herpin (E.). — Blason populaire de la Côte d'émeraude, p. 1 à 11.

9776. Mathurin (Joseph). — Quelques épisodes de l'histoire du pays malouin, p. 12 à 18.

9777. Haize (Jules). — Un duel sur les remparts de Saint-Malo en 1715, p. 19 à 24.

9778. Saint-Mleux (Georges). — De la formation des noms de lieux du Poulet, p. 25 à 53.

9779. Maigné. — La Naye et ses environs à Saint-Servan, *fig.*, p. 54 à 58.

9780. Dupont (Étienne). — Excursion au Mont-Saint-Michel, p. 58 à 72.

9781. Boivin (Louis). — La maison du Prince Noir, le Prieuré, p. 72 à 75.

9782. Haize (Jules). — Châteauneuf et Saint-Suliac, excursion, 2 *pl.*, p. 75 à 79.

9783. Clbmt de Langavant (Capitaine). — Documents pour servir à l'histoire de Saint-Malo, p. 81 à 90.

9784. Delarue. — Mémoires des pertes que la ville et commune de Dol a essuyées depuis la Révolution française (1805), p. 91 à 97.

Année 1904.

9785. Sottas (D'J.). — Le rôle des Malouins dans la Compagnie française des Indes orientales pendant le règne de Louis XIV, p. 13 à 32.

9786. Saint-Mleux (G.). — Loi relative aux soldats, matelots et particuliers conduits de la Martinique dans les prisons du château de Saint-Malo (1791), p. 33.

9787. Hervot (D'). — Les rues de Saint-Malo, p. 35 à 47.

9788. Mathurin (Joseph) et Dagnet (Amand). — Le langage cancalais, p. 49 à 77.

9789. Saint-Mleux (Georges). — Signification du mot *deal*, p. 79 à 80.

9790. Herpin (E.). — Quelques détails de l'enfance de Jean-Marie de la Mennais, p. 86 à 95.

9791. Maigné. — L'hôtel des Lamennais [à Saint-Malo], p. 95.

9792. Duine (F.). — La Mennais écrivain, p. 97 à 116.

9793. Haize (Jules). — Les œuvres des Lamennais, essai bibliographique, p. 117 à 127.

INDRE. — CHÂTEAUROUX.

SOCIÉTÉ ACADÉMIQUE DU CENTRE.

Les publications antérieures de cette Société sont analysées dans notre *Bibliographie générale*, savoir : *Bulletin*, t. I à VI (1895-1900), *Bibliographie*, t. V, sous presse. — t. VII et VIII (1901-1902), *Bibliographie*, nouvelle série, I, p. 39 ; et II, p. 62.

IX. — Bulletin de la Société académique du Centre, 9ᵉ année, 1903. (Châteauroux, 1903, in-8°, 440 p.)

9794. Moreau (P.-S.). — Monographie de la paroisse de Saint-Satur et de ses environs pendant la période révolutionnaire (1789-1800), p. 1 à 20. — Suite et fin de VIII, p. 133.

9795. Huguenot (V.). — Le général A. Fabre, ses campagnes (1854-1871), d'après ses notes et sa correspondance, *portr.* et *pl.*, p. 21 à 57, et 197 à 240. — Suite de VIII, p. 185, et 238.

9796. Pierre (J.). — Histoire singulière et véridique de cinq bustes en marbre offerts à la ville de Troyes par M. Grosley, avocat, et exécutés par le sculpteur Louis-Claude Vassé, 2 *pl.*, p. 58 à 76, et 109 à 134. — Suite de VIII, p. 151, et 217.

9797. Chesseau (L.). — Les curés de Villebarou, p. 77 à 104, et 262 à 305.

9798. Pérot (F.). — A propos des méreaux de Bussières, p. 105 à 106. — Cf. n° 4632.

[Bussières près Nancy et non Bussières du Bourbonnais.]

9799. Duplaix (L'abbé A.). — Mémorial de la commune et paroisse de Clémont depuis le xiᵉ siècle et de la terre et seigneurie de Lauroy depuis le xivᵉ siècle, *fig.*, p. 135, 241, et 309.

9800. Vilaire (François). — La ville et commune de Bourges pendant la période révolutionnaire (1789-1799), p. 161 à 178, et 365 à 384.

9801. Vaillant (H.). — Les détenus ecclésiastiques dans les prisons du département de l'Indre pendant la Grande Révolution, 3 *pl.*, p. 179 à 195, et 341 à 364.

9802. Laguérenne (Henry de). — Simple croquis de Montluçon au bon vieux temps, *fig.* et 3 *pl.*, p. 385 à 404.

9803. V. H. [Huguenot (V.)]. — Société académique du Centre. Histoire de vingt-cinq ans, p. 422 à 436.

INDRE-ET-LOIRE. — TOURS.

SOCIÉTÉ ARCHÉOLOGIQUE DE TOURAINE.

Les publications antérieures de cette Société sont analysées dans notre *Bibliographie générale*, savoir :

Mémoires in-8°, t. I à XXXIII (1842-1885), *Bibliographie*, t. II, p. 36.

— — t. XXXIV à XLI (1888-1900), *Bibliographie*, Supplément sous presse.

— — t. XLII (1901), *Bibliographie*, nouvelle série, I, p. 40.

Mémoires in-4°, t. I et II (1869-1887), *Bibliographie*, t. II, p. 44.

— — t. III et IV (1888-1897), *Bibliographie*, Supplément sous presse.

Bulletin, t. I à VI (1868-1885), *Bibliographie*, t. II, p. 44.

— t. VII à XII (1886-1900), *Bibliographie*, Supplément sous presse.

— t. XIII (1901-1902), *Bibliographie*, nouvelle série, II, p. 64.

Ouvrages divers (1871-1881), *Bibliographie*, t. II, p. 36 et 49.

XLIII. — Bulletin et mémoires de la Société archéologique de Touraine. Mémoires, t. XLIII. (Tours, 1904, in-8°, 363 p.)

{En dépit de son titre, ce volume appartient à la série des *Mémoires.*]

9804. Faye (H.). — La juridiction consulaire à Tours, 2 *pl.*, p. 1 à 93.

9805. Grandmaison (L. de). — Les archives du château de Sassay, p. 95 à 133.

9806. Dubreuil-Chambardel (Louis). — Ciron-la-Latte [Indre-et-Loire], p. 135 à 172.

9807. Bosseboeuf (L'abbé L.-A.). — La manufacture de tapisseries de Tours, 5 *pl.*, p. 173 à 362.

XIV. — Bulletin trimestriel de la Société archéologique de Touraine, t. XIV, 1903-1904. (Tours, 1905, in-8°, 586 p.)

9808. Vitry (Paul). — De quelques travaux récents relatifs à la peinture française du xv° siècle, p. 33 à 73.

9809. Clérambault (F.-G. de). — Note sur un dessus de meuble en stuc [Archives départementales, à Tours], p. 74 à 76.

9810. Bosseboeuf (L.). — Documents sur les personnages historiques de Touraine, p. 96 à 114.

[D'Appelvoisin, Racan, les Gabriel, La Sauvagère.]

9811. Faye (H.). — La bonne ville de Tours et ses armoiries sous le Premier Empire, p. 114 à 118.

9812. Faye (H.). — Note sur le baron Texier Olivier, député d'Indre-et-Loire, préfet de la Haute-Vienne [1764 † 1849], p. 119 à 123.

9813. Bosseboeuf (L.). — Voyage en Touraine en 1784, p. 124 à 143.

9814. Langlois (L.). — Une des amoureuses poétiques de Guy de Tours : Anne Méon, p. 144 à 155.

9815. Faye (H.). — Note sur un missel de l'abbaye de Saint-Venant [de Tours], p. 172 à 177.

9816. Grimaud (Henri). — Notes relatives aux anciennes paroisses de Chinon, p. 178 à 186.

9817. Faye (H.). — M. Charles de Grandmaison [1824 † 1903], p. 187 à 190.

9818. Langlois. — Publication de la réforme du calendrier grégorien à Tours, 11 novembre 1582, p. 191 à 195.

9819. Bosseboeuf (L.-A.). — Les maisons historiques de Tours, p. 196 à 228, et 244 à 282. — Suite de XII, p. 195, 230; et XIII, p. 201.

9820. Buisand (L'abbé A.). — Le jansénisme en Touraine d'après le journal d'un curé de Tours [J.-L. Chambault] (1713-1759), p. 283, 313, et 488.

9821. Faye (H.). — Ch. Loizeau de Grandmaison (1824 † 1903), p. 404 à 457.

9822. Grimaud (Henri). — Fondeurs et bénédictions de cloches [en Touraine], p. 458 à 465.

9823. Bosseboeuf (L.). — Les deux Barthélemy [Jean-Jacques et André], p. 466 à 468.

9824. Boutineau (F.-Em.). — Réception d'un maître d'armes [à Tours] (24 mai 1610), p. 468.

9825. Clérambault (R. de). — Le château de Semblançay, 2 *pl.*, p. 470 à 480.

9826. Langlois (L.). — Lettre du curé de Saint-Étienne-de-Chigny [Lesourd, 1817], à M. Gouin, député, à propos de la pétition aux deux Chambres de P.-L. Courier, p. 481 à 487.

9827. Grimaud (Henri). — Un triptyque tourangeau [peinture sur bois du xv°-xvi° siècle], p. 564 à 567.

9828. Dubreuil-Chambardel (D°). — Le P. Bretonneau [François, 1660 † 1741], p. 568 à 579.

ISÈRE. — GRENOBLE.

ACADÉMIE DELPHINALE.

Les publications antérieures de cette Académie sont analysées dans notre *Bibliographie générale*, savoir :

Bulletin, t. I à XXVIII (1836-1885), *Bibliographie*, t. II, p. 51.
— t. XXIX à XLII (1886-1900), *Bibliographie*, Supplément sous presse.
— t. XLIII et XLIV (1901-1902), *Bibliographie*, nouvelle série, I, p. 40; et II, p. 65.
Documents inédits, t. I à III (1865-1875), *Bibliographie*, t. II, p. 59.
Mémoires, t. I à III (1787-1789), *Bibliographie*, t. II, p. 51.
Recueil, t. I à III (an VII-1807), *Bibliographie*, t. II, p. 51.

XLV. — Bulletin de l'Académie delphinale, 4ᵉ série, t. XVII, 1903. (Grenoble, 1904, in-8°, XLVI-290 p.)

9829. Allix (G.). — Sur les éléments dont s'est formée la personnalité artistique de Berlioz, p. 8 à 75.
9830. Michoud (L.). — Lettres inédites de Hector Berlioz à son ami Thomas Gounet, p. 91 à 119.
9831. Prudhomme (A.). — Molière à Grenoble (1652-1658), *facs.*, p. 125 à 138.
9832. Gevret (A.). — Symbolique des monnaies gauloises des dépôts de Moirans, Sainte-Blandine, Tourdan et Laveyron, p. 139 à 172.

9833. Mibibel (Comte L. de). — Souvenir d'Exilles, 2 *pl.*, *et tableau généal.*, p. 182 à 212.
9834. Silvy (Albert). — Étude sur l'art du paysage pendant la première moitié du xixᵉ siècle, servant d'introduction à un travail sur l'œuvre de Guétal, p. 213 à 231.
9835. Galbert (Lieutenant de). — L'île de la Galite, 2 *pl.*, p. 232 à 252.
9836. Ferrand (Henri). — Une visite à l'abbaye de Léoncel, 3 *pl.*, p. 253 à 268.
9837. Grospellier (L'abbé Alexandre). — Éloge de M. Alfred Berruyer. Histoire du calendrier liturgique de Grenoble, p. 269 à 276.

ISÈRE. — GRENOBLE.

SOCIÉTÉ DE STATISTIQUE, DES SCIENCES NATURELLES ET DES ARTS INDUSTRIELS DE L'ISÈRE.

Les publications antérieures de cette Société sont analysées dans notre *Bibliographie générale*, savoir :

Bulletin, t. I à XXIV (1838-1885), *Bibliographie*, t. II, p. 60.
— t. XXV à XXXI (1889-1900), *Bibliographie*, Supplément sous presse.
— t. XXXII (1902), *Bibliographie*, nouvelle série, II, p. 67.

XXXIII. — Bulletin de la Société de statistique, des sciences naturelles et des arts industriels du département de l'Isère, 4ᵉ série, t. VII (XXXIIIᵉ de la collection). (Grenoble, 1904, in-8°, 596 p.)

9838. Ferrand. — Essai d'histoire de la cartographie

alpine pendant les xvᵉ, xviᵉ, xviiᵉ et xviiiᵉ siècles, *fig.*, p. 5 à 55.

9839. J. B. [Beylié (J. de)]. — Un écho de la *Journée des Tuiles* [à Grenoble, 7 juin 1788], p. 57 à 69. — Cf. n° 9840.

9840. Ferrand (H.). — Relation d'une émeute arrivée à

Grenoble le vendredy 6 juin 1788 vers les 9 à 10 heures du soir, p. 70 à 72. — Cf. n° 9839.

9841. Manteyer (Georges de). — Les origines de la maison de Savoie en Bourgogne (910-1060). La paix, en Viennois (Anse [17 juin?] [1025]) et les additions à la Bible de Vienne (ms. de Berne A 9), p. 87 à 189.

9842. Chevalier (J.). — Souvenirs du Consulat et de l'Empire dans le département de la Drôme, spécialement dans le Diois, p. 191 à 432.

ISÈRE. — GRENOBLE.

SOCIÉTÉ DES TOURISTES DU DAUPHINÉ.

Les publications antérieures de cette Société sont analysées dans notre *Bibliographie générale*, savoir :
Annuaire, t. I à XI (1875-1885), *Bibliographie*, t. II, p. 65.
—   t. XII à XXVI (1886-1900), *Bibliographie*, Supplément sous presse.
—   t. XXVII et XXVIII (1901-1902), *Bibliographie*, nouvelle série, II, p. 67.

XXIX. — **Annuaire de la Société des touristes du Dauphiné**, 29° année, 1903, 2° série, t. IX. (Grenoble, 1904, in-8°, 308 p.)

9843. Paillon (Maurice). — Les massifs de la Vanoise, carte, p. 61 à 126.

9844. Ferrand (H.). — Albert Molines. Une vie d'alpiniste, p. 227 à 243.

JURA. — LONS-LE-SAUNIER.

SOCIÉTÉ D'ÉMULATION DU JURA.

Les publications antérieures de cette Société sont analysées dans notre *Bibliographie générale*, savoir :
Travaux et *Mémoires*, t. I à XLIX (1819-1885), *Bibliographie*, t. II, p. 66.
Mémoires, t. L à LXIII (1886-1900), *Bibliographie*, Supplément sous presse.
—   t. LXIV et LXV (1901-1902), *Bibliographie*, nouvelle série, I, p. 41 ; et II, p. 68.
Ouvrages divers (1883-1885), *Bibliographie*, t. II, p. 66.

9845. Prost (Bernard), et Bougenot (S.). — Cartulaire de Hugues de Chalon (1220-1319), publié d'après le manuscrit original du Bristish Museum. (Lons-le-Saunier, 1904, in-8°, xxxii-622 p.)

LXVI. — **Mémoires de la Société d'émulation du Jura**, 7° série, 3° volume, 1903-1904. (Lons-le-Saunier, 1904, in-8°, 407 p.)

9846. Feuvrier (Julien) et Fvret (Louis). — Les cimetières burgondes de Chaussin et de Wriange (Jura) et les stations burgondes de l'arrondissement de Dôle, *fig.* et 3 pl., p. 1 à 56.

9847. Pidoux (André). — Notice historique, archéologique et descriptive sur l'hôpital royal de Sainte-Barbe de Nozeroy, 2 pl., p. 57 à 83.

9848. Longin (Émile). — Relations françaises du siège de Dôle (1636), p. 85 à 175.

9849. Perrod (Maurice). — Lons-le-Saunier à travers les âges, p. 177 à 193.

9850. Pidoux (P.-A.). — Notice historique sur le collège des orphelins de Broissia à Dôle, p. 195 à 234.

9851. Fevret (Louis). — *Plaque de ceinturon burgonde* trouvée à Tavaux (Jura) en 1902, p. 235 à 243.

9852. Fevret (Louis). — *Coup de poing chelléen* trouvé à Dôle en 1898, p. 245 à 250.

9853. Fevret (Louis). — *Note sur la monnaie de Lons-le-Saunier*, p. 251 à 267.

9854. Lautrey (Louis). — *La baronnie de Chevreau. Curés de Cousance au xviiie siècle*, p. 289 à 310.

9855. Brune (L'abbé P.). — *Les tableaux de l'église de Clairvaux, 3 pl.*, p. 311 à 318.

9856. Longin (Emile). — *Simon de Villers-Lafaye et sa réponse au livre de Jean Boyvin sur le siège de Dôle*, p. 327 à 384.

9857. Girardot (Louis-Abel). — *Note sur la cité lacustre de Chalain* (Jura), p. 385 à 395.

LANDES. — DAX.

SOCIÉTÉ DE BORDA.

Les publications antérieures de cette Société sont analysées dans notre *Bibliographie générale*, savoir :

Bulletin, t. I à X (1876 à 1885), *Bibliographie*, t. II, p. 80.

— t. XI à XXV (1886-1900), *Bibliographie*, Supplément sous presse.

— t. XXVI et XXVII (1901-1902), *Bibliographie*, nouvelle série, I, p. 42; et II, p. 69.

Ouvrages divers (1882-1887), *Bibliographie*, t. II, p. 80 et 83.

XXVIII. — Bulletin trimestriel de la Société de Borda, Dax (Landes), 28e année (1903)... (Dax, 1903, in-8°, lxii-310 p.)

9858. Abbadie. — Formule du serment des sénéchaux de Gascogne, p. xxi.

9859. Saint-Jours. — L'Adour et ses embouchures anciennes, *fig.*, p. 1 à 32, et 53 à 89.

9860. Labargou (P.). — La vie il y a cent ans dans un coin de Chalosse d'après le journal abrégé de Jean Barbe [sur la commune de Doazit, 1790-1830], p. 33 à 52.

9861. Sentex (Louis). — La faïencerie de Samadet (Landes), 1732-1840, *fig.* et 5 *pl.*, p. 93 à 107, et 133 à 152.

9862. Degert (A.). — Histoire des évêques de Dax, p. 109 à 132. — Suite et fin de XXIV, p. 37, 89, 161; XXV, p. 1, 54, 117, 217; XXVI, p. 1, 41, 119, 189; et XXVII, p. 37, 85, 141, 249.

9863. Dichas (Dr A.). — Un instituteur pendant la Révolution [à Sainte-Marie de Gosse] (Jean Lacoste), p. 153 à 161.

9864. Degert (A.). — L'ancien collège de Dax, p. 165 à 180, et 245 à 279.

9865. Foix (V.). — Les Clarisses de Dax, p. 181 à 204, et 229 à 241.

9866. Beaurain (G.). — Le portail de l'église de Mimizan étudié dans ses rapports avec l'histoire du costume et du mobilier au moyen âge, *fig.*, p. 281 à 302; et XXIX, p. 1 à 41.

XXIX. — Bulletin trimestriel de la Société de Borda, Dax (Landes), 29e année, 1904. (Dax, 1904, in-8°, lvi-342 p.)

[9866]. Beaurain (G.). — Le portail de l'église de Mimizan, *fig.* et *pl.*, p. 1 à 41.

9867. Saint-Jours (Cap.). — Étangs et dunes du bassin de Soustons, *carte*, p. 45 à 63.

9868. Sentex (Louis). — Les représentants du peuple et le tribunal révolutionnaire à Saint-Sever (Landes) en l'an ii de la République (1793-1794), p. 73 à 129.

9869. Pereira de Lima (J.-M.). — Ibères et Basques. Traduit du portugais par le Dr Voulgre, *fig.*, p. 133, 177, et 265.

9870. Beaurredon (J.). — Quelques mots sur l'enseignement primaire dans notre Sud-Ouest landais au xviiie siècle, p. 241 à 248.

9871. Dauga (C.). — Obituaire de Saint-Jean de la Castelle (fragment), p. 249 à 257.

9872. Lasserre (J.-E.). — Documents relatifs aux incidents soulevés par le mode d'élections municipales suivi à Dax en 1773, p. 321 à 328.

9873. Blanchet (A.). — Lettre de M. Ducamp, administrateur de l'hospice de Dax, à Mgr de la Neufville à Bordeaux [1804], p. 329 à 334.

9874. Abbadie (Fr.). — Nécrologie. M. Eugène de Morgan [† 1904], p. 335.

LOIR-ET-CHER. — VENDÔME.

SOCIÉTÉ ARCHÉOLOGIQUE DU VENDÔMOIS.

Les publications antérieures de cette Société sont analysées dans notre *Bibliographie générale*, savoir :
Bulletin, t. I à XXIV (1862-1885), *Bibliographie*, t. II, p. 88.
  — t. XXV à XXXIX (1886-1900), *Bibliographie*, Supplément sous presse.
  — t. XL et XLI (1901-1902), *Bibliographie*, nouvelle série, I, p. 43; et II, p. 70.
Ouvrages divers, *Bibliographie*, t. II, p. 88; et Supplément sous presse.

XLII. — Bulletin de la Société archéologique, scientifique et littéraire du Vendômois..., t. XLII, 1903. (Vendôme, 1903, in-8°, 270 p.)

9875. Saint-Venant (R. de). — Notice nécrologique sur M. le baron de Maricourt [Marie-Léon-Léopold-Louis du Mesnil de Maricourt, 1842 † 1902], p. 23 à 37.

[9892]. Bonhoure (G.). — Histoire du collège et du lycée de Vendôme, p. 38 à 53.

9876. Royau (Ph.). — Saint-Pierre-la-Motte [rectification], p. 58 à 60. — Cf. XLI, p. 276.

9877. Pelterau (E.). — Notice sur M. Auguste de Trémault et sa famille (1821 † 1903], p. 67 à 82.

9878. Martellière (Jean). — Une ancêtre de notre Société [Société des amis des sciences et lettres de Vendôme, 1806], p. 83 à 91.

9879. Alexandre (J.). — Souday. Testament de J. Peschard [1390]; chapelle des Peschard, école (1390-1833), p. 92 à 109.

9880. G. R. [Renault (G.)]. — Arcines [antiquités romaines], p. 110 à 112.

9881. Renault (G.). — Le menhir d'Huchigny, p. 112 à 114.

9882. Martellière (Jean). — Un jugement du bailli Jean de Remilly [à Vendôme, 1700], p. 114 à 116.

9883. Martellière (Jean). — Le contrat de mariage d'un officier de bouche du duc de Beaufort [Jean Moyer, de Lavardin, et Magdeleine du Bouet, de Paris, 1650], p. 116 à 117.

9884. Vuillième (Alfred). — La défense de Fréteval (13, 14 et 15 décembre 1870), 2 *pl.*, p. 136 à 190.

9885. Alexandre (J.). — Le polissoir de la Fontenelle, *fig.*, p. 191 à 194.

9886. Saint-Venant (R. de). — Excursion à Ruan et Droué, p. 201 à 210.

9887. Saint-Venant (R. de). — Un testament dans la famille Augry (1606), p. 211 à 226.

9888. Alexandre (J.). — Le pillage d'Estrivet (1654), p. 227 à 234.

9889. Chanteaud (G.). — Nouvel aperçu sur les causes de la mort de Gabrielle d'Estrées, *portr.*, p. 235 à 243.

[9897]. Saint-Venant (R. de). — La paroisse de la Chapelle-Vicomtesse et sa fondation, p. 244 à 265.

9890. Vuillième (A.). — Querimonie de Jehan Tyreau, de la paroisse de Renay [1577], p. 267.

XLIII. — Bulletin de la Société archéologique, scientifique et littéraire du Vendômois..., t. XLIII, 1904. (Vendôme, 1904, in-8°, 222 p.)

9891. Métais (C.). — Du titre cardinalice des abbés de Vendôme, *fig. et pl.*, p. 12 à 32.

9892. Bonhoure (G.). — Histoire du collège et du lycée de Vendôme, p. 33 à 50. — Suite de XLI, p. 91, 175; et XLII, p. 38.

9893. Martellière (Jean). — Nouveaux renseignements sur Ronsart et Cassandre Salviati, p. 51 à 57.

9894. Chauvigny (R. de). — Le flottage de la Braye en 1785, p. 58 à 61.

9895. Renault (G.). — La fin d'un dolmen (la Pierre-aux-Morts [près Villerable]), p. 83 à 87.

9896. Alexandre (J.). — Les polissoirs de Souday et du canton de Mondoubleau, p. 88 à 93.

9897. Saint-Venant (R. de). — La paroisse de la Chapelle-Vicomtesse et sa fondation, p. 98 à 145. — Suite de XXXIX, p. 162; XLI, p. 223; et XLII, p. 244.

9898. Haugou (L'abbé). — Troo de 1789 à 1795, d'après les registres municipaux, p. 146 à 168, et 213 à 233. — Suite de XLI, p. 5 et 250.

9899. Alexandre (J.). — Mondoubleau sous la Révolution (1792-1793). Papier-monnaie ou billets de confiance, p. 180 à 195.

9900. R. St. V. [Saint-Venant (R. de)]. — Deux discours prononcés par le dernier lieutenant général du Vendômois en 1771 et 1777 [J.-F. de Trémault], p. 196 à 212.

9901. Martellière (Jean). — La pompe funèbre du cardinal [Louis] de Vendôme [1669], p. 235.

9902. Clément (P.). — Documents sur la commanderie d'Artins (Bas-Vendômois), p. 250 à 293.

9903. Renault (G.). — Découverte d'une sépulture néolithique à Martigny (près Vendôme), p. 294 à 301.

9904. Cottreau (G.). — La garde nationale de l'arrondissement de Vendôme (1815-1817), p. 302 à 318.

LOIRE. — MONTBRISON.

LA DIANA.

Les publications antérieures de cette Société sont analysées dans notre *Bibliographie générale*, savoir :

Séances, 3 vol. (1862-1865), *Bibliographie*, t. II, p. 96.
Recueil de mémoires et documents sur le Forez, t. I à VIII (1874-1885), *Bibliographie*, t. II, p. 96.
— — — t. IX à XII (1888-1897), *Bibliographie*, Supplément.
Bulletin, t. I et II (1876-1884), *Bibliographie*, t. II, p. 98.
— t. III à XI (1885-1900), *Bibliographie*, Supplément sous presse.
— t. XII (1901), *Bibliographie*, nouvelle série, I, p. 43.
Ouvrages divers (1875-1884), *Bibliographie*, t. II, p. 96.

XIII. — Bulletin de la Diana..., t. XIII, 1902-1903. (Montbrison, 1904, in-8°, 388 p.)

9905. Meaux (Vicomte de). — M. Vincent Durand (1831 † 1902), *portr.*, p. 3 à 12.

9906. Reure (L'abbé). — Simple conjecture sur les origines paternelles de François Villon, p. 13 à 24.

9907. Brassart (Éleuthère). — Le tombeau de Claude de Saint-Marcel [† 1569] dans l'église Notre-Dame de Montbrison, p. 25 à 28.

9908. Déchelette (Joseph). — Découvertes gallo-romaines dans la ville de Roanne, 3 *pl.*, p. 46 à 55.

[Vases d'Arezzo, *pl.* ; Minerve de bronze, *pl.* ; fibule, *pl.*]

9909. Brassart (É.). — Épitaphe [de chanoines et prêtres du XIIIe s.] récemment découverte au chevet de l'église de Montbrison, p. 55 à 57.

9910. Brassart (É.). — Le dôme du tribunal à Montbrison, *pl.*, p. 58 à 60.

9911. Reure (L'abbé). — Notes sur le Forez, p. 85 à 90.

[Lettres de noblesse pour Pierre Vernin (1448) ; lettre des habitants de Montbrison à Catherine de Médicis (1562) ; description du Forez par Papire Masson.]

9912. Relave (L'abbé). — Chartes de mariage au XVIIe siècle [à Sury-le-Comtal, Montbrison et Saint-Julien-Molin-Molette]. Prise de possession de bénéfices [à Sury-le-Comtal, Saint-André-en-Forez, Saint-Romain-le-Puy] autrefois et aujourd'hui. Notes généalogiques et biographiques sur les notaires de Sury. Les La Veuhe à Sury au XVIe siècle, 2 *pl.*, p. 91 à 130.

9913. Galle (Léon). — Allocution prononcée aux funérailles de M. William Poidebard, le 25 juin 1902, p. 32 à 136.

9914. Meaux (Vicomte de). — M. Testenoire-Lafayette († 1903), *portr.*, p. 139 à 147.

9915. Reure (L'abbé). — Sépulture du moyen âge dans la commune de Bonson ; l'église de Notre-Dame de Bonson, p. 150 à 151.

9916. Lerioue (E.). — Excursion archéologique de la Société de la Diana à Ouches, Pouilly-les-Nonnains, Saint-André d'Apchon, Saint-Léger ; visite, à Roanne, des expositions de peinture moderne et de photographie, 7 *pl.*, p. 171 à 205.

9917. Reure (L'abbé). — Les *Emblèmes* d'Anne d'Urfé, 2 *pl.*, p. 218 à 242.

9918. Relave (L'abbé). — Prébendes et prébendiers de l'église paroissiale de Sury-le-Comtal, p. 242 à 258.

9919. Reure (L'abbé). — Quelques débris de la bibliothèque d'Antoine du Verdier, p. 263 à 265.

9920. Déchelette (Joseph). — La nécropole gallo-romaine de Roanne, *fig.* et 7 *pl.*, p. 286 à 325.

9921. Reure (L'abbé). — Sury-le-Comtal, ses fours à chaux et les épidémies, mortalité et natalité au XVIIe et au XVIIIe siècle, p. 325 à 356.

9922. Meaux (Baron Charles de). — Le compte d'un consul de Saint-Sauveur-en-Rue [Jean Mercier], pour l'année 1615, p. 356 à 368.

LOIRE. — RIVE-DE-GIER.

SOCIÉTÉ DES SCIENCES, LETTRES ET ARTS DE RIVE-DE-GIER.

Cette Société a été fondée en 1899; elle a fait paraître jusqu'à ce jour sept fascicules d'un *Bulletin*, qui ont chacun une pagination spéciale; une table collective réunit les cinq premiers en un volume.

I. — Bulletin de la Société des sciences, lettres et arts de Rive-de-Gier, n° 1, avril 1899 [à 5, novembre 1902]. (Rive-de-Gier, 1899-1902, 5 fascicules in-8°.)

Numéro 2.

9923. Perrin (Édouard). — L'abbé Charles Bossut, p. 5 à 16.

9924. Anonyme. — Pièces inédites pour servir à l'histoire du pays de Jarez, p. 17 à 21.

Numéro 3.

9925. Vachez (A.). — Chagnon, son inscription antique et ses seigneurs, *fig.*, p. 5 à 42.

9926. Durieu (François). — Le combat des Flaches, p. 45 à 61.

Numéro 4.

9927. Vachez (A.). — Les Roussillon dans le Jarez au XIII° siècle, *pl.*, p. 5 à 33.

Numéro 5.

9928. Perignat (F.). — Le Jarrez pittoresque, 3 *pl.*, p. 5 à 58.

LOIRE. — SAINT-ÉTIENNE.

SOCIÉTÉ D'AGRICULTURE DU DÉPARTEMENT DE LA LOIRE.

Les publications antérieures de cette Société sont analysées dans notre *Bibliographie générale*, savoir :

Annales, t. I à XXIX (1857-1885), *Bibliographie*, t. II, p. 100.

— t. XXX à XLIV (1886-1900), *Bibliographie*, Supplément sous presse.

— t. XLV et XLVI (1901-1902), *Bibliographie*, nouvelle série, I, p. 44; et II, p. 70.

XLVII. — Annales de la Société d'agriculture, industrie, sciences, arts et belles-lettres du département de la Loire....., 2° série, t. XXIII, 47° volume de la collection, année 1903. (Saint-Étienne, 1903, in-8°, 260 p.)

XLVIII. — Annales de la Société d'agriculture, industrie, sciences, arts et belles-lettres du département de la Loire....., 2° série, t. XXIV, 48° volume de la collection, année 1904. (Saint-Étienne, 1904, in-8°, 292 p.)

9929. Anonyme. — Mémoire servant à la ville de Saint-Étienne [1688], p. 262 à 264.

9930. Anonyme. — Mémoire des deniers employés pour l'augmentation des eaux du ruisseau de Furens (1689) [et état des moulins], p. 264 à 272.

LOIRE (HAUTE-). — LE PUY.

SOCIÉTÉ AGRICOLE ET SCIENTIFIQUE DE LA HAUTE-LOIRE.

Les publications antérieures de cette Société sont analysées dans notre *Bibliographie générale*, savoir :
Mémoires, t. I à IV (1878-1885), *Bibliographie*, t. II, p. 104.
— t. V à X (1886-1900), *Bibliographie*, Supplément sous presse.
— t. XI (1899-1901), *Bibliographie*, nouvelle série, I, p. 44.

9931. Pascal (Louis). — Bibliographie du Velay et de la Haute-Loire, publiée sous les auspices de la Société agricole et scientifique du département. T. I. (Le Puy-en-Velay, 1903, in-8°, VI-IX-710 p.)

[Extrait des *Mémoires de la Société*, t. VIII à XI.]

XII. — Société agricole et scientifique de la Haute-Loire, mémoires et procès-verbaux, 1902-1903, t. XII. (Le Puy, 1904, in-8°, 819 p.)

9932. Rouchon (Ulysse). — Le D' Camille Morel (1829 † 1902), *portr.*, p. 1 à 34.
9933. Anonyme. — M. Louis Gueyffier [† 1903], p. 35 à 37.
9934. Hedde (Ph.). — L'église Saint-Laurent du Puy. Tableaux, inscription lapidaire, *fig.*, p. 43 à 46.
9935. Jacotin (A.) — Mémoire de Antoine-Alexis Duranson, ingénieur des Ponts et chaussées [† 1820], sur le département de la Haute-Loire, p. 47 à 111.
9936. Rouchon (Ulysse). — La chapelle octogonale d'Aiguilhe ou temple de Diane, p. 113 à 141.
9937. Jacotin (A.). — *Discours de Coraïlhe* [Lyon, 1574, réimpression], p. 143 à 156.
9938. Thiollier (Noël). — Monographie de la cathédrale du Puy, manuscrit de l'architecte Mallay, *fig.* et 2 *pl.*, p. 157 à 191.
9939. Rouchon (Ulysse). — Voyage de Fergon de la Pacaudière, mandataire du duc de Montpensier (1561) : Roche-en-Regnier, le Puy, Brioude, Vieille-Brioude et Léotoing, p. 193 à 209.
9940. Rouchon (Ulysse). — Les anciennes hôtelleries de la ville du Puy, *fig.*, p. 211 à 254.
9941. Jacotin de Rosières (C.). — Procès-verbal de l'incendie de l'abbaye de la Chaise-Dieu en 1574, p. 255 à 287.

9942. Godard (Ch.). — Le conseil général de la Haute-Loire, le directoire et l'administration départementale de 1790 à 1800, p. 289 à 350.
9943. Lascombe (A.). — Le prieuré et le pèlerinage de la Trinité [c'° de Montclard], *pl.*, p. 351 à 357.
9944. Le Blanc (Paul). — Arrestation de M'° de la Fayette et de sa famille au château de Chavaniac (1792), p. 359 à 388.
9945. Pascal (André). — Pierre Julien, sculpteur, sa vie et son œuvre (1731-1804), *facs.*, *fig.* et 2 *pl.*, p. 389 à 560.
9946. Rouchon (Ulysse). — Un janséniste exilé à la Chaise-Dieu. Jean Soanen, évêque de Senez, *fig.* et *pl.*, p. 561 à 585.
9947. Lascombe (A.). — Deux documents sur les Thorrillon de Craponne, p. 587 à 592.
9948. Lascombe (A.). — Les combattants français de la guerre américaine, p. 593 à 598.
9949. Boyer (D' Pierre). — Courtol, le vipéricide [† 1902], *portr.*, p. 601 à 615.
9950. Lascombe (A.). — Arrivée en Velay du maréchal duc de Richelieu, commandant en chef de la province de Languedoc [1755], p. 617.
9951. Lascombe. — Vol dans l'église de Vorey (1791), p. 763.
9952. Lascombe. — Les chevaliers de Saint-Hubert au Puy et la bête du Gévaudan, p. 763 à 765.
9953. Lascombe (A.). — Le maréchal de Vaux [1705 † 1788] agronome, p. 765 à 766.
9954. Tronchère (L'abbé). — Inscription de la cloche de Jax, p. 770.
9955. Lascombe. — Les cloches de Vissac et la croix de Vissaguet, p. 787 à 788.
9956. Mazon. — Jean-Bruno Frevol de la Coste (1728 † 1808), p. 791 à 793.
9957. Rouchon (Ulysse). — Trouvailles archéologiques à Aiguilhe, p. 802 à 804.

LOIRE-INFÉRIEURE. — NANTES.

SOCIÉTÉ ACADÉMIQUE DE NANTES.

Les publications antérieures de cette Société sont analysées dans notre *Bibliographie générale*, savoir :
Annales, t. I à LVI (1830-1885), *Bibliographie*, t. II, p. 115.
— t. LVII à LXXI (1886-1900), *Bibliographie*, Supplément sous presse.
— t. LXXII et LXXIII (1901-1902), *Bibliographie*, nouvelle série, I, p. 45; et II, p.72.
Séances publiques et Procès-verbaux, 16 vol. (1798-1828), *Bibliographie*, t. II, p. 113.

LXXIV. — Annales de la Société académique de Nantes et... de la Loire-Inférieure..., vol. IV de la 8e série, 1903. (Nantes, 1904, in-8°, 247-LXXX p.)

9958. Poisson (Louis). — Éloges du Dr Raingeard, p. 10 à 14.

9959. Chevallier (Dr A.). — Notice nécrologique sur le Dr Bonamy, p. 15 à 17.

9960. Libaudière (F.). — Notice nécrologique sur M. P. Fraye, p. 18.

9961. Libaudière (F.). — Notice nécrologique sur M. Victor Cossé [† 1903], p. 20.

9962. Picart. — Notice nécrologique sur M. Henri Chéguillaume [1860-1903], p. 22.

9963. Hervouet (Dr). — Notice nécrologique sur M. le Dr Chachereau, p. 24 à 27.

9964. Caillé (Dominique). — Journal de marche du 5e

bataillon de chasseurs à pied [1842, Algérie], p. 110 à 177. — Suite et fin de LXXIII, p. 181.

9965. Ferronnière (G.). — Le peintre Charles Le Roux, p. 213 à 243.

LXXV. — Annales de la Société académique de Nantes et... de la Loire-Inférieure..., vol. V de la 8e série, 1904. (Nantes, 1905, in-8°, 261-LXXV p.)

9966. Merland (Julien). — Notice nécrologique sur M. Eugène Louis [1833 † 1904], p. 12 à 19.

9967. La Grasserie (Raoul de). — Essai d'une psychologie du peuple breton, p. 20 à 109.

9968. Wismes (Baron Gaëtan de). — Lettres inédites de Mélanie Waldor [1796 † 1871], précédées d'une notice bibliographique, p. 115 à 149.

9969. Sarazin. — Étude sur Hippolyte de la Morvonnais (1802 † 1853), p. 187 à 236.

LOIRE-INFÉRIEURE. — NANTES.

SOCIÉTÉ ARCHÉOLOGIQUE DE NANTES.

Les publications antérieures de cette Société sont analysées dans notre *Bibliographie générale*, savoir :
Bulletin, t. I à XXIV (1861-1885), *Bibliographie*, t. II, p. 124.
— t. XXV à XXXIX (1886-1900), *Bibliographie*, Supplément sous presse.
— t. XL et XLI (1901-1902), *Bibliographie*, nouvelle série. I, p. 45; et II, p. 72.
Ouvrages divers (1872), *Bibliographie*, t. II, p. 124.

XLII. — Bulletin de la Société archéologique de Nantes et du département de la Loire-Inférieure, année 1903. (Nantes, 1903, in-8°, xxxiv-xlvi et 287 p.)

[Publié en deux livraisons semestrielles. Le titre de la 1re porte t. XLIV, celui de la 2e, t. XLV.]

9970. Senot de la Londe (J.). — Le temple de Mercure au Puy-de-Dôme, p. 3 à 22.

9971. Senot de la Londe (J.). — Un curé janséniste de l'évêché de Nantes [François Moreau, curé de Thouaré], p. 23 à 29.

9972. Maître (Léon). — L'évasion du cardinal de Retz hors du château de Nantes, d'après des documents inédits, p. 30 à 113.

9973. Oheix (André). — Études hagiographiques. Saint Victor de Cambon [le saint et la paroisse], p. 115 à 153.

9974. [Berthou (De)]. — Origine de l'assemblée dite des œufs de Pâques, qui se tient chaque lundi de Pâques près de Saint-Donatien [à Nantes], p. 154 à 160.

9975. Revelière (J.). — Notes archéologiques sur Blain, fig. et 7 pl., p. 161 à 203.

9976. Révérend (J.). — Droits féodaux existant encore à la fin du XVIIe siècle dans certaines paroisses du Morbihan, p. 204 à 213.

[Rochefort, Marzan.]

9977. Anonyme. — La vicomté de Loyaux, p. 221 à 236.

9978. Soullard (P.). — Le trésor du Douet, p. 269 à 283.

[Monnaies françaises, navarraises, espagnoles (xve-xvie s.), bijoux.]

9979. Soullard (P.). — Une rectification [une prétendue monnaie obsidionale de Nantes de l'époque révolutionnaire], fig., p. 284 à 286.

LOIRET. — ORLÉANS.

ACADÉMIE DE SAINTE-CROIX D'ORLÉANS.

Les publications antérieures de cette Académie sont analysées dans notre *Bibliographie générale*, savoir :
Lectures et mémoires, t. I à V (1865-1886), *Bibliographie*, t. II, p. 136.
— — t. VI à VIII (1891-1899), *Bibliographie*, Supplément sous presse.
— — t. IX (1902), *Bibliographie*, nouvelle série, II, p. 74.
Bulletin (1891-1896), *Bibliographie*, Supplément sous presse.

X. — Académie de Sainte-Croix d'Orléans. Lectures et mémoires, t. X. (Orléans, 1903-1904, in-8°, 447 p.)

9980. Séjourné (Joseph). — Pothier, juriste et citoyen, p. 1 à 16.

9981. Liace de Meux (De). — Un gentilhomme normand [Gabriel du Buat] et un essai de colonisation en Sologne [à Nançay] au XVIIIe siècle, p. 17 à 58.

9982. Baguenault de Puchesse (Comte). — Les œuvres d'économie politique de M. du Buat, p. 59 à 63.

9983. Raguenet de Saint-Albin (O). — Une méprise archéologique dans l'iconographie de Jeanne d'Arc. Le prétendu bas-relief du départ de Vaucouleurs, pl., p. 68 à 98.

9984. Lemoine (L'abbé). — Saint François de Sales, étude littéraire, p. 116 à 129.

9985. Baguenault de Puchesse (Comte). — La métallurgie chez les anciens et chez les modernes, p. 152 à 157.

9986. Laccu (L'abbé). — La jeunesse du Père Joseph, p. 254 à 273.

9987. Lemoine (L'abbé). — Mgr Dupanloup, fondateur de l'Académie de Sainte-Croix, p. 274 à 291.

9988. Séjourné (Joseph). — M. Arthur Johanet [† 1903], p. 292 à 314.

9989. Pelletier (Henri). — La ville des Baux en Provence, p. 361 à 376.

9990. Lemoine (L'abbé). — Saint Aignan, évêque d'Orléans, p. 377 à 391.

9991. Ruzé (Robert). — La décadence du marxisme, p. 392 à 409.

9992. Anonyme. — Liste des mémoires publiés par l'Académie de Sainte-Croix depuis 1885 jusqu'en 1904 (t. VI-X), p. 441 à 445.

LOIRET. — ORLÉANS.

SOCIÉTÉ D'AGRICULTURE, SCIENCES, BELLES-LETTRES ET ARTS D'ORLÉANS.

Les publications antérieures de cette Société sont analysées dans notre *Bibliographie générale*, savoir :
Annales, 14 vol. (1818-1837), *Bibliographie*, t. II, p. 138.
   Mémoires, t. I à XXXV (1837-1885), *Bibliographie*, t. II, p. 140.
   —   t. XXXVI à XLVIII (1886-1900), *Bibliographie*, Supplément sous presse.
   —   t. XLIX et L (1901-1902), *Bibliographie*, nouvelle série, I, p. 47; et II, p. 74.

LI. — Mémoires de la Société d'agriculture, sciences, belles-lettres et arts d'Orléans, 5ᵉ série des travaux, t. III, 72ᵉ vol. de la collection. (Orléans, 1903, in-8°, 372 p.)

9993. CUISSARD (Ch.). — Notice historique sur l'abbé Pataud (1752 † 1817), *facs.*, p. 1 à 52.

9994. HUARD (Abel). — Le théâtre orléanais à travers les âges jusqu'à la fin du XVIIIᵉ siècle, p. 181 à 273.

[10002]. BAILLET (Aug.). — Les vases égyptiens, p. 337 à 344.

9995. DENIZET. — Une affaire de sorcellerie en 1685 [à Saint-André-les-Cléry], p. 361 à 362.

LII. — Mémoires de la Société d'agriculture, sciences et arts d'Orléans, 5ᵉ série des travaux, t. IV, 73ᵉ volume de la collection. (Orléans, 1904, in-8°, 315 p.)

9996. MICHAU (Ch.). — Les armoiries d'Orléans, *fig.*, p. 1 à 58.

9997. CUISSARD (Ch.). — Les inscriptions et les antiquités du Loiret, p. 64 à 129.

9998. MICHAU. — Alfred Lanson [sculpteur, 1851 † 1898], ses œuvres, p. 135 à 158.

9999. DUMUYS (Léon). — Note sur un présent d'argenterie fait par les Orléanais au duc Charles d'Orléans et à la duchesse Marie de Clèves, à l'occasion de leur entrée en leur bonne ville d'Orléans, le 24 janvier 1440, p. 161 à 165.

10000. FAUCHON (D'). — Notice sur le chanoine Claude Rousselet, dernier abbé de Sainte-Geneviève, à propos d'une toile donnée au musée municipal d'Orléans, *portr.*, p. 165 à 189.

10001. CUISSARD (Ch.). — Les artistes orléanais (XIVᵉ et XVᵉ s.), p. 193 à 267.

10002. BAILLET (Aug.). — Quelques vases égyptiens, p. 287 à 293. — Suite de L, p. 91; et LI, p. 337.

LOT. — CAHORS.

SOCIÉTÉ DES ÉTUDES LITTÉRAIRES, SCIENTIFIQUES ET ARTISTIQUES DU LOT.

Les publications antérieures de cette Société sont analysées dans notre *Bibliographie générale*, savoir :
Procès-verbaux, 4 vol. (1875-1877), *Bibliographie*, t. II, p. 159.
   Bulletin, t. I à X (1873-1885), *Bibliographie*, t. II, p. 159.
   —   t. XI à XXV (1886-1900), *Bibliographie*, Supplément sous presse.
   —   t. XXVI et XXVII (1901-1902), *Bibliographie*, nouvelle série, I, p. 49; et II, p. 76.

XXVIII. — Bulletin trimestriel de la Société des études littéraires, scientifiques et artistiques du Lot, t. XXVIII. (Cahors, 1903, in-8°, 299 p.)

10003. Alne (Ed.). — Notes sur l'abbaye de Leyme, p. 3 à 9. — Suite de XXVII, p. 91, et 141.

[10014]. Fourastié (V.). — Privilèges, franchises et libertés de la ville de Sainte-Spérie, p. 10 à 19.

10004. Depeyre (E.). — Les tribulations de Guillaume de Bonnes-Mains, bourgeois de Figeac, ambassadeur du roi de France aux pays d'outre-mer, en l'année 1327, p. 20 à 32.

10005. Galabert (F.). — Rôle d'une compagnie de chevau-légers de Jean-Carles de Genouillac de Saint-Clair-Vaillac [xviiᵉ s.], p. 34 à 36.

[10012]. Esquieu (L.). — Essai d'un armorial quercynois, p. 37, 123, 168 et 230.

10006. Greil (Louis). — Copie des mémoires touchant la vie de M. d'Hauteserre [1602 † 1682], professeur de droit en l'Université de Toulouse, dressée par M. de Hauteserre, son fils, procureur général à la Cour des aydes de Montauban, p. 73 à 104, et 153 à 167.

10007. Alne (L'abbé Ed.). — Statuts du chapitre de Cahors, fragments inédits [xiiiᵉ s.], p. 105 à 112.

10008. Roux (A.). — Gustave Larroumet [1852 † 1903], p. 225 à 229.

10009. Valon (Ludovic de). — Gigouzac, p. 253 à 260.

10010. Daymard (J.). — Excursion à Luzech, recherche de l'emplacement d'Uxellodunum, p. 251 à 263.

10011. Girma (J.). — Bibliographie du Lot, année 1903, p. 284 à 289; — année 1904, XXIX, p. 323.

XXIX. — Bulletin trimestriel de la Société des études littéraires, scientifiques et ar-

tistiques du Lot, t. XXIX. (Cahors, 1904, in-8°, 60 et 339 p.)

10012. Esquieu (L.). — Essai d'un armorial quercynois, p. 3, 211, et 288. — Suite de XXVII, p. 176; XXVIII, p. 37, 123, 168, et 230.

10013. Esquieu (L.). — Sur un texte d'Hirtius [siège d'Uxellodunum]. Rapport, p. 35 à 37.

10014. Fourastié (V.). — Privilèges, franchises et libertés de la ville de Sainte-Spérie, p. 38 à 45. — Fin de XXVII, p. 23, 65, 156; et XXVIII, p. 10.

10015. Filsac (L'abbé). — Les peintures murales de l'église de Rampoux, p. 48 à 51.

10016. Anonyme. — Procès-verbaux des séances, p. 53, 251 et 314.

[Église d'Aujol, p. 161.]

10017. Alne (L'abbé). — Autour de Jean XXII. Hugues Géraud, évêque de Cahors. L'affaire des poisons et des envoûtements en 1317, p. 5 à 206.

10018. Daymard (J.). — Excursion du 7 juillet 1904 dans la vallée du Célé, p. 241 à 246.

10019. Laroussilhe (F. de). — Les vins de Quercy et les privilèges de la ville de Bordeaux avant la Révolution (1453-1776), p. 263 à 284.

10020. Combes (A.). — Discours prononcé aux funérailles de M. Rouquet, le 14 août 1904, p. 284 à 286.

10021. Daymard (J.). — Discours prononcé aux funérailles de M. Greil, le 5 novembre 1904, p. 286.

[10011]. Girma (J.). — Bibliographie du Lot, année 1904, p. 323.

LOT-ET-GARONNE. — AGEN.

SOCIÉTÉ D'AGRICULTURE, SCIENCES ET ARTS D'AGEN.

Les publications antérieures de cette Société sont analysées dans notre *Bibliographie générale*, savoir :
Recueil des travaux, t. I à XVIII (an xii-1885), *Bibliographie*, t. II, p. 162.
— — t. XIX à XXIII (1887-1900), *Bibliographie*, Supplément sous presse.
Revue de l'Agenais, t. I à XII (1874-1885), *Bibliographie*, t. II, p. 165.
— — t. XIII à XXVII (1886-1900), *Bibliographie*, Supplément sous presse.
— — t. XXVIII et XXIX (1901-1902), *Bibliographie*, nouvelle série, II, p. 76.

XXX. — Revue de l'Agenais. Bulletin de la Société d'agriculture, sciences et arts d'Agen, t. XXX, année 1903. (Agen, 1903, in-8°, 562 p.)

10022. Lauzun (Ph.). — Le moulin de Barbaste (arron-

dissement de Nérac, Lot-et-Garonne), fig. et pl., p. 5 à 26.

10023. Mommeja (J.). — Journaux de mes voyages aux Isles du Vent et Sous le Vent de l'Amérique commencés le 19 octobre 1767, finis le 28 octobre 1769 [par Boudon de Saint-Amans], p. 27 à 43. — Suite de XXIX, p. 12, 202, 393, et 453.

10024. Marboutin (J.). — Deux séditions à Laugnac [1719 et 1790], p. 44 à 55.

10025. J. de la J. — En Corée : promenade à Séoul; les vieux palais, p. 56 à 66. — Fusan, p. 148. — Cf. XXVIII, p. 108, 480; et XXIX, p. 46 et 140.

10026. Chaux (C.). — Gracieusetés royales [à Poton de Xaintrailles, 1458-1459], p. 67.

10027. Lauzun (Ph.). — Statistique du département de Lot-et-Garonne pour l'année 1789 et l'an ix [par Claude Lamouroux], p. 69 à 82, et 155 à 171. — Suite de XXIX, p. 221, 376, et 510.

10028. Momméja (J.). — Archéologie agenaise, p. 83 à 89, et 176 à 178. — Cf. XXIX, p. 72, 153, 263, 359, et 518.

[Inscriptions (xvii⁰-xviii⁰ s.); Vénus en bronze de la collection Saint-Amans, château d'Estillac, p. 83. — Iconographie de sainte Foy; vue de Duras au xi⁰ siècle; portrait de Xaintrailles, p. 176.]

10029. Lauzun (Ph.). — Bory de Saint-Vincent et sa correspondance, portr., p. 93, 211, 315, et 515.

10030. Brissaud (J.). — Un procès de sorcellerie à Agen au xiv⁰ siècle, p. 119 à 125.

10031. Marboutin (J.). — Les mémoires d'Antoine de Buard [† 1650], p. 136 à 147, et 351 à 365.

10032. Marboutin (J.-R.). — Le château de Fauguerolles (commune de la Croix-Blanche), 2 pl., p. 185 à 210.

10033. Dienne (Comte de). — Des rapports de l'Agenais avec l'Italie, principalement aux xv⁰ et xvi⁰ siècles, p. 244 à 252.

10034. Calvet. — Une fête de vieillards à Agen [10 fructidor an vi-27 août 1798], p. 253 à 255.

10035. Jullian (C.). — Discours prononcé au Congrès des sociétés savantes [Les recherches locales et l'histoire de France à Bordeaux], p. 272 à 279. — Cf. id. n° 11342.

10036. Granat. — Étude sur l'industrie d'Agen avant 1789. Les artisans agenais sous l'ancien régime (1691-1791), p. 288 à 314, et 494 à 506.

10037. Dubois (J.). — Louis XIV à Durance, p. 314.

10038. Dubois (J.). — Un sculpteur agenais. Gaillard Sentou [† 1710], p. 339.

10039. Chaux (C.). — Deux documents sur Sainte-Bazeille, p. 340 à 342.

10040. Dubois (J.). — Henri de Barrailh, confident de mademoiselle de Montpensier et du duc de Lauzun, p. 343 à 347.

10041. Denizot (A.). — Chanson populaire [de Monbahus], p. 348 à 350.

10042. Lauzun (Ph.). — Le château de Calonges (canton du Mas-d'Agenais, arrondissement de Marmande), fig. et pl., p. 467 à 493.

10043. Bonnat (René). — La Société populaire de Marmande. Un scandale en l'an iii, p. 507 à 514.

10044. Marboutin (J.-R.). — Le fer à hosties de Dolmayrac, près de Sainte-Livrade, fig., p. 533 à 539.

10045. Dubois (J.). — Une exécution criminelle à Montaigu en 1692, p. 539.

10046. Dubois (J.). — Une bénédiction de cloches à Vayries en 1640, p. 545.

LOZÈRE. — MENDE.

SOCIÉTÉ D'AGRICULTURE, INDUSTRIE, SCIENCES ET ARTS DU DÉPARTEMENT DE LA LOZÈRE.

Les publications antérieures de cette Société sont analysées dans notre *Bibliographie générale*, savoir :
  Mémoires, t. I à XVI (1827-1849), *Bibliographie*, t. II, p. 172.
  Bulletin, t. I à XXXVI (1850-1885), *Bibliographie*, t. II, p. 173.
  —   t. XXXVII à LI (1886-1900), *Bibliographie*, Supplément sous presse.
  —   t. LII et LIII (1901-1902), *Bibliographie*, nouvelle série, I, p. 49; et II, p. 78.
  Ouvrages divers (1867-1902), *Bibliographie*, t. II, p. 172; et nouvelle série, I, p. 49, et II, p. 78.

LIV. — Bulletin de la Société d'agriculture, industrie, sciences et arts du département   de la Lozère, 1903. (Mende, 1903, in-8°, 119 p.)

LV. — Bulletin de la Société d'agriculture, industrie, sciences et arts du département de la Lozère (ancien Gévaudan), 1904. (Mende, 1904, in-8°, 71 p. et annexes.)

10047. Barbot (J.). — Recherches sur les anciennes fortifications de la ville de Mende. (Mende, 1903-1904, in-8°, 83 p., pl. et fig.)

10048. Divers. — Chronique et mélanges. (S. l. n. d., in-8°, 22 p.)

[Roucaute (J.) La sénéchaussée de Mende (1583-1596), p. 1. — Porte d'Aiguespasses à Mende, p. 12. — Découverte de tombeaux à Langlade, p. 12. — Monnaies de Clément VI, Pierre le Cruel et Philippe VI, découvertes à Châteauneuf-de-Randon, p. 13. — La famille Beauvoir. p. 15. — Philippe (A.). Archives des notaires de Villefort et de Genolhac (xiv°-xvi° s.) à la Bibliothèque nationale, p. 16.]

MAINE-ET-LOIRE. — ANGERS.

SOCIÉTÉ D'AGRICULTURE, SCIENCES ET ARTS D'ANGERS.

Les publications antérieures de cette Société sont analysées dans notre *Bibliographie générale*, savoir :
Mémoires, t. I à XLI (1831-1885), *Bibliographie*, t. II, p. 187.
— t. XLII à LVI (1886-1900), *Bibliographie*, Supplément sous presse.
— t. LVII et LVIII (1901-1902), *Bibliographie*, nouvelle série, I, p. 50; et II, p. 79.
Documents historiques, t. I et II (1896-1899), *Bibliographie*, Supplément sous presse.
— t. III et IV (1903). *Bibliographie*, nouvelle série, II, p. 79.
Procès-verbaux de la Commission archéologique, 13 vol. (1846-1854), *Bibliographie*, t. II, p. 197.
Nouvelles archéologiques, 54 vol. (1847-1857), *Bibliographie*, t. II, p. 198.
Répertoire archéologique, 11 vol. (1858-1869), *Bibliographie*, t. II, p. 202.
Ouvrages divers (1832-1903), *Bibliographie*, t. II, p. 187; et nouvelle série, II, p. 79.

10049. Bretaudeau (L'abbé A.). — Histoire des Ponts-de-Cé. (Angers, 1901-1903, in-8°, 486 p.)

[Cet ouvrage a paru par fragments annexés aux volumes de *Mémoires* publiés de 1901 à 1903.]

LIX. — Mémoires de la Société nationale d'agriculture, sciences et arts d'Angers, ancienne Académie d'Angers..., 5° série, t. VI, année 1903. (Angers, 1903, in-8°, 454 p.)

10050. Farcy (Louis de). — Les fouilles de la cathédrale [d'Angers], pl., p. 5 à 19.
10051. Uzureau (F.). — Ancienne Académie d'Angers. Séance d'inauguration (1" juillet 1686), p. 21 à 24.
10052. Du Brossay. — Les habitants de Château-Gontier et le lieutenant général Guitau [xvii° s.], p. 65 à 75.
10053. La Perraudière (R. de). — Un Angevin guillotiné à Laval sous la Terreur, M. Maultrot, p. 77 à 106.
10054. Joubert (Joseph). — Le dernier lieu de repos des rois angevins [les mausolées des Plantagenets à Fontevrault], p. 125 à 163.
10055. Lemesle (P.). — Un cours d'électricité à Angers en 1779. p. 189 à 194.

10056. Du Brossay. — Notes sur le faubourg d'Azé au xvii° siècle [actuellement partie de Château-Gontier], p. 195 à 222.
10057. Pavie (Eusèbe). — M. Léon Cosnier. La Société d'agriculture, sciences et arts, p. 224 à 330.
10058. Uzureau (F.). — Les élections du clergé d'Anjou aux États généraux de 1789, p. 341 à 406.
10059. Joubert (Joseph). — Victor-Emmanuel III (prince de Naples), numismate, p. 407 à 422.

LX. — Mémoires de la Société nationale d'agriculture, sciences et arts d'Angers, ancienne Académie d'Angers..., 5° série, t. VII, année 1904. (Angers, 1904, in-8°, 550 p.)

10060. Labesse (D°). — Les sépultures (cuevas) des Indiens du Haut-Orénoque, 2 pl., p. 5 à 21.
10061. Farcy (P. de). — Le sceau de Marguerite d'Anjou, reine d'Angleterre, fig., p. 31 à 38.
10062. La Perraudière (R. de). — Recherches historiques et statistiques sur la commune de Lué (Maine-et-Loire), pl., p. 47 à 155. — Suite de LVII, p. 149.
10063. Farcy (L. de). — Usage des tentures de soie et des

tapisseries dans les églises au moyen âge et notamment à la cathédrale d'Angers, p. 187 à 198.

10064. Uzureau (F.). — Le procès des Fédéralistes angevins, premières résistances à la Terreur, p. 199 à 248.

10065. Saché (M.). — Note sur une croix de plomb trouvée dans une tombe à Angers [1080], p. 249 à 254.

10066. Du Brossay. — Délibérations des paroisses (xvii° et xviii° s.), p. 255 à 283.

[Château-Gontier et ses environs.]

10067. Farcy (L. de). — L'entrée du duc d'Anjou à Bordeaux en 1700, p. 285 à 288.

10068. David (H.). — L'abbé Rousseau et le baume tranquille [xvii° s.], p. 289 à 293.

10069. Uzureau (L'abbé F.). — La dernière fusillade du Champ-des-Martyrs [Angers, 1794], p. 295 à 339.

10070. Mauvif de Montergon (A.). — Un descendant angevin du roi David [l'abbé Eugène David], p. 341 à 360.

10071. Hautreux (L'abbé G.). — Monographie de la Madeleine de Pouancé (église et paroisse), p. 389 à 449.

10072. Uzureau (Ch.).— Fragments de comptes de Catherine de Médicis, p. 451 à 465.

MANCHE. — CHERBOURG.

SOCIÉTÉ ARTISTIQUE ET INDUSTRIELLE DE CHERBOURG.

Les publications antérieures de cette Société sont analysées dans notre *Bibliographie générale*, savoir :
Bulletin, 1872-1885, *Bibliographie*, t. II, p. 223.
— 1886-1900, *Bibliographie*, Supplément sous presse.
— 1901-1902, *Bibliographie*, nouvelle série, II, p. 81.

Bulletin de la Société artistique et industrielle de Cherbourg..., n° 27, année 1903. (Cherbourg, 1904, in-8°, xlii-74 p.)

10073. Voisin (Auguste). — Les pierres employées dans l'art et dans l'industrie [historique], p. 1 à 54.

10074. Adam (Alexandre). — Entretiens sur la Basse-Normandie. Industries anciennes et modernes, p. 55 à 68.

MANCHE. — SAINT-LÔ.

SOCIÉTÉ D'AGRICULTURE, D'ARCHÉOLOGIE ET D'HISTOIRE NATURELLE
DE LA MANCHE.

Les publications antérieures de cette Société sont analysées dans notre *Bibliographie générale*, savoir :
Notices, t. I à VI (1851-1885), *Bibliographie*, t. II, p. 225.
— t. VII à XVIII (1887-1900), *Bibliographie*, Supplément sous presse.
— t. XIX et XX (1901-1902), *Bibliographie*, nouvelle série, I, p. 51; et II, p. 82.
Ouvrages divers (1864), *Bibliographie*, t. II, p. 225.

XXI. — Notices, mémoires et documents publiés par la Société d'agriculture, d'archéologie et d'histoire naturelle du département de la Manche. XXI° volume. (Saint-Lô, 1903, in-8°, 197 p.)

10075. Leroskt (L'abbé A.).— L'instruction publique dans les diocèses de Coutances et d'Avranches avant 1789, p. 13 à 78; XXII, p. 97 à 122; et XXIII, p. 45 à 65.

10076. Du Bosco de Beaumont (G.). — Les origines de Barbey d'Aurevilly, p. 79 à 83.

10077. Sauvage (Hippolyte). — Le château de Saint-Lô (Manche) et ses capitaines gouverneurs, p. 84 à 181. — Suite de XIX, p. 3; et XX, p. 1.

XXII. — **Notices, mémoires et documents** publiés par la Société d'agriculture, d'archéologie et d'histoire naturelle du département de la Manche, XXIIᵉ volume. (Saint-Lô, 1904, in-8°, 133 p.)

10078. Guillot (Gaëtan). — Catalogue du musée de Saint-Lô, 15 *pl.*, p. 5 à 48; et XXIII, p. 1 à 36.

10079. Guillot (Gaëtan). — Les portraits des Matignon-Grimaldi et le château de Torigni-sur-Vire, 12 *pl.*, p. 49 à 94.

10080. Du Bosco de Beaumont (G.). — De la fréquence du prénom de Léonor dans l'arrondissement de Saint-Lô, p. 95.

[10075]. Lkroset (L'abbé). — L'instruction publique avant 1789 dans les deux anciens diocèses de Coutances et d'Avranches, p. 97 à 122.

MARNE. — CHÂLONS-SUR-MARNE.

SOCIÉTÉ D'AGRICULTURE, COMMERCE, SCIENCES ET ARTS DE LA MARNE.

Les publications antérieures de cette Société sont analysées dans notre *Bibliographie générale*, savoir :

Comptes rendus et Séances publiques, 46 vol. (1807-1855), *Bibliographie*, t. II, p. 229.

Mémoires, t. I à XXIX (1855-1885), *Bibliographie*, t. II, p. 232.

— t. XXX à XLIV (1885-1900), *Bibliographie*, Supplément sous presse.

— t. XLV et XLVI (1901-1902), *Bibliographie*, nouvelle série, I, p. 52; et II, p. 83.

Une table générale des publications de cette Société depuis l'origine a paru en 1904. (Voir notre n° 10086.)

XLVII. — **Mémoires de la Société d'agriculture, commerce, sciences et arts du département de la Marne** (ancienne Académie de Châlons fondée en 1750), 2ᵉ série, t. VI, 1902-1903. (Châlons-sur-Marne, 1904, in-8°, 220 et v-163 p.)

Première partie.

10081. Heuillard. — Origine de deux dictons, p. 83 à 87.

[Deveau d'évêque meunier. — Ivre comme un Polonais.]

10082. Maucet. — Découverte d'une verrerie d'art gallo-romaine aux Houis, écart de Sainte-Menehould, 2 *pl.*, p. 97 à 109.

10083. Blondiot (Camille). — Voies romaines de Châlons au Perthois, p. 119 à 123.

10084. Martin (Eugène). — Notice sur M. E. Ponsard, p. 125 à 144.

10085. Berland (J.). — Notice sur la vie et les travaux de M. Pélicier (1838 † 1903), p. 145 à 160.

Deuxième partie.

10086. Berland (Just). — Table générale alphabétique des travaux de l'ancienne Académie de Châlons et des Mémoires de la Société d'agriculture, commerce, sciences et arts du département de la Marne, depuis l'origine jusqu'à l'année 1904, suivie d'un index sommaire des matières et des noms propres de lieux et de personnes contenus dans les comptes rendus annuels. (Châlons-sur-Marne, 1904, in-8°, v-163 p.)

MARNE. — REIMS.

ACADÉMIE NATIONALE DE REIMS.

Les publications antérieures de cette Académie sont analysées dans notre *Bibliographie générale*, savoir :

Annales, 2 vol. (1842-1844), *Bibliographie*, t. II, p. 237.

Séances et travaux, t. I à LXXX (1844-1886), *Bibliographie*, t. II, p. 238.

Travaux, t. LXXXI à CVIII (1886-1900), *Bibliographie*, Supplément sous presse.

— t. CIX à CXII (1900-1902), *Bibliographie*, nouvelle série, I, p. 52; t. II, p. 83.

Ouvrages divers (1843-1882), *Bibliographie*, t. II, p. 237.

CXIII.— Travaux de l'Académie nationale de Reims, CXIII° volume. année 1902-1903, t. I. (Reims, 1903, in-8°, 204 p.)

10087. Fay (Al.).— Biographie rémoise. Un ancien maire de Reims, M. Carteret [Nicolas Henry, 1807 † 1862], p. 125 à 133.

10088. Jadart (H.). — Nicolas de Grigny, organiste de Notre-Dame de Reims (1672-1703); lettres de M. André Pirro, p. 135 à 146.

10089. Haudecœur (L'abbé). — Un discours du duc de Guise à Châlons, après sa prise d'armes de 1585, p. 147 à 151.

10090. Bourgeois (Dᵣ A.). — Recherches historiques sur l'origine des lunettes. p. 153 à 161.

10091. Gosset (Alphonse). — Basilique Saint-Remi [de Reims], origine architecturale, *fig.*, p. 163 à 176. — Cf. n° 10092.

10092. Demaison (L.). — Quelques mots de réponse à la communication de M. Gosset, p. 177 à 179. — Cf. n° 10091.

10093. Lamiable (D'). — Le tracé de la voie romaine de Reims à Castrice autour de Château-Porcien (Ardennes), *pl.*, p. 181 à 186.

10094. Coyon (Ch.). — Notes sur le filage et le tissage dans l'antiquité d'après les découvertes faites à Reims et dans les environs, p. 187 à 202.

CXIV. — Travaux de l'Académie nationale

de Reims, CXIV° volume, année 1902-1903, t. II. (Reims, 1904, in-8°, iv-379 p.)

10095. Jadart (Henri). — Les enseignes de Reims du xivᵉ au xviiiᵉ siècle, 28 *pl.*, p. I à iv et 1 à 379.

CXV. — Travaux de l'Académie nationale de Reims, CXV° volume, année 1903-1904, t. I. (Reims, 1905, in-8°, 386 p.)

10096. Brissart (A.).— M. Charles Givelet [1822 † 1903], *portr.*, p. 87 à 92.

10097. Chamberland (Albert).— Le conflit de 1597 entre Henri IV et le Parlement de Paris, p. 159 à 220.

10098. Lamy (L'abbé Albert).— Note sur le tableau n° 511 de la galerie nationale Corsini à Rome (Raccolta Torlonia), offrant une vue du portail de la cathédrale de Reims, p. 221 à 234.

10099. Demaison (Louis). — L'instruction dans les campagnes des environs de Reims au xvᵉ siècle, d'après un document inédit, p. 235 à 263.

10100. Gosset (Dᵣ Pol). — Les premiers apothicaires rémois, *fig.*, p. 281 à 307.

10101. Jadart (H.).— Les œuvres posthumes de M. Charles Givelet, p. 309 à 323.

10102. Givelet (Ch.).— Le cimetière de Saint-Pierre-le-Vieil et le Jardin des plantes de Reims, 2 *pl.*, p. 325 à 352.

10103. Jadart (Henri) — Enquêtes campanaires [fondeurs de cloches rémois], p. 353 à 374.

10104. Gosset (Dᵣ Pol). — Quelques cloches des communes du district de Reims (1790-1793), p. 375 à 384.

MARNE. — VITRY-LE-FRANÇOIS.

SOCIÉTÉ DES SCIENCES ET ARTS DE VITRY-LE-FRANÇOIS.

Les publications antérieures de cette Société sont analysées dans notre *Bibliographie générale*, savoir :
Mémoires, t. I à XIII (1861-1884), *Bibliographie*, t. II, p. 252.
   —   t. XIV à XX (1885-1900), *Bibliographie*, Supplément sous presse.
   —   t. XXI (1902), *Bibliographie*, nouvelle série, II, p. 84.

XXII.— Société des sciences et arts de Vitry-le-François, t. XXII, 1904. (Vitry-le-François, 1904, in-8°, 757 p.)

10105. Hérelle (G.). — Le protestantisme à Vitry (1596-1789), p. 3 à 331.

10106. Gilardoni (C.). — Un socialiste vitryat au xviiiᵉ siècle [Morelly], p. 332 à 351.

10107. Divers. — Études patoises sur l'arrondissement de Vitry, p. 352 à 370.

[Cuvillier (E. Notice sur le patois des Vavray, p. 352. — Desprez. L'Enfant prodigue en patois de Saint-Amand et de Vauault-le-Châtel, p. 358. — Vannier-Arnoud. Parabole de l'Enfant prodigue en patois d'Alliancelles, p. 369.]

10108. Jovy (E.). — La poésie patoise à Possesse. Jean-Baptiste Leroy [1763 † 1782], p. 371 à 412.

10109. MILLARD. — L'abbé Lelevain et le clergé de Vitry pendant la Révolution, p. 413 à 451.

10110. CHAVANCE (Émile et René). — Notes pour servir à l'histoire de la construction de l'église Notre-Dame de Vitry-le-François [XVIII⁰ et XVIII⁰ s.], 4 pl., p. 452 à 684.

10111. MOUGIN (Dʳ). — Vues et sites disparus de Vitry-le-François et de son arrondissement, fig. et 11 pl., p. 685 à 704; et XXIII, p. 519 à 538.

XXIII. — Société des sciences et arts de Vitry-le-François, t. XXIII, 1904. (Vitry-le-François, 1904, in-8°, 798 p.)

[La couverture imprimée porte t. XXIII, 1902-1903.]

10112. JOVY (E.). — Bossuet à Metz. Notes critiques sur les Études sur la vie de Bossuet de M. A. Floquet, d'après quelques documents messins, p. 1 à 432.

10113. JOVY (Ernest). — Un opuscule attribuable à Pascal, p. 431 à 480.

[Réflexions sur les vérités de la religion chrétienne.]

10114. VAST (Dʳ L.). — A propos du monument commémoratif du siège de Saint-Dizier en 1544, p. 497 à 512.

10115. BARTHÉLEMY (Anatole DE). — Eudes le Champenois, comte de Vitry (1142-1144), p. 513 à 518.

[10111]. MOUGIN (Dʳ L.). — Vues et sites disparus de Vitry-le-François et de son arrondissement. Variétés iconographiques. fig. et 6 pl., p. 519 à 538.

10116. ADENET (H.). — La légende de Saint-Vrain, p. 539 à 542.

10117. JOVY (E.). — Pour quelle raison et à quelle date La Fontaine cessa-t-il d'être maître des eaux et forêts? p. 543 à 576.

10118. MOUGIN (Dʳ). — Études et recherches sur l'hygiène locale (arrondissement de Vitry-le-François), 'p. 576 à 685.

[Topographie médicale de Vitry-le-François et de ses environs par M. MARGIN, chirurgien-major de l'hôpital militaire (1785).]

10119. MOUGIN (Dʳ L.). — Objets gallo-romains et mérovingiens trouvés dans l'arrondissement de Vitry-le-François, et spécialement à Moncetz, Scrupt, Blesme, Vavray, Vitry et Rosay, fig. et 4 pl., p. 703 à 723.

10120. JOVY. — Le Comité d'archéologie de l'arrondissement de Vitry-le-François (1842), p. 727 à 729.

10121. ROYER-COLLARD (Paul). — Lettres de Royer-Collard p. 729 à 731, et 740 à 742.

10122. DESPOCQ. — Notes sur Vanault-le-Châtel, p. 731 à 735.

10123. JOVY. — Héry, procureur syndic du district de Vitry-le-François, p. 746 à 749.

10124. ROYER-COLLARD. — Lettre de M. Thiers à M. H. de Tocqueville, p. 767 à 768.

MARNE (HAUTE-). — SAINT-DIZIER.

SOCIÉTÉ DES LETTRES, DES SCIENCES, DES ARTS, DE L'AGRICUTURE ET DE L'INDUSTRIE DE SAINT-DIZIER.

Les publications antérieures de cette Société sont analysées dans notre Bibliographie générale, savoir : Mémoires, t. I à IV (1880-1886), Bibliographie, t. II, p. 259.
— t. V à VIII (1887-1898), Bibliographie, Supplément sous presse.

IX. — Mémoires de la Société des lettres, des sciences, des arts, de l'agriculture et de l'industrie de Saint-Dizier, t. IX, années 1899-1903. (Saint-Dizier, 1904, in-8°, 159 et XVI-333 p.)

Première partie.

10125. HÉDOUVILLE (Vicomte Charles D') — Éclaron pendant la guerre de 1870 et l'occupation prussienne, p. 1 à 101.

MAYENNE. — LAVAL.

COMMISSION HISTORIQUE ET ARCHÉOLOGIQUE DE LA MAYENNE.

Les publications antérieures de cette Commission sont analysées dans notre *Bibliographie générale*, savoir :
Procès-verbaux, t. I à IV (1878-1885), *Bibliographie*, t. II, p. 260.
Bulletin, t. V à XXI (1886-1900), *Bibliographie*, Supplément sous presse.
— t. XXII et XXIII (1901-1902), *Bibliographie*, nouvelle série, I, p. 53; et II, p. 86.

XXIV. — Bulletin de la Commission historique et archéologique de la Mayenne,. . . 2ᵉ série, t. XIX, 1903. (Laval, 1903, in-8°, 516 p.)

10126. DELACNAY (Paul). — Vieux médecins mayennais, 5 *pl.*, p. 15, 129. et 257.

[J. Barbou du Bourg (1709 † 1779), *pl. et portr.*, p. 15; G. du Tronchay (XVIᵉ s.), p. 129; A. Mellé (XVIᵉ s.), p. 136; J. Béré († 1608); J.-F. Allard (1784 † 1819), *portr.*, p. 149; F.-P. M.-A. Paigis (1760 † 1855), p. 161; R.-F. Plaichard-Choltière (1740 † 1815), *portr.*, p. 257; P.-H.-H. Bodard de la Jacopière (1758 † 1824), p. 274; J.-B.-D. Bucquet (1771 † 1841), *portr.*, p. 291.]

10127. BEAUCHESNE (Marquis DE). — Le château de Coudray et les châtellenies de Chemeré et de Saint-Denis du Maine, p. 90 à 120. — Suite et fin de XXI, p. 249, 378; XXII, p. 15, 129, 268, 409; et XXIII, p. 41, 174, 303, et 389. — Cf. n° 10130.

10128. FLAMENT (P.). — Dénombrement de la terre d'Aunay [commune de Marigné-Peuton, 1506], p. 168 à 192.

10129. LAURAIN (E.). — Autour d'une cure [1803], *portr.*, p. 183 à 197.

[F.-H.-C. Grandin, député à l'Assemblée nationale, et le curé d'Ernée.]

10130. BEAUCHESNE (Marquis DE). — Le testament de Robert des Rotours, seigneur du Coudray (9 janvier 1573), p. 198 à 201. — Cf. n° 10127.

10131. UZUREAU (F.). — L'élection de Château-Gontier et l'Assemblée provinciale d'Anjou, p. 202 à 204.

[10142]. QUÉRUAU-LAMERIE (É.). — Lettres de Michel-René Maupetit, député à l'Assemblée constituante (1789-1791), p. 205, et 348.

10132. ANGOT (A.). — Le balneum de Rubricaire [commune de Saint-Gemme-le-Robert], *fig.* et 2 *pl.*, p. 310 à 315.

10133. FARCY (P. DE). — Extrait de l'ancien greffe des seigneurs vicomtes de Beaumont et de la Flèche [1537-1539], p. 316; et XXV, p. 74, 204, et 319.

10134. ALLEAUME (A.-A.). — Fenêtre du chevet de l'église Notre-Dame-des-Cordeliers (Laval) [vitraux, XVᵉ-XVIIIᵉ s.], *fig.* et *pl.*, p. 339 à 347.

10135. CROULBOIS (L'abbé Jules). — La confrérie du Très-Saint-Sacrement de Cossé-le-Vivien [1651-1902], *pl.*, p. 385 à 407.

10136. ANGOT (A.). — Note sur l'origine de Guy Iᵉʳ de Laval, p. 408 à 410.

10137. DELAUNAY (Paul). — Le monde médical mayennais pendant la Révolution (1789-an XIV), p. 411 à 504.

XXV. — Bulletin de la Commission historique et archéologique de la Mayenne,. . . 2ᵉ série, t. XX, 1904. (Laval, 1904, in-8°, 512 p.)

10138. GALLAND (A.). — Une administration municipale de canton sous le Directoire. Cossé-le-Vivien (Mayenne), p. 17 à 44.

10139. MARSAUX (L.). — Fers à hosties, 2 *pl.*, p. 45 à 48.

10140. DELAUNAY (Paul). — Hygiénistes d'autrefois, p. 49 à 64.

10141. UZUREAU (F.). — Les élections du clergé et de la noblesse dans la sénéchaussée de Château-Gontier (1789), p. 65 à 73.

[10133]. FARCY (P. DE). — Extrait de l'ancien greffe des seigneurs vicomtes de Beaumont et de la Flèche, p. 74, 204, et 319.

10142. QUÉRUAU-LAMERIE (E.). — Lettres de Michel-René Maupetit, député à l'Assemblée nationale constituante (1787-1791), p. 88, 176, 358, et 446; et XXVI, p. 93, 204, 325, 465. — Suite de XXII, p. 302, 439; XXIII, p. 133, 341, 447; et XXIV, p. 205, et 348.

10143. QUÉRUAU-LAMERIE (E.). — Notes sur les bureaux de charité de Laval (1683-1803), p. 129 à 149, et 257 à 290.

10144. UZUREAU (F.). — Lettre à Dorlodot, évêque de la Mayenne, p. 150 à 152.

10145. MAÎTRE (Léon). — La sépulture de saint Martin de Tours, p. 153 à 169.

10146. MARSAUX (L.). — Ampoule de saint Mennas, *pl.*, p. 170 à 172.

10147. LAURAIN (E.). — Anciens quartiers de Laval, p. 173 à 175.

10148. Delacroix (Paul). — Une arrestation en 1791 [M. de Lantivy à Craon], p. 227 à 251.

10149. Du Brossay (Em.-Ch.). — Notes sur Château-Gontier pendant la première moitié du xviiᵉ siècle, pl., p. 291, et 423; et XXVI, p. 75, 129, 400.

10150. Angot (L'abbé). — Montaigu [d'Hambers], 2 pl., p. 332 à 357.

10151. Beauchesne (Marquis de). — Les lauréats du Concours général pour le département de la Mayenne [1747-1849], p. 385 à 413; et XXVI, p. 385.

10152. Guilloreau (Dom Léon). — Les tribulations d'Ernaud, abbé d'Evron (1262-1263), p. 414 à 422.

10153. Trévédy (J.). — Anne, comtesse de Laval, Pierre Landais, trésorier de Bretagne, et Jacques d'Espinay, évêque de Rennes, p. 473 à 486.

10154. Delaunay (Paul). — Les brigands de Fontaine-Daniel [1789], p. 487 à 497.

10155. Laurain. — Lettre du président de l'administration centrale de la Mayenne relative à une statue de l'église de la Trinité de Laval (9 pluviôse an vii), p. 500 et 501.

MEURTHE-ET-MOSELLE. — NANCY.

ACADÉMIE DE STANISLAS.

Les publications antérieures de cette Académie sont analysées dans notre *Bibliographie générale*, savoir :
Mémoires, 4 vol. (1754-1759), *Bibliographie*, t. II, p. 264.
Précis analytique, 15 vol. (1803-1831), *Bibliographie*, t. II, p. 265.
Mémoires, t. I à LIV (1834-1885), *Bibliographie*, t. II, p. 266.
— t. LV à LXVIII (1886-1900), *Bibliographie*, Supplément sous presse.
— t. LXIX à LXXI (1900-1903), *Bibliographie*, nouvelle série, I, p. 54; et II, p. 87.

LXXII. — **Mémoires de l'Académie de Stanislas**, 1903-1904, 154ᵉ année, 6ᵉ série, t. I. (Nancy, 1904, in-8°, cxix-368 p.)

10156. Friot (Dʳ). — Discours prononcé le 27 septembre 1903 aux obsèques de M. Oscar Berger-Levrault, p. xcvii à ci.

10157. Floquet (Gaston). — Notice sur M. Émile Grucker (1828 † 1904), p. civ à cxii.

10158. Floquet (Gaston). — Notice sur M. F.-A. Duvernoy (1824 † 1904), p. cxv à cxix.

10159. Martin (L'abbé). — Le coq du clocher, essai d'archéologie et de symbolisme, p. 1 à 40.

10160. Fournier (Paul). — Un curé lorrain du xviiiᵉ siècle. Jean-François Couquot, curé de Maron (1747-1774), p. 41 à 128.

10161. Grucker (E.). — Les femmes dans la littérature allemande. Anna-Louise Karsch (1722-1791), p. 133 à 181.

10162. Boyé (Pierre). — La milice en Lorraine au xviiiᵉ siècle, p. 182 à 286.

10163. Flèche (P.). — J.-F. Godefrin, botaniste (1749-1828), p. 287 à 299.

MEURTHE-ET-MOSELLE. — NANCY.

SOCIÉTÉ D'ARCHÉOLOGIE LORRAINE ET DU MUSÉE HISTORIQUE LORRAIN.

Les publications antérieures de cette Société sont analysées dans notre *Bibliographie générale*, savoir :
Bulletin puis *Mémoires*, t. I à XXXV (1849-1885), *Bibliographie*, t. II, p. 277.
Mémoires, t. XXXVI à L (1886-1900), *Bibliographie*, Supplément sous presse.
Mémoires, t. LI et LII (1901-1902), *Bibliographie*, nouvelle série, I, p. 55; et II, p. 88.
Journal, t. I à XXXIV (1852-1885), *Bibliographie*, t. II, p. 287.
— t. XXXV à XLIX (1886-1900), *Bibliographie*, Supplément sous presse.
Bulletin mensuel (suite du *Journal*), t. L et LI (1901-1902), *Bibliographie*, nouv. série, I, p. 55; et II, p. 88.
Recueil de documents, t. I à XV (1855-1870), *Bibliographie*, t. II, p. 309.

LIII. — **Mémoires de la Société d'archéologie lorraine et du Musée historique lorrain,** t. LIII (4ᵉ série, 3ᵉ volume), 1903. (Nancy, 1903, in-8°, 536-xxvii p.)

10164. Fournier (Paul). — Chaligny, ses seigneurs, son comté, p. 5 à 264.

10165. Didier-Laurent (Dom E.). — Dom Didier de la Cour de la Vallée et la réforme des Bénédictins de Lorraine (1550-1623), *pl.*, p. 265 à 502.

10166. Beaupré (Comte J.) et Voinot (Dʳ J.). — La station funéraire du bois de la Voivre (Haroué), 4 *pl.*, p. 503 à 536.

LIV. — **Mémoires de la Société d'archéologie lorraine et du Musée historique lorrain,** t. LIV (4ᵉ série, 4ᵉ volume), 1904. (Nancy, 1904, in-8°, 313-xxiv p.)

10167. Voinot (Dʳ Joseph). — Les fouilles de Chaouilley, cimetière mérovingien, 4 *pl.*, p. 5 à 80.

10168. Quintard (Léopold). — Le prieuré de Froville (1091-1791), 3 *pl.*, p. 81 à 108.

10169. Bernard (Henri). — La halle de Saint-Mihiel (1251-1902), 3 *pl.*, p. 109 à 124.

10170. Bové (Pierre). — Le butin de Nancy (5 janvier 1477), étude d'histoire et d'archéologie, p. 125 à 220.

10171. Quentin (Dom). — Notice et extraits d'un triple nécrologe de l'abbaye de Remiremont, p. 221 à 262.

10172. Beaupré (J.). — Compte rendu des fouilles exécutées en 1904 dans les tumulus de Chaudeney (Meurthe-et-Moselle), 3 *pl.*, p. 263 à 295.

10173. Beaupré (J.). — Observations sur les fouillés faites à Scarpone, 3 *pl.*, p. 296 à 309.

LII. — **Bulletin mensuel de la Société d'archéologie lorraine et du Musée historique lorrain,** 3ᵉ année, 1903. (Nancy, 1903, in-8°, 288 p.)

[La couverture porte : 2ᵉ série, t. III, 52ᵉ volume.]

10174. Quintard (L.). — Note sur une tessère de jeux découverte à Soulosse (Vosges), *fig.*, p. 4 à 6.

10175. Wiener (Lucien). — Un portrait de Charles Mellin, catalogué jusqu'alors sous le nom de Claude Gellée, *pl.*, p. 6 à 16.

10176. Idoux (L'abbé M.-C.). — Pierre de Bauffremont, seigneur de Removille (1311), p. 16 à 20.

10177. E. D. [Duvernoy (E.)]. — Le Temple de Lunéville, p. 20.

[Commanderie, vers 1220-1234.]

10178. Nicolas (J.). — Une sépulture dans le cimetière de Laneuville-sur-Meuse [Meuse], p. 21.

[J.-B. Demeaux, ancien abbé de Prières (Morbihan), † 1791.]

10179. Germain (Léon). — Le sceau inédit de Jean d'Aix, évêque de Verdun (1247-1253), p. 27 à 33.

10180. Bardy (H.). — Ferry de Montreuil (1475), p. 33 à 36.

10181. Pernot (Th.). — L'ancienne cloche de Tramont-Lassus [1787], p. 36 à 39.

10182. Moreau (Adolphe). — Une addition au nobiliaire de Lorraine. Les comtes de Bloise et le comté d'Hannonville-sous-les-Côtes [xviᵉ-xviiiᵉ s.], p. 39 à 42.

10183. Germain (Léon). — M. le baron [Piat] de Braux [† 1903], *fig.*, p. 42 à 48.

10184. Nicolas (J.). — L'ancienne église de Stenay, p. 52, 88, 111, 135, 166, 190, 203, 249, et 269.

10185. Parisot (L'abbé L.-A.). — Un procès intéressant au xviiiᵉ siècle, entre la paroisse de Jezainville [Meurthe-et-Moselle] et les décimateurs (1750-1752), p. 60 à 64.

10186. Germain (L.). — Note sur un monument de l'ancienne église des Célestins à Metz, p. 64 à 67.

[Familles Le Hungre, Boyleau, Noiron et de Vy, xiiᵉ s.]

10187. Duvernoy (E.). — Encore Michel de la Huguerye, p. 68. — Cf. I., p. 171.

10188. Germain (L.). — Notes sur la famille de Guelff (xvᵉ-xviᵉ s.), p. 79 à 88, et 102 à 107.

10189. Des Robert (Edmond). — Sceau de Jean de Bloise (1575), p. 88.

10190. Chevreux (Paul). — La Merlusse au Val de Saint-Dié, p. 98 à 102.

10191. Duvernoy (E.). — Le registre B. 256 des archives de la Meuse, p. 107 à 111.

[Registre de la chancellerie des ducs de Lorraine (1202-1304).]

10192. Bové (P.). — La Compagnie du Lévrier blanc au duché de Bar (31 mai 1416-23 avril 1422), p. 123, 158, et 177.

10193. Germain (L.). — Une taque de foyer aux armes du duc Léopold, *fig.*, p. 131 à 135.

10194. Duvernoy (E.). — La mouvance de Rosières-aux-Salines au xiiiᵉ siècle, p. 137.

10195. Quintard (L.). — Note sur une matrice du sceau de N.-D. de Lemoncourt, *fig.*, p. 147.

10196. Chatton (Ed.). — Interprétation du mot quarterium (quartier) employé au moyen âge, en Lorraine, pour désigner une terre d'une certaine étendue et d'une certaine condition, p. 149 à 158.

10197. Germain (L.). — Un généalogiste voleur et faussaire au xviiiᵉ siècle. Jean-Baptiste-Guillaume de Gévigney, p. 170 à 176.

10198. Robert (L.). — Note rectificative sur le château de Prény, p. 176. — Cf. LI, p. 193.

10199. Lefebvre (H.). — Excursion à Briey et à Saint-Pierremont, *pl.*, p. 193 à 197.

10200. Germain (Léon). — Un chef-d'œuvre inconnu de l'école des Richier. Le calvaire de Briey, p. 198 à 203. — Cf. n° 10220.

10201. Pernot (Th.). — Excursion épigraphique. Colombey-les-Belles, p. 221 à 240.

10202. Martin (Eug.). — Sur une communication de Mgr Barbier de Montault à propos d'un buste de saint Adelphe, évêque de Metz, p. 242 à 248.

10203. Duvernoy (E.). — Les pierres tombales de Tantonville, p. 262 à 264.

10204. Pierfitte (L'abbé). — Chamagne. Les Chamagnons, p. 280 à 283.

10205. Pfister (Ch.). — La rue de la Fontaine et le bailli à Nancy, p. 284 à 285.

LIII. — Bulletin mensuel de la Société d'archéologie lorraine et du Musée historique lorrain, 4e année, 1904. Nancy, 1904, in-8°, 292 p.)

[La couverture porte : 2e série, t. IV, 53e volume.]

10206. Beaupré (J.). — Fouilles faites en 1903 dans des tumulus situés dans les bois de Benney et de Lemainville, 2 pl., p. 5 à 10.

10207. Pierfitte (L'abbé Ch.). — Les sires de Darney, p. 10, 24, 36, et 60.

10208. Des Robert (Edmond). — Curiosité sigillographique, un sceau macabre [Théophile de Kitzinger, Sarbourg, 1579], fig., p. 26 à 28.

10209. Beaupré (J.) et Chatton (E.). — Note sur quelques sépultures barbares découvertes à Rémenoville en 1903, p. 28 à 34.

10210. Génin (L'abbé). — Autour de deux tombeaux [Gabriel de Remicourt, † 1546, à Dieulouard, et Barbe de Guermange, † 1542, à Vandelainville]. Généalogie de la famille de Vigneulles, p. 32 à 36.

10211. Nicolas (J.). — Une inscription à Longwy [Congrégation Notre-Dame, 1787], p. 45.

10212. Quintard (Léopold). — Charles Cournault (1815 † 1904), portr., p. 46 à 48.

10213. Lefebvre (H.). — Addition aux sires de Pierrefort de la maison de Bar : Henry de Bar, gouverneur de Bourgogne, p. 51 à 54. — Cf. Mémoires, LII, p. 209.

10214. Duvernoy (E.). — Les anciennes murailles d'Amance, pl., p. 54.

10215. Germain (L.). — Une épitaphe de l'église de Villefranche [Meuse, Pierre de Port, † 1624], p. 56 à 59.

10216. L. G. [Germain (L.)]. — Le prieuré de la Colombe, près de Longwy, p. 59 à 60.

10217. Boyé (Pierre). — Don à la bibliothèque de la Société d'un cahier original des Coutumes de Vaudémont [1605], p. 70 à 72.

10218. Germain (L.). — Recherches généalogiques sur la famille de Ramberviller, p. 75 à 85, et 227 à 236.

10219. Des Robert (Edmond). — Une lettre inédite de saint Pierre Fourier, facs., p. 85.

10220. Davillé (L.). — Le calvaire de Briey [1534], p. 92 à 95. — Cf. n° 10200.

10221. Pierfitte (L'abbé Ch.). — Une branche bourguignonne de la famille de Ville, p. 95 à 105.

10222. Germain (L.). — Épitaphe de Christophe de Gorgias, à Villefranche († 1585), p. 105 à 111, et 167 à 168.

10223. Fournier (Paul). — Notes relatives à l'histoire de la commune de Maron, p. 117 à 133.

10224. Germain (L.). — Jean de Ville, baron de Saint-Remy († 1552), p. 133 à 136, et 163 à 167.

10225. Jadart (H.). — Les titres d'une famille lorraine [Renauld] à la bibliothèque de Reims [1569-1826], p. 138 à 156.

10226. Beaupré (J.). — Exploration d'un tumulus situé dans le parc de Brabois, à Villers-les-Nancy, p. 157 à 160.

10227. Beaupré (J.). — Le tumulus du bois de Grève à Richardménil, pl., p. 160 à 163.

10228. Pernot (Th.). — Excursion épigraphique à Vicherey (Vosges), p. 171 à 192.

10229. Berthelé (Jos.). — Le carnet de comptabilité d'un fondeur de cloches lorrain ambulant [J.-B. Cochois], la veille de la Révolution, p. 201 à 214.

10230. Pawlowski (Auguste). — Notes pour servir à l'histoire économique et sociale du Barrois et du Bassigny (seconde moitié du XVIIIe siècle), p. 214 à 225.

10231. Robinet de Cléry. — Jean-François de la Lance [† 1836], p. 226.

10232. Germain (L.). — La famille Geoffroy de la Vallée, à propos d'une inscription commémorative, p. 242 à 258.

10233. Germain (L.). — La famille de Luxembourg-La-Tour, trois dames à introduire dans la généalogie de cette famille, p. 258 à 263.

10234. Germain (L.). — Une taque de foyer aux armoiries de Bernardin II de Lenoncourt (1602), p. 268 à 276.

10235. Warren (Comte de). — Les descendants et la succession des ducs du Châtelet, p. 277 à 286.

10236. Zeiller (Paul). — Une lettre inédite de Christine de Danemark, duchesse douairière de Lorraine, p. 287 à 289.

MEURTHE-ET-MOSELLE. — NANCY.

SOCIÉTÉ DE GÉOGRAPHIE DE L'EST.

Les publications antérieures de cette Société sont analysées dans notre *Bibliographie générale*, savoir :
Bulletin, t. I à VII (1879-1885), *Bibliographie*, t. II, p. 311.
— t. VIII à XXI (1886-1900), *Bibliographie*, Supplément sous presse.
— t. XXII et XXIII (1901-1902), *Bibliographie*, nouvelle série, II, p. 89.
Congrès des sociétés françaises de géographie, 22ᵉ session (1901), *Bibliographie*, nouv. série, I, p. 121.

XXIV. — Société de géographie de l'Est..., Bulletin trimestriel, nouvelle série, 24ᵉ année, 1903. (Nancy, 1903, in-8°, 540 p.)

10237. Froelich (Jules). — Découverte d'une habitation préhistorique dans les Vosges. Le Roc du Trupt, *fig.*, p. 109 à 113.
10238. Perdrizet (Paul). — Documents du xviiᵉ siècle relatifs aux Yézidis, p. 281 à 306, et 429 à 445.
10239. Le Bondidier (L.). — En Corse. Carnet de route, p. 307 à 328, 404 à 428; et XXV, p. 29 à 40.

XXV. — Société de géographie de l'Est..., Bulletin trimestriel, nouvelle série, 25ᵉ année, 1904. (Nancy, 1904, in-8°, 444 p.)

10240. Gallois (Eugène). — Visite aux ruines gréco-romaines d'Asie Mineure, p. 5 à 14.
10241. Saint-Rémy (G. de). — Anthropologie et ethnographie, p. 15 à 28, et 121 à 135.

[Indo-Chine. Afrique du Nord.]

[10239]. Le Bondidier (L.). — En Corse. Carnet de route p. 29 à 40.

MEUSE. — BAR-LE-DUC.

SOCIÉTÉ DES LETTRES, SCIENCES ET ARTS DE BAR-LE-DUC.

Les publications antérieures de cette Société sont analysées dans notre *Bibliographie générale*, savoir :
Mémoires, t. I à XIV (1871-1885), *Bibliographie*, t. II, p. 314.
— t. XV à XXIX (1886-1900), *Bibliographie*, Supplément sous presse.
— t. XXX et XXXI (1901-1902), *Bibliographie*, nouvelle série, I, p. 56; et II, p. 90.

XXXII. — Mémoires de la Société des lettres, sciences et arts de Bar-le-Duc, 4ᵉ série, t. II. (Bar-le-Duc, 1903, in-8°, cxxiv-319 p.)

10242. F. de B. [Fourier de Bacourt]. — Origine des sociétés historiques [lettre de Colbert], p. vi.
10243. Labourasse. — Acte de baptême suivi de serment

civique [Jean-Baptiste Masson; Varennes-en-Argonne, 1791], p. vii à viii.
10244. [Brocard (H.)]. — Lettre de Jublot (1679), *facs.*, p. xiii à xvi, et xxii à xxiii.
10245. Bacourt (F. de). — Deux seigneurs fantaisistes : 1. M. de Vavincourt; 2. M. de Grand-Nançois, p. xxxiii à xxxvi.

10246. Labourasse (H.). — Dévastation de l'église de Maulan [1793], p. xxxvii.

10247. Bacourt (F. de). — *Les Coûnds* [coutume de mardi gras] de Saint-Mihiel, p. xlv; — le scel de la prévôté de Bar-le-Duc, p. xlvi; — président de la Cour des comptes de Bar, p. xlvii.

10248. Bacourt (F. de). — Les doyens de Saint-Maxe p. xlix à lii.

10249. Divers. — Notes sur les arts et métiers dans l'ancien Barrois, p. lviii à lxi, xc à xcii; et XXXIII, p. cxxx à cxxxiii.

10250. F. de B. [Fourier de Bacourt]. — Le gruyer de Bar, Pierre Gérard, gracié par Louis XIV, p. lxx à lxxiv. — Cf. n° 10253.

10251. H. D. [Dannreuther (H.)]. — Atelier monétaire de Damvillers, *fig.*, p. lxxv.

10252. Germain (Léon). — Un problématique emblème des gentilshommes verriers [en Lorraine], p. lxxix à lxxxiv.

10253. Germain (Léon). — Note sur la famille de Jacob Gérard, anobli en 1641, p. lxxxiv. — Cf. n° 10250.

10254. Anonyme. — Création de foires à Ligny (avril 1482), p. lxxxviii à xc.

10255. F. de B. [Fourier de Bacourt]. — Les Morel, seigneurs de Stainville, p. c à ciii.

10256. Brocard (H.). — Les quatorze grands registres de laboratoire de Lavoisier. Le registre II signalé perdu et nouvellement retrouvé, p. cvii à cxii.

10257. F. de B. [Fourier de Bacourt]. — Les Boisguérin, p. cxvii à cxx.

10258. Lesort (André). — Les chartes du Clermontois conservées au Musée Condé à Chantilly (1069-1352), p. 3 à 273.

10259. Bernard (Henri). — Un monument symbolique de l'école Sammielloise [représentation sculpturale de la Résurrection à Saint-Mihiel (xvi° s.)], *fig.* et *pl.*, p. 275 à 292.

— — —

XXXIII. — Mémoires de la Société des lettres, sciences et arts de Bar-le-Duc, 4° série, t. III. (Bar-le-Duc, 1904, in-8°, cxxxvi-233 p.)

10260. F. de B. [Fourier de Bacourt]. — Ancien carillon de Noël (Ligny-en-Barois), p. vii à x.

10261. Labourasse (H.). — Ordre à tenir pour l'entrée dans la confrairie de Saint-Hubert de Brocourt, et statuts à observer pour tous les confraires, p. xi à xiii.

10262. Clesse. — L'hommage de la commune de Lavoye à l'abbaye de Beaulieu, p. xiii.

10263. F. de B. [Fourier de Bacourt]. — Inventaire des meubles de Catherine de France, duchesse de Bar (Bar, 1604); grands dignitaires du Barrois; les Capucins de Bar et de Ligny, p. xiv

10264. Chévelle (C.). — Foi et hommage de Jean de Schlandre, s° de Tailly (1619), p. xx à xxii.

10265. Konarski (W.). — Alfred Jacob († 1903), p. xxv à xxviii.

10266. Germain (Léon). — Le culte de saint Georges en Lorraine et Barrois, *fig.*, p. xxxiv à xxxvi.

10267. F. de B. [Fourier de Bacourt]. — Le baron Piat de Braux († 1903], p. xxxvii à xxxviii.

10268. F. de B. [Fourier de Bacourt]. — Antoine Boulanger, architecte du pont de Veaucouleurs [1722 † 1791], p. xlvi à xlviii.

10269. Konarski. — M. Charles Demoget († 1903], p. liii à lvi.

10270. F. de B. [Fourier de Bacourt]. — Lady Tuke [† 1743], p. lviii à lx.

10271. A. L. [Lesort (A.)]. — La garde nationale de la Meuse à l'armée du Nord (1810), p. lxiv à lxv.;

10272. F. de B. [Fourier de Bacourt]. — Jamet à Bar, p. lxxv à lxxvii.

10273. F. de B. [Fourier de Bacourt]. — La Grand'Rue de Ligny en 1814, p. lxxxiv à lxxxviii.

10274. F. de B. [Fourier de Bacourt]. — Un anoblissement par charge au Barrois [Antoine Bourgeois, de Ligny] (1740), p. lxxxix à xci.

10275. Germain (Léon). — Les sauvages tenants des armes du duché de Bar au xviii° siècle [armoiries], *fig.*, p. xcviii à cii et cx.

10276. Anonyme. — Acte de mariage de Jean de Saint-Vincent et de Jeanne-Marguerite de Tassigny (1684), p. cix.

10277. H. D. [Dannreuther (H.)]. — M. Henri Labourasse (1824 † 1903), p. cxi à cxii.

10278. Fourier de Bacourt. — Julien Le Maire, sculpteur-peintre et graveur barrisien (xvi° siècle), p. cxvii à cxxi.

10279. F. de B. [Fourier de Bacourt]. — La chapelle de Stainville à Bar pendant la Révolution, p. cxxii à cxxiii.

10280. Des Robert (Edm.). — Dessin original du sceau du tabellionage de la Marche, p. cxxviii à cxxx.

[10249]. Divers. — Notes sur les arts et métiers dans l'ancien Barrois, p. cxx à cxxxiii.

10281. P. C. — Le château de Bourlémont, *fig.*, p. 3 à 13.

10282. Pierrot (Alfred). — L'arrondissement de Montmédy sous la Révolution, p. 15 à 198.

MEUSE. — MONTMÉDY.

SOCIÉTÉ DES NATURALISTES ET ARCHÉOLOGUES DU NORD DE LA MEUSE.

Les publications antérieures de cette Société sont analysées dans notre *Bibliographie générale*, savoir :
Recueil, t. I à XII (1889-1900), *Bibliographie*, Supplément sous presse.
— t. XIII et XIV (1901-1902), *Bibliographie*, nouvelle série, II, p. 91.

10283. Robinet de Cléry. — Dun à travers l'histoire, conférence du 21 juin 1903, publiée sous les auspices de la Société des naturalistes et archéologues du nord de la Meuse. (Montmédy, 1904, in-8°, 129 p. et *pl.*)

XV. — Société des naturalistes et archéologues du nord de la Meuse, t. XV, 1903.

(Montmédy, s. d., in-8°, sciences naturelles, 67 p.; archéologie et histoire locale, 97 p.)

Archéologie et histoire locale.

10284. Lehuraux (P.). — Excursion, p. 1 à 16.
[Cesse, Laneuville, Luzy.]

10285. Biguet (E.). — Promenade dans la vallée de la Meuse. Revin et Laifour, p. 19 à 32.

10286. Biguet (E.). — Jametz, excursion, 2 *pl.*, p. 37 à 96.

MORBIHAN. — VANNES.

SOCIÉTÉ POLYMATHIQUE DU MORBIHAN.

Les publications antérieures de cette Société sont analysées dans notre *Bibliographie générale*, savoir :
Comptes rendus, 7 vol. (1826-1833), *Bibliographie*, t. II, p. 320.
Bulletin, t. I à XXXI (1857-1885), *Bibliographie*, t. II, p. 321.
— t. XXXII à XLVI (1886-1900), *Bibliographie*, Supplément sous presse.
— t. XLVII et XLVIII (1901-1902), *Bibliographie*, nouvelle série, I, p. 57; II, p. 91.
. Ouvrages divers (1878-1881), *Bibliographie*, t. II, p. 320.

XLIX. — Bulletin de la Société polymathique du Morbihan, année 1903. (Vannes, 1903, in-8°, 310-54 p.)

10287. Le Mené (J.-M.). — Abbaye de Prières, *fig.* et 2 *pl.*, p. 8 à 80.

10288. Aveneau de la Grancière. — Deux statuettes en bois, saint Pierre et saint Paul, p. 81 à 84.

10289. Aveneau de la Grancière. — Notes archéologiques. Dernières fouilles et trouvailles : les tumulus de Ty-er-Lann (Guern); a pierre de la lande du Guilly; trou-

vailles gallo-romaines, poteries, objets métalliques, *fig.*, p. 88 à 96.

10290. Closmadeuc (D' de). — Une bévue de la police du Directoire (1798-1799). Lettres d'Angleterre d'une dame K... de Pontivy (1790-1798), p. 97 à 107.

10291. Aveneau de la Grancière. — Le bronze dans le centre de la Bretagne armorique. Une nouvelle sépulture de l'époque du bronze à Malguénac, canton de Cléguérec (Morbihan), le tumulus de l'Hêtre, p. 108 à 112.

10292. Aveneau de la Grancière. — Fouilles au nouveau

cimetière de Vannes (1000-1901). Un moule antique en terre cuite, p. 113 à 122.

10293. Le Mené (J.-M.). — Abbaye de la Joie, *fig.* et 2 *pl.*, p. 123 à 184.

10294. Trévédy (J.). — La lèpre en Bretagne au XVᵉ siècle. Caquins de Bretagne, p. 192 à 255.

10295. Le Rouzic (Z.). — Carnac : fouilles faites dans la région (1902-1903), p. 256 à 266.

10296. Sageret (Em.). — L'insurrection royaliste du Morbihan après le 18 brumaire jusqu'à l'armistice de décembre 1799, p. 267 à 306.

Procès-verbaux.

10297. Morel. — Sur quelques monnaies romaines trouvées en la commune de Nivillac, p. 11.

MOSELLE. — METZ.

ACADÉMIE DE METZ.

Les publications antérieures de cette Académie sont analysées dans notre *Bibliographie générale*, savoir : Séances puis *Mémoires*, t. I à LXX (1819-1885), *Bibliographie*, t. II, p. 330. *Mémoires*, t. LXXI à LXXXIV (1885-1899), *Bibliographie*, Supplément sous presse. — t. LXXXV et LXXXVI (1899-1901), *Bibliographie*, nouvelle série, II, p. 92.

10298. Paulus (L'abbé E.). — Annales de Baltus (1724-1756), publiées d'après le manuscrit original. (Metz, 1904, in-8°.)

[Recueil des différents événements dans la ville de Metz.]

LXXXVII. — **Mémoires de l'Académie de Metz...**, 2ᵉ période, 83ᵉ année, 3ᵉ série, 31ᵉ année, 1901-1902. (Metz, 1904, in-8°, XIV-75 p. et supplément paginé 193 à 512.)

10299. Huber (Émile). — Biographie de M. Nicolas Box [1818 † 1901], p. 29 à 38.

10300. Brunotte (Camille). — Notice sur M. le Dʳ Bleicher [1838 † 1901], p. 39 à 50.

Supplément.

10301. Box (N.). — Mémoires de l'Académie de Metz. Tables générales récapitulatives de 1819 à 1895, p. 193 à 512.

[Les 192 premières pages ont paru avec le t. LXXXV des *Mémoires*.]

MOSELLE. — METZ.

SOCIÉTÉ D'HISTOIRE ET D'ARCHÉOLOGIE LORRAINE.

Les publications antérieures de cette Société sont analysées dans notre *Bibliographie générale*, savoir : *Annuaire*, t. I à XII (1889-1900), *Bibliographie*, Supplément sous presse. — t. XIII et XIV (1901-1902), *Bibliographie*, nouvelle série, II, p. 93.

XV. — **Jahrbuch der Gesellschaft für Lothringische Geschichte und Altertumskunde.** 15ᵉʳ Jahrgang, 1903. **Annuaire de la Société d'histoire et d'archéologie lorraine**, 15ᵉ année, 1903. (Metz, 1903, in-4°, III-558 p.)

10302. Müsebeck (E.). — Zoll und Markt in der ersten

Hälfte des Mittelalters (Péages et marchés à Metz dans la première moitié du moyen âge), p. 1 à 32.

10303. Clément (Roger).—Aperçu de l'histoire des Juifs de Metz dans la période française, p. 33 à 45.

10304. Kirch (J. P.). — Die Leproserien Lothringens, insbesondere die Metzer Leproserie S. Ladre bei Montigny (Les léproseries lorraines et particulièrement la léproserie de Saint-Ladre près Montigny), p. 46 à 109; et XVI, p. 56 à 141.

[10332]. Forrer(R.).—Keltische Numismatik der Rhein-und Donaulande (Numismatique celtique des provinces rhénane et danubienne), fig., p. 110 à 157.

10305. Lesprand (L'abbé P.). — Élection du député direct et cahier du tiers état de la ville de Metz en 1789, p. 158 à 206.

10306. Wolfram (G.). — Zur Metzer Bischofgeschichte während der Zeit Kaiser Friedrichs I (Histoire des évêques de Metz au temps de l'empereur Frédéric Ier), p. 207 à 217.

10307. Wichmann. — Ueber die Maren oder Mertel in Lothringen, mit einem Bericht über die Ausgrabungen des Herrn Colbus in Altrip (Les mares ou mardelles en Lorraine, avec un rapport sur les fouilles de M. Colbus à Altrip), fig. et 11 pl., p. 218 à 262.

10308. Huber (E.) et Paulus (E.). — Coup d'œil historique sur les origines de Sarreguemines jusqu'au XIIIe siècle, p. 263 à 277.

10309. Wolfram (G.). — Ungedruckte Papsturkunden der Metzer Archive (Bulles pontificales inédites aux archives de Metz [1123-1197]), p. 278 à 323.

10310. Keune (J. B.). — Sablon in römischer Zeit (Sablon à l'époque romaine), fig., 24 pl. et carte, p. 324 à 460.

10311. Thamm (Melchior). — Zwei Spottgedichte auf Karl IV, Herzog von Lothringen (Deux poésies satiriques sur Charles IV, duc de Lorraine), p. 461 à 466.

10312. Sauerland (H. V.). — Ein Zeugnis für den Leiter der Metzer Domschule vom Jahre 1363 (Une ordonnance pour le maître de l'école épiscopale de Metz en 1363), p. 466 à 467.

10313. Sauerland (H. V.). — Vatikanische biographische Notizen zur Geschichte des XIV und XV Jahrhunderts. Neue Folge (Notices biographiques pour l'histoire du XIVe et du XVe siècle, d'après les Archives vaticanes, nouvelle série), p. 468 à 474. — Suite de XIII, p. 337.

[Léopold de Northof; Léopold de Bebenburg; le cardinal Robert de Genève (Clément VII); Nicolas Spinelli, sénéchal de Provence; Gerhard Grote, de Deventer; Pierre de Luna (Benoît XIII); Marsilius de Inghen, recteur de l'Université de Paris; Barthélemy Prignani (Urbain VI); Henri de Langenstein, Mathieu de Cracovie, évêque de Worms; Gobelin Persone, auteur du Cosmidromius.]

10314. Keune (J. B.). — Grabfund der Bronzezeit aus Pépinville bei Reichersberg (Découverte d'une sépulture de l'époque du bronze à Pépinville près Richemont), pl., p. 475.

10315. Keune (J. B.). — Vorgeschichtliche Bronze-Gegenstände aus der Sammlung des marquis Villers auf Burgesch in Lothringen (Objets préhistoriques de bronze de la collection du marquis Villers, à Bourguesch en Lorraine), pl., p. 477.

10316. Keune (J. B.). — Inschriftsockel von der Citadelle zu Metz (Inscription romaine sur un socle à la citadelle de Metz), pl., p. 479.

10317. Keune (J. B.). — Friedhof der frühen Volkerwanderungszeit auf dem Bann von Metrich (Cimetière du temps des premières invasions sur le territoire de Metrich), pl., p. 480.

10318. Schramm (E.). — Die Keller des Metzer Bischofpalastes (Les caves du palais épiscopal de Metz), 2 pl., p. 482.

10319. Schramm (E.). — Die Reste einer Römerbrücke bei Magny. Ferme Champenois bei Vernéville (Vestiges d'un pont romain près de Magny. La ferme Champenois près de Vernéville), pl., p. 483.

10320. Welter (Tim.). — Die Hochäcker im Vogesengebirge zu gallo-römischer Zeit (Les hauts plateaux des Vosges à l'époque gallo-romaine), pl., p. 483.

10321. Wolfram (G.). — Münzfund von Genesdorf (Trouvaille de monnaies [lorraines du XIVe siècle] à Genesdorf), p. 488 à 491.

XVI. — Jahrbuch der Gesellschaft für Lothringische Geschichte und Altertumskunde.

16er Jahrgang, 1904. **Annuaire de la Société d'histoire et d'archéologie lorraine, 16e année, 1904.** (Metz, s. d., in-4°, v-572 p.)

10322. Bresslau (H.). — Zweites Gutachten über die angebliche Dagsburger Waldordnung vom 27 juni 1613 (Deuxième mémoire sur la prétendue ordonnance forestière de Dagsbourg du 27 juin 1613), facs., p. 1 à 55. — Cf. X, p. 235.

[10304]. Kirch (J. P.). — Die Leproserien Lothringens (Les léproseries en Lorraine et en particulier la léproserie messine de Saint-Ladre, près Montigny), p. 56 à 141.

10323. Schramm (E.). — Bemerkungen zur der Rekonstruktion griechisch-römischer Geschütze (Remarques pour la reconstitution de l'artillerie des Grecs et des Romains), fig. et 4 pl., p. 142 à 160.

10324. Grotkass. — Diedenhofen im luxemburgischen Erbfolgekriege (Thionville dans la guerre de succession de Luxembourg), p. 161 à 174.

10325. Lesprand (L'abbé P.). — Cahiers lorrains de 1789, p. 175 à 227.

10326. Schlager (Le P. Patricius). — Zur Geschichte des ehemaligen Franziskaner-Klosters in Sierck (Contribution à l'histoire de l'ancien couvent des Franciscains de Sierck), p. 228 à 237.

10327. Paulin (Pierre). — Karl Desiderius Royer, ein

lothringischer Verskünstler, literarische Skizze. (Un poète [latin] lorrain, Charles Didier Royer [† 1707], essai littéraire), p. 238 à 250. — Cf. XVII, p. 156.

10328. Brichard (K.). — Die Familie de Mercy-le-Haut, jetzt Mercy bei Metz (La famille de Mercy-le-Haut, actuellement Mercy, près Metz), p. 251 à 258. .

10329. Huber (Émile) et Grenier (A.). — La villa [romaine] de Rouhling, 15 pl., p. 259 à 292.

10330. Doell (A.). — Der Aquadukt von Jouy-aux-Arches und die römische Wasserleitung von Gorze nach Metz (L'aqueduc de Jouy-aux-Arches et la conduite d'eau romaine de Gorze à Metz), fig., p. 293 à 315.

10331. Keune (J. B.). — Altertumsfunde aus der Flur Sablon (Trouvailles d'antiquités dans la plaine de Sablon), fig. et 12 pl., p. 316 à 384.

10332. Forrer (R.). — Keltische Numismatik der Rhein- und Donaulande (Numismatique celtique des provinces rhénane et danubienne), fig., p. 385 à 469. — Suite de XIII, p. 1; XIV, p. 151; et XV, p. 110.

10333. Müsebeck (E.). — Ein Schmuckverzeichnis aus dem 14 Jahrhundert (Un inventaire de joyaux du XIVᵉ siècle [Jennate Chevallat]), p. 470 à 474.

10334. Forrer (R.) — Steinhammer von Fort Saint-Blaise, bei Metz (Les marteaux de pierre de Fort Saint-Blaise, près Metz), fig., p. 474 à 477.

10335. Keune (J. B.). — Aus einem Bericht über Altertumsfunde in Metz und Lothringen (Extraits d'un rapport sur les trouvailles d'antiquités à Metz et en Lorraine), pl., p. 477 à 483.

10336. Forrer (R.). — Einzelfunde (Kelte) der Bronzezeit aus Lothringen (Trouvailles isolées de hachettes de l'époque de bronze en Lorraine), fig., p. 483.

10337. Schramm (E.). — Römische Bruckenanlage am Barbarator (Vestiges d'un pont romain à la porte Sainte-Barbe), pl., p. 484.

NIÈVRE. — NEVERS.

SOCIÉTÉ ACADÉMIQUE DU NIVERNAIS.

Les publications antérieures de cette Société sont analysées dans notre *Bibliographie générale*, savoir : *Mémoires*, t. I à IX (1886-1900), *Bibliographie*, Supplément sous presse.

— t. X et XI (1902), *Bibliographie*, nouvelle série, II, p. 94.

XII. — **Mémoires de la Société académique du Nivernais**, t. XII. (Nevers, 1903, in-4°, 135 p.)

10338. Gueneau (Victor). — Les vicomtes de Clamecy, p. 3 à 24.

10339. Desforges (A.). — Encore un mot sur les Boïens et Gorgobine, p. 42 à 55.

10340. Anonymus. — Histoire religieuse de la paroisse d'Alligny, près Cosne (Nièvre)[1789-1802], p. 64 à 104.

[10345]. Jolivet (Louis). — Les artistes nivernais, p. 105 à 130.

XIII. — **Mémoires de la Société académique**

du Nivernais, t. XIII. (Nevers, 1904, in-4°, 94 p.)

10341. Gueneau (Lucien). — Un procès de presse à Nevers en 1831, p. 3 à 26.

10342. Carré. — Le fief d'Apiry, p. 27 à 34.

10343. Gueneau (Victor). — L'Université d'Orléans. Sa venue à Nevers, son départ, p. 35 à 48.

10344. Cornu (Paul). — La création à Nevers de la manufacture de faïence dite manufacture royale (1755), p. 49 à 58.

10345. Jolivet (Louis). — Les artistes nivernais, p. 64 à 86. — Suite de XI, p. 54 et XII, p. 105.

NORD. — AVESNES.

SOCIÉTÉ ARCHÉOLOGIQUE D'AVESNES.

Les publications antérieures de cette Société sont analysées dans notre *Bibliographie générale*, savoir :
Mémoires, t. I à III (1864-1876), *Bibliographie*, t. II, p. 369.
— t. IV (1886), *Bibliographie*, Supplément sous presse.
— t. V (1901), *Bibliographie*, nouvelle série, I, p. 58.

VI. — Mémoires de la Société archéologique, t. VI. Compte rendu des séances de la Société archéologique de l'arrondissement d'Avesnes, de février 1887 à octobre 1895. (Avesnes, 1903, in-8°, 402 p.)

10346. Lebeau (Auguste). — Notice sur l'industrie des draps au moyen âge à Avesnes, p. 4 à 7.
10347. Caverne. — Les fonctionnaires et les notabilités d'Avesnes en 1760, p. 7 à 13.
10348. Tordeux (Eugène). — M. Caverne [1819 † 1889], p. 25 à 38.

10349. Poulet (L'abbé S.). — Jesse de Forest, d'Avesnes, et la fondation de New York, p. 51 à 56.
10350. Minon (R.). — L'aqueduc romain de la rive droite de la Sambre à Bavai, p. 63 à 67.
10351. Duvaux (Albert). — Transmission à travers les âges d'un fief tenu en foi et hommage de la terre et pairie d'Avesnes en Hainaut, ou histoire du fief de la Motte et de Coutant, 5 *pl.*, p. 69 à 341.
10352. Prisse d'Avennes (E.) fils. — Prisse d'Avennes [Émile, 1807 † 1879]. Note sur la famille Prisse. La vie et les travaux de l'égyptologue. Le plus ancien manuscrit du monde [papyrus égyptien], 6 *pl.*, p. 343 à 379.

NORD. — CAMBRAI

SOCIÉTÉ D'ÉMULATION DE CAMBRAI.

Les publications antérieures de cette Société sont analysées dans notre *Bibliographie générale*, savoir :
Séances publiques et *Mémoires*, t. I à LVIII (1808-1885), *Bibliographie*, t. II, p. 371.
Mémoires, t. LIX à LXXII (1886-1900), *Bibliographie*, Supplément sous presse.
— t. LXXIII (1901), *Bibliographie*, nouvelle série, II, p. 96.
Ouvrages divers (1827-1862), *Bibliographie*, t. II, p. 383.

LXXIV. — Mémoires de la Société d'émulation de Cambrai, t. LVII. Séance publique du 21 décembre 1902... (Cambrai, 1903, in-8°, CXIII-258 p.)

10353. Esclaibes (Général d'). — Chronologie des seigneurs de Clairmont-en-Cambrésis de l'an 1200 à 1789, p. 1 à 68.
10354. Coulon (D'). — La vente des charges et les corps de métiers à Cambrai en 1697, p. 69 à 112.

10355. Margerin (Le chanoine). — L'église et la collégiale Sainte-Croix de Cambrai, p. 113 à 124.
10356. Boussemart (L'abbé H.). — Registre des délibérations du presbytère du Nord [Lille] (10 mai 1797-19 août 1801), p. 131 à 231.
10357. Bombart (D' H.). — La prise du château fort de la Malmaison, le 1er octobre 1898, p. 241 à 254.

LXXV. — Mémoires de la Société d'émula-

tion de Cambrai, t. LVIII. Séance publique du 20 décembre 1903... (Cambrai, 1904, in-8°, c-84 p.)

10358. PROYART DE BAILLESCOURT (Comte DE). — Quelques notes sur Dumouriez, p. 1 à 18.

10359. BOMBART (D' H.). — Notes sur quelques points d'histoire locale. Le tombeau d'Elbant le Rouge [† 1071], fondateur de l'église Sainte-Croix à Cambrai, p. 37.

10360. BOUSSEMART (H.). — Une bulle [plomb] de Grégoire X, p. 39 à 43.

10361. BERGER (A.). — Visite des bâtiments de l'ancien collège communal [Refuge de Saint-André-du-Cateau-Cambrésis, à Cambrai], 2 pl., p. 45 à 52.

NORD. — DOUAI

SOCIÉTÉ D'AGRICULTURE, SCIENCES ET ARTS DU NORD.

Les publications antérieures de cette Société sont analysées dans notre *Bibliographie générale*, savoir :
Souvenirs de la Flandre wallone, t. I à XXV (1861-1885), *Bibliographie*, t. II, p. 390.
— — t. XXVI et XXVII (1886-1887), *Bibliographie*, Supplément sous presse.
Séances, 4 vol. (1804-1813), *Bibliographie*, t. II, p. 383.
Mémoires, t. I à XXXI (1826-1885), *Bibliographie*, t. II, p. 383.
— t. XXXII à XXXVII (1889-1899), *Bibliographie*, Supplément sous presse.
Ouvrages divers (1827-1862), *Bibliographie*, t. II, p. 383.

XXXVIII. — **Mémoires de la Société d'agriculture, sciences et arts... du département du Nord** séant à Douai, 3ᵉ série, t. VIII (1900-1902). (Douai, 1904, in-8°, 612 p.)

10362. TRULLIEZ (Louis). — Étude sur van Dyck. *pl.*, p. 19 à 75.

10363. WARENGHIEN (Baron DE). — La musique à Douai au XVIᵉ siècle, p. 77 à 213.

10364. WARENGHIEN (Baron DE). — Leçons politiques de Jean Le Huvetier de Ferrières (Ferrarius), lecteur public et royal en la philosophie et éloquence en l'Académie de Douay (1562-1599), p. 269 à 312.

10365. ENLART (C.). — Sur les pleureurs des monuments funéraires du XVᵉ siècle, Douai-Dijon, *pl.*, p. 313 à 318.

10366. WARENGHIEN (Baron DE). — Un Hollandais à l'Université de Douai. Journal d'Arnold van Buchel, du 11 mars 1584 au 28 juin 1585, d'après un manuscrit de la Bibliothèque de l'Université d'Utrecht, p. 403 à 472.

10367. BOISSONNET (Baron Ernest). — Études sur le Parlement de Flandre. Les premiers présidents de Pollinchove, 4 pl., p. 479 à 492.

10368. FAUCHEUX (Dʳ René). — Le dernier chapitre de l'histoire des Bénédictins anglais de Douai, p. 493 à 513.

10369. ANONYME. — A propos de la porte d'Arras [à Douai], p. 577 à 583.

10370. MAILLARD (R.). — Notice nécrologique de M. Émile Alexandre Vuillemin [† 1902], p. 585 à 596.

10371. PRAY (DE). — Notice nécrologique de M. Deschodt, p. 597 à 607.

NORD. — DUNKERQUE.

SOCIÉTÉ DUNKERQUOISE POUR L'ENCOURAGEMENT DES SCIENCES, DES LETTRES ET DES ARTS.

Les publications antérieures de cette Société sont analysées dans notre *Bibliographie générale*, savoir :
Bulletin, 1 vol. (1852), *Bibliographie*, t. II, p. 408.
Mémoires, t. I à XXIV (1853-1885), *Bibliographie*, t. II, p. 408.
Mémoires, t. XXV à XXXIV (1887-1900), *Bibliographie*, Supplément sous presse.
— t. XXXV à XXXVII (1901-1903), *Bibliographie*, nouvelle série, I. p. 58; et II, p. 97.
Bulletin, t. I à IX (1892-1898), *Bibliographie*, Supplément sous presse.

XXXVIII. — Mémoires de la Société dunkerquoise pour l'encouragement des sciences, des lettres et des arts..., 1903, 38ᵉ volume. (Dunkerque, 1903, in-8°, 382-xcvi p.)

10372. Bouchet (Émile). — Dunkerque sous Louis XIV d'après des documents inédits, p. 19, 189; et XXXIX, p. 63.

10373. Simon. — Un collaborateur de La Pérouse, J. Lepaute Dagelet [† 1788], p. 85 à 100.

[10375]. Krenp (Georges). — Essai sur l'histoire du collège Jean-Bart, collège communal et universitaire de Dunkerque, p. 121 à 145.

XXXIX. — Mémoires de la Société dunkerquoise pour l'encouragement des sciences, des lettres et des arts...; 1904, 39ᵉ volume. (Dunkerque, 1904, in-8°, 418 p.)

10374. Nancey (P.). — Voyage du Premier consul à Dunkerque en l'an xi, p. 5 à 61.

[10372]. Bouchet (Ém.). — Dunkerque sous Louis XIV, p. 63 à 231.

10375. Krenp (Georges). — Essai sur l'histoire du collège Jean-Bart, p. 257 à 274. — Suite de XXXIII, p. 422; XXXV, p. 287; XXXVII, p. 120; et XXXVIII, p. 121.

10376. Delbecq (D'). — Le matelot islandais de Gravelines, p. 393 à 416.

NORD. — LILLE.

COMITÉ FLAMAND DE FRANCE.

Les publications antérieures de ce Comité sont analysées dans notre *Bibliographie générale*, savoir :
  Annales, t. I à XV (1853-1886), *Bibliographie*, t. II, p. 397.
  — t. XVI à XXV (1887-1900), *Bibliographie*, Supplément sous presse.
  — t. XXVI (1902), *Bibliographie*, nouvelle série, II, p. 97.
  Bulletin, t. I à VI (1857-1875), *Bibliographie*, t. II, p. 401.
  — t. I à VI (1890-1899), *Bibliographie*, Supplément sous presse.

XXVII. — Annales du Comité flamand de France, t. XXVII, 1903-1904. (Lille, 1904, in-8°, xxiv-404-19 et 297 p.)

10377. Scnrevel (De). — Biographie des Flamands célèbres du xviᵉ siècle, p. 57 à 396 et 19 p. de table.

10378. Sabbe (Maurice). — La vie et les œuvres du poète dunkerquois Michel de Swaen [1654 † 1707], p. 1 à 295.

NORD. — LILLE.

COMMISSION HISTORIQUE DU DÉPARTEMENT DU NORD.

Les publications antérieures de cette Commission sont analysées dans notre *Bibliographie générale*, savoir :
  Bulletin, t. I à XVI (1843-1883), *Bibliographie*, t. II, p. 413.
  Bulletin, t. XVII à XXIV (1886-1900), *Bibliographie*, Supplément sous presse.
  — t. XXV (1901), *Bibliographie*, nouvelle série, I, p. 59.
  Ouvrages divers (1867), *Bibliographie*, t. II, p. 413.

XXVI. — **Bulletin de la Commission historique du département du Nord**, t. XXVI. (Lille, 1904, gr. in-8°, 412 p.)

10379. FINOT (Jules). — L'espionnage militaire dans les Pays-Bas entre la France et l'Espagne aux xvi° et xvii° siècles, p. 1 à 43.

10380. DEBIÈVRE (E.). — Chronique [lilloise] rimée de la fin du xvi° siècle, p. 45 à 59.

10381. LANCIEN (A.). — Les voies romaines du Nord. La table de Peutinger, Hermoniacum, son emplacement, carte, p. 61 à 70.

10382. VERLY (H.). — Les monuments cryptiques du nord de la France, fig., p. 71 à 91.

10383. TRAMBLIN (E.). — Cimetière fortifié et église de Bermerain, fig., p. 93 à 113.

10384. SAINT-LÉGER (A. DE). — La légende de Lydéric et des forestiers de Flandre, p. 115 à 137.

10385. FINOT (Jules). — Liste des diplômes des rois carolingiens et des premiers rois capétiens, conservés dans les archives du Nord, p. 139 à 162.

10386. RIGAUX (H.). — Découvertes gallo-romaines à Courtrai, leur intérêt au point de vue lillois, p. 163 à 170.

10387. TRAMBLIN (E.). — Hermoniacum, son emplacement, fig., p. 171 à 209.

10388. GRAVELLE (Émile). — Fouilles des 25 et 26 février. 1904 sur la place du théâtre de Lille, 2 pl., p. 211 à 215.

10389. CANTINEAU-CORTYL (E.). — Cassel, notes archéologiques et déductions historiques à-propos des constructions découvertes et des terrains reconnus pendant les travaux exécutés en 1904 dans la partie est de la butte du Castellum, p. 217 à 222.

10390. DEBIÈVRE (Eug.). — Theobald Dillon [1745 †1792], p. 224 à 225.

10391. FREMAUX (H.). — Jean Vreté et Jacques Le Prevost, bourgeois de Lille aux États généraux de Tours (1308), p. 227.

10392. ROUSSEL (F.). — L'église de Mastaing, p. 231.

10393. PETIT (Delphin). — Fouilles à Lille, rue du Port, fig., p. 232 à 237. — Cf. n° 10395.

10394. RIGAUX (H.). — Un centre antique à Wazemmes, p. 242.

10395. RIGAUX (H.). — Les fouilles de la rue du Port, p. 244 à 245. — Cf. n° 10393.

10396. FINOT (J.). — Édouard van Hende [†1900]; Théodore Leuridan [†1900], p. 256 à 260.

10397. DEBIÈVRE (E.). — La Chronique lilloise de Chavatte [xvii° s.], p. 262 à 269.

10398. RIGAUX (H.). — Vestiges gallo-romains dans les murs des églises de Mérignies et de Mons-en-Pevèle, p. 273 à 274, et 313 à 315.

10399. ROUSSEL. — L'église de Mérignies, p. 281 à 282.

10400. ANONYME. — Excursion à Mérignies et à Mons-en-Pevèle, p. 290 à 292.

10401. RIGAUX (H.). — Découvertes archéologiques à Lille, rues de la Barre et Esquermoise, p. 293.

10402. ANONYME. — Excursion à Renescure, p. 296 à 300.

10403. ROUSSEL. — Le cœur de F. L. de Worden [†1694] dans l'église de Chereng, p. 306.

10404. LEFEBVRE (Léon). — Les princes et la principauté du Puy Notre-Dame à Lille aux xv° et xvi° siècles, p. 306 à 309.

10405. RIGAUX (H.). — Trouvaille de monnaies romaines à Louvroil, p. 311 à 312.

10406. THÉODORE (A.). — Inscription de la maison des orphelines de la Présentation Notre-Dame à Lille, p. 315.

10407. FINOT (J.). — Paul Foucart [†1902], p. 327 à 329.

10408. LEFEBVRE (Léon). — Le prince d'amour Allard du Bosquiel [1547], p. 334 à 338.

10409. ANONYME. — Excursion à Hondschoote et Bergues, p. 380 à 384.

NORD. — LILLE.

—

SOCIÉTÉ D'ÉTUDES DE LA PROVINCE DE CAMBRAI.

Les publications antérieures de cette Société sont analysées dans notre *Bibliographie générale*, savoir : *Mémoires*, t. I à VII (1894-1900), *Bibliographie*, Supplément sous presse. *Bulletin*, t. I (1899-1900), *Bibliographie*, Supplément sous presse. — t. II à IV (1900-1902), *Bibliographie*; nouvelle série, I, p. 59; et II, p. 98.

VIII-IX. — **Société d'études de la province de Cambrai. Mémoires**, t. VIII [et IX].

10410. LEURIDAN (Th.). — Épigraphie ou recueil des inscriptions du département du Nord ou du diocèse de Cambrai, t. I et II. (Lille, 1903-1904, 1 tome en 2 vol. in-8°, 773 p.)

V. — **Société d'études de la province de Cambrai. Bulletin**, t. V, 5° année, 1903. (Lille, 1903, in-8°, 320 p.)

10411. THÉODORE (Em.). — Christ-Calvaire du XV° siècle de l'église de Ronchin, p. 11 à 14, et 92 à 94.

10412. DEBOUT (L'abbé P.). — Le calice d'Houdain [XIV° s.], p. 20.

10413. ANONYME. — Visite de la basilique de Notre-Dame de la Treille [à Lille], fig., p. 26 à 30.

10414. DESILVE (L'abbé J.). — Les cloches de Vicq en 1796, p. 33.

10415. RODIÈRE (R.). — Michel Marmion, peintre d'Abbeville; le fief Marmion à Wierre [1499], p. 34.

10416. GRISELLE (L'abbé E.). — Un panégyrique de saint Ignace de Loyola, par Fénelon, à Cambrai, en 1703, p. 36.

10417. BROUTIN (L'abbé). — Le séminaire de Cambrai en 1790, p. 38.

10418. DUBRULLE (L'abbé H.). — Lettres des rois de France [conservées aux Archives du Nord], 2° série [1330-1395], p. 39 à 65, et 174 à 192. — Suite de IV, p. 233.

10419. LIAGRE (Ch.). — Les curés, vicaires et chapelains de Loos, près Lille, p. 65 à 68.

10420. LIAGRE (Ch.). — Les seigneurs des Fresnes à Loos, p. 68 à 73.

10421. LOISNE (Comte DE). — Sépultures et épitaphes de la famille d'Hangouart dans l'église Saint-Étienne de Lille, p. 73 à 77.

10422. QUARRÉ-REYBOURBON (L.). — Une impression lilloise à gravures sur bois [Le pèlerinage de deux sœurs Colombelle et Volontairette....., par Boëce Adam Bolswert], fig., p. 78 à 91.

10423. LECLAIR (Edm.). — Les orgues à Lille, p. 94 à 98.

[Églises Saint-Maurice (1583); et Saint-Étienne (1526-1740).]

10424. MALENGÉ (L'abbé). — M. et M°° de Boufflers à Lécluse (1695), p. 98. — Cf. IV, p. 297.

10425. DESILVE (L'abbé J.). — La cure d'Escaupont (1793), p. 99.

10426. DESILVE (L'abbé J.). — Les curés constitutionnels de Lecelles et de Rumegies, p. 100.

10427. DESILVE (L'abbé J.). — Les serments [des ecclésiastiques] à Saint-Amand [1795], p. 101.

10428. LECLAIR (Edm.). — Un épitaphier de l'église de Saint-Étienne de Lille, p. 103 à 105.

10429. LECLAIR (Edm.). — Fondation de Claudine Labbe en la chapelle de l'Ange gardien, à Saint-Étienne de Lille [1675], p. 105 à 107.

10430. LECLAIR (Edm.). — Les pierres tombales et les marguilliers des églises de Saint-Étienne et de Sainte-Catherine de Lille, p. 108 à 111.

10431. QUILLIET (Chanoine H.). — Solution arbitrale des revendications de l'église de Vimy contre les curés de Farbus et de Thélus [1733-1734], p. 111 à 116.

10432. MASCRE (L'abbé E.). — Quelques documents concernant les églises des faubourgs de Valenciennes, p. 117 à 119.

10433. DESILVE (L'abbé). — Testament de M. Étienne Thion, curé de Saint-Amand [1763], p. 121 à 126.

10434. GRISELLE (L'abbé). — Échos de deux sermons de Fénelon à Mons en 1699, p. 127.

10435. [LEURIDAN (L'abbé)]. — Les chartes du prieuré de Fives (1104-1336), p. 129 à 143.

10436. [LEURIDAN (L'abbé Th.)]. — Table des noms de lieux des provinces de Liège, Limbourg, Luxembourg et Namur mentionnés dans l'inventaire sommaire de la série B des archives départementales du Nord, p. 144 à 155. — Suite de I, p. 42, 85, 125, 192, 227; II, p. 86, 201, 266; III, p. 35, 148, 249; et IV, p. 105, et 265.

10437. ANONYME. — M. Primat [évêque constitutionnel] à Lille, p. 156 à 162. — Cf. n° 10445.

10438. ANONYME. — Les processions à Lille en 1790, 1791 et 1792, p. 163 à 170.

10439. FLIPO (L.). — Remède singulier contre la peste (1581), p. 171.

10440. LEBLANC (J.). — Fêtes populaires à Tourcoing sous la Révolution, p. 193 à 196.

10441. QUILLIET (Le chanoine H.). — Contestation entre les administrateurs de l'église de Vimy et M°° l'évêque d'Arras au sujet de réparations au chœur de l'église paroissiale [1727], p. 196 à 199.

10442. PASTOORS (L'abbé). — Les clercs de Notre-Dame du Puy de Douai, ou clercs parisiens, p. 199 à 202.

10443. LIAGRE (Charles). — Autour d'un procès de 200 ans à Loos, p. 203 à 235.

10444. DELANNOY (Paul). — Le curé Barbotin [1766], p. 237.

10445. DELANNOY (Paul). — L'évêque Primat, p. 237. — Cf. n° 10437.

10446. BOCQUILLET (A.). — Rémission à un seigneur d'Avelin [1458], p. 238.

10447. BERCET (Ed.). — Confrérie de Saint-Ursmer à Floyon [1798], p. 240.

10448. PASTOORS (L'abbé). — Documents concernant Erin (1489-1581), p. 242.

10449. LECLAIR (Edmond). — Loterie pour Saint-Étienne de Lille (1534), p. 243.

VI. — Société d'études de la province de Cambrai. Bulletin, t. VI, 6' année, 1904. (Lille, 1904, in-8°, 336 p.)

10493. Delerucques (L'abbé P.). — Réunion à Orchie de prêtres revenus d'exil en 1802, p. 266.

10494. Pastoors (L'abbé A.). — Une lettre de Merlin . [1791], p. 266 à 269.

10495. Lefebvre (Léon). — Le deuil d'un bourgeois de Lille en 1772 [Placide Flament], p. 269 à 277.

10496. Debout (L'abbé P.). — Notes extraites du re-

gistre aux collations du diocèse d'Arras, de 1574 à 1586, concernant les paroisses du diocèse actuel de Cambrai, p. 284 à 294.

10497. Du Chastel de la Howarderie (Comte P.-A.). — Donation faite par une demoiselle noble [Marie de la Howarderie de Maufait] à son neveu naturel [1403], p. 316 à 327.

NORD. — LILLE.

SOCIÉTÉ DE GÉOGRAPHIE DE LILLE.

Les publications antérieures de cette Société sont analysées dans notre *Bibliographie générale*, savoir :
Bulletin, t. I à XXXIV (1882-1900), *Bibliographie*, Supplément sous presse.
— t. XXXV à XXXVIII (1901-1902), *Bibliographie*, nouvelle série, I, p. 61; et II, p. 100.

XXXIX. — Bulletin de la Société de géographie de Lille (Lille, Roubaix, Tourcoing)..., 1er semestre de 1903, 23e année, t. XXXIX. (Lille, s. d., in-8°, 556 p.)

10498. Houbron (Georges). — Le toit de l'Europe. La liberté chez les Grisons, p. 13 à 21.

10499. Soil de Moriamé (E.-J.). — En Russie. Les grandes villes de la Russie d'Europe, *fig.*, p. 309 à 386.

10500. Meynier (Capitaine). — La France dans l'Afrique centrale. Mission Joalland-Meynier, *carte*, p. 414 à 443.

10501. Quarré-Reybourbon (L.). — L'Exposition de géographie d'Anvers, p. 490 à 502.

XL. — Bulletin de la Société de géographie de Lille (Lille, Roubaix, Tourcoing)..., 2e semestre de 1903, 24e année, t. XL. (Lille, s. d., in-8°, 452 p.)

10502. Miriam. — Le [cap] Gris-Nez, p. 118 à 123.

10503. Gallois (Eugène). — En Nouvelle-Zélande, *cartes*, p. 165 à 199.

OISE. — BEAUVAIS.

SOCIÉTÉ ACADÉMIQUE DU DÉPARTEMENT DE L'OISE.

Les publications antérieures de cette Société sont analysées dans notre *Bibliographie générale*, savoir :
Mémoires, t. I à XII (1847-1885), *Bibliographie*, t. II, p. 444.
— t. XIII à XVII (1886-1900), *Bibliographie*, Supplément sous presse.
— t. XVIII (1901-1903), *Bibliographie*, nouvelle série, II, p. 101.
Bulletin, t. I (1854), *Bibliographie*, t. II, p. 449.
Compte rendu, t. I à III (1882-1885), *Bibliographie*, t. II, p. 49.
— t. IV à XVIII (1886-1900), *Bibliographie*, Supplément sous presse.
— t. XIX et XX (1901-1902), *Bibliographie*, nouvelle série I, p. 62; et II, p. 102.

XXI. — Société académique d'archéologie, sciences et arts du département de l'Oise.

Compte rendu des séances, 1903. (Beauvais, s. d., in-8°. 137 p.)

10504. Anonyme. — Corot sur les bords du Thérain, p. 9 à 18. — Suite de XX, p. 90.

10505. Groult (A.). — Hachette néolithique, poterie et monnaies romaines trouvées à Beauvais, p. 63 à 65.

10506. Rodière (Roger). — Plaque de fondation d'un seigneur du Vaumain (1533), p. 70 à 71.

10507. Leblond (Dʳ). — Monnaies gauloises, p. 82 à 85.

10508. Bénard. — Découverte et fouilles d'un dolmen à Champignolles-Flavacourt, p. 97 à 99.

10509. Houlé. — Fouilles de Bury et Mérard (1903), p. 108 à 109.

OISE. — CLERMONT.

SOCIÉTÉ ARCHÉOLOGIQUE ET HISTORIQUE DE CLERMONT.

Cette Société, fondée en 1902, a été autorisée par décret du 19 janvier 1903; nous donnons ci-dessous l'analyse du premier fascicule de ses *Procès-verbaux*, paru en 1903.

I. — Société archéologique et historique de Clermont. Procès-verbaux et communications diverses, 1903. (Clermont, Oise, s. d., in-8°, 95 p.)

10510. Beaudry. — Documents concernant l'école de charité à Breuil-le-Sec (1785-1787), p. 5 à 8.

10511. Beaudry. — Notes sur l'histoire de l'abbaye et de la paroisse de Breteuil, 14, 26, et 44.

10512. Sévestre. — Le premier duc de Fitz-James, p. 21 à 24.

10513. Roussel (E.). — La seigneurie et les droits de l'abbaye de Saint-Quentin de Beauvais à Airion, nominations de bailli [XVIIIᵉ s.], p. 33 à 41.

10514. Parmentier. — Aperçu descriptif sur la commanderie de Neuilly et sa chapelle, p. 42 à 44.

10515. Beaudry (A.). — Excursion à Saint-Martin aux Bois et Maignelay, p. 50 à 65.

10516. Beaudry. — Un chapelain de l'hôtel Saint-Ladre de Clermont (1459), p. 66 à 69.

10517. Pouillet. — Conséquences à Clermont de la loi sur la Constitution civile du clergé, p. 70 à 73.

10518. Parmentier. — Note sur un tronc du XVᵉ siècle de l'église de Rosoy, p. 74 à 77.

OISE. — COMPIÈGNE.

SOCIÉTÉ HISTORIQUE DE COMPIÈGNE.

Les publications antérieures de cette Société sont analysées dans notre *Bibliographie générale*, savoir :

Bulletin, t. I à VI (1869-1884), *Bibliographie*, t. II, p. 450.
— t. VII à IX (1888-1899), *Bibliographie*, Supplément sous presse.
— t. X (1902), *Bibliographie*, nouvelle série, II, p. 102.
Procès-verbaux, t. I à X (1888-1900), *Bibliographie*, Supplément sous presse.
— t. XI et XII (1901-1902), *Bibliographie*, nouvelle série, I, p. 63; et II, p. 103.
Ouvrages divers (1869-1902), *Bibliographie*, t. II, p. 449, Supplément sous presse; et nouvelle série, t. II, p. 102.

10519. Morel (Le chanoine). — Cartulaire de l'abbaye de Saint-Corneille de Compiègne, t. I (877-1216). (Montdidier, 1904, in-4°, XII-488 p.)

XI. — Bulletin de la Société historique de Compiègne, t. XI. (Compiègne, 1904, in-8°, XXXVI-307 p.)

10520. Sorel (Alexandre). — Jean-Jacques Rousseau au château de Trie, 2 pl., p. 1 à 21.

10521. Vattier (Am.). — L'ermitage de Saint-Signe, p. 63 à 73.

10522. Cauchemé (V.). — L'écusson du pont de Compiègne, *pl.*, p. 75 à 78.

10523. Gallois (L'abbé).— Vitraux de la Renaissance dans les cantons de Lassigny et de Ressou-sur-Matz (Oise), *pl.*, p. 79 à 96.

[Vitraux de Cuy, Dives, Lassigny, Plessier-de-Roye, Saint-Nicaise, Marguy-sur-Matz, Vignemont, Broisne, Baugy.]

10524. Derville (B.-A.). — Réjouissances publiques à Compiègne à l'occasion de la paix de Ryswick (1697), p. 97 à 107.

10525. Morel (E.). — Le saint Suaire de Saint-Corneille de Compiègne, p. 109 à 210.

10526. Plessier (L.). — Un budget de la France à la veille de la Révolution de 1789, *pl.*, p. 211 à 222.

10527. Eug. M. [Muller (Eug.)]. — Courses archéologiques autour de Compiègne, *fig.*, p. 223 à 304.

XIII. — Société historique de Compiègne.

Procès-verbaux, rapports et communications diverses, XII, 1903. (Compiègne, 1904, in-8°, 147 p.)

[Le tome 1 paru après coup n'est pas compris dans la tomaison établie par la Société.]

10528. Collette (Le chanoine A.). — L'histoire du bréviaire de Rouen, p. 19 à 24.

10529. Morel (E.). — Les représentants du peuple Collot d'Herbois et Isore en mission dans les départements de l'Aisne et de l'Oise. Leur rapport au Comité de salut public, p. 47 à 53.

10530. Bonnault (Baron de). — Excursion à Morienval, Lieu-Restauré et Vez (2 juin 1903), p. 79 à 85.

10531. Morel (E.). — Les biens ecclésiastiques vendus nationalement dans le canton d'Estrées-Saint-Denis, p. 93 à 100.

10532. Plessier (L.). — Nécrologie. M. l'abbé Vattier [† 1903], p. 101 à 108.

10533. Anonyme. — Legs de M. le président Sorel. Catalogue des livres, brochures, cartes et plans légués par Alexandre Sorel, ancien président de la Société, p. 127 à 145.

XIV. — Société historique de Compiègne.

Procès-verbaux, rapports et communications diverses, XIII, 1904. (Compiègne, 1905, in-8°, 172 p.)

10534. Morel (E.). — L'enlèvement des cloches de Longueil-Sainte-Marie en 1793, p. 21 à 27.

10535. Romiszowski (De). — Note sur deux médailles [romaines] trouvées récemment dans les environs de Compiègne, p. 35 à 36.

10536. Lambin (P.). — Monographie de Saint-Nicolas-de-Courson (forêt de Compiègne), p. 43 à 51.

10537. Morel (E.). — Les écoles primaires religieuses du Beauvaisis, de la Picardie et du Vermandois, p. 59 à 78.

10538. Lambin (Paul). — Étude sur Sainte-Périne (forêt de Compiègne), p. 107 à 113.

10539. Morel (E.). — Excursion archéologique à Septmonts et Longpont, p. 119 à 124.

10540. Morel (E.). — Mgr de la Rochefoucauld et la Constitution civile du Clergé, p. 161 à 165.

10541. Colin (A.). — Le braconnage et la vente du gibier [xvie-xixe s.], p. 167 à 170.

OISE. — NOYON.

COMITÉ ARCHÉOLOGIQUE ET HISTORIQUE DE NOYON.

Les publications antérieures de ce Comité sont analysées dans notre *Bibliographie générale*, savoir :
Comptes rendus et mémoires, t. I à VII (1856-1885), *Bibliographie*, t. II, p. 452.
    —   t. VIII à XVI (1886-1900), *Bibliographie*, Supplément sous presse.
    —   t. XVII et XVIII (1901-1903), *Bibliographie*, nouvelle série, I, p. 64; et II, p. 103.
Table générale (1856-1900), *Bibliographie*, nouvelle série, I, p. 64.
Ouvrages divers (1876-1903), *Bibliographie*, t. II, p. 452; nouvelle série, II, p. 103.

XIX. — Comité archéologique et historique de Noyon. Comptes rendus et mémoires lus aux séances, t. XIX. (Chauny, 1904, in-8°, xxxiii-294 p.)

10542. Ponthieux (A.). — Histoire de l'abbaye de Saint-Barthélemy de Noyon, p. 1 à 34.

10543. F. B. [Brière (F.)]. — Les reliques de saint Éloi et leurs authentiques, pl., p. 35 à 54.

10544. Baudoux (Augustin). — Les évêques de Noyon, p. 55 à 109. — Suite de XVIII, p. 157.

10545. Marsaux (L.). — Inventaire de la confrérie de Notre-Dame des Joies [en l'église de Noyon], p. 110 à 134.

[Inventaire des meubles (1616) et des titres (1696).]

10546. Gallois (L'abbé A.). — La commune de Ville pendant la Révolution, p. 135 à 214.

10547. Ponthieux (A.). — Notes sur quelques fiefs relevant du chapitre cathédral de Noyon, p. 215 à 238.

10548. Muller (Le chanoine Eug.). — Quelques remarques nouvelles sur l'Évangéliaire de la cathédrale de Noyon au point de vue de la paléographie et de la déclamation liturgique, facs., p. 239 à 246.

10549. Muller (Le chanoine Eug.). — Noyon. Inventaire de Poulet-Féret (1591), p. 247 à 268.

OISE. — SENLIS.

COMITÉ ARCHÉOLOGIQUE DE SENLIS.

Les publications antérieures de ce Comité sont analysées dans notre *Bibliographie générale*, savoir :
Comptes rendus, t. I à XX (1862-1885), *Bibliographie*, t. II, p. 455.
    —   t. XXI à XXXII (1886-1899), *Bibliographie*, Supplément sous presse.
    —   t. XXXIII et XXXIV (1900-1902), *Bibliographie*, nouv. série, I, p. 64; II, p. 101.
Ouvrages divers (1870-1884), *Bibliographie*, t. II, p. 455.
Outre son volume annuel, la Société a publié en 1904 la table suivante :

10550. Guillemot (Étienne). — Table alphabétique et analytique des matières contenues dans les Bulletins du Comité archéologique de Senlis, Comptes rendus et Mémoires, années 1875 à 1902 incluse. (Senlis, 1904, in-8°, 67 p.)

XXXV. — Comité archéologique de Senlis. Comptes rendus et mémoires, 4° série, t. VI, année 1903. (Senlis, 1904, in-8°, XXI-XVII-134 p.)

10551. Dupuis (E.) et Macon (G.). — Commelles, la Chapelle-en-Serval, Géni, l'hôtel Saint-Georges, 7 pl., p. 1 à 92.

10552. Driard (A.). — Senlis sous l'ancien régime, p. 93 à 132. — Suite de XXXIII, p. 1.

[Foires et marchés.]

ORNE. — ALENÇON.

LES AMIS DES MONUMENTS ORNAIS.

Les tomes I et II du *Bulletin* de cette Société sont analysés dans le deuxième fascicule, p. 104, de la nouvelle série de notre *Bibliographie*.

III. — Bulletin des Amis des monuments ornais, t. III. (Alençon, 1903, in-8°, 39 et 90 p.)

10553. Du Motey (Vicomte). — Le secret de la maison d'Ozé [à Alençon], étude historique d'après des documents inédits, *fig.*, 3 pl. et *facs.*, p. 1 à 39; et p. 13 à 19.

10554. Divers. — Inventaire archéologique par communes des arrondissements d'Alençon, d'Argentan et de Domfront, *fig.*, p. 25 à 33, et 79 à 81. — Suite de II, p. 16, 100, et 113.

10555. Hommey (D')et Fleury. — Note sur une ancienne sépulture à Macé, *fig.*, p. 34 à 39.

10556. Letacq (A.-L.). — L'ermitage de Vingt-Hanaps et la chapelle de Marthe-Leurouse, dans la forêt d'Écouves, p. 40 à 45.

10557. [Lasteyrie (Robert de)]. — Rapport présenté au Conseil d'État en faveur du classement de la maison d'Ozé [à Alençon], p. 60 à 65.

10558. Simil. — Extrait du rapport présenté à la Commission des monuments historiques en faveur du classement de la maison d'Ozé, p. 66 à 67.

10559. Gatry. — L'église du Bouillon, p. 68 à 70.

10560. Desvaux (L'abbé A.). — Le manoir féodal de Deimigny et ses seigneurs, p. 73 à 78.

ORNE. — ALENÇON.

SOCIÉTÉ HISTORIQUE ET ARCHÉOLOGIQUE DE L'ORNE.

Les publications antérieures de cette Société sont analysées dans notre *Bibliographie générale*, savoir :

Bulletin, t. I à IV (1883-1885), *Bibliographie*, t. II, p. 463.

— t. V à XIX (1886-1900), *Bibliographie*, Supplément sous presse.

— t. XX et XXI (1901-1902), *Bibliographie*, nouvelle série, I, p. 65 ; et II, p. 105.

Ouvrages divers (1885), *Bibliographie*, t. II, p. 463.

Une table générale des matières contenues dans les vingt-deux premiers volumes du *Bulletin* de cette Société a paru en 1904 (voir notre n° 10575).

XXII. — Bulletin de la Société historique et archéologique de l'Orne, t. XXII. (Alençon, 1903, in-8°, xviii-596 p.)

10561. Tournouër (H.). — Jean du Barquet et ses alliances [xvii° s.], p. 15 à 30.

10562. Duval (Louis). — Phénomènes météorologiques et variations atmosphériques. Sécheresses, pluies, orages, glaces, tremblements de terre, aérolithes, etc., observés en Normandie, principalement dans l'Orne, d'après les chroniques locales, les archives du département et des communes (1073-1854), p. 31 à 43. — Suite et fin de XII, p. 385; XIII, p. 337; XIV, p. 257; XIX, p. 5, 111; XX, p. 10, 167; et XXI, p. 35, et 121.

10563. Chollet (A.). — Courgeron-Chagny, p. 44 à 80.

10564. Vérel (Ch.). — Nonant-le-Pin, *fig.*, p. 81, 157, 225; et XXIII, p. 7, et 121.

10565. Anonyme. — Bibliographie du département de l'Orne pendant l'année 1902, p. 117 à 147, et 319 à 321. — Cf. n° 10580.

10566. Richer (A.). — Une fondation d'écoles à Saint-Loyer-des-Champs en 1709, p. 148 à 156.

10567. L'Héréteur (L'abbé). — Pierre tombale de Christophe Cherault, s' du Pont, à Moulins-la-Marche [1668], p. 207.

10568. Letacq (A.-L.). — Nécrologie, p. 212 à 216.

[E. Renault († 1902); H. Le Favernis (1826 † 1902).]

[10581]. Beauchesne (Marquis de). — Les seigneuries mancelles du Passais normand, p. 285 à 310.

10569. Duval (Frédéric). — Documents pour servir à l'histoire du duché d'Alençon conservés dans les archives anglaises, Normann Rolls et Additionned [lisez : Additional] Manuscripts (1202-1585), p. 311 à 318; et XXIII, p. 203 à 219.

10570. Tournouër (H.). — Excursion archéologique dans le Houlme, 6 *pl.*, p. 350 à 473.

[Carrouges, *fig.* et 4 *pl.*; Sainte-Marguerite de Carrouges, *fig.*; Sainte-Marie-la-Robert, *fig.*; Rânes, *fig.* et 2 *pl.*; Saint-Brice-sous-Ranes, *fig.*; Lougé-sur-Maire, *fig.* — Châteaux des Yveteaux, *fig.*; de la Lande-de-Lougé, *fig.* — Briouze, *fig.*; château de Lignou, *fig.*; le Repas, *fig.*; les Tourailles, *fig.*]

10571. Tournouër (H.). — Briouze, sa baronnie, ses barons, p. 477 à 490.

10572. Gourdel (L'abbé V.). — Briouze et sa région, p. 504 à 516.

10573. Vauchelle (J. de). — Les possesseurs du fief de Lignou, p. 524 à 530.

10574. Duval (Louis). — Souvenirs de Treize-Saints et de Batilly, canton d'Écouché (Orne). Les Le Verrier; les de Gautier; la dame de Tilly et le curé de Batilly, p. 531 à 567.

10575. Dumay de la Maherin (H.). — Table des matières contenues dans le Bulletin de la Société historique et archéologique de l'Orne, tomes I à XXII, 1882-1903. (Alençon, 1904, in-8°, 78 p.)

XXIII. — Bulletin de la Société historique et archéologique de l'Orne, t. XXIII. (Alençon, 1904, xviii-280 p.)

[10564]. Vérel (A.). — Nonant-le-Pin, p. 7 à 38, et 121 à 152.

10576. Broc (H. de). — L'existence d'un gentilhomme en province à la fin du xviii° siècle (d'après le livre de comptes du comte des Feugerets [† 1814], p. 39 à 61.

10577. Gatry (L'abbé). — Neauphe-sous-Essay, p. 62 à 70.

10578. Chollet (A.). — Vieux-Urou, p. 71 à 74.

10579. Chollet (A.). — Le Pin-au-Haras, p. 75 à 97.

10580. Anonyme. — Bibliographie du département de l'Orne pendant l'année 1903, p. 153 à 187. — Cf. n° 10565.

10581. Beauchesne (Marquis de). — Les seigneuries mancelles du Passais normand, p. 188 à 202; XXIV, p. 265. — Suite de XXII, p. 285.

[Ceaucé, XXII, p. 285. — La Béraudière en Ceaucé, XXIII, p. 188; XXIV, p. 265.]

[10569]. Duval (Frédéric). — Inventaire des documents pour servir à l'histoire du duché d'Alençon, conservés dans les archives anglaises, p. 203 à 219.

10582. Castilla (De). — Notes sur la succession des propriétaires de la seigneurie de Carrouges, p. 220 à 224.

10583. Gourdel (L'abbé V.). — Le marquis de Champagne [1829 † 1904], p. 272.

10584. Tournouër (H.). — Madame de la Sicotière [† 1904], p. 273 à 275.

ORNE. — MORTAGNE.

SOCIÉTÉ PERCHERONNE D'HISTOIRE ET D'ARCHÉOLOGIE.

Le tome I du *Bulletin* de cette Société est analysé dans le deuxième fascicule, p. 106, de la nouvelle série de notre *Bibliographie*.

II. — Bulletin de la Société percheronne d'histoire et d'archéologie, t. II, 1902-1903. (Bellême, 1902, in-8°, 187 p.)

10585. Romanet (Vicomte O. de). — Prestation solennelle de foys et hommages à Bellème, en 1576, et caractères de la féodalité dans le Perche, p. 19 à 42.

10586. Amédée (Frère). — Les Prussiens à Bellème pendant la guerre de 1870-1871, p. 60 à 88.

10587. Fournier (L.). — Les femmes de Longny, de Condé-sur-Huisne et de Marcilly, et la liberté du culte pendant la Révolution, p. 93 à 101.

10588. Hulot (Paul). — L'église de Saint-Martin-du-Douet, pl., p. 102.

10589. Barret (L'abbé P.). — Le prieuré de Sainte-Gauburge, 2 pl., p. 104 à 115.

10590. Beaudouin (H.). — Dom Gerbert et la légende du prieuré [de Sainte-Gauburge], p. 116 à 123.

10591. Fauquet (Georges). — Les armes de Nogent [-le-Rotrou], p. 128 à 134.

10592. Richer (A.). — Expulsion des religieuses de l'hôtel-Dieu de Mortagne en 1791, p. 135 à 146.

10593. Dauplet (Gustave). — La célébration à Nogent [-le-Rotrou] de la première fédération, le 14 juillet 1790, p. 177 à 185.

PAS-DE-CALAIS. — ARRAS.

ACADÉMIE DES SCIENCES, LETTRES ET ARTS D'ARRAS.

Les publications antérieures de cette Académie sont analysées dans notre *Bibliographie générale*, savoir :
Mémoires, t. I à LIV (1818-1885), *Bibliographie*, t. II, p. 466.
— t. LV à LXIX (1886-1900), *Bibliographie*, Supplément sous presse.
— t. LXX à LXXII (1901-1903), *Bibliographie*, nouvelle série, I, p. 65; II, p. 106.
Ouvrages divers (1852-1902), *Bibliographie*, t. II, p. 466, et nouvelle série, II, p. 106.

LXXIII. — Mémoires de l'Académie des sciences, lettres et arts d'Arras, 2ᵉ série, t. XXXV. (Arras, 1904, in-8°, 464 p.)

10594. CAVROIS DE SATERNAULT (Bᵒⁿ Alexandre). — Discours de réception [éloge et bibliographie de M. C Le Gentil], p. 11 à 41.

10595. LESUEUR DE MORIAMÉ. — Discours de réception [éloge de M. A. de Cardevacque, et notice sur les milices d'Artois], p. 56 à 79.

10596. DUPLOT (L'abbé). — L'émigration ecclésiastique, p. 164 à 178.

10597. RODIÈRE (Roger). — Essai sur les prieurés de Beaurain et de Maintenay et leurs chartes, p. 179 à 443.

PAS-DE-CALAIS. — BOULOGNE-SUR-MER.

SOCIÉTÉ ACADÉMIQUE DE BOULOGNE-SUR-MER.

Les publications antérieures de cette Société sont analysées dans notre *Bibliographie générale*, savoir :
Mémoires, t. I à XIII (1864-1886), *Bibliographie*, t. II, p. 484.
— t. XIV à XX (1888-1900), *Bibliographie*, Supplément sous presse.
— t. XXI et XXII (1901-1903), *Bibliographie*, nouvelle série, I, p. 67; et II, p. 108.
Bulletin, t. I à IV (1864-1890), *Bibliographie*, t. II, p. 486.
— t. V (1891-1899), *Bibliographie*, Supplément sous presse.
Ouvrages divers (1879-1886), *Bibliographie*, t. II, p. 484.

XXIII. — Mémoires de la Société académique de l'arrondissement de Boulogne-sur-Mer, t. XXIII, 1903. (Boulogne-sur-Mer, 1903, VII-170 p.)

10598. HAMY (Dʳ E.-T.). — François Panetié, premier chef d'escadre des armées navales (1626-1696), étude historique et biographique, 5 *pl.*, p. I à VIII, et 1 à 170.

VI. — Bulletin de la Société académique de l'arrondissement de Boulogne-sur-Mer,

t. VI, 1900-1903. (Boulogne-sur-Mer, s. d., in-8°, 624 p.)

10599. DUTERTRE (Dʳ E.). — Épitaphe de Jean-François La Pie, avocat au Parlement, à Samer [† 1779], p. 2 à 3.

10600. MALO (Henri). — La belle Géraldine [Géraldine Fitz Gerald, lady Clinton, 1527 † 1589], *portr.*, p. 5 à 12.

10601. MALO (H.). — Les marins de la circonscription maritime de Boulogne-sur-Mer le 14 novembre 1671, p. 13 à 28.

10602. HAMY (E.-T.). — Thomas de Bouloigne, chirurgien de Charles V et de Charles VI; Enguerrand de Parenty, médecin de Louis XI, p. 29 à 33.

10603. Rigaux (H.). — Un harpon en os trouvé dans le département du Pas-de-Calais, p. 34 à 35.

10604. Hamy (Le P. Alfred). — Mandements divers des évêques de Boulogne [1695-1788]. Ordinations pendant la Révolution, p. 41 à 53.

10605. Rodière (Roger). — Notre-Dame de Bureuil, p. 59 à 74.

10606. Lefebvre (Alph.). — Étude mythologique. L'huile et les tempêtes, p. 75 à 89.

10607. Rigaux (E.). — Notes sur les noms des rues de la Basse-Boulogne, au xvi° et au xvii° siècle, p. 90 à 130.

10608. Hamy (Le P. Alfred). — Entrevue de François I° avec Clément VII à Marseille (1533), pour faire suite à l'entrevue de François I° avec Henry VIII, à Boulogne, en 1532. Réception, cérémonies, d'après le journal d'Honoré de Valbelle, p. 131 à 152.

10609. Rosny (A. de). — La course au xvi° siècle, p. 166 à 177.

10610. Rosny (A. de). — Chartes françaises en Angleterre, p. 178 à 184.

[Chartes d'Eustache III, comte de Boulogne (1120-1125); de Thuroldus de Borham, sénéchal du comte de Boulogne (1152); documents concernant le prieuré de Rumilly (1279) et Saint-Sauve de Montreuil (1319).]

10611. Parenty (H.). — Jeanne Le Maire, dame de Presles, origines de M⁸ʳ le grand bastard Antoine de Bourgogne, p. 185 à 189.

10612. Dutertre (D' E.). — L'atelier monétaire d'Arras en 1643, p. 190.

10613. Sauvage (H.-E.). — Sur la découverte de monnaies romaines à Marquise, p. 192 à 195.

10614. Hamy (D' E.-T.). — Les archives des ducs d'Aumont à Monaco, p. 196 à 211.

10615. Hamy (D' E.-T.). — Quelques mots sur le voyage de Louis XIV à travers le Boulonnais en juillet 1680, p. 212 à 216.

10616. Rosny (A. de). — Travaux exécutés à Boulogne, au xvi° siècle, aux fortifications et aux bâtiments du Roi, p. 220 à 252.

10617. Hamy (E.-T.). — Quelques notes sur le corsaire Jean Doublet (1655 † 1728), p. 270 à 280.

10618. Sauvage (D' H.-E.). — Un faux monnayeur du iii° siècle [moules en terre trouvés à Boulogne-sur-Mer en 1830], p. 281 à 285.

10619. Divers. — Hommage à la mémoire de M. Adolphe Lipsin [† 1901], p. 286 à 299.

[Discours de MM. Ch. Pixon et Houcke; notice biographique par M. H. Révillel.]

10620. Lefebvre (Alph.). — La ferme de la marque des cuirs dans le Boulonnais, à propos d'un marteau-matrice en bronze, acquis récemment par le musée, p. 301 à 320.

10621. Lefebvre (Alph.). — Une prise de possession par-devant notaire de la cure d'Alincthun-Bellebrune en 1754, p. 321 à 326.

10622. Lefebvre (Alph.). — Récentes découvertes dans les fouilles du château de Belle, p. 338 à 341.

10623. Sauvage (D' H.-E.). — Rapport sur les fouilles faites à Boulogne en 1902, fig., p. 342 à 360.

10624. Rigaux (E.). — Notes sur quelques chartes de Samer, p. 361 à 369.

10625. Dutertre (D' Em.). — Les marins étrangers à bord des corsaires boulonnais, p. 370 à 379.

10626. Hamy (E.-T.). — De quelques médailles relatives à la flottille, au camp de Boulogne et à la colonne de la Grande Armée, p. 417 à 426.

10627. Rodière (Roger). — La coutume de Beuvrequen (1419), p. 427 à 450.

10628. Hamy (E.-T.). — Le Salvator Rosa du musée de Boulogne-sur-Mer, p. 468 à 472.

10629. Hamy (E.-T.). — Combat du chevalier de Béthune contre les Hollandais entre Dungeness et Ambleteuse (7 juin 1675), p. 473 à 480.

10630. Lefebvre (Alph.). — J. Merlin-Lafresnoye [† 1838], p. 483 à 486.

10631. A. R. [Rosny (A. de)]. — Découverte d'arbres-cercueils à Samer, p. 492 à 496.

10632. A. R. [Rosny (A. de)]. — Le guet et la garde en Boulonnais, au xvi° siècle, p. 497 à 504.

10633. Lefebvre (Alph.). — Installation de M° Antoine Bonnet, curé de Saint-Martin-les-Boulogne, comme chapelain au château de Bedouatre (3 décembre 1726), p. 505 à 508.

10634. Lefebvre (Alph.). — L'aquarelliste Auguste Delacroix (de Boulogne) [1809 † 1868], p. 509 à 515.

10635. Hénon de Villefosse (A.). — Note sur un cachet d'oculiste découvert à Boulogne-sur-Mer, p. 516 à 518.

10636. Lefebvre (Alph.). — Les breamans [marchands de boissons] et la ferme de bremandage à Boulogne-sur-Mer, p. 519 à 539.

10637. Lefebvre (Alph.). — Naufrages et échouements de 1781 à 1789 sur la côte de Boulogne, d'après Jacques-Jean Coilliot, p. 540 à 550.

10638. Hamy (E.-T.). — Un sondage sur la place Godefroi-de-Bouillon à Boulogne-sur-Mer, p. 551 à 554.

10639. Hamy (E.-T.). — La pêche du hareng dans le Pas-de-Calais et la Manche, en 1689, p. 555 à 559.

10640. Lefebvre (Alph.). — Une pierre milliaire romaine dans le Boulonnais, p. 561 à 562.

10641. A. R. [Rosny (A. de)]. — Bail du château de Course [1632], p. 566 à 568.

10642. Sauvage (H.-E.). — Note sur quelques marques de potiers gallo-romains recueillies dans le Boulonnais, p. 569 à 575.

10643. Sauvage (H.-E.). — Note sur quelques monnaies des Morins conservées au musée de Boulogne-sur-Mer, p. 576 à 579.

10644. Hamy (E.-T.). — Projet d'entrevue de Catherine de Médicis et de Philippe II d'Espagne devant Boulogne (1567), p. 580 à 595.

10645. Bottet (Capitaine M.). — Les guides-interprêtes de l'armée d'Angleterre [an xii], p. 596 à 600.

10646. Hamy (Alfred). — Rapport et dénombrement du fief du Wimbercq, par Jacquemart Massart en 1441, p. 601 à 605. — Échange du fief de Winbercq, fait entre la demoiselle de Reberques et de Cluzes, épouse de Troillus de Hodicq, s' d'Ennoc, et Antoine Chinot, s' du Val [1586], p. 605 à 606.

PAS-DE-CALAIS. — SAINT-OMER.

SOCIÉTÉ DES ANTIQUAIRES DE LA MORINIE.

Les publications antérieures de cette Société sont analysées dans notre *Bibliographie générale,* savoir :
Mémoires, t. I à XIX (1833-1885), *Bibliographie*, t. II, p. 496.
—   t. XX à XXVI (1886-1898), *Bibliographie*, Supplément sous presse.
—   t. XXVII (1901-1902), *Bibliographie*, nouvelle série, II, p. 108.
Bulletin, t. I à VII (1852-1886), *Bibliographie*, t. II, p. 502.
—   t. VIII et IX (1887-1896), *Bibliographie*, Supplément sous presse.
—   t. X (1897-1901), *Bibliographie*, nouvelle série, I, p. 67.
Ouvrages divers (1854-1883), *Bibliographie*, t. II, p. 496.

10647. Bled (L'abbé O.). — Regestes des évêques de Thérouanne (500-1553), t. I (500-1414). (Saint-Omer, 1904, in-4°, xlviii-408 p.)

PUY-DE-DÔME. — CLERMONT-FERRAND.

ACADÉMIE DES SCIENCES, BELLES-LETTRES ET ARTS DE CLERMONT.

Les publications antérieures de cette Académie sont analysées dans notre *Bibliographie générale*, savoir :
Annales, t. I à XXXI (1828-1858), *Bibliographie*, t. II, p. 515.
Mémoires, t. XXXII à LVIII (1859-1885), *Bibliographie*, t. II, p. 520.
—   t. LIX à LXXV (1886-1900), *Bibliographie*, Supplément sous presse.
—   t. LXXVI (1903), *Bibliographie*, nouvelle série, II, p. 109.
Bulletin, t. I à V (1881-1885), *Bibliographie*, t. II, p. 527.
—   t. VI à XX (1886-1900), *Bibliographie*, Supplément sous presse.
—   t. XXI et XXII (1901-1902), *Bibliographie*, nouvelle série, I, p. 68; et II, p. 109.
Ouvrages divers (1748-1874), *Bibliographie*, t. II, p. 514.

XXIII. — **Bulletin historique et scientifique de l'Auvergne,** publié par l'Académie des sciences, belles-lettres et arts de Clermont-Ferrand, 2° série, 1903. (Clermont-Ferrand. 1903, in-8°, 540 p.)

10648. Dounir (D'). — L'École de médecine de Clermont-Ferrand pendant le xix° siècle, p. 22, 67, et 116.

10649. Ojardias (Albert). — Un diplomate riomois au xvii° siècle. Pierre Chanut, p. 304 à 328, et 373 à 388. — Suite de XIX, p. 125, 147; et XXI, p. 164.

10650. Frédet (E.). — Boileau-Despréaux aux eaux de Bourbon en 1687, p. 452 à 463.

10651. Bielawski (J.-B.-M.). — Une page de la préhistoire dans le Puy-de-Dôme, p. 464 à 466.

PUY-DE-DÔME. — CLERMONT-FERRAND.

SOCIÉTÉ DES AMIS DE L'UNIVERSITÉ DE CLERMONT.
(ANCIENNE SOCIÉTÉ D'ÉMULATION DE L'AUVERGNE.)

Les publications antérieures de cette Société sont analysées dans notre *Bibliographie générale*, savoir :
Revue d'Auvergne, t. I à II (1884-1885), *Bibliographie*, t. II, p. 529.
—   —   t. III à XVII (1886-1900), *Bibliographie*, Supplément sous presse.
—   —   t. XVIII à XX (1901-1903), *Bibliographie*, nouvelle série, I, p. 69; et II, p. 109.

XXI. — **Revue d'Auvergne**, publiée par la Société des amis de l'Université de Clermont..., t. XXI, 1904. (Clermont-Ferrand, 1904, in-8°, 480 p.)

10652. Boudet (Marcellin). — Les derniers Mercœur. Béraud VII de Mercœur, connétable de Champagne, (1272-1321), *carte*, p. 1, 93, 241, 373, et 453.

10653. Ribier (Dr de). — Les stations thermales et les eaux minérales en France sous l'ancien régime, p. 21 à 28.

10654. Achard (A.). — L'hospice de Sauxillanges (1664-1904), p. 29, 128, 188, et 285.

10655. Crégut (L'abbé C.-Régis). — Histoire du collège de Riom, p. 47 à 78, et 133 à 159. — Suite de XIX,

p. 257, 458; et XX, p. 27, 132, 213, 299, 363, et 435.

10656. Des Essarts (Emmanuel). — Charles Jaloustre (1839 † 1904), *portr.*, p. 81 à 82.

10657. Pineau (Léon). — Thôr de Havsgaard, chanson danoise, p. 314 à 316.

10658. Glangeaud (Ph.). — Notice sur F. Fouqué (1828 † 1904), p. 317 à 320.

10659. Vazeilles (F.). — Le monument de Vercingétorix [à Clermont-Ferrand], 4 *pl.*, p. 321 à 353, et 422 à 452.

10660. Pineau (Léon). — Le roi Harald et le jeune Heming, chanson norvégienne, p. 397 à 398.

10661. Desdevises du Dezert (G.). — M. Parmentier [1852 † 1904], p. 466 à 468.

PYRÉNÉES (BASSES-). — PAU.

SOCIÉTÉ DES SCIENCES, LETTRES ET ARTS DE PAU.

Les publications antérieures de cette Société sont analysées dans notre *Bibliographie générale*, savoir :
Bulletin, t. I à XIX (1841-1886), *Bibliographie*, t. II, p. 535.
—   t. XX à XXXII (1886-1899), *Bibliographie*, Supplément sous presse.
—   t. XXXIII et XXXIV (1901-1902), *Bibliographie*, nouvelle série, I, p. 70 ; et II, p. 111.

XXXV. — **Bulletin de la Société des sciences, lettres et arts de Pau**, 2ᵉ série, t. XXXI. (Pau, 1903, in-8°, 293 p.)

10662. Bergez (Jean-Baptiste). — Histoire de la fondation du Bager d'Oloron en Béarn, extrait des archives

particulières des communes d'Oloron, d'Eysus et de Lurbe, p. 1 à 89.

10663. Batcave (Louis). — Les décimes ecclésiastiques en Béarn (1615-1690), p. 91 à 187.

10664. Dubarat (L'abbé V.). — Bulles pontificales relatives au cardinal Pierre de Foix le Vieux (xvᵉ s.), p. 233 à 261.

XXXVI. — **Bulletin de la Société des sciences, lettres et arts de Pau, 2ᵉ série, t. XXXII.** (Pau, 1904, in-8°, 449 p.)

10665. Planté (Adrien). — Cazalet [Nicolas, 1743 † 1817], avocat-poète, sa vie, son œuvre, p. 1 à 157.

10666. Soulice (L.). — Notes topographiques sur les environs de Pau. Le chemin de la Salade. Les chemins de Larron et du Loü, p. 159 à 176.

10667. Bordedarnère (L'abbé). — La confrérie du Saint-Sacrement et des Pénitents blancs de Pau (1630-1904), 2 pl., p. 185 à 394; et XXXVII, p. 1 à 22.

10668. Bartbtt (Hilarion). — Les ruines de Domec à Pardies (près Nay), p. 395 à 421.

PYRÉNÉES (HAUTES-). — BAGNÈRES-DE-BIGORRE.

SOCIÉTÉ RAMOND.

Les publications antérieures de cette Société sont analysées dans notre *Bibliographie générale*, savoir :

Explorations pyrénéennes, t. I à XX (1866-1885), *Bibliographie*, t. II, p. 540.

— t. XXI à XXXV (1886-1900), *Bibliographie*, Supplément sous presse.

— t. XXXVI et XXXVII (1901-1902), *Bibliographie*, nouvelle série, I, p. 70; et II, p. 111.

Ouvrages divers (1878), *Bibliographie*, t. II, p. 540.

XXXVIII. — **Explorations pyrénéennes...** Bulletin de la Société Ramond, 38ᵉ année, 2ᵉ série, t. VIII, 1903. (Bagnères-de-Bigorre, s. d., in-8°, 244 p.)

10669. Marsan (L'abbé François). — La gruerie d'Arreau, p. 33 à 38.

[10675]. Ricaud (Louis). — Journal pour servir à l'histoire de la reclusion des prêtres insermentés du diocèse de Tarbes, p. 39, 77, et 131.

10670. Briet (Lucien). — La vallée de Campbieil, p. 67 à 76.

10671. Marsan (L'abbé François). — Une correspondance bagnéraise du XVIIIᵉ siècle, p. 92 à 102.

[Lettres de Jean Dumoret au comte L.-H. de Ségure.]

10672. Webster (W.). — Grammaire cantabrique de Pierre d'Urte. Errata, p. 201 à 216. — Cf. XXXI à XXXV.

XXXIX. — **Explorations pyrénéennes...** Bulletin de la Société Ramond, 39ᵉ année, 2ᵉ série, t. IX, 1904. (Bagnères-de-Bigorre, s. d., in-8°, 260 p.)

10673. Marsan (L'abbé François). — Généalogie de la famille d'Aure, branche de Lourdes, p. 15 à 20.

10674. Marsan (L'abbé François). — Trois lettres inédites de l'abbé Torné [1774], p. 21 à 23.

10675. Ricaud (Louis). — Journal pour servir à l'histoire de la reclusion des prêtres insermentés du diocèse de Tarbes, p. 24, et 115. — Suite de XXXVI, p. 115; XXXVII, p. 47, 116, 167, 267; et XXXVIII, p. 39, 77, et 131.

10676. Briet (Lucien). — Le Paso de las Devotas, p. 37 à 48.

10677. Lafforgue (Dʳ). — De quelques superstitions et usages populaires dans la région de Bagnères, p. 65 à 76, et 141 à 151.

10678. Sansot (A.). — Sur l'origine des mots bigourdans *choy* et *toy*, p. 92 à 93.

10679. Bosc (L.-J.). — Monographie de l'Hôtellerie du Pic-du-Midi de Bigorre, p. 129 à 140, et 191 à 204.

10680. Briet (Lucien). — Le village de Gèdre, *fig.*, p. 205 à 224.

PYRÉNÉES (HAUTES-). — TARBES.

SOCIÉTÉ ACADÉMIQUE DES HAUTES-PYRÉNÉES.

Cette Société a publié de 1853 à 1872 un *Bulletin* comprenant 13 volumes. Elle comptait également publier des *Mémoires*, mais elle y a renoncé après la publication d'un unique fascicule. Ces deux séries sont analysées dans notre *Bibliographie générale*, t. II, p. 543.

Après être restée sans donner signe de vie pendant plus de quinze ans, elle a recommencé, en 1889, à publier un *Bulletin* dont les fascicules, quoique portant une numérotation continue, forment trois séries distinctes. Les volumes de chacune de ces séries restent simultanément en cours de publication pendant un temps fort long. La première série, *Partie locale*, compte cinq volumes dont les quatre premiers parus de 1889 à 1900 seront analysés dans notre Supplément, et le cinquième publié de 1901 à 1904 est décrit ci-dessous; la deuxième série, *Partie générale*, ne compte encore qu'un volume achevé, il a paru de 1889 à 1898, on en trouvera l'analyse dans notre Supplément; quant à la troisième série, *Partie documentaire*, son premier volume est en cours de publication depuis 1899, nous l'analyserons dès qu'il sera achevé; mais on nous pardonnera si nous avons quelque peine à suivre des publications conduites d'une aussi étrange façon.

V. — Société académique des Hautes-Pyrénées. Bulletin local, t. V. (Tarbes, 1901-1904, in-8°, 516 p.)

10681. Ricaud (Louis). — Les représentants en mission pendant la période révolutionnaire : II. Monestier de la Lozère, Auguste Izoard (fructidor an II-messidor an III), p. 1 à 80, et 153 à 220. — Suite de IV, p. 436.

10682. Canut (Louis). — Bagnères-de-Bigorre et la Révolution, p. 81 à 152.

10683. Rosapelly (Norbert). — Les marins bigourdans, p. 221 à 266. — Fin de III, p. 181.

10684. Ricaud (Louis). — Un régime qui finit [la fin de l'ancien régime en Bigorre, Nébouzan, Quatre-Vallées], p. 269 à 358, et 367 à 448.

10685. Du Pouey (Charles). — Les noms des rues [de Tarbes], p. 361 à 366.

10686. Oihénart (Paul d'). — Les explorateurs des Hautes-Pyrénées, p. 449 à 514.

PYRÉNÉES-ORIENTALES. — PERPIGNAN.

SOCIÉTÉ AGRICOLE, SCIENTIFIQUE ET LITTÉRAIRE DES PYRÉNÉES-ORIENTALES.

Les publications antérieures de cette Société sont analysées dans notre *Bibliographie générale*, savoir :
Bulletin, t. I à XXVII (1834-1886), *Bibliographie*, t. II, p. 546.
— t. XXVIII à XLI (1887-1900), *Bibliographie*, Supplément sous presse.
— t. XLII à XLIV (1901-1903), *Bibliographie*, nouvelle série, I, p. 71; et II, p. 112.
Une table générale du *Bulletin* de cette Société depuis l'origine a paru en 1904 (voir notre n° 10689).

XLV. — Société agricole, scientifique et littéraire des Pyrénées-Orientales..., XLV° volume. (Perpignan, 1903-1904, in-8°, 199 et 256 p.)

Première partie.

10687. Escanguel (Henri). — Léon Ferrer, *portr.*, p. 7 à 9.

Deuxième partie.

10688. Torreilles (Ph.). — Opoul au XVI° siècle, p. 5 à 38.

10689. Comet (J.). — Table générale des matières contenues dans les 45 volumes publiés du Bulletin de la Société, p. 193 à 255.

RHIN (HAUT-). — BELFORT.

SOCIÉTÉ BELFORTAINE D'ÉMULATION.

Les publications antérieures de cette Société sont analysées dans notre *Bibliographie générale*, savoir :
    Bulletin, t. I à VII (1872-1885), *Bibliographie*, t. II, p. 573.
    — t. VIII à XIX (1886-1900), *Bibliographie*; Supplément sous presse.
    — t. XX à XXII (1901-1903), *Bibliographie*, nouvelle série, I, p. 71; et II, p. 112.
Ouvrages divers (1902), *Bibliographie*, nouvelle série, II, p. 112.

XXIII. — Bulletin de la Société belfortaine d'émulation, n° 23, 1904. (Belfort, 1904, in-8°, xxiv-130 p.)

10690. D.-R. [Durail-Roy]. — La défense du château de Milan en 1799 par le chef de bataillon Béchaud, p. 1 à 7.

10691. Pajot (F.). — Recherches étymologiques sur les noms de lieux habités du territoire de Belfort, p. 8 à 99, et 109.

10692. Pajot (F.). — Ce qu'était *Rabiacus*, per-

sonnage des actes de saint Dizier (VII° s.), p. 100 à 102.

10693. Pajot (F.). — Recherches sur l'origine et la signification du nom de Lure, p. 103 à 105.

10694. Pajot (F.). — A quelle localité attribuer l'atelier monétaire de l'Ajoie, de l'époque mérovingienne, p. 106 à 108.

10695. Bardy (Henri). — Vauban et la fortification de Belfort, p. 111 à 121.

10696. Vautherin (Aug.). — Textes en patois de Châtenois et autres au territoire de Belfort, p. 122 à 129.

RHIN (HAUT-). — MULHOUSE.

SOCIÉTÉ INDUSTRIELLE DE MULHOUSE.

Les publications antérieures de cette Société sont analysées dans notre *Bibliographie générale*, savoir :
    Bulletin de la Société, t. I à LV (1828-1885), *Bibliographie*, t. II, p. 577.
    — t. LVI à LXX (1886-1900), *Bibliographie*, Supplément sous presse.
    — t. LXXI et LXXII (1901-1902), *Bibliographie*, nouv. série, I, p. 72; et II, p. 113.
    Bulletin du Musée, t. I à X (1876-1885), *Bibliographie*, t. II, p. 583.
    — t. XI à XXIV (1886-1900), *Bibliographie*, Supplément sous presse.
    — t. XXV (1901), *Bibliographie*, nouvelle série, I, p. 72.
    ·Ouvrages divers (1831-1902), *Bibliographie*, t. II, p. 577 et 583; nouvelle série, II, p. 113.

LXXIII. — Bulletin de la Société industrielle de Mulhouse, t. LXXIII. (Mulhouse, 1903, gr. in-8°, 400 et 249 p.)

10697. Schwartz (Louis). — Rapport sur la marché du Musée historique pendant l'année 1902, p. 69 à 71.— Cf. id. n° 10713.

10698. Lamby (Fritz). — Notice nécrologique sur M. Charles Pierron [1862 † 1901], p. 179 à 183.

10699. Juillard-Weiss (H.). — Rapport annuel sur le

Musée des Beaux-arts de la Société (1903), p. 384 à 388.

LXXIV. — Bulletin de la Société industrielle de Mulhouse, t. LXXIV. (Mulhouse, 1904, gr. in-8°, 463 et 242 p.)

10700. Schwartz (Louis). — Rapport sur la marche du Musée [historique] pendant l'année 1903, p. 31 à 34. — Cf. id. n° 10718.

10701. Kessler (Fritz). — Notice sur les anciennes cloches de l'église de Soultzmatt, 3 *pl.*, p. 79 à 90.
10702. Thierry-Mieg (Aug.). — Notice historique sur le jardin zoologique de Mulhouse, p. 135 à 149.
10703. Sculumberges (Théod.). — Notice nécrologique sur M. Henri Ziegler [1820 † 1903], p. 156 à 159.
10704. Juillard-Weiss (Henri). — Note sur Josué Dollfus [1796 † 1887] et ses œuvres, p. 183 à 199.

[Liste des portraits peints par [J. Dollfus, dressée par G. Mieg, p. 186.]

10705. Dollfus (Auguste). — Notice nécrologique sur M. Paul Heilmann-Ducommun [1832 † 1904], p. 200 à 204.
10706. Dollfus (Auguste). — Notice nécrologique sur M. Jean Mieg-Kœchlin [1819 † 1904], p. 334 à 337.
10707. Mieg (Mathieu). — Émile Gluck (1847 † 1904), p. 425 à 429.
10708. Juillard-Weiss. — Rapport annuel sur le Musée des Beaux-arts de la Société (1904), p. 447 à 451.

XXVI. — Bulletin du Musée historique de Mulhouse, XXVI, année 1902. (Mulhouse, 1903, in-8°, 113 p.)

10709. Gutmann (Carl). — Fränkische Steinsärge in Bergholz (Cercueils de pierre francs à Bergholz), 3 *pl.*, p. 5 à 16.
10710. Kessler (Fritz). — La chapelle de Saint-Gangolphe, 2 *pl.*, p. 17 a 25.
10711. Benner (Éd.). — Le prieuré de Cîteaux ou l'ancienne cour colongère de Lutterbach, p. 26 à 31.

[10715]. Lutz (Jules). — Les Réformateurs de Mulhouse, *fig.*, p. 32 à 68.
10712. Meininger (Ernest). — La bataille de Mulhouse (19-29 décembre 1674), récit contemporain tiré des archives municipales, p. 69 à 84.
10713. Schwartz (Louis). — Rapport sur la marche du Musée pendant l'année 1902, p. 85 à 87. — Cf. id. n° 10697. — Dons et acquisitions, p. 94 à 104.

XXVII. — Bulletin du Musée historique de Mulhouse, XXVII, année 1903. (Mulhouse, 1904, gr. in-8°, 121 p.)

10714. Benner (Édouard). — Rapport sur la découverte d'un sarcophage mulhousien [xv°-xvi° s.], *pl.*, p. 5 à 9.
10715. Lutz (Jules). — Les Réformateurs de Mulhouse, p. 10 à 68. — Suite de XXI, p. 34; XXIII, p. 5; XXV, p. 8; et XXVI, p. 32.

[Nicolas Prugner, XXVI, p. 32; et XXVII, p. 10.]

10716. Thierry-Mieg (Auguste). — Notice sur le fief épiscopal de Hirtzbach, près Dornach, détenu par la ville de Mulhouse, 2 *pl.*, p. 69 à 92.

[Château de Porrentruy, *pl.*]

10717. Reuss (Rod.). — Une délibération du directoire du département du Bas-Rhin relative à la politique commerciale à suivre vis-à-vis de la République de Mulhouse, p. 93 à 97.
10718. Schwartz (Louis). — Rapport sur la marche du Musée pendant l'année 1903, p. 98 à 101. — Cf. id. n° 10700. — Dons et acquisitions, p. 107 à 113.

RHÔNE. — LYON.

SOCIÉTÉ D'ANTHROPOLOGIE DE LYON.

Les publications antérieures de cette Société sont analysées dans notre *Bibliographie générale*, savoir :
Bulletin, t. I à IV (1881-1885), *Bibliographie*, t. II, p. 626.
— t. V à XIX (1886-1900), *Bibliographie*, Supplément sous presse.
— t. XX et XXI (1901-1902), *Bibliographie*, nouvelle série, I, p. 74; et II, p. 114.

XXII. — Bulletin de la Société d'anthropologie de Lyon... t. XXII. (Lyon, 1903, in-8°, 186 p.)

10719. Gaillard. — L'Okapi et Set-Typhon [dieux de l'ancienne Égypte], p. 14 à 24.
10720. Bourdaret (Émile). — Monuments préhis-

toriques de l'île de Kang-Hoa (Corée), p. 138 à 142.
10721. Bourdaret (Émile). — Note sur les dolmens de la Corée, *fig.*, p. 150.
10722. Bourdaret (Émile). — Religion et superstition en Corée, *fig.*, p. 151 à 169.
10723. Don (D' H.). — Les pygmées néolithiques en Suisse, p. 171 à 177.

14.

RHÔNE. — VILLEFRANCHE.

SOCIÉTÉ DES SCIENCES ET ARTS DU BEAUJOLAIS.

Les publications antérieures de cette Société sont analysées dans notre *Bibliographie générale*, savoir :
Bulletin, t. I (1900), *Bibliographie*, Supplément sous presse.
— t. II et III (1901-1902), *Bibliographie*, nouvelle série, II, p. 116.
Ouvrages divers (1901), *Bibliographie*, nouvelle série, II, p. 117.

IV. — Bulletin de la Société des sciences et arts du Beaujolais, 4ᵉ année, 1903. (Villefranche, 1903, in-8°, 337 p.)

10724. Morel de Voleine (Irénée). — Le fief d'Épeisses à Cogny, *fig.*, p. 23 à 41.

10725. Besançon (Dʳ A.). — Passage de François Iᵉʳ à Villefranche, p. 42 à 46.

10726. Méuu. — Excursion archéologique à Belleville, *fig.*, p. 86 à 110.

10727. E. L. [Longin (E.)]. — Prise de possession du Beaujolais par le duc de Montpensier en 1561, p. 121 à 139.

10728. Morel de Voleine (I.). — Essai sur quelques usages et traditions du Beaujolais, p. 171 à 185.

10729. Morel (L.-B.). — Notes sur l'église de Morancé et sur une inscription funéraire, *fig.*, p. 186 à 190.

10730. E. L. [Longin (E.)]. — Les anciennes mesures et monnaies de Beaujeu, p. 191 à 200. — Cf. n° 10734.

10731. Méuu (Eugène). — Notes d'archéologie beaujolaise, *fig.*, p. 201 à 207.

10732. Balloffet (Joseph). — L'abbaye royale de Joug-Dieu (1115-1738), *fig.* et *pl.*, p. 254 à 286; et V, p. 5 à 57.

V. — Bulletin de la Société des sciences et arts du Beaujolais, 5ᵉ année, 1904. (Villefranche, 1904, in-8°, 382 p.)

[10732]. Balloffet (Joseph). — L'abbaye royale de Joug-Dieu (1115-1738), *fig.* et *pl.*, p. 5 à 57.

10733. Besançon (Dʳ A.). — Les cartons ou billet de confiance de Villefranche (1792-1795), *pl.*, p. 58 à 72.

10734. E. L. [Longin (E.)]. — Mesures de quelques paroisses du Beaujolais, p. 73 à 78. — Cf. n° 10730.

10735. Morel de Voleine (Irénée). — Les fiefs de Pierrefilant et Serfavre à Rivolet, p. 113 à 130.

10736. Audin (Marius). — Notice sur la vie et les travaux de Adolphe Méhu (1840-1881), *portr.*, p. 131 à 141.

10737. E. L. [Longin (E.)]. — Note sur l'impression des *Mémoires* de Guillaume Paradin, p. 142 à 162.

10738. Anonyme. — Visite pastorale de Mᵍʳ Camille de Neuville à Chamelet (13 mars 1657), p. 163 à 165.

10739. Méuu (E.). — Excursion à Beaujeu, aux Ardillats et à Amigné, p. 177 à 183.

10740. Missol (Dʳ Léon). — La Révolution à Villefranche. Le temple de la Raison et ses fêtes, d'après les archives communales, p. 187 à 205.

10741. Prajoux (Joseph). — Sur les limites du Beaujolais et du Forez. Les fiefs de Rhins et de Varenne, p. 206 à 222, et 293 à 303.

10742. E. L. [Longin (E.)]. — Les mercuriales de Beaujeu, p. 223 à 225.

10743. Besançon (Dʳ). — L'Académie royale de Villefranche-en-Beaujolais (1677-1789), p. 262.

10744. Sinéty de Monspey (Marquise). — Notes sur Reneins, les seigneurs de Reneins et leur sépulture dans l'église de Saint-Georges de Reneins, p. 265 à 292.

10745. Besançon (Dʳ Albert). — Villefranche au xvᵉ siècle. Liste des habitants d'après les archives communales, p. 304 à 310.

SAÔNE (HAUTE-). — GRAY.

SOCIÉTÉ GRAYLOISE D'ÉMULATION.

Les publications antérieures de cette Société sont analysées dans notre *Bibliographie générale*, savoir :
Bulletin, t. I à III (1898-1900), *Bibliographie*, Supplément sous presse.
— t. IV à VI (1901-1903), *Bibliographie*, nouvelle série, I, p. 74; et II, p. 117.

VII. — Bulletin de la Société Grayloise d'émulation, n° 7, année 1904. (Gray, 1904, in-8°, 169 p.)

10746. Linotte (A.). — La Franche-Comté et ses voisins, p. 17 à 51. — Suite de III, p. 104; IV p. 128; V, p. 118; et VI, p. 41.

10747. Godard (Ch.). — Les chevaliers de l'arc et de l'arquebuse à Gray, p. 53 à 76.

10748. C. F. — Une fête à Quitteur en 1793, p. 77 à 80.

10749. Gasser (A.). — Recherches archéologiques sur le territoire de Mantoche (Haute-Saône), 2 pl., p. 81 à 131.

10750. Maire (V.). — Note sur l'existence d'un cimetière burgonde à Arc-les-Gray, p. 133 à 135.

10751. Bouchet (Dʳ). — Étude anthropologique. Mérovingiens et carlovingiens de Mantoche et d'Auvet, *fig.*, p. 137 à 160.

SAÔNE (HAUTE-). — VESOUL.

SOCIÉTÉ D'AGRICULTURE, SCIENCES ET ARTS DE LA HAUTE-SAÔNE.

Les publications antérieures de cette Société sont analysées dans notre *Bibliographie générale*, savoir :
Recueils divers (1806-1850), *Bibliographie*, t. II, p. 640 et 641.
Bulletin, t. I à X (1869-1885), *Bibliographie*, t. II, p. 641.
— t. XI à XXV (1886-1900), *Bibliographie*, Supplément sous presse.
— t. XXVI et XXVII (1901-1902), *Bibliographie*, nouvelle série, I, p. 75; et II, p. 118.

XXVIII. — Bulletin de la Société d'agriculture, sciences et arts du département de la Haute-Saône, 4ᵉ série, n° 3. (Vesoul, 1903, in-8°, xxiv-152 p.)

10752. Gasser (A.). — Trois érudits franc-comtois. Documents bibliographiques, p. 19 à 28.

[Noé Audrey, en religion le P. Chrysologue de Gy (1728 † 1808); le P. Tiburce Prost (1736 † 1804); le P. Dunand (1719 † 1790).]

10753. Longin (E.). — Saint Pierre Fourier en Franche-Comté, p. 39 à 149; et XXIX, p. 19 à 100.

XXIX. — Bulletin de la Société d'agriculture, sciences et arts du département de la Haute-Saône, 4ᵉ série, n° 4. (Vesoul, 1904, in-8°, xx-102 p.)

[10753]. Longin (E.). — Saint Pierre Fourier en Franche-Comté, p. 19 à 100.

SAÔNE-ET-LOIRE. — AUTUN.

SOCIÉTÉ ÉDUENNE.

Les publications antérieures de cette Société sont analysées dans notre *Bibliographie générale*, savoir :
Mémoires, t. I à XIV (1872-1885), *Bibliographie*, t. II, p. 648.
— t. XV à XXVIII (1887-1900), *Bibliographie*, Supplément sous presse.
— t. XXIX et XXX (1901-1902), *Bibliographie*, nouvelle série, I, p. 75; et II, p. 118.
Autres recueils (1836-1864) et ouvrages divers (1846-1886), *Bibliographie*, t. II, p. 645 et 646.

XXXI. — **Mémoires de la Société éduenne,** nouvelle série, t. XXXI. (Autun, 1903, in-8°, xxix-453 p.)

10754. Déchelette (Joseph). — Chaînette en or attachée à une lance de l'âge de bronze, *pl.*, p. 1 à 3.

10755. Sandre (J.). — Notice sur le fief du Lac-lès-Anzy en Brionnais, p. 5 à 20.

10756. Charmasse (A. de). — Jacques-Gabriel Bulliot, sa vie et son œuvre, *portr.* [1817 † 1902], p. 21 à 116; et XXXII, p. 265 à 411.

10757. Fyot (E.). — Note sur l'origine de la houillère et de la verrerie d'Épinac, p. 117 à 133.

10758. Duway (Gabriel). — Note sur un bréviaire éduen, manuscrit du xv° siècle, p. 135.

[10776]. Montarlot (P.). — Les députés de Saône-et-Loire aux assemblées de la Révolution (1789-1799), p. 141 à 245.

10759. Bulliot (Gabriel) et Chastellux (Comte de). — La Tour du Bost, p. 247 à 299. — Suite de XXVIII, p. 111; et XXIX, p. 371.

10760. Boëll (Ch.). — La fête de la Fédération à Autun le 14 juillet 1790, p. 301 à 313.

10761. Anonyme. — Beaune, Savigny, Sainte-Marguerite, compte rendu de l'excursion faite par la Société éduenne, p. 315 à 355.

10762. Gadant (René). — Note sur une bouterolle de fourreau gallo-romain trouvée à Autun, *pl.*, p. 337 à 343.

10763. Charmasse (A. de). — Deux documents inédits sur Talleyrand évêque, p. 345 à 354.

10764. Anonyme. — Inauguration du buste de M. Bulliot [à Autun] et du monument commémoratif des fouilles de Bibracte, 2 *pl.*, p. 355 à 396.

10765. Gillot (D'). — M. Étienne Oudot [1835 † 1902], p. 397 à 400.

10766. Charmasse (Anatole de). — Le D' Teillard [† 1902]; Gabriel de la Grange [† 1902]; le marquis de Ganay [† 1903], p. 400 à 406.

10767. Dejussieu (F.). — Le D' Deblangey [1851 † 1903], p. 406 à 407.

10768. Gadant (René). — Découvertes archéologiques faites à Autun et à Brion, p. 409 à 411, et 427 à 430.

10769. Rénolle (Joseph). — M. G.-P. de Vaulx [1818 † 1903], p. 420 à 425.

10770. Anonyme. — C.-L.-E.-J. baron de Croze († 1903); Paul Girardot (1827 † 1903), p. 425 à 427.

10771. Anonyme. — François Changarnier (1814 † 1903); Msr Lelong († 1903); Joseph Garnier († 1903); Eugène Pougault (1826 † 1903), p. 433 à 438.

10772. Huet. — Le lieu dit le Chêne-Robin, dépendance de la viérie d'Autun, p. 440 à 443.

10773. Boëll. — L'École centrale de Saône-et-Loire, p. 444 à 446.

XXXII. — **Mémoires de la Société éduenne,** nouvelle série, XXXII° volume. (Autun, 1904, in-8°, xxix-492 p.)

10774. Déchelette (Joseph). — Les fouilles du Mont-Beuvray de 1897 à 1901, *fig.*, et 23 *pl.*, p. 1 à 83.

10775. Fyot (E.). — La châtellenie de Glenne, p. 85 à 132.

10776. Montarlot (P.). — Les députés de Saône-et-Loire aux Assemblées de la Révolution (1789-1799), p. 133 à 257. — Suite de XXX, p. 281; et XXXI, p. 141.

10777. Gadant (R.). — Note sur deux fragments de poterie trouvés à Autun, *pl.*, p. 259 à 264.

[10756]. Charmasse (A. de). — Jacques-Gabriel Bulliot, p. 265 à 411.

10778. Rénolle (Joseph). — Le D' Joseph Grillot (1841 † 1904), p. 414 à 416.

10779. Charmasse (A. de). — S. Guyot († 1901); M. de Laplanche († 1904); M. du Coëtlosquet († 1904); J.-M. Diot († 1904); Ch. Demontmerot († 1904); J.-A. Ragot († 1904), p. 420 à 429.

10780. Brintet (L'abbé Albert). — M. Grappin († 1903), p. 429.
10781. Boëll. — Excursion à Vézelay, p. 430 à 436.
10782. Charmasse (A. de). — Hippolyte Abord (1825 † 1904); P.-A. Rérolle (1811 † 1904), p. 445 à 460.

10783. Charmasse (A. de). — Bernard Renault († 1904), p. 463 à 468.
10784. Rérolle (Joseph). — Raoul Abord († 1904), p. 468.
10785. Gillot (A.). — Excursion à la Rochepot, p. 478 à 487.

SAÔNE-ET-LOIRE. — MÂCON.

ACADÉMIE DE MÂCON.

Les publications antérieures de cette Académie sont analysées dans notre *Bibliographie générale*, savoir :
Comptes rendus, t. I à XVIII (1806-1847), *Bibliographie*, t. II, p. 660.
Annales, t. I à XX (1851-1885), *Bibliographie*, t. II, p. 663.
— t. XXI à XXXII (1886-1900), *Bibliographie*, Supplément sous presse.
— t. XXXIII et XXXIV (1901-1902), *Bibliographie*, nouvelle série, I, p. 76; II, p. 119.
Ouvrages divers (1851-1884), *Bibliographie*, t. II, p. 660.

XXXV. — **Annales de l'Académie de Mâcon, Société des arts, sciences, belles-lettres et agriculture de Saône-et-Loire**, 3ᵉ série, t. VIII. (Mâcon, 1903, in-8°, LXXVII-556 p.)

10786. Duréault (A.). — Louis Chabassière († 1903), p. 17 à 21.
10787. Lex. — M. Paillard († 1903), p. 22 à 24.
10788. Galland. — Notice sur la confédération décapolitaine alsacienne, p. 25 à 48.
10789. Rameau (B.). — Jean de Siraudin, seigneur de Saint-Léger [XVIᵉ s.], p. 49 à 53.
10790. Bazin (J.). — Les seigneurs du nom de Senecey (1113-1408), *fig.*, p. 54 à 112.
10791. Dervieu (Cᵗ). — La peinture encaustique, *fig.*, p. 113 à 148.
10792. Lex (L.). — Décoration de l'église des Ursulines de Mâcon (1677-1678), *pl.*, p. 149 à 161.
10793. Virey (Jean). — Les différentes époques de construction de Saint-Philibert de Tournus, *fig.* et 4 *pl.*, p. 162 à 202.
10794. Lex (L.). — La culture de la vigne et le commerce des vins à Mâcon à la fin du XVIIIᵉ siècle, p. 218 à 234.
10795. Maritain (Paul). — Lamartine et Mᵐᵉ Émile de Girardin, p. 242 à 327.
10796. Contenson (Baron de). — Historique du château de Sercy, *fig.* et *pl.*, p. 335 à 383.
10797. Plassard (J.). — L'œuvre sociale de Mᵐᵉ Boucicaut, p. 384 à 397. — Suite de XXXIV, p. 189.
10798. Rameau (Mᵍʳ B.). — Entrée de Louis XII à Mâcon (1501), p. 411 à 415.
10799. Riballier (Louis). — C.-A.-A. Riballier. Journal précis des différents événements de ma vie, fait à Édikoffen et Neuveiller (1796 et 1797), *portr.*, p. 416 à 504.
10800. Lex (L.). — J.-B. Perret (1820 † 1902), p. 512 à 516.

SARTHE. — LA FLÈCHE.

SOCIÉTÉ D'HISTOIRE, LETTRES, SCIENCES ET ARTS DE LA FLÈCHE.

Cette Société a publié un *Bulletin* dont nous avons analysé les sept premiers volumes (1879 à 1885) dans notre *Bibliographie générale*, t. II, p. 669, et dont nous analyserons les fascicules VIII à IX parus de 1886 à 1889, dans notre Supplément. Après avoir cessé toute publication pendant plusieurs années, elle a pris pour organe, en 1904, *Les Annales fléchoises* fondées l'année précédente. Nous donnons ici le dépouillement des quatre premiers volumes de ce recueil, quoique les tomes I et II soient antérieurs à l'époque où la Société d'histoire de la Flèche a commencé à s'en occuper, mais ils contiennent le début de plusieurs mémoires dont la publication s'est continuée dans les volumes suivants.

I. — Les Annales fléchoises et la vallée du Loir, revue mensuelle illustrée, historique, archéologique, artistique et littéraire, t. I, janvier-juin 1903. (La Flèche, 1903, in-8°, 400 p.)

10801. Couarrin (E.). — Edmond Fontaine [1828 † 1899], *portr.*, p. 4 à 9.

10802. Hallays (André). — Au pays de Ronsard, *fig.* et 4 *pl.*, p. 11, 56, 119, et 182.

10803. Soreau (Georges). — Légendes et contes de la vallée du Loir. La tombelle de Vancé, p. 23 à 25.

10804. Calendini (P.). — Les paroisses Saint-Barthélemy et Notre-Dame-du-Chef-du-Pont à la Flèche, p. 26 à 29, et 139 à 152.

10805. Roquet (H.). — Un mémoire de chirurgie [M° Bordier, de Foulletourte] au XVIII° siècle, p. 29 à 32.

10806. Calendini (Louis). — Le couvre-feu, notes historiques, p. 32, 85, 131, 223, et 300.

10807. G. S. — Cantique sur la naissance de Notre-Seigneur Jésus-Christ par M. de Racan, p. 39 à 41.

10808. Uzureau (F.). — L'élection de la Flèche et l'assemblée provinciale d'Anjou, p. 65 à 72.

10809. Roquet (H.). — Cérans-Foulletourte, *fig.* et carte, p. 74, 153, 195, 275; et II, 3 *pl.*, p. 9, 65, 211, 290 et 337.

10810. Leveau (Maurice). — Le couvent des Cordelières à Noyen, p. 94 à 100, et 211 à 217.

10811. Calendini (P.). — Lazare de Baïf, *tableau*, p. 101 à 107.

10812. Uzureau (F.). — La sénéchaussée de la Flèche et les élections en 1789, p. 128, 218, et 271.

10813. Angot (A.). — La famille fléchoise Le Loyer. Testament de Jacques Le Loyer (1681), p. 166 à 170.

10814. Calendini (P.). — Lazare de Baïf et Michel Ange, p. 177 à 181.

10815. Calendini (Louis). — La nomination d'un sacriste à Saint-Thomas [de la Flèche], au XVIII° siècle, p. 206.

10816. Calendini (P.). — Jacques Fouquet, prieur de Saint-Nicolas de Sablé (1590), p. 232 à 235.

10817. Liaumonier (P.). — La genèse du nom de Ronsard et la vraie orthographe de la Possonnière, p. 251 à 263.

10818. Froger (L.). — Notes sur les communautés protestantes de Nogent-sur-Loir et de Château-du-Loir, p. 264 à 69.

10819. Genest-Fleury. — Actes d'humanité. Chouan et Bleu [à Crosmières], p. 296 à 298.

10820. Calendini (P.). — Les sanctuaires de la Sainte-Vierge dans la vallée du Loir. A la Flèche, Notre-Dame-des-Vertus, *fig.* et *pl.*, p. 333 à 388.

10821. Candé (D'). — A propos du Vieux-Loir et de la boucle du Loir au Lude, *fig.* et *pl.*, p. 390 à 396.

10822. Uzureau (F.). — Les riverains du Loir [pétition à l'intendant de la généralité de Tours] (XVIII° s.), p. 398 à 400.

II. — Les Annales fléchoises et la vallée du Loir..., t. II, juillet-décembre 1903. (La Flèche, 1903, in-8°, 400 p.)

10823. Uzureau (F.). — Les religieuses de la Flèche en 1790, p. 5 à 8.

[10809]. Roquet (H.). — Cérans-Foulletourte, *fig.* et 3 *pl.*, p. 9, 65, 211, 290 et 337.

10824. Chambois (Em.-Louis). — Deux recettes de ménage [cuisine] du XVII° siècle, p. 28 à 32.

10825. Liaumonier (P.). — Tableau chronologique des œuvres de Ronsard, p. 33, 83, 302; et III, p. 247.

10826. Calendini (Louis). — Autographe de Ronsard et de Baïf, p. 59.

10827. Calendini (P.). — Une école à Sainte-Colombe [près la Flèche] au XVIII° siècle, p. 61.

10828. Chambois (Em.-Louis). — Notes sur les écoles de Brulon et de Chantenay, p. 81.

10829. Liaumonier (Paul). — Une ode inédite de Ronsard, p. 110 à 116.

10830. Calendini (Louis). — Notes de numismatique. Jetons allemands trouvés à Sainte-Colombe, p. 117 à 118.

10831. Froger (L.). — Jean de Baïf et la seigneurie des Pins de 1478 à 1486, p. 119 à 132.

10832. Candé (D'). — Chez les Pères Récollets du Lude en 1790 et 1791. Histoire de la liquidation d'un couvent à la fin du XVIII° siècle, p. 153 à 167.

10833. Calendini (L.). — Légendes de la vallée du Loir. Sur la lande de Vion, p. 169 à 172.

10834. Uzureau (F.). — Un récollet de la Flèche en 1789 [le P. Piquet], p. 173.

10835. Leveau (Marcel). — Noyen, le collège, p. 175, 225, et 273.

10836. Chambois (Em.-Louis). — Note sur le bornage des terres au XVII° siècle [à Rahay], p. 181.

10837. Calendini (Paul). — La Flèche au XVIII° siècle. Établissement de la milice bourgeoise en 1690, p. 183 à 193.

10838. Laumonier (P.). — Mateflon et le château du Verger, p. 194.

10839. L. F. [Froger (L.)]. — Gresset et Frédéric II, p. 232 à 235.

10840. Calendini (L.). — Menus fléchois du xviii° siècle, p. 236 à 238.

10841. Leveau (Maurice). — René Flacé, de Noyen, professeur et curé [1530 † 1600], p. 239 à 246.

10842. Uzureau (F.). — Vœu des officiers municipaux de la Flèche pour la réunion du Maine et de l'Anjou (1789), p. 247 à 253.

10843. Uzureau (F.). — Ministres protestants convertis [à Angers], p. 277 à 284.

10844. Calendini (Louis). — Monseigneur Berneux (1814 † 1866), portr., p. 285 à 289.

10845. Calendini (Paul). — A propos de deux lettres inédites de Henri IV, facs., p. 307; III, p. 195; et IV, p. 277, et 350.

10846. .Calendini (Louis). — Note sur le moulin des Belles-Ouvrières [commune de Clermont], p. 342.

10847. Uzureau (F.). — Les paroisses des archiprêtrés de la Flèche et du Lude avant le Concordat, p. 343 à 346; et III, p. 50 à 53. — Cf. n° 10861.

10848. Calendini (P.). — L'évêque d'Angers et le château de la Varenne en 1785, p. 347.

10849. Chambois (Em.-Louis). — Observations de météorologie populaire au Maine, p. 349 à 356; et III, p. 44 à 49.

10850. Calendini (Louis). — Noël fléchois du xviii° siècle, p. 357 à 361; et III, p. 54 à 55.

III. — Société d'histoire, sciences et arts de la Flèche. Les Annales fléchoises et la vallée du Loir, revue mensuelle illustrée, historique, archéologique, artistique et littéraire, t. III, janvier-juin 1904. (La Flèche, 1904, in-8°, 391 p.)

10851. Buquin (D'). — Durtal : aperçu sur le château, p. 4 à 24.

10852. Soreau (Georges). — Légendes de la vallée du Loir : les assassins de Thomas Becket, p. 26 à 35.

10853. Calendini. — Créans et ses seigneurs au xiv° siècle d'après un registre de cens et d'aveux, p. 39, 80, 236, 307, 350; et IV, p. 29, 136, 211, 255.

[10849]. Chambois (Em.-L.). — Observations de météorologie populaire au Maine, p. 44 à 49.

[10847]. Uzureau (F.). — Les paroisses des archiprêtrés de la Flèche et du Lude avant le Concordat, p. 50 à 53.

[10850]. Calendini (Louis). — Noël fléchois du xviii° siècle, p. 54 à 55.

10854. Laumonier (Paul). — De la prêtrise de Ronsard à propos d'un arte inédit de 1581, p. 67 à 78.

10855. Hallays (André). — Au pays de Racan, p. 94 à 101, et 149 à 156.

10856. Ubald d'Alençon (Frère). — Le nécrologe des Récollets de Château-du-Loir (1626-1789), p. 103, 218, et 300.

10857. Uzureau (F.). — Une visite à la Flèche (1782), p. 111 à 113.

10858. Calendini (Louis). — Mémorandum : la Flèche il y a cent ans, p. 114.

10859. Arnould (Louis). — Racan : au Fleuve du Loir desbordé, p. 116 à 119.

10860. Froger (L.). — Notes sur l'édition de la Franciade parue en 1574, p. 131 à 147.

10861. Uzureau (F.). — Les chapitres, abbayes et prieurés des archiprêtrés de la Flèche et du Lude avant la Révolution, p. 157. — Cf. n° 10847.

10862. Chambois (Ém.-L.). — Notes sur le collège du Grand-Lucé, p. 159 à 166.

10863. Calendini (Louis). — Le Lude. Confréries établies avant la Révolution dans la chapelle de la Miséricorde, p. 167 à 177, et 253 à 255.

10864. Roquet (H.). — Contrat d'apprentissage d'un apprenti potier, p. 178 à 179.

[10845]. Calendini (Paul). — A propos de deux lettres inédites de Henri IV, p. 195 à 216.

10865. Uzureau (F.). — La ville de la Flèche en 1775, p. 228 à 235.

10866. Chambois (Em.-L.). — Le prix des grains à Montoire en 1696, 1699, 1719, p. 245.

[10825]. Laumonier (Paul). — Tableau chronologique des œuvres de Ronsard, supplément, p. 247 à 252.

10867. Calendini (Paul). — La chapelle de Notre-Dame-des-Vertus, p. 259 à 260.

10868. Rougé (Jacques). — L'ostension, p. 262 à 264.

10869. Calendini (Louis). — Le tombeau de Robert Garnier, p. 266 à 273.

10870. Froger (L.). — Ronsard et la Réforme, p. 276 à 289.

10871. Uzureau (F.). — Recensement dans l'élection de la Flèche, p. 290 à 296.

10872. Calendini (Paul). — Vitraux peints de la Roche-Racan, p. 297 à 299.

10873. Froger (L.). — Ronsard et Alamanni, p. 323 à 328.

10874. Uzureau (F.). — L'abbaye du Perray-Neuf à Précigné, p. 329 à 331.

10875. Calendini (Louis). — Les rois d'Yvetot de la vallée du Loir, p. 332 à 339.

10876. Froger (L.). — Le testament d'Ysabelle, dame de la Flotte, en 1398, p. 342 à 349.

10877. Calendini (Paul). — Lettres au comte de Pontchartrain (1711). Le maréchal de Tessé au Maine, p. 360 à 374.

IV. — Société d'histoire, lettres, sciences et arts de la Flèche. Les Annales fléchoises et la vallée du Loir, revue mensuelle illustrée, historique, archéologique artistique et

littéraire, t. IV, juillet-décembre 1904. (La Flèche, 1904, in-8°, 372 p.)

10878. Rougé (Jacques). — Le grand Saint-Bernard, p. 1 à 6.

10879. Froger (Louis). — Notes sur le poème intitulé *Isles fortunées* de Ronsard, p. 7 à 15.

10880. Roquet (Henri). — Requeil, monographie, *fig.*, p. 16, 71, 151, 191, et 321.

10881. Chambois (Em.-L.). — La mère de Racan [1599], p. 28.

[10853]. Calendini (Louis). — Créans et ses seigneurs au XIVᵉ siècle d'après un registre de cens et d'aveux, p. 29, 136, 211, et 255.

10882. Guilloreau (Dom Léon). — Extraits de l'obituaire de l'abbaye de Chaloché (ordre de Cîteaux), p. 39 à 47.

10883. Laumonier (Paul). — Le poète Ronsard et l'héritage paternel, 2 *pl.*, p. 57 à 70.

10884. Uzureau (F.). — M. Harang (1794 † 1860), autobiographie inédite, p. 84 à 93, et 124 à 132.

10885. L. C. [Calendini (L.)]. — Excursion de Ruillé-sur-Loir à Vendôme, p. 97 à 115.

[Poncé, la Flotte, *fig.*, et Troô, *fig.*, Montoire, *pl.*; Lavardin, *fig.* et *pl.*; Vendôme.]

10886. Froger (Louis). — Un seigneur de la Possonnière en 1293, p. 133 à 135.

10887. Leveau (Maurice). — Les anciens curés de Noyen, 162, 206, 244, et 339.

10888. Calendini (Louis). — La voierie au pays fléchois en 1788, p. 171.

10889. Calendini (Louis). — Jacques Gretser et ses ouvrages imprimés à la Flèche (1608-1609), p. 177 à 180.

10890. Uzureau (F.). — Notre-Dame-du-Chêne à Vion (XVIIᵉ s.), p. 183 à 190.

10891. Calendini (Paul). — Les noms de lieu anciens : De Bor Chevrel à Bouchevreau, p. 202 à 205.

10892. Calendini (Paul). — Budget des garnisons d'Angers et de la Flèche en 1611, p. 222 à 224.

10893. Uzureau (F.). — L'évêque d'Angers et le lieutenant général de la Flèche (1693), p. 241 à 243.

10894. Calendini (Louis). — La succession d'un régisseur [du duc de Praslin, à la Flèche] (1767-1768), p. 268 à 276.

[10845]. Calendini (Paul). — A propos de deux lettres inédites de Henri IV, p. 277, et 350.

10895. L. C. [Calendini (Louis)]. — La pastorale de Conlie, poésie de Tristan Corbière, p. 300 à 301.

10896. [Calendini (L.)]. — Vers à M. le comte de Choiseul (1762), p. 302 à 303.

10897. Hallopeau (L.-A.). — Sur la date de construction et sur quelques particularités architecturales du manoir de la Possonnière, p. 305 à 320.

10898. Uzureau (F.). — M. Bretonnier, vicaire à Dissé-sous-le-Lude, guillotiné à Angers, p. 334 à 338.

10899. Calendini (Louis). — Éphémérides 13-14 décembre 1553 [naissance de Henri IV], p. 363 à 364.

10900. Chambois (Em.-L.). — Notes sur les mesures agraires au Maine en 1687, p. 365.

SARTHE. — LE MANS.

SOCIÉTÉ D'AGRICULTURE, SCIENCES ET ARTS DE LA SARTHE.

Les publications antérieures de cette Société sont analysées dans notre *Bibliographie générale*, savoir :

Séances publiques, t. I à VII (an XI-1825), *Bibliographie*, t. II, p. 670.
Bulletin, t. I à XXX (1833-1886), *Bibliographie*, t. II, p. 671.
— t. XXXI à XXXVII (1887-1900), *Bibliographie*, Supplément sous presse.
— t. XXXVIII (1901-1902), *Bibliographie*, nouvelle série, II, p. 120.
Mémoires, t. I et II (1855-1878), *Bibliographie*, t. II, p. 681.
Ouvrages divers (1877-1881), *Bibliographie*, t. II, p. 670.

XXXIX. — **Bulletin de la Société d'agriculture, sciences et arts de la Sarthe**, 2ᵉ série, t. XXXI. 39ᵉ tome de la collection 1903 et 1904. (Le Mans, 1903, in-8°, 368 p.)

10901. Legué (L.). — Notice sur le Dʳ Rendu [1844 † 1902], p. 14 à 17.

10902. Déan-Laporte. — Origine du Bureau de bienfaisance de la ville du Mans [1785], p. 18 à 30.

10903. Rebut (D.). — Lauréats du collège-séminaire de l'Oratoire du Mans [1729-1791], p. 51 à 140.

10904. Chambois (Ém.-Louis). — Notes sur les corporations mancelles d'arts et métiers, leurs armoiries et leurs bannières, *fig.*, p. 141 à 167.

10905. Chambois (Émile-Louis). — Testament de René-Rolland Le Vayer de Boutigny [1710], p. 168 à 171.

10906. Chambois (L'abbé É.-L.). — Documents inédits sur l'Oratoire du Mans, p. 274 à 275.

10907. Deschamps La Rivière (R.). — Un braconnier dans le chapitre de Saint-Pierre-la-Cour [au Mans], p. 277 à 288.

10908. Chambois (É.-L.). — Le vieux Mans, les hôtelleries et leurs enseignes, p. 327 à 360.

SARTHE. — LE MANS.

SOCIÉTÉ DES ARCHIVES HISTORIQUES DU MAINE.

Les publications antérieures de cette Société ou de l'Union historique et littéraire du Maine dont elle a repris les travaux sont analysées dans notre *Bibliographie générale*, savoir :

Union historique ... du Maine, t. I et II (1893-1894), *Bibliographie*, Supplément sous presse.
La Province du Maine, t. III à VIII (1895-1900), *Bibliographie*, Supplément sous presse.
— t. IX et X (1901-1902), *Bibliographie*, nouvelle série, I, p. 77; et II, p. 121.
Archives historiques du Maine, t. I (1900), *Bibliographie*, Supplément sous presse.
— t. II et III (1902), *Bibliographie*, nouvelle série, II, p. 122.

XI. — Société des Archives historiques du Maine. La Province du Maine, revue mensuelle fondée sous les auspices de M. de la Rochefoucauld, duc de Doudeauville, t. XI. (Laval, 1903, in-8°, 400 p.)

10909. Busson (G.). — Notes sur les noms de lieu anciens contenus dans les *Actus Pontificum Cenomannis in urbe degentium*, p. 17, 56, 81, 125, 212, 241, 305, 337; et XII, p. 99, 151, 221, 272, 326, et 392.

10910. Broussillon (Comte B. de). — Lettre de Henri III relative à l'entrée de Gui XIX à Laval (26 novembre 1575), p. 24.

10911. Froger (L.). — Les écoles à Changé-lès-le-Mans, p. 26 à 29.

10912. Ledru (Amb.). — Note sur la paroisse de Saint-Saturnin, près du Mans, p. 30 à 32.

10913. Chambois (Ém.-Louis). — Notes et remarques extraites des registres de la paroisse du Crucifix au Mans (1680-1789), p. 33, 77, 109, 167, 237, 268, et 300. — Suite de X, p. 362, et 388.

10914. Delisle (L.) et A. L. [Ledru (A.)]. — Légendes sur la famille de Boylesve, p. 49 à 55.

10915. Ledru (A.). — La cage de fer du cardinal Balue et Guyon de Broc, *fig.*, p. 67 à 72.

10916. Du Brossay. — Inféodation de l'écluse de Bressac sur la Mayenne, p. 73 à 76.

10917. Froger (L.). — Le testament d'un paroissien de Saint-Pavace (1510), p. 87.

10918. Vallée (Eugène). — Notes généalogiques sur la famille d'Illiers, p. 89, 134, 190, 247, 276, 327, 344; et XII, p. 70, 120, 155, 192, 238, 255, 282, 318, et 362.

10919. Montesson (Vicomte de). — Une lettre du président Hénault, p. 105 à 108.

10920. Broussillon (B. de). — Robert de Vitré, chanoine du Mans, chantre du chapitre Notre-Dame de Paris, *fig.*, p. 113 à 124.

10921. Angot (A.). — Mathurin Tabouet, médecin et curé de Saint-Aubin-des-Grois [xvie s.], p. 143.

10922. Chardon (Henri). — Farce de l'Aveugle et de son valet tort, composée par maistre François Briand, maître des écoles de Saint-Benoît du Mans, p. 145 à 160, et 177 à 189.

10923. Ledru (Amb.). — Translation des reliques de saint Liboire du Mans à Paderborn en 836, p. 161 à 166.

10924. L. F. [Froger (L.)]. — Note sur Saint-Calais, p. 173.

10925. Choplin (A.). — Ancinnes. Le prieuré bénédictin de Saint-Michel-du-Tertre, p. 196 à 200, et 258 à 259.

10926. Ledru (A.). — Le chemin du Mans à Paris au moyen âge. La Croix-de-Pierre, p. 201 à 204.

10927. Broussillon (B. de). — Guy, chanoine du Mans, curé de Fontaines-en-Beauce (1255-1256), p. 209 à 211.

10928. Du Brossay. — Le faubourg d'Azé et la chapelle du Génoteil (1706), p. 223 à 226.

10929. Fleury (Gabriel). — Le prieuré de Contres en Saint-Rémy-des-Monts (Sarthe), p. 227 à 236.

10930. Chambois (Ém.-Louis). — La pêche de l'Étang-Vieil à Ecorpain en 1678, p. 253 à 257.

10931. Uzureau (F.). — La sénéchaussée de Château-Gontier et les élections du Tiers-État (1789), p. 260 à 267, et 287 à 294.

10932. Menjot d'Elbenne (Vicomte). — Note sur la famille de Joan d'Yerriau, évêque du Mans (1439-1448), fig., p. 273 à 275.

10933. L. F. [Froger (L.)]. — Le chirurgien [Jean de Cherme] du cardinal Jean du Bellay, p. 295 à 297.

10934. Chambois (Ém.-Louis). — Une affaire de pots de vin au xviiᵉ siècle [à Rahay], p. 298 à 299.

10935. L. F. [Froger (L.)]. — Le procureur de la brique à Saint-Léonard-des-Bois [1268], p. 312 à 313.

10936. Chambois (Ém.-Louis). — Le cuisinier du marquis de Montfort, p. 314 à 318.

10937. Calendini (Louis). — Notes archéologiques. L'église de Blèves, p. 319 à 326.

10938. Achon (Chⁱᵉʳ d') et Castellane (Cᵗᵉ de). — Les Hansois frappés en Normandie par Henri V, roi d'Angleterre, p. 350 à 353.

10939. Chappée (J.). — Un livre de famille manceau (familles Bellenger, Hoyau et Le Divin, 1533-1667), p. 354, 378; et XII, p. 31.

10940. Busson (G.). — De l'affaire de Saint-Calais et des chartes fausses des Actus [Pontificum Cenomannis in urbe degentium], p. 369 à 377; et XII, p. 26 à 30.

10941. Chambois (Em.-Louis). — Registre des vêtures et professions de l'abbaye royale de Saint-Julien-du-Pré (1674-1775). pl., p. 384; et XII, p. 45, 109, 165, 198, 305, et 332.

<hr>

XII. — Société des archives historiques du Maine. La province du Maine, revue mensuelle publiée sous les auspices de M. de la Rochefoucauld, duc de Doudeauville, t. XII. (Le Mans, 1904, in-8°, 412 p.)

10942. Froger (L.). — Les pèlerins manceaux à Sainte-Catherine de Fierbois au xvᵉ siècle, p. 17 à 25.

[10940]. Busson (G.). — De l'affaire de Saint-Calais et des chartes fausses des Actus, p. 26 à 30.

[10939]. Chappée (J.). — Un livre de famille manceau (familles Bellenger, Hoyau et Le Divin, 1533-1667), p. 31 à 38.

10943. Uzureau (F.). — Les paroisses du doyenné de Craon avant le Concordat, p. 39 à 44.

[10941]. Chambois (Ém.-Louis). — Registre des vêtures et professions de l'abbaye royale de Saint-Julien-du-Pré (1674-1775), p. 45, 109, 165, 198, 305, et 332.

10944. Ledru (Amb.). — Saint Julien, évêque du Mans, fig. et pl., p. 49, 81, 113, 145, 177, 209, 245, et 277.

10945. Vavasseur (G.). — Contribution à l'histoire de Nauvay, p. 67 à 69, et 103 à 108.

[10918]. Vallée (Eugène). — Notes généalogiques sur la famille d'Illiers, p. 70, 122, 155, 192, 238, 255, 282, 318, et 362.

10946. Linière (Raoul de). — Les fiefs de la Fontaine-Saint-Martin, pl., p. 89, 182, 226, 268, 292, 356, et 385.

[10909]. Busson (G.). — Notes sur les noms de lieu anciens contenus dans les Actus Pontificum Cenomannis in urbe degentium, p. 99, 151, 221, 272, 326, et 392.

10947. Froger (L.). — La confrérie Saint-Martin à Pontlieue, p. 128 à 136, et 168 à 169.

10948. Angot (A.). — Julien Péan de la Tuilerie, p. 159 à 164.

10949. Busson (G.). — Vie de saint Romain du Mans attribuée à Grégoire de Tours, p. 235 à 237.

10950. Froger (L.). — A propos des Actus, p. 261 à 267.

10951. H. R. — Ponthouin, p. 338 à 340, et 395 à 403.

10952. Busson (G.). — Les origines de l'église du Mans. Saint Julien, p. 341 à 348, 373 à 384. — Cf. n° 10953.

10953. Ledru (Amb.). — Remarques sur les origines de l'église du Mans, p. 349 à 355. — Cf. n° 10952.

<hr>

IV. — Archives historiques du Maine, IV, 1ᵉʳ fascicule. (Le Mans, 1904, in-8°, 291 p.)

10954. Menjot d'Elbenne (Vᵗᵉ). — Cartulaire du chapitre royal de Saint-Pierre-de-la-Cour au Mans. (Le Mans, 1904, in-8°, 291 p.)

SARTHE. — LE MANS.

SOCIÉTÉ HISTORIQUE ET ARCHÉOLOGIQUE DU MAINE.

Les publications antérieures de cette Société sont analysées dans notre *Bibliographie générale*, savoir :
Revue historique et archéologique, t. I à XVIII (1876-1885), *Bibliographie*, t. II, p. 683.
—   —   t. XIX à XLVIII (1886-1900), *Bibliographie*, Supplément sous presse.
—   —   —   t. XLIX à LII (1901-1902), *Bibliographie*, nouvelle série, I, p. 78;
et II, p. 122.
Ouvrages divers (1876-1885), *Bibliographie*, t. II, p. 682.

LIII. — Revue historique et archéologique du Maine, t. LIII, année 1903, 1ᵉʳ semestre. (Le Mans, 1903, in-8°, 352 p.)

10955. Fleury (Gabriel). — Des portails romans du xiiᵉ siècle et de leur iconographie, *fig.* et 52 *pl.*, p. 31; LV, p. 28, et 289.

10956. Chardon (H.). — L'abbesse d'Étival [Claire Nau] et Scarron, p. 69 à 90.

10957. Triger (Robert). — L'administration municipale au Mans, de 1530 à 1545, p. 91 à 126. — Suite de LII, p. 225.

10958. Uzureau (F.). — La sénéchaussée de la Flèche et les élections du Tiers (1789), p. 129 à 148.

10959. Lonlèbe (Ed. de). — Un rôle de la garnison anglaise de Fresnay-le-Vicomte (décembre 1433-mars 1434), p. 149 à 156.

10960. Froger (L'abbé Louis). — La paroisse de Bouloire, *fig.* et *pl.*, p. 157, 320; et LIV, p. 82.

10961. R. T. [Triger (R.)]. — La bataille du Mans en 1793. Extrait des notes de Joseph-Gabriel de Villiers de l'Isle-Adam (1775-1840), p. 174 à 182.

10962. Heurtebize (Dom B.). — Les avocats au présidial de Château-Gontier aux xviiᵉ et xviiiᵉ siècles d'après des documents inédits, p. 183 à 208.

10963. R. T. [Triger (R.)]. — Découverte de peintures anciennes à Auvers-le-Hamon, p. 209 à 211.

10964. Fleury (Gabriel). — Les peintures anciennes de Vezot, p. 220 à 224.

10965. Triger (Robert). — L'église de la Visitation au Mans et son principal architecte, sœur Anne-Victoire Pillon, *fig.* et 3 *pl.*, p. 225 à 268.

10966. Denis (L'abbé). — Thorigné féodal, *fig.*, p. 269; et LIV, p. 44, et 275.

10967. Beauchesne (Marquis de). — Un gentilhomme manceau, soldat dans les armées de la République [Charles-François-René de Lonlay], p. 303 à 319.

LIV. — Revue historique et archéologique du Maine, t. LIV, année 1903, 2ᵉ semestre. (Le Mans, 1903, in-8°, 352 p.)

10968. Lefèvre-Pontalis (Eug.). — L'église abbatiale d'Évron, *fig.* et 13 *pl.*, p. 5 à 43.

[10966]. Denis (L'abbé L.). — Thorigné féodal, p. 44, et 275.

10969. Candé (Dᵣ). — Les foires et marchés du Lude avant la Révolution, p. 74 à 81.

[10960]. Froger (L'abbé Louis). — La paroisse de Bouloire jusqu'en 1789, *fig.*, p. 82.

10970. R. T. [Triger (Robert)]. — Les origines de la maison de la reine Bérangère au Mans, p. 107 à 109.

10971. Triger (Robert). — Excursion archéologique du 2 août 1903, 8 *pl.*, p. 113 à 200.

[Inauguration du Musée archéologique *fig.* — L'église Saint-Pierre-de-la-Cour, *fig.*, — Vieilles maisons du Mans, 4 *pl.* et *fig.* — L'église Saint-Benoît, 2 *pl.* — L'abbaye de l'Épau, *pl.* et *fig.*]

10972. Linière (Raoul de). — M. de Millon et Marlborough aux sièges de Liège et de Huy (1702-1703), 3 *pl.*, p. 201 à 274.

10973. Brière (Louis). — Bibliographie du Maine, année 1902, p. 300 à 329. — Cf. n° 10984.

10974. Uzureau (L'abbé). — Le cahier de Saint-Saturnin du Limet (1789), p. 330 à 334.

LV. — Revue historique et archéologique du Maine, t. LV, année 1904, 1ᵉʳ semestre. (Le Mans, 1904, in-8°, 448 p.)

[10955]. Fleury (Gabriel). — Des portails romans du xiiᵉ siècle et de leur iconographie, *fig.* et 3 *pl.*, p. 28 à 69, et 289 à 374.

10975. Chardon (H.). — Robert Garnier, sa vie, ses

poésies inédites [† 1590], *portr.*, p. 70, 161, 392; LVI, p. 86, 187, et 257.

10976. Lorière (Ed. de). — Asnière-sur-Vègre, *fig.* et 4 *pl.*, p. 95, 233; et LVI, p. 48, 214, et 297.

10977. Triger (Robert). — La fontaine Saint-Julien place de l'Éperon au Mans, *fig.* et *pl.*, p. 121 à 137.

10978. Triger (Robert). — La fabrique de toiles de Fresnay-sur-Sarthe et la fête de Saint-Bonaventure, *fig.* et 3 *pl.*, p. 185, 409; et LVI, p. 5.

10979. Montier (A.). — Le portier chirurgien Guimonneau [dit] Forterie, de Courcelles [1726-1794], p. 270 à 279.

10980. Célier (Léon). — Les anciennes vies de saint Domnole, p. 375 à 491.

———

LVI. — Revue historique et archéologique

du Maine, t. LVI, année 1904, 2ᵉ semestre. (Le Mans, 1904, in-8°, 360 p.)

[10978]. Triger (Robert). — La fabrique de toiles de Fresnay-sur-Sarthe et la fête de Saint-Bonaventure, 2 *pl.*, p. 5.

[10976]. Lorière (Ed. de). — Asnière-sur-Vègre, p. 48, 214, et 297.

[10975]. Chardon (H.). — Robert Garnier, sa vie, ses poésies inédites, p. 86, 187, et 257.

10981. Anonyme. — Excursion historique et archéologique dans la vallée du Loir, *fig.* et 4 *pl.*, p. 113 à 186.

10982. Calendini (Louis). — Baptêmes de cloches en 1776 [à Vouvray-sur-Huisne], p. 249 à 256.

10983. Froger (L.). — Visite de l'église Saint-Martin de Pontlieue, en 1786, p. 288 à 296.

10984. Brière (Louis). — Bibliographie du Maine. Année 1903, p. 331 à 351. — Cf. n° 10973.

———

SAVOIE. — CHAMBÉRY.

———

ACADÉMIE DES SCIENCES, BELLES-LETTRES ET ARTS DE SAVOIE.

Les publications antérieures de cette Société sont analysées dans notre *Bibliographie générale*, savoir :

Mémoires, t. I à XXXV (1825-1886), *Bibliographie*, t. II, p. 692.
   — t. XXXVI à XLIV (1887-1900), *Bibliographie*, Supplément sous presse.
   — t. XLV (1902), *Bibliographie*, nouvelle série, II, p. 123.
Documents, t. I à V (1859-1883), *Bibliographie*, t. II, p. 699.
   — t. VI et VII (1888-1893), *Bibliographie*, Supplément sous presse.
Tables (1903), *Bibliographie*, nouvelle série, II, p. 124.

XLVI. — Mémoires de l'Académie des sciences, belles-lettres et arts de Savoie, 4ᵉ série, t. X. (Chambéry, 1903, in-8°, xv-760 p.)

10985. Descostes (François). — Éloge de M. Hippolyte Lachat [† 1901], *portr.*, p. 1 à 19.

10986. Descostes (François). — Éloge de M. Ernest Arminjon [1828 † 1901], *portr.*, p. 21 à 38.

10987. Descostes (François). — Éloge de M. le comte Jules de Mouxy de Loche [1837 † 1902], *portr.*, p. 141 à 156.

10988. Perrin (A.). — L'âge de la pierre en Savoie, Station de Saint-Saturnin (commune de Saint-Alban), époque robenhausienne (pierre polie), p. 157 à 176.

10989. Descostes (François). — Éloge de Mᵍʳ Rosset, évêque de Maurienne [1830 † 1902], p. 177 à 207.

10990. Descostes (François). — Les émigrés en Savoie, à Aoste et dans le pays de Vaud (1790-1800), p. 209 à 558.

10991. Taucher (L'abbé S.). — La cathédrale de Saint-Jean-Baptiste et ses dépendances à Saint-Jean-de-Maurienne, étude historique et archéologique, 4 *pl.*, p. 559 à 700.

SAVOIE (HAUTE-). — ANNECY.

ACADÉMIE SALÉSIENNE.

Les publications antérieures de cette Académie sont analysées dans notre *Bibliographie générale*, savoir :
Mémoires, t. I à VIII (1879-1885); *Bibliographie*, t. II, p. 716.
— t. IX à XXIII (1886-1900), *Bibliographie*, Supplément sous presse.
— t. XXIV et XXV (1901-1902), *Bibliographie*, nouvelle série, I, p. 82; et II, p. 126.

XXVI. — **Mémoires et documents publiés par l'Académie salésienne,** t. XXVI. (Annecy, 1903, in-8°, 344 p.)

10992. Anonyme. — Ex manuali seu registro capituli ecclesie B. V. Marie Lausannensis [1448], p. xv.
10993. Anonyme. — Lettre de noblesse pour le sieur de Laydevant, p. xvi à xviii.
10994. Lafrasse (L'abbé P.-M.). — Étude sur la liturgie de l'ancien diocèse de Genève, p. 1 à 344; et XXVII, p. 1 à 173.

XXVII. — **Mémoires et documents publiés par l'Académie salésienne,** t. XXVII. (Annecy, 1904, in-8°, xx-350 p.)

[10994]. Lafrasse (P.-M.). — Étude sur la liturgie dans l'ancien diocèse de Genève, p. 1 à 173.
10995. Lafrasse (P.-M.). — Visites faites dans les prieu-

rés de Saint-Victor de Genève, de Contamine-sur-Arve, du Rosay, du Bourget et de Conzieu [ordre de Cluny, 1288-1303], p. 175 à 185.
10996. J.-F. G. [Gonthier (J.-F.)]. — Visites pastorales des paroisses du diocèse de Genève de 1411 à 1518, p. 187 à 209.
10997. Lavorel (L'abbé J.-M.). — 1789-1800. La Révolution et le clergé en France et en Savoie, p. 211 à 233.
10998. J.-F. G. [Gonthier (L'abbé J.-F.)]. — Obituaire des Cordeliers de Genève du xive au xvie siècle, p. 235 à 257.
10999. Albert (L'abbé Nestor). — Testament du président Antoine Favre [1624], avec notice biographique du testateur, p. 259 à 317.
11000. J.-F. G. [Gonthier (L'abbé J.-F.)]. — Listes des papes, cardinaux et évêques originaires de Savoie, p. 319 à 339.

SAVOIE (HAUTE-). — ANNECY.

SOCIÉTÉ FLORIMONTANE.

Les publications antérieures de cette Société sont analysées dans notre *Bibliographie générale*, savoir ;
Séances et Annales (1851-1854), *Bibliographie*, t. II, p. 718.
Bulletin et Revue savoisienne, t. I à XXVI (1855-1885), *Bibliographie*, t. II, p. 718.
Revue savoisienne, t. XXVII à XLI (1886-1900), *Bibliographie*, Supplément sous presse.
— t. XLII à XLIV (1901-1903), *Bibliographie*, nouvelle série, I, p. 82; et II, p. 127.
Ouvrages divers (1902-1903), *Bibliographie*, nouvelle série, II, p. 127.

XLV. — **Société florimontane d'Annecy. Revue savoisienne,** 1904, 45° année. (Annecy, 1904, in-8°, x-278 p.)

11001. Costa de Beauregard (Olivier). — Cuirasses halstattiennes découvertes à Fillinges; vierge en bois, de Chignin (xiie s.), *fig.*, p. 6 à 9.

11002. Piccard (L'abbé). — Passage de la Cour à Annemasse en 1775, p. 9.
11003. Manteaux. — La charte dite du comte Robert pour le prieuré de Peillonnex (1012-1019), p. 9 à 10.
11004. Folliet (André). — Le chant des Allobroges son origine, p. 23 à 38.

11005. Fenouillet (F.). — Notice sur le château et la famille de Pelly, p. 57, 104, et 183.

11006. Desormaux (J.). — Notes philologiques [la suif ou ablette], p. 67 à 70.

11007. Vulliet. — Inscription du moulin de la Muraz (1715), p. 70.

11008. Fontaine. — Inscription de porte à Thuy (xv⁰ s.), *fig.*, p. 75.

11009. Thonion (Dʳ). — Quelques lettres du président Carnot [1870-1884], p. 79 à 86.

11010. Le Roux (Marc). — Le château d'Aléry, *fig.*, p. 87 à 92.

11011. Gonthier (J.-F.). — Les seigneurs du château d'Aléry, p. 92 à 97.

11012. Keringer (J.). — La chaire de l'église Saint-Maurice à Annecy, p. 97 à 100.

11013. Ritz (Louis). — Le manuscrit de l'abbaye de Talloires au Musée Britannique, p. 137 à 145, et 236 à 246.

11014. Piccard (L.-E.). — Quelques familles chablaisiennes et genevoises du xvi⁰ et du xvii⁰ siècle, p. 145 à 154.

11015. Fontaine (A.). — A travers le vieil Annecy. Le palais et le quartier de l'Isle, *fig.*, p. 115 à 164, et 204 à 206.

11016. Pissard (C.-F.). — Le voyage de deux syndics d'Annecy envoyés à Turin, au mois de janvier 1607, pour une prestation de serment de fidélité, p. 164 à 166.

11017. Camus (Jules). — Herbier des Alpes de la Savoie offert à l'impératrice Joséphine par Joseph-Louis Bonjean, p. 167 à 183, et 247 à 263.

11018. Anonyme. — Lettres patentes pour la ville de Cluses [1616-1619], p. 270 à 271.

SAVOIE (HAUTE-). — THONON.

ACADÉMIE CHABLAISIENNE.

Les publications antérieures de cette Académie sont analysées dans notre *Bibliographie générale*, savoir : *Mémoires*, t. I à XIV (1887-1900), *Bibliographie*, Supplément sous presse.

— t. XV et XVI (1901-1902), *Bibliographie*, nouvelle série, I, p. 83; et II, p. 128.

XVII. — Mémoires et documents publiés par l'Académie chablaisienne..., t. XVII. (Thonon, 1903, in-8°, LV-144 p.)

11019. Duplan. — Lettre du ministre des Finances portant suspension de la vente de biens d'émigrés (1797), p. VII à VIII.

11020. Piccard (L.-E.). — Les bourgeois d'Allinges, p. XI à XVII.

11021. Duplan. — Testament d'Étienne Prevost (1650), p. XVIII à XX.

11022. Duplan. — Lettre de messire Reynold à M. de Blonay (1670), p. XXI à XXII.

11023. Duplan. — Lettre de Chrestienne de France, régente de Savoie, à J.-D. de Blonay, baron du Châtelard (1642), p. XXV.

11024. Duplan (A.). — Documents concernant le mariage de Juspine de Savoie avec le duc de Provence, p. XXVII à XXXI.

11025. Piccard (L.-E.). — Requête de la municipalité de Thonon au roi de Sardaigne, p. XXV à XXXVI.

11026. Piccard (L.-E.). — Tully, aqueduc de la Dranse, p. XXXVI à XL.

11027. Duplan (A.). — Lettres de Fr. de Gerbaix de Sonnas (1662-1666), p. XLIV à XLVII.

11028. Folliet (André). — Le commandant Chappuis (1767 † 1851), p. 1 à 48.

11029. Duplan (A.). — Un manuscrit du chanoine Louis Grillet, p. 49 à 116.

[La déportation des prêtres de Savoie pendant la Terreur.]

11030. Folliet (André). — Au sujet de l'histoire de Beaumont, p. 117 à 122. — Cf. XIII, p. 1; et XIV, p. 1.

11031. Piccard (L.-E.). — Notes sur la famille Dubouloz, p. 123 à 125.

SEINE. — NEUILLY.

COMMISSION HISTORIQUE ET ARTISTIQUE DE NEUILLY.

Cette Commission a été instituée par décision du Conseil municipal du 26 décembre 1902, nous donnons ci-dessous l'analyse du premier volume de son *Bulletin*.

I. — Bulletin de la Commission municipale historique et artistique de Neuilly-sur-Seine, année 1903. (Paris, 1904, in-8°, 88 p.)

11032. MARMOTTAN (Paul). — Rapport sur un plan du château de Neuilly [1820], *pl.*, p. 38 à 41.

11033. CIRCAUD (E.). — Lancement de la frégate école *La Ville de Paris*, fait à Neuilly, le 23 novembre 1851, p. 41 à 43.

11034. CIRCAUD (E.). — Les différentes mairies de Neuilly, *pl.*, p. 43 à 47.

11035. CIRCAUD (E.). — Cessions de chemins de la procession de Villiers à Paris et de Neuilly à Villiers faites par la commune de Neuilly au général Murat et à la princesse Borghèse, p. 47 à 59.

11036. MARMOTTAN (Paul). — Deux soirées de la princesse Borghèse à Neuilly en 1811, *portr.*, p. 59 à 64.

11037. CIRCAUD (E.). — Un parent de l'abbé de Labordère [Pierre-Paul Saint-Paul], p. 65 à 71.

11038. CIRCAUD. — Organisation de la municipalité de Neuilly-sur-Seine en 1789, p. 71 à 82.

11039. ANONYME. — Arrêt du Conseil d'État qui réunit au Domaine les terrains provenant du comblement du bras de la rivière de Seine à Neuilly (10 mai 1780), p. 83 à 86.

11040. ANONYME. — Ordonnance du Bureau des finances de la Généralité de Paris concernant les propriétaires et locataires des maisons et terrains situés sur l'emplacement où doit être construit le nouveau pont à Neuilly-sur-Seine (12 février 1768), p. 86 à 88.

SEINE. — PARIS.

ASSOCIATION POUR L'ENCOURAGEMENT DES ÉTUDES GRECQUES.

Les publications antérieures de cette Association sont analysées dans notre *Bibliographie générale*, savoir :

Annuaire, t. I à XIX (1867-1885), *Bibliographie*, t. III, p. 4.

— t. XX et XXI (1886-1887), *Bibliographie*, Supplément sous presse.

Monuments grecs, t. I (n°° 1 à 10) [1872-1881], *Bibliographie*, t. III, p. 9.

— t. II (n°° 11 à 25) [1882-1897], *Bibliographie*, Supplément sous presse.

Revue des études grecques, t. I à XIII (1888-1900), *Bibliographie*, Supplément sous presse.

— t. XIV et XV (1901-1902), *Bibliographie*, nouv. série, I, p. 84; et II, p. 128.

XVI. — Revue des études grecques, publiée par l'Association pour l'encouragement des études grecques..., t. XVI, année 1903. (Paris, 1903, in-8°, LXII-502 p.)

11041. ANONYME. — L'*Agamemnon* d'Eschyle jugé par Gœthe, p. 1 à 4.

11042. OPPERT (Jules). — L'année de Méton, p. 5 à 17.

11043. REINACH (Théodore). — Les trépieds de Gelon et de ses frères, p. 18 à 24.

11044. CUMONT (Franz). — La Galatie maritime de Ptolémée, p. 25 à 27.

11045. DIEHL (Charles). — Sur la date de quelques passages du *Livre des cérémonies* [de Constantin VII], p. 28 à 41.

11046. PERDRIZET (Paul). — Σφραγὶς Σολομῶνος [le sceau de Salomon], *fig.*, p. 42 à 61.

IMPRIMERIE NATIONALE.

11047. T. R. [Reinach (Théodore)]. — Les *Perses* de Timothée, p. 62 à 83. — Cf. n° 11059.

11048. Bourguet (Émile). — Bulletin épigraphique, p. 84 à 104. — Cf. n° 11073.

11049. Seymour de Ricci. — Bulletin papyrologique, p. 105 à 125. — Suite et fin de XV, p. 408.

11050. Glotz (Gustave). — Sur la date d'une inscription trouvée à Olympie, p. 143 à 153.

11051. Delamarre (J.). — Décrets religieux d'Arkésiné (Amorgos), *fig.*, p. 154 à 172.

11052. Tannery (Paul). — Y a-t-il un nombre géométrique de Platon? p. 173 à 179.

11053. Reinach (Théodore). — Inscriptions grecques, p. 180 à 192, et 419.

[Thasos, musée d'Alexandrie, Cizeh, Rhodes, Elis.]

11054. Crönert (Wilhelm). — Remarques sur les papyrus de Magdola, p. 193 à 197.

11055. Michon (Étienne). — Trois statues antiques provenant de Smyrne dans l'ancienne collection du Roi, p. 198 à 207.

11056. Hatzidakis (Georges N.). — La question de la langue en Grèce, p. 210 à 245.

11057. Krumbacher (Karl). — Le problème de la langue littéraire néo-grecque, p. 246 à 275.

11058. Collignon (Max.). — De l'origine du type des pleureuses dans l'art grec, *fig.*, p. 299 à 322.

11059. Croiset (Maurice). — Observations sur les *Perses* de Timothée de Milet, p. 323 à 348. — Cf. n° 11047.

[11075]. Legrand (Ph.-E.). — Pour l'histoire de la Comédie nouvelle, p. 349 à 374.

11060. Brénier (Louis). — Un discours inédit de Psellos. Accusation du patriarche Michel Cérulaire devant le synode (1059), p. 375 à 416; et XVII, p. 35 à 76.

11061. Omont (H.). — Le premier professeur de langue grecque au Collège de France. Jacques Toussaint (1529), p. 417 à 419.

11062. Ruelle (Ch.-Ém.). — Bibliographie annuelle des études grecques (1900-1902), p. 427 à 482. — Années 1901-1903, XVII, p. 407 à 470.

XVII. — **Revue des études grecques**, publiée par l'Association pour l'encouragement des études grecques..., t. XVII, année 1904. (Paris, 1904, in-8°, LXXVIII-490 p.)

11063. Reinach (Théodore). — Catulus ou Catilina? [Diodore de Sicile, XL, 5 a], p. 5 à 11.

11064. Krumbacher (K.). — Les manuscrits grecs de la bibliothèque de Turin, p. 12 à 17.

11065. Omont (H.). — La collection byzantine de Labbe et le projet de J.-M. Suarès, p. 18 à 32.

11066. Omont (H.). — Du Cange et la collection byzantine du Louvre, p. 33.

[11060]. Brénier (L.). — Un discours inédit de Psellos. Accusation du patriarche Michel Cérulaire devant le synode (1059), p. 35 à 76.

11067. Ridder (A. de). — Bulletin archéologique, *fig.*, p. 77 à 110.

11068. Reinach (Théodore). — La tiare de Saïtapharnès, p. 111 à 120.

11069. Girard (Paul). — La trilogie chez Euripide, p. 149 à 195.

11070. Contoléon (A.-E.) et Reinach (Salomon et Théodore). — Inscriptions des îles (Ios, Délos, Rhodes, Chypre), p. 196 à 214.

11071. Nicole (Jules). — Un fragment des *Aetia* de Callimaque, collection de la ville de Genève n° 97, p. 215 à 229.

11072. Omont (H.). — Manuscrit des œuvres de S. Denys l'Aréopagite envoyé de Constantinople à Louis le Débonnaire en 827, *facs.*, p. 230 à 236.

11073. Reinach (Théodore). — Bulletin épigraphique, p. 237 à 265. — Cf. n° 11048.

11074. Reinach (Maurice). — Le *Dionysalexandros* de Cratinos, p. 297 à 310.

11075. Legrand (Ph.-E.). — Pour l'histoire de la Comédie nouvelle, p. 311 à 328. — Suite de XV, p. 357; et XVI, p. 349.

[III. L'*Ἑαυτὸν τιμωρούμενος* de Ménandre, XVI, p. 349. — IV. Le *Pœnulus* de Plaute, XVI, p. 358. — V. Trois comédies de Ménandre, XVII, p. 311.]

11076. Cumont (Franz). — Nouvelles inscriptions du Pont, p. 329 à 334.

11077. Tannery (Paul). — Les Cyranides, p. 335 à 349.

11078. Perdrizet (P.). — Isopséphie, p. 350 à 360.

11079. Omont (H.). — Portraits de différents membres de la famille des Comnène peints dans le Typicon du monastère de Notre-Dame-de-Bonne-Espérance à Constantinople, p. 361 à 373.

11080. Guiraud. — Discours prononcé aux obsèques de M. Paul Tannery († 1904), p. 393 à 395.

[11062]. Ruelle (Ch.-Ém.). — Bibliographie annuelle des études grecques (1901-1902-1903), p. 407 à 470.

SEINE. — PARIS.

ASSOCIATION FRANÇAISE POUR L'AVANCEMENT DES SCIENCES.

Les publications antérieures de cette Association sont analysées dans notre *Bibliographie générale*, savoir :
Comptes rendus, t. I à XIII (1872-1884), *Bibliographie*, t. III, p. 10.
— — t. XIV à XXIX (1885-1900), *Bibliographie*, Supplément sous presse.
— — t. XXX et XXXI (1901-1902), *Bibliographie*, nouv. série, I, p. 83; et II, p. 129.
Ouvrages divers (1879-1902), *Bibliographie*, t. III, p. 10; et nouvelle série, II, p. 129.

XXXII. — **Association française pour l'avancement des sciences**, fusionnée avec l'Association scientifique de France... Conférences de Paris. Compte rendu de la 32ᵉ session [Congrès d'Angers, 1903]. (Paris, in-8°, 1ʳᵉ partie. Documents officiels, procès-verbaux, 1903, cxii-556 p. — Seconde partie. Notes et mémoires, 1904, 1472 p.)

11081. Müller (H.). — Découverte et fouille d'une station néolithique dans les gorges d'Engins (Isère), p. 820 à 823.

11082. Guillon (Charles) et Tournier (l'abbé). — Grotte de la Tessonière, à Ramasse, canton de Ceyzériat (Ain), *fig.*, p. 823 à 827.

11083. Sébillot (Paul). — Les traditions populaires en Anjou, p. 827 à 839.

11084. Giuffrida-Ruggieri. — État actuel d'une question de palethnologie russe, p. 839 à 845.

11085. Zaborowski. — Le cheval domestique en Europe et les protoaryens, p. 845 à 862.

11086. Biaille. — Silex et ossements trouvés au confluent de la Loire et du Layon, p. 862 à 863.

11087. Charencey (Comte de). — Les noms des points de l'espace chez les peuples de souche italo-celtique, p. 867 à 873.

11088. Delort. — Sépulture gauloise des bois de Celles, près Neussargues (Cantal), dans laquelle on retrouve des traces de la civilisation des nécropoles de Tirynthe, Hallstatt, Este et la Tène, p. 876 à 881.

11089. Zaborowski. — Comment est résolue la question d'origine des peuples aryens de l'Asie, p. 882 à 887.

11090. Drioton (Cl.), Gruère (G.) et Galimard (Dʳ J.). — Note sur des fouilles exécutées dans la caverne de Roche-Chèvre à Barbirey-sur-Ouche (Côte-d'Or), *fig.*, p. 887 à 890.

11091. Drioton (Cl.). — Les retranchements calcinés du Château-Renard (Gevrey-Chambertin) et du Bois-Brûlé (Plombières-lès-Dijon), *fig.*, p. 890 à 892.

11092. Capitan (Dʳ). — L'industrie reutelo-mesvinienne dans les sablières de Chelles, Saint-Acheul, Montières et les graviers de la Haute-Seine et de l'Oise, p. 893 à 896.

11093. Rivière (Emile). — La lampe en pierre de Saint-Julien-Maumont (Corrèze), *fig.*, p. 896 à 900.

11094. Peyrony. — Stations préhistoriques du Pech-de-Bertrou, près les Eyzies (Dordogne), p. 901 à 903.

11095. Fourdrignier (Édouard). — Inscriptions et symboles alphabétiformes des mobiliers franc et mérovingien, p. 903 à 907.

11096. Delisle (Dʳ Fernand). — Le préhistorique dans les arrondissements de Nérac (Lot-et-Garonne) et de Condom (Gers), p. 907 à 912.

11097. Desmazières. — Note sur une statuette préhistorique en grès trouvée à Blaison (Maine-et-Loire), p. 912 à 914.

11098. Joubert (Joseph). — Les Somalis et le Somaliland, p. 1166 à 1175.

11099. Farcy (Louis de). — La croix d'Anjou, p. 1304 à 1310.

11100. Ladureau (M.-A.). — Les fresques de Bosco-Reale, p. 1310 à 1312.

11101. Fleury (G.). — Le portail occidental de la cathédrale d'Angers, p. 1313 à 1319.

11102. Quintard (Dʳ). — Une bague romaine [en or, trouvée à Poitiers], p. 1320 à 1324.

11103. Rivière (Émile). — Découverte d'une nécropole gallo-romaine à Paris, *fig.*, p. 1324 à 1344.

11104. Petrucci (Paul). — La musique en Anjou au xvᵉ siècle, *fig.*, p. 1345 à 1353.

11105. Farcy (Louis de). — Les tapisseries de la cathédrale d'Angers, *fig.*, p. 1353 à 1371.

11106. Gilles-Deperrière (Émile). — Utilisation de la tour Saint-Aubin à un service public dans la ville [d'Angers], p. 1371 à 1374.

11107. Pottier (Le chanoine F.). — Fouilles entreprises en 1902-1903 dans l'église abbatiale de Saint-Pierre de Moissac, *fig.*, p. 1378 à 1380.

11108. Cotte (Ch.). — Sur une fosse bûcher du département de Vaucluse [près Saint-Martin de la Brasque], *fig.*, p. 1381 à 1384.

SEINE. — PARIS.

ASSOCIATION POUR L'ENSEIGNEMENT DES SCIENCES ANTHROPOLOGIQUES.
(ÉCOLE D'ANTHROPOLOGIE DE PARIS.)

Les publications antérieures de cette Association sont analysées dans notre *Bibliographie générale*, savoir :
Revue de l'École d'anthropologie, t. I à X (1891-1900), *Bibliographie*, Supplément sous presse.
—   —   t. XI et XII (1901-1902), *Bibliographie*, nouvelle série, II, p. 131.

XIII. — Association pour l'enseignement des sciences anthropologiques... Revue de l'École d'anthropologie de Paris..., 13ᵉ année, 1903. (Paris, 1903, in-8ᵉ, 440 p.)

11109. Mortillet (A. de). — L'argent aux temps protohistoriques en Europe, *fig.*, p. 1 à 24.

11110. Richer (Paul). — Sur quelques caractères anatomiques des jambes des statues égyptiennes, *fig.*, p. 50 à 59.

11111. René (F.). — **La** station néolithique des Fourboutières, commune de Saint-Amand-sur-Sèvre (Deux-Sèvres), *fig.*, p. 60 à 65.

11112. Mortillet (A. de). — Les silex taillés trouvés dans les cimetières mérovingiens, *fig.*, p. 81 à 87.

11113. Capitan (L.). — Pierres et haches à cupules, *fig.*, p. 88 à 93.

11114. Huguet (J.). — Les Soffs, p. 94 à 99.

11115. Lefèvre (André). — Apogée de Charles V (1377-1378), p. 101 à 121.

11116. Bourgeois (G.). — Tumulus-dolmen de la forêt de Coupray, lieu dit en Charmont (Haute-Marne), *fig.*, p. 133 à 135.

11117. Martin (A.). — Un vase néolithique dans les couches alluviales de la Seine, *fig.*, p. 135.

11118. Hervé (Georges). — J.-V. Laborde († 1903), *portr.*, p. 137 à 143.

11119. Verkes (Maurice). — L'histoire des religions et l'anthropologie, p. 144 à 164.

11120. Bardon (L.) et Bouyssonie (J. et A.) — Un nouveau type de burin, *fig.*, p. 165 à 168. — Cf. n° 11138.

11121. Du Chatellier (P.). — Un âge du cuivre ayant précédé l'âge du bronze a-t-il existé en Armorique ? p. 169 à 172.

11122. Schrader (F.). — Bracelets métalliques bulgares de forme antérieure à l'emploi des métaux, *fig.*, p. 173 à 175.

11123. Schrader (F.). — Survivance de coutumes endogamiques dans la vallée de la Garonne, p. 175.

11124. Capitan (Dʳ), Breuil (l'abbé) et Peyrony. — Les figures gravées à l'époque paléolithique sur les parois de la grotte de Bernifal (Dordogne), *fig.*, p. 202 à 209.

11125. Bourgeois (G.). — Cimetière mérovingien de Villiers-aux-Chênes (Haute-Marne), p. 230 à 234.

11126. Fourdrignier (Édouard). — Les Francs de Villiers-aux-Chênes, la francisque burgonde, une fibule à serpent bicéphale unicorps, symboles alphabétiques, les caractères latins et les runes primitives, *fig.*, p. 235 à 245.

11127. Zaborowski. — La patrie originaire des Aryens, p. 253, 301, et 382.

11128. Reber (B.). — Les sculptures préhistoriques à Salvan (Valais), *fig.*, p. 270 à 277.

11129. Hervé (Georges). — La question d'Alsace et l'argument ethnologique, p. 285 à 301.

11130. Capitan (L.). — Le peintre préhistorien Jamin, son œuvre († 1903), 4 *pl.*, p. 311 à 316.

11131. P. G. M. — Le dernier mémoire de l'abbé Bourgeois sur la question de l'homme tertiaire à Thenay, p. 317 à 322.

11132. Dumas (Ulysse). — La grotte de Meyrannes (Gard), âge du bronze, *fig.*, p. 323 à 324.

11133. Capitan (Dʳ), Breuil et Peyrony. — Une nouvelle grotte à parois gravées à l'époque préhistorique. La grotte de Teyat (Dordogne), p. 364 à 367.

11134. Arnaud d'Agnel (L'abbé). — Oppedette préhistorique et protohistorique, à propos d'une sépulture de l'âge du bronze, *fig.*, p. 389 à 394.

11135. Schweinfurth (Dʳ). — Figures d'animaux fabriquées en silex et provenant d'Égypte, *fig.*, p. 395 à 399.

11136. Marlot (Hippolyte). — Notes préhistoriques sur le Morvan et les contrées limitrophes, p. 424 à 430.

XIV. — Association pour l'enseignement des sciences anthropologiques... Revue de

l'École d'anthropologie de Paris..., 14ᵉ année. 1904. (Paris, 1904, in-8°, 426 p.)

11137. Capitan (Dʳ L.). — Quelques observations sur les pièces recueillies dans la deuxième grotte d'Engis [Belgique], *fig.*, p. 25 à 32.

11138. Larrie (J.). — Un nouveau type de grattoir-burin [caverne de Fontarnaud à Lugasson, Gironde], *fig.*, p. 53 à 54. — Cf. n° 11120.

11139. Lefèvre (André). — L'aventure de Boniface VIII [avec Philippe le Bel], p. 65 à 88.

11140. Capitan (L.). — Étude des silex recueillis par M. Amelineau dans les tombeaux archaïques d'Abydos (Égypte), *fig.* et *pl.*, p. 89 à 98.

11141. G. H. — Édouard Weisgerber [† 1904], p. 98 à 100.

11142. Dussaud (René). — Le panthéon phénicien, p. 101 à 112.

11143. Mahoudeau (P.-G.). — Les idées sur l'origine de l'homme, p. 113 à 119.

11144. Capitan, Breuil et Charbonneau-Lassay. — Les rochers gravés de Vendée, *fig.*, p. 120 à 136.

11145. Huguet (J.). — Généralités sur l'Afrique. Le pays, les habitants, *fig.*, p. 137 à 155.

11146. Reres (B.). — Une nouvelle station préhistorique à Veyrier (Haute-Savoie), *fig.*, p. 156 à 161.

11147. Hervé (G.). — La sépulture dolménique de Cocherel, p. 165 à 168.

11148. Vinson (Julien). — Les langues indo-européennes et les Aryens, p. 169 à 184.

11149. Sébillot (Paul). — Vestiges du culte de la mer sur les côtes de France, p. 185 à 195.

11150. Capitan (L.). — Les débuts de l'art en Égypte, p. 196 à 206.

11151. Zaborowski (S.). — Les protoaryens ont-ils connu les métaux? p. 207 à 219.

11152. Lefèvre (André). — Le Latium avant Rome, p. 220 à 236.

11153. Béraud (Georges). — Découverte d'un nouvel instrument en pierre polie (galet polissoir) dans les stations néolithiques du nord de l'arrondissement de Bressuire, cantons de Châtillon-sur-Sèvre et de Cerizay (Deux-Sèvres), *fig.*, p. 237 à 239.

11154. Capitan (L.). — La question des éolithes, p. 240 à 246.

11155. Mortillet (A. de). — Les tumulus, *fig.*, p. 247 à 262.

11156. Bardon (J.) et Bouyssonie (J. et A.). — Monographie de la grotte de Noailles (Corrèze), *fig.*, p. 283 à 294.

11157. Hervé (Georges). — Les Alsaciens sous le rapport moral et intellectuel [ethnologie], p. 295 à 319.

11158. Capitan (Dʳ), Breuil (l'abbé), Ampoulange. — Une nouvelle grotte préhistorique à parois gravées [la Grèze, Dordogne], *fig.*, p. 320 à 325.

11159. Houssay (Dʳ François). — Trois nouveaux polissoirs, *fig.*, p. 326 à 330.

[Chissay (Loir-et-Cher), la Crémaillère (Monthou-sur-Cher).]

11160. Scuene (Alexandre). — Les squelettes préhistoriques de Chamblandes (Suisse), *fig.*, p. 335 à 378.

11161. Capitan, Breuil et Peyrony. — Une nouvelle grotte à parois gravées, la Calévie (Dordogne), *fig.*, p. 379 à 381.

11162. Echerac (D'). — André Lefèvre (1834 † 1904), *portr.*, p. 385 à 396.

11163. Huguet (J.). — Contribution à l'étude sociologique des femmes sahariennes, p. 411 à 414.

11164. Hervé (G.). — Le journal de voyage de Relian [aux Indes orientales, 1754], p. 415 à 422.

SEINE. — PARIS.

COMITÉ DES TRAVAUX HISTORIQUES ET SCIENTIFIQUES.

Les publications antérieures du Comité des Travaux historiques sont analysées dans notre *Bibliographie générale*, savoir :

1° *Documents inédits*, série in-4° (1835-1885), *Bibliographie*, t. III, p. 31.

— séries in-4° et in-8° (1886-1900), *Bibliographie*, Supplément sous presse.

— séries in-4° et in-8° (1901-1903), *Bibliographie*, nouv. série, I, p. 86; et II, p. 134.

2° *Catalogue des manuscrits*, série in-4°, *Bibliographie*, t. III, p. 44.

— — série in-8°, *Bibliographie*, t. III, p. 45; et nouv. série, I, p. 87; et II, p. 134.

3° *Dictionnaires topographiques* (1861-1903), *Bibliographie*, t. III, p. 49; et nouv. série, II, p. 135.
Répertoires archéologiques (1861-1888), *Bibliographie*, t. III, p. 50.

4° *Bulletins et Revues* (1838-1885), *Bibliographie*, t. III, p. 51.
Bulletin archéologique (1886-1900), *Bibliographie*, Supplément sous presse.
— — (1901-1902), *Bibliographie*, nouvelle série, I, p. 87; et II, p. 135.
Bulletin historique et philologique (1886-1900), *Bibliographie*, Supplément sous presse.
— — (1901-1902), *Bibliographie*, nouv. série, I, p. 89; et II, p. 137.
Bulletin de géographie historique (1886-1900), *Bibliographie*, Supplément sous presse.
— — (1901-1902), *Bibliographie*, nouv. série, I, p. 90; et II, p. 139.
Bulletin des sciences économiques (1886-1900), *Bibliographie*, Supplément sous presse.
— — (1901-1902), *Bibliographie*, nouv. série, I, p. 91; et II, p. 139.

5° *Réunion des Sociétés des beaux-arts*, t. I à IX (1877-1885), *Bibliographie*, t. III, p. 162.
— — t. X à XXIV (1886-1900), *Bibliographie*, Supplément sous presse.
— t. XXV et XXVI (1901-1902), *Bibliographie*, nouv. série, I, p. 91; et II, p. 140.

6° *Mémoires lus à la Sorbonne* (1861-1868), *Bibliographie*, t. III, p. 152.

7° *Répertoire des travaux historiques*, t. I à III (1882-1883), *Bibliographie*, t. III, p. 167.

·   ▲

DOCUMENTS INÉDITS.

SÉRIE IN-4°.

11165. Longnon (Auguste). — Documents relatifs au comté de Champagne et de Brie (1172-1381), t. II; le domaine comtal. (Paris, 1904, in-4°, XLVIII-745 p.)

[Le tome I a paru en 1901.]

11166. Bruel (Alexandre). — Recueil des chartes de l'abbaye de Cluny, t. VI (1211-1300). (Paris, 1903, in-4°, XIV-962 p.)

[Les tomes I à V ont paru de 1876 à 1896.]

SÉRIE IN-8°.

11167. Guillaume (J.). — Procès-verbaux du Comité d'instruction publique de la Convention nationale, t. V, 17 fructidor an II (3 septembre 1794)-30 ventôse an III (10 mars 1795). (Paris, 1904, in-8°, LXIII-695 p.)

[Les tomes I à IV ont paru de 1891 à 1901.]

11168. Aulard (F.-A.). — Recueil des actes du Comité de salut public, avec la correspondance officielle des représentants en mission et le registre du Conseil exé-

cutif provisoire, t. XVI, 10 août 1794-20 septembre 1794 (23 thermidor an II-4° jour des sans-culottides an II). (Paris, 1904, in-8°, 853 p.)

[Les tomes I à XV ont paru de 1889 à 1903.]

Inventaires.

11169. Prost (Bernard). — Inventaires mobiliers et extraits des comptes des ducs de Bourgogne de la maison de Valois (1363-1477), t. I. Philippe le Hardi, 1363-1377. (Paris, 1902-1904, in-8°, 657 p. et 20 *pl.*)

Bibliographie.

11170. Lasteyrie (Robert de) et Vidier (Alexandre). — Bibliographie générale des travaux historiques et archéologiques publiés par les Sociétés savantes de la France, t. IV, n°° 61848 à 83818. (Paris, 1904, in-4°, XXIV-725 p.)

[Les tomes I à III ont paru de 1888 à 1901.]

11171. Lasteyrie (Robert de) et Vidier (Alexandre). — Bibliographie générale des travaux historiques et archéologiques publiés par les Sociétés savantes de la France. 1901-1902. (Paris, 1904, in-4°, VIII-287 p.)

II

CATALOGUE GÉNÉRAL DES MANUSCRITS.

XXXVIII. — Catalogue 'général des manuscrits des bibliothèques publiques de
France. Départements, t. XXXVIII. (Paris,
1904, in-8°, 864 p.)

11172. Loriquet (Henri). — Manuscrits de Reims (t. I),
p. 1 à 864; (t. II, 1ʳᵉ partie), XXXIX, p. 1 à 750.

XXXIX. — Catalogue général des manuscrits des bibliothèques publiques de
France. Départements, t. XXXIX. (Paris,
1904, in-8°, 750 p.)

[11172]. Loriquet (Henri). — Manuscrits de Reims,
t. II, 1ʳᵉ partie, p. 1 à 750.

XL. — Catalogue général des manuscrits
des bibliothèques publiques de France,
t. XL. Supplément, t. I : Abbeville-Brest,
(Paris, 1902, in-8°, 796 p.)

11173. Divers. — Supplément, t. I, p. 1 à 796.

[Abbeville, par A. Ledieu, p. 1. — Agen, par G. Calvet,
p. 39. — Aire, p. 40. — Aix, par Aude, p. 43. — Aix-les-Bains,
par Mauvert, p. 84. — Ajaccio, par Marcaggi, p. 85. — Albi,
par Portal, p. 86. — Alençon, p. 103. — Alger, par Dujardin,
p. 104. — Amiens, par Michel, p. 105. — Annecy, par Le
Roux, p. 111. — Annonay, par Nicod, p. 114. — Antibes,
p. 131. — Apt, par Sauve, p. 131. — Argentan, par Levesque,
p. 145. — Arles, par Martel, p. 125. — Arras, par Wicquot et
Advielle, p. 149. — Autun, par Latieule, p. 449. — Auxerre,
par Porée, p. 431. — Auxonne, par Bernard, p. 449. — Avallon, par Chambon, p. 449. — Avignon, par Labaude, p. 450.
— Bagnères-de-Bigorre, par l'abbé Peponey, p. 473. — Bagnols,
par Mˡˡᵉ Garidel, p. 473. — Bar-le-Duc, par Dannreuther,
p. 492. — Bastia, par le baron Cervoni, p. 497. — Bayeux,
par A. Benet, p. 498. — Bayonne, par Hiriart, p. 544. —
Beaune, par Lambert, p. 549. — Beauvais, p. 557. — Béziers,
par Barbier, p. 557. — Blois, par Dufay, p. 558. — Bordeaux,
par Boucherie, p. 576. — Boulogne-sur-Mer, par Martel, p. 622.
— Bourbonne-les-Bains, par Parisou, p. 631. — Bourbourg,
p. 631. — Bourg, p. 631. — Bourges, par Micou, p. 636. —
Brest, par Marion, p. 660.]

XLI. — Catalogue général des manuscrits
des bibliothèques publiques de France,

t. XLI. Supplément, t. II. Caen-Luxeuil. (Paris,
1903, in-8°, 816 p.)

11174. Divers. — Supplément, t. II, p. 1 à 816.

[Caen, par Lavalley, p. 1. — Cahors, par Cangardel, p. 9.
— Calais, par Boucher, p. 10. — Cambrai, par Capelle, p. 11.
— Cannes, par Finstel. p. 14. — Carcassonne, par Massé,
p. 18. — Castres, par Estadieu, p. 37. — Châlons-sur-Marne,
par Mallet, p. 37. — Chambéry, par Perpéchon, p. 82. — Char-
leville, par Barbedaux, p. 100. — Chartres, p. 121. — Châteaudun, par Betté, p. 147. — Château-Gontier, par Guille-
maiu, p. 150. — Château-Thierry, p. 150. — Cherbourg,
par Amiot, p. 151. — Clermont (Oise), par Fouillet, p. 185. —
Clermont-Ferrand, par Vimout, p. 188. — Compiègne, par Ri-
doux, p. 190. — Couches, p. 190. — Condé-sur-Noireau, par
Benet, p. 190. — Condom, par Gardère. p. 191. — Constantine, par Hinglais, p. 192. — Corbeil, par Dufour, p. 193.
— Crépy-en-Valois, p. 197. — Dijon, par Guignard, p. 197. —
Dinan, par Sabot, p. 205. — Douai, par Rivière, p. 215. —
Épernay, par Brion, p. 248. — Étampes, par Sabatier, p. 248.
— Fécamp, par Delbende, p. 250. — Figeac, p. 251. — Flers,
par Murie, p. 252. — Fontainebleau, par Goujat, p. 253. —
Fougères, par Bourdais, p. 254. — Gaillac, p. 256. — Gien,
p. 256. — Gray, par Jourdy, p. 261. — Grenoble, par Mai-
gnien, p. 268. — Hyères, p. 378 et 815. — Lagny, par Des-
geans, p. 378. — Langres, par Baudouin, p. 379. — Laon, par
Mestre et Houssart, p. 384. — La Rochelle, par Musset, p. 447.
— La Roche-sur-Yon, par Louis, p. 509. — Laval, par Brou,
p. 518. — Le Havre, par Millot, p. 531. — Le Mans, par Guérin, p. 543. — Le Puy, par Lascombe, p. 545. — Libourne,
par Sauc, p. 547. — Lille, par Desplanque, p. 548. — Limoges, par Leymarie, p. 637. — Lons-le-Saunier, par Bertrand,
p. 641. — Lorient, par Colas, p. 652. — Louviers, p. 653. —
Lunéville, par Monin, p. 654. — Luxeuil, par Nardin, p. 657.]

XLII. — Catalogue général des manuscrits
des bibliothèques publiques de France,
t. XLII. Supplément, t. III. Lyon-Orléans.
(Paris, 1904, in-8°, 852 p.)

11175. Divers. — Supplément, t. III, p. 1 à 852.

[Lyon, par Desvernay, p. 1. — Mâcon, par Lex, p. 278. —
Marseille, par Barré, p. 286. — Meaux, par Andrieux, p. 290.
— Melun, par Leroy, p. 291. — Menton, p. 295. — Mézières,
p. 296. — Mirecourt, par Tresse, p. 296. — Montbéliard,
par Metmier, p. 296. — Mont-de-Marsan, par Teulet, p. 298. —
Montdidier, par A. Ledieu, p. 298. — Montpellier, par Gaudin,
p. 304. — Morlaix, par Koscher, p. 352. — Nancy, par Favier,
p. 353. — Nantes, par Rousse, p. 388. — Narbonne, par Tissier,
p. 393. — Nemours, p. 417. — Neufchâtel-en-Bray, p. 417.
— Nevers, par Duminy, p. 418. — Nîmes, par Paulhan et Simon,
p. 420. — Niort, par Chotard, p. 560. — Noyon, par Gaudis-
sart, p. 561. — Oloron, par Marqué, p. 563. — Orléans,
par Cuissard, p. 563.]

XLIII. — **Catalogue général des manuscrits des bibliothèques publiques de France,** t. XLIII. Supplément, t. IV. Paris (Arsenal)-Vitry-le-François. (Paris, 1904, in-8°, xxiii-1030 p.)

11176. Divers. — Supplément, t. IV, p. 1 à 1030.

[Paris, Bibliothèque de l'Arsenal, par R. d'Allemagne et H. Martin, p. 1. — Pau, par Soulice, p. 126. — Périgueux, par Cailliac, p. 126. — Péronne, par A. Ledieu, p. 130. — Perpignan, par Vidal, p. 131. — Poitiers, par Ginot, p. 133. — Poligny, par Bonvalot, p. 139. — Pont-à-Mousson, p. 145. — Pout-de-Vaux, par Girardin, p. 146. — Provins, par Bellanger, p. 146. — Rambervillers, par Gardeur, p. 148. — Remiremont, par Denis, p. 149. — Roanne, par L. Dorez, p. 154. — Rodez, par de Rouget, p. 165. — Romorantin, par G. Trouillard, p. 165. — Rouen, par H. Loriquet, p. 168. — Roye, par A. Ledieu, p. 226. — Saint-Amand, p. 227. — Saint-Brieuc, par

Petit, p. 228. — Saint-Calais, par le Dr Charbonnier, p. 229. — Saint-Dié, par Gerlach, Tremsal et L. Dorez, p. 235. — Saint-Étienne, par Maissiat, p. 259. — Saint-Germain, par Bonnerat, p. 273. — Saint-Malo, par Lemoine, p. 297. — Saint-Omer, par Framezelle, p. 298. — Saint-Pol, par Robache et Edmont, p. 307. — Saint-Quentin, par Magnier, p. 309. — Saintes, par Audiat, p. 340. — Sens, par Morin de Champrousse, p. 341. — Soissons, par Judas, p. 345. — Toulon, par H. André, p. 347. — Toulouse, par Massip, p. 367. — Tournus, par Martin, p. 423. — Le Tréport, par A. Ledieu, p. 431. — Troyes, par L. Dorez et Det, p. 433. — Tulle, par Godard et Gauthier, p. 650. — Valence, par Chirol, p. 663. — Valenciennes, par Henault, p. 664. — Vannes, par Laisné, p. 665. — Vendôme, par Meyer, p. 667. — Verdun, par F. Bonnardot, p. 673. — Versailles, par Léonardon, p. 750. — Vervins, p. 753. — Vesoul, par Stouff, p. 757. — Vienne, p. 757. — Villefranche (Rhône), par Déresse, p. 757. — Villeneuve-sur-Lot, par P. Meyer, p. 758. — Vire, par C.-A. Fédérique, p. 758. — Vitry-le-François, par Nicolle, p. 760. — Millau, par Eug. Lacroix, p. 762. — Montélimar, par Fauque. p. 762.]

III

BULLETINS DU COMITÉ.

SECTION D'ARCHÉOLOGIE.

XXI. — **Bulletin archéologique du Comité des travaux historiques et scientifiques,** année 1903. (Paris, 1903, in-8°, ccxxxiv-624 p.)

11177. Reinach. — Cippe avec inscription découvert à Labaume (Gard), p. xxxii à xxxiii.

11178. Barbière-Flavy. — Fouilles sur l'emplacement d'un ancien château à Auterive (Haute-Garonne), p. xxxix à xliii.

11179. Jullian (Camille). — Les recherches locales et l'histoire de France [à Bordeaux], p. lxx à lxxx. — Cf. id. n° 11342.

11180. Héron de Villefosse. — Baron (Gard) sous la domination romaine, fouilles de Probiac, p. cvi.

11181. Lefèvre-Pontalis (Eug.). — Croix de pierre du commencement du xvie siècle dans l'église de Campes (Tarn), pl., p. cvii.

11182. Héron de Villefosse. — Mosaïque romaine découverte à Chaillevette (Charente-Inférieure), fig., p. cxiii à cxv.

11183. Héron de Villefosse. — Exploration archéologique du P. Germer-Durand en Syrie, région d'Ammân et de Bostra, p. cxv à cxviii.

11184. Capitan (Dr). — Découverte d'un polissoir à Villefranche-Saint-Phal (Yonne), et d'une sépulture de l'époque de la Tène à Orly (Seine), p. cxxiii à cxxv.

11185. Arnaud d'Agnel et Gérin-Ricard (H. de). — Découverte d'une inscription votive aux Milles, près d'Aix-en-Provence, p. cxxxi.

11186. Delattre (Le P.). — Inscriptions découvertes en Tunisie, p. cxxxiii à cxxxviii.

11187. Gouvet. — Découverte d'une mosaïque avec inscription grecque à Sousse, p. cxxxviii à cxl.

11188. Berger (Ph.). — Inscriptions libyque et néopunique découvertes à Dougga, p. cxl.

11189. Toussaint (Commandant). — Rapport sur les reconnaissances archéologiques exécutées par les officiers des brigades topographiques d'Algérie et de Tunisie en 1901-1902, p. cxli à clvi.

11190. Gsell. — Ampoules de saint Menas trouvées à Hippone, p. clvi.

11191. Gsell. — Trésor de monnaies d'argent de Juba II trouvé au cap Djinet (Algérie), p. clx.

11192. Delattre (Le P.). — Découverte de sépultures romaines à Carthage, p. clxii à clxiv.

11193. Gouvet. — Tombe chrétienne en mosaïque trouvée à Tabarka, p. clxiv.

11194. Gauckler. — Tête de marbre découverte à Sufetula (musée du Bardo), p. clxv.

11195. Héron de Villefosse. — Inscription chrétienne de Trumelat (Oran), p. clxvi.

11196. Ballu. — Rapport sur les travaux exécutés par le service des Monuments historiques en Algérie en 1902, p. clviii à clxxxi.

11197. Gauckler. — Lampes romaines d'El-Djem (Thysdrus), p. clxxxi à clxxxviii.

11198. Berger (Philippe). — Inscriptions puniques de la collection Marchand au musée du Bardo, p. clxxxviii à cxcii.

11199. Cagnat. — Inscriptions romaines recueillies à Sfax et à Sousse, p. cxciii.

11200. Héron de Villefosse. — Sarcophages et inscriptions chrétiennes trouvés à Carthage, p. cxciv à cxcvii.

11201. Gauckler. — Découvertes archéologiques en Tunisie, p. ccii à ccviii.

11202. Grandidier (L'abbé). — Grotte du Djebel-Chenoua, p. ccviii à ccx.

11203. Gsell. — Inscriptions romaines de la Mechta-Doradji, près de Tocqueville, et d'Aïn-Kerma, près de Chateaudun-du-Rummel, p. ccx.

11204. Cagnat. — Inscriptions romaines de Béchateur (Sidi-Mansour-ed-Daoud), p. ccxi.

11205. Héron de Villefosse. — Inscriptions provenant des ruines de Thibaris, de Djedda et des environs, p. ccxv à ccxix.

11206. Charrier. — Découverte d'une nécropole punique et romaine à Alger, p. ccxx à ccxxii.

11207. Ballu. — Rapport sur les travaux exécutés en 1903 par le service des Monuments historiques en Algérie, p. ccxxiv à ccxxxiii.

11208. Labande (L.-H.). — Les mosaïques romaines de Villelaure (Vaucluse), fig. et 2 pl., p. 3 à 13. — Cf. n° 11209.

11209. Héron de Villefosse. — Rapport sur les mosaïques romaines de Villelaure, p. 13 à 32. — Cf. n° 11208.

11210. Poulaine (L'abbé F.). — Un tumulus à Annay-la-Côte (Yonne), p. 33 à 35.

11211. Dercier (L'abbé P.). — Rapport sur des fouilles exécutées au Mont Jouër, près de Saint-Goussaud (Creuse) en 1901-1902, pl., p. 36 à 43.

11212. Vesly (Léon de). — Exploration archéologique de la forêt de Rouvray (Seine-Inférieure). Fouilles de 1902, fig., p. 44 à 58. — Fouilles de 1903, XXII, p. 63 à 78. — Cf. n° 11256.

11213. Lenox (Gabriel). — Note sur des fragments de statue de femme trouvés à Melun en 1902, p. 59 à 61.

11214. Poulaine (L'abbé F.). — Urne cinéraire romaine trouvée à Lyon, pl., p. 62.

11215. Héron de Villefosse. — Ceinturon romain découvert à Argeliers (Aude), pl., p. 64 à 67.

11216. Laigue (L. de). — L'inscription latine de Rosegg (Carinthie), p. 68 à 71.

11217. Porée (Ch.). — Notice sur la construction de la cathédrale de Mende, pl., p. 72 à 127.

11218. Poulaine (L'abbé F.). — Le reliquaire de l'église d'Annéot (Yonne), fig., p. 128 à 130.

11219. Portal (Charles). — La croix processionnelle de Labastide-Denat (Tarn), pl., p. 131.

11220. Bled (L'abbé). — Inventaire des ornements et joyaux de l'église de Thérouanne en 1422, p. 133 à 155.

11221. Goetschy (Général). — Nouvelles fouilles dans les nécropoles de Sousse, 4 pl, p. 156 à 181. — Cf. XX, p. 412.

11222. Cagnat (René). — Inscriptions romaines [de Sousse], p. 181 à 183.

11223. Zeiller (J.). — Inscriptions latines d'Afrique, p. 184 à 201.

11224. Toctain. — Note sur une inscription trouvée dans le Djebel-Asker au sud de Gafsa, p. 202 à 207.

11225. Regnault (Félix). — Peintures et gravures dans la grotte de Marsoulas (Haute-Garonne), fig., p. 209 à 211.

11226. Poulaine (L'abbé F.). — Les fouilles de Hermes (Oise), en 1902, p. 212 à 215.

11227. Véran (A.). — Rapport sur les fouilles du rempart d'Arles en 1902 et restitution de l'arc admirable, 6 pl., p. 216 à 221.

11228. Chartrairs (L'abbé E.). — Rapport sur la démolition d'une partie de l'enceinte romaine de Sens (Yonne) en 1903, fig. et 3 pl., p. 222 à 234.

11229. Poulaine (L'abbé F.). — Une statue de Vierge mère à Voutenay (Yonne), pl., p. 235.

11230. Leclert (Louis). — Note sur les fermoirs armoriés d'un livre d'heures conservé à la bibliothèque de Chaumont-en-Bassigny, fig., p. 237 à 243.

11231. Broche (Lucien). — Inventaire du mobilier du palais épiscopal de Laon au décès de l'évêque Geoffroy Le Meingre (1370-1371), p. 244 à 249.

11232. Lex (Léonce). — Documents inédits de numismatique bourguignonne, p. 250 à 261.

[Méreaux de Notre-Dame de Bourbon-Lancy (1498); médailles du cours d'accouchement des États du Mâconnais (1784-1788).]

11233. Delattre (Le P. A.-L.). — Note sur une nécropole punique voisine de Sainte-Monique, 3 pl., p. 262 à 271.

11234. Toutain (J.). — Notes et documents sur les voies stratégiques et sur l'occupation militaire du Sud tunisien à l'époque romaine, fig., p. 272 à 409.

11235. Gauckler (P.). — Le quartier des thermes d'Antonin et le couvent de Saint-Étienne à Carthage, pl., p. 410 à 420.

11236. Baeuil (L'abbé). — Rapport sur les fouilles dans la grotte du Mas d'Azil (Ariège), fig. et 2 pl., p. 421 à 436.

11237. Beaupré (Jules). — Statistique et bibliographie des sépultures pré-romaines du département de Meurthe-et-Moselle, p. 437 à 459.

11238. Pilloy (Jules). — La gourde de Concevreux (Aisne), 6 pl., p. 460 à 468.

11239. Barrière-Flavy (C.). — Les portails des églises de Caujac et de Gaillac-Toulza (Haute-Garonne), 4 pl., p. 469 à 475.

11240. Loisne (Comte A. de). — Les miniatures du cartulaire de Marchiennes, 5 pl., p. 476 à 489.

11241. Bonnet (Émile). — Des variations de la valeur de la monnaie melgorienne, p. 490 à 514.

11242. Métais (L'abbé Ch.). — Un vitrail de sainte Anne du xive siècle à l'église Saint-Valérien de Châtoanduu, 2 pl., p. 515 à 523.

11243. Bertrand (Louis). — Fouilles dans la propriété Lesueur, près de Philippeville, fig., p. 524 à 537.

11244. Ordioni (Capitaine) et Maillet (lieutenant). — Un coin de la nécropole d'Hadrumète, pl., p. 538 à 553.

11245. Gauckler. — Inscriptions du Fahs et du Bou-Arada (Tunisie), p. 554 à 563.

11246. Ballu (Alb.). — Rapport sur les fouilles exécutées en 1902 à Khamissa (Thubursicum Numidarum), p. 564 à 576.

11247. Berger (Philippe) et Bonvira (Dʳ Jules). — Nouvelle inscription phénicienne de Saïda (Sadiqjaton, roi de Sidon), p. 577 à 585.

XXII. — **Bulletin archéologique du Comité des travaux historiques et scientifiques,** année 1904. (Paris, 1904, in-8°, cciii-539 p.)

11248. Capitan (Dʳ). — Grotte sépulcrale de Meyrannes (Gard), p. xxviii à xxxi.

11249. Héron de Villefosse et Martin (l'abbé). — Inscriptions funéraires du vᵉ siècle découvertes à Lyon, *facs.*, p. xli à xliv.

11250. Prou. — Fragments d'une inscription chrétienne de Belcodène (Bouches-du-Rhône), p. xlv à xlvii.

11251. Cagnat. — Inscription romaine trouvée à Fossur-Mer (Bouches-du-Rhône), p. lii.

11252. Cagnat. — Inscription romaine trouvée à Ménerbes (Vaucluse), p. civ à cv.

11253. Capitan (Dʳ). — Instruments de silex trouvés au mont Ventoux (Vaucluse), p. cix à cx.

11254. Capitan (Dʳ). — Les maillets à rainures circulaires trouvés dans le sud-est de la France, p. cxvi à cxviii.

11255. Longnon. — Fouilles sur l'emplacement de l'ancien château de Muÿmer, p. cxxvii.

11256. Prou. — Fouilles de N. de Vesly dans la forêt de Rouvray (Seine-Inférieure), p. cxxix à cxxxi. — Cf. n° 11212.

11257. Héron de Villefosse. — Poteries avec inscriptions trouvées à Probiac, commune de Baron (Gard), p. cxxxi.

11258. Héron de Villefosse. — Découverte d'antiquités romaines à Entrains (Nièvre), p. cxxxii à cxxxiv.

11259. Blanchet (Adrien). — Habitation souterraine à Saint-Léonard (Haute-Vienne), p. cxxxvi.

11260. Cagnat. — Inscription romaine trouvée à Dauphin (Basses-Alpes), p. cxxxvii.

11261. Carton (Dʳ). — Estampilles relevées sur les poteries de la collection Boury, à Bavay (Nord), p. cxxxvii.

11262. Capitan (Dʳ). — Tumulus de Belvezet (Gard), p. cxxxviii.

11263. Capitan (Dʳ). — Gisements néolithiques de Saint-Siffret, Saint-Dézery, Lussan (Gard), p. cxxxix.

11264. Lasteyrie (R. de). — Inscription de l'église Saint-Jean des Grès (commune de Fontvieille, Bouches-du-Rhône, xiᵉ-xiiᵉ s.), p. cxl.

11265. Paoo. — Paix trouvée à Lindry (Yonne), p. cxliii.

11266. Reinach (Salomon). — Menhir de Précy à Mont, commune de Marolles (Oise), *fig.*, p. clv.

11267. Saglio. — Reliquaires de Chalençon (Haute-Loire), p. cxlvi.

11268. Robert. — Épitaphe romaine trouvée près de Lecourbe (Algérie), p. cliv.

11269. Bertrand. — Épitaphe romaine trouvée à Foy (Sidi-Nasseur, Algérie), p. cliv.

11270. Waille. — Inscription trouvée à Cherchel, p. clv.

11271. Gauckler. — Fouilles de N. le colonel de Lestapis à Henchir-Thina (Thenae), p. clv à clvii.

11272. Gauckler. — Fouilles du capitaine Montalier à Sbeitla (Tunisie), p. clvii à clx.

11273. Cagnat. — Inscription d'El-Gara (Tunisie), p. clx à clxi.

11274. Héron de Villefosse. — Découvertes épigraphiques de Tiaret et Pont-du-Chélif (Algérie), p. clxii.

11275. Gauckler. — Mosaïque d'Henchir-Thina (Tunisie), p. clxvii.

11276. Gauckler. — Travaux archéologiques exécutés à Dougga en 1903, p. clxvii à clxxiv.

11277. Héron de Villefosse. — Inscriptions romaines trouvées à Carthage, p. clxxx.

11278. Houdas. — Sépulture arabe au lieu dit Mehacheb (Tunisie), p. clxxxii.

11279. Carton (Dʳ). — Inscription romaine relevée à Utique, p. clxxxvii.

11280. Gsell. — Sur une mosaïque de Timgad, p. clxxxviii.

11281. Bertrand (Louis). — Inscriptions et antiquités romaines découvertes à Philippeville, p. cxc, et cxciii.

11282. Berger (Philippe). — Inscription libyque trouvée à Souk-Ahras (Algérie), *fig.*, p. cxc.

11283. Héron de Villefosse. — Borne romaine avec inscription à El-Mahrine (Tunisie), p. cxci.

11284. Gauckler. — Intailles trouvées à Carthage; monnaie arabe frappée à Tlemcen; fouilles d'*Upenna* (Henchir-Chigarnia), p. cxcv à cci.

11285. Héron de Villefosse. — Inscriptions romaines du Douar-Zemala, p. cci à cciii.

11286. Cermer-Durand (Le Père J.). — Rapport sur l'exploration archéologique en 1903 de la voie romaine entre Amman et Bostra (Arabie), *carte* et 4 *pl.*, p. 3 à 43.

11287. Vidal (Auguste). — Un primitif italien à la cathédrale Sainte-Cécile d'Albi, *pl.*, p. 44 à 56.

11288. Dumas (Ulysse). — Note sur la grotte de l'Enquissé, commune de Sainte-Anastasie (Gard), *fig.*, p. 57 à 62.

[11212]. Vesly (Léon de). — Exploration archéologique de la forêt de Rouvray (Seine-Inférieure), fouilles de 1903, p. 63 à 78.

11289. Héron de Villefosse. — Découverte de poteries romaines à Doue (Seine-et-Marne), p. 79 à 81.

11290. Barthélemy (A. de). — Une verrerie romaine près de Sainte-Menehould (Marne), p. 82 à 85.

11291. Philippe (André). — Marché pour la construction de la porte d'Aiguepasses à Mende (1436, 20 décembre), p. 86 à 92.

11292. Villepelet (Ferdinand). — Inventaire du trésor de l'église collégiale Saint-Front de Périgueux (15 mai 1552), p. 93 à 109.

11293. Macary (Sylvain). — L'orfèvrerie à Toulouse aux xv° et xvi° siècles (1460-1550), d'après les documents conservés aux archives notariales, p. 110 à 122.

11294. Laicue (L. de). — Nouvelles fouilles dans la nécropole de Nesattium (Istrie), p. 123 à 126.

11295. Toussaint (Commandant). — Résumé des reconnaissances archéologiques exécutées par les officiers des brigades topographiques d'Algérie et de Tunisie pendant la campagne de 1902-1903, p. 127 à 141.

11296. Oauckler (P.). — Rapport sur l'exploration du Sud tunisien, p. 142 à 150.

11297. Unaeber (Capitaine). — Note sur quelques ruines antiques d'Algérie [région de Bou-Thaleb], p. 151 à 159.

11298. Hilaire (Capitaine). — Dessins rupestres de la région d'Hadjerat el-M'guil (Sud oranais), p. 160 à 162.

11299. Ballu (Albert). — Rapport sur les fouilles archéologiques à Timgad en 1903, 2 pl., p. 163 à 178.

11300. Duhar. — Note sur des tombeaux puniques découverts en 1901 au camp militaire de Sousse, fig. et pl., p. 179 à 189.

11301. Carcopino (J.) et Focillon (H.). — Inscriptions latines d'Afrique, p. 190 à 216.

[Auduara, Khamissa, Lambèse, Timgad.]

11302. Gaenier (A.). — Inscriptions d'Algérie et de Tunisie, p. 217 à 240.

11303. Marçais (William). — Une épitaphe arabe trouvée à Tlemcen, p. 241.

11304. Saladin. — Note sur des monuments de la Calaâ des Beni Hammâd, commune mixte des Maadid, province de Constantine (Algérie), p. 243 à 246.

11305. Dumas (Ulysse). — La grotte de la Baume-Longue, commune de Dions (Gard), fig., p. 247 à 252.

11306. Poulaine (L'abbé F.). — La grotte de Saint-Joseph et son caveau funéraire à Saint-Moré (Yonne), p. 253 à 261.

11307. Clerc (Michel) et Arnaud d'Agnel (l'abbé G.). — Découvertes archéologiques à Saint-Marcel, banlieue de Marseille, 5 pl., p. 262 à 271.

11308. Pillot (Jules). — Une épée de bronze découverte dans la rivière d'Oise [près de Chauny], fig., p. 272 à 277.

11309. Chaillan (L'abbé). — Fragment de sarcophage à l'église de Trets (Bouches-du-Rhône), pl., p. 278.

11310. Bonnet (Émile). — Des vestiges de l'architecture carolingienne dans le département de l'Hérault, p. 280 à 286.

11311. Labande (L.-H.). — Le baptistère de Venasque (Vaucluse), fig. et 4 pl., p. 287 à 304.

11312. Ponée (Charles). — Marchés de construction d'une église rurale [Ribennes (Lozère)] et d'un pont [sur le Lot près Mende], au xiv° et au xv° siècle, fig., p. 305 à 317.

11313. Puton (Bernard) — Intaille sur agate nicolo au musée municipal de Remiremont, pl., p. 318 à 328.

11314. Arnaud d'Agnel (L'abbé). — Le trésor de l'église d'Apt (Vaucluse), 10 pl., p. 329 à 335.

11315. Saladin (H.). — Note sur un chapiteau d'ordre composite trouvé à Stora, fig., p. 336 à 338.

11316. Saladin (H.). — Note sur un vase de verre bleu trouvé à Constantine, fig., p. 339.

11317. Saladin (H.). — Fragments de poterie provenant des fouilles exécutées près de Bab-el-Oued (Alger), 3 pl., p. 341 à 346.

11318. Zeil (Capitaine G.). — Remarques succinctes sur les tombeaux, dits Basiua, compris entre Métlaoui, le Berda, l'Orbata et le Sehib, p. 347 à 353.

11319. Donau (Capitaine). — Note sur la voie de Turris Tamalleni à Capsa et sur quelques ruines romaines situées dans le Bled-Segui, fig., p. 354 à 359.

11320. Dieul. — Note sur le fortin de Ksar-Nakouda près d'Hadjeb-el-Aioun, fig., p. 360 à 362.

11321. Taillade (Lieutenant P.). — Note sur les statuettes de terre cuite trouvées dans les tombeaux d'enfants [nécropole de Sousse], p. 363 à 368.

11322. Moreau (Lieutenant). — Le castellum de Ras-Oued-El-Gordab, près de Ghoumrassen, 2 pl., p. 369 à 376.

11323. Gnevt et Gauckler. — Une habitation romaine découverte à Dar-Zmela, 2 pl., p. 377 à 387.

11324. Chevreux (P.). — Les croix de plomb, dites croix d'absolution, de la région vosgienne, 5 pl., p. 391 à 408.

11325. Saladin (H.) et Boppe. — Le palais de Machittu (Palestine), 3 pl., p. 409 à 414.

11326. Boinet (Amédéo). — Un manuscrit à peintures de la bibliothèque de Saint-Omer, 7 pl., p. 415 à 430.

11327. Ordioni (Capitaine) et Maillet (lieutenant). — Fouilles dans la nécropole romaine d'Hadrumète, 3 pl., p. 431 à 452.

[Introduction par Gaockler.]

11328. Montalier (Capitaine) et Monnier (lieutenant). — Note sur Henchir-Haratt (Segermes), 2 pl., p. 453 à 462.

11329. Dieul. — Note sur la basilique chrétienne de Segermes, 4 pl., p. 463 à 466.

11330. Donau (Capitaine). — Le castellum de Benia-Guedah-Ceder, fouilles exécutées en 1904, fig., p. 467 à 477.

11331. Hannezo (Commandant). — Stèles votives découvertes à Zaghouan, fig., p. 478 à 482.

17.

11332. DELATTRE (Le Père). — Marques céramiques grecques et romaines trouvées à Carthage, sur la colline voisine de Sainte-Monique, de 1902 à 1904, p. 483 à 498.

11333. GARIADOR (Le Père Benoit). — Une inscription coufique trouvée à Abou-Gosch (Syrie), *pl.*, p. 499.

SECTION D'HISTOIRE.

XXI. — **Bulletin historique et philologique du Comité des travaux historiques et scientifiques,** année 1903. (Paris, 1904, in-8°, 604 p.)

11334. POUPÉ (Edmond). — Documents relatifs à des représentations scéniques en Provence au XVIᵉ et au XVIIᵉ siècle, p. 26 à 39. — Cf. n° 11363.

11335. CLÉMENT-SIMON (G.). — Documents sur Guillaume de Chanac, évêque de Paris et patriarche d'Alexandrie, p. 49 à 59.

11336. GAUTHIER (Jules). — Services funèbres du comte Othon IV de Bourgogne célébrés en Franche-Comté en 1303, p. 61 à 70.

11337. DONELLY (Georges). — Une consultation de l'avocat Olivier Patru (en partie) pour Monseigneur Antoine Godeau, évêque de Vence (1664), p. 71 à 76.

11338. DIVERS. — Funérailles de M. Gaston Paris [† 1903], p. 80 à 105.

[Discours de F. BRUNETIÈRE, G. PERROT, LEVASSEUR, P. MEYER, G. MONOD (cf. id. n°° 6547 à 6252).]

11339. DAOUAULT (Roger). — L'origine loudunaise des d'Aubigné-Maintenon, p. 107 à 111.

11340. ROSEROT (Alphonse). — Les abbayes du département de l'Aube. Abbayes de Montier-la-Celle, de Mores, de Nesles (transférée à Villenauxe), de Notre-Dame-des-Prés et du Paraclet. Additions et corrections à la *Gallia Christiana*, t. IV et XII, p. 113 à 139. — Cf. n° 11388.

11341. OMONT (Henry). — Les bibliothèques et les archives et les progrès des sciences historiques et philologiques au XIXᵉ siècle, p. 187 à 195.

11342. JULLIAN (Camille). — Les recherches locales et l'histoire de France [à Bordeaux], p. 195 à 203. — Cf. id. n°° 9689, 10035, 11179.

11343. PÉROUSE (Gabriel). — Une communauté rurale sous l'ancien régime, d'après les archives de Termignon-en-Maurienne, p. 209 à 266.

11344. DAOUAULT (Roger). — Les paveurs marchois à Bordeaux, p. 267 à 277.

11345. GALABERT (L'abbé). — La condition des serfs questaux du Xᵉ au XIIᵉ siècle dans le pays du Tarn-et-Garonne, p. 278 à 292.

11346. HAILLANT. — Mesures anciennes des diverses régions vosgiennes, p. 293 à 312.

11347. LECLÈRE (J.) et COZETTE (P.). — Les mesures anciennes en usage dans le canton de Noyon, p. 313 à 327.

11348. THOISON (Eug.). — Recherches sur les anciennes mesures en usage dans le Gâtinais Seine-et-Marnais et sur leur valeur en mesures métriques, p. 328 à 406.

11349. VIDAL (L'abbé J.-M.). — Le sire de Parthenay et l'Inquisition (1323-1325), p. 414 à 435.

11350. LANGLOIS (L'abbé M.). — Le fonds d'État de la bibliothèque de Chartres. Formation, restitution et aliénations d'après les papiers de la bibliothèque, p. 436 à 446.

11351. SABARTHÈS (L'abbé). — Libertés et coutumes de Pexiora [Aude], p. 447 à 450.

11352. PASQUIER. — Mandement de Louis XI concernant la translation de la Sainte-Ampoule [de Reims au Plessis-lès-Tours] en 1483, p. 455 à 458.

11353. LEROY (G.). — Contrat de mariage d'une fille du vicomte de Melun en 1209, p. 459 à 462.

11354. SOYER (Jacques). — Un fragment des capitulaires de l'empereur Louis le Pieux (814-840) aux archives départementales de Loir-et-Cher, p. 466 à 468.

11355. ARNAUD D'AGNEL (L'abbé). — Inventaire après décès du chevalier Roze [1671 † 1733], p. 470 à 479.

11356. DELISLE (Léopold). — Discours aux obsèques de M. Ulysse Robert [† 1903], p. 484. — Cf. n° 6919.

11357. DELISLE (Léopold). — Communication relative à une peinture de Jean Foucquet, p. 487 à 489.

11358. BORÉ (Pierre). — Les coutumes inédites du comté de Vaudémont, p. 491 à 570.

11359. LANGLOIS (Ch.-V.). — Les monographies communales manuscrites à la bibliothèque du Musée pédagogique, p. 576 à 578.

11360. LOISNE (DE). — Un impôt sur le revenu à Arras en 1387, p. 580 à 586.

11361. URSEAU (Le chanoine). — Authentiques de reliques provenant de l'ancienne abbaye du Ronceray à Angers, p. 587 à 592.

XXII. — **Bulletin historique et philologique du Comité des travaux historiques et scientifiques,** année 1904. (Paris, 1904, in-8°, 682 p.)

11362. LABORDE (J. DE). — Pierre de Gourde de Montaiglon, bailli de Launoy [† 1698], p. 10 à 11.

11363. POUPÉ (Edmond). — Documents relatifs à des représentations scéniques en Provence du XVᵉ au XVIIᵉ siècle, p. 13 à 28. — Cf. n° 11334.

11364. RAIMBAULT (Maurice). — Jean-Antoine Lombard dit Brusquet, viguier d'Antibes en 1548 [fou de François Iᵉʳ], p. 35 à 42.

11365. GUIGUE (Georges). — Une lettre du cardinal Hugues de Saint-Cher (4 juin 1248) [pour la réformation de l'abbaye de Savigny], p. 46 à 63.

11404. Narsan (L'abbé F.). — La Neste autrefois et aujourd'hui, p. 308 à 317.

11405. Camena d'Almeida (P.). — L'Aunis, essai de géographie historique, p. 318 à 322.

11406. Pawlowski (Auguste). — Les transformations du littoral français. Les villes disparues et la côte du pays de Médoc d'après la géologie, la cartographie et l'histoire, p. 323 à 369.

11407. Mansira (A.). — Le voyage d'Abdoullah ben Ahdoulkader de Singapore à Djeddah en 1854. Description des villes d'Alfiab, Calicut, Noka, Hodeïdat et Djeddah. Traduit du malais, p. 370 à 391.

11408. Giraan (D' Henry). — Les tribus sauvages du Haut-Tonkin, Mans et Méos, notes anthropométriques et ethnographiques, carte et 4 pl., p. 421 à 497.

11409. Flamand (G.-B.-M.). — Note sur les inscriptions et dessins rupestres de la Garsa des Chorfa du district de l'Aoulef (Tidikelt, archipel Touatien) recueillies par M. le commandant Deleuze (1901-1902), fig., p. 498 à 526.

XIX. — Bulletin de géographie historique et descriptive. Année 1904. (Paris, 1904, in-8°, 491 p.)

11410. Hamy (D' E.-T.). — Cités et nécropoles berbères de l'Enfida, Tunisie moyenne, étude ethnographique et archéologique, carte, p. 33 à 68.

11411. Beauvais (J.). — Les lamas du Yun-Nan, fig., p. 82 à 95.

11412. Saint-Jours. — Il n'existait pas de baies ouvertes en Gascogne. Les dunes n'empiétaient pas, p. 96 à 105.

11413. Soyer (Jacques). — Étude critique sur le nom et l'emplacement de deux oppida celtiques mentionnés par César dans les Commentarii de bello gallico, carte, p. 147 à 160.

[Noviodunum Biturigum, Gorgobina ou Goriona.]

11414. Laugardière (Vicomte Ch. de). — De la véritable situation du Pagus Vosogensis en Berry et de son nom français au moyen âge, p. 161 à 173.

11415. Fournier (J.). — Documents pour servir à l'histoire de la marine française, au xvie siècle. Les galères de France sous Henri II, p. 174 à 195.

11416. Ferrand (Henri). — Les destinées d'une carte de Savoie, l'œuvre de Tomaso Borgonio, p. 196 à 205.

11417. Hamy (D' E-T.). — James Cook et Latouche-Tréville, note sur un projet d'exploration des mers australes (1774-1775), p. 206 à 222.

11418. Chauvigné (Auguste). — Recherches sur les formes originales des noms de lieux, p. 223 à 238.

11419. Duffart (Charles). — La navigation en Gironde d'après le routier de Garcie dit Ferrande (xve siècle), carte, p. 239 à 244.

11420. Duffart (Charles). — L'extension moderne de la presqu'île d'Ambès et de l'île du Cazeau, fig., p. 245 à 252.

11421. Hulot (Baron). — Autour de la mission Lenfant [Niger-Bénoué-Tchad], p. 267 à 282.

11422. Bernard (D' Noël). — Les Khâs, peuple inculte du Laos français, notes anthropométriques, carte, fig. et 4 pl., p. 283 à 389.

11423. Pawlowski (Auguste). — L'Orvanie [près l'île de Ré] géologique et historique, p. 390 à 392.

11424. Marcel (Gabriel). — Lettres inédites du cardinal Passionei à d'Anville, p. 418 à 438.

11425. Pawlowski (Auguste). — Les transformations du littoral français. Le golfe de Brouage et le pays marennais à travers les âges, d'après la géologie, la cartographie et l'histoire, p. 439 à 479.

SECTION DES SCIENCES ÉCONOMIQUES.

XXI. — Bulletin du Comité des travaux historiques et scientifiques. Section des sciences économiques et sociales. Congrès des Sociétés savantes de 1902 [lisez : 1903] tenu à Bordeaux [— Séances du Comité]. (Paris, 1903, in-8°, 462 et 126 p.)

Congrès.

11426. Benzacar. — Étude économique sur l'administration d'Aubert de Tourny, intendant de la généralité de Bordeaux, p. 41 à 117.

11427. Villate (Jean). — Économistes bordelais, p. 124 à 151.

11428. Fleury (Gabriel). — Les délibérations de l'Assemblée générale de la généralité de Tours touchant la mendicité [1787], p. 228 à 233.

11429. Blossier. — Situation de l'enseignement secondaire et de l'enseignement primaire à Honfleur vers 1789, p. 235 à 238.

11430. Durat. — L'évolution religieuse et les traditions du christianisme, p. 238 à 311.

11431. Saubeste. — L'enseignement primaire public à Bordeaux sous le premier Empire, p. 325 à 332.

11432. Flour de Saint-Genis. — Évolution de l'esprit domanial au xvie siècle pour soustraire la perception de l'impôt à l'ingérence et au contrôle des États généraux, p. 335 à 346.

11433. Kaubig (Robert). — Historique du commerce des vins à Bordeaux, p. 346 à 350.

11434. Ledien (Alcius). — Le budget communal d'Abbeville en 1464 et 1465, p. 351 à 367.

11435. Franan (Le chanoine Eugène). — La navigation sur l'Ariège et le commerce des vins à Pamiers au xiiie et au xive siècle, p. 367 à 376.

11436. Boissonnade. — L'assemblée provinciale du Poitou et l'abolition de la mendicité (1787-1790), p. 376 à 386.

11437. Morin (Louis). — Les machines et la coopération chez les tondeurs de grandes forces de Troyes [xvii°-xviii° s.], p. 391 à 397.

Séances du Comité.

11438. Le Clert (Louis). — La baleine a-t-elle figuré parmi les comestibles mis en vente à la poissonnerie de Paris? p. 39 à 42.

XXII. — **Bulletin du Comité des travaux historiques et scientifiques. Section des sciences économiques et sociales.** Congrès des Sociétés savantes de 1904 tenu à Paris [- Séances du Comité]. (Paris, 1904-1905, in-8°, 428 et 64 p.)

Congrès.

11439. Bondex (F.). — Fabrication des montures d'éventail à Sainte-Geneviève (Oise) [monographie de la commune depuis 1750], p. 8 à 19.

11440. Chetlon. — Mouvement de la population dans la commune de la Roche-Chalais (Dordogne) [1792-1883], p. 19 à 23.

11441. Saint-Genis (Dr). — La démographie rurale en Bourgogne de 1792 à 1801, p. 23 à 33.

11442. Tailleper (L'abbé). — La péréquation de l'impôt, 14 mars 1790, p. 34 à 55.

11443. Nallasce (Dr). — Exposé historique des crises des caisses d'épargne en France [1818-1903], p. 56 à 59.

11444. Souchon. — Édifices religieux du département de l'Aisne en l'an x, p. 77 à 86.

11445. Depoin (J.). — Étude des conditions du mariage en France et en Germanie du ix° au xi° siècle, p. 87 à 98.

11446. Bocland (Joseph). — État moral du canton de Montivilliers autrefois et aujourd'hui, p. 155 à 215.

11447. Dobanthon (Alfred). — Fabrication de la dentelle à la main dans le département du Nord [historique], p. 215 à 232.

11448. Salefranque (Léon). — Les budgets de la ville de Mont-de-Marsan [1808-1903], p. 300 à 353.

11449. Tannery (Paul). — Les sociétés savantes et l'histoire des sciences, p. 367 à 372.

11450. Plancouard (Léou). — L'état des terres et des biens à Commeny (Seine-et-Oise) pendant la Révolution et à la fin du xix° siècle, p. 372 à 379.

11451. Delfoun. — Le collège de Sainte-Marthe de Poitiers (1762-1795), p. 381 à 383.

11452. Kremp (Georges). — Le collège Jean-Bart à Dunkerque, p. 383 à 385.

11453. Esmein. — La science politique des physiocrates, p. 405 à 418. — Cf. id. n° 11368.

IV

RÉUNION DES SOCIÉTÉS DES BEAUX-ARTS.

XXVII. — **Réunion des Sociétés des Beaux-Arts des départements.** — Salle de l'hémicycle à l'École nationale des beaux-arts du 2 au 5 juin 1903. — 27° session. (Paris, 1903, in-8°, xcvi-748 p.)

[En tête les numéros 20 à 22 du Bulletin des Sociétés des beaux-arts (5 avril-11 décembre 1902), paginés lxxix à lxxxviii.]

11454. Anonyme. — Procès-verbaux des séances, p. 1 à 65.

[Discours de M. Lucien Mauge sur ses fouilles à Fontevrauld p. 3; de M. Charles Malinnes sur l'histoire du théâtre en France, p. 23.]

11455. Grandmaison (Charles ns). — Une fabrique de poteries artistiques à Thuisseau, près Tours, au xvi° siècle, pl., p. 69 à 72.

11456. Bosseboeuf (L'abbé). — Un hôtel bourgeois sous Louis XV, à Tours [hôtel Lefebvre, rue de l'Archevêché], 5 pl., p. 72 à 77.

11457. Gabeau (A.). — Broderies sur canevas au petit point [xvii°-xviii° s.), 2 pl., p. 78 à 81.

11458. Gabeau (Alfred). — Les peintures murales du château de la Thomasserie [Loir-et-Cher, xviii° s.], 3 pl., p. 82 à 89.

11459. Couret (Comte A.). — Le trésor de l'église du Saint-Sépulcre de Paris en 1678, p. 89 à 97.

11460. Thoison (Eug.). — Recherches sur les artistes se rattachant au Gâtinais. Pierre Gobert [xviii° s.], 3 pl., p. 98 à 137.

11461. Montégut (H. de). — Le château d'Assier en Quercy et la statue équestre du roi François I [ou de Gourdon de Genouillac], pl., p. 138 à 144.

11462. Biais (Émile). — Deux mémoriaux enluminés [de la ville d'Angoulême], xvi° siècle, 2 pl., p. 145 à 150.

11463. Latmabis (Camille). — Quelques notes sur Vidal le sculpteur aveugle [1831 † 1891], p. 151 à 163.

11464. Clauzel (Paul). — Coup d'œil sur le théâtre de Nimes à la fin du xviii° siècle (1769-1789), p. 163 à 198.

11465. Monméja (Jules). — Notes sur un canon en argent de 1646 et sur un amateur agénois du xviii° siècle, P.-F.-X. Daribeau de Lacassagne, p. 199 à 214.

11466. Bouillon-Landais. — *Les oubliés : Romégas, Nancy, Lagier, peintres marseillais*, p. 214 à 231.

11467. Veuclin (V.-E.). — Artistes français admirateurs effectifs de Nicolas Poussin en Normandie (1799-1851), 2 *pl.*, p. 232 à 259.

11468. Delignières (Em.). — Notes complémentaires sur Quentin Varin, peintre picard (v. 1580 † 1627), *pl.*, p. 259 à 281.

11469. Lafond (Paul). — De quelques portraits allégoriques de Louis XIV et de quelques œuvres d'art relatives à la révocation de l'Édit de Nantes, *pl.*, p. 281 à 286.

11470. Lex (Léonce). — Décoration de l'église des Ursulines de Mâcon (1677-1678), *pl.*, p. 286 à 295.

11471. Grandmaison (Louis de). — Essai d'armorial des artistes français : lettres de noblesse, preuves pour l'ordre de Saint-Michel, p. 296 à 403; et XXVIII, p. 589 à 687.

11472. Charvet (L.). — Enseignement public des arts du dessin à Lyon [XVIIIe s.], p. 403 à 443; et XXVIII, p. 407 à 456. — Cf. n°s 44123, 44143 et 44169.

11473. Galle (Léon). — Projet d'une statue équestre du Roi à Lyon. Premier projet de la statue de Louis XIV élevée dans la même ville en 1713, 4 *pl.*, p. 444 à 452.

11474. Galle (Léon). — Note sur la démolition récente du couvent des Grands Carmes de Lyon, 2 *pl.*, p. 452 à 456.

11475. Ponsonailhe (Charles). — Trois édifices de Pézenas au temps de Molière [chapelle des Pénitents noirs, *pl.*], p. 456 à 466.

11476. Bouillet (A.). — Le retable de Ham-sur-Meuse (Ardennes) [1590], *pl.*, p. 467 à 472.

11477. Baune (P.). — Le tableau votif de l'abbé Guillaume de Poupet dans l'église de Baume[-les-Messieurs, XVIe s.], *pl.*, p. 472 à 478.

11478. Guillibert (Baron). — Le peintre Esprit-Antoine Gibelin, d'Aix (1739 † 1812), documents inédits, p. 478 à 497.

11479. Quarré-Reybourbon (L.). — Arnould de Vuez, peintre lillois (1644 † 1720), 4 *pl.*, p. 497 à 522.

11480. Jadart (H.). — L'œuvre de Varin, graveur champenois et la ville de Reims au XVIIIe et au XIXe siècle, p. 523 à 547.

11481. Gauthier (Jules). — Tombes franc-comtoises de la Renaissance (1540-1560), *pl.*, p. 548 à 554.

[Tombeau d'Adrien de vaudrey et de Claude de Vuillafans, sa femme, à Bersaillin (Jura), *pl.*]

11482. Morin (Louis). — Documents historiques sur les peintres et verriers troyens [XVIe-XVIIe s.], p. 554 à 572.

11483. Hénault (Maurice). — Richard Fernet, sculpteur [1735 † 1810], et les origines du musée de Valenciennes, p. 573 à 583.

11484. Oursel (Mme). — Louis Garneray [1783 † 1857], p. 584 à 636.

11485. Jacquot (Albert). — Essai de répertoire des artistes lorrains, 2 *pl.*, p. 636 à 704; et XXVIII, 4 *pl.*, p. 467 à 504.

XXVIII. — Réunion des Sociétés des beaux-arts des départements. — Salle de l'hémicycle à l'École nationale des beaux-arts du 5 au 8 avril 1904. — 28e session. (Paris, 1904, in-8°, 841 p.)

[En tête les numéros 23 à 25 du Bulletin du Comité des Sociétés des beaux-arts (25 juin-8 décembre 1903), paginés XCIII à CVIII.]

11486. Anonyme. — Procès-verbaux des séances, p. 1 à 63.

11487. Vesly (Léon ns). — Jean Goujon, architecte. Les colonnes de Saint-Maclou et du mausolée de Louis de Brézé à Rouen, 4 *pl.*, p. 67 à 75.

11488. Montier (Armand). — Étude de céramique normande. Les épis du Pré-d'Auge et de Manerbe, 6 *pl.*, p. 75 à 113.

11489. Langlois (M.). — Bustes [d'empereurs provenant] de Sceaux. Notes sur la démolition du jubé de Saint-Père de Chartres, 2 *pl.*, p. 113 à 121.

11490. Scribe (L.). — Maisons de la Renaissance à Romorantin, 2 *pl.*, p. 121 à 125.

11491. Baune (P.). — Statues de la Renaissance à l'église d'Arlay (Jura), 4 *pl.*, p. 125 à 132.

11492. Lorin. — Les œuvres d'art du château de Thoiry (Seine-et-Oise), 4 *pl.*, p. 132 à 138.

[Portraits de Madame de Machaut, *pl.*; de ses enfants, *pl.*; de G.-M. de Marescot, *pl.* — Tapisserie du XVIIe siècle, *pl.*]

11493. Martin (G.). — Fresques du XVIe siècle de l'ancienne église de Varennes-le-Grand, archiprêtré de Chalon-sur-Saône, p. 138 à 141.

11494. Lafond (Paul). — A propos de trois nouveaux portraits de Henri IV, 3 *pl.*, p. 142 à 148.

11495. Hénault (Maurice). — Portraits de souverains. Visite au musée de Valenciennes, p. 148 à 155.

11496. Pasquier (F.). — Engagements d'objets précieux de la maison de Foix au XVe siècle, p. 156 à 162.

11497. Bouillon-Landais. — La galerie Paul de Surian léguée à la ville de Marseille, 3 *pl.*, p. 162 à 178.

11498. Parfouru (P.). — Les anciennes tapisseries du palais du Parlement de Bretagne à Rennes, *pl.*, p. 179 à 197.

11499. Herluison (H.) et Leroy (P.). — Gois père, Gois fils, sculpteurs, 4 *pl.*, p. 197 à 232.

11500. Gareau (A.). — La galerie de tableaux du duc de Choiseul, p. 232 à 271.

11501. Urseau (Ch.). — Le portrait de Louis XI conservé à Notre-Dame de Béhuard en Anjou, 2 *pl.*, p. 271 à 278.

11502. Biais (Émile). — Le théâtre à Angoulême (XVe s.-1904), *pl.*, p. 279 à 333.

11503. Veuclin (E.). — Notes inédites sur un groupe d'artistes la plupart venus ou établis en Normandie (XVIIᵉ et XVIIIᵉ s.), p. 334 à 352.

11504. Leymarie (Camille). — Notes sur l'histoire du biscuit à Limoges. Période romantique et période suivante, p. 353 à 371.

11505. Thoison (E.). — Le théâtre de Fontainèbleau jusqu'en 1870, p. 371 à 407.

[11472]. Charvet (L.). — Enseignement public des arts du dessin à Lyon [1766 à 1780], *fig.*, p. 407 à 466.

[11485]. Jacquot (Albert). — Essai de répertoire des artistes lorrains, 4 *pl.*, p. 467 à 504.

11506. Requin (H.). — Deux trouvailles intéressantes, 3 *pl.*, p. 505 à 516.

[Le Saint Pilou à Saint-Maximim, *pl.* — Deux tableaux de Henri Guégonis, 2 *pl.*]

11507. Jadart (Henri). — Artistes rémois inconnus des XVᵉ et XVIᵉ siècles d'après les renseignements des archives de Reims, p. 517 à 531.

11508. Bourda de la Rogerie (Henri). — Notice sur un recueil de plans d'édifices construits par les architectes de la Compagnie de Jésus (1607-1672), p. 531 à 549.

11509. Longuemare (P. de). — Un architecte du XVIIᵉ siècle. Abel de Sainte-Marthe, p. 549 à 556.

11510. Cluzel (Paul). — Barat (Pierre-Martin) peintre, vers la fin du XVIIIᵉ siècle, *pl.*, p. 557 à 567.

11511. Pellot (Paul). — Notes pour servir à la biographie de Gérard Aubry, peintre champenois du XVIIᵉ siècle, p. 567 à 574.

11512. Bénet (Armand). — Anciens artistes (XIVᵉ-XVIIᵉ s.). Notes et documents extraits du chartrier d'Harcourt, p. 575 à 588.

[11471]. Grandmaison (L. de). — Essai d'armorial des artistes français, p. 589 à 687.

11513. Ponsonailhe (Charles). — Jean Zueil, dit maître François, artiste flamand naturalisé Français en 1647, peintre officiel de la ville de Montpellier. — Samuel Boissière, peintre français, né à Montpellier en 1620, mort en 1703, 2 *pl.*, p. 688 à 698.

11514. Quarré-Reybourbon (L.). — Alphonse Colas, peintre d'histoire (1818 † 1887), 3 *pl.*, p. 699 à 733.

11515. Delignières (Ém.). — Choquet (Pierre-Adrien), peintre abbevillois (1743 † 1813), 4 *pl.* et 1 tableau *généal.*, p. 734 à 766.

11516. Guillibert (Baron). — Le peintre Granet, d'Aix en Provence (1775 † 1849), 7 *pl.*, p. 766 à 796.

SEINE. — PARIS.

COMMISSION DES MISSIONS SCIENTIFIQUES ET LITTÉRAIRES.

Les publications antérieures de cette Commission sont analysées dans notre *Bibliographie générale*, savoir :
Archives des Missions, t. I à XXVII (1850-1885), *Bibliographie*, t. III, p. 170.

— — t. XXVIII à XXXI (1887-1890), *Bibliographie*, Supplément sous presse.
Nouvelles archives, t. I à IX (1891 à 1899), *Bibliographie*, Supplément sous presse.
— — t. X et XI (1902-1903), *Bibliographie*, nouvelle série, II, p. 141.

XII. — **Nouvelles Archives des missions scientifiques et littéraires**, choix de rapports et instructions publié sous les auspices du Ministère de l'Instruction publique, t. XII. (Paris, 1904, in-8°, 441 p.)

11517. Merlin de Mathuisieulx. — Rapport sur une mission scientifique en Tripolitaine, *fig.*, carte, et 21 *pl.*, p. 1 à 80.

[Antiquités romaines.]

11518. Créqui Montfort (De) et Sénéchal de la Grange. — Rapport sur une mission scientifique en Amérique du Sud (Bolivie, République Argentine, Chili, Pérou), 4 cartes, p. 81 à 129.

11519. Bourdaret (Émile). — Rapport sur une mission scientifique en Corée, p. 131 à 141.

11520. Schwab (Moïse). — Rapport sur les inscriptions hébraïques de la France, *fig.*, p. 143 à 402.

11521. Poinssot (Louis). — Les fouilles de Dougga en avril-mai 1903, 2 *pl.*, p. 403 à 440.

SEINE. — PARIS.

COMMISSION DU VIEUX PARIS.

Les publications antérieures de cette Commission sont analysées dans notre *Bibliographie générale*, savoir :
Procès-verbaux, t. I à III (1898-1900), *Bibliographie*, Supplément sous presse.
— t. IV et V (1901-1902), *Bibliographie*, nouvelle série, I, p. 94 ; et II, p. 149.

VI. — Ville de Paris. Commission municipale du Vieux Paris, année 1903. Procès-verbaux. (Paris, 1904, in-4°, 407 p. et annexe de 80 p.)

11522. Anonyme. — L'ancienne mairie du v° arrondissement, *pl.*, p. 3.

11523. Taxil (L.). — Les anciens numérotages des maisons, p. 3 à 4.

11524. Divers. — La peinture à fresque du porche de Saint-Germain-l'Auxerrois, p. 8 à 10.

11525. Sellier (Charles). — Fouilles du Métropolitain ligne n° 3, p. 10 à 12, et 36 à 37.

[Le pont dormant de l'ancienne porte du Temple, *pl.*, p. 10. — La première pierre de l'église des Madelonnettes (1680), p. 36.]

11526. Gauthier (L'abbé). — La sépulture de Philippe de Champaigne à Saint-Gervais, p. 19. — Cf. n° 11535.

11527. Divers. — Les droits de servitude de l'administration municipale pour la symétrie architecturale des maisons de la rue de Rivoli, 3 *pl.*, p. 20 à 27, et 82 à 84.

11528. Lenôtre (G.). — Les archives des justices de paix de Paris, p. 28.

11529. Anonyme. — Transformation du marché du Temple, *pl.*, p. 31.

11530. Lambeau (Lucien). — L'ancienne rue de la Barillerie, p. 33 à 35.

11531. Divers. — La chapelle de la rue d'Anjou, dite Chapelle expiatoire, p. 38 à 40.

11532. Gillet (L.). — Médailles offertes au xviii° siècle aux personnes qui sauvaient des noyés, p. 48, et 113.

11533. Lambeau (Lucien). — Le couvent des Dames de Saint-Michel, rue Saint-Jacques, 193, 3 *pl.*, p. 52 à 78.

11534. Capitan (D'). — Étude géologique du sous-sol de la rue de Rome. Déductions prouvant l'existence d'un bras de Seine en ce point, p. 78.

11535. Sellier (Charles). — La sépulture de Philippe de Champaigne, p. 79 à 81. — Cf. n° 11526.

11536. Sellier (Charles). — Découverte d'un fragment du mur d'enceinte de Philippe Auguste, rue Dauphine, n°° 38 et 40, *pl.*, p. 81 à 82.

11537. Divers. — Maison habitée par le maréchal de Saxe, quai Malaquais, 5, p. 93.

11538. Le Vayer. — Les inscriptions de l'église Saint-Nicolas-des-Champs, p. 94 à 95.

11539. Divers. — Ancienne Académie de médecine, *pl.*, p. 97.

11540. Sellier (Charles). — Vestiges de l'ancienne chapelle Saint-Pierre de l'abbaye de Saint-Antoine-des-Champs, p. 98.

11541. Sellier (Charles). — Vestiges de l'abbaye de Sainte-Geneviève rencontrés rue Clotilde, p. 99.

11542. Le Vayer. — De l'emplacement où fut assassiné Henri IV, p. 99.

11543. Guiffrey (J.). — Les tapisseries de l'École de médecine, *pl.*, p. 100.

11544. Lambeau (Lucien). — La colonne de l'ancien hôtel de Soissons à la Bourse du commerce, p. 102 à 104.

11545. Covecque (E.). — Origine du nom de la rue des Lyonnais, p. 113.

11546. Tesson. — L'hôpital de la Pitié, 7 *pl.*, p. 118 à 126.

11547. Tesson. — L'ancien bâtiment de l'Hôtel-Dieu, 2 *pl.*, p. 126 à 133.

11548. Tesson. — Portion de l'ancien aqueduc romain de Rungis, p. 133 à 134.

11549. Sellier (Charles). — Fouilles de la place du Panthéon, p. 137 à 139.

11550. Sellier (Charles). — Fouilles de l'ancienne chapelle de la Charité, p. 139.

11551. Sellier (Charles). — Découverte de sépultures gallo-romaines à Vaugirard, p. 140.

11552. Capitan (D'). — Démonstration de l'existence d'un bras de Seine antique au nord de Paris au moyen de l'étude des couches traversées par l'égout de la rue d'Hauteville, p. 140.

11553. Lambeau (Lucien). — L'ancien hôtel Mascrani, rue Charlot, n° 83, 2 *pl.*, p. 142 à 156.

11554. Anonyme. — Le cloître des Minimes, *pl.*, p. 157.

11555. Sellier (Charles). — L'emplacement de la maison de Philippe de Champaigne, 20, rue des Écouffes, p. 172 à 175.

11556. Lambeau (Lucien). — L'ancienne rue Plâtrière, p. 177 à 180.

11600. Lambeau (Lucien). — L'ancienne rue de la Cul-
ture-Sainte-Catherine, p. 181 à 183.
11601. Tesson. — Tympan du xii° siècle provenant de
l'église d'Issy, pl., p. 184.
11602. Blanchet (Adrien). — Trésor gallo-romain de
Nanterre, p. 184 à 186.
11603. Sellier (Charles). — Fouilles place de la
Bourse, rue Bonaparte et à l'hospice des Quinze-Vingts,
p. 186 à 187.
11604. Tesson. — Démolition de maisons rue de la Clef
et rue Daubenton, pl., p. 211.
11605. Tesson. — Vestiges de l'ancien château de
Choisy, p. 213 à 215.
11606. Tesson. — Démolition de la maison rue Mouffe-
tard, 115, p. 216.
11607. Anonyme. — Plan inédit de la Conciergerie, pl.,
p. 218.
11608. Sellier (Ch.). — Sculpture du xiii° siècle trouvée
rue Réaumur; sépultures anciennes du quartier des
Gobelins; vestiges de l'église abbatiale de Saint-Antoine-des-Champs, 2 pl., p. 223 à 224.
11609. Lambeau (Lucien). — L'hôtel du marquis de Villette, maison mortuaire de Voltaire, 5 pl., p. 229
à 287.

11610. Selmersheim. — La flèche et la chapelle de l'hôpital Laënnec, pl., p. 291 à 297.
11611. Tesson. — Percement du boulevard Raspail entre
la rue de Vaugirard et le boulevard du Montparnasse,
3 pl., p. 303 à 309.
11612. Lambeau (Lucien). — La maison de Victor Hugo,
rue Notre-Dame-des-Champs, pl., p. 310 à 318.
11613. Mareuse (Edgar). — Les pavillons de la place de
la Nation, p. 318 à 343.
11614. Anonyme. — Plan de l'hôpital des Incurables, pl.,
sans texte.

Annexes.

11615. Taxil. — Tableau établissant la concordance entre
le numérotage que portaient certaines maisons disparues aujourd'hui par suite de l'exécution de travaux de
voirie et les différents numérotages portés par ces
maisons avant leur disparition, 35 p. — Cf. n°° 11579
et 11616.
11616. Taxil. — Tableau établissant la concordance
entre le numérotage actuel d'un certain nombre de
maisons de l'ancien Paris et les numérotages portés par
ces mêmes maisons ou leurs emplacements à diverses
époques, 44 p. — Cf. n°° 11579 et 11615.

SEINE. — PARIS.

CONSEIL HÉRALDIQUE DE FRANCE.

Les publications antérieures de cette Société sont analysées dans notre *Bibliographie générale*, savoir :
Annuaire, t. I à XIII (1888-1900). *Bibliographie*, Supplément sous presse.
— t. XIV et XV (1901-1902), *Bibliographie*, nouvelle série, I, p. 95 ; et II, p. 144.

XVI. — Annuaire du Conseil héraldique de
France, 16° année. (Paris, 1903, in-12,
462 p.)

11617. Caix de Saint-Aymour (Vicomte de). — Un pour-
suivant d'armes de la maison d'Orléans au xv° siècle,
Pierre Le Lyassier, dit Coucy, fig., p. 73 à 95.
11618. Pellot (Paul). — Famille de Poussemothe
(Béarn, Paris, Bretagne), p. 96 à 104.
11619. Bouly de Lesdain (Louis). — L'armorial breton
de Guy Le Borgne, p. 105 à 113.
11620. Mazières (Vicomte Henri de). — La cour du
roi Stanislas. État des principaux officiers du roi de
Pologne Stanislas I", duc de Lorraine et de Bar
(août 1737), p. 114 à 118.
11621. Tesson (Alfred de). — Le paillé et le diapré
héraldiques, p. 119 à 148.

11622. Du Laurens d'Oiselay (Baron G.). — Notice sur
la maison de Bonet, p. 149 à 160.
11623. Montjoye (Vicomte René de). — Lettres du duc
de Nevers [Louis-Jules-Barbon Mazarini Mancini] (documents inédits [1773-1778]), p. 161 à 177.
11624. Poli (Vicomte Oscar de). — Vieux us et coutumes
Billets de mariage et lettres de faire part, p. 178
à 311.
11625. Pellot (Paul). — Maisoncelle et ses seigneurs,
p. 334 à 338.
11626. Bouly de Lesdain (L.). — L'origine des armes et
des bannières de l'Empire, p. 339 à 345.
11627. Caix de Saint-Aymour (Vicomte de). — Les fiefs
de service de l'évêché de Beauvais, p. 346 à 392.

XVII. — Annuaire du Conseil héraldique

de France, 17ᵉ année. (Paris, 1904, in-8°, 432 p.)

11628. GAILLY DE TAURINES. — Liste des officiers tués ou blessés à Fontenoy (11 mai 1745), p. 73 à 106.

11629. CHASTEIGNER DE LA ROCHEPOZAY (Vicomte Paul DE). — Le sang de Robert le Fort, de saint Louis et de Marie-Thérèse (866-1903), p. 107 à 120.

[Généalogie de la reine d'Espagne Marie-Christine.]

11630. POLI (Vicomte Oscar DE). — Jeanne d'Arc était-elle brune ou blonde? p. 121 à 181.

11631. ROCAS (L.-Pio DE). — La famille Sarto, p. 182.

11632. POLI (Vicomte O. DE). — La fille d'Étienne Marcel fut-elle anoblie par le roi Charles V? p. 184 à 191.

11633. TESSON (A. DE). — Les armes de Jean de Saint-

Avit, évêque d'Avranches de 1391 à 1442, p. 192 à 198.

11634. POLI (Vicomte Oscar DE). — Les filles du roi d'Yvetot, p. 199 à 206.

11635. RODIÈRE (Roger). — Dictionnaire des Croisés de France, p. 207 à 217.

11636. VILLARET (Comtesse Amicie DE). — Au début de la Révolution. La noblesse et le peuple des campagnes, p. 218 à 317.

[Manifeste de neuf pères de famille détenus dans les prisons de Limoges (1789).]

11637. POLI (Vicomte DE). — La maison du Buisson aux Croisades, p. 318 à 330.

11638. ORNANO (Marquis D'). — La Corse militaire. La journée du 20 août 1868, p. 331 à 354.

11639. TOULGOET-TREANNA (Comte DE). — Les camériers de cape et d'épée du pape, p. 355 à 362.

SEINE. — PARIS.

INSTITUT DE FRANCE.

Les publications faites collectivement par les différentes Académies qui forment l'Institut de France sont analysées dans notre *Bibliographie générale*, savoir :

Séances publiques annuelles de 1816 à 1885, *Bibliographie*, t. III, p. 186

— — de 1886 à 1900, *Bibliographie*, Supplément sous presse.

— — de 1901 à 1903, *Bibliographie*, nouvelle série, I, p. 96 ; et II, p. 144.

Journal des Savants (1901-1902), *Bibliographie*, nouvelle série, I, p. 96 ; et II, p. 145.

Ouvrages divers (an V-1802), *Bibliographie*, t. III, p. 185.

Pièces diverses (1901-1903), *Bibliographie*, nouvelle série, I, p. 96 ; et II, p. 145.

LXXXVII. — Institut de France. Séance publique annuelle des cinq académies, du mardi 25 octobre 1904, présidée par M. Mascart, président de l'Académie des sciences. (Paris, 1904, in-4°, 78 p.)

11640. VALOIS (Noël). — De la croyance des gens du

moyen âge à la prochaine fin du monde, p. 21 à 33.

11641. AYNARD. — Les transformations de l'amateur d'art, p. 35 à 56.

11642. ROCQUAIN (Félix). — Les travaux de Michelet aux Archives nationales, p. 57 à 73.

JOURNAL DES SAVANTS.

I. — Journal des Savants, publié sous les auspices de l'Institut de France, nouvelle série, 1ʳᵉ année. (Paris, 1903, in-4°, 720 p.)

11643. PARIS (Gaston). — Le *Journal des Savants*, p. 5 à 34.

11644. BERTHELOT (M.). — Histoire de la chimie indienne, p. 34 à 46.

11645. DELISLE (L.). — La collection de manuscrits de M. Henry Yates Thompson, p. 47 à 53.

11646. DARESTE (R.). — L'origine de la noblesse, p. 53 à 59.

11647. BOISSIER (Gaston). — Les prologues de Salluste, p. 59 à 66.

11648. LÉGER (Louis). — Les études slaves en Bohême et en Russie, p. 73 à 85.

11649. Luchaire (Achille). — Les institutions monarchiques locales en France, p. 86 à 102.

11650. Guiffrey (Jules). — La gravure sur gemmes en France, p. 102 à 109.

11651. Picard (Émile). — Niels Henrik Abel [1802 † 1829], p. 109 à 119.

11652. Pottier (E.). — Les antiquités chaldéennes du Louvre, p. 129 à 139, et 193 à 202.

11653. Bréal (Michel). — L'Iliade primitive, p. 139 à 146.

11654. Tannery (Paul). — Héron d'Alexandrie, p. 147 à 157, et 203 à 211.

11655. Arbois de Jubainville (H. d'). — Les mots irlandais d'origine latine, p. 157 à 163.

11656. Demérain (Henri). — Les découvertes géographiques d'Oswell, p. 164 à 172.

11657. Boutroux (Émile). — Une édition internationale de Leibniz, p. 172 à 179.

11658. Boissier (Gaston). — La Satire Ménippée [de Sénèque], p. 211 à 214.

11659. Guiffrey (Jules). — Les San Gallo, p. 214 à 220.

11660. Léger (L.). — La Société des sciences de Varsovie (1800-1815), p. 249 à 256.

11661. Cagnat (R.). — Les tablettes magiques d'Hadrumète, p. 256 à 264.

11662. Delisle (L.). — Une œuvre nouvelle du peintre Jean Foucquet, p. 265 à 275.

[Les bibliothèques de Jacques d'Armagnac, duc de Nemours, aux châteaux de Carlat et de Castres.]

11663. Chavannes (Ed.). — Histoire de la littérature chinoise, p. 275 à 283.

11664. Rambaud (Alfred). — Le gouvernement de M. Thiers, p. 305 à 317.

11665. Jullian (Camille). — Le littoral de la Gascogne, p. 317 à 325.

11666. Dareste (R.). — Les anciennes coutumes albanaises, p. 325 à 334, et 383 à 390.

11667. Picot (Emile). — Le Museo civico de Padoue, p. 334 à 337.

11668. Thomas (Antoine). — La chanson de sainte Foi, p. 337 à 345.

11669. Wallon (Henri). — Bonaparte et le Directoire, p. 365 à 379. — L'avènement de Bonaparte, p. 417 à 428, et 501 à 510.

11670. Barth (A.). — Les monuments du Cambodge, p. 379 à 383.

11671. Basset (René). — Hercule et Mahomet, p. 391 à 402.

11672. Delisle (L.). — Vers et écriture d'Orderic Vital, p. 428 à 440.

11673. Diehl (Charles). — Byzance et la Papauté, p. 410 à 452.

11674. Fabia (Philippe). — Tacite, p. 452 à 464, et 482 à 489.

11675. Guyou (E.). — Histoire de la navigation sous-marine, p. 473 à 482.

11676. Henry (V.). — La mythologie védique, p. 489 à 501.

11677. Arbois de Jubainville (H. d'). — Les obituaires de la province de Sens, p. 510 à 517.

11678. Prou (Maurice). — Les tessères antiques, p. 518 à 525.

11679. Delisle (L.). — Un feuillet de papyrus retrouvé [fragment de saint Augustin], p. 525 à 527.

11680. Fagniez (G.). — Le commerce dans l'Italie méridionale au moyen âge, p. 537 à 544.

11681. Le Dantec (Félix). — Lettres de Charles Darwin, p. 545 à 550.

11682. Arbois de Jubainville (H. d'). — Pouillés de la province de Rouen, p. 550 à 555.

11683. Berger (Élie). — Boniface VIII, p. 555 à 568.

11684. Demérain (Henri). — Une expédition hollandaise contre le Mozambique (1662), p. 568 à 578.

11685. Rambaud (A.). — Le commandant Lamy, p. 593 à 603.

11686. Barth (A.). — Origine et propagation des fables, p. 603, 656; et II, p. 49.

11687. Levasseur (E.). — Géographie de la France, p. 617 à 626.

11688. Cartault (A.). — Les Silves de Stace, p. 626 à 666; et II, p. 515, et 561.

11689. Omont (H.). — Bulle sur papyrus du pape Benoît VIII (1017) récemment acquise par la Bibliothèque nationale, p. 635 à 638.

11690. Croiset (Maurice). — *Le Discours aux Grecs* de Tatien, p. 649 à 656.

11691. Valois (Noël). — Le théâtre français au XIVe siècle, p. 677 à 686.

11692. Froidevaux (Henri). — Madagascar au XVIe siècle, p. 686 à 700.

———

II. — **Journal des Savants**, publié sous les auspices de l'Institut de France, nouvelle série, 2e année. (Paris, 1904, in-4°, 716 p.)

11693. Luchaire (Achille). — La pathologie des Capétiens, p. 5 à 12.

11694. Persot (Georges). — Les récentes fouilles de Troie, p. 13, 171, et 221.

11695. Tannery (Paul). — Fragments des médecins grecs, p. 23 à 34.

11696. Clermont-Ganneau (C.). — Une nouvelle Chronique samaritaine, p. 34 à 48.

[11686]. Barth (A.). — De l'origine et de la propagation des fables, p. 49 à 55.

11697. Wallon (Henri). — Les événements de 1709, d'après Saint-Simon, p. 77 à 89, et 232 à 239.

11698. Thomas (Antoine). — L'atlas linguistique de la France, p. 89 à 96.

11699. Rambaud (Alfred). — Le Concordat de 1801, p. 96 à 104.

11700. Weil (Henri). — Textes grecs trouvés récemment en Égypte, p. 105 à 109.

11701. Duval (Rubens). — Histoire de l'Église nestorienne, p. 109 à 118, et 181 à 190.

11702. Vendryes (J.). — La linguistique indo-européenne, p. 118 à 124.

11703. Léger (Louis). — Le Cortegiano de Balthazar de Castiglione et Courtisan polonais de Lucas Gornicki, p. 149 à 156.

11704. Brochard (V.). — La théorie du plaisir d'après Épicure, p. 156, 205, et 284.

11705. Dehérain (Henri). — Les manuscrits scientifiques de Georges Cuvier, p. 190 à 195.

11706. Des Cilleuls (Alfred). — Histoire des classes ouvrières en France, p. 214 à 221.

11707. Diehl (Charles). — Les origines asiatiques de l'art byzantin, p. 239 à 251.

11708. Foucart (P.). — Les dernières théories sur le Dionysos attique, p. 261 à 275.

11709. Berger (Élie). — Jean XXII et Philippe le Long, p. 275 à 284.

11710. Bellaigue (Camille). — Histoire de la musique au xixᵉ siècle, p. 290 à 298.

11711. Omont (H.). — Recueils fac-similés de manuscrits publiés en 1903, p. 298 à 303.

11712. Lapparent (A. de). — Histoire de la cartographie, p. 317 à 328.

11713. Dieulafoy (Marcel). — La sculpture polychrome, p. 328 à 337, et 373 à 380.

11714. Dareste (R.). — Histoire de la propriété foncière en Suède, p. 337 à 344.

11715. Fossey (C.). — Les fouilles de la Délégation française en Perse, p. 344 à 359.

11716. Langlois (Charles-Victor). — Le fonds de l'Ancient correspondence au Public Record office de Londres, p. 380 à 393, et 446 à 453.

11717. Cagnat (René). — La Faculté de médecine de Paris à la fin du xviiiᵉ siècle, p. 394 à 404.

11718. Monceaux (Paul). — La prédication et l'extension du christianisme aux trois premiers siècles, p. 404 à 414.

11719. Guiffrey (Jules). — L'art dans l'Italie méridionale du viᵉ au xiiiᵉ siècle, p. 429 à 446.

11720. Fagniez (G.). — Les établissements et le commerce de la France dans l'Afrique barbaresque, p. 453 à 457.

11721. Tannery (Paul). — Maximilien Curtze, historien des mathématiques, p. 457 à 470.

11722. Rambaud (Alfred). — Victor Duruy [1811 † 1894], p. 485 à 498.

11723. Joret (Charles). — Les recherches botaniques de l'expédition d'Alexandre, p. 498 à 504, et 611 à 620.

11724. Lechat (Henri). — Les édifices archaïques de l'Acropole [d'Athènes], p. 504 à 515.

[11688]. Cartault (A.). — Les Silves de Stace, p. 515 à 529, et 561 à 569.

11725. Wallon (Henri). — Lunéville et Amiens, p. 541, à 555.

11726. Le Dantec. — Le transformisme [histoire de cette doctrine], p. 555 à 561.

11727. Weil (Henri). — Papyrus récemment découverts, p. 569 à 574.

11728. Dehérain (Henri). — La fondation de la colonie hollandaise du Cap de Bonne-Espérance, p. 574 à 588.

11729. Dareste (Rodolphe). — Le statut de Raguse de 1272, p. 597 à 611, et 684 à 690.

11730. Derenbourg (Hartwig). — L'Histoire des philosophes attribuée à Ibn Al-Kifti, p. 630 à 639.

11731. Boissier (Gaston). — La mosaïque antique, p. 653 à 658.

11732. Luchaire (Achille). — Hugues Capet, p. 658 à 668.

11733. Clermont-Ganneau (C.). — La province d'Arabie, p. 668 à 684.

11734. Guiffrey (Jules). — Les marbres de l'Institut, p. 690 à 696.

PIÈCES DIVERSES.

11735. Divers. — Institut de France. Discours prononcés à l'inauguration du monument élevé à la mémoire de Pasteur à Paris, le samedi 16 juillet 1904. (Paris, 1904, in-4°, 27 p.)

[Discours de MM. Henri Wallon, Gaston Boissier, Mascart, Georges Perrot, Louis Passy.]

11736. [Delisle (Léopold).] — Le triomphe et les gestes de Mgr Anne de Montmorency, connétable, grand maître et premier baron de France. Poème de Jean de Luxembourg, publié d'après le manuscrit original de l'ancienne librairie de Chantilly appartenant à M. le marquis de Lévis. (Paris, 1904, in-4°, xxvi-65 p. et pl.)

[Publié par la Commission de Chantilly de l'institut de France.]

ACADÉMIE FRANÇAISE.

Les publications de l'Académie française antérieures à la Révolution sont analysées dans notre *Bibliographie générale*, t. III, p. 197 à 229.

Les publications de l'Académie postérieures à sa réorganisation en 1803 sont analysées dans notre *Bibliographie*, savoir :

Recueil des discours, rapports, etc., t. I à XII (1803-1889), *Bibliographie*, t. III, p. 230.
— — t. XIII et XIV (1890-1899)', *Bibliographie*, Supplément sous presse.
Séances publiques annuelles, de 1830 à 1885, *Bibliographie*, t. III, p. 243.
— — de 1885 à 1900, *Bibliographie*, Supplément sous presse.
— — de 1901 à 1903, *Bibliographie*, nouvelle série, I, p. 97; II, p. 146.
Discours de réception, 1901 à 1903, *Bibliographie*, nouvelle série, I, p. 97; II, p. 146.
Éloges funèbres, de 1799 à 1889, *Bibliographie*, t. III, p. 247.
— de 1890 à 1900, *Bibliographie*, Supplément sous presse.
— de 1901 à 1903, *Bibliographie*, nouvelle série, I, p. 97; II, p. 146.
Pièces diverses (1808-1903), *Bibliographie*, , t. III, p. 231; nouvelle série, II, p. 146.

LXXIV. — **Institut de France. Académie française.** Séance publique annuelle du jeudi 24 novembre 1904, présidée par M. Paul Hervieu, directeur. (Paris, 1904, in-4°, 103 p.)

11737. Hervieu (Paul). — Discours sur les prix de vertu, p. 83 à 103.

Institut de France. Académie française. Discours prononcés dans la séance publique tenue par l'Académie française pour la réception de M. Frédéric Masson, le jeudi 28 janvier 1904. (Paris, 1904, in-4°, 64 p.)

11738. Masson (Frédéric). — Discours, p. 3 à 33.

[Éloge de Gaston Paris.]

11739. Brunetière (F.). — Discours, p. 35 à 64.

Institut de France. Académie française. Discours prononcés dans la séance publique tenue par l'Académie française pour la réception de M. René Bazin, le jeudi 28 avril 1904. (Paris, 1904, in-4°, 62 p.)

11740. Bazin (René). — Discours, p. 3 à 34.

[Éloge d'Ernest Legouvé.]

11741. Brunetière (F.). — Discours, p. 35 à 62.

PIÈCES DIVERSES.

11742. Guillaume (Eugène). — Institut de France. Académie française. Discours de M. Eugène Guillaume, membre de l'Académie française, prononcé à Rome le 27 avril 1904, à l'occasion de l'inauguration de la statue de Victor Hugo. (Paris, 1904, in-4°, 6 p.)

ACADÉMIE DES INSCRIPTIONS ET BELLES-LETTRES.

Les publications antérieures de cette Académie sont analysées dans notre *Bibliographie générale*, savoir :

Ouvrages divers (1670-1790), *Bibliographie*, t. III, p. 256.
Histoire et *Mémoires de littérature*, t. I à LI (1663-1793), *Bibliographie*, t. III, p. 256.
Mémoires, notices et rapports (1798-1815), *Bibliographie*, t. III, p. 307.
Histoire et *Mémoires*, t. I à XXXI (1815-1884), *Bibliographie*, t. III, p. 313.
Mémoires, t. XXXII à XXXV (1886-1893), *Bibliographie*, Supplément sous presse.
— t. XXXVI (1898-1901), *Bibliographie*, nouvelle série, I, p. 98.
Mémoires présentés par divers savants, 1re série, t. I à IX (1844-1884), *Bibliographie*, t. III, p. 332.
— — 1re série, t. X (1893), *Bibliographie*, Supplément sous presse.
— — 1re série, t. XI, 1re partie (1901), *Bibliographie*, nouv. série, I, p. 98.

Mémoires présentés par divers savants, 2ᵉ série, t. I à VI (1845-1888), *Bibliographie*, t. III, p. 334.

Comptes rendus des séances, t. I à XXIX (1857-1885), *Bibliographie*, t. III, p. 336.

— — t. XXX à XLIV (1886-1900), *Bibliographie*, Supplément sous presse.

— — t. XLV à XLVII (1901-1903), *Bibliographie*, nouv. série, I, p. 99; et II, p. 147.

Séances publiques annuelles, de 1840 à 1885, *Bibliographie*, t. III, p. 366.

— — de 1886 à 1900, *Bibliographie*, Supplément sous presse.

— — de 1901 à 1903, *Bibliographie*, nouv. série, I, p. 102; et II, p. 150.

Éloges funèbres, de 1799 à 1885, *Bibliographie*, t. III, p. 372.

— de 1886 à 1900, *Bibliographie*, Supplément sous presse.

— de 1901 à 1903, *Bibliographie*, nouvelle série, I, p. 102; et II, p. 151.

Notices et Extraits des manuscrits, t. I à XXXI (1787-1886), *Bibliographie*, t. III, p. 380.

— — t. XXXII à XXXV (1886-1896), *Bibliographie*, Supplément sous presse.

— — t. XXXVI (1899-1901), *Bibliographie*, nouvelle série, I, p. 102.

Histoire littéraire, t. I à XXXII (1733-1898), *Bibliographie*, t. III, p. 396.

Recueil des historiens de la France, in-folio, t. I à XXIII (1738-1876), *Bibliographie*, t. III, p. 437.

Recueil des historiens de la France, in-4° (1899-1902), *Bibliographie*, nouvelle série, II, p. 151

Recueil des historiens des Croisades, Historiens occidentaux, t. I à V, *Bibliographie*, t. III, p. 464.

— — Historiens orientaux, t. I à IV, *Bibliographie*, t. III, p. 466.

Documents arméniens, t. I, *Bibliographie*, t. III, p. 466.

Historiens grecs, t. I et II, *Bibliographie*, t. III, p. 467.

— — Lois, t. I et II (1841-1843), *Bibliographie*, t. III, p. 467.

Ordonnances des rois de France, t. I à XXI (1723-1849), *Bibliographie*, t. III, p. 468.

Table chronologique des diplômes, t. I à VIII (1769-1876), *Bibliographie*, t. III, p. 471.

Diplomata, t. I et II (1843-1849) et *Gallia Christiana*, t. XVI (1865), *Bibliographie*, t. III, p. 471.

OEuvres de Borghesi, t. I à X (1862-1897), *Bibliographie*, t. III, p. 472.

Corpus inscriptionum semiticarum, t. I à III (1881-1893), *Bibliographie*, t. III, p. 474.

Fondation Piot, Monuments et mémoires, t. I à VII (1894-1900), *Bibliographie*, Supplément sous presse.

— — t. VIII et IX (1901-1902), *Bibliographie*, nouvelle série, I, p. 103; II, p. 151.

Pièces et ouvrages divers (1901-1902), *Bibliographie*, nouvelle série, I, p. 102 et 103; II, p. 151.

XXXVII. — Mémoires de l'Institut national de France. Académie des Inscriptions et Belles-Lettres, t. XXXVII, 1ʳᵉ partie. (Paris, 1904, in-4°, 339 p.)

11743. FOUCART (P.). — Les grands mystères d'Éleusis. Personnel, cérémonies, 1ʳᵉ partie, *pl.*, p. 1 à 56.

11744. HELBIG. — Les Ἱππεῖς athéniens, *fig.* et 2 *pl.*, p. 157 à 264.

11745. BERGER (Philippe). — Mémoire sur les inscriptions de fondation du temple d'Esmoun à Sidon, 6 *pl.*, p. 265 à 295.

11746. FOUCART (P.). — La formation de la province romaine d'Asie, p. 297 à 339.

XI. — Mémoires présentés par divers savants à l'Académie des Inscriptions et Belles-Lettres de l'Institut de France, 1ʳᵉ série, sujets divers d'érudition, t. XI, 2ᵉ partie. (Paris, 1904, in-4°, 379 p.)

11747. BERGER (Samuel). — Les préfaces jointes aux livres de la Bible dans les manuscrits de la Vulgate, p. 1 à 78.

11748. CARTON (Dʳ). — Le théâtre romain de Dougga, *fig.* et 18 *pl.*, p. 79 à 191.

11749. CHAVANNES (Ed.). — Deux inscriptions chinoises de l'Asie centrale, 7 *pl.*, p. 193 à 295.

11750. EUTING (J.). — Note sur un papyrus égypto-ara-

méen de la Bibliothèque impériale de Strasbourg, *pl.*,
p. 297 à 311.

11751. Morisse (G.). — Contribution préliminaire à
l'étude de l'écriture et de la langue Si-Hia [Chine],
2 *pl.*, p. 313 à 379.

COMPTES RENDUS DES SÉANCES.

XLVIII. — Académie des Inscriptions et
Belles-Lettres. Comptes rendus des séances
de l'année 1904. (Paris, 1904, in-8°, 784 p.)

11752. Ronzevalle (Le P.). — Dieu cavalier sur un bas-
relief syrien [près de Damas], *fig.*, p. 8 à 12.

11753. Delattre (Le P.). — Quelques inscriptions puniques [à Villaricos (Espagne) et à Carthage], *fig.*,
p. 36 à 39.

11754. Carton (D'). — L'emplacement probable de l'ancienne ville de Gurza [Tunisie], p. 56 à 69.

11755. Clermont-Ganneau. — Inscriptions grecques chrétiennes de Rouhelbé et de Bersabé, p. 63 à 65, et 175
à 176.

11756. Croiset (Maurice). — Notice sur la vie et les travaux de M. Gaston Paris [1839 † 1903], p. 66 à 112.
— Cf. id. n°° 11807 et 12283.

11757. Martin (Henry). — Observations sur la technique
de l'illustration des livres au moyen âge, p. 121 à 132.

11758. Capitan (D'), Breuil (l'abbé) et Charsonneau-
Lassay. — Les rochers gravés de la Vendée, p. 132
à 155.

11759. Gauckler. — Inscription romaine de la civitas
Galitana (Djebel Mansour), p. 156.

11760. Reinach (Salomon). — L'attaque de Delphes par
les Gaulois, p. 158 à 164.

11761. Herzog (Rudolfus). — Inscription grecque trouvée
à Cos, *pl.*, p. 164 à 173.

11762. Paris (Pierre). — Inscription romaine de Corte-
gnana (prov. d'Huelva, Espagne), p. 177.

11763. Gauckler. — Municipium Felix Thabbora, *fig.*,
p. 180 à 190.

11764. Helbig (W.). — Contribution à l'histoire de
l'equitatus romain, p. 190 à 201.

11765. Arbois de Jubainville (D'). — Le début du *De
Bello gallico*, p. 223 à 228.

11766. Babelon. — Le dieu Eschmoun, p. 231 à 239.

11767. Huart (Cl.). — La poésie arabe anté-islamique
et le Coran, p. 240 à 242.

11768. Chavannes (Éd.). — Notice sur la vie et les travaux de M. Alexandre Bertrand [† 1902], p. 245 à 273.
— Cf. id. n° 11808.

11769. Sénart. — M. Odend'hal [† 1904], p. 275
à 277.

11770. Lagrange (Le P.). — Rapport sur une exploration
archéologique au Négeb, *fig.* et 4 *pl.*, p. 279 à 305.

11771. Hruzey. — Fouilles d'Osuna en Espagne, par
MM. Engel et P. Paris, p. 309 à 318.

11772. Arbois de Jubainville (D'). — La vente de la
fiancée au futur époux, p. 322 à 326.

11773. Gauckler (P.). — Inscription romaine d'Henchir-
Alouin, p. 335.

11774. Pottier (E.). — Sceau de jaspe trouvé à Tell-el-
Moutesselim, près Megiddo, *fig.*, p. 336 à 338.

11775. Weill (Raymond). — Un nouveau bas-relief de
Snofrou au Ouady Magharah, p. 342 à 350.

11776. Arbois de Jubainville (D'). — Les dieux celtiques
à forme d'animaux, p. 365 à 372.

11777. Cagnat. — Un milliaire de la route de Bône à
Guelma, p. 377 à 382.

11778. Oppert. — Sogdien, roi des Perses, p. 385
à 392.

11779. Sénart. — M. Charles Carpeaux [1870 † 1904],
p. 396 à 398.

11780. Holleaux (Maurice). — Les fouilles de Délos,
p. 400 à 402, et 423 à 424. — Cf. n° 11804.

11781. Vollgraff. — Rapport sur les fouilles d'Ithaque,
p. 436 à 438.

11782. Graindor (Paul). — Rapport sur les fouilles de
Carthaea (Ceos) et dans l'île de Cos, p. 438.

11783. Tannery (Paul). — Inauthenticité de la division
du canon attribuée à Euclide, p. 439 à 445.

11784. Dissard (Paul). — Inscriptions iatines trouvées à
Lyon, p. 446 à 450.

11785. Naville (Édouard). — Fouilles de Deir-el-Ba-
hari, *fig.*, p. 451 à 455.

11786. Euting. — Inscription hébraïque relative à la
synagogue de Tâdif, p. 457 à 459.

11787. Cagnat. — Le tracé primitif de Thamugadi, *fig.*,
p. 460 à 469.

11788. Voguë (Marquis de). — Statuette d'Isis avec inscription phénicienne, *pl.*, p. 472 à 473.

11789. Cagnat. — Inscription inédite de Khamissa (Thubursicum Numidarum), p. 478 à 484.

11790. Capitan (D'), Breuil (l'abbé) et Ampoulange. —
Une nouvelle grotte préhistorique à parois gravées, la
grotte de la Grèze (Dordogne), *fig.*, p. 487 à 495.

11791. Espérandieu. — Concession de terres à des colons
d'Orange, *fig.*, p. 497 à 502.

11792. Delattre (Le P.) et Berger (Ph.). — Épitaphes
puniques et sarcophage de marbre [à Carthage], *fig.*,
p. 505 à 512.

11793. Clédat (Jean). — Nouvelles recherches sur Baouît
(Haute-Égypte), campagnes 1903-1904, [peintures
chrétiennes], 4 *pl.*, p. 517 à 526.

11794. Clermont-Ganneau. — Inscription néo-punique
trouvée en Tripolitaine, *pl.*, p. 553.

11795. Héron de Villefosse. — Inscriptions romaines du
Khanguet, p. 554 à 556.

11796. Hamy (D' E.-T.). — Quelques observations sur les
tumulus de la vallée de la Gambie, *fig.*, p. 560
à 569.

11797. Paris (Pierre). — Un sanctuaire de Mithra à Mérida (Espagne), p. 573 à 575.

11798. Merlin. — Inscription latine de Ain-Fourna (Tunisie), p. 578 à 580.

11799. Anonyme. — Séance publique annuelle du 18 novembre 1904, p. 582 à 691.

[Discours de M. L. Havet, p. 582.]

11800. Wallon (Henri). — Notice sur la vie et les travaux de Charles-Marie-Wladimir Brunet de Presle [1809 † 1875], p. 617 à 666. — Cf. id. n° 11805.

11801. Chavannes (Édouard). — Les prix de vertu en Chine, p. 667 à 691. — Cf. id. n° 11806.

11802. Gauckler. — Lettre sur l'emplacement du camp de la première cohorte urbaine à Carthage, p. 695 à 703.

11803. Collignon (Maxime). — Note sur les fouilles exécutées à Aphrodisias par M. Paul Gaudin, 4 pl., p. 703 à 711.

11804. Holleaux. — Rapport sur les travaux exécutés dans l'île de Délos par l'École française d'Athènes pendant l'année 1904, pl., p. 726 à 748. — Cf. n° 11780.

LXIV. — Institut de France. Académie des Inscriptions et Belles-Lettres. Séance publique annuelle du vendredi 18 novembre 1904, présidée par M. Louis Havet, président. (Paris, 1904, in-4°, 135 p.)

11805. Wallon (Henri). — Notice sur la vie et les travaux de Charles-Marie-Wladimir Brunet de Presle [1809 † 1875], p. 51 à 106. — Cf. id. n° 11800.

11806. Chavannes (Édouard). — Les prix de vertu en Chine, p. 107 à 135. — Cf. id. n° 11801.

PIÈCES DIVERSES.

11807. Croiset (Maurice). — Institut de France. Académie des Inscriptions et Belles-Lettres. Notice sur la vie et les travaux de M. Gaston Paris [1839 † 1903], lue dans les séances des 15 et 22 janvier et du 5 février 1904. (Paris, 1904, in-4°, 58 p.) — Cf. id. n°⁵ 11756 et 12283.

11808. Chavannes (Ed.). — Institut de France. Académie des Inscriptions et Belles-Lettres. Notice sur la vie et les travaux de M. Alexandre Bertrand [† 1902], lue dans la séance du 29 avril 1904. (Paris, 1904, in-4°, 37 p.) — Cf. id. n° 11768.

NOTICES ET EXTRAITS DES MANUSCRITS.

XXXVII. — Notices et extraits des manuscrits de la Bibliothèque nationale et autres bibliothèques, publiés par l'Académie

des Inscriptions et Belles-Lettres, t. XXXVII. (Paris, 1902, in-4°, 695 p.)

11809. Chabot (J.-B.). — Synodicon orientale, ou recueil de synodes nestoriens publié, traduit et annoté d'après le ms. syriaque 332 de la Bibliothèque nationale et le ms. K VI, à du musée Borgia à Rome, p. 1 à 695.

XXXVIII. — Notices et extraits des manuscrits de la Bibliothèque nationale et autres bibliothèques..., t. XXXVIII. (Paris, 1903, in-4°, 1'° partie, 396 p.)

11810. Schwab (Moïse). — Le m. hébr. n° 1388 de la Bibliothèque nationale (une Haggadah pascale) et l'iconographie juive au temps de la Renaissance, p. 1 à 25.

11811. Carra de Vaux (Baron). — Le livre des appareils pneumatiques et des machines hydrauliques par Philon de Byzance, édité d'après les versions arabes d'Oxford et de Constantinople et traduit en français, fig., p. 27 à 235.

11812. Omont (H.). — Notice sur le ms. nouv. acq. franç. 10050 de la Bibliothèque nationale contenant un nouveau texte français de la Fleur des Histoires de la Terre d'Orient, de Hayton, p. 237 à 292.

11813. Meyer (Paul). — Notice d'un manuscrit de Trinity College (Cambridge), contenant les vies en vers français de saint Jean l'Aumônier et de saint Clément, pape, p. 293 à 339.

11814. Omont (H.). — Notice du ms. nouv. acq. lat. 763 de la Bibliothèque nationale contenant plusieurs anciens glossaires grec et latins et de quelques autres manuscrits provenant de Saint-Maximin de Trèves, fig., p. 341 à 396.

[Commentaires sur différents livres de la Bible (ms. nouv. acq. lat. 762), p. 358. — S. Augustin, Questions sur l'accord des Quatre Évangiles (ms. nouv. acq. lat. 1835), et office de saint Gilles, p. 362 et 383. — Vie de saint Willibrord (ms. nouv. acq. lat. 1836), p. 363 et 386. — Traités d'Origène et de saint Augustin; vers de Serlou; visions d'Élisabeth de Schœnau (ms. nouv. acq. lat. 760), p. 367. — Somme de Raymond de Pennafort; formulaire de lettres à l'usage de Prémontré (ms. nouv. acq. lat. 759), p. 370.]

RECUEIL DES HISTORIENS DES GAULES ET DE LA FRANCE.

Série in-folio.

XXIV. — Recueil des Historiens des Gaules et de la France, t. XXIV, contenant les enquêtes administratives du règne de saint Louis et la Chronique de l'anonyme de Béthune. (Paris, 1904, in-fol., *385 et 940 p.)

11815. Delisle (L.). — Documents relatifs aux enquêtes des règnes de saint Louis et de ses successeurs, p. *3 à *13.

11816. Delisle (L.). — Chronologie des baillis et sénéchaux royaux depuis les origines jusqu'à l'avènement de Philippe de Valois, p. *15 à *385.

11817. Delisle (L.). — Querimoniae Normannorum, anno 1247, p. 1 à 73.

11818. Delisle (L.). — Querimoniae Cenomannorum et Andegavorum, anno 1247, p. 73 à 93.

11819. Delisle (L.). — Querimoniae Turonum, Pictavorum et Santonum, anno 1247, p. 94 à 252.

11820. Delisle (L.).— Querimoniae Atrebatensium, Morinensium et Tornacensium, anno 1247, p. 252 à 260.

11821. Delisle (L.). — Inquisitio de Gontero, Laudunensi castellano, anno 1248, p. 260 à 269.

11822. Delisle (L.). — Inquisitiones in Remensi et Laudunensi diœcesibus, anno 1248, p. 269 à 296.

11823. Delisle (L.). — Querimoniae Carcassonensium, anno 1247, p. 296 à 319.

11824. Delisle (L.). — Querimoniæ Biterrensium, anno 1247, p. 319 à 385.

11825. Delisle (L.). — Querimoniae Alestensium, anno 1247, p. 385 à 402.

11826. Delisle (L.). — Querimoniæ Nemausensium, annis 1247 et 1248, p. 403 à 443.

11827. Delisle (L.). — Querimoniæ Bellicadrensium, anno 1248, p. 443 à 530.

11828. Delisle (L.). — Restitutiones in Bellicadri et Carcassonæ senescalliis factae, annis 1254-1257, p. 530 à 541.

11829. Delisle (L.). — Exceptiones Carcassonensium querimoniis objectae, circa annum 1258, p. 541 à 614.

11830. Delisle (L.). — Indiculus haereticorum faiditorumve in praedicto Exceptionum regesto memoratorum, p. 614 à 617.

11831. Delisle (L.). — Sententiae a regiis nunciis in Carcassonensi senescallia anno 1262 prolatae, p. 618 à 695.

11832. Delisle (L.). — Enquêtes dans les baillies de Vermandois, d'Amiens et de Senlis, et dans la prévôté de Laon, vers 1269, p. 696 à 728.

11833. Delisle (L.). — Querimonia Henrici de Avaugor, anno 1247, p. 729 à 731.

11834. Delisle (L.). — Querimoniae in Ambianensi, Silvanectensi et Viromandensi balliviis exceptae anno 1247 vel 1248, p. 731 à 744.

11835. Delisle (L.). — De usuris judaeorum ut videtur circa annum 1247, p. 745 à 748.

11836. Delisle (L.). — Querimoniae episcopi Agathensis, universitatis castri de Nazinano et Raimundae Rainardae, p. 749 à 750.

11837. Delisle (L.).— Extrait d'une chronique française des rois de France, par un anonyme de Béthune, p. 750 à 775.

I. — Recueil des historiens de France. Pouillés, t. I. (Paris, 1904, in-4°, LIII-324 p.)

Série in-4°.

11838. Longnon (Aug.). — Pouillés de la province de Lyon, p. I à LIII, et 1 à 324.

II. — Recueil des historiens de France. — Pouillés, t. II. (Paris, 1903, in-4°, LXXV-602 p.)

11839. Longnon (Aug.). — Pouillés de la province de Rouen, p. 1 à LXIV, et 1 à 602.

III. — Recueil des historiens de France. — Pouillés, t. III. (Paris, 1903, in-4°, CI-607 p.)

11840. Longnon (Aug.). — Pouillés de la province de Tours, p. I-CI, et 1 à 607.

IV. — Recueil des historiens de France. — Pouillés, t. IV, Paris, 1904, in-4°, LXXX-797 p.)

11841. Longnon (Aug.). — Pouillés de la province de Sens, p. I-LXXXV, et 1 à 797.

FONDATION PIOT.

X. — Fondation Eugène Piot. — Monuments et mémoires publiés par l'Académie des Inscriptions et Belles-Lettres, sous la direction de Georges Perrot et Robert de Lasteyrie, membres de l'Institut, avec le concours de Paul Jamot, secrétaire de la rédaction, t. X. (Paris, 1904, gr. in-4°, 290 p.)

11842. Collignon (Max.). — Sculptures grecques trouvées à Tralles (Musée impérial de Constantinople), *fig.* et 5 *pl.*, p. 5 à 38.

11843. Reinach (Salomon). — Vase doré à reliefs (Musée de Constantinople), *fig.* et 2 *pl.*, p. 39 à 48.

11844. Pottier (Edmond). — Note complémentaire sur Epilkos, *fig.*, p. 49 à 54. — Cf. n° 6362.

11845. Hartwig (P.). — Danaé dans le coffre, hydrie appartenant au Musée de Boston, *pl.*, p. 55 à 60.

11846. Bucke (Joseph). — Le Mars de Coligny (Musée de Lyon), *fig.* et *pl.*, p. 61 à 90.

11847. Reinach (Théodore). — Note additionnelle sur le sarcophage de Sidamaria, *fig.*, p. 91 à 94. — Cf. n° 6364.

11848. Michel (André). — La madone dite d'Auvillers (Musée du Louvre), *fig.* et *pl.*, p. 95 à 104.

11849. Bénédite (Georges). — Une nouvelle palette [égyptienne] en schiste, *fig.* et *pl.*, p. 105 à 122.

11850. Perdrizet (P.) et Chesnay (L.). — La métropole de Serrès [Macédoine], *fig.* et 2 *pl.*, p. 123 à 144.

11851. Mély (F. de). — Vases de Cana, *fig.* et *pl.*, p. 145 à 170.

11852. Dieulafoy (Marcel). — La sculpture polychrome en Espagne, du XIIe au XVe siècle (Aragon et Castille), *fig.* et 3 *pl.*, p. 171 à 216.

11853. Leprieur (Paul). — Le don Albert Bossy au Musée du Louvre, *fig.* et 3 *pl.*, p. 217 à 262.

[Sculptures sur bois et tapisseries (xive-xve s.). — Tableau florentin (xve s.).]

11854. Benoit (Camille). — Le tableau de l'invention de la Vraie Croix et l'école française du Nord dans la seconde moitié du xve siècle. *fig.* et *pl.*, p. 263 à 279.

11855. Waddington (W. H.), Babelon (E.) et Reinach (Th.). — Recueil général des monnaies grecques d'Asie Mineure, commencé par feu W. H. Waddington, continué et complété par E. Babelon et Th. Reinach. T. I, 1er fascicule : Pont et Paphlagonie.— Paris, 1904, in-4°, 215 p. et 28 *pl.*

PUBLICATIONS DIVERSES.

11856. Cagnat (R.) et Toutain (J.). — Inscriptiones graecae ad res romanas pertinentes. T. I, fasc. 1 à 3. (Paris, 1901-1904, in-4°, p. 1 à 272.)

[Britannia, Germania, Gallia, Hispania, Italia, Sicilia, Sardinia, Melita insula, Pannonia, Dacia, Dalmatia, Moesia inferior, Thracia.]

11857. Cagnat (R.) et Lafaye (G.). — Inscriptiones graecae ad res romanas pertinentes. T. III, fasc. 1 à 3. (Paris, 1902-1904, in-4°, p. 1 à 368.)

[Bithynia et Pontus, Cappadocia, Armenia major, Galatia, Lycia et Pamphylia, Cilicia, Cyprus.]

11858. Anonyme. — Répertoire d'épigraphie sémitique publié par la Commission du Corpus inscriptionum semiticarum. T. I, fasc. 1-3. (Paris, 1901-1902, p. i-vii et 1 à 200.)

11859. Mayer-Lambert et Brandin (L.). — Glossaire hébreu-français du xiiie siècle. Recueil de mots hébreux bibliques avec traduction française du xiiie siècle, manuscrit de la Bibliothèque nationale, fonds hébreu n° 302, publié sous les auspices de l'Académie des Inscriptions et Belles-Lettres (Paris, 1905; in-4°, xv-300 p.)

11860. Chabot (J.-B.). — Chronique de Michel le Syrien, patriarche jacobite d'Antioche (1166-1199), éditée pour la première fois et traduite en français. T. I et II. (Paris, 1899-1904, in-4°, 328-80 et 547 p.)

ACADÉMIE DES SCIENCES.

Les publications antérieures de cette Académie rentrant dans le cadre de notre *Bibliographie générale* sont analysées, savoir :

Histoire et Mémoires (1666 à 1899), *Bibliographie*, t. III, p. 477, 489 et 490, et Supplément sous presse.

Séances publiques annuelles de 1901 à 1903, *Bibliographie*, nouvelle série, I, p. 104; et II, p. 152 (pour les années antérieures, voir les *Mémoires*).

Comptes rendus, de 1901 à 1903, *Bibliographie*, nouvelle série, I, p. 104; et II, p. 153.

Éloges funèbres, de 1799 à 1885, *Bibliographie*, t. III, p. 495.
— de 1886 à 1900, *Bibliographie*, Supplément sous presse.
— de 1900 à 1903, *Bibliographie*, nouvelle série, II, p. 152.

Pièces et ouvrages divers (1676-1903), *Bibliographie*, t. III, p. 476, 488 et 510; et nouv. série, I, p. 104; II, p. 153.

Institut de France. Académie des Sciences. Séance publique annuelle du lundi 19 décembre 1904, présidée par M. Mascart, président de l'Académie. (Paris, 1904, in-4°, 57 p.)

11861. Berthelot. — Notice historique sur la vie et les travaux de M. Daubrée [1814 † 1896], p. 21 à 57.

CCX. — Institut de France. Académie des Sciences. Funérailles de M. Callandreau,

membre de l'Académie, le mardi 16 février 1904. (Paris, 1904, in-4°, 14 p.)

11862. Janssen. — Discours, p. 1 à 3.
11863. Loewy. — Discours, p. 5 à 11.
11864. Lippmann. — Discours, p. 13 à 14.

CCXI. — Institut de France. — Académie des Sciences. Funérailles de M. Ferdinand-André Fouqué, membre de l'Académie, le mercredi 9 mars 1904. (Paris, 1904, in-4°, 10 p.)

11865. Lévy (Michel). — Discours, p. 1 à 4.
11866. Levasseur (E.). — Discours, p. 5 à 10.

CXXXVIII. — Comptes rendus hebdomadaires des séances de l'Académie des

Sciences,... t. CXXXVIII, janvier à juin 1904. (Paris, 1904, in-4°, 1909 p.)

11867. Boule (Marcellin). — Chronologie de la grotte du Prince, près de Menton, p. 104 à 106.

CXXXIX. — Comptes rendus hebdomadaires de l'Académie des Sciences,... t. CXXXIX, juillet-décembre 1904. (Paris, 1904, in-4°, 1287 p.)

ACADÉMIE DES BEAUX-ARTS.

Les publications antérieures de cette Académie sont analysées dans notre *Bibliographie générale*, savoir :
- *Séances publiques annuelles*, de 1807 à 1885, *Bibliographie*, t. III, p. 513.
- — — de 1886 à 1900, *Bibliographie*, Supplément sous presse.
- — — de 1901 à 1903, *Bibliographie*, nouvelle série, I, p. 104; et II, p. 154.
Éloges funèbres, de 1806 à 1885, *Bibliographie*, t. III, p. 522.
- — de 1886 à 1900, *Bibliographie*, Supplément sous presse.
- — de 1901 et 1902, *Bibliographie*, nouvelle série, I, p. 105; et II, p. 154.

Pièces et ouvrages divers (1667-1903), *Bibliographie*, t. III, p. 512 et 533; et nouvelle série, I, p. 104; et II, p. 154.

XCVIII. — Institut de France. Académie des Beaux-Arts. Séance publique annuelle du samedi 5 novembre 1904, présidée par M. Pascal, président de l'Académie. (Paris, 1904, in-8°, 88 p.)

1868. Roujon (Henry). — Notice sur la vie et les travaux de M. Gustave Larroumet [1852 † 1903], p. 67 à 88.

PIÈCES DIVERSES.

11869° Roujon (Henry). — Institut de France. Académie des Beaux-Arts. Notice sur la vie et les travaux de M. le marquis de Chennevières [1820 † 1899], membre de l'Académie, lue dans la séance du 22 octobre 1904. (Paris, 1904, in-4°, 33 p.)

ACADÉMIE DES SCIENCES MORALES ET POLITIQUES.

Les publications antérieures de cette Académie sont analysées dans notre *Bibliographie générale*, savoir :
Mémoires, t. I à V (1798-1804), *Bibliographie*, t. III, p. 537.
Mémoires, t. I à XIV (1837-1884), *Bibliographie*, t. III, p. 538.
- — t. XV à XXII (1887-1900), *Bibliographie*, Supplément sous presse.
- — t. XXIII (1902), *Bibliographie*, nouvelle série, II, p. 154.
Comptes rendus, t. I à CXXIV (1840-1885), *Bibliographie*, t. III, p. 542.
- — t. CXXV à CLIV (1886-1900), *Bibliographie*, Supplément sous presse.
- — t. CLV à CLX (1901-1903), *Bibliographie*, nouvelle série, I, p. 105; II, p. 155.
Séances publiques annuelles, de 1836 à 1885, *Bibliographie*, t. III, p. 580.
- — — de 1886 à 1900, *Bibliographie*, Supplément sous presse.
- — — de 1901 à 1903, *Bibliographie*, nouvelle série, I, p. 106; et II, p. 156.
Éloges funèbres, de 1799 à 1885, *Bibliographie*, t. III, p. 584.
- — de 1886 à 1900, *Bibliographie*, Supplément sous presse.
- — de 1901 à 1903, *Bibliographie*, nouvelle série, I, p. 106; et II, p. 155.

Pièces diverses (1801-1903), *Bibliographie*, t. III, p. 536; et nouv. série, I, p. 106; et II, p. 156.

CLXI. — Séances et travaux de l'Académie des Sciences morales et politiques (Institut

de France). Compte rendu... 64° année nouvelle série, t. LXI (CLXI° de la collection),

1904, 1ᵉʳ semestre. (Paris, 1904, in-8°, 814 p.)

11870. Picot (Georges). — Notice historique sur la vie et les travaux de M. W. E. Gladstone, p. 147 à 205.

11871. Gréard (O.). — Madame de Rémusat éducatrice, p. 273 à 334.

11872. Milhaud (G.). — Science grecque et science moderne, p. 335 à 368.

11873. Glasson (E.). — Mémoire sur la condition civile des étrangers en France, p. 393 à 489.

11874. Luchaire (Achille). — Innocent III et les Ligues de Toscane et de Lombardie, p. 490 à 514.

11875. Sorel (A.). — La France et les nations en 1811, p. 541 à 561.

11876. Bérenger. — Funérailles de M. Colmet de Santerre, 31 décembre 1903, discours, p. 562 à 569. — Cf. id. n° 6455.

11877. Lair (Adolphe). — Le *Globe*, sa fondation, sa rédaction, son influence d'après des documents inédits, p. 570 à 598.

11878. Picavet (François). — Plotin et saint Paul, comment Plotin est devenu le maître des philosophes du moyen âge, p. 599 à 619.

11879. Desidour (A.). — Les dernières années du général Fabvier, p. 621 à 639.

11880. Armaingaud (A.). — Le *Discours sur la servitude volontaire*. La Boétie et Montaigne, p. 640 à 643.

11881. Bergson. — Notice sur la vie et les œuvres de Félix Ravasson-Mollien, p. 673 à 711. — Cf. id. n° 11895.

_____

CLXII. — Séances et travaux de l'Académie des Sciences morales et politiques (Institut de France). Compte rendu... 64ᵉ année, nouvelle série, t. LXII (CLXII° de la collection). 1904, 2ᵉ semestre. (Paris, 1904, in-8°, 767 p.)

11882. Tarde (Gabriel de). — Notice sur la vie et les travaux de Charles Lévêque, p. 5 à 35. — Cf. id. n° 11896.

11883. Passy (Louis). — Notice sur Louis Wolowski [1810 † 1876], p. 37 à 77.

11884. Lyon-Caen. — Lettre de Lafayette relative à une instruction à adresser aux paysans de la Haute-Loire pour leur expliquer la Constitution de 1791, p. 78 à 83.

11885. Babeau (Albert). — L'appel à l'opinion publique de l'Europe au milieu du xviiiᵉ siècle, p. 161 à 178.

11886. Bertrand (Alexis). — P.-J. Proudhon et les Lyonnais. Lettres inédites, p. 211 à 242.

11887. Gerspach. — Une cité ambrosienne. Campione, p. 243 à 255.

11888. Bracq (J.-C.). — La question de Terre-Neuve d'après les documents anglais, p. 256 à 277.

11889. Esmein (A.). — L'Assemblée nationale proposée par les Physiocrates, p. 397 à 420.

11890. Picot (Georges). — Montesquieu, l'*Esprit des lois* et les archives de la Brède, p. 430 à 437.

11891. Boutroux. — Notice sur la vie et les travaux de M. Étienne Vacherot, p. 513 à 539. — Cf. id. n° 11897.

11892. Michon (Louis). — L'ébauche du Gouvernement parlementaire sous la première Restauration, p. 590 à 622.

11893. Lorin (Henri). — Note sur les relations commerciales de Bordeaux à l'époque de Charles IX, p. 729 à 742.

_____

LIX. — Institut de France. Académie des Sciences morales et politiques. Séance publique annuelle du samedi 10 décembre 1904, présidée par M. Félix Rocquain, président de l'Académie. (Paris, 1904, in-8°, 128 p.)

11894. Picot (Georges). — Notice historique sur la vie et les travaux de M. Théophile Roussel, p. 89 à 128.

_____

PIÈCES DIVERSES.

_____

11895. Bergson. — Institut de France. Académie des Sciences morales et politiques. Notice sur la vie et les œuvres de M. Félix Ravaisson-Mollien, lue dans les séances des 20 et 27 février 1904. (Paris, 1904, in-4°, 45 p.) — Cf. id., n° 11881.

11896. Tarde (Gabriel de). — Institut de France. Académie des Sciences morales et politiques. Notice sur la vie et les travaux de Charles Lévêque [1818 † 1900], lue dans la séance du 5 mars 1904. (Paris, 1904, in-4°, 39 p.) — Cf. id. n° 11882.

11897. Boutroux (Émile). — Institut de France. Académie des Sciences morales et politiques. Notice sur la vie et les œuvres de M. Étienne Vacherot (1809 † 1897), lue dans la séance du 21 mai 1904. (Paris, 1904, in-4°, 34 p.) — Cf. id. n° 11891.

_____

ORDONNANCES DES ROIS DE FRANCE.

_____

11898. Anonyme. — Ordonnances des rois de France. Règne de François Iᵉʳ, t. I, 1515-1516. (Paris, 1902, in-4°, ccxl-576 p.)

  ₍ [Lavasseur : Mémoire sur les monnaies du règne de François Iᵉʳ, p. xi-ccxl.]

SEINE. — PARIS.

SOCIÉTÉ DES AMÉRICANISTES.

Les publications antérieures de cette Société sont analysées dans notre *Bibliographie générale*, savoir :
Journal, t. I et II (1895-1898), *Bibliographie*, Supplément sous presse.
— t. III et IV (1901-1903), *Bibliographie*, nouvelle série, I, p. 107; et II, p. 157.

V. — Journal de la Société des Américanistes de Paris, t. V. (Paris, 1904, in-4°, 111 p.)

11899. Hamy (Dr E.-T.). — Les voyages du naturaliste Ch.-Alex. Lesueur dans l'Amérique du Nord (1815-1837), d'après les manuscrits et les œuvres d'art conservés au Muséum d'histoire naturelle de Paris et au Muséum d'histoire naturelle du Havre. (Paris, 1904, in-4°, 111 p., *fig.* et 17 *pl.*)

VI. — Journal de la Société des Américanistes de Paris. Nouvelle série, t. I. (Paris, 1904, gr. in-8°, 400 p.)

11900. Diguet (Léon). — Contribution à l'ethnographie précolombienne du Mexique. Le Chimalhuacan et ses populations avant la conquête espagnole, *cartes et pl.*, p. 1 à 57.

11901. Rivet (Dr). — Étude sur les Indiens de la région de Riobamba, p. 58 à 80.

11902. Lejeal (Léon). — Thomas Wilson [† 1902], p. 103 à 105.

11903. Froidevaux (Henri). — Guido Boggiani [1861 † 1902], p. 105 à 106.

11904 Marcel (Gabriel). — Un texte ethnographique inédit du xviiie siècle, p. 133 à 151.

[Les Indiens de la Guyane.]

11905. La Grasserie (Raoul de). — Les langues de Costa-Rica et les idiomes apparentés, p. 153 à 187.

11906. Beauvois (Eugène). — La Grande-Irlande ou pays des blancs précolombiens du Nouveau Monde, *carte et tableau*, p. 189 à 229.

11907. Humbert (Jules). — L'Archivo du consulat de Cadix et le commerce de l'Amérique, p. 231 à 236.

11908. Vignaud (Henry). — La maison d'Albe et les archives colombiennes, *tableau*, p. 273 à 287.

[En appendice : Le rôle de Fernand Colomb dans la production des pièces attribuées à Toscanelli.]

11909. Charnay (Désiré). — Les explorations de Téobert Maler, *fig.*, p. 289 à 308.

11910. Humbert (Jules). — La première occupation allemande du Vénézuéla au xvie siècle, période dite de Welser (1528-1556), p. 309 à 320.

11911. Lejeal (Léon). — L'exposition de la mission française de l'Amérique du Sud au palais du Trocadéro, 2 *pl.*, p. 321 à 328.

SEINE. — PARIS.

SOCIÉTÉ DES AMIS DES LIVRES.

Les publications antérieures de cette Société rentrant dans notre cadre sont analysées dans notre *Bibliographie générale*, savoir :
Annuaire, t. I à VI (1880-1885), *Bibliographie*, t. III, p. 605.
— t. VII à XXI (1886-1900), *Bibliographie*, Supplément sous presse.
— t. XXII-XXIV (1901), *Bibliographie*, nouvelle série, I, p. 107; II, p. 158.

XXV. — Société des Amis des livres. Annuaire, 25e année. (Paris, 1904, in-8°, 145 p.)

11912. Beraldi (Henri). — Alphonse Parran (1826 † 1903), p. 29 à 44.

11913. Portalis (Baron Roger). — Albert Arnal (1841 † 1903), p. 47-52.

11914. Portalis (Baron Roger). — Autour de Jehan Grolier, p. 55 à 90.

SEINE. — PARIS.

SOCIÉTÉ DES ANCIENS TEXTES FRANÇAIS.

Les publications antérieures de cette Société sont analysées dans notre *Bibliographie générale*, savoir :
Bulletin, t. I à XI (1875-1885), *Bibliographie*, t. III, p. 609.
— t. XII à XXVI (1886-1900), *Bibliographie*, Supplément sous presse.
— t. XXVII et XXVIII (1901-1902), *Bibliographie*, nouvelle série, II, p. 158.
Ouvrages divers, *Bibliographie*, t. III, p. 608; nouvelle série, I, p. 108; II, p. 158.
Les tables des trente premières années du *Bulletin* ont paru en 1904. (Voir n°ˢ 11925 à 11927.)

11915. Raynaud (Gaston). — Œuvres complètes d'Eustache Deschamps publiées d'après le manuscrit de la Bibliothèque nationale [t. XI]. Introduction. (Paris, 1903, in-8°, 379 p.)

[Les dix premiers volumes de cette publication ont paru de 1878 à 1901. Les tomes I à VII ont été édités par le marquis de Queux de Saint-Hilaire.]

11916. Löseth (E.). — Robert le Diable, roman d'aventures. (Paris, 1903, in-8°, XLVIII-264 p.)

11917. Muret (Ernest). — Le roman de Tristan, par Béroul et un anonyme, poème du XIIᵉ siècle. (Paris, 1903, in-8°, LXXX-256 p.)

11918. Picot (Émile). — Recueil général de soties, t. II. (Paris, 1904, in-8°, 381 p.)

[Le tome I a paru en 1902.]

11919. Constans (Léopold). — Le Roman de Troie, par Benoît de Sainte-Maure, t. I. (Paris, 1904, in-8°, XI-472 p.)

XXIX. — Bulletin de la Société des anciens textes français, 29ᵉ année. (Paris, 1903, in-8°, 99 p.)

11920. Meyer (P.). — Ancien sermon français tiré du manuscrit B. N. latin 14925, p. 38 à 60. — Cf. n° 11924.

11921. Thomas (Antoine). — Discours, p. 66 à 80.

[Gaston Paris (1839 † 1903); U. Robert (1845 † 1903); J. Gournye Du Parc (1856 † 1902); P. Pélicier († 1903); L. Crousté († 1903); P.-A. Héron († 1903); Th. Calderon († 1891); A. Boucherie (1832 † 1903); etc.]

XXX. — Bulletin de la Société des anciens textes français, 30ᵉ année. (Paris, 1904, in-8°, 131 p.)

11922. Meyer (P.). — Notice du ms. nouv. acq. fr. 6539 de la Bibliothèque nationale, p. 37 à 56. — Cf. n° 11924.

[Régime de santé d'Aldebran de Florence; traité d'hygiène en vers français par Thomas Le Bourguignon; recettes médicales.]

11923. Joret (Charles). — Discours, p. 62 à 74.

[Ch. Porquet (1823 † 1903); baron A. d'Avril (1822 † 1904).]

11924. Meyer (P.). — Additions et corrections aux notices contenues dans les années 1894 et suivantes du *Bulletin*, p. 90 à 92.

[Additions aux *Bulletins* de 1895, p. 96; 1897, p. 40 et 71; 1898, p. 85; 1900, p. 35; 1901, p. 73; 1902, p. 89; 1903, p. 43; 1904, p. 38.]

11925. Anonyme. — Liste des notices publiées dans le *Bulletin* de 1875 à 1904, p. 93 à 100.

11926. Raynaud (Gaston). — Table alphabétique des notices publiées dans le *Bulletin*, de 1875 à 1904, p. 101 à 126.

11927. Anonyme. — Table des manuscrits cités [dans le *Bulletin*, de 1875 à 1904], p. 127 à 130.

SEINE. — PARIS.

SOCIÉTÉ D'ANTHROPOLOGIE.

Les publications antérieures de cette Société sont analysées dans notre *Bibliographie générale*, savoir :
Mémoires, t. I à VI (1860-1888), *Bibliographie*, t. III, p. 611.
— t. VII à IX (1889-1894), *Bibliographie*, Supplément sous presse.
Bulletins, t. I à XXVI (1860-1885), *Bibliographie*, t. III, p. 613.
— t. XXVII à XL (1885-1899), *Bibliographie*, Supplément sous presse.
Bulletins et mémoires, t. XLI (1900), *Bibliographie*, Supplément sous presse.
— — t. XLII et XLIII (1901-1902), *Bibliographie*, nouv. série, I, p. 109; et II, p. 159.

XLIV. — Bulletins et mémoires de la Société d'anthropologie de Paris, t. IV, 5ᵉ série, 1903. (Paris, 1903, in-8°, XXXII-722 p.)

11928. Courty (G.). — Observations sur les silex tertiaires du Puy-Courny [Cantal], p. 12.

11929. Huguet. — Le récent conflit arabo-mzabite, p. 14 à 20.

11930. Reber (B.). — Les pierres à sculptures préhistoriques du Jura français (Ain), *fig.*, p. 20 à 55.

11931. Courty (Georges). — Haches polies grenatifères de Seine-et-Oise, p. 59 à 60.

11932. Longrain (L. de). — L'Hellénisme et les sciences anthropologiques. La création de l'homme, p. 61 à 64.

11933. Mathews (R.-H.). — Le langage Wailwan [Nouvelle-Galles du Sud], p. 69 à 81.

[Traduit par Oscar Schmidt.]

11934. Bonnemère (Lionel). — L'emploi des œufs d'autruche aux temps préhistoriques, p. 106 à 108.

11935. Volkov (Th.). — Les ex-voto de l'Ukraine méridionale, p. 108.

11936. Volkov (Th.) et Miller (A.). — Les fouilles récentes près du Takanrog et les Kamennya baby [Ukraine], *fig.*, p. 109.

11937. Enjoy (Paul d'). — Des signes extérieurs du deuil, p. 112 à 116.

11938. Bonnard (Paul). — Collier contre le mal de mer, p. 117 à 118.

11939. Baudouin (Marcel) et Lacouloumère (G.). — L'époque du bronze dans la Vendée maritime. Découverte de deux cachettes à haches [à Saint-Mathurin et à Jard], *fig.* et *carte*, p. 146 à 168.

11940. Vauvillé (O.). — Découverte d'une allée couverte dans le canton d'Attichy (Oise), p. 171.

11941. Variot (G.). — Sépulture mégalithique dans l'îlot de Lavret, près Bréhat (Côtes-du-Nord), p. 172 à 177.

11942. Doudou (Ernest). — Nouvelles explorations dans les cavernes d'Engihoul [Belgique], p. 177 à 186.

11943. Rivière (Émile). — Les parois gravées de la grotte de la Mouthe (Dordogne), p. 191 à 196.

11944. Bonnemère (Lionel). — A propos des cœurs [bijoux] vendéens, p. 198.

11945. Rivière (Émile). — Les parures en coquillages, p. 199 à 201.

11946. Myrial (Mᵐᵉ Alexandra). — De l'entraînement physique dans les sectes Yoguistes [Inde], p. 201 à 214.

11947. Huguet. — Les conditions générales de la vie au Mzab [Sahara algérien], p. 219 à 260.

11948. Sakhokia. — Le culte de la petite vérole en Géorgie. Une page de la médecine populaire, p. 262 à 275.

11949. Rivière (Émile). — Découverte d'une nécropole gallo-romaine à Paris, *fig.*, p. 293 à 304, et 365 à 367.

11950. Enjoy (Paul d'). — Le rôle de la femme dans la société annamite, p. 305 à 317.

11951. Brettes (Comte Joseph de). — Les Indiens Arhouaques-Kaggabas [Sierra-Nevada], *carte* et *fig.*, p. 318 à 357.

11952. Rivière (Émile). — Châtelaines en cuivre du XVIIIᵉ siècle et bague en plomb du XIVᵉ siècle, avec cœur au centre, *fig.*, p. 363 à 365.

11953. Holbé. — Quelques observations sur un groupe de Khas du Bas-Laos, *fig.*, p. 368 à 372.

11954. Tomasi (Paul). — Note au sujet d'une hache polie votive en vert antique trouvée à Grossa (Corse), p. 372 à 374.

11955. Leisure (Charles). — Quelques superstitions, p. 374 à 379.

11956. Huguet (J.). — Note sur le *Kitab n Nil* [traité de droit abadhite (Mzab, Djerba, Zanzibar et Oman)], p. 381 à 391.

11957. Bloch (Adolphe). — De l'origine des Égyptiens, p. 393 à 403.

11958. Thieullen (A.). — Le mammouth et le renne à Paris, p. 459 à 474.

11959. Enjoy (Paul d'). — Le repas chinois, p. 474 à 483.

11960. Capitan (D'). — Le peintre préhistorien Jamin († 1903), *fig.*, p. 487 à 490.

11961. Enjoy (Paul d'). — Du droit successoral en An-Nam, institution d'hérédité, biens du culte familial, fêtes rituelles, p. 498 à 504.

11962. Bloch (Adolphe). — Origine turque des Bulgares, p. 537 à 546.

11963. Capitan (L.) et Peyrony. — L'abri sous roche du moulin de Laussel (Dordogne), p. 558 à 560.

11964. Dussaud (René). — Les régions désertiques de la Syrie moyenne et le cheval arabe, p. 560 à 563.

11965. Piètrement. — Chars de guerre gaulois, p. 570 à 571.

11966. Bloch (Adolphe). — Une excursion à Tanger. Ce que nous croyons de l'origine des Maures, p. 573 à 579.

11967. Huguet (J.). — Les villes mortes du Mzab, p. 583 à 590.

11968. Baudouin (Marcel). — Les bijoux en forme d'organes humains. Le cœur vendéen, p. 607 à 612.

11969. Atgier. — Les Maures d'Afrique. Origine ethnique du mot Maure et ses diverses significations successives, p. 619 à 624.

11970. Bloch (Adolphe). — Étymologies et définitions diverses du nom de Maure, p. 624 à 628.

11971. Lejeune (Charles). — La religion à l'âge du renne, p. 628 à 632.

XLV. — Bulletins et Mémoires de la Société d'anthropologie de Paris, t. V, 5ᵉ série, 1904. (Paris, 1904, in-8°, xxxii-738 p.)

11972. Bertholon. — Note sur les marques sincipitales de certains crânes antiques, p. 55 à 56.

11973. Viré (Armand). — Une station solutréenne, nouvelle grotte et abri sous roche de Lacave (Lot), p. 63 à 66.

11974. Manouvrier. — Incisions, cautérisations et trépanations crâniennes de l'époque néolithique, p. 67 à 73.

11975. Manouvrier (L.). — Note sur les ossements humains du dolmen du Terrier de Cabut (Gironde), p. 73 à 76.

11976. Zaborowski. — La céréale protoaryenne, p. 87 à 99.

11977. Delore. — Les Romains et les Francs dans les montagnes du centre de la Gaule au sein de l'Arvernie, p. 104 à 109.

11978. Atgier. — Ibères et Berbères, origine et significations diverses de ces expressions ethniques, p. 110 à 111.

11979. Taté. — Rondelle percée en coquille (Nouvelles-Hébrides), p. 115.

11980. Crépin (Gaston) et Laville. — Découverte et fouille du dolmen de Mériel, p. 117 à 118.

11981. Mathews (R.-H.). — Langage des Kurnu, tribu d'indigènes de la Nouvelle-Galles du Sud, p. 132 à 138.

[Traduit par Oscar Schmidt.]

11982. Baudouin (D' Marcel). — Les menhirs satellites des mégalithes funéraires, p. 139 à 142.

11983. Pittard. — Sur la monnaie du Ba-Souto, p. 142.

11984. Rivet (D'). — Les Indiens de Mallasquer, étude ethnologique, p. 144 à 152.

11985. Béraud (Georges). — Galets-polissoirs des Deux-Sèvres, p. 153.

11986. Enjoy (Paul d'). — De la législation chinoise à l'égard des congrégations religieuses, p. 154 à 157.

11987. Dumas (Ulysse). — La station [préhistorique] des Chataigniers-Baron (Gard), p. 157.

11988. Dumas (Ulysse). — La grotte Nicolas, commune de Sainte-Anastasie (Gard), p. 158 à 159.

[Objets préhistoriques.]

11989. Deniker (J.). — Idées religieuses des Tchouktchis [détroit de Behring, Asie septentrionale], *fig.*, p. 341 à 355.

11990. Joly (D' P.-R.). — Notes sur les Nouvelles-Hébrides, *fig.*, p. 356 à 369.

11991. Sakhokia (Th.). — Objets ethnographiques de la Géorgie, *fig.*, p. 370 à 373.

11992. Enjoy (Paul d'). — Associations, congrégations et sociétés secrètes chinoises, p. 373 à 386.

11993. Deyrolle. — Les haouanet de Tunisie, *fig.*, p. 395 à 404.

11994. Lejeune (Charles). — La communion [son origine], p. 404 à 411.

11995. Piètrement (C.-A.). — Les races chevalines dans le temps et dans l'espace, p. 412 à 436.

11996. Schmit (Émile). — Investigations d'un puits funéraire de l'époque néolithique (période carnacéenne) à Pucancy (Marne), p. 466 à 469.

11997. Vauvillé (O.). — Fonte d'armes de l'époque du bronze à l'époque gauloise dans le département de l'Aisne, p. 492 à 493.

11998. Baudouin (D' Marcel) et Bonnemère (Lionel). — Les haches polies dans l'histoire jusqu'au xixᵉ siècle, *fig.*, p. 496 à 548.

20.

11999. Zaborowski. — Races de la primitive Égypte, p. 600 à 610.

12000. Zaborowski. — L'âge des sépultures néolithiques de Chamblandes en caisse de pierre, à squelettes repliés, p. 610 à 615.

12001. François (Ch.). — Notes sur les Lo-Lo du Kien-Tchang, *fig.*, p. 636 à 647.

12002. La Mazelière (de). — L'évolution de la famille japonaise, p. 650 à 671.

12003. Zaborowski. — Origine des Slaves, p. 671 à 720.

SEINE. — PARIS.

SOCIÉTÉ DES ANTIQUAIRES DE FRANCE.

Les publications antérieures de cette Société sont analysées dans notre *Bibliographie générale*, savoir :
Mémoires de l'Académie celtique, t. I à VI (1807-1812), *Bibliographie*, t. III, p. 626.
Mémoires, t. I à XLVI (1817-1885), *Bibliographie*, t. III, p. 632.
— t. XLVII à LIX (1886-1900), *Bibliographie*, Supplément sous presse.
— t. LX à LXII (1901-1903), *Bibliographie*, nouvelle série, I, p. 110; et II, p. 161.
Annuaire, t. I à VIII (1848-1855), *Bibliographie*, t. III, p. 656.
Bulletin, t. I à XIX (1857-1885), *Bibliographie*, t. III, p. 658.
— t. XX à XLIV (1886-1900), *Bibliographie*, Supplément sous presse.
— t. XLV à XLVII (1901-1903), *Bibliographie*, nouvelle série, I, p. 110; et II, p. 161.
Mettensia, t. I (1897), *Bibliographie*, Supplément sous presse.
— t. II à IV (1898-1905), *Bibliographie*, nouvelle série, I, p. 112; et II, p. 164.

LXIII. — Mémoires de la Société nationale des Antiquaires de France, 7° série, t. III. (Paris, 1904, in-8°, 356 p.)

12004. Michon (Étienne). — Inscription de l'année 1172 relative à une convention entre les églises SS. Côme et Damien et S. Jean della Pigna, p. 1 à 22.

12005. Maurice (Jules). — Classification chronologique des émissions monétaires de l'atelier de Lyon pendant la période constantinienne (305-337), 2 *pl.*, p. 23 à 112.

12006. Mély (F. de). — L'image du Christ du *Sancta Sanctorum* et les reliques chrétiennes apportées par les flots, p. 113 à 144.

12007. Pasquier (F.). — Décoration du chœur de la cathédrale de Rieux en Languedoc, en 1527, d'après des documents inédits, p. 145 à 154.

12008. Babeau (Albert). — Note sur les fossés du Louvre, *fig.*, p. 155 à 164.

12009. Gauckler (Paul). — La personnification de Carthage, mosaïque du musée du Louvre, *pl.*, p. 165 à 178.

12010. Gauckler (Paul). — Héro et Léandre, bas-relief romain découvert aux environs de Zaghouan (Tunisie), *fig.* et *pl.*, p. 179 à 187.

12011. Gauckler (Paul). — Note sur les mosaïstes antiques, p. 188 à 198.

12012. Cagnat (René). — Le mausolée de Beni-Melek, près de Philippeville (Algérie), *pl.*, p. 199 à 206.

12013. Chapot (Victor). — Les destinées de l'hellénisme au delà de l'Euphrate, p. 207 à 296.

12014. Michon (Étienne). — Trois stèles funéraires de l'ancien cabinet de Cardin Le Bret, à Donaueschingen, p. 297 à 328.

12015. Héron de Villefosse (Ant.). — Outils d'artisans romains, *fig.*, p. 329 à 353. — Suite de LXII, p. 205.

XLVIII. — Bulletin de la Société des Antiquaires de France, 1904. (Paris, s. d., in-8°, 395 p.)

12016. Tardif (Joseph). — Notice nécrologique sur Anatole Chabouillet, conservateur honoraire du Département des médailles et antiques de la Bibliothèque nationale (1814 † 1899), p. 63 à 77.

12017. Martin (Henry). — Notice nécrologique sur Georges Duplessis, membre de l'Institut, conservateur du Département des estampes de la Bibliothèque nationale (1834 † 1899), p. 79 à 91.

12018. Enlart (C.). — De l'antiquité des fenêtres à croisée, p. 102 à 103.

12019. Héron de Villefosse. — Fouilles de M. Bullock-Hall dans l'amphithéâtre de Fréjus, p. 107 à 109.

12020. Cagnat (R.). — Tubes en terre cuite du musée de Timgad, p. 109.

12021. Baye (Baron de). — Objets en argent trouvés à Bori (Imérethie), p. 111. — Cf. n° 12067.]

12078. Roman (J.). — Inscription trouvée à Grenoble, p. 299.

12079. Fage (R.). — Portes munies de couppes, p. 305.

12080. Roman (J.). — Vervelles à faucons et à chiens, fig., p. 309 à 311.

12081. Héron de Villefosse. — Bulle épiscopale en plomb trouvée à Carthage, p. 312.

12082. Fayolle (Marquis de). — Deux monuments antiques du musée du Périgord, 2 pl., p. 316 à 323.

12083. Omont (H.). — Portrait de Guarino de Vérone, pl., p. 323 à 326.

12084. Michon (E.). — Polyèdre en stéatite avec lettres grecques, p. 327 à 329.

12085. Gauckler. — Antiquités récemment découvertes en Tunisie, p. 331 à 333.

12086. Cheson (E.). — Notes biographiques sur divers artistes de Bourges, p. 331 à 340.

12087. Dieudonné (A.). — Petits bronzes d'Antioche et de Nicomédie, p. 340.

12088. Monceaux (Paul). — Mosaïque chrétienne d'Uppenna, fig., p. 341 à 344.

12089. Héron de Villefosse (A.) et Michon (E.). — Musée du Louvre. Département des antiquités grecques et romaines. Acquisitions de l'année 1904, p. 345 à 352.

Société nationale des Antiquaires de France. Centenaire. Compte rendu de la journée du 11 avril 1904. (Paris, 1904, in-4°, 51 p.)

12090. Durrieu (Paul). — Discours, p. 7 à 15.

12091. Bayet (Charles). — Discours, p. 15 à 17.

12092. Marcel (Henry). — Discours, p. 17 à 19.

12093. Valois (Noël). — Rapport sur l'histoire de la Société, p. 25 à 35.

Société nationale des Antiquaires de France. Centenaire, 1804-1904. Recueil de mémoires publiés par les membres de la Société. (Paris, s. d., in-4°, XVIII-495 p.)

12094. Albe (Duchesse d'). — Relation de la bataille de Rockroy par le duc d'Albuquerque, p. 1 à 13.

12095. Arbois de Jubainville (H. d'). — Avotis [mot gaulois], p. 15.

12096. Babelon (E.). — Camée représentant Lucius Verus, pl., p. 17 à 20.

12097. Bapst (Germain). — Note sur Jean Goujon (travaux du Louvre), pl., p. 21 à 23.

12098. Barthélemy (A. de). — Note sur quelques fibules franques, fig., p. 25 à 31.

12099. Benndorf (Otto). — Le trophée d'Auguste, près de Monaco (la Turbie), fig. et pl., p. 33 à 54.

12100. Beurlier (L'abbé E.). — Notes sur les épitaphes d'enfants dans l'épigraphie chrétienne primitive, p. 55 à 60.

12101. Blanchet (Adrien). — L'influence de la Sicile sur Massalia, fig., p. 61 à 67.

12102. Bouchot (Henri). — Quelques estampes primitives de la région de Douai, fig., p. 69 à 72.

12103. Cagnat (R.). — Diane et Actéon sur une mosaïque africaine, fig., p. 73 à 80.

12104. Collignon (Max.). — Tête d'athlète trouvée en Égypte et conservée au Musée du Louvre, pl., p. 81 à 86.

12105. Corroyer (Édouard). — Remarques sur l'architecture dite gothique, p. 87 à 92.

12106. Delaborde (Comte). — Une charte historiée des Archives nationales [acte de Pierre, abbé de Royaumont, 14 septembre 1374], pl., p. 93 à 99.

12107. Delisle (Léopold). — Une lettre en partie autographe du roi Charles V [à Jean I*r*, comte d'Armagnac, 6 septembre 1370], pl., p. 101 à 103.

12108. Duchesne (Mgr L.). — Saint Melaine, évêque de Rennes, p. 105 à 109.

12109. Durrieu (Comte Paul). — La question des œuvres de jeunesse de Jean Fouquet, pl., p. 111 à 119.

12110. Enlart (Camille). — La cathédrale Saint-Jean de Beyrouth, fig. et pl., p. 121 à 133.

12111. Gaidoz (Henri). — De l'influence de l'Académie celtique sur les études de folk-lore, p. 135 à 143.

12112. Girard (Paul). — La responsabilité littéraire de l'archonte chez les Athéniens, p. 145 à 151.

12113. Guiffrey (Jules). — La maison de la reine Blanche du faubourg Saint-Marcel à Paris, fig., p. 153 à 168.

12114. Hauvette (Amédé). — Proverbes grecs, p. 169 à 179.

12115. Helbig (W.). — Ad Juvenal. Sat. X, 41, 42, p. 181 à 183.

12116. Héron de Villefosse (Antoine). — La statuette d'argent de Saint-Honoré-les-Bains (Nièvre), fig. et pl., p. 185 à 197.

12117. Heuzey (Léon). — Buste d'un flamine provenant de Villevieille (Gard), pl., p. 199 à 209.

12118. Hirschfeld (Otto). — Le Conseil des Gaules, p. 211 à 216.

12119. Homolle (Théophile). — Bas-relief funéraire de Delphes, fig., p. 217 à 224.

12120. Lafaye (Georges). — Les divinités alexandrines chez les Parisii, fig., p. 225 à 237.

12121. Lasteyrie (Comte de). — Restitution d'une inscription du XIe siècle [Humbert, moine de Montmajour], fig., p. 239 à 245.

12122. Lefèvre-Pontalis (Eugène). — Deux monuments du musée de Vich (Espagne), 2 pl., p. 247 à 250.

[Retable en bois peint (XIIe s.) ; diptyque en ivoire (fin XIe s.).]

12123. Longnon (Auguste). — L'étymologie du nom de Montmartre, p. 251 à 253.

12124. Caetani Lovatelli (Comtesse Ersilia). — Les jardins des Acilii [à Rome], p. 255 à 261.

12125. Martha (Jules). — Le sens du mot *Mi* en Étrusque, p. 263 à 267.

12126. Martin (Henry). — Cinq portraits du xiiie siècle. Marie de Brabant, Blanche de France, Jean II de Brabant, Robert II d'Artois, Adenet Le Roi, ménestrel, *pl.*, p. 269 à 279.

12127. Maurice (Jules). — Les origines de Constantinople, les dates de la dédicace et de l'inauguration, les travaux d'édification de la nouvelle capitale de Constantin, p. 281 à 290.

12128. Mély (F. de). — Pétrarque et le symbolisme antique, *fig.*, p. 291 à 297.

12129. Michon (Étienne). — Menhirs sculptés de la Corse, *fig.*, p. 299 à 306.

12130. Monceaux (Paul). — Les inscriptions chrétiennes de Carthage. Recherches sur la chronologie de quelques formules et symboles, p. 307 à 313.

12131. Mowat (Commandant Robert). — Contributions à la numismatique de Gallien, *fig.* et *pl.*, p. 315 à 331.

12132. Omont (Henri). — Le cabinet d'antiques de Saint-Germain des Prés au xviiie siècle, p. 333 à 356.

12133. Ouvaroff (Comtesse). — Aperçu sommaire du développement des sciences archéologiques en Russie, p. 357 à 367.

12134. Pallu de Lessert (A. Clément). — Le consulat du jurisconsulte Salvius Julianus et le système des prénoms multiples, p. 369 à 375.

12135. Passy (Louis). — Une statue de Dioclétien en porphyre [Alexandrie d'Égypte], *fig.*, p. 377 à 382.

12136. Prou (Maurice). — Une charte de Garin, évêque de Beauvais, l'assemblée de Compiègne de 1023 ou 1024, *pl.*, p. 383 à 398.

12137. Ravaisson-Mollien (Charles). — Le bas-relief circulaire de Gabies [Musée du Louvre], p. 399 à 408.

12138. Robert (Ulysse). — Les «Empiriens» [hommes d'affaires suivant la Maison du Roi et la chancellerie, xve s.], p. 409 à 412.

12139. Schlumberger (Gustave). — Tessère inédite portant les noms de Zénon et Odoacre, *fig.*, p. 413 à 415.

12140. Stein (Henri). — La dédicace de l'église abbatiale de Méobecq en 1048, *pl.*, p. 417 à 422.

12141. Tardif (Joseph). — Les graffites de l'autel de l'abbaye du Ham [musée de Valognes], p. 423 à 429.

12142. Thédenat (L'abbé Henry). — Inscription inédite de la caserne des Vigiles à Ostie, p. 431 à 436.

12143. La Tour (Henri de). — Les jetons de l'Académie celtique et de la Société des Antiquaires de France, *fig.* et 2 *pl.*, p. 437 à 453.

12144. Toutain (Jules). — L'institution du culte impérial dans les Trois Gaules, p. 455 à 459.

12145. Valois (Noël). — Fra Angelico et le cardinal Jean de Torquemada, *pl.*, p. 461 à 470.

12146. Vooük (Marquis de). — Deux statuettes de bronze du xve siècle, *pl.*, p. 471 à 476.

12147. Molinier (Émile). — Un monument d'orfèvrerie française du xiiie siècle [statue de roi en argent trouvée à Bourges], *fig.* et *pl.*, p. 477 à 483.

SEINE. — PARIS.

SOCIÉTÉ CENTRALE DES ARCHITECTES.

Les publications de cette Société [rentrant dans le cadre de notre *Bibliographie générale* sont analysées, savoir :

Annales, t. I et II (1874-1875), *Bibliographie*, t. III, p. 690.

Conférences, t. I et II (1885-1887), *Bibliographie*, t. III, p. 690.

L'Architecture, t. I à XIII (1888-1900), *Bibliographie*, Supplément sous presse.

— t. XIV et XV (1901-1902), *Bibliographie*, nouvelle série, I, p. 112; et II, p. 165.

XVI. — **L'Architecture, journal de la Société centrale des architectes français.** (Paris, 1903, gr. in-4°, 492 p.)

12148. Gautier (Ch.-A.). — Ernest Coquart [1831 † 1902]. Notice sur sa vie et ses œuvres, *fig.* et 4 *pl.*, p. 10 à 13, et 17 à 18.

12149. Camut (Émile). — Quelques mots sur les environs de Paris. Un château [Montgobert (Aisne)] et une sépulture [général Leclerc, à Montgobert], *fig.*, p. 278 à 281.

12150. Lucas (Ch.). — Notice sur la vie et les œuvres de M. Achille Hermant, *portr.*, p. 317 à 321.

12151. Penin (A.). — A propos de l'hôtel Mascarani [à Paris], *fig.*, p. 343 à 344, et 347 à 349.

SEINE. — PARIS.

SOCIÉTÉ ASIATIQUE.

Les publications antérieures de cette Société sont analysées dans notre *Bibliographie générale*, savoir :
Journal asiatique, t. I à CXXVII (1822-1885), *Bibliographie*, t. III, p. 691.
—   t. CXXVIII à CLVII (1886-1900), *Bibliographie*, Supplément sous presse.
t. CLVIII à CLXIII(1901-1903),*Bibliographie*, nouv. série, I, p. 112; et II, p. 165.

CLXIV. — Journal asiatique, ou Recueil de mémoires, d'extraits et de notices relatifs à l'histoire, à la philosophie, aux langues et à la littérature des peuples orientaux....., publié par la Société asiatique, 10° série, t. III. (Paris, 1904, in-8°, 555 p.)

12152. Van Berchem (Max). — Notes d'archéologie arabe, *fig.*, p. 5 à 96.

[Les cuivres damasquinés et les verres émaillés, inscriptions, marques, armoiries.]

12153. Vissière (A.). — Une particularité de l'écriture chinoise. Les caractères renversés, p. 97.
12154. Cabaton (Antoine). — Une traduction interlinéaire malaise de la *'Aqīdah* d'Al-Senūsī, p. 115 à 145.
12155. Charencey (De). — Quelques mots basques d'origine sémitique, p. 155 à 157.
12156. Schwab (M.). — Un contrat hébreu de vente du xiv° siècle [à Girone], p. 157 à 158.
12157. Dussaud (René). — Numismatique des rois de Nabatène, 4 *pl.*, p. 189 à 238.
12158. Vinson (Julien). — Les bijoux indiens du pays tamoul (Pondichéry), p. 239.
12159. Bouvat (Lucien). — L'avare, comédie en 5 actes de Mirzâ Fèth 'Ali Âkhôndzâdè, p. 259 à 331, et 365 à 456.
12160. Halévy (J.). — Eloah; un mot important dans le Décalogue; Juges, v, 30; Proverbes, xix, 18; Jubilés, xxxviii; ﺍﻟﻪ, p. 339 à 346.
12161. Charencey (De). — Sur quelques mots américains d'origine asiatique, p. 346 à 349.
12162. Zayat (Habib). — Lettre sur un manuscrit de la continuation des Annales d'Eutychius, par Saïd Ben Yahia Al-Antaqui, p. 350 à 356.
12163. Boyer (A.-M.). — Les inscriptions de Takht i Bahi, de Zeda et de Râmgarh Hill, p. 457 à 488.
12164. Ferrand (Gabriel). — Madagascar et les îles Uâq-Uâq, p. 489 à 509.
12165. Grenard (F.). — Une secte religieuse d'Asie Mineure. Les Kyzyl-Bâchs, p. 511 à 522.

12166. A. F. [Foucher (A.)]. — M. P. Odend'hal [† 1904], p. 527 à 534.
12167. Charencey (De). — De quelques particularités des dialectes chamitiques, p. 534 à 540.

CLXV. — Journal asiatique..., publié par la Société asiatique, 10° série, t. IV. (Paris, 1904, in-8°, 556 p.)

12168. Gaudefroy-Demombynes. — Récit en dialecte tlemcénien, par 'Abd el 'Aziz Zenagui, p. 45 à 116.
12169. Bouriant (Pierre). — Fragment d'un manuscrit copte de basse époque ayant contenu les principes astronomiques des Arabes, p. 117 à 193.
12170. Huart (Clément). — Une nouvelle source du Qorân, p. 125 à 167.
12171. B. M. [Barbier de Meynard]. — Scènes de la vie persane (extrait du manuscrit inédit d'un voyage en Perse), p. 169 à 176.
12172. Lévi (Sylvain). — Anciennes inscriptions du Népal, 5 *pl.*, p. 189 à 239.
12173. Fossey (C.). — L'assyriologie en 1903, p. 241 à 306.
12174. Baillet (J.). — La réunion de la famille dans les Enfers égyptiens, p. 307 à 349.
12175. Huart (Clément). — Wahb ben Monabbih et la tradition judéo-chrétienne au Yémen, p. 331 à 350.
12176. Collangettes (Le P.). — Étude sur la musique arabe, p. 365 à 422.
12177. Littmann (Enno). — L'origine de l'alphabet libyen, p. 423 à 440.
12178. Guérinot (A.). — Le culte des morts chez les Hébreux, p. 441 à 485.
12179. Mondon-Vidailhet (C.). — Proverbes abyssins, p. 487 à 495.
12180. A. F. [Foucher (A.)]. — Charles Carpeaux [† 1904], p. 515.
12181. Decourdemanche (J.-A.). — Sur une recension persane inédite du *Bakhtiar-Nameh*, p. 516 à 520.
12182. Finot (L.). — Lettre sur l'art siamois, p. 521.

SEINE. — PARIS.

SOCIÉTÉ BIBLIOGRAPHIQUE.

Les publications antérieures de cette Société sont analysées dans notre *Bibliographie générale*, savoir :
Polybiblion, t. I à XLV (1868-1885), *Bibliographie*, t. III, p. 752.
— t. XLVI à XC (1886-1900), *Bibliographie*, Supplément sous presse
— t. XCI à XCIX (1901-1903), *Bibliographie*, nouvelle série, I, p. 113; et II, p. 167.
Congrès (1888-1900), *Bibliographie*, t. III, p. 768; et Supplément sous presse.

C. — **Polybiblion. Revue bibliographique universelle...** Partie littéraire, 2ᵉ série, t. LIX (Cᵉ de la collection). (Paris, 1904, in-8°, 576 p.)

12183. Anonyme. — Nécrologie, p. 72 à 78.

[Émile Legrand († 1903); Ulysse Robert (1845 † 1903); Emmanuel de Saint-Albin (1845 † 1903); Edmond Bonnaffé (1825 † 1903); Herbert Spencer († 1903); l'abbé Fouard (1837 † 1903); etc.]

12184. Anonyme. — Nécrologie, p. 171 à 176.

[Émile Deschanel (1819 † 1904); Léon Lavedan (1816 † 1904); le marquis de Dreux-Brézé (1826 † 1904); H. Marinoni (1823 † 1904); G. Gissing († 1903); miss Elise C. Cotté († 1903); etc.).]

12185. Anonyme. — Nécrologie, p. 270 à 275.

[C.-E. Ujfalvy (1842 † 1904); Louis Guibert (1840 † 1904); l'abbé Sachet (1819 † 1903); E.-J. Corroyer (1835 † 1903); H.-E. Holst († 1904); Alfred Ainger († 1903); etc.]

12186. Anonyme. — Nécrologie, p. 360 à 363.

[F.-A. Fouqué (1828 † 1904); J. Dalsème (1845 † 1904); G. Macé (1835 † 1904); D. Nolen († 1904); A. Büchner (1827 † 1904); Sir Leslie Stephen (1832 † 1904); A.-S. Murray (1841 † 1904); etc.]

12187. Anonyme. — Nécrologie, p. 458 à 463.

[Le comte E. de Kératry (1832 † 1904); Octave Gréard (1828 † 1904); Ch. de Lacombe (1832 † 1904); F. Mugnier († 1904); T.-G. Law (1836 † 1904); etc.]

12188. Anonyme. — Nécrologie, p. 537 à 544.

[Émile Duclaux (1840 † 1904); Auguste Molinier († 1904); Maurice Jokai (1825 † 1904); E. Grucker († 1904); E.-J. Savcy (1830 † 1904); G. de Tarde († 1904); Antoine Dvorak († 1904); Stanley (1841 † 1904); etc.]

CI. — **Polybiblion. Revue bibliographique universelle...** Partie littéraire, 2ᵉ série, t. LX

(CIᵉ de la collection). (Paris, 1904, in-8°, 576 p.)

12189. Anonyme. — Nécrologie, p. 80 à 85.

[Anatole de Barthélemy (1821 † 1904); Léon Cléry (1831 † 1904); l'abbé A. Nicol († 1904); Mᵍʳ Camara (1847 † 1904); etc.]

12190. Anonyme. — Nécrologie, p. 178 à 181.

[René de Pont-Jest (1830 † 1904); Gustave Toulouse (1847 † 1904); Th. Herzl († 1904); F.-W. Madden († 1904); W. Noble († 1904); le P. E. Llanas (1843 † 1904); etc.]

12191. Anonyme. — Nécrologie, p. 274 à 277.

[Paul Perret (1830 † 1904); E. Hanslik († 1904); C. Piehl († 1904); etc.]

12192. Anonyme. — Nécrologie, p. 364 à 368.

[Waldeck-Rousseau (1846 † 1904); Léon Massebieau († 1904); Émile Callé (1846 † 1904); Paul Glachant († 1904); F. Ratzel (1844 † 1904); K. Piehl († 1904); F.-G. Kitton († 1904); etc.]

12193. Anonyme. — Nécrologie, p. 459 à 464.

[Philibert Soupé (1818 † 1904); Mᵍʳ Puyol (1835 † 1904); le Dʳ Gailleton († 1904); le Dʳ P. Tillaux (1834 † 1904); le marquis de Nadaillac († 1904); Hardy († 1904); lady Dilke († 1904); E. Pauzacchi (1841 † 1904); etc.]

12194. Anonyme. — Nécrologie, p. 536 à 544.

[Henri Wallon (1812 † 1904); le baron Adolphe d'Avril (1822 † 1904); Victor Pierre (1834 † 1904); Paul de Cassagnac (1843 † 1904); André Lefèvre (1834 † 1904); Félix Deltour (1822 † 1904); G. Lesplault (1823 † 1904); Flour de Saint-Genis († 1904); W. G. Boswell-Stone († 1904); E. Walls († 1904); etc.]

CII. — **Polybiblion. Revue bibliographique universelle.** Partie technique, 2ᵉ série, t. LXI (CIIᵉ de la collection. (Paris, 1904, in-8°, 604 p.)

SEINE. — PARIS.

SOCIÉTÉ DES COLLECTIONNEURS D'EX-LIBRIS.

Les publications antérieures de cette Société sont analysées dans notre *Bibliographie générale*, savoir :
Archives, t. I à VII (1894-1900), *Bibliographie*, Supplément sous presse.
— t. VIII et IX (1901-1902), *Bibliographie*, nouvelle série, I, p. 114; et II, p. 169.

X. — Archives de la Société française des collectionneurs d'ex-libris, 10ᵉ année. (Paris, 1903, gr. in-4°, 204 p.)

12195. Bouland (Dʳ L.). — Ex-libris de M. le comte de Burcy, *fig.* et *pl.*, p. 3 à 5.

12196. Limburg-Stirum. — Ex-libris de la famille Coloma, *fig.*, p. 5 à 8.

12197. Bouland (L.). — Marque héraldique de Claude Tudert, *fig.*, p. 8 à 13.

12198. Régis (Comte de). — Pianello de la Valette, *fig.*, p. 14 à 15.

12199. Dujarric-Descombes (A.). — Ex-libris de deux prélats de la maison de la Cropte, *fig.*, p. 18 à 23.

12200. Lair (Comte). — Ex-libris au nom de Harouard, p. 23.

12201. Advielle (Victor). — Le chirurgien Caudron, p. 24.

12202. Bouland (L.). — Les ex-libris de M. E.-G.-C. Oberkampff de Dabrun, *fig.* et 2 *pl.*, p. 25 à 27.

12203. Bouland (Dʳ L.). — Ex-libris de Bourbon-Malause, *fig.*, p. 27 à 29.

12204. Himly (Maurice). — Ex-libris de Jules Sengenwald, *fig.*, p. 30.

12205. Stevert (A.) et Galle (L.). — Ex-libris de Billioud, *fig.*, p. 31.

12206. Régis (Comte de). — Ex-libris de Cazenove, p. 34.

12207. Mahout (Comte de). — Ex-libris de la marquise de Langeac, *pl.*, p. 35 à 37.

12208. Bizemont (Comte Arthur de). — Les ex-libris signés Allur, *fig.*, p. 37, 53, 102; et XI, p. 13.

12209. Advielle (Victor). — Les ex-libris du Dʳ Viallet, de Rodez, p. 45.

12210. Divers. — Ex-libris de L.-M. Langlès, *fig.*, p. 47.

12211. Bouland (Dʳ L.). — Reliure aux armes du comte de Saint-Florentin, duc de la Vrillière, *pl.*, p. 51.

12212. Engelmann (Ed.). — Ex-libris symbolique de M. Charles Droit, *pl.*, p. 67.

12213. Sens (Georges). — Fer de reliure de Christophe de Morlet, évêque de Saint-Omer, *fig.*, p. 68 à 70.

12214. Brésisson (R. de). — Ex-libris de la famille Le Bouyer de Saint-Gervais de Mouhoudou, *fig.*, p. 70 à 72.

12215. Anonyme. — Ex-libris de M. Dujarric-Descombes, *fig.*, p. 72.

12216. Advielle (Victor). — L'ex-libris de Joseph Deusy, *fig.*, p. 74.

12217. Anonyme. — Gilles Boutault, évêque d'Aire (1626), puis d'Évreux (1649), p. 75 à 77.

12218. Bouland (L.). — Ex-libris de E. Bottée de Toulmon, *fig.*, p. 79.

12219. Bizemont (Comte A. de). — Famille de Veudières, p. 79.

12220. Sens (Georges). — Deux ex-libris aux armes de de Gantès, *pl.*, p. 83 à 86.

12221. Tausin (Henri). — Bibliographie des ouvrages, plaquettes, articles de revues et de journaux écrits en français sur les ex-libris, *fig.* et *pl.*, p. 87 à 96.

12222. Faucher (P. de). — L'ex-libris du marquis de Seguins-Vassieux, *pl.*, p. 99 à 101.

12223. Bouland (Dʳ L.). — Ex-libris Doger de Spéville, *fig.* et *pl.*, p. 106 à 108 et 180.

12224. Linnig (Benj.). — Ex-libris de Jean-Baptiste van Brouckhoven, de Jacques van Parys et de Jean-Baptiste van Parys (Anvers), *fig.*, p. 108 à 110.

12225. Divers. — Ex-libris de la famille Drelincourt, p. 111.

12226. Tardieu (Ambroise). — Les ex-libris d'Auvergne (Puy-de-Dôme), *fig.* et 3 *pl.*, p. 115 à 128, et 129 à 143.

12227. Engelmann (Ed.). — Ex-libris gravé par Stiedbeck, *fig.*, p. 144.

12228. Bouland (Dʳ L.). — Ex-libris de M. Vigeant et de Collinet de la Salle, *fig.*, p. 145 à 148.

12229. Perrier (Émile). — L'ex-libris de Benault de Lubières, *fig.*, p. 148.

12230. Dʳ H. W. — Particularités d'un ex-libris allemand [J.-B. Nack, 1759], p. 151.

12231. Bouland (Dʳ L.). — Ex-libris de M. Alain de Goué, *fig.*, p. 152.

12232. Engelmann (Ed.). — Ex-libris Joly de Bammeville et blasons protestants endeuillés, *fig.*, p. 156 à 158.

12233. Bouland (D' L.). — Ex-libris de S. S. le pape Pie X, *pl.*, p. 161.

12234. A. B. — Note sur l'ex-libris de Mathieu-François Geoffroy, p. 162.

12235. Linnig (Benj.). — Pierre-Jean Borluut de Noortdonck, François-Xavier-Joseph-Ghislain Borluut de Noortdonck (Gand, 1771-1857), *fig.*, p. 164 à 167.

12236. Bouland (D' L.). — Ex-libris de M. Georges Dujon, *fig.*, p. 167.

12237. Remacle (De). — Les Villiers de la Berge et du Terrage, *fig.*, p. 168 à 170.

12238. Bizemont (Comte Arthur de). — Ex-libris de Joseph de l'Isle, *fig.*, p. 170.

12239. Bouland (D' L.). — Ex-libris du marquis de Fontanelli, *fig.*, p. 172.

12240. A. de R. — Ex-libris de J. Bigot, *fig.*, p. 173 à 174.

12241. Bouland (D' L.). — Ex-libris de Jules Richard, écrivain militaire, *pl.*, p. 179 à 180.

XI. — Archives de la Société française des collectionneurs d'ex-libris, 11ᵉ année. (Paris, 1904, gr. in-8°, 212 p.)

12242. Linnig (Benj.). — Jean-François van de Velde, président du Grand collège de l'Université de Louvain (1743 †1823), *pl.*, p. 3 à 6.

12243. Du Roure de Paulin (Baron). — Ex-libris de Jean Bigot, *fig.*, p. 6 à 8.

12244. Falgairolle (Prosper). — Les bibliophiles du Bas-Languedoc, *fig.* et 3 *pl.*, p. 8 à 13, et 115 à 120.

[12208]. Bizemont (Comte Arthur de). — Les ex-libris signés Allin, *fig.*, p. 13 à 15.

12245. Tourneux (Maurice). — Aglaüs Bouvenne, *fig.* et 2 *pl.*, p. 19 à 22.

12246. Bouland (D'L.). — Ex-libris de Barthélemy et de Salvator Ruggiero, *fig.*, p. 23.

12247. Dujarric-Descombes (A.). — Ex-libris de la famille de Besset, *fig.*, p. 24 à 26.

12248. Bouland (D'). — Ex-libris de M. Lucien de Rosny, *fig.*, p. 26 à 28.

12249. Divers. — Ex-libris d'Ampoigné, *fig.*, p. 31 et 32.

12250. Des Robert (Edmond). — Les ex-libris de la famille de Mahuet, *fig.* et 2 *pl.*, p. 35 à 40.

12251. La Perrière (Henri de). — Un ex-libris berrichon, *fig.*, p. 40 à 42.

12252. Quantin (Léon). — Ex-libris de Chappet, *fig.*, p. 42 à 44.

12253. Remacle (De). — Ex-libris de Benoît Maugue, *fig.*, p. 44 à 46.

12254. Bouland (D'L.). — Ex-libris de L.-E. Gandouin, expert et antiquaire, p. 51.

12255. Jourdanne (Gaston). — Reliure aux armes du cardinal P. de Bonzy, *fig.*, p. 52 à 54.

12256. Brébisson (R. de). — L'ex-libris du général baron Henry de Brécourt, *fig.*, p. 58.

12257. Bouland (D' L.). — Ex-libris du D' van Den Corput, *fig.*, p. 60 à 62.

12258. Guerlin (Robert). — Ex-libris de Charles de Carpentin (suite des notes sur les ex-libris picards), *pl.*, p. 67 à 69.

12259. Salleron (G.). — Les ex-libris des Tassin, *fig.*, p. 69 à 71.

12260. Brébisson (R. de). — Ex-libris du comte d'Angerville, p. 72.

12261. Linnig (Benj.). — Jean-Baptiste Lauwers, bibliothécaire de la ville d'Anvers (1755 †1829), p. 74 à 76.

12262. Engelmann (E.). — A propos de l'ex-libris de Luynes, p. 76.

12263. La Perrière (Henri de). — Ex-libris de M. Armand Eudel du Gord, *fig.*, p. 77.

12264. Remacle (De). — Ex-libris de Marc-Antoine-François Le Pellerin de Gauville, *fig.*, p. 83.

12265. Fauchier (Paul de). — L'ex-libris du commandeur d'Alleman de Châteauneuf, 2 *pl.*, p. 84 à 87.

12266. Jourdanne (Gaston). — Les huit ex-libris d'Arnaud-Ferdinand de la Porte, évêque de Carcassonne, *fig.*, p. 87.

12267. Anonyme. — Ex-libris du comte de Baudouin, *fig.*, p. 92 à 94.

12268. Pas (Justin de). — Ex-libris et reliures aux armes d'abbés de Saint-Bertin et de Clairmarais, *fig.* et *pl.*, p. 99 à 109.

12269. Bouland (D' L.). — Les ex-libris de M. J.-B. Vervliet, *fig.* et *pl.*, p. 121 à 124.

12270. Du Roure de Paulin (Baron). — Ex-libris Cadet de Gassicourt, *fig.*, p. 124.

12271. Jourdanne (Gaston). — Livre aux armes de Vitalis de Lestang, évêque de Carcassonne, *fig.*, p. 126.

12272. Wigishoff (J.-C.). — Essai de catalogue descriptif des ex-libris et fers de reliure français anonymes et non héraldiques, *fig.* et 3 *pl.*, p. 129 à 172.

12273. Bouland (D'L.). — Claude-Émile Thiéry, artiste lorrain, et les ex-libris exécutés par lui, *pl.*, p. 173 à 188.

12274. Clouzot (E.). — Ex-libris de Feydeau de Brou, p. 193.

12275. Perrier (Émile). — Un bibliophile vauclusien. Elzéar Pin, p. 195.

12276. D. L. R. — Ex-libris de Charles Quint, *pl.*, p. 198.

SEINE. — PARIS.

SOCIÉTÉ DE L'ÉCOLE DES CHARTES.

Les publications antérieures de cette Société sont analysées dans notre *Bibliographie générale*, savoir :
Bibliothèque de l'École des chartes, t. I à XLVI (1839-1885), *Bibliographie*, t. IV, p. 1.

— — t. XLVII à LXI (1886-1900), *Bibliographie*, Supplément sous presse.

— t. LXII à LXIV (1901-1903), *Bibliographie*, nouvelle série, I, p. 115; et II, p. 171.

Documents historiques (1873-1879), *Bibliographie*, t. IV, p. 34.

Mémoires et documents, t. I à V, *Bibliographie*, Supplément sous presse et nouvelle série, II, p. 173.

Table et ouvrages divers (1902-1903), *Bibliographie*, nouvelle série, t. II, p. 171.

LXV. — Bibliothèque de l'École des chartes, Revue d'érudition consacrée spécialement à l'étude du moyen âge, t. LXV, année 1904. (Paris, 1904, in-8°, 714 p.)

12277. OMONT (Henri). — Notice sur les manuscrits originaux et autographes des œuvres de Brantôme, conservés à la Bibliothèque nationale, p. 5 à 54.

12278. LABANDE (L.-H.). — Antoine de la Salle, nouveaux documents sur sa vie et ses relations avec la maison d'Anjou, *pl.*, p. 55 à 100, et 321 à 354.

12279. LANGLOIS (Ernest). — Quelques œuvres de Richard de Fournival, p. 101 à 115.

12280. LA RONCIÈRE (Ch. DE). — Le premier routier-pilote de Terre-Neuve (1579), p. 116 à 125.

12281. DELISLE (L.). — Les heures de Jacques Cœur, p. 126 à 131.

12282. BOURGIN (Georges). — L'incendie de la bibliothèque nationale et universitaire de Turin, p. 132 à 140, et 681 à 685.

12283. CROISET (Maurice). — Notice sur la vie et les travaux de M. Gaston Paris, p. 141 à 173. — Cf. id. nᵒˢ 11756 et 11807.

12284. DIVERS. — Auguste Molinier († 1904), p. 260 à 268.

[Discours de MM. P. MEYER, J. ROY et A. VIDIER.]

12285. ANONYME. — La série L des archives départementales, p. 281 à 290.

12286. G. B. [BOURGIN (G.)]. — Liste des nonces envoyés en France, de 1594 à 1592, p. 309.

12287. L. D. [DELISLE (L.)]. — Lettre de saint Louis expédiée par Guillaume de Chartres, *facs.*, p. 310.

12288. DIVERS. — Anatole de Barthélemy († 1904), p. 313 à 320, et 461 à 463.

[Discours de MM. COLLIGNON, P. DURRIEU, H. OMONT, L. DELISLE et A. HÉRON DE VILLEFOSSE.]

12289. ROINET (A.). — Notice sur deux manuscrits carolingiens à miniatures exécutés à l'abbaye de Fulda, 2 *pl.*, p. 355 à 363.

12290. OMONT (H.). — Diplômes carolingiens, bulle du pape Benoît VIII sur papyrus et autres documents concernant les abbayes d'Amer et de Camprodon, en Catalogne (843-1017), *facs.*, p. 364 à 389.

12291. DELISLE (L.). — Philippe Auguste et Raoul d'Argences, abbé de Fécamp, p. 390 à 397.

12292. L. A. [AUVRAY (Lucien)]. — Fragments d'un manuscrit du *Canzoniere* de Pétrarque, p. 463 à 465.

12293. COVILLE (A.). — Recherches sur Jean Courtecuisse et ses œuvres oratoires, p. 469 à 529.

12294. CALMETTE (J.). — Les abbés Hilduin au IXᵉ siècle, p. 530 à 536.

12295. L. D. [DELISLE (L.)]. — L'ancien bréviaire de Saint-Pol de Léon, p. 537 à 540.

12296. BOURGIN (Georges). — Notice sur le manuscrit latin 870 de la reine Christine, p. 541 à 556.

[Documents concernant l'Université de Paris.]

12297. VALOIS (N.). — Un ouvrage inédit de Pierre d'Ailly. Le *De persecutionibus ecclesiæ*, p. 557 à 574.

12298. H. O. [OMONT (H.)]. — Bulles pontificales sur papyrus (IXᵉ-XIᵉ siècle), p. 575 à 582.

12299. MORANVILLÉ (H.). — Observations sur un passage de la Chronique de Jean le Bel, p. 583 à 585.

12300. ANONYME. — M. H. Wallon († 1904), p. 661 à 663.

12301. R. P. [POUPARDIN (R.)]. — Les origines byzantines du monogramme carolingien, p. 685.

12302. ANONYME. — Charte de l'évêque Pierre Lombard pour les chanoines de Saint-Cloud, p. 686.

12303. Anonyme. — Eloge de Jean, duc de Berry, par le beau-fils de Fastolf, p. 686.

12304. Anonyme. — Un nouveau manuscrit autographe de Brantôme, p. 687 à 688.

12305. G. G. [Guigue (Georges)]. — Un Bismarck du xiv⁰ siècle, p. 688.

VI. — Mémoires et documents publiés par la Société de l'École des chartes, t. VI. (Paris, 1904, in-8°, xl-245 p.)

12306. Dampierre (Jacques de). — Essai sur les sources de l'histoire des Antilles françaises (1492-1664). (Paris, 1904, in-8°, xl-245 p.)

SEINE. — PARIS.

SOCIÉTÉ DE L'ÉCOLE DES SCIENCES POLITIQUES.

Les publications antérieures de cette Société sont analysées dans notre *Bibliographie générale*, savoir :
Annales, t. I à XV (1886-1900), *Bibliographie*, Supplément sous presse.
— t. XVI et XVII (1901-1902), *Bibliographie*, nouvelle série, II, p. 173.

XVIII. — Annales des sciences politiques, revue bimestrielle publiée avec la collaboration des professeurs et des anciens élèves de l'École libre des sciences politiques... 18ᵉ année, 1903. (Paris, 1903, in-8°, 859 p.)

12307. Esmein (A.). — Une survivance qui disparaît, *The demise of the crown act* du 2 juillet 1901, p. 97 à 116.

12308. Henry (René). — Le Congrès slave de Prague (1848), p. 225 à 249.

12309. Hahn (J.-P.-Armand). — Une revue allemande il y a cent ans. Les *Annales européennes* [*Europaeische Annalen*], p. 383 à 391.

12310. Lair (Maurice). — En Galicie. Noblesse polonaise et paysans ruthènes, p. 553, 702; et XIX, p. 185.

12311. Budin (G.). — Un réformateur russe: Speranski, ses projets de réforme [1811], sa disgrâce, p. 612 à 628.

12312. Saoe (Henry). — Les ambitions de Louise-Elisabeth de France, duchesse de Parme, ses intrigues à la cour de Versailles (3 septembre 1757-6 décembre 1759), p. 686 à 701:

XIX. — Annales des sciences politiques, revue bimestrielle publiée avec la collaboration des professeurs et des anciens élèves de l'École libre des sciences politiques... 19ᵉ année, 1904. (Paris, 1904, in-8°, 852 p.)

12313. Levasseur (E.). — La France économique de 1848 à 1870, p. 1 à 18.

12314. Alfassa (Georges). — Quarante ans de propriété collective, paysans russes, p. 31 à 56, et 337 à 372.

12315. Matter (Paul). — L'Université de Göttingue et Bismarck étudiant, p. 108 à 120.

[12310]. Lair (Maurice). — En Galicie. Noblesse polonaise et paysans ruthènes, p. 185.

12316. Lefébure (Paul). — Un émule oublié de Metternich et de Talleyrand. Le baron de Wessenberg (1773 † 1858), p. 323 à 336, et 522 à 541.

12317. Schefer (Christian). — Lois et traditions coloniales de la France d'autrefois, p. 450 à 468, et 618 à 642.

12318. Lison (Lucien). — Un précurseur de Talleyrand. Choderlos de Laclos et l'alliance anglaise (1789-1790), p. 581 à 596.

12319. Matter (Paul). — Un parlement d'un mois. Erfurt (mars-avril 1850), p. 597 à 617.

12320. Hamelle (Paul). — Lord Salisbury, p. 688 à 701.

12321. Fauchille (Paul). — Les intrigues contre Napoléon Iᵉʳ dans le nord de l'Empire en 1813-1814, p. 702 à 717.

SEINE. — PARIS.

SOCIÉTÉ D'ÉCONOMIE SOCIALE.

Les publications antérieures de cette Société sont analysées dans notre *Bibliographie générale*, savoir :

Les Ouvriers des Deux Mondes, t. I à V (1857-1885), *Bibliographie*, t. IV, p. 36.
    —   —   t. VI à X (1877-1899), *Bibliographie*, Supplément sous presse.
Bulletin, t. I à IX (1865-1885), *Bibliographie*, t. IV, p. 38.
Annuaire, t. I à V (1875-1880), *Bibliographie*, t. IV, p. 42.
La Réforme sociale, t. I à IX (1881-1885), *Bibliographie*, t. IV, p. 43.
    —   t. X à XL (1886-1900), *Bibliographie*, Supplément sous presse.
    —   t. XLI à XLIV (1901-1902), *Bibliographie*, nouv. série, I, p. 117; II, p. 174.

XLV. — La Réforme sociale. Bulletin de la Société d'économie sociale et des Unions de la paix sociale, fondées par P.-F. Le Play, 5ᵉ série, t. V (t. XLV de la collection), 23ᵉ année, janvier-juin 1903. (Paris, 1903, in-8°, 964 p.)

12322. Escard (F.). — Une maison de charité à Paris, au commencement du xvᵉ siècle [Nicolas Flamel], p. 844 à 856.

XLVI. — La Réforme sociale. Bulletin de la Société d'économie sociale et des Unions de la paix sociale, fondées par P.-F. Le Play, 5ᵉ série, t. VI (t. XLVI de la collection); 23ᵉ année, juillet-décembre 1903. (Paris, 1903, in-8°, 940 p.)

12323. Des Cilleuls (Alfred). — Le *Prolétaire*, de La Bruyère, p. 443 à 446.
12324. Cheysson (E.). — Joseph Ferrand, ancien préfet [1827 † 1903], p. 478 à 490.
12325. Galabert (L'abbé). — Les *salvetats* au moyen âge, p. 491 à 504.

XLVII. — La Réforme sociale. Bulletin de la Société d'économie sociale et des Unions de la paix sociale, fondées par P.-F. Le Play, 5ᵉ série, t. VII (t. XLVII de la collection), 24ᵉ année, janvier-juin 1904. (Paris, 1904, in-8°, 988 p.)

12326. Rivière (Louis). — Origines historiques des jardins ouvriers. La terre et l'artisan sous l'ancien régime, p. 273 à 296.

XLVIII. — La Réforme sociale. Bulletin de la Société d'économie sociale... 5ᵉ série, t. VIII (t. XLVIII de la collection), 24ᵉ année, juillet-décembre 1904. (Paris, 1904, in-8°, 948 p.)

12327. Guyot (Joseph). — Dourdan, capitale du Hurepoix; coup d'œil sur son histoire économique depuis le moyen âge, *fig.*, p. 238 à 271.
12328. Joly (Henri). — L'histoire politique et l'histoire économique, p. 549 à 569.
12329. Funck-Brentano (Frantz). — Le Roi [en France], p. 643 à 672.
12330. Lescœur (Ch.). — L'origine de l'arrondissement, p. 737 à 757.
12331. Des Cilleuls (Alfred). — Les vicissitudes de la vie provinciale en France depuis le xviiᵉ siècle, p. 812 à 817.

SEINE. — PARIS.

SOCIÉTÉ DE L'ENSEIGNEMENT SUPÉRIEUR.

Les publications antérieures de cette Société sont analysées dans notre *Bibliographie générale*, savoir :
Études et Bulletin, t. I à III (1878-1880), *Bibliographie*, t. IV, p. 49.
Revue de l'enseignement, t. I à X (1881-1885), *Bibliographie*, t. IV, p. 49.
—   —   t. XI à XL (1886-1900), *Bibliographie*, Supplément sous presse.
—   —   t. XLI à XLIV (1901-1902), *Bibliographie*, nouv. série, I, p. 117 ; et II, p. 175.

XLV. — **Revue internationale de l'enseignement**, publiée par la Société de l'enseignement supérieur...Rédacteur en chef, M. François Picavet, t. XV, janvier à juin 1903. (Paris, 1903, in-8°, 585 p.)

12332. Babelon (E.). — La numismatique et la glyptique au Collège de France, p. 97 à 114.

12333. Thomas (Antoine). — Nos maîtres. Un Jean Scot inconnu [XIᵉ s.], p. 193.

12334. Lejeal (Léon). — L'archéologie américaine et les études américanistes en France, p. 215 à 232.

12335. Delfour (Joseph). — Comment on faisait des orateurs dans les collèges d'avant la Révolution, p. 240 à 241.

12336. Divers. — Gaston Paris, p. 289 à 308.

[Discours prononcés à ses funérailles par MM. Chaumié, F. Brunetière, G. Perrot, Levasseur, G. Monod, P. Meyer, Noël-Fatio, G. Steffens, E. Berger, A. Thomas, L. Havet (cf. nᵒˢ 6247 à 6251, 6896.]

12337. Picavet (François). — La Société d'enseignement supérieur (1878-1903), p. 481 à 512.

12338. Thomas (M.). — L'école classique anglaise et ses adversaires au XVIIIᵉ siècle, p. 525 à 531.

XLVI. — **Revue internationale de l'enseignement**, publiée par la Société de l'enseignement supérieur...Rédacteur en chef, M. François Picavet, t. XLVI, juillet à décembre 1903. (Paris, 1903, in-8°, 586 p.)

12339. Brun (Pierre). — Deux documents sur l'enseignement au XVIIᵉ siècle, p. 108 à 117.

[Cahiers d'élève et de régent.]

12340. Chambon (Félix). — Une page inconnue de l'histoire du Collège de France (1774-1807), p. 208 à 217.

12341. Delfour (Joseph). — Organisation pédagogique d'un collège universitaire d'avant la Révolution, p. 323 à 326.

XLVII. — **Revue internationale de l'enseignement**, publiée par la Société de l'enseignement supérieur... Rédacteur en chef, M. François Picavet, t. XLVII, janvier à juin 1904. (Paris, 1904, in-8°, 582 p.)

12342. Kirkpatrick (J.). — La nation écossaise à l'Université d'Orléans, p. 5 à 12.

12343. Gazier (A.). — La leçon de grammaire du *Bourgeois gentilhomme*, p. 13 à 15.

12344. Psichari (Jean). — Les études de grec moderne en France au XIXᵉ siècle, p. 220 à 239.

XLVIII. — **Revue internationale de l'enseignement**, publiée par la Société de l'enseignement supérieur... Rédacteur en chef, M. François Picavet, t. XLVIII, juillet à décembre 1904. (Paris, 1904, in-8°, 587 p.)

12345. Parmentier (Jacques). — De l'imitation des Français, par Chrétien Thomasius, p. 71 à 79.

12346. Cosme. — Un ancien recteur de l'Académie de Paris. Adolphe Mourier [1807 † 1890], p. 221 à 227.

12347. Poëte (Marcel). — Leçon d'ouverture du cours d'introduction à l'histoire de Paris, p. 324 à 336.

SEINE. — PARIS.

SOCIÉTÉ DES ÉTUDES HISTORIQUES.

Les publications antérieures de cette Société sont analysées dans notre *Bibliographie générale*, savoir :
Journal et *Revue des études historiques*, t. I à LVI (1834-1885), *Bibliographie*, t. IV, p. 118.
Revue, t. LVII à LXXI (1885-1900), *Bibliographie*, Supplément sous presse.
— t. LXXII à LXXIV (1901-1903), *Bibliographie*, nouvelle série, I, p. 118; et II, p. 175.
Congrès, t. I à IV (1835-1842), *Bibliographie*, t. IV, p. 133.
Bibliographies critiques (1901-1903), *Bibliographie*, nouvelle série, I, p. 119; et II, p. 176.

LXXV. — **Revue des études historiques,**
70° année, 1904. (Paris, s. d., in-8°, 672 p.)

12348. Minot (Léon). — La France et le grand schisme
d'Occident, p. 31, 113, et 225.

12349. Moisset (Henri). — Lamartine, homme politique, p. 44 à 71.

12350. Fromont de Bouaille (C.). — Lettres inédites
sur le procès et la mort de Louis XVI, p. 134 à 152.

12351. Madelin (Louis). — Une banlieue du vieux Paris. Chaillot, Passy, Auteuil, p. 153 à 166.

12352. Pélissier (L.-G.). — Un voyage du Pont-Saint-
Esprit à Paris en 1658 (cod. Inguemb. 447), p. 249 à
297, et 364 à 376.

12353. Britsch (Amédée). — Philippe-Égalité avant la
Révolution, p. 337 à 363, et 478 à 504.

12354. Depoin (J.). — Questions mérovingiennes et
carolingiennes, p. 377 à 385.
[Chronologie des rois mérovingiens; le prénom d'Arnoul aux
ix° et x° siècles.]

12355. Lavollée (Robert). — Le secrétaire [Achille de
Harlay de Sancy] des Mémoires de Richelieu, 8 *facs.*,
p. 449 à 477.

12356. Prieur (Charles). — Eustache Deschamps, maître
de la léproserie de Fismes, p. 505 à 516.

12357. Chassaigne (Marc). — L'organisation de la famille et les lettres de cachet, p. 561 à 576.

12358. Maricourt (Baron de). — La succession de la
duchesse de Vendôme [† 1719], p. 577 à 584.

12359. Priney (Max). — Souvenirs et anecdotes de Joseph Bailly (1801-1831), p. 585 à 602.

BIBLIOTHÈQUE DES BIBLIOGRAPHIES CRITIQUES.

12360. Guiffrey (J.). — Bibliographie de la tapisserie.
(Paris, 1904, in-8°, 130 p.)

SEINE. — PARIS.

SOCIÉTÉ DES ÉTUDES JUIVES.

Les publications antérieures de cette Société sont analysées dans notre *Bibliographie générale*, savoir :
Revue des études juives, t. I à X (1880-1885), *Bibliographie*, t. IV, p. 137.
— — t. XI à XLI (1885-1900), *Bibliographie*, Supplément sous presse.
— — t. XLII à XLVII (1901-1903), *Bibliographie*, nouv. série, I, p. 119; et II, p. 176.
Annuaire, t. I à III (1881-1884), *Bibliographie*, t. IV, p. 141.
Actes et conférences (1886-1889), *Bibliographie*, Supplément sous presse.

XLVIII. — **Revue des études juives,** publication trimestrielle de la Société des études

juives, t. XLVIII. (Paris, 1904, in-8°, XLVIII-
304 p.)

12361. Adler (Elkan). — Documents sur les Marranes d'Espagne et de Portugal sous Philippe IV, p. 1 à 28; et XLIX, p. 51 à 73.

[12388]. Marmier (G.).— Contributions à la géographie de la Palestine et des pays voisins, p. 29 à 47, et 176 à 190.

12362. Hildenfinger (Paul). — Documents relatifs aux juifs d'Arles, p. 48 à 81, et 265 à 272. — Suite de XLVII, p. 221.

12363. Krauss (S.). — Un atlas juif des statues de la Vierge Marie, p. 82 à 93.

12364. Bacher (W.). — Élégie d'un poète judéo-persan contemporain de la persécution de Schah Abbas II, p. 94 à 105.

12365. Ginsburger (M.). — Les juifs de Horbourg, p. 106 à 129.

12366. Mayer Lambert. — Notes exégétiques, p. 130, 273; XLIX, p. 146, et 297.

12367. Buechler (A.). — Du sens de נימוס [nimous] dans le Talmud babylonien (Guittin 43 b), p. 132 à 136.

12368. Schwab (Moïse). — Deux inscriptions hébraïques, p. 137 à 139.

[Inscriptions du Thouat, et de Sidon.]

12369. Schwab (Moïse). — Un pourim local, p. 140.

12370. Kayserling (M.). — Notes sur les juifs d'Espagne, p. 142 à 144; et XLIX, p. 302 à 305.

[Barcelone, p. 142. — Cervera, XLIX, p. 302. — Madrid, p. 303. — Tolède, p. 304.]

12371. Poznanski (Samuel). — Ephraim ben Schemaria, de Fostat, et l'Académie palestinienne, p. 145 à 175. — Addition, XLIX, p. 160.

12372. Reinach (Théodore). — Une inscription juive de Chypre, fig., p. 191 à 196.

12373. Lévi (Israël). — Le roi juif de Narbonne et le Philomène, p. 197 à 207; et XLIX, p. 147 à 150.

12374. Gauthier (Léon). — Les juifs dans les deux Bourgognes, étude sur le commerce de l'argent aux XIIIᵉ et XIVᵉ siècles, p. 208; et XLIX, p. 1, et 244.

12375. Schwab (Moïse). — Un mahzor illustré, fig. et pl., p. 230 à 240. — Correction, XLIX, p. 160.

12376. Bernardy (Amy-A.). — Les juifs dans la République de San-Marin, du XIVᵉ au XVIIᵉ siècle, p. 241 à 264; et XLIX, p. 89 à 97.

12377. Lévi (Israel). — Nouvelle note sur la légende de l'ange et de l'ermite, p. 275 à 277. — Cf. VIII, p. 64.

12378. Ginsburger (M.). — Encore un mot sur la famille Schweich, p. 277 à 278. — Cf. nᵒ 7041.

12379. Lévi (Israël). — Revue bibliographique, 2ᵉ trimestre 1903-1ᵉʳ semestre 1904, p. 279. — Cf. nᵒ 7030.

XLIX. — Revue des études juives, publi-

cation trimestrielle de la Société des études juives, t. XLIX. (Paris, 1904, in-8°, 320 p.)

[12374]. Gauthier (Léon). — Les juifs dans les deux Bourgognes, étude sur le commerce de l'argent aux XIIIᵉ et XIVᵉ siècles, p 1, et 244.

12380. Trénel (J.). — L'Ancien Testament et la langue française du moyen âge, p. 18 à 32.

12381. Lévi (Israël). — Manuscrits du Hadar Zekènim, recueil de commentaires exégétiques de rabbins de la France septentrionale, p. 33 à 50.

[12361]. Adler (Elkan N.). — Documents sur les Marranes d'Espagne et de Portugal sous Philippe IV, p. 51 à 73.

12382. Schwab (M.). — Les manuscrits et incunables hébreux de la bibliothèque de l'Alliance israélite, p. 74 à 88, et 270 à 296.

[12376]. Bernardy (Amy-A.). — Les juifs dans la République de San-Marin, du XIVᵉ au XVIIᵉ siècle, p. 89 à 97.

12383. Cardozo de Bethencourt. — Lettres de Menasseh ben Israël à Isaac Vossius (1651-1655), p. 98 à 109.

12384. Brunschvicg (Léon). — Les juifs en Bretagne, p. 110 à 120.

12385. Kahn (Léon). — Les juifs de Paris de 1755 à 1759, p. 121 à 145.

[12366]. Mayer Lambert. — Notes exégétiques, p. 146, et 297.

[12373]. Lévi (Israël). — Encore un mot sur le roi juif de Narbonne, p. 147 à 150.

12386. Weill (J.). — Un texte de Montesquieu sur le judaïsme, p. 150.

12387. Weill (Julien). — Spinoza et le judaïsme, p. 161 à 180.

12388. Marmier (G.). — Contributions à la géographie de la Palestine et des pays voisins, p. 181 à 189. — Suite de XXXV, p. 185; XLIII, p. 161; XLIV, p. 29; XLV, p. 165; XLVI, p. 184; XLVII, p. 23; et XLVIII, p. 29, et 176.

12389. Heller (Bernard). — Éléments, parallèles et origine de la légende des Sept Dormants, p. 190 à 218.

12390. Goldziher (I.). — Mélanges judéo-arabes, p. 219 à 230. — Suite de XLIII, p. 1; XLIV, p. 63; XLV, p. 1; XLVII, p. 41, et 179.

12391. Lévi (Israël). — Un commentaire biblique de Léontin, le maître de R Gerschom (vers l'an 1000), p. 231 à 243.

12392. Cardozo de Bethencourt. — L'autodafé de Lisbonne (15 décembre 1647), p. 262 à 269.

12393. Bacher (W.). — Le Kitub al-Tarikh de Saadia, p. 298 à 300.

12394. Bacher (W.). — Bischr b. Aaron, p. 300.

12395. Bacher (W.). — סיכויטוב, p. 301.

[12370]. Kayserling (M.). — Notes sur les juifs d'Espagne, p. 302 à 305.

12396. Weill (Julien). — Une inscription hébraïque à Lozère (Seine-et-Oise), fig., p. 305 à 306.

SEINE. — PARIS.

SOCIÉTÉ DES ÉTUDES RABELAISIENNES.

Cette Société a été fondée à Paris à la fin de l'année 1902. Nous donnons ci-dessous l'analyse des tomes I et II de la *Revue* publiée par elle en 1903 et 1904. Elle a fait paraître en outre l'ouvrage suivant :

12397. Baneau (P.), Boulenger (Jacques) et (H.) Patry. Pantagruel, édition de Lyon, Juste (1583), réimprimé d'après l'exemplaire unique de la Bibliothèque royale de Dresde. (Paris, 1904, in-8°, VIII-124 p. et facs.)

I. — Revue des études rabelaisiennes, 1re année. (Paris, 1903, in-8°, XX-244 p.)

12398. Whibley (Charles). — Rabelais en Angleterre, p. 1 à 12.

12399. Toldo (P.). — La fumée du rôti et la divination des signes, p. 13 à 28; et II, p. 40.

12400. Lefranc (Abel). — Un prétendu Ve livre de Rabelais, p. 29 à 54, et 122 à 142.

12401. Thomas (Antoine). — L'huile de Maguelet, p. 55.

12402. Potez (Henri). — Trois mentions de Rabelais à la fin de l'année 1552, p. 57.

12403. Lefranc (Abel). — Remarques sur la date et sur quelques circonstances de la mort de Rabelais, p. 59 à 65.

12404. Grimaud (Henri). — Projet de généalogie de la famille Rabelais, p. 66 à 68.

12405. Smith (W.-F.). — Artus Coultant [cordelier de Fontenay-le-Comte], p. 69 à 70.

12406. Schwob (Marcel). — Ne reminiscaris [Rabelais, l. II, ch. 1], p. 71 à 73.

12407. A. L. [Lefranc (Abel)]. — Les lettres de Rabelais dans les collections Fillon et Morrisson, pl., p. 93 à 96.

12408. Boulenger (Jacques). — Étude critique sur les lettres écrites d'Italie par François Rabelais, p. 79 à 121.

12409. Vaganay (Hugues). — La mort de Rabelais et Ronsard, p. 143 à 150, et 204.

12410. Rajna (Pio). — Il Rabelais giudicato da un italiano del secolo XVI, p. 157 à 165.

12411. Vaganay (Hugues). — De Rabelais à Montaigne. Les adverbes terminés en -ment, p. 166 à 187; et II, p. 11, 173, et 258.

12412. Pfeffer (Georg). — Les études sur Rabelais parues en Allemagne, p. 188 à 192.

12413. Pinvert (Lucien). — Un entretien philosophique de Rabelais rapporté par Charondas (1556), p. 193 à 201.

12414. Lefranc (Abel). — Une poésie inconnue sur Rabelais philosophe (1538), p. 202.

12415. Laumonier (Paul). — L'épitaphe de Rabelais par Ronsard, p. 205 à 216.

12416. Smith (W.-F.). — Rabelais et Shakespeare, p. 217 à 221.

12417. Langlois (Ernest). — Le fumet du rôti payé au son de l'argent, p. 222 à 224.

II. — Revue des études rabelaisiennes..., t. II, 1904. (Paris, 1904, in-8°, 295 p.)

12418. Lefranc (Abel). — Le tiers livre du *Pantagruel*, et la querelle des femmes, p. 1 à 10, et 78 à 109.

[12411]. Vaganay (Hugues). — De Rabelais à Montaigne. Les adverbes terminés en -ment, p. 11 18, 173, 189, et 258.

12419. Patry (H.). — Rabelais et Flaubert, p. 27 à 39.

[12399]. Toldo (Pietro). — Encore la divination des signes, p. 40 à 43.

12420. Grimaud (Henry). — Notes sur quelques héros secondaires du *Gargantua*, p. 44.

12421. Vaganay (Hugues). — Un lecteur de Rabelais au XVIe siècle. Le capitaine Lasphrise [Marc de Papillon], portr., p. 46 à 48.

12422. Bourrilly (V.-L.). — Rabelais et la mort de Guillaume du Bellay, seigneur de Langey (9 janvier 1543), p. 51 à 54.

12423. Plattard (Jean). — Les publications savantes de Rabelais, p. 67 à 77.

12424. Boulenger (Jacques). — La *Supplicatio pro apostasia* [*Franc. Rabelaesi*] et le bref de 1536, p. 110 à 134.

12425. Schwob (Marcel). — Notes pour les commentaires [de Rabelais], p. 135 à 142. — Cf. nos 12431 et 12432.

12426. Clouzot (Henri). — Topographie rabelaisienne (Poitou), p. 143 à 169, et 227 à 252.

12427. Grimaud (Henry). — Notes sur l'hôtellerie de la Lamproie, à Chinon, p. 170 à 172.

12428. L. [Lefranc (A.)]. — Gambetta et Rabelais, p. 190.

12429. Boulenger (Jacques). — Rabelais et Victor Hugo, p. 203 à 224.

12430. Langlois (E.). — Note pour l'édition de Rabelais [recette médicale], p. 225.

12431. La Perrière (J. de). — Notes pour le commentaire [de Rabelais], p. 253 à 255. — Cf. nos 12425 et 12432.

12432. Smith (W.-F.). — Notes pour le commentaire [de Rabelais], p. 256. — Cf. nos 12425 et 12431.

12433. Clouzot (Él.). — Rabelais au théâtre, p. 275.

SEINE. — PARIS.

SOCIÉTÉ DE GÉOGRAPHIE.

Les publications antérieures de cette Société sont analysées dans notre *Bibliographie générale*, savoir :
Bulletin et *Comptes rendus*, t. I à CXXIV (1822-1885), *Bibliographie*, t. IV, p. 143.
— — t. CXXV à CLII (1886-1899); *Bibliographie*, Supplément sous presse.
La Géographie, t. I et II (1900), *Bibliographie*, Supplément sous presse.
— t. III à VI (1901-1902), *Bibliographie*, nouvelle série, I, p. 121; et II, p. 179.
Recueil de voyages, 8 vol. (1824-1886), *Bibliographie*, Supplément sous presse.
Congrès, t. I à VII (1875-1884), *Bibliographie*, t. IV, p. 191.
— t. VIII à XXI (1886-1900), *Bibliographie*, Supplément sous presse.
— t. XXII (1901), *Bibliographie*, nouvelle série, I, p. 121.

VII. — La Géographie, Bulletin de la Société de géographie, publié... par le baron Hulot et M. Charles Rabot,... t. VII, 1ᵉʳ semestre 1903. (Paris, 1903, gr. in-8°, 503 p.)

12434. Aïtoff (Dʳ). — L'œuvre de M. Pavie en Indo-Chine (1879-1895), *cartes* et *fig.*, p. 77 à 90.
12435. Du Bourg de Bozas (Vicomte). — D'Addis-Abbaba au Nil par le lac Rodolphe, *carte*, p. 91 à 112.
12436. Dourté (Edmond). — Figuig, notes et impressions, p. 177 à 202.

VIII. — La Géographie, Bulletin de la Société de géographie, publié... par le baron Hulot,... et M. Charles Rabot,... t. VIII, 2ᵉ semestre 1903. (Paris, 1903, gr. in-8°, 434 p.)

12437. Superville. — De l'Oubangui à N'Dellé par la Kotto, *pl.*, p. 13 à 22.

IX. — La Géographie, Bulletin de la Société de géographie, publié... par le baron Hulot,... et M. Charles Rabot,... t. IX, 1ᵉʳ semestre 1904. (Paris, 1904, in-8°, 512 p.)

12438. François (A.). — Le Lieou-Kiang et la rivière de King-Yuan-Fou (Kouang-si), *carte*, p. 7 à 23.
12439. Deniker (J.). — Voyage de M. Tsybikov à Lhassa et au Tibet, p. 24 à 29.
12440. Lenfant (Capitaine). — La mission Lenfant de la Renoué au Tchad, *fig.* et *carte*, p. 73 à 78, 321 à 342.

12441. Créqui-Montfort (G. de). — Exploration en Bolivie, p. 79 à 86.
12442. Soulié (J.-A.). — Géographie de la principauté de Bathang, *carte*, p. 87 à 104.
12443. Chesneau (M.). — Le pays des Héréros, *carte*, p. 116 à 119.
12444. Huart (Dʳ). — Le Tchad et ses habitants, p. 161 à 176.
12445. Hulot. — Historique des missions Bénoué-Tchad, p. 257 à 267.
12446. Lenfant. — De l'Atlantique au Tchad, par le Niger et la Benoué, *fig.* et *carte*, p. 321 à 342.
12447. Chevalier (Aug.). — De l'Oubangui au lac Tchad à travers le bassin du Chari, *carte*, p. 343 à 368.
12448. Brumpt (E.). — Mission du Bourg de Bozas. — Du Nil à l'Atlantique, *carte*, p. 431 à 444.

X. — La Géographie, Bulletin de la Société de géographie, publié... par le baron Hulot,... et M. Charles Rabot,... t. X, 2ᵉ semestre 1904. (Paris, 1904, in-8°, 430 p.)

12449. Brunhes (Jean). — Friedrich Ratzel (1844†1904), p. 103 à 108.
12450. Laloy (Dʳ L.). — Anthropogéographie de l'Herzégovine, p. 109 à 114.
12451. Brousseau (Georges). — Le Borgou, *carte*, p. 145 à 160.
12452. Drot et Michaut. — Notes sur le Haut-Dahomey, *fig.*, p. 267 à 286.
12453. Isachsen (Gunn.). — Découverte de vestiges nordiques dans l'archipel polaire américain, p. 371 à 376.

CONGRÈS.

**XXIII. — Société de géographie et d'archéo-
logie du département d'Oran.** Congrès national des Sociétés françaises de géographie,
23ᵉ session, Oran 1-5 avril 1902. Compte rendu
des travaux du Congrès. (Oran, 1903, in-8°,
275 p.)

12454. Fabre (Abbé). — Une controverse historique résolue à l'aide de la géographie. Les exilés de Siga,
p. 127 à 143.

12455. Durand (Alfred). — Notice historique sur Madagascar, p. 231 à 239.

12456. Fournier (Joseph). — Les origines de la représentation diplomatique française au Maroc (1577),
p. 240 à 245.

**XXIV. — Congrès national des Sociétés
françaises de géographie.** 24ᵉ session. Rouen,
3 au 8 août 1903. Comptes rendus publiés par

le bureau de la Société normande de géographie, sous la direction de M. Georges Monfier,
secrétaire général, président honoraire. (Rouen,
1904, in-4°, 511 p.)

12457. Layer (Ernest). — Gisors et le Vexin normand,
p. 147 à 156.

12458. Milet (Ambroise). — Cartographie hydrographique dieppoise aux xvɪᵉ et xvɪɪᵉ siècles, p. 157 à 166.

12459. Guénot. — La navigation de la Garonne dans les
temps anciens, p. 209 à 221.

12460. Vesly (Léon de). — Étude sur les enceintes fortifiées ou cateliers de la Seine-Inférieure, p. 223 à 230.

12461. Krien (Commandant). — Note sur deux tribus
marocaines (les Zemmour et les Zaer), p. 258 à 260.

12462. Le Parquier. — De l'invasion de la mer sur les
côtes du Cotentin, p. 270 à 275.

12463. Guernot (S.). — Le commerce de pastel à Toulouse et à Rouen au xvᵉ siècle, p. 284 à 294.

12464. Blanquez (A.). — Rapport sur les voies romaines
de la France, p. 486 à 493.

SEINE. — PARIS.

SOCIÉTÉ DE L'HISTOIRE DE L'ART FRANÇAIS.

Les publications antérieures de cette Société sont analysées dans notre *Bibliographie générale*, savoir :
   Archives de l'art français, 8 vol. (1851-1860), *Bibliographie*, t. IV, p. 194.
   Nouvelles archives de l'art français, t. I à XIII (1872-1885), *Bibliographie*, t. IV, p. 204.
   — — — t. XIV à XXVIII (1886-1900), *Bibliographie*, Supplément sous presse.
   — — — t. XXIX et XXX (1901-1902), *Bibliographie*, nouvelle série,
      I, p. 122; et II, p. 179.
   Bulletin, (1875-1878), *Bibliographie*, t. IV, p. 220.
   Ouvrages divers, *Bibliographie*, t. IV, p. 221; nouvelle série, I, p. 122; et II, p. 179.

12465. Montaiglon (Anatole de) et Guiffrey (Jules). —
Correspondance des directeurs de l'Académie de France
à Rome avec les surintendants des Bâtiments. Tome XIII
(1774-1779). (Paris, 1904, in-8°, 487 p.)

[Les tomes I à XII ont paru de 1887 à 1902.]

XXXI. — Nouvelles Archives de l'art français.
3ᵉ série, t. XIX. Année 1903. Revue de l'art
français ancien et moderne. 20ᵉ année. (Paris,
1904, in-8°, vɪɪ-384 p.)

12466. Furcy-Raynaud (Marc). — Correspondance de
M. de Vandières, marquis de Marigny, directeur géné-

ral des Bâtiments du Roi sur l'administration des beaux-
arts avec Coypel, Lepicié et Cochin, 1ʳᵉ partie, p. 1 à
vɪɪ, et 1 à 384. — 2ᵉ partie, XXXII, p. 1 à 303.

XXXII. — Nouvelles Archives de l'art français,
3ᵉ série, t. XX. Année 1904. Revue de l'art
français ancien et moderne, 21ᵉ année. (Paris,
1905, 303 p.)

[12466]. Furcy-Raynaud (Marie). — Correspondance de
M. de Vandières, marquis de Marigny, directeur général
des Bâtiments du Roi, sur l'administration des beaux-
arts, 2ᵉ partie [1765-1773], p. 1 à 303.

SEINE. — PARIS.

SOCIÉTÉ D'HISTOIRE CONTEMPORAINE.

Les publications antérieures de cette Société sont analysées dans notre *Bibliographie générale*, savoir :
Assemblée générale, t. I à X (1891-1900), *Bibliographie*, Supplément sous presse.
— t. XI à XIII (1901-1903), *Bibliographie*, nouvelle série, I, p. 122; et II, p. 180.
Ouvrages divers (1890-1903), *Bibliographie*, Supplément sous presse; et nouvelle série, I, p. 122;
et II, p. 180.
Une table des matières contenues dans les 14 premiers bulletins de la Société a paru en 1904. (Voir notre
n° 12472.)

12467. Boulay de la Meurthe (Comte). — Correspondance du duc d'Enghien (1801-1804) et documents sur son enlèvement et sa mort. T. Iᵉʳ : Le licenciement; la conspiration de Georges. (Paris, 1904, in-8°, LVII-522 p., *portr.*)

XIV. — **Société d'histoire contemporaine,** 14ᵉ assemblée générale tenue le mercredi 8 juin 1904, sous la présidence de M. Victor Pierre, président de la Société. (Paris, 1904, in-8°, 52 p.)

12468. Pierre (Victor). — Discours, p. 3 à 8.
[A. Bégis († 1904).]

12469. Lanzac de Laborie (Léon de). — L'impératrice Joséphine à Strasbourg en octobre 1805, deux lettres de Maret à Napoléon, p. 15 à 19.

12470. Sepet (Marius). — Fragments extraits des papiers de Théodore de Lameth, p. 20 à 31.

12471. Grasilier (Léonce). — La mission du chevalier de la Garde auprès du tsar Paul Iᵉʳ en l'an VI (1797), p. 32 à 36.

12472. Anonyme.—Table des communications insérées dans les comptes rendus des assemblées générales depuis la fondation de la Société, p. 50. — Table des notices nécrologiques, p. 52.

SEINE. — PARIS.

SOCIÉTÉ D'HISTOIRE DIPLOMATIQUE.

Les publications antérieures de cette Société sont analysées dans notre *Bibliographie générale*, savoir :
Revue d'histoire diplomatique, t. I à XIV (1887-1900), *Bibliographie*, Supplément sous presse.
— — t. XV et XVI (1901-1902), *Bibliographie*, nouv. sér., I, p. 123; et II, p. 181.

XVII. — **Revue d'histoire diplomatique** publiée par les soins de la Société d'histoire diplomatique, 17ᵉ année. (Paris, 1903, in-8°, 640 p.)

[12502]. Favre (C.-B.). — Politique et diplomatie de Jacques Cœur (P.). — Les négociations de 1806 entre la France et l'Angleterre. Responsabilité de leur échec d'après des documents inédits, p. 66 à 104.

12473. Coquelle (P.). — Les négociations de 1806 entre la France et l'Angleterre. Responsabilité de leur échec d'après des documents inédits, p. 66 à 104.

12474. Troplong (Edouard). — Relations diplomatiques de la France et de la Russie au commencement du XIXᵉ siècle, p. 105 à 123.

12475. Antioche (Comte d'). — Le dernier hiver d'un règne. Paris, 1824. Impressions d'un témoin [le comte Raczinski], p. 124 à 147.

12476. Anonyme. — Lettres inédites de la reine Élisabeth [à Henri III et à Catherine de Médicis] tirées du Record Office [1585 et 1588], p. 148 à 152.

12477. Courteault (Henri). — Les mésaventures d'un ambassadeur vénitien à la fin du xvi° siècle, p. 161 à 181.

12478. Roux (Roger). — Politique extérieure de Pierre le Grand, p. 182 à 215.

12479. Boutry (Maurice). — L'ambassade du prince Louis de Rohan à Vienne (1772-1774), p. 216 à 260.

12480. Fleury de Saint-Charles. — Un attaché militaire français à l'armée russe (1759-1760): le marquis de Montalembert, p. 261 à 301.

12481. Anonyme. — Lettres inédites tirées du Record Office concernant les relations diplomatiques de la France et de l'Angleterre (1577-1581), p. 302 à 313.

12482. Anonyme. — Le P. Ottoman (1644-1676), p. 350 à 378.

12483. Hébert (Louis). — Un ambassadeur au xii° siècle Mathieu de Goulaine (1160-1185), p. 379 à 389.

12484. Mun (Gabriel de). — Un point d'histoire commerciale. Les premières relations entre les Pays-Bas et la Porte (1610-1613), p. 393 à 404.

12485. Hansson (Ola). — Journal de la mère adoptive de Bernadotte [la reine Hedvige-Elisabeth-Charlotte], p. 405 à 421; et XVIII, p. 367 à 378.

12486. Dollot (René). — Les garnisons de la barrière dans les Pays-Bas autrichiens (1715-1782), p. 422 à 437.

12487. Coquelle (P.). — La mission de Sebastiani à Constantinople en 1801, p. 438 à 455. — Cf. n° 12506.

12488. Bourguet (Alfred). — Le duc de Choiseul et l'Angleterre. Les pourparlers de la Haye, p. 456 à 468 et 541 à 556.

12489. Baguenault de Puchesse (G.). — Le pape Benoît XIV et la France. Missions à Rome de Tencin et de Choiseul (1740-1757), p. 481 à 488.

12490. Doniol (Henri). — La Fayette avant l'année 1800, p. 489 à 532.

12491. Flament (Pierre). — Le journal d'un secrétaire d'ambassade à Constantinople en 1611 [Louis Denis], p. 533 à 540.

12492. Burenstam (Ch. de). — Le journal de la duchesse de Sudermanie (1775-1782) et les dépêches du comte de Kageneck, p. 557 à 571.

12493. Barral de Montferrat. La doctrine de Monroë et les évolutions successives de la politique étrangère des États-Unis, p. 594, XVIII, p. 21, et 379.

[12493]. Barral-Montferrat. — La doctrine de Monroë et les évolutions successives de la politique étrangère des États-Unis (1823-1903), p. 21 à 52, et 379 à 405.

12494. Coquelle (P.). — L'ambassade du maréchal Brune à Constantinople (1803-1805), p. 53 à 73.

12495. Antioche (C¹° d'). — Le gouvernement de M. Thiers, p. 109 à 134.

12496. Pensan (Marquis de). — Une mission diplomatique en Pologne au xvi° siècle. Jacques Faye d'Espeisses et Guy du Faur de Pibrac (1574-1575), p. 74 à 108, et 200 à 236.

12497. Durand-Lapie (Paul). — Un roi détrôné réfugié en France (1588-1595) [Don Antoine de Portugal], p. 133, 274, et 612.

12498. Mun (Gabriel de). — Un frère de Richelieu. Le cardinal de Lyon (1582-1653), p. 161 à 199.

12499. Tcharykow (N.). — Le chevalier Barberini chez le tsar Jean le Terrible, p. 252 à 274.

12500. Gallavresi (G.). — Le prince de Talleyrand et les affaires d'Italie au congrès de Vienne, p. 348 à 366.

[12485]. Hansson (Ola). — Le journal de la mère adoptive de Bernadotte. p. 367 à 378.

12501. Bajer (Frederik). — Les entrevues de Martin Hübner avec le duc de Choiseul, en 1759, p. 406 à 424.

12502. Favre (C.-B.). — Politique et diplomatie de Jacques Cœur, p. 445 à 453. — Suite et fin de XVI, p. 438, 579; XVII, p. 19, et 572.

12503. Mun (Gabriel de). — Un frère de Mazarin. Le cardinal de Sainte-Cécile (1607-1648), p. 497 à 530.

12504. Raffalovich (Arthur). — La seconde occupation de Francfort en 1796 et la convention secrète de brumaire an v, p. 531 à 544.

12505. Minot (Léon). — Isabelle de France, reine d'Angleterre, comtesse d'Angoulême, duchesse d'Orléans (1389-1409), épisode des relations entre la France et l'Angleterre pendant la guerre de Cent ans, p. 545 à 573.

12506. Coquelle (P.). — Sébastiani, ambassadeur à Constantinople (1806-1808), d'après des documents inédits, p. 574 à 611. — Cf. n° 12487.

SEINE. — PARIS.

SOCIÉTÉ DE L'HISTOIRE DE FRANCE.

Les publications antérieures de cette Société sont analysées dans notre *Bibliographie générale*, savoir :

Annuaire, t. I à XXVII (1836-1863), *Bibliographie*, t. IV, p. 228.
Bulletin, t. I à XXI (1834-1862), *Bibliographie*, t. IV, p. 232.
Annuaire-Bulletin, t. I à XXII (1863-1885), *Bibliographie*, t. IV, p. 242.
— t. XXIII à XXXVII (1886-1900), *Bibliographie*, Supplément sous presse.
— t. XXXVIII et XXXIX (1901-1902), *Bibliographie*, nouv. série, I, p. 124; et II, p. 181.
Ouvrages divers, *Bibliographie*, t. IV, p. 224; nouvelle série, I, p. 123; et II, p. 181.

12507. VIARD (Jules) et DÉPREZ (Eugène). — Chronique de Jean le Bel, t. I. (Paris, 1904, in-8°, 362 p.)

12508. VOGÜÉ (Marquis DE). — Mémoires du maréchal de Villars, publiés d'après le manuscrit original et accompagnés de correspondances inédites, t. VI. (Paris, 1904, in-8°, xxxiv-356 p. et plan.)

[Les tomes I à V ont paru de 1884 à 1891.]

XL. — Annuaire-Bulletin de la Société de l'histoire de France, année 1903. (Paris, 1903, in-8°, 272 p.)

12509. SCHICKLER (Baron F.). — Discours, p. 98 à 118.

[L. Audiat († 1903); R. de Maulde La Clavière (1848 † 1903); le marquis de Beaucourt (1833 † 1902); G. Paris († 1903); P. Pelicier (1838 † 1903).]

12510. OMONT (H.). — L'édition de Froissart de Dacier, p. 193 à 199.

12511. BOISLISLE (A. DE). — Trois princes de Condé à Chantilly, p. 200 à 269. — Suite de XXIX, p. 195.

12512. PANGE (Comte M. DE). — Le pays de Jeanne d'Arc. Greux encore du temporel de l'évêché de Toul en 1388, p. 270 à 271.

XLI. — Annuaire-Bulletin de la Société de l'histoire de France, année 1904. (Paris, 1904, in-8°, 248 p.)

12513. KERMAINGANT (DE). — Discours, p. 82 à 115.

[Le marquis des Roys d'Eschandelys († 1903); le marquis de Chantérac († 1904); A. de Naurois. — La politique de Henri IV et de Louis XIV aux Pays-Bas.]

12514. BRUEL (A.). — Inventaire d'une partie des titres de famille et documents historiques de la maison de la Tour d'Auvergne, p. 193 à 241. — Suite de XXXVI, p. 196.

12515. OMONT (H.). — Quelques lettres de B. Guérard à J. Desnoyers, sur les premières années de la Société de l'histoire de France (1834-1845), p. 242 à 248.

SEINE. — PARIS.

SOCIÉTÉ D'HISTOIRE LITTÉRAIRE DE LA FRANCE.

Les publications antérieures de cette Société sont analysées dans notre *Bibliographie générale*, savoir :

Revue d'histoire littéraire, t. I à VII (1894-1900), *Bibliographie*, Supplément sous presse.
— t. VIII à X (1901-1903), *Bibliographie*, nouv. série, I, p. 124; et II, p. 182.

XI. — Revue d'histoire littéraire de la France, publiée par la Société d'histoire littéraire de la France, 11ᵉ année, 1904. (Paris, 1904, in-8°, 707 p.)

12516. RIGAL (Eugène). — La comédie de Molière, l'homme dans l'œuvre, p. 1 à 21.

12517. SIMON (Gustave). — Victor Hugo, auteur dramatique à 14 ans, p. 22 à 41.

12518. POTEZ (Henri). — Le premier roman anglais traduit en français, p. 42 à 55.

[*Pandosto* de Robert Greene, traduit par L. Regnaut (1615).]

12519. Toldo (Pierre). — Études sur le théâtre de Regnard, p. 56 à 87. — Suite de X, p. 25.

12520. Bailly (Auguste). — Les épitaphes d'Anne de Joyeuse, duc et amiral de France, par Jean-Antoine de Baïf, p. 88 à 103.

12521. Harmand (René). — Les *Pensées* de Pascal et le *De contemptu mundi* de Pétrarque, p. 104 à 107.

12522. Bastier (Paul). — A propos du *Paradoxe*. Talma, plagiaire de Diderot, p. 108.

12523. Giraud (Victor) et Gschwind (Albert). — Les variantes des *Martyrs* [de Chateaubriand], p. 110 à 139.

12524. Pélissier (Léon-G.). — Les correspondants du duc de Noailles, p. 140 à 155. — Suite de VI, p. 621; VII, p. 624; IX, p. 133, 284; et X, p. 671.

[Lettres de N. de Valincour.]

12525. Dupuy (Ernest). — L'amitié d'Alfred de Vigny et de Victor Hugo, p. 189 à 219.

12526. Delaruelle (Louis). — Ce que Rabelais doit à Érasme et à Budé, p. 220 à 262.

12527. Latreille (C.). — Bossuet et Joseph de Maistre d'après des documents inédits , p. 263 à 281.

12528. Omont (H.). — Nouvelle correspondance inédite de Victor Jacquemont avec Mlle Zoé Noizet de Saint-Paul (1827-1832), p. 282 à 334, et 477 à 491.

12529. Bonnefon (Paul). — Charles Perrault, essai sur sa vie et ses ouvrages, pl., p. 365 à 420.

12530. Giraud (Victor). — Un fragment autographe du manuscrit primitif des *Mémoires d'outre-tombe* [de Chateaubriand], p. 421 à 435.

12531. Laumonier (P.). — Chronologie et variantes des poésies de Pierre de Ronsart, p. 436 à 466. — Suite de IX, p. 29; et X, p. 63, et 256.

12532. Toldo (P.). — A propos d'une inspiration de Rabelais, p. 467.

12533. Langlais (Jacques). — Notes inédites d'Alfred de Vigny sur Pierre et Thomas Corneille, p. 469 à 476.

12534. Delboulle (A.). — Notes lexicologiques, p. 492 à 511. — Suite de I, p. 178, 482; II, p. 108, 256; IV, p. 127, V, p. 287; VI, p. 285, 452; VIII, p. 488; IX, p. 469, et X, p. 320.

12535. Lanson (Gustave). — L'idée de la tragédie en France avant Jodelle, p. 541 à 585.

12536. May (Gaston). — Observations sur un passage des *Caractères* de La Bruyère, p. 586 à 593.

[Les nourritures et les contrats de mariage.]

12537. Grelé (Eugène). — Un roman de Barbey d'Aurevilly, *Germaine* ou *Ce qui ne meurt pas*, p. 594 à 651.

12538. Derocquigny (J.). — Quelques notes à la *Deffence* de du Bellay, p. 652.

12539. Largemain (Lieutenant-colonel). — Bernardin de Saint-Pierre, ses deux femmes et ses enfants, documents inédits, p. 654 à 669. — Suite de IX, p. 271, 448; et X, p. 646.

12540. Ritter (Eugène). — La première préface de *Zulma* [de Mme de Staël], p. 670.

12541. A. C. — Villemain exempté du service militaire [1813], p. 672.

SEINE. — PARIS.

SOCIÉTÉ D'HISTOIRE DE LA MÉDECINE.

Le professeur Blanchard avait essayé en 1901 de fonder une Société d'histoire de la médecine; cette tentative n'avait abouti qu'à la constitution d'un embryon de société quand l'idée fut reprise par le Dr Albert Prieur qui réussit avec l'appui de M. Blanchard à constituer au mois de janvier 1902 la Société française d'histoire de la médecine. Celle-ci fait paraître un *Bulletin* dont le tome I correspondant à l'exercice 1902 nous est parvenu trop tard pour être inséré dans notre précédent fascicule, nous en donnons l'analyse ci-dessous ainsi que celle du tome II publié en 1903.

I. — **Bulletin de la Société française d'histoire de la médecine**, publié par M. le Dr Albert Prieur, secrétaire général. T. I, 1902. (Paris, s. d., in-8°, 503 p.)

12542. Hamy (Dr). — Les blessés de Béveziers [1690], notice pour servir à l'histoire des débuts de la médecine navale en France, p. 37 à 52.

12543. Le Prince de Cardé et Roubinovitch (Dr J.). — Contribution à l'étude de l'état mental de jansénistes convulsionnaires, *facs.*, p. 53 à 63.

12544. Delaunay (Paul). — Les anciens médecins du Maine. Daniel Tauvry, p. 64 à 97.

12545. Schapiro (Dr). — Obstétrique des anciens Hébreux d'après la Bible et le Talmud, comparée avec la tocologie gréco-romaine, p. 98 à 132.

12545. Nicaise (Victor). — Notes pour servir à l'histoire de l'anatomie au xvi⁰ siècle et de la période prévésalienne, p. 133 à 147.

12547. Alezais (D'). — Un fait de réglementation des honoraires médicaux par le Parlement au xviii⁰ siècle, p. 148 à 151.

12548. Dureau (D' A.). — Contribution à l'histoire de la bibliographie médicale, p. 164 à 174.

12549. Cordier (D' P.). — L'enseignement médical dans l'Inde ancienne. Temps védico-brahmaniques, p. 177 à 191.

12550. Meunier (D'). — La *Politique du médecin* de Frédéric Hoffmann, p. 192 à 213.

12551. Prieur (D' Albert). — La maison où est mort Bichat [à Paris], étude de topographie historique, 2 pl., p. 214 à 235.

12552. Mac Auliffe (D' Léon). — La colique du Poitou, à propos d'une brochure de Bouvart contre Tronchin, 2 portr., p. 236 à 260.

12553. Blanchard (D' Raphaël). — Discours sur la tombe et devant la maison de Bichat, p. 261 à 276.

12554. Tillaux (D'). — Xavier Bichat et son influence sur la science contemporaine, p. 277 à 279.

12555. Pothier (D' Paul). — Bichat chirurgien, p. 280 à 284.

12556. Glet (E.). — Xavier Bichat et son œuvre biologique, p. 285 à 292.

12557. Prieur (D' Albert). — Xavier Bichat et l'histoire, p. 293 à 308.

12558. Blanchard (D' Raphaël). — Documents inédits concernant Xavier Bichat, *fac.*, p. 309 à 233 [*lisez :* 323].

12559. Vieillard (Camille). — Gilles de Corbeil, sa vie et ses œuvres, p. 344 à 382.

12560. Delaunay (Paul). — Guillaume Plançon [xvi⁰ s.], p. 383 à 400.

12561. Bergounioux (D'). — Le médecin principal d'armée Audouard et la théorie de la propagation de la malaria par les insectes, p. 401 à 418.

12562. Guyot (Édouard). — Contribution à l'étude historique des Quinze-Vingts. Manuscrit concernant le frère Bul et sa femme (1709), p. 419 à 426.

12563. Boutineau (F.-Em.). — Mœurs médicales en Touraine au xvii⁰ siècle, p. 427 à 441.

12564. Nicaise (Victor). — Chirurgiens et barbiers aux xiii⁰ et xiv⁰ siècles, p. 442 à 462.

12565. Prieur (D' Albert). — Une inscription en miroir sur un calvaire breton du xvii⁰ siècle [Kerroc'h], p. 463 à 466.

12566. Bacdouin (D' Marcel). — Inscriptions en miroir sur poteries gallo-romaines, p. 467 à 471.

12567. Liétard (D'). — Le pèlerin bouddhiste chinois I-tsing et la médecine de l'Inde au vii⁰ siècle, p. 472 à 487.

12568. Blanchard (R.). — Comptes d'apothicaire et de chirurgien provenant des papiers du chevalier d'Éon, p. 491 à 494.

12569. Le Double (D'). — Un certificat de maître en chirurgie [à Tours, 1783], p. 495 à 496.

12570. Blanchard (R.). — Lettre de Corvisart, p. 497.

12571. Blanchard (R.). — Un brevet de maître-juré-barbier-perruquier-baigneur-étuviste [à Meulan, 1767], p. 499.

II. — **Bulletin de la Société française d'histoire de la médecine,** publié par M. le D' Albert Prieur, secrétaire général, t. II, 1903. (Paris, s. d., in-8°, 533 p.)

12572. Meige (Henry). — Nouveaux documents ligurés sur les pédicures, p. 9 à 10.

12573. Lacronique (D' R.). — Étude historique sur les médailles et jetons de l'Académie royale de chirurgie (1731-1793), p. 23 à 79.

12574. Pailhas (D' B.). — Enfermerie diocésaine du Primitif asile d'aliénés d'Albi, fondé en 1763, par M⁰ʳ de Choiseul, 2 pl., p. 80 à 95.

12575. Boutineau (F.-Em.). — Mœurs médicales en Touraine au xvii⁰ siècle, un chirurgien royal juré [René Cuau], p. 96 à 111.

12576. Ruelle (Ch.-Em.). — Quelques mots sur Aëtius d'Amida, p. 112 à 123.

12577. Chaput (D' H.). — Un hôpital d'autrefois. Notre-Dame-des-Fontenilles de Tonnerre, 2 pl., p. 124 à 141.

12578. Meige (D' Henry). — Un dessin à la sanguine représentant une scène médicale hospitalière (école italienne, xvi⁰ siècle), p. 142 à 145.

12579. Vieillard (Camille). — Un uromante au xviii⁰ siècle, Michel Schuppach, 4 pl., p. 146 à 154.

12580. Blanchard (D' Raphaël). — Qui a vu le premier l'hématozoaire du paludisme? [Klencke, 1843; Maxime Cornu, 1871], *fig.*, p. 155 à 163.

12581. Fay (Maurice). — De la véritable origine du davier [pince de dentiste], 3 pl., p. 164 à 180.

12582. Delaunay (Paul). — Guillaume Bigot [1502 † vers 1550], p. 181 à 226.

12583. Courtade (D' A.). — Critiques de Montesquieu sur les théories concernant l'usage des capsules surrénales, p. 227 à 230.

12584. Boutineau (F.-Em.). — Testament de Jehan Froger, marchand et m⁰ appoticaire à Tours au xvi⁰ siècle [1569], p. 233 à 237.

12585. Blanchard (D' R.). — Ordonnance de 1770 concernant la vente des eaux minérales, *facs.*, p. 237 à 238.

12586. Ribier (L. de). — Notes sur les Coffinhal, p. 238 à 240.

12587. Ribier (D' de). — Les eaux minérales au xvii⁰ siècle, une ordonnance de 1613, p. 240 à 241.

12588. Blanchard (D' R.). — Mandement de l'évêque d'Auxerre relatif aux avortements et accouchements clandestins [1710], *facs.*, p. 252.

12589. Boutineau. — Voyage et conduite d'un moribond dans l'autre monde, gravure du xvii° siècle, p. 256 à 257.

12590. Brissaud et Meige (Henry). — Gravures anciennes représentant des accouchements, p. 260 à 262.

12591. Blanchard (D' R.). — Brevet de lieutenant du premier chirurgien du Roi à Beaugency en faveur de Jean Leroux [1736], facs., p. 264 à 265.

12592. Hamy (D' E.-T.). — Nos premiers chirurgiens d'armée, note pour servir à l'histoire des origines de la chirurgie militaire en France, p. 267 à 270.

12593. Claret (André). — Qui a découvert les ganglions prélaryngés? [André Laurent, médecin de Henri IV], p. 271 à 273.

12594. Baudouin (D' Marcel). — La maladie d'Alfred de Vigny, une erreur de diagnostic comme pour Napoléon I", p. 274 à 286.

12595. Meige (D' Henry). — Deux arlequinades en images satirisant la médecine, p. 287 à 290.

12596. Fay (Marcel). — La charge de premier médecin du Roy était-elle vénale?, p. 291 à 293.

12597. Delaunay (Paul). — André du Chemin [1577 † 1633], p. 294 à 308.

12598. Mac-Auliffe (D'). — Note sur trois précurseurs français du professeur Finsen, de Copenhague : Faure (1774), Le Comte et La Peyre (1776), p. 309 à 312.

12599. Nicaise (Victor). — A propos de Jean de Vigo (1460 † 1520), p. 313 à 347.

12600. Folet (D' H.). — Ambroise Paré, poète, pl., p. 348 à 363.

12601. Ballet (D' Gilbert). — Une observation anatomo-pathologique de Pierre Dionis (dilatation de l'oreillette droite du cœur) [1698], p. 364 à 368.

12602. Reber (B.). — Pharmacie de poche d'un médecin romain, 2 pl., p. 369 à 375.

12603. Ribier (L. de). — Quittances [médicales] des xiv° et xv° siècles, p. 379 à 381.

12604. Lacroniqk (D' R.). — Brevets concernant le premier chirurgien du Roy, p. 331 à 383.

[Germain Pichault de la Martinière (1747); Pierre-Léonard de Barlat (1748).]

12605. Bergounioux (D' J.). — La dernière maladie de Christine Boyer, première femme de Lucien Bonaparte, p. 396 à 409.

12606. Delaunay (Paul).¹ — Tanquerel des Planches [1810 † 1862], p. 410 à 432.

12607. Blanchard (D' Raphaël). — Les maladies vénériennes dans l'art, fig., p. 433 à 473.

12608. Meige (D' Henry). — Sur un retable de l'église Sainte-Dymphne à Gheel [province d'Anvers], p. 474 à 478. — Cf. n° 12612.

12609. Meunier (D' Léon). — Un jeton de l'Académie de chirurgie (1793), p. 479 à 481.

12610. Durrau (D' A.). — La dernière année de l'Académie de chirurgie, p. 482 à 487.

12611. Prieur (D' Albert). — Deux poésies sur la médecine et les médecins (documents manuscrits du xvii° siècle), p. 488 à 496.

12612. Marie (D' A.). — A propos de sainte Dymphne, fig., p. 497 à 504. — Cf. n° 12608.

12613. Meige (D' Henry). — Documents figurés sur les tics et les chorées, p. 505 à 512.

12614. Ribier (D' Louis de). — Quelques sceaux de médecins, apothicaires et barbiers dont les originaux sont conservés aux Archives nationales, p. 513 à 515.

12615. Vieillard (Camille). — La médecine néo-latine au vi° siècle d'après Cassiodore, p. 516 à 527.

12616. Ribier (D' Louis de). — Extrait du Recueil des mémoires concernant l'économie rurale, par une société établie à Berne en Suisse, publié par la Société d'agriculture établie à Clermont en Auvergne, p. 519 à 520.

SEINE. — PARIS.

SOCIÉTÉ D'HISTOIRE MODERNE.

Cette Société a été fondée en 1901 par les directeurs et les collaborateurs de la *Revue d'histoire moderne*. Ce recueil, quoique en relation étroite avec la Société, a conservé son existence indépendante et nous n'avons pas à l'analyser ici. La Société, par contre, a pris sous son patronage le *Répertoire méthodique de l'histoire moderne*, dont trois fascicules avaient déjà paru lors de sa fondation; elle a en outre publié divers volumes groupés sous la dénomination de *Bibliothèque d'histoire moderne* et un *Bulletin* de ses séances dont le premier volume n'est pas encore terminé.

12617. Brière (Gaston), Caron (Pierre) et Maistre (Henri). — Répertoire méthodique de l'histoire moderne et contemporaine de la France pour l'année 1901, 4° année. Publié sous les auspices de la Société d'histoire moderne. (Paris, 1903, in-8°, xl-334 p.)

[Les trois premiers volumes 1898, 1899, 1900 ont paru en 1899, 1901 et 1902.]

12618. Briès (Gaston), Caron (Pierre) et Maistre (Henri). — Répertoire méthodique de l'histoire moderne et contemporaine de la France, pour l'année 1902, 5ᵉ année. Publié sous les auspices de la Société d'histoire moderne. (Paris, 1904, in-8°, xxxvi-255 p.).

I. — Bibliothèque d'histoire moderne, pu-bliée sous les auspices de la Société d'histoire moderne, t. I, 1ᵉʳ[-3ᵉ] fascicule.

12619. Conard (Pierre). — La Peur en Dauphiné (juillet-août 1789). (Paris, 1904, in-8°, 284 p.)

12620. Mathiez (Albert). — Les origines des cultes révolutionnaires (1789-1792). (Paris, 1904, in-8°, 154 p.)

12621. Cahen (Léon). — Le grand Bureau des pauvres de Paris au milieu du xviiiᵉ siècle, contribution à l'histoire de l'Assistance publique. (Paris, 1904, in-8°, 83 p.)

SEINE. — PARIS.

SOCIÉTÉ DE L'HISTOIRE DE PARIS ET DE L'ÎLE DE FRANCE.

Les publications antérieures de cette Société sont analysées dans notre *Bibliographie générale*, savoir :

Mémoires, t. I à XII (1875-1885), *Bibliographie*, t. IV, p. 248.

— t. XIII à XXVII (1886-1900), *Bibliographie*, Supplément sous presse.

— t. XXVIII à XXX (1901-1903), *Bibliographie*, nouvelle série, I, p. 125; et II, p. 184.

Bulletin, t. I à XII (1875-1885), *Bibliographie*, t. IV, p. 251.

— t. XIII à XXVII (1886-1900), *Bibliographie*, Supplément sous presse.

— t. XXVIII à XXX (1901-1903), *Bibliographie*, nouvelle série, I, p. 125; et II, p. 184.

Documents (1879-1885), *Bibliographie*, t. IV, p. 125.

— (1886-1903), *Bibliographie*, Supplément sous presse, nouv. série, I, p. 126; et II, p. 186.

XXXI. — **Mémoires de la Société de l'histoire de Paris et de l'Ile-de-France,** t. XXXI, 1904. (Paris, 1904, in-8°, 311 p.)

12622. Guiffrey (Jules). — Les Gobelin, teinturiers en écarlate au faubourg Saint-Marcel, 2 *tableaux* et 3 *pl.*, p. 1 à 92.

12623. Borrelli de Serres (Colonel). — Livre de dépenses d'un dignitaire de l'église de Paris en 1248 (fragments), p. 93 à 118.

12624. Boislisle (A. de). — Le président [Chrétien-François] de Lamoignon (1644 † 1709), p. 119 à 159.

12625. Mirot (Léon). — Le Bernin en France, les travaux du Louvre et les statues de Louis XIV, *pl.*, p. 161 à 288.

12626. Fanet (Valère). — Paris militaire au xviiiᵉ siècle. Les casernes, p. 289 à 309.

XXXI. — **Bulletin de la Société de l'histoire de Paris et de l'Ile-de-France,** 31ᵉ année, 1904. (Paris, 1904, in-8°, 303 p.)

12627. Martin (Henry). — Testament de Simon Pizd'Oue, chanoine de Saint-Germain-l'Auxerrois (30 octobre 1307), p. 33 à 39.

12628. Greder (Léon). — Un peintre parisien, membre de l'Académie royale de peinture au xviiᵉ siècle. Louis de Nameur (1625 † 1693), p. 39 à 45.

12629. Rilly (Comte de). — Pierre tombale de René Choppin à Arnouville, p. 51.

12630. Babeau (Albert). — Les habitants du Palais des Tuileries au xviiiᵉ siècle, p. 53 à 71.

12631. Pascal (César). — L'Hostel royal de Longchamp, p. 71 à 78.

12632. H. O. [Omont (H.)]. — Jean du Tillet et le Trésor des chartes, p. 79 à 81.

12633. Omont (H.). — Mesure du circuit de Paris par le sᵣ de Reynier, p. 82.

12634. Aubert (Félix). — Reconstruction du Trésor de la sacristie de l'église Saint-Séverin (1540, 26 août), p. 83.

12635. Grouchy (Vicomte de). — La livrée du roi des Halles, marché passé par le duc de Beaufort avec Nicolas Roger, tailleur, pour l'habillement de ses gens (5 novembre 1650), p. 83 à 86.

12636. Bourgin (Georges). — Quatre actes concernant les origines du collège d'Harcourt, p. 98 à 108.

12637. Greder (Léon). — Un peintre parisien du xviiᵉ siècle. Jacques Rousseau (1631 † 1693), p. 108 à 115.

23.

12638. Coyecque (E.). — L'*Almanach des sans-culottes*, de l'abbé Mulot, p. 115 à 116.

12639. Stein (Henri). — Boccador et l'Hôtel de ville de Paris, p. 123 à 136. — Cf. n° 12645.

12640. T. des O. [Taudon des Ornes (A.)]. — Addition à l'état civil des citoyens nobles de Paris en 1789, p. 126 à 149. — Cf. *Mémoires*, XXVI, p. 255.

12641. Coyecque (E.). — Une inscription de l'église d'Auteuil, p. 149.

12642. Vidier (A.). — Recueil d'affiches et publications des jurés-crieurs de la Ville de Paris, p. 155.

12643. Lacombe (P.). — Envoi de Carel de Sainte-Garde à Huet; la monnaie des Étuves ou du Moulin, p. 157.

12644. Dorez (L.). — Dominique de Cortone et Pierre Chambiges, lettres adressées au cardinal du Bellay par Jean Tronson et Pierre Perdrier (septembre-octobre 1536), p. 158 à 170.

12645. Stein (Henri). — La vérité sur Rorcador, architecte de l'Hôtel de ville de Paris, p. 171 à 177. — Cf. n° 12639.

12646. Toetet (A.). — Rapport au Comité des inscriptions parisiennes sur l'architecte de l'Hôtel de ville, p. 177 à 181.

12647. Marruse (R.). — L'Hôtel de ville et le plan de tapisserie, p. 181.

12648. Picot (Émile). — Notice sur Nicolas Le Breton, chanoine de Paris (1506 † 1574), p. 183 à 189.

12649. H. O [Omont (H.)]. — La grande châsse de la Sainte-Chapelle à la fin du xv° siècle, pl., p. 189 à 191.

12650. Bournon (F.). — Chronique de l'année 1904, p. 191 à 197.

12651. Vidier (A.). — Chronique des archives, p. 197 à 199.

[Contrôle des actes des notaires de l'Aisne, et archives des communes de l'Aisne et de Seine-et-Marne.]

12652. Vidier (A.). — Bibliographie de l'histoire de Paris et de l'Île-de-France pour 1903-1904, p. 201 à 300.

SEINE. — PARIS.

SOCIÉTÉ DE L'HISTOIRE DU PROTESTANTISME FRANÇAIS.

Les publications antérieures de cette Société sont analysées dans notre *Bibliographie générale*, savoir :
Bulletin, t. I à XXXIV (1853-1885), *Bibliographie*, t. IV, p. 261.
— t. XXXV à XLIX (1886-1900), *Bibliographie*, Supplément sous presse.
— t. L à LII (1901-1903), *Bibliographie*, nouvelle série, I, p. 126; et II, p. 186.

LIII. — Société de l'histoire du protestantisme français,... Bulletin,... 53° année, 2° de la 5° série. Année 1904. (Paris, 1904, in-8°, 612 p.)

12653. Rivier (Th.). — Le protestantisme de Marguerite de France, duchesse de Berry, duchesse de Savoie, *portr.*, p. 7 à 35.

12654. Ritter (Eugène). — Encore un mot sur Didier Rousseau, p. 36 à 39.

12655. Stein (Henri). — Arrêts du Conseil d'État relatifs à la religion réformée sous le règne de Louis XIII, p. 39 à 46.

[Vitré, Montdidier, Frontignan, Metz, Éause.]

12656. Maillard (Th.). — Les dragons convertisseurs à Pamproux (1685), *fig. et facs.*, p. 46.

12657. N. W. [Weiss (N.)]. — La liberté des pères de famille et la mansuétude catholique sous Louis XIV [à Roupère], p. 51 à 54.

12658. N. W. [Weiss (N.)]. — Solidarité protestante, la direction des pauvres français réfugiés à Lausanne, p. 54 à 62.

12659. Ragon (J.-J.). — Quelques souvenirs huguenots du canton de Pujols (Gironde), p. 63.

12660. Weiss (N.). — Une prétendue ratification du traité d'Hamptoncourt (1562-1568), p. 67 à 70. — Cf. n° 12668.

12661. Weiss (N.). — Le portrait de Michel Servet, *fig.*, p. 89 à 93.

12662. Delon (Gabriel). — Cloche huguenote [à Saint-André-de-Valborgne (Gard)], p. 93.

12663. Bourrilly (V.-L.) et Weiss (N.). — Jean du Bellay, les Protestants et la Sorbonne (1529-1535), les poursuites, l'affaire des placards, *fig.*, p. 97 à 143.

12664. Patry (H.) et N. W. [Weiss (N.).] — Notes et documents sur la Réforme aux îles de Saintonge, p. 143 à 156.

12665. Ritter (Eugène). — Voltaire et le pasteur Robert Brown, p. 156 à 163.

12666. Cazenove (A. de). — Un portrait de Jean Cavalier, *fig.*, p. 163 à 166.

12667. Lacombe (Bernard de) et Felice (P. de). — La réaction catholique à Orléans au lendemain de la première guerre de religion, p. 173 à 186.

12668. Métais (L'abbé Ch.). — Une prétendue ratification du traité de Hamptoncourt, *facs.*, p. 186 à 192. Cf. n° 12660.

12669. Bonifas (E.-C.). — Les mariageurs de Sainte-Catherine (1742), p. 193 à 227.

12670. Thomas (Paul). — Nouvelles notes sur les Huguenots oléronnais (1671-1715), *fig.*, p. 227 à 233.

12671. Bonet-Maury (G.). — Le protestantisme français aux xvi° et xvii° siècles, p. 234 à 250, et 364 à 384.

12672. Weiss (N.). — La Réforme à Bourges au xvi° siècle, *fig.*, p. 307 à 359, et 474.

12673. Anonyme. — Asnières-les-Bourges, *fig.*, p. 359 à 364.

12674. Reuss (Rod.). — L'archevêque de Besançon Claude Le Coz et les protestants de la Franche-Comté sous le Premier Empire, p. 385 à 399.

12675. N. W. [Weiss (N.)]. — Statistique huguenote, le nombre des temples en 1655, p. 399.

12676. Benoit (Daniel). — Pierre de Vernejoul, procureur au Parlement de Guienne, et son journal inédit (1672-1691), *fig.*, p. 401 à 437.

12677. P. F. B. [Fonbrune-Berbinau (P.)]. — La vie et la mort du prédicant François Vivens d'après Baville, *facs.*, p. 437 à 443.

12678. Ritter (Eugène). — Madame Cottin, p. 444 à 448. — Cf. n° 12692.

12679. N. W. [Weiss (N.)]. — Industriels huguenots en Suisse (1691-1702), *fig.*, p. 449 à 452.

12680. N. W. [Weiss (N.)]. — Une commémoration perpétuelle de la Révocation à Charenton, p. 452 à 455.

12681. Corday (Jean). — La persécution religieuse en Périgord, le temple de Limeuil et le pasteur Jarlan (1668-1683), p. 455 à 459.

12682. Lenoux (Alfred) et Weiss (N.). — Le vitrail de la prédicante à Limoges, p. 466 à 470.

12683. Divers. — Procès aux cadavres, p. 470 à 474. — Cf. n° 7281.

[Honfleur, Toulouse, Chalon-sur-Saône.]

12684. Pannier (Jacques). — Les protestants français en Extrême-Orient au xvii° siècle, *carte*, p. 481 à 492.

12685. Patry (H.). — Notes inédites sur le père d'Agrippa d'Aubigné et sur son fils Constant, p. 493.

12686. Clouzot (Henri). — Constant d'Aubigné et sa première femme Anne Marchant, p. 495 à 497.

12687. Rodière (Roger). — Anciennes familles protestantes du Boulonnais et de la ville de Montreuil, p. 497 à 545.

12688. Calmette (J.). — Un protestant de Montpellier [Boyer] réfugié à Londres en 1690, p. 545 à 549.

12689. Weiss (N.). — La liberté des cultes sous la Révolution, p. 549 à 556.

12690. Lods (Armand). — L'arrêté du directoire du département de Paris du 11 avril 1791 et la loi du 7 mai 1791, p. 557 à 559.

12691. Weiss (N.). — Artistes huguenots. E. de Laulne, les Danfrie, N. Briot, les Dupré, les Richier, J. Rousseau, F. Vivarès, Émile Gallé, *pl.*, p. 561 à 567.

12692. N. W. [Weiss (N.)]. — A propos de Madame Cottin [1807], p. 574. — Cf. n° 12678.

SEINE. — PARIS.

SOCIÉTÉ DE L'HISTOIRE DE LA RÉVOLUTION FRANÇAISE.

Les publications antérieures de cette Société sont analysées dans notre *Bibliographie générale*, savoir :

La Révolution française, t. I à XXXIX (1881-1900), *Bibliographie*, Supplément sous presse.

— t. XL à XLV (1901-1903), *Bibliographie*, nouvelle série, I, p. 128; et II, p. 188.

Ouvrages divers, *Bibliographie*, Supplément sous presse, nouvelle série, I, p. 128; et II, p. 191.

XLVI. — La Révolution française, revue d'histoire moderne et contemporaine publiée par la Société de l'Histoire de la Révolution, directeur-rédacteur en chef A. Aulard, t. XLVI,

janvier-juin 1904. (Paris, 1904, in-8°, 576 p.)

12693. Pellet (Marcellin). — Notes bibliographiques sur l'*Histoire de la Révolution française* de Thiers, p. 5 à 12.

12694. Liesy (A.). — La presse révolutionnaire et la censure théâtrale sous la Terreur, p. 13 à 28, et 97 à 128. — Suite et fin de XLV, p. 306, et 447.

12695. Laurent (Gustave). — L'arrestation et la mort de Jean-Arnaud de Castellane, évêque de Mende, p. 29 à 56. — Suite de XLV, p. 530.

12696. Anonyme. — Une anecdote sur Fouquier-Tinville, p. 64 à 65.

12697. Gerbaux (F.). — Le mètre de marbre de la rue de Vaugirard, p. 129 à 152. — Cf. id. n° 12789.

12698. Bloch (Camille). — Le recrutement du personnel municipal en l'an IV [dans le Loiret], p. 153 à 167.

12699. Lamouzèle (Ed.). — Une statistique des écoles primaires dans la Haute-Garonne en l'an VII, p. 168 à 170.

12700. Mathiez (Albert). — Encore le mot *Montagne*, p. 171.

12701. Anonyme. — Gobel et la tolérance en 1791, p. 172.

12702. Anonyme. — David et son tableau du Jeu de paume, p. 172.

12703. Anonyme. — La Franc-maçonnerie sous le Consulat, p. 173.

12704. Desternes (L.) et Galland (G.). — La souscription pour l'acquisition du château de Chambord d'après le *Simple discours* (1821) et d'après des documents contemporains inédits, p. 207 à 235.

12705. Perroud (Cl.). — Lettres de Bosc sur l'annexion de la Belgique en 1792, p. 236 à 239.

12706. Anonyme. — Actes de soumission des chouans, facs., p. 240 à 243.

12707. Schmidt (Ch.). — Le mot *nationalisme* en 1813, p. 244.

12708. Chauvet. — Registre de la Société des amies des vrais amis de la Constitution à Ruffec (Charente) (1791-1792), p. 246 à 278.

12709. Claretie (Jules). — Le Père Loriquet et son *Histoire*, p. 295 à 307. — Cf. n°ˢ 12717 et 12750.

12710. Gautherot (Gustave). — Gobel, évêque constitutionnel de Paris, ses antécédents, p. 308 à 322.

12711. Noirel (Ernest). — La Société des amis de la Constitution de Melun, p. 323 à 345.

12712. Hermann (Gustave). — La Constitution de 1793 à Excideuil (Dordogne), p. 346 à 353.

12713. Dreyfus (Ferdinand). — L'association de bienfaisance judiciaire (1787-1791), p. 385 à 411.

12714. Brette (Armand). — La dette du clergé en 1789, p. 412 à 423.

12715. Uzureau (L'abbé) et Aulard (A.). — Le serment civique et la Constitution civile du clergé, p. 424 à 427.

12716. Pellet (Marcellin). — La pharmacie de Pauline Bonaparte [à l'île d'Elbe], p. 428 à 436.

12717. Bliard (P.). — Lettre à propos du P. Loriquet, p. 460. — Cf. n°ˢ 12709 et 12750.

12718. Brette (Armand). — La population de la France en 1789, p. 481 à 486.

12719. Sée (Henri). — Les cahiers de paroisses de la Bretagne en 1789, p. 487 à 513; et XLVII, p. 28 à 46.

12720. Aulard (A.). — Le Comité de salut public a-t-il suspendu la vente des biens nationaux en messidor an II? p. 514 à 517; et XLVII, p. 62 à 64.

12721. Mathiez (A.). — Les subsistances en thermidor an III. Rapport du Bureau du commerce, p. 518 à 533.

12722. Anonyme. — Un rapport de Fouché sur le journalisme clandestin en l'an X, p. 534.

12723. Anonyme. — Le socialisme à Meaux en l'an II, p. 535.

12724. Anonyme. — Une correspondance inédite de Mᵐᵉ de Staël, p. 536 à 538.

12725. Armand (Paul). — Éléments pour la biographie de Gambetta, p. 538 à 540.

12726. Anonyme. — L'instituteur laïque à Thones en floréal an II, p. 540 à 542.

12727. Anonyme. — Un manuscrit inédit de Louis Bonaparte, p. 542 à 544.

12728. Blossier. — Les funérailles à Honfleur en l'an II, p. 545 à 546.

XLVII. — **La Révolution française**, revue d'histoire moderne et contemporaine publiée par la Société de l'Histoire de la Révolution, directeur-rédacteur en chef A. Aulard, t. XLVII, juillet-décembre 1904. (Paris, 1904, in-8°, 576 p.)

12729. Brette (Armand). — Les cahiers de 1789 et les *Archives parlementaires*, p. 5 à 27.

[12719]. Sée (Henri). — Les cahiers de paroisses de la Bretagne en 1789, p. 28 à 46.

12730. Gerbaux (F.). — Les femmes soldats pendant la Révolution, p. 47 à 61.

[12720]. Aulard (A.). — Encore un mot sur la prétendue suspension de la vente des biens nationaux, p. 62 à 64.

12731. Mathiez (A.). — Subventions du Directoire aux Théophilanthropes, p. 65 à 67.

12732. Adher (J.). — Lettres de Barère et de Mailhe [1791], p. 78 à 82.

12733. Tuetey (A.). — Les archives anciennes du Ministère de la Justice aux Archives nationales, p. 97 à 120.

12734. Perroud (Cl.). — Sur l'authenticité des Mémoires de Brissot, p. 121 à 134.

12735. Bacmont (H.). — Les assemblées primaires et électorales de l'Oise, en 1792 (août-septembre), p. 135 à 178.

12736. Anonyme. — Une lettre du général Alexis Dubois sur les journées de prairial, p. 179 à 182.

12737. Brette (Armand). — La protection des manuscrits à propos de l'incendie de Turin, p. 193 à 197.

[Documents parisiens à reproduire.]

12738. Perroud (Cl.). — Note sur le bataillon marseillais du 10 août, p. 198 à 206.

12739. Leymarie (Camille). — Un épisode sentimental de l'affaire de Quiberon, l'évasion du comte de Montbron, p. 207 à 231.

12740. Aulard (A.). — Le patriotisme selon la Révolution française, p. 232 à 239.

12741. Perroud (Cl.). — Le Père Duchêne à Bergerac, p. 289 à 303, et 459.

[Antoine-François Lemaire.]

12742. Poupé (Edmond). — Les fédérés varois du 10 août, p. 304 à 325.

12743. Deschamps (Léon). — Les femmes soldats dans la Sarthe, p. 326 à 335.

12744. Naquet-Radiguet. — Procès-verbaux des séances de la Commission du Gouvernement (22 juin 1815-7 juillet 1815), p. 336 à 369.

12745. Mathiez (A.). — Une lettre de Grégoire [1792], p. 370 à 372.

12746. Liest (A.). — L'origine du Chant du départ et la date de sa composition, p. 385 à 408. — Cf. n° 12753.

12747. Le Gallo (E.). — Les jacobins de Cognac depuis l'établissement de la République jusqu'à la révolution du 9 thermidor d'après le registre de leurs délibérations, p. 409 à 435.

12748. Jovy (L.). — Les souvenirs inédits de Claude Dorizy, député à l'Assemblée législative de 1791, p. 436 à 458.

12749. Anonyme. — Lettre de l'ex-législateur Rudler au conventionnel Lasource sur la politique extérieure de la Révolution [6 avril 1793], p. 462 à 464.

12750. Grasilier (Léonce). — A propos du Père Loriquet, p. 465 à 466. — Cf. n°° 12709 et 12717.

12751. Labroue (Henri). — Lakanal et l'instruction civique dans la Dordogne en l'an II, p. 481 à 512.

12752. Blossier (A.). — Claude Fauchet, évêque constitutionnel du Calvados, ses rapports avec la municipalité et la Société des Amis de la Constitution de Honfleur, p. 513 à 542.

12753. Guillaume (J.). — A propos de l'*Hymne à l'Être suprême* et du *Chant du départ*, p. 543 à 548. — Cf. n° 12746.

12754. Bertal (Henri). — Les archives municipales d'Épernay, p. 549 à 557.

12755. Lacroix (Sigismond). — Le département de Paris et de la Seine pendant la Révolution (février 1791-ventôse an VIII). (Paris, 1904, in-8°, II-489 p.)

SEINE. — PARIS.

SOCIÉTÉ DE L'HISTOIRE DU THÉÂTRE.

Nous avons analysé, p. 192 du second fascicule de la nouvelle série de notre *Bibliographie*, les quatre premiers numéros du *Bulletin* publié par cette Société en 1902. Ce recueil a, depuis cette date, continué de paraître, mais assez irrégulièrement; les numéros 5 à 7 ont été distribués en 1903 et 1904; chacun d'eux ayant un titre spécial et une pagination particulière, nous en donnons ci-dessous l'analyse sans attendre qu'ils forment un volume complet.

Bulletin de la Société de l'histoire du théâtre, revue trimestrielle, 5° numéro. (Paris, s. d., gr. in-8°, 95 p.)

12756. Funck-Brentano (Frantz). — Cartouche auteur dramatique, *fig.*, p. 5 à 23.

12757. Cerzon (Henri de). — Le répertoire de l'Opéra en 1789, p. 25 à 31.

12758. Soubies (Albert). — Les comédiens membres de l'Institut, p. 33 à 41.

12759. Weckerlin (J.-B.). — Lettres de Meyerbeer sur les *Huguenots*, p. 43 à 46.

[12775]. Martis (Henry). — Journal d'Édouard Thierry, administrateur général de la Comédie-Française, *portr.*, p. 47 à 83.

12760. Charavay (Noël). — Engagement de Mlle Clairet [à l'Odéon, 1819], *facs.*, p. 86.

12761. Charavay (Noël). — Engagement de Bocage [1830], *facs.*, p. 88.

12762. Povoin (Arthur). — Programme du théâtre en Crimée, *facs.*, p. 90.

12763. Anonyme. — Scène de la *Dame aux Camélias* [aquarelle d'Eugène Lamy], *fig.*, p. 92.

12764. Ginisty (Paul). — Un programme de la Commune, *facs.*, p. 94.

Bulletin de la Société de l'histoire du théâtre, 6ᵉ numéro. (Paris, s. d., gr. in-8°, 95 p.)

12765. Pouroy (Arthur). — Un théâtre révolutionnaire en 1791. Le théâtre Molière, p. 3 à 30.

12766. Estournelles de Constant (Jean d'). — Un curieux document sur l'organisation des théâtres (1848-1850), p. 31 à 54.

[Discussion d'un projet de loi devant le Conseil d'État.]

12767. Claretie (Léo). — Les Compiègnes et la comédie de paravent sous le second Empire, p. 55 à 73.

12768. Martin (Henry). — Essai sur une nouvelle orchestre, précédé de quelques observations sur l'emplacement qu'il conviendrait de donner à la salle de la Comédie-Françoise, *fig.*, p. 76 à 80.

12769. Curzon (Henri de). — Un projet de théâtre d'enfants par la Montansier, p. 81 à 83.

12770. Anonyme. — Le Panthéon [salle de danse, rue de Chartres, à Paris], *fig.*, p. 84.

12771. Anonyme. — Un projet de tombeau pour Talma, *fig.*, p. 86.

12772. Anonyme. — Lettre de Talma, *facs.*, p. 88.

12773. Lavedan (Henri). — Éventails en papier : Le *Mariage de Figaro; Tarare.* — Masque en cuir de personnage de la comédie italienne (xviiiᵉ s.), *fig. sans texte*, p. 90 à 92.

12774. Anonyme. — Les théâtres de Paris (1815) dans le *Nain jaune*, *fig.*, p. 93 à 95.

Bulletin de la Société de l'histoire du théâtre, 7ᵉ numéro. (Paris, s. d., gr. in-8°, 95 p.)

12775. Martin (Henry). — Journal d'Édouard Thierry, administrateur général de la Comédie-Française, p. 3 à 19. — Suite de nᵒˢ II, p. 121; et V, p. 47.

12776. Ponsard (François). — Histoire d'une comédie. *L'Honneur et l'Argent* [de Ponsard], p. 21 à 33.

12777. Curzon (Henri de). — Un mot pour le théâtre de Dancourt, p. 35 à 40.

12778. Rouanet (Léo). — Les saînètes de Juan del Castillo, p. 41 à 64.

12779. Clouzot. — Affiche d'une tournée théâtrale au xviiiᵉ siècle (Poitiers, 1790), *facs.*, p. 66.

12780. Donchain (Auguste). — Le cabinet [meuble] de Pierre Corneille, *fig.*, p. 67 à 73.

12781. Claretie (Léo). — Les *Commentaires de César* [revue jouée à Compiègne, 1865], *fig.*, p. 74.

12782. Claretie (Léo). — Le théâtre de la princesse Mathilde, *fig.*, p. 76.

12783. Truffier (J.). — Portrait de Molière, *fig.*, p. 78.

12784. Anonyme. — Quelques programmes [dessinés par E. Detaille] pour les représentations du Cercle de l'Union artistique, *fig.*, p. 80 à 84.

12785. Truffier (Jules). — Un document sur la Montansier, p. 85 à 87.

12786. Duval (Gaston). — Note sur des peintures de décoration théâtrale au xviiᵉ siècle, *fig.*, p. 88 à 93.

SEINE. — PARIS.

SOCIÉTÉ HISTORIQUE DU VIᵉ ARRONDISSEMENT.

Les publications antérieures de cette Société sont analysées dans notre *Bibliographie générale*, savoir :
Bulletin, t. I à III (1898-1900), *Bibliographie*, Supplément sous presse.
— t. IV et V (1901-1902), *Bibliographie*, nouvelle série, I, p. 130; et II, p. 194.

VI. — Bulletin de la Société historique du VIᵉ arrondissement de Paris, année 1903. (Paris, s. d., in-8°, 239 p.)

12787. Herbet (Félix). — Théodore Lafon (1849†1903), p. 40.

12788. Fromageot (Paul). — La rue de Buci, ses maisons et ses habitants, 18 *pl.*, p. 42 et 202; VII, p. 74, et 132.

12789. Geraux (Fernand). — Le mètre de marbre de la rue de Vaugirard, p. 97 à 168. — Cf. id. n° 12697.

12790. Demourines (Gabriel). — L'ancien hôtel des pompes rue Mazarine, p. 180 à 201.

VII. — Bulletin de la Société historique du VIᵉ arrondissement de Paris, année 1904. (Paris, s. d., in-8°, 205 p.)

12791. Herbet (Félix). — Nécrologie, p. 38 à 40.

[Le Dʳ Dureau (1831 † 1904); Victor Advielle (1833 † 1904)]

12792. Raflin (Numa).— A.-M.-H. Boulard, ancien maire du xi° arrondissement (1754 † 1825), *portr.*, p. 41 à 65.

12793. Letourneau (L'abbé). — Note historique sur la communauté des Filles de la Charité, paroisse Saint-Sulpice, p. 66 à 73.

[12788]. Fromageot (P.). — La rue de Buci, ses maisons et ses habitants, 7 *pl.*, p. 74, et 132.

12794. Vaulabelle (Alfred de). — L'hôtel de Nemours et les Cartiers, p. 103 à 105.

12795. Masson (Henri). — Actes d'état civil, p. 106 à 108.

[Actes de naissance de Joseph Bertrand (1822), du général Cavaignac (an xi), de Gounod (1818), de Camille Rousset (1821).]

SEINE. — PARIS.

SOCIÉTÉ HISTORIQUE ET ARCHÉOLOGIQUE DES VIII° ET XVII° ARRONDISSEMENTS.

Les publications antérieures de cette Société sont analysées dans notre *Bibliographie générale*, savoir : *Bulletin*, t. I et II (1899-1900), *Bibliographie*, Supplément sous presse.
— t. III à V (1901-1903), *Bibliographie*, nouvelle série, I, p. 131 ; et II, p. 194.

VI. — Bulletin de la Société historique et archéologique des VIII° et XVII° arrondissements de Paris..., 6° année, 1904. (Paris, s. d., in-8°, 83 p.)

12796. Babeau (Albert). — L'hôtel de la Reynière, p. 29 à 34.

12797. Le Senne (Eugène). — Un entôlage à Monceaux sous Louis XVI, p. 35.

12798. Groël (Léon). — L'église de la Madeleine, *fig.* et 2 *pl.*, p. 37 à 55. — Suite de IV, p. 31; et V, p. 20.

12799. Greder (Léon). — Les origines de la rue Puteaux à Batignolles, p. 56 à 58.

12800. Babeau (Albert). — La reconstruction de l'église Saint-Philippe du Roule, p. 71 à 76.

12801. Le Senne (Eugène). — Le Carmel de l'avenue de Messine, p. 77.

12802. Circaud (Edgard). — La fête du 18 juillet 1790 aux Champs-Elysées, p. 79 à 81.

12803. Le Senne (Eugène). — La place de la Concorde gare de chemin de fer, p. 81.

SEINE. — PARIS.

SOCIÉTÉ HISTORIQUE D'AUTEUIL ET DE PASSY.

Les tomes I à III de cette Société, publiées de 1892 à 1900, seront analysés dans le Supplément de notre *Bibliographie générale* actuellement en cours d'impression.

IV. — Bulletin de la Société historique d'Auteuil et de Passy, t. IV, années 1901-1903. (Paris, s. d., in-4°, 352 p.)

12804. Mai (Léopold). — Curieux litige entre l'abbé Le Ragois et le sieur Guichon (1724-1725), p. 10 à 12.

12805. Wahl (Edmond). — Madame de Genlis (1746-1830), p. 12. — Suite de III, p. 300.

12806. Mai (L.). — Le passage des Eaux, *fig.*, p. 15.

12807. Doniol (Auguste). — Note sur l'histoire des avenues et rues de Passy, p. 16.

12808. Cortambert (Lucien). — Eugène et Richard Cortambert, géographes, p. 22.

12809. Mai (Léopold). — Bibliographie [rétrospective], p. 24. — Suite de II, p. 234 et 252.

[Boulogne, Bois de Boulogne, Mont-Valérien, Auteuil, Passy, Chaillot, Champs-Élysées.]

12810. Mai (Léopold). — Iconographie, p. 28.

[Boulogne, Bois de Boulogne, Auteuil, Passy, Chaillot.]

12811. Divers. — Éphémérides du xvi° arrondissement [xvi°-xx° s.], *fig.*, p. 30, 219, et 274.

12812. Léna (Maurice). — Sur [la musique à] l'abbaye de Longchamp, p. 33.

12813. Potin (Émile). — Pharmaciens [étiquette; la place Béranger, actuellement place de Passy], p. 33.

12814. Chandebois (D'). — Incendie de la glacière du Bois de Boulogne (janvier 1868), p. 33.

12815· L. M. [Mar (Léopold)]. — Cadet Buteux à Longchamp, p. 34.

12816. Potin (Émile). — Eugène Manuel [† 1901], 2 pl., p. 42 à 52.

12817. Lhomme (P.). — M. Jules de Strada, fig., p. 57.

12818. Wahl (Edmond). — Henri IV à Longchamp, p. 60.

12819. Mar (Léopold). — Ponsard à Passy, p. 61.

12820. Lazard (Lucien). — La justice de paix du canton de Passy, 1790-an ix. Inventaire sommaire [du fonds conservé aux Archives de la Seine], p. 63, et 83.

12821. Mar (L.). — Miln et son fils au château de la Muette (1785-1793), p. 68.

12822. Dupuy (Adrien), Vaquez (Léon), etc. — Discours prononcés le 27 octobre 1901 à l'inauguration de la plaque commémorative dédiée par la Société historique d'Auteuil et de Passy à son ancien président Eugène Manuel, p. 77 à 81.

12823. Divers. — Nécrologie, p. 82.

[Dragon († 1900); le commandant Eugène Dubois (1843 † 1901); le baron Maurice-Alexandre de Berwick († 1901).]

12824. Wahl (Edmond). — Beaumarchais chez Franklin à Passy (3 décembre 1777), p. 87.

12825. Mar (Léopold). — Fragments de correspondance de Boileau se rattachant à sa maison d'Auteuil, fig., p. 87.

12826. Potin (É.) — Rameau, fig., p. 90.

12827. Chochud-Lavergne (Rose). — Réception de Boileau à l'Académie française, p. 92.

12828. Chochud-Lavergne (Rose). — Annonces de mariage historiques, p. 92.

[Lettres de Victor Hugo et de Jules Janin.]

12829. L. M. [Mar (Léopold)]. — Suites de la fête de la Fédération du 14 juillet 1790, p. 93.

12830. Mar (L.). — Le cadavre mystérieux [la maison de Villemessant, 64, avenue du Bois-de-Boulogne], p. 93.

12831. Roigne (Ch. de). — Le bal du Ranelagh en 1844, p. 94.

12832. Chandebois (D'). — Les animaux du Jardin d'acclimatation, 1870. Souvenir du siège, p. 95.

12833. Divers. — Victor Hugo, portr., p. 104 à 107.

12834. Leys (L.) et E. P. [Potin (É.)]. — La fête du 27 février 1881. Victor Hugo entrant dans sa 80e année, p. 105 à 107.

12835. Duchesne (Gaston). — Les trente demeures successives de Victor Hugo, p. 107 à 112.

12836. Potin (Émile). — La maison de l'avenue d'Eylau (souvenir), fig., portr. et facs., p. 113 à 124.

12837. Anonyme. — La maladie de Victor Hugo, sa mort (22 mai 1885), p. 124 à 126.

12838. Chandebois (Ch.). — Les funérailles de [Victor Hugo], fig., p. 127 à 129.

12839. E. P. [Potin (Émile)]. — Le centenaire [de Victor Hugo] du 26 février 1902. Le monument de Barrias, p. 129 à 137.

12840. Glachant (Paul). — Un musée Victor Hugo, la collection Louis Kock, p. 138 à 141.

12841. Divers. — Variétés [sur Victor Hugo], p. 142 à 146.

12842. Chandebois (Ch.). — Essai de bibliographie et iconographie sur les dernières années de Victor Hugo, p. 146 à 147.

12843. Forges de Montagnac (H. de). — La place de l'Étoile créée en 1670, p. 153.

12844. Mar (Léopold). — La maison Prevost, à Auteuil, près Paris, fig., p. 153 à 155.

12845. Mar (Léopold). — Un coin du vieil Auteuil, fig., p. 155.

12846. Tabariès de Grandsaignes. — Véritable signification du nom de Chaillot, p. 156 à 158.

12847. Tabariès de Grandsaignes (E.). — Vieilles bribes sur Chaillot, p. 158 à 160.

12848. Tabariès de Grandsaignes (E.). — Trois gravures d'Israël Silvestre, fig., p. 161.

[L'église des Bonshommes de Chaillot et le village de Passy.]

12849. Foulon. — Portraits de [Charles]. Fontaine et Percier [par Boilly], fig., p. 163.

12850. Tabariès de Grandsaignes. — Passy, villa gallo-romaine, p. 164.

12851. Mar (Léopold). — Passy en 1726, rues, maisons, enseignes, noms de ses principaux habitants, champtiers ou lieuxdits, etc., p. 165 à 168.

12852. Mar (Léopold). — Le 16e régiment de la Garde nationale (de Paris) à Buzenval, p. 168 à 170.

12853. L. M. [Mar (Léopold)]. — Tentative d'assassinat sur le baron de Las-Cases à Passy [1825], p. 170 à 172.

12854. Mar (Léopold). — A Passy. Enseignes et noms drôles, p. 172.

12855. Tabariès de Grandsaignes. — Le vieux Billancourt, p. 174.

12856. Décret (M. et H.). — Souvenir de trois jours d'angoisses [22-24 mai 1871], p. 175.

12857. É. P. [Potin (É.)]. — Nécrologie. M. Hervé Faye [† 1902], p. 187.

12858. Wahl (Edmond). — La vie de Boileau à Auteuil, facs., p. 191 à 196.

12859. Tabariès de Grandsaignes. — Nigeon et les échalas de l'évêque Bertran, p. 196 à 198.

[Legs par Bertran, évêque du Mans, du domaine de Nigeon à l'église Saint-Germain en la Cité (vii° s.).]

12860. Mar (L.). — Une visitandine de Chaillot, membre de l'Académie royale de peinture et de sculpture [Anne-Renée Strésor, 1651 † 1713], p. 198.

12861. CHANDEBOIS (Ch.). — Quelques promenades de Louis XV en 1722 [à la Muette et au Bois de Boulogne], *plan*, p. 199 à 201.

12862. CHANDEBOIS (Ch.). — Premiers essais de la navigation à vapeur sur la Seine à Chaillot, *portr.*, p. 201 à 204.

12863. MICHEL (Gustave). — Rude et l'Arc de triomphe, *portr.*, p. 204 à 207.

12864. CHOCHOD LAVERGNE (Rose). — Madame de Girardin, *portr.*, p. 207 à 210.

12865. MAR (Léopold). — Les belles façades du xvi⁰ arrondissement, *fig.*, p. 210 à 217.

12866. ANONYME. — Une carrière hospitalière [la marquise de Sablé dans les carrières de Chaillot], p. 217.

12867. ANONYME. — Bugeaud et Dulong [duel au Bois de Boulogne], p. 217.

12868. CHANDEBOIS (Ch.). — Rachel à la Barrière de l'Étoile, p. 218.

12869. TABARIÈS DE GRANDSAIGNES. — Un homme de bien d'Auteuil. Le chirurgien Gendron [† 1750], *portr.*, p. 226 à 230.

12870. MAR (L.). — Quelques notes sur le château de la Tuilerie et le couvent de l'Assomption, à Auteuil, *fig.*, p. 230.

12871. WAHL (Edmond). — La fabrique de bas de soie du château de Madrid, p. 232.

12872. MAR (L.). — Le château seigneurial de Passy, *fig.*, p. 233 à 235.

12873. MAR (L.). — Notes sur les derniers seigneurs de Passy, p. 235 à 238.

12874. POTIN (Ém.). — Ce qu'il en coûtait jadis pour violer les règlements de carrières, pour voler de l'avoine en verd et de la volaille la nuit [à Chaillot], p. 238.

12875. CHANDEBOIS (Ch.). — La faisanderie royale du Bois de Boulogne (1773), p. 240.

12876. MAR (L.). — Origine des sociétés historiques, p. 241.

[Lettre de Colbert à N. de Breteuil, 19 juin 1683.]

12877. MAR (L.). — Chapelle et son valet Godemer à Auteuil, p. 241.

12878. POTIN (Ém.). — Un dîner de 18,000 francs [Armand Dutacq et ses collaborateurs du *Charivari*], p. 242.

12879. DAUVERGNE (Henri). — La maison d'arrêt de la Garde nationale à Auteuil, *fig.*, p. 242 à 243.

12880. TABARIÈS DE GRANDSAIGNES. — Vieilles misères fiscales de Chaillot et d'Auteuil [xvii⁰ s.], p. 257 à 259.

12881. TABARIÈS DE GRANDSAIGNES. — Boileau en négligé (simple note), *portr.*, p. 259.

12882. MAR (Léopold). — Robert de Cotte et son fils, biographie locale, *portr.*, p. 260 à 264.

12883. LE SENNE (Eugène). — Jean-Silvain Bailly, premier maire de Paris, son ermitage de Chaillot, *portr.*, p. 264 à 267.

12884. TABARIÈS DE GRANDSAIGNES. — Quelques mots sur le peintre Hubert Robert, *portr.*, p. 267 à 270.

12885. MAR (Léopold). — Raynouard et son temps, *portr.*, p. 270 à 274.

12886. BRAU DE SAINT-POL-LIAIS. — Mme la comtesse de Mouzay [† 1903], p. 283.

12887. POTIN (Émile). — Émile Saint-Lanne [† 1903], p. 284..

12888. MAR (L.). — M. Arthur Dauvergne [† 1903], p. 285.

12889. MAR (Léopold). — Quelques documents sur l'ancien Chaillot (partie comprise dans le xvi⁰ arrondissement), p. 286 à 290.

12890. POTIN (Émile). — L'île des Cygnes, formation, grandeur, décadence, disparition, confusion avec la digue de Grenelle, *fig. et pl.*, p. 290 à 293.

12891. TABARIÈS DE GRANDSAIGNES. — Un oublié, Jean Morhier [fondateur du couvent des Bonshommes de Chaillot, xv⁰ s.], p. 294.

12892. WAHL (Edmond). — Mlle Necker chez Mme Helvétius [à Auteuil], p. 294.

12893. MAR (L.). — Jean-Guillaume Moitte, sculpteur (1747 † 1810), *portr.*, p. 295.

12894. ROUVIER (Félix). — Le dernier maire d'Auteuil, Jehenot [Pierre-Antoine-Louis, † 1869], *portr.*, p. 297 à 301.

12895. CHANDEBOIS (Ch.). — Domaine et pavillon de la Muette, démembrements (1821-1903), *fig.*, p. 301 à 303.

12896. MAR (Léopold). — M. Eugène Combaz [architecte, † 1881], *portr. et fig.*, p. 305 à 307.

12897. L. M. [MAR (Léopold)]. — La servante de Molière, p. 306 à 308.

12898. POTIN (Émile). — Léopold-Prosper Mar [1825 † 1903], *portr.*, p. 322 à 325.

12899. DUCHESNE (Gaston). — Lettre du Roy aux supérieures des quatre maisons de la Visitation Sainte-Marie de Paris [1676], p. 326 à 328.

12900. MAR (Léopold). — Debucourt, son séjour et son mariage à Passy [1803], *portr.*, p. 329 à 332.

12901. MAR (Léopold). — Joseph Michaud [1767 † 1839]. Poujoulat [1806 † 1858], *portr.*, p. 333 à 336.

12902. MAR (Léopold). — Villemain et Aimé Martin au château de la Tour [à Passy], *portr.*, p. 336 à 340.

SEINE. — PARIS.

SOCIÉTÉ DE LINGUISTIQUE.

Les publications antérieures de cette Société sont analysées dans notre *Bibliographie générale*, savoir :
Mémoires, t. I à V (1868-1884), *Bibliographie*, t. IV, p. 315.
— t. VI à XI (1889-1900), *Bibliographie*, Supplément sous presse.
— t. XII (1903), *Bibliographie*, nouvelle série, II, p. 195.
Bulletin, t. I à VI (1869-1888), *Bibliographie*, t. IV, p. 319.
— t. VII à X (1889-1898), *Bibliographie*, Supplément sous presse.
— t. XI (1899-1901), *Bibliographie*, nouvelle série, I, p. 131.

XII. — Bulletin de la Société de linguistique de Paris, t. XII, 1901-1903. (Paris, 1903, in-8°, CXLIII p.)

12903. ABEILLE (Lucien). — *Agouti*. Gaiac, p. LV à LVIII.

12904. CHARENCEY (DE). — Étymologies françaises et provençales : gouailler, gouge, maroufler, farfadet, caracol, traveler, enhuder, dehuder, gorron, yaune, p. LIX à LXIV.

12905. GUSTAFSSON (F.). — Étymologies latines. Verbes pronominaux : amare, sinere; cunae, conari, cunctari, ciconia; colo, color; formido, p. LXV à LXVIII.

12906. RAMSAUD (J.-B.). — Les pronoms personnels et les possessifs en woloff, p. CXVI à CXX.

12907. CHARENCEY (DE). — Romanica, p. CXXI à CXXIII.

[Bègue, potin, trufar, tomahawk, savate, sabot.]

12908. CHARENCEY (Comte H. DE). — De quelques préfixes péjoratifs en français, p. CXXIV à CXXXVIII.

SEINE. — PARIS.

SOCIÉTÉ PHILOLOGIQUE (ŒUVRE DE SAINT-JÉRÔME).

Les publications antérieures de cette Société sont analysées dans notre *Bibliographie générale*, savoir :
Actes, t. I à XV (1869-1885), *Bibliographie*, t. IV, p. 364.
— t. XVI à XXVIII (1886-1900), *Bibliographie*, Supplément sous presse.
Bulletin, t. I et II (1880-1898), *Bibliographie*, t. IV, p. 366.
Œuvre de Saint-Jérôme, t. I à III (1883-1886), *Bibliographie*, t. IV, p. 368.
Année linguistique, t. I (1901-1902), *Bibliographie*, nouvelle série, II, p. 196.

XXIX. — Actes de la Société philologique (organe de l'Œuvre de Saint-Jérôme), t. XXIX (1er de la 3e série), année 1903. (Paris, 1903, in-8°, 304 p.)

12909. DOULCET (Mgr). — Dictionnaire italien-bulgare-français [A-Esordire], p. 1 à 304.

II. — L'Année linguistique, publiée sous les auspices de la Société de philologie (organe de l'Œuvre de Saint-Jérôme), t. II, 1903-1904. (Paris, 1904, in-16, 327 p.)

12910. LEPITRE (L'abbé A.). — Langues hindoues, p. 1 à 24.

12911. LEPITRE (L'abbé A.). — Langues éraniennes, p. 25 à 42.

12912. BOURDAIS (L'abbé P.). — Langues des cunéiformes, p. 43 à 80.

12913. Vinson (Julien). — Les études basques de 1901 à 1904, p. 81 à 104.

12914. Bouvat (Lucien). — La philologie turque depuis 1900, p. 105 à 146.

12915. Marre (Aristide). — Aperçu bibliographique des travaux relatifs aux peuples de race malaise qui ont été publiés pendant les années 1901, 1902 et 1903, p. 147 à 187.

12916. Rambaud (Capitaine). — Les langues de l'Afrique occidentale, p. 187 à 203.

12917. Monick (Le P. A.-G.). — Les langues dénées [Amérique du Nord], p. 205 à 247.

12918. Léon (Dʳ Nicolas). — Les langues indigènes du Mexique au xixᵉ siècle, p. 249 à 281.

12919. Guilbeau. — L'Esperanto ou lingo internacia, p. 283 à 323.

SEINE. — PARIS.

SOCIÉTÉ PHILOTECHNIQUE.

Les publications antérieures de cette Société sont analysées dans notre *Bibliographie générale*, savoir :

L'Ami des arts, t. I et II (1796), *Bibliographie*, t. IV, p. 368.

Annuaire, t. I à XLIV (1840-1885), *Bibliographie*, t. IV, p. 368.

— t. XLV à LIX (1886-1900), *Bibliographie*, Supplément sous presse.

— t. LX et LXI (1901-1902), *Bibliographie*, nouvelle série, I, p. 132 ; et II, p. 196.

LXII. — Annuaire de la Société philotechnique, année 1903, t. LXII. (Paris, 1904, in-8°, 180 p.)

12920. Moireau (A.). — La ville et les seigneurs des Baux, p. 26 à 39.

12921. Camoin de Vence. — Le duel de Beaumarchais et de Mᵐᵉ de Goesman, p. 107 à 125.

SEINE. — PARIS.

SOCIÉTÉ «LA SABRETACHE».

Les publications antérieures de cette Société sont analysées dans notre *Bibliographie générale*, savoir :

Carnet de la Sabretache, t. I à VIII (1893-1900), *Bibliographie*, Supplément sous presse.

— — t. IX à XI (1901-1903), *Bibliographie*, nouvelle série, I, p. 132 ; et II, p. 197.

XII. — Carnet de la Sabretache. Revue militaire rétrospective publiée... par la Société «La Sabretache», 2ᵉ série, 2ᵉ volume. (Paris, 1903, in-8°, 418 p.)

12922. Martin (Commandant Emm.). — La Garde de Paris (1802-1813), 2 pl., p. 1 à 7.

[12948]. Colonel S. — Le 4ᵉ bataillon de chasseurs à pied en Crimée. Lettres du capitaine Mennessier, *fig.*, *facs.* et 8 pl., p. 8, 65, 143, 199, 280, et 321.

12923. Mayenne (Raymond). — Précis des opérations militaires de la 18ᵉ demi-brigade de ligne en Suisse (1798), *portr.*, p. 17 à 26.

[Souvenirs du général Malterre.]

12924. Persan (Comte de). — Le colonel duc d'Esclignac [1790 † 1873], notice biographique et souvenirs de campagne, *portr.*, p. 27, 81, et 165.

12925. Castanié (Fr.). — Souvenirs du marquis [Amédée] de Pastoret, campagne de 1813, *portr.*, p. 37, 106, et 153.

12926. Ammas. — Liste des objets entrés au Musée historique de l'armée du 10 mai 1902 au 15 juin 1903, p. 48 à 64. — Cf. n° 12970.

12927. Anonyme. — Officier du 93 highlanders en tenue de parade [Crimée], *pl. sans texte*.

12928. Anonyme. — Le général baron Baillod [Jean-Pierre] (1771-1853), p. 75 à 80.

12929. H. V. — Souvenirs du régiment de Guyenne. Les cadets-gentilshommes, p. 93 à 100.

12930. Bottet (Capitaine M.). — Les dernières armes d'honneur et de récompense, *pl.*, p. 101 à 105.

12931. Chéné (Commandant). — Une journée du général Bonaparte pendant la campagne de 1796 [relation de Luigi Altimani, de Novellara], *fig.*, p. 115 à 127.

12932. Margerand (J.). — Les grenadiers à cheval et les chasseurs à cheval de la Garde impériale, 2 *pl.*, p. 129 à 142.

12933. Marmottan (Paul). — Le capitaine de vaisseau Jean-Jacques Magendie (1766 † 1835), *fig. et pl.*, p. 169 à 184.

12934. Hauvette (Commandant). — Lettres écrites de l'armée du Rhin [par F.-J. Ventrillon] (1800), p. 185 à 192, et 236 à 248.

12935. Cottreau (G.). — Les Gardes de la porte du Roi et leur dernier capitaine-colonel le vicomte de Vergennes en 1783, *pl.*, p. 193 à 198.

12936. Martin (Commandant Emm.). — Le drapeau du 125e régiment de ligne en 1812, p. 215 à 218.

12937. Morris (Mlle Émilie). — Louis-Michel Morris, général de division de cavalerie (1803 † 1867), *portr.*, p. 219 à 222.

12938. Hennet (Léon). — Les États militaires de la France, p. 223 à 235, et 302 à 315.

12939. Orville (E.) et Chavanne (capitaine). — Documents sur les dragons (XVIIIe s.), p. 249 à 256.

12940. Sauzey (Commandant). — Les Allemands sous les aigles françaises. Le contingent badois [1805-1813], *pl.*, p. 257 à 279.

12941. Bottet (Capitaine M.). — L'Exposition militaire de Strasbourg, *fig. et 2 pl.*, p. 294 à 301.

12942. Bailleuacue (Marcel de). — Gaspard de Pina, capitaine de grenadiers au régiment de Bourgogne [† 1713], p. 316 à 320.

12943. Colonel S. — Rapport d'un sous-officier de cavalerie [avant la bataille d'Essling] (1809), p. 345 à 349.

12944. Mortureux (Commandant). — Épisode de la guerre d'Espagne. Récit d'un témoin oculaire (le capitaine Courlot), p. 350 à 352.

[12950]. Castanié (F.). — Histoire du sergent-major Orson, de la 109e demi-brigade, 2 *pl.*, p. 353 à 376.

12945. G. M. — Le général baron Schiner [1781 † 1845], *portr.*, p. 377 à 379.

12946. Juster (Capitaine). — Marché pour l'habillement du régiment Royal-Piémont-Cavalerie (1727), p. 380 à 383.

XIII. — **Carnet de la Sabretache**, revue militaire rétrospective publiée mensuellement par la Société « La Sabretache », 2e série, 3e volume. (Paris, 1904, in-8°, 803 p.)

12947. Margerand (J.). — Un sous-officier de carabiniers en 1813, *pl.*, p. 1 à 4.

12948. Colonel S. — Le 4e bataillon de chasseurs en Crimée. Lettres du capitaine Mennessier, *fig.*, p. 5 à 20. — Suite de XI, p. 65, 145, 204, 266, 321; XII, p. 8, 65, 143, 199, 280, et 321.

12949. Anonyme. — Le cheval de bataille de Napoléon Ier, *pl. sans texte*.

12950. Castanié (Fr.). — Histoire du sergent-major Orson de la 109e demi-brigade, p. 21, 70, 152, 196, 279, 346, et 427. — Suite de XII, p. 353.

12951. C. — Trois compagnies de chevau-légers en 1623, p. 40 à 45.

12952. Juster (Capitaine). — Un soldat d'Afrique. Journal du sergent-major Roussier, du 12e de ligne (expédition de Kabylie : mai-juillet 1849), p. 46 à 62.

12953. Bottet (Capitaine M.). — La garde nationale parisienne. Le Lys et la Fidélité, *pl.*, p. 65 à 69.

12954. Gasser. — Le général vicomte Clerc (1774 † 1846), *portr.*, p. 101 à 102.

12955. Lieutenant-colonel L. M. — Souvenirs du 14e léger (1805-1812), par un officier du corps [P.-A. Paris], p. 103 à 127.

12956. Martin (Commandant Emm.). — Le général baron Dautancourt et la gendarmerie d'élite pendant les Cent jours, *pl.*, p. 129 à 146, et 216 à 227.

12957. Pardailhé-Galabrun. — Le général Jean Hardy (1762 † 1802), *portr.*, p. 147 à 151.

12958. Churchill (S.). — Journal d'un officier du régiment de la Sarre-Infanterie pendant la guerre d'Amérique (1780-1782) [Georges-Alexandre-César de Saint-Exupéry], *port.*, p. 169, 240, 305, et 361.

12959. Cottreau (G.). — Bagues militaires de 1815 et 1824, *fig.*, p. 186 à 189.

12960. G. G. — Portrait d'un officier du 2e régiment des lanciers de la garde impériale, *pl.*, p. 193 à 195.

12961. M. E. — Guindney (Jean-Baptiste) (1785 † 1813), *fig., portr. et facs.*, p. 228 à 239.

12962. Hollander (O.). — Les drapeaux et étendards de l'armée d'Italie et de l'armée d'Égypte (1797-1801), 3 *pl. et fig.*, p. 257, 328, 485, et 549.

12963. Colin (Capitaine). — L'oraison funèbre du capitaine Coignet, *portr.*, p. 303 à 304.

12964. B. de M. — Deux affiches et le bonnet d'ousin des cuirassiers du Roi, *portr. et facs.*, p. 321 à 327.

[Hubert de Saint-Didier, baron de Biottier (1743 † 1800), *portr.*]

12965. Martin (Commandant Emm.). — L'inauguration du monument français de Waterloo (28 juin 1904), *fig.* et 8 *pl.*, p. 387 à 426.

[Discours de E. Detaille, *portr.*; de H. Houssaye, *portr.*; du major Cruyplants, *portr.*; de A. Gérard, *portr.*; du lieutenant général Bruylant, *portr.* — J.-L. Gérome, *portr.*]

12966. Cuoppin (Capitaine). — Dammartin-en-Goëlle pendant l'invasion (1814-1815), p. 442 à 448.

12967. Dieterlen (Lieutenant). — Les souvenirs d'un prisonnier de guerre, avec un tableau exact de l'intérieur des prisons de terre et prisons flottantes et détail des usages, mœurs et anecdotes des différentes prisons [1809], *pl.* et *facs.*, p. 449, 567, et 689.

12968. Masson (Frédéric). — Souvenirs du général vicomte de Bernis [1814 † 1898], *portr.*, p. 463, 532, 583, 654, et 735.

12969. M. B. — Un ordre inédit de Napoléon Ier [au sujet des Barbaresques, 10 septembre 1814], p. 484.

12970. Amman. — Liste des objets entrés au Musée de l'armée du 16 juin au 31 décembre 1903, p. 505 à 512. — Cf. n° 12926.

12971. Marcerand (J.). — Le centenaire des cuirassiers, 2 *pl.*, p. 513, 612, 641, et 714.

12972. S. (Commandant). — Le colonel Lataye, commandant le 10° régiment de cuirassiers de 1797 à 1806, *portr.*, p. 527 à 531.

12973. Carnot (Capitaine). — Deux documents sur l'origine de l'uniforme militaire, *fig.* et *pl.*, p. 577 à 582.

12974. Besson (L.). — Le général Chabot, défenseur de Corfou [1757 † 1837], *portr.*, *carte*, p. 599 à 611, et 666 à 681.

12975. Souriau (Maurice). — Un mémoire inédit de Bernardin de Saint-Pierre sur la désertion et les moyens de la prévenir, p. 627 à 640.

12976. Marcy (Capitaine de). — Mémorial de M. de Lannoy (1763-1793). Notes de voyage d'un officier de marine de l'ancien régime, *portr.*, p. 682 à 688, et 748 à 765.

12977. Martin (Commandant Emm.). — Le colonel marquis de Dreux-Nancré (1787 † 1848), *fig.* et 3 *pl.*, p. 705 à 714.

12978. Vaisse. — Échauffourée du 30 juillet 1792 racontée par un garde national ayant pris part à cette affaire, p. 730 à 734.

SEINE. — PARIS.

SOCIÉTÉ DE SAINT-JEAN.

Les publications antérieures de cette Société sont analysées dans notre *Bibliographie générale*, savoir :

Bulletin (1873-1878), *Bibliographie*, t. IV, p. 373.
Notes d'art et d'archéologie, t. I à XII (1889-1900), *Bibliographie*, Supplément sous presse.
— — t. XIII et XIV (1901-1902), *Bibliographie*, nouv. sér., I, p. 134; et II, p. 200.

XV. — **Notes d'art et d'archéologie, revue de la Société de Saint-Jean**, 15° année, 1903. (Paris, 1903, in-8°, 292 et 17 p.)

12979. Villenoisy (F. de). — Du fantastique végétal, p. 67, 193, et 231.

12980. Meunynck (A. de). — La chapelle de Sainte-Barbe à Lille, p. 121 à 126, et 145 à 153.

12981. Girodie (André). — La sculpture bourguignonne et les droits du musée de Dijon, p. 217, 241, et 270.

XVI. — **Notes d'art et d'archéologie, revue de la Société de Saint-Jean**, 16° année, 1904. (Paris, s. d., in-8°, 240 p.)

12982. Keller (Alfred). — Paysage et paysagistes (l'École de 1830), *fig.*, p. 2 à 6, et 33 à 39.

12983. Denis (Paul). — Une statue de saint Antoine de Padoue [à Pommereaux, commune de Saint-Hilaire, Aube], *fig.*, p. 25 à 33.

12984. Cochin (Henry). — Les lettres de Marie-Charles Dulac, p. 49, 73, 105, 121, 145, 173, et 217.

12985. Keller (A.). — L'abbé Auguste Bouillet, p. 169 à 172.

12986. Girodie (André). — Le baron d'Avril († 1904), p. 193 à 195.

SEINE. — PARIS.
———

SOCIÉTÉ DE STATISTIQUE DE PARIS.

Les publications antérieures de cette Société sont analysées dans notre *Bibliographie générale*, savoir :
Journal, t. I à XXV (1860-1885), *Bibliographie*, t. IV, p. 377.
— t. XXVI à XL (1886-1900), *Bibliographie*, Supplément sous presse.
— t. XLI et XLII (1901-1902), *Bibliographie*, nouvelle série, I, p. 134; et II, p. 200.

XLIII. — Journal de la Société de statistique de Paris, 44ᵉ année. (Paris, 1903, in-8°, 424 p.)

12987. Bienaymé (Gustave). — Le coût de la vie à Paris à diverses époques, p. 20, 49, 142. — Suite et fin de XXXV, p. 57, 365; XXXVII, p. 375; XXXVIII, p. 83; XXXIX, p. 369; XL, p. 366; XLI, p. 93, 293; et XLII, p. 87.

SEINE. — PARIS.
———

SOCIÉTÉ DES TRADITIONS POPULAIRES.

Les publications antérieures de cette Société sont analysées dans notre *Bibliographie générale*, savoir :
Revue, t. I à XV (1886-1900), *Bibliographie*, Supplément sous presse.
— t. XVI et XVII (1901-1902), *Bibliographie*, nouvelle série, I, p. 135; et II, p. 201.
Annuaire, t. I à VI (1886-1894), *Bibliographie*, Supplément sous presse.
Congrès, t. I (1889), *Bibliographie*, Supplément sous presse.
— t. II (1901), *Bibliographie*, nouvelle série, I, p. 139.

XVIII. — Revue des traditions populaires. Recueil mensuel de mythologie, littérature orale, ethnographie traditionnelle et art populaire, t. XVIII, 18ᵉ année. (Paris, 1903, in-8°, 616 p.)

[13104]. Basset (René). — Contes et légendes de la Grèce ancienne, p. 1, 240, et 533.

[13118]. Guillaume (Lucie). — Chansons du Morbihan, p. 6 à 10, et 569.

12988. Divers. — Les traditions populaires et les écrivains français, p. 10, 211, et 598. — Cf. II, p. 475.

[Les revenants dans l'*Histoire de Francion*, de C. Sorel, p. 10. — F. Duine. Le P. Garasse, p. 211; Lamennais folkloriste, p. 598.]

12989. Gaudefroy-Demombynes. — Coutumes religieuses du Maghreb, p. 11.

12990. Divers. — Miettes de folklore parisien, p. 12. — Cf. III, p. 96.

[Dragées de baptême.]

12991. Divers. — Contes et légendes de la Haute-Bretagne, p. 13 à 19, et 361 à 370. — Cf. XIII, p. 500.

[Vaucsois (Mᵐᵉ E.). La petite sardine; le peloton de fil; la chasse Gallery, p. 13. — Duine (F.). Contes populaires de Guipel, p. 361. — Lucis de V. H. Le domestique du Diable, p. 367. — Grandpré (Marie-E.). La chèvre et les sept gars, p. 369.]

12992. Divers. — La mer et les eaux, p. 20, 193, 233, 340, 376, 479, 538, et 570. — Cf. II, p. 297.

[Le Norcy. L'enfant offert à la mer dans la région de Vannes et de Pontivy, p. 20. — Harou (Alfred). Le feu du noyé à Kieldrecht (Belgique); l'amorce de pêche à Liège, p. 21; la disparition du poisson, la mer glacée, la tempête, etc., p. 377; légendes de Middelkerke, p. 538. — Séaillot (Paul). Le naufrage, p. 193 à 201; les navires, p. 233 et 340; la mer souterraine à Dinan, p. 570. — Gaudron (Jacques): Les trombes de la mer; les noyés et leurs parents, p. 376. — Nisos (Émile). La fleur qui fleurit cent ans, p. 377. — Buols (Dʳ V.). Folklore des pêcheurs moinquois, p. 479. — Sabou (C.). Les noyés à Baccarat (Meurthe-et-Moselle), p. 480. — Séaillot (Yves). La fontaine de Cosinos à Perros, p. 570.]

12993. BASSET (René). — Les formules dans les contes, p. 22 à 25, et 202 à 208. — Suite de XVII, p. 233, 347, 462, et 536.

12994. DESTRICHÉ (M***). — Les jeux facétieux, p. 25.

12995. DIVERS. — Médecine superstitieuse, p. 26, 546, et 594. — Cf. V, p. 641.

[SÉBILLOT (Paul). Superstitions de la Haute-Bretagne, p. 26. — DUINE (F.). Environs de Rennes, p. 546. — SADOUL (Ch.). L'enfant offert à saint Nicolas, p. 594.]

12996. DIVERS. — Légendes et superstitions préhistoriques, p. 30, 117, 201, 253, et 482. — Cf. III, p. 617.

[La visite aux pierres, à Saint-Benoît, près Poitiers; l'eau guérissante près Audierne; le rocher aux enfants morts sans baptême à Arbrof (Nièvre), p. 30. — AULT DU MESNIL (D'). Superstitions du Morbihan et du Finistère, p. 117. — Les gerbes changées en pierres, à Beaurgard en Poitou, p. 201. — Danse autour d'un menhir à Saint-Goustan (presqu'île de la Croisic), p. 253. — HAROU (Alfred). Le menhir du Diable à Thy-le-Beaudhuin, province de Namur (cf. XIV, p. 381); les pierres qui tournent, à Spy (Namur), p. 482. — Les pierres d'où sortent les enfants dans la Suisse allemande; la glissade des bergers dans le Valais, p. 483. — PÉNOT (Francis). Dolmen d'Erceville (Loiret), p. 483.]

12997. BONNARDOT (François). — Redevances féodales, p. 31. — Cf. XII, p. 263.

[Les prieurs de Saint-Jacques à Arnay-le-Duc.]

[13112]. BASSET (René). — Contes et légendes de l'Extrême-Orient, p. 32, 284, 388, 473, et 571.

12998. DIVERS. — Coutumes et superstitions de la Haute-Bretagne, p. 45, 159, 248, 315, 385, 444, et 525. — Cf. XIII, p. 500; et XVI, p. 140.

[DUINE (F.). Chapelle de la Lande-Hunal, en Lanrigan; le Plessix-Balisson à Ploubalay, p. 45; le vicaire de Montreuil-le-Gast (Ille-et-Vilaine); le sorcier de Rennes; l'évêque magicien à Guipel, p. 152; Guipel (Ille-et-Vilaine), p. 248, 315, 385; pays de Miniac-Morvan (Ille-et-Vilaine), p. 450; Épinac (Ille-et-Vilaine), p. 526. — ROUSSEL (A.). Le Cos, p. 153. — GAUDEUIL (Jacques). Le Clos Poulet, près Saint-Malo, p. 444. — SÉBILLOT (Yves). Erré (Ille-et-Vilaine) et environs de Saint-Brieuc, p. 525.]

12999. HAROU (Alfred). — Le folklore de la province de Liège, p. 46, 154, 209, 268, 397, 477; et XIX, p. 165, 296, et 500.

13000. DIVERS. — Sobriquets et superstitions militaires, p. 51, 283, et 544. — Cf. II, p. 50.

[JOURDANNE (G.). Le tirage au sort en Béarn, p. 51. — HAROU (A.). L'armée belge, p. 51 et 283. — EDMONT (E.). Le tirage au sort dans le Pas-de-Calais, p. 544.]

13001. GOROVEI (Arthur). — Traditions populaires des Roumains, p. 52 à 55. — Suite de XVII, p. 521.

13002. FILLEUL-PÉTIGNY. — Formulettes enfantines du Perche, p. 55, et 352. — Suite de XVII, p. 384.

13003. FILLEUL-PÉTIGNY. — Contes de la Beauce et du Perche, p. 56 à 58.

13004. DIVERS. — Superstitions et coutumes agricoles, p. 65, 272, 310, 391, et 441.

[SÉBILLOT (Paul). Superstitions agricoles, p. 65 à 70; coutumes de moisson au xvie siècle, p. 391. — HAROU (Alfred). Belgique,

p. 272, et 392. — Préservatifs contre les insectes à Saint-Blaise (Vosges); danses au moment des semailles, p. 310. — DUINE (F.). Coutumes d'Ille-et-Vilaine, p. 391. — SADOUL (Ch.). Lorraine, p. 441. — La grosse gerbe en Berry, p. 443.]

13005. DIVERS. — Le corps humain, p. 71 à 76, et 553 à 568. — Cf. X, p. 239.

[LE CALVEZ (G.). Superstitions de Bretagne, p. 71. — SÉBILLOT (P.). Le squelette, p. 553 à 568.]

13006. DESAIVRE (Léo). — Le folklore officiel au xve siècle, p. 77.

[Chanteurs ambulants dans un formulaire de la chancellerie royale.]

13007. TIERSOT (Julien). — La fiancée infidèle, Pernette. Chansons (versions du Périgord), p. 79 à 82.

13008. DIVERS. — Les villes englouties, p. 82, 278, 404, et 517. — Cf. V, p. 483.

[BASSET (René). La prairie maudite à Trœbes (Thuringe), p. 82; le geldloche à Lechelnholze (Brunswick), p. 404; couvent englouti (Brunswick); château d'Altenau (Harz); église de Klein-Dettum (Brunswick); Laubetha (Voigtland); source de la Schunter (Brunswick); château de Kleingeschwende (Voigtland); trou de Kilian (Brunswick), p. 517. — V. H. (Lucie de). Corseul (Côtes-du-Nord), p. 278.]

13009. RYBAK (Miloslav). — Traditions et coutumes populaires chez les Tchéco-Slaves, p. 83 à 98, et 319 à 331.

13010. DIVERS. — Les météores, p. 99, 223, 282, 337, 373, 425, et 504. — Cf. VI, p. 115.

[BASSET (René). Vénus, p. 99, et 338; étoiles filantes, p. 99. et 433; la grande Ourse, p. 99, et 338; la Voie lactée, p. 99, 223 et 432; les Pléiades, la Croix du Sud, p. 223; arc-en-ciel, p. 223, 282, 339, et 431; feux follets, p. 431, et 504; feu Saint-Elme, p. 432; le Taureau, p. 504. — BOUR (A.). La lune en Picardie, p. 101. — Croyances des paysans du Get de Tula, p. 223. — Le vent d'est à Gerzat (Puy-de-Dôme); Luxembourg belge, p. 282. — EDMONT (E.). Pays de Saint-Pol, p. 337. — L'arc-en-ciel, p. 338, et 505. — Le tonnerre en Bigorre; le bien du ciel après l'orage, p. 373.]

13011. HAROU (A.). La pluie, la lune, les nuages, l'arc-en-ciel, etc. en Belgique, p. 373. — La bataille des vents à Sainte-Menehould, p. 375. — FAGOT (P.). Les nuages en Lauraguais, p. 426. — PÉNOT (F.). La lune, p. 426. — HEUILLARD (C.). Le ciel en Champagne; plaisanteries sur les nuages, p. 429. — SADOUL (C.). Le tonnerre; la lune; les vents; l'arc-en-ciel, p. 430.]

13012. DIVERS. — Les taches dans la lune, p. 105, 225, 375, et 434. — Cf. III, p. 129.

[BASSET (René). L'homme dans la lune chez les Yakoutes, p. 105; au Pérou, p. 225; au Cameroun, et à Calbrecht (Brunswick), au Congo, p. 434. — HOFFMANN-KRAYER (E.). Légende badoise, p. 105. — HEUILLARD (C.). L'homme dans la lune en Champagne, p. 375. — SADOUL (Ch.). L'homme dans la lune en Lorraine, p. 435. — PÉNOT (F.). Légendes du Bourbonnais.]

13013. DIVERS. — Contes et légendes du Morbihan, p. 108 à 114. — Cf. II, p. 62.

[GUILLAUME (Lucie). L'os qui chante, p. 108. Cf. XIX, p. 170. — LE NORCY (H.). Jean-Louis, p. 109.]

13014. Basset (René). — La fraternisation par le sang,
p. 114, et 522. — Cf. VI, p. 577.

[Usages du Haut-Nil, p. 114; et de la Malaisie, p. 522.]

13015. Beauquier (Ch.). — Les jours de la vieille, p. 115.

[Gelées de février et mars en Franche-Comté.]

13016. P. S. [Sébillot (P.)]. — Les rites de la plantation
[en Anjou], p. 116. — Suite de XVII, p. 395.

13017. Divers. — Petites légendes locales, p. 118, 220,
245, 307, 380, 438 et 523. — Cf. XII, p. 129.

[Fraisse (C.). Les grenouilles de M. de Sancé, et le Bon Dieu
de Gée, légendes du pays de Baugé, p. 118, et 246. — V. H.
(Lucie de). Les dames de Hac, près Dinan, p. 220; le château de
Maurepas, p. 440. — Duine (F.). La cathédrale, les rues et les maisons de Dol, p. 245, 439, et 523; Renaud de Bintin, à Bazouges-
sous-Bédé, p. 245. — Ossat (J.). Le Nant perdu (Haute-Savoie),
p. 247; le Dragon de Villars (Haute-Savoie), p. 307.

13018. Baunie (J.-B.). La Banche du Diable, et saint Pierre et saint
Martial, à Tulle, p. 307. — Fleurs légendaires de Saint-Valery-
sur-Somme, p. 308. — Lefebvre (Alphonse). Les friolets de Samer
(Pas-de-Calais), p. 308. — Lax (M.). Légende de dame Huguette
à Savianges (Saône-et-Loire), p. 309. — Sadoul (Ch.). L'ermite
assassin à Ban-sur-Meurthe (Vosges), p. 380. — Duine (F.). Décadence d'Aubigné, l'arbre qui éclaire à Saint-Symphorien, l'anguille
de Ligouyer, le canal d'Ille-et-Rance, le champ du Tilleul en Saint-
Médard (Ille-et-Vilaine), p. 380.

13019. Le château de La Roche-Blanche, près Périgueux, p. 383.
— Maison (Émile). La Conie, affluent du Loir, p. 384. — La
fée amoureuse à Plumergat, p. 438. — Sadoul (Ch.). La chapelle des Aviots (Meurthe-et-Moselle), p. 438. — Quenneville
(Louis). Le moulin maudit à Luc-sur-Mer; les demoiselles de Fontenailles, près Port-en-Bessin, p. 523. — Harou (A.). La bonne
dame de Sainte-Ode, légende ardennaise de Tenneville (Luxembourg), p. 524.

13020. Sakhokia (Th.). — Les proverbes géorgiens,
p. 129 à 133. — Suite de XVII, p. 547.

13021. Bout (A.). — Le folklore de Picardie, p. 134,
392; et XIX, p. 371.

[13106]. Basset (René). — Contes et légendes arabes,
p. 136, 213, et 347.

13022. Guyot-Daubès (P.). — Les comme dit, p. 158.

13023. Fraysse (C.). — Traditions populaires beaugeoises,
p. 159.

13024. Basset (René). — Légendes africaines sur l'origine de l'homme, p. 160, 254, 336, et 542. — Suite
de VII, p. 359.

13025. Hermant (Paul). — Quelques notes sur la morale
des contes, p. 169 à 192.

13026. Divers. — Les traditions de France au Canada,
p. 210, 267, et 419.

13027. Divers. — Petites légendes chrétiennes, p. 221,
274, 332, 471, 534, et 598. — Cf. VII, p. 154.

[Duine (F.). La statue de saint Gourgon à Montour (Ille-et-
Vilaine); saint Moreo, à Chevaigné, p. 221; saint Sény, à Guis-
sény; saint Hervé à Lanhouarneau, p. 274; légendes de saint Saué;
l'auge de sainte Anne à Comouru (Finistère), p. 332; saint Thé-
gonnec, p. 471; saint Gobrien à Saint-Servan, légendes de Jou-
elin, p. 534. — Goullaun (Lucie). Jésus et la veuve, légende d'Hennebont (Morbihan), p. 274. — Le Corric (Jean). Les sangliers du
Huelgoat, p. 334. — Sadoul (Ch.). La source de Fraize (Vosges),
p. 471. — V. H. (Lucie de). Jésus-Christ en Bourgogne, p. 598.]

13028. Duclos (Félicie). — Les dangers de la nuit,
p. 212.

13029. Divers. — Légendes contemporaines, p. 225,
264, et 437.

[Féris (C. de). Apparition de la Vierge en Bretagne, p. 225. —
La tempête et le chat noir, à Quimperlé; les moines revenants, à
Matignon, p. 264. — La mort du pape à Rennes, p. 437.]

13030. P. S. [Sébillot (Paul)]. — Nécrologie, p. 226
à 228.

[G. Doncieux (1856 † 1903); A. Vingtrinier (1812 † 1903);
H. Caillière († 1903).]

13031. Desaivre (Léo). — Coutumes du XVIII° siècle,
p. 241 à 244.

[Les Mouillotins du 1ᵉʳ mai en Anjou; la fête du 1ᵉʳ mai à Saint-
Remy-sous-Arbuise (bailliage de Troyes); la messe du 23-4 juin à
Saintines (diocèse de Senlis); les conreos à cheval; fête de l'arrière-
ban dans la banlieue de Péronne; droits perçus sur les mariés;
mascarade du mercredi des cendres à Verberie.]

13032. Divers. — Les rites de la construction, p. 257,
387, et 480. — Cf. I, p. 172.

[Coutume du Hainaut, p. 257. — Pineau (L.). Coutume de
Touraine, p. 387. — Sadoul (Ch.). La pierre de Bozou
(Vosges), p. 387. — Basset (René). Cadavres dans les fondations,
p. 480. — Duine (F.). La pose de la première pierre à Guipel
(Ille-et-Vilaine), p. 481.]

13033. Pineau (Léon). — Les plus jolies chansons des
pays scandinaves, p. 258, 383, 494, 586; XIX,
p. 224, 328, 418, 460.

13034. Basset (René). — Le tabac en Amérique, p. 261,
355, et 493. — Suite de XVII, p. 489.

13035. Divers. — Coutumes de mariage, p. 262, 532,
et 592.

[Harou (A.). La pierre à marier à Sorendal (Luxembourg),
p. 262. — Wismes (G. de). Au Caucase, p. 262. — Plantadis (J.).
À Bordeaux, p. 532. — Harou (A.). Les amoureux évincés dans
le Brabant wallon, p. 592. — Doins (F.). La cérémonie du
Trousset et le paradis à Guipel (Ille-et-Vilaine), p. 592.]

[13102]. Pineau (Léon). — Le folklore de la Touraine,
p. 263, 520, et 593.

13036. Divers. — Pèlerins et pèlerinages, p. 266, 354,
393, 470, et 531. — Cf. III, p. 105.

[Sébillot (Yves). L'offrande à sainte Geneviève, à Épinay-sur-
Orge, p. 266; le ruisseau de Trégueux (Côtes-du-Nord); la fontaine de Saint-Clou, près Saint-Brieuc, p. 531. — Duine (F.). Chapelle Saint-Mathurin à Guitté (Côtes-du-Nord); la fontaine du Theil
à Guipel, p. 266; chapelle Saint-Urbain à Bédée (Ille-et-Vilaine),
p. 354; la fontaine de la Vierge à Runan (Côtes-du-Nord); pèlerinages de Broualan (Ille-et-Vilaine); de Gael près Saint-Méen,
de saint Maudet, près Dol, p. 531. — Marlot (H.). La chapelle de Beauregard, commune d'Arleux (Nièvre), p. 267. —
Sadoul (Ch.). Pèlerinages lorrains, à Clef-y (Vosges), à Bonnet
(Meuse), p. 393; le balai de saint Bernard à Cirey-sur-Vezouse
(Meurthe-et-Moselle), p. 470. — Harou (A.). L'étang de Maelte
Brugge, près Gand; l'eau de la Dyle à Louvain, p. 394.]

13037. Divers. — Métiers et professions, p. 269, et 396.
— Cf. IX, p. 501.

[Superstition d'imprimeur, p. 269. — Grandpré (Marie-E. de).
Les ouvrières et les œufs en Ille-et-Vilaine, p. 396.]

13038. DIVERS. — Les empreintes merveilleuses, p. 270, 419, et 529. — Cf. VII, p. 427.

[BASSET (René). Le pied du cheval de la fille du roi du Hartz; l'empreinte du diable en Bretagne; le pied de Luther à Glasbach; l'empreinte de Yoscaba chez les Hurons; la tête du diable et le doigt du Christ à Ehrenberg; pied de Khodja-Moullah en Turkestan, p. 270; la porte de Bruxelles à Malines; le trésor de Dankelsheim; le rocher de la fée à Chambon-Sainte-Croix (Creuse); l'empreinte de Kawali (Java), p. 529. — QUERCAU-LAMERIE (E.). La pierre du Lion d'Angers, p. 271. — Le pied de la Vierge à la Bénite-Fontaine, (Haute-Savoie); la roche du Mulet à Bleurville (Vosges), p. 419.]

13039. DIVERS. — Les ongles, p. 273, 392, et 545. — Cf. VIII, p. 375.

[BASSET (René). Coutumes et superstitions de Souabe et de Thuringe, etc., p. 273, et 545. — SADOUL (Ch.). Superstition de Raon-l'Étape (Vosges), p. 392.]

13040. BASSET (René). — Les ordalies, p. 277, 354, 455; et XIX, p. 156. — Cf. VI, p. 421.

[Usages de la Côte d'Ivoire, p. 277; de la Guinée septentrionale, p. 354; de la Malaisie, p. 455; des Souahilis, des Sherbros, XIX, p. 156.]

13041. DIVERS. — La neige, p. 278, 346, 370, et 478. — Cf. XVI, p. 563.

13042. POMMEROL (Dr). — Folklore d'Auvergne, p. 279 à 281. — Cf. XV, p. 658.

13043. HADOU (Alfred). — Les métaux, p. 284, et 379. — Cf. XVI, p. 601.

[Traditions de Belgique.]

13044. DIVERS. — Poésies sur des thèmes populaires, p. 286.

[SÉBILLOT (P.). La joubarbe; les rogations de la mer; la goélette blanche, p. 286. — TIERCELIN (Louis). La fontaine Saint-Ténénan, p. 384.]

13045. CHARLEC. — Devinettes populaires du pays de Dol-de-Bretagne, p. 288, 395; XIX, p. 168, et 378.

13046. DIVERS. — Les chasses fantastiques, p. 289, et 530.

[DUINE (F.). La chasse Artu à Guipel, p. 289. — SADOUL (Ch.). Le bois des Baumes à Rozerotte (Vosges), p. 530.]

13047. PÉROT (Francis). — Prières, invocations, formules sacrées, incantations en Bourbonnais, p. 297 à 306.

13048. BASSET (René). — Notes sur les Mille et une Nuits, p. 311 à 314. — Suite de IX, p. 377; XI, p. 146; XII, p. 146; XIII, p. 37, 303; XIV, p. 20, 687; et XVI, p. 28, 74, et 183.

13049. DIVERS. — Les Pourquoi, p. 317, 394, 484, et 524. — Cf. V, p. 244.

[SARROUSA (Th.). Pourquoi les Géorgiennes sont belles, p. 317. — HADOU (A.). Pourquoi la pointe du jonc est noire, Pourquoi les hommes marchent en sens divers, légendes bruxelloises, p. 318, et 394. — Pourquoi le pivert vole de haut en bas, p. 484, etc.]

13050. SÉBILLOT (Gabrielle). — Le château hanté, conte de l'Ariège, p. 335.

13051. SÉBILLOT (Paul). — Origines de proverbes, p. 339.

[La passion du Père Doguet, à Plévenon (Côtes-du-Nord).]

13052. LAMBERT (Louis). — Sul Pount de Nanto, chanson de l'Ariège, p. 371.

13053. DIVERS. — Coutumes scolaires, p. 372, et 535.

[DUINE (F.). Collège de Dol, p. 372. — DESAIVRE (L.). A la Sorbonne, p. 535.]

13054. VAUGEOIS (Marie-Edmée). — Légendes de la mort au pays nantais, p. 405 à 418.

13055. VAN GENNEP (A.). — Les trésors cachés [à Castiglione (Sicile)], p. 418.

13056. BUGIEL (V.). — Les forêts, p. 443; et XIX, p. 318.

13057. LEX (L.). — Les cimetières en Chalonnais, p. 451. — Cf. XIII, p. 577.

13058. EDMONT (Ed.). — Contes du pays de Saint-Pol, p. 452, 595; et XIX, p. 97, 212, et 397.

13059. SÉBILLOT (Paul) et SADOUL (Charles). — Les herbes merveilleuses, p. 453 à 454, et 587. — Cf. XIX, p. 373

13060. LA CHESNAYE (Jehan DE). — Coutumes et superstitions populaires du Bocage vendéen, p. 456 à 470.

13061. SÉBILLOT (Paul). — Mythologie et folklore de l'enfance, p. 489 à 493.

13062. BASSET (René). — Les statues qu'on ne peut déplacer, p. 495; et XIX, p. 86, et 395.

[Légende Altengönna (Thuringe), p. 495. — Bouddha à Po-Kia-i (Inde); cloche de Hetjershausen, XIX, p. 86. — Saint Étienne à Constantinople; la croix du bon larron à Jérusalem; reliques de Baceldunea; saint Paul de Thmoui (Égypte); statues de Délos, XIX, p. 395.]

13063. CALLET (A.). — Derniers vestiges du paganisme dans l'Ain, p. 496 à 503.

13064. ANSÈRE et MACLER (F.). — Contes arméniens, p. 506; XIX, p. 29, 184, et 337.

13065. DESAIVRE (Léo). — Voyageurs français et étrangers, p. 521. — Cf. VI, p. 155.

[Monceaux.]

13066. BASSET (René). — L'âme sous forme animale, p. 536. — Cf. XV, p. 625.

13067. DUCLOS (Félicie). — Folklore de la Bigorre, p. 537.

13068. DIVERS. — Blason populaire de la Haute-Bretagne, p. 541.

13069. HEUILLARD (C.). — Les sermons facétieux, p. 543.

[Sermon du curé de Besey (Aube).]

13070. GUYOT (Mme N.). — Le folklore de la Côte-d'Or, p. 543; et XIX, p. 217, 375.

13071. FRAYSSE. — Blason populaire de l'Anjou, p. 547.

13072. VAN GENNEP (A.). — Les marques de propriété [dans la Lozère], fig., p. 588 à 592. — Cf. XVII, p. 222.

25.

13073. Gaudefroy-Demombynes. — Notes sur le Valais, p. 599 à 601; et XIX, p. 73 à 78.

13074. Harou (Alfred). — Le peuple et l'histoire. Les mangeurs de chandelles, p. 601.

XIX. — Revue des traditions populaires..., t. XIX, 19ᵉ année. (Paris, 1904, in-8°, 576 p.)

13075. Divers. — Le corps humain, p. 1, 129, et 498. — Cf. X, p. 239.

[Sébillot (P.). Le squelette, p. 1; la tête, p. 129. — Pommerol (Dʳ). Superstitions du Puy-de-Dôme, p. 6. — Gascon (W.). Superstitions écossaises, p. 7. — La Chesnaie (Jehan de). Noms populaires dans le Bocage vendéen, p. 134. — Pérot (F.). Les os de morts en Bourbonnais, p. 134; noms populaires en Bourbonnais, p. 498.]

13076. Basset (René) et Divennès (P.). — Les villes englouties, p. 8, 147, 317, 442, et 545. — Cf. V, p. 483.

[Basset (René). Le Glockenborn de Pockenhausen (Brunswick); l'étang de Hersberg (Hanovre); le couvent de Fürstenbugen (Brunswick); les églises de Klausthal (Hanovre), d'Elligsen (Brunswick); les auberges de Niedersachswerfen (Hanovre) et de Elweshausen (Brunswick); les villages d'Ofeshausen (Hanovre) et d'Hagersen (Brunswick); le château de Bonnckehausen (Hanovre); trou sans fond près de Destedt (Brunswick); lac de Seeburg (Hanovre); le Teufelsee (Prusse); marais de Halver (Westphalie); Blumental (Brandebourg); village d'Hosfeld (Westphalie); Bukow (Brandebourg); château de Krombach (Westphalie); lac de Blumental (Brandebourg); Musen (Westphalie); Paarstein (Brandebourg); château de Krahenpfuhl (Westphalie); Werbelow (Brandebourg); château de Hagen (Westphalie); lac de Nehriu (Brandebourg), p. 8 à 20.]

13077. Divennès (Paul). Rochers de la rade de Lorient, p. 20. Basset (René). Lac de Hopfen (Brandebourg); étang de la danse à Niedersachswerfen (Westphalie); château de Wesendorf (Westphalie); Gross-Dölln (Brandebourg); le Hopfensee (Westphalie), p. 147; Oberskrug et Vesser (Allemagne), p. 317; le Backsee (Westphalie), p. 442; Köröséô (Hongrie); Hunstadt (Silésie autrichienne), p. 545.]

13078. Divers. — Petites légendes chrétiennes, p. 21, 161, et 484. — Cf. VII, p. 154.

[Duine (F.). Légendes de Saint-Méen (Ille-et-Vilaine); Notre-Dame-de-Bonne-Rencontre, en Plumugat (Côtes-du-Nord), p. 21; sainte Christine à Cocsmes (Ille-et-Vilaine), p. 161. — Kerbeuzec (Henri de). Canonisation à Saint-Martin de Vitré, p. 484.]

13079. Heuillard (C.). — Traditions et superstitions de la Champagne, p. 22.

13080. Le Carguet et Divennès (H.). — La faune populaire de la Basse-Cornouaille, p. 23 à 28, et 193 à 203. — Suite de XVII, p. 460.

13081. Divers. — Coutumes et superstitions de la Haute-Bretagne, p. 28, 112, 162, 182, et 243. — Cf. XIII, p. 500; et XVI, p. 140.

[Duine (F.). Guipel (Ille-et-Vilaine), p. 28, 112, 163, 182, et 248; Dingé, p. 112; Saint-Gondran (Ille-et-Vilaine), p. 247. — V. H. (Lucie de). Les œufs et les poules, environs de Dinan, p. 163. — Sébillot (Yves). Erré, près Liffré (Ille-et-Vilaine); Morbihan; Châteaubriant, p. 247.]

[13064]. Maclar (F.). — Contes arméniens, p. 29, 184, et 337.

13082. Duine (F.). — Coutumes de mariage, à Guipel, p. 30.

13083. Van Gennep (Arnold). — Coutumes, usages et superstitions du Loir-et-Cher, p. 31 à 33. — Cf. XV, p. 123.

13084. Divers. — Petites légendes locales, p. 34, 118, 150, 268, 440, et 467. — Cf. XII, p. 129.

[Harou (Alfred). La pierre de la sorcière à Doyard (Liège), p. 34; le sire de Biévène (Hainaut), p. 151; Bavai; ruines de Bons-Villers (Hainaut), p. 270; le carrosse englouti, la belle roche, légendes ardennaises, p. 467. — Herpin (E.). Le château des Salles, p. 35. — Marlot (Ch.). La Wivre du château en Nivernais; la boule de feu du Beuvroy, p. 35. — Sadoul (Ch.). Le rebouteux du Val d'Ajol (Vosges), p. 118. — Fraisse. M. de Charmard, p. 118; légende de la Marzelle à Bauné, p. 269. — Duine (F.). Histoire de saint Nelaine et d'un Auglais, p. 150; les fenêtres du château de Beaucé; les prêtres du Gué-en-Guipel; saint Denis à Rue en Roz-sur-Couesnon, p. 168. — Moysax. Légendes de Coat-an-Noz (Côtes-du-Nord), p. 440. — Sébillot (P.). Le tombeau du roi Trinqoz, à Guerrandeur; trésors de Barenton, p. 441.]

13085. Divers. — Les rites de la construction, p. 36, 91, 143, 279, et 481. — Cf. I, p. 172.

[Harou (Alfred). Les anges transportant les matériaux à Wavre (Brabant); légendes de Bruxelles, etc., p. 143, et 482; le couvent de Cluysen (Flandre), p. 279. — Basset (R.). Cadavres dans les fondations, à Plesse (Hanovre), p. 36. — V. H. (Lucie de). Les cheminées neuves à Dinan, p. 91. — Sébillot (Yves). Pierre d'angle à Tréguier, p. 481.]

13086. Divers. — Les empreintes merveilleuses, p. 37, 141, et 493. — Cf. VII, p. 427.

[Sadoul (Charles). Les doigts de sainte Odile, les sabots du cheval à Alspach; le saut du prince Charles à Saverne, p. 37. — Basset (René). La pierre du géant à Wandelitz (Brandebourg); le fer à cheval de Erndebruck (Westphalie); empreinte du géant à Brandebourg; le fer à cheval du diable à Hundessssen (Westphalie); la griffe du diable (Voigtland); Hillerscher Bek, près de Sudheim (Hanovre); les doigts du géant du Plesse (Hanovre), p. 38; l'Etzelstein à Mohrin (Brandebourg), p. 141. — Harou (A.). Le pas de Notre-Seigneur à Villers (Brabant), p. 493.]

13087. Divers. — Les minéraux et les métaux, p. 41, 187, et 303. — Cf. XVI, p. 601.

[Pérot (F.). Les bélemnites en Poitou, p. 41. — Sadoul (Ch.). Les métaux et la sorcellerie en Lorraine, p. 141. — Harou (A.). Les fossiles à Marche (Luxembourg), p. 42; le fer à Liège, p. 187; vertus magiques de l'aimant, p. 303. — Mines de Vieux-Vy (Ille-et-Vilaine), p. 304.]

13088. Harou (Alfred). — Mythologie et folklore de l'enfance, p. 42, et 84. — Cf. XVIII, p. 489.

[En Wallonie.]

13089. Divers. — Les météores, p. 43, 94, 180, 380, 425, et 462. — Cf. VI, p. 115.

[Basset (René). Étoiles filantes, p. 43 et 380; feux follets, p. 43; arc-en-ciel, p. 45, 182, et 462; Pléiades, p. 45 et 466; Voie lactée, p. 45; les Saint-Elme; la grande Ourse, Orion; Vénus, p. 463. — Harou (Alfred). Les étoiles en Wallonie; la grêle à Liège, p. 46. — Sadoul (Ch.). La rosée en Lorraine, p. 47. — Ballandou (A.). Croyances et légendes de l'Afrique, p. 94, et de l'Asie, p. 180.]

13090. Divers. — Pèlerins et pèlerinages, p. 48, 176, 221, 329 392, et 474. — Cf. III, p. 105.

[Duine (F.). Cimetière de Plumerat; statuette de saint Armel à la Hardière (Ille-et-Vilaine); saints dormants de Saint-Méen; saint Nicodème de Bran (Ille-et-Vilaine); chapelles Saint-Jouan et de Blin à Saint-Malon, p. 49; saint Armel à Meslan (Morbihan), à Langouet (Ille-et-Vilaine); saint Antoine et saint Mathurin à Breteuil (Ille-et-Vilaine); saint Guinefort à Saint-Broladre; fontaine saint Gordien à Saint-Gondran (Ille-et-Vilaine), p. 176; saint Armel à Allineuc (Côtes-du-Nord); saint Nemor à Saint-Servais et à Ploudaniel; saint Éloi; fontaine de Saluûn à Notre-Dame du Folgoët; saint Jean discalceat à la cathédrale de Quimper, p. 221; saint Teilo et saint Goven dans le pays de Galles; saint Gobrien à Commené, p. 333; saint Arzel à Plouarzel (Finistère), p. 395.

13091. Gaudvel (Jacques). Les calembours et les pèlerinages, p. 49. — Pommerol (Dr F.). Source d'Orcival (Puy-de-Dôme), p. 50. — Edmont (E.). Fontaines guérissantes du pays de Saint-Pol, p. 329. — Ledieu (A.). Fontaines de la Somme, p. 331. — Desaivre (L.) et Lalel (L.). La fontaine de Sainte-Eustelle à Saintes, p. 335. — Sébillot (P.). Sainte-Anne d'Auray, p. 336.

13092. Sébillot (Yves). Fontaines du Morbihan, p. 392; Sainte Anne d'Auray; saint Convern à Penvenan; chapelle de Saint-Trefeur, près Guerlesquin, p. 474. — Bourchenin (Daniel). Sainte Eustelle à Saintes, p. 394. — Krebedzic (Henri se). Saint Roch à Blain (Loire-Inférieure); saint Malo à Balazé (Ille-et-Vilaine), p. 475. — Pérot (F.). Saint Georges à Disertines (Allier), p. 476.]

13093. Herpin (Eugène). — Traditions et superstitions du pays de Ploermel (Folklore de Ménéac), p. 51. — Cf. XII, p. 680.

13094. Divers. — Les métiers et les professions, p. 52, et 499.

[Heuillard (C.). Villageois et artisans en Champagne, p. 52. — Desaivre (L.). La mandille à Poitiers, p. 499.]

13095. Basset (René). — Le bâton qui reverdit, p. 65, 336, et 532.

13096. Sadoul (Charles). — Contes de Lorraine, p. 67, 367, et 555.

[13073]. Gaudefroy-Demombynes. — Notes sur le Valais, p. 73 à 78.

13097. Divers. — Marques de propriété, p. 79, 271, et 470. — Cf. XVII, p. 222.

[Van Gennep (A.). Coutumes d'Ile-de-France, de Loire-Inférieure, de Seine-et-Marne, p. 79; forêts, p. 271; coutumes des Ardennes, p. 271. — Gaudefroy-Demombynes. Marques des armes au Japon, p. 81. — Rondou (J.). Marques du bétail à Cèdre (Hautes-Pyrénées), fig., p. 272. — Lalou (Dr). Usages du Jura et de l'Alsace p. 274. — Decoose (Dr). Usages du Soudan, p. 470.]

13098. Divers. — Le peuple et l'histoire, p. 85, 187, et 416.

[Filleul-Pétigny. Les Anglais à Bellême, p. 85. — Fraisse. La bataille de Vieil-Baugé, p. 187. — Sébillot (Yves). Souvenirs de la chouannerie aux environs de Châteaubriant, p. 416.]

[13062]. Basset (René). — Les statues qu'on ne peut éplacer, p. 86, et 395.

13099. Sadoul (Ch.). — Dangers de la nuit, p. 85 à 90.

[Les apparitions dans les Vosges.]

13100. Divers. — Les traditions populaires et les écrivains, p. 90 à 91, et 281 à 288. — Cf. II, p. 475.

[Duine (F.). Le charivari dans les Conférences de l'abbé Chevassu; la rage et l'abbé de Narolles; Loumennais folkloriste, p. 90. — Desaivre (L.). Jean Bouchet; Filleau; Jean de la Haye, p. 281.]

13101. Basset (René). — Les taches de la lune, p. 93, 144, 225, et 356. — Cf. III, p. 129.

[Légendes du Brandebourg, p. 92 et 144; Kanak, p. 225; en Westphalie; Alexandre Neckam; Manguaruk, p. 356.]

[13058]. Edmont (Ed.). — Contes du pays de Saint-Pol, p. 97, 212, et 397.

13102. Pineau (Léon). — Le folklore de la Touraine, p. 106, 293, 430, et 477. — Suite de XVII, p. 579; XVIII, p. 263, 520, et 593.

13103. Robert (Achille). — Fanatisme et légendes arabes, p. 110, 242, 492. — Suite de XI, p. 316, 425, 593; XII, p. 272; XVI, p. 26, 464; et XVII, p. 116.

13104. Basset (René). — Contes et légendes de la Grèce ancienne, p. 111, et 165. — Suite de XI, p. 643; XII, p. 607, 656; XIII, p. 273, 599, 663; XVI, p. 24, 199, 369, 501, 559, 633; XVII, p. 279, 411, 507; et XVIII, p. 1, 240, et 533.

13105. Gaudefroy-Demombynes. — Récits valaisans, p. 115 à 117.

13106. Basset (René). — Contes et légendes arabes, p. 120, 250, 311, et 422. — Suite de XI, p. 502; XII, p. 65, 243, 337, 400, 477, 633, 668; XIII, p. 217, 476, 569, 617; XIV, p. 54, 118, 165, 213, 285, 350, 438, 480, 627, 704; XV, p. 22, 105, 143, 190, 281, 353, 459, 526, 606, 665; XVI, p. 37, 108, 165, 240, 395, 457, 583, 652; XVII, p. 34, 91, 148, 480, 606; et XVIII, p. 136, 213, et 347.

13107. Divers. — Les mines et les mineurs, p. 135.

[Harou (Alfred). Les noms des houillères à Horion (Belgique).]

13108. Divers. — La mer et les eaux, p. 136, 210, 288, 366, et 497. — Cf. II, p. 297.

[Harou (Alfred). Traditions de Middelkerke, p. 136; fontaine de Chiug (Luxembourg), p. 289; le centième bateau; culte des fontaines à Liège, p. 497. — Desaivre (L.). La perte de la Dive; fontaines des Deux-Sèvres, p. 137; les mariés et les fontaines dans le canton de la Mothe-Saint-Héraye (Deux-Sèvres), p. 288. — Sébillot (P.). Bateaux de sorciers, p. 140; rognures d'ongles dans les fontaines, p. 289. — Russenne (J.). Baptême en vue des caps, et baptême de la ligne, p. 210. — Sébillot (Yves). Enseignes de goémon à l'île de Batz; saint Antoine dans la baie d'Audierne, p. 211. — Papillault (Dr). Fontaine de Virginie, près Villerville (Calvados), p. 366. — V.-H. (Lucie de). Fontaine de la Ville-Quenna en Corseul (Côtes-du-Nord), p. 366.]

13109. Divers. — Les redevances féodales, p. 142, 317, et 486. — Cf. XII, p. 263.

[Pénot (F.). En Bourbonnais et en Anjou, p. 142. — Harou (A.). A Aix-sur-Cloie (Luxembourg), p. 317. — Fraysse. En Anjou, p. 486.] .

13110. Le Rouzic (Z.). — Croyances et légendes du Morbihan, p. 146. — Cf. XI, p. 41.

13111. Robert (Achille). — Mœurs, habitudes, usages et coutumes arabes, p. 152 et 417. — Suite de XV, p. 621; XVI, p. 199, 636; et XVII, p. 87.

13112. Basset (René). — Contes et légendes de l'Extrême-Orient, p. 153, 237, 275, et 435. — Suite de IX, p. 73, 473, 573, 644; X, p. 110, 365, 411, 663; XI, p. 416, 609; XII, p. 181, 597; XIII, p. 172, 570, 628, 686; XIV, p. 185, 376, 513, 532, 701; XV, p. 45, 403, 593; XVI, p. 135, 446, 514; XVII, p. 88; et XVIII, p. 32, 284, 388, 473, et 571.

13113. Pénot (F.). — Folklore du Bourbonnais, p. 155.

[13040]. Basset (René). — Les ordalies, p. 156.

[12999]. Harou (Alfred). — Notes sur les traditions et légendes de la province de Liège, p. 165, 296, et 500.

[13045]. Charlec. — Devinettes populaires du pays de Dol-de-Bretagne, p. 168, et 378.

13114. Robert (Achille). — Superstitions et croyances des Arabes du département de Constantine, p. 169, et 503. — Suite de XI, p. 475, 589; XII, p. 59, 336, 531; XIII, p. 567; XIV, p. 112, 282, 659; et XVII, p. 57.

13115. Divers. — L'os qui chante, p. 170. — Cf. XVIII, p. 108.

[Zeidema. La tête coupée qui chante, p. 170. — Sébillot (Gabrielle). La pomme dorette en Bigorre, p. 170.]

13116. Basset (René). — La légende de Didon, p. 172.

13117. Sébillot (Paul). — Les personnages dans les proverbes, p. 172 à 176.

13118. Guillaume (Lucie). — Chansons du Morbihan, p. 179. — Suite de XVII, p. 332, 365; et XVIII, p. 6, et 569.

13119. Harou (Alfred). — La légende napoléonienne, p. 184, 293, et 504.

[En Hainaut, p. 184, et 293; en Wallonie, p. 504.]

13120. Sadoul (Charles). — Chansons populaires de la Lorraine, p. 203 à 209.

13121. V.H. (Lucie de). — Les rites de la plantation, environs de Dinan, p. 209.

[13070]. Guyot (Mme N.). — Le folklore de la Côte-d'Or, p. 217, et 375.

[13033]. Pineau (Léon). — Les plus jolies chansons du pays scandinave, p. 224, 328, 418, et 460.

13122. Van Gennep (A.). — Notes sur les religions grecques primitives, p. 227 à 236.

13123. Divers. — Coutumes et superstitions de Basse-Bretagne, p. 253 à 254, 348 à 356, et 429.

[V. H. (Lucie de). Environs de Guingamp, p. 253. — Sébillot (Yves). Le mariage au pays trégorrois, p. 348. — Buciel (V.). Saints guérisseurs, p. 429.]

13124. Divers. — Les pourquoi, p. 254, et 434. — Cf. V, p. 244.

[Harou (A.). Pourquoi l'eau éteint le feu, p. 254. — V. H. (Lucie de). L'origine du Haverou à Quevert (Côtes-du-Nord), p. 434.]

13125. Aubicoste de Lazarque (E.). — Histoires surnaturelles de Boulay, p. 257, 408, et 494.

13126. Heinecke (Hedwige). — Les marques domestiques, p. 290 à 292.

[Inscriptions de maisons en Suisse.]

13127. Harou (Alfred). — Légendes et superstitions préhistoriques, p. 292. — Cf. III, p. 617.

[Pierres à empreintes dans le Luxembourg belge.]

13128. Edmont (E.). — Costumes et usages des faubourgs de Saint-Omer, p. 305.

13129. Divers. — Les trésors cachés, p. 306 à 310.

[Fraysse. Pays de Baugé, p. 306. — Harou (A.). Nouceau-sur-Sambre (Hainaut), p. 310.]

13130. Van Gennep (A.). — Croyances soudanaises en Tunisie, p. 314 à 317.

[13056]. Buciel (V.). — Les forêts, p. 318.

13131. Van Gennep (Arnold). — Totémisme et culte des enseignes à Rome, p. 321 à 327.

13132. Rondou (P.). — Croyances et superstitions de la vallée de Barèges, p. 359 à 365.

13133. Basset (René). — L'âme séparée du corps [Hanovre], p. 371.

[13021]. Bout (A.). — Le folklore de la Picardie, p. 371 à 373.

13134. Fraysse. — Les herbes merveilleuses au pays de Baugé, p. 373. — Cf. XVIII, p. 453.

13135. Ferrand (Gabriel). — Chanson malgache, p. 385 à 391.

13136. Fraysse (B.). — La sorcellerie au pays de Baugé, p. 403 à 408.

13137. Fraysse. — Blason populaire au pays de Baugé p. 443 à 445.

13138. Duine (F.). — Médecine superstitieuse, p. 427.

[Guipel (Ille-et-Vilaine).]

13139. Decourdemanche (J.-A.). — Le marchand de Venise dans les contes orientaux, p. 449 à 460.

13140. Basset (René). — Les ongles, p. 484.

13141. Fraysse (C.). — Adjurations et conjurations au pays de Baugé, p. 487 à 492.

13142. Heuillard (C.). — La légende de l'écrevisse à Champfleury (Aube), p. 502.

13143. Harou (A.). — Le nouvel an en Belgique, p. 504.

13144. Pérot (F.). — Coutumes et superstitions de Noël, la Sainte-Quine en Bourbonnais, p. 505.

13145. Harou (A.). — Le tabac en Belgique, p. 505.

13146. Harou (A.). — Coutumes agricoles en Belgique, p. 506.

13147. Sébillot (Paul). — Nécrologie : Alphonse Certeux [1834 † 1904], portr., p. 507 à 510.

13148. Wyk (Marie). — Contes populaires des nègres de Surinam, p. 513 à 531.

13149. Decourdemanche (J.-A.). — De certains êtres extra-humains dans la religion musulmane, p. 533 à 544.

13150. Sébillot (Paul). — Nécrologie : André Lefèvre (1834 † 1904); Girard de Rialle († 1904), p. 564.

SEINE. — PARIS.

SOCIÉTÉ LE VIEUX PAPIER.

Le tome I du *Bulletin* de cette Société est analysé dans notre *Bibliographie générale*, nouvelle série, II, p. 205.

II. — **Bulletin de la Société archéologique, historique et artistique Le Vieux Papier,** t. II, 1903-1904. (Paris, 1903-1904, gr. in-8°, 700 p.)

13151. Helot (R.). — Le professeur Bouillaud et le phonographe, p. 1 à 4.

13152. Delpy (Armand). — Bibliographie analytique des édits, ordonnances, déclarations, règlements, décisions et arrêts relatifs à l'établissement et à l'usage du papier et parchemin timbrés, promulgués ou rendus du 20 mars 1655 au 19 septembre 1787, p. 5, 70, 134, et 207.

13153. Vivarez (Henry). — Les précurseurs du papier, p. 11, 90, 180, et 308. — Suite de I, p. 421, 480, 536, et 591.

13154. Huot (Léon). — Une arrestation au xviii° siècle [à Saint-Remy, près Saint-Mihiel], p. 16 à 18.

13155. Ris-Paquot. — Essai d'éphémérides concernant tout ce qui a rapport au papier et à ses précurseurs, *fig.*, p. 19, 142, 201, 266, 317, 374, 434, 570, et 619. — Suite de I, p. 138, 181, 208, 237, 267, 343, 398, 494, et 532.

13156. Lalande (D'). — Marques postales, p. 24.

13157. Baillière (Georges). — Les prospectus actuels, *fig.*, p. 26 à 30.

13158. Delpy (Armand). — Essai d'une bibliographie spéciale des livres perdus, ignorés ou connus à l'état d'exemplaire unique, p. 31, 94, 157, 220, 272, 323, 378, 438, 505, 625, et 681. — Suite de I, p. 322, 381, 455, 500, et 550.

13159. Parisot (D' Paul). — Empreintes fiscales et ferme du papier timbré en Lorraine et Barrois, *fig.*, p. 39, 75, et 214. — Suite de I, p. 367, 468, 526, et 583.

13160. Legendre. — Vieille chanson [sur l'émigration], p. 44.

13161. Anonyme. — Étiquette de papetier parisien (xviii° s.), *fig.*, p. 47.

13162. Helot (R.). — La signature de Louis XIV, p. 49.

13163. Vivarez (H.). — La neuvaine de saint Hubert, p. 50.

13164. Devoitine (E.). — Faire-part de Joseph Vandennest (Anvers, 1803), p. 51.

13165. Raulet (Lucien) et Guillibert (Baron). — Ex-libris de C.-J. Trew, p. 48, et 100.

13166. Sabatier (Antoine). — Le pont Morand de Lyon et ses billets de péage, *fig.*, p. 53, 125, 175, 433, et 605.

13167. Pellisson (Jules). — L'entrée d'un ambassadeur à Paris [Erizzo, ambassadeur de Venise] en 1759, p. 59 à 61.

13168. Huot (Nicolas). — Marques fiscales de papiers et parchemins du Clermontois, *fig.*, p. 62, 149, et 187.

13169. Rouillé (A.). — Papier-monnaie et monnaie de papier, p. 68 à 69.

13170. Bridoux (Georges). — Les fêtes d'une ville [Amboise], d'après ses archives, p. 80, 138, et 197.

13171. Raulet (Lucien). — Le papier timbré du comté de Montbéliard, *fig.*, p. 84 à 89, et 115 à 121.

13172. Delpy (Armand). — Papier timbré de la période révolutionnaire, p. 100.

13173. Huot (Léon). — Souscription de Chambord, *fig.*, p. 122 à 124.

13174. Chammoissier (L.). — Les marques postales, p. 130 à 133.

13175. Vivarez (Henry). — Simple histoire postale [marques, 1822-1827], p. 154 à 156.

13176. Flobert (P.). — Vêtements en papier [Lyon, 1837], p. 163, et 228.

13177. Pellisson (Jules). — Un document postal [Paris, 28 brumaire an vii], p. 164.

13178. Pellisson (Jules). — Note sur le papier-monnaie dans la Charente, *fig.*, p. 164 à 166.

13179. Pellisson (Jules). — Une panacée au XVIII° siècle, la Boule de Mars, p. 166 à 168.

13180. Crégut (L'abbé). — Jeanne d'Arc savait-elle écrire? *facs.*, p. 172 à 174.

13181. Raulet (Lucien). — La taille et la neuvaine de saint Hubert pour la guérison de la rage, p. 194 à 196.

13182. Quinet (F.-A.). — Bibliographie postale des anciennes publications françaises, officielles et autres destinées à renseigner le public sur le service des postes, *fig.*, p. 236 à 241, et 289 à 296. — Cf. n° 13194.

13183. Pellisson (Jules). — A propos de vieilles lettres et de marques postales, p. 242 à 244.

13184. Rouillé (A.). — Papiers-monnaie communaux, p. 245 à 250.

13185. Falgairolle (Prosper). — Les cartiers et les cartes à jouer à Nîmes avant 1790, *fig.*, p. 251 à 261.

13186. Raulet (Lucien). — Marques postales lyonnaises. Pourquoi certaines dates d'arrivée sont en noir ou en rouge, p. 262 à 265.

13187. Huot (Léon). — La Boule de Mars, p. 270 à 272.

13188. Divers. — Marques postales révolutionnaires, p. 280, et 331.

13189. Flobert (Paul). — Un brevet de la Révolution [volontaire de la Garde nationale], *pl.*, p. 282.

13190. Flobert (Paul). — Billet d'enterrement de Bernard de Jussieu, p. 283.

13191. Pellisson (Jules). — Pensionnats d'autrefois [Lyon, 1773 ; Périgueux, 1764], p. 283.

13192. Flobert (Paul). — Entrées solennelles à Paris [usage des fenêtres, 1745], p. 284.

13193. Rouillé (A.). — Papier-monnaie obsidional [Mayence, 1793], *pl.*, p. 285 à 288, et 577.

13194. Quinet (F.-A.). — Essai de bibliographie postale. Guides et itinéraires dans l'ancienne France, *fig.*, p. 296, 368, 427, 478, 557, et 613. — Cf. n° 13182.

13195. Vivarez (Henry). — Un artiste graveur au XVIII° siècle. François Vivarès (1709 † 1780), *pl.*, p. 299, 364, 422, 501, et 561.

13196. Pellisson (Jules). — Les parodies des commandements de Dieu et de l'église pendant la Révolution, p. 313 à 316.

13197. Pellisson (Jules). — Napoléon Hayard [† 1903], p. 332 à 334.

13198. Pellisson (Jules). — Un impôt peu connu [à Badefols, 1813], p. 334.

13199. Pellisson (Jules). — Pièces funéraires parisiennes (1870-1871), p. 335.

13200. Monmarché (Marcel). — Quelques anciennes images de piété espagnoles, *fig.*, et 3 *pl.*, p. 352 à 356.

13201. Flobert (Paul). — Napoléon Hayard, *portr.* et *facs.*, p 357 à 361.

13202. Pellisson (Jules). — Un potier d'étain bordelais au XVIII° siècle, *fig.*, p. 362.

13203. Flobert (P.). — Enveloppe de cartier parisien, *fig.*, p. 392 à 393.

13204. Clumanc (C. de). — Essai de monographie des marques [postales] d'arrivée de Tarascon en Provence, p. 402 à 409.

13205. Creste (Georges). — Le régiment de la Couronne, *facs.*, p. 416 à 418.

13206. Pellisson (Jules). — Les prospectus français à Londres pendant l'Exposition universelle de 1851, p. 419 à 421.

13207. Jullien et Lalande. — Les marques postales en rouge et en noir, p. 426.

13208. Pellisson (Jules). — Un cours d'accouchements à Montauban en 1775, p. 449.

13209. Besançon (D' Abel). — Les cartons ou billets de confiance de Villefranche (Rhône-et-Loire), *pl.*, p. 467 à 471.

13210. Blanchet Magon de la Lande (X.). — Calendrier du peuple franc pour servir à l'instruction publique rédigé par une société de philantropes pour l'an II° de la République (1793), p. 472 à 477.

13211. Mailhet (André). — Les soldats du département de la Drôme dans les armées de la Révolution et de l'Empire. Fragments de correspondances (1793-1797, 1808-1815), p. 483 à 487, et 532 à 537.

13212. Vivarez (Henry). — Étiquette de peintre doreur parisien (1691), p. 495 à 497.

13213. Bertarelli (Achille). — Billets de fiançailles, *facs.*, p. 511 à 512.

13214. Pellisson (Jules). — Un billet de visite, p. 513.

13215. Pellisson (Jules). — Quelques mots sur les usages religieux dans les professions ambulantes, p. 513 à 515.

13216. Monmarché (Marcel). — Cinquante ans d'histoire sur des bouteilles de liqueur [étiquettes avec scènes historiques 1807-1857], p. 523 à 531.

13217. Nicolaï (Alexandre). — Notes sur le jeu de la comète, p. 538 à 545.

13218. Rouillé (A.). — Les faux assignats, p. 546 à 550.

13219. Pellisson (Jules). — Pièces funéraires politiques, p. 577 à 580.

13220. Nicolaï (Alexandre). — Note sur les cartes et les cartiers d'Angoulême au XVIII° siècle, *fig.*, p. 585 à 596, et 654 à 662.

13221. Vivarez (H.). — Un acte de mariage révolutionnaire [à Nevers, Antoine Gaulon, curé de Marzi, an II], p. 611.

13222. Pellisson (Jules). — Deux abdications [Louis-Philippe, 1848; Charles-Albert de Piémont], p. 635.

13223. Pellisson (Jules). — Une carte postale illustrée en 1873, p. 637.

13224. Pellisson (Jules). — La liqueur des braves [étiquette, 1815], p. 641.

13225. Chamboissier (L.). — Quelques certificats militaires du xviii° siècle, *facs.*, p. 645 à 648.

13226. Pellisson (Jules). — Les vieilles adresses et le numérotage des maisons, p. 663 à 668.

13227. Pellisson (Jules). — Une affiche historique [contre les ministres de Louis-Philippe], p. 691.

13228. Pellisson (Jules). — A propos d'une contre-marque [représentation de l'*Oreste* de Voltaire au Théâtre-Français, 1750], p. 692.

13229. Pellisson (Jules). — Réabonnements d'autrefois, p. 695.

13230. Flobert (P.). — Bons de communes sur cartes à jouer, p. 696.

SEINE-ET-MARNE. — BRIE-COMTE-ROBERT.

SOCIÉTÉ D'HISTOIRE ET D'ARCHÉOLOGIE DE BRIE-COMTE-ROBERT.

Nous avons donné dans le premier fascicule de la nouvelle série de notre *Bibliographie*, p. 140, l'analyse du tome I du *Bulletin* de cette Société publié de 1898 à 1901. Dix fascicules du tome II ont paru de 1902 à 1903; après quoi la Société n'a plus donné signe de vie. Comme elle a depuis deux ans complètement suspendu ses travaux, nous donnons ci-dessous l'analyse du volume qu'elle a laissé inachevé.

II. — Bulletin et compte rendu des travaux de la société d'histoire et d'archéologie de Brie-Comte-Robert, Mormant, Tournan et la vallée de l'Yères, II° volume. (Brie-Comte-Robert, 1902-1903, in-4°, p. 1 à 188.)

13231. Brasdin (A.). — Une circulaire du 17 avril 1728 sur les nourrices, p. 1 à 3.

13232. Blondeau (E.). — Evry-les-Chateaux. Chapelle de l'ancien prieuré de Vernelle, *fig.*, p. 3 à 5.

13233. Lionet (G.). — Louis XIII enfant à Brie-Comte-Robert, p. 5 à 8.

13234. F. L. — Chevry-Cossigny, p. 8 à 11.

13235. Lhuillier (Th.). — Notice historique sur la commune de Limoges-Fourches, p. 11 à 14, et 33 à 37.

13236. Blondeau (E.). — Blandy-les-Tours. Le château, *fig.*, p. 15 à 24.

13237. Leroy (G.). — En terre de Brie, p. 24 à 29.

13238. Daouin (G.). — Ferolles-Attilly. Le fief de la Barre, des origines à 1600, p. 29 à 32, et 74 à 76. — Suite de I, p. 100.

13239. Leseur. — Quelques mots sur Santeny, p. 37, 61, 82, et 96. — Suite de I, p. 104.

13240. Mohler (V.). — Chronique du bourg et du château de Blandy-les-Tours de l'an 485 à l'an 1900, *fig.*, p. 40 à 53.

13241. Mentienne. — Donation de rentes par Guillaume de Gien en 1305, p. 53 à 56.

13242. G. L. [Leroy (G.)]. — Numismatique. Une trouvaille à Licusaint [bulle de Martin IV], p. 56.

13243. E. B. [Blondeau (E.)]. — Les anciennes maisons de Brie-Comte-Robert, *fig.*, p. 57 à 61, et 105 à 113.

13244. Blondeau (R.). — Brie-Comte-Robert. L'église Saint-Étienne, *fig*, p. 63 à 70. — Suite de I, p. 15, et 208.

13245. Camus (A.). — Les troubles de Brie-Comte-Robert en 1790-1791, p. 70 à 74.

13246. Lhuillier (Th.). — Jean Ballesdens, de l'Académie française, chapelain du diocèse de Brie-Comte-Robert, p. 76 à 82.

13247. Camus (M.). — La fête de l'Être suprême à Brie-Comte-Robert (20 prairial an II), p. 92 à 96.

13248. Motteau (Ch.). — Une plaque de cheminée de l'ancien château fort de Brie-Comte-Robert, *fig.*, p. 97 à 100.

13249. Leroy (G.). — La dot de Valentine de Milan à Crèvecœur-en-Brie, p. 100 à 102.

13250. Brandin (A.). — L'hiver de 1709, p. 102 à 105.

13251. Motteau (Ch.). — Le fief du colombier à Brie-Comte-Robert (1226-1741), p. 113 à 115, et 137 à 139.

13252. Leroy (G.). — Une fête patriotique en l'an II à Coubert, p. 116 à 117.

13253. Lhuillier (Th.). — L'église Notre-Dame de Soignolles en Brie, p. 117 à 120, et 132 à 135.

13254. Michel (Edmond). — Maisons briardes. La Galère, p. 120 à 123.

13255. Crèvecœur (Lionel de). — L'église Saint-Yon de Lésigny, *fig.*, p. 123 à 132.

13256. Anonyme. — Monnaies romanes trouvées à Reauen-Brie, p. 136.

13257. Leroy (G.). — Besenval incarcéré à Brie-Comte-Robert, *fig.*, p. 139 à 143.

13258. Michel (Edmond). — Une querelle au xvᵉ siècle [lettres de rémission pour le capitaine Ferrières, 1432], p. 143 à 147.

13259. Mottheau (Ch.). — Vaux-la-Reyne (ancien domaine royal), *fig.*, p. 147 à 156.

13260. Lhuillier (Th.). — Moisenay, p. 156 à 167.

13261. Leroy (G.). — Anciennes mesures agraires de la Brie. La jugère et le journal, p. 167 à 169.

13262. Michel (Ed.). — Quelques documents relatifs à Mandres au xviiᵉ siècle, *fig.*, p. 169 à 178.

13263. Leroy (G.). — Villaroche en 1203, p. 178 à 179.

13264. Lhuillier (Th.). — A propos du martyre de saint Étienne, tableau de l'église de Brie-Comte-Robert, p. 180 à 181.

13265. Ruffier. — Madame de La Guette, dame de Mandres et de Sucy, p. 181 à 188. — Suite de I, p. 78 et 89.

SEINE-ET-MARNE. — FONTAINEBLEAU.

SOCIÉTÉ HISTORIQUE ET ARCHÉOLOGIQUE DU GÂTINAIS.

Les publications antérieures de cette Société sont analysées dans notre *Bibliographie générale*, savoir :
Annales, t. I à III (1883-1885), *Bibliographie*, t. IV, p. 389.
— t. IV à XVIII (1885-1900), *Bibliographie*, Supplément sous presse.
— t. XIX à XXI (1901-1903), *Bibliographie*, nouvelle série, I, p. 141, et II, p. 207.
Documents, t. I à IV (1885-1900), *Bibliographie*, Supplément sous presse.

V. — Documents publiés par la Société historique et archéologique du Gâtinais, V.

13266. Prou (Maurice) et Vidier (Alexandre). — Recueil des chartes de l'abbaye de Saint-Benoît-sur-Loire, t. I. (Paris, 1904, in-8°, 399 p.)

XXII. — Annales de la Société historique et archéologique du Gâtinais, t. XXII. (Fontainebleau, 1904, in-8°, xii-432 p.)

13267. Lioret (G.). — 1814-1815 à Moret et dans les environs, *pl.*, p. 1, 296, et 371.

13268. Richemond (E.). — Fromonville, ses pierres tombales et ses anciens seigneurs (1130-1643), 2 *pl.* et *tableau*, p. 122 à 169, et 211 à 269.

13269. Martellière (P.). — Notes archéologiques sur la collégiale Saint-Georges de Pithiviers, *fig.*, p. 170 à 189.

13270. Dupont (Adrien). — Les harangues de Mᵉ Antoine Lhoste, lieutenant général civil et criminel à Montargis, *portr.*, p. 193 à 210.

13271. Forteau (Ch.). — Le dernier exécuteur des sentences criminelles du bailliage d'Étampes, et le droit de havage, p. 270 à 295.

13272. Grouchy (Vicomte de). — Extraits des minutes des notaires de Fontainebleau (xviiᵉ-xviiiᵉ s.), étude de Mᵉ Gaultry, p. 322 à 323. — Suite de X, p. 85, 226, 329, 396; XI, p. 317, 397; XII, p. 72, 150, 365; XIII, p. 95; XIV, p. 114; XV, p. 257; XVI, p. 370; XVII, p. 202; XVIII, p. 294, 390; XX, p. 375; et XXI, p. 373.

13273. Rigault (Abel). — Simon Festu, un conseiller de Philippe le Bel, originaire de Fontainebleau, p. 329 à 349.

13274. Gauthier (Gaston). — Notes sur d'anciens fiefs du Gâtinais et de la Puisaye, p. 350 à 370.

[La Bergerie, la Ferrière, la Villeneuve, le Challoy, Noumbenard, la Margaudière, le Pigeon.]

SEINE-ET-MARNE. — MEAUX.

CONFÉRENCE D'HISTOIRE ET D'ARCHÉOLOGIE DU DIOCÈSE DE MEAUX.

Le tome I du *Bulletin* de cette Société publié de 1894 à 1898 sera analysé dans le Supplément, sous presse, de notre *Bibliographie*; le tome II, publié de 1899 à 1901, a été décrit dans le premier fascicule de notre nouvelle série, p. 142.

III. — Bulletin de la Conférence d'histoire et d'archéologie du diocèse de Meaux, 3ᵉ volume. (Lagny, 1902-1904, in-8°, 220-29 et VI p.)

13275. Carrière (L'abbé V.). — Rôle et taxe des fiefs de l'arrière-ban du bailliage de Provins en 1587, avec une introduction sur le rétablissement et l'étendue de ce bailliage au XVIᵉ siècle, p. 3 à 49.

13276. H. S. [Stein (H.)]. — L'étang de Mélanfroy à Pécy (Seine-et-Marne), p. 50.

13277. Estournet (O.). — Le grand séminaire de Meaux, notes pour servir à l'histoire de cet établissement, *pl.*, p. 52 à 90, et 129 à 178. — Suite de II, p. 376.

13278. E. J. [Jouy (E.)]. — Croix de cimetière à Gesvres-le-Chapitre (XIIᵉ s.), *fig.*, p. 91 à 92.

13279. Lecomte (Maurice). — Obituaire de Saint-Pierre de Lagny, p. 93 à 101.

13280. Malaye (A.). — L'église et le prieuré de Saint-Jean-Baptiste à Dammartin (Seine-et-Marne), *fig.* et 3 *pl.*, p. 102 à 105.

13281. E. J. [Jouy (E.)]. — Une copie du cartulaire de l'église de Meaux, *fig.*, p. 116 à 118.

13282. Anonyme. — Inscriptions de première pierre provenant de l'abbaye de Notre-Dame de Meaux, p. 120 à 122.

13283. E. J. [Jouy (E.)]. — Note sur une restauration de vitraux anciens dans l'église de Montereau, p. 122 à 124.

13284. Stein (Henri). — Quelques chartes du cartulaire de Molesmes relatives à la Brie, p. 179 à 184.

13285. Lecomte (Maurice). — Documents nécrologiques seine-et-marnais, p. 185 à 190.

13286. Rousseau (L.) et Lecomte (M.). — Cérémonial de la prise de possession des évêques de Meaux d'après un procès-verbal (1515), p. 191 à 199.

13287. Lecomte (Maurice). — A propos de la sépulture du poète Vauquelin des Yveteaux en l'église de Vareddes, p. 200 à 206.

13288. Lecomte (Maurice). — Enquête sur les manuscrits de Claude Rochard, p. 207.

13289. M. L. [Lecomte (M.)]. — Étendue et divisions administratives de l'ancien diocèse de Meaux, p. 209 à 210.

13290. L. R. [Rousseau (L.)]. — M. le chanoine Jouy [Étienne-Léon, 1844 † 1903], le prêtre et l'artiste, 6 *pl.*, p. 5 à 29.

SEINE-ET-MARNE. — MEAUX.

SOCIÉTÉ LITTÉRAIRE ET HISTORIQUE DE LA BRIE.

Les publications antérieures de cette Société sont analysées dans notre *Bibliographie générale*, savoir : *Bulletin*, t. I et II (1895-1898), *Bibliographie*, Supplément sous presse.

— t. III, fasc. 1-5 (1900-1903), *Bibliographie*, nouvelle série, II, p. 208.

II. — Bulletin de la Société littéraire et historique de la Brie, t. III, fasc. 6.

13291. Gassies (Georges) et Monmarté (Paul). — Les excursions de la Société de 1898 à 1902. Chantilly, Champeaux, Blandy, Moisenay, Vaux, Soissons. Paris, Ferrières, Crouy-sur-Ourcq, May, Rusoy, Acy-en-Multien. (Meaux, 1903, in-8°, 79 p., *fig.*)

IV. — Bulletin de la Société littéraire et historique de la Brie, t. IV, fasc. 1 et 2.

13292. Gassies (Georges). — Meaux sous Henri IV. (Meaux, 1904, in-8°, 7 p.)

13293. Lesent (Fernand). — Les origines du musée de la ville de Meaux et des collections. (Meaux, 1904, in-8°, 36 p., 2 *pl.*)

SEINE-ET-OISE. — CORBEIL.

SOCIÉTÉ HISTORIQUE ET ARCHÉOLOGIQUE DE CORBEIL, D'ÉTAMPES ET DU HUREPOIX.

Les publications antérieures de cette Société sont analysées dans notre *Bibliographie générale*, savoir :
Mémoires, t. I à II (1897-1900), *Bibliographie*, Supplément sous presse.
— t. III (1901), *Bibliographie*, nouvelle série, I, p. 143.
Bulletin, t. I à VI (1895-1900), *Bibliographie*, Supplément sous presse.
— t. VII à IX (1901-1903), *Bibliographie*, nouvelle série, I, p. 143; et II, p. 209.
Conférence des Sociétés de Seine-et-Oise (1902), *Bibliographie*, nouvelle série, II, p. 209.

IV. — **Mémoires et documents de la Société historique et archéologique de Corbeil, d'Étampes et du Hurepoix**, IV. (Paris, 1904, in-8°, 71 p.)

13294. Boëte (François). — Histoire d'un village. Villecresnes (Seine-et-Oise). (Corbeil, 1904, in-8°, 2 *pl.*, 71 p.)

X. — **Bulletin de la Société historique et archéologique de Corbeil, d'Étampes et du Hurepoix**, 10° année, 1904. (Paris, 1904, in-8°, xxi-166 p.)

13295. Depoin (J.). — Notre-Dame-des-Champs, prieuré dionysien d'Essonnes, p. 5 à 17. — Suite de IX, p. 26.
13296. Génin (L'abbé). — Chilly-Mazarin, les épitaphes, 2 *pl.*, p. 18 à 23. — Suite de III, p. 14.
[Portraits du maréchal et de la maréchale d'Effiat.]

13297. Forteau Ch.). — Le prieuré de Saint-Martin d'Étampes (1773-1774), p. 24 à 29.
13298. Boulé (Alphonse). — De certains liens historiques entre l'Isle-de-France et le Berry, p. 30.
13299. A. D. [Dufour (A.)]. — Chamarande (autrefois Bonnes), p. 45 à 53.
13300. Dufour (A.). — Le cloître de l'église Saint-Spire de Corbeil, p. 54 à 62.
13301. G. G. — Promenade archéologique. Boutigny-Champmotteux, p. 67 à 74.
13302. Dufour (A.). — Relation du siège de Corbeil en 1590, *fig.* et 2 *pl.*, p. 82 à 121.
13303. Creuzet. — Notes sur les comtes de Corbeil, p. 122 à 135.
13304. A. D. [Dufour (A.)]. — Ris-Orangis, notes sommaires sur la seigneurie et le château, p. 136 à 142.

SEINE-ET-OISE. — PONTOISE.

SOCIÉTÉ HISTORIQUE ET ARCHÉOLOGIQUE DE PONTOISE ET DU VEXIN.

Les publications antérieures de cette Société sont analysées dans notre *Bibliographie générale*, savoir :
Mémoires, t. I à VII (1879-1885), *Bibliographie*, t. IV, p. 398.
— t. VIII à XXII (1886-1900), *Bibliographie*, Supplément sous presse.
— t. XXIII et XXIV (1901-1902), *Bibliographie*, nouvelle série, I, p. 144; et II, p. 209.
Ouvrages divers, Supplément sous presse, nouvelle série, I, p. 144; et II, p. 209.

XXV. — **Mémoires de la Société historique et archéologique de l'arrondissement de** Pontoise et du Vexin, t. XXV. (Pontoise, 1903, in-8°, 99 p.)

13305. Anonyme. — Gustave Jouarre [† 1902], p. 33 à 36.
13306. Passy (Louis). — Discours [sur les Andelys], p. 39 à 45.
13307. Coquelle (P.). — Les clochers romans du Vexin français et du Pincerais, fig. et 8 pl., p. 47 à 65.
13308. Rey (Auguste). — Martial de Giac [1737 † 1794], p. 67 à 81.

13309. Lefèvre-Pontalis (Germain). — Un prisonnier du Château-Gaillard, Barbazan, le chevalier sans reproche [xve s.], p. 83 à 90.
13310. Pinson (Paul). — Les signataires du cahier de l'ordre de la noblesse des bailliages de Mantes et Meulan, remis à Antoine de Vion, marquis de Gaillon, élu député en 1789 aux États généraux, facs., p. 91 à 97.

SEINE-ET-OISE. — RAMBOUILLET.

SOCIÉTÉ ARCHÉOLOGIQUE DE RAMBOUILLET.

Les publications antérieures de cette Société sont analysées dans notre Bibliographie générale, savoir :
Mémoires, t. I à VII (1873-1886), Bibliographie, t. IV, p. 400.
— t. VIII à XIV (1886-1899), Bibliographie, Supplément sous presse.
— t. XV et XVI (1900-1902), Bibliographie, nouvelle série, I, p. 145; et II, p. 211.
Ouvrages divers (1846-1862), Bibliographie, t. IV, p. 400.

XVII. — Mémoires de la Société archéologique de Rambouillet, série in-8°, t. XVII. (Versailles, 1903, in-8°, 548 p.)

13311. Couard (E.) et Lorin (F.). — Les Trois États du bailliage royal de Montfort-l'Amaury aux États généraux de 1789, carte, p. 1 à 256. — Suite de XVI, p. 1.

[Cahiers de doléances.]

13312. Anonyme. — Montfort-l'Amaury. Le cinquième pardon d'Anne de Bretagne et le centenaire de Brizeux, fig., p. 257 à 343.
13313. Lorin. — La Société archéologique de Rambouillet à Thoiry, fig., p. 344 à 407.
13314. Auscher (E.-S.). — La céramique au château de Thoiry, fig., p. 408 à 411.
13315. Lorin. — Les noms des rues de Rambouillet, p. 417 à 420.
13316. Terrade (A.) et Allonge (H.). — Notice bibliographique. Le général Ordonneau (1770 † 1855), fig., p. 421 à 531.

SEINE-ET-OISE. — VERSAILLES.

ASSOCIATION ARTISTIQUE ET LITTÉRAIRE.

Les publications antérieures de cette Association sont analysées dans notre Bibliographie générale, savoir :
Versailles illustré, t. I à IV (1896-1900), Bibliographie, Supplément sous presse.
— t. V à VII (1900-1903), Bibliographie, nouvelle série, I, p. 145; et II, p. 211.

VIII. — Association artistique et littéraire, Versailles illustré, t. VIII, 1903-1904. (Versailles, s. d., in-4°, 147 p.)

13317. Leclerc (Alfred). — Charles Le Brun (1619-1690), son œuvre et son influence sur les arts au xviie siècle, fig., p. 5, 55, 67, 99, 113, et 121. — Suite de VII, p. 109, 128, et 136.
13318. Galand (Vicomtesse de). — Wideville, fig., p. 13 à 19. — Suite et fin de VII, p. 121.
13319. Grosseuvre (Henri). — Un document sur les journées des 5 et 6 octobre 1789, p. 24.

13320. Auscher (E.-S.). — Promenades dans le Versailles peu connu. La sacristie du château, *fig.*, p. 27 à 32; l'Orangerie du château, *fig.*, p. 39 à 43.

13321. Anonyme. — Discours du Roi à l'assemblée des États généraux tenue à Versailles (4 mai 1789) [gravure du temps], *fig.*, p. 35 à 36.

13322. Despagne. — Rues et habitants [les Allemands à Versailles, 1er juillet 1815], *fig.*, p. 49 à 53.

13323. Terrade (Albert). — Les bois de justice à Versailles [1791-1847], p. 61, 82, et 94.

13324. Anonyme. — Le crieur de Versailles [gravure de 1692], *fig.* p. 66.

13325. Lorin.— Rambouillet, *fig.*, p. 73, 87, 109, et 130.

13326. Anonyme. — Un portrait de Blaizot, *fig.*, p. 80.

13327. Moussoir (Georges). — Le peintre Loustaunau (1846 † 1898), p. 133 à 144.

SEINE-ET-OISE. — VERSAILLES.

COMMISSION DES ANTIQUITÉS ET DES ARTS.

Les publications antérieures de cette Commission sont analysées dans notre *Bibliographie générale*, savoir : *Procès-verbaux*, t. I à V (1881-1885), *Bibliographie*, t. IV, p. 401.

— t. VI à XX (1886-1900), *Bibliographie*, Supplément sous presse.

— t. XXI à XXIII (1901-1903), *Bibliographie*, nouvelle série, I, p. 146; et II, p. 212.

XXIV. — **Département de Seine-et-Oise. Commission des antiquités et des arts** (Commission de l'inventaire des richesses d'art)..... XXIVᵉ volume. (Versailles, 1904, in-8°, 97 p.)

13328. Dufour. — L'église de Wissous, p. 19 à 22.

13329. Grave. — Le château de Bicêtre à Genainville, p. 28 à 30.

13330. Delessart. — Découverte archéologique à Saint-Vrain, p. 33.

13331. Plancouard. — Découverte de sépulture à Guiry, p. 35.

13332. Paisant (Alfred). — De la propriété des trésors, p. 65 à 71.

13333. Le Chenetier (L'abbé). — Les seigneurs de Longueil, marquis de Maisons, p. 72 à 85.

13334. Coquelle. — Seraincourt, étude archéologique, p. 86 à 96.

SEINE-ET-OISE. — VERSAILLES.

CONFÉRENCE DES SOCIÉTÉS SAVANTES DE SEINE-ET-OISE.

Le compte rendu de la première session de ces assises (1902) est analysé dans notre *Bibliographie générale*, nouvelle série, II, p. 213.

II. — **Conférence des sociétés savantes, littéraires et artistiques de Seine-et-Oise**, 2ᵉ réunion tenue à Pontoise les 11 et 12 mai 1904, sous la présidence de M. L. Passy... et de M. Paisant... (Versailles, 1904, in-8°, 140 p.)

13335. Grave (E.). — Les seigneurs de la Roche-Guyon et leurs paysans (1259-1508), p. 29 à 35.

13336. Coquelle.—Les églises romanes du Vexin français, p. 35 à 52.

13337. Rey (Aug.). — Un légataire de Villon : Nicolas de Louviers, p. 54 à 66.

13338. Depoin. — Proverbes et locutions du Vexin français, p. 66 à 80.

13339. Mallet. — Les élections du bailliage de Pontoise en 1789, p. 81 à 84.

13340. Blanchard (H.). — Jacques Le Mercier [architecte] (1585 † 1654), p. 85 à 89.

13341. Brunet. — L'hôtel de ville de Versailles et ses peintures anciennes, p. 90 à 93.

13342. Greder. — Bréançon et Frémécourt (près Cormeilles-en-Vexin), p. 93 à 97.

13343. Couard. — La Commission des arts du département de Seine-et-Oise, (1792-1794), p. 102 à 104.

SEINE-ET-OISE. — VERSAILLES.

SOCIÉTÉ DES SCIENCES MORALES, DES LETTRES ET DES ARTS DE SEINE-ET-OISE.

Les publications antérieures de cette Société sont analysées dans notre *Bibliographie générale*, savoir :
Mémoires, t. I à XIV (1847-1885), *Bibliographie*, t. IV, p. 403.
— t. XV à XXI (1887-1897), *Bibliographie*, Supplément sous presse.
Revue de l'histoire de Versailles, t. I et II (1899-1900), *Bibliographie*, Supplément sous presse.
— — t. III à V (1901-1903), *Bibliographie*, nouvelle série, I, p. 146; et II, p. 213.

VI. — Revue de l'histoire de Versailles et de Seine-et-Oise, année 1904. (Versailles, 1904, in-8°, 323 p.)

13344. FROMAGEOT (P.). — Félix Nogaret, *pl.*, p. 1 à 21, et 137 à 151.

13345. REY (Auguste). — Le château de la Chevrette et Mme d'Épinay, *fig.*, p. 22 à 62. — Suite et fin de V, p. 1, 125, 197, et 273.

13346. SIMON (Henri). — L'élection du premier maire de Versailles [J.-F. Coste] en 1790, d'après les archives municipales, *portr.*, p. 63 à 80.

13347. GATIN (L.-A.). — Versailles pendant la Révolution française, p. 81, 224, et 293.

13348. STATIENSKI (Casimir). — Le château de Versailles et Napoléon Ier, p. 134 à 136.

13349. RISCH (L.). — Les événements de 1815 à Thiverval, p. 152 à 160.

13350. BONNET (Ch.). — Documents inédits sur Mlle de la Vallière, tirés des minutes du notaire royal de Saint-Germain-en-Laye, p. 161 à 176.

13351. FROMAGEOT (P.). — Le théâtre de Versailles et la Montansier, p. 177 à 204.

13352. FENNEBRESQUE (Juste). — Dernières années de Mme Élisabeth à Versailles (1781-1789), *fig.*, p. 205 à 223.

13353. BARTHÉLEMY (A. DE). — Notes historiques sur Ville-d'Avray, du XIIe au XVIIIe siècle, *fig.*, p. 241 à 276.

13354. REY (Auguste). — Sedaine à Saint-Prix, p. 277 à 292.

13355. TAMBOUR (E.). — Une émeute à l'Étang en l'an VI, p. 307 à 315.

13356. PINSON (Paul). — Fête célébrée dans le parc de Saint-Cloud en souvenir de la chute de Robespierre (27 juillet 1797), p. 316 à 320.

SEINE-INFÉRIEURE. — LE HAVRE.

SOCIÉTÉ HAVRAISE D'ÉTUDES DIVERSES.

Les publications antérieures de cette Société sont analysées dans notre *Bibliographie générale*, savoir :
Recueil, t. I à XXXIII (1834-1885), *Bibliographie*, t. IV, p. 408.
— t. XXXIV à XLVII (1886-1900), *Bibliographie*, Supplément sous presse.
— t. XLVIII et XLIX (1901-1902), *Bibliographie*, nouvelle série, I, p. 147; et II, p. 215.
Ouvrages divers (1902-1903), nouvelle série, II, p. 215.

L. — Recueil des publications de la Société havraise d'études diverses de la 70° année. (1903, in-8°, 348 p.)

13357. Grenier (A.). — Libre échange et protection, p. 17 à 47.

13358. Barrey (Ph.). — Les bataillons de jeunes gens au Havre sous la Révolution, p. 103 à 118.
13359. Quoist (Georges-D.). — L'imprimerie au Havre de 1670 à 1870, *facs.*, p. 119 à 212.

SEINE-INFÉRIEURE. — ROUEN.

ACADÉMIE DES SCIENCES, BELLES-LETTRES ET ARTS DE ROUEN.

Les publications antérieures de cette Académie sont analysées dans notre *Bibliographie générale*, savoir :
  Précis analytique, t. I à LXXXVII (1744-1885), *Bibliographie*, t. IV, p. 415.
  — t. LXXXVIII à CII (1885-1900), *Bibliographie*, Supplément sous presse.
  — t. CIII à CV (1900-1903), *Bibliographie*, nouvelle série, I, p. 147; et II, p. 215.

CVI. — Précis analytique des travaux de l'Académie des sciences, belles-lettres et arts de Rouen pendant l'année 1903-1904. (Rouen, 1904, in-8°, 441 p.)

13360. Waddington (Richard). — Discours de réception [les dernières années de la domination française au Canada], p. 9 à 41.
13361. Paulme (Henri). — La Chambre de commerce de Rouen et l'Académie. p. 43 à 61.
13362. Canonville-Deslys. — Rapport sur les travaux de la classe des sciences, p. 83 à 92.
13363. Beaurepaire (Georges de). — Rapport sur les travaux de la classe des belles-lettres, p. 159 à 175.
  [Ch.-M. Legay († 1904); A.-F. Le Jolis († 1904), etc.]

13364. Beaurepaire (Ch. de). — Note sur le peintre Saint-Igny [† 1647], p. 201 à 223.
13365. Chanoine-Davranches (L.). — La petite tour du Temple [à Paris et la détention de Louis XVI et de sa famille], 8 *pl.*, p. 225 à 285.
13366. Delattre (Le P.). — Un cercueil de bois à couvercle anthropoïde [trouvé à Carthage], *pl.*, p. 325 à 334.
13367. Manesse (H.). — Jean-Georges Wille, graveur du Roi [1715 † 1793], p. 335 à 362.
13368. Le Verdier. — M. A Héron, p. 367 à 381.
13369. Allard (Paul). — Notice sur M. l'abbé Fouard [1837 † 1903], p. 383 à 390.
13370. Dessoissons (Raoul). — Notice sur M. Henri Frère (1836 † 1903), p. 391 à 413.

SEINE-INFÉRIEURE. — ROUEN.

LES AMIS DES MONUMENTS ROUENNAIS.

Les publications antérieures de cette Société sont analysées dans notre *Bibliographie générale*, savoir :
  Bulletin, t. I à III (1896-1900), *Bibliographie*, Supplément sous presse.
  — t. IV (1901), *Bibliographie*, nouvelle série, I, p. 148; et II, p. 216.

VI. — Les Amis des monuments rouennais, Bulletin, année 1903. (Rouen, 1904, in-fol., 189 p.)

13371. Le Corbeiller (Armand). — Eustache de la Querrière [1783 † 1870], *portr.*, p. 37 à 45.

13372. Beaurepaire (Ch. de). — Notes sur les architectes de Rouen. Jean Richier, les Pontifs, Jacques Le Roux, Guillaume Duval, Pierre Le Signerre et autres (seconde moitié du XVᵉ s.), p. 47 à 77.
13373. Chevallier (L'abbé Émile). — Le pont de Pont-de-l'Arche, *fig.* et 2 *pl.*, p. 79 à 92.

13374. Beaubain (Narcisse). — Un mot sur le nom du passage dit de la Cour des comptes [à Rouen], p. 93 à 98.

13375. Duvsau (Ed.). — Palais de justice de Rouen. Étude sur la position des lucarnes de la salle des procureurs, *fig.* et *pl.*, p. 99 à 108.

13376. Aubé (Raoul). — Nécrologie, p. 135 à 140.

[L. de Glanville (1807 † 1903); P.-A. Héron (1819 † 1903);

J. Lavallois (1819-1903); Lottin de Laval (1821 † 1903), E. Bonnaffé (1825 † 1903).]

13377. Geispitz (H.). — Excursion à Valmont, *fig.*, p. 144 à 149.

13378. Lefort (L.). — Visite du palais de justice et de la cathédrale [de Rouen], p. 150 à 154.

13379. Coutan (D'). — Le château de Dieppe, *fig.*, p. 155 à 167.

SEINE-INFÉRIEURE. — ROUEN.

SOCIÉTÉ DES BIBLIOPHILES NORMANDS.

Les publications antérieures de cette Société sont analysées dans notre *Bibliographie générale*, savoir : *Assemblées générales*, t. I à XLIV (1863-1885), *Bibliographie*, t. IV, p. 458.

— t. XLV à LXXIV (1886-1900), *Bibliographie*, Supplément sous presse.

— t. LXXV à LXXVIII (1902), *Bibliographie*, nouv. série, I, p. 149; et II, p. 219.

Ouvrages divers, *Bibliographie*, t. IV, p. 453; Supplément sous presse, et nouv. série, I, p. 148; et II, p. 219.

LXXIX. — **Société des bibliophiles normands,** soixante-dix-neuvième assemblée générale, 11 juin 1903. (S. l. n. d., in-8° carré, 11 p.)

13380. Beaurepaire (Ch. de). — Discours, p. 4 à 9.

[D' C.-S. Le Paulmier (1828 † 1902); L. de Clanville (1807 † 1903).]

LXXX. — **Société des bibliophiles normands,** quatre-vingtième assemblée générale, 17 décembre 1903. (S. l. n. d., in-8° carré, 15 p.)

13381. Beaurepaire (Ch. de). — Discours, p. 4 à 10.

[A. Héron (1819 † 1903); le marquis des Roys d'Eschandelys (1836 † 1903).]

13382. L. V. [Le Verdier]. — Entrée de Louis XII à Rouen [note additionnelle], p. 13 à 14.

[L'*Entrée de Louis XII* a paru en 1900.]

LXXXI. — **Société des bibliophiles normands,** quatre-vingt-unième assemblée générale, 19 mai 1904. (S. l. n. d., in-8° carré, 19 p.)

13383. Beaurepaire (Ch. de). — Discours, p. 4 à 16.

[Inventaire des livres de Jean Briselance, chapelain de la cathédrale de Rouen (1484), et de Louis Blosset, doyen du chapitre (1488).]

LXXXII. — **Société des bibliophiles normands,** quatre-vingt-deuxième assemblée générale, 22 décembre 1904. (S. l. n. d., in-8° carré, 13 p.)

13384. Beaurepaire (Ch. de). — Discours, p. 4 à 12.

[Thèses au collège de Rouen (XVII°-XVIII° s.); imprimeurs rouennais (1628).]

13385. Robillard de Beaurepaire (A. de). — Les premiers exercices poétiques de Jean de Vitel. (Rouen, 1904, in-8° carré, XLVIII-205 ff.)

13386. Le Verdier (P.). — Ancien théâtre scolaire normand, pièces recueillies et publiées avec une notice par P. Le Verdier. (Rouen, 1904, pet. in-8°, LVI p. d'introduction et 22 réimpressions.)

[Pièces jouées de 1646 à 1789 dans les collèges de Bourbon, à Rouen, du Mont, du Bois et des Arts à Caen, de Pont d'Ouilly, de Pont-Audemer, de Dieppe et des Dominicains d'Évreux.]

SEINE-INFÉRIEURE. — ROUEN.

SOCIÉTÉ ROUENNAISE DES BIBLIOPHILES.

Les volumes publiés par cette Société jusqu'en 1904 sont énumérés dans notre *Bibliographie générale*, t. IV, p. 459; Supplément sous presse; et nouvelle série, I, p. 149; et II, p. 220.

13387. Gravier (Gabriel). — Oraison funèbre d'Alexandre Boniface, baron du Boslehart [par Platel, curé de Montérolier]. (Rouen, 1904, petit in-4°, xxiii-38 p.)

13388. Tougard (L'abbé A.). — Le vœu de la reine Anne d'Autriche à Sahurs, réimpression du texte de 1639. (Rouen, 1904, petit in-4°, xviii-132 p.)

SEINE-INFÉRIEURE. — ROUEN.

SOCIÉTÉ D'ÉMULATION, DU COMMERCE ET DE L'INDUSTRIE
DE LA SEINE-INFÉRIEURE.

Les publications antérieures de cette Société sont analysées dans notre *Bibliographie générale*, savoir :
    Bulletin, t. I à XLVII (1837-1886), *Bibliographie*, t. IV, p. 164.
    —   t. XLVIII à LX (1886-1900), *Bibliographie*, Supplément sous presse.
    —   t. LXI et LXII (1900-1902), *Bibliographie*, nouvelle série, I, p. 149; et II, p. 220.
    Autres publications, *Bibliographie*, t. IV, p. 461.

LXIII. — **Bulletin de la Société libre d'émulation, du commerce et de l'industrie de la Seine-Inférieure** ....., exercice 1903. (Rouen, 1904, in-8°, 682 p.)

13389. Vesly (Léon de). — Exploration archéologique de la forêt de Rouvray (fouilles de 1903), *fig.*, p. 111 à 135. — Cf. LXII, p. 133; et LXIII, p. 133.

13390. Vesly (Léon de). — Le Catelier gallo-romain et le cimetière mérovingien de Charleval, *fig.*, p. 135 à 150.

13391. Pakvost (Michel). — Étude sur la forêt de Roumare, *plan*, p. 151 à 597.

13392. Vesly (Léon de). — Biographie de M. Charles-Henry Benner [1821 † 1903], p. 620 à 624.

SEINE-INFÉRIEURE. — ROUEN.

SOCIÉTÉ DE L'HISTOIRE DE NORMANDIE.

Les publications antérieures de cette Société sont analysées dans notre *Bibliographie générale*, savoir :
    Bulletins, t. I à IV (1870-1887), *Bibliographie*, t. IV, p. 471.
    —   t. V à VIII (1887-1899), *Bibliographie*, Supplément sous presse.

Mélanges, t. I à IV (1891-1898), *Bibliographie*, Supplément sous presse.
— t. V (1898[1901]), *Bibliographie*, nouvelle série, I, p. 150.
Ouvrages divers, *Bibliographie*, t. IV, p. 470; Supplément sous presse; et nouvelle série, I, p. 150; et II, p. 221.

IX. — Bulletins de la Société de l'histoire de Normandie, t. IX, années 1900-1904. (Rouen, 1904, in-8°, xx-479 p.)

13393. Ch. de B. [Beaurepaire (Ch. de)]. — Arrêt du Parlement [de Rouen] au sujet de voies de fait reprochées à un gentilhomme du pays de Caux [Antoine de Clamorgan, 1561], p. 4 à 9.

13394. Bouquet (F.). — Visite de Louis XIV et de la Cour au prieuré de Bonnes-Nouvelles, à Rouen, en 1650, p. 9 à 24.

13395. Tougard (L'abbé). — Le lieu de naissance [Eu] de Guy d'Arezzo, p. 28.

13396. Le Paulmier (D'). — Deux lettres de l'abbé Beziers [1762 et 1763], p. 31 à 38.

13397. Régnier (L.). — Pompe funèbre célébrée en l'église collégiale de Saint-Hildevert de Gournay, après le décès de la duchesse de Luxembourg [Marie-Sophie Colbert de Seignelay] (1747), p. 38 à 42.

13398. Ch. de B. [Beaurepaire (Ch. de)]. — Expulsion des Irlandais (1606), p. 42 à 44.

13399. Beaurepaire (Ch. de). — Discours, p. 49 à 62.
[N b . Beautemps-Beaupré (1813 † 1899); Arsène Legrelle (1834 † 1900); Ch. Lormier.]

13400. Héron. — M. Julien Félix, p. 62 à 68.

13401. Le Verdier (P.). — Quelques lettres du P. d'Incarville, missionnaire en Chine [1742], p. 73 à 79.

13402. A. T. [Tougard (A.)]. — Les chantres normands de la chapelle du pape (1418-1514), p. 84 à 91.

13403. Beaurepaire (Ch. de). — Méfaits imputés à d'Auberville, bailli de Caen (1563), p. 92 à 96.

13404. Wallon (H.). — La traite des noirs au XVIIIe siècle, p. 101 à 105.

13405. Le Verdier (P.). — Une lettre ministérielle à M. Corneille (1760), p. 105 à 107.

13406. Sauvage (Hippolyte). — Aliénation par engagement du domaine royal en la vicomté de Domfront (1586), p. 107 à 119.

13407. Barre (Lucien). — L'innocence opprimée, ou défense de Mathurin Picard, curé de Mesnil-Jourdain, diocèse d'Évreux, doyenné de Louviers, par M. Laugeois, successeur immédiat dudit Picard dans la cure du Mesnil-Jourdain, p. 128 à 162.

13408. Bréard (Ch.) et A. T. [Tougard (A.)]. — Un moine du Mont-aux-Malades pensionné par Charles VII, p. 163 à 164.

13409. Bréard (Charles). — Embarras et perplexités d'un lieutenant de l'Amirauté (Grandcamp en Cotentin), p. 182 à 189.

13410. Le Conseiller (Éd.). — La reddition du château de Saint-Germain-sous-Cailly, en 1436, p. 189 à 192.

13411. Sauvage (Hippolyte). — État du domaine de Domfront (16 février 1622), p. 196 à 208.

13412. Bréard (Charles). — Séjour de Charles VI au château de Bonneville-sur-Touques, en 1394, p. 214 à 218.

13413. Ch. de B. [Beaurepaire (Ch. de)]. — Arrêt du Parlement de Normandie prescrivant les mesures à prendre pour assurer la sécurité à l'intérieur de la ville de Rouen (28 avril 1563), p. 218 à 221.

13414. Fiquet (A.). — Anciens documents conservés à la mairie d'Estouteville (Seine-Inférieure), p. 222.

13415. A. H. [Héron (A.)]. — Lettre de François Godefroy à Haillet de Couronne (1775), p. 229 à 232.

13416. Estaintot (Comte d'). — Bibliographie des travaux de M. Robert-Charles-René-Hippolyte Langlois, comte d'Estaintot (1857-1897), p. 233 à 254.

13417. Sauvage (H.). — Lettre de Louis XIV, déclassement du fort du Tombelaine, près le Mont-Saint-Michel (8 février 1648), p. 255.

13418. Porée (Le chanoine). — Un itinéraire de Normandie au XVIIe siècle, p. 261 à 285.

[Dubuisson-Aubenay.]

13419. Le Conseiller (Édouard). — Notice sur le prieuré de Toussaints de Bellencombre [XVIIe s.], p. 304 à 316.

13420. Lecacheux (Paul). — Une émotion populaire à Barfleur en 1724, p. 322 à 336.

13421. Bournienne (L'abbé V.). — Port-en-Bessin pendant la guerre de Cent ans, p. 341 à 350.

13422. Ch. de B. [Beaurepaire (Ch. de)]. — Sentence du lieutenant-général et bailli de Rouen à l'occasion des cas de peste à Saint-Étienne-du-Rouvray (1644), p. 350 à 352.

13423. Beaurepaire (Ch. de). — Discours, p. 357 à 366.
[D' C.-S. Le Paulmier (1828 † 1902); N.-A. Huet († 1902); L. de Glanville († 1903); N. de Beaucourt (1833 † 1902); F. Bouquet (1815 † 1903).]

13424. Bréard (Charles). — Fragment d'un compte de la vicomté de Neufchâtel-en-Bray, pour l'année 1444-1445, p. 372 à 377.

13425. Beaurepaire (Ch. de). — Triste état du prieuré de Longueville (1516), p. 377 à 380.

13426. Sauvage (H.). — Quittance de réception d'un cerf payé comme redevance féodale [à l'évêque d'Avranches] (27 janvier 1392, v. s.), p. 384.

13427. Régnier (L.). — Commerce paralysé à Chaumont-en-Vexin, en 1642, p. 385.

27.

13428. Bouquet (F.). — Publications de M. F. Bouquet relatives à Rouen et au département de la Seine-Inférieure, p. 387 à 396.

13429. Le Verdier. — Description du puy des palinods de Dieppe en 1675, p. 401 à 412.

13430. F. Bl. [Blanquart (F.)]. — Construction du château d'Etelan (1494), p. 417 à 420.

13431. Beaurepaire (Ch. de). — Discours, p. 421 à 433.

[Ch. Legay (1829 † 1904); A. Héron (1829 † 1903).]

13432. Anonyme. — Bibliographie de travaux de M. A. Héron (1877-1903), p. 439 à 447.

13433. A. T. [Tougard (A.)]. — Un poète rouennais [Ch. Caron, XVIIᵉ s.], p. 448.

13434. Vavel (G.). — Recueil de journaux caennais (1661-1777) publiés d'après les manuscrits inédits, avec une introduction et des notes. (Rouen, 1904, in-8°, XLIV-313 p.)

13435. Bréard (Charles). — L'abbaye de Notre-Dame de Grestain, de l'ordre de Saint-Benoît, à l'ancien diocèse de Lisieux. (Rouen, 1904, in-8°, 440 p.)

SEINE-INFÉRIEURE. — ROUEN.

SOCIÉTÉ NORMANDE DE GÉOGRAPHIE.

Les publications antérieures de cette Société sont analysées dans notre *Bibliographie générale*, savoir :
Bulletin, t. I à VII (1879-1885), *Bibliographie*, t. IV, p. 468.
— t. VIII à XXII (1886-1900), *Bibliographie*, Supplément sous presse.
— t. XXIII et XXIV (1901-1902), *Bibliographie*, nouvelle série, II, p. 222.

XXV. — **Société normande de géographie.**
Bulletin pour l'année 1903, t. XXV. (Rouen, 1903, in-4°, XXX-316 p.)

XXVI. — **Société normande de géographie.**
Bulletin de l'année 1904, t. XXVI. (Rouen, 1904, in-4°, XXXI-308 p.)

13436. Bernet (Paul). — Le Dauphiné inconnu, p. 21 à 42.

13437. Murv (Francis). — Le pays de Siam, p. 71 à 90.

13438. Kaien (Commandant). — Les débuts de l'expansion russe en Asie centrale, p. 91 à 116.

13439. Gravier (Gabriel). — Jean Ango, vicomte de Dieppe, p. 116 à 135.

13440. P. F. — Un coin de la Normandie. Les Deux-Amants, carte, p. 135 à 146.

13441. Guimet. — Les antiquités de la Syrie et de la Palestine, p. 63 à 74.

13442. Drouet (Francis). — En Corée. Naufrage de l'Épervier sur les récifs de l'île de Quelpaërt, p. 190 à 219.

13443. Layer (Ernest). — Gisors et le Vexin normand, p. 271 à 286.

13444. Monplier (Georges). — M. Gabriel Gravier (1827 † 1904), p. 297 à 302.

SOMME. — AMIENS.

ACADÉMIE D'AMIENS.

Les publications antérieures de cette Académie sont analysées dans notre *Bibliographie générale*, savoir :
Mémoires, t. I à XXXII (1835-1885), *Bibliographie*, t. IV, p. 491.
— t. XXXIII à XLVII (1886-1900), *Bibliographie*, Supplément sous presse.
— t. XLVIII et XLIX (1901-1902), *Bibliographie*, nouvelle série, I, p. 151; et II, p. 224.

L. — Mémoires de l'Académie des sciences, des lettres et des arts d'Amiens, t. L, année 1903. (Amiens, 1904, in-8°, 561 p.)

13445. BLANCHARD (A.). — Victor Hugo, esquisse biographique et littéraire, p. 69 à 97.

13446. BLANCHARD (A.). — Le théâtre de Victor Hugo et la parodie, p. 99 à 180.

13447. LENEL (S.). — Histoire du collège d'Amiens, 6 pl., p. 231 à 528.

SOMME. — AMIENS.

SOCIÉTÉ DES ANTIQUAIRES DE PICARDIE.

Les publications antérieures de cette Société sont analysées dans notre *Bibliographie générale*, savoir :
Mémoires (in-8°), t. I à XXVIII (1838-1885), *Bibliographie*, t. IV, p. 496.
— (in-8°), t. XXIX à XXXIII (1887-1899), *Bibliographie*, Supplément sous presse.
— (in-8°), t. XXXIV (1903), *Bibliographie*, nouvelle série, II, p. 224.
Mémoires (in-4°), t. I à XI (1845-1883), *Bibliographie*, t. IV, p. 504.
— (in-4°), t. XII à XIV (1890-1897), *Bibliographie*, Supplément sous presse.
Bulletins, t. I à XV (1886-1900), *Bibliographie*, Supplément sous presse.
Picardie historique et monumentale, t. I (1893-1899), *Bibliographie*, Supplément sous presse.
— — t. II, fasc. 1 (1901), *Bibliographie*, nouvelle série, I, p. 152.
Ouvrages divers, *Bibliographie*, nouvelle série, I, p. 152.

XV. — Mémoires de la Société des antiquaires de Picardie, t. XV. (Amiens, 1904, in-4°, IX-501 p.)

13448. MACQUERON (Henri). — Bibliographie du département de la Somme, t. I. (Amiens, 1904, in-4°, IX-501 p.)

XXI. — Bulletins de la Société des antiquaires de Picardie, t. XXI, 1901-1903. (Amiens, 1904, in-8°, 726 p.)

13449. VITASSE (L'abbé). — Le siège de Morlancourt par les Espagnols, p. 13 à 25.

13450. PINSARD. — Disque en os, David jouant de la harpe (XIII°-XIV° s.), *fig.*, p. 34 à 35.

13451. GOSSELIN (L'abbé). — L'église de Liercourt, p. 41 à 65.

13452. PINSARD. — Chapiteaux gallo-romains découverts à Amiens, *fig.*, p. 68 à 69.

13453. POUJOL DE FRÉCHENCOURT.. — Rapport sur l'acquisition de manuscrits faite à Beauvais le 23 janvier 1901 [vente du marquis de Belleval], p. 71 à 82.

13454. GOUDALLIER (L.). — La poste à Amiens en 1636. Une gravure de Blasset, le P. Michel-Ange, capucin, *pl.*, p. 83 à 97.

13455. FRANCQUEVILLE (Amédée DE). — Note sur deux gaufriers, 2 *pl.*, p. 114.

13456. HESEN (E.). — Étude sur des silex et un polissoir recueillis à Molliens-au-Bois, *pl.*, p. 116 à 125.

13457. WITASSE (G. DE). — Le Mège, note de géographie historique picarde, p. 126 à 130.

13458. DURAND (G.). — Note sur une inscription trouvée à Oissy [VII°-VIII° s.], *pl.*, p. 153 à 154.

13459. LIMICHIN (P.-L.). — Excursion archéologique à Reims, p. 155 à 167.

13460. DUBOIS (Pierre). — Compte rendu de l'excursion à Beaumont-sur-Oise et aux environs, 2 *pl.*, p. 168 à 181.

[Église de Champagne, 1 pl.]

13461. DUBOIS (Pierre). — Visite à quelques vestiges du vieil Amiens, 4 *pl.*, p. 206 à 229.

13462. VITASSE (L'abbé H.). — Notice biographique sur M. Émile Gallet [† 1901], p. 230 à 234.

13463. PINSARD. — Les derniers vestiges de l'enceinte dite de Philippe Auguste à Amiens, 2 *pl.*, p. 338 à 353.

13464. ARMAND (L'abbé). — Compiègne et Soissons. Excursion, p. 354 à 387.

13465. VATINELLE (L'abbé). — Compte rendu de l'excursion à Gisors, Gournay et Saint-Germer, p. 388 à 408.

13466. Calonne (Vicomte de). — M. Natalis Trouille [1835 † 1902], p. 409 à 411.
13467. Anonyme. — Bas-relief du xvi° siècle trouvé à Amiens, pl., p. 460 à 461.
13468. Macqueron (H.). — Règlement général de police pour le bailliage de Rosières, p. 473 à 498.
13469. Goudallier (L.). — Écosse et Picardie [relations entre ces deux pays], p. 499 à 509.
13470. Cosserat (Maurice). — Notes sur les manufactures de la Picardie sous l'ancien régime, p. 530 à 568.

13471. Poujol de Fréchencourt. — Rapport sur l'acquisition de manuscrits faite à Paris le 28 novembre 1902, p. 584 à 595.
13472. Guyencourt (De). — Inscription gallo-romaine découverte au Pont-de-Metz, fig., p. 615 à 616.
13473. Hautefeuille (D'). — Chapiteaux du xiii° siècle à Amiens, 2 pl., p. 624.
13474. Francqueville (A. de). — Excursion à Saint-Quentin, p. 625 à 631.
13475. Francqueville (A. de). — Anciennes habitations rurales en Picardie, 7 pl., p. 660 à 698.

TARN. — ALBI.

SOCIÉTÉ DES SCIENCES, ARTS ET BELLES-LETTRES DU TARN.

Les publications antérieures de cette Société sont analysées dans notre *Bibliographie générale*, savoir :
Revue historique du Tarn, t. I à V (1877-1885), *Bibliographie*, t. IV, p. 515.
— — t. VI à XVII (1886-1900), *Bibliographie*, Supplément sous presse.
— — t. XVIII et XIX (1901-1902), *Bibliographie*, nouvelle série, I, p. 152; et II, p. 225.
Archives historiques de l'Albigeois, t. I à VI (1894-1900), *Bibliographie*, Supplément sous presse.
— — t. VII (1901), *Bibliographie*, nouvelle série, I, p. 152.

XX. — **Revue historique, scientifique et littéraire du département du Tarn (ancien pays d'Albigeois)...**, publiée sous la direction de M. Jules Jolibois et sous le patronage de la Société des sciences, arts et belles-lettres du Tarn, 28° année, XX° volume, 2° série, 10° année. (Albi, 1903, in-8°, 382 p.)

13476. Vidal (Auguste). — Histoire des rues du vieil Albi, fig., p. 23, 66, 147, et 267.
13477. Peyronnet (Charles). — Documents sur les anciennes confréries de Rabastens-d'Albigeois, p. 53 à 57, et 213 à 219.
13478. Cabié (Edmond). — Le prétendu marbre de Saint-Urcisse, p. 61 à 64.
13479. Marty (Émile). — Correspondance du commissaire du Directoire exécutif à Rabastens [Fauré], p. 88 à 103.
13480. Rivières (Baron de). — Inventaire des reliques de la collégiale Saint-Salvy, à Albi (1725), p. 104 à 112.
13481. Bégus. — Trésor de monnaies romaines trouvé aux environs d'Albi, p. 115 à 116.

13482. Portal (Ch.). — La population du département du Tarn au xix° siècle, fig., p. 125 à 146.
13483. Marty (Émile). — Biographie de Georges-Jacques-Amédée de Clausade [1809 † 1847], fig., p. 182 à 193.
13484. Rivières (Baron de). — Inventaire de l'église de Castelnau-de-Montmirail (29 ventôse an 11), p. 194 à 196.
13485. Rivières (Baron de). — Les grands marins de l'Albigeois, p. 202 à 212.

[P.-J. de Taffanel, marquis de la Jonquière (1685 † 1752); C. de Taffanel, marquis de la Jonquière (1706 † 1795).]

13486. Rivières (Baron de). — Découverte à Albi d'une inscription du xviii° siècle [hôtel de ville], p. 230.
13487. A. V. [Vidal (A.)]. — La fin de l'épiscopat de Manald, évêque de Castres [1458], p. 232 à 233.
13488. Cabié (Edm.). — Forges ou moulins à fer de la Montagne Noire du xiii° au xviii° siècle, p. 237 à 248.
13489. Laran (J.). — Notes sur [l'église] Saint-Pierre de Burlats, fig., p. 249; XXI, p. 139, et 325.
13490. Bégus. — Monnaies de Charles VI, Charles VII et Louis XI trouvées à Albi, p. 291 à 292.

13491. Vidal (Aug.). — Armement d'une compagnie d'arbalétriers albigeois en 136o, p. 3o1 à 312.

13492. Marty (Émile). — Délibérations des conseils politiques de Rabastens [1566-1785], p. 313; et XXI, p. 96, 158, 3oo, et 37o.

XXI. — Revue historique, scientifique et littéraire du département du Tarn (ancien pays d'Albigeois)..., publiée sous la direction de M. Jules Jolibois et sous le patronage de la Société des sciences, arts et belles-lettres du Tarn, 29ᵉ année, XXIᵉ volume, 2ᵉ série, 13ᵉ année. (Albi, 1904, in-8°, 411 p.)

13493. Pradel (Ch.). — Coutumes de la ville de Puylaurens au moyen âge, p. 51 à 81.

13494. Gaillac (A.). — Matériaux pour servir à l'étude des premiers temps paléolithiques dans l'arrondissement de Gaillac, p. 85 à 87.

[13492]. Marty (E.). — Délibérations des conseils politiques de Rabastens [1601-1785], p. 96, 158, 3oo, et 37o.

[13489]. Laran (J.). — Notes sur Saint-Pierre de Burlats, fig., p. 129, et 325.

13495. Gaillac (A.). — La commune de Lisle-sur-Tarn préhistorique, p. 146 à 157.

13496. Vidal (Aug.). — Un document sur Michel Leclerc [1671], p. 183.

13497. Portal (Ch.). — La Réforme en Albigeois, enquête de 1536, p. 193 à 207.

13498. Masson (P.). — Sur quelques notes manuscrites d'un éphéméride de la première moitié du xvıᵉ siècle [par Delecouls, d'Albi], p. 208 à 212.

13499. Vidal (Aug.). — Extraits des arrests notables [du Parlement de Toulouse] de la Roche Flavin [concernant l'Albigeois], p. 213 à 237.

13500. Cabié (Edm.). — Maison à pans de bois à Albi, pl., p. 238.

13501. E. C. [Cabié (Edmond)]. — Missel d'un évêque de Castres, du xvᵉ siècle [Jean IV d'Armagnac], p. 240 à 241.

13502. Portal (Ch.). — Dons et acquisitions des archives départementales en 1903-1904, p. 254 à 255.

13503. Vidal (Aug.). — A travers les lausimes [registres de reconnaissances des fiefs] de Saint-Salvi [xıvᵉ-xvᵉ s.], p. 257 à 278, et 353 à 369.

13504. Gaillac (A.). — Le quartier de Saint-Vincent, commune de Lisle-sur-Tarn à travers les âges, p. 296 à 299.

TARN-ET-GARONNE. — MONTAUBAN.

ACADÉMIE DES SCIENCES, BELLES-LETTRES ET ARTS DE TARN-ET-GARONNE.

Les publications antérieures de cette Académie sont analysées dans notre *Bibliographie générale*, savoir :

Recueil et *Mélanges*, t. I à V (1742-1750), *Bibliographie*, t. IV, p. 530.

Séances publiques, t. I à III (1858-1860), *Bibliographie*, t. IV, p. 530.

Recueil, t. I à X (1867-1885), *Bibliographie*, t. IV, p. 531.

— t. XI à XXV (1886-1900), *Bibliographie*, Supplément sous presse.

— t. XXVI et XXVII (1901-1902), *Bibliographie*, nouvelle série, I, p. 153; et II, p. 225.

XXVIII. — Recueil de l'Académie des sciences, belles-lettres et arts de Tarn-et-Garonne, 2ᵉ série, t. XIX. Année 1903. (Montauban, 1903, in-8°, 190 p.)

13505. Gandilhon (A.). — Documents pour servir à l'histoire des guerres civiles dans le Montalbanais, p. 49 à 89.

13506. France (Henry de). — Un usurpateur [Hugon de Rabastens à Bressols, 1483], p. 109 à 122.

13507. Forestié (Édouard). — Études sur le moyen âge. Les coutumes, les droits de leude, p. 143 à 155.

TARN-ET-GARONNE. — MONTAUBAN.

SOCIÉTÉ ARCHÉOLOGIQUE DE TARN-ET-GARONNE.

Les publications antérieures de cette Société sont analysées dans notre *Bibliographie générale*, savoir :
Bulletin archéologique, t. I à XIII (1869-1885), *Bibliographie*, t. IV, p. 532.
— t. XIV à XXVIII (1886-1900), *Bibliographie*, Supplément sous presse.
— t. XXIX et XXX (1901-1902), *Bibliographie*, nouv. sér., I, p. 154; et II, p. 226.

XXXI. — Bulletin archéologique et historique de la Société archéologique de Tarn-et-Garonne..., t. XXXI. Année 1903. (Montauban, 1903, in-8°, 394 p.)

13508. Catrou (Joseph). — Les seigneurs et la communauté de Montesquieu, p. 19 à 51, et 259 à 274.

13509. Bourdeau (Jean). — Excursion de la Société archéologique dans le Haut-Quercy, *pl.*, p. 52 à 60.

[Carennac, Castelnau-de-Bretenoux, Montal, Beaulieu.]

13510. Taillefer (L'abbé). — Établissement d'une garde nationale à Saint-Urcisse (1790-1792), p. 84 à 87.

13511. Laffont (L'abbé). — Habitation souterraine à Saint-Nazaire, *pl.*, p. 91 à 93.

13512. Dubourg (Dom). — L'inscription du cloître de Moissac d'après Dom Estiennot, p. 93.

13513. Pottier (Le chanoine F.). — Enseigne peinte de débit de tabac du XVIII° siècle [à Montauban] et râpes à tabac, 11 *pl.*, p. 105 à 131.

13514. Rivières (Baron de). — Les cloches, clochettes, mortiers pilons des fondeurs van den Gheyn, p. 132 à 136.

13515. Buzenac (L'abbé A.). — La légende du pont de Beloy, p. 137, 231; et XXXII, p. 19.

13516. Grèze (Auguste). — Réponse du curé de Valence à un questionnaire adressé en 1666 à son diocèse par Mᵍʳ Joly, évêque d'Agen, p. 145 à 152.

[13538]. Daux (L'abbé Camille). — L'ordre franciscain dans le Montalbanais, p. 153, et 283.

13517. Gandilhon. — Marques du régisseur des droits sur les cuirs dans l'élection de Montauban, p. 171 à 176.

13518. Forel (Colonel). — Les apparitions de Thomas Martin en 1816, p. 177 à 183.

13519. Galabert (L'abbé). — La donation de Nobie aux Hospitaliers (octobre 1120), p. 204.

13520. Rivières (Baron de). — Le divin pressoir [gravure, XVII° s.], p. 210.

13521. Galabert (L'abbé). — Saint-Martial-des-Grèzes et Lès en 972, p. 211.

13522. Pottier (Chanoine F.). — Note sur les constructions du couvent des Capucins, p. 215.

13523. Forestié (Édouard). — Le château de Piquecos, p. 217 à 230.

13524. Borderies. — Excursion de la Société archéologique à Villemur, 7 *pl.*, p. 249 à 257.

13525. Fauré (Ernest). — Excursion de la Société archéologique dans le Rouergue [Villefranche], 2 *pl.*, p. 275 à 282.

13526. Taillefer (L'abbé A.). — Coutumes de Saint-Paul-del-Burgues, p. 313 à 331.

13527. Galabert (L'abbé F.). — Églises données au monastère de Montauriol, p. 332 à 343.

13528. Boé (D'). — La collection numismatique du legs du Faur, p. 344 à 346.

13529. Fabre (P.). — Excursion à Valence-d'Agen. Inauguration du buste de François Moulenq, p. 347 à 363.

[Pommevic, Goudourville, Lalande, Valence-d'Agen.]

13530. Forestié (Édouard). — Bois gravés au XVII° siècle pour des confréries toulousaines, 2 *pl.*, p. 364 à 367.

13531. Taillefer. — Ordre d'étape pour le régiment de cavalerie de Mélac (3 octobre 1686), p. 369 à 370.

13532. Cézérac (L'abbé). — Prospectus d'un marchand de tapisseries peintes de Montauban (XVIII° s.), p. 373 à 374.

XXXII. — Bulletin archéologique et historique de la Société archéologique de Tarn-et-Garonne..., t. XXXII. Année 1904. (Montauban, 1904, in-8°, 403 p.)

[15515]. Buzenac (L'abbé A.). — La légende du pont de Beloy, p. 19.

13533. Chavanon. — Excursion à Caylus et Saint-Antonin, p. 49 à 62.

13534. Galabert (L'abbé F.). — Notes pour servir à l'histoire du département : Moissac, Montech, Grandselve, Montauban, Auterive, Lafitte, Castelsarrasin, Lauzerte etc., p. 63 à 72.

13535. Delaval (Commandant). — Les anciennes fortifications de Montauban et le siège de 1621, 4 pl., p. 73, 193, et 357.

13536. Gandilhon. — La couronne des comtes de Rodez, p. 99.

13537. Forestié (Édouard) et Lamouroux (l'abbé D.). — Le bréviaire de Pierre de Carmaing, abbé de Moissac (xv° s.), p. 105 à 116.

13538. Daux (L'abbé Camille). — L'ordre franciscain dans le Montalbanais, p. 117, et 210. — Suite de XXX, p. 245, 310; et XXXI, p. 153, et 283.

13539. Quévillon (Colonel Fernand). — Une Journée à Saint-Émilion, 3 pl., p. 138 à 153.

13540. Lafront (L'abbé A.). — Le Bourg-Devizac pendant la période révolutionnaire, p. 154 à 172.

13541. Pottier (Fernand). — Le martyre de saint Saturnin d'après un cuivre ancien, pl., p. 173.

13542. Galabert (L'abbé). — La légende d'un seigneur de Marguestaud, p. 177.

13543. Taillefer. — Établissement de foires à Sauveterre (janvier 1628), p. 184 à 186.

13544. Taillefer (L'abbé A.). — La lèpre au xv° siècle [à Montcuq], rapport médical du 29 août 1457, p. 228 à 240.

13545. Pottier (Le chanoine F.). — Le trésor de l'ancienne église collégiale de Montpezat, 6 pl., p. 241 à 255.

13546. Sévérac (Jean). — Najac et Varen, p. 256 à 263.

13547. Divers. — Hommage à la mémoire du chevalier de Lamothe-Cadillac, fondateur de Détroit[1658†1730], 5 pl., p. 289 à 356.

13548. Boé (D'). — Balignac (canton de Lavit), p. 385 à 387.

VAR. — DRAGUIGNAN.

SOCIÉTÉ D'ÉTUDES SCIENTIFIQUES ET ARCHÉOLOGIQUES DE DRAGUIGNAN.

Les publications antérieures de cette Société sont analysées dans notre *Bibliographie générale*, savoir :
Bulletin, t. I à XV (1856-1885), *Bibliographie*, t. IV, p. 539.
— t. XVI à XXII (1886-1899), *Bibliographie*, Supplément sous presse.
— t. XXIII (1900-1901), *Bibliographie*, nouvelle série, t. I, p. 155.

XXIV. — Bulletin de la Société d'études scientifiques et archéologiques de la ville de Draguignan, t. XXIV, 1902-1903. (Draguignan, 1904, in-8°, lxxvii-460 p.)

13549. Pouré (Ed). — L'instruction publique à Rians [Var] sous l'ancien régime, p. viii à xvii.

13550. Teissier (Octave). — La *Cruscа Provenzale* [Rome, 1724] d'Antonio Bastero, p. xx à xxiv.

13551. Reynaud de Lyques. — L'enseignement primaire en Provence avant 1789. Une école de village à Méounes (Var), p. xxxiv à xlv.

13552. Poupé (E.). — L'instruction publique à Callas sous l'ancien régime, p. lvii à lxvi.

13553. Castinel (Julien). — Lettre de P. Antiboul, magistrat de sûreté à Toulon (1810), p. lxvi à lxviii.

13554. Gensollen (Octave). — Remarque au sujet de l'*Armorial général de France*, de d'Hozier, p. lxxv à lxxvii.

13555. Chiris (Marcellin). — Sur trois huttes préhistoriques, p. 263 à 270.

[Le Seyrau (Draguignan), les Tuilières et la Sarrée (Grasse).]

13556. Moulin (F.). — Le dépôt moustérien de la caverne de Chateaudouble (Var), pl., p. 271 à 286.

13557. Mireur (F.). — Un pseudo-cadet de Provence. Le capitaine A. de Saint-Aubin de Draguignan (1583 †1643), p. 289 à 308.

13558. Mireur (F.). — Un ami et correspondant de Malherbe à Draguignan. Esprit Fouque, seigneur de la Garde, p. 309 à 379.

13559. Poupé (Edmond). — Le 10° bataillon du Var (1793-an v), p. 381 à 440.

VAR. — TOULON.

ACADÉMIE DU VAR.

Les publications antérieures de cette Académie sont analysées dans notre *Bibliographie générale*, savoir :
Bulletin, t. I à XLI (1833-1884), *Bibliographie*, t. IV, p. 542.
— t. XLII à LI (1886-1899), *Bibliographie*, Supplément sous presse.
— t. LII et LIII (1901-1902), *Bibliographie*, nouvelle série, I, p. 155; et II, p. 227.

LIV. — Bulletin de l'Académie du Var, 71ᵉ année, 1903. (Toulon, s. d., in-8°, xxxvii-496 p.)

13560. Bourilly (Louis). — L'École centrale du départ-

tement du Var de l'an vi à l'an xii de la République, *tableau*, p. 105 à 368.

13561. Moulin (F.). — Le préhistorique dans les régions du sud-est de la France. L'abri moustérien de l'Aubescer, *fig.* et 3 *pl.*, p. 369 à 450. — Cf. LIII, p. 49.

VAUCLUSE. — AVIGNON.

ACADÉMIE DE VAUCLUSE.

Les publications antérieures de cette Académie sont analysées dans notre *Bibliographie générale*, savoir :
Mémoires, t. I à IV (1882-1885), *Bibliographie*, t. IV, p. 550.
— t. V à XIX (1886-1900), *Bibliographie*, Supplément sous presse.
— t. XX à XXII (1901-1903), *Bibliographie*, nouvelle série, I, p. 156; et II, p. 227.
Centenaire (1901), *Bibliographie*, nouvelle série, I, p. 156.

XXIII. — Mémoires de l'Académie de Vaucluse, 2ᵉ série, t. IV, année 1904. (Avignon, 1904, in-8°, xv-295 p.)

13562. Manteyer (Georges de). — La sépulture de Silvanus à Vachères, *fig.*, p. 11 à 16.
13563. Destandau. — De l'enseignement aux Baux avant 1789, p. 17 à 42.
13564. Labande (L.-H.). — Bertrand du Guesclin et les États pontificaux de France, p. 43 à 80.
13565. Pansier (Dʳ P.). — Jean de Tournemire [Johannes de Tornamira] (1329-1396), p. 89 à 102.
13566. Sauve (Fernand). — La région aptésienne,

études d'histoire et d'archéologie, *fig.*, *carte et* 5 *pl.*, p. 127 à 191.
13567. Digonnet (F.). — Orange antique, un nouveau monument romain, 8 *pl.*, p. 193 à 215.
13568. Labande (L.-H.). — Enlèvement de mosaïque romaine à Vaison. Fouilles de Venasque, p. 217 à 219.
13569. Laval (Dʳ Victorin). — Lettres inédites de Rovère, membre du Conseil des Anciens, à son frère, ex-évêque constitutionnel du département de Vaucluse (1ᵉʳ janvier 1796-15 août 1797), *portr.*, p. 229 à 275.
— Suite de XXI, p. 241 et 353.
13570. Avon (Émile). — Victor Leydet (†1904), p. 277 à 280.

VENDÉE. — LA ROCHE-SUR-YON.

SOCIÉTÉ D'ÉMULATION DE LA VENDÉE.

Les publications antérieures de cette Société sont analysées dans notre *Bibliographie générale*, savoir :
Annuaire, t. I à XXIX (1855-1885), *Bibliographie*, t. IV, p. 554.
— t. XXX à XLIV (1886-1900), *Bibliographie*, Supplément sous presse.
— t. XLV et XLVI (1901-1902), *Bibliographie*, nouvelle série, I, p. 156; et II, p. 228.

XLVII. — Annuaire de la Société d'émulation de la Vendée..., 1903, 50ᵉ année, 5ᵉ série, vol. III. (La Roche-sur-Yon, 1904, in-8°, XVI-203 p.)

13571. Lacouloumère (G.) et Baudouin (Dʳ Marcel). — La grotte du Péage et les grottes à puits (excavations protohistoriques) d'Apremont, *fig.*, p. 1 à 44.
13572. Mignen (Dʳ). — Chartes de fondations pour l'Aumônerie-hôpital de Montaigu (Bas-Poitou) [1174-1696], p. 45 à 76.

13573. Sarazin (B.). — Recherches sur les instituteurs et institutrices de Mouchamps avant la Révolution, p. 77 à 84.
13574. Bitton (A.). — Une fonderie de fer des invasions saxonnes en Bas-Poitou [à la Chapelle-Achard], *fig.*, p. 85 à 94.
13575. Bocquier (Edmond). — Monographie de Chaillé-sous-les-Ormeaux, p. 95 à 174. — Suite de XLIV, p. 126; et XLV, p. 101.
13576. Loquet (G.). — L'hospice de Saint-Pierre-du-Chemin et la famille d'Asnières, p. 175 à 188.

VIENNE. — POITIERS.

SOCIÉTÉ DES ANTIQUAIRES DE L'OUEST.

Les publications antérieures de cette Société sont analysées dans notre *Bibliographie générale*, savoir :
Mémoires, t. I à XLVIII (1835-1884), *Bibliographie*, t. IV, p. 567.
— t. XLIX à LXIV (1886-1900), *Bibliographie*, Supplément sous presse.
— t. LXV et LXVI (1901-1902), *Bibliographie*, nouvelle série, I, p. 157; et II, p. 229.
Bulletin, t. I à XVII (1836-1885), *Bibliographie*, t. IV, p. 577.
— t. XVIII à XXII (1886-1900), *Bibliographie*, Supplément sous presse.
— t. XXIII (1901-1903), *Bibliographie*, nouvelle série, I, p. 229.

LXVII. — Bulletin et mémoires de la Société des antiquaires de l'Ouest, t. XXVII (de la 2ᵉ série), année 1903. (Poitiers, 1904, in-8°, LXIV-487 p.)

[Ce volume, malgré son titre, fait partie de la série des *Mémoires*.]

13577. Tornézy. — Deux mariages au XVIIIᵉ siècle, p. XIX à L.
13578. Clouzot (Étienne). — Les marais de la Sèvre

Niortaise et du Lay du Xᵉ à la fin du XVIᵉ siècle, 6 *pl.*, p. 1 à 283.
13579. La Croix (Le P. Camille de). — Étude sommaire du baptistère Saint-Jean de Poitiers, 8 *pl.*, p. 285 à 414.
13580. Clouzot (Henri). — Cens et rentes dus au comte de Poitiers à Niort au XIIIᵉ siècle, publiés d'après un manuscrit des Archives nationales et précédés d'une introduction et d'un état de Niort au XIIIᵉ siècle, *pl.*, p. 415 à 485.

28.

VIENNE. — POITIERS.

SOCIÉTÉ DES ARCHIVES HISTORIQUES DU POITOU.

Les publications antérieures de cette Société sont analysées dans notre *Bibliographie générale*, savoir :
Archives historiques du Poitou, t. I à XV (1872-1885), *Bibliographie*, t. IV, p. 589.
— — t. XVI à XXX (1886-1899), *Bibliographie*, Supplément sous presse.
— t. XXXI et XXXII (1901-1902), *Bibliographie*, nouvelle série, I, p. 158; et II, p. 230.

XXXIII. — Archives historiques du Poitou, t. XXXIII. (Poitiers, 1904, in-8°, VI-XIV-629 p.)

13581. Sauzé (Charles). — Correspondance politique de M. de Lanssac (Louis de Saint-Gelais) (1548-1557), p. 1 à XIV, et 1 à 628.

VIENNE (HAUTE-). — LIMOGES.

SOCIÉTÉ ARCHÉOLOGIQUE ET HISTORIQUE DU LIMOUSIN.

Les publications antérieures de cette Société sont analysées dans notre *Bibliographie générale*, savoir :
Bulletin, t. I à XXXII (1846-1885), *Bibliographie*, t. IV, p. 597.
— t. XXXIII à XLIX (1886-1900), *Bibliographie*, Supplément sous presse.
— t. L à LII (1901-1903), *Bibliographie*, nouvelle série, I, p. 158; et II, p. 231.
Documents historiques, t. I et II (1883-1885), *Bibliographie*, t. IV, p. 596.
Ouvrages divers (1856-1873), *Bibliographie*, t. IV, p. 596.

LIII. — Bulletin de la Société archéologique et historique du Limousin, t. LIII. (Limoges, 1903, in-8°, 933 p.)

13582. Leclerc (L'abbé A.). — Pouillé historique du diocèse de Limoges, manuscrit de l'abbé Joseph Nadaud (1775), carte, p. 5 à 841.

13583. Divers. — Procès-verbaux des séances [27 janvier-29 décembre 1903], p. 849 à 908.

[Découvertes de monnaies du moyen âge, p. 895 et 901. Le Pont Saint-Étienne, à Limoges, p. 906.]

VIENNE (HAUTE-). — LIMOGES.

SOCIÉTÉ DES ARCHIVES HISTORIQUES DU LIMOUSIN.

Les publications antérieures de cette Société sont analysées dans notre *Bibliographie générale*, savoir :
Archives anciennes, t. I à VII (1887-1897), *Bibliographie*, Supplément sous presse.
— t. VIII (1902), *Bibliographie*, nouvelle série, II, p. 232.

Archives modernes, t. I à V (1889-1896), *Bibliographie*, Supplément sous presse.
— t. VI (1902), *Bibliographie*, nouvelle série, II, p. 232.

ARCHIVES ANCIENNES.

IX. — **Société des archives historiques du Limousin**, 1ʳᵉ série, Archives anciennes, t. IX.

13584. Clément-Simon (G.). — Documents sur l'histoire du Limousin tirés des archives du château de

Bach, près Tulle. (Limoges, 1904, in-8°, viii-339 p.)

[Titres concernant Allassac, Brive, Chamberet, Chamboulive, Égletons, Gimel, Limoges, Naves, le Port-Dieu, le Saillant, Seilhac, Treignac, Tulle, Uzerche, Vigeois, Voutezac, etc., et les familles de Beaufort, de Chammart, de Chasse, de Comborn, de Gimel, de Lasteyrie, de Naumout, de Pompadour, de Roffignac, de Sédières, de Tournemire, d'Ussel, de Ventadour, etc., et divers évêques et vicomtes de Limoges.]

VIENNE (HAUTE-). — ROCHECHOUART.

SOCIÉTÉ LES AMIS DES SCIENCES ET ARTS DE ROCHECHOUART.

Les publications antérieures de cette Société sont analysées dans notre *Bibliographie générale*, savoir :
Bulletin, t. I à X (1889-1890), *Bibliographie*, Supplément sous presse.
— t. XI et XII (1901-1902), *Bibliographie*, nouvelle série, II, p. 232.

XIII. — **Bulletin de la Société Les Amis des sciences et arts de Rochechouart**, t. XIII. (Rochechouart, 1903, in-8°, 145 p.)

13585. O'Reilly. — Suite d'observations sur les périodes de taches solaires et leurs relations avec les phénomènes météorologiques, et autres événements historiques, p. 1, 33, 51, 69, et 93.

13586. Imbert (M.). — Le feu et la lumière chez nos ancêtres, p. 5 à 8, et 40 à 44.

13587. Azzac (Octave d'). — Note sur une hache néolithique trouvée près du pont du Palais (cⁿᵉ de Panazol), p. 8.

13588. Pouyaud (A.). — Syndicat des meuniers de l'ancienne vicomté de Rochechouart, procès avec les habitants, p. 8, et 38. — Suite de XII, p. 76, 88, 136, et 162.

13589. Marquet (Dʳ). — Demande de reddition de comptes aux consuls de Rochechouart (1763), p. 11 à 18, et 25 à 29.

13590. Masfrand (A.). — Inventaire des monuments mégalithiques ainsi que des découvertes archéologiques [préhistoriques] qui ont été faites dans notre région, p. 18, 29, et 62.

13591. Marquet (Dʳ). — Affaire de la fontaine de Fontbouillant (1771-1775), p. 45, 74, 100, et 119.

13592. Martin (Anfos). — Découverte d'un monument funéraire gallo-romain à Javerdat (Haute-Vienne), p. 55.

13593. Imbert (Martial). — Excursion du 8 septembre 1903 [mottes féodales], *fig.*, p. 56, 82, et 96.

13594. Martin (Anfos). — Station préhistorique néolithique de Puybosse à Vayres (Haute-Vienne), p. 79 à 82.

13595. Masfrand (A.). — Les tumulus, p. 86, 105, 126 ; XIV, p. 1, 31, et 54.

13596. Martin (Anfos). — Le culte des pierres et des fontaines dans le Limousin (documents), p. 109 à 113, et 117 à 119.

VOSGES. — ÉPINAL.

SOCIÉTÉ D'ÉMULATION DU DÉPARTEMENT DES VOSGES.

Les publications antérieures de cette Société sont analysées dans notre *Bibliographie générale*, savoir :
Journal, t. I et II (1825-1827), *Bibliographie*, t. IV, p. 613.
Séances publiques (1828-1830), *Bibliographie*, t. IV, p. 613.
Annales, t. I à XXIV (1831-1885), *Bibliographie*, t. IV, p. 614.
— t. XXV à XXXIX (1886-1900), *Bibliographie*, Supplément sous presse.
— t. XL à XLII (1901-1903), *Bibliographie*, nouvelle série, I, p. 159; et II, p. 233.

XLIII. — Annales de la Société d'émulation du département des Vosges, 80ᵉ année, 1904. (Épinal, 1904, in-8°, 480 p.)

13597. Millot (René). — L'art lorrain, p. 11 à 24.

13598. Fournier (A.). — Topographie ancienne du département des Vosges, 5 *pl.*, p. 61 à 191. — Suite de XXXI, p. 69; XXXII, p. 25; XXXIII, p. 441; XXXIV, p. 1; XXXV, p. 11; XXXVII, p. 1; XXXVIII, p. 55; XXXIX, p. 49; et XLI, p. 135.

[Épinal, 4 *pl.*; Arches, *pl.*; Bruyères; Châtel-sur-Moselle; Charmes.]

13599. Bergenot (V.-A.). — Remiremont pendant la Révolution d'après les documents officiels, p. 193 à 277. — Suite de XL, p. 79; et XLII, p. 37.

13600. Mougin (Stéphane). — Notice historique sur le palais abbatial de Remiremont, 5 *pl.*, p. 279 à 412.

13601. Chevreux. — Rapport sur le musée départemental des Vosges, p. 413 à 421.

13602. Haillant (Nicolas). — Phonétique toponomastique vosgienne. Les noms de lieux habités des Vosges. Remarques et observations sur l'inventaire et la notation des sons, p. 423 à 450.

VOSGES. — SAINT-DIÉ.

SOCIÉTÉ PHILOMATHIQUE VOSGIENNE.

Les publications antérieures de cette Société sont analysées dans notre *Bibliographie générale*, savoir :
Bulletin, t. I à X (1876-1885), *Bibliographie*, t. IV, p. 620.
— t. XI à XXV (1886-1900), *Bibliographie*, Supplément sous presse.
— t. XXVI à XXVIII (1900-1903), *Bibliographie*, nouvelle série, I, p. 159; II, p. 234.

XXIX. — Bulletin de la Société philomathique vosgienne. 29ᵉ année, 1903-1904. (Saint-Dié, 1904, in-8°, 511 p.)

13603. Hingre (Le chanoine J.). — Vocabulaire complet du patois de la Bresse, p. 5 à 123. — Suite de XII, p. 143; et XXVIII, p. 297.

13604. Bardy (Henri). — Saint-Dié pendant l'administration prussienne dans les Vosges (14 octobre 1870-25 avril 1871), *pl.* et 2,*portr.*, p. 123 à 196.

13605. Bizemont (Comte Arthur de). — La famille Dolmaire de Provenchères, p. 197 à 201.

13606. Puton (Bernard). — La léproserie de la Magdelaine-les-Remiremont, 4 *pl.*, p. 33 à 448.

YONNE. — AUXERRE.

SOCIÉTÉ DES SCIENCES HISTORIQUES ET NATURELLES DE L'YONNE.

Les publications antérieures de cette Société sont analysées dans notre *Bibliographie générale*, savoir :
Bulletin, t. I à XXXIX (1847-1885), *Bibliographie*, t. IV, p. 624.

— t. XL à LIV (1886-1900), *Bibliographie*, Supplément sous presse.

— t. LV et LVI (1901-1902), *Bibliographie*, nouvelle série, I, p. 160; et II, p. 235.

Ouvrages divers (1850-1878), *Bibliographie*, t. IV, p. 623.

LVII. — Bulletin de la Société des sciences historiques et naturelles de l'Yonne. Année 1903. 57° volume, 6° de la 4° série. (Auxerre, 1903 [1904], in-8°, 319-311 et LVIII p.)

[Le couverture imprimée porte correctement : 7° vol. de la 4° série.]

Sciences historiques.

13607. Demay (Ch.). — Une fresque des sibylles dans la cathédrale d'Auxerre, *fig.*, p. 5 à 9.

13608. Pissier (L'abbé A.). — Notice historique sur Saint-Père-sous-Vézelay, *fig.*, p. 12 à 91. — Suite et fin de LVI, p. 133, et 275.

13609. Demay (Ch.). — La chapelle Notre-Dame de la Conception ou des Porcher en l'église Saint-Thibault de Joigny (1369-1790), p. 93 à 107.

13610. Demay (Ch.). — Un plan d'Auxerre de 1713, *pl.*, p. 109 à 115.

13611. Porée (Ch.). — Inventaire de la collection de Chastellux, p. 117 à 292.

[Bibliothèque de la Société.]

13612. Petit (Ernest). — Le poète Jean Régnier, bailli d'Auxerre (1393-1469), *facs.*, p. 293 à 314.

13613. Guimard (Victor). — Un cimetière gaulois à Vinneuf, *pl.*, p. 315 à 319.

Sciences physiques et naturelles.

13614. Parat (L'abbé A.). — Les grottes de la Cure (Côte d'Arcy), 2 *pl.*, p. 141 à 195. — Suite de XLIX, p. 47; LII, p. 83; LIV, p. 3, 45; et LVI, p. 49.

YONNE. — AVALLON.

SOCIÉTÉ D'ÉTUDES D'AVALLON.

Les publications antérieures de cette Société sont analysées dans notre *Bibliographie générale*, savoir :
Bulletin, t. I à XXII (1860-1887), *Bibliographie*, t. IV, p. 637.

— t. XXIII à XXVII (1888-1898), *Bibliographie*, Supplément sous presse.

— t. XXVIII (1899-1901), *Bibliographie*, nouvelle série, I, p. 160.

XXIX. — Bulletin de la Société d'études d'Avallon, 43° et 44° années, 1902-1903. (Avallon, 1904, in-8°, 175 p.)

13615. Parat (L'abbé A.). — Les primitifs du Morvan, p. 33 à 45.

13616. Prevost (Joseph). — Avallon ville de guerre, *fig.* et *pl.*, p. 47 à 135.

13617. Villetard (L'abbé H.). — Deux noms de rivières, le Serain et le Cousain, notes d'histoire et de philologie, p. 137 à 153.

13618. Tissier (L'abbé). — Saint-Germain-des-Champs. Compte rendu des fouilles des Meurgers et des Vernals en 1903, exhumation d'un village gallo-romain, p. 155 à 174.

ALGÉRIE. — ALGER.

SOCIÉTÉ DE GÉOGRAPHIE D'ALGER ET DE L'AFRIQUE DU NORD.

Les publications antérieures de cette Société sont analysées dans notre *Bibliographie générale*, savoir :
Bulletin, t. I à IV (1896-1900), *Bibliographie*, Supplément sous presse.
— t. V et VI (1901-1902), *Bibliographie*, nouvelle série, I, p. 161; et II, p. 236.

VII. — Bulletin de la Société de géographie d'Alger et de l'Afrique du Nord. Année 1903. (Alger, 1904, in-8°, CLXXII-680 p.)

13619. Rinn (Commandant). — Les grands tournants de l'histoire de l'Algérie, p. 1 à 24.

13620. Simon (H.). — Le nord du Sahara central [Notice de Duveyrier, 1863], p. 25 à 33. — Voyages et recherches de Henry Duveyrier dans les arrière-pays d'Alger, de Tunis et de Tripoli (1860), p. 34 à 45.

13621. Tonné. — Notes sur la Zaouiat Erregania, son fondateur, ses miracles, le cheikh actuel de la Zaouiat, p. 46 à 58.

13622. Mougenot (Lieutenant Fabien). — Les smalas [stations-frontières] de l'Est, p. 97 à 121.

13623. Lefébure (E.). — Les abeilles d'Aristée, tradition d'origine égypto-berbère, p. 122 à 129.

13624. Demontès (V.). — Guyotville, p. 130 à 154, et 261 à 318.

13625. Baruch (Jules). — Les affaires de Tunisie et la division Delbecque en Kroumirie en 1881, p. 176 à 184.

13626. Neigel (J.). — Au cœur de l'Afrique, p. 201 à 225.

13627. Rinn (Commandant). — Les Krouane Naqchebendya, p. 248 à 253.

13628. L. P. — Figuig, p. 254 à 260.

13629. Rinn (Commandant). — Qu'est-ce que le Tell? p. 318 à 320.

13630. Cottenest (Lieutenant). — D'In-Salah au Hoggar, p. 321 à 348.

13631. Demontès (Victor). — Vesoul-Benian, une colonie franc-comtoise, pl., p. 365 à 427.

13632. S. — Deux ksours du pays des Zegdous [Bechar et Ouakda], p. 428 à 432.

13633. Bernard (Augustin). — Revue bibliographique des travaux sur la géographie de l'Afrique du Nord, 6° année, p. 433 à 457.

13634. Durrieux (Dr Alcée). — Les grandes villes du Turkestan, p. 458 à 480.

13635. Delpech (A.). — Tables chronologiques, p. 497 à 522. — Suite de IV, p. 309, 421; V, p. 158, 441; et VI, p. 142.

13636. Brives (A.). — Voyage en zig-zag dans l'Atlas marocain, p. 527 à 549.

13637. Anonyme. — De Lalla-Maghnia à Aïoun-Sidi-Mellouk, p. 595 à 610.

13638. Joly (A.). — La plaine des Beni-Slimann et ses abords, p. 625 à 635; et VIII, p. 151 à 170. — Suite de IV, p. 437.

VIII. — Bulletin de la Société de géographie d'Alger et de l'Afrique du Nord. Année 1904. (Alger, 1904, in-8°, CLVII-803 p.)

13639. Bugéa et Rousseau. — Le Seressou, p. 61 à 90.

13640. Demontès (Victor). — Le général Clauzel, un colonisateur. Son premier gouvernement (août 1830-février 1831), p. 91 à 150, et 353 à 420.

[13638]. Joly (A.). — La plaine des Beni-Slimann et ses abords, p. 151 à 170.

13641. Rouquette (Dr). — Monographie de la commune mixte de Souk-Ahras, p. 170 à 192, et 247 à 281.

13642. Rinn (Colonel). — Les origines des Baharia, p. 193 à 199.

13643. Vernadet (Capitaine F.). — Huit jours en Corée, p. 200 à 208.

13644. Tournier (Colonel) et Demontès. — Le Laos français, p. 221 à 233, et 590 à 602.

13645. Tarry (Harold). — Le colonel prince de Polignac [1827 † 1904], p. 242 à 245.

13646. Michal (F.). — Ladghagh, p. 282 à 307.

13647. Calderaro. — Beni Goumi, p. 307 à 352.

13648. Fleury (Ed.). — Considérations générales sur la région d'Antsohihy, p. 423 à 433.

13649. Vernadet (Capitaine F.). — Excursion au Japon, p. 449 à 474.

13650. Castel (Lieutenant J.). — Cercle de Tebessa, p. 525 à 556.

13651. Durrieux (Dr A.). — La Crimée, p. 560 à 589.

13652. Vernadet (Capitaine). — Notice sur la Corée, p. 6o3 à 616.

13653. Brives (A.). — Les Ida ou Tanau (Maroc), carte, p. 629 à 641.

13654. Besset (Lieutenant). — Le Tidikelt et ses banlieues, p. 642 à 685.

13655. Durand (A.). — Notes sur les Touareg et sur les populations agrégées alliées ou voisines, d'après des légendes et des renseignements recueillis dans le Tidikelt, p. 686 à 714.

13656. Deuors (G.). — Voyage à Rabat, p. 714 à 728.

13657. Isichsen (Capitaine). — Les voisins du Pôle du Nord [Esquimaux], p. 741 à 745.

13658. Resé-Leclerc (Ch.). — L'armée marocaine, carte, p. 775 à 8o3.

ALGÉRIE. — ALGER.

SOCIÉTÉ HISTORIQUE ALGÉRIENNE.

Les publications antérieures de cette Société sont analysées dans notre *Bibliographie générale*, savoir : *Revue africaine*, t. I à XXIX (1856-1885), *Bibliographie*, t. IV, p. 647.

— t. XXX à XLIV (1886-1900), *Bibliographie*, Supplément sous presse.

— t. XLV et XLVI (1901-1902), *Bibliographie*, nouvelle série, I, p. 162; et II, p. 237.

XLVII. — Revue africaine. Bulletin des travaux de la Société historique algérienne, 47ᵉ année. (Alger, 1903, in-8°, 384 p.)

13659. Moinier (Colonel). — Campagne de J. César en Afrique (47-46 avant J.-C.), p. 5 à 12. — Suite et fin de XLV, p. 289; et XLVI, p. 145, et 3o2.

13660. Mesnage (Le P. J.). — Une page de l'histoire de l'ancienne église d'Afrique, p. 13 à 34.

[13667]. Quedenfeldt. — Division et répartition de la population berbère au Maroc, p. 35, 134, 264, et 372.

[13666]. Robin (Colonel). — Notes historiques sur la Grande Kabylie de 1838 à 1851, p. 61, 195, et 209.

13661. Waille (Victor). — Fouilles de Cherchel (1902-1903), *fig.* et *pl.*, p. 97 à 133; — (1903-1904), XLVIII, 10 *pl.*, p. 56 à 91.

[13665]. Joly (Alexandre). — Remarques sur la poésie moderne chez les nomades algériens, p. 171 à 194.

13662. Bigonet (E.). — Une inscription arabe de Constantine, *fig.*, p. 3o5 à 311.

13663. Waille (V.). — Le monument de Fromentin, p. 312 à 334.

13664. Giaconetti (A.). — Kitab En-Nasab, vie de Sidi Abd el-Kader el-Djilânî, p. 335 à 371; et XLVIII, p. 3oo à 334.

XLVIII. — Revue africaine. Bulletin des travaux de la Société historique algérienne, 48ᵉ année. (Alger, 1904, in-8°, 344 p.)

13665. Joly (Alexandre). — Remarques sur la poésie moderne chez les nomades algériens, p. 5, et 211. — Suite de XLVII, p. 283; XLV, p. 2o8; et XLVII, p. 171.

[13661]. Waille (Victor). — Nouveau rapport sur les fouilles de Cherchel (1903-1904), 10 *pl.*, p. 56 à 91.

13666. Robin (Colonel). — Notes historiques sur la Grande Kabylie de 1838 à 1851, p. 92 à 133, 264 à 299. — Suite de XLVI, p. 41, 213; et XLVII, p. 61, 195, et 209.

13667. Quedenfeldt — Division et répartition de la population berbère au Maroc, *carte*, p. 134 à 170. — Suite de XLVI, p. 79, 263; et XLVII, p. 35, 134, 264, et 372.

[Traduit par le capitaine H. Simon.]

13668. Ballu (Albert). — Quelques mots sur l'art musulman en Algérie, p. 171 à 183.

13669. Métois (Capitaine). — Notes sur la transcription en français de quelques dénominations usitées chez les Touareg, p. 184 à 190.

13670. Delphin (G.). — Le fort Bab-Azoun, p. 191 à 197.

[13664]. Giaconetti. — Kitab En-Nasab, p. 3oo à 334.

ALGÉRIE. — CONSTANTINE.

SOCIÉTÉ ARCHÉOLOGIQUE DE CONSTANTINE.

Les publications antérieures de cette Société sont analysées dans notre *Bibliographie générale*, savoir :
Annuaire et *Recueil*, t. I à XXIII (1853-1884), *Bibliographie*, t. IV, p. 67.
Recueil, t. XXIV à XXXIV (1886-1900), *Bibliographie*, Supplément sous presse.
— t. XXXV et XXXVI (1901-1902), *Bibliographie*, nouvelle série, I, p. 162; et II, p. 238.

XXXVII. — Recueil des notices et mémoires de la Société archéologique du département de Constantine, VII* [*lisez :* VI*] volume de la 4* série, XXXVII* volume de la collection, année 1903. (Constantine, 1903, in-8°, XVI-336 p.)

13671. Anonyme. — Inventaire des antiquités de Guelma [1869-1870], *fig.*, p. 1 à 12.

13672. Anonyme. — Inventaire des antiquités de Hammam-Meskoutine [1869-1870], p. 13 à 28.

13673. Anonyme. — Inventaire des antiquités de Sétif [1870-1880], *fig.*, p. 29 à 48.

13674. Robert (Achille). — Notes sur les ruines de Castellum Auziense (Aïn-Bessem), 2 *pl.*, p. 49 à 54.

13675. Robert (Achille). — Antiquités de la commune mixte des Maâdid, 13 *pl.*, p. 55 à 84.

13676. Robert (Achille). — Vestiges antiques placés dans le jardin public de Bordj-Bou-Arreridj, p. 85 à 92.

13677. Rouquette. — Rapport sur les fouilles exécutées à Souk-Ahras, *fig.* et 2 *pl.*, p. 93 à 105.

13678. Rouquette. — Notes sur une lampe de bronze et des fragments de lampadaire en bronze trouvés à Souk-Ahras, *fig.*, p. 107 à 114.

13679. Maguelonne (J.). — Grotte de Dar-ei-Oued, près Ziama (route de Bougie à Djidjeli), p. 115 à 117.

13680. Debruge (A.). — L'homme préhistorique sur les hauts plateaux de l'Atlas (Aumale d'Algérie), p. 119 à 125.

13681. Debruge. — Les pieds d'Hercule, abri sous roche à Bougie, p. 127 à 132.

13682. Debruge. — Compte rendu sur les fouilles de divers abris sous roche des Aiguades, Bougie (Algérie), *fig.* et 5 *pl.*, p. 133 à 165.

13683. Garnier (A.). — Inscriptions funéraires provenant de Khamissa, p. 167 à 177.

13684. Canton (D'). — Annuaire d'épigraphie africaine, p. 179 à 216.

13685. Robert (A.). — Ruines berbères hammadites. La Kalâa et Tihamamine, *fig.* et 12 *pl.*, p. 217 à 268.

13686. Hinglais (U.). — Inscriptions inédites recueillies par la Société au cours des années 1902-1903, *fig.*, p. 269 à 291.

13687. Barry (Georges). — El-Meraba des Beni-Ouelbane. L'antique Celtiana, *fig.*, p. 293 à 311.

13688. Jaubert (Le chanoine H.). — Reliquaires d'Enchir-Akhrib et ruines romaines d'Aïn-Touta, *pl.*, p. 313 à 323.

13689. Mercier (L.). — Ruines de Bordj-er-Roumia, *fig.*, p. 325 à 330.

13690. Lahonde (D'). — Inscription de l'église du Kroub, p. 330 à 331.

ALGÉRIE. — ORAN.

SOCIÉTÉ DE GÉOGRAPHIE ET D'ARCHÉOLOGIE DE LA PROVINCE D'ORAN.

Les publications antérieures de cette Société sont analysées dans notre *Bibliographie générale*, savoir :
Recueil, t. I à V (1878-1885), *Bibliographie*, t. IV, p. 678.
— t. VI à XX (1886-1900), *Bibliographie*, Supplément sous presse.

Recueil, t. XXI et XXII (1901-1902), *Bibliographie*, nouvelle série, I, p. 163; et II, p. 239.
Bulletin des antiquités africaines, puis *Revue de l'Afrique française*, t. I à VI (1882-1888), *Bibliographie*, t. IV, p. 679.

XXIII. — Société de géographie et d'archéologie de la province d'Oran..., t. XXIII, 1903. (Oran, 1903, in-8°, 386 p.)

13691. Gillot (H.). — Excursion à la nécropole d'Hadrumète, p. 129 à 131.
13692. Gauchet. — Les ruines romaines de Kalaa, *pl.*, p. 132 à 134.
13693. Peyret-Dortail (Dr). — Borne milliaire à Remchi (Montagnac), p. 135.
13694. Fabre. — Autel à sacrifice près de Tiaret, *pl.*, p. 136.
13695. Derrien (Lieutenant-colonel). — Inscriptions de Dar-Zemorah et de Sidi-Ali, p. 137.
13696. Bel (A.). — Inscription de l'Oued Methkana, p. 139.
13697. Koch (Ad.), — Une station de bains de mer à l'époque romaine en Oranie, 4 *pl.*, p. 141 à 146.
13698. Devaux (Capitaine). — La mentalité indigène en Algérie, p. 169 à 240.
13699. Mouliéras (Auguste). — Une tribu Zénète antimusulmane au Maroc (les Zkara), p. 293 à 332; et XXIV, p. 233 à 304.

XXIV. — Société de géographie et d'archéologie de la province d'Oran..., t. XXIV, 1904. (Oran, 1904, in-8°, 442 p.)

13700. Derrien (Lieutenant-colonel). — Découverte épigraphique à Tiaret, p. 15.

[Inscription romaine.]

13701. Gourdon (Alexandre). — Mission Foureau-Lamy, récit d'un sergent indigène traduit de l'arabe, p. 17 à 41.
13702. Marial (Waille). — Toponymie des Gaules à l'époque prélatine. Origine asiatique des Gaulois démontrée par la philologie, p. 199 à 209, et 321 à 339. — Cf. n° 13705.
13703. Marial (Waille). — La mentalité aryenne, p. 213 à 228.
[13699.] Mouliéras (Auguste). — Une tribu Zénète antimusulmane au Maroc, p. 233 à 304.
13704. Delattre (Le Père A.-L.). — Inscription romaine trouvée au Tiaret, p. 305.
13705. Anonyme. — Origine des Gaulois et origine asiatique de la langue celtique parlée au temps de la conquête romaine, p. 399 à 404. — Cf. n° 13702.
13706. Aymé (Victor). — Lettre à propos d'ethnologie berbère, p. 405 à 407.
13707. Monsain (Th.). — Le colonel Derrien [1839 † 1904], p. 439.

TUNISIE. — SOUSSE.

SOCIÉTÉ ARCHÉOLOGIQUE DE SOUSSE.

Cette Société a été fondée en avril 1903. Elle publie un *Bulletin* semestriel, nous donnons ci-dessous le dépouillement des deux volumes formés par les quatre fascicules parus en 1903 et en 1904.

I. — Bulletin de la Société archéologique de Sousse, 1903. (Sousse, 1903, in-8°, 220 p.)

13708. Chevy (P.). — Henchir Zembra (Ulizippira?), p. 23 à 26. — Cf. n° 13723.
13709. Carton (Dr). — Henchir Sidi Khalifat (Aphrodisium?), *fig.*, p. 26 à 32.
13710. Carton (Dr). — Sousse (Hadrumetum), p. 32.
13711. Héron de Villefosse (A.). — Lettre sur une inscription de Thysdrus, conservée au Musée du Louvre, p. 35 à 41.
13712. Cagnat (R.). — Note sur le prix des funérailles chez les Romains, p. 42 à 44.
13713. Delattre (Le P. A.-L.). — A l'amphithéâtre de Carthage (mars 1903), p. 45 à 49.
13714. Nouel (Lieutenant). — Aperçu de la nécropole de Siagu (Bir-bou-Rekba), p. 50.
13715. Bray (Capitaine de). — Une trouvaille de mon-

29.

naies romaines du III° siècle faite sur le domaine de l'Enfida, p. 52 à 57.

13716. Deyrolle (D'). — Haouanets [cryptes funéraires] du Djebel-Behelil, *fig.* et *pl.*, p. 59 à 68.

13717. Carton (D'). — Inscriptions de la Colonia Thuburnica, p. 69 à 72.

13718. Ordioni (Capitaine). — Notes sur quelques statuettes et lampes choisies dans les collections nouvelles de la salle d'honneur du 4° régiment de tirailleurs, *fig.*, p. 73 à 76.

13719. Hannezo (Capitaine). — Notes historiques sur Sousse, p. 80, 101; et II, p. 109, et 129.

13720. Berger (Philippe). — Note sur des inscriptions néo-puniques de Henchir Sidi Khalifat, p. 133.

13721. Gsell (Stéphane). — Le *Metallum Siguense*, p. 135 à 139.

13722. Rouquette (D'). — Notes sur un cimetière païen découvert aux environs de Souk-Ahras, p. 140 à 146.

13723. Chevy (P.). — Les stucs à reliefs d'Henchir-Zembra (Ulizippira?), *fig.*, p. 147 à 151. — Cf. n° 13708.

13724. Pallary (Paul). — Les origines de la ville d'Oran, p. 152 à 158.

13725. Vercoutre (D' A.-T.). — A propos d'intailles antiques trouvées en Tunisie, p. 159 à 163.

13726. Robin (L.). — Fouilles de la nécropole romaine de Dar-Bel-Ouar, p. 164.

13727. Deyrolle (D'). — Les Haouanet d'El-Ha-rouri (Kélibia), *fig.*, p. 166 à 170.

13728. Hannezo (Commandant G.). — Note sur les nécropoles anciennes de Bizerte, *fig.*, p. 171 à 174.

13729. Divers. — Annotations à l'atlas archéologique de Tunisie, *fig.*, p. 175 à 194; et II, *fig.* et *pl.*, p. 95 à 108, et 174 à 175.

[Deyrolle (D'). Khalloua de Sidi Bou Zekbi, *fig.*; Hanout de Sidi Messaoud, *fig.*; polissoir d'El-Harouri, *fig.*; menhirs et silex de Fortuna, *fig.*, I, p. 175. — Hannezo (Commandant). Mégalithes des environs de Bizerte, I, p. 181. — Carton (D'). De Sousse à Oudena par Battaria, I, p. 189. — Deyrolle (D'). Hammamet, *fig.*; Henzel-bou-Zelfa, *fig.*, II, p. 95. — Carton (D'). Sidi-Bou-Ali, Hergla, *fig.* et *pl.*, II, p. 99. — Deyrolle (D'). Grombalia, *fig.*, II, p. 174.]

13730. Dubos (J.). — Poteries en forme de couronne découvertes dans les environs d'Ouardanine, *fig.*, p. 203.

13731. Argaut. — Lampes et statuettes romaines, *fig.* et *pl.*, p. 208 à 209.

13732. Montalier (Capitaine). — Fouilles de Sbeitla, p. 211.

13733. Jouanne (Lieutenant). — Monnaie ortokide et moule en argile trouvé à Bizerte, *fig.*, p. 212.

13734. Rietmann (Ed.). — Sidi Kantaoui, p. 214 à 216.

II. — Bulletin de la Société archéologique

de Sousse, 1904. (Sousse, 1904, in-8°, 218 p.)

13735. Bordier (Commandant). — Tête en marbre de Didia Clara dans la salle d'honneur du 4° tirailleurs, p. 24 à 26.

13736. Dubos (J.). — Fragments antiques trouvés à Kairouan, p. 26 à 27.

13737. Deyrolle. — Inscription antique trouvée à Bir-bou-Rekba, p. 30.

13738. Cordier. — Inscription romaine d'Hammamet, p. 31.

13739. Chevy. — Fouilles de Sidi-el-Hani, *fig.*, p. 34, et 35.

13740. Nooué (Lieutenant). — Couvercles à inscription [romaine] et à figuration, *fig.*, p. 33.

13741. Deyrolle (D'). — Inscriptions romaines de la Petite-Sicile dans le Djebel Gattouna et des environs de Soliman, p. 34.

13742. Yunès. — Inscription arabe en écriture barbaresque, à Oued-Bliban, p. 36.

13743. Deyrolle (D'). — Note sur des chapiteaux avec croix à Monastir et à Kairouan, *fig.*, p. 37.

13744. Carton (D'). — Monastir (Ruspina), p. 39 à 43.

13745. Deyrolle (D'). — Haouanet de l'îlot de la Quarantaine (Monastir), *fig.*, p. 44 à 46.

13746. Carton (D'). — Thapsus, *pl.*, p. 47 à 50.

13747. Manicolo (P.). — Catalogue de la collection d'études de la Société archéologique de Sousse, p. 52 à 54.

13748. Deyrolle (D') et Carton (D'). — Travaux hydrauliques, p. 54 à 58.

[Aqueducs de Sidi er Reis, de Hammam-Korbous, de l'oued Blibane.]

13749. Renault (Jules). — Description de quelques objets puniques, gréco-puniques et romains de la collection de M. Jules Renault, *fig.*, p. 59 à 67.

13750. Delattre (Le P. A.-L.). — Inscriptions [romaines] de Carthage, p. 68 à 79.

13751. Deyrolle (D'). — Notes sur quelques haouanet tunisiens, *fig.*, p. 80 à 87.

13752. Chevy (P.). — Étude sur une nécropole présumée de l'époque romaine à tombes sans mobilier, p. 88 à 91.

13753. Icard. — Notes sur le tombeau d'un guerrier romain découvert à Teboursouk, *fig.*, p. 92 à 94.

[13729.] Divers. — Annotations à l'atlas archéologique de Tunisie, p. 95 à 108, et 174 à 175.

[13719.] Hannezo (Commandant). — Notes historiques sur Sousse, *fig.*, p. 109, et 129.

13754. Carton (D'). — Inscriptions funéraires de la Colonia Thuburnica, p. 152 à 153.

13755. Deyrolle (D'). — Haouanet à lits et faces humaines. Description d'un groupe d'haouanet d'un type nouveau dans le djebel Zid, *fig.*, p. 154 à 158.

13756. Giorgi (Commandant). — Les mosaïques de la villa romaine de l'Oued Blibane, 2 *pl.*, p. 159.

13757. Icard (S.). — Note sur une nécropole romaine de Sousse, *fig.*, p. 165 à 169.

13758. Debruge (A.). — Tombeau présumé phénicien à Bougie (Algérie), p. 170 à 173.

13759. Carton (Dr). — La campagne d'Hadrumète, étude de topographie antique et suburbaine, *fig.* et 2 *pl.*, p. 176 à 203.

13760. Carton (Dr). — El-Djem (Thysdrus), p. 211 à 216.

TUNISIE. — TUNIS.

INSTITUT DE CARTHAGE
(ASSOCIATION TUNISIENNE DES LETTRES, SCIENCES ET ARTS).

Les publications antérieures de cette Association sont analysées dans notre *Bibliographie générale*, savoir : *Revue tunisienne*, t. I à VII (1894-1900), *Bibliographie*, Supplément sous presse.

— t. VIII et IX (1901-1902), *Bibliographie*, nouvelle série, I, p. 163; et II, p. 239.

X. — **Revue tunisienne, organe de l'Institut de Carthage** (Association tunisienne des lettres, sciences et arts), t. X, 1903. (Tunis, 1903, in-8°, 504 et III p.)

13761. Mohamed Saïd. — Les Touareg de la région de Tombouctou, leur exode vers le nord-est, p. 34, 116, et 209.

13762. Bossoutrot (E.). — Documents musulmans pour servir à une histoire de Djerba, p. 50 à 65.

13763. Drambrogoïo *dit* Kaddour. — Législation et coutumes des Berbères du Sud tunisien, p. 97 à 103.

13764. Anonyme. — Une reconnaissance dans le Sud tunisien en 1882, p. 104 à 107.

13765. Bertholon. — Origine et formation de la langue berbère, p. 108, 197, 313, 488; et XI, p. 49, 124, 236, 424, et 508.

13766. Carton (Dr). — Le domaine des Pulleni [entre Aïn-Ouassel et Teboursouk]. Les grandes propriétés particulières [à l'époque romaine], 2 *pl.*, p. 177, 288, et 470.

13767. Menouillard. — Mœurs de Tunis, p. 195.

13768. Winkler (A.). — Campagne de César en Afrique (47-46 av. J. C.). Bataille de Thapsus, *carte*, p. 222 à 230.

13769. Schulten. — L'Afrique romaine, 7 *pl.*, p. 253, 367, 455; et XI, p. 11.

[Traduit par le Dr Florance.]

13770. Medina (Gabriel). — Le christianisme dans le nord de l'Afrique à travers l'Islam, p. 268 à 275.

13771. Julien (C.). — Thala, Haïdra, Sbeïtla, promenades archéologiques, p. 276 à 287.

13772. Le Bœuf (Capitaine). — La colonisation romaine dans l'Extrême-Sud tunisien, *fig.*, p. 352 à 366.

13773. Carton (Dr). — Une colonie de vétérans [Henchir Douamis, Uci Majus], p. 378 à 386.

13774. Anonyme. — Les Beni-Zidel, l'oasis d'El-Hamma, p. 424 à 436.

13775. Cattan (Isaac). — *Majnoun Leïla*, recueil de poésies arabes composées par Kaïs ben el-Malaouah, p. 474 à 487. — Suite de VIII, p. 200, 323; et IX, p. 77.

XI. — **Revue tunisienne, organe de l'Institut de Carthage** (Association tunisienne des lettres, sciences et arts), t. XI, 1904. (Tunis. 1904, in-8°, 529 p.)

13776. Menouillard. — Coutumes tunisiennes. Pêche originale, p. 6.

13777. Amir (Émile). — Contribution à l'étude des sciences chimiques chez les Arabes. L'alchimie, p. 8 à 10.

[13769]. Schulten. — L'Afrique romaine, 2 *pl.*, p. 11 à 36.

[Traduit par le Dr Florance.]

[13765]. Bertholon. — Origine et formation de la langue berbère, p. 49, 124, 236, 424, et 508.

13778. Gauckler (P.). — Castellum Birac Saccarensium, p. 102 à 108.

13779. Augias (L.). — *Lamyat El-Djoumal*, recueil de règles sur la syntaxe des propositions par le cheik El Modjrade, p. 109 à 123.

13780. Braquehaye (Ch.). — La prise et le pillage de la ville de Tunis, les 20 et 21 juillet 1535, racontés par un témoin oculaire, 2 pl., p. 181.

13781. Bertholon (D'). — Deux hypogées de Gamart, fig., p. 187 à 192.

13782. Hannezo (Commandant). — Bizerte, histoire, fig., p. 193, 321, 391, et 449.

13783. Carton (D'). — Un pays de broussailles à l'époque romaine [Teboursouk], fig., p. 215, 333 et 407.

13784. Vassel (Eusèbe). — La littérature populaire des Israélites tunisiens, fig., p. 273, 371, et 495.

13785. Julien. — Les tombes [de la Byzacène], promenade archéologique, p. 299 à 305.

13786. Nicolas (Henri). — Étude sur la Tripolitaine, p. 306 à 320.

13787. Amar (Émile). — Le régime de la vengeance privée, du talion et des compositions chez les Arabes avant et depuis l'Islam, études de mœurs et de législation, p. 361 à 370.

13788. Delattre (A.-L.). — Marques céramiques trouvées à Carthage (1902-1904), p. 467 à 478.

13789. Mohammed ben Saïd. — Les tribus arabes de la région de Tombouctou, p. 479 à 488.

13790. Arditti (R.). — Un rabbin tunisien du xviii° siècle, Rabbi Haï Taïeb, p. 489 à 494.

INDO-CHINE. — HANOÏ.

ÉCOLE FRANÇAISE D'EXTRÊME-ORIENT.

Les publications antérieures de cet Institut sont analysées dans notre *Bibliographie générale*, nouvelle série, II, p. 240.

13791. Anonyme. — Manuel de philologie indo-chinoise [plan du manuel de philologie indo-chinoise en préparation à l'École française d'Extrême-Orient]. (S. l. n. d., in-4°, 4 p. autographiées.)

13792. Henry (Victor). — Précis de grammaire pâlie, accompagnée d'un choix de textes gradués. (Paris, 1904, in-8°, xxvi-190 p.)

III. — Bulletin de l'École française d'Extrême-Orient, t. III, 1903. (Hanoï, 1903, gr. in-8°, 785 p.)

13793. Maspero (G.). — Say-Fong, une ville morte, fig., p. 1 à 17.

[13830]. Finot (L.). — Notes d'épigraphie, fig., p. 18, 206, et 629.

13794. Pelliot (Paul). — Le Bhaisajyaguru [bouddha de Chine, Japon et Tibet], p. 33 à 37.

[13841]. Lévi (Sylvain). — Notes chinoises sur l'Inde, p. 38 à 53.

13795. Durand (Le P.). — Les Chams Bani, p. 54 à 62.

13796. Finot (L.). — Phnom Baset [Cambodge], fig., p. 63 à 70.

13797. Anonyme. — La relation du Tonkin du P. Baldinotti [1626], p. 71 à 78.

13798. Foucher (A.). — Le Buddha inachevé de Bôrô-Budur, p. 78 à 80.

13799. Parmentier (H.). — Note sur les fouilles du sanctuaire de Đông-Du'o'ng, fig., p. 80 à 85.

13800. Quillet. — Ruines chames du Quanq-ngai (Annam), p. 141.

13801. Anonyme. — Tour de Ban-Sakhé et sanctuaire de Vat Sai-Phai, ou Op-mung, fig., p. 141 à 143.

13802. Vogel (J.-Ph.). — Note sur une statue de Gandhāra conservée au musée de Lahore, fig., p. 149 à 163.

13803. Cadière (Le P.). — Les lieux historiques du Quãng Binh, carte, p. 164 à 205.

13804. Chavannes (Éd.). — Les deux plus anciens spécimens de la cartographie chinoise, 4 pl., p. 214 à 247.

13805. Pelliot (Paul). — Le Fou-Nan [ancien Cambodge], p. 248 à 303.

13806. Pelliot (P.). — La secte du Lotus blanc et la secte du Nuage blanc [Chine], p. 304 à 317; et IV, p. 436 à 440.

13807. Pelliot (P.). — Les Mo-ni et le Houa-Hou-King, p. 318 à 327.

13808. Dumoutier (G.). — Collection d'armes et instruments préhistoriques, fig., p. 365 à 367.

13809. Anonyme. — Monuments chams du Binh-thuân, p. 368.

13810. Chavannes (E.). — Voyage de Song Yun dans l'Udyāna et le Gandhāra (518-522 ap. J.-C.), p. 379 à 441.

[Appendice : Note sur divers ouvrages relatifs à l'Inde qui furent publiés en Chine avant l'époque des T'ang, p. 430.]

13811. Barth (A.). — Inscription sanscrite du Phou Lokhon (Laos), p. 442 à 446.

13812. Durand (Le Père E.-M.). — Notes sur une crémation chez les Chams, p. 447 à 459.

13813. Barth (A.). — Les doublets de la stèle de Say-Fong, p. 460 à 466.

[Suivi d'une note du Dʳ P. Cordier.]

13814. Pelliot (P.). — Les Mo-Ni et l'inscription de Karabalgassouû, p. 467.

13815. Finot (L.). — Rapport sur les travaux de l'École française d'Extrême-Orient pendant l'année 1902, p. 539 à 547.

13816. Chavannes (Ed.). — Les saintes instructions de l'empereur Hong-Wou (1368-1398), publiées en 1587 et illustrées par Tchong Houa-Min, p. 549 à 563.

13817. Maitre (Cl.-E.). — La littérature historique du Japon, des origines aux Ashikaga, p. 564 à 596; et IV, p. 580 à 616.

13818. Durand (Le P. E.-M.). — Le temple de Po Romé à Phanrang, p. 507 à 603.

13819. Cordier (Dʳ Palmyr). — Introduction à l'étude des traités médicaux sanscrits inclus dans le Tanjur Tibétain, p. 604 à 629.

13820. Pelliot (Paul). — Textes chinois sur Pāṇḍuraṅga, p. 649 à 654.

13821. Foucher (A.). — Sur un attribut de Kuvera, p. 655 à 657.

13822. Cabaton (A.). — Les papiers d'Antony Landes [à la Société asiatique], p. 657 à 660.

13823. Finot (L.). — Ex-voto du That Luong de Vieng-Chan (Laos), fig., p. 660 à 663.

13824. Parmentier (H.). — Découverte de bijoux anciens à Mi-So'n, fig., p. 664.

13825. Pelliot (P.). — Le Sa-Pao, p. 665 à 671.

[Bureau religieux de la Chine antique.]

13826. Pelliot (P.). — La dernière ambassade du Fou-Nan en Chine sous les Leang (539), p. 671 à 672.

IV. — Bulletin de l'École française d'Extrême-Orient, t. IV, 1904. (Hanoï, 1904, gr. in-8°, 1163 p.)

13827. Takakusu (J.). — Le Sāṃkhyakārikā étudié à la lumière de sa version chinoise, p. 1 à 65, et 978 à 1064.

13828. Chavannes (Édouard). — Les neuf neuvaines de la diminution du froid [usage populaire de Péking], pl., p. 66 à 74.

13829. Chavannes (Édouard). — Notes sinologiques, p. 75 à 82.

[L'itinéraire de Ki-ye; un passage inédit de Briautou Khan (1314).]

13830. Finot (L.). — Notes d'épigraphie, fig. et tableau, p. 83, 672 et 897. — Suite de II, p. 185; III, p. 18, 206, et 629.

[Inscription de Bhadravarman Iᵉʳ, roi de Champa, 3 pl., II, p. 185. — Inscription sanscrite de Soy Fong, III, p. 18. — Stèle de Cambhuvarman à Mi-s'on, fig., III, p. 206. — Inscription sanscrite de Thma Kré (Cambodge), fig., p. 212. — Pāṇḍuraṅga, fig., III, p. 630. — Inscriptions du Quang Nam, IV, p. 83. — Inscriptions de Prǎḥ Khan, de Prěḥ Thăt kvan Pir (Cambodge); les plateaux du Núi Cam (Cochinchine); le rǎsuṅ-bǎtau de Dan Metruot (Laos), fig., IV, p. 672. — Inscriptions de Mi-s'on, fig. et tableau, IV, p. 897.]

13831. Barth (A.). — Note sur les dates de deux inscriptions de Campū, p. 116 à 119.

13832. Leclère (Adhémard). — La fête des eaux à Phnom-Penh, p. 120 à 130.

13833. Pelliot (Paul). — Deux itinéraires de Chine en Inde à la fin du viiiᵉ siècle, p. 131 à 413.

13834. Duroiselle (C.). — Upagutta et Māra [version pālie de leur légende], p. 414 à 428.

13835. Huber (Ed.). — Une ambassade chinoise en Birmanie en 1406, p. 429 à 432.

13836. Cadière (Le P. L.). — Vestiges de l'occupation chame au Quang-Binh, p. 432 à 436.

[13806.] Pelliot (P.). — Notes additionnelles sur la secte du Lotus blanc et la secte du Nuage blanc, p. 436 à 440.

13837. Huber (Ed.). — Rapport sur une mission en Birmanie, p. 494 à 498.

13838. Finot (L.). — Prosper Odend'hal [1867 † 1904], p. 529 à 537.

13839. Parmentier (H.). — Charles Carpeaux [† 1904], p. 537 à 538.

13840. Cordier (Dʳ P.). — Dʳ Alexandre Liétard (1833 † 1904), p. 538 à 539.

13841. Lévi (Sylvain). — Notes chinoises sur l'Inde, p. 543 à 579. — Suite de II, p. 246; et III, p. 38.

[13817.] Maitre (Cl.-E.). — La littérature historique du Japon des origines aux Ashikaga, p. 580 à 616.

13842. Cadière (L.) et Pelliot (Paul). — Première étude sur les sources annamites de l'histoire d'Annam, p. 617 à 671.

13843. Boyer (A.-M.). — Deux inscriptions en karoṣṭhī du musée de Lahore, p. 680 à 686.

13844. Cabaton (Antoine). — L'inscription chame de Bien-Hoa, fig., p. 687 à 690.

13845. Cœdès (Georges). — Inscription de Bhavavarman II, roi du Cambodge (561 çaka), p. 691 à 697.

13846. Huber (Ed.). — Études de littérature bouddhique, p. 698 à 726.

[Le Râmâyaṇa et les Jâtakas; le trésor du roi Rhampsinite,
nouvelle version indienne du conte d'Hérodote; Pañcatantra, v,
1; trois contes de Sûtrâlamkâra d'Açvaghoṣa conservés dans le
Divyâvadâna.]

13847. Vogel (J.-Ph.). — Le Kubera du Ĉandi Mĕndut,
fig., p. 727 à 730.
13848. Brengues (Dʳ). — Les cérémonies funéraires à
Ubon [Laos siamois], p. 730 à 736.
13849. Leclère (Adhémard). — Une campagne archéologique au Cambodge, fig., p. 737 à 749.

13850. Parmentier (H.). — Rapport sur une mission à
Java, p. 786 à 789.
13851. Maître (Cl.-E.). — Gustave Dumoutier [1850
† 1904], p. 790 à 803.
13852. Parmentier (Henri). — Les monuments du cirque
de Mĭ-s'on, fig., carte et pl., p. 805 à 896.
13853. Cabaton (L.). — Monographie de A voyelle finale
non accentuée en annamite et en sino-annamite,
p. 1065 à 1081.
13854. Finot (L.). — Le P. F.-J. Schmitt [1839
† 1904], p. 1147.

INDO-CHINE. — SAÏGON.

SOCIÉTÉ DES ÉTUDES INDO-CHINOISES.

Les publications antérieures de cette Société sont analysées dans notre *Bibliographie générale*, savoir :
Bulletin, t. I à III (1883-1885), *Bibliographie*, t. IV, p. 683.
— t. IV à XVIII (1886-1900), *Bibliographie*, Supplément sous presse.
— t. XIX et XX (1901-1902), *Bibliographie*, nouvelle série, II, p. 242.

**XXI. — Bulletin de la Société des études
indo-chinoises de Saïgon**, année 1903.
(Saïgon, 1903, in-8°, 193 p.)

13855. G. D. — Notice historique sur la conquête des
provinces de la Basse-Cochinchine, p. 67 à 82. —
Suite de XX, p. 43.
13856. Nguyễn-Kuĉc-Hữ. — Impressions de voyage au
Tonkin, de Hanoï à la Porte de Chine, p. 83 à 90.
13857. Tinh (Michel). — La vie et le martyre du bienheureux Lê-Văn-Găm, p. 91 à 102.
13858. Nel (Lieutenant de vaisseau). — Notice bibliographique sur l'Indianisme, p. 103 à 111.

**XXII. — Bulletin de la Société des études
indo-chinoises de Saïgon**, année 1904.
(Saïgon, 1904, in-8°, 115 et 77 p.)

Premier semestre.

13859. Beylié (Général de). — Note sur l'architecture
indienne ancienne et ses influences au dehors, 8 pl.,
p. 5 à 17.
13860. Damprun. — Monographie de la province de Sa-
vannakhet (Laos français), carte, p. 19 à 71.
13861. Beylié (Général de). — Note sur l'histoire de
l'art hindou en Indo-Chine et sur les deux musées archéologiques de Saïgon, 2 pl., p. 73 à 84.

Deuxième semestre.

13862. Albrecht (Lieutenant). — Reconnaissance de
l'ancienne chaussée khmer d'Angkor au Mékong, par
Kompong-Tom, 1ʳᵉ partie, 17 p. [p. 3 à 20].
13863. Anonyme. — Inscription de la montagne de Vinh-
Té, 27 p. [p. 21 à 47].
13864. Anonyme. — Notice sur la pagode appelée Wott
Préas Buonn Muc en cambodgien et Chùa Phạt Bôn
Mặt en annamite, 8 p. [p. 48 à 55].
13865. Tinh (Michel). — Éloge funèbre de Mᵍʳ d'Adran
par le roi Gia-Long, p. 57 à 65.
13866. Bourayse. — Extrait des études en vue de la co-
dification des lois civiles annamites, p. 69 à 75.

13867. Anonyme. — Géographie physique, économique et
historique de la Cochinchine, fasc. 1-5. (Saïgon, 1901-
1902, 5 fasc. in-8°.)

[I. Province de Biên-Hòa, 1901. III-58 p., pl. et carte. —
II. Province d'Hà Tiên, 1901, 66 p., pl. et carte. — III. Province de Gia Định, 1902, 139 p., pl. et carte. — IV. Province
de Mỹ-Tho, 1902, 98 p., pl. et carte. — Province de Bà-Rịa et
ville du cap Saint-Jacques, 1902, 66 p.]

INSTITUTS FRANÇAIS À L'ÉTRANGER.

ÉGYPTE. — LE CAIRE.

INSTITUT ÉGYPTIEN.

Les publications antérieures de cet Institut sont analysées dans notre *Bibliographie générale*, savoir :

Bulletin, t. I à XX (1859-1885), *Bibliographie*, t. IV, p. 697.
— t. XXI à XXXV (1886-1900), *Bibliographie*, Supplément sous presse.
— t. XXXVI et XXXVII, *Bibliographie*, t. IV, p. 699.
Mémoires, t. I (1862), *Bibliographie*, t. IV, p. 699.
— t. II et III (1889-1900), *Bibliographie*, Supplément sous presse.

XXXVIII. — **Bulletin de l'Institut égyptien,** 4ᵉ série, nᵒ 4, année 1903. (Le Caire, 1904, in-8ᵉ, 552 p.)

13868. Arvanitakis (G.). — Sur quelques inscriptions grecques inédites, p. 37 à 47, et 479 à 491.
13869. Attiau-Wahbt. — La femme pharaonique, p. 57 à 70.
13870. Ahmad-Kamal. — Notes sur la rectification des noms arabes des anciens rois d'Égypte accompagnée d'une note explicative de quelques coutumes, p. 89 à 127.
13871. Moritz (Dʳ B.). — Additions à la collection numismatique de la bibliothèque khédiviale, p. 199 à 204.

13872. Ali Bey Bahgat. — Les manufactures d'étoffe en Égypte au moyen âge, *pl.*, p. 351 à 361.
13873. Masrero (G.). — Sur les figures et sur les scènes en ronde bosse qu'on trouve dans les tombeaux égyptiens, p. 367 à 384.
13874. Arvanitakis (G.). — Sur l'authenticité et l'emplacement probable du Saint-Sépulcre, *fig.* et 3 *pl.*, p. 385 à 405.
13875. Legrain (G.). — Les travaux de 1903 à Karnak, p. 447 à 451.
13876. Artin Pacha (Yacoub). — Un flacon à eau (zemzemieh) en terre grise portant des armoiries, *pl.*, p. 459 à 461.
13877. Abbate Pacha (Dʳ). — Les cornes à la coiffure guerrière des Siciliens contre les Égyptiens, *pl.*, p. 521 à 528.

ÉGYPTE. — LE CAIRE.

MISSION ARCHÉOLOGIQUE ET INSTITUT FRANÇAIS D'ARCHÉOLOGIE.

Les dix-huit premiers volumes des *Mémoires de la Mission archéologique du Caire* seront analysés dans le Supplément de notre *Bibliographie générale*. Le tome XIX a paru en 1903; nous en indiquons ci-dessous le contenu. Quant aux *Mémoires de l'Institut français d'archéologie orientale*, qui forment une suite distincte de la précédente, elle comprend actuellement une douzaine de volumes; nous croyons donc devoir la faire figurer ici, quoiqu'une partie de ces volumes ne soient pas encore achevés; nous aurons soin de compléter ou de rectifier plus tard, s'il est nécessaire, les indications que nous donnons aujourd'hui.

Cet Institut publie également un *Bulletin*. Nous en avons analysé les deux premiers volumes dans notre *Bibliographie annuelle*, fasc. II, p. 243; nous donnons ci-après le dépouillement des tomes III et IV, parus en 1903 et en 1904.

XIX. — **Mémoires publiés par les membres de la mission archéologique française au**

Caire, sous la direction de M. Chassinat, t. XIX. (Paris, 1903, gr. in-4ᵉ, xx-908 p.)

13878. Van Berchem (Max.). — Matériaux pour un corpus inscriptionum arabicarum, 1ʳᵉ partie, Égypte. (Paris, 1903, gr, in-4°, xx-908 p.)

I. — Mémoires publiés par les membres de l'Institut français d'archéologie orientale du Caire sous la direction de M. E. Chassinat, t. I. (Le Caire, 1902, gr. in-4°, 143 p.)

13879. Scheil (Le P. Vincent). — Une saison de fouilles à Sippar, 6 pl., p. 1 à 143.

II.-V. — Mémoires publiés par les membres de l'Institut français d'archéologie orientale du Caire, t. II à V. (Sous presse.)

VI. — Mémoires publiés par les membres de l'Institut français d'archéologie orientale du Caire, t. VI. (Le Caire, 1902, gr. in 4°).

13880. Gauthier (J.-E.) et Jéquier (G.). — Mémoire sur les fouilles de Licht, fig. et 30 pl., p. 1.

VII. — Mémoires publiés par les membres de l'Institut français d'archéologie orientale du Caire sous la direction de M. E. Chassinat, t. VII. (Le Caire, 1902, gr. in-4°, IV-137 p.)

13881. Salmon (Georges). — Études sur la topographie du Caire, la Kal'at al-Kabch et la birkat al-Fîl, 2 pl., p. 1 à IV, et 1 à 137.

VIII. — Mémoires publiés par les membres de l'Institut français d'archéologie orientale du Caire sous la direction de M. E. Chassinat, t. VIII. (Le Caire, 1903, gr. in-4°, IV-133 p.)

13882. Bouriant (U.), Legrain (G.) et Jéquier (G.). — Monuments pour servir à l'étude du culte d'Atonou en Égypte. Tome I. Les tombes de Khouitatonou, 6 pl., p. 1 à IV, et 1 à 133.

IX. — Mémoires publiés par les membres de l'Institut français d'archéologie orientale du Caire, sous la direction de M. E. Chassinat, t. IX. (Le Caire, 1904, gr. in-4°, IV-117 p.)

13883. Lacau (Pierre). — Fragments d'apocryphes coptes, 6 pl., p. 1 à IV, et 1 à 117.

X. — Mémoires publiés par les membres de l'Institut français d'archéologie orientale du Caire, sous la direction de M. E. Chassinat, t. X. (Le Caire, 1904, gr. in-4°, III-139 p.)

13884. Deiber (Albert). — Clément d'Alexandrie et l'Égypte, fig., p. 1 à III, et 1 à 139.

XI. — Mémoires publiés par les membres de l'Institut français d'archéologie orientale du Caire, t. XI. [Sous presse.]

XII. — Mémoires publiés par les membres de l'Institut français d'archéologie du Caire sous la direction de M. E. Chassinat, t. XII. (Le Caire, 1904, gr. in-4°, p. 1 à 73.)

13885. Clédat (Jean). — Le monastère et la nécropole de Baouît [1ᵉʳ fascicule], fig. et 38 pl., p. 1 à 73.

III. — Bulletin de l'Institut français d'archéologie orientale, publié sous la direction de M. E. Chassinat, t. III. (Le Caire, 1903, in-4°, 215 p.)

13886. Loret (V.). — Horus le Faucon, 2 pl., p. 1 à 24.

13887. Salmon (G.). — Un texte arabe inédit pour servir à l'histoire des chrétiens d'Égypte, p. 25 à 68.

13888. Lefebvre (G.). — Inscriptions chrétiennes du musée du Caire, p. 69 à 95.

13889. Palanque (C.). — Notes sur quelques jouets coptes en terre cuite, 2 pl., p. 97 à 103.

13890. Galtier (E.). — Notes de linguistique turque, p. 105 à 118; — rectification, IV, p. 241.

13891. Palanque (C.). — Notes de fouilles dans la nécropole d'Assiout, p. 119 à 128.

13892. Chassinat (E.). — Étude sur quelques textes funéraires de provenance thébaine, 4 pl., p. 129 à 163.

13893. Gauthier (H.). — La déesse Triphis, p. 165 à 181.

13894. Salmon (G.). — Note sur un manuscrit du fonds turc de la Bibliothèque nationale, p. 183 à 185.

13895. Barry (L.). — Un papyrus grec, pétition des fermiers de Soknopaiou Nêsos au stratège, p. 187 à 202.

13896. Deiber (A.). — Notes sur deux documents coptes, p. 203 à 211.

13897. Chassinat (E.). — Nécrologie, p. 213 à 214.

[U. Bouriant (1849 † 1903); A. Gombert († 1903).]

IV. — **Bulletin de l'Institut français d'archéologie orientale**, publié sous la direction de M. E. Chassinat, t. IV. (Le Caire, 1904, in-4°, 245 p.)

13898· Lefebvre (G.). — Fragments grecs des Évangiles sur ostraka, 3 pl., p. 1 à 15.

13899. Galtier (E.). — Les fables d'Olympianos, p. 17 à 30.

13900. Galtier (E.). — Sur une forme verbale de l'arabe de l'Égypte, p. 31 à 38.

13901. Gauthier (H.). — Notes géographiques sur le nome Panopolite, carte, p. 39 à 101.

13902. Chassinat (E.). — Sur une représentation du dieu Oukh, p. 103 à 104.

13903. Galtier (E.). — Contribution à l'étude de la littérature arabo-copte, p. 105 à 221.

[Répertoire alphabétique des manuscrits arabes chrétiens de la Bibliothèque nationale, p. 195 à 211.]

13904. Chassinat (E.). — Note sur le titre de [médecin ou taxateur de Pharaon], p. 223 à 228.

13905. Gauthier (H.). — Notes et remarques historiques, p. 229 à 239.

[Le roi Sémempsès; le nom de la pyramide d'Abou-Roasch.]

GRÈCE. — ATHÈNES.

ÉCOLE FRANÇAISE D'ATHÈNES.

Les publications de cette École sont analysées dans notre *Bibliographie générale*, savoir :

Bulletin, t. I (1868-1871), *Bibliographie*, t. IV, p. 700.
Bulletin de correspondance hellénique, t. I à IX (1877-1885), *Bibliographie*, t. IV, p. 701.
    —   —   t. X à XXIV (1886-1900), *Bibliographie*, Suppl. sous presse.
    —   —   t. XXV (1901), *Bibliographie*, nouvelle série, t. II, p. 245.
Bibliothèque des Écoles d'Athènes et de Rome, série in-8°, t. I à XLII, *Bibliographie*, t. IV, p. 710.
    —   —   t. XLIII à LXXXIII, *Bibliographie*, Suppl. sous presse.
    —   —   t. LXXXIV à LXXXVIII, *Bibliographie*, nouv. série, II, p. 245.
Bibliothèque des Écoles d'Athènes et de Rome, série in-4° (1884-1900), *Bibliographie*, t. IV, p. 713, et Supplément sous presse.

XXVI. — **École française d'Athènes. Bulletin de correspondance hellénique...**, 26° année, 1902. (Paris, 1901, in-8°, p. 1 à 290.)

[Ce volume commencé il y a cinq ans n'est pas encore terminé. Nous donnons le dépouillement des six premiers numéros correspondant aux pages 1 à 290, afin de ne pas remettre à un fascicule ultérieur l'analyse du tome XXVII qui est complet.]

13906. Bourguet (Émile). — Inscription de Delphes, pl., p. 5 à 94; et XXVII, p. 5 à 61.

13907. Jouguet (Pierre) et Lefebvre (Gustave). — Papyrus de Magdôla, p. 95; et XXVII, p. 174, 204, et 232.

13908. Jamot (Paul). — Fouilles de Thespies, p. 129 à 160.

13909. Chapot (Victor). — Antiquités de la Syrie du Nord, p. 161 à 208, et 289 à 290.

13910. Mendel (Gustave). — Le Musée de Konia, p. 209 à 245.

13911. Jardé. — Inscriptions de Delphes, p. 246 à 286.

[Actes amphictyoniques de la domination étolienne.]

13912. Mendel (G.). — Inscriptions de Kytoros, p. 287 à 288.

XXVII. — **École française d'Athènes. Bulletin de correspondance hellénique...**, 27° année, 1903. (Paris, 1904, in-8°, 408 p.)

[13906]. Bourguet (Émile). — Inscriptions de Delphes, 2 pl., p. 5 à 61.

30.

13913. T. H. [Homolle (Th.)]. — Inscription métrique de Délos, p. 61.

13914. Homolle (Théophile). — Inscriptions de Délos, p. 62 à 103.

[Comptes des hiéropes sous l'archontat de Sosisthénès.]

13915. Colin (G.). — Inscriptions de Delphes, 3 pl., p. 104 à 173.

[13907]. Jouguet (Pierre) et Lefebvre (Gustave). — Papyrus de Magdôla, 2ᵉ série, p. 174, 204, et 232.

13916. Demargne (J.). — Fouilles à Lato, en Crète (1899-1900), fig., p. 206 à 232.

13917. Demoulin (Hubert). — Les Rhodiens à Ténos, fig., p. 233 à 259.

13918. Vollgraff (Wilhelm). — Inscriptions d'Argos, p. 260 à 279.

13919. Chapot (Victor). — Resapha-Sergiopolis, fig., p. 280 à 291.

13920. Xanthoudidis (Stephanos A.). — Πᾶν ὑλοσκόπος Κυπαρισσίτας [plan hyloscope de Cyparis (Chypre)], p. 292 à 295.

13921. Bizard (Léon). — Une inscription du sanctuaire d'Apollon Ptoios trouvée à Larymna, p. 296 à 299.

13922. Perdrizet (P.). — Hermès Criophore, 3 pl., p. 300 à 313.

13923. Mendel (Gustave). — Inscriptions de Bithynie et de Paphlagonie, p. 314 à 333.

13924. Giannopoulos (N.-J.). — Ἐπιγραφικὰ χαράγματα ἐπὶ βράχων ἐν Θεσσαλίᾳ [caractères gravés sur des écueils en Thessalie], fig., p. 334 à 340.

13925. Lefebvre (Gustave). — Inscriptions grecques de Tehnêh (Égypte), p. 341 à 390.

13926 Mendel (Gustave). — Note sur une inscription nouvelle de Thasos, p. 391 à 393.

13927. Graindor (Paul). — Décret d'Ios, pl., p. 394.

13928. Murray (A.-S.). — Fragment d'un inventaire de Délos au British Museum, p. 401 à 404.

BIBLIOTHÈQUE DES ÉCOLES FRANÇAISES D'ATHÈNES ET DE ROME.

Série in-8°.

LXXXIX. — Bibliothèque des Écoles françaises d'Athènes et de Rome, fasc. LXXXIX.

13929. Homo (Léon). — Essai sur le règne de l'empereur Aurélien. (Paris, 1904, in-8°, 390 p.)

XC. — Bibliothèque des Écoles françaises d'Athènes et de Rome, fasc. XC.

13930. Gay (Jules). — L'Italie méridionale et l'Empire byzantin depuis l'avènement de Basile Iᵉʳ jusqu'à la prise de Bari par les Normands [867-1071]. (Paris, 1904; in-8°, xxvi-644 p., 2 cartes.)

XCI. — Bibliothèque des Écoles françaises d'Athènes et de Rome, fasc. XCI.

13931. Millet (G.), Pargoire (J.) et Petit (L.). — Recueil des inscriptions chrétiennes du mont Athos. 1ʳᵉ partie. (Paris, 1904, in-8°, 198 p. et 11 pl.)

XCII. — Bibliothèque des Écoles françaises d'Athènes et de Rome, fasc. XCII.

13932. Lechat (Henri). — La sculpture attique avant Phidias. (Paris, 1904, in-8°, viii-510 p., fig.)

Série in-4°.

13933. Anonyme. — Les registres de Martin IV (1281-1285). Recueil des bulles de ce pape publiées ou analysées d'après les manuscrits originaux des Archives du Vatican par les membres de l'École française de Rome. (Paris, 1901, in-4°.)

13934. Mollat (L'abbé G.). — Lettres communes de Jean XXII (1316-1334), analysées d'après les registres dits d'Avignon et du Vatican, 1ᵉʳ et 2ᵉ fascicules. (Paris, 1904, in-8°, 496 p.)

13935. Vidal (J.-M.). — Benoît XII, 1334-1342. Lettres communes analysées d'après les registres dits d'Avignon et du Vatican, 1ᵉʳ-4ᵉ fascicules. (Paris, 1902-1903, iii-498 et 456 p.)

13936. Deprez (Eugène). — Clément VI (1342-1352). lettres closes, patentes et curiales se rapportant à la France, publiées ou analysées d'après les registres du Vatican, 1ᵉʳ fascicule. (Paris, 1901, in-4°, col. 1 à 442.)

13937. Lecacheux (Paul). — Lettres secrètes et curiales du pape Urbain V (1362-1370) se rapportant à la France, publiées ou analysées d'après les registres du Vatican, 1ᵉʳ fascicule. (Paris, 1902, in-4°, p. 1 à 160.)

ITALIE. — ROME.

ÉCOLE FRANÇAISE DE ROME.

Les publications de cette École sont analysées dans notre *Bibliographie générale*, savoir :
Mélanges d'archéologie et d'histoire, t. I à V (1881-1885), *Bibliographie*, t. V, p. 713.
— — t. VI à XX (1886-1900), *Bibliographie*, Supplément sous presse.
— — t. XXI et XXII (1901-1902), *Bibliographie*, nouv. série, II, p. 246.
Bibliothèque des Écoles d'Athènes et de Rome. Pour les volumes appartenant aux deux collections publiées sous ce titre, voir ci-dessus, p. 235 et 236.
Outre les volumes qui rentrent dans les différentes séries des publications de l'École française de Rome, il faut mentionner l'ouvrage suivant publié sous ses auspices en 1904.

13938. Bertaux (Émile). — L'art dans l'Italie méridionale. I. De la fin de l'Empire romain à la conquête de Charles d'Anjou. (Paris, 1904, in-4°, xiv-841 p. et 38 *pl.*)

XXIII. — **École française de Rome. Mélanges d'archéologie et d'histoire.** 23° année, 1903. (Paris et Rome, s. d., in-8°, 433 p.)

13939. Gsell (Stéphane). — Chapelle chrétienne d'Henchir Akhrib (Algérie), *fig.* et 2 *pl.*, p. 3 à 25.

13940. Maynial (Édouard). — La base Casali [musée du Vatican], 2 *pl.*, p. 27 à 81.

13941. Duchesne (L.). — Les évêchés d'Italie et l'invasion lombarde, p. 83 à 116.

13942. Merlin (A.). — Inscriptions inédites de Khamissa (Thubursicum Numidarum) [Algérie], p. 117.

13943. Périnelle (G.). — Louis XI, bienfaiteur des églises de Rome, p. 131 à 159.

13944. Constant (G.). — Les maîtres de cérémonies du xvi° siècle [à la Cour pontificale]. Leurs diaires, p. 161 à 229, et 319 à 343.

13945. Enlart (Camille) et Manteyer (Georges de). — Eugène Müntz [1845 † 1902], notice biographique par C. Enlart et bibliographie par G. de Manteyer, p. 231 à 272.

13946. Gsell (Stéphane). — Chronique archéologique africaine. Huitième rapport, p. 273 à 317. — Neuvième rapport, XXIV, p. 329 à 370.

13947. Serruys (Daniel). — Les actes du concile iconoclaste de l'an 815, p. 345 à 351.

13948. Asarito (G.). — Note sur la colonne du temple de Hera Lacinia à Capocolonna [Crotone], p. 353 à 361.

[Traduit par Ch. Dubois.]

13949. Duchesne (L.). — L'évêché de Montepeloso, p. 363 à 373.

13950. Ashby (Thomas) fils. — Dessins inédits de Carlo Labruzzi [monuments de la voie Appienne], *fig.*, p. 375 à 418.

13951. Calmette (Joseph). — L'élection du pape Nicolas V (1447) d'après une lettre du prieur catalan de Sent Lorens del Mont, p. 419 à 425.

13952. Périnelle (G.). — Un texte officiel sur l'exécution du connétable de Saint-Pol (19 décembre 1475), p. 427 à 432.

XXIV. — **École française de Rome. Mélanges d'archéologie et d'histoire**, 24° année, 1904. (Paris et Rome, s. d., in-8°, 518 p.)

13953. Maynial (Édouard). — Observations sur un texte de Virgile (Énéide, vi, 779-780), *pl.*, p. 3 à 11.

13954. Bourgin (Georges). — Un document sur la bibliothèque de Sainte-Croix de Jérusalem [à Rome], en 1810, p. 13 à 16.

13955. Zeiller (Jacques). — Les églises ariennes de Rome à l'époque de la domination gothique, p. 17 à 33.

13956. Bourgin (Georges). — Les coutumes de Piolenc [Vaucluse] (1406), p. 35 à 64, et 319.

13957. Martin-Chabot (Eug.). — Deux bulles closes originales d'Alexandre III [adressées à Alfonse II, roi d'Aragon, et à Guillem de Torroja, évêque de Barcelone (Tours, 7 décembre 1162; Sens, 6 juillet 1164), *fig.*, p. 65 à 74.

13958. Duchesne (L.). — Le provincial romain au xii° siècle, p. 75 à 123.

13959. Zeiller (Jacques). — Les derniers résultats des fouilles de Salone, *pl.*, p. 125 à 137.

13960. Périnelle (G.). — Dépêches de Nicolas de Roberti, ambassadeur d'Hercule Iᵉʳ, duc de Ferrare, auprès du roi Louis XI (novembre 1478-juillet 1480), p. 139 à 203, et 425 à 477.

13961. Loevinson (Ermanno). — Sulle condizioni religiose della diocesi d'Ajaccio al principio del secolo xviii, p. 205 à 217.

13962. Hazard (Paul). — Étude sur la latinité de Pétrarque d'après le livre 24 des *Epistolæ familiares*, p. 219 à 246.

13963. Albertini (E.). — La clientèle des Claudii, p. 247 à 276.

13964. Bourgin (Georges). — Les cardinaux français et le diaire caméral de 1439-1486, p. 277 à 318.

13965. Dubois (Ch.). — Inscriptions de Minturnes, *fig.*, p. 321 à 327.

[13946]. Gsell (Stephane). — Chronique archéologique africaine, 9ᵉ rapport, p. 329 à 370.

13966. Manteyer (Georges de). — Les manuscrits de la reine Christine aux Archives du Vatican, p. 371 à 423.

13967. Duchesne (L.). — L'auteur de *Mirabilia* [*Romæ*], p. 479 à 489.

13968. Albertini (Eugène). — Note sur le sarcophage à scène nuptiale de Saint-Laurent-hors-les-murs, *pl.*, p. 491 à 512.

13969. Halphen (Louis). — Bernard Monod [1879 † 1905], p. 513 à 515.

ITALIE. — ROME.

SAINT-LOUIS DES FRANÇAIS.

Les publications antérieures de ce collège sont analysées dans notre *Bibliographie générale*, savoir :
Annales, t. I à IV (1896-1900); *Bibliographie*, Supplément sous presse.
— t. V à VII (1900-1903), *Bibliographie*, nouvelle série, II, p. 247.

VIII. — Annales de Saint-Louis des Français, publication trimestrielle des études et travaux des chapelains, 8ᵉ année... octobre 1903 [à juillet 1904]. (Rome, 1903, in-8°. 485 p.)

13970. Lamy (Albert). — De Luxembourg à Rome aller, et retour. Itinéraire inédit de deux frères mineurs capucins (1739-1740), p. 5 à 46. — Suite et fin de VII, p. 235, et 337.

13971. Fraikin (J.). — Les comptes du diocèse de Bordeaux de 1316 à 1453, d'après les archives de la Chambre apostolique, p. 47 à 88. — Suite de III, p. 527; et IV, p. 5.

13972. Mollat (G.). — Jean XXII et le parler de l'Île-de-France, p. 89 à 91.

13973. Grange (L'abbé H.). — Une région protestante de la France. Introduction, développement, état actuel du protestantisme dans le diocèse de Nimes, p. 93 à 136, et 217 à 278.

13974. Albe (Ed.). — Prélats originaires du Quercy dans l'Italie du xivᵉ siècle, p. 137 à 195, et 279 à 366. — Cf. VI, p. 341; VII, p. 91, 141, 287, et 441.

13975. Richard (Dʳ). — Le pape Paul III et Jeanne d'Albret, p. 197 à 211.

13976. Vidal (J.-M.). — Le tribunal d'Inquisition de Pamiers. Notice sur le registre de l'évêque Jacques Fournier, p. 377 à 435.

13977. Clergeac (A.). . — Une lettre de Fouquet, p. 437.

13978. Dubrulle (Henry). — Documents pour servir à l'histoire des indulgences accordées à la ville de Malines au milieu du xvᵉ siècle, p. 439 à 474.

MAROC. — TANGER.

MISSION SCIENTIFIQUE DU MAROC.

La Mission scientifique du Maroc, fondée en 1903 par le Gouvernement français sur le modèle des Instituts français d'Athènes, de Rome, du Caire et de Hanoï, a publié en 1904 le premier volume d'un recueil intitulé *Archives marocaines.*

TABLE DES MATIÈRES

CONTENUES DANS LE PRÉSENT VOLUME.

———

Les trois fascicules composant ce volume correspondent aux années 1901-1902 (n°° 1 à 3411);
1902-1903 (n°° 3412 à 8638); et 1903-1904 (n°° 8639 à 13991).
La présente table fait suite à celle qui termine le tome VI de notre *Bibliographie générale*, et qui comprend
toutes les publications antérieures à 1901.

———

AIN.

AISNE.

AVEYRON.

BOUCHES-DU-RHÔNE.

CALVADOS.

CÔTES-DU-NORD.

CREUSE.

DORDOGNE.

DOUBS.

EURE-ET-LOIR.

FINISTÉRE.

MAINE-ET-LOIRE.

MANCHE.

MARNE.

MEUSE.

MORBIHAN.

MOSELLE.

PUY-DE-DÔME.

PYRÉNÉES (BASSES-).

RHÔNE.

SAÔNE (HAUTE-).

34.

SAVOIE.

SAVOIE (HAUTE-).

SEINE.

PARIS. — Commission de l'inventaire des richesses d'art de la France.

PARIS. — Commission des missions scientifiques et littéraires.

PARIS. — Commission du Vieux-Paris.

IMPRIMERIE NATIONALE.

SEINE-ET-OISE.

VIENNE.

VIENNE (HAUTE-).

VOSGES.

INSTITUT FRANÇAIS À L'ÉTRANGER.

—

ÉGYPTE.

GRÈCE.

ITALIE.

Lightning Source UK Ltd.
Milton Keynes UK
UKHW010944211118
332724UK00008B/198/P